本书为普及类古籍整理图书专项资助项目

中华国学文库

徐霞客游记校注 上

〔明〕徐弘祖 撰

朱惠荣 校注

中华书局

图书在版编目(CIP)数据

徐霞客游记校注/(明)徐弘祖撰;朱惠荣校注. —北京:中华书局,2017.8(2024.7 重印)
（中华国学文库）
ISBN 978-7-101-12586-3

Ⅰ.徐… Ⅱ.①徐…②朱… Ⅲ.①游记-中国-明代②历史地理-中国③《徐霞客游记》-注释 Ⅳ.K928.9

中国版本图书馆 CIP 数据核字(2017)第 110580 号

书　　名	徐霞客游记校注(全二册)	
撰　　者	〔明〕徐弘祖	
校 注 者	朱惠荣	
丛 书 名	中华国学文库	
责任编辑	李　勉	
责任印制	管　斌	
出版发行	中华书局	
	（北京市丰台区太平桥西里 38 号　100073）	
	http://www.zhbc.com.cn	
	E-mail:zhbc@zhbc.com.cn	
印　　刷	河北新华第一印刷有限责任公司	
版　　次	2017 年 8 月第 1 版	
	2024 年 7 月第 4 次印刷	
规　　格	开本/880×1230 毫米　1/32	
	印张 49⅜　插页 4　字数 1058 千字	
印　　数	8101-8700 册	
国际书号	ISBN 978-7-101-12586-3	
定　　价	178.00 元	

中华国学文库出版缘起

《中华国学文库》的出版缘起，要从九十年前说起。

1920 年，中华书局在创办人陆费伯鸿先生的主持下，开始编纂《四部备要》。这套汇集三百三十六种典籍的大型丛书，精选经史子集的"最要之书"，校订成"通行善本"，以精雅的仿宋体铅字排印。一经推出，《四部备要》即以其选目实用、文字准确、品相精美、价格低廉的鲜明特点，最大限度地满足了国人研治学问、阅读典籍的需要，广受欢迎。丛书中的许多品种，至今仍为常用之书。

中华人民共和国成立之后，党和国家倡导系统整理中国传统文献典籍。六十馀年来，在新的学术理念和新的整理方法的指导下，数千种古籍得到了系统整理，并涌现出许多精校精注整理本，已成为超越前代的新善本，为学界所必备。

同时，随着中华民族以前所未有的自信快速发展，全社会对中国固有的学术文化——国学，也表现出前所未有的关注和重视。让中华文化的优秀成果得到继承和创新，并在世界范围内进行传播和弘扬，普惠全人类，已经成为中华民族的历史使命。当此之时，推出符合当代国民阅读需要的权威的国学经典读本，实为当务之急。于是，《中华国学文库》应运而生。

《中华国学文库》是我们追慕前贤、服务当代的产物，因此，它自当具备以下三个基本特点：

一、《文库》所选均为中国学术文化的"最要之书"。举凡哲学、历史、文学、宗教、科学、艺术等各类基本典籍，只要是公认的国学经典，皆在此列。

二、《文库》所选均为代表当代学术水平的"最善之本"，即经过精校精注的整理本。其中既有传统旧注本的点校整理本，如朱熹《四书章句集注》，也有获得学界定评的新校新注本，如余嘉锡《世说新语笺疏》。总之，不以新旧为别，惟以善本是求。

三、《文库》所选均以新式标点、简体横排刊印。中国古籍向以繁体竖排为标准样式。时至当代，繁体竖排的标准古籍整理方式仍通行于学术界，但绝大多数国人早已习惯于现代通行的简体横排的图书样式。《文库》作为服务当代公众的国学读本，标准简体字横排本自当是恰当的选择。

中华书局自 1912 年成立，至今已近百岁。我们将《中华国学文库》当作向中华书局百年诞辰敬献的一份贺礼，更是向致力于中华民族和平崛起、实现复兴大业的全国人民敬献的一份厚礼。我们自当努力，让《中华国学文库》当得起这份重任，这份荣誉。

中华书局编辑部

2010 年 12 月

前　　言

　　我国明代伟大的旅行家、地理学家、史学家、文学家徐霞客所著徐霞客游记,是我国古代文化宝库中闪光的瑰宝。它的手稿,在当时就被人们争相传阅、抄录,被誉为"千古奇人,千古奇书","世间真文字,大文字"。我国古代类书、丛书不计,作为单一的著作,没有第二部书涉及到如此广阔的科学领域,包括了如此丰富的科学内容,具有多方面的科学价值,这正是我们认为有必要向广大读者介绍的。

徐霞客游记是导游手册

　　徐霞客名弘祖,字振之,明代南直隶江阴(今江苏省江阴市)人。生于万历十四年十一月二十七日(公元 1587 年 1 月 5 日)。他生活在我国封建社会的衰落时期,毅然放弃仕途,寄情山水,游遍全国名山大川、海隅边陲。东边渡海到落迦山,西至腾冲西境,北游盘山,南达广东罗浮山。足迹遍及明代的两京十三布政司,相

1

当于今天的北京、天津、上海、江苏、山东、河北、山西、陕西、河南、湖北、安徽、浙江、福建、广东、江西、湖南、广西、贵州、云南等十九个省市自治区,可能还到过今四川省。

我国古代著名的旅行家不少,但他们多系封建国家派遣,出于政治上的原因,有封建国家资助;或为求法朝山,出于宗教的需要;也有的经商,为了追求高额利润,甘冒"蛮烟瘴雨"。徐霞客出于对祖国山河强烈的热爱,以地理研究为己任,没有政治和宗教的目的,毕生从事旅行考察,他是我国古代难得的专业旅行家。由于得不到封建国家资助,霞客的旅游条件特别艰苦,靠变卖家产,沿途求友告贷来解决游资。有时身无半文,被迫卖掉衣裙,才换得一顿饱饭。在江南各省以船行为主,在广西亦间骑马或乘滑竿,在云南、贵州山岭重叠条件最艰苦的地区,几乎全是步行。他住破屋,顶寒风,卧石洞,受蚊叮虫咬,甚至在人迹罕至的森林里风餐露宿。他跋山涉水,求源探尾,日夜兼程,踏泥泞,下溶洞,滑陡坡,跌深潭,三次被盗,多次绝粮。艰苦生活丝毫没有动摇他的意志,从二十二岁踏上旅途,游程越来越远,观察的内容也越加丰富。崇祯九年(公元 1636 年)开始他一生中最后一次也是最光辉的一次远游。历时四年,游遍了祖国的南方各省。长期野外生活的劳累和瘴毒损害了他的健康,崇祯十二年(公元 1639 年)八月重返云南鸡足山时,全身俱发疹块,后来"两足俱废",丧失了旅游能力,被丽江木土官派滑竿护送,经湖北黄冈再乘船回家。霞客返乡后仅半年,崇祯十四年正月二十七日(公元 1641 年 3 月 8 日)与世长辞,只活了五十六岁,为旅游考察献出了生命。徐霞客的故居、晴山堂和墓地在江阴市马镇南旸歧村,新中国建立后被列为江苏省重点文物保护单位，并建立了纪念馆，为千百万人缅怀凭吊。

徐霞客健于旅游，也善于旅游。他追求的是不问道里、不计行期的"万里遐征"，而不是一般人的"有方之游"。打听到哪里风景好，立即奔赴那里；了解到几条路中哪条最陡最险，即决心选择最险的间道攀登；听说哪里豺虎出没，人迹罕至，越要循虎迹、追蟒踪，亲自去看看。他不知疲倦，从不满足，总是以求全的精神，力求"峰峰手摩足抉"，发现更多的胜景；在一组风景中，也力求游遍每个部分。有时走错了路，又累又饿，但毫不悔恨，反为意外发现新景而庆幸。凡遇漏游的地方，必千方百计创造条件补游。匆匆走过的地方，总设法重游，必尽兴方罢。很多名山的姿色常因时间、气候而变换，他总是反复体察欣赏，选择不同的季节，三游四游。有时白天刚游完一遍，晚上皓月当空，又兴冲冲奔上山头。"余谓游不必骑，亦不必同，惟指示之功，胜于追逐。余之欲行者，正恐其同；其不欲同者，正虑其骑也。"这是霞客旅游经验的总结。骑则走马观花，不及细看，人多同游则分心，皆不能集中精力探索大自然的奥秘。霞客经常一主一仆，徒步跋涉，沉醉在大自然的怀抱里，一边体察欣赏，一边思索记录，度过了他有意义的一生。

徐霞客不仅能到别人所不能到的地方，以他的游踪之广为人们称颂，而且还能写别人所不能写的内容。他走过数不清的弯路和错路，有的地方三误三返才找到，有的风景就在他身边而失之交臂，苦于缺乏既了解风景又熟悉路径的理想的向导，深感导游的重要性，"惟指示之功，胜于追逐"。可以说，徐霞客游记就是他有鉴于此而献给后世旅游同好的一部导游指南。在我国古代游记中，有的多辑录文字材料，与实际出入较大；有的为进行文学加工而致失真，或仅选取某些侧面描述，读者无法知道全豹；有的系短篇小品，份量单薄；有的是数年甚至数十年后追记，线条较粗，难以反映原貌。徐霞客游记比这些都高出一筹，它以翔实可信受到人们普遍的赞誉。游记要真实就得观察细致，记录及时，描述准确，这是霞客遵循的标准。他日必有记，虽然经过一天旅途的劳累，晚上还挑灯作记，有的一天所记即长达两三千字。有时在途中走走停停，边走边依岩作记。偶因旅途安排太紧，或晚上没有书写条件，也必抓紧在两三天内补记。徐霞客游记也远远超过地方志中对风景名胜的目录式的枯燥罗列，它对每个风景区的位置、特点、各风景点的分布、地形变化、交通路线、游程安排等皆有记录，既引人入胜，又真实可靠，便于后人踵其步畅游。它不仅导游风景名胜，还给读者提供有关的历史背景、文物古迹、传说故事、风情习俗等情况，内容充实丰富。

流传至今的徐霞客游记有六十多万字，全文当不止此数。在我国古代旅行家中，霞客所记录的风景点是最多的，对西南地区的名山幽洞，古代游探最全者也推霞客。广西、云南那些"远既莫闻，近复荒翳，桃花流水，不出人间，云影苔痕，自成岁月"，"棘霾蔓锁"的胜景，有不少连地方志都未提及。霞客锐于搜寻边疆的风景奇胜，第一次把它们全面地公诸于世，且品评殿最，描绘了它们的风景特点。至今人们常游的胜景，不过是霞客记录的一小部分。有的因交通不便，仍然人迹罕至；有的虽近在城郊，亦未及开发；有的因年代久远，地理环境变迁，已渐湮废。

徐霞客既是游人，也是这些风景的主人。他关心祖国大好河山的建设，对很多旅游胜地提出了开发、修建、使用、保护的方案。

他选景不囿于传统的陈说,最反对八景、十景"俱八寸三分帽子"的滥竽充数。主张实事求是,风景胜地,景不厌多;"非此地确然特出之奇",也不必凑数。他反对湮灭历史遗迹的做法,认为智者应"追远而创其祠",愚者才"最新而掩其迹",新建屋舍应保护文物古迹,突出历史特点。他提出要尽量保持名山面目,风景区建设应该借景而不能掩景。最好不要在洞中建轩阁,穿岩应保持前后通明的特点,适于观景的地方只可略为施栏设几,建筑不要妨碍瞻眺。他主张改善游览路线,歧路不能多,要让游人渐入佳景。可以凿通两岩间的片石,也可建桥连接溪两岸的风景,方便人们游览地势悬绝的风景点。他多次提出不能把风景区糟踏为牛宫马栈,臭秽不堪,呼吁司道严禁。这些设计思想,对今天仍可借鉴。徐霞客是开发建设祖国风景名胜的古代设计师。

徐霞客游记是伟大旅行家徐霞客给我们留下的旅游实录,是他一生进行旅游活动的丰碑。它为千百万热心的旅行者提供了一部选胜登临的绝好的导游手册,为广大人民了解祖国的大好河山提供了神游条件。我们只有把风景遍布的美丽祖国开发和建设成一个大花园,才无愧于徐霞客和他留给我们的宝贵的文化遗产。

徐霞客游记是地学百科全书

徐霞客最大的贡献在地学方面。他开辟了地理学上系统观察自然、描述自然的新方向。早年重点解剖名山地区,后来详记旅途沿线情况,观察范围逐渐扩大;晚年则以布政司辖境为单位,全面考察了南方各省。为了系统观察自然,他经常不走大路走小路,尽量不留空白,也少走重复路线,采取扫描式的旅行路线,正如他自己归纳的:"计离乡三载,陟大脊而东西度之,不啻如织矣。"他每到一地,必尽量登高,便于观察地形,了解山河大势;对水道则穷源探尾,随流跟踪;对山脉则"行周其四隅",从不同的角度进行全面观察。

徐霞客游记内容丰富多采,可算我国古代的地学百科全书。归纳起来,主要内容有十方面。

一、地貌。　　霞客所经过的地方,地形复杂,千变万化,但他都作了翔实、准确的记录。从徐霞客游记中,我们看到了起伏的群山,低矮的丘陵,平展的坝子,狭窄的坞箐,大小不同,形状各异。云南称山间盆地为"坝子",霞客对于云南各个坝子的记载,不但描绘其形状,用里距说明其大小,还准确地抓住了各个坝子的特点。如右甸坝子(今昌宁),"四面山环不甚高","甸中自成一洞天,其地犹高,而甸乃圆平,非狭嵌","甸中之水东向而破其凑峡",这是典型的山间盆地。顺宁坝子(今凤庆)则系倾斜状的一长坞。枯柯坝子(今保山柯街)则是少数民族聚居的南北带坳的低热河谷。

二、岩溶。　　徐霞客在地理学上突出的成就之一是对岩溶地貌的研究。他系统考察了从湖南到滇东磅礴数千里的石灰岩溶蚀地貌,对其分布状况、形成的原因、由于发育不同而出现的地区差异等,作了科学的说明,对峰林、岩洞、天生桥、盘洼、眢井、天池等各种岩溶现象加以定名,并作了详细记录。他深入考察的岩洞达一百多个,徐霞客游记中记录的岩洞则更多。他对每个岩洞的考察力求准确全面。如他深入观察和描述了桂林七星岩的大小、深浅、洞内的复杂结构、洞的外部情况,近代科学技术实测的结果,证明他的记录十分精确。徐霞客比欧洲最早描述和考察石灰岩地貌的爱士培尔早150年,比欧洲最早对石灰岩地貌进行系统分类的罗曼要早二百多年。徐霞客游记是世界上最早系统研究岩溶地貌的珍贵文献。

三、江河。　　霞客很重视江河源流的考察,他对旅游路线的安排,有些也与此有关。在滇东、滇南探寻南北盘江的源流,到元谋、丽江详细调查了金沙江,后转到顺宁(今云南凤庆)、云州(今云南云县),又专门了解澜沧江的流向。霞客考察记录了南方各省的大量水道。他破除陈说,弄清了三分石系石分三岐,虽水分三方流,但皆入湘江,与两广无涉。他冲破了禹贡"岷山导江"的传统观念,在历史上第一次论证了金沙江才是长江正源。他还辨明了枯柯河西入潞江而不入澜沧江,碧溪江即漾濞河下游,龙川江即麓川江等。他纠正了明一统志关于西南地区水道的许多错误,但由于当时条件和他的行踪的限制,对北盘江江源和南盘江流向、澜沧江是否"直下交南"入海等,未能得出正确的结论。

四、水文。　　霞客注意到江河水量的涨缩,颜色的变化,江面的宽窄,水流的急缓。一些河流他数次跨越,每次都有记录,且对不同季节各段的变化进行对比,这对我们今天认识这些河流的历史情况甚为可贵。霞客也对沿途的泉、瀑进行考察,在贵州考察了大量变为伏流的河道,在云南考察了遍布各地的大小湖泊和龙潭。他还对河流的流速与流程的关系、河水的侵蚀作用、喷泉发生的原因等,作了科学的解释。

五、地热。　　明末以前记载温泉情况最详的书,恐怕要数徐霞客游记。霞客重点考察了云南遍布的温泉群。他不是简单罗列温泉的名称和位置，还记载了水温、水质和各个温泉的特点，对罕见的沸泉、气泉作了生动的描述，并记录了利用地热提取硫磺和硝矾的经验。霞客描述了腾冲火山群的分布和外貌，还根据当地人讲述，记录了明代一次火山爆发的经过和引起的巨大变化，为近人研究我国近期火山活动提供了可贵的资料。

六、气象。 霞客出游，十分关心气象。他万里西游，犹如一座流动气象站，从长江口到滇西，坚持了三年完整的气象观察，详记每天气象的变化。徐霞客游记保存了我国古代最详细的气象观察记录。霞客提出"山谷川原，候同气异"的正确结论，多处谈到气候和植物及农作物的关系。他注意到海拔和气温的关系，山高则冷，"夏不废炉"，"日色皎然，而寒气如故"。他重视地理位置及太阳对气温的作用，"冬夏寒暑之候，南北不分，而两广之燠，皆以近日故也。试观一雨即寒，深夜即寒，岂非以无日耶？其非关地气可知"。他记录了营兵论及滇东的气象规律，罗平"盖与师宗隔一山，而山之西今始雨，山之东雨已久甚。乃此地之常，非偶然也"。霞客的记录使我们有可能认识明末我国部分地区的历史气候，他对影响气象诸要素的探讨，反映了我国古代气象研究的水平。

七、物产。 徐霞客游记所载物产甚多，包括林木、花卉、药材、动物、矿等等。观察之余，还"折其枝，图其叶"，沿途采集标本。霞客有滇中花木记专篇记云南名花，其实游记中述及西南花木者，比该篇所记多数十倍，霞客笔下的西南边疆简直是一座百花园。霞客对各地特有植物的地理分布、特征、用途、植物与环境的关系等进行了研究。他也向读者详细介绍了玛瑙、大理石、翠生石、鸡葼等若干奇珍异物。徐霞客游记记动物不多，但也有精辟的概括，如："鹤庆以北多牦牛，顺宁以南多象，南北各有一异兽，惟中隔大理一郡，西抵永昌、腾越，其西渐狭，中皆人民，而异兽各不一产。"

八、政区。　明代的行政区划，明一统志等已有系统记载，霞客没有必要重复，但徐霞客游记里仍有不少政治地理资料。对重要行政中心或军事要地，如衡阳、柳州、壶关、三里城等，则记其险要地形、城墙、城市布局；对一些边远州县，则详记沿革、辖境、四至、治所状况及相对位置；对明以前的某些重要设治和古城址，也偶有考订。霞客比较重视治所和辖境。治所有变迁的，则详细介绍其迁徙或发展情况，如嵩明州、昆阳州、南丹卫、桂林府等。凡所经各政区接界点的村寨，皆注明其隶属关系，可据以知道各省、府、州、县的管辖范围。三乡县的设立，大罗卫城的位置等，皆补他书所未备。它如明初至明末一些政区辖境的变化，卫所与府县辖境的交错，云贵两省界线的伸缩，确定政区界线的依据等，都有明确的记录，可据以校补明一统志及明史地理志的缺略和错误。

九、交通。　霞客对自己的游踪，包括方位、路线、程站、里距，记载都很详尽，可当一份明末交通里程表。他常随马帮旅行，对西南地区作为主要交通工具的马帮描述尤为具体。很多时候他虽走间道，也仍然交代了大道的走法，对各省间的交通干道，则多作专门介绍。霞客的旅游路线，还反映了明末南方各省河流的通航情况，水运路线及规模，船的形制及大小，运输物资及一些重要航道的繁忙景象。对南盘江和滇池航运的记录，更属难得。霞客还记录了大量的各式各样的桥梁,诸如铁索桥、石拱桥、亭桥、木桥、独木桥、藤桥、浮桥等等,不但记下桥的名称及位置,而且描述了桥的形象、结构、规模、性能等各方面情况,对北盘江铁索桥、澜沧江铁索桥、龙川江藤桥记载尤详,保留了古代建桥的技术资料。

十、地名。　　徐霞客游记收录了明末大量的聚落名称,并把它们放在特定的地理环境中,详载其位置、分布状况、规模及特点。霞客注意了地名含义的解释,为今天我们弄清一些地名的来源和含义提供了依据。各地方音差别,记录用字不同,都增加了地名的混乱,霞客曾多次提到询问地名时闹的笑话,书中也还有个别地名录音不准或用字不当。霞客研究了地名混乱的原因,批评金齿卫、澜沧卫等设治名称"名实悖戾"。也探讨了地名命名的原则,以保山石花洞为例,他认为"石花名颇佳,而志称为芭蕉,不如方言之妙也"。他还提出处理重名问题的办法。徐霞客游记反映了明代的地名知识和他对地名的研究成果,霞客留给后世的这份宝贵的地名遗产,将会在现代地名学研究中发挥作用。

徐霞客游记的可贵,还在于它是实地调查的真实记录。霞客调查的对象遍及各行各业,有樵夫、牧童、农民、商人、行脚僧、旅客等等。亲闻还必亲见,有的内容虽听别人介绍了,但未亲见,仍不放心,必加注说明。游记中根据自己落实的程度,用"即"、"疑"、"闻"等字严格区分哪些系亲自游过;哪些是过而未登,缺乏研究;哪些是闻而未至,只听说过。没有到的则注明"惜未至",从不以假乱真。霞客对各种地记及前代地理著作十分重视,但又不轻信文献资料。他随身携带明一统志,又沿途广泛搜访地记、方志,将实地观察和文献记录认真核对,订正了文献记录中不少错误。霞客有着精确的数量观念，也十分注意量的记录，道路远近，洞穴大小，都经过他实测，详记具体数字。这些情况说明：徐霞客游记的记录翔实可靠，准确具体，有很高的科学价值。英国著名的科技史专家李约瑟说："他的游记读来并不像是十七世纪的学者所写的东西，倒像是一部二十世纪的野外勘察记录。"给徐霞客以很高的评价。徐霞客游记产生在我国封建社会末期资本主义萌芽阶段，霞客总结了我国古代地学研究的成果，不仅记载的深度和广度超过前人，而且作了一些科学的解释，他的研究成果反映了近代西方科学技术传入前我国的地学水平，具有里程碑的性质。当然，以一个人毕生的精力，要搞清一个伟大国家的全部地理状况是不可能的。徐霞客游记中存在的某些错误和不足，无损于这部名著的光辉。

徐霞客游记是历史实录

明代的历史资料浩如烟海，记载明末的资料也不少。但多偏重统治阶级上层的活动和北方的情况，反映南方广大地区社会生活的历史资料却太少。徐霞客在明亡前夕社会大动荡的岁月，举步跋涉，广泛接触社会各阶层，耳闻目睹，使他了解到国史、邸报不可能反映的社会底层的生活情状。霞客对朝政不满，以及他对社会底层群众的同情，使他有可能把当时的社会实际忠实地记录下来。因此，徐霞客游记也是一部实录性质的历史著作，是后人认识明末社会情况的最直接的信史，它的丰富而可靠的内容应该受到史学家的重视。徐霞客游记犹如一幅明末风俗画的长卷，从东往西，展现了从江南水乡到西南边疆千姿百态的社会生活，生动真实,绚丽多彩。它所反映的内容十分广泛,包括了当时社会生活的各个侧面,主要有以下十类。

一、农业。　徐霞客游记记载了各地的农作物优良品种,稻、麦、荞及其他经济作物的地区分布,农时节令,耕作制度及一些特殊的农业生产工具。对各地的水利设施,如堤坝、沟渠、喷泉,竖木或砌石的空中引水渡槽,兴安灵渠"以箔阻水",云南"因泉为田",保山坝子缘山引水的"号塘"等,皆有记载。

二、手工业。　霞客记载了明末的造纸业、碾碓业、榨油业等手工业,对采矿业的描述最为突出。霞客经过或提及的矿山不少,详记者如广西的南丹厂,云南的南北衙、明光六厂、炉塘厂、安宁盐井等,内容涉及这些矿的位置、地形、生产情况、技术特点及街市盛况,详略不一。对湖南耒水运煤的繁忙景象及东川铜矿的马帮运输亦有所及。

三、商业。　徐霞客游记对各地的农村集市均有记录,包括"趁墟"(赶街)的时间,交换的物产,繁荣的程度,还详记了米价、油价。对特殊的街子如大理三月街,商业比较繁荣的集镇如黄草坝(今贵州兴义)等则作了详细的描述。我们从该书中还知道当时湘江沿岸有大量"以鱼苗货四方者",贵州可用盐作等价交换物,腾冲境内有天旱即移街址的风俗。

四、民族。　我国西南边疆在历史上一直是民族众多的地区,霞客旅游经过了瑶、壮、苗、布依、仡佬、彝、纳西、白、回、傣等少数民族聚居区,对这些民族的衣食住行、生产情况、风俗习惯、民族语言等都作了详细描述。游记述及的还有茶山彝、㑩㑩、古宗、吐蕃等族。难得的是,书中既不是干巴巴的概念,又很少嘲笑的语调。<u>徐霞客游记</u>是研究民族历史的宝贵资料。

五、政治。　明末的政治状况,在<u>徐霞客游记</u>中也有反映。吏治黑暗,宦官专权,党争激烈,"翰苑中正人一空"。军备不振,卫所制度废弛,屯军所剩无几,而且生活困苦,很多要地已无人守卫。土司糜烂,<u>粤西</u>诸土司互相残杀,<u>贵州水西安氏</u>、<u>滇南普名胜</u>自立一方,州县残破,人民受苦。邻国常在边境侵扰,"交彝"使得我国人民民不聊生,边境人民常被索物、掠卖为奴或杀害。这些预示着<u>明王朝</u>即将面临"荆棘铜驼"的覆亡境地,<u>霞客</u>常为此慨叹不已。

六、统治阶级的腐朽生活。　<u>霞客</u>就其所见,在<u>徐霞客游记</u>中对统治阶级的腐朽生活也有揭露。<u>衡阳</u>的<u>桂王</u>,烧香拜佛的寺庙规模很大,"八庵连络","呗诵之声相闻"。<u>桂林</u>的<u>靖江王</u>,念经礼忏,"花焰交作,声震城谷",独占风景胜地<u>独秀峰</u>,<u>霞客</u>四次请求,也没有被允登峰揽胜。<u>云南</u>的<u>黔国公沐氏</u>,庄田遍全省,甚至<u>云南府</u>城边的<u>滇池</u>水面,也被圈为"沐府鱼池",建成雕梁画栋的水上别墅。在<u>柳州</u>,"土人苦官府游宴之烦",不得不填塞<u>罗池</u>,使统治阶级没有游乐的地方,希望能少一些劳民伤财的活动。在<u>大理</u>,由于统治阶级搜括大理石,使整村的石工逃亡,"止余环堵数十围"。

七、人民生活。　<u>徐霞客游记</u>反映了城乡广大人民丰富多彩的生活情态,不但记录<u>杭州府</u>(今<u>浙江杭州</u>)、<u>衡州府</u>(今<u>湖南衡阳</u>)、<u>桂林府</u>(今<u>广西桂林</u>)、<u>云南府</u>(今<u>云南昆明</u>)等大城市,也记录了大量中小城镇及广大农村的生活,对人们衣食住行、风俗习惯,春节、上元、端阳、七夕、中秋等节日,都有极其生动的描述。更可贵的是霞客不像帮闲文人粉饰太平盛世，而是如实反映了明末严酷的社会现实。强丐索钱的贵族王孙，趁人之危的和尚，窃物阻行的店主，嫚亵索客的老板娘，见官府即逃的群众，因形势险恶而闭门绝客的村居，比比皆是。徐霞客游记描述的不是天国，名山胜景都经过眼泪洗涤。杭州灵隐寺"苦于游丐之喧污"。柳州城郊的洞府胜地，成了病人托命的场所。安宁温泉的石洞，也是"因发赤身"编草鞋彝族的居室。苍山背面的玉皇阁，有老人每日登山至石洞中箍桶，"晚负下山鬻以为餐"，终年在劳苦艰险中度过。

八、农民起义。　　明末北方农民起义的资料不乏记载，但南方农民起义的资料很少。徐霞客游记透露了长江以南农民起义的线索。在明末农民大起义的影响下，南方也不是稳定的安乐窝，经常有小股农民军出没，行踪不定，十分活跃。"东安有大盗临城，祁阳亦有盗杀掠"。九嶷山区的农民起义军有和尚、木匠等参加，还有马二三十匹，"创锐罗帜甚备"，曾出永州，杀东安县捕官。在宜章县境，"有盗百四十人自上乡来，由司东至龙村，取径道向广东，谓土人无恐，尔不足扰也"。广西东南部，有"流贼"七八十人，"縻诸妇女富人，刻期索赎，不至者辄杀之"。官府派土司兵镇压，土司兵却先给起义军报讯，结果"贼俱夜走入山，遂以荡平入报"。起义军的力量震撼了明王朝在各地的统治，"讹传衡、永为流寇所围"，广西省城桂林戒严，衡阳甚至发生深夜"盗穴西城"的险情。

九、宗教。　　霞客出游多住寺庙，与僧侣交往甚密，因而对各地佛寺、道观的记载特别详尽。纵览徐霞客游记，可使读者对明末宗教的发展留下深刻的印象。霞客对佛教怀有好感，他的思想也受到佛教的影响，有着唯心主义的成份，但他并不持宗教偏见，为之掩恶扬善。他记录了不少人遁入空门的社会原因,写出了各寺庙宗派之间的矛盾,记载了僧侣中大量的好人,也刻画了那些披着袈裟趋炎附势、趁人之危、敲诈钱财的"髡徒"的狰狞嘴脸。徐霞客游记关于宗教方面的丰富内容,已经引起近人的重视,明季滇黔佛教考一书引录甚多。陈垣先生指出:"今欲考滇黔静室及僧徒生活,霞客游记为最佳史料。"

十、文物。　　霞客酷爱碑刻文物,旅途中参观了大量碑刻,搜集了不少拓片。他常用简陋的工具自己拓碑,在桂林为雇人拓碑延误了很多时日,在融县(今广西融水)真仙岩,因搜览诸碑从梯子上跌下来,"眉膝皆损"。徐霞客游记收录了很多碑刻线索,以九嶷山、桂林、真仙岩、鸡足山等地最详,有的甚至抄录全文。霞客也记录了不少他亲见的历史文物,如大理崇圣寺三塔及雨铜观音像、鸡足山铜殿、剑川金华山天王像、晋宁石将军像等。霞客沿途凭吊先贤,调查并记录了诸葛亮、元结、颜真卿、柳宗元、苏轼、陆游、范成大、朱熹、朱元璋、朱允炆、张宗琏、王骥、杨升庵、李元阳、曹学佺等一大批著名历史人物的故居、坟墓、题刻和其他遗迹。

徐霞客修撰了鸡足山的第一部志书鸡山志,他提出的修志原则对后世史家很有启发。霞客一生旅游的目的不在于研究历史,但作为一个正直的学家,他不能回避当时的社会现实,并随其游程把它们记录下来。因此,对很多历史问题的叙述显得零散,详略不一,且不可能系统全面地交代每一个历史事件或人物,这是我们不应苛求的。当然,徐霞客游记毕竟是封建社会的历史记录,站在地主阶级的立场,称农民起义为"流寇",视农民起义军为仇敌;对少数民族称"苗子"、"猡猡"等,充满大民族主义情绪。

徐霞客游记是文学名著

徐霞客也是一位很有成就的文学家。他的著作流传至今的有徐霞客游记及诗作三十八首(见附录,其中吟白崖堡南岩诗见粤西游日记四)。溯江纪源(一作江源考)原载江阴县志,也被后人收入徐霞客游记。他的著作目录散见于徐霞客游记中的还有不少,但绝大部分已散佚。赠鸡足山僧妙行七律二首手迹近年被发现,原件藏云南省博物馆。另有山中逸趣跋,系据霞客篆文手迹刻印,现亦藏云南省博物馆。

徐霞客的文学成就是多方面的。他的名山游记成为写景的佳作,被古今的游记选本多次收入。记麻叶洞探险、湘江遇盗、南宁与静闻诀别、鸡足山顾仆逃跑诸篇,情节生动,层次跌宕,描写细腻,情深意切,是叙事性散文的名篇。随笔二则、近腾诸彝说略等专篇,揭露大胆,议论中肯,切中时弊,成为他的议论文的代表作。江源考、盘江考逻辑性强,结构谨严,是考证文章的典型。"我欲倒骑玉龙背,峰巅群鹤共翩翩。"霞客的诗是他高洁人格的化身,当时即以"词意高妙,备极诸长"受到黄道周等名家的赞赏。

古今游记不外两类。多数皆重文学塑造,借景抒情或议论,为了使景物典型化,竟至移景换形,张冠李戴,虽成文学名篇,但与描述的对象相差很大,几乎到了失真的地步。这类作品一经和风景实际对照,往往使人失望。柳宗元的永州八记虽然烩炙人口,也因此遭到徐霞客的批评。徐霞客游记则属另外一类。它重视写实,力求准确、生动地再现祖国山河,让多姿的山光水色直接和读者见面。这类游记虽然不强调作品本身的文学价值,然而却和名山大川同样受到人们热爱,与壮美的山河永存。

在诸多游记中,大量的只能算小品,而徐霞客游记当推长篇巨著,其所记时日之多,篇幅之浩大,内容之宏富,皆为古今第一。四库全书总目提要早称赞过:"游记之夥,遂莫过于斯编。"为了容纳众多的性质各异的内容,适应巨大的篇幅,徐霞客游记在体例上分为四种情况,即日记正文,这是游记的主干;文中偶有说明,用小字夹注;还有一些综述性质的专条,补充交代当地的风土、物产、人物、历史,或综括山、水、地形,或作为某一段游程的提要,附在各天日记之后,个别的穿插在正文当中,可说是游记正文的发展和补充;有些地区形成较独立的专文,如永昌志略、丽江纪略、法王缘起等,集中反映某一地区的历史或现状,是对该地区综合研究的成果,也可说是注说和专条的扩大,与游记正文联系起来,更便于阅读。前者按游程发展,采用日记体裁,用时间把众多的景物和事件贯串起来,成为一个有机的整体,这是纵的线索。后三者虽然范围不同,规模各异,但都对重要问题展开,进行横的典型解剖。纵横交织,详略互补,构成了独特的"徐霞客游记体",丰富和发展了宋代以来的日记体游记,在游记写法中独树一帜。

以描绘大自然为己任的徐霞客游记的艺术特点,可以概括为真、细、活、热四个字。它不是文人雅士的矫揉造作,无虚拟之词,无雕饰之痕,具有朴素的语言,清新流畅的文笔,以真切、质朴给读者留下深刻的印象。自然环境的复杂多变给游记出了难题,徐霞客游记正是以全面描述复杂的自然环境取胜。它长于用工笔画的细腻手法,对大自然进行详尽的摹写。山重水复、丘岵起伏的变化,在霞客笔下变得条理分明,分寸适度,他用文字清楚地表述了近人用航测地貌图才能表达清楚的各种地理要素的复杂的空间关系。霞客也注意在文章剪裁上下功夫,因此虽然描述细致,却并不显得庞杂繁冗。不得不重复的游程,记述时则各有详略,互为补充,使读者不感到重复累赘;有时详述复杂地形以后,又殿以概括的交代,以便形成完整的概念;一些戏剧性强的情节,则预埋伏笔,先牵住读者。游记穿插一些民间传说或神话故事,增加了名山胜景的历史文化色彩,使文笔显得生动、活跃,对读者有吸引力。霞客善用拟人拟物的手法,通过形象的比喻,使高山、怪石、幽洞、清风、流水都具有了生命,活生生地呈现在读者面前。霞客善用"然"字作词尾状物,使所描绘的景物形象突出;常用四字一句的段落写景,中夹骈偶对句,也常使用叠字,使文章增加了铿锵的音律,富有诗的韵味。有时还适当穿插对话,或清脆的鹤鸣,轰崖倒峡的瀑声,呼啸的松涛,空谷的回响,用音响点缀画幅。霞客笔下的风景具有动态,读者犹如置身画幅中,与山灵呼应,亲睹形骸,声气相通。霞客饱含着对祖国的热爱,把炽热的感情倾泻在祖国的山山水水,也灌注到徐霞客游记的字里行间,他不是引导人们去寻觅避世的仙山琼阁,而是向读者介绍人间的锦绣山河。徐霞客游记采用第一人称,更便于直接抒发感情,几乎时时听得到他忧国忧民的心声在呼喊,处处有他对祖国山河的爱火在燃烧。三百多年来,霞客正是通过徐霞客游记,用对祖国炽热的爱火,燃起多少代人对伟大祖国的爱的感情,为祖国的壮丽山河去献身。

徐霞客游记也是用文学笔调写作科学著作的典范。我国古代大量的科学著作,多是罗列若干互不相干的条目,文字枯燥;近代有的科学著作，为了吸引读者，又编造虚幻的内容，脱离实际，降低了科学价值。徐霞客游记既忠实于科学真实，又进行了认真的艺术加工。它把丰富多采的地学和史学内容，统一到各个特定的地理环境，罗织成一幅幅色彩斑斓的画面，再随作者的游踪逐步展开，一步一奇，引人入胜。它避免说教和空洞的阐述理论，使读者不觉得枯燥乏味，却在文学欣赏中不知不觉地了解自然，接受科学知识。徐霞客游记把科学著作和文学著作融合为一，把准确的科学内容和生动的艺术描写有机地结合起来，它的艺术成就，对科普读物的写作是极好的借鉴。

徐霞客游记的版本

徐霞客游记在霞客生前未及整理成定本。霞客病中曾将西游所记托付给季梦良整理。季梦良，字会明，是徐氏家庭教师，又是徐霞客的好友。霞客逝世后，先由王忠纫手校，崇祯十五年（壬午、1642 年）由季梦良初次编定。虽经季氏"遍搜遗帙"，"因地分集"，但已有残缺。崇祯十年（丁丑、1637 年）八月二十四日至九月二十一日霞客在南宁的日记，仅剩季梦良在乱帙中翻得的一则。崇祯十一年（戊寅、1638 年）十一月十二日至月底霞客游武定、元谋并穷金沙江，崇祯十二年（己卯、1639 年）三月三十日至四月九日初到永昌，以及九月十五日以后在鸡足山的日记，此时已缺。清兵入关，顺治二年（乙酉、1645 年）江阴迭遭兵燹，又发生"奴变"，游记原稿"抢散"，滇游日记首册被焚。以后又经季梦良再次整理。由于该书的重要价值，引起人们普遍的重视和喜爱，流传甚广,众多著名藏书家争相收藏。从霞客逝世到正式付梓,中间经历了135年,可考的抄本有二三十种,散佚或未见书目的当比此数多得多。早期抄本的特点是各人"多以己意"大量删削,以致"文残简错,句乱字讹",不少本子愈来愈失真。

徐霞客游记的版本虽多,但传世的不外两个系统。

第一类的祖本被认为是李寄本。李寄字介立,为霞客第四子,因随母育于李氏,故名寄。康熙二十三年(甲子、1684年)李寄访得曹骏甫本、史夏隆本,把其中的游太华山记、游颜洞记、盘江考等数篇补入滇游日记。名山游记和徐霞客西游记也应在李寄手中合璧。康熙四十八年(己丑、1709年)、四十九年(庚寅、1710年),杨名时曾进行过认真校录。杨名时字宾实,号凝斋,谥文定,为霞客同乡,曾在云南、贵州做过大官,又是康熙、雍正、乾隆三朝重臣,对徐霞客游记整理的影响自然很大。杨名时整理本的传抄本流传甚广,坊间杨本的形象也很复杂。北京大学图书馆藏有抄本,装订为八册,被认为是杨名时抄本。北京图书馆藏十册十二卷徐霞客游记,亦应是杨名时校录本的抄本。收入四库全书的也是杨名时所加编订。乾隆年间,陈泓(字体静)又搜集诸家抄本详为校订,陈泓抄本现藏上海图书馆,也是较可信的本子。这一类本子都是名家校订,整理工作认真;但名家自认好心的斧削,对游记内容作了大量删削窜改,与原著面貌有较大的出入,且各种版本皆有程度不等的变换改动,游记的形象极不稳定。

徐霞客游记版本的另一个系统的祖本是季梦良本。其前半以北京图书馆收藏、近年被发现的徐霞客西游记为代表。所收日记起自崇祯九年(丙子、1636年)九月十九日,止于崇祯十一年(戊寅、1638 年)三月二十七日,包括霞客万里遐征中的浙游日记、江右游日记、楚游日记、粤西游日记等几部分,共 938 页,约 28 万字,装订为五册,每册卷首有游程提纲,全书卷首有季梦良序。经鉴定被认为是季梦良整理本,即徐霞客的族兄徐仲昭(名遵汤)经办,著名学者钱谦益推荐给毛晋准备出版的徐霞客游记,这是可信的。该本没有经过文人的削抹,让人们有可能认识这部伟大著作的细部和文字风格、写作特点。但这是一个残本,缺名山游记及黔游日记、滇游日记。它也不是原本,而是季梦良整理本的重抄本。由于抄誊的人水平不高,又未经过认真校对,因此文字上的讹误不少,有脱落、衍文,甚至有很多错别字,而且也对个别片断的文字作过省并。大概这些弱点成了这个本子未能付梓的原因,长期秘不示人,因而这个系统的版本极少,过去的影响也不大。其后半以徐建极抄本为代表。徐建极是霞客之孙,生于明崇祯七年(1634 年),卒于清康熙三十二年(1693 年)。该本先后为邓之诚先生和谭其骧先生收藏,近年谭先生又交给邓先生的家属邓珂。该本起自崇祯十一年(1638 年)三月二十七日,迄于崇祯十二年(1639 年)九月十四日,内容包括黔游日记和滇游日记两部分。今存第六册,第八册,第九册分上下,第十册分上下,共六册,缺第七册即滇游首册,亦无游太华山记、游颜洞记、盘江考诸篇。则徐建极本所据应是李寄重新补入此数篇以前的原始抄本。

　　两个系统的本子各有长短,一类简而全,一类详而残,两类版本的缺陷互相交错,两类版本的优点刚好互相补充。通过杨本、陈本可以认识游记的概貌,而季抄本、徐建极本却可以了解游记的细部,再用它们互校,又可以纠正许多讹误,填补多处脱漏,这样就可以既见森林，又见树木。最早认识到这种状况的是徐霞客的族孙徐镇(字筠峪)。他根据杨、陈两个抄本和徐建极抄本互相校勘补充，调整篇目，删去游程提纲，于乾隆四十一年(丙申、1776 年)第一次雕版付印。因此，乾隆本的文字内容除个别字句歧异外，其他与徐建极本完全一致，而比杨名时序本却详细得多。乾隆初刻本吸取了两大系统的优点，使两个系统各自发展的本子第一次汇合，出现了比较接近徐霞客原著面貌的本子。乾隆本基本保持了徐霞客游记后半部的原始面貌，其滇游日记是可信的。

乾隆刻本徐霞客游记的正式出版，起到了统一版本的作用，长期以来流传甚广，影响很大，以后大量出版的徐霞客游记，多据乾隆本翻刻，增减变化甚微。嘉庆十一年(1806 年)冬，同邑人叶廷甲(字保堂)得到全部雕版，再次用杨本、陈本雠勘，用徐氏旧板改补，并增辑补编，把徐霞客的遗诗、诸友题赠等附上，于嘉庆十三年(1808 年)再版。咸丰年间印本，卷首加了徐霞客像，为至今所见最早的霞客画像，诸书所印霞客像多源于此。光绪七年(1881 年)有瘦影山房印本。光绪三十四年(1908 年)有集成图书公司排印本。民国年间，出过徐霞客游记的十数种版本，有扫叶山房石印本、沈松泉标点本、莫厘樵子本、万有文库本、国学基本丛书本等。1928 年由丁文江主持，据叶本进行了初步标点，编入霞客家祠丛刻晴山堂帖的绝大部分，并附徐霞客先生年谱和徐霞客旅行路线图，由商务印书馆出版精装本，对游记的整理又前进了一步，但仍局限在乾隆刻本范围内。

但是，由于历史条件的限制，徐镇没有看到季梦良本，合璧的工作只做了一半，因此出现乾隆初刻本前半部和后半部体例不一，内容详略悬殊,文字风格不同的情况。徐镇的做法引起了怀疑,是否在西游途中徐霞客的游记写作发生了变化?徐镇的做法也招来了非议,是否乾隆本整理者对西游前半部作过删削省并?今天我们有条件用多种版本比对,终于明白徐镇所具有的胆识和所冒可能被误解的风险。1976年底开始的徐霞客游记整理和校注,也正是这些疑点引导我们开展工作,通过具体的校勘过程坚定了我们的判断,决定全书用乾隆四十一年(1776年)徐镇初刻本作底本。感谢北京图书馆的大力支持,提供了乾隆本和徐霞客西游记的缩微胶片,利用季梦良整理本徐霞客西游记补乾隆本前半部的缺略,增补了浙游、江右游、楚游、粤西游等部分的内容约15万字,而且抹平了书中前后的差异。1985年出版的徐霞客游记校注解决了徐镇未完成的工作,重新出现了全书更加接近徐霞客原著面貌的本子。

在徐霞客游记的诸种版本中,四库全书本可能名气最大。据四库全书总目提要载:"徐霞客游记十二卷,两江总督采进本。""此则杨名时所重加编订者也。"验之文渊阁四库全书影印本,共十二卷(每卷又分上、下)三十九篇,篇目与总目提要的统计不符。其所依据应是杨名时整理本,但却是被抄工"忽悠"玩了手脚的本子。该本不但西南游日记的前半比较单薄,对黔滇两省的内容也多有删削。删了不少小字注文,删了一些综述性的专条,也删了一些被认为是行程中不重要的情节,因此,黔滇两省与前面各省的文字风格比较一致。四库全书本不能算优善的版本,但它在版本学、校勘学上的价值不容忽视,用它进行通校很有必要。该本虽在整体上难得补益,却于细微处多所匡正,在补脱缺、正讹误、存异文、删正衍文、疏通语义、规范文字等方面都有作用。一些关系徐霞客行迹和思想的资料有幸被保留下来。如游武功山形色匆匆，"遂乘未雨仍返山顶，再饭茅庵，先往九龙"。过丰宁二司境发问："按丰宁二司皆贵州都匀府属，其兄弟相残而莫间，岂羁縻之道固应然耶？"在盘县被盗，终于搞清是旅店主人所为，"即符也，钱为所窃去"。在曲靖石堡村附近过畏途后十分感慨，"予于是始懔然悚，还欣然幸，深感前止宿者之厚情"。有些仅一二字却影响程度。如徐霞客游丹霞山，"影修屡设茶候"，保留了"候"字。在交水龚起潜家，"不乐观优"，保留了"优"字。过昆明东郊三家村，"从三家村啜所存粥启行"，保留了"所存"二字。宿顺宁高简槽，店主老人颇能慰客，第二天早起，保留了"昧爽饭"。重回鸡足山，遇"鹤庆史仲文"，视为知己，史君的名字也是通过四库本补齐的。这些零星散见在字里行间的内容，鲜活地反映了徐霞客的旅途生活和精神风貌，浸润着徐霞客游记的细部，十分可贵。

对徐霞客游记的整理，比一般古籍整理困难。因为徐霞客生前来不及将自己的研究成果编定，有些整段时间的缺佚，有些是行文中个别字句的缺漏，还有些地名、人名前后用字不统一，有些字句的笔误未及校正，等等。在长期的流传过程中，又有散佚和变化。后世的整理者面临更繁重、也更困难的任务。作为一部杰出的著作，应该尽量保持原书的真实面貌；作为一部未及编定的书稿，应该加以科学的整理，使其规范化，方便读者阅读。从三百多年来流传的诸多版本，我们可以大体窥见该书整理过程中的发展线索。

1. 结构

徐霞客游记由名山游记和徐霞客西游记两大部分组成。名山游记大概在西游前由徐霞客自己进行过整理,已经编定成册。文震孟寄徐霞客书说:"今又汇成纪述,以导后游,以传千秋。"陈函辉前纪游诗序亦说:"唯当附霞客游乘后,供行倦时一粲。"这些皆可证明。因此各篇的文字风格比较统一,各种版本的歧异甚少,仅个别字句在传抄过程中产生讹误。可惜这是一个选本,未能将霞客游内地名山的全部游记收入。季梦良整理的内容主要是万里西游的成果,徐霞客西游记所标顺序为"第一册"至"第五册",前有季梦良序,并无名山游记。徐建极本当从季本抄出,因而编号从"第六册"始,分册的编号连续,内容也互相衔接。季本最后一日与徐本第一日重出,所记文字也有歧异,当是徐本抄誊时,力求贵州部分的完整所致;也说明季梦良本系后人重抄,誊录过程中仍有删削。大概到李寄时,始将名山游记和徐霞客西游记合璧,但还保留了两大部分的痕迹。以后长期如此,直到陈泓本,书中都明确区分了名山游记和西南游记。徐霞客游记中开头便是"余久拟西游",别陈继儒后又说"盖前犹东迁之道,而至是为西行之始也"。季梦良尊重霞客的概念,将该部分取名为徐霞客西游记,然而以后诸版本则据霞客所游各省在我国的位置,多作西南游日记。由于对"西游"的概念发生歧异,有的本子竟将贵州部分改为"黔游日记",将云南部分改为"滇游日记"。至乾隆四十一年(1776年)徐镇初刻本,取消了名山游记与西南游日记的书题,实现了两大部分的有机结合,抹平了几部分间的界限,使徐霞客游记成为一个整体。"西游"系概括游览范围,西游途中徐霞客又探历了很多名山胜景,不能认为只有名山游记列的才算名山,徐镇的处理也消除了这个误会。

2. 辑佚

从季梦良整理徐霞客游记,就进行过大量的辑佚工作。他搜遍遗帙,翻箱倒柜,在杂刻中找到重九登罗秀山的日记,他找顾行落实了崇祯十一年十一月中下旬在武定、元谋的活动,他考证确定了崇祯十二年四月的最初 10 天在永昌府的行踪。以后,李寄又从史夏隆本恢复了滇游日记一中的游太华山记、游颜洞记及盘江考等数篇。徐霞客的其他单篇文章也逐渐被辑出附于游记中,如溯江纪源则从崇祯江阴县志中辑出。徐霞客的作品包括诗歌,据季梦良注,原有"诗稿一册,仲昭付梓人陈仲邻;仲邻遇难,稿亦散失"。但季氏认为"其诗另为一册,与记不相连属,缺之犹可"。这个观点曾影响过后来的整理者,徐镇刻本在例言中也称:"季君会明言公之诗稿已失,今各本所载诸诗,互有异同,颇难传信。"但宝爱霞客诗歌的人仍很多,杨天赐本收入赋得孤云独往还五首、题小香山梅花堂诗五首及游桃花涧各诗,夏氏本有哭静闻禅侣六首。对徐镇的做法,卢文弨提出批评说:"鸡足山志中诸诗,及石斋诸公之诗,凡抄本所有者,似亦非后人所当削也。削之则仍非全书矣。"卢文弨的求全的观点影响着后来的整理者。嘉庆年间,叶廷甲看出了这一趋势,又把鸡山志略中咏鸡山十景的十七首诗重新补入,与其他各诗放在一起,于是,霞客的诗作亦略具规模。从此,徐霞客游记除以游记为主外,囊括了徐霞客的全部诗文,具有徐霞客全集的性质。近年,人们继续往这个方向努力,新发现的霞客诗文陆续得到了补充。但是,丁文江为了突出徐霞客游记以外的诗文,把盘江考、丽江纪略、法王缘起等移到"外编"成为附录,而与其性质相同的永昌志略、近腾诸彝说略等仍在原处,改变了原书面貌,散乱无序,失之偏颇。

3.篇目

季梦良最初对徐霞客游记进行整理,按"因地分集"的原则分篇列目,作为游记和地理著作,是很恰当的。但浙游和江右游还未分开,以后仅分为楚、粤西、黔、滇各篇,作为数10万字的巨著,线条显得较粗。为了弥补翻阅的不便,对分量甚多的省,分册装订时又取一段完整的时间为单元,如第五册起自十二月初一,第九册下起自三月初一,第十册上起自五月初一,第十册下起自八月初一。作为日记体,进行这种划分也是恰当的。但是,按时间整齐分段的方法后来被绝对化,多以一月或两月为一单元,且分目越来越细。奚又溥本将粤西分为六篇,贵州分为两篇;云南分为十四篇,几乎每月一目,多从初一开始。这样,时间虽整齐,但由于见闻不同,各月内容不平衡,各目的篇幅长短悬殊很大。杨名时有鉴于此,把因地分集与完整的时段结合起来分目,各篇的地理单元较完整,但篇目又太细碎。四库全书本浙江、江西合为一篇,湖广一篇,广西四篇,贵州二篇,云南十四篇。北京图书馆藏杨序本广西析为六篇,云南析为十六篇。北大本原抄为二十七篇。陈泓本分西南游记为二十五篇,又把名山游记的十七篇分为十目,徐霞客游记篇目之多,至此而极。徐镇综合各家之长,仍坚持因地分集与完整时段相结合的原则,对杨、陈分目作了些合并,成为浙江一篇、江西一篇、湖南一篇,广西四篇,贵州两篇,云南十三篇,各篇字数较平衡,分量也较适中。当然还不能说十全十美,游鸡足山的日记及在丽江的日记被分割在两篇,使用十分不便。若参酌杨名时本,将霞客第一次在鸡山的日记集中在一篇,从一月廿一约束行李到二月十二日由丽江回鹤庆列为一篇,以后游剑川、洱源日记合为一篇,则地理观念更完整。但是,乾隆本的分目多为以后诸本袭用,这几篇的字数也较平衡,应该尽量保持该书总体形象的稳定,不宜多所更张。名山游记原来的顺序完全是因地分集,以类相从,但时间错乱。自杨名时开始,如四库全书本名山游记各篇改按游踪的时间先后排列,与西游记按日记程的体例一致,这一顺序相沿至今。通过反复的实践调整,人们逐步明确了徐霞客游记的编排分目原则,即在日记体系年的前提下,因地分集,一些内容较多的省,可参酌地理单元和一段完整的时间综合分目,阶段性既要明显,字数亦应大体平衡。

4. 卷、册划分

季梦良整理本徐霞客西游记分为十册,第九册和第十册各分上下,共十二册,但不包括名山游记。早期抄本的分册,一般起到分卷的作用,但册数往往不固定,有的分为十二册,有的分为十册,亦有分为八册者。据诸本异同考略奚本为十册,奚序又谓记游十卷,此时卷和册是统一的,十册又称为十卷。从杨名时序本开始,才突出了卷的划分,且分册与分卷不统一。北京图书馆藏杨序十册本分为十二卷,四库全书本分十二卷,每卷又分上下。一本书既分卷又分册,卷册且不统一,其下还分篇目,繁琐配置,重叠交叉。陈泓本根据杨本稍加变通,将西南游记分为十卷,名山游记另置为"卷首",附录为"卷末",仍为十二卷,装订为十二册,卷与册刚好一致,实现了分卷和分册的统一。徐镇据此将全书分为十册,每册再分上下,共二十册,取消了卷的划分。徐霞客游记经历了从简到繁,又从繁到简的整理加工过程,实现了眉目清晰,使用方便的整理原则。徐镇奠定的基础为后世多数本子所承袭。丁文江本再次为之分卷,且析为二十卷,与杨、陈本卷数不同,引出新的混乱。

5. 附录

据陈泓诸本异同考略,早期抄本已零星收录钱谦益的徐霞客传、嘱仲昭刻游记书,陈函辉的徐霞客墓志铭,吴国华的徐霞客生圹志铭,间或收入晴山堂帖的内容。杨天赐本及夏氏又一本皆增加诗文一册,不但搜集徐霞客的遗诗,也附载有关徐霞客的资料,黄道周、唐泰题赠霞客诸诗大体齐备。但是,被认为是杨名时整理的几种本子都未见附载内容。陈泓本以"附录"的形式集中了徐霞客的诗,黄道周的四份诗帖,唐泰的三份诗帖,陈函辉写的墓志铭,钱谦益写的传,及陈氏自己的诸本异同考略,肯定了附载的必要性,自此以后各本皆有附录。徐镇本称附录为"外编",但晴山堂帖概不收入,重点收书牍,内容单薄。叶廷甲为了弥补这个缺陷,在徐镇版片以外,另加"补编",有霞客遗诗,题赠诸诗,晴山堂帖中的秋圃晨机赋、秋圃晨机图记、徐氏三可传,吴国华的圹志铭,史夏隆和奚又溥的序。这些内容都曾见于各种抄本,但叶廷甲把它们集中在一起刻出,便于流传。丁文江整理本不但将各本所见有关附录尽行收入,且直接取材于晴山堂帖,将其中绝大多数内容补入,形成包括诗文、题赠、书牍、传志、家祠丛刻、旧序、校勘等七部分的"外编",蔚为大观。附录成了研究徐霞客及徐霞客游记不可少的依据,而附录内容的完整和丰富则成为徐霞客游记整理者的追求。

6. 助读资料

如何为读者提供阅读该书的方便,也是古籍整理者一直摸索的问题。季梦良整理本已有提纲,附在每一册的开头,简要叙述徐霞客在该段的游踪及所经历的重大事件,如"遇盗始末"、"静闻死南宁崇善寺"等。作为游记,这是很需要的。后来分目稍多,提纲亦渐被分小,分系于各目之下。到杨名时、陈泓整理本出现时,分目最多,每目的篇幅不大,对提纲的利用渐不那么迫切,一些杨序本的抄本不抄提纲了。提纲最终被徐镇本取消是可以理解的,但却因此影响徐霞客游记最初整理本的形象,所以卢文弨序批评说"元本间有总叙其所历以为提纲者,今刻本去之,似少眉目。"今天,保存这些提纲仍是很有必要的。作为游记和地理著作,没有地图配合是很难读懂的。丁文江本新增附图一册共 36 幅,大大方便了读者。为重要古籍作注是我国古文献研究的优良传统。裴松之的三国志注、郦道元的水经注光照千秋。随着时间的推移,自然的沧桑,制度的更张,政区的变化,名物的改易,徐霞客游记的全注本成为时代提出的要求。

探究新中国建立前徐霞客游记整理工作的得失,也增强了我们的信心。不但有助于认识该书各种版本的优劣,也总结经验,沿着该书所经历的历史选择,充分发挥中华经典的作用。以上历史经验,也是我们整理工作遵循的原则。本书充分尊重徐镇初刻本的宏观结构,分篇不分卷、各篇起迄时间、专文的位置安排等皆不变,保持徐霞客游记流传已久的整体形象的稳定。本书又用各种抄本和印本参校,并吸收近人研究成果,特别用四库全书本徐霞客游记进行通校,解决了文字细部的很多问题。本书强调文献学和版本学的价值,在相应位置尽量保留历代整理者的原始记录,有利于今人深入研究。在整理工作中,经过长期广泛搜集徐霞客的遗诗遗文,和与霞客生平、家世有关的资料,本书的附录有较大充实。希望通过我们的努力,使这部整理本更加真实和完整,也更能满足读者的需要。

　　徐霞客游记所反映的时代,距今已有三个多世纪。在这段时间内,地理环境、语言文字、社会生活、政区设置、地名称谓等都发生了变化,提供条件帮助人们读懂这部名著成为学术界的迫切任务。本书的注释包括难字词及历史背景、历史地理、人物、民族、名物、制度、宗教等方面,侧重古今对照。间有原书散佚或未尽的内容,则适当补充资料。

　　随着社会主义事业的发展,各行各业对徐霞客游记的兴趣大增,对该书内容的引用和研究越来越广泛。我们愿尽力给更多的关心徐霞客游记的读者提供方便,做一点铺路工作。经过历史长河的磨砺,相信徐霞客游记的灿烂光华会与日俱增!

校 注 凡 例

一　版　本

徐霞客游记校注尽量保持乾隆四十一年徐镇初刻本（简称乾隆刻本）的面貌。名山游记、黔游日记、滇游日记采用乾隆刻本为校点底本。浙游日记、江右游记、楚游日记、粤西游日记则以季梦良抄本为底本（简称季抄本），再用乾隆刻本校正补充。并用各种抄本和印本参校，吸收各种版本的长处和近人研究成果，择善而从，有依据的改正，拿不准的宁愿存疑。

附录部分的内容，越往后的本子越丰富，对于叶廷甲刻本（简称叶本）、丁文江本（简称丁本）、1980 年上海整理本（简称沪本）补充的内容皆尽量收入，新增的篇目则在篇末注明。

二　体　例

徐霞客游记的不同版本，分册、分卷很不一致。早期各本多未分卷。以后诸本分册不同，也有的分卷，但分目多从乾隆刻本。今依乾隆刻本分目，不分卷。

该书为日记体裁，一般每天一则，不须再分段。有些日记内容丰富,篇幅过长,为便于阅读,则酌情分段。综述性质的专条据诸本加以区别,低两格排。有些地区形成较独立的专文,仍按惯例,依府县次第附在各记之后,还可补一部分缺佚的日记。

原文脱漏的字句,按字数用方框□代替。脱漏字数不明者,则注"下缺"。

季抄本缺而乾隆刻本有的片断,亦全部补入,加六角括号〔　　〕标示。

霞客原注依旧用小字夹在正文中。诸本整理者加的注,依原来位置不变,但用小一号字排,加圆括号(　　)区别。

个别由整理者补入的字,与上下文字体统一,但用圆括号(　　)标示。为便于阅读,每篇第一天及每年正月初一,在干支纪年后面,用圆括号(　　)括注帝王年号及公历。

三　文　　字

本书为简体横排,个别地名、人名不便简化者,暂时不改。

古体字、异体字尽量改成通用汉字。

书中一些经常交互出现而不影响含义的同义字,仍沿其旧,不勉强进行规范化处理。

四　标　　点

标点符号的使用,力求反映古汉语的时代特点。

霞客习惯以行程为线索,写景、叙事穿插其间。为了描述一些复杂的地貌,也常出现比较复杂的句式。因此,在多用句号、少用分号的同时,分号和冒号的使用仍不可避免。

为了把隶属关系与并列关系区别开来,注意把两个以上并列的地名、物名等用顿号隔开。

对人名、地名、朝代、民族、书名等皆加专名线或书名线。

五 注 释

注　选注条目包括以下内容：

（一）难字注解。读音一般同时注出汉语拼音及同音汉字，少数常见字需加注特殊字义时，若读音不变，则不再注音。

（二）有关历史地理方面的词汇尽量注出。

（三）明代及明以前的政区名全注。县级加注隶属关系，府则注出设治的附郭县及今地位置。治所与今县治同点的只注今县名，与今县治不同点的则详注今地位置。

（四）选注一部分小地名，注出今名及其在所属市、区、县的位置。以县治为标准，视其距离远近，分别用"东郊"、"稍东"、"东境"（或"东部"）、"东隅"等描述。

（五）为方便读者，特编绘13幅徐霞客旅游路线图，放在书中相应的位置，俾便对照。

（六）明代帝号、年号、公历对照，列表附于书后备查，不一一作注。明以前的年号注出帝号及公历。干支则注出公历及年号。

（七）宗教、民族、人物及其他名物，酌情选注。

（八）重要的典章制度及历史背景，酌情选注。

（九）重要的自然地理实体，尽量注出其现状。

（十）重要名胜古迹及风景区，注出其今地位置、特点、价值及现状。

补　间有散佚或未尽的内容，则适当补充资料。如有水道描述而未载名称者，酌补明代的水道名称及今名；霞客游过而无专记的名山，则稍补其状况；游记中散佚的部分，则补录霞客的游踪。

校　校记择要录出。地名或其他重要内容有歧异者，亦录出存疑。但系明显错字，或文字歧异于文意无重大出入者，不出校。校文条目后面空两格以示区别。

评　　徐霞客游记记录了霞客的认识发展过程，其中某些观点后来有变化，有必要注明；有的结论出于当时的历史条件和认识水平，与实际情况有出入，则适当指出；个别错误亦通过注文订正。评注内容一律加"按"字。

同一个内容一般只注一次，放在书中最初出现的地方，或最能说明注释结论的典型位置。个别字、词在不同地方有不同含义时，则分别作注。地名的注释系于霞客亲至其地的时日，霞客未到过的地方，则在该地名第一次出现时注。

目　　录

徐霞客旅游路线图目录

游天台山〔一〕日记〔二〕 浙江台州府〔三〕

癸丑(万历四十一年,公元 1613 年)之三月晦〔四〕

自宁海〔五〕出西门〔六〕。云散日朗,人意山光,俱有喜态。三十里,至梁隍山。闻此地於菟〔七〕夹道,月伤数十人,遂止宿焉。

〔一〕天台山:又省称台山,在今浙江天台县北,有华顶、赤城、琼台、桃源、寒岩、明岩诸胜景,以石梁飞瀑最著名。天台山为佛教天台宗的发祥地,有隋朝创建的国清寺。

〔二〕游天台山日记、游雁宕山日记、游白岳山日记、游黄山日记、游武彝山日记、游庐山日记、游黄山日记后、游九鲤湖日记诸篇,皆在乾隆刻本第一册上。

〔三〕台州府:省称台郡,治临海,即今浙江临海市。

〔四〕晦(huì 会):中历每月的末一天。癸丑为明代万历四十一年,这年的三月三十日,相当于公元 1613 年 5 月 19 日。

〔五〕宁海:明为县,隶台州府,即今浙江宁海县。

〔六〕霞客自家至宁海路线，游记未载。陈函辉徐霞客墓志铭载霞客自述："而余南渡大士落迦山，还过此中，陟华顶万八千丈之巅，东看大、小龙湫，以及石门、仙都，是在癸丑。"则在公元1613年游天台前，曾经绍兴府、宁波府游落迦山。落迦山又作洛伽山，因华严经有善财参观音于普陀洛伽之说而得名。今为普陀山东南的一个小岛，面积仅0.34平方公里，环岛一周约2公里，与普陀山合称普陀洛迦山。普陀山又称小白华、梅岭，为浙江舟山群岛中的一岛，系霞客游踪最东处。有普济寺、法雨寺、慧济寺、千步沙、潮音洞、梵音洞、南天门等胜景，最高峰白华顶海拔291米，自麓及巅有石蹬七百余级。该山被传为观音菩萨道场，为我国佛教四大名山之一，又是旅游避暑胜地，近已开有从宁波到普陀的旅游客轮，可直达岛上。

〔七〕於菟(wū tú 污图)：老虎的别称。

四月初一日

早雨。行十五里，路有歧，马首西向台山，天色渐霁。又十里，抵松门岭，山峻路滑，舍骑步行。自奉化〔一〕来，虽越岭数重，皆循山麓；至此迂回临陟，俱在山脊。而雨后新霁，泉声山色，往复创变，翠丛中山鹃映发，令人攀历忘苦。又十五里，饭于筋竹庵。山顶随处种麦。从筋竹岭南行，则向国清大路。适有国清僧云峰同饭，言此抵石梁，山险路长，行李不便，不若以轻装往，而重担向国清相待。余然之，令担夫随云峰往国清，余与莲舟上人〔二〕就石梁道。行五里，过筋竹岭。岭旁多短松，老干屈曲，根叶苍秀，俱吾闾门盆中物也。又三十余里，抵弥陀庵。上下高岭，深山荒寂，恐藏虎，

故草木俱焚去。泉轰风动,路绝旅人。庵在万山坳〔三〕中,路荒且长,
适当其半,可饭可宿。

初二日

饭后,雨始止。遂越漭攀岭,溪石渐幽。二十里,暮抵天封
寺〔四〕。卧念晨上峰顶,以朗霁为缘,盖连日晚霁,并无晓晴。及
五更梦中,闻明星满天,喜不成寐。

初三日

晨起,果日光烨烨〔五〕,决策向顶。上数里,至华顶庵;又三
里,将近顶,为太白堂,俱无可观。闻堂左下有黄经洞,乃从小
径。二里,俯见一突石,颇觉秀蔚。至则一发僧结庵于前,恐风
自洞来,以石甃〔六〕塞其门,大为叹惋。复上至太白,循路登绝
顶〔七〕。荒草靡靡,山高风冽,草上结霜高寸许,而四山回映,琪
花玉树,玲珑弥望。岭角山花盛开,顶上反不吐色,盖为高寒所
勒耳。

仍下华顶庵,过池边小桥,越三岭。溪回山合,木石森丽,一转
一奇,殊慊〔八〕所望。二十里,过上方广,至石梁,礼佛昙花亭,不
暇细观飞瀑。下至下方广,仰视石梁飞瀑,忽在天际。闻断桥、珠
帘尤胜,僧言饭后行犹及往返,遂由仙筏桥向山后。越一岭,沿涧
八九里,水瀑从石门泻下,旋转三曲。上层为断桥,两石斜合,水碎
迸石间,汇转入潭;中层两石对峙如门,水为门束,势甚怒;下层潭
口颇阔,泻处如阈〔九〕,水从坳中斜下。三级俱高数丈,各极神
奇,但循级而下,宛转处为曲所遮,不能一望尽收。又里许,为珠帘
水,水倾下处甚平阔,其势散缓,滔滔汩汩。余赤足跳草莽中,揉木
缘崖,莲舟不能从。暝色〔一〇〕四下,始返。停足仙筏桥,观石梁

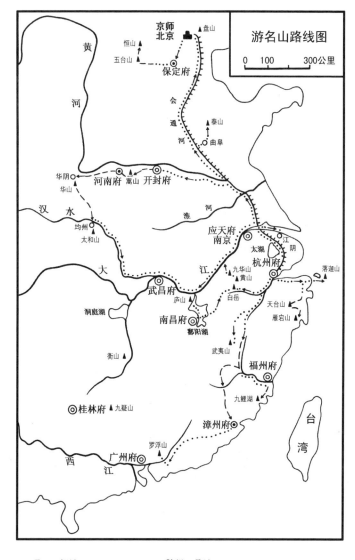

游名山路线图

0　100　　　300公里

京师
北京

盘山

恒山

五台山

保定府

会
通
河

泰山

曲阜

华阴
河南府　嵩山　开封府

华山

淮　河

汉　水

均州
太和山

应天府
南京

江阴

太湖　江阴

杭州府

九华山
黄山

落迦山

大

武昌府

庐山

白岳

天台山

雁宕山

洞庭湖

南昌府

鄱阳湖

衡山

武夷山

福州府

桂林府　九疑山

九鲤湖

漳州府

台

湾

罗浮山

广州府

西
江

都城　　　　○　散州、县治　　　运河

布政司治　　▲　风景点　　　旅游路线

府治　　　　　　河流　　　　　考订路线

卧虹，飞瀑喷雪，几不欲卧。

初四日

天山一碧如黛。不暇晨餐，即循仙筏上昙花亭，石梁即在亭外〔一一〕。梁阔尺余，长三丈，架两山坳间。两飞瀑从亭左来，至桥乃合流下坠，雷轰河隤，百丈不止。余从梁上行，下瞰深潭，毛骨俱悚。梁尽，即为大石所隔，不能达前山，乃还。过昙花，入上方广寺。循寺前溪，复至隔山大石上，坐观石梁。为下寺僧促饭，乃去。饭后，十五里，抵万年寺，登藏经阁。阁两重，有南北经两藏。寺前后多古杉，悉三人围，鹤巢于上，传声嘹呖〔一二〕，亦山中一清响也。是日，余欲向桐柏宫，觅琼台、双阙，路多迷津，遂谋向国清。国清去万年四十里，中过龙王堂〔一三〕。每下一岭，余谓已在平地，及下数重，势犹未止，始悟华顶之高，去天非远！日暮，入国清〔一四〕，与云峰相见，如遇故知，与商探奇次第。云峰言："名胜无如两岩，虽远，可以骑行。先两岩而后步至桃源，抵桐柏，则翠壁、赤城，可一览收矣。"

初五日

有雨色，不顾，取寒、明两岩道，由寺向西门觅骑。骑至，雨亦至。五十里至步头，雨止，骑去。二里，入山，峰萦水映，木秀石奇，意甚乐之。一溪从东阳来，势甚急，大若曹娥〔一五〕。四顾无筏，负奴背而涉。深过于膝，移渡一涧，几一时。三里，至明岩。明岩为寒山、拾得〔一六〕隐身地，两山回曲，志所谓八寸关也。入关，则四围峭壁如城。最后，洞深数丈，广容数百人。洞外，左有两岩，皆在半壁；右有石笋突耸，上齐石壁，相去一线，青松紫蕊，蓊苁〔一七〕于上，恰与左岩相对，可称奇绝。出八寸关，复上一岩，亦左向。来时仰望如一隙，及登其上，明敞容数百人。岩中一井，曰仙人井，浅而不可竭。岩外一特石，高数丈，上岐立如两人，僧指为寒山、拾得云。入寺。饭后云阴溃散，新月在天，人在回崖顶上，对之清光溢壁。

初六日

凌晨出寺，六七里至寒岩。石壁直上如劈，仰视空中，洞穴甚多。岩半有一洞，阔八十步，深百余步，平展明朗。循岩右行，从石隙仰登。岩坳有两石对耸，下分上连，为鹊桥，亦可与方广石梁争奇，但少飞瀑直下耳。还饭僧舍，觅筏渡一溪。循溪行山下，一带峭壁巉崖，草木盘垂其上，内多海棠、紫荆，映荫溪色，香风来处，玉兰芳草，处处不绝。已至一山嘴，石壁直竖涧底，涧深流驶，旁无余地。壁上凿孔以行，孔中仅容半趾，逼身而过，神魄为动。自寒岩十五里至步头，从小路向桃源。桃源在护国寺旁，寺已废，土人茫无知者。随云峰莽行曲路中，日已堕，竟无宿处，乃复问至坪头潭〔一八〕。潭去步头仅二十里，今从小路，反迂回三十余里宿，信桃源误人也！

初七日

自坪头潭行曲路中三十余里，渡溪入山。又四五里，山口渐夹，有馆曰桃花坞。循深潭而行，潭水澄碧，飞泉自上来注，为鸣玉涧。涧随山转，人随涧行。两旁山皆石骨，攒峦夹翠，涉目成赏，大抵胜在寒、明两岩间。涧穷路绝，一瀑从山坳泻下，势甚纵横。出饭馆中，循坞〔一九〕东南行，越两岭，寻所谓"琼台"、"双阙"，竟无知者。去数里，访知在山顶。与云峰循路攀援，始达其巅。下视峭削环转，一如桃源，而翠壁万丈过之。峰头中断，即为双阙〔二〇〕；

双阙所夹而环者,即为琼台。台三面绝壁,后转即连双阙。余在对阙,日暮不及复登,然胜已一日尽矣〔二一〕。遂下山,从赤城后还国清,凡三十里。

初八日

离国清,从山后五里登赤城〔二二〕。赤城山顶圆壁特起,望之如城,而石色微赤。岩穴为僧舍凌杂,尽掩天趣。所谓玉京洞、金钱池、洗肠井,俱无甚奇。

〔一〕奉化:明为县,隶宁波府,即今浙江奉化市。

〔二〕莲舟:江阴迎福寺僧人。 上人:对僧人的尊称。佛家把人分为四种,即粗人、浊人、中间人、上人。认为内有德智、外有胜行的人,为在上之人,故称上人。

〔三〕坳(ào 奥):山间洼下的地方。

〔四〕天封寺:今地仍称天封,在天台县东北境。

〔五〕烨(yè 叶)烨:光焰很盛。

〔六〕甃(zhòu 咒):砌。

〔七〕华顶峰:在天台县东北境,为天台山绝顶,海拔 1098 米。峰下有善兴寺,即华顶寺。太白堂相传为李白读书处。

〔八〕慊(qiè 切):满足。

〔九〕阈(yù 域):门坎。

〔一〇〕暝(míng 冥)色:夜色。

〔一一〕梁:桥。石梁:在中方广。山腰有衔接两山的天然石梁,长约 7 米,中央隆起如龟背,狭处仅半尺左右。水有两源,东为金溪,西为大兴坑溪,合流后自梁底向下飞坠。

〔一二〕嘹呖(liáo lì 辽历):形容声音响亮而清远。

〔一三〕龙王堂:今作龙皇堂,在天台县北境。

〔一四〕国清寺:在天台县城北3.5公里的天台山麓。寺周五峰环峙,双涧绕流,环境清幽。古迹甚多,有隋塔、隋梅、唐代天文学家一行墓、寒拾亭、丰干桥、明铸释迦牟尼坐像等。

〔一五〕东阳:明为县,隶金华府,即今浙江东阳市。此溪即始丰溪,今名同。　　曹娥:今仍名曹娥江,源自天台山北麓,往北流经新昌、嵊县、上虞入杭州湾。

〔一六〕寒山、拾得:唐代二僧。寒山曾隐居天台山寒岩,往还于天台山国清寺,和拾得友好,善作诗,有寒山子集二卷。拾得原是孤儿,由国清寺僧丰干收养为僧,故名拾得。亦能诗,有丰干拾得诗一卷。后人常以寒山、拾得并称,尊为"和合二仙"。

〔一七〕蓊苁(wěng cōng 翁从):草木茂盛。

〔一八〕坪头潭:即今平镇,在天台县西境,始丰溪北岸。

〔一九〕坞(wù 悟):四面高中间低的山洼。

〔二〇〕阙(què 确):古代宫殿、祠庙、陵墓前面的建筑物。先筑高台,上修楼观,通常左右各一,中央缺而为道,故称"阙"或"双阙"。此处形容天然峰崖如一对阙楼,故得名"双阙"。

〔二一〕然胜已一日尽矣　　四库本作"然胜已一日兼收"。"一日",上海中华图书馆印本作"一目",似较合文意。

〔二二〕赤城:为天台山支阜,在天台县西北3.5公里,高339米。上有石洞十二,以紫云洞和玉京洞最著名,山顶有赤城塔。

游雁宕山日记〔一〕 浙江温州府〔二〕

　　自初九日别台山,初十日抵黄岩〔三〕。日已西,出南门,步行三十里〔四〕,宿于八岙〔五〕。

十一日

　　二十里,登盘山岭。望雁山诸峰,芙蓉插天,片片扑人眉宇。又二十里,饭大荆驿〔六〕。南涉一溪,见西峰上缀圆石,奴辈指为两头陀,余疑即老僧岩,但不甚肖。五里,过章家楼,始见老僧真面目:袈衣秃顶,宛然兀立,高可百尺〔七〕。侧又一小童伛偻于后,向为老僧所掩耳。自章楼二里,山半得石梁洞。洞门东向,门口一梁,自顶斜插于地,如飞虹下垂。由梁侧隙中层级而上,高敞空豁。坐顷之,下山。由右麓逾谢公岭〔八〕,渡一涧,循涧西行,即灵峰〔九〕道也。一转山腋,两壁峭立亘天,危峰乱叠,如削如攒,如骈笋,如挺芝,如笔之卓,如幞之欹。洞有口如卷幕者〔一〇〕,潭有碧如澄靛者。双鸾、五老,接翼联肩。如此里许,抵灵峰寺。循寺侧登灵峰洞。峰中空,特立寺后,侧有隙可入。由隙历磴数十级,直至窝顶,则宦然〔一一〕平台圆敞,中有罗汉〔一二〕诸像。坐玩

9

至暝色，返寺。

十二日

饭后，从<u>灵峰</u>右趾觅<u>碧霄洞</u>。返旧路，抵<u>谢公岭</u>下。南过<u>响岩</u>，五里，至<u>净名寺</u>路口。入觅<u>水帘谷</u>，乃两崖相夹，水从崖顶飘下也。出谷五里，至<u>灵岩寺</u>。绝壁四合，摩天劈地，曲折而入，如另辟一寰界。寺居其中，南向，背为<u>屏霞嶂</u>。嶂〔一三〕顶齐而色紫，高数百丈，阔亦称之。嶂之最南，左为<u>展旗峰</u>，右为<u>天柱峰</u>。嶂之右胁介于天柱者，先为<u>龙鼻水</u>。<u>龙鼻</u>之穴从石罅直上，似<u>灵峰洞</u>而小。穴内石色俱黄紫，独罅口石纹一缕，青绀〔一四〕润泽，颇有鳞爪之状。自顶贯入洞底，垂下一端如鼻，鼻端孔可容指，水自内滴下注石盆。此嶂右第一奇也。西南为<u>独秀峰</u>，小于<u>天柱</u>，而高锐不相下。<u>独秀</u>之下为<u>卓笔峰</u>，高半独秀，锐亦如之两峰。南坳轰然下泻者，<u>小龙湫</u>也。隔龙湫与独秀相对者，<u>玉女峰</u>也。顶有春花，宛然插髻。自此过<u>双鸾</u>，即极于天柱。<u>双鸾</u>止两峰并起，峰际有"僧拜石"，袈裟伛偻，肖矣。由嶂之左胁，介于展旗者，先为安禅谷，谷即<u>屏霞</u>之下岩。东南为石屏风，形如屏霞，高阔各得其半，正插屏霞尽处。屏风顶有"蟾蜍石"，与嶂侧"玉龟"相向。屏风南去，展旗侧褶中，有径直上，磴级尽处，石阈限之。俯阈而窥，下临无地，上嵌腔峒。外有二圆穴，侧有一长穴，光自穴中射入，别有一境，是为<u>天聪洞</u>，则嶂左第一奇也。锐峰叠嶂，左右环向，奇巧百出，真天下奇观！而<u>小龙湫</u>下流，经<u>天柱</u>、<u>展旗</u>，桥跨其上，山门临之。桥外<u>含珠岩</u>在<u>天柱</u>之麓，<u>顶珠峰</u>在<u>展旗</u>之上。此又<u>灵岩</u>之外观也〔一五〕。

十三日

出山门，循麓而右，一路崖壁参差，流霞映彩。高而展者，为<u>板嶂岩</u>。岩下危立而尖夹者，为<u>小剪刀峰</u>。更前，重岩之上，一峰亭亭插天，为观音岩。岩侧则<u>马鞍岭</u>横亘于前。鸟道〔一六〕盘折，逾坳右转，溪流汤汤〔一七〕，洞底石平如砥。沿涧深入，约去<u>灵岩</u>十余里，过<u>常云峰</u>，则<u>大剪刀峰</u>介立涧旁。<u>剪刀</u>之北，重岩陡起，是名<u>连云峰</u>。从此环绕回合，岩穷矣。龙湫之瀑〔一八〕，轰然下捣潭中，岩势开张峭削，水无所着，腾空飘荡，顿令心目眩怖。潭上有堂〔一九〕，相传为诺讵那观泉之所〔二〇〕。堂后层级直上，有亭翼然。面瀑踞坐久之，下饭庵中，雨廉纤〔二一〕不止，然余已神飞<u>雁湖</u>山顶。遂冒雨至<u>常云峰</u>，由峰半道松洞外，攀绝磴三里，趋<u>白云庵</u>。人空庵圮，一道人在草莽中，见客至，望望去。再入一里，有<u>云静庵</u>，乃投宿焉。道人〔二二〕清隐，卧床数十年，尚能与客谈笑。余见四山云雨凄凄，不能不为明晨忧也。

十四日

天忽晴朗，乃强清隐徒为导。<u>清隐</u>谓湖中草满，已成芜田，徒复有他行，但可送至峰顶。余意至顶，湖可坐得，于是人捉一杖，跻〔二三〕攀深草中，一步一喘，数里，始历高巅。四望，白云迷漫一色，平铺峰下。诸峰朵朵，仅露一顶，日光映之，如冰壶瑶界，不辨海陆。然海中<u>玉环</u>〔二四〕一抹，若可俯而拾也。北瞰山坳壁立，内石笋森森，参差不一。三面翠崖环绕，更胜<u>灵岩</u>。但谷幽境绝，惟闻水声潺潺，莫辨何地。望四面峰峦累累，下伏如丘垤〔二五〕，惟东峰昂然独上，最东之<u>常云</u>，犹堪比肩。

导者告退，指湖在西腋一峰，尚须越三尖。余从之，及越一尖，路已绝;再越一尖,而所登顶已在天半。自念志〔二六〕云:"宕在山顶,龙湫之水,即自宕来。"今山势渐下,而上湫之涧,却自东高峰发脉,去此已隔二谷。遂返辙而东,望东峰之高者趋之,莲舟疲不能从。由旧路下,余与二奴东越二岭,人迹绝矣。已而山愈高,脊愈狭,两边夹立,如行刀背。又石片棱棱怒起,每过一脊,即一峭峰,皆从刀剑隙中攀援而上。如是者三,但见境不容足,安能容湖?既而高峰尽处,一石如劈,向惧石锋撩人,至是且无锋置足矣!踌躇崖上,不敢复向故道。俯瞰南面石壁下有一级,遂脱奴足布〔二七〕四条,悬崖垂空,先下一奴,余次从之,意可得攀援之路。及下,仅容足,无余地。望岩下斗〔二八〕深百丈,欲谋复上,而上岩亦嵌空三丈余,不能飞陟。持布上试,布为突石所勒,忽中断。复续悬之,竭力腾挽,得复登上岩。出险,还云静庵,日已渐西。主仆衣履俱敝,寻湖之兴衰矣。遂别而下,复至龙湫,则积雨之后,怒涛倾注,变幻极势,轰雷喷雪,大倍于昨。坐至暝始出,南行四里,宿能仁寺。

十五日

寺后觅方竹数握,细如枝;林中新条,大可径寸,柔不中〔二九〕杖,老柯斩伐殆尽矣!遂从岐度四十九盘,一路遵海而南,逾窑岙岭,往乐清〔三〇〕。

〔一〕雁宕山:省称雁山,今作雁荡山。 "宕"同"荡",为积水长草的洼地。山顶有荡,据传秋雁归时多宿此,故名。雁荡山在浙江温州地区,蟠跨瓯江南北,平阳县以西的为南雁荡山,中雁荡山在乐清市西部,北雁荡山在乐清市东北,主峰海拔1057米,古称"东瓯三雁"。北雁荡山面积最大,风景最佳,有 102 峰、14 嶂、64 岩、46 洞、18 瀑、10 谷等,胜景多集中在东南部,灵峰、灵岩、大龙湫为雁荡风景三绝。霞客所记亦指北雁荡山。

〔二〕温州府:治永嘉县,即今浙江温州市。

〔三〕黄岩:明为县,隶台州府,今并入台州市。

〔四〕步行三十里　　原脱"步行"二字,据四库本补。

〔五〕岙(ào 奥):浙江、福建等沿海一带对山间平地的称呼。

〔六〕大荆驿:今仍作大荆,在乐清市东北隅。

〔七〕高可百尺　　四库本作"高可百丈"。

〔八〕谢公岭:在乐清市东北,通往雁荡山的路上。相传晋代著名诗人谢灵运任永嘉太守时曾到这里游览过,故名。岭上有落屐亭,亦为纪念谢灵运而建。

〔九〕灵峰:高约 270 米,与右边的倚天峰相合如掌,称合掌峰、夫妻峰。峰前有灵峰寺,峰下有巨大的观音洞,即游记中所称灵峰洞。洞口有天王殿,洞内倚岩建有楼房十层,顶层为观音殿,有观音及十八罗汉像。附近还有南、北碧霄洞、苦竹洞、凤凰洞、长春洞、将军洞等,极洞府之胜。

〔一〇〕卓:直立。　　幞(fú 伏):古代男子的头巾,又称幞头。　　幕:高挂的帷帐。

〔一一〕窅(yǎo 杳)然:深远。

〔一二〕罗汉:梵文音译"阿罗汉"的略称,为小乘佛教所理想的最高果位,指断绝嗜欲、解脱烦恼、不受生死轮回影响、受人敬仰崇拜的圣人。佛教寺院常有十八罗汉或五百罗汉的塑像。

〔一三〕嶂(zhàng 障):高险如屏障的山。

〔一四〕绀(gàn 干):红青色。

〔一五〕灵岩:壁立干霄,状如屏风,亦称屏霞嶂。前为灵岩寺,寺前天柱、展旗两峰相对,称南天门,卧龙溪从中穿出。周围群峰环拥。

〔一六〕鸟道:华阳国志:"鸟道四百里,以其险绝,兽犹无蹊,特上有飞鸟之道耳。"形容道路险绝。

〔一七〕汤(shāng 商)汤:大水急流的样子。

〔一八〕大龙湫:在马鞍岭西4公里,水从高约190米的连云峰上飞坠潭中,为著名大瀑布,湫(qiū 秋),水潭,瀑布下为深潭。

〔一九〕堂:四方而高的建筑。

〔二〇〕诺讵那:罗汉名,又作诺矩罗。相传诺讵那居震旦东南大海际雁荡山芙蓉峰龙湫。唐代僧人贯修诺矩罗赞有"雁荡经行云漠漠,龙湫宴坐雨蒙蒙"句,即指此景。

〔二一〕廉(lián 连)纤:细雨。

〔二二〕道人:修道的人,此处指和尚。

〔二三〕跻(jī 绩):登。

〔二四〕玉环:明代称玉环山,即乐清县东海中的玉环岛,今为浙江省玉环县。

〔二五〕丘垤(dié 迭):小土堆。

〔二六〕志:指大明一统志。下同。

〔二七〕足布:裹脚布。

〔二八〕斗:通"陡"。下同。

〔二九〕中(zhòng 众):合,符合要求。

〔三十〕乐清:明为县,隶温州府,即今浙江乐清市。

游白岳山^{〔一〕} 日记徽州府^{〔二〕}休宁县^{〔二〕}

丙辰岁（万历四十四年，公元1616年），

余同浔阳叔翁，于正月二十六日，至徽之休宁。出西门。其溪自祁门县^{〔四〕}来，经白岳，循县而南，至梅口，会郡溪入浙^{〔五〕}。循溪而上，二十里，至南渡^{〔六〕}。过桥，依山麓十里，至岩下^{〔七〕}已暮。登山五里，借庙中灯，冒雪蹑冰^{〔八〕}，二里，过天门。里许，入榔梅庵。路经天门、珠帘之胜，俱不暇辨，但闻树间冰响铮铮。入庵后，大霰作，浔阳与奴子俱后。余独卧山房，夜听水声屋溜，竟不能寐。

二十七日

起视满山冰花玉树，迷漫一色。坐楼中，适浔阳并奴至，乃登太素宫。宫北向，玄帝像乃百鸟衔泥所成，色黧黑^{〔九〕}。像成于宋，殿新于嘉靖三十七年，庭中碑文，世庙御制也^{〔一〇〕}。左右为王灵官、赵元帅殿，俱雄丽。背倚玉屏^{〔一一〕}，前临香炉峰。峰突起数十丈，如覆钟，未游台、宕者或奇之。出庙左，至舍身崖，转而上为紫玉屏，再西为紫霄崖^{〔一二〕}，俱危耸杰起。再西为三姑峰、

五老峰，文昌阁据其前。五老比肩，不甚峭削，颇似笔架。

返榔梅，循夜来路，下天梯。则石崖三面为围，上覆下嵌，绝似行廊。循崖而行，泉飞落其外，为珠帘水。嵌之深处，为罗汉洞，外开内伏，深且十五里，东南通南渡。崖尽处为天门。崖石中空，人出入其间，高爽飞突，正如闾阖〔一三〕。门外乔楠中峙，蟠青丛翠。门内石崖一带，珠帘飞洒，奇为第一。返宿庵中，访五井、桥岩之胜，羽士〔一四〕汪伯化，约明晨同行。

二十八日

梦中闻人言大雪，促奴起视，弥山漫谷矣。余强卧。已刻，同伯化躧屣，二里，复抵文昌阁。览地天一色，虽阻游五井，更益奇观。

二十九日

奴子报："云开，日色浮林端矣。"急披衣起，青天一色，半月来所未睹，然寒威殊甚。方促伯化共饭。饭已，大雪复至，飞积盈尺。偶步楼侧，则香炉峰正峙其前。楼后出一羽士曰程振华者，为余谈九井、桥岩、傅岩诸胜。

三十日

雪甚，兼雾浓，咫尺不辨。伯化携酒至舍身崖，饮睨元阁。阁在崖侧，冰柱垂垂，大者竟丈。峰峦灭影，近若香炉峰，亦不能见。

〔一〕白岳山：在安徽休宁县城西15公里，今通称齐云山。周百余里，从天门而入，有36峰，72崖，洞、泉遍布，以齐云岩、石桥岩、廊岩、白岳岭最胜。游记所称白岳山系指今齐云山全境。

〔二〕徽州府：治歙县，即今安徽歙（shè 设）县。游记中又称徽郡。

〔三〕休宁县　　原无此三字,据四库本补。休宁:明为县,隶徽州府,即今安徽休宁县。

〔四〕祁门县:隶徽州府,即今安徽祁门县。

〔五〕浙即浙溪水,即今率水,为新安江上游。此处入浙之溪明代称吉阳水,即今横江。

〔六〕南渡:今作兰渡,在休宁县稍西,横江南岸。

〔七〕岩下:应即今岩前,又称岩脚,在休宁县西隅,横江南岸。

〔八〕蹑(niè 聂):踩。

〔九〕黧(lí 黎):黑里带黄的颜色。

〔一○〕皇帝死后,特立名号于太庙,立室奉祀,因有庙号,为已死皇帝的代称。世庙即明世宗朱厚熜。御(yù 玉):对帝王所作所为及所用物的敬称。

〔一一〕玉屏:应即齐云岩,又称云岩,在白岳岭西北。左一峰称石鼓,右一峰称石钟。其下的太素宫在今月华街,基址犹存。四周有五老峰、三姑峰、天门诸胜。

〔一二〕紫霄崖:崖前有紫驼峰,酷似骆驼。崖下昔有玉虚宫,又称紫霄宫,今存明代画家唐寅撰书紫霄宫玄帝碑铭。

〔一三〕阊阖(chāng hé 昌合):传说中的天门。

〔一四〕羽士:又称羽人,为传说中的仙人。因道士多求成仙飞升,故道士亦别称羽士。

二月初一日

东方一缕云开,已而大朗。浔阳以足裂留庵中。余急同伯化蹑西天门而下。十里,过双溪街,山势已开。五里,山复渐合,溪环石映,倍有佳趣。三里,由溪口循小路入,越一山。二里,至石桥岩〔一〕。桥侧外岩,高亘如白岳之紫霄。岩下俱因岩为殿。山石皆紫,独有一青石龙蜿蜒于内,头垂空尺余,水下滴,曰龙涎泉,颇如雁宕龙鼻水。岩之右,一山横跨而中空,即石桥也。飞虹垂蛛〔二〕,下空恰如半月。坐其下,隔山一岫特起,拱对其上,众峰环侍,较胜齐云天门。即天台石梁,止一石架两山间;此以一山高架,而中空其半,更灵幻矣!穿桥而入,里许,为内岩。上有飞泉飘洒,中有僧斋,颇胜。

还饭于外岩。觅导循崖左下。灌莽中两山夹涧,路棘雪迷,行甚艰。导者劝余趋傅岩,不必向观音岩。余恐不能兼棋盘、龙井之胜,不许。行二里,得涧一泓〔三〕,深碧无底,亦"龙井"也。又三里,崖绝涧穷,悬瀑忽自山坳挂下数丈,亦此中奇境。转而上跻,行山脊二里,则棋盘石高峙山巅,形如擎菌,大且数围。登之,积雪如玉。回望傅岩,岘嵲〔四〕云际。由彼抵棋盘亦近,悔不从导者。石旁有文殊庵,竹石清映。转东而南,二里,越岭二重,山半得观音岩。禅院清整,然无奇景,尤悔觌面〔五〕失傅岩也。仍越岭东下深坑,石涧四合,时有深潭,大为渊,小如臼,皆云"龙井",不能别其孰为"五",孰为"九"。凡三里,石岩中石脉隐隐,导者指其一为青龙,一为白龙,余笑颔之〔六〕。又乱崖间望见一石嵌空,有水下注,外有横石跨之,颇似天台石梁。伯化以天且晚,请速循涧觅大龙井。忽遇僧自黄山来,云:"出此即大溪,行将何观?"遂返。

里余,从别径向漆树园。行巉石乱流间,返照映深木〔七〕,一往幽丽。三里,跻其巅,余以为高埠〔八〕齐云,及望之,则文昌阁犹巍然也。五老峰正对阁而起,五老之东为独耸寨,循其坳而出,曰西天门;五老之西为展旗峰,由其下而渡,曰芙蓉桥。余向出西天门,今自芙蓉桥入也。余望三姑之旁,犹殢〔九〕日色,遂先登,则落照正在五老间。归庵,已晚餐矣。相与追述所历,始知大龙井正在大溪口,足趾已及,而为僧所阻,亦数也!

〔一〕石桥岩:在白岳岭西,原名岐山,有石门寺、大龙宫、天泉岩诸景。大龙宫有石龙口喷泉水,天泉岩泉水四时不绝。

〔二〕蝀(dōng 东):即蝃蝀,为虹的别称。

〔三〕泓(hóng 洪):深水。

〔四〕屼嵲(wù niè 兀聂):高耸。

〔五〕觌(dí 敌):相见。

〔六〕颔(hán 汗)之:微微点头,表示理会、赞同。

〔七〕返照映深木 "深木",四库本作"深水"。

〔八〕埒(liè 列):同等。

〔九〕殢(tì 替):滞留。

游黄山〔一〕日记徽州府

初二日

自白岳下山，十里，循麓而西，抵南溪桥。渡大溪，循别溪，依山北行。十里，两山峭逼如门，溪为之束。越而下，平畴颇广。二十里，为猪坑。由小路登虎岭，路甚峻。十里，至岭。五里，越其麓。北望黄山诸峰，片片可掇〔二〕。又三里，为古楼坳。溪甚阔，水涨无梁，木片弥〔三〕布一溪，涉之甚难。二里，宿高桥。

初三日

随樵者行，久之，越岭二重。下而复上，又越一重。两岭俱峻，曰双岭。共十五里，过江村〔四〕。二十里，抵汤口〔五〕，香溪、温泉诸水所由出者。折而入山，沿溪渐上，雪且没趾。五里，抵祥符寺。汤泉〔六〕在隔溪，遂俱解衣赴汤池。池前临溪，后倚壁，三面石甃，上环石如桥。汤深三尺，时凝寒未解，而汤气郁然〔七〕，水泡池底汩汩起，气本香冽〔八〕。黄贞父谓其不及盘山〔九〕，以汤口、焦村孔道〔一〇〕，浴者太杂遝〔一一〕也。浴毕，返寺。僧挥印引登莲花庵，蹑雪循涧以上。涧水三转，下注而深泓者，曰白龙潭；

再上而停涵石间者,曰丹井。井旁有石突起,曰"药臼",曰"药铫"。宛转随溪,群峰环耸,木石掩映。如此一里,得一庵,僧印我他出,不能登其堂。堂中香炉及钟鼓架,俱天然古木根所为。遂返寺宿。

初四日

兀坐〔一二〕听雪溜竟日。

初五日

云气甚恶,余强卧至午起。挥印言慈光寺颇近,令其徒引。过汤池,仰见一崖,中悬鸟道,两旁泉泻如练。余即从此攀跻上,泉光云气,撩绕衣裾。已转而右,则茅庵上下,磬韵香烟,穿石而出,即慈光寺也〔一三〕。寺旧名硃砂庵。比丘〔一四〕为余言:"山顶诸静室,径为雪封者两月。今早遣人送粮,山半雪没腰而返。"余兴大阻,由大路二里下山,遂引被卧。

初六日

天色甚朗。觅导者各携筇上山,过慈光寺。从左上,石峰环夹,其中石级为积雪所平,一望如玉。疏木茸茸中,仰见群峰盘结〔一五〕,天都独巍然上挺。数里,级愈峻,雪愈深,其阴处冻雪成冰,坚滑不容着趾。余独前,持杖凿冰,得一孔置前趾,再凿一孔,以移后趾。从行者俱循此法得度。上至平冈,则莲花、云门诸峰,争奇竞秀,若为天都拥卫者。由此而入,绝巘〔一六〕危崖,尽皆怪松悬结。高者不盈丈,低仅数寸,平顶短鬣〔一七〕,盘根虬干〔一八〕,愈短愈老,愈小愈奇,不意奇山中又有此奇品也!松石交映间,冉冉〔一九〕僧一群从天而下,俱合掌言:"阻雪山中已三月,今以觅粮勉到此。公等何由得上也?"且言:"我等前海诸庵,俱已下山,后海山路尚未通,惟莲花洞可行耳。"已而从天都峰侧攀而上,透峰罅而下,东转即莲花洞路也。余急于光明顶、石笋矼〔二〇〕之胜,遂循莲花峰而北。上下数次,至天门。两壁夹立,中阔摩肩,高数十丈,仰面而度,阴森悚骨。其内积雪更深,凿冰上跻,过此得平顶,即所谓前海也。由此更上一峰,至平天矼。矼之兀突独耸者,为光明顶〔二一〕。由矼而下,即所谓后海也。盖平天矼阳为前海,阴为后海,乃极高处,四面皆峻坞,此独若平地。前海之前,天都、莲花二峰最峻,其阳属徽之歙,其阴属宁之太平〔二二〕。

余至平天矼,欲望光明顶而上。路已三十里,腹甚枵〔二三〕,遂入矼后一庵。庵僧俱踞石向阳。主僧曰智空,见客色饥,先以粥饷。且曰:"新日太皎,恐非老晴。"因指一僧谓余曰:"公有余力,可先登光明顶而后中食,则今日犹可抵石笋矼,宿是师处矣。"余如言登顶,则天都、莲花并肩其前,翠微、三海门环绕于后〔二四〕,下瞰绝壁峭岫,罗列坞中,即丞相原也。顶前一石,伏而复起,势若中断,独悬坞中,上有怪松盘盖。余侧身攀踞其上,而浔阳踞大顶相对,各夸胜绝。

下入庵,黄粱已熟。饭后,北向过一岭,蹒跚菁莽中,入一庵,曰狮子林〔二五〕,即智空所指宿处。主僧霞光,已待我庵前矣。遂指庵北二峰曰:"公可先了此胜。"从之。俯窥其阴,则乱峰列岫,争奇并起。循之西,崖忽中断,架木连之,上有松一株,可攀引而度,所谓接引崖也。度崖,穿石罅而上,乱石危缀间,构木为室,其中亦可置足,然不如踞石下窥更雄胜耳。下崖,循而东,里许,为石笋矼。矼脊斜亘,两夹悬坞中,乱峰森罗,其西一面即接引崖所窥者。矼侧一峰突起,多奇石怪松。登之,俯瞰壑〔二六〕中,正与接引崖对瞰,峰回岫转,顿改前观。

下峰,则落照拥树,谓明晴可卜,踊跃归庵。霞光设茶,引登前楼。西望碧痕一缕,余疑山影。僧谓:"山影夜望甚近,此当是云气。"余默然,知为雨兆也。

初七日

四山雾合。少顷,庵之东北已开,西南腻甚〔二七〕,若以庵为界者,即狮子峰亦在时出时没间。晨餐后,由接引崖践雪下。坞半一峰突起,上有一松裂石而出,巨干高不及二尺,而斜拖曲结,蟠翠三丈余,其根穿石上下,几与峰等,所谓"扰龙松"是也。

攀玩移时,望狮子峰已出,遂杖而西。是峰在庵西南,为案山。二里,蹑其巅,则三面拔立坞中,其下森峰列岫,自石笋、接引两坞迤逦〔二八〕至此,环结又成一胜。登眺间,沉雾渐爽〔二九〕,急由石笋矼北转而下,正昨日峰头所望森阴径也。群峰或上或下,或巨或纤,或直或欹,与身穿绕而过。俯窥辗顾,步步生奇,但壑深雪厚,一步一悚〔三○〕。

行五里,左峰腋一窦〔三一〕透明,曰"天窗"。又前,峰旁一石突起,作面壁状,则"僧坐石"也。下五里,径稍夷〔三二〕,循涧而行。忽前涧乱石纵横,路为之塞。越石久之,一阙新崩,片片欲堕,始得路。仰视峰顶,黄痕一方,中间绿字宛然可辨,是谓"天牌",亦谓"仙人榜"。又前,鲤鱼石;又前,白龙池。共十五里,一茅出涧边,为松谷庵旧基。再五里,循溪东西行,又过五水,则松谷庵矣。再循溪下,溪边香气袭人,则一梅亭亭正发,山寒稽〔三三〕雪,至是始芳。抵青龙潭,一泓深碧,更会两溪,比白龙潭势既雄壮,而大石磊落，奔流乱注，远近群峰环拱，亦佳境也〔三四〕。还餐松谷，往宿旧庵。余初至松谷，疑已平地，及是询之，须下岭二重，二十里方得平地，至太平县共三十五里云。

初八日

拟寻石笋奥境，竟为天夺，浓雾迷漫。抵狮子林，风愈大，雾亦愈厚。余急欲趋炼丹台，遂转西南。三里，为雾所迷，偶得一庵，入焉。雨大至，遂宿此。

初九日

逾午少霁。庵僧慈明，甚夸西南一带峰岫不减石笋矼，有"秃颅〔三五〕朝天"、"达摩面壁"诸名。余拉浔阳蹈乱流至壑中，北向即翠微诸峦，南向即丹台诸坞，大抵可与狮峰竞驾，未得比肩石笋也。雨踵至，急返庵。

初十日

晨雨如注，午少停。策杖二里，过飞来峰，此平天矼之西北岭也。其阳坞中，峰壁森峭，正与丹台环绕。二里，抵台〔三六〕。一峰西垂，顶颇平伏。三面壁翠合沓〔三七〕，前一小峰起坞中，其外则翠微峰、三海门蹄股拱峙。登眺久之。东南一里，绕出平天矼下。雨复大至，急下天门。两崖隘肩，崖额飞泉，俱从人顶泼下。出天门，危崖悬叠，路缘崖半，比后海一带森峰峭壁，又转一境。"海螺石"即在崖旁，宛转酷肖，来时忽不及察，今行雨中，颇稔〔三八〕其异，询之始知。已趋大悲庵，由其旁复趋一庵，宿悟空上人处。

〔一〕黄山：原名黟山，唐天宝后改今名。相传黄帝与容成子、浮丘公同在此炼丹,故名黄山,亦称黄岳。位于安徽黄山市北,面积约 154 平方公里。以中部的平天矼光明顶为界,其北称后海,其南称前海。今又称以东为东海,以西为西海,光明顶周围为天海。黄山风景以奇松、怪石、云海、温泉最著名。新中国建立后加修了公路,近又修通从芜湖经过黄山边的铁路,交通颇便。

〔二〕掇(duō 多):拾取。

〔三〕弥(mí 迷):遍。

〔四〕村　　原作"邨"。游记中邨、村同用,今全作"村"。

〔五〕汤口:今名同,在黄山南缘的公路边,是进入黄山的门户。

〔六〕汤:热水。汤泉:即黄山温泉,又称朱砂泉。海拔 630 米,以含重碳酸为主,水温 42℃,每小时出水量 48 吨,有温泉浴室和游泳池。这里也是黄山旅游的起点,各种服务设施齐备。

〔七〕郁(yù 玉)然:水汽旺盛的样子。

〔八〕冽(liè 列):清。

〔九〕盘山:在今天津蓟县西北 12 公里,主峰挂月峰海拔 864 米。有上中下三盘,下盘以水胜,中盘以石胜,上盘以松胜。上有五峰,又称东五台。曾被誉为"京东第一名胜"。后来,霞客亦曾亲至盘山,陈仁锡跋黄道周七言古一首赠徐霞客诗说:"霞客游甚奇,无如盘山一游。予归自宁锦,憩山海,……有盘山焉,竟数日不能去。……归示霞客,霞客踵及燕山,剑及云中,无何而勇至。"霞客游盘山的时间,丁文江徐霞客先生年谱考证为崇祯二年(公元 1629 年)。

〔一〇〕焦村:今名同,在黄山西侧。从汤口越黄山到焦村,是过去徽州到池州的要道。

〔一一〕杂遝(tà 踏)：众多而杂乱。

〔一二〕兀(wù 误)坐：枯坐。

〔一三〕慈光寺：旧名硃砂庵，万历时敕封护国慈光寺，曾极盛一时。解放后建为宾馆，称慈光阁。

〔一四〕比丘：系梵文音译，意为乞士，因初期在形式上以乞食为生而得名，指已受具足戒的男性，俗称和尚。

〔一五〕黄山有 36 大峰，即炼丹峰、天都峰、青鸾峰、钵盂峰、紫石峰、紫云峰、清潭峰、桃花峰、云门峰、浮丘峰、云际峰、圣泉峰、硃砂峰、莲花峰、容成峰、石人峰、石柱峰、松林峰、石床峰、云外峰、丹霞峰、石门峰、棋石峰、狮子峰、仙人峰、上升峰、仙都峰、轩辕峰、望仙峰、布水峰、叠嶂峰、翠微峰、九龙峰、芙蓉峰、飞龙峰、采石峰。另有 36 小峰，不具列。

〔一六〕巘(yǎn 演)：大小成两截的山。

〔一七〕鬣(liè 列)：松针。

〔一八〕虬(qiú 求)：又作“虯”，为传说中的一种龙，常用来比喻树木枝干盘曲的怪状。

〔一九〕冉(rǎn 染)冉：慢慢地。

〔二〇〕矼(gāng 刚)：又作“杠”，即石桥。

〔二一〕光明顶：在黄山中部，海拔 1840 米，顶上今有黄山气象站。

〔二二〕宁：即宁国府，治宣城，即今安徽宣城市。太平：明为县，隶宁国府，治今安徽黄山市北境、麻川河西岸的仙源镇。

〔二三〕枵(xiāo 消)：空虚。腹甚枵：肚子很饥饿。

〔二四〕三海门环绕于后 四库本无"门"字。

〔二五〕狮子林:黄山北部有狮子峰,形如卧地的雄狮,狮首有丹霞峰,腰有清凉台,尾有曙光亭,狮子张口处有寺庙称狮子林,后毁,原址在今北海宾馆处。

〔二六〕壑(hè 贺):山沟。

〔二七〕腻(nì 匿):凝滞。

〔二八〕迤逦(yǐ lǐ 以里):曲折连绵。逦又作"逦"。

〔二九〕爽(shuǎng):开朗。

〔三〇〕悚(sǒng 耸):恐惧。

〔三一〕窦(dòu 豆):孔穴。

〔三二〕夷(yí 宜):平坦。

〔三三〕稽(jī 积):留止。

〔三四〕黄山北部松谷溪中有五个龙潭,即青龙、乌龙、黄龙、白龙、油潭。五潭颜色各异,深浅不同。松谷庵就在附近。

〔三五〕秃颅:无发为秃,秃颅即和尚。

〔三六〕丹台:即炼丹台,在黄山中部炼丹峰下。峰上有石室,室内有炼丹灶;峰前即炼丹台,颇宽平;台下有炼丹源;隔谷有晒药岩。

〔三七〕合沓(tà 踏):重叠。

〔三八〕稔(rěn 忍):熟悉。

27

十一日

上百步云梯。梯磴插天,足趾及腮,而磴石倾侧崚嵯,兀兀〔一〕欲动,前下时以雪掩其险,至此骨意俱悚。上云梯,即登莲花峰道。又下转,由峰侧而入,即文殊院、莲花洞道也。以雨不止,乃下山,入汤院,复浴。由汤口出,二十里抵芳村,十五里抵东潭,溪涨不能渡而止。黄山之流,如松谷、焦村,俱北出太平;即南流如汤口,亦北转太平入江;惟汤口西有流,至芳村而巨,南趋岩镇,至府西北与绩溪会〔二〕。

〔一〕 啥岈(hán yà 含亚):中间空而深阔。　　兀(wù)兀:高耸特出。

〔二〕 松谷之水源自黄山往北流,即今凄溪河。焦村之水源自黄山往西流,再折北,即今秧溪河。汤口之流亦往北,即今麻河。汤口西之流明代称新安江,今又称西溪。绩溪从绩溪县来,明代称为扬之水,即今练江。岩镇应即今岩寺,在歙县西境。

游武彝山^{〔一〕}日记福建建宁府崇安县

二月二十一日^{〔二〕}

　　出崇安南门^{〔三〕}，觅舟。西北一溪自分水关，东北一溪自温岭关，合注于县南，通郡、省而入海。顺流三十里，见溪边一峰横欹，一峰独耸。余咤而瞩目，则欹者幔亭峰，耸者大王峰也^{〔四〕}。峰南一溪，东向而入大溪者，即武彝溪也^{〔五〕}。冲祐宫傍峰临溪。余欲先抵九曲，然后顺流探历，遂舍宫不登，逆流而进。流甚驶^{〔六〕}，舟子跣行^{〔七〕}溪间以挽舟。第一曲，右为幔亭峰、大王峰，左为狮子峰、观音岩。而溪右之濒水者曰水光石，上题刻殆遍。二曲之右为铁板嶂、翰墨岩，左为兜鍪峰、玉女峰。而板嶂之旁，崖壁峭立，间有三孔作"品"字状。三曲右为会仙岩，左为小藏峰、大藏峰。大藏壁立千仞，崖端穴数孔，乱插木板如机杼^{〔八〕}。一小舟斜架穴口木末，号曰"架壑舟"^{〔九〕}。四曲右为钓鱼台、希真岩，左为鸡栖岩、晏仙岩。鸡栖岩半有洞，外隘中宏，横插木板，宛然坫堮^{〔一〇〕}。下一潭深碧，为卧龙潭。其右大隐屏、接笋峰，左更衣台、天柱峰者，五曲也。文公书院正在大隐屏下。抵六曲，右为仙掌岩、天游峰，左为晚对峰、响声岩。回望隐屏、天游之间，危梯飞阁悬其上，不胜神往。而舟亦以溜〔一一〕急不得进，还泊曹家石。

登陆入云窝〔一二〕，排云穿石，俱从乱崖中宛转得路。窝后即接笋峰。峰骈附于大隐屏，其腰横两截痕，故曰"接笋"。循其侧石隙，跻磴数层，四山环翠，中留隙地如掌者，为茶洞。洞口由西入，口南为接笋峰，口北为仙掌岩。仙掌之东为天游，天游之南为大隐屏。诸峰上皆峭绝，而下复攒凑〔一三〕，外无磴道，独西通一罅，比天台之明岩更为奇矫也。从其中攀跻登隐屏，至绝壁处，悬大木为梯，贴壁直竖云间。梯凡三接，级共八十一。级尽，有铁索横系山腰，下凿坎受足。攀索转峰而西，夹壁中有冈〔一四〕介其间，若垂尾，凿磴以登，即隐屏顶也。有亭有竹，四面悬崖，凭空下眺，真仙凡夐隔〔一五〕。仍悬梯下，至茶洞。仰视所登之处，崭然〔一六〕在云汉。

隙口北崖即仙掌岩。岩壁屹立雄展，中有斑痕如人掌，长盈丈者数十行。循崖北上，至岭，落照侵松，山光水曲，交加入览。南转，行夹谷中。谷尽，忽透出峰头，三面壁立，有亭踞其首，即天游峰矣〔一七〕。是峰处九曲之中，不临溪，而九曲之溪三面环之。东望为大王峰，而一曲至三曲之溪环之。南望为更衣台，南之近者，则大隐屏诸峰也，四曲至六曲之溪环之。西望为三教峰，西之近者，则天壶诸峰也，七曲至九曲之溪环之。惟北向无溪，而山从水帘诸山层叠而来，至此中悬。其前之俯而瞰者，即茶洞也。自茶洞仰眺，但见绝壁干霄，泉从侧间泻下，初不知其上有峰可憩。其不临溪而能尽九溪之胜，此峰固应第一也。立台上，望落日半规〔一八〕，远近峰峦，青紫万状。台后为天游观。亟辞去，抵舟已入暝矣。

二十二日

登涯〔一九〕，辞仙掌而西。余所循者，乃溪之右涯，其隔溪则左涯也。第七曲右为三仰峰、天壶峰，左为城高岩。三仰之下为小桃源，崩崖堆错，外成石门。由门伛偻而入，有地一区，四山环绕，中有平畦曲洞，围以苍松翠竹，鸡声人语，俱在翠微中。出门而西，即为北廊岩，岩顶即为天壶峰。其对岸之城高岩矗然独上，四旁峭削如城。岩顶有庵，亦悬梯可登，以隔溪不及也。第八曲右为鼓楼岩、鼓子岩，左为大廪石、海蚱石。余过鼓楼岩之西，折而北行坞中，攀援上峰顶，两石兀立如鼓，鼓子岩也。岩高亘亦如城，岩下深坞一带如廊，架屋横栏其内，曰鼓子庵。仰望岩上，乱穴中多木板横插。转岩之后，壁间一洞更深敞，曰吴公洞。洞下梯已毁，不能登。望三教峰而趋，缘山越磴，深木翳荟其上。抵峰，有亭缀其旁，可东眺鼓楼、鼓子诸胜。山头三峰，石骨挺然并矗。从石罅间踤蹬而升，傍崖得一亭。穿亭入石门，两崖夹峙，壁立参天，中通一线，上下尺余，人行其间，毛骨阴悚。盖三峰攒立，此其两峰之罅；其侧尚有两罅，无此整削。

已下山，转至山后，一峰与猫儿石相对峙，盘亘亦如鼓子，为灵峰之白云洞。至峰头，从石罅中累级而上，两壁夹立，颇似黄山之天门。级穷，迤逦至岩下，因岩架屋，亦如鼓子。登楼南望，九曲上游，一洲中峙，溪自西来，分而环之，至曲复合为一。洲外两山渐开，九曲已尽。是岩在九曲尽处，重岩回叠，地甚幽爽。岩北尽处，更有一岩尤奇：上下皆绝壁，壁间横坳仅一线，须伏身蛇行，盘壁而度，乃可入。余即从壁坳行；已而坳渐低，壁渐危，则就而伛偻；愈低愈狭，则膝行蛇伏，至坳转处，上下仅悬七寸，阔止尺五。坳外壁深万仞。余匍匐以进，胸背相摩，盘旋久之，得度其险。岩果轩敞层叠，有斧凿置于中，欲开道而未就也。半晌，返前岩。更至后岩，方构新室，亦幽敞可爱。出向九曲溪，则狮子岩在焉。

循溪而返，隔溪观八曲之人面石、七曲之城高岩，蔚然奇丽〔二〇〕，种种神飞。复泊舟，由云窝入茶洞，穿窿窈窕〔二一〕，再至矣，再不能去！已由云窝左转，入伏羲洞，洞颇阴森。左出大隐屏之阳，即紫阳书院〔二二〕，谒先生庙像。顺流鼓棹，两崖苍翠纷飞，翻恨舟行之速。已过天柱峰、更衣台，泊舟四曲之南涯。自御茶园〔二三〕登岸，欲绕出金鸡岩之上，迷荆丛棘，不得路。乃从岩后大道东行，冀有旁路可登大藏、小藏诸峰，复不得。透出溪旁，已在玉女峰下。欲从此寻一线天，徬徨无可问，而舟泊金鸡洞下，迥不相闻。乃沿溪觅路，迤逦大藏、小藏之麓。一带峭壁高骞〔二四〕，砂碛崩壅，土人多植茶其上。从茗柯〔二五〕中行，下瞰深溪，上仰危崖，所谓"仙学堂"、"藏仙窟"，俱不暇辨。

已至架壑舟，仰见虚舟宛然，较前溪中所见更悉。大藏之西，其路渐穷。向荆棘中扪〔二六〕壁而上，还瞰大藏西岩，亦架一舟，但两崖对峙，不能至其地也。忽一舟自二曲逆流而至，急下山招之。其人以舟来受，亦游客初至者，约余返更衣台，同览一线天、虎啸岩诸胜。过余泊舟处，并棹顺流而下，欲上幔亭，问大王峰。抵一曲之水光石，约舟待溪口，余复登涯，少入，至止止庵。望庵后有路可上，遂趋之，得一岩，僧诵经其中，乃禅岩也。登峰之路，尚在止止庵西。仍下庵前西转，登山二里许，抵峰下，从乱箐中寻登仙石。石旁峰突起，作仰企状，鹤模石在峰壁罅间，霜翎朱顶，裂纹如绘。旁路穷,有梯悬绝壁间,蹑而上,摇摇欲堕。梯穷得一岩,则<u>张仙遗蜕</u>〔二七〕也。岩在峰半,觅<u>徐仙岩</u>,皆石壁不可通;下梯寻别道,又不可得;蹑石则峭壁无阶,投莽则深密莫辨。佣夫在前,得断磴,大呼得路。余裂衣不顾,趋就之,复不能前。日已西薄,遂以手悬棘,乱坠而下,得道已在<u>万年宫</u>右。趋入宫,宫甚森敞〔二八〕。羽士迎言:"<u>大王峰</u>顶久不能到,惟<u>张岩</u>梯在。峰顶六梯及<u>徐岩</u>梯俱已朽坏。<u>徐仙</u>蜕已移入<u>会真庙</u>矣。"出宫右转,过<u>会真庙</u>。庙前大枫扶疏〔二九〕,荫数亩,围数十抱。别羽士,归舟。

二十三日

登陆,觅<u>换骨岩</u>、<u>水帘洞</u>诸胜。命移舟十里,候于<u>赤石街</u>,余乃入<u>会真观</u>,谒<u>武彝君</u>〔三〇〕及<u>徐仙</u>遗蜕。出庙,循<u>幔亭</u>东麓北行二里,见<u>幔亭峰</u>后三峰骈立,异而问之,<u>三姑峰</u>也。<u>换骨岩</u>即在其旁,望之趋。登山里许,飞流汨然下泻。俯瞰其下,亦有危壁,泉从壁半突出,疏竹掩映,殊有佳致。然业已上登,不及返顾,遂从<u>三姑</u>又上半里,抵<u>换骨岩</u>,岩即<u>幔亭峰</u>后崖也。岩前有庵。从岩后悬梯两层,更登一岩。岩不甚深,而环绕山巅如叠嶂。土人新以木板循岩为室,曲直高下,随岩宛转。循岩隙攀跻而上,几至<u>幔亭</u>之顶,以路塞而止。返至<u>三姑峰</u>麓,绕出其后,复从旧路下,至前所瞰突泉处。从此越岭,即<u>水帘洞</u>路;从此而下,即突泉壁也。余前从上瞰,未尽其妙,至是复造其下。仰望突泉又在半壁之上,旁引水为碓,有梯架之,凿壁为沟以引泉。余循梯攀壁,至突泉下。其坳仅二丈,上下俱危壁,泉从上壁堕坳中,复从坳中溢而下堕。坳之上下四旁,无处非水,而中有一石突起可坐。坐久之,下壁循竹间路,越岭三重,从山腰约行七里,乃下坞。穿石门而上,半里,即<u>水帘洞</u>。危崖千仞，上突下嵌，泉从岩顶堕下。岩既雄扩，泉亦高散，千条万缕，悬空倾泻，亦大观也！其岩高矗上突，故岩下构室数重，而飞泉犹落槛外。

先在途〔三一〕闻睹阁寨颇奇，道流指余仍旧路，越山可至。余出石门，爱坞溪之胜，误走赤石街道。途人指从此度小桥而南，亦可往。从之，登山入一隘，两山夹之，内有岩有室，题额乃"杜辕岩"，土人讹为睹阁耳。再入，又得一岩，有曲槛悬楼，望赤石街甚近。遂从旧道，三里，渡一溪，又一里，则赤石街大溪也〔三二〕。下舟，挂帆二十里，返崇安。

〔一〕武彝山：亦作武夷山，为我国著名风景区。在武夷山市南15公里，为海拔600米左右的一片低山，方圆60公里，有36峰布列在武彝溪两岸。溪水清碧，湾环九曲，两岸峰岩位移形换。乘竹筏游武彝溪，可兼山水之胜。武彝山也是我国重点自然保护区。

〔二〕此次入闽路线，江右游日记曾说"两过广信"，于铅山县又追叙："此余昔年假道分水关趋幔亭处。"霞客游黄山后，即经江西东部，取道广信、铅山，过分水关入福建崇安。游武彝山时间在万历四十四年(公元1616年)。

〔三〕崇安县：隶建宁府，即今福建武夷山市。

〔四〕大王峰：又名天柱峰，雄踞在武彝溪口，是进入武彝山的第一峰，有木梯和岩壁踏脚石孔可攀到峰顶。

〔五〕大溪：明代又称崇溪，即今崇阳溪。　　武彝溪：明代又称九曲溪、清溪，发源于三保山，经星村入武彝山，盘折九曲，约7.5公里，到武彝宫前汇入崇溪。

〔六〕驶(shǐ 史):马快跑。

〔七〕舟子:船夫。跣(xiǎn 冼):光着脚。今皆自九曲始,顺流划竹筏,但溪边还能看到过去挽舟的凿痕。

〔八〕机杼(zhù 助):织布机。

〔九〕架壑舟:又称"架壑船"、"船棺"、"仙船"、"仙脱"、"仙函"等,为古代当地的一种葬具,俗称船棺葬、崖墓。葬具似船,用整木凿成,存放于悬崖隙洞人迹难到的地方。1978 年福建省博物馆在北山白岩距谷底 51 米的洞内取下船棺一具,经碳－14 测定,距今已 3400 余年。

〔一○〕埘(shí 时):墙壁上挖洞做成的鸡巢。　　桀(jié 杰):鸡栖的小木桩。

〔一一〕溜(liù 六):急流。

〔一二〕云窝:在五曲接笋峰和六曲仙掌峰间,新建有八亭散布冈头或溪边,还有盘山石径往来诸胜。

〔一三〕攒(cuán)凑:凑集。

〔一四〕冈(gāng 刚):山脊。

〔一五〕夐(xiòng):远。

〔一六〕崭(zhǎn 斩)然:高峻。游记中有的地方作"崭崭"。

〔一七〕天游峰:在五曲隐屏峰后,绝顶有一览台可供凭眺。分上天游和下天游,天游观在下天游。

〔一八〕规:圆形。

〔一九〕涯(yá 牙):水边。

〔二○〕蔚然奇丽　　原脱此四字,据四库本补。

〔二一〕穹窿(qióng lóng 穷隆):长曲。　　窈窕(yǎo tiǎo

杳挑）：深远。

〔二二〕紫阳书院：紫阳为山名，在安徽歙县南，宋代朱松读书其上。亦是其子朱熹长期在崇安读书讲学的地方，因称紫阳书屋，后人建紫阳书院，即前述文公书院。朱熹死后谥"文"，人称朱文公。

〔二三〕御茶园：在武彝山四曲溪南，为元代官府督制贡茶处，大德六年（公元 1302 年）创建，明嘉靖三十六年（公元 1557 年）罢废。武彝山向以产茶著称，乌龙茶亦产于此，宋蔡君谟评论此茶味超过北苑龙团。今盛产岩茶，尤以"大红袍"最名贵。

〔二四〕高骞（qiān 千）：高昂着头。

〔二五〕茗（míng 名）：茶的通称。　　柯：树枝。

〔二六〕扪（mén 门）：执持，抚摸。

〔二七〕蜕（tuì 退）：虫类脱下来的皮。遗蜕：道家称尸解为蜕质，后因以蜕为死的讳称。遗蜕即尸体。

〔二八〕冲祐万年宫：前称冲祐宫，此称万年宫，俗称武夷宫，在武彝山武彝溪口、大王峰麓，为著名的道教活动中心。近年改建为朱熹纪念馆。有宋桂两株，胸围达 3.71 米。

〔二九〕扶疏：繁茂。

〔三〇〕武彝山因有神人武彝君所居而得名。武彝名著于汉代，相传武彝君于八月十五日上山，置幔亭，化虹桥，大会乡人宴饮。

〔三一〕途　　原作"塗"，据四库本改。游记多作"塗"，通"途"，即道路。今皆作"途"。

〔三二〕赤石街：今仍作赤石，在武夷山市南境，崇阳溪畔。

游庐山[一]日记 江西九江府

山之阴为九江府，
山之阳为南康府。[二]

戊午(万历四十六年,公元 1618 年),

余同兄雷门[三]、白夫,以八月十八日至九江[四]。易小舟,沿江南入龙开河,二十里,泊李裁缝堰。登陆,五里,过西林寺,至东林寺[五]。寺当庐山之阴,南面庐山,北倚东林山。山不甚高,为庐之外廓。中有大溪,自东而西,驿路界其间,为九江之建昌[六]孔道。寺前临溪,入门为虎溪桥,规模甚大,正殿夷毁,右为三笑堂。

十九日

出寺,循山麓西南行。五里,越广济桥,始舍官道,沿溪东向行。又二里,溪回山合,雾色霏霏如雨。一人立溪口,问之,由此东上为天池大道,南转登石门,为天池寺之侧径。余稔知石门之奇,路险莫能上,遂倩其人为导,约二兄径至天池相待。遂南渡小溪二重,过报国寺,从碧条香蔼中攀陟[七]五里,仰见浓雾中双石屼立〔八〕，即石门也。一路由石隙而入，复有二石峰对峙。路宛转峰罅，下瞰绝涧诸峰，在铁船峰旁，俱从涧底矗耸直上，离立咫尺〔九〕，争雄竞秀，而层烟叠翠，澄映四外。其下喷雪奔雷，腾空震荡，耳目为之狂喜。门内对峰倚壁，都结层楼危阙。徽人邹昌明、毕贯之新建精庐〔一〇〕，僧容成梵修其间。从庵后小径，复出石门一重，俱从石崖上，上攀下蹑，磴穷则挽藤，藤绝置木梯以上。如是二里，至狮子岩。岩下有静室。越岭，路颇平。再上里许，得大道，即自郡城南来者。历级而登，殿已当前，以雾故犹不辨〔一一〕。逼之，而朱楹彩栋，则天池寺也〔一二〕，盖毁而新建者。由右庑〔一三〕侧登聚仙亭，亭前一崖突出，下临无地，曰文殊台。出寺，由大道左登披霞亭。亭侧岐路东上山脊，行三里。由此再东二里，为大林寺；由此北折而西，曰白鹿升仙台；北折而东，曰佛手岩。升仙台三面壁立，四旁多乔松，高帝御制周颠仙庙碑在其顶，石亭覆之，制甚古〔一四〕。佛手岩穿然轩峙，深可五六丈，岩端石歧横出，故称"佛手"〔一五〕。循岩侧庵右行，崖石两层，突出深坞，上平下仄，访仙台遗址也。台后石上书"竹林寺"三字〔一六〕。竹林为匡庐〔一七〕幻境，可望不可即；台前风雨中，时时闻钟梵声〔一八〕，故以此当之。时方云雾迷漫，即坞中景亦如海上三山〔一九〕，何论竹林？还出佛手岩，由大路东抵大林寺。寺四面峰环，前抱一溪。溪上树大三人围，非桧非杉，枝头着子累累，传为宝树，来自西域，向有二株，为风雨拔去其一矣〔二〇〕。

二十日

晨雾尽收。出天池，趋文殊台。四壁万仞，俯视铁船峰，正可飞鸟〔二一〕。山北诸山，伏如聚蚁〔二二〕。匡湖洋洋山麓，长江带之，远及天际。因再为石门游，三里，度昨所过险处，至则容成方持贝叶〔二三〕出迎，喜甚，导余历览诸峰。上至神龙宫右，折而下，入神龙宫。奔涧鸣雷，松竹荫映，山峡中奥寂境也。循旧路抵天池下，从歧径东南行十里，升降于层峰幽涧；无径不竹，无阴不松，则金竹坪也。诸峰隐护，幽倍天池，旷则逊之。复南三里，登莲花峰侧，雾复大作。是峰为天池案山，在金竹坪则左翼也。峰顶丛石嶙峋，雾隙中时作窥人态，以雾不及登。

越岭东向二里，至仰天坪，因谋尽汉阳之胜。汉阳为庐山最高顶，此坪则为僧庐之最高者。坪之阴，水俱北流从九江；其阳〔二四〕，水俱南下属南康〔二五〕。余疑坪去汉阳当不远，僧言中隔桃花峰，尚有十里遥。出寺，雾渐解。从山坞西南行，循桃花峰东转，过晒谷石，越岭南下，复上则汉阳峰也。先是遇一僧，谓峰顶无可托宿，宜投慧灯僧舍，因指以路。未至峰顶二里，落照盈山，遂如僧言，东向越岭，转而西南，即汉阳峰之阳也。一径循山，重嶂幽寂，非复人世。里许，翳然竹丛中得一龛〔二六〕，有僧短发覆额，破衲〔二七〕赤足者，即慧灯也，方挑水磨腐。竹内僧三四人，衣履揖客，皆慕灯远来者。复有赤脚短发僧从崖间下，问之，乃云南鸡足山僧。灯有徒，结茅于内，其僧历悬崖访之，方返耳。余即拉一僧为导，攀援半里，至其所。石壁峭削，悬梯以度，一茅如慧灯龛。僧本山下民家，亦以慕灯居此。至是而上仰汉阳，下俯绝壁，与世复隔矣。暝色已合，归宿灯龛。灯煮腐相饷，前指路僧亦至。灯半月一腐，必自己出，必遍及其徒。徒亦自至，来僧其一也。

二十一日

别灯，从龛后小径直跻汉阳峰〔二八〕。攀茅拉棘，二里，至峰顶。南瞰鄱湖，水天浩荡。东瞻湖口〔二九〕，西盼建昌，诸山历历，无不俯首失恃。惟北面之桃花峰，铮铮比肩，然昂霄逼汉，此其最矣〔三〇〕。下山二里，循旧路，向五老峰。汉阳、五老，俱匡庐南面之山，如两角相向，而犁头尖界于中，退于后，故两峰相望甚近。而路必仍至金竹坪，绕犁头尖后，出其左胁，北转始达五老峰，自汉阳计之，且三十里。余始至岭角，望峰顶坦夷，莫详五老面目。及至峰顶，风高水绝，寂无居者。因遍历五老峰，始知是山之阴，一冈连属；阳则山从绝顶平剖，列为五枝，凭空下坠者万仞，外无重冈叠嶂之蔽，际目〔三一〕甚宽。然彼此相望，则五峰排列自掩，一览不能兼收；惟登一峰，则两旁无底。峰峰各奇不少让，真雄旷之极观也！

仍下二里，至岭角。北行山坞中，里许，入方广寺，为五老新刹〔三二〕。僧知觉甚稔三叠之胜〔三三〕，言道路极艰，促余速行。北行一里，路穷，渡涧。随涧东西行，鸣流下注乱石，两山夹之，丛竹修枝，郁葱上下，时时仰见飞石，突缀其间，转入转佳。既而涧旁路亦穷，从涧中乱石行，圆者滑足，尖者刺履。如是三里，得绿水潭。一泓深碧，怒流倾泻于上，流者喷雪，停者毓黛〔三四〕。又里许，为大绿水潭。水势至此将堕，大倍之，怒亦益甚。潭前峭壁乱耸，回互逼立，下瞰无底，但闻轰雷倒峡之声，心怖目眩，泉不知从何坠去也。于是涧中路亦穷，乃西向登峰。峰前石台鹊起，四瞰层壁，阴森逼侧。泉为所蔽，不得见，必至对面峭壁间，方能全收其胜。乃循山冈，从北东转。二里，出对崖，下瞰，则一级、二级、三级之泉，始依次悉见。其坞中一壁，有洞如门者二，僧辄指为竹林寺门云。顷之，北风自湖口吹上，寒生粟起，急返旧路，至绿水潭。详观之，上有洞翕然〔三五〕下坠。僧引入其中，曰："此亦竹林寺三门之一。"然洞本石罅夹起,内横通如"十"字,南北通明,西入似无底止。出,溯溪而行,抵方广,已昏黑。

二十二日

出寺,南渡溪,抵犁头尖之阳。东转下山,十里,至楞伽院侧。遥望山左胁,一瀑从空飞坠,环映青紫,夭矫〔三六〕滉漾,亦一雄观。五里,过栖贤寺,山势至此始就平。以急于三峡涧,未之入。里许,至三峡涧。洞石夹立成峡,怒流冲激而来,为峡所束,回奔倒涌,轰振山谷。桥悬两崖石上,俯瞰深峡中,迸珠戛玉〔三七〕。过桥,从歧路东向,越岭趋白鹿洞。路皆出五老峰之阳,山田高下,点错民居。横历坡陀〔三八〕,仰望排嶂者三里,直入峰下,为白鹤观。又东北行三里,抵白鹿洞〔三九〕,亦五老峰前一山坞也。环山带溪,乔松错落。出洞,由大道行,为开先道。盖庐山形势,犁头尖居中而少逊,栖贤寺实中处焉;五老左突,下即白鹿洞;右峙者,则鹤鸣峰也,开先寺当其前。于是西向循山,横过白鹿、栖贤之大道,十五里,经万松寺,陟一岭而下,山寺巍然南向者,则开先寺也〔四〇〕。从殿后登楼眺瀑,一缕垂垂,尚在五里外,半为山树所翳,倾泻之势,不及楞伽道中所见。惟双剑崭崭众峰间,有芙蓉插天之态;香炉一峰,直山头圆阜耳。从楼侧西下壑,涧流铿然泻出峡石,即瀑布下流也。瀑布至此,反隐不复见,而峡水汇为龙潭,澄映心目。坐石久之,四山暝色,返宿于殿西之鹤峰堂。

二十三日

由寺后侧径登山。越涧盘岭,宛转山半。隔峰复见一瀑,并挂瀑布之东,即马尾泉也。五里,攀一尖峰,绝顶为文殊台。孤峰拔起,四望无倚,顶有文殊塔。对崖削立万仞,瀑布轰轰下坠,与台仅隔一涧,自巅至底,一目殆无不尽。不登此台,不悉此瀑之胜。下台,循山冈西北溯溪,即瀑布上流也。一径忽入,山回谷抱,则黄岩寺据双剑峰下。越涧再上,得黄石岩。岩石飞突,平覆如砥。岩侧茅阁方丈,幽雅出尘。阁外修竹数竿,拂群峰而上,与山花霜叶,映配峰际。鄱湖〔四一〕一点,正当窗牖。纵步溪石间,观断崖夹壁之胜。仍饭开先,遂别去。

〔一〕庐山位于江西省北部,长约 25 公里,宽约 10 公里,略呈椭圆形。高踞长江南岸,可东瞰鄱阳湖,为我国著名风景胜地。山上多巉岩峭壁,奇花异树,云雾变幻不定,气候凉爽宜人。尤以水胜,多飞瀑、溪涧,亦有深潭、平湖。山上建有植物园、动物园、博物馆、文化宫、疗养院等,并有环山公路联系各风景点,交通颇便。

〔二〕山之阴为九江府,山之阳为南康府　　乾隆本无。此话正确反映了明代庐山的隶属关系,据叶廷甲本补。

〔三〕雷门:名应震,霞客族兄,与霞客同岁,曾任兵马司指挥,能诗善游。

〔四〕九江:明为九江府,治德化,即今江西九江市。位于长江南岸,南至庐山仅 36 公里,有登山公路可直达山上旅游中心牯岭镇。

〔五〕东林寺:在庐山西北麓,东晋高僧慧远创建,为佛教净土宗发祥地。唐代高僧鉴真曾到过东林寺。现虎溪桥、三笑堂等皆能看到。　　西林寺:距东林寺不远,尚存一座唐代六面七层古塔。

〔六〕建昌:明为县,隶南康府,治今江西永修县西北的艾城。

〔七〕陟(zhì 质):登高。

〔八〕屼(wù 兀)立:高耸秃立。

〔九〕咫(zhǐ 止):古代称八寸为咫。咫尺:距离很近。

〔一〇〕精庐:旧时书斋、学舍集生徒讲学的地方皆称精庐或精舍。后亦用以称僧道居住或讲道说法的地方,成为寺院的异名。

〔一一〕以雾故犹不辨　原脱"犹"字,据四库本补。

〔一二〕天池寺:明代又改名护国寺,覆以铁瓦,受到特别尊崇,日本侵略军占领时被毁。即今庐山大天池。山上有一方池,池水终年不涸。池旁长亭即为天池寺原址,附近还有天池塔、天心台等遗迹。寺西平台即文殊台。

〔一三〕庑(wǔ 武):堂下周围的廊屋。

〔一四〕白鹿升仙台:今名御碑亭,在仙人洞西北锦绣峰上,洪武二十六年(公元1393年)朱元璋御制周颠仙人传石碑今存,高约4米,覆以石亭。

〔一五〕佛手岩:岩石参差,像人手伸出,因名。中有"一滴泉",终年滴水不断。清代为道士主持,改祀吕洞宾,因改称仙人洞。至今仍称仙人洞。

〔一六〕竹林寺:仅有竹林小径称"仙路",石上刻"竹林寺"三字,但四周无寺,此即传说中的"竹林隐寺"。

〔一七〕匡庐:即庐山。相传周时有匡俗兄弟七人在山上隐居,周威烈王派使者来访,匡氏兄弟早已离去,仅存所住草庐,故名匡庐,又称庐山或匡山。

〔一八〕钟梵声:佛寺敲钟敬佛诵经的声音。

〔一九〕海上三山:传说中的蓬莱、方丈、瀛洲三神山,在渤海中,以黄金、白银为宫阙,亦称三岛。因山形似壶,故又名三壶,即方壶、蓬壶、瀛壶。此处泛指虚幻飘渺的仙景。

〔二〇〕古树今存,俗称三宝树。孔雀杉二株,笔立于众树之上,高约40米;银杏一株,枝桠伸得低而宽。旁边石上有刻记:"晋僧昙诜手植婆罗宝树。"

〔二一〕舄(xì 戏):古代一种复底鞋。飞舄:指神仙来去。

〔二二〕螘:"蚁"的本字。

〔二三〕贝叶:即贝多树叶。形如棕榈,产于印度,云南西双版纳也有。其叶可当纸,常用以写佛经,故亦称佛经为贝叶。

〔二四〕古人习惯称山的北面为阴,南面为阳。相反,水的南面称阴,北面称阳。

〔二五〕南康:明为府,治星子,即今江西星子县。

〔二六〕龛(kān 刊):供有佛像的小屋。

〔二七〕衲(nà 纳):原意为缝补。但僧徒的衣服常用许多碎布补缀而成,因以"衲"为僧衣的代称。

〔二八〕汉阳峰:为区别于附近的小汉阳峰,通称大汉阳峰,为庐山最高峰,海拔1474米。峰顶有石砌的汉阳台。

〔二九〕湖口:明代为县,隶九江府,即今江西湖口县。

〔三〇〕铮铮比肩然昂霄逼汉此其最矣　此句四库本作"峥峥比肩然昂霄逼汉逊此一筹"。铮铮,喻其刚正不阿。峥峥,特出不凡,高峻。

〔三一〕际目:视野。

〔三二〕刹(chà 岔):梵语"刹多罗"的省音译,原为佛塔顶部的装饰,亦称相轮,后则通称佛寺为刹。

〔三三〕即今三叠泉瀑布。在庐山东谷会仙亭旁,泉下即观音洞,洞下即绿水潭,潭畔岩上刻"竹影疑踪"。

〔三四〕毓:同"育",生。　　黛(dài 代):深青色。

〔三五〕翕(xī 息):敛缩。

〔三六〕夭矫:屈曲而有气势的样子。

〔三七〕迸(bèng 蹦):溅射。　　戛(jiá 颊):打击。　　迸珠戛玉:形如珠溅射,声如击玉响。

〔三八〕坡:一作"陂",山旁称坡。　　陀(tuó 驼):岩际称陀。　　坡陀:不平坦。

〔三九〕白鹿洞:唐代江州刺史李渤曾在这里读书,并随身养一白鹿,因此得名白鹿洞。宋代设书院,与睢阳、嵩阳、岳麓并名,为当时著名的书院。朱熹知南康军,也在这里聚徒讲学。历代屡有修建。

〔四〇〕开先寺:在庐山南麓鹤鸣峰下,创建于南唐。公元1707 年,康熙皇帝敕书"秀峰寺",因改名。新中国建立前遭破坏。近年重建了漱玉亭、碑亭等,历代名人碑刻甚多。

〔四一〕鄱湖:为鄱阳湖的省称。鄱阳湖现有面积3976 平方公里,湖面海拔 21 米,为我国最大的淡水湖。

游黄山日记后

戊午（万历四十六年，公元 1618 年）九月初三日

出白岳榔梅庵，至桃源桥。从小桥右下，陡甚，即旧向黄山路也。七十里，宿江村。

初四日

十五里，至汤口。五里，至汤寺，浴于汤池。扶杖望硃砂庵而登。十里，上黄泥冈。向时云里诸峰，渐渐透出，亦渐渐落吾杖底。转入石门〔一〕，越天都之胁而下，则天都、莲花二顶，俱秀出天半。路旁一岐东上，乃昔所未至者，遂前趋直上，几达天都侧。复北上，行石罅中。石峰片片夹起；路宛转石间，塞者凿之，陡者级之，断者架木通之，悬者植梯接之。下瞰峭壑阴森，枫松相间，五色纷披，灿若图绣。因念黄山当生平奇览，而有奇若此，前未一探，兹游快且愧矣！

时夫仆俱阻险行后，余亦停弗上；乃一路奇景，不觉引余独往。既登峰头，一庵翼然，为文殊院〔二〕，亦余昔年欲登未登者。左天都，右莲花，背倚玉屏风，两峰秀色，俱可手擥〔三〕。四顾奇峰错

列，众壑纵横，真黄山绝胜处！非再至，焉知其奇若此？遇游僧澄源至，兴甚涌〔四〕。时已过午，奴辈适至。立庵前，指点两峰。庵僧谓："天都虽近而无路，莲花可登而路遥。只宜近盼天都，明日登莲顶。"余不从，决意游天都，挟澄源、奴子仍下峡路。至天都侧，从流石蛇行而上。攀草牵棘，石块丛起则历块，石崖侧削则援崖。每至手足无可着处，澄源必先登垂接。每念上既如此，下何以堪？终亦不顾。历险数次，遂达峰顶。惟一石顶壁起犹数十丈，澄源寻视其侧，得级，挟予以登〔五〕。万峰无不下伏，独莲花与抗耳。时浓雾半作半止，每一阵至，则对面不见。眺莲花诸峰，多在雾中。独上天都，予至其前，则雾徙于后；予越其右，则雾出于左。其松犹有曲挺纵横者；柏虽大干如臂，无不平贴石上，如苔藓然。山高风巨，雾气去来无定。下盼诸峰，时出为碧峤〔六〕，时没为银海。再眺山下，则日光晶晶，别一区宇也。日渐暮，遂前其足，手向后据地，坐而下脱。至险绝处，澄源并肩手相接。度险，下至山坳，暝色已合。复从峡度栈〔七〕以上，止文殊院。

初五日

平明，从天都峰坳中北下二里，石壁岈然。其下莲花洞正与前坑石笋对峙，一坳幽然。别澄源，下山至前岐路侧，向莲花峰而趋。一路沿危壁西行，凡再降升，将下百步云梯，有路可直跻莲花峰。既陟而磴绝，疑而复下。隔峰一僧高呼曰："此正莲花道也！"乃从石坡侧度石隙。径小而峻，峰顶皆巨石鼎峙，中空如室。从其中叠级直上，级穷洞转，屈曲奇诡，如下上楼阁中，忘其峻出天表也。一里，得茅庐，倚石罅中。方徘徊欲升，则前呼道之僧至矣。僧号凌虚，结茅于此者，遂与把臂陟顶。顶上一石，悬隔二丈，僧取梯以度。其巅廓然〔八〕，四望空碧，即天都亦俯首矣。盖是峰居黄山之中，独出诸峰上，四面岩壁环耸，遇朝阳霁色，鲜映层发，令人狂叫欲舞。

久之，返茅庵。凌虚出粥相饷，啜一盂，乃下。至岐路侧，过大悲顶，上天门。三里，至炼丹台。循台嘴而下，观玉屏风〔九〕、三海门诸峰，悉从深坞中壁立起。其丹台一冈中垂，颇无奇峻，惟瞰翠微之背，坞中峰峦错耸，上下周映，非此不尽瞻眺之奇耳。还过平天矼，下后海，入智空庵，别焉。三里，下狮子林，趋石笋矼，至向年所登尖峰上。倚松而坐，瞰坞中峰石回攒，藻绩〔一〇〕满眼，始觉匡庐、石门，或具一体，或缺一面，不若此之阔博富丽也！久之，上接引崖，下眺坞中，阴阴觉有异。复至冈上尖峰侧，践流石，援棘草，随坑而下，愈下愈深，诸峰自相掩蔽，不能一目尽也。日暮，返狮子林。

初六日

别霞光，从山坑向丞相原。下七里，至白沙岭，霞光复至。因余欲观牌楼石，恐白沙庵无指者，追来为导。遂同上岭，指岭右隔坡，有石丛立，下分上并，即牌楼石也。余欲逾坑溯涧，直造其下。僧谓："棘迷路绝，必不能行。若从坑直下丞相原，不必复上此岭；若欲从仙灯而往，不若即由此岭东向。"余从之，循岭脊行。岭横亘天都、莲花之北，狭甚，旁不容足，南北皆崇峰夹映。岭尽北下，仰瞻右峰罗汉石，圆头秃顶，俨然二僧也。下至坑中，逾涧以上，共四里，登仙灯洞。洞南向，正对天都之阴。僧架阁连板于外，而内犹穹然，天趣未尽刊也〔一一〕。复南下三里，过丞相原〔一二〕，山间一夹地耳。其庵颇整，四顾无奇，竟不入。复南向循山腰行，五里，渐下。涧中泉声沸然，从石间九级下泻，每级一下有潭渊碧，所谓九龙潭也〔一三〕。黄山无悬流飞瀑，惟此耳。又下五里，过苦竹滩〔一四〕，转循太平县路，向东北行〔一五〕。

〔一〕石门：应指今云巢洞。清人王灼黄山纪游载："有巨石当路，而中空如门，累石为磴，其间可数十级，题之曰'云巢'。"

〔二〕文殊院：在天都、莲花两峰间，左有狮石，右有象石，后毁于火。今在原址建宾馆，名玉屏楼。

〔三〕擥(lǎn 览)：同"揽"，持、握。

〔四〕涌　原作"勇"，据四库本改。

〔五〕天都峰：海拔 1810 米。峰顶有一巨石耸立，高数十丈，有石级可登。顶部略呈长方形，长约十步，宽约五步，刻有"登峰造极"四字。

〔六〕峤(jiào 较)：尖而高的山。

〔七〕栈(zhàn 站)：即栈道。在峭岩陡壁上，傍山凿孔、架木连阁修成的道路，又称阁道。

〔八〕莲花峰：为黄山最高峰，海拔 1860 米。莲花峰、天都峰、光明顶为黄山三大主峰。

〔九〕玉屏风：应即玉屏峰，为黄山 36 小峰之一。

〔一〇〕藻(zǎo 早)：文采。　缋：同"绘"，彩画。

〔一一〕刊：削除。

〔一二〕丞相原：在钵盂峰下，相传南宋右丞相程元凤曾在此读书，故名。明代改名云谷寺。为从东路登山要道，南面入口石刻甚多。寺址已建为宾馆。

〔一三〕九龙潭：黄山东隅罗汉峰与香炉峰之间，有飞流九折，称九龙瀑。一折一潭，亦有九潭，称九龙潭。

〔一四〕苦竹滩：即今歙县苦竹溪，在汤口东北的公路边。

〔一五〕霞客到太平县后的游踪，游记缺。陈函辉徐霞客墓志铭载："登九华而望五老，则戊午也。"九华山在安徽青阳县西南，当太平县西北，霞客到太平县后游九华山，由此可以得到证明，登九华山与黄山同在一年。九华山面积 100 余平方公里，99 峰，其中九峰最为雄伟，故名九子山，主峰十王峰海拔 1342 米。九华山为我国佛教四大名山之一，传为地藏菩萨道场，现存化城寺、肉身宝殿等古刹，百岁宫还有无瑕禅师的肉身坐像。

游九鲤湖〔一〕日记 福建兴化府仙游县〔二〕

浙、闽之游旧矣。余志在蜀之峨眉、粤之桂林,及太华、恒岳诸山;若罗浮〔三〕、衡岳,次也;至越〔四〕之五泄〔五〕,闽之九漈,又次也。然蜀、广、关中,母老道远,未能卒游;衡湘可以假道,不必专游。计其近者,莫若由江郎三石抵九漈。遂以庚申(泰昌元年,公元 1620 年)午节〔六〕后一日,期芳若叔父启行,正枫亭〔七〕荔枝新熟时也。

二十三日

始过江山〔八〕之青湖〔九〕。山渐合,东支多危峰峭嶂,西伏不起。悬望东支尽处,其南一峰特耸,摩云插天,势欲飞动。问之,即江郎山也〔一〇〕。望而趋,二十里,过石门街〔一一〕。渐趋渐近,忽裂而为二,转而为三;已复半岐其首,根直剖下;迫之,则又上锐下敛,若断而复连者,移步换形,与云同幻矣!夫雁宕灵峰、黄山石笋,森立峭拔,已为瑰观;然俱在深谷中,诸峰互相掩映,反失其奇。即缙云鼎湖〔一二〕,穹然独起,势更伟峻;但步虚山即峙于旁,各不相降,远望若与为一。不若此峰特出众山之上,自为变幻,而

51

各尽其奇也。

〔一〕九鲤湖：在福建仙游县东北约 13 公里。相传汉武帝时，有何氏九仙在此骑鲤升天，故名。今仍为著名风景区。湖在万山之巅，瀑布分九漈，一为雷轰漈，二为瀑布漈，三为珠帘漈，四为玉柱漈（游记作"玉箸"），五为石门漈，六为五星漈，七为飞凤漈，八为棋盘漈，九为将军漈，以前四漈景色最佳。

〔二〕仙游县：隶兴化府，即今福建仙游县。

〔三〕罗浮：又称东樵山，在广东博罗县境东江之滨。罗山在东，绝顶飞云顶海拔 1282 米。西有浮山，传为蓬莱一山，浮海而至，与罗山并体，故称罗浮。中有石梁相连，称铁桥。该山为道教名山，相传东晋葛洪在此炼丹。南汉时曾在山中建天华宫。山体灵秀，泉瀑甚多。至今仍有冲虚观、葛洪炼丹灶、洗药池等遗迹。

〔四〕越：浙江省的简称。浙江为古越国地，因此得名。越国中心会稽，在今浙江绍兴。

〔五〕泄（xiè 谢）：瀑布。五泄：在今浙江诸暨市西北约 30 公里。瀑布从山巅奔泻而下，凡五级，景色各异，汇为五泄溪，有五泄寺，为游览胜地。

〔六〕午节：即端午节，在每年阴历五月初五日。

〔七〕枫亭：明代曾设枫亭市巡检司。今名同，在仙游县东南隅。

〔八〕江山：明代为县，隶衢州府，即今浙江江山市。

〔九〕青湖：在江山市南，今又作清湖。

〔一〇〕江郎山：一名金纯山、须郎山，在江山市南 25 公里，传有江氏兄弟三人登巅化石,故名。山高 824 米,三石峰直插天穹,俗呼为三爿(pán 盘)石。山半有岩,山下有泉。

〔一一〕石门街:今仍称石门,在江山市南境。

〔一二〕缙云:明代为县,隶处州府,即今浙江缙云县。缙云县城东 8 公里的缙云山,亦称仙都山,为风景胜地,好溪两岸 10 公里范围内,胜景不绝,尤以鼎湖峰最著。鼎湖峰又名玉笋峰,东靠步虚山,西临好溪水,高 168 米。峰顶有湖,故称鼎湖。

六月初七日

抵兴化府〔一〕。

初八日

出莆郡西门,西北行五里,登岭,四十里,至莒溪,降陟不啻数岭矣。莒溪即九漈下流。过莒溪公馆,二里,由石步过溪〔二〕。又二里,一侧径西向山坳,北复有一磴,可转上山。时山深日酷,路绝人行,迷不知所往。余意鲤湖之水,历九漈而下,上跻必有奇境,遂趋石磴道。芳叔与奴辈惮高陟,皆以为误。顷之,径渐塞,彼益以为误,而余行益励。既而愈上愈高,杳无所极,烈日铄铄〔三〕,余亦自苦倦矣。数里,跻岭头,以为绝顶也;转而西,山之上高峰复有倍此者。循山屈曲行,三里,平畴荡荡,正似武陵误入,不复知在万峰顶上也。中道有亭,西来为仙游道,东即余所行。南过通仙桥,越小岭而下,为公馆,为钟鼓楼之蓬莱石,则雷轰漈在焉。涧出蓬莱石旁,其底石平如砥,水漫流石面,匀如铺縠。少下,而平者多洼,其间圆穴,为灶,为臼,为樽,为井,皆以丹名,九仙〔四〕之遗也。平流至此,忽下堕湖中,如万马初发,诚有雷霆之势,则第一漈〔五〕之奇也。九仙祠即峙其西，前临鲤湖。湖不甚浩荡，而澄碧一泓，于万山之上，围青漾翠，造物之酝灵亦异矣！祠右有石鼓、元珠、古梅洞诸胜。梅洞在祠侧，驾大石而成者，有罅成门。透而上，旧有九仙阁，祠前旧有水晶宫，今俱圮。当祠而隔湖下坠，则二漈至九漈之水也。余循湖右行，已至第三漈，急与芳叔返。曰："今夕当淡神休力，静晤九仙。劳心目以奇胜，且俟明日也。"返祠，往蓬莱石，跣足步涧中。石濑〔六〕平旷，清流轻浅，十洲三岛〔七〕，竟褰衣而涉也。晚坐祠前，新月正悬峰顶，俯挹平湖，神情俱朗，静中渢渢〔八〕，时触雷漈声。是夜祈梦祠中。

初九日

辞九仙，下穷九漈。九漈去鲤湖且数里，三漈而下，久已道绝。数月前，莆田祭酒〔九〕尧俞，令陆善开复鸟道，直通九漈，出莒溪。悔昨不由侧径溯漈而上，乃纡从大道，坐失此奇。遂束装改途，竟出九漈。瀑布为第二漈，在湖之南，正与九仙祠相对。湖穷而水由此飞堕深峡，峡石如劈，两崖壁立万仞。水初出湖，为石所扼，势不得出，怒从空坠，飞喷冲激，水石各极雄观。再下为第三漈之珠帘泉，景与瀑布同。右崖有亭，曰观澜。一石曰天然坐，亦有亭覆之。从此上下岭涧，盘折峡中。峡壁上覆下宽，珠帘之水，从正面坠下；玉箸之水，从旁霭沸溢。两泉并悬，峡壁下削，铁障四围，上与天并，玉龙双舞，下极潭际。潭水深泓澄碧，虽小于鲤湖，而峻壁环锁，瀑流交映，集奇撮胜，惟此为最！所谓第四漈也。

初至涧底，芳叔急于出峡，坐待峡口〔一〇〕，不复入。余独缘涧石而进，踞潭边石上，仰视双瀑从空夭矫，崖石上覆如瓮口。旭日正在崖端，与颓波突浪，掩晕流辉。俯仰应接，不能舍去。循涧复下，忽两峡削起，一水斜回，洞右之路已穷。左望有木板飞架危矶〔一一〕断磴间，乱流而渡，可以攀跻。遂涉涧从左，则五漈之石门矣。两崖至是，壁凑仅容一线，欲合不合，欲开不开，下涌奔泉，上碍云影。人缘陟其间，如猱猿然〔一二〕，阴风吹之，凛凛欲堕。盖自四漈来，山深路绝，幽峭已极，惟闻泉声鸟语耳。

出五漈，山势渐开。洞右危嶂屏列，左则飞凤峰回翔对之，乱流绕其下，或为澄潭，或为倒峡。若六漈之五星，七漈之飞凤，八漈之棋盘石，九漈之将军岩，皆次第得名矣。然一带云蒸霞蔚，得趣故在山水中，岂必刻迹而求乎？盖水乘峡展，既得自恣，其旁崩崖颓石，斜插为岩，横架为室，层叠成楼，屈曲成洞；悬则瀑，环则流，潴则泉；皆可坐可卧，可倚可濯，荫竹木而弄云烟。数里之间，目不能移，足不能前者竟日。每下一处，见有别穴，必穿岩通隙而入，曲达旁疏，不可一境穷也！若水之或悬或渟〔一三〕，或翼飞叠注，即匡庐三叠、雁宕龙湫，各以一长擅胜，未若此山微体皆具也。

出九漈，沿涧依山转，东向五里，始有耕云樵石之家，然见人至，未有不惊讶者。又五里，至莒溪之石步，出向道。

初十日

过蒜岭驿，至榆溪〔一四〕。闻横路驿西十里，有石竹山〔一五〕，岩石最胜，亦为九仙祈梦所。闽有"春游石竹，秋游鲤湖"语，虽未合其时，然不可失之交臂也。乘兴遂行。以横路去此尚十五里，乃宿榆溪。

〔一〕 兴化府：治莆田，故又称莆郡，即今福建莆田市。

〔二〕 由石步过溪　诸本皆作"由石上步过溪"，九日记有

"至莒溪之石步，出向道"，此处当衍"上"字，据改。

〔三〕铄：通"烁"。烁烁：光芒闪动的样子。

〔四〕大清一统志："何氏九仙，其世代莫可考。兄弟九人居仙游东北山中修道，因名其山曰九仙山。又居湖侧炼丹，丹成，各乘赤鲤仙去，名其湖曰九鲤湖。"兴化府志谓时在西汉元狩年间。

〔五〕漈(jì祭)：福建、江西一带方言称瀑布为漈。

〔六〕濑(lài赖)：从沙石上流过的急水。

〔七〕十洲指祖洲、瀛洲、玄洲、炎洲、长洲、元洲、流洲、生洲、凤麟洲、聚窟洲；三岛指蓬丘岛、方丈岛、昆仑岛。十洲三岛皆古代传说中神仙居住的地方。此处比喻仙境一样的遍布水中的沙洲和小岛。

〔八〕沨(fēng风)沨：水声。

〔九〕祭酒：古代飨宴时酹酒祭神的长者，后亦以泛称年长或位尊者。祭酒亦学官名，即国子监祭酒，为国子监的主管官。

〔一〇〕坐待峡口　　原作"坐视峡口"，据四库本、陈本、丁本改。

〔一一〕矶(jī机)：水边突出的岩石。

〔一二〕猕(mí弥)猿：猴的一种，亦称恒河猴，群居山林中，喧哗好闹，采食野果、野菜等。我国南方各省皆有。

〔一三〕渟(tíng亭)：水积聚而不流通。

〔一四〕榆溪：今作渔溪，在福建福清市南境的公路边。

〔一五〕石竹山　　徐镇辨讹称："石所山，诸本作石竹，非。"乾隆本、四库本皆作"石所山"。九鲤湖志载："按徐筠岭作霞客游记辨讹，改石竹为石所，不知霞客所游，正福清之石竹，非仙游之石所也。<u>筠峪</u>未之考耳，特正之。”<u>宁</u>抄本亦为“<u>石竹山</u>”。据此改回。下同。

十一日

至<u>波黎铺</u>，即从小路为<u>石竹</u>游。西向山五里，越一小岭。又五里，渡溪，即<u>石竹</u>南麓。循麓西转，仰见峰顶丛崖，如攒如劈。西北行久之，有楼傍山西向，乃登山道也。石磴颇峻，遂短衣历级而上。磴路曲折，木石阴翳，虬枝老藤，盘结危石，欹崖之上，啼猿上下，应答不绝。忽有亭突踞危石，拔迥〔一〕凌虚，无与为对。亭当山之半。再折，石级巍然直上，级穷，则飞岩檐覆垂半空。再上两折，入石洞侧门，出即<u>九仙阁</u>，轩敞雅洁。左为僧庐，俱倚山凌空，可徙倚凭眺。阁后五六峭峰离立，高皆数十丈，每峰各去二三尺。峰罅石壁如削成，路屈曲罅中，可透漏各峰之顶。松偃藤延，纵目成胜。僧供茗芳逸，山所产也。侧径下，至垂岩，路左更有一径。余曰：“此必有异。”从之，果一石洞嵌空立。穿洞而下，即至<u>半山亭</u>。下山，出<u>横路</u>而返〔二〕。

是游也，为日六十有三，历省二，经县十九，府十一，游名山者三。

〔一〕拔迥(jiǒng 炯)：挺拔高远。

〔二〕<u>横路</u>：<u>读史方舆纪要</u>作<u>宏路驿</u>，即今<u>宏路</u>，在<u>福清市</u>稍西的交通要道上。

游嵩山〔一〕日记〔二〕 河南河南府〔三〕登封县

余髫年〔四〕蓄五岳志〔五〕，而玄岳出五岳上，慕尤切。久拟历襄、郧，扪太华，由剑阁〔六〕连云栈，为峨眉〔七〕先导；而母老志移，不得不先事太和，犹属有方之游。第沿江溯流，旷日持久，不若陆行舟返，为时较速。乃陆行汝、邓〔八〕间，路与陕、汴〔九〕略相当，可以兼尽嵩、华，朝宗〔一〇〕太岳。遂以癸亥（天启三年，公元 1623 年）仲春朔，决策从嵩岳道始。凡十九日，抵河南郑州〔一一〕之黄宗店。由店右登石坡，看圣僧池。清泉一涵〔一二〕，渟碧山半。山下深涧交叠，涸无滴水。下坡行涧底，随香炉山曲折南行。山形三尖攒立如覆鼎，众山环之，秀色娟娟媚人。涧底乱石一壑，作紫玉色。两崖石壁宛转，色较缜润〔一三〕；想清流汪注时，喷珠泄黛，当更何如也！十里，登石佛岭。又五里，入密县界，望嵩山尚在六十里外。从岐路东南二十五里，过密县〔一四〕，抵天仙院。院祀天仙，云黄帝之三女也〔一五〕。白松在祠后中庭，相传三女蜕骨其下。松大四人抱，一本三干，鼎耸霄汉，肤如凝脂，洁逾傅粉，蟠枝虬曲，绿鬣舞风，昂然玉立半空，洄〔一六〕奇观也！周以石栏。一轩〔一七〕临北，轩中题咏绝盛。徘徊久之，下观滴水。洞至此忽下跌，一崖上覆，水滴历〔一八〕其下。还密，仍抵西门。三十五里，入登封界，曰耿店〔一九〕。南向为石淙道，遂税驾焉〔二〇〕。

二十日

从小径南行二十五里，皆土冈乱垄。久之，得一溪。渡溪，南行冈脊中，下瞰则石淙在望矣。余入自大梁〔二一〕，平衍广漠，古称"陆海"，地以得泉为难，泉以得石尤难。近嵩始睹蜿蜒众峰，于是北流有景、须诸溪，南流有颍水，然皆盘伏土碛中。独登封东南三十里为石淙，乃嵩山东谷之流，将下入于颍。一路陂陀屈曲，水皆行地中，至此忽逢怒石。石立崇冈山峡间，有当关扼险之势。水沁入胁下，从此水石融和，绮变万端。绕水之两崖，则为鹄立，为雁行；踞中央者，则为饮咒〔二二〕，为卧虎。低则屿，高则台，愈高，则石之去水也愈远，乃又空其中而为窟，为洞。揆〔二三〕崖之隔，以寻〔二四〕尺计，竟水之过，以数丈计，水行其中，石峙于上，为态为色，为肤为骨，备极妍丽。不意黄茅白苇中，顿令人一洗尘目也！〔二五〕

登陇〔二六〕，西行十里，为告成镇〔二七〕，古告成县地。测景台在其北。西北行二十五里，为岳庙〔二八〕。入东华门时，日已下舂〔二九〕，余心艳卢岩，即从庙东北循山行。越陂陀数重，十里，转而入山，得卢岩寺。寺外数武〔三〇〕，即有流铿然下坠石峡中。两旁峡色，氤氲成霞。溯流造寺后，峡底蠡崖，环如半规，上覆下削。飞泉堕空而下，舞绡曳练〔三一〕，霏微散满一谷，可当武彝之水帘。盖此中以得水为奇，而水复得石，石复能助水不尼〔三二〕水，又能令水飞行,则比武彝为尤胜也〔三三〕。徘徊其下,僧梵音以茶点饷。急返岳庙,已昏黑。

〔一〕嵩山:又称嵩岳、中岳,为五岳之首。分太室山和少室山两大部分,以少林河为界,太室山如大屏风横亘在登封市北,少室山如一朵巨莲,耸峙在登封市西。古时称石洞为石室,该山有石洞,故称为"室"。嵩山被誉为"文物之乡",东汉三阙(太室阙、少室阙、启母阙),北魏时建的嵩岳寺塔,皆为全国重点文物保护单位,历代庙宇、碑刻、古树荟粹。

〔二〕游嵩山日记、游太华山日记、游太和山日记、闽游日记前、闽游日记后、游天台山日记后、游雁宕山日记后、游五台山日记、游恒山日记诸篇,皆在乾隆刻本第一册下。

〔三〕河南府:治洛阳,即今河南洛阳市。

〔四〕髫(tiáo条):小孩子头上下垂的短发。髫年:幼年。

〔五〕五岳:我国五大名山的总称。历代封建帝王为维护其统治,讹传这些山为群神所居,对它们进行封禅、祭祀。五岳制度始于汉武帝,但所指五岳,历代曾有变化。明代五岳为中岳嵩山,东岳泰山,南岳衡山,西岳华山,北岳恒山。

〔六〕剑阁:今四川省北部有剑门山,横亘100余公里,有72峰绵延起伏,形若利剑,主峰大剑山在剑阁县北。峭壁中断处,两崖相峙如门,飞阁通衢,谓之剑阁,为中原入川必经的险道。

〔七〕峨眉:即峨眉山,在四川峨眉山市西南。俗称"峨眉天下秀",山峰如蝾首蛾眉,故名。有大峨、中峨、小峨,一般游览范围为大峨。主峰万佛顶,海拔3099米。从山脚到山顶有山道50余公里,从报国寺入山,沿途有伏虎寺、清音阁、万年寺、洪椿坪、仙峰寺、洗象池等胜景,最高处为金顶,可观云海、日出、"佛光"。该山传为普贤菩萨道场,为我国佛教四大名山之一。山中动植物种类丰富,至今还有群猴戏人。

〔八〕汝:即汝州,治今河南汝州市。 邓:即邓州,隶南阳府,即今河南邓州市。

〔九〕陕:即陕州,隶河南府,治所在今河南三门峡市稍西的陕县老城。 汴:唐置汴州,五代梁、晋、汉、周及北宋定都于此,称汴京。明代置开封府,为河南布政司治所,但仍以"汴"为其别称。即今河南开封市。

〔一〇〕朝宗:古代诸侯朝见天子,春见称朝,夏见称宗。此处比喻对嵩山的尊崇,为朝谒的意思。

〔一一〕郑州:隶开封府,即今河南郑州市。

〔一二〕涵(hán 含):包含。此处作名词,一涵即一潭。

〔一三〕缜(zhěn 诊)润:细致而润泽。

〔一四〕密县:隶开封府禹州,即今河南新密市。

〔一五〕云黄帝之三女也 原脱"云"字,据四库本补。

〔一六〕洵(xún 旬):实在,真正。

〔一七〕轩(xuān 宣):有窗槛的长廊或小室。

〔一八〕滴历:同"滴沥",水稀疏下滴。

〔一九〕今分路处为卢店。登封—卢店—告成公路为20公里。

〔二〇〕税:通"脱"。税(tuō)驾:停宿,休息。

〔二一〕大梁:战国时魏国的都城,在今开封市,称大梁,后世相沿即称开封为大梁。

〔二二〕兕(sì四):古代对雌性犀牛的称呼。

〔二三〕揆(kuí奎):估计。

〔二四〕寻(xún旬):古代的长度单位,八尺为寻。

〔二五〕此即嵩山八景之一的"石淙会饮",在告成东门外沿石淙河前行三公里处。石淙河从北往南汇入颍河,在此汇积成潭,河边怪石嶙峋,摩崖题刻甚多,被赞为"千仞壁"、"石淙涧"、"水营山阵"、"小桂林",为重点文物保护单位。

〔二六〕陇(lǒng拢):通"垄",田中高地。

〔二七〕告成镇:从战国至唐初皆称阳城,武则天时将封嵩山,改阳城为告成。唐以后废,故称"古告成县地"。今又作郜城,属登封市。相传周代就在此建立了测景台,至今仍有周公庙,庙内有"圭"、"表",原为土圭,唐代南宫说仿周公旧制,换为石座石表,俗称"周公测景台"。其北是元代郭守敬建的观星台,高9.64米,上为长方形,下为正方形,台面东西长13.7米,南北宽9.9米,为砖石结构。台上四周有栏墙,有南向小室,台北有两个对称的踏道口可以上下。北壁中间砌成垂直凹槽,凹槽下方为南北向水轨,由36方青石连成,长31.196米,中间刻有两条平行水槽,俗称"量天尺"。这是我国现存最早的天文台,也是世界上重要的古代天文学遗迹之一,为全国重点文物保护单位。

〔二八〕岳庙:即中岳庙,在今登封城东四公里的公路边。面积十余万平方米,共十一进,长达1.3里,现有明清建筑四百余间,是五岳中规模较大的一座。东华门现称中华门,原系木牌坊,现为砖瓦结构的歇山式牌坊。中华门前有汉代石刻翁仲一对,正南五百米处即为汉代太室阙。庙后倚黄盖峰,峰顶有两层八角琉璃亭。

每年农历三月和十月均有庙会,进行贸易的帐篷密布庙前广场及田中,附近省县来者云集。

〔二九〕下春:日落时。

〔三〇〕武:步。

〔三一〕绡(xiāo 霄):生丝织物。　　练(liàn 链):煮熟的白绢。

〔三二〕尼(nǐ 你):阻止。

〔三三〕卢崖瀑布今存,为三叠,上折常隐在云雾里,下折掩在深壑中,通常所见者为中折。瀑如白练悬空,该峰亦因此称悬练峰。

二十一日

晨,谒岳帝。出殿,东向太室绝顶。按嵩当天地之中,祀秩为五岳首,故称嵩高。与少室并峙,下多洞窟,故又名太室。两室相望如双眉,然少室嶙峋,而太室雄厉称尊,俨若负扆〔一〕。自翠微以上,连崖横亘,列者如屏,展者如旗,故更觉岩岩。崇封始自上古,汉武以嵩呼之异,特加祀邑。宋时逼近京畿〔二〕,典礼大备。至今绝顶犹传铁梁桥、避暑寨之名。当时之盛〔三〕,固可想见矣。

太室东南一支,曰黄盖峰。峰下即岳庙,规制宏壮。庭中碑石矗立,皆宋、辽以来者。登岳正道,乃在万岁峰下,当太室正南。余昨趋卢岩时,先过东峰,道中见峰峦秀出,中裂如门,或指为金峰玉女沟,从此亦有路登顶,乃觅樵预期为导,今遂从此上。近秀出处,路渐折避之,险绝不能径越也。北就土山,一缕仅容攀跻,约二十里,遂越东峰,已转出裂门之上。西度狭脊,望绝顶行。是日浓云如泼墨，余不为止。至是岚气愈沉，稍开则下瞰绝壁重崖，如列绡削玉，合则如行大海中。五里，抵天门。上下皆石崖重叠，路多积雪。导者指峻绝处为大铁梁桥。折而西，又三里，绕峰南下，得登高岩。凡岩幽者多不畅，畅者又少回藏映带之致。此岩上倚层崖，下临绝壑，洞门重峦拥护，左右环倚台嶂。初入，有洞岈然，洞壁斜透；穿行数武，崖忽中断五尺，莫可着趾。导者故老樵，猚捷〔四〕如猿猴，侧身跃过对崖，取木二枝，横架为阁道。既度，则岩穹然上覆，中有乳泉、丹灶、石榻诸胜。从岩侧跻而上，更得一台，三面悬绝壑中。导者曰："下可瞰登封，远及箕、颍。"〔五〕时浓雾四塞，都无所见。出岩，转北二里，得白鹤观址。址在山坪，去险就夷，孤松挺立有旷致。又北上三里，始跻绝顶〔六〕，有真武庙三楹。侧一井，甚莹，曰御井，宋真宗〔七〕避暑所濬也。

饭真武庙中。问下山道，导者曰："正道从万岁峰抵麓二十里。若从西沟悬溜而下，可省其半，然路极险峻。"余色喜，谓嵩无奇，以无险耳。亟从之，遂策杖前。始犹依岩凌石，披丛条以降。既而从两石峡溜中直下，仰望夹崖逼天。先是峰顶雾滴如雨，至此渐开，景亦渐奇。然皆垂沟脱磴，无论不能行，且不能止。愈下，崖势愈壮，一峡穷，复转一峡。吾目不使旁瞬，吾足不容求息也。如是十里，始出峡，抵平地，得正道。过无极洞〔八〕，西越岭，趋草莽中，五里，得法皇寺〔九〕。寺有金莲花，为特产，他处所无。山雨忽来，遂借榻僧寮〔一〇〕。其东石峰夹峙，每月初生，正从峡中出，所称"嵩门待月"也。计余所下之峡，即在其上，今坐对之，只觉云气出没，安知身自此中来也。

徐霞客游记校注

二十二日

出山，东行五里，抵嵩阳宫废址〔一一〕。惟三将军柏郁然如山，汉所封也；大者围七人，中者五，小者三。柏之北，有室三楹，祠二程先生〔一二〕。柏之西，有旧殿石柱一，大半没于土，上多宋人题名，可辨者为范阳祖无择、上谷〔一三〕寇武仲及苏才翁数人而已。柏之西南，雄碑杰然，四面刻蛟螭〔一四〕甚精。右则为唐碑，裴迥撰文，徐浩八分书也〔一五〕。又东二里，过崇福宫故址〔一六〕，又名万寿宫，为宋宰相提点处。又东为启母石〔一七〕，大如数间屋，侧有一平石如砥。又东八里，还饭岳庙，看宋、元碑。

西八里，入登封县〔一八〕。西五里，从小径西北行。又五里，入会善寺〔一九〕，"茶榜"在其西小轩内，元刻也。后有一石碑仆墙下，为唐贞元〔二〇〕戒坛记，汝州刺史陆长源撰文，河南陆郢书。又西为戒坛废址，石上刻镂极精工，俱断委草砾。西南行五里，出大路，又十里，至郭店〔二一〕。折而西南，为少林道。五里，入寺，宿瑞光上人房。

二十三日

云气俱尽。入正殿，礼佛毕，登南寨。南寨者，少室绝顶，高与太室等，而峰峦峭拔，负"九鼎莲花"之名。俯环其后者为九乳峰，蜿蜒东接太室，其阴则少林寺在焉〔二二〕。寺甚整丽，庭中新旧碑森列成行，俱完善。夹墀〔二三〕二松，高伟而整，如有尺度。少室横峙于前，仰不能见顶，游者如面墙而立，辄谓少室以远胜。余昨暮入寺，即问少室道，俱谓雪深道绝，必无往。凡登山以晴朗为佳。余登太室，云气弥漫，或以为仙灵见拒〔二四〕，不知此山魁梧，正须止露半面。若少室工于掩映，虽微云岂宜点涴？今则霁甚，适逢其会，乌可阻也！乃从寺南渡涧登山，六七里，得二祖庵〔二五〕。山至此忽截然土尽而石，石崖下坠成坑。坑半有泉，突石飞下，亦以"珠帘"名之。余策杖独前，愈下愈不得路，久之乃达。其岩雄拓不如卢岩，而深峭过之。岩下深潭泓碧，僵雪四积。再上，至炼丹台。三面孤悬，斜倚翠壁，有亭曰小有天，探幽之屐，从未有抵此者。过此皆从石脊仰攀直跻，两旁危崖万仞，石脊悬其间，殆无寸土，手与足代匮〔二六〕而后得升。凡七里，始跻大峰。峰势宽衍，向之危石，又截然忽尽为土。从草棘中莽莽南上，约五里，遂凌南寨顶，屏翳之土始尽。南寨实少室北顶，自少林言之，为南寨云。盖其顶中裂，横界南北，北顶若展屏，南顶列戟峙，其前相去仅寻丈，中为深崖，直下如剖。两崖夹中，坑底特起一峰，高出诸峰上，所谓摘星台也，为少室中央〔二七〕。绝顶与北崖离倚，彼此斩绝不可度。俯瞩其下，一丝相属。余解衣从之，登其上，则南顶之九峰森立于前，北顶之半壁横障于后，东西皆深坑，俯不见底，罡风〔二八〕乍至，几假翰〔二九〕飞去。

从南寨东北转，下土山，忽见虎迹大如升。草莽中行五六里，得茅庵，击石炊所携米为粥，啜三四碗，饥渴霍然去。倩庵僧为引龙潭道。下一峰，峰脊渐窄，土石间出，棘蔓翳之，悬枝以行，忽石削万丈，势不可度。转而上跻，望峰势蜿蜒处趋下，而石削复如前。往复不啻数里，乃迂过一坳，又五里而道出，则龙潭沟也。仰望前迷路处，危崖欹石，俱在万仞峭壁上。流泉喷薄其中，崖石之阴森崭巉者，俱散成霞绮。峡夹涧转，两崖静室如蜂房燕垒。凡五里，一龙潭沉涵凝碧，深不可规以丈。又经二龙潭，遂出峡，宿少林寺。

二十四日

从寺西北行,过甘露台,又过初祖庵。北四里,上五乳峰,探初祖洞。洞深二丈,阔杀之,达摩九年面壁处也〔三〇〕。洞门下临寺,面对少室。地无泉,故无栖者。下至初祖庵〔三一〕,庵中供达摩影石。石高不及三尺,白质黑章,俨然西僧立像〔三二〕。中殿六祖〔三三〕手植柏,大已三人围,碑言自广东置钵中携至者。夹墀二松亚少林。少林松柏俱修伟,不似岳庙偃仆〔三四〕盘曲,此松亦然。下至甘露台,土阜蠢起,上有藏经殿。下台,历殿三重,碑碣〔三五〕散布,目不暇接。后为千佛殿,雄丽罕匹。出饭瑞光上人舍。策骑趋登封道,过辕辕岭〔三六〕,宿大屯。

二十五日

西南行五十里,山冈忽断,即伊阙也〔三七〕。伊水南来经其下,深可浮数石舟。伊阙连冈,东西横亘,水上编木桥之。渡而西,崖更危耸。一山皆劈为崖,满崖镌佛其上。大洞数十,高皆数十丈。大洞外峭崖直入山顶,顶俱刊小洞,洞俱刊佛其内。虽尺寸之肤,无不满者,望之不可数计〔三八〕。洞左,泉自山流下,汇为方池,余泻入伊川。山高不及百丈,而清流淙淙不绝,为此地所难。伊阙摩肩接毂〔三九〕,为楚、豫大道,西北历关陕。余由此取西岳道去。

67

〔一〕 扆(yǐ 以):画斧的屏风。天子见诸侯时,背依画斧的屏风南向而立,因称负扆。

〔二〕 京畿(jī 机):国都及其附近的地方。

〔三〕 当时之盛　原倒误为"当盛之时",据四库本改。

〔四〕狷(juān 绢)捷:敏捷。

〔五〕箕指箕山,颍指颍水,皆在登封市东南。颍水今称颍河,往东南注入淮河。

〔六〕太室山有 36 峰,即太白、望都、观香、积翠、立隼、独秀、玉女、玉人、虎头、玉镜、子晋、会仙、河带、玉柱、卧龙、胜观、万岁、老翁、元龟、华盖、石幔、凤凰、桂轮、三鹤、起云、金壶、松涛、狮子、遇圣、浮丘、周道、黄盖、悬练、鸡鸣、青童、春震。绝顶峻极峰海拔 1440 米。

〔七〕宋真宗:北宋皇帝,名赵恒,共在位 25 年,时为公元 997～1022 年。

〔八〕无极洞:即今老君洞,有道院一所。原奉太极、皇极,因称无极洞。

〔九〕法皇寺:应作“法王寺”。寺创建于东汉明帝永平十四年(公元 71 年),仅比洛阳白马寺晚三年,是嵩山最古的寺院。寺后有塔数座,高者达 40 余米,为方形密檐式砖塔,唐代建筑。“嵩门待月”亦嵩山八景之一。

〔一〇〕僧寮(liáo 辽):和尚住的小屋。

〔一一〕嵩阳宫废址:在登封城北 2.5 公里。北魏时为嵩阳寺,隋代为嵩阳观,唐高宗曾以此为行宫。宋至道三年(公元 997 年)赐名太室书院,景祐二年(公元 1035 年)重修,赐额更名为嵩阳书院,为宋代四大书院之一。现为登封师范学校。三将军柏今存二株,皆不甚高,大将军柏躯干斜依,腰围约 6 米,二将军柏腰围近 15 米,中空,散为若干枝,系西汉元封元年(公元前 110 年)汉武帝游嵩山时所封,为我国现存最古最大的柏树。唐碑即指大唐嵩阳观纪圣德感应之颂碑,李林甫撰文,徐浩书,天宝三载(公元 744

年)刻立,高 8 米多,现用三棵大木柱支撑着,为嵩山最大的石碑。

〔一二〕二程:指北宋理学家程颢、程颐,曾在此讲过学。

〔一三〕范阳:历史上曾数次以范阳为名设置郡县,治所也有变迁。唐天宝年间设范阳郡,唐代后期有范阳节度使,皆在今北京城西南。唐初置范阳县,治今河北涿州市,历为涿州治所,至明初废入涿州。　　上谷:战国、秦、汉有上谷郡,治今河北怀来县东南。隋、唐亦置上谷郡,治今河北易县。

〔一四〕螭(chī 吃):传说中一种没有角的龙,色黄,古代建筑常用它的形状作装饰。

〔一五〕八分书:书法体的一种。李斯作小篆,程邈作隶书,王次仲割程邈字八分,取二分,割李斯字二分,取八分,别成一格,故称八分书。

〔一六〕崇福宫:在万岁峰南麓,汉代建万岁观,宋时改名崇福宫,相传司马光曾在此写过资治通鉴。现为养鸡场,古碑仆卧地上,大石柱础犹存,当年著名的太乙泉水,现用水管引入围墙内饮用。

〔一七〕启母石:今存。从轮廓看,平石系从主石上崩下来的,上平滑。两石间有碑一块,为隆庆三年(公元 1569 年)监察御史蒋机立。其南稍远处有东汉延光二年(公元 123 年)立启母阙,用长方形石条砌成,分东西两半,有石雕屋顶,现存篆书铭文及雕刻的画像 60 余幅。

〔一八〕登封县:隶河南府,即今河南登封市。旧城在今治西南部,主要街道作"十"字,部分城墙遗迹尚存。

〔一九〕会善寺:今存,大殿为元代建筑。该寺为唐代著名天文学家一行出家的地方,寺西山坡上即为一行创建的戒坛遗址,今

游嵩山日记

残存刻有金刚像的石柱一根。寺东山坡上有塔三座,其中一座为六角锥体五级彩色琉璃塔。

〔二〇〕贞元:唐德宗年号,共 20 年,时在公元 785～804 年。

〔二一〕郭店:今名同,在登封市西北,登封到偃师的公路旁。

〔二二〕少林寺:在少室山北面,背倚五乳峰,少林河从寺前流过,距登封城 13 公里,有公路相通。该寺始建于北魏,孝昌三年(公元 527 年)印度僧人菩提达摩在此首传禅宗,少林寺成为中国佛教禅宗的祖庭,且以传授少林派拳术著称。常住院面积三万多平方米,1928 年军阀石友三放火烧寺,保存至今者主要有方丈室、达摩亭,千佛殿的"五百罗汉朝毗卢",白衣殿的"少林拳谱"、"十三和尚救唐王"、"紧那罗御红巾"等壁画,还有 300 余品碑刻和金属铸器。寺西有墓塔 220 多座,层级、大小不同,形态万千,为我国现存最大的塔林。

〔二三〕墀(chí 迟):台阶上面的空地。

〔二四〕仙灵见拒　　四库本作"山灵见拒"。

〔二五〕二祖庵:二祖即慧可,二祖庵在少林寺西南四公里的钵盂峰上。有古井四眼,俗称"卓锡泉"。南上里许即炼魔台,又称觅心台,为远眺风景的好地方。

〔二六〕代匮(kuì 愧):备缺乏以为代。　　手与足代匮:脚不够用而以手帮助。

〔二七〕少室山亦有 36 峰。南寨即今御寨山,为少室山绝顶,海拔 1405 米。

〔二八〕罡(gāng 刚)风:亦作"刚风",即高空的强风。

〔二九〕翰(hàn 旱):天鸡红色的羽毛。

〔三〇〕达摩:菩提达摩的简称。相传为南天竺人,南朝宋末航海到广州,梁武帝迎至金陵,与谈佛理。后往北魏,住嵩山少林寺,被认为中国佛教禅宗的初祖。

〔三一〕初祖庵:宋时少林寺僧徒为纪念禅宗初祖达摩修造的,今存大殿和千佛阁。古柏亦无恙,高20多米,胸围4米余。

〔三二〕俨然西僧立像　“西僧”,四库本作“番僧”,陈本、丁本作“胡僧”。

〔三三〕六祖:指慧能,唐代僧人。本姓卢,生于南海新兴(今属广东),为中国佛教禅宗的实际创立者,被尊为禅宗第六祖。他的一派为禅宗南宗,传承很广,为禅宗正系。

〔三四〕偃仆:仰而倒称偃,伏而覆为仆。

〔三五〕碑碣:人工竖立的刻有文字的石头,作为纪念物,或标记、文告用。方者称碑,圆者称碣。

〔三六〕辕辕岭:在登封西北,有辕辕关,石径崎岖,长坡数里,地势险要,为许昌到洛阳的交通要道,公路今仍从此经过。

〔三七〕伊阙:在今河南洛阳市南12公里。青山对峙,形如门阙,伊水经其间,从南往北流,故称伊阙。明史地理志:洛阳“西南有阙塞山,亦曰阙口山,亦曰伊阙山,俗曰龙门山”。

〔三八〕此即著名的龙门石窟,始凿于北魏,断续大规模营造达400多年。现存窟龛2100多个,造像10万余尊,造像题记3600多块。主要洞窟在河西,以唐代所凿奉先寺佛像为最大。香山寺和著名诗人白居易的墓在河东。河上新建有水泥大桥相连。

〔三九〕毂(gǔ古):车轮中心有窟窿可以插轴的部分。摩肩接毂:人肩挤摩,车毂碰接,比喻其繁盛。

游太华山^{〔一〕}日记 陕西西安府^{〔二〕}华阴县

二月晦

入潼关，三十五里，乃税驾西岳庙^{〔三〕}。黄河从朔漠^{〔四〕}南下，至潼关^{〔五〕}，折而东。关正当河、山隘口，北瞰河流，南连华岳，惟此一线为东西大道，以百雉^{〔六〕}锁之。舍此而北，必渡黄河，南必趋武关，而华岳以南，峭壁层崖，无可度者。未入关，百里外即见太华屼出云表；及入关，反为冈陇所蔽。行二十里，忽仰见芙蓉片片，已直造其下，不特三峰秀绝，而东西拥攒诸峰，俱片削层悬。惟北面时有土冈，至此尽脱山骨，竟发为极胜处。

〔一〕太华山：即华山，远望如花擎空，因名。因其西有少华山，故称太华山。在陕西华阴市南，属秦岭东段，北临渭河平原，高出众山，壁立千仞，以险绝著称。主峰有三：东峰又名朝阳峰，南峰又名落雁峰，西峰又名莲花峰。北峰、中峰也很著名。北峰又名云台峰，即游记所称白云峰。中峰又名玉女峰。

〔二〕西安府：为陕西布政司治所，即今陕西西安市。明代城墙、门楼、钟楼、鼓楼等，至今保存完好，为明城保存最完整的地方，已被列为全国重点文物保护单位。

　　〔三〕西岳庙：在华阴城东1.5公里的岳镇东端，亦称华阴庙，建筑宏伟，庙内碑刻很多。

　　〔四〕朔（shuò 硕）漠：北方沙漠之地。

　　〔五〕历史上的潼关，即游记中所描述的潼关，在今风陵渡对岸的黄河边，陕西潼关县的港口。因修三门峡水库，潼关县治迁至吴村。

　　〔六〕百雉（zhì）：雉为古代计算城墙的单位，以长三丈、高一丈为一雉。左传："都城过百雉。"此处所用百雉，即指长而高大的城墙。

三月初一日

　　入谒西岳神，登万寿阁。向岳南趋十五里，入云台观。觅导于十方庵。由峪〔一〕口入，两崖壁立，一溪中出，玉泉院当其左〔二〕。循溪随峪行十里，为莎萝宫，路始峻。又十里，为青柯坪〔三〕，路少坦。五里，过寥阳桥，路遂绝。攀锁上千尺幢〔四〕，再上百尺峡。从崖左转，上老君犁沟，过猢狲岭〔五〕。去青柯五里，有峰北悬深崖中，三面绝壁，则白云峰也。舍之南，上苍龙岭〔六〕，过日月岩。去犁沟又五里，始上三峰足。望东峰侧而上，谒玉女祠〔七〕，入迎阳洞。道士李姓者，留余宿。乃以余晷〔八〕上东峰，昏返洞。

初二日

　　从南峰北麓上峰顶，悬南崖而下，观避静处。复上，直跻峰绝顶〔九〕。上有小孔,道士指为仰天池。旁有黑龙潭。从西下,复上西峰。峰上石耸起,有石片覆其上如荷叶。旁有玉井甚深〔一〇〕,以阁掩其上,不知何故。还饭于迎阳。上东峰,悬南崖而下,一小台峙绝壑中,是为棋盘台。既上,别道士,从旧径下,观白云峰,圣母殿在焉。下至莎萝坪,暮色逼人,急出谷,黑行三里,宿十方庵。出青柯坪,左上有杯渡庵、毛女洞〔一一〕;出莎萝坪,右上有上方峰:皆华之支峰也,路俱峭削,以日暮不及登。

初三日

行十五里,入岳庙。西五里,出华阴西门〔一二〕,从小径西南二十里,入泓峪,即华山之西第三峪也。两崖参天而起,夹立甚隘,水奔流其间。循涧南行,倏而〔一三〕东折,倏而西转。盖山壁片削,俱犬牙错入,行从牙缝中,宛转如江行调舵然。二十里,宿于木杻。自岳庙来,四十五里矣。

初四日

行十里,山峪既穷,遂上泓岭。十里,蹑其巅。北望太华,兀立天表。东瞻一峰,嵯峨特异,土人云赛华山。始悟西南三十里有少华,即此山矣〔一四〕。南下十里,有溪从东南注西北,是为华阳川〔一五〕。溯川东行十里,南登秦岭,为华阴、洛南界。上下共五里。又十里为黄螺铺〔一六〕。循溪东南下,三十里,抵杨氏城。

初五日

行二十里,出石门〔一七〕,山始开。又七里,折而东南,入隔凡峪。西南二十里,即洛南县峪〔一八〕;东南三里,越岭。行峪中,十里出山,则洛水自西而东,即河南所渡之上流也。渡洛复上岭,曰田家原。五里,下峪中,有水自南来入洛。溯之入,十五里,为景村〔一九〕。山复开，始见稻畦。过此仍溯流入南峪，南行五里，至草树沟。山空日暮，借宿山家。

自岳庙至木柹，俱西南行，过华阳川则东南矣。华阳而南，溪渐大，山渐开，然对面之峰峥峥也〔二〇〕。下秦岭，至杨氏城，两崖忽开忽合，一时互见，又不比木柹峪中，两崖壁立，有回曲无开合也。

初六日

越岭两重，凡二十五里，饭坞底岔。其西行道，即向洛南者。又东南十里，入商州界〔二一〕，去洛南七十余里矣。又二十五里，上仓龙岭〔二二〕。蜿蜒行岭上，两溪屈曲夹之。五里，下岭，两溪适合。随溪行老君峪中，十里，暮雨忽至，投宿于峪口。

初七日

行五里，出峪。大溪自西注于东，循之行十里，龙驹寨〔二三〕。寨东去武关〔二四〕九十里，西向商州，即陕省间道〔二五〕，马骡商货，不让潼关道中。溪下板船，可胜五石舟。水自商州西至此，经武关之南，历胡村，至小江口入汉者也〔二六〕。遂趋觅舟。甫定〔二七〕，雨大注，终日不休，舟不行。

初八日

舟子以贩盐故，久乃行。雨后，怒溪如奔马，两山夹之，曲折萦回，轰雷入地之险，与建溪无异。已而雨复至。午抵影石滩〔二八〕，雨大作，遂泊于小影石滩。

初九日

行四十里，过龙关〔二九〕。五十里，北一溪来注，则武关之流也〔三〇〕。其地北去武关四十里，盖商州南境矣。时浮云已尽，丽日乘空,山岚重叠竞秀。怒流送舟,两岸秾桃艳李,泛光欲舞,出坐船头,不觉欲仙也。又八十里,日才下午,榜人〔三一〕以所带盐化迁柴竹,屡止不进。夜宿于山涯之下。

初十日

五十里,下莲滩。大浪扑入舟中,倾囊倒箧,无不沾濡〔三二〕。二十里,过百姓滩,有峰突立溪右,崖为水所摧,岌岌〔三三〕欲堕。出蜀西楼,山峡少开,已入南阳〔三四〕淅川境〔三五〕,为秦、豫界〔三六〕。三十里,过胡村。四十里,抵石庙湾,登涯投店。东南去均州,上太和,盖一百三十里云。

〔一〕峪(yù 玉):北方称呼山谷为峪。

〔二〕玉泉院:今名同,在华山北麓谷口,为登华山必经之路。

〔三〕青柯坪:在华山谷道尽头,是上山途中唯一比较平坦的地方,有东道院和通仙观可憩息食宿。

〔四〕锁:铁链。　千尺幢(chuáng 床):今名同,为华山咽喉。两面峭壁,当中一条狭隘的石缝,中间凿出陡峻的踏步,两边挂着铁链供游人拉牵。接近幢顶处有铁板可以启闭。

〔五〕老君犁沟:东为绝壁,西为深壑,自上而下,共570余级。相传老子修道时,见人们开山凿道不易,便驱其乘牛一夜犁成此道,故名。　猢狲岭:即猢狲愁。崖壁陡峭,传说以前从华山水帘洞出来的猿猴,每到此即返回,连它们也难于通过,故名。

〔六〕苍龙岭:今名同,为登华山最险的地段。系一条狭而且长的山脊,南北长达1500米,踏步狭处仅尺许,两旁为深谷,游人必须牵住铁链前进。

〔七〕玉女祠:在中峰玉女峰。

〔八〕晷(guǐ 轨):原意为日影。古人测日影以定时刻,故又引申为时间。余晷即剩余的时间。

〔九〕南峰为华山绝顶,海拔2160米。峰顶有老君洞,洞北有泉,冬夏不竭,称仰天池。

〔一〇〕玉井:玉井不在西峰上,"旁有玉井甚深"前疑有脱文。今华山顶玉女、莲花、落雁峰间的山谷中有镇岳宫,宫前即为玉井,其上筑楼。

〔一一〕毛女洞　乾隆本作"毛女洞",四库本作"毛女祠"。华山有毛女洞,传为秦时宫女玉姜藏身处。后人为纪念毛女,又在路旁建了毛女祠。

〔一二〕华阴:明为县,隶西安府华州,即今陕西华阴市,在陇海铁路线上。

〔一三〕倏(shū 叔):极快地。倏而:忽而。

〔一四〕少华山:今名同,在华县城东南五公里,比太华山低小。有三峰,西为独秀峰,中为玉女峰,东为半截山。

〔一五〕华阳川:今仍称华阳,在华阴市西南隅。

〔一六〕黄螺铺:今又作黄龙铺,在洛南县西北隅。

〔一七〕石门:今名同,在洛南县北境。

〔一八〕洛南县:隶西安府商州,即今陕西洛南县。

〔一九〕景村:今名同,在洛南县东南境。

〔二〇〕峥(zhēng 争)峥:高峻。

〔二一〕商州:隶西安府,即今陕西商洛市商州区。

〔二二〕仓龙岭:即今蟒岭。疑"仓龙"为"苍龙"。

〔二三〕龙驹寨:隶商州。今名同,为陕西丹凤县治。

〔二四〕武关:今名同,在陕西丹凤县东隅,有公路经过。

〔二五〕间(jiàn 建)道:偏僻但是捷直的小路。

〔二六〕此大溪明代称丹水,即今丹江。小江口今称江口,在湖北丹江口市丹江汇入汉水处。

〔二七〕甫(fǔ 府):方才。

〔二八〕影石滩:即今月日滩,在丹凤县稍南。

〔二九〕龙关:即今竹林关,在丹凤县南境,银花河汇入丹江处。

〔三〇〕即今武关河。

〔三一〕榜(bàng):即棹,摇船的工具。榜人:摇船的人。

〔三二〕沾濡(rú 如):被水沾湿。

〔三三〕岌(jí 极)岌:山高峻危险的样子。

〔三四〕南阳:明置南阳府,治南阳县,即今河南南阳市。

〔三五〕淅川:成化六年(公元 1470 年)析内乡县地置淅川县,隶南阳府,治所在今河南淅川县西南境,丹江北岸的老城,今亦称淅川。

〔三六〕秦:陕西省的简称。　　豫:河南省的简称。

游太和山^{〔•〕}日记 湖广襄阳府^{〔一〕}均州

十一日

登仙猿岭。十余里，有枯溪小桥，为郧县境〔三〕，乃河南、湖广界。东五里，有池一泓，曰青泉，上源不见所自来，而下流淙淙，地又属浙川。盖二县界址相错，依山溪曲折，路经其间故也。五里，越一小岭，仍为郧县境。岭下有玉皇观、龙潭寺。一溪滔滔自西南走东北，盖自郧中来者。渡溪，南上九里冈，经其脊而下，为蟠桃岭。溯溪行坞中十里，为葛九沟。又十里，登土地岭，岭南则均州境。自此连逾山岭，桃李缤纷，山花夹道，幽艳异常。山坞之中，居庐相望，沿流稻畦〔四〕，高下鳞次，不似山、陕间矣。但途中蹊径狭，行人稀，且闻虎暴，日方下春，竟止坞中曹家店〔五〕。

十二日

行五里，上火龙岭。下岭随流出峡，四十里，下行头冈。十五里，抵红粉渡，汉水汪然西来，涯下苍壁悬空，清流绕面。循汉东行，抵均州〔六〕。静乐宫当州之中，踞城之半，规制宏整。停行李于南城外，定计明晨登山。

十三日

骑而南趋,石道平敞。三十里,越一石梁,有溪自西东注,即<u>太和</u>下流入汉者。越桥为<u>迎恩宫</u>,西向。前有碑大书"第一山"三字,乃<u>米襄阳</u>〔七〕笔,书法飞动,当亦第一。又十里,过<u>草店</u>〔八〕,<u>襄阳</u>来道,亦至此合。路渐西向,过<u>遇真宫</u>〔九〕,越两隘下,入坞中。从此西行数里,为趋<u>玉虚</u>道〔一〇〕;南跻上岭,则走<u>紫霄</u>间道也。登岭。自<u>草店</u>至此,共十里,为<u>回龙观</u>〔一一〕。望岳顶青紫插天,然相去尚五十里。满山乔木夹道,密布上下,如行绿幕中。

从此沿山行,下而复上,共二十里,过<u>太子坡</u>〔一二〕。又下入坞中,有石梁跨溪,是为<u>九渡涧</u>下流〔一三〕。上为平台十八盘,即走<u>紫霄</u>登<u>太和</u>大道;左入溪,即溯<u>九渡涧</u>,向<u>琼台观</u>及<u>八仙罗公院</u>诸路也。峻登十里,则<u>紫霄宫</u>在焉〔一四〕。<u>紫霄</u>前临<u>禹迹池</u>,背倚<u>展旗峰</u>,层台杰殿,高敞特异。入殿瞻谒。由殿右上跻,直造〔一五〕<u>展旗峰</u>之西。峰畔有<u>太子洞</u>、<u>七星岩</u>,俱不暇问。共五里,过<u>南岩</u>之<u>南天门</u>。舍之西,度岭,谒<u>榔仙祠</u>。祠与<u>南岩</u>对峙,前有榔树特大,无寸肤,赤干耸立,纤芽未发。旁多榔梅树,亦高耸,花色深浅如桃杏,蒂垂丝作海棠状。梅与榔本山中两种,相传<u>玄帝</u>插梅寄榔,成此异种云〔一六〕。

共五里,过<u>虎头岩</u>。又三里,抵<u>斜桥</u>。突峰悬崖,屡屡而是,径多循峰隙上。五里,至<u>一天门</u>,过<u>朝天宫</u>,皆石级曲折上跻,两旁以铁柱悬索。由<u>一天门</u>而<u>二天门</u>、<u>三天门</u>〔一七〕,率取径峰坳间,悬级直上。路虽陡峻,而石级既整,栏索钩连,不似<u>华山</u>悬空飞度也。<u>太和宫</u>在<u>三天门</u>内。日将晡〔一八〕,竭力造<u>金顶</u>,所谓<u>天柱峰</u>也。

山顶众峰，皆如覆钟峙鼎，离离攒立；<u>天柱</u>中悬，独出众峰之表，四旁崭绝。峰顶平处，纵横止及寻丈。<u>金殿</u>峙其上，中奉<u>玄帝</u>及四将，炉案俱具，悉以金为之〔一九〕。督以一千户〔二〇〕、一提点〔二一〕，需索香金，不啻御夺。余入叩匆匆，而门已阖，遂下宿<u>太和宫</u>〔二二〕。

十四日

更衣上<u>金顶</u>。瞻叩毕，天宇澄朗，下瞰诸峰，近者鹄峙〔二三〕，远者罗列，诚天真奥区也〔二四〕！遂从<u>三天门</u>之右小径下峡中。此径无级无索，乱峰离立，路穿其间，迥觉幽胜。三里余，抵蜡烛峰右，泉涓涓溢出路旁，下为蜡烛涧。循涧右行三里余，峰随山转，下见平丘中开，为<u>上琼台观</u>。其旁榔梅数株，大皆合抱，花色浮空映山，绚烂岩际。地既幽绝，景复殊异。余求榔梅实，观中道士噤不敢答。既而曰："此系禁物。前有人携出三四枚，道流〔二五〕株连破家者数人。"余不信，求之益力，出数枚畀余，皆已黦烂，且订无令人知。及趋<u>中琼台</u>，余复求之，主观仍辞谢弗有。因念由<u>下琼台</u>而出，可往玉虚岩，便失<u>南岩</u>、<u>紫霄</u>，奈何得一失二；不若仍由旧径上，至路旁泉溢处，左越蜡烛峰，去南岩应较近。忽后有追呼者，则<u>中琼台</u>小黄冠〔二六〕以师命促余返。观〔二七〕主握手曰："公渴求珍植，幸得两枚，少慰公怀。但一泄于人，罪立至矣。"出而视之，形侔〔二八〕金橘，漉〔二九〕以蜂液，金相玉质，非凡品也。珍谢别去。复上三里余，直造蜡烛峰坳中。峰参差廉利〔三〇〕，人影中度，兀兀欲动。既度，循崖宛转，连越数重。峰头土石，往往随地异色。既而闻梵颂声，则仰见峰顶遥遥上悬，已出<u>朝天宫</u>右矣。仍上八<u>里</u>，造<u>南岩</u>之<u>南天门</u>，趋谒正殿。右转入殿后，崇崖嵌空，如悬廊复道，蜿蜒山半，下临无际，是名南岩，亦名紫霄岩，为三十六岩之最，天柱峰正当其面〔三一〕。自岩还至殿左，历级坞中，数抱松杉，连阴挺秀。层台孤悬，高峰四眺，是名飞升台。暮返宫，贿其小徒，复得榔梅六枚。明日再索之，不可得矣。

十五日

从南天门宫左趋雷公洞。洞在悬崖间。余欲返紫霄，由太子岩历不二庵，抵五龙。舆者〔三二〕谓迂曲不便，不若由南岩下竹笆桥，可览滴水岩、仙侣岩诸胜。乃从北天门下，一径阴森，滴水、仙侣二岩，俱在路左，飞崖上突，泉滴沥于中，中可容室，皆祠真武〔三三〕。至竹笆桥，始有流泉声，然不随涧行。乃依山越岭，一路多突石危岩，间错于乱蒨〔三四〕丛翠中，时时放榔梅花，映耀远近。

过白云、仙龟诸岩，共二十余里，循级直下涧底，则青羊桥也。涧即竹笆桥下流，两崖翁葱蔽日，清流延回，桥跨其上，不知流之所去。仰视碧落〔三五〕，宛若瓮口。度桥，直上攒天岭。五里，抵五龙宫〔三六〕，规制与紫霄、南岩相伯仲。殿后登山里许，转入坞中，得自然庵。已还至殿右，折下坞中，二里，得凌虚岩。岩倚重峦，临绝壑，面对桃源洞诸山，嘉木尤深密，紫翠之色互映如图画，为希夷〔三七〕习静处。前有传经台，孤瞰壑中，可与飞升作匹。还过殿左，登榔梅台，即下山至草店。

华山四面皆石壁，故峰麓无乔枝异干；直至峰顶，则松柏多合三人围者；松悉五鬣，实大如莲，间有未堕者，采食之，鲜香殊绝。太和则四山环抱，百里内密树森罗，蔽日参天；至近山数十里内，则异杉老柏合三人抱者，连络山坞，盖国禁也。嵩、少之间，平麓上至绝顶,樵伐无遗,独三将军树巍然杰出耳。山谷川原,候同气异。余出嵩、少,始见麦畦青;至陕州,杏始花,柳色依依向人;入潼关,则驿路既平,垂杨夹道,梨李参差矣;及转入泓峪,而层冰积雪,犹满涧谷,真春风所不度也。过坞底岔,复见杏花;出龙驹寨,桃雨柳烟,所在都有。忽忆日已清明,不胜景物悴〔三八〕情。遂自草店,越二十四日,浴佛后一日〔三九〕抵家。以太和榔梅为老母寿〔四〇〕。

〔一〕太和山:即武当山,相传真武曾修炼于此,为道教名山,亦以传授武当派拳术著称。明永乐中尊为太岳,亦称玄岳。在湖北丹江口市南境,有72峰、36岩、24涧、11洞、10池、9井等自然风景。明初殿宇规模甚大,现基本保持明初形成的建筑体系,有太和、南岩、紫霄、遇真、玉虚、五龙等六宫,复真、元和二观,铜铸的金殿颇具特色。全山游程达60公里。

〔二〕湖广:为明代十三布政司之一,辖境大体包括今湖北、湖南两省地,布政司治所武昌府,即今湖北武汉市长江南岸的武昌。襄阳府:治今湖北襄阳市汉水南岸,城墙今存。

〔三〕郧县:明统治者在残酷镇压了规模巨大的荆襄流民起义后,于成化十二年(公元1476年)设郧阳府,辖郧县、房县、竹山、竹溪、上津、郧西、保康等七县,治郧县,即今湖北郧县。

〔四〕畦(qí 齐):田园中划分的小区。

〔五〕曹家店:今名同,在丹江口市北隅。

〔六〕均州:隶襄阳府,因武当山而著名,附郭县原名武当县,治所在今湖北丹江口市西境、汉水南岸的关门岩,修建丹江口水库时迁走。

〔七〕米芾(fú 福)(公元 1051～1107 年)：宋代著名画家和书法家。初名黻，字元章，号襄阳漫士、鹿门居士、海岳外史等。世居太原，后迁樊城，后又定居润州(今江苏镇江)。米芾的居地与襄阳城隔河相对，抬头即可欣赏汉水的烟波和重叠的山岚，这样的环境对他的创作有很大帮助，故世称"米襄阳"。米芾擅长书画，多用水墨点染，独创风格，人称"米氏云山"。他的儿子米友仁发展其画法，形成米派。今襄阳市米姓后人很多，还有米庄。米公祠在樊城西隅，珍藏有数十块米芾书法碑刻，为重点文物保护单位。

〔八〕草店：今名同，在丹江口市西境，铁路北侧。

〔九〕遇真宫：在武当山北麓，武当山大门石制玄岳坊南一公里，殿内供张三丰坐像。

〔一〇〕玉虚宫：是武当山建筑群中最大的宫城之一，玉带河萦回，红墙环绕，碑亭高耸。据说明末农民起义军领袖李自成曾在此扎营，至今仍称老营宫。襄渝铁路从旁边经过，并有老营宫站。

〔一一〕回龙观：应即今元和观，系由老路上山必经之地。

〔一二〕太子坡：即复真观，今存，为登金顶的孔道。

〔一三〕九渡涧：又称剑河。河上桥名天津桥，又称剑河桥，系三孔石桥，建于明永乐年间。

〔一四〕紫霄宫：背倚展旗峰，为武当山保存较完整的宫观之一，有龙虎殿、碑亭、十方堂、紫霄殿、父母殿，两侧有东宫、西宫，崇台依山迭砌，殿宇雄，环境幽。

〔一五〕造(zào 皂)：到，往。

〔一六〕榔梅：果名。襄阳志："榔梅在太和山。相传真武折

84

梅枝寄榔树上,仰天誓曰:'吾道若成,花开果结。'后竟如其言。今树尚存。"

〔一七〕此句原作三天门、二天门、一天门。证以有关记载及文物,冯岁平认为顺序有错乱,由下而上,应为一天门、二天门、三天门,见对徐霞客游太和山路线图订补。据改。

〔一八〕晡(bū逋):申时,即午后三点至五点。通常指黄昏。

〔一九〕金殿:武当山绝顶天柱峰海拔 1612 米,金殿即建在天柱峰顶,俗称金顶,为永乐十四年(公元 1416 年)建。高 5.54 米,宽 4.4 米,深 3.15 米,共三间,包括其中神像、几案、供器,全为铜铸鎏金,仿木结构,分件铸造装配。为我国古建筑中的珍品,全国重点文物保护单位。殿下山腰绕石城一周,名紫金城,长 1.5 公里,开四门。

〔二〇〕千户:金初置,为世袭武官,元、明相沿。明代卫所兵制设有千户所,驻守要地,统兵 1120 人,下分为十个百户所,统隶于卫。千户为一所的长官。

〔二一〕提点:宋、元以来所设的官名,寓有提举、检点之意。明代仅有神乐观提点,管理道士。清代废。

〔二二〕太和宫:在武当山天柱峰腰紫金城南天门外。转展殿内存元大德十一年(公元 1307 年)铸的铜殿一座,系永乐十四年从天柱峰顶移此。

〔二三〕鹄(hú胡):俗名天鹅。鹄峙:形容周围诸峰如天鹅引颈屹立恭候。

〔二四〕天真:未受人世礼俗影响的大自然的原貌。　奥区:中心、腹地。

〔二五〕道流:道士。

〔二六〕黄冠:道士所戴束发的冠为黄色,因此道士又别称黄冠。

〔二七〕观(guàn贯):道教的庙宇,即道观。大道观称道宫,比宫、观小者称道院。

〔二八〕侔(móu牟):相同、齐等。

〔二九〕漉(lù鹿):渗。

〔三〇〕廉(lián连)利:棱角锋利。

〔三一〕南岩:上为危崖,下临深壑,为武当山中风景最美的一岩。现存元代建的天乙真庆宫,梁柱门窗全用石砌,仿木结构,故又称石殿。明建南天门亦存。

〔三二〕舆(yú俞):肩舆,俗称轿子。舆者即轿夫。

〔三三〕真武:原称玄武,为我国古代神话中的北方之神,它的形象为龟或龟蛇合体。后为道教所信奉,宣称他是古净乐国王的太子,在武当山修炼成仙。宋时因避讳,改玄为真,并尊为"镇天真武灵应祐圣帝君",简称真武帝君。

〔三四〕蒨(qiàn欠):同"茜",多年生蔓草,茎有刺,初秋开小黄花。根红色,可做染料,亦可供药用。

〔三五〕碧落:道家称天空为碧落。

〔三六〕五龙宫:在武当山天柱峰以北。始建于唐贞观年间,称五龙祠,历代皆重建。近代已大部被毁,现仅存宫门、红墙、碑亭、古井、泉池。

〔三七〕陈抟(? ～989年):字图南,亳州真源人。后唐末举进士不第,隐居于武当山。太平兴国中出山,宋太宗甚看重,赐号希夷先生。

〔三八〕悴(cuì 粹):忧伤。

〔三九〕浴佛日:相传中历四月初八日为释迦牟尼生日,佛寺常于此日设会诵经,并用香水洗浴佛像,故称这一天为浴佛节。浴佛后一日即中历四月初九日。

〔四〇〕寿:用物献给长者祝寿。

闽〔一〕游日记前

崇祯改元〔二〕戊辰之仲春〔三〕，发兴为闽、广游。二十日，始成行。三月十一日，抵江山之青湖，为入闽登陆道。十五里，出石门街，与江郎为面，如故人再晤。十五里，至峡口〔四〕，已暮。又行十五里，宿于山坑。

十二日

二十里，登仙霞岭。三十五里，登丹枫岭〔五〕，岭南即福建界。又七里，西有路越岭而来，乃江西永丰道，去永丰尚八十里。循溪折而东，八里至梨岭麓，四里登其巅，前六里，宿于九牧〔六〕。

十三日

三十五里，过岭，饭于仙阳〔七〕。仙阳岭不甚高，而山鹃丽日，颇可爱。饭后得舆，三十里抵浦城〔八〕，日未晡也。时道路俱传泉、兴〔九〕海盗为梗，宜由延平上永安。余亦久蓄玉华之兴，遂觅延平舟。

十四日

舟发四十里，至观前〔一〇〕。舟子省家〔一一〕早泊，余遂过

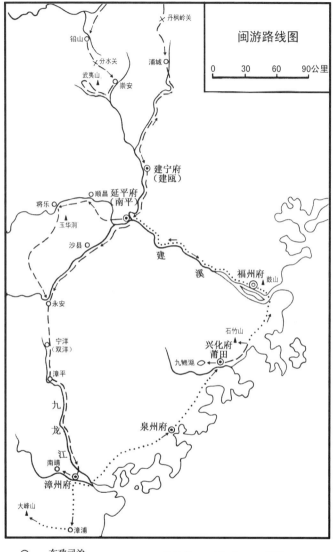

闽游路线图

◎	布政司治		▲	风景点		河流
◉	府治					
○	县治	延平府	古地名			旅游路线
×	关隘	（南平）	今地名			考订路线

浮桥,循溪左登金斗山。石磴修整,乔松艳草,幽袭人裾。过三亭,入玄帝宫,由殿后登岭。兀兀中悬,四山环拱,重流带之,风烟欲暝,步步惜别!

十五日

辨色〔一二〕即行。悬流鼓楫,一百二十里,泊水矶。风雨彻旦〔一三〕,溪喧如雷。

十六日

六十里,至双溪口〔一四〕,与崇安水合。又五十五里,抵建宁郡〔一五〕。雨不止。

十七日

水涨数丈,同舟俱阁〔一六〕不行。上午得三板舟,附之行〔一七〕。四十里,太平驿,四十里,大横驿〔一八〕,过如飞鸟。三十里,黯淡滩,水势奔涌。余昔游鲤湖过此,但见穿石崿峙,舟穿其间,初不谓险;今则白波山立,石悉没形,险倍昔时。十里,至延平〔一九〕。

十八日

余以轻装出西门,为玉华洞游。南渡溪,令奴携行囊由沙县上水,至永安相待。余陆行四十里,渡沙溪而西。将乐之水从西来,沙县之水从南来,至此合流〔二〇〕,亦如延平之合建溪也。南折入山,六十里,宿三连铺,乃瓯宁、南平、顺昌三县之界〔二一〕。

十九日

五里,越白沙岭,是为顺昌境。又二十五里,抵县〔二二〕。县临水际,邵武之水从西来,通光泽〔二三〕;归化之水从南来〔二四〕,俱会城之东南隅。隔水望城,如溪堤带流也。循水南行三十里，至杜源，忽雪片如掌。十五里至将乐境，乃杨龟山故里也〔二五〕。又十五里，为高滩铺〔二六〕。阴霾尽舒，碧空如濯，旭日耀芒，群峰积雪，有如环玉。闽中以雪为奇，得之春末为尤奇。村氓市媪〔二七〕，俱曝〔二八〕日提炉；而余赤足飞腾〔二九〕，良久快也！二十五里，宿于山涧渡之村家。

二十日

渡山涧，溯大溪南行。两山成门曰菖峡。溪崖不受趾，循山腰行。十里，出菖峡铺，山始开。又十里，入将乐〔三〇〕。出南关，渡溪而南，东折入山，登滕岭。南三里，为玉华洞〔三一〕。先是，过滕岭即望东南两峰耸立，翠壁嶙峋，迥与诸峰分形异色。抵其麓，一尾横曳，回护洞门。门在山坳间，不甚轩豁〔三二〕，而森碧上交，清流出其下，不觉神骨俱冷。山半有明台庵，洞后门所经。余时未饭，复出道左登岭。石磴萦松，透石三里，青芙蓉顿开，庵当其中。饭于庵，仍下至洞前门，觅善导者。乃碎斫松节置竹篓中，导者肩负之，手提铁络，置松燃火，烬辄益之。初入，历级而下者数尺，即流所从出也。溯流屈曲，度木板者数四，倏隘倏穿，倏上倏下，石色或白或黄，石骨或悬或竖，惟"荔枝柱"、"风泪烛"、"幔天帐"、"达摩渡江"、"仙人田"、"葡萄伞"、"仙钟"、"仙鼓"最肖。沿流既穷，悬级而上，是称九重楼。遥望空濛〔三三〕，忽曙色欲来，所谓"五更天"也。至此最奇，恰与张公洞〔三四〕由暗而明者一致。盖洞门斜启，玄朗映彻，犹未睹天碧也。从侧岭仰瞩，得洞门一隙，直受圆明。其洞口由高而坠，弘含奇瑰，亦与张公同。第张公森悬诡丽者，俱罗于受明之处；此洞眩巧争奇，遍布幽奥，而辟户更拓。两洞同异，正在伯仲间也。拾级上达洞顶，则穿崖削天，左右若青玉颒肤〔三五〕，实出张公所未备。下山即为田塍。四山环锁，水出无路，汩然中坠，盖即洞间之流，此所从入也。复登山半，过明台庵。庵僧曰："是山石骨棱厉，透露处层层有削玉裁云态，苦为草树所翳，故游者知洞而不知峰。"遂导余上拾鸟道，下披蒙茸，得星窟焉。三面削壁丛悬，下坠数丈。窟旁有野橘三株，垂实累累。从山腰右转一二里，忽两山交脊处，棘翳四塞，中有石磴齿齿，萦回于悬崖夹石间。仰望峰顶，一笋森森独秀。遂由洞后穹崖之上，再历石门，下浴庵中，宿焉。

〔一〕闽(mǐn 敏)：福建省的简称。秦设闽中郡，治冶县(今福建福州市)。该省最大的河流又称闽江。因此该省简称闽。

〔二〕改元：中国古代新的皇帝即位，都要更改年号。明代最末一个皇帝朱由检即位，改年号为崇祯，时在戊辰，即公元1628年。因清代雍正皇帝名胤禛，乾隆本避讳作"崇正"。

〔三〕仲春：中历二月。

〔四〕峡口：今名同，在浙江江山市南境。

〔五〕丹枫岭：又省称枫岭，霞客所过即今浙江、福建界上的枫岭关，现公路仍从此经过。

〔六〕九牧：今名同，在福建浦城县北隅的公路旁。

〔七〕仙阳：今名同，在浦城县北境的公路旁。

〔八〕浦城：明为县，隶建宁府，即今福建浦城县。

〔九〕泉：即泉州府，治晋江，即今泉州市。 兴：即兴化府，治莆田，即今莆田市。

〔一〇〕观前：今名同，在浦城县南境，南浦溪与临江溪的汇口处。

〔一一〕省(xǐng 醒):探望。

〔一二〕辨色:指天微明,刚可辨色。

〔一三〕彻旦:通宵达旦。

〔一四〕双溪口:应在今建瓯市北隅的丰乐,位于南浦溪与崇阳溪汇口处。

〔一五〕建宁郡:即建宁府,有建安和瓯宁两附郭县,后府改为县,合称建瓯,即今建瓯市。明代无郡,游记中府常称"郡"。

〔一六〕阁:通"搁",即搁浅、停船。

〔一七〕附:搭乘。

〔一八〕大横驿:今仍称大横,在南平市东北隅,建溪西岸。

〔一九〕延平:明置府,治南平,即今南平市。

〔二〇〕霞客所经应即今沙溪口,在富屯溪与沙溪汇合处,位于今南平市西隅。

〔二一〕三县之界 原误作"三里县界",据四库本、叶廷甲本改。

〔二二〕顺昌县:隶延平府,即今顺昌县,但治所在富屯溪西岸。

〔二三〕邵武:明置府,治邵武,即今邵武市。光泽:明为县,隶邵武府,即今光泽县。邵武之水即西溪,又称紫云溪,即今富屯溪。

〔二四〕归化:成化七年(公元 1471 年)以清流县的明溪镇置归化县,隶汀州府,即今明溪县。归化之水指将溪,又称大溪,即今金溪。明时以归化县境往北流入将溪之水为将溪主源。

〔二五〕杨时(公元 1053～1135 年):将乐人,字中立,别号杨龟山。杨为熙宁进士,学于程颢、程颐,官至龙图阁直学士,晚年著书讲学,人称龟山先生。著作有杨龟山先生集。

〔二六〕高滩铺:即今高塘,又作高唐,在将乐县东境,金溪南岸。

〔二七〕氓(méng 萌):居住在郊野的老百姓。　　媪(ǎo袄):妇人。

〔二八〕曝(pù 暴):晒。

〔二九〕而余赤足飞腾　　"飞腾",四库本作"腾踔"。踔音卓(zhuō),远腾貌。

〔三〇〕将乐:明为县,隶延平府,即今将乐县。

〔三一〕玉华洞　　"洞"后原衍"道",据四库本删。玉华洞在将乐城东南9公里,有两条甬道,全长约7公里,由藏禾洞、雷公洞、果子洞、溪源洞、黄泥洞、白云洞六洞组成,内有暗河三条。

〔三二〕轩豁(xuān huò 宣霍):开朗。

〔三三〕空濛:细雨迷茫的样子。

〔三四〕张公洞:相传汉代张道陵在此修道,唐代张果老在此隐居,故名。在江苏宜兴市东南湖㳇(fù 父)镇附近,有海王厅、洞中洞等胜景,为游览胜地。

〔三五〕赪(chēng 撑):红色。

二十一日

仍至将乐南门,取永安道。

二十四日

始至永安〔一〕,舟奴犹未至。

二十五日

坐待奴于永安旅舍。乃市顺昌酒,浮白〔二〕楼下。忽呼声不绝,则延平奴也。遂定明日早行计。

二十六日

循城溯溪,东南二十里,转而南二十五里,登大泄岭,岩峣〔三〕行云雾中。如是十五里,得平阪〔四〕,曰林田〔五〕。时方下午,雨大,竟止。林田有两溪自南来,东浑赤如血,西则一川含绿,至此合流。

二十七日

溯赤溪行。久之,舍赤溪,溯澄溪。共二十里,渡坑源上下桥,登马山岭。转上转高,雾亦转重,正如昨登大泄岭时也。五里,透〔六〕其巅,为宁洋界。下五里,饭于岭头。时旭日将中,万峰若引镜照面。回望上岭,已不可睹,而下方众岫骈列,无不献形履下。盖马山绝顶,峰峦自相亏蔽,至此始廓然为南标。询之土人,宁洋未设县时,此犹属永安;今则岭北水俱北者属延平,岭南水俱南者属漳州。随山奠川,固当如此建置也。其地南去宁洋三十里,西为本郡之龙岩,东为延平之大田云〔七〕。下山十里,始从坑行。渡溪桥而南,大溪遂东去,逾岭,复随西来小溪南行,二十里,抵宁洋东郭〔八〕。绕城北而西,则前之大溪经城南来,恰与小溪会,始胜舟〔九〕。

二十八日

将南下,传盗警,舟不发者两日。

〔一〕永安:明为县,隶延平府,即今永安市。

〔二〕浮:罚人饮酒。白:饮完举杯告白。此处浮白泛指饮酒。

〔三〕岩峣(tiáo yáo 条尧):山高峻的样子。

〔四〕阪(bǎn 板):山坡。

〔五〕林田:今名同,在永安市南隅。

〔六〕透:通过,穿过。

〔七〕龙岩:明为县,隶漳州府,即今龙岩市。　大田:嘉靖十五年(公元 1536 年)置县,隶延平府,即今大田县。

〔八〕宁洋:本为龙岩县东西洋巡检司,嘉靖四十五年(公元 1566 年)改置县,隶漳州府,治今漳平市北境的双洋。

〔九〕胜:胜任,载得起。胜舟:通航。

四月初一日

平明,舟始前,溪从山峡中悬流南下。十余里,一峰突而西,横绝溪间,水避而西,复从东折,势如建瓴〔一〕,曰石嘴滩。乱石丛立,中开一门,仅容舟。舟从门坠,高下丈余,余势屈曲,复高下数丈,较之黯淡诸滩,大小虽殊悬,险更倍之也。众舟至此,俱鳞次以下。每下一舟,舟中人登岸,共以缆前后倒曳之,须时乃放。过此,山峡危逼,复嶂插天,曲折破壁而下,真如劈翠穿云也。三十里,过馆头,为漳平界。一峰又东突,流复环东西折,曰溜水滩。峰连嶂合,飞涛一缕,直舟从云汉〔二〕,身挟龙湫矣。已而山势少开,二十余里,为石壁滩。其石自南而突,与流相扼,流不为却,捣击之势,险与石嘴、溜水而三也。下此,有溪自东北来合;再下,夹溪复自东北来合,溪流遂大,势亦平。又东二十里,则漳平县〔三〕也。

宁洋之溪,悬溜迅急,十倍建溪〔四〕。盖浦城至闽安入海〔五〕,八百余里,宁洋至海澄入海,止三百余里,程愈迫则流愈急。况梨岭下至延平,不及五百里,而延平上至马岭,不及四百里而峻〔六〕,是二岭之高伯仲也。其高既均,而入海则减,雷轰入地之险,宜咏于此。

初二日

下华封舟。行数里,山势复合,重滩叠溜〔七〕,若建溪之太平、黯淡者,不胜数也。六十里,抵华封〔八〕,北溪至此皆从石脊悬泻〔九〕,舟楫不能过,遂舍舟逾岭。凡水惟滥觞〔一〇〕之始,不能浮槎〔一一〕,若既通,而下流反阻者,止黄河之三门〔一二〕集津,舟不能上下。然汉、唐挽漕〔一三〕,缆迹犹存;未若华封,自古及今,竟无问津之时。拟沿流穷其险处,而居人惟知逾岭,无能为导。

初三日

登岭,十里至岭巅,则溪水复自西来,下循山麓,俯瞰只一衣带水〔一四〕耳。又五里,则陟然〔一五〕直下,又二里,抵溪。舟行八十里,至西溪〔一六〕。西南陆行三十里〔一七〕,即漳郡;顺流东南二十里,为江东渡,乃兴泉东来驿道也〔一八〕;又顺流六十里,则出海澄〔一九〕入海焉。

初四日

舆行二十里,入漳〔二〇〕之北门。访叔司理〔二一〕,则署印南靖,去郡三十里。遂雨中出南门,下夜船往南靖。

初五日

晓始达南靖〔二二〕,以溯流迂曲也。溪自南平来,至南靖六十里,势与西溪同其浩荡,经漳郡南门,亦至海澄入海。不知漳之得名,两溪谁执牛耳〔二三〕也?〔二四〕

〔一〕建:覆。瓴(líng 玲):古代一种装水的瓶子。建瓴:从高处翻倒瓶里的水,形容其向下之势很容易。

〔二〕云汉:天河。

〔三〕漳平县:隶漳州府,即今漳平市。

〔四〕宁洋之溪:明称东洋溪,即今双洋溪。　建溪:明代通称闽江北源为建溪。

〔五〕闽安:即闽安镇。今仍称闽安,在福州市东隅,闽江北岸,马尾镇与亭江镇之间。

〔六〕不及四百里而峻　原脱"里"字,据四库本补。

〔七〕溜(liù):水流。

〔八〕华封:即今华安县治。

〔九〕北溪:明代亦称九龙江,即今九龙江。

〔一〇〕滥:水漫溢。觞(shāng 商):古代的酒器。滥觞:形容江河源流甚微,仅能漫溢一觞。

〔一一〕槎(chá 茶):用竹木编成的筏。

〔一二〕三门:黄河中游著名峡谷之一,在今河南三门峡市与山西平陆县间。河床中有坚硬的岩岛将水道分成三股急流,北称"人门",中称"神门",南称"鬼门"。新中国建立后在此建成三门峡水利枢纽工程。

〔一三〕挽漕(cáo 曹):利用水道转运粮食。

〔一四〕一衣带水:水道只有一条衣带那样狭窄。

〔一五〕陨(kuì 溃):坠落。

〔一六〕按,江东渡即今江东,在龙海市北境,九龙江东岸,有通泉州的公路经过。西溪今仍称西溪,又称龙江,为九龙江支流,从西向东经漳州至江东渡以南入九龙江。霞客在江东渡以北二十里就已登陆取道漳州,则此处"西溪"疑为"溪口"之误。溪口在长泰县长泰溪(今称龙津溪)入龙江处,明时称溪口,曾设巡检司。

〔一七〕三十里　　四库本作"二十里"。

〔一八〕驿(yì 译)道:古代为驿马、传车通行而开辟的交通大道。

〔一九〕海澄:嘉靖四十五年(公元 1566 年)以龙溪县的靖海馆置县,隶漳州府,治所在今龙海市稍东南,现仍称海澄。新中国建立后改名龙海县,县治迁到石码。

〔二〇〕漳:即漳州府,治龙溪,即今漳州市。

〔二一〕司理:即司理参军,为宋代置于各府州掌狱讼的官。元明时各府置推官一人,掌勘问刑狱,但相沿仍称推官为司理。霞客族叔徐日升,字华祝,天启乙丑进士,当时在漳州府为推官。

〔二二〕晓始达南靖　　原脱"始"字,据四库本补。

南靖:明为县,隶漳州府,治今南靖县东隅的靖城,在西溪北岸。

〔二三〕执牛耳:古时诸侯歃血为盟,割牛耳取血,盛于珠盘,由主盟者执拿,因称主盟者为执牛耳。后泛指在某一方面为主或居领导地位。

〔二四〕闽游日记开始说:"崇祯改元(戊辰)之仲春,发兴为闽、广游。"霞客这次游程到南靖并未结束。此后又访黄石斋于漳浦墓次,再徒步游访郑鄤于广东,登罗浮山,携山中梅树归。

闽游日记后

庚午（崇祯三年，公元 1630 年）春，

漳州司理叔促赴署。余拟是年暂止游屐，而漳南之使络绎于道，叔祖念莪翁，高年冒暑，坐促于家，遂以七月十七日启行。二十一日至武林〔一〕。二十四日渡钱唐〔二〕，波平不縠〔三〕，如履平地。二十八日至龙游〔四〕，觅得青湖舟，去衢尚二十里，泊于樟树潭〔五〕。

三十日

过江山，抵青湖，乃舍舟登陆。循溪觅胜，得石崖于北渚。崖临回澜，澄潭漱其趾，隙缀茂树，石色青碧，森森有芙蓉出水态。僧结槛依之，颇觉幽胜。余踞坐石上，有刘对予者，一见如故，因为余言："江山北二十里有左坑，岩石奇诡，探幽之屐，不可不一过。"余欣然返寓，已下午，不成行。

〔一〕 武林：杭州的别称，因其西的武林山得名。

〔二〕 钱唐：即钱塘，今钱塘江。

〔三〕波平不縠　　"不",陈本作"冰"。

縠(hú 胡):有绉纹的纱。此处作皱解。

〔四〕龙游:明为县,隶衢州府,即今龙游县。

〔五〕樟树潭:今名同,亦称樟潭,在衢州市区稍东,衢江南岸。

八月初一日

冒雨行三十里。一路望江郎片石,咫尺不可见。先拟登其下,比至路口,不果。越山坑岭,宿于宝安桥〔一〕。

初二日

登仙霞,越小竿岭,近雾已收,惟远峰漫不可见。又十里,饭于二十八都〔二〕。其地东南有浮盖山,跨浙、闽、江西三省,衢、处、信、宁〔三〕四府之境,危峤仙霞、犁岭间〔四〕,为诸峰冠。枫岭西垂,毕岭东障,梨岭则其南案也;怪石拏云,飞霞削翠。余每南过小竿,北逾梨岭,遥瞻丰采,辄为神往。既饭,兴不能遏,遍询登山道。一牧人言:"由丹枫岭而上,为大道而远;由二十八都溪桥之左越岭,经白花岩上,道小而近。"余闻白花岩益喜,即迂道且趋之,况其近也!遂越桥南行数十步,即由左小路登岭。三里下岭,折而南,渡一溪,又三里,转入南坞,即浮盖山北麓村也。分溪错岭,竹木清幽,里号"金竹"云。度木桥,由业纸者篱门入,取小级而登。初皆田畦高叠,渐渐直跻危崖。又五里,大石磊落,棋置星罗,松竹与石争隙。已入胜地,竹深石转,中崎一庵,即白花岩也。僧指其后山绝顶,峦石甚奇。庵之右冈环转而左,为里山庵。由里山越高冈两重转下,山之阳则大寺也。右有梨尖顶,左有石龙洞,前瞰梨岭,可俯而挟矣。余乃从其右,二里,憩里山庵。里山至大寺约七里,路小而峻。先跻一冈，约二里，冈势北垂。越其东，坞下水皆东流，即浦城界。又南上一里，越一冈，循其左而上，是谓狮峰。雾重路塞，舍之。逾冈西下，复转南上，二里，又越一冈，其左亦可上狮峰，右即可登龙洞顶。乃南向直下，约二里，抵大寺。石痕竹影，白花岩正得其具体，而峰峦环列，此真独胜。雨阻寺中者两日。

初四日

冒雨为龙洞游。同导僧砍木通道，攀乱碛而上。雾瀹棘铦〔五〕，苪〔六〕石笼崖，狞恶如奇鬼。穿簇透峡，窈窕者，益之诡而藏其险；屼嵲者，益之险而敛其高。如是二里，树底睨峭嶭〔七〕。攀踞其内，右有夹壁，离立仅尺，上下如一，似所谓"一线天"者，不知其即通顶所由也。乃爇火篝灯〔八〕，匍匐入一罅。罅夹立而高，亦如外之一线天，第外则顶开而明，此则上合而暗。初入，其合处犹通窍一二，深入则全黑矣。其下水流沙底，濡足而平。中道有片石，如舌上吐，直竖夹中，高仅三尺，两旁贴于洞壁。洞既束肩，石复当胸，无可攀践，逾之甚艰。再入，两壁愈夹，肩不能容。侧身而进，又有石片如前阻其隘口，高更倍之。余不能登，导僧援之。既登，僧复不能下，脱衣宛转久之，乃下。余犹侧仄石上，亦脱衣奋力，僧从石下掖之，遂得入。其内壁少舒可平肩，水较泓深，所称"龙池"也。仰睇〔九〕其上，高不见顶，而石龙从夹壁尽处悬崖直下。洞中石色皆赭黄，而此石独白，石理粗砺〔一〇〕成鳞甲，遂以"龙"神之。挑灯遍瞩而出。石隘处上逼下碍，入时自上悬身而坠，其势犹顺，出则自下侧身以透，胸与背既贴切于两壁，而膝复不能屈伸，石质刺肤，前后莫可悬接，每度一人，急之愈固，几恐其与石为一也。既出，欢若更生，而岚气忽澄，登霄在望。由明峡前行，芟莽〔一一〕开荆,不半里,又得一洞。洞皆大石层叠,如重楼复阁,其中燥爽明透。

徘徊久之,复上跻重崖,二里,登绝顶,为浮盖最高处。踞石而坐,西北雾顿开,下视金竹里以东,崩坑坠谷,层层如碧玉轻绡,远近万状;惟顶以南,尚郁伏未出。循西岭而下,乃知此峰为浮盖最东。由此而西,蜿蜒数峰,再伏再起,极于叠石庵,乃为西隅,再下为白花岩矣。既连越二峰,即里山趋寺之第三冈也。时余每过一峰,辄一峰开霁,西峰诸石,俱各为披露。西峰尽,又越两峰,峰俱有石层叠。又一峰南向居中,前耸二石,一斜而尖,是名"犁头尖石"。二石高数十丈,堪为江郎支庶,而下俱浮缀叠石数块,承以石盘,如坐嵌空处,俱可徙倚。此峰南下一支,石多嶙峋,所称"双笋石人",攒列寺右者,皆其派也。峰后散为五峰,回环离立,中藏一坪可庐,亦高峰所罕得者。又西越两峰,为浮盖中顶,皆盘石累叠而成,下者为盘,上者为盖,或数石共肩一石,或一石复平列数石,上下俱成叠台双阙,"浮盖仙坛",洵不诬称矣。其石高削无级,不便攀跻。登其巅,群峰尽出。山顶之石,四旁有苔,如发下垂,嫩绿浮烟,娟然〔一二〕可爱。西望叠石、石仙诸胜,尚隔三四峰,而日已过午,遂还饭寺中。别之南下,十里即大道,已在梨岭之麓。登岭,过九牧,宿渔梁下街〔一三〕。

初五日

下浦城舟,凡四日抵延平郡。

初十日

复逆流上永安溪,泊榕溪〔一四〕。其地为南平〔一五〕、沙县之中,各去六十里。先是浦城之溪水小,而永安之流暴涨,故顺逆皆迟。

〔一〕 宝安桥:今作保安,在浙江江山市南境。

〔二〕 二十八都:今名同,在江山市西南隅。

〔三〕 衢:衢州府,浙江最西的一个府,辖境大体为今衢州市辖各县。 处:处州府,浙江西南的一个府,辖境大体即今丽水市辖各县。 信:广信府,江西最东的一个府,大体为今上饶市辖的东南各县。 宁:建宁府,福建最北的一个府,大体为今南平市辖的东北部各县。

〔四〕 犁岭 文中"犁"、"梨"互用,但从对于"犁头尖石"的描述,以形得名,此字均应为"犁"。

〔五〕 瀓(wěng 蓊):云气四起的样子。 铦(xiān 先):锋利。

〔六〕 芾(fèi 费):小。

〔七〕 睨(nì 腻):斜着眼看。 崿(è 愕):山崖。

〔八〕 爇(ruò 若):点燃。 篝(gōu 沟):竹笼。篝灯:用竹笼罩着灯光。

〔九〕 睇(dì 弟):眯着眼睛斜看。

〔一〇〕 砺(lì 厉):粗糙的磨刀石。

〔一一〕 芟(shān 山):割草。

〔一二〕 娟(juān 涓)然:秀美的样子。

〔一三〕 渔梁下街:今仍称渔梁,在浦城县北境九牧与仙阳间的公路旁。

〔一四〕 永安溪:即沙溪,明代又称太史溪。 榕溪:今作涌溪,在沙县东北境,沙溪北岸。

〔一五〕南平:延平府附郭县,即今南平市。

十一日

舟曲随山西南行,乱石峥嵘,奔流悬迅。二十里,舟为石触,榜人以竹丝绵纸包片木掩而钉之,止涌而已。又十里,溪右一山瞰溪如伏狮,额有崖两重,阁临其上,崖下圆石高数丈,突立溪中。于是折而东,又十里,月下上一滩,泊于旧县〔一〕。

十二日

山稍开,西北二十里,抵沙县〔二〕。城南临大溪,雉堞及肩,即溪崖也。溪中多置大舟,两旁为轮,关水以舂。西十里,南折入山间。右山石骨巉削,而左山夹处,有泉落坳隙如玉箸。又西南二十里,泊洋口〔三〕。其地路通尤溪〔四〕。东有山曰里丰,为一邑之望。昨舟过伏狮崖,即望而见之,今绕其西而南向。

十三日

西南二十里,渐入山,又二十五里,至双口。遂折而西北行,五里,至横双口。溪右一水自北来,永安之溪自南来,至此合〔五〕。其北来之溪,舟通岩前可七十里。又五里入永安界,曰新凌铺。

十四日

行永安境中,始闻猿声。南四十里为巩川〔六〕。上大滩十里,东南行,忽望见溪右峰石突兀。既而直逼其下,则突兀者转为参差,为崩削,俱盘亘壁立,为峰为岩,为屏为柱,次第而见。中一峰壁削到底,或大书其上,曰"凌霄"。于是溪左之奇,亦若起而争胜者。已舟折西北,左溪之崖较诡异,而更有出左溪上者〔七〕,则桃源涧也。其峰排突溪南,上逼层汉,而下瞰回溪,峰底深裂,流泉迸下,仰其上,曲槛飞栏,遥带不一,急停舟登焉。

循涧而入,两崖仅裂一罅,竹影逼溪内。得桥渡涧再上,有门曰"长春圃"。亟趋之,则溪南之峰,前所仰眺者,已在其北。乃北上,路旁一石,方平如砥。时暮色满山,路纵横不可辨,乃入大士殿,得道人为导。随之北,即循崖经文昌阁,转越两亭,俱悬崖缀壁。从此折入峭夹间,其隙仅分一线,上劈山巅,远透山北,中不能容肩,凿之乃受,累级斜上,直贯其中。余所见"一线天"数处,武彝、黄山、浮盖,曾未见若此之大而逼、远而整者。既而得天一方,四峰攒列。透隙而上,一石方整,曰棋坪。中复得一台,一树当空,根盘于上。有飞桥架两崖间,上下壁削,悬空而度,峰攒石裂,岈然成洞,曰环玉。出洞,复由棋坪侧历西坞而上,得一井,水甚甘冽。跻峰北隅,有亭甚豁,第北溪下绕,反以逼仄不能俯瞰。由此左下,又有泉一泓汇为池,以暮不及往。乃南上绝顶,一八角亭冠其上。复从西路下山,出倚云关,则石磴垂绝,罅间一下百丈。盖是山四面斗削,惟一线为暗磴,百丈为明梯,游者以梯下而一线上,始尽奇概,舍此别无可阶也〔八〕。

还至大士殿,昏黑不可出。道人命徒碎木燃火,送之溪旁,孤灯穿绿坞,几若阴房磷火。道人云:"由长春圃二里,有不尘馆,旁又有一百丈岩,皆有胜可游。"余颔之。返舟,促舟子夜行,不可,乃与奴辈并力刺舟〔九〕。幸滩无石,月渐朗,二鼓,泊废石梁下。行二十里,去永安止二里。

十五日

抵城西桥下,桥已毁。而大溪自西来[一〇],桥下之溪自南来,依然余游玉华时也。绕城西而南,溯南来之溪以去,五十里,至长倩。溪出山右,路循山左,乃舍溪登岭。越岭两重,西南过溪桥,五里,南过溪鸣桥。又五里,直凌西南山角,以为已穷绝顶,其上乃更复穿然。不复上,循山半而南,纡折翠微间,俯瞰山底,溪回屈曲,惟闻吼怒声,而深不见水。盖峻峦削岫,错立如交牙,水漱其根,上皆丛树,行者惟见翠葆[一一]浮空,非闻水声,几以为一山也。久之,偶于树隙稍露回湍,浑赤如血。又五里与赤溪遇,又五里止于林田。

十六日

沿山二里[一二],有峰自南直下。峰东有小溪,西为大溪,俱北会林田,而注于大煞岭西者。渡小溪,循峰南上,共五里,至下桥。逶迤南跻,又八里,得上桥。一涧飞空,悬桥而度,两旁高峰插天。度桥,路愈峻,十里,从山峡中直跻两高峰之南,登岭巅。回视两高峰已在履下,计其崇峻,大煞、浮盖当皆出其下。南下三十五里,抵宁洋县。

十七日

下舟达华封。

十八日

上午始抵陆。渐登山阪,溪从右去,以滩高石阻,舟不能前也。十里,过山麓,又五里,跨华封绝顶,溪从其下折而西去。遥望西数里外,滩石重叠,水势腾激,至有一滩纯石中断而不见水者,此峡中最险处。自念前以雨阻不能达,今奈何交臂失之[一三]?乃北下三里,得村一坞,以为去溪不远。沿坞西行里许,欲临溪,不得路,始从蔗畦中下。蔗穷,又有蔓植者,花如豆,细荚未成。复践蔓行,土流沙削不受履〔一四〕,方藉蔓为级,未几蔓穷,皆荆棘藤刺,丛不能入。初侧身投足,不辨高下,时时陷石坎,挂树杪〔一五〕。既忽得一横溪,大道沿之。西三里,瞰溪咫尺,滩声震耳,谓前所望中断之险,必当其处。时大道直西去,通吴镇、罗埠。觅下溪之路,久不得,见一小路伏丛棘中,乃匍匐就之。初犹有路影,未几下皆积叶,高尺许,蛛网翳之;上则棘莽蒙密,钩发悬股,百计难脱;比脱,则悬涧注溪,危石叠嵌而下。石皆累空间,登其上,始复见溪,而石不受足,转堕深莽。余计不得前,乃即从涧水中攀石践流,遂抵溪石上。其石大如百间屋,侧立溪南,溪北复有崩崖壅水。水既南避巨石,北激崩块,冲捣莫容,跃隙而下,下即升降悬绝,倒涌逆卷,崖为之倾,舟安得通也?踞大石坐,又攀渡溪中突石而坐,望前溪西去,一泻之势,险无逾此。久之,溯大溪,践乱石,山转处溪田层缀,从之,始得路。循而西转,过所踞溪石二里许,滩声复沸如前,则又一危矶也。西二里,得小路,随山脊直瞰溪而下,始见前不可下之滩,即在其上流,而岭头所望纯石中断之滩,即在其下流。此嘴中悬两滩间,非至此,则两滩几有遁形矣。逾岭下舟。明日,抵漳州司理署。

〔一〕 旧县:今作古县,在沙县县城东南,沙溪北岸。

〔二〕 沙县:隶延平府,即今沙县。

〔三〕 洋口:应即今洋溪,在沙县西南隅,沙溪南岸。

〔四〕 尤溪:明为县,隶延平府,即今尤溪县。

〔五〕 此北来之水应为归化溪,源自归化县,今称渔塘溪。

双口：应即今莘口,在三明市西境,沙溪南岸。　横双口：应在今三明市西境,沙溪北岸。

〔六〕巩川：今作贡川,在永安市北隅,沙溪西岸。

〔七〕左溪之崖较诡异而更有出左溪上者　两处"左溪",据上文似应为"溪左"。

〔八〕此即桃源洞,在今福建永安城北10公里的燕溪畔。峰顶有通天亭、风洞、象鼻岩、阆风台等。一线天长120米,甚为壮观。山脚为栟榈潭。

〔九〕刺(cì次)舟：撑船。

〔一〇〕西来大溪指燕溪,又称九龙溪。

〔一一〕葆(bǎo保)：盖。翠葆：指绿树丛。

〔一二〕沿山二里　四库本作"沿山三里"。

〔一三〕交臂：胳膊碰胳膊,指距离很近,擦肩而过。交臂失之：已遇良机而又当面错过。

〔一四〕土流沙削不受履　"土"原作"上",据四库本改。

〔一五〕杪(miǎo秒)：树枝的细梢。

游天台山日记后

壬申（崇祯五年，公元 1632 年）三月十四日

自宁海发骑，四十五里，宿岔路口。其东南十五里为桑洲驿〔一〕，乃台郡道也；西南十里松门岭，为入天台道。

十五日

渡水母溪，登松门岭，过王爱山，共三十里，饭于筋竹岭庵，其地为宁海、天台界。陟山冈三十余里，寂无人烟，昔弥陀庵亦废。下一岭，丛山杳冥中，得村家，瀹〔二〕茗饮石上。又十余里，逾岭而入天封寺。寺在华顶峰下，为天台幽绝处。却骑〔三〕，同僧无馀上华顶寺，宿净因房，月色明莹。其地去顶尚三里，余乘月独上，误登东峰之望海尖，西转，始得路至华顶。归寺已更余矣。

十六日

五鼓，乘月上华顶，观日出。衣履尽湿，还炙衣寺中。从寺右逾一岭，南下十里，至分水岭。岭西之水出石梁，岭东之水出天封。循溪北转，水石渐幽。又十里，过上方广寺，抵昙花亭，观石梁奇丽，若初识者。

十七日

仍出分水岭,南十里,登察岭。岭甚高,与华顶分南北界。西下至龙王堂,其地为诸道交会处。南十里,至寒风阙。又南下十里,至银地岭,有智者塔已废。左转得大悲寺,寺旁有石,为智者拜经台〔四〕。寺僧恒如为炊饭,乃分行囊从国清下至县,余与仲昭兄以轻装东下高明寺〔五〕。寺为无量讲师复建,右有幽溪,溪侧诸胜曰圆通洞、松风阁、灵响岩。

十八日

仲昭坐圆通洞,寺僧导余探石笋之奇。循溪东下,抵螺溪。溯溪北上,两崖峭石夹立,树巅飞瀑纷纷。践石蹑流,七里,山回溪坠,已至石笋峰底,仰面峰莫辨,以右崖掩之也。从崖侧逾隙而下,反出石笋之上,始见一石矗立涧中,涧水下捣其根,悬而为瀑,亦水石奇胜处也。循溪北转,两崖愈峭,下汇为潭,是为螺蛳潭,上壁立而下渊深。攀崖侧悬藤,踞石遥睇其内。潭上石壁中劈为四,岐若交衢,然潭水下薄,不能窥其涯涘〔六〕。最内两崖之上,一石横嵌,俨若飞梁。梁内飞瀑自上坠潭中,高与石梁等。四旁重崖回映,可望而不可即,非石梁所能齐也。闻其上有"仙人鞋",在寒风阙之左,可逾岭而至。雨骤,不成行,还憩松风阁。

二十日

抵天台县〔七〕。

〔一〕岔路口:今作岔路;桑洲驿:今作桑洲。皆在浙江宁海县南境的公路边。

〔二〕瀹(yuè 岳):煮。

〔三〕却(què 确)骑:下马。

〔四〕智者:为天台大师智颛(yǐ 以)的别号。智者本姓陈,字德安,南朝陈太建七年(公元 575 年)入天台山,建草庵讲经十年,发展了法华宗,天台山遂成为该派的中心,故号天台宗,为中国佛教十宗之一。隋初被迎至扬州,授晋王菩萨戒品,立法号,晋王尊他为"智者",人称"智者大师"。

〔五〕高明寺:始建于唐代,近年又重修。寺旁溪上一石横架,下承四石,自成一洞,即圆通洞。

〔六〕薄(bó 博):迫近。　　涯涘(yá sì 牙肆):水的边际。

〔七〕天台县:隶台州府,即今浙江天台县。

至四月十六日自雁宕返,乃尽天台以西之胜。北七里,至赤城麓,仰视丹霞层亘,浮屠〔一〕标其巅,兀立于重岚攒翠间。上一里,至中岩,岩中佛庐新整,不复似昔时凋敝。时急于琼台、双阙,不暇再蹑上岩,遂西越一岭,由小路七里,出落马桥。又十五里,西北至瀑布山,左登岭五里,上桐柏山。越岭而北,得平畴一围,群峰环绕,若另辟一天。桐柏宫正当其中,惟中殿仅存,夷、齐〔二〕二石像尚在右室,雕琢甚古,唐以前物也。黄冠久无住此者,群农见游客至,俱停耕来讯,遂挟一人为导。西三里,越二小岭,下层崖中,登琼台焉〔三〕。一峰突瞰重坑,三面俱危崖回绕。崖右之溪,从西北万山中直捣峰下,是为百丈崖。崖根洞水至琼台脚下,一泓深碧如黛〔四〕,是名百丈龙潭。峰前复起一峰,卓立如柱,高与四围之崖等,即琼台也。台后倚百丈崖,前即双阙对峙,层崖外绕,旁绝附丽。登台者从北峰悬坠而下,度坳脊处咫尺,复攀枝仰陟而上，俱在削石流沙间，趾无所着也。从台端再攀历南下，有石突起，窟其中为龛，如琢削而就者，曰仙人坐。琼台之奇，在中悬绝壑，积翠四绕。双阙亦其外绕中对峙之崖，非由洞底再上，不能登也。忆余二十年前，同云峰自桃源来，溯其外洞入，未深穷其窟奥。今始俯瞰于崖端，高深俱无遗胜矣。饭桐柏宫，仍下山麓，南从小径渡溪，十里，出天台、关岭之官道。复南入小径，隙行十里，路左一峰兀立若天柱，问知为青山茔。又溯南来之溪十里，宿于坪头潭之旅舍。

十七日

由坪头潭西南八里，至江司陈氏。渡溪左行，又八里，南折入山。陟小岭二重，又六里，重溪回合中，忽石岩高峙，其南即寒岩，东即明岩也。令僮先驰，炊于明岩寺，余辈遂南向寒岩。路左俱悬崖盘列，中有一洞岈然。洞前石兔蹲伏，口耳俱备。路右即大溪萦回，中一石突出如擎盖，心颇异之。既入寺，向僧索龙须洞、灵芝石，即此也。寒岩在寺后，宏敞有余，玲珑未足。由洞右一穴上〔五〕，视鹊桥而出。由旧路一里，右入龙须洞。路为莽棘所翳，上跻里许，如历九霄。其洞圆耸明豁，洞口斜倚一石，颇似雁宕之石梁，而梁顶有泉中洒，与宝冠之芭蕉洞如出一冶。下山，仍至旧路口，东溯小溪，南转入明岩寺。寺在岩中，石崖四面环之，止东面八寸关通路一线。寺后洞窈窕非一，洞右有石笋突起，虽不及灵芝之雄伟，亦具体而微矣。饭后，由故道骑而驰三十里，返坪头潭。又北二十五里，过大溪，即西从关岭来者，是为三茅。又北五里，越小涧二重，直抵北山下，入护国寺宿焉。

十八日

晨,急诣[六]桃源。桃源在护国东二里,西去桐柏仅八里。昨游桐柏时,留为还登万年之道,故先寒、明。及抵护国,知其西有秀溪,由此入万年,更可收九里坑之胜,于是又特趋桃源。初由涧口入里许,得金桥潭。由此而上,两山愈束,翠壁穹崖,层累曲折,一溪介其中。溯之,三折而溪穷,瀑布数丈,由左崖泻溪中。余昔来瀑下,路穷莫可上,仰视穹崖北峙,溪左右双鬟诸峰娟娟攒立,岚翠交流,几不能去。今忽从右崖丛莽中,寻得石径层叠,遂不及呼仲昭,冒雨拨棘而上。磴级既尽,复叠石横栈,度崖之左,已出瀑上。更溯之入,直抵北岩下,蹊磴俱绝,两瀑自岩左右分道下。遥睨岩左犹有遗磴,从之,则向有累石为桥于左瀑上者,桥已中断,不能度。睨瀑之上流,从东北夹壁中来,止容一线,可践流而入。计其胜不若右岩之瀑,乃还,从大石间向西北上跻,抵峡窟下,得重潭甚厉,四面俱直薄峡底,无可缘陟。第从潭中西望,见石峡之内复有石峡,瀑布之上更悬瀑布,皆从西北杳冥中来,至此缤纷乱坠于回崖削壁之上,岚光掩映,石色欲飞。久之,还出层瀑下。仲昭以觅路未得,方独坐观瀑,遂同返护国。

闻桃源溪口,亦有路登慈云、通元二寺,入万年,路较近;特以秀溪胜,故饭后仍取秀溪道。西行四里,北折入溪,溯流三里,渐转而东向,是为九里坑。坑既穷,一瀑破东崖下坠,其上乱峰森立,路无可上。由西岭攀跻,绕出其北,回瞰瀑背,石门双插,内有龙潭在焉。又东北上数里,逾岭,山坪忽开,五峰围拱,中得万年寺,去护国三十里矣。万年为天台西境,正与天封相对,石梁当其中。寺中古杉甚多。饭于寺。又西北三里,逾寺后高岭。又向西升陟岭角者十里,乃至腾空山。下牛牯岭,三里抵麓。又西逾小岭三重,共十五里,出会墅〔七〕。大道自南来,望天姥山在内,已越而过之,以为会墅乃平地耳。复西北下三里,渐成溪,循之行五里,宿班竹旅舍〔八〕。

天台之溪,余所见者:正东为水母溪〔九〕;察岭东北,华顶之南,有分水岭,不甚高;西流为石梁,东流过天封,绕摘星岭而东,出松门岭,由宁海而注于海。正南为寒风阙之溪,下至国清寺,会寺东佛陇之水,由城西而入大溪者也。国清之东为螺溪,发源于仙人鞋,下坠为螺蛳潭,出与幽溪会,由城东而入大溪者也〔一○〕;又东有楢溪诸水,余屐未经。国清之西,其大者为瀑布水,水从龙王堂西流,过桐柏为女梭溪,前经三潭,坠为瀑布,则清溪之源也;又西为琼台、双阙之水,其源当发于万年寺东南,东过罗汉岭,下深坑而汇为百丈崖之龙潭,绕琼台而出,会于清溪者也;又西为桃源之水,其上流有重瀑,东西交注,其源当出通元左右,未能穷也;又西为秀溪之水,其源出万年寺之岭,西下为龙潭瀑布,西流为九里坑,出秀溪东南而去。诸溪自清溪以西,俱东南流入大溪。又正西有关岭、王渡诸溪,余屐亦未经;从此再北有会墅岭诸流,亦正西之水,西北注于新昌〔一一〕;再北有福溪、罗木溪,皆出天台阴,而西为新昌大溪〔一二〕,亦余屐未经者矣。

〔一〕浮屠:梵语“窣堵波”的误译,意即佛塔。

〔二〕夷、齐:即伯夷、叔齐,为商末孤竹君的两个儿子,武王灭商后,他们逃到首阳山,不食周粟而死。

〔三〕琼台:形似马鞍,台上有石形似椅子,称“仙人座”。“琼台夜月"为天台八景之一。

〔四〕黛(dài 代):深青色。

〔五〕由洞右一穴上　　原脱"穴"字,据四库本补。

〔六〕诣(yì 异):往赴。

〔七〕会墅:即下称会墅岭。今名同,在新昌县南境的公路边。

〔八〕班竹:今名同,在新昌县南境的公路边。四库本作"斑竹"。

〔九〕水母溪:即上白溪,从西往东流入三门湾。

〔一〇〕大溪:即始丰溪,东南流入台州湾。

〔一一〕此数水从南往北流,汇为澄潭江,为曹娥江中源。

〔一二〕新昌大溪:即今新昌江,从南往北流,为曹娥江东源。

游雁宕山日记后

余与仲昭兄[一]游天台，为壬申（崇祯五年，公元1632年）三月[二]。至四月二十八日，达黄岩，再访雁山。觅骑出南门，循方山十里，折而西南行，三十里，逾秀岭，饭于岩前铺。五里，为乐清界，五里，上盘山岭。西南云雾中，隐隐露芙蓉一簇，雁山也。十里，郑家岭，十里，大荆驿。渡石门洞，新雨溪涨，水及马腹。五里，宿于章家楼，是为雁山之东外谷。章氏盛时，建楼以憩山游之屐，今旅肆[三]寥落，犹存其名。

二十九日

西入山，望老僧岩而趋。二里，过其麓。又二里，北渡溪，上石梁洞。仍还至溪旁，西二里，逾谢公岭。岭以内是为东内谷。岭下有溪自北来，夹溪皆重岩怪峰，突兀无寸土，雕镂[四]百态。渡溪，北折里许，入灵峰寺。峰峰奇峭，离立满前。寺后一峰独耸，中裂一罅，上透其顶，是名灵峰洞。蹑千级而上，石台重整，洞中罗汉像俱更新。下饭寺中。同僧自照胆潭越溪左，观风洞。洞仅半规，风蓬蓬出射数步外。遂从溪左历探崖间诸洞。还寺，雨大至，余乃

117

赤足持伞溯溪北上。将抵真济寺，山深雾黑，茫无所睹，乃还过溪东，入碧霄洞，守愚上人精舍在焉。余觉其有异，令僮还招仲昭，亦践流而至，恨相见之晚。薄暮，返宿灵峰。

三十日

冒雨循流，西折二里，一溪自西北来合，其势愈大。渡溪而西，溯而西北行，三里，入净名寺。雨益甚，云雾中仰见两崖，重岩夹立，层叠而上，莫辨层次。衣履沾透，益深穷西谷，中有水帘谷、维摩石室、说法台诸胜。二里，至响岩。岩右有二洞，飞瀑罩其外，余从榛莽中履险以登。其洞一名龙王，一名三台。二洞之前，有岩突出，若露台然，可栈而通也。出洞，返眺响岩之上，一石侧耳附峰头，为"听诗叟"。又西二里，入灵岩。自灵峰西转，皆崇岩连幛，一开而为净名，一鳖直入，所称一线天也；再开而为灵岩，叠嶂回环，寺当其中。

〔一〕徐仲昭：名遵汤，为霞客远族兄。钱海岳南明史卷95文苑二载："徐遵汤，字仲昭，副贡。与黄道周游。弘光时征。古文如曾、王，诗尤高雅。"

〔二〕霞客曾三游台、宕，第一次在1613年，第二、三次皆集中在1632年。后两次游踪，游记有缺略。三月二十一日至四月十五日系二游雁宕山，游记注明，但无详记。四月十九日至二十七日行踪，游记缺载。丁文江徐霞客先生年谱考证，此时霞客在临海县小寒山访陈函辉。四月二十八日至五月初八日为三游雁荡山，即游雁宕山日记后所载。游天台山日记后则集中了霞客三月十四日至二十日第二次游天台山和四月十六日至十八日第三次游天台山的

徐霞客游记校注

旅途实录。

　　〔三〕肆(sì 四)：店铺。

　　〔四〕镂(lòu 漏)：雕刻。

五月朔〔一〕

　　仲昭与余同登天聪洞。洞中东望圆洞二,北望长洞一,皆透漏通明,第峭石直下,隔不可履。余乃复下至寺中,负梯破莽,率僮逾别坞,直抵圆洞之下,梯而登;不及,则斫木横嵌夹石间,践木以升;复不及,则以绳引梯悬石隙之树。梯穷济以木,木穷济以梯,梯木俱穷,则引绳揉树,遂入圆洞中,呼仲昭相望而语。复如法蹑长洞而下,已日中矣。西抵小龙湫之下,欲寻剑泉,不可得。踞石碛而坐,仰视回嶂逼天,峭峰倒插,飞流挂其中,真若九天曳帛者。西过小剪刀峰,又过铁板嶂。嶂方展如屏,高插层岩之上,下开一隙如门,惟云气出没,阻绝人迹。又过观音岩,路渐西,岩渐拓,为犁尖,复与常云并峙。常云南下,跌而复起,为戴辰峰。其跌处有坳,曰马鞍岭,内谷之东西分者,以是岭为界。从灵岩至马鞍岭凡四里,而崇峦屼嵲,应接不暇。逾岭,日色渐薄崦嵫〔二〕。二里,西过大龙湫溪口,又二里,西南入宿能仁寺。

初二日

　　从寺后坞觅方竹,无佳者。上有昙花庵,颇幽寂。出寺右,观燕尾泉,即溪流自龙湫来者,分二股落石间,故名。仍北溯流二里,西入龙湫溪口。更西二里,由连云嶂入,大剪刀峰矗然立洞中,两崖石壁回合,大龙湫之水从天下坠。坐看不足亭〔三〕,前对龙湫,后揖剪刀,身在四山中也。出连云嶂,逾华岩岭,共二里,入罗汉寺。寺久废，卧云师近新之。卧云年八十馀，其相与飞来石罗汉相似，开山巨手也。余邀师穷顶，师许同上常云，而雁湖反在其西，由石门寺为便。时已下午，以常云期之后日，遂与其徒西逾东岭，至西外谷，共四里，过石门寺废址。随溪西下一里，有溪自西来合，即凌云、宝冠诸水也，二水合而南入海。乃更溯西来之溪，宿于凌云寺。寺在含珠峰下，孤峰插天，忽裂而为二，自顶至踵，仅离咫尺，中含一圆石如珠，尤奇绝。循溪北入石夹，即梅雨潭也。飞瀑自绝壁下激，甚雄壮，不似空濛雨色而已。

初三日

仍东行三里，溯溪北入石门，停担于黄氏墓堂。历级北上雁湖顶，道不甚峻。直上二里，向山渐伏，海屿〔四〕来前。愈上，海辄逼足下。又上四里，遂逾山脊。山自东北最高处迤逦西来，播〔五〕为四支，皆易石而土。四支之脊，隐隐隆起，其夹处汇而成洼者三，每洼中复有脊，南北横贯，中分为两，总计之，不止六洼矣。洼中积水成芜〔六〕，青青弥望〔七〕，所称雁湖也〔八〕。而水之分堕于南者，或自石门，或出凌云之梅雨，或为宝冠之飞瀑；其北堕者，则宕阴诸水也，皆与大龙湫风马牛无及云。既逾冈，南望大海，北瞰南阁之溪，皆远近无蔽，惟东峰尚高出云表。余欲从西北别下宝冠，重岩积莽，莫可寄足。复寻旧路下石门，西过凌云，从含珠峰外二里，依涧访宝冠寺。寺在西谷绝坞中，已久废，其最深处，石崖回合，磴道俱绝。一洞高悬崖足，斜石倚门。门分为二，轩豁透爽，飞泉中洒。内多芭蕉，颇似闽之美人蕉；外则新箨〔九〕高下，渐已成林。至洞，闻瀑声如雷，而崖石回掩，杳不可得见。乃下山涉溪，回望洞之右胁，崖卷成罅，瀑从罅中直坠，下捣于圆坳，复跃出坳成溪去。其高亚龙湫,较似壮胜,故非宕山第二流也。东出故道,宿罗汉寺。

初四日

早,望常云峰白云濛翳,然不为阻,促卧云同上。东逾华岩二里,由连云嶂之左,道松洞之右,跻级西上,共三里,俯瞰剪刀峰已在屐底。一里,山回溪出,龙湫上流也。渡溪,过白云、云外二庐,又北入云静庵。庵庐与登山径,修整俱异昔时。卧云令其徒采笋炊饭。既饭,诸峰云气倏尽,仲昭留坐庵中,余同卧云直跻东峰。又二里,渐闻水声,则大龙湫从卷崖中泻下。水出绝顶之南、常云之北,夹坞中即其源也。溯水而上,二里,水声渐微。又二里,逾山脊。此脊北倚绝顶,南出分为两支,东支为观音岩,西支为常云峰,此其过脉处也。正脊之东为吴家坑。其峰之回列者,近为铁板嶂,再绕为灵岩,又再绕为净名,又再绕为灵峰,外为谢公岭而尽。脊之西,其坑即龙湫背。其峰之回列者,近为龙湫之对崖,再绕为芙蓉峰,又再绕为凌云,又再绕为宝冠,上为李家山而止。此雁山之南面诸峰也。而观音、常云二峰,正当其中,已伏杖履下,惟北峰若负扆然,犹屏立于后。北上二里,一脊平峙,狭如垣墙,两端昂起,北颓然直下,即为南阁溪横流界,不若南面之环互矣。余从东巅跻西顶,倏踽踽声大起,则骇鹿数十头也。其北一峰,中剖若斧劈,中则石笋参差,乱崖森立,深杳无底。鹿皆奔堕其中,想有隝堑者。诸僧至,复以石片掷之,声如裂帛,半晌始沉,鹿益啼号不止。从此再西,则石脊中断,峰亦渐下,西北眺雁湖,愈远愈下。余二十年前探雁湖,东觅高峰,为断崖所阻,悬绠〔一〇〕而下,即此处也。昔历其西,今东出其上,无有遗憾矣。返下云静庵,循溪至大龙湫上,下瞰湫底龙潭，圆转夹崖间，水从卷壁坠潭，跃而下喷，光怪不可迫视。遂逾溪西上，南出龙湫之对崖，历两峰而南，其岭即石门东，罗汉之西，南出为芙蓉峰，又南下为东岭者也。芙蓉峰圆亘特立，在罗汉寺西南隅。既至其下，始得路。东达于寺，日已西，仲昭亦先至矣。

初五日

别卧云出罗汉寺，循溪一里，至龙湫溪口。凡四里，逾马鞍而下。北望观音峰下，有石罅〔一一〕若门，层列非一。仲昭已前向灵岩。余挟一僮北抵峰下，循樵路西转二里，直抵观音、常云之麓，始知二峰上虽遥峙，其下石壁连亘成城。又循崖东跻里许，出石罅之上，丛木密荫，不能下窥。崖端盘石如擎盖，上平如砥，其下四面皆空。坐其上久之，复下循石罅而入，层崖悬裂，皆可扪而通也。罅外一峰特起，薄齐片云，圆顶拱袖，高若老僧岩，俨若小儿拱立。出路隅，居多吴氏，有吴应岳者留余餐。余挟之溯溪入，即绝顶所望吴家坑溪也，在铁板、观音之间。欲上溪左黄崖层洞，崖在铁板嶂之西，洞在崖之左，若上下二层者。抵其下，不得上；出其上，洞又在悬崖间，无可下也。乃循崖东行，又得一石罅，望其上，层叠可入，计非构木悬梯不能登。从此下一小峰，曰莺嘴岩，与吴别。东过铁板嶂下，见其中石罅更大，下若有洞流而成溪者。亟溯流入，抵洞下，乱石窒塞，而崖左有路直上，凿坎悬崖间，垂藤可攀。遂奋勇上，衣碍则解衣，杖碍则弃杖，凡直上一崖，复横历一崖，如是者再，又栈木为桥者再，遂入石罅中。石对峙如门，中宽广，得累级以升。又入石门两重，仰睇其上，石壁环立，青天一围，中悬如井。壁穷，透入洞中。洞底日光透处有木梯，猱升〔一二〕其上，若楼阁然。

从阁左转,复得平墟〔一三〕,后即铁板嶂高列,东西危崖环绕,南面石壘下伏,轩敞回合,真仙灵所宅矣!内有茅屋一楹,虚无人居。隙地上多茶树,故坎石置梯,往来其间耳。下至溪旁,有居民。遂越小剪刀峰而东,二里,入灵岩,与仲昭会。

初六日

挟灵岩僧为屏霞嶂之游。由龙鼻洞右攀石罅上,半里,得一洞甚奇。又上半里,崖穷路绝,有梯倚崖端,盖烧炭者所遗。缘梯出其上,三巨石横叠两崖间,内覆石成室,跨其外者为仙桥。其室空明幽敞,蔽于重岩之侧,虽无铁板嶂、石门之奇瑰攒合,而幽邃〔一四〕自成一天。复透洞左上,攀藤历栈,遂出屏霞嶂之中层,盖龙鼻顶也。崖端亦宽垲〔一五〕可庐,后嶂犹上倚霄汉,嶂右有岩外覆,飞泉落其前。由右复攀跻崖石,几造嶂顶,为削石所阻。其侧石隙一缕,草木缘附,可以着足,遂随之下。崖间多修藤垂蔓,各采而携之。当石削不受树,树尽不受履处,辄垂藤下。如是西越石冈者五重,降升不止数里,始下临绝涧,即小龙湫上游也。其洞发源雁顶之东南,右即铁板,左即屏霞,二嶂中坠为绝壑,重崖亏蔽,上下无径,非悬绠不能飞度也。入涧,践石随流,东行里许,大石横踞涧中,水不能越,穴石下捣,两旁峭壁皆斗立,行者路绝。乃缚木为梯升崖端,复缒〔一六〕入前洞下流,则横石之下,穿然中空,可树十丈旗。水从石后建瓴下注,汇潭漾碧,儵然〔一七〕沁人。左右两崖,俱有洞高峙。由此而前,即龙湫下坠处也。余两次索剑泉,寺僧辄云:"在龙湫上,人力鲜达。"今仍杳然,知沦没已久。欲从此横下两峰,遂可由仙桥达石室,乃斫木缚梯,盘绝巘者数四,俯视独秀、双鸾诸峰,近在屐底。既逼仙桥,隔崖中断,日已西,疲甚,乃返觅前辙,复经屏霞侧石室返寺,携囊过净名,投宿灵峰。

初七日

溯寺前溪,观南碧霄冈[一八],轩爽无他奇。又三里,西转,望真济寺在溪北坞中。是溪西由断崖破峡而来,峡南峰为"五马朝天",峥嵘尤甚。两旁逼仄石蹊,内无居民,棘茅塞路。行里许,甚艰,不可穷历。北过真济寺,寺僻居北谷,游屐不到。寺右溯小溪三里,登马家山岭,路甚峻。登巅,望雁顶棱簇如莲花状,北瞰南阁,已在屐底。飞堕而下,四里余,得新庵,弛担于中,溯南阁溪,探宕阴诸胜。南阁溪发源雁山西北之筈袅岭[一九],去此三十余里,与永嘉分界[二○]。由岭而南,可通芙蓉[二一],入乐清;由岭而西,走枫林[二二],则入瓯郡道[二三]也。溪南即雁山之阴,山势崇拓,竹木翁茸,不露南面巉峣态[二四]。溪北大山,自筈袅迤逦而来,皆层崖怪峰,变换阖辟[二五],与云雾争幻,至阁而止。又一山北之溪,自北阁来会,俱东下石门潭。门内平畴千亩,居人皆以石门为户牖,此阁[二六]所由名,而南北则分以溪也。南阁有章恭毅宅,西入有石佛洞、散水岩、洞仙岩诸胜。北阁有白岩寺旧址,更西有王子晋仙桥为尤奇[二七]。余冒雨穷南阁,先经恭毅宅,聚族甚盛。溯溪五里,过犁头庵,南即石佛洞,以路芜不能入。西十里至庄坞,夹溪居民皆叶姓。散水岩在北坞中,石崖横亘,飞瀑悬流,岩左登岭有小庵。时暮雨,土人留宿庄坞,具言洞仙院之胜。

初八日

雨未止。西溯溪行三里,山涧愈幽。随溪转而北,又二里,隔溪小径破云磴而入。东渡溪从之,忽峰回溪转,深入谷中,则烟峦历乱。峰从庄坞之后连亘至此,又开一隙,现此瑰异。执土人问之,曰:"此小篆厓也,洞仙尚在其外大溪上流。"复出而渡溪,里许,有溪自东来入,即洞仙坞溪矣。渡大溪,溯小溪东上,其中峰峦茅舍,与前无异。洞仙即在其内崖,倚峰北向,层篁〔二八〕翳之。乃破莽跻石隙而入,初甚隘,最上渐宽。仍南出庄坞,东还犁头庵,终不得石佛洞道。遂出过南阁,访王子晋仙桥,在北阁底尚二十里。念仲昭在新庵甚近,还晤庵中。日已晡,竟不及为北阁游,东趋大荆而归。

〔一〕朔(shuò 烁):中历每月初一。

〔二〕崦嵫(yān zī 淹兹):山名,在今甘肃天水市西境,古人常用以指日落的地方。日薄崦嵫:日已西下。

〔三〕看不足亭:据附近残碑载:"按部同藩司李端和过雁山龙湫看不足亭调古风纪胜,西蜀胡继升。"此亭名"看不足亭"。

〔四〕屿(yǔ 与):水中的小山。

〔五〕播(bō 波):分散。

〔六〕芜(wú 无):众草茂生的地方。

〔七〕弥(mí 迷)望:视野所及之处。

〔八〕雁湖:又称平湖,在雁湖岗顶,海拔990 米。秋雁归时,多栖宿于此,故名。原有北、中、东三湖,方可十里,中湖较大。今淤塞只余一小水塘。

〔九〕箨(tuò 唾):竹笋上一片一片的皮。

〔一〇〕绠(gěng 梗):原为汲水桶上的绳索,此处泛指绳索。

〔一一〕璺　　本日记乾隆本皆作"坒",从四库本改。璺(wèn 问):玉器陶瓷等器物破裂而未分离,引申为裂口。

〔一二〕猱(náo 挠):猿的一种,身体便捷,善于攀援。

〔一三〕墟(xū 虚):大丘。

〔一四〕邃(suì 遂):深远。

〔一五〕垲(kǎi 凯):地势高而干燥。

〔一六〕缒(zhuì 坠):用绳子拴住人或物从上往下送。

〔一七〕脩(xiāo 消)然:无拘无束、自由自在的样子。

〔一八〕南碧霄冈　四库本作"南碧霄洞"。

〔一九〕箬(ruò 若):竹子的一种,叶宽大,可编竹笠,又可用来包粽子。

〔二〇〕永嘉:温州府附郭县,治今温州市,与今永嘉县地点不同。

〔二一〕芙蓉:今名同,在乐清市北境,雁荡山南麓。

〔二二〕枫林:今名同,在永嘉县北境,岭水溪东岸。

〔二三〕瓯(ōu 欧)郡:浙江温州府位于瓯江南岸,故别称瓯郡。

〔二四〕巀嶭(jié niè 截臬):山高峻的样子。

〔二五〕阖(hé 合):关闭。　辟(pì):开启。

〔二六〕阁(gé 格):东向开的侧门。

〔二七〕王子晋　乾隆本脱"王"字,据四库本补。王子晋:姓姬,名晋。周灵王的太子。好吹笙,游伊、洛间,传说被浮丘生接引上嵩山,后乘白鹤到缑氏山上,数日而去。仙桥在北阁仙亭山脊,山崖中断,石桥横跨其上,形如龟背,长约 100 米,宽约 20 米,山北有小路可攀至桥上。相传王子晋曾乘鹤吹箫于此。

〔二八〕篁(huáng 皇):竹林。

游五台山^{〔一〕} 日记_{山西太原府五台县}^{〔二〕}

癸酉(崇祯六年,公元 1633 年)七月二十八日

　　出都^{〔三〕}为<u>五台</u>游。越八月初四日,抵<u>阜平</u>^{〔四〕}南关。山自<u>唐县</u>^{〔五〕}来,至<u>唐河</u>始密,至<u>黄葵</u>渐开,势不甚穹窿矣。从<u>阜平</u>西南过石梁,西北诸峰复嶙岣^{〔六〕}起。循溪左北行八里,小溪自西来注,乃舍大溪,溯西溪北转,山峡渐束。又七里,饭于<u>太子铺</u>。北行十五里,溪声忽至。回顾右崖,石壁数十仞,中坳如削瓜直下。上亦有坳,乃瀑布所从溢者,今天旱无瀑,瀑痕犹在削坳间。离涧二三尺,泉从坳间细孔泛滥出,下遂成流。再上,逾<u>鞍子岭</u>。岭上四眺,北坞颇开,东北、西北,高峰对峙,俱如仙掌插天,惟直北一隙少杀^{〔七〕}。复有远山横其外,即<u>龙泉关</u>也,去此尚四十里。岭下有水从西南来,初随之北行,已而溪从东峡中去。复逾一小岭,则大溪从西北来,其势甚壮,亦从东南峡中去,当即与西南之溪合流出<u>阜平</u>北者^{〔八〕}。余初过<u>阜平</u>,舍大溪而西,以为西溪即<u>龙泉</u>之水也,不谓西溪乃出<u>鞍子岭</u>坳壁,逾岭而复与大溪之上流遇,大溪则出自<u>龙泉</u>者。溪有石梁^{〔九〕}曰<u>万年</u>,过之,溯流望西北高峰而

趋。十里,逼峰下,为小山所掩,反不睹嶙峋之势。转北行,向所望东北高峰,瞻之愈出,趋之愈近,峭削之姿,遥遥逐人,二十里之间,劳于应接。是峰名五岩寨,又名吴王寨,有老僧庐其上。已而东北峰下,溪流溢出,与龙泉大溪会,土人构石梁于上,非龙关道所经。从桥左北行八里,时遇崩崖矗立溪上。又二里,重城当隘口,为龙泉关〔一〇〕。

初五日

进南关,出东关。北行十里,路渐上,山渐奇,泉声渐微。既而石路陡绝,两崖巍峰峭壁,合沓攒奇,山树与石竞丽错绮,不复知升陟之烦也。如是五里,崖逼处复设石关二重。又直上五里,登长城岭绝顶。回望远峰,极高者亦伏足下,两旁近峰拥护,惟南来一线有山隙,彻目百里。岭之上,巍楼雄峙,即龙泉上关也。关内古松一株,枝耸叶茂,干云俊物〔一一〕。关之西,即为山西五台县界。下岭甚平,不及所上十之一。十三里,为旧路岭,已在平地。有溪自西南来,至此随山向西北去,行亦从之。十里,五台水自西北来会〔一二〕,合流注滹沱河。乃循西北溪数里,为天池庄。北向坞中二十里,过白头庵村,去南台止二十里,四顾山谷,犹不可得其仿佛。又西北二里,路左为白云寺。由其前南折,攀跻四里,折上三里,至千佛洞,乃登台间道。又折而西行,三里始至,宿〔一三〕。

初六日

风怒起,滴水皆冰。风止日出,如火珠涌吐翠叶中。循山半西南行,四里,逾岭,始望南台在前。再上为灯寺,由此路渐峻。十里,登南台绝顶,有文殊舍利塔〔一四〕。北面诸台环列,惟东南、西南少有隙地。正南,古南台在其下,远则孟县〔一五〕诸山屏峙,而东与<u>龙泉</u>峥嵘接势。从台右道而下,途甚夷,可骑。循西岭西北行十五里,为<u>金阁岭</u>〔一六〕。又循山左西北下,五里,抵<u>清凉石</u>。寺宇幽丽,高下如图画。有石为芝形,纵横各九步,上可立四百人,面平而下锐,属于下石者无几。从西北历栈拾级而上,十二里,抵<u>马跑泉</u>。泉在路隅山窝间,石隙仅容半蹄,水从中溢出,窝亦平敞可寺,而<u>马跑寺</u>反在泉侧一里外。又平下八里,宿于<u>狮子窠</u>〔一七〕。

初七日

西北行十里,度<u>化度桥</u>。一峰从<u>中台</u>下,两旁流泉淙淙,幽靓迥绝〔一八〕。复度其右涧之桥,循山西向而上,路欹甚〔一九〕。又十里,登<u>西台</u>之顶。日映诸峰,一一献态呈奇。其西面,近则<u>闭魔岩</u>,远则<u>雁门关</u>,历历可俯而挈也〔二〇〕。闭魔岩在四十里外,山皆陡崖盘亘,层累而上,为此中奇处。入叩佛龛,即从台北下,三里,为<u>八功德水</u>。寺北面,左为<u>维摩阁</u>〔二一〕,阁下二石耸起,阁架于上,阁柱长短,随石参差,有竟不用柱者。其中为<u>万佛阁</u>,佛俱金碧旃檀〔二二〕,罗列辉映,不啻万尊。前有阁二重,俱三层,其周庐环阁亦三层,中架复道〔二三〕,往来空中。当此万山艰阻,非神力不能运此。从寺东北行,五里,至大道,又十里,至<u>中台</u>。望<u>东台</u>、<u>南台</u>,俱在五六十里外,而南台外之<u>龙泉</u>,反若更近,惟<u>西台</u>、<u>北台</u>,相与连属。时风清日丽,山开列如须眉。余先趋台之南,登<u>龙翻石</u>。其地乱石数万,涌起峰头,下临绝坞,中悬独耸,言是<u>文殊放光</u>摄影处。从台北直下者四里,阴崖悬冰数百丈,曰"万年冰"。其坞中亦有结庐者。初寒无几,台间冰雪,种种而是。闻雪下于七月二十七日,正余出都时也。行四里,北上澡浴池。又北上十里,宿于<u>北台</u>〔二四〕。<u>北台</u>比诸台较峻,余乘日色,周眺寺外。及入寺,日落而风大作。

初八日

老僧石堂送余,历指诸山曰:"北台之下,东台西,中台中,南台北,有坞曰台湾〔二五〕,此诸台环列之概也。其正东稍北,有浮青特锐者,恒山也。正西稍南,有连岚一抹者,雁门也。直南诸山,南台之外,惟龙泉为独雄。直北俯内外二边,诸山如蓓蕾,惟兹山之北护,峭削层叠,嵯峨之势,独露一班。此北台历览之概也。此去东台四十里,华岩岭在其中。若探北岳,不若竟由岭北下,可省四十里登降。"余颔之。别而东,直下者八里,平下者十二里,抵华岩岭。由北坞下十里,始夷。一涧自北,一涧自西,两涧合而群峰凑,深壑中"一壶天"也。循涧东北行二十里,曰野子场。南自白头庵至此,数十里内生天花菜〔二六〕,出此则绝种矣。由此,两崖屏列鼎峙,雄峭万状,如是者十里。石崖悬绝中,层阁杰起,则悬空寺也,石壁尤奇。此为北台外护山,不从此出,几不得台山神理云。

〔一〕五台山:又省称台山,位于山西五台县东北隅。五峰高耸,峰顶平坦宽阔如台,故称"五台"。东台称望海峰,南台称锦绣峰,西台称挂月峰,北台称叶斗峰,中台称翠岩峰。五座山峰环抱,绕周达250公里,五峰之外称台外,五峰之内为平坞,称台内。山中气候凉爽,九月积雪,四月解冻,故又称清凉山。该山传为文殊菩萨道场,与浙江普陀山、安徽九华山、四川峨眉山合为我国佛教四大名山。五台山有规模宏大的古建筑群,现台内有寺庙39座,台外有寺庙8座,其中显通寺、菩萨顶、塔院寺、罗睺寺、殊像寺合称五台山五大禅寺,砖、石、木材、金属结构的殿堂、楼阁、宝塔、牌坊俱备,历

徐霞客游记校注

史和艺术价值甚高。

〔二〕太原府:为明代山西布政司的治所,治阳曲,即今山西太原市。五台县:隶太原府代州,即今山西五台县。

〔三〕都:指明代首都京师,在今北京市。

〔四〕阜平:明为县,隶真定府,即今河北阜平县。

〔五〕唐县:隶保定府,即今河北唐县。

〔六〕嵱嵷(yǒng sǒng 勇耸):上下众多的样子。

〔七〕杀:减少,收束。

〔八〕此大溪明代称沙河,即今大沙河。

〔九〕石梁:石桥。

〔一〇〕龙泉关:今名同,在阜平县西隅。

〔一一〕干云俊物   四库本、叶廷甲本作"秀拔干云"。

〔一二〕此溪为清水河,五台水又称台山河、虒阳河。二水汇合后仍称清水河。

〔一三〕三里始至宿   原脱"宿"字,据四库本补。

〔一四〕文殊:为梵文"文殊师利"的略称,意即"妙吉祥"、"妙德",为佛教菩萨之一。五台山传为文殊道场,有关文殊的传说甚多。

〔一五〕盂县:隶太原府,即今山西盂县。

〔一六〕金阁岭:岭畔今存金阁寺,距台怀镇15公里。寺内有高17米的观音铜像,各殿满布塑像近千尊。

〔一七〕窠(kē 棵):鸟兽昆虫栖息的巢穴。狮子窠:在五台山台怀镇西南10公里的山腰,即文殊寺,俗称狮子窝。现仅存琉璃塔一座,八角十三级,高35米,塔身镶嵌佛像万尊,故又称万佛塔。

塔中空,可登至五层。

〔一八〕靓(jìng 竟):通"静"。

〔一九〕欹(qī 欺):倾侧不平。

〔二〇〕挈(qiè 切):提。

〔二一〕维摩:系梵文音译的略称,意为"净名"或"无垢称"。佛经中说他是释迦牟尼同时代的人,长于辩才。

〔二二〕旃(zhān 毡)檀:即檀香,梵语译作旃檀。

〔二三〕复道:高楼之间或山岩险要处架空的通道,因上下皆有道,故称复道。

〔二四〕五台之中,以北台顶最高,海拔 3058 米。

〔二五〕台湾:即今台怀镇,在五台县城东北 120 公里,为游览五台山的中心,有公路可达。很多寺庙都集中在这里。每年中历六月,一年一度的五台山骡马大会也在这里举行,附近农民及各省旅客云集,进行以骡马为主的交易,同时尽情游览。

〔二六〕天花菜:菌类,西南地区甚多,详黔游日记一戊寅四月十七日记。滇略产略亦载菌类说:"蒙、榆山中亦产天花,而土人不识,谓之八担柴。"

游恒山〔一〕日记 山西大同府〔二〕浑源州

去北台七十里,山始豁然,曰东底山。台山北尽,即属繁峙界矣〔三〕。

初九日

出南山。大溪从山中俱来者,别而西去。余北驰平陆中,望外界之山,高不及台山十之四,其长缭绕如垣〔四〕,东带平邢,西接雁门〔五〕。横而径者十五里,北抵山麓,渡沙河即为沙河堡〔六〕。依山瞰流,砖甃〔七〕高整。由堡西北七十里,出小石口,为大同西道;直北六十里,出北路口,为大同东道。余从堡后登山,东北数里,至峡口,有水自北而南,即下注沙河者也。循水入峡,与流屈曲,荒谷绝人。数里,义兴寨。数里,朱家坊。又数里,至葫芦嘴。舍涧登山,循嘴而上,地复成坞,溪流北行,为浑源界。又数里,为土岭〔八〕,去州尚六十里,西南去沙河,共五十里矣,遂止〔九〕居民同姓家。

初十日

循南来之涧北去三里,有涧自西来合,共东北折而去。余溯西涧入，又一涧自北来，遂从其西登岭，道甚峻。北向直上者六七里，西转，又北跻而上者五六里，登峰两重，造其巅，是名箭筈岭。自沙河登山涉涧，盘旋山谷，所值皆土魁[一〇]荒阜；不意至此而忽跻穹窿，然岭南犹复阿蒙也[一一]。一逾岭北，瞰东西峰连壁隤，翠蜚[一二]丹流。其盘空环映者，皆石也，而石又皆树；石之色一也，而神理又各分妍；树之色不一也，而错综又成合锦。石得树而嵯峨倾嵌者，幕以藻绘[一三]而愈奇；树得石而平铺倒蟠者，缘以突兀而尤古。如此五十里，直下至阬[一四]底，则奔泉一壑，自南注北，遂与之俱出坞口，是名龙峪口，堡临之。村居颇盛，皆植梅杏，成林蔽麓。既出谷，复得平陆。其北又有外界山环之，长亦自东而西，东去浑源州三十里，西去应州七十里[一五]。龙峪之临外界，高卑远近，一如东底山之视沙河峡口诸山也。于是沿山东向，望峪之东，山愈嶙嶒斗峭，问知为龙山[一六]。龙山之名，旧著于山西，而不知与恒岳比肩；至是既西涉其阃域[一七]，又北览其面目，从不意中得之，可当五台桑榆之收矣[一八]。东行十里，为龙山大云寺，寺南面向山。

又东十里，有大道往西北，直抵恒山之麓，遂折而从之，去山麓尚十里。望其山两峰亘峙，车骑接轸[一九]，破壁而出，乃大同入倒马、紫荆大道也[二〇]。循之抵山下，两崖壁立，一涧中流，透罅而入，逼仄如无所向，曲折上下，俱成窈窕，伊阙双峰，武彝九曲，俱不足以拟之也。时清流未泛，行即溯涧。不知何年两崖俱凿石坎，大四五尺，深及丈，上下排列，想水溢时插木为阁道者，今废已久，仅存二木悬架高处，犹栋梁之巨擘也[二一]。三转，峡愈隘，崖愈高。西崖之半，层楼高悬，曲榭[二二]斜倚，望之如蜃吐重台〔二三〕者，悬空寺〔二四〕也。五台北壑亦有悬空寺，拟此未能具体〔二五〕。仰之神飞，鼓勇独登。入则楼阁高下，槛路屈曲。崖既蠹削，为天下巨观，而寺之点缀，兼能尽胜。依岩结构，而不为岩石累者，仅此。而僧寮位置适序，凡客坐禅龛〔二六〕，明窗暖榻，寻丈之间，肃然中雅。既下，又行峡中者三四转，则洞门豁然，峦壑掩映，若别有一天者。又一里，涧〔二七〕东有门榜〔二八〕三重，高列阜上，其下石级数百层承之，则北岳恒山庙之山门也。去庙尚十里，左右皆土山层叠，岳顶杳不可见。止门侧土人家，为明日登顶计。

〔一〕恒山：在山西浑源县东南，原称玄岳、紫岳、阴岳，明代列为五岳之一，始称北岳恒山。

〔二〕大同府：治大同，即今山西大同市。

〔三〕繁峙：明为县，隶太原府代州，即今山西繁峙县。

〔四〕垣（yuán 原）：矮墙。

〔五〕平邢：即今平型关，在山西繁峙、灵丘二县界上。　　雁门：即今雁门关，在山西代县西北。

〔六〕沙河：指滹沱河上游。沙河堡：今作砂河，在繁峙县东境，滹沱河北岸。

〔七〕甃（zhòu 昼）：以砖砌物皆称甃。

〔八〕土岭：今名同，在浑源县南隅。

〔九〕止：栖止，居住。

〔一〇〕土魁（kuí 奎）：土堆。

〔一一〕阿蒙：三国时鲁肃称吕蒙为阿蒙，说："三日不见，非复吴下阿蒙矣。"此处借用,有依然故态之意。

〔一二〕 蜚:通"飞"。

〔一三〕 幂:覆盖。　　藻(zǎo 澡)绘:文采。

〔一四〕 阬(gāng 冈):大土山。

〔一五〕 应州:隶大同府,治今山西应县。

〔一六〕 龙山:亦称封龙山,在今浑源县西南 40 里,顶峰称萱草坡,风景甚佳。金末,元好问、李治、张德辉曾到这里游览,时称"龙山三老"。

〔一七〕 阃(kǔn 捆):特指郭门的门槛。阃域:内境。

〔一八〕 桑榆(yú 鱼):皆植物。日落时,阳光尚留桑榆上,故借为西方之称。后汉书有"失之东隅,收之桑榆",桑榆之收,比喻为弥补缺憾。

〔一九〕 轸(zhěn 诊):车后的横木。车骑接轸:车马络绎不绝。

〔二〇〕 倒马:即倒马关,今名同,在河北唐县北隅,唐河南岸。紫荆:即紫荆关,今名同,在河北易县西部,拒马河南岸。明时,倒马、紫荆与居庸合称内三关。

〔二一〕 擘(bò 薄):大拇指。巨擘:比喻其杰出于众,如大指不同于其他指头。

〔二二〕 榭(xiè 谢):建在高土台上的敞屋。

〔二三〕 蜃(shèn 肾)吐重台:即蜃景。由于气温在垂直方向上的剧烈变化,使空气密度的垂直分布随之显著变化,不同密度的大气层对于光线产生折射,把远处景物反映到天空或地面而形成幻景,在沿海或沙漠地带有时能看到,故称海市蜃楼,游记中又称

徐霞客游记校注

"蜃云"。蜃即蛤蜊,古人误认大蜃能吐气为楼台,故称蜃气。

〔二四〕悬空寺:始建于北魏,具有独特的建筑风格,一直保存到现在。在浑源县城南5公里,浑源县城至恒山的途中。从半山崖上用木柱支撑建起楼阁,仿佛悬在空中。高低错落的殿宇再用栈道或天桥连结,给人以迷宫仙景般的感觉。

〔二五〕拟:摹拟,比拟。具体:事物的各个组成部分都齐备。拟此未能具体:与恒山这个悬空寺相比,还不算齐备。

〔二六〕禅龛(chán kān 蝉刊):供佛的小屋。

〔二七〕从悬空寺到恒山,途经恒山水库,系解放后拦浑河源的唐峪河修成,为恒山风景增色不少。

〔二八〕榜(bǎng 绑):匾额。门榜:悬挂有匾额的大门。

十一日

风翳净尽,澄碧如洗。策杖登岳,面东而上,土冈浅阜,无攀跻劳。盖山自龙泉来,凡三重。惟龙泉一重峭削在内,而关以外反土脊平旷;五台一重虽崇峻,而骨石耸拔,俱在东底山一带出峪之处;其第三重自峡口入山而北,西极龙山之顶,东至恒岳之阳,亦皆藏锋敛锷〔一〕,一临北面,则峰峰陡削,悉现岩岩本色。一里转北,山皆煤炭,不深凿即可得。又一里,则土石皆赤,有虬松离立道旁,亭曰望仙。又三里,则崖石渐起,松影筛阴,是名虎风口。于是石路萦回,始循崖乘峭而上。三里,有杰坊曰"朔方第一山"〔二〕,内则官廨厨井俱备。坊右东向拾级上,崖半为寝宫〔三〕,宫北为飞石窟,相传真定府恒山从此飞去〔四〕。再上,则北岳殿也。上负绝壁,下临官廨,殿下云级插天,庑门上下,穿碑〔五〕森立。从殿右上,有石窟倚而室之,曰会仙台。台中像群仙,环列无隙。余时欲跻危崖,登绝顶。还过岳殿东,望两崖断处,中垂草莽者千尺,为登顶间道,遂解衣攀蹑而登。二里,出危崖上,仰眺绝顶,犹杰然天半,而满山短树蒙密,槎枒〔六〕枯竹,但能钩衣刺领,攀践辄断折,用力虽勤,若堕洪涛,汩汩不能出。余益鼓勇上,久之棘尽,始登其顶〔七〕。时日色澄丽,俯瞰山北,崩崖乱坠,杂树密翳。是山土山无树,石山则有;北向俱石,故树皆在北。浑源州城一方,即在山麓,北瞰隔山一重,苍茫无际;南惟龙泉,西惟五台,青青与此作伍;近则龙山西亘,支峰东连,若比肩连袂,下扼沙漠者。既而下西峰,寻前入峡危崖,俯瞰茫茫,不敢下。忽回首东顾,有一人飘摇于上,因复上其处问之,指东南松柏间。望而趋,乃上时寝宫后危崖顶。未几,果得径,南经松柏林。先从顶上望,松柏葱青,如蒜叶草茎,至此则合抱参天,虎风口之松柏,不啻〔八〕百倍之也。从崖隙直下,恰在寝宫之右,即飞石窟也,视余前上隘,中止隔崖一片耳。下山五里,由悬空寺危崖出。又十五里,至浑源州西关外〔九〕。

〔一〕锋:刀的刃端。   锷(è 萼):刃旁。

〔二〕朔(shuò)方:北方。

〔三〕寝宫:宫即庙,寝宫即寝庙。古代的宗庙有庙和寝两部分,前殿称庙,后殿称寝,合称寝庙。

〔四〕真定府:治真定,即今河北正定。真定府恒山在府属曲阳县,即今河北曲阳县西北,又称河北恒山、常山、大茂山,明以前皆以此为五岳之一的北岳。

〔五〕穹(qióng 穷)碑:很高的石碑。

〔六〕槎桠(chá yā 茶押):枝柯歧出。

〔七〕恒山绝顶称天峰岭,海拔 2017 米。从北岳殿到绝顶有东西两条路,东路捷直,但小道绝险。霞客系从东路间道登顶。

〔八〕不啻(chì 赤):不止。

〔九〕浑源州:隶大同府,即今山西浑源县。

浙游日记〔一〕

丙子（崇祯九年，公元 1636 年）九月十九日

余久拟西游，迁延二载，老病将至，必难再迟。欲候黄石斋〔二〕先生一晤，而石翁杳无音至；欲与仲昭兄把袂而别，而仲兄又不南来。昨晚趋晤仲昭兄于土渎庄。今日为出门计，适杜若叔至，饮至子夜，乘醉放舟。同行者为静闻师〔三〕。

二十日

天未明，抵锡邑〔四〕。比晓，先令人知会王孝先，自往看王受时，已他出。即过看王忠纫，忠纫留酌至午，而孝先至，已而受时亦归。余已醉，复同孝先酌于受时处。孝先以顾东曙家书附橐中。时东曙为苍梧道〔五〕，其乃郎伯昌所寄也。饮至深夜，乃入舟。

〔一〕浙游日记和江右游日记皆在乾隆刻本第二册上。季抄本徐霞客西游记第一册包括此两部分，但未分目，有提纲云："丙子九月十九日，自家起身。由锡邑、姑苏、昆山、青浦至浙江杭州。历余杭、临安、桐庐、金华、兰溪、西安、衢州、常山诸郡县，由是入江

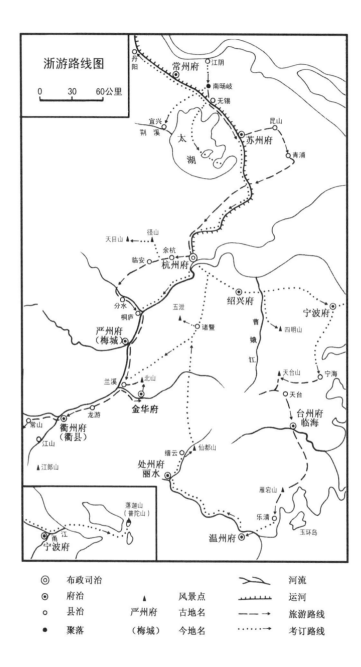

浙游路线图

0　30　60公里

丹阳

常州府　江阴

南旸岐

无锡

宜兴

荆溪　太

湖　昆山

苏州府

青浦

天目山　径山

余杭

临安　杭州府

分水

桐庐　五泄　绍兴府　宁波府

严州府
（梅城）　诸暨　曹

娥

江　四明山

兰溪　北山　天台山　宁海

龙游　金华府　天台

常山

衢州府
（衢县）　台州府
临海

江山

江郎山　缙云　仙都山

处州府
丽水

雁宕山

乐清

温州府　玉环岛

落迦山
（普陀山）

甬
江

宁波府

◎　布政司治　　　　　　　　〰　河流

◉　府治　　　▲　风景点　　〰〰　运河

○　县治　　严州府　古地名　--→　旅游路线

●　聚落　　（梅城）今地名　····→　考订路线

西。历玉山、广信、铅山、弋阳、安仁、金溪、建昌、新城、南丰、宜黄、乐安、永丰、吉水、吉安、永新诸郡县,丁丑正月初十日至芳子树下止。吉安访张侯后裔。"

〔二〕黄道周(公元1585～1646年):字幼平、幼玄,号石斋,又号若斋、又螭,福建漳浦人。天启二年(公元1622年)进士,授翰林院编修,后进右中允。因上疏忤旨,先被斥为民,后又下狱。清兵入关,坚持反清斗争。先为南京福王政权吏部左侍郎、礼部尚书。福王政权亡,又拥福建唐王政权,为武英殿大学士,自请带义兵九千余人,至婺源与清兵战,兵败被执杀于江宁。精天文历数,学贯古今,所至学者云集,人称石斋先生。霞客对石斋十分尊崇,曾多次亲访。

〔三〕静闻:江阴迎福寺僧,曾刺血写法华经,愿供于鸡足山。与霞客同游天台山的莲舟即为静闻之师。

〔四〕锡邑:即无锡,明为县,与江阴同属常州府,即今江苏无锡市。邑(yì义):县的别称。

〔五〕苍梧道 此处和丁丑二月十二日作"苍梧道",丁丑八月十五日作"郁林道"。此兵道以驻地命名。先驻郁林,故称郁林道;后迁苍梧,则称苍梧道。霞客亲至郁林,弄清了该道迁治更名的情况,在丁丑七月二十七日记中作了说明。

142

二十一日

入看孝先,复小酌。上午发舟,暮过虎丘〔一〕,泊于半塘。

二十二日

早〔二〕为仲昭市竹椅于半塘。午过看文文老乃郎,并买物圊门。晚过葑门〔三〕看含晖兄。一见辄涕泪交颐〔四〕，不觉为之恻然。盖含晖遁迹吴门且十五年〔五〕，余与仲昭屡访之。虽播迁〔六〕之余，继以家荡子死，犹能风骚自遣；而兹则大异于前，以其孙之剥削无已，而继之以逆也。因复同小酌余舟，为余作与诸楚玙〔七〕书，诸为横州守。夜半乃别。

二十三日

复至阊门取染绅裱帖。上午发舟。七十里，晚至昆山〔八〕。又十余里，出内村，下青洋江，绝江而渡，泊于江东之小桥渡侧。

二十四日

五鼓行。二十里至绿葭浜〔九〕，天始明。午过青浦〔一〇〕。下午抵佘山〔一一〕北，因与静闻登陆，取道山中之塔凹而南。先过一坏圃，则八年前中秋歌舞之地，所谓施子野之别墅也。是年，子野绣圃征歌甫就，眉公同余过访，极其妖艳。不三年，余同长卿过，复寻其胜，则人亡琴在，已有易主之感。已售兵郎〔一二〕王念生。而今则断榭零垣，三顿而三改其观，沧桑之变如此。越塔凹，则寺已无门，惟大钟犹悬树间，而山南徐氏别墅亦已转属。因急趋眉公顽仙庐，眉公〔一三〕远望客至，先趋避；询知余，复出，挽手入林，饮至深夜。余欲别，眉公欲为余作一书寄鸡足二僧，一号弘辨，一号安仁。强为少留，遂不发舟。

二十五日

清晨，眉公已为余作二僧书，且修以仪。复留早膳，为书王忠纫乃堂〔一四〕寿诗二纸，又以红香米写经大士馈余。上午始行。盖前犹东迁之道，而至是为西行之始也。三里，过仁山。又西北三里，过天马山。又西三里，过横山。又西二里，过小昆山〔一五〕。又西三里入泖湖〔一六〕，绝流而西，掠泖寺而过。寺在中流，重台杰阁,方浮屠五层,辉映层波,亦泽国之一胜也。西入庆安桥,十里为章练塘〔一七〕。其地为长洲〔一八〕南境,亦万家之市也。又西十里为蒋家湾,已属嘉善〔一九〕。贪晚行,为听蟹群舟所惊,呕入丁家宅而泊〔二〇〕。在嘉善北三十六里,即尚书改亭公之故里。

二十六日

过二荡,十五里为西塘〔二一〕,亦大镇也,天始明。西十里为下圩荡,又南过二荡,西五里为唐母村,始有桑。又西南十三里为王江泾〔二二〕,其市愈盛。直西二十余里,出澜溪之中。西南十里为前马头,又十里为师姑桥。又八里,日尚未薄崦嵫,而计程去乌镇尚二十里,戒于崔苻〔二三〕,泊于十八里桥北之吴店村浜。其地属吴江〔二四〕。

二十七日

平明行,二十里抵乌镇〔二五〕,入叩程尚甫。尚甫方游虎埠,两郎出晤。捐橐中资〔二六〕,酬其昔年书价,遂行。西南十八里,连市。又十八里,寒山桥。又十八里,新市。又十五里,曹村,未晚而泊。

二十八日

南行二十五里,至唐栖〔二七〕,风甚利。五十里,入北新关。又七里,抵棕木场〔二八〕,甫过午。令僮子入杭城〔二九〕,往曹木上解元家,询黄石翁行旆,犹未北至。时木上亦往南雍〔三〇〕,无从讯。因作书舟中,投其家,为返舟,计此后行踪修阻,无便鸿〔三一〕也。晚过昭庆,复宿于舟。

二十九日

复作寄仲昭兄与陈木叔全公书〔三二〕。静闻往游净慈、吴山〔三三〕。是日复宿于舟。

三十日

早入城,市参寄归。午下舟,省行李之重者付归。余同静闻渡湖入涌金门,市铜炊、竹筒诸行具。晚从朝天门〔三四〕趋昭庆〔三五〕,浴而宿焉。是日复借湛融师银十两,以益游资。

〔一〕虎丘:苏州市北郊的一个小山,为著名风景区,向称“吴中第一名胜”。那里原是春秋时吴国的行政中心,传说吴王阖闾生前曾在上面修建望海楼,死后亦葬于此山,剑池就是吴王的墓地和埋三千名剑殉葬的地方。山上还有纪念孙武的孙武子亭,阖闾试验干将名剑的试剑石等。山上高耸的虎丘塔,始建于公元959年,高54米,为七级八面砖塔,为五代时期长江流域砖塔的代表作。

〔二〕早 季抄本皆作“蚤”。下同。

〔三〕阊(chāng 昌)门:在苏州旧城西面最北一道城门。葑(fēng 封)门:苏州旧城东面最南一道城门。

〔四〕颐(yí 夷):下巴。

〔五〕遁(dùn 顿)迹:隐居。 吴门:苏州的别称。

〔六〕播迁:流离迁徙。

〔七〕诸楚玙 丁丑八月十五日记作“诸楚馀”。

〔八〕昆山:明为县,隶苏州府,即今江苏昆山市。

〔九〕浜(bāng 邦):绝潢断港谓之浜。浜即小河沟,多用于地名。绿葭浜:今仍称绿葭,在昆山市东南境,吴淞江北岸。

〔一〇〕青浦:明为县,隶松江府,即今上海市青浦县。

〔一一〕佘山 季抄本作“余山”,有误。今仍称佘山,在上海市松江区北隅。

〔一二〕兵郎：即兵部侍郎，为兵部的副长官。

〔一三〕眉公：即陈继儒，华亭人，比霞客大29岁。

〔一四〕堂：即内堂，指母亲。

〔一五〕仁山，即辰山。辰山、天马山、横山、小昆山，皆在今上海市松江区西北境，按顺序从北往西南排列。

〔一六〕泖（mǎo 卯）湖：即今泖河，又称拦路港，为黄浦江上游。

〔一七〕章练塘：今名同，亦作练塘，在青浦县南境。

〔一八〕长洲：明时与吴县同为苏州府附郭县，在今江苏苏州市。

〔一九〕嘉善：明为县，隶嘉兴府，即今浙江嘉善县。

〔二〇〕丁家宅：今作丁宅、丁册，在嘉善东北隅。

〔二一〕西塘：今名同，在嘉善北境。

〔二二〕泾（jīng 经）：沟渎，多用作地名。王江泾：今名同，在嘉兴市郊北隅，运河西岸。

〔二三〕萑苻（huán pú 环葡）：原为水泽名，在古郑国境，盗贼经常在泽中抢人，后因称盗贼出没的地方为萑苻。

〔二四〕吴江：明为县，隶苏州府，即今江苏吴江市。

〔二五〕乌镇：今名同，在浙江桐乡市北隅。

〔二六〕资：季抄本多作"赀"，钱财。下同。

〔二七〕唐栖：今作塘栖，在余杭市北隅。

〔二八〕棕木场：今作松木场，在杭州市区西北隅。

〔二九〕杭城：即杭州府，为浙江布政司治所，即今浙江杭州市。

〔三〇〕南雍：明朝南京国子监亦称南雍，言其为南京的辟雍。

〔三一〕便鸿：指鸿雁传书的故事，即传递书信的方便条件。

〔三二〕陈函辉（公元1590～1646年）：字木叔，自号小寒山子，浙江临海人，崇祯七年（公元1634年）进士，曾作靖江令。与霞客过往甚密。清兵入台州府，自缢于云峰山寺。

〔三三〕净慈：寺庙，在西湖南岸南屏山麓。　　吴山：今名同，在杭州市区南隅。

〔三四〕涌金门：在西湖东岸，今杭州市涌金路西口。　　朝天门：南宋皇宫前御道上的门，在今杭州市中山路北段。

〔三五〕昭庆：杭州旧寺庙，今不存。原址在西湖东北岸今少年宫。

十月初一日

晴爽殊甚，而西北风颇厉。余同静闻登宝石山〔一〕巅。巨石堆架者为落星石。西峰突石尤屼嵲，南望湖光江影，北眺皋亭、德清〔二〕诸山，东瞰杭城万灶，靡不历历。下山五里，过岳王坟〔三〕。十里至飞来峰，饭于市，即入峰下诸洞〔四〕。大约其峰自枫木岭东来，屏列灵隐之前，至此峰尽骨露；石皆嵌空玲珑，骈列三洞；洞俱透漏穿错，不作深杳之状。昔黥于杨髡之刊凿〔五〕，今苦于游丐之喧污；而是时独诸丐寂然，山间石爽，毫无声闻之溷，若山洗其骨，而天洗其容者。余遍历其下，复各扪其巅。洞顶灵石攒空，怪树搏影，跨坐其上，不减群玉山头也。其峰昔属灵隐，今为张氏所有矣。下山涉涧，即为灵隐〔六〕。有一老僧，拥衲默坐中台，仰受日精，久不一瞬。已入法轮殿，殿东新构罗汉殿，止得五百之半，其半尚待西构也。是日，独此寺丽妇两三群，接踵而至，流香转艳，与老僧之坐日忘空，同一奇遇矣。为徘徊久之。下午，由包园西登枫树岭，下至上天竺，出中、下二天竺。复循下天竺后，西循后山，得"三生石"，不特骨态嶙峋，而肤色亦清润。度其处，正灵隐面屏之南麓也，自此东尽飞来，独擅灵秀矣。自下天竺五里，出毛家步渡湖〔七〕，日色已落西山，抵昭庆昏黑矣。

初二日

上午，自棕木场五里出观音关。西十里，女儿桥。又十里，老人铺。又五里，仓前〔八〕。又十里，宿于余杭〔九〕之溪南。访何孝廉朴庵，先一日已入杭城矣。

初三日

自余杭南门桥得担夫，出西门，沿苕溪〔一○〕北岸行。十里，丁桥铺。又十里，渡马桥，则余杭、临安之界也。〔其北可达径山。〕又二里为青山〔一一〕，居市甚盛。溪山渐合，又有二尖峰屏峙。一名紫薇，一名大山。十五里，山势复开。至十锦亭，一路从亭北西去者，於潜〔一二〕、徽州道也；从亭南西去者，即临安道也。从亭西南又一里，一石梁横跨溪上，曰长桥。越桥而南又一里，入临安〔一三〕东关。出西关，土城甚低，县廨〔一四〕颓溢。外为吕家巷，阛阓反差盛于城。又二里为皇潭，其阛阓与吕家巷同。其西路分南北，北者亦於潜之道，南者新城道也。已而复循山向西南行，又八里为高坎，始通排〔一五〕。又三里，南入袅柳坞，复入山隘。五里为下圩桥〔一六〕。由桥南溯溪西上，二里为全张，一村皆张氏之房也。走分水者，以新岭为间道，以全张为迂道。余闻新岭路隘而无托宿,遂宿于全张之白玉庵。僧意余,杭人也。闻余好游,深夜篝灯瀹茗,为余谈其游日本事甚详。

初四日

鸡鸣作饭,昧爽西行。二里,过桥,折而南又六里,上乾坞岭。其岭甚坦夷,盖於潜之山西来过脉,东西皆崇山峻岭,独此峡中凹。过脊处止丈余,南北叠塍而下,皆成稻畦。北流至下圩桥,由青山入苕;南流至沙宕,由新城入浙〔一七〕,不意平陀遂分两水。其山过东遂插天而起,曰五尖山。五尖之东北即新岭矣。循其西麓,又五里过唐家桥,则新城北界也。白石崖山障其南。遂循水西南行,五里为华龙桥〔一八〕,有水自西坞来合。过桥,南越一小岭,二里至沙宕,前有一石梁跨涧,曰赵安桥,则入新城道也。由桥北西溯一涧,沿三九山北麓而入后叶坞。"三九"之名,以东则从赵安桥南至朱村,北则从赵安桥西南至白粉墙,南则从白粉墙东南至朱村,三面皆九里也。由后叶坞九里至白粉墙,为三九山北来之脊。其脊亦甚坦夷,东流者由后叶出赵安桥,西流者由李王桥合朱村,此"三九"所以名山,亦以水绕无余也。白粉墙之西二里,为罗村桥,有水自北来,有路亦歧而北,则新城道也。循水南行里许,为钵盂桥,有水西自龙门龛来。〔龛有四仙传道岭,在桥西四里,乃於潜境。〕由桥北即转而东,里余复折而南。其地东为三九,西为洞山,环坞一区,东西皆石峰嶙峋,黑如点漆,丹枫黄杏,翠竹青松,间错如绣,水之透壁而下者,洗石如雪,今虽久旱无溜,而黑崖白峡,处处如悬匹练,心甚异之。二里,渡李王桥,遂至洞山之东麓。急置行李于吴氏先祠。令僮觅炊店,不得。有吴姓者二人至,一为余炊,一为赠烛游洞,余以鱼公书扇答之。〔洞山者,自龙门龛南迤逦东来，其石棱锐纹叠。东南山半开二洞，正瞰桥下。〕余遂同静闻西向蹑山。

　　沿小涧而上，石皆峡蹲壑透，清流漱之，淙淙有声。涧两旁石片涌出田畦中，侧者成塍，突者成台，竹树透石而出，枝耸石上而不见其根，干压石巅而不见其窦。再上，忽一大石当涧而立，端方无倚，而纹细如波縠之旋风，最为灵异。再上，修竹中有新建睢阳庙，雪峰之龛在焉。一名灵隐庵。庵后危壁倚空，叠屏耸翠，屏之南即明洞也。如轩斯启，其外五柱穿列，正如四明之分窗，〔但四明石色劣下，不能若此列柱连卷也。〕中有一柱，上不至檐，檐下亦垂一石，下不至柱，上下相对，所不接者不盈咫。柱旁有树高撑，至檐端辄逊而外曲，翠色拂岩而上，黑石得之益章〔一九〕。再南即为幽洞。二洞并启，中间石壁，色轻红若桃花。洞口高悬，内若桥门之覆空，得呼声辄传响不绝，盖其内空峒无底也。廿〔二〇〕丈之内，忽一转而北，一转而南。北者为干洞，拾级而上，如登楼〔二一〕蹑阁。三十丈后，又转而南，辟一小阁，颇觉幽异。南者为水洞，一转即仙田成畦，塍界层层，水满其中，不流不涸。人从塍上曲折而入，约廿丈，忽闻水声潺潺。透一小门而入，见一小溪自南来，至此破壑下坠，宛转无底，但闻其声。循溪而南，又过一峡。仍透小门而入，须从水中行，乃短衣去袜，溯水蹑流。又三十丈，中有〔石，俱〕倒垂若莲花，下卷若象鼻者，平沙隘门，忽束忽敞。〔正如荆溪〔二二〕白鹤洞，而白鹤潜伏山麓，得水为易，此洞高辟山巅，兼水尤奇耳。〕再入，则石洞既尽，汇水一方，水不甚深，又不知汇者何来，坠者何去也。及出洞，半日之间，已若隔世。

　　下山，饭于吴祠。乃溯南来之溪，二里至太平桥。桥西为高氏,桥东为吴氏,亦李王桥之吴氏之派也,亦有先祠甚宏畅。时日色甚高,因担夫家近,欲归宿,托言马岭无宿店,遂止祠中。是日行仅三十五里,而所游二洞,以无意得之,岂不幸哉!是晚风吼云屯,达旦而止。

初五日

鸡再鸣,令僮起炊。炊熟而归宿之担夫至,长随夫王二已逃矣。饭后又转觅一夫,久之后行。南二里,上马岭,约里许达其巅。〔岭以北属新城,水亦出新城。岭南则属於潜,县在其西北五十里,水由应渚埠出分水县。〕下马岭,南二里为内楮村坞,又一里为外楮村坞,从此而南,家家以楮〔二三〕为业。随山坞西南七里,过兑口桥,岐分南北,〔北达於潜可四十里,〕南抵应渚埠十八里。兑口之水北自於潜,马岭之水东来,合而南去,路亦随之。八里,过板桥。桥下水自西坞来,与前水合,〔溯水西走,路可达於潜及昌化。〕又南五里为保安坪。又一里为玉涧桥,桥甚新整,居市亦盛,又名排石。山始大开。又东二里,止于唐家拱。其地在应渚埠〔二四〕北二里,原无市肆,担夫以应埠之舟下桐庐者,必北曲而经此,遂止于溪畔。久之得桐庐舟。〔盖应渚埠为於潜南界,溪之南即隶分水,於潜之水北经玉涧桥,昌化之水西自麻汊埠〔二五〕,俱会于应渚,而水势始大。顾玉涧桥而上,已不胜舟,麻汊埠而上,小舟直抵昌化,於潜水固不敌昌化也。〕时日已中,无肆觅米,欲觅之应埠,而舟不能待,遂趁之行。下舟东南行十里,为分水县〔二六〕。县在溪之西。分水原止一水东南去,其西虽山势豁达,惟陆路八十里达于淳安〔二七〕。余初欲从之行,为王奴遁去,不便于陆,仍就水道,反向东南行矣。去分水东南二十里为头铺。又十里为焦山,居市颇盛。

已暮,不能买米,借舟人余米而炊。舟子顺流夜桨,五十里,旧县,夜过半矣。

初六日

鸡再鸣,鼓舟,晓出浙江,已桐庐城下矣[二八]。令僮子起买米。仍附其舟,十五里至滩上。米舟百艘,皆泊而待剥,余舟遂停。亟索饭,饭毕得一舟,别附而去,时已上午。又二里过清私口,又三里,入七里泷。东北风甚利,偶假寐,已过严矶。四十里,乌石关。又十里,止于(严州府)东关之逆旅[二九]。

初七日

雾漫不辨咫尺,舟人饭而后行,上午复霁。七十里,至香头已暮。香头,山北之大村落也,张、叶诸姓,簪缨[三〇]颇盛。月明风利,二十里,泊于兰溪[三一]。

初八日

早登浮桥,桥内外诸舡[三二]鳞次,以勤王师自衢将至,封桥聚舟,不听上下也。遂以行囊令顾仆守之南门旅肆中,余与静闻俱为金华三洞游[三三]。盖金华之山,横峙东西,郡城在其阳,浦江在其北,西垂尽处则为兰溪,东则义乌也[三四]。婺水东南从永康经郡之南门,而西北抵兰溪与衢江合[三五]。余初欲陆行,见溪中有舟溯流而东,遂附之。水流沙岸中,四山俱远,丹枫疏密,斗锦裁霞,映叠尤异。然北山突兀天表,若负扆然,而背之东南行。问:"三洞何在?"则曰:"在北。"问:"郡城何在?"则曰:"在南。"始悟三洞不必至郡,若陆行半日,便可从中道而入,而时已从舟,无及矣。四十五里至小溪,已暮,月色如洗。又十五里登陆,投宿下马头之旅肆,以深夜闭门不纳。遇一王姓者,号敬川,高桥埠人。将乘月归,见客无投宿处,因引至〔金华〕西门外,同宿于逆旅。

初九日

早起,天色如洗,与王敬川同入兰溪西门,即过县前〔三六〕。县前如水,盖县君初物故也〔三七〕。为歙人项人龙,辛未进上。五日之内,与父与子三人俱死于痢。又东上苏坊岭,岭颇平,阛阓夹之。东下为四牌坊,自苏坊至此,街肆颇盛,南去即郡治矣。与王敬川同入歙〔三八〕人面肆,面甚佳,因一人兼两人馔。

仍出西门,即循城西北行,王犹依依,久之乃别。遂有冈陇高下,十里至罗店〔三九〕。问三洞何在,则曰西;见尖峰前倚,则在东。因执土人详询之,曰:"北山之半为鹿田寺。其东下之脉,南峙为芙蓉峰,即尖峰也,为郡龙之所由;萃其西下之脉,南结为三洞,三洞之西即兰溪界矣。"时欲由三洞返兰溪,恐东有余胜,遂望芙蓉而趋。自罗店东北五里,得智者寺。寺在芙蓉峰之西,乃北山南麓之首刹也,今已凋落。而殿中犹有一碑,乃宋陆务观〔四○〕为智者大师重建兹寺所撰,而字即其手书。碑阴又镂务观与智者手牍数篇。碑楷牍行,俱有风致,〔恨无拓工,不能得一通为快。〕寺东又有芙蓉庵,有路可登芙蓉峰。余以峰虽尖圆,高不及北山之半,遂舍之。仍由智者寺西北登岭,升陟峰坞,五里得清景庵〔四一〕。庵僧道修留饭,复引余由北坞登杨家山。山为北山南下之第二层,再下则芙蓉为第三层矣。绕其西,从两山夹中北透而上,东为杨家山,有居民数十家;西为白望山,为仙人望白鹿处。约共七里,则北山上倚于后,杨家山排列于前,中开平坞,巨石铺突,有因累级为台者,种竹列舍,为朱开府之山庄也。朱名大典。其东北石累累愈多,大者如狮象,小者如鹿豕,俱蹲伏平莽中,是为石浪,即初平叱石成羊处〔四二〕，岂今复化为石耶？石上即为鹿田寺，寺以玉女驱鹿耕田得名。殿前有石形似者，名驯鹿石。此寺其来已久，后为诸宦所蚕食，而郡公张朝瑞海州〔四三〕人，创殿存羊，屠赤水有游纪刻其间。余至已下午，问斗鸡岩在其东，即同静闻二里东过山桥。山桥东下一里，两峰横夹，洞出其中，峰石皆片片排空赴洞，形若鸡冠怒起，溪流奔跃其下，亦一胜矣。由岩东下数里，为赤松宫，乃郡城东门所入之道，盖芙蓉峰之东坑也。

斗鸡岩上有樵者赵姓居之，指北山之巅有棋盘石，石后有西玉壶水从石下注，旱时取以为雩祝〔四四〕，极著灵验。时日已下春，与静闻亟从棻〔四五〕莽中攀〔四六〕援而上。上久之，忽闻呼声，盖赵樵见余误而西，复指东从积莽中行。约直蹑者二里，始至石畔。石前有平台，后耸叠块，中列室一楹，塑仙像于中，即此山之主。像后石室下有水一盆，盖即雩祝之水也。然其上尚有涧，泠泠从山顶而下。时日已欲堕，因溯流再跻，则石峡如门，水从中出，门上更得平壑，则所称西玉壶矣。闻其东尚有东玉壶，皆山头出水之壑。西玉壶之水，南下者由棋盘石而潜溢于三洞，北下者从里水源而出兰溪之北；东玉壶之水，南下者由赤松宫而出金华，东下者出义乌，北下者出浦江，盖亦一郡分流之脊云。玉壶昔又名盘泉，分耸于上者，今又称为三望尖，文之者为金星峰，总之所谓北山也。甫至峰头，适当落日沉渊，其下恰有水光一片承之，滉漾不定，想即衢江西来一曲，正当其处也。夕阳已坠，皓魄〔四七〕继辉，万籁尽收，一碧如洗，真是濯骨玉壶，觉我两人形影俱异，回念下界碌碌，谁复知此清光！即有登楼舒啸，酾酒〔四八〕临江，其视余辈独蹑万山之巅，径穷路绝，迥然尘界之表，不啻霄壤矣。虽山精怪兽群而狎我,亦不足为惧,而况寂然不动,与太虚〔四九〕同游也耶!

徘徊久之,仍下二里,至盘石。又从莽棘中下二里,至斗鸡岩。赵樵闻声,启户而出,亦以为居山以来所未有也。复西上一里至山桥,又西二里至鹿田寺。僧瑞峰、从闻以余辈久不至,方分路遥呼,声震山谷。入寺,浴而就卧。

初十日

鸡鸣起饭,天色已曙。瑞峰为余束炬数枚,与从闻分肩以从,从朱庄后西行一里〔五〇〕,北而登岭。岭甚峻,约一里,有石耸突峰头。由石畔循北山而东,可达玉壶;由石畔逾峰而北,即朝真洞矣。洞门在高峰之上,西向穿然,下临深壑,壑中居舍环聚,恍疑避秦,不知从何而入。询之,即双龙洞外居人也。

盖北山自玉壶西来,中支至此而尽,后复生一支,西走兰溪。后支之层分而南者,一环而为龙洞坞,再环而为讲堂坞,三环而为玲珑岩坞,而金华之界,于是乎尽。玲珑岩之西,又环而为钮坑,则兰溪之东界矣;再环而为白坑,三环而为水源洞,而崇崖巨壑,亦于是乎尽。后支层绕中支,中支西尽,颓然下坠:一坠而朝真辟焉,其洞高崎而底燥;再坠而冰壶注焉,其洞深奥而水中悬;三坠而双龙窍焉,其洞变幻而水平流。所谓三洞也,洞门俱西向,层累而下,各去里许,而山势崭绝,俯瞰仰视,各不相见,而洞中之水,实层注焉。中支既尽,南下之脉复再起而为白望山,东与杨家山骈列于北山之前,而为鹿田门户者也。

朝真洞门轩豁,内洞稍洼而下。秉炬深入,左有一穴如夹室,宛转从之,夹穷而有水滴沥,然隙底仍燥,不知水从何去也。出夹室,直穷洞底,则巨石高下,仰眺愈穹,俯瞰愈深。从石隙攀蹑下坠,复得巨夹,忽有光一缕自天而下。盖洞顶高盘千丈〔五一〕,石隙一规,下逗天光,宛如半月,幽暗中得之,不啻明珠宝炬矣。既出内洞,其左复有两洞,下洞所入无几,上洞宛转亦如夹室,右有悬窍,下窥无底,想即内洞之深坠处也。

出洞,仍从突石峰头南下,里许,折而西北,又里许,得<u>冰壶洞</u>,盖<u>朝真</u>下坠之次重矣。洞门仰如张吻,先投杖垂炬而下,滚滚不见其底;乃攀隙倚空入其咽喉,忽闻水声轰轰。愈秉炬从之,则洞之中央,一瀑从空下坠,〔冰花玉屑,从黑暗处耀成洁采。〕水坠石中,复不知从何流去。复秉炬四穷,其深陷逾于<u>朝真</u>,而屈曲不及也。

出洞,直下里许,得<u>双龙洞</u>。洞辟两门,<u>瑞峰</u>曰:"此洞初止一门。其南向者,乃<u>万历</u>间水倾崖石而成者。"一南向,一西向,俱为外洞。轩旷宏爽,如广厦高穹,阊阖四启,非复曲房夹室之观。而石筋夭矫,石乳下垂,作种种奇形异状,此"双龙"之名所由起。中有两碑最古,一立者,镌"双龙洞"三字,一仆者,镌"冰壶洞"三字,俱用燥笔作飞白〔五二〕之形,而不著姓名,必非近代物也。流水自洞后穿内门西出,经外洞而去。俯视其所出处,低覆仅余尺五,正如洞庭左衽之墟,须帖地而入,第彼下以土,此下以水为异耳。<u>瑞峰</u>为余借浴盆于<u>潘姥</u>〔五三〕家,姥居洞口。姥饷以茶果。乃解衣置盆中,赤身伏水推盆而进隘。隘五六丈,辄穹然高广,一石板平庋洞中,离地数尺,大数十丈,薄仅数寸。其左则石乳下垂,色润形幻,若琼柱宝幢,横列洞中。其下分门剖隙,宛转玲珑。溯水再进,水窦愈伏,无可容入矣。窦侧石畔一窍如注,孔大仅容指,水从中出,以口承之,甘冷殊异,约内洞之深广更甚于外洞也。要之,<u>朝真</u>以一隙天光为奇,<u>冰壶</u>以万斛珠玑为异,而<u>双龙</u>则外有二门,中悬重楗,水陆兼奇,幽明凑异者矣。

出洞,日色已中,潘姥为炊黄粱以待。感其意而餐之,报之以杭伞一把。乃别二僧,西逾一岭。岭西复成一坞,由坞北入,仍转而东,去双龙约五里矣。又上山半里而得讲堂洞焉。其洞亦有二门,一西北向,一西南向,轩爽高洁,亢出双龙洞之上,幽无双龙洞之黯,真可居可憩之地。昔为刘孝标挥麈〔五四〕处,今则塑白衣大士于中。盖即北山后支南下第一岭,其阳回环三洞,而阴又辟成此洞也。岭下坞中,居民以烧石为业,其洞洞而无底流,居人俱登山汲水于讲堂之上。渡涧,复西逾第二岭,则北山后支南下之第二层也。下岭,其坞甚逼,然涧中有流淙淙北来。又渡而西,再循岭北上,磋砑流涌,则北山后支南下之第三层也。外隘而中转,是名玲珑岩,去讲堂又约六里矣。坞中居室鳞次,自成洞壑,晋人桃源不是过。转而西,逾其岭,则兰溪界也。下岭为钮坑,亦有居人数十家。又逾一岭曰思山祠,则北山后支南下之第四层也,去玲珑岩西又约六里矣。时日已将坠,问洞源寺路,或曰十里,或曰五里。亟下岭,循涧南趋五里,暮至白坑。居人颇多,亦俱烧石。又西逾石塔岭,则北山后支南下之第五层也。洞源寺即在岭后高峰之北,从此岭穿径而上仅里许,而其正路在山前下洞之旁。盖此地亦有三洞,下为水源洞,一名涌雪。上为上洞,一名白云。中为紫云洞,而其地总以"水源"名,故一寺而或名水源,或名上洞。而寺与水源洞异地,由岭上径道抵寺,故前曰五里;由水源洞下岭复上,故前曰十数里。时昏黑不辨山路,无可询问,竟循大路下山。已见一径西岐而下,强静闻从之。久而不得寺,只见石窟满前,径路纷错。正徬徨间,望见一灯隐隐,亟投之,则水舂也。其人曰:"此地即水源,由此坞北过洪桥，循右岭而上，可三里即上洞寺矣。"以深夜难行，欲止宿其中。其人曰："月色如昼，至此山径亦无他岐，不妨行也。"始悟上洞寺在北山第五层之阴。乃溯溪西北至洪桥，自白坑来约四里矣。渡桥北，蹑岭而上里余，转而东又里余，始得寺，强投宿焉。始闻僧有言灵洞者，因忆赵相国有"六洞灵山"诸刻，岂即是耶？竟未悉而卧。

〔一〕宝石山：在西湖北岸。山上的宝俶塔始建于五代吴越，今塔为公元 1933 年重建。

〔二〕德清：明为县，隶湖州府，即今德清县。

〔三〕岳王坟：即南宋爱国名将岳飞墓。公元 1140 年，岳飞被秦桧以"莫须有"的罪名害死，被狱卒草葬于钱塘门外的九曲丛祠。公元 1162 年始被孝宗敕葬于西湖西北岸，栖霞岭下的今址。岳坟和岳庙近年已修复。墓边有岳飞奏稿的碑刻，墓前有四个用生铁铸成的秦桧夫妇等人的跪像。

〔四〕杭州飞来峰麓有三洞，即金光洞（又名青林洞、射旭洞）、龙泓洞（又名通天洞）、呼猿洞，加上山麓溪边的多处造像，保存至今有五代至元的三百多尊造像，是杭州附近规模最大的造像群。

〔五〕髡（kūn 坤）：对和尚的鄙称。杨髡：据呼猿洞造像题记，即元代人连琏真加。他被授为江淮诸路释教都总统永福大师，凭借元世祖忽必烈的宠信，霸占良田，掠夺民财，盗掘陵墓，杀害平民，受人美女财物不计其数。公元 1292 年在呼猿洞造像三尊，题记说："端为祝延皇帝圣寿万岁，阔阔真妃寿龄绵远，甘木罗太子、帖木厄太子筹千秋,文武百官常居禄位,祈保自身世寿延长,福基永固,子孙昌盛,如意吉祥者。"

〔六〕灵隐寺:在飞来峰下,建于东晋咸和元年(公元326年),为禅宗五山之一。至今保留有五代吴越时两座八面九层的石塔,北宋开宝二年(公元969年)建的两座经幢。还有一尊释迦牟尼像,高19.6米,用24块香樟木雕成,气势雄伟。

〔七〕上天竺、中天竺、下天竺:今名同,从南往北,依次排列在灵隐寺南,有石板路可通,茂林修竹,环境幽静。毛家步应即今茅家埠,在灵隐以东,西湖西岸。但距今湖岸已有一段距离。

〔八〕仓前:今名同,在余杭区西境。

〔九〕余杭:明为县,隶杭州府,治今余杭区西境的余杭。为区别于余杭今治临平,其治所现称旧余杭。

〔一○〕苕溪:浙江北部有东苕溪、西苕溪、南苕溪。此处苕溪指今南苕溪。

〔一一〕青山:今名同,在临安市东隅,南茹溪南岸。

〔一二〕於潜:明为县,隶杭州府,治今临安市中部的於潜镇。

〔一三〕临安:明为县,隶杭州府,即今临安市。

〔一四〕廨(xiè 械):官署,官吏办事的地方。

〔一五〕排:用竹木编排的简易筏子。

〔一六〕下圩桥:今作夏禹桥,在临安市南境。

〔一七〕新城:明为县,隶杭州府,治所在今富阳市西境的新登,又称城阳,在松溪与葛溪汇口处。　　浙:即浙江,自古至明皆称浙江,明代又称钱塘江,为浙江省最大的河流。浙江省因该水得名,亦简称浙。

〔一八〕华龙桥：今作化龙，在临安市南隅的公路线上。

〔一九〕章：同"彰"。益章：愈加显著。

〔二〇〕廿(niàn 念)：二十。

〔二一〕橉(lìn 吝)：门槛。

〔二二〕荆溪：今名同，在江苏省南部，从西向东经过宜兴市区，流入太湖。明代亦以荆溪为宜兴的别称。

〔二三〕楮(chǔ 楚)：原为构树。树高大，叶似桑，多涩毛，皮可制纸，故纸亦称楮。

〔二四〕应渚埠：文中又省称"应渚"、"印埠"。今作印渚，在桐庐县北隅。

〔二五〕昌化：明为县，隶杭州府。今仍名昌化，在临安市西境。　　麻汉埠：今作麻车埠，在临安市南隅。　　於潜之水称紫溪；昌化之水称柳溪，今称天目溪。

〔二六〕分水县：隶严州府，治所在今桐庐县北境，分水江西岸的分水镇。

〔二七〕淳安：明为县，隶严州府，治所在今淳安县治排岭稍西北。

〔二八〕桐庐：明为县，隶严州府，即今桐庐县。自印渚埠至桐庐，所行水道明代称桐溪，即今分水江。

〔二九〕止于严州府东关之逆旅　　季抄本原作"止于东关之逆旅"，有脱漏，应为严州府东关。明代严州府治建德，在今建德市东境的梅城，即新安江与兰江汇口处。

〔三〇〕簪(zān)：古人用来别住发髻或把冠连在头发上的长针。缨(yīng 英)：古人帽子上系在颔下的带子。二者都是古时达官贵人的冠饰,旧因以为做官者的代称。

〔三一〕兰溪:明为县,隶金华府,即今兰溪市。

〔三二〕舡(xiāng 乡):船。

〔三三〕金华北面有北山,亦称金华山,海拔 1310 米。上有东玉壶、西玉壶两大水源,从山顶分流下注。北山为金华附近著名风景区,以双龙洞、冰壶洞、朝真洞最著,向称"金华三洞",今已辟有公路可达。

〔三四〕浦江:明为县,隶金华府,即今浦江县。　　义乌:明为县,隶金华府,即今义乌市。

〔三五〕永康:明为县,隶金华府,即今永康市。　　婺(wù 务)水:明代又称南溪、永康溪。今永康至金华段称武义水,金华至兰溪段称金华江。　　衢江:明代又称信安江,即今衢江。

〔三六〕与王敬川同入兰溪西门即过县前　　此应即上一日的"西门外"宿处,但不是兰溪县西门。乾隆本上一日记:"抵金华西门外",此即金华西门。因出此门往西北即可到达兰溪县城,故俗称兰溪门或兰溪西门。金华:明置为府,附郭县亦称金华,此"县"即指金华县。

〔三七〕物故:物即殁,音没。物故即亡故,死亡。

〔三八〕歙:即歙(shè 设)县,徽州府附郭县,今安徽歙县。

〔三九〕罗店:今名同,又作罗甸,在金华市区北郊,金华至兰溪的公路旁。

〔四〇〕陆游(公元 1125～1210 年):字务观,自号放翁,越州山阴(今浙江绍兴)人。担任过川陕安抚使王炎的幕僚,一生坚持抗金。是南宋著名的爱国诗人。

〔四一〕清景庵　　乾隆本、四库本作"清隐庵"。

〔四二〕相传有兰溪人黄初平,15岁时上山放羊,遇道士引至金华山石室中,40余年不回家。其兄初起上山找到他,问:"羊在哪里?"初平回答:"近在山东。"看时只见白石累累。初平叱喊:"羊起!"石皆变成羊群。因此,凡形如羊的石头俗称"叱石"。粤西游日记四戊寅年三月十一日亦有关于叱石的描述。

〔四三〕海州:隶淮安府,治所在今江苏连云港市西南的海州镇。

〔四四〕雩(yú 于)祝:古代为求雨而举行的祭祀。

〔四五〕蓁(zhēn 真):通"榛",荆棘。

〔四六〕攀　　季抄本多作"扳",据乾隆本改。下同。

〔四七〕魄(pò 迫):月始生或将灭时的微光。皓(hào 号)魄:明月。

〔四八〕釃(shī 尸)酒:斟酒。

〔四九〕太虚:太空,高天。

〔五〇〕从朱庄后西行一里　　季抄本作"从朱庄后西行一一里",因转页衍"一"字。"朱庄",乾隆本、四库本作"朱墅"。

〔五一〕盖洞顶高盘千丈　　"千丈",乾隆本、四库本作"千尺"。

〔五二〕飞白:汉字书法体的一种。相传为东汉蔡邕所作,笔画枯槁而中空,汉魏宫阙多用此体。

〔五三〕姥(mǔ 母):老妇人。

〔五四〕麈　　季抄本误为"塵",不从。麈(zhǔ 主):兽名,亦称驼鹿,即今所称四不像。古时用麈尾为拂尘,故称拂尘为麈。

晋人清谈常挥麈尾为谈助，故挥麈即闲居谈论。

十一日

平明起，僧已出。余过前殿，读黄贞父碑，始知所称"六洞"者，以金华之"三洞"与此中之"三洞"，总而得六也。出殿，则赵相国之祠正当其前，有崇楼杰阁，集、记中所称灵洞山房者是也。余艳〔一〕之久矣，今竟以不意得之，山果灵于作合耶！乃不待晨餐，与静闻从寺后蹑蹬北上，先寻白云洞。洞在寺北二里。

一里至岭头，逾岭而北，岭凹忽盘旋下洼如盂磬。披莽从之，一洞岈然，下坠深黑，意即所云白云而疑其隘。忽有樵者过顶上，仰而问之，曰："白云尚在北。此洞窗也。"乃复上，北行。两山夹中，又回环而成一洼，大且百丈，深数十丈，螺旋而下，而中竟无水；〔倘置水其中，即仙游鲤湖矣。〕然即无水，余所见山顶四环而无隙泻者，仅此也。又下，从岐左西转山夹，则白云洞在焉。洞门北向，门顶一石横裂成梁，架于其前，从洞仰视，宛然鹊桥之横空也。入洞，转而左，渐下渐黑，有门穿然，内若甚深，外有石屏遥峙。从黑暗中以杖探地而入数十步，洞愈宽广，第无灯炬，四顾无所见，乃返步而出。出至穿门之内，初入黑甚者，至此光定，已历历可睹。乃复转屏出洞，逾岭而还。饭而出寺，仍旧路西下，二里至洪桥。未渡，复从桥左人居后半里上紫云洞。洞门西向，洞既高亢，上下平整。中有垂柱四五枚，分门列户，界为内外两重。〔琼窗翠幄，处处皆是，亦敞亦奥，肤色俱胜。〕洞之北隅复通一奥，宛转深入，以无炬而返。下渡洪桥，循涧而东，山石半削，髡为危壁。其下石窟柴积，纵横塞路，即夜来无问津处也。渡石梁，水源洞即在其侧。洞门南向,正跨涧上。洞口垂石缤纷,中有一柱,自下属上,若擎之而起;〔其上嵌空纷纶,复辟一窦,幻作海蜃状。〕洞内上下分二层。下层即水洞所从出,涧水已涸,出洞数步,即有水溢于涧中,盖为水碓引出洞侧也。上层由洞门蹑蹬而上,渐入渐下,既下而空广愈觉无极,闻水声甚远,以无炬不及穷。

出坐洞口〔擎柱内,观石态古幻〕。念两日之间,于金华得四洞,于兰溪又得四洞,昔以六洞凑灵,余且以八洞尽胜,安得不就此一为殿最!双龙第一,水源第二,讲堂第三,紫霞第四,朝真第五,冰壶第六,白云第七,洞窗第八,此由金华八洞而等第之。若夫新城之墟,聿有洞山,两洞齐启,左明右暗,明览云霞,暗分水陆,其中仙田每每,塍叠波平,琼户重重,隙分窦转,以斯洞之有余,补洞窗之不足,法彼入此,当在双龙、水源之间,非他洞之所得侔也。品第久之,始与静闻别洞源而去。过夜来问津之春,循西岭出坞,西南行十五里,而达于兰溪之南关。

入旅肆,顾仆犹未饭,亟饭而觅舟。时因援师之北,方籍舟以待,而师久不至。忽有一舟自北来,亟附之,乃布舟也。其意犹未行,而籍舟者复至,乃刺舟。五里,泊于横山头。

十二日

平明发舟。二十里,溪之南为青草坑。其地属汤溪〔二〕。时日已中,水涸舟重,咫尺不前。又十五里,至裘家堰,舟人觅剥舟〔三〕同泊焉。是夜微雨,东风颇厉。

十三日

天明,云气复开。舟人起布一舱付剥舟,风已转利。二十里至胡镇〔四〕,又二十里至龙游,日才下午。候换剥舟,遂泊。

十四日

天明，诸附舟者，以舟行迟滞，俱索舟价登陆去，舟轻且宽，虽迟不以为恨也。早雾既收，远山四辟，但风稍转逆，不能驱帆上碛耳。四十五里，安仁〔五〕。为龙游、西安〔六〕界。又十里，泊于杨村。去衢州尚二十五里。是日共行五十五里，追及先行舟同泊，始知迟者不独此舟也。江清月皎，水天一空，觉此时万虑俱净，一身与村树人烟俱熔，彻成水晶一块，直是肤里无间，渣滓不留，满前皆飞跃也。

十五日

昧爽〔七〕，连上二滩。援师既撤，货舟涌下，而沙港涩隘，上下揎挤，前苦舟少，兹苦舟多，行路之难如此！十里，过樟树潭，至鸡鸣山。轻帆溯流，十五里至衢州〔八〕，将及午矣。过浮桥，又南三里，遂西入常山溪〔九〕口。风正帆悬，又二里，过花椒山，两岸橘绿枫丹，令人应接不暇。又十里，转而北行。又五里，为黄埠街〔一〇〕。橘奴〔一一〕千树，筐篚满家，市橘之舟鳞次河下。余甫登买橘，舟贪风利，复挂帆而西。五里，日没。乘月十里，泊于沟溪滩之上。其西即为常山界。

十六日

旭日鲜朗，东风愈急。晨起，过焦堰，山回溪转，已在常山境上。盖西安多橘，常山多山；西安草木明艳，常山则山树黯然矣。溯流四十五里，过午抵常山〔一二〕，风帆之力也。登岸觅夫于东门。径城里许，出西门。十里，辛家铺，山径萧条，无一民舍。又五里，得荒舍数家，日已西沉，恐前无宿处，遂止其间。地名十五里〔一三〕。

〔一〕艳(yàn 燕):艳羡。

〔二〕汤溪:明为县,隶金华府,治今金华市区西郊的汤溪镇。

〔三〕剥舟:卸货的船。

〔四〕胡镇:明代又称胡头镇,设巡检司,隶龙游县。今仍名湖镇,在龙游县东隅,衢江南岸。

〔五〕安仁:今名同,在衢州市区东郊,衢江南岸。

〔六〕西安:为衢州府附郭县,治今衢州市区。

〔七〕昧(mèi 妹):昏暗。爽(shuǎng):明朗。昧爽:明暗相杂,天将亮未亮的时候,即黎明。

〔八〕衢州:明置衢州府,即今衢州市。

〔九〕常山溪:明代又称西溪,今称常山港。港指与江河湖泊相通的小河。

〔一〇〕黄埠街:今作航埠,在衢州市区西郊,常山港南岸。

〔一一〕橘奴:种植用以售卖果实的橘树,别称橘奴。

〔一二〕常山:明为县,隶衢州府,即今常山县。

〔一三〕十五里:今名同,在常山县西境,浙江至江西的公路旁。

江右〔一〕游日记

丙子(崇祯九年,公元 1636 年)十月十七日〔二〕

　　鸡鸣起饭,再鸣而行。五里,蒋莲铺,月色皎甚。转而南行,山势复簇,始有村居。又五里,白石湾,晓日甫升。又五里,白石铺〔三〕。仍转西行,又七里,草萍〔四〕公馆,〔为常山、玉山两县界,〕昔有驿,今已革矣。又西三里,即南龙北度之脊也。其脉南自江山县二十七都之小筸岭,西转江西永丰〔五〕东界,迤逦至此。南北俱圆峙一峰,而度处伏而不高,亦束而不阔。脊西即有一涧南流,下流已入鄱阳矣。涧西累石为门,南北俱属于山〔六〕,是为东西分界。又十里为古城铺〔七〕,转而南行,渐出山矣。又五里,为金鸡洞岭。仍转而西,又五里,山塘铺,山遂大豁。又十里,东津桥,石梁高跨溪上。其水自北南流,其山高耸若负扆,然在玉山县北三十里外〔八〕。盖自草萍北度,即西峙此山,一名大岭,一名三清山。山之阴即为饶之德兴〔九〕,东北即为徽之婺源〔一〇〕,东即为衢之开化〔一一〕、常山,盖浙、直〔一二〕、豫章〔一三〕三面之水,俱于此分焉。余昔从揭埠出裴里,乃取道其东南谷中者也。渡桥西五里，由玉山〔一四〕东门入，里许，出西门。城中荒落殊甚，而西城外市肆聚焉，以下水之埠〔一五〕在也。东津桥之水，绕城南而西，至此胜舟。时已下午，水涸无长舟可附，得小舟至府，遂倩之行。二十里而暮，舟人乘月鼓棹夜行。三十里，过沙溪〔一六〕。又五十里，泊于广信〔一七〕之南门，甫三鼓也。沙溪市肆甚盛，小舟次〔一八〕河下者百余艇，夹岸水春之声不绝，然闻其地多盗，月中见有揭而涉溪者，不能无戒心。广信西二十里有石桥濒溪，下流又有九股松，一本九分，参霄竞秀，俱不及登。

十八日

早起，仍觅其舟至铅山之河口。余初拟由广信北游灵山，且闻其地北山寺丛林甚盛，欲往一观。因骤发脓疮，行动俱妨，以其为河口舟，遂倩之行，两过广信俱不及停也。郡城横带溪北，雄堞不甚雄峻，而城外居市遥控，亦山城之大聚落也。城东有灵溪，则灵山之水所泄；城西有永丰溪，则永丰之流所注〔一九〕。西南下三十里，有峰圆亘，色赭崖盘，名曰仙来山。初过其下，犹卧未起，及过二十里潭，至马鞍山之下，回望见之，已不及登矣。自仙来至雷打石，二十里之内，石山界溪左右，俱如覆釜伏牛，或断或续，〔不特形绝嵌峒，并无波皱文，至纤土寸茎，亦不能受。〕至山断沙回处，霜痕枫色，映村庐而出，石隙若经一番点缀者。又二十里，过旁罗，南望鹅峰，峭削天际，此昔余假道分水关〔二○〕而趋幔亭之处，转盼已二十年矣〔二一〕。人寿几何，江山如昨，能不令人有秉烛之思耶！又二十里抵铅山河口〔二二〕，日已下春，因流平风逆也。河口有水自东南分水关发源，经铅山县，至此入大溪〔二三〕，市肆甚众，在大溪之左，盖两溪合而始胜重舟也。

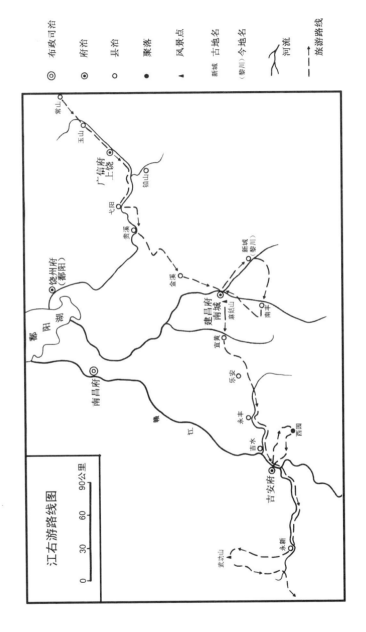

江右游路线图

江右游日记

十九日

晨餐后,觅贵溪舡。甚隘,待附舟者,久而后行。是早密云四布,时有零雨。三十里,西至叫岩〔二四〕。濒溪石崖盘突,下插深潭,澄碧如靛,上开横窦,回亘峰腰,〔穿穴内彻,如行廊阁道,窗棂户牖都辨。〕崖上悬书"渔翁隐次"四大字,崖右即有石磴吸波。急呼舟子停舟而上。列石纵横,穿一隙而绕其后,见一径成蹊,遂溯源入壑。其后众峰环亘,积翠交加,心知已误,更欲穷源。壑转峰回,居人多截坞为池种鱼。绕麓一山家,庐云巢翠,恍有幽趣。亟投而问之,则其地已属兴安〔二五〕。其前对之山圆亘而起者,曰团鸡石岭,是为铅山之西界。团鸡之西即叫岩寺也。叫岩前临大溪,渔隐崖突于左,又一崖对突于右。右崖之前,一圆峰兀立溪中,正如扬子之金、焦〔二六〕,浔阳之小孤〔二七〕,而此更圆整,所称印山也。寺后岩石中虚,两旁回突,庋以一轩,即为叫岩。岩为寺蔽,景之佳旷,在渔隐不在此也〔二八〕。叫岩西十里为弋阳界,又有山方峙溪右,若列屏而整,上有梵宇,不知其名,以棹急不及登,盖亦奇境也。又三十里,日已下舂,西南渐霁,遥望一峰孤插天际,询之知为龟岩,在弋阳南十五里。余心艳之,而舟已觅贵溪者,不能中止。又十里至弋阳〔二九〕东关,遂以行李托静闻随舟去,余与顾仆留东关外逆旅,为明日龟岩之行。夜半风吼雨作。

二十日

早起,雨不止。平明持盖〔三〇〕行,入弋阳东门。其城南临溪上,溪至此稍逊而南,濒城乃复浚支流为濠,下流复与溪合。雨中过县前,又西至西南门,遇一龟岩人舒姓者欲归,遂随之出城。过壕梁〔三一〕,三里,渡大溪。溪南有塔,乃弋阳之水口也。自是俱从山冈行,陀石高下,俱成块而无纹,纤土不受也。时雨愈甚,淋漓雨中,望龟峰杳不可睹。忽睹路口一峰,具体而小,疑即夜来插天诱余者,询之知为羊角峤,其去龟峰尚五里也。比至,遥望一峰中剖如门。已而,门之南忽岐出片石如圭,即天柱峰也。及抵其处,路忽南去。转而东入,先过一堰,堰南汇水一池,即放生池也。池水浸两崖足〔三二〕。循崖左凿石成栈,〔即展旗峰也。〕上危壁而下澄潭,潭尽,竹树扶疏,掩映一壑,两崖飞瀑交注,如玉龙乱舞,皆雨师山灵合而竞幻者也。既入,忽见南崖最高处,一窍通明,若耳之附颅,疑为白云所凝,最近而知其为石隙。及抵方丈,则庭中人立而起者不一,为云气氤氲,隐现不定。时雨势弥甚,衣履沾透,贯心上人急解衣代更,爇火就炙,心知众峰之奇,不能拨云驱雾矣。是日竟日夜雨,为作五缘诗。晚卧于振衣台下之静室中。

〔一〕江右:长江在芜湖、南京间作西南南、东北北流向,故自此以下的长江南岸地区称江东。我国古代习惯从北往南看,则东在左,西在右,故江东又称江左。江西省在江左之右,故称江右。明代江西布政司治所在南昌府,即今南昌市。

〔二〕丙子十月十七日　原仅"十七日"三字,为统一体例,便于阅读,年月系整理者所加。

〔三〕白石铺:今仍称白石,在浙江常山县西南隅。

〔四〕草萍　乾隆本、四库本作"草坪"。

〔五〕永丰:明为县,隶广信府,即今广丰县。广丰县治今仍称永丰。

〔六〕南北俱属于山　沪本疑"山"字上夺"玉"字。

171

〔七〕古城铺：今仍称古城，在玉山县东北隅。

〔八〕此水即今金沙溪。此山即今王京峰，海拔 1817 米。

〔九〕德兴：明为县，隶饶州府，即今德兴市。

〔一〇〕婺(wù 务)源：明为县，隶徽州府，即今江西婺源县。

〔一一〕开化：明为县，隶衢州府，即今浙江开化县。

〔一二〕直：指南直隶。

〔一三〕豫章：原为郡名，汉初分九江郡置，治南昌，即今南昌市，辖境大体相当于今江西省。后亦以豫章作江西省的别称。

〔一四〕玉山：明为县，隶广信府，即今玉山县。

〔一五〕埠(bù 步)：码头。

〔一六〕沙溪：今名同，在上饶县东隅，信江北岸。

〔一七〕广信：明置广信府，治上饶，即今上饶市。

〔一八〕次：停留。

〔一九〕灵溪：今饶北河。其汇入信江处，今仍有村称灵溪。
永丰溪：今丰溪河。

〔二〇〕分水关：今名同，在铅山县南隅，江西、福建两省界上，上饶到福建的公路从此经过。

〔二一〕转盼已二十年矣　季抄本作"三十年"。霞客于万历丙辰(公元 1616 年)游崇安幔亭峰，至此时刚二十年，"三十年"应为"二十年"之误。

〔二二〕铅山河口：明时为汭口镇，现为铅山县治，称河口镇。

〔二三〕铅山县：隶广信府，治今铅山县南的永平。自分水关发源之水明时称桐木水，即今铅山河。

〔二四〕三十里西至叫岩　"三十里"，乾隆本、四库本作

"二十里"。

〔二五〕兴安:嘉靖三十九年(公元1560年)以弋阳县的横峰寨置为县,隶广信府,即今横峰县。

〔二六〕扬子 季抄本作"杨子",有误。长江在今江苏仪征、扬州一带,古称扬子江,因扬子津及扬子县而得名。金山和焦山,原皆在长江中,明时隶镇江府。清末,金山已与南岸相连。今名同,皆为游览胜地。

〔二七〕浔阳:即浔阳江。长江在今九江市北一段古称浔阳江,因浔阳县而得名。小孤山在长江中,明时隶九江府彭泽县。今名同,楼阁建筑仍存。

〔二八〕在渔隐不在此也 "渔隐",季抄本作"渔阳",据乾隆本、四库本改。

〔二九〕弋(yì亦)阳:明为县,隶广信府,即今弋阳县。

〔三〇〕盖:江东称白茅苫为盖,系草编的覆盖物,披于身以蔽雨。

〔三一〕壕(háo豪):护城河。壕梁:护城河上的桥。

〔三二〕池水浸两崖足 原作"池水两浸崖足",据后文改。

二十一日

早起,寒甚,雨气渐收,众峰俱出,惟寺东南绝顶尚有云气。与贯心晨餐毕,即出方丈中庭〔一〕,指点诸胜。

盖正南而独高者为寨顶,顶又有石如鹦嘴,又名鹦嘴峰,今又名为老人峰。〔上特出一圆顶,从下望之,如老僧南向,袈裟宛然,名为"老人"者以此。上振衣台平视,则其峰渐分为二;由双剑下窥,则顶若一叶缀起。〕其北下之脊,一起而为罗汉,再起而为鹦哥,三起而为净瓶,〔为北下最高脊,〕四起而为观音,〔亦峭。〕此为中支,北与展旗为对者也,〔楠木殿因之。从南顶〕而西,最峭削者为龟峰、双剑峰。龟峰〔二〕三石攒起,兀立峰头,与双剑并列,而高顶有叠石,如龟三叠,为一山之主名。〔峰下裂隙分南北者为一线天,东西者为摩尼洞,其后即为四声谷。从其侧一呼,则声传宛转凡四,盖以峰东水帘谷石崖回环其上故也。峰东最高者即寨顶,西之最近者为含龟峰,其下即寨顶、含龟分脊处,而龟峰、双剑峭插于上,为含龟所掩,故其隙或显或合;合则并成一障,时亦陡露空明,昨遂疑为白云耳。〕双剑亦与龟峰并立,龟峰三剖其下而上合,双剑两岐其顶而本连。其南有大书"壁立万仞"者,指寨顶而言也。款已剥落,云是朱晦庵。此〔二峰〕为西南过脊之中,东北与香盒峰为对者也,而旧寺之向因之。从西而北,联屏障于左者,一为含龟峰,其下即为振衣台,〔平石中悬屏下,乃道登摩尼、一线天者也。〕二为明星峰,〔北接双鳌,南联含龟,在正西峰为最高,〕其上有窍若星。三为双鳌峰,〔峰北下插澄潭,即入谷所经放生池南崖也。〕此〔三峰〕环峙于谷西,而寨顶之脉西北尽于此。从南顶而东,最回环者为城垛峰、围屏峰,此为东南层绕之后,西北与双鳌峰为对者也。从东而北,列嶙峋于右者,覆者为轿顶峰,尖者为象牙峰,踞者为狮子峰。此联翩于谷东,而寨顶之脉东北转于此,又从北而骈立为案焉。平而突者为香盒峰也。幻而起者灵芝峰也,〔即方丈静室所向。〕斜而张者展旗峰也,〔东昂西下,南北壁立,南插澄潭,即入谷之凿栈于下者。〕此〔三峰〕排拱于谷北,而寨顶之脉西南尽于此〔三〕。此俱谷之内者也。

若谷之外,展旗之北为天柱峰,〔即昨遥望开岐如圭者,旁〕又为狗儿峰〔四〕。狮子之南为卓笔峰。围屏峰之南,深壑中有棋盘石。寨顶之南又有朝帽峰。〔峰独高,孤立寨顶后,余从弋阳东舟中遥见者即此,近为诸峰所掩。又寨顶、朝帽间,则为〕接引峰。寨顶之西有画笔峰,〔盖寨顶北下者,既为罗汉诸峰,其南回西绕,列成屏嶂,反出龟峰之后者,此是也。岩上有泉,是名〕水帘洞。此俱谷之外者也。

其谷四面峰攒,独成洞窟。惟西向一峡,两崖壁立,水从中出,路亦从之。其南从龟峰之下,西从狮子峰之侧〔五〕,北从香盒、天柱之间,皆逾峰跻隙而后得度,真霄壤间一灵胜矣。其中观音峰一枝,自寨顶北坠,分为二谷:西则方丈静室所托,最后为振衣台、摩尼洞之路;东则榛莽深翳。

余曳杖披棘而入,直抵围屏峰、城垛峰之下,仰视"饿虎赶羊"诸石,何酷肖也。使芟夷深莽,叠级置梯,必有灵关再辟,奥胜莫殚〔六〕者。惜石乱棘深,无能再入。出,循狮子峰之北,逾岭南转,所谓轿顶、象牙诸峰,从其外西向视之,又俱夹叠而起。中悬一峰,恍若卓笔,有咄咄〔七〕书空之状,名之曰卓笔峰,不虚也,不经此不见也。峰之下俱石冈高亘。其东又有石峰一枝,自寨顶环而北,西与轿顶、象牙诸峰,又环成一谷。余从石冈直南披其底,复以石乱棘深而出。因西逾象牙、狮子之间,其脊欹削,几无容足,回瞰内谷,真别有天地矣。此东外谷之第一层也。

复循外岭东行,南转二里,直披寨顶之后,是为棋盘石。一大石穹立谷中,上平如砥,镌其四旁,可踞可憩。想其地昔有考槃,今成关莽,未必神仙之遗也。其西南为朝帽峰,西北为寨顶,盖即围屏峰之后也。其外峰一枝,自朝帽峰下复环而北,又成一谷,但其山俱参差环立,不复如内二枝俱石骨削成者矣。此东外谷之第二层也。

寨顶、朝帽之间,峰脊度处,一石南向而立,高数十丈,孤悬峰头,俨若翁仲〔八〕,或称为接引峰,或称为石人峰。从棋盘石望之不觉神飞,疑从此可跻绝顶,遂披棘直穷岭下,则悬崖削石,无可攀跻也。仍从旧路至狮峰,过香盒峰,登灵芝峰,望天柱、狗儿二峰,直立北谷中。盖展旗与其北一峰又环成一谷,此北外谷也。

既而从展旗之西南,直东上其巅。东南眺朝帽峰之东,又分立一石,亦如接引,而接引则隐不可见;南眺叠龟、双剑,俱若一壁回环,无复寸隙也。下峰,从夹栈西出,循潭外南行〔九〕,出双鳌、明星、含龟之后,东视三峰,其背俱垂土可上。舍而更南,东入即水帘之径,逾叠龟、双剑,即下振衣谷中之道也。更舍而南,见有道东上,知为寨顶无疑矣。贾勇而登,二里,西视叠龟、双剑〔已在足下,始知已出水帘上。下视谷中,三面回环如玦,惟北面正对龟峰、双剑,〕其西有隙可通,然掩映不见所从。此南外谷之第一层也。

循崖端再上,已而舍左从右,则见东南冈上,乱石涌起,有若双芝骈立,盘大茎小,下复并蒂,中有穿孔,其上飞舞成形,应接不暇。又上一里,既登一顶,复舍右从左,穿石隙而上,转而东南行,其顶更穿然也。其北复另起一顶,两顶夹而成峡,东南始于过脊,西北溢于水帘,山遂剖为两界,而过脊之度其东南者,一石如梁,横两顶之间,梁尽而轰崖削起,决无登理。踞脊上回瞰南谷,崩隙直下,不见其底,但见东西对崖,悬岚倒翠,不知从何而入。此南外谷之第二层也。

久之,觅路欲返,忽见峡北之顶,有石如凿级自峡中直上者,因详视峡南石上，亦复有级如之，始知其路不从脊而从峡也。盖其寨为昔人盘踞之处，故梯险凿空，今路为草没，而石迹未泯。遂循级北下峡中，复自峡攀级北上，一里，复东登再高处，极其东南，则恍与接引比肩，朝帽觌面矣。惟朝帽东离立之石，自隐不见，而朝帽则四面孤悬，必无可登。而接引之界于其中者，已立悬脊之上，两旁俱轰石错块，不特下不能上，即上亦不能下。其北下之谷即棋盘，其南下之谷即朝帽南来之脉所环而成者，亦不知其从何而入。此南外谷之第三层也。

〔独西无外谷。乃绝顶之北，东分为围屏、城垛，西分为鹦口；然其异，下仰则穿然见奇，上瞰反宵绝难尽也。〕时日色已暮，从绝顶四里下山。东向入至双剑、叠龟之下，见有路可入水帘洞，第昏黑莫辨，亟逾岭入方丈焉。

二十二日

晨起，为贯心书五缘诗及龟峰五言二首、赠别七言一首。晨餐后，复逾振衣台，上至叠龟峰之下，再穿一线而东，复北过四声谷。盖四声谷之壁，有一隙东南向，内皆大石叠架，若累级悬梯，便成楼阁，可通西北。而出其西北为摩尼洞，正下临方丈，平挹观音、净瓶、狮子诸峰。遂下岭，西南循外谷入水帘洞。其处三面环崖，回亘自天，而北与龟、剑二峰为对，泉从崖东飘坠，飞珠卷雪，为此中绝胜。〔盖龟峰峦嶂之奇，雁宕所无，但诎水观耳。此谷独飞珠卷雪，在深谷尤异。但其洞虽与泉对，而洼伏崖末为恨。顾其危崖四合，已可名洞，不必以一窟标举也。时朔风舞泉，游漾乘空，声影俱异。霁色忽开，日采丽崖光水，〕徘徊不能去。久之，再饭于寺，别贯心行。

仍从崖栈西出，十里，排前。五里，过状元桥北之分路亭，其南路乃由桥而至黄源窑者，从其西行十五里至留口〔一〇〕，暮涉其溪。溪西即为贵溪界，其溪自黄源来，至此入大溪，而市肆俱在溪西，乃投宿焉。自排前至留口，回望龟峰，只见朝帽峰俨若一羊角插天，此西向之望也，与弋阳东面之望不殊纤毫，第此处转见一石人亭亭在旁更为异耳。

二十三日

晨起，渡大溪之北，复西向行。八里，将至贵溪城，忽见溪南一桥门架空，以为城门与卷梁皆无此高跨之理。执途人而问之，知为仙人桥，乃石架两山间，非砖砌所成也。大异之，即欲渡，无梁。亟趋二里，入贵溪〔一一〕东关，二里至玉井头，觅静闻于逆旅，犹未晨餐也。亟索饭，同出西南门，渡溪而南即建昌道矣。为定车一辆，期明晨早发，即东向欲赴仙桥，逆旅主人舒龙山曰："此中南山之胜非一。由正南门而过中坊渡一里，即为象山，又名挂榜山，乃陆象山〔一二〕之遗迹也，仰止亭在焉。其西南二里为五面峰，上有佛宇峰，下有一线天，亦此中之最胜也。其南一里为西华山，则环亘而上，俱仙庐之所托矣。其北二里为小隐岩，即旧名打虎岩者也。出小隐二里为仙桥，乃悬空架壑而成者。此溪南诸胜之概也。然五面峰之西，即有溪自南而北入大溪，此中无渡舟，必仍北渡而再渡中坊。"予时已勃勃，兴不可转，遂令龙山归，而问道于路隅。于是南经张真人墓。碑乃元时敕赵松雪撰而书者，刳山为壁，环碑于中。又一里，越一小桥，由旁岐东向溪，溪流直逼五面峰下。盖此溪发源于江湖山，自花桥而下即通舟楫〔一三〕，六十里，西北至罗塘，又二十里至此，入溪为通闽间道〔一四〕，其所北转皆纸炭之类也。适有两舟舣〔一五〕溪畔，而无舟人；旋有一人至，呼之渡，辄为刺舟。过溪而东一里，由峰西北入其隘中，始知其山皆石崖盘崿，中剖而开，并夹而起，远近不一，离立同形。随路抵穹岩之下，拾级而上，得一台，缀两崖如掌。其南下之级，直垂涧底；其西上之级，直绕山巅。余意南下者为一线天，西上者为五面峰也。先跻峰，攀磴里许而至绝顶，则南瞰西华，东瞰夹壁，西瞰南溪，北瞰城邑，皆在指顾。然山雨忽来，僧人留点，踉跄下山。复从前蹬南下一线天，则两崖并夹而上，直南即从峰顶下剖者，是为直峡。路至夹中忽转而东，穿坠石之隙，复得横峡。俱上下壁立，曲直线分，抵东而复出一坞，若非复人世矣。由坞而南，望两崖穿岩盘窦，往往而是，最南抵西华，以已从五面峰瞰视，遂不复登。

　　仍转出一线天，北逾一岭，二里，转而东，入小隐岩。岩亦一山东西环转，南连北豁，皆上穹下逊，裂成平窍，〔可庐而憩。〕岩后有宋人洪驹父书云："宣和〔一六〕某年由徐岩而上，二里，复得射虎岩。"余忆徐岩之名，前由弋阳舟中已知其为余家物，而至此忽忘不及觉，壁间书若为提撕〔一七〕者，亟出岩询之，无一能知其处。已而再闻有称峨嵋，在小隐东南三里者，余意其为徐岩之更名也，亟从之。遂由罗塘之大道，过一岭，始北转入山。竹树深蒨〔一八〕，岩石高穹，但为释人〔一九〕架屋叠墙，无复本来面目，且知其非徐岩也。甫欲下，雨复大至，时已过午，遂饭岩中。既饭，雨止。问仙桥之道，适有一知者曰："此有间道。循山而东，穿坞北去，四里可至。"从之。路甚荒僻，或隐或现，或岐而东西无定，几成迷津。久之逾一山，忽见碧〔二○〕然高驾者，甚近也。及下谷而趋，复茫不可得，盖望之虽近，而隔崖分坞，转盼易向，倅〔二一〕不易遇矣。既而直抵其下，盖一石高跨峰凹，上环如卷，中辟成门，两端石盘下柱，梁面平整如台，正如砌造而成。梁之东，可循崖而登其上；梁之西，有一石相去三丈余，轰踞其旁，若人之坐守者然。余先至桥下，仰视其顶，高穹圆整不啻数十丈；及登步其上，修广平直，驾虹役鹊之巧，恐不迨〔二二〕此也。从其西二里，将抵象山，问所云徐岩，终不可得。后遇一老翁曰："余舍后南入即是。旧名徐岩，今为朝真宫，乃鬼谷〔二三〕修道处，今荒没矣。非明晨不可觅，今已暮，姑过而问象山可也。"余以明晨将发，遂强静闻南望一山峡而入。始犹有路，渐入渐灭，两崖甚深。不顾莽刺，直穷其底，则石夹尽处，隘不容足。时渐昏黑，踯躅荆刺中，出谷已不辨路矣，盖此乃象山东之第三坞也。望其西又有一坞，入之不得路；时闻人声高呼，既久，知路在西，乃得入。则谷左高崖盘亘，一入即有深岩，外垂飞瀑。二僧俱新至托宿，问之，亦不知其为徐岩与否，当即所称朝真宫矣。此乃象山东之第二层也。从暗中出，复西而南寻象山，其地虽暗而路可循，两崖前突，中坞不深而峻，当其中有坊峙焉。其内有堂两重，祠位在前而室圮，后则未圮而中空。穿而入，闻崖间人语声，亟蹑级寻之，有户依岩窦间，一人持火出，乃守祠杨姓者，引余从崖右登仰止亭。亭高悬崖际，嵌空环映，仰高峰而俯幽壑，令人徙倚〔二四〕忘返。杨姓者以昏黑既久，街鼓已动，恐舟渡无人，暗中扶余二里，送至中坊渡头。为余言，其父年已八十有八，尚健啖而善饭，盖孝而有礼者云。呼隔溪渡舟，渡入南关，里余，抵舒肆而宿。

是游也，从壁间而得徐岩之名，从昏黑而遍三谷之迹，溪南诸胜一览无余，而仙桥、一线二奇，又可以冠生平者，不独为此中之最也。

二十四日

晨餐后，仍渡西南门大溪候车夫，久之发，已上午矣。南十里，新田铺[二五]。其处山势渐开，正在西华山之南，回望诸岩突兀，俱并成一山，只有高下，无复剖裂之痕矣。又十里，饭于联桂铺。又二十里，过马鞍山为横石铺，于是复入山谷。又四里，逾一岭，下宿于申命地。其地南对应天山，为张真人上清宫入山始境，其曰"申命"者，正对"应天"而言也。

是夜，逆旅主人乌姓为余言："此南去上清二十五里，而西去仙岩只二十里，若既至上清而去仙岩，亦二十里。不若即由此向仙岩而后上清也。"余善之，遂定计，明日分静闻同车一辆待我于上清，余以轻囊同顾仆西从间道向仙岩。主人复言："仙岩之西十五里有马祖岩。在安仁界。其岩甚胜，但先趋仙岩亦复稍迂，不若竟赴马祖，转而东，由仙岩、龙虎以尽上清为最便。"余益善之。

二十五日

平明，饭而发。雨丝丝下，不为止。遂别静闻，彼驱而南，余趋而西。四里，至章源。四里，过一小岭，至桃源。又过一小岭，二里至石底。过水二重，俱有桥，三里，至连塘[二六]。过一小岭，二里，过一桥。又二里，铁炉坂。又三里，过香炉峰。其峰回亘三叠，南面直剖而下，中有一凹，结佛庐于上。时雨大作，竟不及登。香炉峰西即为安仁东界，于是又涉饶州境矣[二七]。三里，简堂源。过一里，雨狂甚，衣内外淋漓。三里，过新岩脚，而不知岩之在上也。从其东峡穿而北入，见其西崖下俱有横亘之岩，飞瀑交洒于上，心知已误，因避雨岩间，剖橘柚为午餐。已而令顾仆先探其北，不见影响。复还探其南，见南崖有户掩竹间，以为是无误矣，亟出而趋其上。岩虽高敞，盘亘山半，然石粗窍直，无宛转玲珑之致。时已知其为新岩，非旧岩也，且岩僧虽具餐，观其意惟恐客不去，余遂亟出，趋下山。又踯躅雨中，西一里，转而北入山峡。峡口巨石磊落，高下盘峙，深树古藤，笼罩其上，甚有雅致。由峡而入，其崖东西并峙，北连南豁，豁处即峡口，而连处其底也。马祖岩在左崖之半，〔即新岩背。〕其横裂一窍亦大约如新岩，而僧分两房，其狗窦猪栏，牛宫马栈，填塞更满。余由峡底登岩南上，时雨未已，由岩下行，玉溜交舞于外，玉帘环映于前，仰视重岩叠窦之上，栏栅连空，以为妙极。及登之，则秽臭不可向迩〔二八〕，皆其畜埘之所，而容身之地，面墙环堵，黑暗如狱矣。时余衣甚湿，日且就昏，其南房方聚众作法，拒客不纳，北房亦尤而效之，求一卧不可得。彷徨既久，寒冽殊甚，强索卧石龛之间。令僮以所赍米具就炊〔二九〕，始辞无薪，既以细米易，而成粥竟不见粒米也。

二十六日

平明起，再以米炊，彼仍以细米易，姑餐而即行。仍从北连处下，令顾仆先出峡门之口，余独转上西崖。其岩亦横裂如马祖，而无其深，然亦无其填塞诸秽趣也。从岩畔直趋而南，路断处辄为开凿，既竭岩端，〔崖壁峻立，不可下瞰，〕忽有洞透峡而出。既越洞西，遂分两道，一道循崖而北，一道循崖而南，两崖并夹，遂成一线。线中东崖之下，复裂为岩，亦横如马祖，而清净幽渺，忽有霄壤之异。岩外之崖，与对崖俱下坠百仞，上插千尺，俱不合如咫，而中亦横裂，邃若重楼。惟极北则豁然，以为可通外境，而豁处天光既辟，地险弥悬，削崖穹壁，莫可下上，洵自然之幽阻，非所称别有天地者耶？复还至洞门分道处，仰其上层，飞石平出，可以上登而又高无可攀。从其南道转峰侧而上，则飞阁高悬，莫可攀跻，另辟一境矣。时顾仆候余峡下已久，乃穿透腹之洞，仍东出崖端，欲觅道下峡口，不可得；循旧沿崖抵北连处下，则顾仆见余久不出，复疾呼而至矣。遂与同出峡口，东南四里，过南吉岭。遥望东面乱山横翠，骈耸其北者，为排衙石，最高；歆突其南者，为仙岩，最秀；而近瞰岭下，一石尖插平畴，四面削起者，为磈石，最峭。下岭，即见大溪自东而来，直逼岭脚。〔其溪发源泸溪〔三〇〕，由上清而下。〕乃从溪北溯溪，东南四里，至磈石下。则其石仰望穿然，虽渐展而阔，然削立愈甚，有孤柱撑天之状。其下有磈石村，是为安仁东南界；渡溪南为沥水，山溪上居民数十家，于是复属贵溪矣。又东五里，直抵排衙石之西，是为渔塘。渔塘居民以造粗纸为业，其地东临大溪。循溪西南行一里，为蔡坊渡〔三一〕，遂止宿焉。

二十七日

蔡坊渡溪东一里，龙虎观。观后一里，水帘洞。南出山五里，兰车渡。三里，南镇宫。北行东转一里，渡溪即上清街〔三二〕，其街甚长。东一里，真人府〔三三〕。南渡溪五里，越一岭，曰胡墅。西南七里，曰石冈山，金谿县东界也，是入抚州境。又三里曰淳塘，又五里曰孔坊〔三四〕，俱江姓，宿。

二十八日

由孔坊三里，郑陀岭。七里，连洋铺。十里，葛坊〔三五〕。十里，青田铺。有石梁水，出邓埠〔三六〕。十里，茅田，即往抚州道。下一岭为五里桥〔三七〕，水始西向许湾，桥南有庵，旁有阁，为迎送之所。东南入金谿城〔三八〕。城径二里，由东出西，其北门为抚州〔三九〕道。城外东北为黄尖岭，即出金处，志所称金窟山。在城东五里。其西为茵陈岭，有冈西走，即五里北分水之冈矣。金窟山之东南，环绕城南者，曰朱干山。即翠云山，翠云寺在焉。今名朱干。自金窟、茵陈，北东南三面环城，所云"锦绣谷"也。惟西南少缺，小水沿朱干西去，而下许湾始胜舟云。朱干之南有山高耸，亦自东北绕而南，为刘阳寨、牟涨岭，其东为泸溪，西为金谿之大塘山，疑即志所称梅峰也。又南为七宝山。

二十九日

发自大塘。对大塘者，东为牟涨顶大山也。南十里为南岳铺，又西南十里为贾源〔四〇〕，又五里为清江源。沿江西南，五里为后车铺〔四一〕，饭。又南十里为界山岭。一名韩婆寨。下岭二里，为泸溪分道。又二里为大坪头，水始南流。又四里为横坂铺。五里，七星桥。又五里，潭树桥〔四二〕。十里，梧桐隘。揭阳无渡，到建昌〔四三〕东门宿。

〔一〕方丈：维摩诘经说，维摩诘的居处，室方一丈，能广容大众。后因称佛教寺院里长老或住持居住的地方为方丈。　　中庭：厅堂的正中。

〔二〕龟峰：在弋阳县南十余里，有32峰，皆如笋笏林立，峭不可攀。中峰有巨石如龟形，故名龟峰。今仍为著名游览胜地。

〔三〕而寨顶之脉西南尽于此　　"西南"，陈本、四库本作"东北"，乾隆本作"西北"，丁本从"东北"。

〔四〕狗儿峰　　乾隆本、四库本作"犬子峰"。

〔五〕西从狮子峰之侧　　"西"，乾隆本、四库本作"东"。

〔六〕殚(dān 丹):竭尽。　莫殚:不尽。

〔七〕咄(duō 多)咄:表示惊诧的叹词,用以形容使人惊讶的事物。

〔八〕翁仲:传说有阮翁仲身长达一丈三尺,异于常人,秦始皇命他出征匈奴,死后铸铜像立于咸阳宫司马门外。后即称铜像、石像为翁仲。

〔九〕循潭外南行　"潭",乾隆本、四库本作"放生池"。

〔一〇〕留口:今作流口,在弋阳县西隅,信江东南岸。

〔一一〕贵溪:明为县,隶广信府,即今贵溪市。

〔一二〕陆九渊(公元 1139～1193 年):字子静,金谿人。宋代著名理学家,曾知荆门军,后回乡讲学,听者云集。自号象山翁,人称象山先生。

〔一三〕舟楫:船只。

〔一四〕此溪明时称须溪,即今西溪河。花桥:今名同,在贵溪市南境,西溪河源。

〔一五〕舣(yǐ 蚁):停船在岸边。

〔一六〕宣和:北宋徽宗年号,时在公元 1119～1125 年,共7 年。

〔一七〕提撕:原为拉的意思,引申为提醒。

〔一八〕蒨(qiàn 欠):草盛的样子。

〔一九〕释人:佛教为释迦牟尼所创立,故佛教又称为释教。僧尼称为释人、释子,意即释迦的弟子。

〔二〇〕辂:通"拱"。下同。

〔二一〕倅(cù 促):通"猝",突然。

〔二二〕迨(dài 带):及,到。

〔二三〕鬼谷:即鬼谷子,相传为战国时楚人,隐于鬼谷,因以自号。长于养性持身之术和纵横捭阖的政治手段。

〔二四〕徙(xǐ 洗)倚:流连不去。

〔二五〕新田铺:今仍名新田,在贵溪市区稍南,西溪河西岸。

〔二六〕连塘:今作莲塘,在贵溪市西隅。

〔二七〕安仁:明为县,隶饶州府,治今余江县北的锦江镇。饶州:明置饶州府,治鄱阳,即今鄱阳县。

〔二八〕向迩(ěr 尔):接近。

〔二九〕僮(tóng 同):童仆。 赍(jī 迹):旅行人携带衣食等物。

〔三〇〕泸溪:明为县,隶建昌府,治今资溪县。此大溪明代亦称泸溪,下游称白塔河,今仍称白塔河。

〔三一〕渔塘,今名同,又称毕家;蔡坊渡,今仍作蔡坊。皆在贵溪市西隅,白塔河西岸。

〔三二〕上清街:今名同,在贵溪市西南隅,鹰厦铁路线西,白塔河东岸。

〔三三〕龙虎山在贵溪市西南境。这一带以丹霞地貌著称,峰奇水秀,洞谷幽邃,绚丽多采,景致极佳。龙虎山是著名的道教名山,散布有天师府、上清宫、仙岩、水岩等名胜。

〔三四〕孔坊:今名同,在金溪县东隅。

〔三五〕葛坊:今名同,在金溪县东北境。

〔三六〕青田铺:应即今石良溪,其水为白塔河支流,明代称石梁水。汇入白塔河处即邓埠,今作邓家埠,为余江县治。

〔三七〕五里桥:今名同,在金溪县治稍北的公路旁。

〔三八〕金谿:明为县,隶抚州府,即今金溪县。

〔三九〕抚州:明置抚州府,治临川,即今抚州市区临川区。

〔四〇〕贾源:今名同,在金溪县南境。

〔四一〕后车铺:今称后车何家,在金溪县南隅,芦河南岸。

〔四二〕潭树桥:今作潭市桥,又称徐家,在南城县北境的公路线上。

〔四三〕建昌:明置建昌府,治南城,即今南城县。

(十一月初一日缺)

十一月初二日

出建昌南门,西行二十里至麻姑山足〔一〕。上山二里,半山亭,有卧瀑。又一里半,喷雪〔亭〕,双瀑。〔麻姑以水胜,而诎〔二〕于峰峦。半山亭之上,有水横骞,如卧龙蜿蜒。上至喷雪,则悬瀑落峰间,一若疋练下垂,一若玉箸分泻。分泻者,交萦石隙,珠络纵横,亦不止于两,但远眺则成两瀑耳。既坠,仍合为一,复如卧龙斜骞出峡去。但上之悬坠止二百尺,不能与雁宕、匡庐争胜。〕又一里,连泄五级,上有二潭甚深,旧亭新盖,〔可名"五泄"。五泄各不相见,各自争奇,其中两潭甚深,螺转环连,雪英四出;此可一目而尽,为少逊耳。〕又半里,龙门峡,上有桥。〔两崖夹立,泉捣中壑,不敢下视;架桥俯瞰于上,又变容与为雄壮观。龙门而上,溪平山绕,自成洞天,不复知身在高山上也。〕又半里,麻姑坛、仙都观。左有大夫松,已死;右有通海井。西上岭十里,逾篾〔竹〕岭,为丹霞洞。又上一里,为王仙岭,最高。西下二里,张坊。西左坳中为华严庵,宿。

187

初三日

王仙岭东下一岭为丹霞洞。又逾篾竹岭西坳中，南上越两山，东南共五里为飞炉峰，有小石炉方尺，自军峰山南飞至。其地南为军峰，北接麻姑，东瞰盱江，西极芙蓉，盖在五老峰之西，阳华峰之西北矣。（已下缺）

初四日

出建昌东门，过太平桥南行，循溪五六里，折而西一里，出从姑之南，〔上天柱峰，〕见山顶两石并起如双髻者。〔北〕向登其岩，曰飞鳌峰。岩前曰长春阁。阁之东有堂曰“鳌峰深处”，为罗先生讲学之所。其后飞突而出，倒书曰“印空”。下有方池，名曰玉冷泉。从东上天际亭，亭后凿石悬梯而上，有洞。洞口隘如斗，蛇伏乃入，其中高穹而宽。此天柱之南隅也。出洞，仍下石级，沿崖从西登。天柱、鳌峰之间，有台一掌，上眺层崖，下临绝壁，竹拂石门，树悬崖隙，为云岩台。从其上西穿峰峡，架木崖间，曰双玉楼。再西，一石欲坠未坠，两峡并起，上下离立，若中剖而分者，曰一线天。此鳌峰之北隅也。一线既尽，峡转而北，有平石二片，一方一圆，横庋峡内，曰跰趺石。此二峰者，从天柱之西，鳌峰之北，又起二峰，高杀于鳌峰、天柱，而附丽成奇者也。其东一峰，即南与鳌峰夹成一线，又与西峰夹庋跰趺者。西峰之西，又有片石横架成台，其东西俱可跰趺云。从跰趺石东践一动石 [三]，梯东峰而上，其顶南架梁于一线，遂出鳌峰之巅，东凿级以跻，遂凌天柱之表。于是北瞰郡城，琉璃映日；西瞻麻峤，翡翠插天。〔时天霁，明爽殊甚。〕从此北下天柱之北，穿崖下临，片石夹立，上有古梅一株，曰“屏风石”。天柱北裂一隙，上有悬台可跻而坐，曰“滴水崖”。内有石窦，直上三丈,正与南隅悬崖之洞相对。此天柱之北隅也。从此东下,又得穿崖一层,曰读书台,今为竹影庵。从其南攀石而登,曰梅花岩,石隙东向,可卧可憩。此天柱东隅之下层也。飞鳌之西有斗姆阁,其侧有蟾窟石〔四〕,下嵌为窝,上突为台,亦可跌可啸。此飞鳌西隅之下层也。(已下有缺)

是日,建昌遇夏调御、丘士章。

初五日

晨餐后,别丘、夏。二里,仍出大路南。十里,登一岭,曰杨源岭。下岭,东则大溪自南而北,渡溪二里,曰东界山铺,去府已二十里。于是循溪东行,五里,曰大洋,三里,曰界下。众舟鳞次溪中,以上流有石箭滩,重舟不能上下,俱泊此以待交兑者也。其北多益府王墓〔五〕。再上二里,即石箭滩,乱石填塞,溪流甚急。其西为凌霄峰,亭亭独上,有佛宇焉。自杨源来,山势回合,而凌霄独高,过此山渐开,亦渐伏矣。又三里,溪南一山逊于凌霄,而尖峭过之,曰八仙过腿。上有石耸起,颇异众山,以无渡不及登。又七里为硝石铺,去府已四十里矣。市肆甚长,南、东二溪至此合流,南来者为新城之溪,东北者为杉关之水。东溪舟抵五福尚四十里,至杉关〔六〕尚陆行三十里,则江、闽分界〔七〕。南溪则六十里而舟抵新城。新城之陆路,自硝石东渡东溪桥而南,为铁仙岩〔八〕。其处山俱纯石,如钟堆釜覆,北半俱斩峭为崖,屏立平畴间。由崖隙而上,两崖之间潴水成溪,崖插溪底。凿栈以入,又一水自东注,亦纯石插底,隘不容足。架梁南渡,又转一桥,西渡大溪,遂蹑山峡而上,则飞岩高穹东向而出,髡徒法宣依岩结阁,种竹于外,亦幽亦敞。时日已欲坠,拟假榻于中,而髡奴〔九〕逐客甚急,形于声色。

遂出，仍渡峡桥，见有石级西上，遂蹑之登。盘旋山顶，两度过脊，皆深坑断峡，回亘纵横，或水或涸，想霖雨时靡非深浸也。时日已落崦嵫，下山二里，仍西，宿硝石东溪桥之南。

初六日

早起，闻有言觉海寺之胜者。平明，南趋二里，则南溪之左也。寺亦古，其前即铁仙以西之第二重也。盖硝石之南〔一〇〕，其山皆块石堆簇，南则交互盘错，斩若截堵，峰峰皆然，以铁仙为中；而西则两突而尽于南溪之左；即觉海寺前。东则两突而至于止〔止〕岩之东，再东则山转而南矣。入觉海，见山在其前，即出而循崖以登崖之西，下瞰南溪涓涓北流，时有小舟自新城来。既南行，崖尽，有峡东下，盖南北两崖对峙其来峡，其度脊处反在西濒溪之上。余见其峡深沉，遂蹑山级，东向直登其巅。其巅有东西两台〔一一〕。〔自西而东，路尽莫前。下瞰乱壑纵横，峡形屈曲枝分，汇水成潭，分曹叠泻，疑即所云金龟湖也。而二峰东下无路，但见东峡有水有径，疑即铁仙。仍从旧路下，至溪东两崖对峙处，即从崖下东入峡中。渐下渐湿，遂东北三里至小港口。水自韩公桥来，渡之入山。东北三里，大石岩。五里，韩公桥。三里，双同槽。南二里，紫云岩。西一里，渡溪为夫子岩。返出紫云，一里至响石岩，又登岭一里至竺岫〔一二〕。〕

初七日

竺岫渡桥，东南三里，舒坑岭。又三里，缅湾。又六里，陈坊。陈坊有溪自北南流，盖自泸溪而下东溪者也。越桥而东上一岭，又下而复上，曰铁湾岭。共三里，下岭为钱家湾。又随东溪二里至黄源桥〔一三〕。渡溪而南一里，过黄湾岭。南六里，长行岭。下岭为连家湾,是为新城西北界。连家湾出冈为周家隘,即新城入郡官道。又西十里,百顺铺〔一四〕。又三里上分水岭。先是自百顺西至周家隘,有小水西流,余以为入南溪者;及登分水,而后知犹北入东溪者也。又五里,过沙路岭。又五里过一桥,其水自高学坡〔一五〕来,五六里越桥而南,即与南大溪遇。又二里,东为观音崖,西为仙居院〔一六〕,两崖束溪如门,门以内澄潭甚深。又三里,入新城〔一七〕北门,出西门。石门不甚壮,而阛阓颇盛。出门渡石梁,则日峰山当梁瞰溪。越桥即南随溪行。已折西南,登白石岭。十里,过文江桥,始复与大溪遇,溪流至此已不胜舟矣。于是多随溪,西南过竹山,山亦峭特自异,上有竹仙院。又十里,周舍。周舍之南,路折而东,有潭偃水,颇觉汪洋,即文江之上流也。十五里,宿于石瓶冈,去城二十五里,去福山〔一八〕十五里。

(八日缺)

初九日

　　写十二诗付崐石上人,已上午矣。即从草塘〔一九〕左循崖南下,路甚微削,伏深草中,或隐或现。直下三里,则溪自萧曲之后直从东南,与外层巨山夹而成者。盖此山即闽界,其东北度而为萧曲,西北度而为应感峰、会仙峰,两腋溪流夹而西去,犹属新城也。萧曲南溪之上,有居民数家,艺山种姜芋茶竹为业,地名坂铺〔二○〕。由此渡溪,东南上岭一里,则平转山腰。又南二里,复直上山顶。又二里,南下而东上,至应感岩〔二一〕。其岩西向,巨壑崖峭〔二二〕,环成一窝,置室于中,自下望之,真凭虚缀壁也。石崖之顶尚高一里,崖僧留饭后,即从崖侧蹑磴而登,以为诸峰莫高于此;既登而后知会仙之更高于众也。应感二峰连起,东属于大山,其属处过脊甚峭。北流之水出于坂铺,南流之水即从会仙峰北向而去,自应感、会仙西流之水止此。余盖从应感南下三里,过此一水复南上,则会仙北属大山之脊也。脊东之水西出会仙之南,其南又有大山,东北而属于应感后之大山,夹此水西去,其中坞落为九坊,乃新城之五十一都地〔二三〕。对会仙之山名迷阳洞,南即为邵武之建宁〔二四〕,其大山东南为泰宁〔二五〕,其西南为建昌之广昌〔二六〕,则会仙南之大山,乃南龙北来东转之处也。自过脊至会仙,〔望之甚近,而连逾四峰皆峭刻。〕其下乱壑纵横,汇水成潭,疑所云金龟湖即此水也〔二七〕。〔四下四上,又四里而登会仙绝顶,则东界大山俱出其下,无论箫曲、应感矣。自会仙西至南丰百里,东南抵建宁县亦百里。其界有侧家斜在迷阳洞南〔二八〕,为大山寥绝处。〕

初十日

由会仙峰西下,十里过溪,即应感西南来溪也。又五里为官公坳。又五里,下埔。应感溪自东而西,会仙南溪自南而北,俱会于下埔而北去。〔自下埔而上,悬崖瀑布,随处是,亦俱会于下埔。〕路由下埔南而西,逾一岭,五里为黄舍。又西南逾二岭,五里至章村〔二九〕,山始大开,始有聚落阛阓。〔有水自南而北,源自建宁县邱家岭,去章村南十五里,又五十五里始抵建宁云。〕西五里至容田,又西三里过长江岭。又三里,乌石。有卷石桥。又二里,上坪。随溪西南四里,有大溪自西南向东北,复溯之。西三里,过木桥,溯北来小溪,渡小石桥,北上岭。三里,为茶坞坳。又西三里,为何木岭。越岭,西南二里,宿梅源。

〔一〕西行二十里至麻姑山足　　"二十里"，原作"二里"，据四库本补。麻姑山：在南城县西8公里，有仙羊、五老、万寿、秦人、葛仙、逍遥等峰，有瀑有池，以水取胜。山顶有古坛，相传麻姑得道于此，还有仙都观、会仙亭等胜迹，为道教名山。麻姑是中国古代神话中的女仙，传为建昌人，手指象鸟爪，能掷米成珠，自言曾见东海三次变为桑田，蓬莱之水也浅于旧时，或许又将变为平地。三月三日西王母寿辰，她在绛珠河畔以灵芝酿酒，为西王母祝寿，称"麻姑献寿"。

〔二〕诎（qū 屈）：短缩。

〔三〕从跏趺石东践一动石　　"东"，乾隆本、四库本作"北"。

〔四〕蟾窟石　　乾隆本、四库本作"蟾蜍"。

〔五〕成化二十三年（公元1487年）建益王府于今南城县。

〔六〕杉关：今名同，在黎川县东北隅，江西、福建两省界上。

〔七〕江闽分界　　本作"闽楚分界"，据乾隆本、四库本改。

〔八〕铁仙岩　　此处原作"铸仙岩"。初六日记为"铁仙"，据改。

〔九〕髡（kūn 坤）：剃去头发。髡徒、髡奴，皆系对和尚的鄙称。

〔一〇〕盖硝石之南　　"之南"，乾隆本作"以东"。

〔一一〕季抄本初六日记至此止，注"已下缺"。

〔一二〕竺岫：今作竺油，在南城县东境。

〔一三〕黄源桥：今仍作黄源，在黎川县西北隅的公路边。

〔一四〕又西十里百顺铺　　依地望，疑"西"为"东"字之误。

百顺铺：今仍称百顺，在黎川县北境。

〔一五〕高学坡　"学"疑为"觉"字之误。"高觉坡"即"高脚坡"。

〔一六〕仙居院　乾隆本、四库本作"山居院"。

〔一七〕新城：明为县，隶建昌府，治今黎川县。新城之水称黎水，即今黎滩河。

〔一八〕福山：在今黎川县南四十里，延袤数十里，有箫曲、会仙、云门诸峰相映。会仙峰海拔1355米，箫曲峰今亦称莲花峰，海拔1494米。原名覆船山，唐天宝年间改名南城山，唐懿宗赐名福船山，宋真宗时去船字称福山。

〔一九〕草塘　乾隆本、四库本作"草堂"。

〔二〇〕坂铺　乾隆本、四库本作"板铺"。

〔二一〕应感岩　原作"应城岩"，据乾隆本、四库本改。本日记季抄本忽作"应感峰"，忽作"感应峰"，今据乾隆本统一为"应感峰"。

〔二二〕巨壑矗峭　"矗"，季抄本多作"轰"，据乾隆本、四库本改。下同。

〔二三〕乃新城之五十一都地　"地"，原作"也"，据乾隆本改。

〔二四〕建宁：明为县，隶福建邵武府，即今福建建宁县。

〔二五〕泰宁　原作"太宁"，从明史地理志及乾隆本改。泰宁：明为县，隶福建邵武府，即今福建泰宁县。

〔二六〕广昌：明为县，隶建昌府，即今广昌县。

〔二七〕季抄本初九日记至此止，原注"已下缺"。

〔二八〕其界有侧家斜在迷阳洞南 四库本同,陈本作"其侧有数家斜界迷阳洞南"。丁本作"其界有数家斜在迷阳洞南"。

〔二九〕章村:今作樟村,在黎川县南境。

十一日

东方乍白,自梅源溯小流西上一岭。路应度谷梅源至黄婆三十里,黄婆至县三十里。而西,因歇店主人言,竟从北直上岭。三里,逾岭北,天渐明,问之途人,始知其误。乃从岭侧径道转而南,越岭两重,共四里得一村坞,询之,曰:"此岭即南丰界也。岭北水下新城,岭南下永丰〔一〕,但随小水南行一里,可得大道。"从之,至漈上坞始与梅源大道合。其处平畴一环,四山绕壑,以为下土矣。已而流忽下坠,捣级而下,最下遂成一瀑,乃知五泄、麻姑之名,以幸而独著也。是名漈山灶,去梅源始五里,余迁作十里行矣。水上人家为"漈上",水下人家为"漈下"。又五里,夏家桥,又五里,尼始坞〔二〕,途中有两小水自北来合。又五里,乾昌桥,已胜筏。又五里,沧浪桥。又五里,黄婆桥。有一溪自北来,桥架北溪上,水自桥南出,与漈上之水合,共下南山去;而陆路由北岭入山,迂回岭上。北行五里,曰藏石岭。又三里,又过一小溪,亦自北而南。越而西,二里,为思久铺。铺有小桥,桥下细流始西向行,路复随之。五里,西至来陂桥。又一溪颇大,自北来会,同过桥下;而漈上大溪亦自南来会,遂同注而北。又一里,溪之东有狮山,西有象山,狮山石独突兀,而象山半为斧斤所凿。二山紧束水口,架石梁其中,曰石家桥,溪自桥下俱北去,路自桥上西向府。渡桥一里,又有小溪自南而北,亦有石梁跨其上。又三里,上艾家岭。又十里至南丰〔三〕,

195

江右游日记

入城东门。三里，出西门，则盱江自西南抵西门，绕南门而北转，经东门而北下，想与潩上之水会于城北之下流也。西门外濒溪岸，则石突溪崖，凿道其间，架佛阁于上。濒江带城，甚可眺望，以行急不及登。又西五里，一溪自北来，渡其桥；军峰溪自西来〔四〕，即溯之行。有数家在溪上，曰三江口，想即二溪与盱江合，故名也。

十二日

东方甫白，从三江西渡溪，循左路行，路渐微。六七里，日出，入山口，居舍一二家，去路颇遥。先是，有言三江再进十里，有山口可宿者。余既讶其近，又疑其居者之寡。连逾二岭，三里，遇来人询之，曰：“错矣！正道在南，从三江渡溪已误也。”指余南循小路转。盖其岭西北为吴坑，东南为东坑，去三江已十里矣。乃从南转下一坑，得居民复指上岭，共五里，至后阿。从其西北小路直上二里，则一小庙当路岐。从庙西北平循山半阴崖而行，又二里而至一山过脊处，南北俱有路，而西向登岭一路独仄，遂蹑之行。既登一峰，即转入山峡。其峡有溪在下，自西而东，东口破壁而下；绾口一峰，西南半壁，直倾至底，石骨如削铁；路在其对崖。循峡阴西入，〔自过脊登岭至此，〕共三里〔五〕。一石飞突南崖，瞰溪撑日，日光溪影，俱为浮动。溪中大石矗立，其西两崖逼竖如门，水从崖中坠壁而下，〔潆回大石而出，盖军峰东溪源也。〕崖下新架一桥。渡而北，又登岭半里，山回水聚，得岐路入一庵，名龙塘庵。有道人曰：“西有龙潭，路棘不可入。”得茗，食点数枚。出庵，从左渡小溪，遂复直上岭。二里〔六〕，复循山北阴崖而行，屡有飞涧从山巅坠下，路横越涧上〔流者五、六次，〕下复成溪。又三里〔七〕，得横木栈崖。又二里，直转军峰之北，仰望峰顶犹刺天也，有石涧自峰顶悬凹而下，盖北溪之源矣。

渡溪〔二百步，〕复上一岭，始与北来大路合，遂高南向峰顶，而上无重峰之隔矣。自东北路口西上一里，至北岭度脊处，有空屋三间，中有绳床土灶而无人居，其西下〔为〕宜黄之道，东即所从来大道也。自此南上，凿蹬叠级，次第间出，蹈空而上，道甚修广，则进贤〔八〕金父母所助而成者。金名廷璧。自此愈上愈高，风气寒厉，与会仙异矣。〔自分道处至绝顶，悉直上无曲坠，共四千三百步，抵军峰巅〔九〕。〕登顶下望，五六尖峰自西南片片成队而来，乃闽中来脉也。至绝顶之南，圆亘为着棋峰，亭亭峭削，非他峰所及。〔盖自南丰来，从车盘岭南面上，不及北道之辟；然经着棋峰栈石转崖，度西峡中，蹑蹬攀隙，路甚奇险。余从北道望见之，恨不亲历。〕北起为绝顶，则石屋中浮丘、王、郭三仙像共列焉。其北度之脉，则空室处。其北又起一峰，直走而为王仙峰，东下而为麻姑，东北下而为云盖，以结建昌者也。自着棋峰夹中望，下有洞穹然，攀箐挂石而下，日尚下午，至洞已渐落虞渊〔一〇〕，亟仍攀蹑而上，观落日焉。

十三日

（缺）白赤丸如轮，平升玉盘之上，遥望日下，白气平铺天末，上有翠尖数点，则会仙诸峰也。仍从顶北下，十里，至空屋歧路处〔一一〕，遂不从东而从西下，里许而得混元观，则军峰之北下观也。其地已属抚之宜黄。〔闻山南车盘来道亦有下观云。〕循水北下，两山排闼，水泻其中，无甚悬突飞洄之态。又下五里，始至涧底，此军峰直北之水也。既下山，境始开。又山一层横列于外，则鱼牙山也。又有一水自西南来，此军峰西壑之水，至此与北涧会。循水东北又五里，过袈裟石。绾两涧之口，水出其间，百家之聚在其外，曰墟上。又有一水亦自西南来会，则鱼牙山之水也，与大溪合而北，西转下宜黄，为宜黄之源云。自墟上东北岐，路溯一小溪，十里至东源。东向上岭，三里而登其上，曰板岭。其水西流入宜，东南流入丰，东北流亦入宜，盖军峰北下之脊也。越岭而东，一里，复得坪焉。山溪潆洄，数家倚之，曰章岭。竟坞一里，水东出峡间，下坠深坑，有路随之，想走南丰道也。其水东南去，必出南丰，则章岭一隙其为南丰属明矣。水口坠坑处，北有一径亦渐下北坑，则走下村道矣。亦渐有溪北自下村出七里坑，达枫林而下宜黄，则下村以北又俱宜黄之属。是水口北行一径，即板岭东度之脊也，但其脊甚平而狭，过时不觉耳。下脊，北五里，至下村。又北二里，水入山夹中，两山逼束甚隘，而长水倾底，路潆山半，山有凹凸，路亦随之，名曰十八排，即七里坑也。已而下坑渡涧，复得平坞，始有人居，已明月在中流矣。又北二里，水复破峡而出。又一里，出峡，是为枫林内村。又一里，山开水转，而西度小桥，是为枫林，一名陈坊。乃宿。

十四日

平明饭，行，即从小桥循小溪北上。盖枫林大溪西下宜黄，而小溪则北自南源〔一二〕分水而来者也。溯北上五里，入南湾坳，上分水岭，南为宜黄，北为南城，西南境逾岭为南源。五里至八角庄，为洪氏山庄。有水东下，舍之。北上黄沙岭，二里逾岭，下巾儿潦，水亦东下，又舍之。北溯一小水，三里，上栏寨门，平行岭上，为李家岭。又一里，始下，下一里，则磁龟〔一三〕在焉。磁龟者，罗圭峰玘之所居也〔一四〕，在南城西南九十里，据李文正东阳记，北阻芙蓉，西厄连珠峰，南望军峰，东则灵峰迤逦。有石在溪桥之下，而不甚肖;其溪亦不甚大;自西而东,夹溪而宅,甚富,皆罗氏也。问有花园坑,景亦没,无可观。遂东北逾岭而下,溪自东南下坑中,路不能从也。东下三里,山峡少开。又循一水,有桥跨之,曰云阳桥,水亦东南下,又舍之。东逾一岭,又二里,曰乘龙坳,水亦南下。复东上二里,曰鹅腰岭。平行岭上又二里,而下一里,曰钼源[一五],其水始东行。始至磁龟,以为平地,至此历级而降,共十里而至歪排,皆循东下,始知磁龟犹在众山之心,众山之顶也。歪排[一六]以上多坠峡奔崖之流,但为居民造粗纸,濯水如滓,失飞练悬珠之胜。然钼源小水已如此,不知磁龟以东诸东南注壑者,其必有垂虹界瀑之奇,恨路不能从何。出歪排,其南山坞始开,水亦南去。又东逾黄土岭,共三里,则下岐东行平畴中。五里,一溪自西北东去,有桥架其上,曰游真观前桥。又东五里,则盱江自东南而北。是时日才下午,不得舟,宿于溪西之路东,其溪之东即新丰[一七]大市也。

十五日

路东不得舟,遂仍从陆。右江左山,于是纯北行矣。六里,为大安桥。又三十里,则从姑在望,入郡南门矣。

十六日

过东门大桥,即从桥端南下。随沙岸,从竹夹道,乔松拂云,江流雉堞右映,深树密箐左护,是曰中洲。有道观,今改为佛宇。前二石将军古甚,刘文恭铉为之记,因程南云盱[一八]人,与刘同在翰苑故也。是日再醉于夏调御处[一九]。

十七日

静闻随二担从麻源大路先往宜黄,余作钱、陈、刘诸书。是晚榻于调御斋中。

十八日

别调御诸君。十五里，午至麻姑坛。又西二里，坞穷。循南山上，又二里转出五老西南，是为五老坳。于是循北山上，又二里为篁竹岭，越岭二里为丹霞洞，又西上一里为王仙岭，越岭又西一里为张村，皆前所历之道也。于是又西平行山半，四里，逾朱君岭，复沿山半行。深竹密树，弥山绘谷，〔红叶朱英，缀映沉绿中，曰鞋山。〕五里，石坪。山环一谷，随水峡而入，中甚圆整〔二〇〕，万山之上，得此一窞，亦隐居之所，惜为行道踏破云帏耳。居民数十家，以造纸为业。自石坪复登岭，岭峻而长，共五里始达岭头，即芙蓉东过之脊也。脊二重，俱狭若堵墙，东西连属。脊南为南城〔二一〕属，下有龙潭古刹〔在深坑中，道小不及下。〕脊北为临川〔二二〕属。度脊而西即芙蓉山〔二三〕，自南而北高亘于众山之上。其山之东则临川、南城之界，西则宜黄属矣。循山之东北又上里许，山开一箱东北向，是为芙蓉庵，昔祠三仙，其今僧西庵茸为佛宇，遂宿其中。

十九日

从庵侧左登，皆小径，直跻一里，出峰上。又平行峰顶，北最高处为三仙石。登其上，东眺黄仙峰，已不能比肩；南眺军峰，直欲竞峻；芙蓉之南，有陈峰山在十里内，高杀于芙蓉，而削峭形似，盖芙蓉之来脉也。凭眺久之，从峰北小径西下里许，与石坪西来之大道合〔二四〕。又下五里，忽路分南北。始欲从南，既念大路在北，宜从北行，遂转而北，始有高篁丛木。又西下一里，始有垦居塍垅，名曰烂泥田。复逾岭西下一里，更循岭而登二里，直蹑峰头，名曰揭烛尖。又名避暑营。从尖西南下二里，是为南坑。有涧自东南来，

四山环绕,中开一壑,水口紧束,湾环北去。有潘、吴二姓绾〔二五〕
水口而居,独一高门背水朝尖,雄撮一坞之胜。随水出其后,数转
而出,一里,有水自北而来,二水合而南,路随之。一里,转而西,共
八里,西逼高峰,有水自南来会,合而北去,有桥跨之,曰港口桥。
循左麓而北,又转西行,北渡溪,共五里,得大坞,曰上坪。过上坪,
石梁水注而北,路西折登山,迤逦而上,五里至杉木岭。逾岭下二
里,山坞紧逼,有故家宅,其中曰君山,皆黄氏也。饭而出隘,五岭
上矮岭〔二六〕。逾岭共五里,出杨坊〔二七〕,南行为杭阴,乃宜邑
钜聚。西行七里,宿车上。

二十日

鸡再鸣,自车上载月西行,即与大溪遇。〔想即墟上之溪,自南
而北者,发源军峰,经杭阴〔二八〕至此。〕已而溪直南下,路西入
山。又五里,登岭。又三里,逶迤至岭隘,有屋跨其间,曰黄岭。下
岭二里,大溪复自南来。渡溪,天始明,山始大开。随溪西北行五
里,有塔立溪口小山上,塔之西北即宜黄〔二九〕城也。又有一大溪
西南自东壁巡司〔三〇〕来,直抵城东,有长木桥之;水遂北与东溪
合,有大石桥架其上,曰贯虹;再北,则一小溪循城西北而东入大
溪,亦有桥跨其上,曰丰乐。

是日抵宜黄东门贯虹桥之旅肆,觅得静闻,始出,亟呼饭饭。
静闻与之北,过丰乐桥,上狮子岩。岩回盘两层,兀立三溪会合之
北冲,大溪由此北下抚州者也。已而西经城北,至新城北门。北一
里,过黄备桥。又西北一里,北入山,得仙岩。岩高峙若列锦屏,上
穿下逼〔三一〕,其西垂忽透壁为门,穿石而入,则众山内阂,若另一
世界。而是岩甚薄,不特南面壁立,而北面穹覆更奇,其穿透之隙,

正如虔之通天岩〔三二〕，亦景之最奇者也。三里，仍入城之北门。盖是城东濒溪为旧城，而西城新辟，一城附其外，缭绕诸峰，因之高下。经城三里，出南门。循东壁南来之溪西南行，五里，过四应山之东麓。又十五里，有小峰兀立溪上作狰狞之状，其内有谭襄敏〔三三〕墓焉。又二里，过玉泉山下，山屏立路右若负扆，仰瞻峭拔，有小庐架崖半。欲从之，时膝以早行，忽肿痛不能升。又随大溪南行三里，有小溪自西来注，即石巩〔三四〕之下流也，始舍大溪溯小溪，折而西入三里而得石巩寺。寺新创，颇宏整。寺北有蠹崖立溪上，半自山顶平剖而下，其南突兀之峰犹多，与之对峙为门，而石巩之岭正中悬其间，而寺倚其东麓。仰望之，只见峰顶立石轰然，不知其中空也。是晚宿寺中，以足痛不及登巩。

〔一〕 永丰　　永丰即今永丰县，明时隶吉安府，与新城、南丰悬隔甚远。疑"永丰"为"南丰"之误。

〔二〕 尼始坳　　疑为"尼姑坳"。

〔三〕 南丰：明为县，隶建昌府，即今南丰县。

〔四〕 军峰溪　　原作"又一溪"，据乾隆本、四库本改。

〔五〕 共三里　　乾隆本、四库本作"共二千七百步"。

〔六〕 二里　　乾隆本、四库本作"六百步"。

〔七〕 又三里　　乾隆本、四库本作"又九百步"。

〔八〕 进贤：明为县，隶南昌府，即今进贤县。

〔九〕 军峰山：今名同，在南丰、宜黄两县界上，海拔 1761 米。

〔一〇〕 虞(yú 于)渊：神话传说中日落的地方。日落虞渊指天色黄昏。

〔一一〕至空屋歧路处　　"空屋",乾隆本、四库本作"岭脊"。

〔一二〕南源:今名同,在宜黄县东隅。

〔一三〕磁龟:今作磁奎,在南城县西南隅。

〔一四〕玘　　季抄本作"圯",不从。　玘(qǐ起):玉名。罗玘:南城人,成化末乡试第一,举进士,授编修,后迁南京太常、南京吏部右侍郎,人称圭峰先生。

〔一五〕钼源　　"源",乾隆本、四库本作"原"。

〔一六〕歪排　　季抄本"排"、"徘"互用。以下两处"徘",据乾隆本统一作"排"。

〔一七〕新丰:今名新丰街,在南城县南境,盱江东岸。

〔一八〕盱(xū虚):建昌府因有盱江流贯,故亦称该府为"盱"。盱江亦因流经建昌府,又称建昌江。

〔一九〕是日再醉于夏调御处　　"再",季抄本作"在",不从。

〔二〇〕中甚圆整　　"圆",季抄本皆作"员"。

〔二一〕南城:建昌府附郭县,即今南城县。

〔二二〕临川:抚州府附郭县,在今抚州市区临川区。

〔二三〕芙蓉山:今名同,在南城、宜黄两县界上,海拔1175米。

〔二四〕与石坪西来之大道合　　"石坪",原作"西坪",据乾隆本、四库本改。

〔二五〕绾(wǎn宛):控扼。

〔二六〕五岭上矮岭　　"五岭"疑为"五里"之误。

〔二七〕港口桥,今仍称港口;君山,今名同;杨坊,今名同。皆在今宜黄县东境,从东往西顺序排列。

〔二八〕杭阴　乾隆本作"坑阴",据季抄本上一日记改。杭阴今作棠阴,在宜黄县东境的公路旁。

〔二九〕宜黄:明为县,隶抚州府,即今宜黄县。

〔三〇〕东壁巡司:今作东陂,在宜黄县南境。此大溪明代称宜黄水,今名同。

〔三一〕岩高峙若列锦屏上穹下逼　"锦屏",原作"锦层",据乾隆本、四库本改。"下逼",乾隆本、四库本作"下通"。

〔三二〕正如虔之通天岩　"虔"原作"度",乾隆本作"處",据四库本改。今江西赣州市为古虔州,通天岩在赣州市西北 10 公里。

〔三三〕谭纶(公元 1520～1577 年):字子理,宜黄人,官台州知府、海道副使、右佥都御史巡抚福建,与戚继光大破倭寇,共事齐名,人称"谭戚"。后历抚陕西、四川,总督两广、蓟辽、保定,官至兵部尚书,谥襄敏。

〔三四〕石蛩　乾隆本、四库本作"石碧"。"蛩"、"碧"皆通"拱"。石碧在西南地区称天生桥。

二十一日

晨餐后,亟登蛩。是峰东西横跨,若飞梁天半,较贵溪之仙桥,高与大俱倍之〔一〕,而从此西眺,只得其端。从寺北转入峡中,是为万人缘。谭襄敏初得此寺,欲废为墓,感奇梦而止。今谭墓在玉泉山东北,宅墓诸坊一时俱倒,后嗣亦不振。寺始为僧赎而兴复焉。僧以其地胜,故以为万人巨冢，甃石甚壮。地在寺北，左则崖，右则寺也。由万人缘南向而登，仰见〔竹影浮飏，〕一峰中〔穿〕高迥。〔透石入，〕南瞰乱峰兀突，〔溪声山色，另作光响，非复人世。〕于是出桥南，还眺飞梁之上，石痕横叠，有缀庐嵌室，无路可登。徘徊久之，〔一山鹤冲飞而去，响传疏竹间，〕令人不能去。盖是桥之南，其内石原裂两层，自下而上，不离不合，隙俱尺许。由隙攀跻而上，可达其上层，而隙夹逼仄，转身不能伸曲，手足无可攀蹑，且以足痛未痊，怅怅还寺。问道寺僧，僧云："从桥内裂隙而登蹑甚难。必去衣脱履，止可及其上层，而从上垂绠，始可引入中层。"僧言如此，余实不能从也，乃于石碧饭而行。五里，由小路抵玉泉山下，遂历级直登。其山甚峻，屏立溪之西北，上半俱穿崖削壁，僧守原叠级凿崖，架庐峰侧一悬峰上〔二〕。三面凭空，后复离大山石崖者丈许，下隔深崖峡。时庐新构，三面俱半壁，而寂不见人。余方赏其虚圆无碍，凭半壁而看后崖。久之，一人运土至，询之，曰："僧以后壁未全，将甃而塞之也。"问僧何在，曰："业从山下跻级登矣！"因坐候其至，为之画〔三〕曰："汝虑北风吹神像，何不以木为龛坐，护置室中，而空其后壁，正可透引山色。造物之悬设此峰，与尔之绾架此屋，皆此意也。必甃而塞之，失此初心矣。"僧领之，引余观所谓玉泉者。有停泓一穴〔四〕，在庐侧石灶之畔，云三仙卓锡而出者，而不知仙〔五〕之不杖锡也。下玉泉，三里，出襄敏墓前。又随溪一里，由小路从山北行，盖绕出玉泉山之东北也。最北又有马头山，突兀独甚，在路左。过白沙岭，望西峰尖亘特甚，折而东之，是为北华山。山顶佛宇被灾，有僧募饭至，索而食之。下山二里，入南门，北登凤凰山。其山兀立城之东北，城即因之，北面峭削，不烦雉堞也。下山，出北水关，抵逆旅已昏黑矣。

二十二日

由北城外历凤凰山北麓，经北门，二里，过黄备桥。桥架曹溪之上。西北行十里，溯溪至元口。又五里至官庄前，西南渡溪，又十里至陈坊〔六〕。北渡小木桥，为曹山寺道。遂令顾仆同担夫西至乐安之流坑，余与静闻携被襆，渡桥沿小溪入。五里，为狮子口。由回龙洞而入山隘，即曹山也。其内环峰凹辟，平畴一围，地圆整如砥，山环绕如城，水流其间。自回龙口而南下陈坊，又东下宜黄，交锁曲折，亦此中一洞天，为丹霞、麻姑之类也。初以何王二氏名何王山，后加"草"、加"点"，名荷玉山。唐本寂禅师礼曹溪回，始易名曹山。宋赐额宝积寺，毁于嘉靖丙戌〔七〕，基田俱属缙绅。兹有名僧曰观心，将兴复焉。观心，宜黄人，向驻锡丰城〔八〕，通儒释之渊微，兼诗文之玄著。余一至，即有针芥之合〔九〕，设供篝灯，谈至丙夜〔一○〕，犹不肯就寝，曰："恨相见之晚也。"先是，余午至，留饭后即谓余曰："知君志在烟霞，此中尚有异境，曹山旧迹，不足观也。"

二十三日

早闻雨声。饭而别观心，出曹山，而雨丝丝下。三里至陈坊木桥，仍西从大道。溯溪二里，过鹏风桥。溪南自山来，路西折逾小岭。又三里，复西渡溪之上流，曰接龙桥。盖溪自曹山后岭北山峡而来，南下而转至鹏风桥者，此流尚细，而宜黄、崇仁〔一一〕之界，因逾接龙桥而西，即为崇之东南境。从此入山共三里，逾大霍岭，直逼龙骨山下。又二里，逾骨岭，水犹东注。又三里，下礮头岭，水始西流。又四里至纯乡，则一溪自南而北矣。渡溪桥是为纯乡村，有居民颇众。随水西二里,北下为崇仁道。南循小水一里,西登干冈岭,岭颇峻,逾岭而下,纯西南行矣。十里,至廖庄桥,有溪自南而北,其大与纯乡之溪并,东北流,当与纯溪同下崇仁者也。又西五里,过练树桥,桥跨巴溪〔一二〕之上。又西过坳上,盖南来之脉北过相山者也。其东水下练树桥为小巴溪,西水下双溪桥为大巴溪,俱合于罕浒,北即峙为相山,高峙朱碧街之北。再西即为芙蓉山。芙蓉尖峭而相山屏列,俱崇仁西南之巨擘也。自练树桥又五里而至朱碧街。其地在崇仁南百余里,南五十里为大华山,西南三十里为乐安县〔一三〕。

二十四日

昧爽,从朱碧西南行,月正中天〔一四〕。二里为双溪桥。二小溪,一自东北,一自西北,俱会于桥北,透桥东南去。路从西南,又一里为玄坛庙桥。其水自西而东,乃芙蓉西南之流,当亦东会双溪而下罕浒入巴溪者也。过溪南一里,越雷公岭,有溪自南而西北去。下岭即东南溯溪,一里为雷公场,又南三里为深坑。又东南二里为石脑,上有桥曰崑阳桥。又南三里曰双湛桥,又二里曰赵桥,又五里曰横冈,又五里越一岭,曰赵公岭。自石脑来十五里,其岭坦而长,盖东自华盖山度脊,而西经乐安,而北转进贤,为江西省城之脉者也。岭北水绕雷公而西北下崇仁,岭南水由大陂而下永丰、吉水者也。下岭,山隘渐辟,其内坞曰白麻插,水虽西流乐安、永丰,而地犹属崇仁;其外冈曰崇仁仙观,则乐安之界也。由白麻插循左山东南行,三里至大坪墅,转而东向入山。又二里,东至一天门,有涧西注石桥下,从此遂蹑级上登。一里至旧一天门,有二小溪,一自东南,一自东北,合于石屋之上。从此俱峻坂悬级。又七里至二天门，遂两度过脊之坂，俱狭若堵墙。于是东北绕三峰之阴，共七里而登华盖〔一五〕之顶，谒三仙焉。盖华盖三峰并列，而中峰稍逊，西为着棋，东为华盖。路由西峰而登，其阳甚削，故取道于阴。华盖之上，诸道房如蜂窝驾空，簇绕仙殿，旁无余地，无可眺舒。饭于道士陈云所房，亟登着棋，四眺形胜。其北正与相山对，而西南则中华山欲与颉颃〔一六〕，东与南俱有崇嶂，而道士不能名，然皆不能与华盖抗也。其山在崇仁南百二十里，东去宜黄亦百二十里，西去乐安止三十里，〔西南一百里至永丰〕，东南至宁都〔一七〕则二百余里焉。余自建昌，宜取道磁龟，则直西而至；自宜黄，宜取道石砐从云封寺，亦直西而至；今由朱碧，则迂而北，环而西，转而东向入山，然取道虽迂五十里，而得北游曹山洞石，亦不为恨也。下山十五里，至三天门，渡石桥而南，遂西南向落日趋。五里过崇仙观。又三里越韬岭，是为乐安界。又西南三里，渡一溪桥。又四里，溪西转出大陂，溪中乱石平铺，千横万叠，水碎飞活转，如冰花玉屑。时日已暮，遂宿大陂〔一八〕。

二十五日

是日为冬至，早寒殊甚，日出始行。西南五里为药腊。又五里为曾田〔一九〕，其处村居甚盛，而曾氏为最，家庙祀宗圣公〔二〇〕。从此转而南，渡溪入山，乃中华山之西北麓支山也。中华在华盖西南三十里，从药腊来循其阴西行，至是乃越而转其西北。又三里为馒头山，见溪边横石临流，因与静闻箕踞其上，不知溪流之即穿其下也。及起而行，回顾溪流正透石而出，始知其为架壑之石也。余之从乐安道，初览其志，知其城西四十里有天生石梁〔二一〕，其侧有石转运，故欣然欲往；至是路已南，不及西向，以为与石桥无缘；而不意复得此石，虽溪小石低，已见"天生"一斑。且其东北亦有石悬竖道旁，上如卓锥，下细若茎，恐亦石桥转运之类矣。又南一里为黄漠〔二二〕。又南逾一小岭，一里是为简上，为中华之西南谷矣。从此婉转山坑，渐次而登，五里，上荷树岭，上有瞻云亭。盖岭之东北为中华，岭之西南为雪华，此其过脉之脊云。逾岭南下二里，至坑底，有小溪，一自东北，一自西北，会而南。三里，出源里桥。又三里则大溪自东而西，渡长木桥至溪南，是为流坑〔二三〕。其处阛阓纵横，是为万家之市，而董氏为巨姓，有五桂坊焉。大溪之水东五十里自郎岭而来，又东过大树岭，为宁都界，合太华、中华东南之水至此，西八里至乌江，又合黄漠之水南下永丰焉。是日午至流坑，水涸无舟，又西八里，宿于乌江溪南之茶园。

二十六日

因候舟停逆旅。急索饭，即渡溪桥北上会仙峰。其峰在大溪之北，黄漠溪之西，盖两溪交会，而是山独峙其下流，与雪华山东西夹黄漠溪入大溪之口者也。峰高耸突兀倍于雪华，而阳多石骨嶙峋，于此中独为峻拔。其西南则豁然，溪流放注永丰之境也。由溪北从东小径西上，五里而至会仙峰。按志止有仙女峰，在乐安南六十里，而今土人讹为会仙云；然其为三仙之迹则无异矣。是峰孤悬，四眺无所不见。老僧董怀莪为余言："北四十里为乐安，西南六十里为永丰，直西为新淦〔二四〕，直东为宁都。其东北最远者为太华山，其次为中华，又次为雪华，三华俱在东北。而乐安之北有西华，兀立云雾之间，为江省过脉，尖拔特甚，盖从太华西北渡赵公岭而特起者也。"由会仙而上，更西北一里，其石嶙峋，上多鹃花红艳，〔但〕不甚高，亦冬时一异也。由会仙南面石磴而下，至山半甫有石泉一泓，由其山峭拔无水泉，故山下之溪亦多涸辙耳。下山五里，至溪旁，其南即为牛田〔二五〕、水南〔二六〕，其北为乌江，其东为茶园，余所停屐处也。午返，舟犹不行，遂止宿焉。

〔余自常山来，所经县治无不通舟，惟金谿、乐安，通舟之流，俱在四、五十里外。〕

二十七日

〔舟发〕乌江，三十里，丰陂宿。

二十八日

十里，将军。二十里，永丰〔二七〕宿。

二十九日

自永丰西南五里放舟，又三十五里北郊〔二八〕。吉水界。二十五里，亦名乌江〔二九〕。又十里，下黄宿。

三十日

早行。二十里，凤凰桥。溪右崖上有凤眼石，溪左为熊右御史概所居。又五里抵官材石，溪左一山崖石嶙峋，曰仙女排驾。遂绕吉水〔三〇〕东门，转南门、西门、北门，而与赣水合。盖三面绕吉水者为恩江，由永丰来。赣水止径北门。

〔一〕较贵溪之仙桥高与大俱倍之　　原缺"仙"字，空一格，据十月二十三日贵溪日记补"仙"字。

〔二〕一悬峰上　　乾隆本作"一峰悬上"。

〔三〕画：通"划"，谋划。

〔四〕有停泓一穴　　"有"，原作"在"，不从。

〔五〕仙：古代道家所想象的超出人世、长生不死的人。

〔六〕官庄前:今作官仓前;陈坊,今名同。皆在宜黄县西隅。

〔七〕嘉靖丙戌:嘉靖五年,公元 1526 年。

〔八〕丰城:明为县,隶南昌府,即今丰城市。

〔九〕钍芥之合:磁石能引针,琥珀能拾芥,因用以比喻性情契合为钍芥之合。

〔一〇〕丙夜:古代计时,一夜五更,又称五夜,即一更、二更、三更、四更、五更,亦称甲夜、乙夜、丙夜、丁夜、戊夜。丙夜即三更,亦即通常说的半夜。

〔一一〕崇仁:明为县,隶抚州府,即今崇仁县。

〔一二〕巴溪:即今宝塘水。

〔一三〕乐安县:隶抚州府,即今乐安县。

〔一四〕中天:正当天空之中,天顶。

〔一五〕华盖山:形如宝盖,又称宝盖山。今称大王山,海拔1137 米。

〔一六〕颉颃(xié háng 邪杭):不相上下。

〔一七〕宁都:明为县,隶赣州府,即今宁都县。

〔一八〕大陂:今作带陂,在乐安县南境,增田稍东。

〔一九〕曾田:今作增田,在乐安县南境的公路边。

〔二〇〕宗圣公:即孔子的弟子曾参。元文宗封曾子为郕国宗圣公,明嘉靖时罢封爵,只称宗圣。

〔二一〕知其城西四十里有天生石梁　　乾隆本、四库本作"闻城西十里有天生桥"。

〔二二〕黄漠　　据本日及二十六日记,疑为"黄漠"。

〔二三〕流坑:今名同,在乐安县西南境,恩江南岸。

〔二四〕 新淦(gàn 干)：明为县，隶临江府，即今新干县。

〔二五〕 牛田：今名同，在恩江北岸。

〔二六〕 水南：今名同，在恩江南岸，与牛田遥对。牛田、水南皆在今乐安县西南隅。

〔二七〕 永丰：明为县，隶吉安府，即今永丰县。

〔二八〕 北郊：即今八江，在永丰县西隅，恩江南岸。

〔二九〕 乌江：今名同，在吉水县东境，恩江北岸。此江亦名乌江。

〔三〇〕 吉水：明为县，隶吉安府，即今吉水县。

十二月初一日

先晚雨丝丝下，中夜愈甚，遂无意留吉水。入城问张侯〔一〕后裔。有张君重、伯起父子居南门内，隔晚托顾仆言，与张同宗，欲一晤，因冒雨造其家云。盖张乃世科而无登第者，故后附于侯族，而实非同派。君重之曾祖名峻，嘉靖间云亦别驾吾常，有遗墨在家云，曾附祀张侯之庙，为二张祠。此一时附托之言。按张侯无在郡之祠，其在吾邑者，嘉靖时被毁已久，何从而二之？更为余言：侯之后人居西团〔二〕，在城南五六十里，亦文昌乡也；族虽众，无读书者，即子衿〔三〕亦无一人。余因慨然！时雨滂沱，以舟人待已久，遂冒雨下舟，盖此中已三月无雨矣。时舟已移北门赣江上，由北门入至南门之张氏，仍出北门。下舟已上午，遂西南溯赣江行。十里，挟天马山之西。十里，过小洲头，东有大、小洲二重，西则长冈逶迤，有塔与小洲夹江相对。至是雨止日出。又十里，转挟螺子山之东，而泊于梅林渡，去吉郡尚十里。既暮，零雨复至。螺子，吉郡水口之第一山也。

吉水东大而高者,曰东山,即仁山也。太平山在其内,又近而附城,曰龙华寺。寺甚古,今方修葺,有邹南皋〔四〕先生祠。佛殿前东一碑,为韩熙载撰,徐铉八行书〔五〕。盖即太平西下之垅,南北回环,琐成一坞,而寺在中央。吉水西为天马山,在恩、赣二江夹脊中〔六〕。北为玉笥山,即峡山之界,赣江下流所经也。南为巽峰,尖峭特立,乃南皋先生堆加而峻者,为本县之文笔峰。建昌人言军峰为吉水文笔,因此峰而误也,大小迥绝矣。

初二日

黎明甫挂帆,忽有顺水舟叱咤而至,掀篷逼舟,痛殴舟人而缚之,盖此间棍徒托言解官银,而以拿舟吓诈舟人也。势如狼虎,舟中三十人,视舟子如搏羊,竟欲以余囊过其舟,以余舟下省。然彼所移入舟者,俱铺盖铃串之物,而竟不见银扛,即果解银,亦无中道之理。余谕其此间去吉郡甚近,何不同至郡,以舟畀汝。其人闻言,咆哮愈甚,竟欲顺流挟舟去。余乘其近涯,一跃登岸,亟觅地方王姓者,梅林保长也。呼而追之,始得放舟。余行李初已被移,见余登陆,乃仍畀还;而舟子所有,悉为抄洗,一舟荡然矣。又十里,饭毕,〔抵吉安郡〔七〕。〕已过白鹭洲之西,而舟人欲泊南关;余久闻白鹭书院之胜〔八〕,仍返舟东泊其下,觅寓于书院中净土庵。是日雨丝丝不止,余入游城中,颇寥寂。出南门,见有大街濒江,直西属神冈山,十里阛阓,不减金阊〔九〕也。

初三日

中夜雨滂沱。晨餐后,即由南关外西向神冈。时雨细路泞,举步不前,半日且行且止,市物未得其半,因还至其寓。是日书院中为郡侯季考，余出时诸士毕集，及返而各已散矣〔一〇〕。郡侯即家复生，是日季考不亲至，诸生颇失望。

初四日

雨。入游城中，出止白鹭洲。

初五日

入城拜朱贞明、马继芳。下午，取药煮酒，由西门出，街市甚盛。已由南门大街欲上神冈，复行不及也。

初六日

卧雪鹭洲。

初七日

卧雪鹭洲。下午霁，入城。由东门出，至大觉庵，已在梅林对江，不及返螺子。

初八日

由鹭洲后渡梅林，五里。又东北十里，大洲。乃东十里入山，登洲岭，乃南山北度之脊，因西通大洲，故云。从岭直上五里，天狱山。下，直南十里，宿南山下坑中季道人家。

初九日

东十里，出山口曰五十都。东南十里，过施坊。大家甚盛。入山五里，直抵嵩华山西麓，曰虎浮〔一一〕，拜萧氏。其外包山一重，即与施坊为界者也，东北从嵩华过脉，今凿而烧灰，西面有洞云庵向施坊焉。

初十日

登嵩华山，上下俱十里。

〔一〕张侯:即张宗琏,吉水人,永乐进士,曾参加修永乐大典,授刑部主事、左中允、大理寺丞。录囚广东,多所平反。清军福建,民以不扰。后奏事忤旨,谪为常州同知。性淡泊,上任不带妻子,病危请医生来,室内尚无灯烛。天启四年(公元1624年),霞客曾奉母命重修张宗琏庙于江阴城北的君山。

〔二〕西团　今名同,在吉水县南隅。十二月十三日记作“西园”,因形近而误,据此处改。

〔三〕衿(jīn巾):衣领。诗经郑风有“青青子衿”。子衿即学子穿的青领的衣服,因此又以子衿或青衿称读书人。明清科举时代亦专指秀才。

〔四〕邹南皋:即邹元标,吉水人。九岁即通五经,万历进士。张居正夺情,因抗疏切谏,遭廷杖,谪戍极边。张居正死,召为吏科给事中。后归家乡讲学30年。天启初还朝,拜左都御史。后连疏请归,寻被削夺。崇祯初,赠太子太保,谥忠介。

〔五〕韩熙载(公元902～970年):字叔言,潍州北海人,五代南唐重臣,官至兵部尚书、中书侍郎,以文章著称。宋史南唐世家说:“熙载善为文,江东士人、道释载金帛以求铭志碑记者不绝。”

徐铉(公元917～992年):字鼎臣,扬州广陵人,官至南唐吏部尚书。十岁即能属文,与韩熙载齐名,江东谓之“韩徐”,著有方舆记、岁时广记等。

〔六〕在恩赣二江夹脊中　“恩”原作“息”,据十一月三十日记改。恩江即乌江,今仍称乌江。

〔七〕吉安:明置吉安府,治庐陵,即今吉安市。

〔八〕白鹭书院:南宋时,知吉州江万里于白鹭洲建书院,因名白鹭书院,为宋代著名书院之一。文天祥曾在此读过书。

〔九〕金阊:苏州城西阊门外旧有金阊亭,故苏州亦别称金阊。

〔一〇〕及返而各已散矣　"及",原作"板",从沪本改。

〔一一〕施坊,今作施家边;虎浮,今作古富。皆在赣江以东吉水县南境。

十一日

游洞云。由北脊来时,由南峡口大路入,往返俱六里。

十二日

晨餐于萧处,上午始行。循嵩华而南五里,镜坊澎。东为嵩华南走之支,北转而高峙者名香炉峰,其支盖于查埠止十里也。又南五里登分水岭,逾岭东下五里为带源〔一〕,大魁〔二〕王艮所发处也〔三〕。由带源随水东行五里,出水口之峡,南入山。三里为燕山,其处山低岭小,居民萧氏,俱筑山为塘以蓄水,水边盛放。复逾小岭而南,三里,过罗源桥,复与带溪水遇,盖其水出峡东行,循山南转至此。度桥而南,山始大开,又五里宿于水北〔四〕。

十三日

由水北度桥,直南五里,渡泸溪桥,是为夏朗,即刘大魁名俨发迹处也。又南五里,为西团张氏,是日在其家。下午,淮河自罗坡来。

十四日

雨雪。淮河同乃郎携酒来。是晚二巫归。

十五日

霁,风寒甚。晚往西山。

十六日

张氏公祠宴。

十七日

五教祠宴。

十八日

饭于其远处。上午起身,由夏朗之西、西华山之东小径北迁,五里西转,循西华之北西行,十里,富源。其西有三狮锁水口。又西二里为泷头,彭大魁教发迹处也,溪至此折而南入山。又五里为潇泷,溪束两山间,如冲崖破峡,两岸石骨壁立,有突出溪中者,为"瑞石飞霞",峡中有八景焉。由泷溪三里,出百里贤关,谓杨救贫云"百里有贤人出也"。又西北二里为第二关,亦有崖石危亘溪左。又西北三里,出罗潭,为第三关。过是山始开,其溪北去,是为查埠。又西北五里后与溪遇,渡而北,宿于罗家埠〔五〕。

十九日

昧爽行。十里,复循西岩山之南而行,三里为值夏。西八里,逾孟堂坳,〔则赣江南来,为泷洋〔六〕入处。〕又二里,张家渡,乃趁小舟顺流北下。十里,有市在江左,曰永和〔七〕,其北涯有道,可径往青原。乃令张氏送者一人,名其远,张侯之近支。随舟竟往白鹭;而余同张二巫及静闻,登北涯随山东北行。五里,入两山之间。又一里,有溪转峡而出。渡溪南转,石山当户,清涧抱壑,青原寺〔八〕西向而峙。主僧本寂留饭于其寮,亦甚幽静。盖寺为七祖〔九〕旧刹,而后沦于书院,本寂以立禅恢复,尽迁诸书院于山外,而中构杰阁,犹未毕工也。寺后为七祖塔,前有黄荆树甚古,乃七祖誓而为记者。初入山,不过东西两山之夹耳;至北坞转入而南,亦但觉水石清异,涧壑潆回;及登塔院,下瞰寺基,更觉中洋开整,四山凑合。其坞内外两重,内坞宽而密,外坞曲而长,外以移书院,内以供佛宇,若天造地设者。余以为从来已久,而本寂一晤,辄言其兴复之由,始自丙寅、丁卯之间〔一〇〕。盖是寺久为书院,而〔邹〕南皋、〔郭〕青螺二老欲两存之,迎本寂主其事。本寂力言,禅刹与书院必不两立,持说甚坚,始得迁书院于外,而寺田之复遂如破竹矣。寺前有溪,由寺东南深壑中来,至寺前汇于翠屏之下。〔翠屏为水所蚀,山骨嶙峋,层叠耸出,老树悬缀其上,下映清流,景色万状。〕寺左循流而上,山夹甚峻,而坞曲甚长,曲折而入十里,抵黄鲇岭。坞中之田,皆寺僧所耕而有者。入口为寺之龙虎两砂,回锁隘甚,但知有寺,不复知寺后复有此坞也。余自翠屏下循流攀涧,宛转其间,进进不已,觉水舂菜圃,种种不复人间。久之,日渐西,乃登山逾岭,仍由五笑亭入寺。别立禅即本寂出山,渡溪桥,循外重案山之南五里,越而西,遂西北行十里,渡赣江,已暮烟横渚,不辨江城灯火矣。又三里,同二张宿于白鹭洲。

二十日

同张二巫、静闻过城西北二里,入白燕山。山本小垅,乃天华之余支,寺僧建竖,适有白燕来翔,故以为名。还由西门入,至北门,过黄御史园,门局不入。黄名宪卿,魏珰事废。又北入田中丞园。田名仰。园外旧坊巍然,即文襄周公〔一一〕之所居也,鲁灵光尚复见此,令人有山斗〔一二〕之想。日暮寒烟,凭吊久之,乃出昌富门,入白鹭宿。

〔一〕带源:今名同,在吉水县南境,古富以东。

〔二〕大魁(kuí葵)：科举制度中称殿试一甲第一名为大魁。大魁亦即状元。

〔三〕王艮(？～公元1402年)：字敬止，吉水人，建文时任修撰，参与修太祖实录等。燕王兵进迫南京，艮与妻子诀别，饮鸩死。

〔四〕水北：在今吉水县南境，泷江北岸，与水南相对。

〔五〕罗家埠：今名同，又称富滩，在吉水县南隅，泷江北岸。

〔六〕洋：水多且盛。南方一些省称江为洋。

〔七〕值夏：今名同，在吉安县东隅，泷江南岸。　　张家渡：今名同，在吉水县西南隅，泷江汇入赣江处。　　永和：今名同，在吉安县东隅，赣江西岸。

〔八〕青原寺：在吉安市东南、赣江东岸的青原山，上有虎跑泉、锡泉、雷泉等。元末毁，明初重修。

〔九〕七祖：河津神会禅师于天宝四载(公元745年)入京，著显宗记，订禅宗的南北两宗，被推为禅宗七祖。

〔一〇〕丙寅、丁卯之间：即天启六年至天启七年，公元1626～1627年。

〔一一〕周忱：吉水人，永乐进士，任工部右侍郎，巡抚江南，在任22年，他的很多建议皆著为令，官至工部尚书。死后谥文襄。

〔一二〕山斗：即泰山北斗，古人常用以比喻所尊崇仰慕的人。

二十一日

张氏子有书办〔一〕于郡上，房者曰启文，沽酒邀酌。遂与二巫、静闻由西城外南过铁佛桥，八里，南登神冈山顶。其山在吉安城南十五里，安福、永新之江所由入大江处。山之南旧有刘府君庙，刘名竺，陈、梁时以曲江侯为吉安郡守，保良疾奸，绰有神政，没而为神，故尊其庙曰神冈，宋封为利惠王。下临安、永小江。遂由庙左转神冈东麓，北随赣江十五里，至吉安南城之螺川驿。又三里，暮，入白鹭。

白鹭洲首自南关之西，尾径东关，横亘江中，首伏而尾高。书院创于高处，前铸大铁犀以压水，连建三坊，一曰名臣，二曰忠节，三曰理学。坊内两旁排列号馆，为诸生肄业之所。九县与郡学共十所，每所楼六楹。其内由桥门而进，正堂曰正学堂；中楼曰明德堂；后阁三层，下列诸贤神位，中曰"天开紫气"，上曰"云章阁"。楼回环而阁杰耸，较之白鹿，迥然大观也。是院创于宋，至世庙时郡守汪□受始扩而大之。熹庙时〔二〕为魏珰〔三〕所毁，惟楼阁未尽撤。至崇祯初，郡守林一□仍鼎复旧观焉。

二十三日

在复生署中自宴。

二十四日

复生婿吴基美设宴。基美即余甥。

二十五日

张侯后裔以二像入署。上午，别复生，以舆送入永新舟，即往觅静闻，已往大觉寺。及至，已暮，遂泊螺川驿前。

二十六日

舟人市菜，晨餐始行。十里，至神冈山下，乃西入小江。风色颇顺，又西二十五里，三江口。一江自西北来者，为安福江；一江自西南来者，为永新江〔四〕。舟溯永新江西南行，至是始有滩。又十五里，泊于横江渡〔五〕。是日行五十里。

220

二十七日

昧爽发舟。二十里，廖仙岩。有石崖瞰江，南面已为泰和界，其北俱庐陵境也[六]。自是舟时转北向行，盖山溪虽自西来，而屈曲南北也。十里，永阳[七]，庐陵大市也，在江之北；〔然江之南岸，犹十里而始属泰和，以舟曲而北耳。〕又十五里，北过狼湖，乃山坞村居，非湖也。居民尹姓，有舠百艘，俱捕鱼湖襄间为业。又十五里，泊于止阳渡[八]，有村在江之北岸。是日行六十里，两日共行百里，永新之中也。先是复生以山溪多曲，欲以二骑、二担夫送至茶陵界；余自入署，见天辄酿雪，意欲从舟，复生乃索舟，并以二夫为操舟助。至是朔风劲甚，二夫纤荷屡从水中，余甚悯其寒，辄犒以酒资。下午，浓云渐开，日色亦朗，风之力也。

二十八日

昧爽，纤而行，寒甚。二十里，敖城[九]，始转而南。挂篷五里，上黄坝滩。复北折，遂入两山峡间。五里，枕头石。转而西，仍挂帆行，三里，上黄牛滩，十八滩从此始矣。滩之上为纷丝潭，潭水深碧，两崖突束如门，至此始有夹峙之崖，激湍之石。又七里，上二滩，为周原[一〇]，山中洋壑少开，村落倚之，皆以货薪为业者也。又五里为画角滩，十八滩中之最长者。又五里为坪上，则庐陵、永新之界也。两县分界在坪上之东，舟泊于坪上之西。

二十九日

昧爽行。二十里，桥面，上旧有桥跨溪南北，今已圮，惟乱石堆截溪流。又五里为还古。望溪南大山横亘，下有二小峰拔地兀立，心觉其奇。问之，舟人曰："高山名义山，土人所谓上天梁也，虽大而无奇；小峰曰梅田洞，洞即在山之麓。"余夙慕梅田之胜，亟索饭登涯,令舟子随舟候于永新〔一一〕。余同静闻由还古南行五里,至梅田〔一二〕山下,则峰皆丛石耸叠,〔无纤土蒙翳其间,真亭亭出水莲也。〕山麓有龙姓者居之。东向者三洞,北向者一洞,惟东北一角山石完好,而东南一洞尽处与西北诸面,俱为烧灰者铁削火淬,玲珑之质,十去其七矣。

东向第一洞在穹崖下,洞左一突石障其侧。由洞门入,穹然而高,十数丈后,洞顶忽盘空而起,四围俱削壁下垂,如悬帛万丈,牵绡回幄,从天而下者。其上复嘘窦嵌空,结靥成阁,中有一窍直透山顶,天光直落洞底,日影斜射上层,仰而望之,若有仙灵游戏其上者,恨无十丈梯,凌空置身其间也。由此北入,左右俱有旋螺之室,透瓣之门,伏兽垂幢,不可枚举。而正洞垂门五重,第三重有柱中擎,剖门为二:正门在左,直透洞光;旁门在右,暗中由别窦入,至第四门之内而合。再入至第五门,约已半里,而洞门穹直,光犹遥射。至此路忽转左,再入一门,黑暗一无所睹,但觉空洞之声,比明处更宏远耳。欲出索炬再入,既还步,所睹比入时更显,垂乳列柱,种种满前,应接不暇,不自觉其足之不前也。洞之南不十步,又得一洞,亦直北而入,最后亦转而左,即昏黑不可辨,较之第一洞,正具体而微,然洞中瑰异宏丽之状,十不及一二也。既出,见洞之右壁,一隙岈然若门。侧身而入,其门高五六尺,而阔仅尺五,上下二旁,方正如从绳挈矩,而槛桔之形,宛然斫削而成者。其内石色亦与外洞殊异,圆窦如月,侧隙如圭,玲珑曲折,止可蛇游猿倒而入。有风蓬蓬然从圆窦出,而忽昏黑一无所见,乃蛇退而返。出洞而南不十步,再得第三洞,则穹然两门,一东向,一南向,名合掌洞。中亦穹然明朗。初直北入,既而转右。转处有石柱洁白如削玉,上垂而为宝盖,绡围珠络,形甚瑰异。从此东折渐昏黑,两旁壁亦渐狭,而其上甚高,亦以无火故,不能烛其上层,而下则狭者复渐低,不能容身而出。自是而南,凌空蜚云之石,俱受大斧烈焰之剥肤矣。

仍从山下转而北,见其耸峭之胜,而四顾俱无径路。仍过东北龙氏居,折而西,遇一人引入后洞。是洞在山之北,甫入洞,亦有一洞窍上透山顶,其内直南入,亦高穹明敞。当洞之中,一石柱斜骞于内,作曲折之状,曰石树。其下有石棋盘,上有数圆子如未收者。俗谓"棋残子未收"。后更有平突如牛心、如马肺者,有下昂首而上、上垂乳而下者,欲接而又不接者。其内西转,云可通前洞而出,以黑暗无灯,且无导者,姑出洞外。

时连游四洞,日已下舂,既不及觅炬再入,而洞外石片嶙峋,又觉空中浮动,益无暇俯幽抉閟矣。遂与静闻由石瓣中攀崖蹈隙而上。下瞰诸悬石,若削若缀,静闻心动不能从,而山下居人亦群呼无路不可登;余犹宛转峰头,与静闻各踞一石,出所携胡饼啖之,度已日暮,不及觅炊所也。既而下山,则山之西北隅,其焚削之惨,与东南无异矣。乃西过一洞,五里,入西山。循水口而入,又二里登将军坳,又二里下至西岭角,遂从大道西南行。五里,则大溪自南而来,绕永新城东北而去,有浮桥横架其上,过桥即永新〔一三〕之东关矣。时余舟自还古转而北去,乃折而南,迂曲甚多,且溯流逆上,尚不能至,乃入游城中,抵暮乃出,舟已泊浮桥下矣。

永新东二十里高山曰义山,横亘而南,为泰和、龙泉界。西四十里高山曰禾山,为茶陵州界。南岭最高者曰岭背,名七姬岭〔一四〕,去城五十里,乃通永宁、龙泉道也〔一五〕。永新之溪西自麻田来,至城下,绕城之南,转绕其东而北去。麻田

去城二十里，一水自路江东向来，一水自永宁北向来[一六]，
〔合于麻田〕。

三十日

永新令闵及申以谒祭闭浮桥，且以封印，谩许开关而竟不至。
上午，舟人代为觅轿不得，遂无志永宁，而谋径趋路江。乃以二夫、
一舟人分担行李，入东门，出南门，溯溪而西。七里，有小溪南自七
姬岭来入。又西三里，大溪自西南破壁而出，路自西北沿山而入。
又三里，西上草墅岭。三里，越岭而下为枫树，复与大溪遇。路由
枫树西北越合口岭，八里至黄杨。溯溪而西，山径始大开，又七里，
李田[一七]。去路江尚二十里。日才下午，以除夕恐居停不便，即早
觅托宿处，而旅店俱不能容。予方徬徨路口，有儒服者过而问曰：
"君且南都人耶？余亦将南往留都[一八]，岂可使贤者露处于我
土地！"揖其族人，主□其家。余问其姓，曰："刘。"且曰："吾兄亦
在南都，故吾欲往。"盖指肩吾刘礼部也，名元震。始知刘为永新人，
而兹其里闬[一九]云。余以行李前往，遂同赴其族刘怀素家。其
居甚宽整，乃村居之隐者，而非旅肆也。问肩吾所居，相去尚五里，
遂不及与前所遇者晤。是日止行三十五里，因市酒肉犒所从三夫，
而主人以村醪[二〇]饮余，竟忘逆旅之苦。但彻夜不闻一炮爆竹
声，山乡之寥寂，真另一天地也。晚看落日，北望高山甚近，问之，
即禾山也。

〔一〕书办：各级官府管案牍文书者的通称。

〔二〕熹庙：即明熹宗朱由校，在位时间共七年，时为公元
1620～1627 年。

〔三〕珰（dāng 当）：原是汉代宦官充武职者帽子上用黄金做的饰物，后来即以珰为宦官的代称。魏珰即指明代宦官魏忠贤（公元 1568 ～1627 年）。

〔四〕安福江：明代亦称泸水，即今泸水。　　永新江：明代亦称禾水，即今禾水。

〔五〕横江渡：今名横江，在吉安县南境，禾水东岸。

〔六〕泰和　　多处原作"太和"，据明史地理志及乾隆本、四库本改。下同。泰和：明为县，隶吉安府，即今泰和县。

庐陵：为吉安府附郭县，在今吉安市。

〔七〕永阳：今名同，在吉安县南隅，禾水北岸。

〔八〕止阳渡：今作指阳，在吉安县西南境，禾水南岸。

〔九〕敖城：今名同，在吉安县西南境，禾水北岸。

〔一○〕周原：今作洲源，在吉安县西隅，禾水稍北。

〔一一〕令舟子随舟候于永新　　"舟子"，乾隆本作"奴"，四库本作"仆"。

〔一二〕梅田：今名同，在永新县治稍东。

〔一三〕永新：明为县，隶吉安府，即今永新县。

〔一四〕七姬岭　　明史地理志及乾隆本、四库本作"七溪岭"。今亦称七溪岭。

〔一五〕永宁：明为县，隶吉安府，治今宁冈县东北境的新城。

龙泉：明为县，隶吉安府，治今遂川县。

〔一六〕一水自永宁北向来　　"永宁"，季抄本作"水宁"，乾隆本、四库本作"永新"，皆有误。

〔一七〕李田：今作澧田，在永新县西境。

〔一八〕留都:明初洪武、建文时建都南京,即今江苏南京市。自成祖北迁后,皇帝常驻北京,则南京又称留都。

〔一九〕闬(hàn 汗):巷门。里闬:乡里。

〔二〇〕村醪(láo 劳):农村制的汁滓混合的酒酿或浊酒。

丁丑(崇祯十年,公元 1637 年)正月初一日

晓起,晴丽殊甚。问其地,西去路江二十里,北由禾山趋武功百二十里,遂令静闻同三夫先以行李往路江,余同顾仆挈被直北入山。其山不甚高,而土色甚赤。升陟五里,越一小溪又五里,为山上刘家。北抵厚堂寺,越一小岭,始见平畴,水田漠漠。乃随流东北行五里,西北转,溯溪入山。此溪乃禾山东北之水,其流甚大,余自永城西行,未见有大水南向入溪者,当由山上刘家之东入永城下流者也。北过青堂岭西下,复得平畴一坞,是为十二都。西溯溪入龙门坑〔一〕,溪水从两山峡中破石崖下捣,连泄三四潭。最下一潭深碧如黛,其上两崖石皆飞突相向。入其内,复得平畴,是为禾山寺。寺南对禾山之五老峰,而寺所倚者,乃禾山北支复起之山也,有双重石高峙寺后山上。盖禾山乃寺西主山,而五老其南起之峰,最为耸拔。余撮其大概云:"双童后倚,五老前揖。"二山即禾山、五老。夹凹中有罗汉洞,闻不甚深,寺僧乐庵以积香出供,且留为罗汉、五老之游。余急于武功,恐明日穷日力不能至,请留为归途探历,遂别乐庵,北登十里坳。其岭升陟共十里而遥,登岭时,西望寺后山巅,双重骈立,峰若侧耳耦语然。越岭北下,山复成坞,水由东峡破山去,坞中居室鳞比,是名铁径〔二〕。复从其北越一岭而下,五里,再得平畴,是名严堂,其水南从岭西下铁径者也。由严堂北五

里,上鸡公坳,又名双顶。其岭甚高,岭南之水南自铁径东去,岭北之水则自陈山从北溪出南乡,鸡公之北即为安福〔三〕界。下岭五里至陈山〔四〕,日已暮,得李翁及泉留宿焉。翁方七十,真深山高隐也。

初二日

晨餐后,北向行。其南来之水,从东向破山去,又有北来之水,至此同入而东,路遂溯流北上。盖陈山东西俱崇山夹峙,而南北开洋成坞,四面之山俱搏空溃壑,上则亏蔽天日,下则奔坠峭削,非复人世所有矣。五里,宛转至岭上。转而东,复循山北度岭脊,名庙山坳,又名常冲岭。其西有峰名乔家山,石势嵯峨,顶有若屏列、若人立者,诸山之中,此其翘楚〔五〕云。北下三里,有石崖兀突溪左,上有纯石横竖,作劈翅回翔之状,水从峰根坠空而下者数十丈。但路从右行,崖畔丛茅蒙茸,不能下窥,徒闻捣空振谷之响而已。下此始见山峡中田塍环壑,又二里始得居民三四家,是曰卢子泷。一溪自西南山峡中来,与南来常冲之溪合而北去,泷北一冈横障溪前,若为当关。溪转而西,环冈而北,遂西北去。路始舍涧,北过一冈。又五里,下至平畴,山始大开成南北两界,是曰台上塘前,而卢子泷之溪,复自西转而东,〔遂成大溪,东由洋溪与平田之溪合。〕乃渡溪北行,三里至妙山,复入山峡,〔三里〕至泥坡岭麓,得一夫肩行李。五里,北越岭而下,又得平畴一壑,是曰十八都。又三里,有大溪亦自西而东,〔乃源从钱山洞北至此者,平田桥跨之。〕度平田桥北上相公岭,从此迢遥直上,俱望翠微,循云崖。五里,有路从东来〔合,又直上十里,盘陟岭头,日炙如釜,渴不得水。久之,闻路下淙淙声,觅莽间一窦出泉,掬饮之。山坳得居落,为〕十九都〔门家坊。坊西一峰甚峻,即相公岭所望而欲登者,正东北与香炉峰对峙,为武功南案。〕日犹下午,恐前路崎岖,姑留余力而止宿焉。主人王姓,其母年九十矣。

初三日

晨餐后行,云气渐合,而四山无翳。三里,转而西,复循山向北,始东见大溪自香炉峰麓来,是为湘吉湾。又下岭一里,得三四家。又登岭一里,连过二脊,是为何家坊。有路从西坞下者,乃钱山[六]之道,水遂西下而东,则香炉峰之大溪也;有路从北坳上者,乃九龙之道;而正道则溯大溪东从夹中行。二里,渡溪循南崖行,又一里,茅庵一龛在溪北,是为三仙行宫。从此渐陟崇冈,三里,直造香炉峰。〔其崖坳时有细流悬挂,北下大溪去。仰见峰头云影渐朗,亟上跻,忽零雨飘扬。〕二里至集云岩,零雨沾衣,乃入集云观少憩焉。观为葛仙翁[七]栖真之所,道流以新岁方群嬉正殿上,殿止一楹,建犹未完也。其址高倚香炉,北向武功,前则大溪由东坞来,西向经湘吉湾而去,亦一玄都[八]也。时雨少止,得一道流欲送至山顶,遂西至九龙,乃冒雨行半里,渡老水桥,〔复循武功南麓行,遂〕上牛心岭。五里,过棋盘石,有庵在岭上。雨渐大,道流还所界送资,弃行囊去。盖棋盘有路直北而上,五里,经石柱风洞,又五里,径达山顶,此集云〔登山〕大道也;由小径循深壑而东,乃观音崖之道。余欲兼收之,竟从山顶小径趋九龙,而道流欲仍下集云,从何家坊大路,故不合而去。余遂从小径冒雨东行。从此山支悉从山顶隤壑而下,凸者为冈,凹者为峡,路循其腰,遇冈则跻而上,遇峡则俯而下。由棋盘经第二峡,有石高十余丈竖峰侧,殊觉娉婷。其内峡中突崖丛树,望之甚异,而曲霏草塞[九],无可着足。又循路东过三峡,其冈下由涧底横度而南,直接香炉之东。于是涧中之水遂分东西行,西即由集云而出平田,东即由观音崖而下江口〔一〇〕,皆安福东北之溪也。于是又过两峡。北望峡内俱树木蒙茸,石崖突兀,时见崖上白幌如拖瀑布,怪无飞动之势,细玩之,俱僵冻成冰也。然后知其地高寒,已异下方,余蹙踱雨中不觉耳。共五里,抵观音崖,盖第三冈过脊处正其中也。观音崖者,一名白法庵,为白云法师所建,而其徒隐之扩而大之。盖在武功之东南隅,其地幽僻深窈,初为山牛野兽之窝,名牛善堂;白云鼎建禅庐,有白鹦之异,故名白法佛殿。前有广池一方,亦高山所难覯者〔一一〕。其前有尖峰为案,曰箕山,乃香炉之东又起一尖也。其地有庵而无崖,崖即前山峡中亘石,无定名也。庵前后竹树甚盛,其前有大路直下江口,其后即登山顶之东路也。时余衣履沾透,亟换之,已不作行计。饭后雨忽止,遂别隐之,由庵东跻其后。直上二里,忽见西南云气浓勃奔驰而来,香炉、箕山倏忽被掩,益厉顾仆竭蹶上跻。又一里,已达庵后绝顶,而浓雾涨漫,下瞰白云及过脊诸冈峡,纤毫石可影响〔一二〕,幸霾而不雨。又二里,抵山顶茅庵中,有道者二人,止行囊于中。三石卷殿即在其上,咫尺不辨。道者引入叩礼,遂返宿茅庵。是夜风声屡吼,以为已转西北,可幸晴,及明而涨漫如故。

〔武功山东西横若屏列〔一三〕。正南为香炉峰,香炉西即门家坊尖峰,东即箕峰。三峰俱峭削,而香炉高悬独耸,并列武功南,若棍门〔一四〕然。其顶有路四达:由正南者,自风洞石柱,下至棋盘、集云,经相公岭出平田十八都为大道,余所从入山者也;由东南者,自观音崖下至江口,达安福;由东北者,

229

二里出雷打石，又一里即为萍乡界，下至山口达萍乡〔一五〕；由西北者，自九龙抵攸县；由西南者，自九龙下钱山，抵茶陵州，为四境云。〕

初四日

闻夙霾未开，僵卧久之。晨餐后方起，雾影倏开倏合。因从正道下，欲觅风洞石柱。直下者三里，渐见两旁山俱茅脊，无崖岫之奇，远见香炉峰顶亦时出时没，而半〔山〕犹浓雾如故。意风洞石柱尚在二三里下，恐一时难觅，且疑道流装点之言，即觅得亦无奇，遂乘未雨仍返山顶，再饭茅庵，先往九龙〔一六〕。乃从山脊西行，初犹涤漫，已而渐开。三里稍下，度一脊，忽雾影中望见中峰之北矗崖崭柱，上刺层霄，下插九地，所谓千丈崖。百崖丛峙回环，高下不一，凹凸掩映。陇北而下，如门如阙，如幛如楼，直坠壑底，皆密树蒙茸，平铺其下。然雾犹时〔时〕笼罩，及身至其侧，雾复倏开，若先之笼，故为掩袖之避，而后之开，又巧为献笑之迎者。盖武功屏列，东、西、中共起三峰，而中峰最高，纯石，南面犹突兀而已，北则极悬崖回崿之奇。使不由此而由正道，即由此而雾不收，不几谓武功无奇胜哉！共三里，过中岭之西，连度二脊，其狭仅尺五。至是南北俱石崖，而北尤崭削无底，环突多奇，〔脊上双崖重剖如门，下陇至重壑。〕由此通道而下，可尽北崖诸胜，而惜乎山高路绝，无能至者。又西复下而上，是为西峰。其山与东峰无异，不若中峰之石骨棱嶒矣。又五里，过野猪洼。西峰尽处，得石崖突出，下容四五人，曰二仙洞。闻其上尚有金鸡洞，未之入也。〔于是山分两支，路行其中。〕又西稍下四里，至九龙寺。寺当武功之西垂，崇山至此忽开坞成围，中有平壑，水带西出峡桥，坠崖而下，乃神庙〔一七〕时宁州禅师所开，与白云之开观音崖，东西并建者。然观音崖开爽下临，九龙幽奥中敞，形势固不若九龙之端密也。若以地势论，九龙虽稍下于顶，其高反在观音崖之上多矣。寺中僧分东西两寮，昔年南昌王特进山至此，今其规模尚整。西寮僧留宿，余见雾已渐开，强别之。出寺，西越溪口桥，溪从南下。复西越一岭，又过一小溪，〔二溪合而南坠谷中。〕溪坠于东，路坠于西，俱垂南直下。五里为紫竹林，僧寮倚危湍修竹间，幽爽兼得，亦精蓝[一八]之妙境也。从山上望此，犹在重雾〔中〕；渐下渐开，而破壁飞流，有倒峡悬湍之势[一九]。又十里而至卢台，或从溪右，或从溪左，循度不一，靡不在轰雷倒雪中。但洞崖危耸，竹树翳密，悬坠不能下窥，及至渡涧，又复平流处矣。出峡至卢〔台〕，始有平畴一壑，乱流交涌畦间，行履沾濡。思先日过相公岭，求滴水不得；此处地高于彼，而石山潆绕，遂成沃泽。盖武功之东垂，其山乃一脊排支分派；武功之西垂，其山乃众峰耸石攒崖，土石之势既殊，故燥润之分亦异也。夹溪四五家，俱环堵离立，欲投托宿，各以新岁宴客辞。方徘徊路旁，有人一群从东村过西家，正所宴客也。中一少年见余无宿处，亲从各家为觅所栖，乃引至东村宴过者，唐姓家。得留止焉。是日行三十里。

初五日

晨餐后，雾犹翳山顶。乃东南越一岭，五里下至平畴，是为大陂。居民数家，自成一壑。一小溪自东北来，乃何家坊之流也，卢台之溪自北来，又有沙盘头之溪自西北来，同会而出陈钱口。〔两山如门，路亦随之。〕出口即十八都平田，东向大洋也[二〇]。大陂之水自北而〔出〕陈钱，上陂之水自西而至车江，二水合而东经钱山下平田者也。路由车江循西溪，五里至上陂，复入山。已渡溪南,复上门楼岭,五里越岭,复与溪会。过平坞又二里,有一峰当溪之中,其南北各有一溪,漾峰前而合,是为月溪上流。路从峰之南溪而入,其南有石兰冲,颇突兀。又三里登祝高岭,岭北之水下安福,岭南之水下永新。又平行岭上二里,下岭东南行二里,过石洞北,乃西南登一小山,山石色润而形巉。由石隙下瞰,一窟四环,有门当隙中,内有精蓝,后有深洞,洞名石城。〔洞外石崖四亘,崖有隙东向,庵即倚之。庵北向,洞在其左,门东北向,〕而门为僧闭无可入。从石上俯而呼,久之乃得入,因命僧炊饭,而余入洞,欲出为石门寺之行也。〔循级而下,颇似阳羡〔二一〕张公洞门,而大过之。洞中高穹与张公并,而深广倍之。其中一冈横间,内外分两重,外重有巨石分列门口如台。当台之中,两石笋耸立而起。其左右列者,北崖有石柱矗立,大倍于笋,而色甚古穆,从石底高擎,上属洞顶。旁有隙,可环柱转。柱根涌起处,有石环捧,若植之盘中者。其旁有支洞。曲而北再进,又有一大柱,下若莲花,围叠成柱;上如宝幢,擎盖属顶;旁亦有隙可循转。柱之左另环一窍,支洞益穹。〕及出,饭后见洞甚奇,索炬不能,复与顾仆再入细搜之。出已暮矣,遂宿庵中。

石城洞初名石廊;南陂刘元卿开建精蓝于洞口石窟中,改名书林;今又名石城,以洞外石崖四亘若城垣也。

初六日

晨起,雾仍密翳。晨餐毕,别僧宝林出,而雨忽至;仍返庵中,坐久之,雨止乃行。由洞门南越一岭,五里,〔其处西为西云山,东为佛子岭之西垂,〕望见东面一山中剖若门,意路且南向,无由一近观。又二里至树林,忽渡桥,路转而东。又一里,正取道断山间,乃即东向洋溪[二二]大道也。〔盖自祝高岭而南,山分东西二界,中开大洋[二三],直南抵汤渡。其自断山之东,山又分南北二界,中开大洋,东抵洋溪。而武功南面与石门山之北,彼此相对,中又横架祝高至儿坡一层,遂分南北二大洋。北洋西自上陂合陈钱口之水,由钱山平田会于洋溪;南洋西自断山至路口,水始东下,合石门东麓卢子坳之水,由塘前而会于洋溪。二溪合流曰洋岔,始胜舟而入安福。〕初望断山甚逼削,及入之,平平无奇,是名错了坳,其南即路口西下之水所出。由坳入即东南行,三里为午口。南上岭,山峡片石森立,色黑质秀如英石[二四]。又二里,一小峰尖圆特立,土人号为天子地。乃东逾一岭,共五里,为铜坑。浓雾复霾,坑之上,即路口南来初起之脊也。由此南向黑雾中五里,忽闻溪声如沸,已循危崖峭壁上行,始觉转入山峡中也。雾中下瞰,峭石屏立溪上,沉黑逼仄,然不能详也。已而竹影当前,犬声出户,遂得石门〔寺〕,乃入而炊。问石门之奇,尚在山顶五里而遥,时雾霾甚,四顾一无所见,念未即开霁,余欲餐后即行。见签板在案,因诀之大士。得七签[二五],其由云:“赦恩天下遍行周,敕旨源源出罪尤,好向此中求善果,莫将心境别谋求。”余曰:“大士知我且留我,晴必矣。”遂留寺中。已而雨大作,见一行冲泥而入寺者,衣履淋漓,盖即路口之刘,以是日赴馆于此,此庵乃其所护持开创者。初见余,甚落落[二六],既而同向火,语次大合。师名刘仲珏,号二玉;弟名刘古心,字若孩。迨暮,二玉以榻让余,余乃拉若孩同榻焉。若孩年甫冠,且婚未半月,辄入山从师,亦可嘉也。

初七日

平明,闻言天色大霁者,余犹疑诸人故以此嘲余,及起果然。

233

亟索饭，恐雾湿未晞〔二七〕，候日高乃行。僧青香携火具，而刘二玉挈壶以行。迨下山，日色已过下午矣。予欲行，二玉曰："从此南逾岭，下白沙五里，又十五里而至梁上，始有就宿处。日色如此，万万不能及。"必欲拉余至其家。余从之，遂由旧路下，未及铜坑即北向去，共十里而抵其家，正在路口〔二八〕庙背过脊之中。入门已昏黑，呼酒痛饮，更余乃就寝。其父号舞雩，其兄弟四人。

初八日

二玉父子割牲设醴，必欲再留一日，俟其弟叔璜归，时往钱山岳家。以骑送余。余苦求别，迨午乃行。西南向石门北麓行，即向所入天子地处也。五里，有小流自铜坑北麓西北注山峡间，忽有乱石蜿蜒。得一石横卧洞上，流淙淙透其下，匪直跨流之石，抑其石玲珑若云片偃卧，但流微梁伏，若园亭中物，巧而不钜耳。过此，石错立山头，俱黝然其色，岈然其形，其地在天子地之旁，与向入山所经片峙之石连峰共脉也。又五里，逾冈而得大涧，即铜坑下流，是为南村。有一峰兀立涧北，是为洞仙岩。逾涧南循西麓行，其西为竺高南下之大洋，南村之南即为永新界。又五里遂与大路合。又五里，一〔大〕涧东自劳芳坳〔二九〕来，〔坳在禾山绝顶西，北与石门南来之峰连列者。〕渡之而南，即为梁上。复南五里，连逾东来二涧，过青塘墅。又二里暮，宿于西塘之王姓家。

初九日

晨餐后，南行。西逾一北来之涧，〔即前东来之涧转而南者。〕共六七里，至汤家渡，始与大溪遇。〔此溪发源于祝高南，合南下所经诸涧，盘旋西山麓，至此东转始胜舟。〕渡溪南行，又五里为桥上。〔其处有元阳观、元阳洞，洞外列三门，内可深入，以不知竟去。〕前溪复自北而南。仍渡溪东，乃东向逾山，四里为太和，又四里逾一岭，已转行高石坳之南矣。小岭西为东阁坪，东为坑头冲，由坑南下二里，则大溪西自中坊东来。路随之东入山峡，又二里为龙山〔三〇〕，数家倚溪上。循溪东去，崖石飞突，如蹲狮奋虎，高瞰溪上。路出其下，滩石涌激上危崖，而飞沫殊为壮观。三里，山峡渐开，溪路出峡，南北廓然。又二里，溪转而南，有大路逾冈而东者，由李田入邑之路也；随溪南下者，路江道也。于是北望豁然无碍，见禾山高穹其北，与李田之望禾山无异也。始知牢芳岭之东，又分一支起为禾山；从牢芳排列南至高石坳者，禾山西环之支，非即一山也。〔禾山西南有溪南下，至此与龙山大溪合而南去，路亦随之。〕五里至龙田〔三一〕，溪转东行，溪上居肆较多他处。渡溪，循溪南岸东向行。三里，溪环东北，路折东南，又三里，溪自北来复与路遇，是为路江〔三二〕。先是与静闻约，居停于贺东溪家，至路江问之，则前一里外所过者是；乃复抵贺，则初一日静闻先至路江，遂止于刘心川处；于是复转路江。此里余之间，凡三往返而与静闻遇。

初十日

昧爽，由路江以二舆夫、二担夫西行。循西来小水，初觉山径凹豁。南有高峰曰石泥坳，永宁之界山也；北有高峰曰龙凤山，即昨所过龙山溪南之峰也，今又出其阳矣。共十里为文竺〔三三〕，居廛颇盛〔三四〕，一水自南来，一水自西下，合于村南而东下路江者也。路又溯西溪而上，三里入岩壁口，南北两山甚隘，水出其间若门。二里渐扩，又五里为桥头〔三五〕，无桥而有市〔三六〕，永新之公馆在焉。〔分两道：〕一路直西向茶陵，一路渡溪西南向芳子树下。于是〔从西南道，〕溪流渐微，七里，过塘石，渐上陂陀。三里，登一冈,是为界头岭〔三七〕,湖广、江西分界处也。盖崇山南自崖子垅〔三八〕,东峙为午家山。东行者分永宁、永新之南北界,北转者至月岭下伏为唐舍〔三九〕,为茶陵、永新界。下冈,水即西流,闻黄雩仙在其南,遂命舆人迂道由皮唐南入皮南,去界头五里矣。于是入山,又五里,〔南越一溪,即黄雩下流也。〕遂南登仙宫岭,五里,逾岭而下。望南山高插天际者,亦谓之界山,即所称石牛峰〔四〇〕,乃永宁、茶陵界也,北与仙宫夹而成坞。坞中一峰自西而来,至此卓立,下有庙宇,即黄雩也。至庙,见庙南有涧奔涌,而不见上流。往察之,则卓峰之下,一窍甚庋〔四一〕,乱波由窍中流出,遂成滔滔之势。所称黄雩者,谓雩祝之所润济一方,甚涯也。索饭于道士,复由旧路登仙宫岭。五里,逾岭北下,又北十里,与唐舍、界头之道合。下岭是为光前,又有溪自西而东者,发源崖子垅,〔在黄雩西北重山中。〕渡溪又北行三里,过崇冈。地名。又二里,复得一溪亦东向去,是名芝水,有石梁跨其上。渡梁即为芳子树下,始见大溪自东南注西北,而小舟鳞次其下矣。自界岭之西,岭下一小溪为第一重,黄雩之溪为第二重,崖子垅溪为第三重,芝水桥之溪为第四重。惟黄雩之水最大,俱从东转西,合于小关洲之下,西至芳子树下而胜舟,至高陇而更大云。"芳子",树名,昔有之,今无矣〔四二〕。

236

〔一〕 龙门坑:今作龙门,在永新县西北境。

〔二〕 铁径:今作铁镜,在永新县西北隅。

〔三〕 安福:明为县,隶吉安府,即今安福县。

〔四〕 陈山:今名同,在安福县西南隅。

〔五〕翘(qiáo 桥)楚:最好的。

〔六〕钱山:今名同,在安福县西隅。

〔七〕葛仙翁:即葛玄(公元 164～244 年),葛洪的从祖父,丹阳句容人(今江苏句容),三国时吴的方士。

〔八〕玄都:神仙所居的地方。

〔九〕曲霏草塞　四库本、丁本作"石滑草塞"。

〔一〇〕江口:今名同,在安福县西境。

〔一一〕亦高山所难觏者　原脱"觏"字,据四库本补。觏(gòu 构):遇见。

〔一二〕纤毫石可影响　"石",疑为"无"。

〔一三〕武功山:今名同,蜿蜒在安福、莲花与萍乡界上。前为香炉峰,后为九龙山,连接泸潇山(又作罗霄山)。中间三峰并列,最高峰为白鹤峰,海拔 1918 米。东隅有观音崖,西垂有九龙寺。

〔一四〕棂(líng 灵)门:即棂星门。通常在学宫孔庙及一些道观前的大门皆称棂星门。

〔一五〕萍乡:明为县,隶袁州府,即今萍乡市。

〔一六〕遂乘未雨仍返山顶再饭茅庵先往九龙　原脱"乘未雨"、"先往九龙"数字,据四库本补。

〔一七〕神庙:即明神宗朱翊钧,共在位 48 年,时为公元 1572～1620 年。

〔一八〕精蓝:又作净蓝,即伽蓝,为梵语"僧伽蓝摩"的省音译,意为"众园"或"僧院",为佛教寺院的通称。

〔一九〕倒峡悬湍　原作"倒峡悬崖湍",衍"崖"字,据四库本、丁本删。

〔二〇〕东向大洋也　　"东"，本作"西"，据陈本、乾隆本、四库本改。

〔二一〕阳羡：古县名，秦置，治今江苏宜兴市南。六朝时移治今宜兴。此用阳羡代称明代宜兴。

〔二二〕洋溪：今名同，在安福县西南境。

〔二三〕洋：广的意思，即平洋大坝子。湖南、江西一带称山间展开的宽阔平地为洋。

〔二四〕色黑质秀如英石　　"秀"，原作"峭"，据乾隆本改。英石：广东英德特产的石头，上有峰峦岩洞，以皱瘦透秀皆备为最好，石色有微青、灰黑、浅绿、纯白数种。远销各地，供装点假山用。

〔二五〕签(qiān 千)：旧时寺庙中所备以供向神佛卜问吉凶的竹片，竹上编列号数，按号以诗语回答卜者。

〔二六〕落落：孤独而不遇合。

〔二七〕晞(xī 西)：干。

〔二八〕路口：今名同，在莲花县东北隅，石门山北麓。

〔二九〕劳芳坳：元月初九日记作"牢芳"。依其地望，应即今良坊，在莲花县东北隅。

〔三〇〕龙山：今作龙山口，在莲花县东南隅，禾水上游北岸。

〔三一〕龙田：今作龙田，在永新县西隅，禾水上游东岸。

〔三二〕路江：依地望应在今永新县西境，禾水上游南岸，两水汇合处的湖田。

〔三三〕文竺：今作文竹，在永新县西隅。

〔三四〕廛(chán 蝉)：古代城市居民住的房地。

〔三五〕桥头：今名同，在莲花县南隅。

〔三六〕市：农村集市，集中做买卖的场所。

〔三七〕界头岭：应即今界化陇，在江西、湖南界上，公路从此经过。

〔三八〕崖子垅　"垅"，原作"龙"，据乾隆本、四库本改。下同。

〔三九〕唐舍　乾隆本、四库本作"塘石"。

〔四〇〕亦谓之界山即所称石牛峰　此句乾隆本、四库本作"即午家山"。

〔四一〕庳(bēi卑)：低矮。

〔四二〕芀(jí棘)子树下：资治通鉴唐宣宗大中十二年(公元858年)载，王式为安南都护经略使，"至交趾，树芀木为栅，可支数十年"。热带此树甚多，作为木栅，可以经久不腐。江西境则罕见，故虽树已不存，稀有的树名仍被留传下来，转为地名。

楚〔一〕游日记〔二〕

丁丑（崇祯十年，公元 1637 年）正月十一日

是日立春，天色开霁。亟饭，托静闻随行李从舟顺流至衡州，期十七日会于衡之草桥塔下，命顾仆以轻装从陆探茶陵、攸县之山。及出门，雨霏霏下。渡溪南涯，随流西行。已而溪折西北，逾一冈，共三里，复与溪遇，是为高陇〔三〕。于是仍逾溪北，再越两冈，共五里，至盘龙庵。有小溪北自龙头山来，越溪西去，是为巫江，乃茶陵大道；随山顺流转南去，是为小江口，乃云嵝山道。二道分于盘龙庵前。〔小江口即蟠龙、巫江二溪北自龙头至此，南入黄雩大溪者。〕云嵝山者，在茶陵东五十里沙江之上，其山深峭。神庙初，孤舟大师开山建刹，遂成丛林。今孤舟物故，两年前虎从寺侧攫一僧去，于是僧徒星散，豺虎昼行，山田尽芜，佛宇空寂，人无入者。每从人问津，俱戒莫入。〔且雨雾沉霾，莫为引导。〕余不为阻，从盘龙小路，〔南沿小溪二里，复与大溪遇。〕南渡小溪入山，雨沉沉益甚。从山夹小路西南二里，有大溪自北来，直逼山下，〔盘曲山峡，两旁石崖，水啮成矶。〕沿之二里，是为沙江，即云嵝溪入大溪

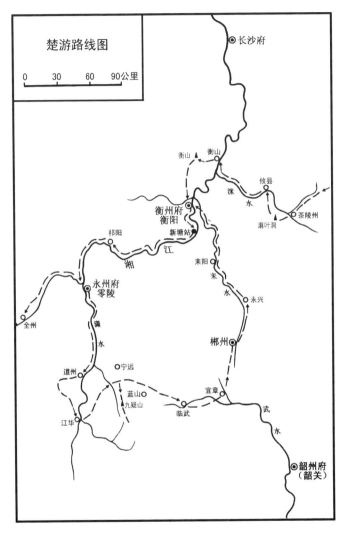

楚游路线图

0　30　60　90公里

长沙府

衡山　衡山

攸县

涞

水

茶陵州

麻叶洞

衡州府
衡阳

祁阳

新塘站

江

湘

耒阳

耒

水

永兴

永州府
零陵

潇

水

郴州

全州

道州　宁远

蓝山

九疑山

宜章

临武

江华

武

水

韶州府
（韶关）

◎　府、直隶州治　　●　聚落　　　　河流

○　散州、县治　　　▲　风景点　　-----▶　旅游路线

处〔四〕。途遇一人持伞将远〔出〕，见余问道，辄曰："此路非多人不可入，余当返家为君前驱。"余感其意，因随至其家。其人为余觅三人，各持械赍火，冒雨入山。初随溪口东入〔一里〕，望〔一小溪自〕西峡〔透隙出〕，石崖层亘，外束如门。导者曰："此虎窟也。从来烧采之夫俱不敢入。"时雨势渐盛，遂溯大溪入，宛转二里，〔溪底石峙如平台，中剖一道，水由石间下，甚为丽观。〕于是上山，转山嘴而下，得平畴一壑，名为和尚园。〔四面重峰环合。平畴尽，〕约一里，复逾一小山，循前溪上流宛转峡中，又一里而云嵝寺在焉。山深雾黑，寂无一人，殿上金仙云冷，厨中丹灶烟空。徘徊久之，雨愈催行，遂同导者出。出溪口，导者望见一舟，亟呼而附焉。顺流飞桨，舟行甚疾。余衣履沾湿，气寒砭肌，惟炙衣之不暇，无暇问两旁崖石也。山溪纡曲，下午登舟，约四十里而暮，舟人夜行三十里，泊于东江口。

十二日

晓寒甚。舟人由江口挽舟入鄙水〔五〕，遂循茶陵城〔六〕过东城，泊于南关。入关，抵州前，将出大西门，寻紫云、云阳之胜。闻灵岩在南关外十五里，乃饮于市，复出南门，渡鄙水。时微雨飘扬，朔风寒甚。东南行，陂陀高下五里，得平畴，是曰欧江。有溪自东南来〔七〕，遂溯之行，雾中望见其东山石突兀，心觉其异。又五里，抵山嘴溪上，是曰沙陂，以溪中有陂也。〔溪源在东四十里百丈潭。〕陂之上，其山最高者，曰会仙寨，其内穹崖裂洞，曰学堂岩。再东，山峡盘亘，中曰石梁岩，即在沙陂之上，余不知也。又东一里，乃北入峡中。一里，得碧泉岩、对狮岩，俱南向。又东逾岭而下，转而北，则灵岩在焉。以东向，曾守名才汉。又名为月到岩云。

自会仙岩而东，其山皆不甚高，俱石崖盘亘，堆环成壑，或三面回环如玦者，或两对叠如门者，或高峙成岩，或中空如洞者，每每而是。但石质粗而色赤，无透漏润泽之观，而石梁横跨，而下穹然，此中八景，当为第一。

灵岩者，其洞东向，前有亘崖，南北回环，其深数十丈，高数丈余，中有金仙，外列门户而不至于顶，洞形固不为洞揜也，为唐陈光问读书处。陈居严塘〔八〕，在洞北二十里。其后裔犹有读书岩中者。

观音现像，伏狮峰之东，回崖上有石迹成像，赭黄其色。

对狮岩者，一名小灵岩，在灵岩南岭之外。南对狮峰，上下两层，上层大而高穹，下层小而双峙。

碧泉岩者，在对狮之西，亦南向，洞深三丈，高一丈余。内有泉一缕，自洞壁半崖滴下，下有石盘承之，清冽异常，亦小洞间一名泉也。

伏虎岩，在清泉之后。

石梁岩，在沙陂会仙寨东谷。其谷乱崖分亘，攒列成坞，两转而东西横亘，下开一窦，中穹若梁，由梁下北望，别有天地。透梁而入，梁上复开崖一层，由东陂而上，直造梁中而止，登之如践层楼矣。

楚游日记

会仙寨，下临沙溪，上亘圆顶，如叠磨然，独出众山，罗洪山罗名其纶，琼〔九〕司理。结净蓝于下，即六空上人所栖也。其师号涵虔。

学堂岩，在会仙之北，高崖间迸开一窦，云仙人授学之处。此灵岩八景也。余至灵岩，风雨不收。先过碧泉、对狮二岩，而后入灵岩，晓霞留饭，已下午矣。适有一僧至，询为前山净侣六空也。时晓霞方理诸俗务，结第〔一〇〕、喂猪。饭罢，即托六空为导。回途至狮峰而睹观音现像，抵沙陂而入游石梁，入其庵，而乘暮登会仙，探学堂，八景惟伏虎未至。是日雨仍空濛，而竟不妨游，六空之力也。晚即宿其方丈。

十三日

晨餐后寒甚，阴翳如故。别六空，仍旧路西北行。三里至欧江，北入山，为茶陵向来道；南沿沙陂江西去，又一道也。过欧江，溪胜小舟，西北过二小岭，仍渡茶陵南关外，沿城溯江，经大西门，〔寻紫云、云阳诸胜。〕西行三里，过桥开陇，始见大江自东北来。于是越黄土坳，又三里，过新桥，雾中始露云阳半面。又三里，抵紫云山麓，是为沙江铺，大江至此直逼山下。由沙江铺西行，为攸县、安仁〔一一〕大道。南登山，是为紫云仙。上一里，至山半为真武殿，上有观音庵，俱东北瞰来水。观音庵松岩，老僧也。予询云阳道，松岩曰："云阳山者，在紫云西十里。其顶为老君岩；云阳仙在其东峰之胁，去顶三里；赤松坛又在云阳仙之麓，去云阳仙三里。盖紫云为云阳尽处，而赤松为云阳正东之麓。由紫云之下，北顺江岸西行三里，为洪山庙，乃登顶之北道；由紫云之下，南循山麓西行四里，为赤松坛，乃登顶之东道：去顶各十里而近。二道之中有罗汉洞，在紫云之西，即由观音庵侧小径横过一里，可达其庵。由庵登顶，亦有间道可达，不必下紫云也。"余从之。遂由真武殿侧，西北度两小坳，一涧从西北来，则紫云与青莲庵即罗汉仙。后山夹而成者。〔水北入大江，紫云为所界断。〕渡涧即青莲庵，东向而出，地幽而庵净。僧号六涧，亦依依近人，坚留余饭。余亟于登岭，遂从庵后西向登山。其时浓雾犹翳山半，余不顾，攀跻直上三里，逾峰脊二重，足之所上，雾亦旋开。又上二里，则峰脊冰块满枝，寒气所结，大者如拳，小者如蛋，依枝而成，遇风而坠，俱堆积满地。其时本峰雾气全消，山之南东二面，历历可睹，而北西二面，犹半为霾掩。〔酃江自东南，黄雩江自西北，盘曲甚远。〕始知云阳之峰，俱自西南走东北，排叠数重：紫云，其北面第一重也；青莲庵之后，余所由跻者，第二重也；云阳仙，第三重也；老君岩在其上，是为绝顶，所谓七十一峰之主也。云峰在南，余所登峰在北，两峰横列，脉从云阳仙之下度坳而起，峙为余所登第二重之顶，东走而下，由青莲庵而东，结为茶陵州治。余既登第二重绝顶，径路迷绝，西南望云峰绝顶，中隔一坳，而绝顶尚霾凤雾中。俯瞰过脊处，在峰下里许。其上隔山竹树一窒，两乳回环掩映，若天开洞府，即云阳仙无疑也。虽无路，亟直坠而下，度脊而上，共二里，逾一小坳，入云阳仙。其庵北向，登顶之路由左，上五里而至老君岩；下山之路由右，三里而至赤松坛。庵后有大石飞累，驾空透隙，竹树悬缀，极为倩叠。石间有止水一泓，澄碧迥异，名曰五雷池，雩祝甚灵。层岩上突，无可攀跻，其上则黑雾密翳矣。盖第二重之顶，当风无树〔一二〕，故冰止随枝堆积。而庵中山环峰夹，竹树蒙茸，萦雾成冰，玲珑满树，如琼花瑶谷，朔风摇之，如步摇玉珮，声叶金石。偶振坠地，如玉山之颓，有积高二三尺者，途为之阻。闻其上登跻更难。时日过下午，闻赤松坛尚在下，而庵僧〔楚〕音，误为"石洞"。余意欲登顶右后，遂从顶北下山，恐失石洞之奇，且谓稍迟可冀〔一三〕晴朗也。索饭于庵僧镜然，遂东下山。路侧洞流泻石间，僧指为"子房炼丹池"、"捣药槽"、"仙人指迹"诸胜，乃从赤松〔一四〕而附会留侯也。直下三里抵赤松坛，始知赤松之非石洞也。遂宿庵中。殿颇古，中为赤松，左黄石而右子房〔一五〕。殿前有古树，松一株，无他胜也。僧葛民亦近人。

十四日

晨起寒甚，而浓雾复合。先是，晚至赤松，即嘿祷黄石、子房神位，求假半日晴霁，为登顶之胜。至是望顶浓霾，零雨四洒，遂无复登顶之望。饭后，遂别葛民下山。循山麓北行，逾小涧二重，共四里，过紫云之麓，江从东北来，从此入峡，路亦随之。绕出云阳北麓，又二里，为洪山庙。风雨交至，遂停庙中，市薪炙衣，煨榾柮者〔一六〕竟日。庙后有大道南登绝顶。时庙下江旁停舟数只，俱以石尤〔一七〕横甚，不能顺流下，屡招予为明日行，余犹不能恝然〔一八〕于云阳之顶也。

十五日

晨起，泊舟将放，招余速下舟；予见四山雾霁，遂饭而决策登山。路由庙后南向而登，三里，复有高峰北峙，〔道分两岐，〕一岐从峰南，一岐从峰西南。余初由东南行，疑为前上罗汉峡中旧道，乃向云阳仙，非迳造老君岩者，乃复转从西南道。不一里，行高峰西峡，顾仆南望峡顶有石梁飞驾，余瞻眺不及。及西上岭侧，见大江已环其西，大路乃西北下，遂望岭头南跻而上。时岭头冰叶纷披，虽无径路，余意即使路讹，可得石梁胜，亦不以为恨。及至岭上遍觅，无有飞驾之石，第见是岭之脊，东南横属高顶，其为登顶之路无疑。遂东南度脊，仰首直上，又一里，再逾一脊，则下瞰脊南，云阳仙已在下方矣。盖是岭东西横亘，西为绝顶北尽处，东即属于前所登云阳东第二层之岭也。于是始得路，更南向登顶，其上冰雪层积，身若从玉树中行。又一里，连过两峰，始陟最高顶。是时虽旭日藏辉，而沉霾屏伏，远近诸峰尽露真形，惟西北远峰尚存雾痕一抹。乃从峰脊南下，又一里，复过两峰，有微路"十"字界峰坳间：南上复登山顶，东由半山直上，西由山半横下。然脊北之顶虽高，而纯土无石；脊南之峰较下，而东面石崖高穹，峰笋离立。乃与顾仆置行李坳中，从南岭之东，攀崖隙而踞石笋，下瞰坳中，有茅一龛，意即老君岩之静室，所云老主庵者。窃计直坠将及一里，下而复上，其路既遥，况既踞石崖之顶，仰瞩俯瞰，胜亦无殊；不若逾脊从西路下，便则秦人洞之游，不便即北去江浒觅舟，顺流亦易。乃遂从西路行。山阴冰雪拥塞，茅棘交萦，举步渐艰。二里，路绝，四顾皆茅茨为冰冻所胶结，上不能举首，下无从投足，兼茅中自时有偃宕〔一九〕，疑为虎穴，而山中浓雾四起，瞰眺莫见，计难再下。乃复望山巅而上，冰滑草拥，随跻随坠。念岭峻草被，可脱虎口，益鼓勇直上。二里，复得登顶，北望前西下之脊，又隔二峰矣。其处岭东茅棘尽焚，岭西茅棘蔽山，皆以岭头路痕为限，若有分界者。是时岭西黑雾涨漫，岭东日影宣朗，雾欲腾冲而东，风辄驱逐而西，亦若以岭为界者。又南一里，再下二峰，岭忽乱石森列，片片若攒刃交戟，雾西攫其尖，风东捣其膊，人从其中溜足直下，强攀崖踞坐，益觉自豪。念前有路而忽无，既雾而复雾〔二○〕，欲下而转上，皆山灵未献此奇，故使浪游之踪，迂回其辙耳。既下石峰，坳中又得"十"字路，于是复西向下岭，俱从浓雾中行矣。始二里，冰霾而草中有路；又二里，路微而石树蒙翳；又二里，则石悬树密而路绝〔二一〕。盖前路之逾岭而西，皆茶陵人自东而来，烧山为炭，至此辄返。过此，崖穷树益深，上者不能下，下者不复上。余念所下既遥，再下三四里当及山麓，岂能复从前还跻？遂与顾仆挂石投崖，悬藤倒柯，坠空者数层，渐闻水声遥遥，而终不知去人世远近。已而雾影忽闪，露出层峰峡谷，树色深沉。再一闪影，又见谷口两重外，有平坞可瞩。乃益揆〔二二〕丛历级，若<u>邓艾</u>之下<u>阴平</u>〔二三〕，坠壑滚崖，技无不殚，然皆赤手，无从裹毡也。既而忽下一悬崖，忽得枯涧，遂得践石而行。盖前之攀枝悬坠者藉树，而兜衣挂履亦树，得洞而树稍为开。既而涧复生草，草复翳涧，靡草之下，不辨其孰为石，孰为水，既难着足。或草尽石出，又棘刺勾芒，兜衣挂履如故。如是三里，下一瀑崖，微见路影在草间，然时隐时现。又一里，涧从崖间破峡而出，两崖轰峙，而北尤危峭，始见路从南崖逾岭出。又一里，得北来大道，始有村居，询其处，为<u>窑里</u>，盖<u>云阳</u>之西坞也。其地东北转<u>洪山庙</u>五里而遥，南至<u>东岭</u>十里而遥，<u>东岭</u>而南更五里，即<u>秦人洞</u>矣。时雾影渐开，遂南循山峡行。逾一小岭，五里，上<u>枣核岭</u>，〔岭俱<u>云阳</u>西向度而北转成峡者。〕下一里，渡涧，〔涧乃南自<u>龙头岭</u>下，出<u>上清洞</u>。〕傍西麓溯涧南上半里，为<u>络丝潭</u>，深碧无底，两崖多叠石。又半里，复度涧，傍东麓登山。是处东为<u>云阳</u>之<u>南峰</u>，西为<u>大岭</u>之东嶂。〔<u>大岭</u>高并<u>云阳</u>，<u>龙头岭</u>其过脊也，其东南尽<u>西岭</u>，东北抵<u>麻叶洞</u>，西北峙<u>五凤楼</u>，西南为<u>古爽冲</u>。〕一溪自<u>大岭</u>之东北来者，乃<u>洪碧山</u>之水；一溪自<u>龙头岭</u>北下者，乃<u>大岭</u>、<u>云阳</u>过脊处之水。二水合而北出<u>把七</u>。铺名。<u>龙头岭</u>水分南北，其南下之水，由<u>东岭</u>坞合<u>秦人洞</u>水出<u>大罗埠</u>。共二里，越岭得平畴，是为<u>东岭</u>坞。坞内水田平衍，村居稠密，东为<u>云阳</u>，西为<u>大岭</u>，北即<u>龙头岭</u>过脊，南为<u>东岭</u>回环。余始至以为平地，即下<u>东岭</u>，而后知犹众山之上也。循坞东又一里，宿于<u>新庵</u>。

十六日

　　东岭坞内居人段姓，引南行一里，登东岭，即从岭上西行。岭头多漩窝成潭，如釜之仰，釜底俱有穴直下为井，或深或浅，或不见其底，是为九十九井。始知是山下皆石骨玲珑，上透一窍，辄水捣成井。窍之直者，故下坠无底；窍之曲者，故深浅随之。井虽枯而无水，然一山而随处皆是，亦一奇也。又西一里，望见西南谷中，四山环绕，漩成一大窝，亦如仰釜，釜之底有洞，洞之东西皆秦人洞也。由灌莽中直下二里，至其处。其洞由西洞出，由东洞入，洞横界窝之中，东西长半里，中流先捣入一穴，旋透穴中东出，即自石峡中行。其峡南北皆石崖壁立，夹成横槽；水由槽中抵东洞，南向捣入洞口。洞有两门，北向，水先分入小门，透峡下倾，人不能从。稍东而南入大门者，从众石中漫流，其势较平；第洞内水汇成潭，深浸洞之两崖，旁无余隙可入。循崖则路断，涉水则底深，惜无浮槎可觅支矼片石。惟小门之水，入峡后亦旁通大洞，其流可揭厉〔二四〕而入。其窍宛转而披透，窍中如轩楞别启，返瞩捣入之势〔二五〕，亦甚奇也。西洞洞门东穹，较东洞之高峻少杀；水由洞后东向出，水亦较浅可揭。入洞五六丈，上嵌围顶，四围飞石驾空，两重如皮悬阁，得二丈梯而度其上。其下再入，水亦成潭，深与东洞并，不能入矣。是日导者先至东洞，以水深难入而返，不知所谓西洞也。返五里，饭于导者家，日已午矣。其长询知洞水深，曰："误矣！此入水洞，非水所从出者。"复导予行，始抵西洞。余幸兼收之胜，岂惮往复之烦。既出西洞过东洞，共一里，逾岭东望，见东洞水所出处；复一里，南抵坞下，其水东向涌出山麓，亦如黄雩之出石下也。土人环石为陂，壅为巨潭以灌山塍。从其东，水南流出谷，路北上逾岭,共二里始达东岭之上,此由州入坞之大道也。登岭,循旧路一里,返宿导者家。

十七日

晨餐后,仍由新庵北下龙头岭,共五里,由旧路至络丝潭下。先是,余按志有"秦人三洞,而上洞惟石门不可入"之文,余既以误导兼得两洞,无从觅所谓上洞者。土人曰:"络丝潭北有上清潭,其门甚隘,水由中出,人不能入,入即有奇胜。此洞与麻叶洞俱神龙蛰〔二六〕处,非惟难入,亦不敢入也。"余闻之,益喜甚。既过络丝潭,不渡涧,即傍西麓下。〔盖渡涧为东麓,云阳之西也,枣核故道;不渡涧为西麓,大岭、洪碧之东也,出把七道。北〕半里,遇樵者,引至上清潭。其洞即在路之下、涧之上,门东向,夹如合掌。水由洞出,有二派:自洞后者,汇而不流;由洞左者,〔乃洞南旁窦,〕其出甚急。既逾洞左急流,即当伏水而入。导者止供炬爇火,无肯为前驱者。余乃解衣伏水,蛇行以进。石隙既低而复隘,且水没其大半,必身伏水中,手擎火炬,平出水上,乃得入。西入二丈,隙始高裂丈余,南北横裂者亦三丈余,然俱无入处。惟直西一窦,阔尺五,高二尺,而水没其中者亦尺五,隙之余水面者,五寸而已。计匍匐水中,必口鼻俱濡水,且以炬探之,贴隙顶而入,犹半为水渍。时顾仆守衣外洞〔二七〕,若泅水入,谁为递炬者?身可由水,炬岂能由水耶?况秦人洞水,余亦曾没膝浸服,俱温然不觉其寒〔二八〕,而此洞水寒,与溪涧无异。而洞当风口,飕飕弥甚。风与水交逼,而火复为阻,遂舍之出。出洞,披衣犹觉周身起粟,乃爇火洞门。久之,复循西麓随水北行,已在枣核岭之西矣。

去上清三里,得麻叶洞。洞在麻叶湾,西为大岭,南为洪碧,东为云阳、枣核之支,北则枣核西垂。大岭东转,束涧下流,夹峙如门,而当门一峰,耸石屼突,为将军岭;涧捣其西,而枣核之支,西至此尽。涧西有石崖南向,环如展翅,东瞰涧中,而大岭之支,亦东至此尽。回崖之下,亦开一隙,浅不能入。崖前有小溪,白西而东,经崖前入于大涧。循小溪至崖之西胁乱石间,水穷于下,窍启于上,即麻叶洞也。洞口南向,大仅如斗,在石隙中转折数级而下。初觅炬倩导,亦俱以炬应,而无敢导者。曰:"此中有神龙。"或曰:"此中有精怪。非有法术者,不能摄服。"最后以重资觅一人,将脱衣入,问余乃儒者,非羽士,复惊而出曰:"予以为大师,故欲随入;若读书人,余岂能以身殉〔二九〕耶?"余乃过前村,寄行李于其家,与顾仆各持束炬入。时村民之随至洞口数十人,樵者腰镰,耕者荷锄,妇之炊者停爨,织者投杼,童子之牧者,行人之负载者,接踵而至,皆莫能从。余两人乃以足先入,历级转窦,递炬而下,数转至洞底。洞稍宽,可以侧身矫首,乃始以炬前向。其东西裂隙,俱无入处,直北有穴,低仅一尺,阔亦如之,然其下甚燥而平。乃先以炬入,后蛇伏以进,背磨腰贴,以身后耸,乃度此内洞之〔第〕一关。其内裂隙既高,东西亦横亘,然亦无入处。又度第二关,其隘与低与前一辙,进法亦如之。既入,内层亦横裂,其西南裂者不甚深。其东北裂者,上一石坳,忽又纵裂而起,上穹下狭,高不见顶,至此石幻异形,肤理顿换,片窍俱灵。其西北之峡,渐入渐束,内夹一缝,不能容炬。转从东南之峡,仍下一坳,其底砂石平铺,如涧底洁溜,第干燥无水,不特免揭厉,且免沾污也。峡之东南尽处,乱石轰驾,若楼台层叠,由其隙皆可攀跻而上。其上石窦一缕,直透洞顶,光由隙中下射,若明星钩月,可望而不可摘也。层石之下,洞底南通,覆石低压,高仅尺许;此必前通洞外,洞所从入者,第不知昔何以涌流,今何以枯洞也,不可解矣。由层石下北循洞底入,其隘甚低,与外二关相似。稍从其西攀上一石隙,北转而东,若度鞍历峤。两壁石质石色,光莹欲滴,垂柱倒莲,纹若镂雕,形欲飞舞。东下一级,复值洞底,已转入隘关之内矣。于是辟成一衕〔三〇〕,阔有二丈,高有丈五,覆石平如布幄,洞底坦若周行。北驰半里,下有一石,庋出如榻〔三一〕,榻边匀整;其上则莲花下垂,连络成帏,结成宝盖,四围垂幔,大与榻并,中圆透盘空,上穹为顶;其后西壁,玉柱圆竖,或大或小,不一其形,而色皆莹白,纹皆刻镂:此衕中第一奇也。又直北半里,洞分上下两层,洞底由东北去,上洞由西北登。时余所赍火炬已去其七,恐归途莫辨,乃由前道数转而穿二隘关,抵透光处,炬恰尽矣。穿窍而出,恍若脱胎易世。洞外守视者,又增数十人,见余辈皆顶额〔三二〕称异,以为大法术人。且云:"前久候以为必堕异吻,故余辈欲入不敢,欲去不能。兹安然无恙,非神灵摄服,安能得此!"余各谢之,曰:"吾守吾常,吾探吾胜耳,烦诸君久伫,何以致之!"然其洞但入处多隘,其中洁净干燥,余所见洞,俱莫能及,不知土人何以畏入乃尔!

乃取行囊于前村,从将军岭出,随洞北行十余里,抵大道。其处东向把七尚七里,西向还麻止三里,余初欲从把七附舟西行,至是反溯流逆上,既非所欲,又恐把七一时无舟,天色已霁,遂从陆路西向还麻。时日已下春,尚未饭,索酒市中。又西十里,宿于黄石铺,去茶陵西已四十里矣。是晚碧天如洗,月白霜凄,亦旅中异境,竟以行倦而卧。

黄石铺之南,即大岭北峙之峰,其石嶙峋插空,西南一峰尤甚,名五凤楼,〔去十里而近,即安仁道。〕余以早卧不及询,明日登途,知之已无及矣。

〔黄石西北三十里为高暑山,又有小暑山,俱在攸县东,疑即司空山也。二山之西,高峰渐伏。茶陵江北曲,经高暑南麓而西,攸水在山北。是山界茶、攸两江云。〕

十八日

晨餐后,自黄石铺西行,霜花满地,旭日澄空。十里为了塘铺,又十里为珠玑铺,则攸县界矣。又西北十里,斑竹铺。又西北十里,长春铺。又十里,北度大江,即攸县〔三三〕之南关矣。县城濒江北岸,东西两门与南门并列于江侧。茶陵之江北曲西回,攸水自安福封侯山西流南转,俱夹高暑山而下,合于县城东,由城南西去。是日一路雾甚,至长春铺,阴云复合。抵城才过午,候舟不得,遂宿学门前。亦南门。

十九日

晨餐后,阴霾不散。由攸县西门转北,遂西北登陟陂陀。十里,水涧桥,有小水自北而南。越桥而西,连上二岭,其西岭名黄山。下岭共五里,为黄山桥,有水亦自北而南,其水较大于水涧,而平洋亦大开。西行平畴三里,上牛头山。又山上行二里,曰长冈冲,下岭为清江桥。桥东赤崖如回翅,涧从北来,大与黄山桥等。桥西开洋,大亦如黄山桥,但四围皆山,不若黄山洋南北一望无际也。洋中平畴,村落相望,名漠田〔三四〕。又五里,西入山峡,已为衡山县界。界北诸山皆出煤,攸人用煤不用柴,乡人争输入市,不绝于路。入山,沿小溪西上,路分两岐:西北乃入山向衡小路,西南乃往太平寺附舟路〔三五〕。于是遵西南,五里为荷叶塘。越盼儿岭,五里至龙王桥。桥下水北自小源岭来,南向而去,其居民萧姓,亦大族也。北望二十里外,小源岭之上,有高山屏列,名曰大岭山,乃北通湘潭〔三六〕道。过桥,西南行三里,上长岭。又西下一坞,三里,上叶公坳。又四里,下太平寺岭,则大江在其下矣。隔江即为芒洲,其地自攸县东四十五里。是日上长岭,日少开,中夜雨声滴沥,达明而止。

二十日

先晚候舟太平寺涯上,即宿泊舟间。中夜见东西两山,火光荧荧,如悬灯百尺楼上,光焰映空,疑月之升、日之坠者。既而知为夜烧。既卧,闻雨声滴沥,达旦乃止。上午得舟,遂顺流西北向山峡行。二十五里,大鹅滩。十五里,过下埠〔三七〕,下回乡滩,险甚。过此山始开,江乃西向。行二十五里,北下横道滩,又十五里,暮宿于杨子坪之民舍。

〔一〕楚:湖广布政司辖境为楚国故地,简称楚。

〔二〕楚游日记在乾隆刻本第二册下。在季抄本徐霞客西游记第二册,原题"楚",有提纲云:"丁丑正月十一自芳子树下往茶陵州,攸县。过衡山县至衡州,下永州船,遇盗。复返衡州,借资由常宁县、祁阳县,历永州至道州,抵江华县。复由临武县、郴州过耒阳县,复至衡州。再自衡州入永,仍过祁阳,闰四月初七入粤。遇盗始末。"

〔三〕高陇:今名同,又称高陇市,在茶陵县东北隅。

〔四〕即云嵝溪入大溪处 原作"即云嵝之西人太水处也",据乾隆本、四库本改。

〔五〕酃(líng 灵)水:因其流经茶陵,又称茶陵江。明代亦称洣水,今仍称洣水。

〔六〕茶陵:明置茶陵州,隶长沙府,即今茶陵县。

〔七〕此溪亦称欧江,又作沤江。嘉庆重修一统志长沙府山川:"沤江,在茶陵州东南,源出百丈山,西北入洣。"

〔八〕严塘:今名同,在茶陵东境。

〔九〕琼:即琼州府,治今海口市,辖境包有今海南岛。

〔一○〕结茅　疑为"结茅",即编草。

〔一一〕安仁:明为县,隶衡州府,即今安仁县。

〔一二〕当风无树　"无"疑为"舞",因形近而误。

〔一三〕冀(jì 计):希望。

〔一四〕赤松子:我国古代神话中的仙人,相传为神农时雨师,后为道教所信奉。

〔一五〕张良(? ～公元前185年):字子房。韩国贵族,年青时亡匿下邳,有老人授以兵书,此老人即传说中的黄石公。后为刘邦重要谋士,汉朝建立后,被封为留侯。晚年,"愿弃人间事,欲从赤松子游",学仙修道。

〔一六〕煨(wēi 威):盆中烧火。　榾柮(gǔ duò 骨剁):木块。

〔一七〕尤:甚。　石尤:石头太多。

〔一八〕恝(jiá 夹)然:淡忘不以为意。

〔一九〕偃宕(yǎn dàng 演荡):仰卧的石头。

〔二○〕既雾而复雾　据前后文所述,后一"雾"字疑为"霾"。

〔二一〕则石悬树密而路绝　　"树",原作"路",据<u>乾隆</u>本、<u>四库</u>本改。

〔二二〕揆(kuí 葵):度量。

〔二三〕<u>邓艾</u>(公元197～264年):字士载,三国<u>棘阳</u>(今<u>河南</u>新野东北</u>)人,初为<u>司马懿</u>掾属,后为<u>魏</u>镇西将军,与<u>蜀</u>将<u>姜维</u>相拒。公元263年同<u>钟会</u>分军灭<u>蜀</u>,<u>艾</u>所经即<u>阴平</u>间道。<u>阴平</u>道自今<u>甘肃文县</u>穿越<u>岷山</u>山脉,经<u>四川平武</u>、<u>江油</u>等县,绕出<u>剑阁</u>之西,直达<u>成都</u>,路虽险阻,但甚捷直。

〔二四〕揭(qì 气):水浅处提起衣裤涉水。　　厉(lì 例):水深处穿着衣服涉水。

〔二五〕返瞩捣入之势　　原作"捣返观倒入之势",据<u>乾隆</u>本、<u>四库</u>本改。

〔二六〕蛰(zhé 哲):虫类伏藏。

〔二七〕时顾仆守衣外洞　　"外洞",<u>乾隆</u>本、<u>四库</u>本作"洞外"。

〔二八〕余亦曾没膝浸服俱温然不觉其寒　　<u>乾隆</u>本作"予虽没浸股膝,温然可近"。疑"服"为"股"之误。

〔二九〕殉(xùn 迅):从葬。

〔三〇〕衖:同"弄",即小巷。

〔三一〕榻(tà 踏):床。

〔三二〕顶额:以手加额,表示敬礼。

〔三三〕<u>攸县</u>:隶<u>长沙府</u>,即今<u>攸县</u>。

〔三四〕<u>黄山桥</u>:今名<u>黄双桥</u>。<u>漠田</u>:今作<u>睦田</u>。皆在<u>攸县</u>西境。

〔三五〕西南乃往太平寺附舟路　　"太平寺",原作"太平等"，因形近而误，据下文改。

〔三六〕湘潭：明为县，隶长沙府，即今湘潭市。

〔三七〕下埠：即今夏浦，在衡东县东境，洣水东岸。

二十一日

四鼓，月明，舟人即促下舟。二十里，至雷家埠〔一〕，出湘江，鸡始鸣。又东北顺流十五里，抵衡山县〔二〕，江流在县东城下。自南门入，过县前，出西门〔三〕。三里，越桐木岭，始有大松立路侧。又二里，石陂桥，始夹路有松。又五里，过九龙泉，有头巾石。又五里师姑桥，山陇始开，始见祝融北峙，然夹路之松〔四〕，至师姑桥而尽矣。桥下之水东南去。又五里入山，复得松。又五里，路北有"子抱母松"。大者二抱，小者分两岐。又二里，越佛子坳，又二里，上俯头岭，又一里则岳市〔五〕矣。过司马桥，入谒岳庙，出饭于庙前。问水帘洞在山东北隅，非登山之道；时才下午，犹及登顶，密云无翳，恐明日阴晴未卜。踌躇久之，念既上岂能复迁道而转，遂东出岳市，即由路亭北依山转岐。初，路甚大，乃湘潭入岳之道也。东北三里，有小溪自岳东高峰来，遇樵者引入小径。三里，上山峡，望见水帘布石崖下。二里，造其处，乃瀑之泻于崖间者，可谓之"水帘"，不可谓之"洞"也。崖北石上大书"朱陵大沥洞天"〔六〕，并"水帘洞"、"高山流水"诸字，皆宋、元人所书〔七〕，不辨其款。引者又言，其东九真洞，亦山峡间出峡之瀑也。下山又东北二里，登山循峡，逾一隘，中峰回水绕，引者以为九真矣。有焚山者至，曰："此寿宁宫故址，乃九真下流。"所云洞者，乃山环成坞，与此无异也，其地在紫盖峰之下。逾山而北尚有洞，亦山坞，

〔渐近湘潭境。予见日将暮，遂出山，十里，〕僧寮已近，还宿庙。

二十二日

〔力疾〔八〕登山。由岳庙西度将军桥，岳庙东西皆涧。北入山一里，为紫云洞，亦无洞，山前一冈当户环成耳。由此上岭一里，大石后度一脊，由络丝潭北下一岭，又循络丝上流之涧一里，为宝善堂。其处涧从东西两壑来，堂前有大石如劈，西涧环石下〔九〕，出玉板桥，与东涧合而南。宝善界两涧中，去岳庙已五里。堂后复蹑蹬一里，又循西涧岭东平行二里，为半云庵。庵后渡涧西，蹑级直上二里，上一峰，为茶庵。又直上三里，逾一峰，得半山庵，路甚峻。里许，路南有铁佛寺。寺后跻级一里，路两旁俱细竹蒙茸。上岭，得丹霞寺。复从寺侧北上〔一〇〕，由半山庵、丹霞侧北上，竹树交映，青翠滴衣，竹中闻泉声淙淙。自半云逾涧，全不与水遇，以为山高无水，至是闻之殊快。时欲登顶，过诸寺俱不入。由丹霞上三里，为湘南寺，又二里〕，南天门〔一一〕。平行东向二里，分路。南一里，飞来船、讲经台。转至旧路，又东下半里，北度脊，西北上三里，上封寺。上封东有虎跑泉，西有卓锡泉。

二十三日

上封〔一二〕。

二十四日

上封。

二十五日

上封。

二十六日

晴。至观音崖，再上祝融会仙桥，由不语崖西下。八里，分路。

南茅坪。北二里,九龙坪,仍转路口。南一里,茅坪。东南由山半行,四里渡乱涧,至大坪分路。东南上南天门。西南小路直上四里,为老龙池,有水一池在岭坳,不甚澄,其净室多在岭外。西南侧刀之西、雷祖之东分路。东二里,上侧刀峰。平行顶上二里,下山顶,度脊甚狭。行赤帝峰北一里,绕其东,分路。乃南由坳中东行,一里,转出天柱东,遂南下。五里,过狮子山与大路合,遂由岐路西入福严寺,殿已倾,僧佛鼎谋新之。宿明道山房。

二十七日

早闻雨,餐后行少止。由寺西循天柱南一里,又西上二里,越南分之脊,转而北,循天柱西一里,上西来之脊,遂由脊上西南行,于是循华盖之东矣。一里,转华盖南,西行三里,循华盖西而北下。风雨大至,自是持盖行。北过一小坪,复上岭〔一三〕,共一里,转而西行岭脊上。连度三脊,或循岭北,或循岭南,共三里而复上岭。于是直上二里,是为观音峰矣。由峰北树中行三里,雨始止,而沉霾殊甚。又西南下一里,得观音庵,始知路不迷。又下一里,为罗汉台。〔有路自北坞至者,即南沟来道。〕于是复南上二里,连度二脊,丛木亦尽,峰皆茅矣。既逾高顶,南下一里,得丛木一丘,是为云雾堂。中有老僧,号东窗,年九十八,犹能与客同拜起。时雾稍开,又南下一里半,得东来大路,遂转西下,又一里半至涧,渡桥而西,即方广寺。寺正殿崇祯初被灾,三佛俱雨中。盖大岭之南,石廪峰分支西下,〔为莲花诸峰;〕大岭之北,云雾顶分支西下,〔为泉室、天台诸峰。〕夹而成坞,寺在其中,寺始于梁天监中〔一四〕。水口西去,环锁甚隘,亦胜地也。宋晦庵、南轩诸迹,俱没于火。寺西有洗衲池,补衣石在涧旁。渡水口桥,即北上山。西北登一里半,又平行一里半，得天台寺。寺有僧全撰，名僧也。适他出，其徒中立以芽茶馈。〔盖泉室峰又西起高顶，突为天台峰。西垂一支，环转而南，若大尾之掉，几东接其南下之支。南面水仅成峡，内环一坞如玦，在高原之上，与方广可称上下二奇。〕返宿方广庆禅、宁禅房〔一五〕。

先是，余欲由南沟趋罗汉台至方广；比登古龙池，乃东上侧刀峰，误出天柱东；及宿福严，适佛鼎师通道取木，遂复辟罗汉台路。余乃得循之西行，且自天柱、华盖、观音、云雾至大坳，皆衡山来脉之脊，得一览无遗，实意中之事也。由南沟趋罗（汉）台亦迂，不若径登天台，然后南岳之胜乃尽。

二十八日

早起，风雨不收。宁禅、庆禅二僧固留，余强别之。庆禅送至补衲台而别。遂沿涧西行，南北两界，山俱茅秃。五里，始有石树萦溪，崖影溪声，上下交映。又二里，〔隔溪前山，有峡自东南来，与方广水合流西去。〕北向登崖，崖下石树愈密，涧在深壑，其中有黑、白、黄三龙潭，两崖峭削，故路折两上，〔闻声而已，不能见也。〕已而平行山半，共三里，过鹅公嘴，得龙潭寺。寺在天台西峰之下，南为双髻峰。盖天台、双髻夹而西来，以成龙潭之流；潭北上即为寺，寺西为狮子峰，尖削特立，天台以西之峰，至此而尽；其南隔溪即双髻西峰，而莲花以西之峰，亦至此而尽。过九龙，犹平行山半，五里，自狮子峰南绕其西，下山又五里，为马迹桥，而衡山西面之山始尽。〔桥东去龙潭十里，西去湘乡〔一六〕界四十里，西北去白高三十里〔一七〕，南至衡阳界孟公坳五里。〕自马迹桥南渡一涧，〔涧即方广九龙水去白高者。〕即东南行，四里至田心。又越一小桥，一里,上一低坳,不知其为界头也。过坳又五里,有水自东北山间悬崖而下,其高数十仞,是为小响水塘,盖亦衡山之余波也。又二里,有水自北山悬崖而下,是为大响水塘。〔阔大过前崖,而水分两级,转下峡间,初见上级,后见下级,故觉其不及前崖飞流直下也。〕前即宁水桥,问水从何处,始知其南由唐夫沙河而下衡州草桥。盖自马迹南五里孟公坳分衡阳、衡山界处,其水北下者,即由白高下一殒江,南下者,即由沙河下草桥,是孟公坳不特两县分界,而实衡山西来过脉也。第其坳甚平,其西来山即不甚高,故不之觉耳。始悟衡山来脉非自南来,乃由此坳东峙双髻,又东为莲花峰后山,又东起为石廪峰,始分南北二支,南为岣嵝、白石诸峰,北为云雾、观音以峙天柱。使不由西路,必谓岣嵝、白石乃其来脉矣。

由宁水桥饭而南,五里,过国清亭,逾一小岭,为穆家洞。其洞回环圆整,〔水自东南绕至东北,乃石廪峰西南峡中水;〕山亦如之,而东附于衡山之西。径洞二里,复南逾一岭,一里,是为陶朱下洞,其洞甚狭,水直西去。路又南入峡,二里,复逾一岭,为陶朱中洞,其水亦西去。又南二里,上一岭,其坳甚隘,为陶朱三洞,其洞较宽于前二洞,而不及穆洞之回环也。二里,又逾一岭,为界江,其水由东南向西北去。界江之西为大海岭。溯水南行一里,上一坳,亦甚平,乃衡之脉又西度为大海岭者。其坳北之水,即西北下唐夫;其坳南之水,即东南下横口者也。逾坳共一里,为傍塘,即随水东南行。五里,为黑山,又五里,水口,两山逼凑,水由其内破壁而入,路逾其上。一里,水始出峡,路亦就夷。又一里,是为横口。傍塘、〔黑〕山之水南下,岣嵝之水西南来,至此而合。其地北望岣嵝〔一八〕、白石诸峰甚近,南去衡州尚五十里,遂止宿旅店。是日共行六十里。

二十九日

早起，雨如注，乃踟蹰泥途中。沿溪南行，逾一小岭，是为上梨坪。又逾一小岭，五里，是为下梨坪，复与溪遇。又循溪东南下，十里，为杨梅滩，有石梁南北跨溪上，溪由梁下东去，路越梁东南行。五里入排冲，又行排中五里，南逾青山坳。排冲者，冈自谭碧岭东南至青山，分为两支，俱西北转，两冈排闳，夹成长坞，缭绕为田，路由之入，至青山而坞穷。乃逾坳而南，陂陀高下，滑泞几不留足，而衣絮沾透，亦疲而不觉其寒。十里，下望日坳，为黄沙湾，则蒸江自西南沿山而来，路遂随江东南下，又五里为草桥，即衡州府〔一九〕矣。觅静闻，暮得之绿竹庵天母殿瑞光师处。亟投之，就火炙衣，而衡山古太坪僧融止已在焉。先是，予过古太坪，上古龙池，于山半问路静室，而融止及其师兄应庵双瞽。苦留余。余急辞去，至是已先会静闻，知余踪迹。盖融止扶应庵将南返桂林七星岩，故道出于此，而复与之遇，亦一缘也。

绿竹庵在衡北门外华严、松萝诸庵之间。八庵连络，俱幽静明洁，呗诵之声相闻，乃藩府焚修之地〔二○〕。盖桂王以亲藩乐善，故孜孜于禅教云。

三十日

游城外河街，泞甚。暮，返宿天母殿。

〔一〕雷家埠：明置巡检司，今名雷溪市，隶衡东县。

〔二〕衡山县：隶衡州府，即今衡山县。

南岳衡山：为我国五岳名山之一，在今湖南省衡阳市南岳区，有七十二峰、十洞、十五岩、三十八泉、二十五溪、九池、九潭、九井。最大的为祝融、紫盖、芙蓉、石廪、天柱等五峰,祝融峰最高,海拔1290米。衡山胜景不少,有险奇的南天门,水帘洞的瀑布,幽深的方广寺、福严寺,元代修建的观日胜地望日台等。衡山亦多奇花异树,现有风景林树种达八百多种。有公路直通山上,颇便游览。

〔三〕西门　　乾隆本、四库本作"望岳门"。

〔四〕然夹路之松　　"松",原作"峰",据乾隆本、四库本改。

〔五〕岳市:在岳庙前,即今南岳区驻地南岳镇,为入衡山的门户。岳庙规模甚大,占地98500平方米,共八进。

〔六〕朱陵大沥洞天　　据中华人民共和国地名词典湖南省及谭民政与徐霞客同行,应为"朱陵太虚洞天",为宋人张孝祥所题。

〔七〕皆宋元人所书　　"宋",原作"宏",不从。

〔八〕疾:急速。

〔九〕西涧环石下　　"西",乾隆本作"两",四库本、丁本、国学丛书本皆作"西",今据改。

〔一〇〕从"里许"至"北上"一段,季抄本脱载,四库本与乾隆本原在"大石后度一脊"句后,依地望及杨载田、刘惕之考证移此。"复从寺侧北上"与下句"由半山庵丹霞侧北上"有重复,想为抄誊致误。

〔一一〕以上季抄仅"十五里,半山庵。五里,南天门"11字,乾隆本、四库本较详,据补。

〔一二〕嘉庆重修一统志衡州府寺观载:"上封寺,在衡山县西北祝融峰上,旧为光天观,隋大业中始易为寺。宋张栻集:'上封寺门外寒松,皆拳曲拥肿,樛枝下垂,冰雪凝缀,如苍龙白凤然。'方舆胜览:'寺在祝融峰绝顶,早秋已冰,夏亦夹衣,木之高大者,不过六七尺,谓之矮松。上有雷池,题咏甚多。'"今上封寺仅存后殿,寺后山顶即望日台。

〔一三〕复上岭　　季抄本作"复过上岭",衍"过"字,据乾隆本、四库本删。

〔一四〕天监:南朝梁武帝年号,共18年,时在公元502～519年。

〔一五〕宁禅　　原作"宁然",据二十八日记改。

〔一六〕湘乡:明为县,隶长沙府,即今湘乡市。

〔一七〕白高:今作白果,在衡山县北隅。

〔一八〕岣嵝(gǒu lǒu 苟楼):衡山诸峰之一,过去曾被认为衡山主峰,因此衡山又名岣嵝山。

〔一九〕衡州府:治衡阳,即今湖南衡阳市。

〔二〇〕呗(bèi 贝):梵语"呗匿"的略称,意为佛教所唱的赞偈。呗诵:僧人诵唱经偈。　　焚修:焚香修道。

二月初一日

　　早饭于绿竹庵,以城市泥泞,不若山行。遂东南逾一小岭,至湘江之上。共一里,溯江至蒸水入湘处。隔江即石鼓合江亭。渡江登东岸,东南行,其地陂陀高下,四里,过把膝庵,又二里,逾把膝岭。岭南平畴扩然,望耒水自东南来,直抵湖东寺门,转而北去。湖东寺者,在把膝岭东南三里平畴中,门对耒水,万历末无怀禅师所建,后憨山亦来同栖,有静室在其间。余至,适桂府供斋,为二内官强斋而去。乃西行五里,过木子、石子二小岭,从丁家渡[一]渡江,已在衡城南门外。登崖上回雁峰,峰不甚高,东临湘水,北瞰衡城[二],俱在足下,雁峰寺笼罩峰上无余隙焉,然多就圮者。又饭于僧之千手观音殿。乃北下街衢,淖泥没胫,一里,入南门,经四牌坊,城中阛阓与城东河市并盛。又一里,经桂府王城东,又一里,至郡衙西,又一里,出北门,遂北登石鼓山。山在临蒸驿之后,武侯庙之东,湘江在其南,蒸江在其北,山由其间度脉,东突成峰,前为禹碑亭,大禹七十二字碑在焉。其刻较前所摹望日亭碑差古,而漶漫[三]殊甚,字形与译文亦颇有异者。其后为崇业堂,再上,宣圣殿中峙焉。殿后高阁甚畅,下名回澜堂,上名大观楼。西瞰度脊,平临衡城,与回雁南北相对,蒸、湘夹其左右,近出窗槛之下,惟东面合流处则在其后,不能全括。然三面所凭挈[四],近而万家烟市,三水帆樯,湘江自南,蒸江自西,耒江自东南。远而岳云岭树,披映层叠,虽书院之宏伟,不及〔吉安〕白鹭大观,地则名贤乐育之区,而兼滕王、黄鹤之胜[五],韩文公、朱晦庵、张南轩讲学之所[六]。非白鹭之所得侔矣。楼后为七贤祠,祠后为生生阁。阁东向,下瞰二江蒸、湘。合流于前,耒水北入于二里外,与大观楼东西易向。盖大观跟山顶,收南北西三面之奇,而此则东尽二水同流之胜者也。又东为合江亭,其址较下而临流愈近。亭南崖侧,一隙高五尺,如合掌东向,侧肩入,中容二人,是为朱陵洞后门。求所谓"六尺鼓"不可得,亭下濑水有二石如竖碑,岂即遇乱辄鸣者耶?自登大观楼,正对落照,见黑云衔日,复有雨兆。下楼,践泥泞冒黑过青草桥,东北二里入绿竹庵。晚餐既毕,飓风怒号,达旦甫止,雨复潇潇下矣。

衡州城东面濒湘,通四门,余北西南三面鼎峙,而北为蒸水所夹。其城甚狭，盖南舒而北削云。北城外，则青草桥跨蒸水上，此桥又谓之韩桥，谓昌黎公过而始建者。然文献无征，今人但有草桥之称而已。而石鼓山界其间焉。盖城之南，回雁当其上泻；城之北，石鼓砥其下流，而潇湘循其东面〔七〕，自城南抵城北，于是一合蒸，始东转西南来，再合耒焉。

蒸水者〔八〕，由湘之西岸人，其发源于邵阳县〔九〕耶姜山，东北流经衡阳北界，会唐夫、衡西三洞诸水，又东流抵望日坳为黄沙湾，出青草桥而合于石鼓东。一名草江，以青草桥故。一名沙江，以黄沙湾故。谓之蒸者，以水气如蒸也。舟由青草桥入，百里而达水福，又八十里而抵长乐。

耒水者，由湘之东岸入，其源发于郴州之耒山，西北流经永兴、耒阳界。又有郴江发源于郴之黄岑山，白豹水发源于永兴之白豹山，资兴水发源于钴锅泉，俱与耒水会。又西抵湖东寺，至耒口而合于回雁塔之南。舟向郴州、宜章者，俱由此入，过岭，下武水，入广之浈江〔一〇〕。

来雁塔者，衡州下流第二重水口山也。石鼓从州城东北特起垂江，为第一重；雁塔又峙于蒸水之东、耒水之北，为第二重。其来脉自岣嵝转大海岭，度青山坳，下望日坳，东南为桃花冲，即绿竹、华严诸庵所附丽高下者。又南濒江，即为雁塔，与石鼓夹峙蒸江之左右焉。

衡州之脉，南自回雁峰而北尽于石鼓，盖邵阳、常宁之间迤逦而来，东南界于湘，西北界于蒸，南岳岣嵝诸峰，乃其下流回环之脉，非同条共贯者。徐灵期谓南岳周回八百里，回雁为首，岳麓〔一一〕为足，遂以回雁为七十二峰之一，是盖未经孟公坳,不知衡山之起于双髻也。若岳麓诸峰磅礴处,其支委固远矣。

初二日

早起,欲入城,并游城南花药山。雨势不止,遂返天母庵。庵在修竹中,有乔松一株当户,其外层冈回绕,竹树森郁,俱在窗槛之下,前池浸绿,仰色垂痕,后坂帏红,桃花吐艳。原名桃花冲。风雨中春光忽逗,而泥屐未周,不能无开云之望。下午,滂沱弥甚,乃拥炉瀹茗,兀坐竟日。

初三日

寒甚,而地泞天阴,顾仆病作,仍拥炉庵中,作上封寺募文。中夜风声复作,达旦仍(未)止雨。

初四日

雨,拥炉庵中,作完初上人白石山精舍引。

初五日

峭寒,酿雨。令顾仆往河街城东濒湘之街,市肆所集。觅永州船,余拥炉书上封疏、精舍引,作书怀诗呈瑞光。

初六日

雨止,泞甚。入城拜乡人金祥甫,因出河街。抵暮返,雨复霏霏。金乃江城〔一二〕金斗垣子,随桂府分封至此。其弟以荆溪壶〔一三〕开肆东华门府墙下。

初七日

上午开霁。静闻同顾仆复往河街更定永州舡。余先循庵东入桂花园。乃桂府新构〔一四〕〔庆桂堂地〕,为赏桂之所。〔前列丹桂三株,皆耸干参天,接荫蔽日。其北宝珠茶五株,虽不及桂之高大,亦郁森殊匹。〕又东为桃花源。〔西自华严、天母二庵来，南北俱高岗夹峙，中层叠为池，池两旁依冈分坞，皆梵宫绀宇[一五]，诸藩阉[一六]亭树，错出其间。〕桃花源之上即桃花冲，乃岭坳也。其南之最高处新结两亭，一曰停云，又曰望江，一曰望湖，在无忧庵后修竹间。时登眺已久，乃还饭绿竹庵。复与完初再上停云，从其北逾桃花冲坳，其东冈夹成池，越池而上，即来雁塔矣。塔前为双练堂，西对石鼓，返眺蒸、湘交会，亦甚胜也。塔之南，下临湘江，有巨楼可凭眺，惜已倾圮。楼之东即为耒江北入之口，时日光已晶朗，岳云江树，尽献真形。乃趣[一七]完初觅守塔僧，开扃而登塔，历五层。四眺诸峰，北惟衡岳最高，其次则西之雨母山，又次则西北之大海岭，其余皆冈陇高下，无甚峥嵘，而东南二方，固豁然无际矣。〔湘水自回雁北注城东，至石鼓合蒸，遂东转，经塔下，东合耒水北去，三水曲折，不及长江一望无尽，而纡回殊足恋也。〕眺望久之，恐静闻觅舟已还，遂归询之，则舟之行尚在二日后也。是日颇见日影山光，入更复雨。

　　按雨母山在府城西一百里，乃回雁与衡城来脉，兹望之若四五十里外者，岂非雨母，乃伊山耶？恐伊山又无此峻耳。志曰："伊山在府西三十五里，乃桓伊[一八]读书处。"而雨母则大舜巡狩所经，亦云云阜。余苦久雨，望之不胜曲水之想[一九]。

初八日

晨起雨歇，抵午有日光，遂入城，经桂[二〇]府前。府在城之中，圆亘城半，朱垣碧瓦，新丽殊甚。前坊标曰"夹辅亲潢"，正门曰"端礼"。前峙二狮，其色纯白，云来自耒河内百里。其地初无此石，建府时忽开得二石笋，俱高丈五，莹白如一，遂以为狮云。仍出南门，一里，由回雁之麓又西一里，入花药山。山不甚高，即回雁之西转回环而下府城者。诸峰如展翅舒翼，四拱成坞，寺当其中，若在围城之内，弘敞为一方之冠。盖城北之桃花冲，俱静室星联，而城南之花药山，则丛林独峙者也。寺名报恩光孝禅寺。寺后悬级直上，山顶为紫云宫，则道院也。其地高耸，可以四眺。还寺，遇锡僧觉空，兴道人。其来后余，而先至此。因少憩方丈，观宋徽宗弟表文。其弟法名琼俊，弃玉牒而游云水。时知府卢景魁之子移酌入寺，为琼俊所辱，卢收之狱中，潜书此表，令狱卒王祐入奏，徽宗为之斩景魁而官王祐。其表文与徽宗之御札如此，寺僧以为宗门一盛事。然表中称衡州为邢州，御札斩景魁，即改邢为衡，且以王祐为衡守。其说甚俚〔二一〕，恐寺中捏造而成，非当时之实迹也。出寺，由城西过大西门、小西门，城外俱巨塘环绕，阛阓〔二二〕连络。共七里，东北过草桥，又二里，入绿竹庵，已薄暮矣。是日雨已霁，迨中夜，雨声复作，潺潺达旦而不止。

初九日

雨势不止，促静闻与顾仆移行李舟中，而余坐待庵中。将午，雨中别瑞光，过草桥，循城东过瞻岳、潇湘、柴埠三门，入舟。候同舟者，因复入城，市鱼肉笋米诸物。大鱼每二三月水至衡山县放子，土人俱于城东江岸以布兜围其沫，养为雨苗，以大艑〔二三〕贩至各省，皆其地所产也。过午出城，则舟以下客移他所矣。与顾仆携物匍匐雨中，循江而上，过铁楼及回雁峰下，泊舟已尽而竟不得舟。乃觅小舟，顺流复觅而下，得之于铁楼外。盖静闻先守视于舟，舟移既不为阻，舟泊复不为觇，听我辈之呼棹而过，杂众舟中竟不一应，遂致往返也。是日雨不止，舟亦泊不行。

初十日

夜雨达旦。初涉潇湘,遂得身历此景,亦不以为恶。上午,雨渐止。迨暮,客至,雨散始解维。五里,泊于水府庙之下。

〔一〕丁家渡　原作"下家渡",据乾隆本改。

〔二〕北瞰衡城　"北",原作"南",据乾隆本改。四库本作"北瞰郡城"。

〔三〕漶(huàn 患)漫:模糊不可辨识。

〔四〕挈:通"牵"。

〔五〕滕王阁:在江西南昌沿江路抚河边,公元1926年被军阀焚毁。近年重建。　黄鹤楼:在湖北武昌蛇山上,公元1884年毁于火,后另修了一座纯阳楼,规模远不如前,修建长江大桥时,拆此楼。现已重建。

〔六〕韩文公:即韩愈(公元768～824年),字退之,自谓郡望昌黎,世称韩昌黎。曾任监察御史、刑部侍郎、吏部侍郎,因上疏劝谏,被贬多次,出为阳山令、潮州刺史、袁州刺史。唐代著名文学家、思想家,为唐宋散文八大家之首。死后谥文,故称韩文公。

朱晦庵:即朱熹(公元1130～1200年),字元晦、仲晦,号晦庵,别称紫阳,徽州婺源人(今属江西)。曾知南康军,恢复庐山白鹿书院。宋代著名理学家,他的理学对封建社会后期有很大的影响。死后谥文,追封信国公,后改徽国公。

张南轩:即张栻(公元1133～1180年),字敬夫、乐斋,号南轩,汉州绵竹人,后迁于衡阳,丞相张浚之子。曾出知严州、袁州、静江府,官至右文殿修撰。南宋著名思想家,与朱熹、吕祖谦合称

"东南三贤",死后谥宣。

〔七〕潇水在永州入湘,此后湘水亦称潇湘。

〔八〕蒸水　　原作"葵水",据本日记上下文改。今仍称蒸水。

〔九〕邵阳县:为宝庆府附郭县,即今邵阳市。

〔一〇〕武水:又称武溪,今仍称武水,在骑田岭以南,为广东北江源。北江明代称浈(zhēn 贞)江。

〔一一〕岳麓:又称灵麓峰,为衡山七十二峰之一,被认为衡山之足,故称岳麓。即今岳麓山,在长沙市郊,湘江西岸,海拔297米。山上名胜古迹甚多,风景如画,长沙全市及湘江可尽收眼底。岳麓书院在山东麓,倚山面水,现在湖南大学内,屋舍尚存。

〔一二〕江城:霞客故乡江阴的别称。

〔一三〕荆溪壶:江苏宜兴烧造的陶壶,为饮茶最好的茶具。宜兴的紫砂陶器,今仍著名。

〔一四〕构:建造。

〔一五〕梵(fàn 饭):为"梵摩"的省称,意即清净、寂静。原为婆罗门教用语,被佛教沿用来称呼与佛教有关的事物。梵宫即佛教寺庙。　　绀(gàn 干):深青带红的颜色。绀宇:佛寺的别称。

〔一六〕藩(fān 帆):封建王朝分封在各地的诸王。　　阉(yān 淹):宦官。

〔一七〕趣(cù 促):催促。

〔一八〕桓伊:东晋谯国铚县人(今安徽宿县西南),字叔夏,小字子野,一作野王。前秦苻坚南下时,他与谢玄、谢琰大破秦军于淝水，稳定了东晋的偏安局面。后迁都督江州、荆州十郡、豫州四郡军事、江州刺史。

〔一九〕曲水之想：古代风俗于中历三月第一个巳日，就水滨宴饮，举行仪式，认为可除灾去邪。魏以后固定为三月三日。后人因引水环曲成渠，流觞取饮，相与为乐，称为曲水。

〔二〇〕桂：即桂端王朱常瀛。游记中亦称"桂藩"、"桂王"。为明神宗庶七子，公元1601年封王，公元1627年就藩衡州府。公元1643年，张献忠领导的农民起义军攻下衡州，朱常瀛由永州入广西，寄居苍梧，第二年死。

〔二一〕俚(lǐ 里)：鄙俗。

〔二二〕阛(huán 环)：市区的墙。阓(huì 会)：市区的门。通常用阛阓指市区的街道和店铺。

〔二三〕艑(biàn 便)：扁舟，形扁而浅的船。

十一日

五更复闻雨声，天明渐霁。二十五里，南上钩栏滩，衡南首滩也，江深流缩，势不甚汹涌。转而西，又五里为东阳渡〔一〕，其北岸为琉璃厂，乃桂府烧造之窑也。又西二十里为车江〔二〕，或作汊江。其北数里外即云母山。乃折而东南行，十里为云集潭，有小山在东岸。已复南转，十里为新塘站。旧有驿，今废。又六里，泊于新塘站上流之对涯。同舟者为衡郡艾行可、石瑶庭，艾为桂府礼生〔三〕，而石本苏人，居此已三代矣。其时日有余照，而其处止有谷舟二只，遂依之泊。已而，同上水者又五六舟，亦随泊焉。其涯上本无村落，余念石与前舱所搭徽人俱惯游江湖，而艾又本郡人，

徐霞客游记校注

272

其行止余可无参与,乃听其泊。迨暮,月色颇明。余念入春以来尚未见月,及入舟前晚,则潇湘夜雨,此夕则湘浦月明,两夕之间,各擅一胜,为之跃然。已而忽闻岸上涯边有啼号声,若幼童,又若妇女,更余不止。众舟寂然,皆不敢问。余闻之不能寐,枕上方作诗怜之,有"箫管孤舟悲赤壁,琵琶两袖湿青衫"之句,又有"滩惊回雁天方一,月叫杜鹃更已三"等句。然亦止虑有诈局,俟怜而纳之,即有尾其后以挟诈者,不虞其为盗也。迨二鼓,静闻心不能忍,因小解涉水登岸,静闻戒律甚严,一吐一解,必俟登涯,不入于水。呼而诘之,则童子也,年十四五,尚未受全发,诡言出王阉之门,年甫十二,王善酗酒,操大杖,故欲走避。静闻劝其归,且厚抚之,彼竟卧涯侧。比静闻登舟未久,则群盗喊杀入舟,火炬刀剑交丛而下。余时未寐,急从卧板下取匣中游资移之。越艾舱,欲从舟尾赴水,而舟尾贼方挥剑斫尾门,不得出。乃力掀篷隙,莽投之江中,复走卧处,觅衣披之。静闻、顾仆与艾、石主仆,或赤身,或拥被,俱逼聚一处。贼前从中舱,后破后门,前后刀戟乱戳,无不以赤体受之者。余念必为盗执,所持绸〔四〕衣不便,乃并弃之。各跪而请命,贼戳不已,遂一涌掀篷入水。入水余最后,足为竹纤所绊,竟同篷倒翻而下,首先及江底,耳鼻灌水一口,急踊而起。幸水浅止及腰,乃逆流行江中,得邻舟间避而至,遂跃入其中。时水浸寒甚,邻客以舟人被盖余,而卧其舟,溯流而上三四里,泊于香炉山,盖已隔江矣。还望所劫舟,火光赫然,群盗齐喊一声为号而去。已而同泊诸舟俱移泊而来,有言南京相公身被四创者,余闻之暗笑其言之妄。且幸乱刀交戟之下,赤身其间,独一创不及,此实天幸。惟静闻、顾奴不知其处,然亦以为一滚入水,得免虎口,资囊可无计矣。但张侯宗琏所著南程续记一帙〔五〕,乃其手笔,其家珍藏二百余年,而一入余手,遂罹此厄,能不抚膺〔六〕！其时舟人父子亦俱被戮,哀号于邻舟。他舟又有石瑶庭及艾仆与顾仆,俱为盗戮,赤身而来,与余同被卧,始知所谓被四创者,乃余仆也。前舱五徽人俱木客,亦有二人在邻舟,其三人不知何处。而余舱尚不见静闻,后舱则艾行可与其友曾姓者,亦无问处。余时卧稠人中,顾仆呻吟甚,余念行囊虽焚劫无遗,而所投匣资或在江底可觅。但恐天明为见者取去,欲昧爽即行,而身无寸丝,何以就岸。是晚初月甚明,及盗至,已阴云四布,迨晓,雨复霏霏。

十二日

邻舟客戴姓者,甚怜余,从身分里衣、单裤各一以畀余。余周身无物,摸髻中犹存银耳挖一事,余素不用髻簪,此行至吴门,念二十年前从闽返钱塘江浒〔七〕,腰缠〔八〕已尽,得髻中簪一枝,夹其半酬饭,以其半觅舆,乃达昭庆金心月房。此行因换耳挖一事,一以绾发,一以备不时之需。及此堕江,幸有此物,发得不散。艾行可披发而行,遂至不救。一物虽微,亦天也。遂以酬之,匆匆问其姓名而别。时顾仆赤身无蔽,余乃以所畀裤与之,而自著其里衣,然仅及腰而止。旁舟子又以裰一幅畀予,用蔽其前,乃登涯。涯犹在湘之北东岸,乃循岸北行。时同登者余及顾仆,石与艾仆并二徽客,共六人一行,俱若囚鬼。晓风砭骨,砂砾裂足,行不能前,止不能已。四里,天渐明,望所焚劫舟在隔江,上下诸舟,见诸人形状,俱不肯渡,哀号再三,无有信者。艾仆隔江呼其主,余隔江呼静闻,徽人亦呼其侣,各各相呼,无一能应。已而闻有呼予者,予知为静闻也。心窃喜曰:"吾三人俱生矣。"亟欲与静闻遇。隔江土人以舟来渡余,及焚舟,望见静闻,益喜甚。于是入水而行,先觅所投竹匣。静闻望而问其故,遥谓余曰:"匣在此,匣中之资已乌有矣。手摹禹碑及衡州统志犹未沾濡也。"及登岸,见静闻焚舟中衣被竹笈犹救数件,守之沙岸之侧,怜予寒,急脱身衣以衣予。复救得余一裤一袜,俱火伤水湿,乃益取焚余炽火以炙之。其时徽客五人俱在,艾氏四人,二友一仆虽伤亦在,独艾行可竟无踪迹。其友、仆乞土人分舟沿流捱觅,余辈炙衣沙上,以候其音。时饥甚,锅具焚没无余。静闻没水取得一铁铫〔九〕,复没水取湿米,先取干米数斗,俱为艾仆取去。煮粥遍食诸难者,而后自食。迨下午,不得艾消息,徽人先附舟返衡,余同石、曾、艾仆亦得土人舟同还衡州。余意犹妄意艾先归也。土舟颇大,而操者一人,虽顺流行,不能达二十余里,至沔江已薄暮。二十里至东阳渡,已深夜。时月色再明,乘月行三十里,抵铁楼门,已五鼓矣。艾使先返,问艾竟杳然也。

先是,静闻见余辈赤身下水,彼念经笈在篷侧,遂留,舍命乞哀,贼为之置经。及破余竹撞,见撞中俱书,悉倾弃舟底。静闻复哀求拾取,仍置破撞中,盗亦不禁。撞中乃一统志诸书,及文湛持、黄石斋、钱牧斋与余诸手柬,并余自著日记诸游稿。惟与刘愚公书稿失去。继开余皮厢〔一〇〕,见中有尺头,即阁置袋中携去。此厢中有眉公与丽江木公叙稿,及弘辨、安仁诸书,与苍梧道顾东曙辈家书共数十通,又有张公宗琏所著南程续记,乃宣德初张侯特使广东时手书,其族人珍藏二百余年,予苦求得之。外以庄定山、陈白沙字裹之,亦置书中。静闻不及知,亦不暇乞,俱为携去,不知弃置何所,真可惜也。又取余皮挂厢,中有家藏晴山帖六本,铁针、锡瓶、陈用卿壶,俱重物,盗入手不开,亟取袋中。破予大笥〔一一〕,取果饼俱投舡底,而曹能始名胜志三本、云南志四本及游记合刻十本,俱焚讫。

其艾舱诸物,亦多焚弃。独石瑶庭一竹笈〔一二〕竟未开。贼濒行,辄放火后舱。时静闻正留其侧,俟其去,即为扑灭,而余舱口亦火起,静闻复入江取水浇之。贼闻水声,以为有人也,及见静闻,戳两创而去,而火已不可救。时诸舟俱遥避,而两谷舟犹在,呼之,彼反移远。静闻乃入江取所堕篷作筏,亟携经笈并余烬馀诸物,渡至谷舟;冒火再入取艾衣、被、书、米及石瑶庭竹笈,又置篷上,再渡谷舟;及第三次,则舟已沉矣。静闻从水底取得湿衣三四件,仍渡谷舟,而谷(舟)乘黑暗匿绅衣等物,止存布衣布被而已。静闻乃重移置沙上,谷舟亦开去。及守余辈渡江,石与艾仆见所救物,悉各认去。静闻因谓石曰:"悉是君物乎?"石遂大诟静闻,谓:"众人疑尔登涯引盗。谓讯哭童也。汝真不良,欲掩我之箧。"不知静闻为彼冒刃、冒寒、冒火、冒水,守护此箧,以待主者,彼不为德,而反诟之。盗犹怜僧,彼更胜盗哉矣,人之无良如此!

十三日

昧爽登涯,计无所之。思金祥甫为他乡故知,投之或可强留。候铁楼门开,乃入。急趋祥甫寓,告以遇盗始末,祥甫怆然。初欲假数十金于藩府,托祥甫担当,随托祥甫归家取还,而余辈仍了西方大愿。祥甫谓藩府无银可借,询余若归故乡,为别措以备衣装。余念遇难辄返,(缺)觅资重来,妻孥必无放行之理,不欲变余去志,仍求祥甫曲济。祥甫唯唯。

十四、十五日

俱在金寓。

十六日

金为投揭内司,约二十二始会众议助。初,祥甫谓己不能贷,欲遍求众内司共济,余颇难之。静闻谓彼久欲置四十八愿斋僧田于常住,今得众济,即贷余为西游资。俟余归,照所济之数为彼置田于寺,仍以所施诸人名立石,极为两便。余不得已,听之。

十七、十八日

俱在金寓。时余自顶至踵,无非金物,而顾仆犹蓬首跣足,衣不蔽体,只得株守金寓。自返衡以来,亦无晴霁之日,或雨或阴,泥泞异常,不敢动移一步。

十九日

往看刘明宇,坐其楼头竟日。刘为衡故尚书〔一三〕刘尧诲养子,少有膂力〔一四〕,慷慨好义,尚书翁故倚重,今年已五十六,奉斋而不禁酒,闻余被难,即叩金寓余,欲为余缉盗。余谢物已去矣,即得之,亦无可为西方资。所惜者唯张侯南程一纪,乃其家藏二百余年物,而眉公辈所寄丽江诸书,在彼无用,在我难再遘耳〔一五〕。刘乃立矢〔一六〕神前,曰:"金不可复,必为公复此。"余不得已,亦姑听之。

二十日

晴霁,出步柴埠门外,由铁楼门入。途中见折宝珠茶〔一七〕,花大瓣密,其红映日;又见折千叶绯桃〔一八〕,含苞甚大,皆桃花冲物也,拟往观之。而前晚下午,忽七门早闭,盖因东安有大盗临城,祁阳亦有盗杀掠也。余恐闭于城外,遂复入城,订明日同静闻往游焉。

〔一〕 东阳渡:今名同,在衡阳市珠晖区南境,湘江东岸。

〔二〕 车江:今名同,在衡南县中部,湘江西岸。

〔三〕礼生:祭祀时赞礼司仪的执事。

〔四〕紬:同"绸"。紬为大丝抽缯,粗茧织成,而绸织得细密。

〔五〕帙(zhì 至):用布帛制成的包书的套子,因称书一套为一帙。

〔六〕罹(lí 漓):遭遇不幸的事。 膺(yīng 英):胸。抚膺:气愤。

〔七〕浒(hǔ 虎):水边。

〔八〕腰缠:随身携带的财物。

〔九〕铫(diào 调):一种熬东西用的有柄有流的小锅。

〔一〇〕厢:同"箱"。

〔一一〕笥(sì 饲):装饭食或衣物的竹器,方的称笥,圆的称箪。

〔一二〕笈(jí 及):书箱。

〔一三〕尚书:明代中央行政机构六部的长官皆称尚书。

〔一四〕膂(lǚ 旅)力:体力。

〔一五〕遘(gòu 够):遇。

〔一六〕矢:通"誓"。

〔一七〕宝珠茶 "珠",原作"株",据<u>乾隆</u>本、<u>四库</u>本改。

〔一八〕又见折千叶绯桃 "绯",原作"徘",据<u>乾隆</u>本、<u>四库</u>本改。

二十一日

阴云复布,当午雨复霏霏,竟不能出游。是日<u>南门</u>获盗七人,招党及百,<u>刘</u>为余投揭捕厅。下午,<u>刘</u>以蕨芽〔一〕为供饷余,并前在天母殿所尝葵菜〔二〕,为素供二绝。余忆王摩诘"松下清斋折露葵",及东坡"蕨芽初长小儿拳",尝念此二物,可与蓴丝〔三〕共成三绝,而余乡俱无。及至衡,尝葵于天母殿,尝蕨于此,风味殊胜。盖葵松而脆,蕨滑而柔,各擅一胜也。是日午后,忽发风,寒甚,中夜风吼,雨不止。

二十二日

晨起,风止雨霁。上午,同静闻出瞻岳门,越草桥,过绿竹园。桃花历乱,柳色依然,不觉有去住之感。入看瑞光不值,与其徒入桂花园,则宝珠盛开,花大如盘,殷红密瓣,万朵浮团翠之上,真一大观。徜徉久之,不复知身在患难中也。望隔溪坞内,桃花竹色,相为映带,其中有阁临流,其巅有亭新构,阁乃前游所未入,亭乃昔时所未有缀。急循级而入,感花事之芳菲,叹沧桑之倏忽。登山踞巅亭,南瞰湘流,西瞻落日,为之怅然。乃返过草桥,再登石鼓,由合江亭东下,濒江观二竖石。乃二石柱,旁支以石,上镌对联,一曰:"临流欲下任公钓。"一曰:"观水长吟孺子歌。"非石鼓也。两过此地,皆当落日,风景不殊,人事多错,能不兴怀!

二十三日

碧空晴朗,欲出南郊,先出铁楼门。过艾行可家,登堂见其母,则行可尸已觅得两日矣,盖在遇难之地下流十里之云集潭也。其母言:"昨亲至其地,抚尸一呼,忽眼中血迸而溅我。"呜呼,死者犹若此,生何以堪! 询其所伤,云"面有两枪"。盖实为阳侯助虐,所云支解为四,皆讹传也。时其棺停于城南洪君鉴山房之侧。洪乃其友,并其亲。毕君甫适挟青乌至,盖将营葬也,遂与偕行。循回雁西麓,南越冈坞,四里而至其地。其处乱冈缭绕,间有掩关习梵之室，亦如桃花冲然，不能如其连扉接趾，而闳寂过之。洪君之室，绿竹当前，危冈环后，内有三楹，中置佛像，左为读书之所，右为僧爨之处，而前后俱有轩可憩，庭中盆花纷列，亦幽栖净界也。艾棺停于岭侧，亟同静闻披荆拜之。余诵"同是天涯遇难人，一生何堪对一死"之句，洪、毕皆为拭泪。返抵回雁之南，有宫翼然于湘江之上，乃水府殿也。先是艾行可之弟为予言，始求兄尸不得，依其签而获之云集潭，闻之心动。至是乃入谒之，以从荆、从粤两道请决于神，而从粤大吉。时余欲从粤西入滇，被劫后，措资无所，或劝从荆州〔四〕，求资于奎之叔者。时奎之为荆州别驾，从此至荆州，亦须半月程，而时事不可知，故决之神。以两处贷金请决于神，而皆不能全。两处谓金与刘。余益钦服神鉴。盖此殿亦藩府新构，其神极灵也。乃觅道者，俱录其词以藏之。复北登回雁峰，饭于千手观音阁东寮，即从阁西小径下，复西入花药寺，再同觉空饭于方丈。薄暮，由南门入。是日风和日丽，为入春第一日云。

二十四日

在金寓，觉空来顾。下午独出柴埠门，市蒸酥，由铁楼入。是夜二鼓，闻城上遥呐声，明晨知盗穴西城，几被逾入，得巡者喊救集众，始散去。

二十五日

出小西门，观西城被穴处。盖衡城甚卑，而西尤敝甚，其东城则河街市房俱就城架柱，可攀而入，不待穴也。乃绕西华门，循王墙后门后宰门外肆，有白石三块欲售。其一三峰尖削如指，长二尺，洁白可爱；其一方竟尺，中有沟池田塍可畜水，但少假人工，次之；其一亦峰乳也，又次之。返金寓。

是时衡郡有倡为**神农**之言者,谓神农、黄帝当出世,小民翕然信之,初犹以**法轮寺**为窟,后遂家传而户奉之。以是日下界,察民善恶,民皆市纸焚献,一时腾哄,市为之空。愚民之易惑如此。

二十六日

金祥甫初为予措资,展转不就。是日忽阄一会〔五〕,得百余金,予在寓知之,**金**难再辞,许假二十金,予以田租二十亩立券付之。

二十七、二十八、二十九日

俱在**金**寓候银,不出。

〔一〕蕨芽:西南山区甚多,通称蕨苔、蕨菜,即山间野生蕨类植物的嫩芽。

〔二〕葵菜:即冬葵,为我国古代重要蔬菜之一,现**江西**、**湖南**、**四川**等省仍有栽培。

〔三〕蘘(pò 魄)丝:即苴蘘,又称蘘荷,多年生草本,叶如初生的甘蔗,根如姜芽,花为淡黄色,花穗和嫩芽可供食用。

〔四〕**荆州**:明置荆州府,治江陵,即今湖北荆州市的**荆州区**。

〔五〕忽阄(jiū 鸠)一会:过去民间有一种互济的办法,每人每月出定额的钱,轮流归一人集中使用,称上会。以拈阄的形式决定得钱者的先后。

三月初一日

桂王临朝,命承奉刘及王承奉之侄设斋**桃花冲**施僧。**静闻**往投斋,晤王承奉之侄,始知前投揭议助之意,内司不爽。盖此助非余本意,今既得金物,更少贷于刘,便可西去。静闻见王意如此,不能无望。余乃议先往道州,游九疑,留静闻候助于此,余仍还后与同去,庶彼得坐俟,余得行游,为两便云。

初二日

乃促得金祥甫银,仍封置金寓,以少资随身。刘许为转借,期以今日,复不能得。予往别,且坐候之,遂不及下舟。

初三日

早出柴埠门登舟。刘明宇先以钱二千并绢布付静闻,更以糕果追予于南关外。时余舟尚泊柴埠未解维〔一〕,刘沿流还觅,始与余遇,复订期而别。是日风雨复作,舟子迁延,晚移南门埠而泊。

初四日

平明行,风暂止,夙雨霏霏。下午过汉江,抵云集潭,去予昔日被难处不远,而云集则艾行可沉汩之所也。风雨凄其,光景顿别,欲为楚辞招之,黯不成声。是晚泊于云集潭之西岸,共行六十余里。

初五日

雷雨大至。平明发舟,而风颇利。十里,过前日畏途,沉舟犹在也。四里,过香炉山,其上有滩颇高。又二十五里,午过桂阳河口,桂阳河自南岸入湘。〔春水出道州春陵山,峛水出宁远九疑山,经桂阳西境,合流至此入湘,为常宁县界。由河口入,抵桂阳尚三百里。〕〔二〕又七里,北岸有聚落名松北〔三〕。又四里,泊于瓦洲夹。共行五十里。

初六日

昧爽行，雨止风息。二十里，过白坊驿〔四〕，聚落在江之西岸，至此已入常宁县界矣。又西南三十里，为常宁水口。其水从东岸入湘，亦如桂阳之口，而其水较小，盖常宁县〔五〕治犹在江之东南也。又西十五里，泊于粮船埠〔六〕，有数家在东岸，不成村落。是日共行六十五里。

初七日

西南行十五里，河洲驿〔七〕。日色影现，山冈开伏。盖自衡阳来，湘江两岸虽冈陀缭绕，而云母之外，尚无崇山杰嶂。至此地，湘之东岸为常宁界，湘江西岸为永之祁阳界，皆平陵扩然，冈阜远叠也。又三十里，过大铺〔八〕，于是两岸俱祁阳属矣。上九州滩，又三十里，泊归阳驿〔九〕。

初八日

饭后余骤疾，呻吟不已。六十里，至白水驿〔一〇〕。初拟登访戴宇完，谢其遇劫时解衣救冻之惠，至是竟不能登。是晚，舟人乘风顺，又暮行十五里，泊于石坝里，盖白水之上流也。是日共行七十五里。按志：白水山在祁阳东南二百余里，山下有泉如白练。（缺）去祁阳九十余里，又在东北。是耶？非耶？

初九日

昧爽，舟人放舟，余病犹甚。五十余里，下午抵祁阳〔一一〕，遂泊焉，而余不能登。先隔晚将至白水驿，余力疾起望，西天横山如列屏；至是舟溯流而西，又转而北，已出是山之阳矣，盖即祁山也。山在湘江北，县在湘江西、祁水南〔一二〕，相距十五里。其上流则湘自南来，循城东，抵山南转，县治实在山阳、水西。而县东临江之市颇盛，南北连峙，而西向入城尚一里。其城北则祁水西自邵阳来，东入于湘，遂同曲而东南去。

初十日

余念浯溪之胜，不可不一登，病亦稍差〔一三〕，而舟人以候客未发，乃力疾起。沿江市而南，五里，渡江而东，已在浯溪下矣。第所谓狮子袱者，在县南滨江二里，乃所经行地，而问之，已不可得。岂沙积流移，石亦不免沧桑耶？浯溪〔一四〕由东而西入于湘，其流甚细。溪北三崖骈峙，西临湘江，而中崖最高，颜鲁公〔一五〕所书中兴颂高镌崖壁，其侧则石镜嵌焉。石长二尺，阔尺五，一面光黑如漆，以水喷之，近而崖边亭石，远而隔江村树，历历俱照彻其间。不知从何处来，从何时置，此岂亦元次山所遗〔一六〕，遂与颜书媲胜耶！宋陈衍云："元氏始命之意，因水以为浯溪，因山以为峿山，作室以为㾕亭〔一七〕，三吾之称，我所自也。制字从水、从山、从广，我所命也。三者之目，皆自吾焉，我所擅而有也。"崖前有亭，下临湘水，崖巅石巉簇，如芙蓉丛萼。其北亦有亭焉，今置伏魔大帝像。崖之东麓为元颜祠，祠空而隘。前有室三楹，为驻游之所，而无守者。越浯溪而东，有寺北向，是为中宫寺，即漫宅旧址也，倾颓已甚，不胜吊古之感〔一八〕。时余病怯行，卧崖边石上，待舟久之，恨磨崖碑拓架未彻〔一九〕而无拓者，为之怅怅！既午舟至，又行二十里，过媳妇娘塘，江北岸有石娉婷立岩端，矫首作西望状。其下有鱼曰竹鱼，小而甚肥，八九月重一二斤，他处所无也。时余卧病舱中，与媳妇觌面而过。又十里，泊舟滴水崖而后知之，矫首东望，已隔江云几曲矣。滴水崖在江南岸，危岩亘空，江流寂然，荒村无几，不知舟人何以泊此？是日共行三十五里。

徐霞客游记校注

〔一〕解维:解开系船的缆绳,意即开船。

〔二〕桂阳:明置桂阳州,隶衡州府,即今桂阳县。桂阳河即春陵水,今仍称春陵水。春水当指其北源,即发源自今新田县北部者;岿水当指其南源,即发源自今蓝山县南部者。

〔三〕松北:四月二十一日记作松柏,明时又称松柏市,设有巡检司。在湘江北岸,为今衡南县的松江镇。

〔四〕白坊驿:今作柏坊,在常宁市北隅,湘江南岸。

〔五〕常宁县:隶衡州府,即今常宁市。

〔六〕粮船埠:应即今粮市,在祁东县东南隅,湘江北岸。

〔七〕河洲驿:在常宁市北隅,湘江东南岸。明置河洲驿,清代名河洲市。湘江中原有沙洲,两岸皆称河洲。此处因与对岸祁东县河洲重名,1982年更名新洲,1987年置新河镇。

〔八〕大铺:今作大堡,在常宁市西北隅,湘江南岸。

〔九〕归阳驿:明时又称归阳市,今仍称归阳,在祁东县南隅,湘江北岸。

〔一○〕白水驿:今仍称白水,在祁阳县南境,湘江南岸,白水与湘江汇流处的东侧。

〔一一〕祁阳:明为县,隶永州府,即今祁阳县。

〔一二〕县在湘江西祁水南　　原作"县在湘江南西祁水南","江"后衍"南"字,据乾隆本改。

〔一三〕差(chài):同"瘥",病愈。

〔一四〕浯(wú 吾)溪:在祁阳县西南五里。元结浯溪铭序:"溪在湘水之南,北汇于湘,爱其胜异,遂家溪畔,命曰浯溪。"

〔一五〕颜鲁公:即颜真卿(公元709～785年),为我国古代著名书法家。新唐书颜真卿传说他"善正、草书,笔力遒婉,世宝传之"。

〔一六〕元结(公元723～772年):字次山,河南鲁县人,唐代文学家,晚年为道州刺史,浯溪一带有元氏遗迹,其住屋人称漫郎宅。

〔一七〕作室以为㡗亭 "㡗",原作"唐",据元次山集㡗亭铭改。下文"制字从水、从山、从广"。"广"原作"唐",亦讹,不从。

〔一八〕此即浯溪摩崖碑林及有关文物,在今祁阳县西南郊,有唐朝以来的碑刻505方,以元结撰、颜真卿所书的大唐中兴颂为代表,还有元结的浯溪铭第三铭,及以后的大宋中兴颂、大明中兴颂等,诗文书法荟萃,楷、行、草、隶、篆等字体皆备,为全国重点文物保护单位。

〔一九〕彻:通"撤",撤除。

十一日

平明行,二十五里,过黄杨铺,其地有巡司〔一〕。又四十里,泊于七里滩。是日共行六十五里。自入舟来,连日半雨半晴,曾未见皓日当空,与余病体同也。

十二日

平明发舟。二十里,过冷水滩〔二〕。聚落在江西岸,舟循东岸行。是日天清日丽,前所未有。一舟人俱泊舟东岸,以渡舟过江之西岸,市鱼肉诸物。余是时体亦稍苏,起坐舟尾,望隔江聚落俱在石崖之上。盖濒江石骨嶙峋,直插水底,阛阓之址,以石不以土,人从崖级隙拾级以登,真山水中窟宅也。涯上人言二月间为流贼杀掠之惨,闻之骨竦。久之,市物者渡江还,舟人泊而待饭,已上午矣。忽南风大作,竟不能前,泊至下午,余病复作。薄暮风稍杀,舟乃行,五里而暮。又乘月五里,泊于区河。是晚再得大汗,寒热忽去,而心腹间终不快然。夜半忽转北风,吼震弥甚,已而挟雨益骄。是日共行三十里。

十三日

平明,风稍杀,乃行。四十里,为湘口关。人家在江东岸,湘江自西南,潇江自东南,合于其前而共北。余舟自潇入,又十里为永[三]之西门浮桥,适午耳,雨犹未全止。诸附舟者俱登涯去,余亦欲登陆遍览诸名胜,而病体不堪,遂停舟中。已而一舟从后来,遂移附其中,盖以明日向道州者。下午,舟过浮桥,泊于小西门。隔江望江西岸,石甚森幻,中有一溪自西来注,石梁跨其上,心异之。急索粥为餐,循城而北,乃西越浮桥,则浮桥西岸,异石嘘吸灵幻。执土人问愚溪桥,即浮桥南畔溪上跨石者是;钴鉧潭,则直西半里,路旁嵌溪者是。始知潭即愚溪之上流,潭路从西,桥路从南也。乃遵通衢直西去,路左人家隙中,时见山溪流石间。半里,过柳子祠,〔祠南向临溪。〕再西将抵茶庵,则溪自南来,抵石东转,转处其石势尤森特[四],但亦溪湾一曲耳,无所谓潭也。石上刻"钴鉧潭"三大字,古甚,旁有诗,俱已泐不可读。从其上流求所谓小丘、小石潭,俱无能识者。按是水发源于永州南百里[五]之鸦山,有"冉"、"染"二名。一以姓,一以色。而柳子厚[六]易之以"愚"。按文求小丘,当即今之茶庵者是。在钴鉧西数十步丛丘之上,为僧元会所建,为此中鼎刹。求西山亦无知者。后读芝山碑,谓芝山即西山,亦非也,芝山在北远矣,当即柳子祠后圆峰高顶,今之护珠庵者是。

又闻护珠、茶庵之间，有柳子崖，旧刻诗篇甚多，则是山之为西山无疑。余觅道其间，西北登山，而其崖已荒，竟不得道。乃西南绕茶庵前，复东转经钴鉧潭，至柳子祠前石步渡溪，而南越一冈，遂东转出愚溪桥上，两端〔架〕潇江之上，皆前所望异石也。因探窟踞萼，穿云肺而剖莲房，上瞰既奇，下穿尤幻，但行人至此以为溷圊〔七〕，污秽灵异，莫此为甚，安得司世道者一厉禁之。〔桥内一庵曰圆通〔八〕，北向俯溪，有竹木胜。〕时舟在隔江城下，将仍从浮桥返，有僧圆面而长须，见余盘桓久，辄来相讯。余还问其号，曰："顽石。"问其住山，曰："衡之九龙。"且曰："僧即寓愚溪南圆通庵。今已暮，何不暂止庵中。"余以舟人久待，谢而辞之，乃返。

十四日

余早索晨餐，仍过浮桥西，见一长者，余叩此中最胜，曰："溯江而南二里，濒江为朝阳岩。随江而北，转入山冈二里，为芝山岩。无得而三也。"余从之，先北趋芝山。循江西岸半里，至刘侍御山房〔九〕。讳兴秀，为余郡司李者也。由其侧北入山，越一岭，西望有亭，舍之不上。由径道北逾山冈，登其上，即见山之西北，湘水在其北而稍远，又一小水从其西来，而逼近山之东南，潇水在其东，而远近从之。潇江东岸，又有塔临江，与此山夹潇而为永之水口者也。盖北即西山北走之脉〔一〇〕，更北尽于潇、湘合流处，至此其中已三起三伏，当即志所称万石山，而郡人作记或称为陶家冲，土名。或称为芝山，似形似名。或又镌崖历亭，序谓此山即柳子厚西山，后因产芝，故易名为芝，未必然也。越岭而北，从岭上东转，前望树色掩映，石崖嶙峋，知有异境。亟下崖足，仰而望之，崖巅即山巅，崖足即山足半也。其下有庵倚之，见路绕其北而上，乃不入庵而先披〔一一〕路。遥望巅崖耸透固奇，而两旁乱石攒绕，或上或下，或起或伏，如莲萼芝房，中空外簇，随地而是。小径由其间上至崖顶，穿一石关而入。有室南向，门闭不得入，绕其南至西，复穿石峡而入焉，盖其侧有东西二门云。室止一楹，在山顶众石间。仍从其西峡下至崖足，一路竹木扶疏，玉兰铺雪，满地余香犹在。入崖下庵中，有白衣大士甚庄严，北有一小阁可憩，南有一净侣结精庐依之。门在其左，初无从知，问而得之，犹无从进，〔僧〕忽从内启扉〔一二〕揖入，从之。小庭侧窦，穿卧隙而上，则崖石穹然，有亭缀石端，四窗空明，花竹掩映，极其幽奥。僧号觉空，坚留瀹茗，余不能待而出。

仍从旧路，南至浮桥。〔闻直西四十里有寺曰石门山，最胜，以谒登朝阳岩，不及往。〕令顾奴从桥东溯潇放舟南上；余从桥西，仍过愚溪桥，溯潇西崖南行。一里，大道折而西南，〔道州道也。〕由岐径东南一里，则一山怒而竖石奔与江斗。逾其上，俯而东入石关，其内飞石浮空，下瞰潇水，即朝阳岩矣。其岩后通前豁，上覆重崖，下临绝壑，中可憩可倚，云帆远近，纵送其前。惜甫仾足而舟人已放舟其下，连声呼促，余不顾。崖北有石磴直下缘江，亟从之。磴西倚危崖，东逼澄江，尽处忽有洞岈然，高二丈，阔亦如之，亦东面临江，溪流自中喷玉而出，盖水洞也。洞口少入即转而南，平整轩洁，大江当其门，泉流界其内，亦可憩可濯，乃与上岩高下擅奇，水石共韵者也。入洞五六丈，即汇流满洞。洞亦西转而黑，计可揭而进，但无火炬，而舟人遥呼不已，乃出洞门。〔其北更有一岩，覆结奇〕云，下插渊黛，土人横杙〔一三〕架板如阁道。然第略为施栏设几，即可以坐括水石，恐缀瓦备扁，便伤雅趣耳。徙倚久之，仍从石磴透出岩后，遂凌绝顶。其上有佛庐官阁，石间镌刻甚多，多宋、唐名迹，而急不暇读，以舟人促不已也。

下舟溯江，渐折而东，七里至香炉山。山小若髻，独峙于西岸，出江中〔一四〕，乃石骨攒簇而成者。其上佳木扶摇，其下水窍透漏。最可异者，不在江之心，三面皆沙碛环之，均至山足则决而成潭，北西南俱若界沟，然沙逊于外，而水绕其内，其东则大江之奔流矣。盖下流之沙不能从水而上，而上流之沙何以不逐流而下，岂日夜有排剔之者耶？亦理之不可解也。下午过金牛滩，其上有金牛岭，一峰尖峭而分耸，三峰斜突而横骞〔一五〕，江流直捣其胁。至是舟始转而南，得风帆之力矣。是晚宿于庙下，舟行共五十里，陆路止二十里也。

先是，余闻永州南二十五里有澹岩之胜，欲一游焉。不意舟行五十里而问之，犹在前也。计当明晨过其下，而舟人莽不肯待。余念陆近而水远，不若听其去，而从陆蹑之，舟人乃首肯。

十五日

五更闻雨声泠泠，达旦雷雨大作。不为阻，亟炊饭。五里至岩北〔一六〕，力疾登涯，与舟人期会于双牌。双牌者，永州南五十里之铺也。永州南二十五里为岩背，陆路至此与江会。陆路从此南入山，又二十五里而至双牌；水路从此东迂溯江，又六十里而至双牌。度舟行竟日，止可及此，余不难以病体追蹑也。岩背东北临江，从其南二里西向入山，山石忽怒涌作攫人状。已而望见两峰前突，中有云庐高敞，而西峰耸石尤异，知胜在是矣。及登之，而官舍半颓。先是望见西峰之阳，洞门高张，至是路从其侧而出，其上更见石崖攒舞，环玦东向，其下则中空成岩，容数百人，下平上穹，明奥幽爽,无逼仄昏暗之状病。其北洞底亦有垂石环转,覆楞分内外者,巨石磊砢〔一七〕界道,石上多宋、元人题镌。黄山谷〔一八〕最爱此岩,谓为此中第一,非以其幽而不闷,爽而不露耶?岩东穿腋窍而上,有门上透丛石之间,东瞰官舍后回谷,顿若仙凡分界。岩西南又辟一门,逾门而出其右,石壁穿然,有僧寮倚之,西眺山下平畴,另成一境,桑麻其中。有进贤江发源自西南龙洞,〔洞去永城西南七十里。江〕东来直逼山麓,而北入于潇。进贤江侧又有水洞,去此二里,秉炬可深入,昔人谓此洞水陆济胜,然不在一处也。按澹岩之名,昔为澹姓者所居。而旧经又云,有正实者,秦时人,遁世于此,始皇三召不赴,复尸解焉,则又何以不名周也。从僧寮循岩南东行,过前所望洞门高张处,其门虽峻,而中夹而不广,其内亦不能上通后岩也。仍冒雨东出临江,望潇江迢迢在数里外,自东而来。盖缘澹山之南,即多崇山排亘,有支分东走者,故江道东曲而避之。乃舍江南行,西遵西岭,七里至木排铺,市酒于肆,而雨渐停。又南逾一小岭,三里为阳江。其江不能胜舟,西南自大叶江、小叶江来,至此〔二十余里,〕东注于潇。其北则所谓西岭者横亘于右,其南则曹祖山、张家冲诸峰骈立于前。又南七里,直抵张家冲之东麓,是为陈皮铺。又南三里,逾一小岭,望西山层坠而下,时现石骨,逗奇标异;已而一区凑灵,万窍逆幻。亟西披之,则石片层层,尽若鸡距龙爪,下蹲于地,又如丝瓜之囊,筋缕外络,而中悉透空;但上为蔓草所缠,无可攀跻,下为棘箐所塞,无从披入。乃南随之,见旁有隙土新薙地者〔一九〕,辄为扪入,然每至纯石,辄复不薙。路旁一人,见余披跷久,荷笠倚锄而坐待于下。余因下问其名,曰:"是为和尚岭,皆石山也。其西大山,是为七十二雷。"因指余前有庵在路隅，其石更胜。从之，则大道直出石壁下，其石屏插而起，上多透明之窦，飞舞之形；其下则清泉一泓，透云根而出。有庵在其南，时僧问其名，曰："出水崖。"〔二〇〕问他胜，曰："更无矣。"然仰见崖后石势骈丛，崖侧有路若丝，皆其薙地境也。贾勇〔二一〕从之，其上石皆〔如卧龙矗〔二二〕凤，出水青莲，萼丛瓣裂。转至出水崖后，觉茹〔二三〕吐一区，包裹丛沓，而窈窕无竟。盖其处西亘七十二雷大山，丛岭南列，惟东北下临官道，又出水崖障其东，北复屏和尚岭，四面外同错绮，其中怪石层朋，采艳夺眺。予乃透数峡进，东北屏崖之巅，有石高碧，若天门上开，不可慰即。碧石西南，即出水崖内壑，一潭澄石隙中，三面削壁下嵌，不见其底，若爬梳〔二四〕沙蔓，令石与水接，武陵渔当为移棹〔二五〕。予历选山栖佳胜，此为第一，而九疑尤溪村口稍次云。〕〔二六〕

〔搜剔久之，〕乃下。由庵侧南行二里，有溪自西南山凹来，大与阳溪似。过溪一里，东南转出山嘴，复与潇江遇。于是西南溯江三里，则双牌在焉〔二七〕。适舟至，下舟，已下春矣。双牌聚落亦不甚大，其西南豁然，若可远达，而舟反向南山泷中入。盖潇水南自青口与泡水合，即入山峡中，是曰泷口。北行七十里，皆连山骈峡，亏蔽天日，〔且水倾泻直中下，〕一所云"泷"也〔二八〕。泷中有麻潭驿，属零陵〔二九〕。驿南四十里属道〔州〕，驿北三十里属零陵。按其地即丹霞翁宅也，志云：在府南百里零陵泷下，唐永泰〔三〇〕中有泷水令唐节，去官即家于此泷，自称为丹霞翁。元结自道州过之，为作宅刻铭。然则此泷北属零陵，故谓之零陵泷。而所谓泷水县者，其即此非耶？又按志：永州南六十里有雷石镐，当泷水口，唐置。则唐时泷水之为县，非此而谁耶？时风色甚利，薄暮,乘风驱舟上滩,卷浪如雷。五里入泷,又五里泊于横口,江之东岸也,官道在西岸,为雷石镇小墅耳。

〔自永州至双牌,陆五十里,水倍之。双牌至道州,水陆俱由泷中行,无他道。故泷中七十里,止有顺逆分,无水陆异。出泷至道州,又陆径水曲矣。〕

十六日

平明行,二十里,为麻潭驿,其地犹属零陵,而南即道州界矣。自入泷来,山势逼束,石滩悬亘,而北风利甚,卷翠激玉,宛转凌波,不觉其难,咏旧句"舡梭织峰翠,山轴卷溪绡",<u>下宁洋溪中诗</u>。若为此地设也。其处山鹃盛开,皆在水涯岸侧,不作蔓山布谷之观,而映碧流丹,尤觉有异。二十里,吴垒铺,其西南山稍逊,舟反转而东。又五里,复南转,其东北岸有石,方形叠砌,围亘山腰,东下西起,若甃而成者,岂垒之遗者耶?又十里,山势愈逼束,是为泷口。又五里,泊于将军滩。滩有峰立泷之口,若当关者然。溯流出泷,划然若另辟区宇。是夜月明达旦,入春来所未有。

十七日

平明行,水径迂曲,五里至青口。一水东自山峡中出者,宁远道也,此水最大,即潇水也;一水南自平旷中来者,道州道也,此水次之,即沲水〔三一〕也,〔水小弱。〕乃舍潇而南溯沲。又五里为泥江口。按志有三江口,为潇、沲、营合处,问之舟人,皆不能知,岂即青口耶?但营水之合在上流耳。〔水西通营阳,舟上罗坪三日程,当即营水矣。〕又三十里,抵道州〔三二〕东门,绕城南,泊于南门。下午入城,自南门入,过大寺,名报恩寺。由州前抵西门。登南城回眺,乃知道州城南临江水,东南西三门俱南濒于江,惟北门在内。

盖泡水自江华，掩、邀〔三三〕二水自永明〔三四〕，俱合于城西南十五里外，东北来，抵城西南隅，绕南门至东门，复东南去，若弯弓然，而城临其背。西门有濂溪水，西自月岩，翼云桥跨其上。东门亦水自北来注，流更微矣。迨暮，仍出南门，宿舟中。夜复雨。

道州附郭有四景：东有响石，即五如石。西有濂溪，北有九井，南有一木。南门外一大木卧江底。

十八日

天光莹彻，早饭登涯。由南门外循城半里，过东门，又东半里有小桥，即潃泉入江处也。桥侧江滨有石突立，〔状如永州愚溪桥，透漏耸削过之，〕分岐空腹，其隙可分瓣而入，其窦可穿瓠而透，所谓五如石也。中有一石，击之声韵幽亮，是为响石。按元次山道州诗题，石则有五如、窊樽〔三五〕，泉则有潃、漫等七名，皆在州东，而泉经一潃而可概其余，石得五如而窊樽莫觅。屡询，一儒生云："在报恩大寺。"然元序云，在州东左湖中石山巅。石窊可樽，其上可亭，岂可移置寺中者，抑寺即昔之左湖耶？质之其人，曰："入寺自知。"乃入东门，经南门内，西过报恩寺，欲入问窊樽石，见日色丽甚，姑留为归途探质。亟出西门，南折过翼云桥，有二岐。从西二十五里为濂溪祠，又十里为月岩；从南为十里铺，又六十里为永明县；十里铺侧有华岩，由岩下间道可出濂溪祠。余欲兼收之，遂从南行。大道两傍俱分植乔松，如南岳道中，而此更绵密。有松自下分柯五六枝，丛挺竞秀，此中特见之，他所无也。自州至永明，松之夹道者七十里，栽者之功，亦不啻甘棠矣。州西南冈陀高下，置道因之。而四顾崇山开远，惟西北一山最高而较近，则月岩后所倚之大山也。至十里铺东，从小径北向半里，为华岩。洞门向北，有小水自洞下出。由洞入，止闻水声，而不见水。转东三丈余，复南下，则穿然深暗，不复辨光矣。时洞北有僧寮，行急不及入觅火炬，闻其内止一炬可尽，亦不必觅也。遂从寮右北向小径行。此处山小而峭，或孤峙，或两或三，连珠骈笋，皆石骨嶙峋，草木摇飏，升降宛转，如在乱云叠浪中，令人茫然，方向（莫）辨。然无大山表识，惟西北崇峰，时从山隙瞻其一面，以为依归焉。五里，横过山蹊四、五里〔三六〕，渡一小石桥，又逾岭，得大道西去。随之二里，又北入小径，沿石山之嘴，共四里而转出平畴，则道州西来大道也〔三七〕，又一里而濂溪祠在焉。祠北向，左为龙山，右为象山〔三八〕，皆后山，象形，从祠后小山分支而环突于前者也。其龙山即前转嘴而出者，象山则月岩之道所由渡濂溪者也。祠环于山间而不临水，其前扩然，可容万马，乃元公所生之地，今止一二后人守其间，而旁无人焉。无从索炊，乃西行。一里，过象山，沿其北，又一里，渡濂溪。〔溪自月岩来，至此为象山东障，乃北走，又东至州西入泡水。〕从溪北溯流西行，五里而抵达村，为洪氏聚族。乃卧而候饭，肆中无酒，转沽久之，下午始行。遂西南入山。路傍先有一峰圆锐若标，从此而乱峰渐多，若卓锥，若骈指，若列屏，俱环映于大山之东，分行逐队，牵引如蔓，皆石骨也。又五里，南转入乱山之腋。又三里，西越一岭，望见正西一山，若有白烟一脉抹横其腰者，即月岩上层所透之空明也。盖正西高山屏立，若齐天之不可阶，东下第三层而得此山，中空上碧，下辟重门，翠微中剜，光映前山，故遥睨若白云不动。又二里，直抵〔月岩〕山下，从其东麓拾级而上，先入下岩。其岩东向，中空上连，高碧若桥，从下望之，若虎之张吻，目光牙状，俨然可畏。复从岩上遍历诸异境，是晚宿于月岩。

十九日

自月岩行二里，仍过〔所〕望岩如白烟处。分岐东南行，穿小石山之腋，宛转群队中。八里出山，渡大溪而东，是为洪家宅〔三九〕，亦洪氏之聚族也。又东南入小土山，南向山脊行，三里而下。一里出山，有巨平岩横峙，而东一里，复南向行山坡。又二里，南上一岭。名银鸡岭。越岭而下，有村两三家。从其东又三里为武田，自月岩至武田二十里。其中聚落颇盛。再东半里，即永明之大道也。横大道而过，南沿一小平溪行一里，渡桥而东又半里，则大溪汤汤介于前矣。是为永明掩、遨二水，是为六渡。渡江复东南行，陂陀高下，三里为小暑洞。又东逾山冈，三里得板路甚大，乃南随板路，又十里而止于板寨，盖在上都之东北矣，问所谓杨子宅、南龙，俱过矣。

二十日

从寨中东南小径，一里，出江华大道，遂南遵大道行，已为火烧铺矣。铺在道州南三十里而遥，江华北四十里而近。又行五里为营上，则江华、道州之中，而设营兵以守者也。其后有小尖峰倚之。东数里外有高峰突屼，为杨柳塘，由此遂屏亘而南，九疑当在其东矣。西南数里外，有高峰圆耸，为斜溜。其南又起一峰，为大佛岭，则石浪以后云山也。自营上而南，两旁多小峰嶙峋。又五里，为高桥铺。又三里，有溪自西而东，石骨嶙峋，横卧涧中，济流漱之，宛然包园石壑也。溪上有石梁跨之，当即所谓高桥矣。又南七里，为水塘铺。自高桥来，途中村妇多觅笋箐中，余以一钱买一束，携至水塘村家煮之，与顾奴各啜二碗，鲜味殊胜，以筒藏其半而去。水塘之西，直逼斜溜，又南，斜溜、大佛岭之间，有小峰东起，若纱帽然。又五里为伽佑铺〔四〇〕,则去江华十里矣。由铺南直下,从径可通浪石寺。转而东南从岭上行,共六七里而抵江华城西〔四一〕。盖自高桥铺南,名三十里,而实二十五里也。循城下抵南门,饭于肆。又东南一里,为麻拐岩。一名回龙庵。由回龙庵沿江岸南行半里,水分二道来:一自山谷中出者,其水较大,乃㴩水也;一自南来者,亦通小舟,发源自上武堡。盖西界则大佛岭、班田、嚣云诸山迤逦而南去,东界则东岭、苦马云诸峰环转而南接,独西南一坞遥开,即所谓上武堡也,其西南即为广西富川、贺县界。〔大小二江合于麻拐岩之南。大江东源锦田所〔四二〕,溯流二百余里,舟行三四日可至;小江南自上武堡,舟溯流仅到白马营〔四三〕,可五十里。然入江之口,即积石为方堰,置中流,横遏江舟,不得上下,堰内另置小舟,外有桥,横板以渡。白马营东大山曰吴望山,有秦洞甚奇,惜未至;又南始至上武堡,堡东大山曰冬冷山。二山之水合出白马营,为小江上流云。乃〕沿南小江岸又西行三里,是为浪石寺。小江中石浪如涌,此寺之所由得名也。寺有蒋姓者成道,今肉身犹在,即所称"一刀屠"也。浪石有"一刀屠"肉身,其面肉如生。碑言姓蒋,即寺西村人。宋初,本屠者,卖肉,轻重俱一刀而就,不爽锱铢〔四四〕。既而弃妻学道,入大佛岭洞中,坐玉柱下。久之,其母入洞寻得。拜之遂出洞,坐化于寺。后有盗欲劫江华库,过寺,以占取决,不吉。盗劫库还,遂剖其腹,取心脏而去。此亦"一刀屠"之报也。其身已鬃〔四五〕,而面尚肉,头戴香巾,身袭红褶,为儒者服,以子孙有青其衿者耳。是日止于浪石寺,但其山僧甚粗野。

〔一〕巡司:即巡检司。明清时各州县均有巡检,以武人担任,多设于距城稍远的关隘要地或交通要道,盘查镇压人民。　黄杨铺:明置黄杨堡巡检司,今称黄阳司,在冷水滩区东北隅,湘江北岸。

〔二〕冷水滩:今设冷水滩区,在湘江西岸,为湘桂铁路线上的大站。闰四月初一、初二日记的冷水湾,应即冷水滩。

〔三〕永:明置永州府,即今永州市。

〔四〕转处其石势尤森特　原作“转处甚石势尤森时”,“甚”系“其”之误,“时”系“特”之误,参考乾隆本、四库本改。

〔五〕百里　原误倒为“里百”,据乾隆本、四库本改。

〔六〕柳子厚:即唐代著名文学家柳宗元,曾被贬为永州员外司马,在永州度过了10年(公元805～815年),这一带有关柳宗元的遗迹和传说甚多。

〔七〕溷(hùn诨)围:厕所。

〔八〕圆通　乾隆本作“通圆”,据季抄本、四库本同日下文改。

〔九〕山房:山中的房屋,常用来称书室或僧舍。

〔一〇〕盖北即西山北走之脉　“北”,乾隆本、四库本作“此”。

〔一一〕披:找,揭。

〔一二〕扉(fēi非):门扇。

〔一三〕杙(yì亦):小木桩。

〔一四〕出江中　“出”,原作“山”,形近而误,据改。

〔一五〕一峰尖峭而分耸三峰斜突而横骞　乾隆本、四库本作“岭北峰尖削,南则横突三峰”。

〔一六〕岩北　此即下述“岩背”。乾隆本、丁本作“岩北”,

沪本统作"岩背"。

〔一七〕磊砢(lěi luǒ 垒裸):很多石头杂乱堆放。

〔一八〕黄庭坚(公元 1045～1105 年):字鲁直,自号山谷道人,洪州分宁(今江西修水县)人。北宋著名诗人,晚年两次受贬谪。

〔一九〕见旁有隙土新薙地者 "薙",原作"雉",据乾隆本改。下同。薙(tì 剃)地:除去野草。四库本作"薙",但无"地"字。

〔二〇〕此崖今仍名出水崖,庵名清泉寺。"時僧"疑为"待僧",因形近而误。

〔二一〕贾(gǔ 古)勇:鼓足勇气。

〔二二〕矗(zhù 铸):飞举。

〔二三〕茹(rú 如):相连的根。

〔二四〕爬梳:爬搔梳整。

〔二五〕此即陶渊明桃花源记里发现桃花源的武陵渔人。"武陵渔当为移棹",用以比喻出水崖一带风景胜过桃花源。

〔二六〕此段季抄本甚略,仅如下两句:"其上石皆怪异,不可名状。转至出水崖后,三面削壁下嵌,惟西南丛石之隙,下注成潭,沙汜蔓覆,不见其底,当出水崖之内壑也。"

〔二七〕双牌:今名同,在潇水东岸,1969 年置双牌县。

〔二八〕泷(lóng 龙):湍急的河流。南方地名常称"泷",形象地概括了这些地方水流急险的特点,此泷今已建为双牌水库。

〔二九〕零陵 原本倒误,据下文及明史地理志改。零陵为永州府附郭县,即今永州市零陵区。

〔三〇〕永泰:唐代宗年号,时在公元 765～766 年。

〔三一〕 洍(duò 舵)水:今作沱水,又称东河。

〔三二〕 道州:隶永州府,即今道县。

〔三三〕 遨　　原作"邀",据乾隆本、四库本改。掩水在西,遨水在南,合流后即今永明河。

〔三四〕 永明:明为县,隶永州府道州,即今江永县。

〔三五〕 窊(wā 洼):即凹。窊樽的含义,见元结窊樽诗:"巅石堪为樽,状类不可名。"

〔三六〕 横过山蹊四五里　　四库本作"横过山蹊四五重"。

〔三七〕 则道州西来大道也　　"道州",原作"道中",据乾隆本、四库本改。

〔三八〕 象山　　陈本、乾隆本、四库本作"豸山"。豸(zhì 至):指长脊兽,如猫、虎之类,亦引申指体长无脚的虫。

〔三九〕 洪家宅:今名同,在道县西境。

〔四〇〕 加佑铺　　乾隆本、四库本作"伽祐铺"。

〔四一〕 江华:明为县,隶永州府道州。明代江华县治有迁移。嘉庆重修一统志永州府古迹载:"明洪武二十八年,析宁远卫置右千户所于县,建城于今县治隔江之东,名镇守所城。天顺中,迁治西北五里,地名黄冈,合县所为一城,即今治也。"天顺六年(公元1462 年)以后,江华县治迁与宁远卫右千户所同城,则在今江华县西北部,沱水和萌渚水汇流处稍北的沱江镇。1955 年建江华瑶族自治县,县治设在水口镇。今仍治沱江镇。

〔四二〕 锦田所:在今码市,位于江华县东境。

〔四三〕 小江:今名西河,即萌渚水。　　白马营:明时已称白芒营,因白芒岭得名。今仍作白芒营,在江华县西隅,西河东岸。

〔四四〕爽:差失。　锱(zī 资)、铢(zhū 朱):都是古代很小的重量单位。不爽锱铢:不会差失一小点。

〔四五〕髹(xiū 休):用漆漆物。

二十一日

饭于浪石寺。欲往莲花洞,而僧方聚徒耕田,候行路者,久之得一人,遂由寺西遵大路行。南去山尽为上武堡,贺县〔一〕界。西逾大佛坳为富川道。〔坳去江华西十里。闻逾坳西二十里,为崇柏,即永明界;又西二十五里,过枇杷所〔二〕,在永明东南三十里,为广西富川;更西南三十里,即富川县治云〔三〕。〕七里,直抵大佛岭下。先是,路左有一岩,若云楞嵌垂,余疑以为即是矣,而莲花岩尚在路右大岭之麓。乃从北岐小径入,不半里,至洞下。导者取枯竹一大捆,缚为六大炬分肩以出,由路左洞披转以入。还饭于浪石,已过午矣。乃循旧路,抵麻拐崖之西合江口,有板架江坝外为桥,乃渡而南。东南二里,至重元观,寺南一里,入狮子岩洞。出洞四里,渡小江桥,经麻拐岩,北登岭,直北行,已过东门外矣。又北逾一岭,六里,渡沲水而北,宿于江渡。

二十二日

昧爽,由江渡循东山东北行。十里为蜡树营。由此渐循山东转,五里,过鳌头源北麓。二里,至界牌〔四〕,又三里,过石源,又五里,过马冈源。自鳌头源突于西北,至东北马冈源,皆循山北东向行,其山南皆瑶人所居也。马冈之北,犹见沲水东曲而来,马冈之北,始见溪流自南而北〔五〕。又东七里,逾虎版石。自界牌而来,连过小岭,惟虎版最高。逾岭又三里,为分村,乃饭。村南大山,内有<u>分岭</u>。谓之"分"者,岂瑶与民分界耶？东三里,渡大溪,南自<u>九彩源</u>〔六〕来者。溪东又有山横列于南,与西来之山似。复循其北麓行七里,至<u>四眼桥</u>,有溪更大,自<u>顾村</u>来者,与<u>分村</u>之水皆发于瑶境也。渡木桥,颇长,于是东登岭。其先只南面崇山,北皆支冈条下；至是北亦有山横列,路遂东行两山之间。升陟冈坳十里,抵<u>孟桥</u>〔七〕西之<u>彭家村</u>,乃宿。是日共行五十里,而山路荒僻,或云六十里云。

二十三日

五鼓,雨大作。自<u>永州</u>来,山田苦旱,适当播种之时,至此嗷嗷已甚,乃得甘霖,达旦不休。余僵卧待之,晨餐后始行,持盖草履,不以为苦也。东一里,望见<u>孟桥</u>,即由岐路南行。盖至是南列之山已尽,遂循之南转。五里,抵<u>唐村坳</u>〔八〕。坳北有小洞东向,外石嶙峋,俯而入,下有水潺潺,由南窦出,北流而去。乃停盖,坐久之。逾岭而南,有土横两山,中剖为门以适行,想为<u>道州</u>、<u>宁远</u>之分隘耶？于是连陟两三岭,俱不甚高,盖至是前南列之山转而西列,此皆其东行之支垅,而其东又有卓锥列戟之峰,攒列成队,亦自南而北,与西面之山若排闼者〔九〕。然第西界则崇山屏列,而东界则乱阜森罗,截然不紊耳。直南遥望两界尽处,中竖一峰,如当门之标,望之神动,惟恐路之不出其下也。过<u>唐村坳</u>,又五里而至<u>大洋</u>。<u>道州</u>来道亦出此。其处山势忽开,中多村落。又南二里,东渡一桥,小溪甚急。逾桥则大溪洋洋,南自<u>九疑</u>,北出<u>青口</u>,即<u>潇水</u>之上流矣。北望小溪入江之口,有众舟舣其侧。小舟上至<u>鲁观</u>〔一〇〕,去<u>九疑</u>四五里,<u>潇江</u>与<u>母江</u>合处。渡大溪,是为<u>车头</u>。又东南逾岭,共六里,为<u>红洞</u>。市米而饭,零雨犹未止。又东南行六里,直逼东界乱峰下,始过一小峰,巉石岩岩,东裂一窍,若云气氤氲。攀坐其间,久之雨止,遂南从小路行。四里,过一村,曰大盖。又南二里至掩口营,始与宁远南来之路合,〔北去宁远三十里。〕掩口之南,东之排岫,西之横嶂,至此凑合成门,向所望当门之标,已列为东岫之首,而西嶂东垂,亦竖一峰,北望如插屏,逼近如攒指,南转如亘垣,若与东岫分建旗鼓而出奇斗胜者。二里,出凑门之下,水亦从其中南出,其下平畴旷然,东西成壑。于是路从西峰之南,转西向行,又三里而至路亭。路亭者,王氏所建,名应丰亭,其处旧名周家峒,王氏之居在焉。王氏,世家也,因建亭憩行者,会发乡科〔一一〕,故遂以"路亭"为名。是日止行三十五里,计时尚早,因雨湿衣透,遂止而向薪焉。

二十四日

雨止而云气蒙密。平明,由路亭西行,五里为太平营,而九疑司亦在焉〔一二〕。由此西北入山,多乱峰环岫,盖掩口之东峰,如排衙列戟,而此处之诸岫,如攒队合围,俱石峰森罗。〔中环成洞,穿一隙入,如另辟城垣。山不甚高,而〕窈窕回合,真所谓别有天地也。途中宛转之洞,卓立之峰,玲珑之石,喷雪惊涛之初涨,漾烟沐雨之新绿,如是十里而至圣殿。圣殿者,即舜陵也。余初从路岐望之,见颓垣一二楹,而路复荒没,以为非是,遂从其东逾岭而北。二里,遇耕者而问之,已过圣殿而抵斜岩矣。遂西面登山,则穹岩东向高张,势甚宏敞。洞门有石峰中峙,界门为两,飞泉倾坠其上,若水帘然。岩之右,垂石纵横,岩底有泉悬空而下,有从垂石之端直注者,有从石窦斜喷者,众隙交乱,流亦纵横交射于一处,更一奇也。其下复开一岩,深下亦复宏峻,然不能远入也。岩后上层复开一岩,圆整高朗,若楼阁然,正对洞门中峙之峰,〔两瀑悬帘其前,为外岩最丽处。〕其下有池,潴水一方,不见所出之处,而水不盈。池之左复开一门,即岩后之下层也。由其内坠级而下,即深入之道矣。余既至外岩,即炊米为饭,为深入计。僧明宗也,曰:"此间胜迹,近则有书字岩、飞龙岩,远则有三分石。三分石不可到,二岩君当先了之,还以余暮〔一三〕入洞,为秉烛游,不妨深夜也。"余颔之。而按志求所谓紫虚洞,则兹洞有碑称为紫霞,俗又称为斜岩,斜岩则唐薛伯高已名之,其即紫虚无疑矣。求所谓碧虚洞、玉琯岩、高士岩、天湖诸胜,俱云无之。乃随明宗为导,先探二岩。

出斜岩北行,下马蹄石,其阴两旁巉石嵯峨,叠云耸翠〔一四〕,其内乱峰复环回成峒。盖圣殿之后,即峙为萧韶峰,萧韶之西即起为斜岩。山有岭界其间。岭北之水,西北流经宁远城,而下入于潇江,即舜源水也。岭南之水,西北流经车头,下会舜源水而出青口,即潇水也。萧韶、斜岩之南北,俱乱峰环峒,独此二峰之间,则峡而不峒,盖有岭过脊于中,北为宁远县治之脉也。马蹄石南,其峒宽整,问其名,为九疑洞。余疑圣殿、舜陵俱在岭北,而峒在岭南,益疑之。已过永福寺故址,础石犹伟,已犁为田。又南过一溪,即潇水之上流也。转而西共三里,入书字岩〔一五〕。岩不甚深,后有垂石夭矫,如龙翔凤翥。岩外镌"玉琯岩"三隶字,为宋人李挺祖笔。岩右镌"九疑山"三大字,为宋嘉定六年〔一六〕知道州军事莆田〔一七〕方信孺笔。其侧又隶刻汉蔡中郎九疑山铭,为宋淳祐六年〔一八〕郡守潼川〔一九〕李袭之属〔二〇〕郡人李挺祖书。盖袭之既新其宫,因镌其铭于侧,以存古迹。后人以崖有巨书,遂以"书字"名,而竟失其实。始知书字岩之即为玉琯,而此为九疑山〔二一〕之中也。始知在箫韶南者为舜陵,在玉琯岩之北者,为古舜祠。后人合祠于陵,亦如九疑司之退于太平营,沧桑之变如此。土人云,永福(寺)昔时甚盛,中有千余僧,常住田数千亩,是云永福即舜陵,称小陵云。又以玉琯、舜祠相迫,钦癸绎扰,疏请合祠于陵。今舜陵左碑,俱从永福移出。后玉琯古祠既废,意寺中得以专享,不久,寺竟芜没,可为废古之鉴。

余坐玉琯中久之,因求土人导往三分石者。土人言:"去此甚远,俱瑶窟中,须得瑶人为导。然中无宿处,须携火露宿乃可。"已而重购得一人,乃平地瑶刘姓者,期以明日晴爽乃行。不然,姑须之斜岩中。乃自玉琯还,过马蹄石之东,入飞龙岩。岩从山半陷下,内亦宽广,〔如斜岩外层之南岩,〕有石坡中悬,而无宛转之纹。岩外镌"飞龙岩"三字,岩内镌"仙楼岩"三字,俱宋人笔。

出洞,复逾马蹄石,复共三里而返斜岩。明宗乃出火炬七枚,与顾仆分携之,仍爇炬前导。始由岩左之下层捱隙历磴而下,水从岩左飞出,注与人争级,级尽路竟,水亦无有。东向而入,洞忽平广。既而石田鳞次,水满其中,遂塍上行,下遂坠成深壑。石田之右,上有石池,由池涉水,乃杨梅洞道也。舍〔之〕,仍东下洞底。既而涉一溪,其水自西而东,向洞内流。截流之后,循洞右行,路复平旷,洞愈宏阔。有大柱端立中央,直近洞顶,若人端拱者,名曰"石先生"。其东复有一小石竖立其侧,名曰"石学生",是为教学堂。又东为吊空石,一柱自顶下垂,半空而止,其端反卷而大。又东有石莲花、擎天柱,皆不甚雄壮。于是过烂泥河,即前所涉之下流也。其处河底泥泞,深陷及膝,少缓,足陷不能拔。于是循洞左行,左壁崖片楞楞下垂,有上飞而为盖者,有下庋而为台者,有中凹而为床、为龛者,种种各有名称,然俚不足纪也。南眺中央有一方柱,自洞底屏立而上,若巨笏然〔二二〕。其东有一柱,亦自洞底上穿,与之并起,更高而巨。其端有一石旁坐石莲上,是为观音座。由此西下,可北绕观音座后。前烂泥河水亦绕观音座下西来,至此南折而去。洞亦转而南,愈宏崇,游者至此辄止,以水深难渡也。余强明宗渡水,水深逾膝,〔然无烂泥河泞甚。〕既渡,南向行,水流于东,路循其西,四顾石柱参差高下,白如羊脂,是为雪洞,以其色名也。又前为风洞,以其洞转风多也。既而又当南下渡河,明宗以从来导游,每岁不下百次,曾无至此者。故前遇观音座,辄抽炬竹插路为志,以便归途。时余草履已坏,跣一足行,〔先令顾仆携一纲〔二三〕备坏者,以渡河水深,竟私置大士座下,〕不能前而返。约所入已三里余矣。〔闻其水潜出广东连州〔二四〕,恐亦臆论,大抵入潇之流,然所进周通,正无底也。〕还过教学堂,渡一重河,上石田,遂北入杨梅洞。先由石田涉石池,池两崖石峡如门,池水满浸其中,涉者水亦逾膝,然其下皆石底平整,四旁俱无寸土。入峡门,有大石横其隘。透隘入,复得平洞,宽平广博。其北有飞石平铺,若楼阁然,有隙下窥,则石薄如板,其下复穿然成洞,水从下层奔注而入,即前烂泥诸河之上流也。洞中产石,圆如弹丸,而凹面有猬纹,"杨梅"之名以此。然其色本黄白,说者谓自洞中水底视皆殷紫,此附会也。〔此洞所入水,即岩外四山洼注地中者。此坞东为萧韶峰,西即斜岩,南为圣殿西岭,北为马蹄石,皆廓高里降,有同釜〔二五〕底,四面水俱潜注,第不见所入隙耳。〕出洞,已薄暮,烧枝炙衣,炊粥而食,遂卧岩中。终夜瀑声、雨声,杂不能辨,诘朝起视,则阴雨霏霏也。

此岩之瀑,非若他处悬崖泻峡而下,俱从覆石之底悬,穿窦下注,若漏卮〔二六〕然。其悬于北岩上洞之前者,二瀑皆然而最大;其悬于右岩洼洞之上者,一瀑而有数窍,较之左瀑虽小,内有出自悬石之端者一,出于石底之窦而斜喷者二,此又最奇也。

二十五日

静坐岩中,寒甚。闲则观瀑,寒则煨枝,饥则炊粥,以是为竟日程。

二十六日

雨仍不止。下午,持盖往圣殿,仍由来路北逾岭,稍东,转出箫韶峰之北。盖箫韶自南而北,屏峙于斜岩之前,上分两岐,北尽即为舜陵〔二七〕矣。陵前数峰环绕,正中者上岐而为三,稍左者顶有石独耸。庙中僧指上岐者娥皇峰,独耸者为女英峰,恐未必然。盖此中古祠今殿,峰岫不一,不止于九,而九峰之名,土人亦莫能辨之矣。陵有二大树夹道,若为双阙然,其大俱四人围,庙僧呼为"珠树",而不识其字云。结子大如指,去壳可食,谓其既枯而复荣,未必然也。两旁杪木甚巨,中亦有大四围者,寻丈而上,即分岐高耸。由二珠树中入,有层三楹,再上一楹。上楹额云"舞干遗化",有虞帝牌位。下三楹额云"虞帝寝殿",列五六碑,俱世庙、神庙二朝之间者,无古迹也。二室俱敞而隘,殊为不称。问窀宫〔二八〕何在?帝原与何侯飞升而去,向无其处也。因遍观其碑,乃诗与祝词,惟慈谿〔二九〕颜鲸嘉靖间学道。一碑已断,言此地即古三苗地〔三〇〕,帝之南巡苍梧,此心即"舞干羽"之心。若谓地在四岳之外,帝以髦期之年,不当有此远游,是不知大圣至公无间之心者也。盖中国诸侯,悉就四岳朝见,而南蛮荒远,故不惮以身过化。

其说似为可取。李中溪元阳引山海经,谓帝舜炼丹于紫霞洞,白日上升。三洞录谓帝舜禅位后,炼丹于此。后儒者不欲有其事,谓帝崩于苍梧之野;而道者谓其在九疑中峰。夫圣人之初,原无三教之名,圣而至于神,上天下地,乃其余事。及执儒者,三见而辨其事,不亦固哉。后其侄李恒颜宰〔三一〕宁远,跋〔三二〕其后,引艺文志载蔡邕谓舜在九疑解体而升。书曰:"陟方乃死。"韩愈曰:"陟,升也,谓升天也。"零陵郡志载道家书,谓帝厌治天下,修道九疑,后遂仙云。宁远野史何侯记载,负元君家九疑,修炼丹药功成,帝舜狩止其家。帝既升遐,负元君亦于七月七日升去。是兹地乃舜鼎湖,非陵寝也。且言苍梧在九疑南二百里,即崩苍梧,葬九疑亦无可疑者。唐元次山之说似未必然,其说种种姑存之。惟寝殿前除露立一碑甚钜,余意此必古碑,冒雨趋视之,乃此山昔为瑶人所据,当道剿而招抚之者。其右即为官廨,亦颓敝将倾,内有一碑已碎,而用木匡其四旁。亟读之,乃道州九疑山永福禅寺记,淳熙七年庚子〔三三〕道州司法参军长乐郑舜卿撰,知湖、梧州军州事河内向子廓书。书乃八分体,遒逸殊甚。即圣殿古碑,从永福移出者,然与陵殿无与,不过好事者惜其字画之妙,而移存之耳。然此廨将圮,不几为永福之续耶? 舜卿碑中有云:"余去年秋从山间谒虞帝祠,求何侯之丹井、郑安期之铁臼,访成武丁于石楼,张正礼于娥皇,与萼绿华之妙想之故迹,乃了无所寄目,留永福寺齐云阁二日,桂林、万岁诸峰四顾如指,主僧意超方大兴工作,余命其堂曰彻堂。"廨后有室三楹,中置西方圣人,两头各一僧栖焉,亦荒落之甚。乃冒雨返斜岩,濯足炙衣,晚餐而卧。

二十七日

雨色已止,而浓云稍开。亟饭,逾马蹄石岭,三里,抵玉琯岩之南,觅所期刘姓瑶人,欲为三分石之行。而其人以云雾未尽,未可远行,已往他所矣。复期以明日。其人虽不在,而同居一人于山中甚熟，惜患疮不能为导，为余言：玉琯乃何侯故居，古舜祠所在，其东南山上为炼丹观故址。志言在舜庙北箫韶、杞林之间〔三四〕，中有石臼，松穿臼而生，枝柯拳曲如龙。余遍询莫知其处，想郑舜卿所云访郑安期之铁臼，岂即此耶？然宋时已不可征矣。志又引太平广记，鲁妙典为九疑女冠，麓林道士授大洞黄庭经，入山十年，白日升天，而山中亦无知者。九疑洞之西，地名有鲁观，亦无余迹。舜卿碑所云玉妙，想岂即其人耶？舜卿永福碑又云："访成武丁于石楼。"楼亦无征矣。飞龙洞又名仙楼岩，岂即石楼之谓耶？不然，何以又有此镌也？由此东行五十里，有三石参天，水分三处，俗呼为舜公石，即三分石也。〔路已湮。〕由此南行三十里，有孤崖如髻，盘突山顶，俗呼为舜婆石。〔有径可达。〕其下有蒲江，过岭为麻江，由麻江口搭筒橹舠可达锦田。其人以所摘新茗为献。乃仍返斜岩。中道过永福故址，见其南溪流甚急，虽西下潇江，而东北南三面皆予经，未睹来处，乃溯流寻之。则故址之左，石崖倒悬，水由下出，崖不及水者三尺，而其下甚深，不能入也。过马蹄石，见岭北水北流，忆昨过圣殿西岭，见岭南水南流，疑其水俱会而东去，因东趋箫韶北麓，见其水又西注者，始知此坞四面之水俱无从出，而杨梅下洞之流为烂泥河者，即此众水之沁地而入者也。两岭之间，中有釜底，凹向，名山潭。有石穴在桑坞中，僚人耕者以大石塞其穴，水终不蓄。桑园叶树千株，蚕者各赴采，乃天生而无禁者。是日仍观瀑炙薪于岩中，而云气渐开，神为之爽。因念余于此洞有缘，一停数日，而此中所历诸洞，亦不可无殿最，因按列书之为永南洞目。

月岩第一，道州；紫霞洞第二，九疑；莲花洞第三，江华；狮岩第四，江华；朝阳岩第五，永州；澹岩第六，永州；大佛岭侧岩第七，江华；玉琯岩第八，九疑；华岩第九，道州；月岩南岭水洞第十，道州；飞龙岩第十一，九疑；麻拐岩第十二，江华。〔又闻道州长田有中朗洞胜，不及到。〕此外尚有经而不胜书，胜而不及到者，不罄附于此。

二十八日

五鼓，饭而候明。仍过玉琯南觅导者。其人始起炊饭，已乃肩火具前行。即从东上杨子岭，二里登岭，上即有石，人立而起，兽蹲而龙蜒〔三五〕，其上皆盘突。从岭上东南行坳中，地名茅窝。三里，皆奇石也。下深窝，有石崖嵌削，青玉千丈，四面交流，捣入岩洞，坠巨石而下，深不可测，是名九龟进岩，以窝中九山如龟，其水皆向岩而趋也。其岩西向，疑永福旁透崖而出者，即此水也。又东南二里，越一岭，为蟠龙峒水口。峒进东尚深，内俱高山瑶〔三六〕。又登岭一里，为清水潭。岭侧有潭，水甚澄澈。〔其东下岭，韭菜原道也。〕又东南二里，渡牛头江。江水东自紫金原来，江两崖路俱峭削，上下攀援甚艰。时以流贼出没，必假道于此，土人伐巨枝横截崖道，上下俱从树枝，或伏而穿其胯，或骑而逾其脊。渡江即东南上半边山，其东北高山为紫金原，山外即蓝山县治矣。其西南高山为空寮原〔三七〕，再南为香炉山。空寮原山上有白石痕一幅，上自山巅，下至山麓，若悬帛然，土人谓之"白绵绅"。香炉山在玉琯岩南三十里，三分石西北二十里，高亚于三分石，顶有澄潭，广二三亩，其中石笋两枝，亭亭出水面三丈余，疑即志所称天湖也。第志谓在九疑麓，而此山顶为异，若山麓则无之。由〔半边〕山上行五里，稍下为狗矢窝。于是复上，屡度山脊，狭若板筑，屡涉山顶，下少上多，共东南五里而出鳌头山。先是积雾不开，即半边、鳌头诸山，近望不及，而身至辄现。至是南眺三分石，不知所在。顷之而浓云忽开，瞥然闪影于高峰之顶，〔与江山县江郎山相似。一为浙源，一为潇源，但江郎高矗山半，此悬万峰绝顶为异耳〕。半边、鳌头二山，其东北与紫金夹而为牛头江，西南与空寮、〔香炉〕夹而为潇源江，即三分石水。此乃两水中之脊也。二

徐霞客游记校注

水合于<u>玉琯</u>东南,西下<u>鲁观</u>与<u>蒲江</u>合,始胜如叶之舟而出大洋焉。由<u>鳌头</u>东沿岭半行,二里始下。三里下至<u>烂泥河</u>,始得水而炊,已下午矣。由<u>烂泥河</u>东五里逾岭,岭侧小路为<u>冷水坳</u>,盗之内薮也。下岭三里为高粱原,乃<u>蓝山</u>东境,亦盗之内薮也。此岭乃<u>蓝山</u>、<u>宁远</u>分界,在<u>三分石</u>之东〔三八〕,水亦随之。〔余往<u>三分石</u>,下<u>烂泥河</u>,〕于是与<u>高粱原</u>分道。折而西南行,又上一岭,山花红紫斗色,自<u>鳌头山</u>始见山鹃蓝花。至是又有紫花二种,一种大,花如山茶;一种小,花如山鹃,而艳色可爱。又枯树间蕈〔三九〕黄白色,厚大如盘。余摘袖中,夜至<u>三分石</u>,以箐〔四〇〕穿而烘之,香正如香蕈。山木干霄。此中山木甚大,有独木最贵,而楠木次之。又有寿木,叶扁如侧柏,亦柏之类也。巨者围四五人,高数十丈。<u>潇源水</u>侧渡河处倒横一楠,大齐人眉,长三十步不止。闻二十年前,有采木之命,此岂其遗材耶!上下共五里而抵<u>潇源水</u>。其水东南从<u>三分石</u>来,至此西去,而经<u>香炉山</u>之东北以出<u>鲁观</u>者。乃绝流南渡,即上<u>三分岭</u>麓。其岭峻削不容足,细径伏深箐中,俯首穿箐而上,即两手挽之以移足。其时箐因凤雾淋漓,既不能矫首其上,又不能平行其下,惟资之为垂空之缱练〔四一〕,则甚有功焉。如是八里,始渐平。又南行岭上二里。时凤雾仍翳,望顶莫辨,而晚色渐合,遂除箐依松,得地如掌。山高无水,有火难炊。命导者砍大木积而焚之,因箐为茵,因火为帏,为度宵计。既暝,吼风大作,卷火星飞舞空中,火焰游移,倏忽奔突数丈,始以为奇观。既而雾随风阵,忽仰明星,忽成零雨,拥伞不能,拥被渐湿〔四二〕,幸火威猛烈,足以敌之。五鼓雨甚,亦不免淋漓焉。

二十九日

天渐明,雨亦渐霁。仰见<u>三分〔石〕</u>,露影在指顾间,辄忍饥冲湿箐而南。又下山二里,始知尚隔一峰也。度坳中小脊,复南上三里，始有巨石盘崖；〔昨升降处皆峻土，无块石，〕为导者误。出其南，又一里，东眺蠹顶，已可扪而摩之，但为雾霾，不见真形，道穷磴绝。忽山雨大注，顶踵无不沾濡，乃返。过巨石崖，见其侧有线路伏深箐中，雨巨不可上，上亦不得有所见。遂从故道下，至夜来依火处，拟从直北旧路下，就溪炊米。而火为雨灭，止存余星，急觅干烬引之，荷而下山。乃误从其西，竟不得路。久之得微涧，遂炊涧中，已当午矣。踯躅莽箐中，久之，乃得抵涧，则五涧纵横，交会一处，盖皆三分石西南北三面之水，而向所渡东来一溪在其最北。乃舍其一，渡其三，而留最北者未渡。循其南涯滩流而东，一里，至来时所渡处，始涉而北。从旧道至烂泥，至鳌头偶坐。闻兰香甚，觅之即在坐隅，乃携之行。至半边山，下至牛头河，暝色已合，幸已过险，命导者从间道趋韭菜原。盖以此处有高山瑶居之，自此而南，绝无一寮〔四三〕，直抵高梁原而后有瑶居也。初升犹土山，既入而东下，但闻水声潺潺在深壑中。暗扪危级而下，又一里，过两独木桥，则见火光荧荧。亟就之，见其伏畦旁，亦不敢问。已而有茅寮一二重，呼之，一人辄秉炬出，迎归托宿焉。问其畦间诸火，则取乖者，盖瑶人以蛙为乖也。问其姓为邓，其人年及二十，谈山中事甚熟。余感其深夜迎宿，始知瑶犹存古人之厚也。亟烧枝炙衣，炊粥就枕焉。

三十日

以隔宿不寐，平明乃呼童起炊。晨餐后行，始见所谓韭菜原，在高山之底，亦若釜焉。第不知夜来所闻水声潺潺，果入洞，抑出峡也。洼中有澄潭一，甚深碧，为龙潭云。西越一山，共二里过清水潭，又一里半，过蟠龙溪口。又一里半，逾一岭，过九龟进岩。遂上岭,过茅窝,下杨子岭,共五里,抵导者家。又三里,还饭于斜洞。乃少憩洞中,以所携兰花九头花,共七枝,但叶不长耸,不如建耳〔四四〕。栽洞中当门小峰间石台上以供佛。下午始行,北过圣殿西岭,乃西出娥皇、女英二峰间,已转而东北行,共十里,过太平营。又北五里,宿于路亭。〔是夕始睹落照。〕

九疑洞东南为玉琯岩,乃重四围中起小石峰,岩在其下,西向。有卦山在其西,正当洞门。形如葵也,又似儒巾,亦群山中特起者。其中平央,南北通达,是为古祠基,所称何侯上升处也。由此南三十里为香炉山,东南五十余里为三分石,西三十里为舜母石,又西十里为界头分九,则江华之东界矣。

三分石,俱称其下水一出广东,一出广西,一下九疑为潇水,出湖广。至其下,乃知为石分三岐耳。其下水东北者为潇源,合北、西诸水即五涧交会者。出大洋,为潇水之源。直东者自高梁原为白田江,〔东十五里〕经临江所〔四五〕,〔又东二十里〕至蓝山县治,为峱水之源。东南者自〔高梁原东南十五里之〕大桥下锦田,西至江华县,为沲水之源。其不出两广者,以南有锦田水横流为〔楚、粤〕界也。锦田东有石鱼岭,为广东连州界,其水始东南流,〔入东粤耳〕。若广西,则上武堡之南为贺县界也〔四六〕。

高梁原,为宁远南界、蓝山西界,而地属于蓝,亦高山瑶也,为盗贼渊薮。二月间,出永州杀东安县捕官,及杀掠冷水湾、博野桥诸处,皆此辈也。出入皆由牛头江,必假宿于韭菜原、蟠龙洞,而经九疑峒焉。其党约七八十人,有马二三十匹,创锐罗帜甚备,内有才蓄发者数人,僧两三人,即冷水坳岭上庙中僧。又有做木方客亦在焉。韭菜原中人人能言之，而余导者亦云然。

〔一〕贺县：隶平乐府，治今广西贺州市东南的贺街，在桂江与贺江汇口处。

〔二〕枇杷所：在今江永县东南隅的松柏附近。

〔三〕富川县：隶平乐府，即今广西富川县。

〔四〕界牌：今名同，在江永县东隅。

〔五〕马冈之北始见溪流自南而北　　"马冈之北"，疑当作"马冈之南"。

〔六〕九彩源　　应即下面的"韭菜原"。

〔七〕孟桥　　乾隆本、四库本作"孟坳桥"。

〔八〕唐村坳　　乾隆本、四库本作"塘村坳"。

〔九〕闼（tà 达）：门屏。排闼：长排的门屏。

〔一〇〕鲁观：明置巡检司，今作鲁观圩，又作鲁光，在宁远县南境，舜源峰西侧。

〔一一〕会发乡科：参加乡试考中了。

〔一二〕太平营：今名同，在宁远县南境，宁远河上游舜水西岸。明史地理志：宁远县"南有九疑、鲁观巡检司，在九疑、鲁观二峒口"。

〔一三〕余晷（guǐ 鬼）：剩余的时间。

〔一四〕叠云耸翠　　原缺"翠"字，空一格，据乾隆本、四库本补。

〔一五〕斜岩在舜源峰下，舜庙西南。书字岩在舜源峰南麓熊家村。皆位于宁远县南境,今设九疑瑶族乡。乡政府驻地九疑营,在舜源峰北麓、舜水源头。

〔一六〕嘉定:南宋宁宗年号,时在公元1208～1224年,共17年。嘉定六年为公元1213年。

〔一七〕莆田:宋代有莆田县,即今福建莆田市。

〔一八〕淳祐:南宋理宗年号,时在公元1241～1252年,共12年。淳祐六年为公元1246年。

〔一九〕潼川:南宋潼川府,治今四川三台县。明置潼川州。

〔二〇〕属:通"嘱"。

〔二一〕九疑山:亦名苍梧山,有舜源、娥皇、女英、杞林、石城、石楼、朱明、萧韶、桂林等九峰,一般海拔700～800米间,舜源峰最高,达1600米以上。九峰相似,行者疑惑,因名九疑。每峰各导一溪,共有九水出于山中。水经湘水注载:九疑山"盘基苍梧之野,峰秀数郡之间,罗岩九举,各导一溪,岫壑负阻,异岭同势,游者疑焉,故曰九疑山"。通过考察,徐霞客得出"峰岫不一,不止于九"的结论。

〔二二〕笏(hù 护):即朝笏,古代在朝廷上大臣朝见君王时手中所拿的狭长板子,用玉、象牙或竹片制成,以为指画及记事之用。

〔二三〕緉(liǎng 两):古代计算鞋子的量名,犹如现在的双。

〔二四〕连州:隶广州府,即今广东连州市。

〔二五〕釜(fǔ 府):古代的炊器,敛口圜底,或有两耳,用以煮东西。

〔二六〕漏卮(zhī 知):渗漏的酒器。

〔二七〕舜是传说中父系氏族公社后期部落联盟的首领,姓有虞氏,名重华,史称虞舜。他巡行四方,治理民事,挑选贤人,并选拔治水有功的禹为继承人。传说他死在南方的苍梧,葬于九疑山。九疑山上有关舜陵的记载很早,近年在长沙马王堆三号汉墓出土的地形图,就注有"帝舜"二字及显著的陵墓符号。水经湘水注:九疑山"南山有舜庙,前有石碑,文字缺落,不可复识"。圣殿当即舜庙。

〔二八〕窆(biǎn 扁)宫:落葬的地方。

〔二九〕慈谿:明为县,隶宁波府,治所在今宁波市西北郊的慈城。

〔三〇〕三苗:我国古族名,古书载其地在江、淮、荆州,传说舜时被迁到三危,即今甘肃敦煌一带。

〔三一〕宰(zǎi 载):主宰,统治。

〔三二〕跋(bá 拔):写在书籍或文章后面,多用以评介内容或说明写作经过的一种文体。

〔三三〕淳熙:南宋孝宗年号,时在公元 1174～1189 年,共 16 年。淳熙七年庚子,即公元 1180 年。

〔三四〕在舜庙北箫韶杞林之间　"杞林"原作"祀林",寰宇通志、明一统志载九疑山九峰之一皆为"杞林",据改。"之"原作"三",不从。

〔三五〕蝘(yǎn 掩):此处同"偃",即仰面倒下。

〔三六〕高山瑶:与前面所叙的平地瑶,皆瑶族支系。

〔三七〕原:我国西北通常称高而平的地面为原。这里诸"原"是指半山腰的台地。

〔三八〕在三分石之东　　"东"原作"唐",据乾隆本改。

〔三九〕蕈(xùn 训):伞菌一类的植物,无毒的可食。

〔四〇〕箐(jīng 精):细竹。

〔四一〕繘(jú 橘)练:汲水的竹绳。

〔四二〕拥被渐湿　　"湿",原作"温",从沪本改。

〔四三〕寮(liáo 辽):小屋。

〔四四〕建:指建兰,亦称秋兰,夏秋间开花。花绿黄色,有红斑或褐斑。原产我国,品种很多。

〔四五〕临江所:今蓝山县所城。明史地理志作宁溪千户所。

〔四六〕三分石在今宁远、蓝山两县间,又名三峰石,古名舜峰、舜公石。为花冈岩体构成的高山,海拔 1822 米,相对高差在 1100 米以上。徐霞客查清了三分石乃"石分三歧",所分三水均属湘江水系。

四月初一日

五鼓,雨大作,平明冒雨行。即从路亭岐而东北,随箫韶溪西岸行。三里,西望掩口东两山峡,已出其下平畴矣。于是东山渐豁,溪转而东,路亦随之。又五里,溪两旁石盘错如门,水奔束其中,隘处如门,即架木其上以渡。既渡,循溪南岸行,又二里而抵下观〔一〕。巨室鳞次,大聚落也。大姓李氏居之。自路亭来,名五里,实十里而遥,雨深泥泞,俱行田畦小径间,乃市酒于肆而行。下观之西,有溪自南绕下观而东,有石梁锁其下流,水由桥下出,东与箫韶水合。其西一溪,又自应龙桥来会,三水合而胜舟,〔北可二十里至宁远〔二〕。〕过下观,始与箫韶水别,路转东南向。南望下观之后，千峰耸翠，〔亭亭若竹竿玉立，〕其中有最高而锐者，名吴尖山。山下有岩，窈窕如斜岩云，其内有尤村洞，其外有东角潭，皆此中绝胜处。盖峰尽干羽之遗，石俱率舞之兽，游九疑而不经此，几失其真形矣。〔恨未滞杖履其中，搜剔奇閟也。〕东南二里，有大溪南自尤村洞来，桥亭横跨其上，是为应龙桥，又名通济〔桥〕。过桥，遂南入乱峰中。即吴尖山东来余派也。二里上地宝坪坳，于是四旁皆奇峰宛转，穿瑶房而披锦幛，转一隙复攒一峒，透一窍更露一奇，至狮象龙蛇夹路而起，与人争道，恍惚梦中曾从三岛经行，非复人世所遭也。共六里，饭于山口峒。由山口南逾一岭，共三里，有两峰夹道，争奇竞怪。峰下有小溪南向，架桥亭于其上。贪奇久憩，遇一儒冠者，家尤村之内，欲挽余还其处，为吴尖主人，余期以异日，问其姓名，为曰王璇峰云。过峡而南，始有容土负块之山。又五里，逾一岭，为大吉墅，石峰复夹道起。路东一峰，嵌空玲珑，〔逆悬欹裂，蜃云不足喻其巧。〕余望之神往，亟披荆入，皆窦隙透漏，或盘空而上，或穿腋而转，莫可穷诘，惜不能诛茅引级，以极幽玄之妙也。其西峰悬削亦然。路出其间，透隘而南，始豁然天开地旷，是为露园下。于是石峰戢影〔三〕，西俱崇峦峻岭，东皆回冈盘坂。南二里，遂出大路，在藕塘、界头二铺之间。又南五里，宿于界头铺，是为宁远、蓝山之界。其西之大山曰满云山，当是紫金原之背，其支东北行，界遂因之。再南为天柱山，即志所称石柱〔四〕岩洞之奇者。余既幸身经山口一带奇峰，又近瞻吴尖、尤村众岫，而所慕石柱，又不出二里之外，神为跃然。但足为草履所蚀，即以鞋行犹艰，而是地向来多雨，畦水溢道，鞋复不便。自永州至此，无处不苦旱，即近而路亭、下观，亦复嗷嗷〔五〕；而山口以南，遂充畦浸壑，岂"满云"之验耶！

初二日

余欲为石柱游。平明,雨复连绵,且足痛不胜履,遂少停逆旅。上午雨止,乃东南行。途中问所谓石柱山岩之胜,而所遇皆行道之人,莫知所在。已而雨止路滑,四顾土人不可得,乃徘徊其间,庶几一遇。久之,遇樵者,又遇耕者,问石柱、天柱,皆以无有对。共五里,过一岭,山势大豁,是为总管庙。亟投庙中问道者,终不能知。又东南行,遥望正东有耸尖卓立,不辨其为树为石。又五里,抵颜家桥,始辨其为石峰,而非树影也。颜家桥下小水东北流去。过桥,又东南逾一小岭,遂从间道折而东向临武道。蓝山大道南行十五里至城。共四里过宝林寺,读寺前护龙桥碑,始知宝林山脉由北柱来,乃悟向所望若树之峰正在寺北,亦在县北。寺去县十五里,此峰在寺后恰二十里,志所称石柱,即碑所称北柱无疑矣。又东过护龙桥,桥下水南流汹涌,即颜家桥之曲而至者。随溪东行,于是北瞻石柱,其峰倩削〔如碧玉簪〕,而旁有石崖,亦兀突露奇,然较之尤村山口之峰,直得其一体,不啻微矣。又二里至下湾田,有大树峙路隅,上枝分耸,而其下盘曲堆突,大六七围,其旋窝错节之间,俱受水若洗头盆,亦树妖也。又东,路出卧石间,溪始折而南向蓝山路。乃东入冈陇二里,有路自西南横贯东北,想即蓝山趋桂阳之道矣。又东沿白帝岭行。盖界头铺山脉自满云山东北环转,峙而东起为白帝岭。故界头之南,其水俱南转蓝山,而山自界头西峙巨峰,即九疑东隅,屏立南绕,东起高岭即白帝,北列夹坞成坪,中环平央,西即蓝山县治〔六〕。而路循白帝山南行,屡截支岭,五里,路转南向,又五里为雷家岭,则白帝之东南尽处也。饭于雷家岭。日未下午,而前途路杳无人,行旅俱宿，遂偕止焉。既止行，乃大霁。是日止行三十里，以足裂而早雨，前无宿处也。

初三日

中夜起，明星皎然，以为此后久晴可知。比晓，饭未毕，雨仍下矣〔七〕。蹩蹀泥淖中，大溪亦自蓝山曲而东至，遂循溪东行。已而溪折而南，路折而东。逾一岭，共五里，大溪复自南来，是为许家渡。渡溪东行一里，溪北向入峡，路南向入山。五里为杨梅原，一二家倚山椒，为盗焚破，零落可怜。至是雨止。又南十里，为田心铺。田心之南，径道开辟，有小溪北向去，盖自朱禾铺来者。自此路西大山，自蓝山之南南向排列，而澄溪带之；路东石峰耸秀，亦南向排列，而乔松荫之。取道于中，三里一亭，可卧可憩，不知行役之苦也。共二十里，饭于朱禾铺，是为蓝山、临武分界。更一里，过永济桥，其水东流，过东山之麓，折而北以入岿水者。又南四里为江山岭，则南大龙之脊，而水分楚、粤矣。〔岭西十五里曰水头，志谓武水出西山下鸬鹚石，当即其处。〕过脊即循水东南，四里为东村。水由峡中南去，路东南逾岭，直上一里而遥，始及岭头，盖江山岭平而为分水之脊，此岭高而无关过脉也。下岭，路益开整，路旁乔松合抱夹立。三里，始行坞中。其坞开洋成峒〔八〕，而四围山不甚高，东北惟东山最巍峻，西南则西山之分支南下，直抵苍梧，分粤之东西者也。三里，径坞出两石山之口，又复开洋成峒。又三里，复出两山口。又一里，乃达垫江铺而止宿焉。南去临武尚十里。是日行六十里，既止而余体小恙〔九〕。

初四日

予以夜卧发热，平明乃起。问知由垫江而东北十里，有龙洞甚奇,余所慕而至者,而不意即在此也。乃寄行囊于旅店,遂由小径东北行。四里,出大道,则临武北向桂阳州路也。遵行一里,有溪自北而南,盖发于东山之下者。名斜江。渡桥,即上捱冈岭。越岭,路转纯北,复从小径西北入山,共五里而抵石门蒋氏。有山兀立,蒋氏居后洞,在山半翠微〔一〇〕间。洞门东南向,一入即见百柱千门,悬列其中,俯洼而下,则洞之外层也。从其左而上,穿列柱而入,众柱分列,复回环成洞,玲珑宛转,如曲房邃阁,列户分窗,无不透明聚隙,八窗掩映。从来所历诸洞,有此屈折者,无此明爽,有此宏丽者,无此玲珑,即此已足压倒众奇矣。时蒋氏导者还取火炬,余独探奇先至,意炬而入处,当在下洞外层之后,故不趋彼而先趋此。及炬至,导者从左洞之后穿隙而入。连入石门数重,已转在外洞之后,下层之上矣。乃北逾石限穿隘而入,即下石池中。其水澄澈不流,两崖俱穿壁列柱,而石脚汇水不漏,池中水深三四尺。中有石梗中卧水底,水浮其上仅尺许,践梗而行,褰裳可涉〔一一〕。十步之外,卧梗又横若限,限外池益大,水益深,水底白石龙一条,首顶横脊而尾拖池之中,鳞甲宛然。挨崖侧又前两三步,有圆石大如斗,蓦插水中,不出水者亦尺许,是为宝珠,紧傍龙侧,真睡龙颔下物也。珠之旁,又有一圆石大倍于珠,而中凹如臼,面与水平,色与珠共,是为珠盘。〔然与珠并列,未尝盛珠也。〕由此而前,水深五六尺,无梗,不可涉矣。西望水洞宏广,若五亩之池,四旁石崖嶙峋参错,而下不泄水,真异境也。其西北似有隙更深,恨无仙槎一叶航之耳! 还从旧路出,经左洞下,至洞回望洼洞外层,氤氲〔一二〕窈窕。乃令顾仆先随导者下山觅酒,而独下洞底,环洞四旁,转出列柱之后。其洞果不深避,而芝田莲幄,琼窝宝柱,上下层列,崆峒杳渺,即无内二洞之奇,亦自成一天也。〔此洞品第,固当在月岩上。〕探索久之,下山,而仆竟无觅酒处。遂遵旧路十里,还至垫江,炊饭而行,日已下春。五里,过五里排,已望见临武〔一三〕矣。又五里,入北门,其城上四围俱列屋如楼。入门即循城西行,过西门,门外有溪自北来,即江山岭之流与水头合而下注者也。又循城南转而东过县前,又东入徐公生祠而宿。徐名开禧,昆山人。祠尚未完,守祠二上人曰大愿、善岩。是晚,予病寒未瘥,乃减晚餐,市酒磨锭药饮之。

初五日

早,令顾仆炊姜汤一大碗,重被袭衣〔一四〕覆之,汗大注,久之乃起,觉开爽矣。乃晨餐,出南门,渡石桥,桥下溪即从西门环至者。城外居民颇盛。南一里,过邝氏居,又南二里,过迎榜桥。桥下水自西山来,北与南门溪合,过桥即为挂榜山,余初过之不觉也。从其南东上岭,逶迤而上者二里,下过一亭,又五里过深井坪,始见人家。又南二里,从路右下,是为凤头岩,〔即宋王淮锡称秀岩者〕。洞门东北向,渡桥以入。出洞,下抵石溪,溪流自桥即伏石间,复透隙漾崖,破洞东入。此洞即王记所云"下渡溪水,其入无穷"处也。〔第王从上洞而下,此则水更由外崖入。〕余抵水洞口,深不能渡。〔闻随水入洞二丈,即见天光,五丈,即透壁出山之东。是山如天生桥,水达其下仅三五丈,往连州大道正度其上,但高广,度者不觉耳。予登巅东瞰,深壑下环,峡流东注。近俱峭石森立,灌莽翳之,不特不能下,〕亦不能窥,所云"其入无穷",殆臆说耳。还十里,下挂榜山南岭,仰见岭侧,洞口岈然,问樵者,曰:"洞入可通隔山。"急披襟东上,洞门圆亘,高五尺,直透而入者五丈,无曲折黑暗之苦，其底南伏而下，则卑而下洼，不能入矣。仍出，渡迎榜桥。回瞻挂榜处，石壁一帏，其色黄白杂而成章，若剖峰而平列者，但不方整，不似榜文耳。此山一枝俱石，自东北横亘西南，两头各起一峰，东北为挂榜，西南为岭头，而洞门介其中，为临武南案。西山支流经其下，北与南门水合，而绕挂榜北麓，东向而去。返过南门，见肆有戌肉〔一五〕，乃沽而餐焉。晚宿生祠。

初六日

饭而行。出东门，五里，一山突于路北，武水亦北向至，路由山南。水北转山嘴，复东南去，路折而东北。一里，一路直北，乃桂阳间道；一岐东北，乃宜章道也。三里至阿皮洞，武溪复北折而来，经其东北去。水西有居民数家，从此渡桥东上牛庙岭，俱寂无村落矣。逾岭下四里，为川州水凉亭。又五里，升降山谷，为桐木郎桥。桥下去水，自南而北，其发源当自秀岩穿穴之水也。桥东有古碑，大书飞白，为广福桥。其书甚遒劲，为宋桂阳军〔一六〕知临武县事曾晞颜所书。从此南而东上一岭，又东向循山半行五里，路忽四岐，乃不东而从北。下岭，又东从山坞行五里，为牛行。牛行人烟不多，散处山谷。盖大路从四岐直东，俱高岭无人，而此为小路，便于中火耳。由牛行又东，从小径登岭。逾而下，三里，为小源，亦有村民数家。从此又东北逾二岭而下，共五里，为水下。遇一人，言："水下至凤集铺止三里，而岭荒多盗，必得送者乃可行。"余乃饭于水下村家，其人为我觅送者不得，遂东南一里，复南上小径，连逾二岭，则铺在山头矣。其铺正在岭侧脊，是为临武、宜章东西界，而铺亭颓落，寂无一家。乃东下岭，转而东北行。二里，始有村落，在小溪西。渡溪桥，而东北循水下二里，至锁石，村落甚盛。北望有大山高穹，是为<u>麻田大岭</u>。由<u>锁石</u>北上岭，三里过<u>社山</u>，两峰圆削峙，一尖圆而一斜突，为<u>锁石水口</u>。由其东下岭二里，则<u>武溪</u>复自北而南，路与之遇。乃循溪南东行，溪复转而北，溪北环成一坪，是为<u>孙车坪</u>，涯际有小舟舫焉。即从溪南转入山峡，一里，南上一岭，曰<u>车带岭</u>。其岭嶕〔一七〕而荒，行者俱为危言。余不顾，直上一里半，登其巅，东望隐隐有斑黄之色，不辨其为云为山，而<u>麻田大岭</u>已在其北矣。下岭里半，有溪流淙淙，其侧石穴中，有泉一池，自穴顶下注，清泠百倍溪中，乃掬而饮之，以溪水盈焉。更下而东，共七里，至<u>梅田</u>〔一八〕<u>白沙巡司</u>。<u>武溪</u>复北自<u>麻田</u>〔一九〕南向而下，经司东而去。是日午后大雾，共行六十里，止于司侧肆中。先是，途人屡以途有不测戒余速行，余见日色尚早，何至乃尔，抵逆旅，始知上午有盗，百四十人自上乡来，由司东至<u>龙村</u>，取径道向<u>广东</u>，谓土人无恐，尔不足扰也。

初七日

晨餐后乃行，以夜来体不安也。由司东渡<u>武溪</u>，遂东上<u>渡头岭</u>。东北行，直逼<u>麻田大岭</u>下，共三里，乃转东南，再上岭，二里而下，始就坞中行。又五里，有数十家散处山麓间，是为<u>龙村</u>。其北有石峰突兀路左。又东北二里，乃南向登岭，从岭上平行三里，始南下峡中，有细流自南而北，渡溪即东上岭，里半为<u>高明铺</u>。又下岭，又三里，为<u>焦溪桥</u>。<u>焦溪</u>在<u>高明</u>南，有数十（家）夹桥而居，其水自北而南。由此东南三里，逾一岭，为<u>芹菜坪</u>。其南有峰分突，下有层崖承之，其色斑赭杂黑，极似<u>武彝</u>之一体。此处四山俱青萼嶙岏〔二〇〕，独此有异。又三里，逾岭，颇高。其先行岭北，可平瞻<u>麻田</u>、<u>将军寨</u>、<u>黄岑岭</u>诸峰；已行岭南，则南向旷然开拓，想<u>武江</u>直下之境矣。下岭，又北二里，有楼横路口，是为隘口。其东南山上，有塔五层，修而未竟。过隘口，循塔山之北垂，觅小径转入山坳，是为艮岩。寺向西南，岩向西北，岩口有池一方。僧凤岩为我煮金刚笋，以醋油炒之以供粥，遂卧寺中，得一觉。下午入南镇关，至三星桥。过桥，则市肆夹道，行李杂遝，盖南下广东之大道云。桥即在城南，而南门在西，大道循城而东。已乃北过东门，又直北过演武场。其西萼石巉巉，横卧道侧。共北十里，过牛筋洞，居民将及百家，在青岑山下。盖大山西南，初峙为麻田大岭，犹临武地。其东北再峙为将军寨。已属宜章。此最高之顶，乃东北度为高云山，有寺焉。乃北转最深处，于是始东列为黄岑。其山南北横列，其南垂即为曲折岭，又东更列一层，则青岑也，牛筋洞在其东北麓。更北行一里，为野石铺。其北石峰嵌空，蹲踞路左，即为野石岩，而始不知。问其下居人，曰："由其北小径入即是。"乃随其北垂，转出山背，乃寺场，非岩洞也。呕出，欲投宿于岩下人家，有一人当门拒客，不入纳。余见其岩石奇，以为此必岩也〔二一〕，苦恳之，屋侧一小户中容留焉。欲从其舍后上岩，而其家俱编篱绝，须自其中舍后门出，而拒客人犹不肯容入。乃从南畔乱石中攀崖逾石而入。先登一岩，其门岈然，而内有透顶之隙，而不甚深。仰视门左，有磴埋草间，亟披荆上。西南行石径间，复得石门如合掌，其内狭而稍深，右裂旁窍，其上亦透天光，而右壁之半，一圆窍透明如镜。出峡门，更西北随磴上，则穿崖削立，上有叠石耸霄，下若展幛内敛。时渐就晚，四向觅路不得，念此即野石岩无疑。志原云"临官道旁"，非山后可知，但恨无补叠为径以穷其胜者。乃下，就坐其庑下，而当门人已他去。已而闻中室牖内有呼客声，乃主人卧息在内也。谓：

"客探岩曾见仙诗否?"余以所经对。曰:"未也。穿崖之右,峡门之上,尚有路可上,明日当再穷之。"时侧户主人意虽爱客,而室甚卑隘,猪圈客铺共在一处,见余意不便,叩室中妇借下余榻,而妇不应,余因就牖下求中室主人,主人许之,乃移卧具于中。中室主人起向客言:"客爱游名山,此间有高云山,乃众山之顶,路由黄岑岭而上,宜章八景有'黄岑滴翠'、'白水流虹'二胜在其下,不可失也。"余颔之。

初八日

晨,觅导游高云者,其人欲余少待,上午乃得同行。余饭后复登岩上,由穿崖之东,丛郁之下,果又得路。上数步,乱石纵横,路复莫辨。乃攀逾石萼,上俱嵌空决裂,有大石高耸于外,夹成石坪,掩映愈胜,然终不得洞中诗也。徘徊久之,还至失路处,见一石穴,即在所逾石下。乃匍伏入,其内嵯岈起裂,列穴旁通,宛转透石坪下,皆明朗可穿。盖前越其上,兹透其底,求所谓仙诗,竟无有也。下岩,导者未至,方拽囊就道,忽北路言,大盗二百余人自北来。主人俱奔,襁负〔二二〕奔避后山,余与顾仆复携囊藏适所游穴中,以此处路幽莫觉,且有后穴可他走也。余伏穴中,令顾仆从穴旁窥之。初奔走纷纷,已而路寂无人。久之,复有自北而南者,乃下问之,曰:"贼从章桥之上,过外岭西向黄茅矣。"乃下岩南行,则自北南来者甚众,而北去者犹踟蹰〔二三〕不前也。途人相告,即梅前司渡河百四十名之夥,南至天都石坪行劫。乃东从间道,北出章桥,转而西还,盖绕宜章〔二四〕之四郊,而犹不敢竟度国门也。南从旧路一里半,抵牛筋洞北,遂从小径,西南循大山行。里半,出牛筋洞之后,乃西越山峡,共五里,出峡,乃循青岑南麓行。有路差大,乃西南向县者,而黄岑之道则若断若续,惟以意拟耳。共西三里,转一冈,始与南来大道合,遂北向曲折岭。二里,直跻岭坳,其西即"白水流虹"。章水之上源,自高云山南径黄岑峒,由此出峡,布流悬石而下者也。〔土人即称此岭曰黄岑,然黄岑山尚北峙,此其南下支。〕逾岭,西北半里,即溯涧行,黄岑山〔二五〕高峙东北,其阳环成一峒,大溪横贯之。竟峒里半,有小径北去,云可通章桥。仍溯溪西行三里,为兵马堂路口。仍溯溪北转一里,乃舍溪登岭。北上一里,西下坞中,是为藏经楼。高山四绕,小涧潆门〔二六〕,寺甚整洁。昔为贮藏之所,近为贼劫,寺僧散去,经移高云,独一二僧闭户守焉。因炊粥其中,坐卧其中久之。下午,乃由寺左登岭,岩峣直上者二里,是为坪头岭。逾岭稍下,得坞甚幽,山帏翠叠,众壑争流,有修篁一丘,丛木交映中,静室出焉。其室修洁,而空寂无人,高山流水,窈然而已。半里,逾坞,复溯涧北上岭一里,岭穷而水不绝。此坪头而上第二岭也。水复自上坞透峡下,路透峡入,又平行坞中半里,渡涧,东北上岭。〔涧东自黄岑山后来,平流坞中,石坪殷红,清泉素润,色侔濯锦;出峡下泻,珠鸣玉韵,重木翳之,杳不可窥;于是绕静室西南下注,出藏经岭南,为大章之源也。〕岭不甚高,不过半里,渐盘出黄岑北。其处山鹃鲜丽,光彩射目,树虽不繁,而花色绝胜,非他处可比。此坪头上第三岭也。稍过坪,又东北上一里,逾岭脊。此坪头上第四岭矣。其西石峰突如踞狮,为将军山南来东转之脉,其东则南度为黄岑山者也。逾岭北下一里,折而西北下,行深树中又一里,得高云寺。寺虽稍倚翠微,犹踞万峰绝顶。寺肇于隆庆五年,今渐就敝,而山门方丈,犹未全备,洵峻极之构造非易也。寺向有五十僧,为流寇所扰,止存六七僧,以耕种为业,而晨昏之梵课不废，亦此中之仅见者。主僧宝幢，颇能安客。至寺，日犹未衔山，以惫极，急浴而卧。

初九日

晨起，浓雾翳山，咫尺莫辨，问山亦无他奇，遂决策下山，东北向丛木中下。初，余意为萝棘所翳，即不能入，而身所过处，或瞻企不辜。及五里至山麓，村落数家散处坞中，问所谓坦山，皆云即此，而问所谓万华岩，皆云无之。徘徊四顾，竟无异处。但其水东下章桥，大路从之，甚迂；由此北逾虎头岭出良田，为间道，甚便。遂从村侧北上岭，岭东坳中，洞水泻大石崖而下，悬帘泄布，亦此中所仅见。一里，逾坳上，一里半，复溯流北行坞中，一里半，又逾岭而下，有溪自西而东，问之，犹东出章桥者也。渡溪，又有一溪自北来入。溯溪北行峡中，二里为大竹峒，居民数家，水自西来，想亦黄茅岭下之余波也。由大竹峒东逾大竹岭，岭为大竹山南下之脊，是为分水，东由吴溪出郴，西由章桥入宜。上少下多。东向直下二里，是为吴溪。居民数家，散处甚敞，前章桥流贼所从而西者也。村东一里，有桥跨溪上，度桥北，上小分岭，亦上少下多。二里，下至仙人场，有水颇大，北自山峒透峡而东，一峰当关扼之，水激石奋。水折而南，峰剖其西，若平削而下者，以为下必有洞壑可憩；及抵崖下，乃绝流而渡，则寂无人烟。乃北逾一冈，二里为歪里。先为廖氏，居人颇盛，有小水自北南去。乃从其村东上平岭，北行一里，其西坞中为王氏，室庐甚整。询之土人，昨流贼自章桥北小径，止于村西大山丛木中，经宿而去，想亦有所阚而不敢动也。从此东北出山坳，石道修整，十二里而抵良田〔二七〕。自歪里雨作，至此愈甚，乃炊饭索饮于肆中。良田居市甚众，乃中道一大聚落，二月间，流寇三四百人亦群而过焉。饭后，雨不尽，止北十里，宿于万岁桥。按志，郴南有灵寿山，山有灵寿木，昔名万岁，故山下水名千秋。今有小万岁、大万岁二溪，俱有桥架其上，水俱自西而东。余以灵寿山必有胜可寻，及遍询土人，俱无可征，惟二流之易"千秋"存"万岁"耳。

初十日

雨虽止而泞甚。自万岁桥北行十里，为新桥铺，有路自东南来合，想桂阳县之支道也。又北十里为郴州〔二八〕之南关。郴水东自山峡，曲至城东南隅，折而北径城之东关外，则苏仙桥横亘其上。九洞，甚宏整。至是雨复大作，余不暇入城，姑饭于溪上肆中，乃持盖为苏仙之游〔二九〕。随郴溪西岸行，一里，度苏仙桥，随郴溪东岸行，东北二里，溪折西北去，乃由水经东上山。入山即有穹碑，书"天下第十八福地"。由此半里，即为乳仙宫。丛桂荫门，清流界道，有僧乘宗出迎客。余以足袜淋漓，恐污宫内，欲乘势先登山顶，与僧为明日期。僧以茶笋出饷，且曰："白鹿洞即在宫后，可先一探。"余急从之。出宫左至宫后，则新室三楹，掩门未启，即排以入。石洞正当楹后，崖高数丈，为楹掩，俱不可见，洞门高丈六，止从楹上透光入洞耳。洞东向，皆青石迸裂，二丈之内，即成峡而入，已转东向，渐洼伏黑隘，无容匍伏矣。成峡处其西石崖倒垂，不及地者尺五，有嵌裂透漏之状。正德五年，锡邑秦太保〔三〇〕金时，以巡抚征龚福全，勒石于上。又西有一隙，侧身而进，已转南下，穿穴匍伏出岩前，则明窦也。复从楹内进洞少憩，仍至前宫别乘宗，由宫内右登岭，冒雨北上一里，即为中观。观门甚雅，中有书室，花竹條然，乃王氏者，亦以足污未入。由观右登岭，冒雨东北上一里半，遂造其顶。有大路由东向迤入者,乃前门正道;有小路北上沉香石、飞升亭,为殿后路。余从小径上,带湿谒苏仙,僧俗谒仙者数十人,喧处于中,余向火炙衣,自适其适,不暇他问也。郴州为九仙二佛之地,若成武丁之骡冈在西城外,刘瞻之刘仙岭在东城外,佛则无量,智俨廖师也,俱不及苏仙,故不暇及之。

〔一〕下观:今作下灌,在宁远县东南隅。

〔二〕宁远:明为县,隶道州,即今宁远县。

〔三〕戢(jí 集)影:匿迹。

〔四〕石柱　原作"石洞柱",应即下称"石柱",衍"洞"字。

〔五〕嗷(áo 敖)嗷:哀号声。

〔六〕蓝山县:隶桂阳州,即今蓝山县。

〔七〕雨仍下矣　"下",原作"止",因形近而误,依文意改。

〔八〕峒:四围皆山,中间有平地,这种山间小盆地如凹下去的洞,在广西、湖南、贵州多称峒。峒多是人口聚居的地方,因此峒也成为苗族、壮族、侗族等地名的泛称,如苗峒、侬峒。

〔九〕恙(yàng 样):疾病。

〔一〇〕翠微:青翠隐约的山色。

〔一一〕褰(qiān 牵)裳:把衣服揭起来。

〔一二〕氤氲(yīn yūn 因晕):气或光色混和动荡的样子。

〔一三〕临武:明为县,隶桂阳州,即今临武县。

〔一四〕袭(xí 习)衣:衣上加衣。

〔一五〕戌(xū 须):古人以十二种兽名与十二地支相配,称为十二肖属。戌属狗,戌肉即狗肉。

〔一六〕桂阳军:宋代桂阳军在今湖南桂阳县。

〔一七〕嶕(jiāo 焦):高巅。

〔一八〕梅田:今名同,在宜章县西境。

〔一九〕武溪:今仍名武水。　麻田:今名同,在宜章县西隅,武水东岸。

〔二〇〕嶘岏(chán yuán 蝉元):山高而锐。

〔二一〕以为此必岩也　疑为“以为必此岩也”。

〔二二〕襁(qiǎng 抢)负:用布幅把人背负在背上。

〔二三〕蹜(sù 宿)蹜:形容举足促狭的样子。

〔二四〕宜章:明为县,隶郴州,即今宜章县。

〔二五〕黄岑山:即骑田岭。明史地理志:郴州“南有黄岑山,与宜章县界,亦曰骑田岭,五岭之第二岭也”。

〔二六〕小涧潆门　“涧”,原作“洞”,据乾隆本改。

〔二七〕良田:今名同,在郴州市南境。

〔二八〕郴州:即今郴州市。

〔二九〕苏仙岭:在郴州市区东郊,有苏仙观、飞升亭、升仙石、景星观、白鹿洞等及摩崖题刻,古松挺拔,为风景胜地。

〔三〇〕太保:明时多为勋戚、文武臣加官、赠官的虚衔,并无实职。

十一日

与众旅饭后,乃独游殿外虚堂。堂三楹,上有诗扁环列,中有额,名不雅驯,不暇记也。其堂址高,前列楼环之,正与之等。楼亦轩敞,但未施丹垩,已就欹裂。其外即为前门,殿后有寝宫玉皇阁,其下即飞升亭矣。是早微雨,至是微雨犹零,仍持盖下山。过中观，入谒仙，觅僧遍如，不在。入王氏书室，折蔷薇一枝，下至乳源宫，供仙案间。乘宗仍留茶点，且以仙桃石馈余，余无以酬，惟劝其为吴游，冀他日备云水一供耳。宫中有天启初邑人袁子训雷州〔一〕二守。碑，言苏仙事甚详。言仙之母便县人，便即今永兴〔二〕。有浣于溪，有苔成团绕足者再四，感而成孕，生仙于汉惠帝五年〔三〕五月十五。母弃之后洞中，即白鹿洞。明日往视，则白鹤覆之，白鹿乳之，异而收归。长就学，师欲命名而不知其姓，令出观所遇，遇担禾者以草贯鱼而过，遂以苏〔四〕为姓，而名之曰耽。尝同诸儿牧牛羊，不突不扰，因各群界之，无乱群者，诸儿又称为牛师。事母至孝，母病思鱼脍，仙往觅脍，不宿而至。母食之喜，问所从得，曰："便。"便去所居远，非两日不能返，母以为欺。曰："市脍时舅氏在旁，且询知母恙，不日且至，可验。"舅至，母始异之。后白日奉上帝命，随仙官上升于文帝三年〔五〕七月十五日。母言："儿去，吾何以养？"乃留一柜，封识甚固，曰："凡所需，扣柜可得。第必不可开。"指庭间橘及井曰："此中将大疫，以橘叶及井水愈之。"后果大验。郡人益灵异之，欲开柜一视，母从之，有只鹤冲去，此后扣柜不灵矣。母逾百岁，既卒，乡人仿佛见仙在岭哀号不已。郡守张邈往送葬，求一见仙容，为示半面，光彩射人。又垂空出只手，绿毛巨掌，见者大异。自后灵异甚多，俱不暇览。第所谓"沉香石"者，一石突山头，予初疑其无谓，而镌字甚古，字外有履迹痕，则仙人上升遗迹也。所谓仙桃石者，石小如桃形，在浅土中，可锄而得之，峰顶及乳仙洞俱有，磨而服之，可已心疾，亦橘井之遗意也。传文甚长，略识一二，以征本末云。还过苏仙桥，从溪上觅便舟，舟过午始发，乃过南关，入州前，复西过行台〔六〕前，仍出南关。盖南关外有十字口，市肆颇盛，而城中甚寥寂。城不大，而墙亦不甚高。郴之水自东南北绕，其山则折岭横其南而不高，而高者皆非过龙之脊。

午后，下小舟，东北由苏仙桥下，顺流西北去，六十里达郴口。时暮色已上，而雨复至，恐此北晚无便舟，而所附舟连夜往程口，遂随之行。郴口则郴江自东南，耒水自正东，二水合而势始大。〔耒水出桂阳县〔七〕南五里耒山下，西北至兴宁县，胜小舟；又三十里至东江市〔八〕，胜大舟；又五十里乃至此。〕江口诸峰，俱石崖盘立，寸土无丽。志称有曹王寨，山极险峻，暮不及登，亦无路登也。舟人夜鼓棹，三十里，抵黄泥铺，雨至而泊。余从篷底窥之，外若桥门，〔心异，〕因起视，则一大石室下也。宽若数间屋，下汇为潭，外覆若环桥，四舟俱泊其内。岩外雨声潺潺〔九〕，四鼓乃止。雨止而行，昧爽达程口矣。乃登涯。

十二日

晨炊于程口肆中。程口者，志所称程乡水也，其地属兴宁，其水发源茶陵、酃县界〔一〇〕。舟溯流入，皆兴宁西境。十五里为郴江，又进有中远山，又名钟源。为无量佛现生地，土人夸为名山。又进，则小舟尚可溯流三日程，逾高脚岭则茶陵道矣。若兴宁县治，则自东江市而上三十里乃至也。程乡水西入郴江〔一一〕，其处煤炭大舟鳞次，以水浅尚不能发。上午，得小煤船，遂附之行。程口西北，重岩若剖，夹立江之两涯，俱纯石盘亘，候左候右，〔色间赭黑，〕环转一如武夷。所附舟敝甚而无炊具，余揽山水之胜，过午不觉其馁。又二十里，过永兴县〔一二〕。县在江北，南临江岸，以岸为城，舟过速不及停。已而得一小舟，遂易之，就炊其间。饭毕，已十五里，为观音岩。岩在江北岸，西南下瞰江中，有石崖腾空，上覆下裂，直滨江流。初倚其足，叠阁两层，阁前有洞临流，中容数人。由阁右悬梯直上，袅空挂蛛，上接崖顶，透隙而上，覆顶之下，中嵌一龛，观世音像在焉。岩下江心，又有石狮横卧中流，昂首向岩，种种绝异。下舟又五里，有大溪自南来注，是为森口[一三]。〔乃桂阳州龙渡以东诸水，东合白豹水，至此入耒江。〕又北五里，泊于柳州滩，借邻舟拖楼以宿。是晚素魄[一四]独莹，为三月所无，而江流山色，树影墟灯，远近映合，苏东坡承天寺夜景不是过也。永兴以北，山始无回崖突石之观，第夹江逶迤耳。

十三日

平明过舟，行六十五里，过上堡市[一五]。有山在江之南，岭上多翻砂转石，是为出锡之所。山下有市，煎炼成块，以发客焉。其地已属耒阳，盖永兴、耒阳两邑之中道也。已过江之北，登直钓岩。岩前有真武殿、观音阁，东向迎江。而洞门瞰江南向，当门石柱中垂，界为二门，若连环然。其内空阔平整。其右隅裂一窍，历磴而上，别为邃室。其左隅由大洞深入，石窍忽盘空而起，东进一隙，斜透天光；其内又盘空而起，若万石之钟[一六]，透顶直上，天光一围，圆若明镜，下堕其中，仰而望之，直是井底观天也。是日风水俱利，下午又九十里，抵耒阳县[一七]南关。耒水经耒阳城东直北而去，群山至此尽开，绕江者惟残冈断陇而已。耒阳虽有城，而居市荒寂，衙廨颓陋。由南门入，经县前，至东门登城，落日荒城，无堪极目。下城，出小东门，循城外江流，南至南关入舟。是夜，月色尤皎，假火贾舡中舱宿焉。

十四日

五鼓起，乘月过小舟，顺流而北，晨餐时已至排前，行六十里矣。小舟再前即止于新城市，新城去衡州陆路尚百里，水路尚二百余里，适有煤舟从后至，遂移入其中而炊焉。又六十里，午至新城市〔一八〕，在江之北，阛堵甚盛，亦此中大市也，为耒阳、衡阳分界。时南风甚利，舟过新城不泊，余私喜聚〔一九〕日之力尚可兼程百五十里。已而众舟俱止涯间，问之，则前湾风逆，恐有巨浪，欲候风止耳。时余蔬米俱尽，而囊无一文，每更一舟，辄欲速反迟，为之闷闷。以刘君所惠䌷一方，就村妇易米四筒。日下舂，舟始发。乘月随流六十里，泊于相公滩，已中夜矣，盖随流而不棹〔二〇〕也。按，耒阳县四十里有相公山，为诸葛武侯驻兵地，今已在县西北，入衡阳境矣，滩亦以相公名，其亦武侯之遗否耶？新城之西，江忽折而南流，十五六里而始西转，故水路迂曲再倍于陆云。

十五日

昧爽行，西风转逆，云亦油然。上午甫六十里，雷雨大至，舟泊不行。既午，带雨行六十里，为前吉渡〔二一〕，舟人之家在焉，复止不行。时雨止，见日影尚高，问陆路抵府止三十里，而水倍之，遂渡西岸登陆而行。陂陀高下，沙土不泞。十里至陡林铺，则泥淖不能行矣，遂止宿。

郴东门外江滨有石攒峰，宋张舜民铭为窊樽。至窊樽之迹不见于道，而得之于此，聊以代渴。城东山下有泉，方圆十余里，其旁石壁峭立，泉深莫测，是为钴鉧泉。永州之钴鉧潭不称大观〔二二〕，遂并此废食，然钴鉧实在于此，而柳州〔二三〕姑借名永州〔二四〕；窊樽实在于道，而舜民姑拟象于此耳。全州亦有钴鉧潭，亦子厚所命。

永州三溪：浯溪为元次山所居，在祁阳。愚溪为柳子厚所谪〔二五〕，在永。濂溪为周元公〔二六〕所生，在道州。而浯溪最胜。鲁公之磨崖，千古不朽；石镜之悬照，一丝莫遁。有此二奇，谁能鼎足！

郴之兴宁有醽醁泉〔二七〕、程乡水，皆以酒名，一邑而有此二水擅名千古。晋武帝〔二八〕荐醽酒于太庙〔二九〕。吴都赋："飞轻觞而酌醽醁。"程水甘美出美酒，刘香云："程乡有千日酒，饮之至家而醉，昔尝置官酝〔三〇〕于山下，名曰程酒，同醽酒献焉。"今酒品殊劣，而二泉之水，亦莫尚焉。

浯溪之"吾"有三，愚溪之"愚"有八，濂溪之"濂"有二。有三与八者，皆本地之山川亭岛也。"濂"则一其所生在道州，一其所寓在九江〔三一〕，相去二千里矣。

元次山题朝阳岩诗："朝阳岩下湘水深，朝阳洞口寒泉清。"其岩在永州南潇水上，其时尚未合于湘。次山身履其上，岂不知之，而一时趁笔，千古遂无正之者，不几令潇、湘易位耶？

十六日

见明而炊，既饭犹久候而后明，盖以月光为晓也。十里至路口铺，泥泞异常，过此路复平燥可行。十里，渡湘江，已在衡〔郡〕南关之外。入柴埠门，抵金寓，则主人已出，而静闻宿花药未归。乃濯足偃息，旁问静闻所候内府助金，并刘明宇物，俱一无可望，盖内府以病，而刘以静闻懈弛也。既暮，静闻乃归，欣欣以听经为得意，而竟忘留日之久。且知刘与俱在讲堂，暮且他往，与静闻期明午当至讲所，不遑〔三二〕归也。乃怅怅卧。

十七日

托金祥甫再恳内司，为静闻请命而已。与静闻同出安西门〔三三〕，欲候刘也。入委巷〔三四〕中，南转二里，至千佛庵。庵在花药之后，倚冈临池，小而颇幽，有云南法师自如，升高座讲法华。时雨花缤纷，余随众听讲。遂饭于庵，而刘明宇竟复不至。因从庵后晤西域僧，并衡山毗卢洞大师普观，亦以听讲至者。下午返金寓，时余已定广右〔三五〕舟，期十八行。是晚，祥甫兄弟与史休明、陆端甫饯余于西关肆中。入更返寓，以静闻久留而不亟于从事，不免征色发声〔三六〕焉。

十八日

舟人以同伴未至，改期二十早发。余亦以未晤刘明宇，姑为迟迟。及晤刘，其意犹欲余再待如前也。迨下午，适祥甫僮驰至寓，呼余曰："王内府已括诸助，数共十二金，已期一顿应付，不烦零支也。"余直以故事〔三七〕视之，姑令静闻明晨往促而已。

十九日

早过刘明宇，彼心虽急，而物仍莫措，惟以再待恳予，予不听也。急索所留借券，彼犹欲望下午焉。促静闻往候王，而静闻泄泄。王已出游海会、梅田等庵，因促静闻往就见之，而余与祥甫赴花药竺震上人之招。先是，竺震与静闻游，候余至，以香粆〔三八〕、程资馈，余受粆而返资。竺震匍匐再三，期一往顾。初余以十八发，固辞之。至是改期，乃往。先过千佛庵听讲毕，随竺震至花药，饭于小阁，以待静闻，憩啖甚久，薄暮入城。竺震以相送至寓，以昨所返资果固掷而去。既昏，则静闻同祥甫赍王所助游资来，共十四金〔三九〕。王承奉为内司之首，向以赍奉入都，而其侄王桐以仪卫典仗,代任叔事。虽施者二十四人,皆其门下,而物皆王代应以给。先是,余过索刘借券,彼以措物出,竟不归焉。

二十日

黎明,舟人促下舟甚急。时静闻、祥甫往谢王并各施者,而余再往刘明宇处,刘竟未还。竺震仍入城来送,且以冻米〔四〇〕馈余,见余昨所嗜也。余乃冒雨登舟。久之,静闻同祥甫追至南关外,遂与祥甫挥手别,舟即解维。三十里,泊于东阳渡,犹下午也。是日阴雨霏霏,江涨浑浊,湘流又作一观。而夹岸鱼厢鳞次,盖上至白坊,下过衡山,其厢以数千计,皆承流取子,以鱼苗货四方者。每厢摧〔四一〕银一两,为桂藩供用焉〔四二〕。

〔一〕雷州:明置雷州府,治海康,即今广东雷州市。

〔二〕便县:西汉置便县,隶桂阳郡,治今永兴县。

〔三〕汉惠帝:即刘邦的儿子刘盈,在位七年,时为公元前195－前188年。惠帝五年为公元前190年。

〔四〕蘇:今简化为"苏"。

〔五〕文帝:西汉皇帝刘恒,在位23年,时为公元前180～前157年。文帝三年为公元前177年。

〔六〕行台:即行御史台,分掌监察权。

338

〔七〕桂阳县:隶郴州,在今湖南汝城县,与明代同属湖广布政司的桂阳州有别。

〔八〕东江市　此处原倒误为"江东市",应即十二日记的东江市。今仍称东江,在资兴市西境,东江东岸。

〔九〕岩外雨声潺潺　此句乾隆本作:"岩外雨声山色,不意梦中睹此奇境。"四库本同乾隆本,唯"睹"作"多"。

〔一〇〕酃(líng 灵)县:隶衡州府,即今炎陵县。

〔一一〕程乡水西入郴江　　"郴江",乾隆本、四库本作"耒江"。

〔一二〕永兴县:隶郴州,即今永兴县。

〔一三〕森口:约今塘市附近,在永兴县北隅。桂阳州龙渡以东诸水汇为桂水,今称西河,耒江今称东江,二水在此汇合。

〔一四〕魄:原指月上的光,又用魄指月。亦称素魄。

〔一五〕上堡市:在耒阳市南境耒水南岸,1958 年于此始置黄市镇,但人们仍习称上堡街。

〔一六〕钟:古代容器,用以装酒浆及粮食的圆形壶。

〔一七〕耒(lěi 垒)阳县:隶衡州府,即今耒阳市。

〔一八〕新城市:元末明初曾为新城县,后省,于此置江东巡检司,隶衡阳县。即今新市,在耒阳市北隅。

〔一九〕冣(jù 据):同"聚",积累。

〔二〇〕棹(zhào 召):本为摇船用的工具,此为动词,作划船解。

〔二一〕前吉渡:陈本、乾隆本、四库本作"前溪渡",清代称"泉溪市",即今泉溪,在衡南县东境,耒水东岸。

〔二二〕不称大观　　原作"不称不大观",衍"不"字,从乾隆本、四库本删。

〔二三〕柳州:此系指柳宗元,柳宗元因被贬官至柳州,人又称"柳柳州"。

〔二四〕此段关于钴钼潭的记载,乾隆本、四库本系于四月初十日记,且位置为"郴州东百余里"。嘉庆重修一统志郴州山川载:"钴鉧泉,在兴宁县东,源出八面山李家洞,为资兴水之源。奥地纪胜:'山下有一泉,方广十余里,四旁石壁峭立,其泉深邃清澄。'"钴鉧(gǔ mǔ 古母)原作钴镂,即熨斗。形如熨斗的水潭称钴鉧潭。郴州确有钴鉧泉,但不在"城东山下",而在郴州所属兴宁县东八面山下,距郴州城东百余里,为资兴水源。季抄本脱"百余里"。

〔二五〕谪(zhé 折):古代官吏因罪而被降职或流放。

〔二六〕周敦颐(公元 1017～1073 年)字茂叔,道州人,因生于濂溪畔,故人称周濂溪。嘉定十三年(公元 1220 年)赐谥为元公。宋代著名理学家。

〔二七〕兴宁:明为县,隶郴州,在今资兴市。　醽醁(líng lù 灵录):原为泉水名,用此水酿制的醽酒特好,后因以醽醁指美酒。

〔二八〕晋武帝:西晋第一个皇帝司马炎,在位 26 年,时为公元 265～290 年。

〔二九〕太庙:帝王的祖庙。

〔三〇〕酝(yùn 蕴):酿酒。

〔三一〕周敦颐晚年求知南康军(治今江西星子县),家住庐山莲花峰下,前有溪,因取故乡道州所居濂溪以名。宋代江州和南康军以庐山分界,山南半属南康,不属九江。

〔三二〕不遑(huáng 皇):没有闲暇。

〔三三〕安西门　为衡州府城西面靠南的城门,又称大西门。原倒误作"西安门",不从。

〔三四〕委巷:偏僻小巷。

〔三五〕广右:即广西。

〔三六〕征色发声:现出怒色,高叫起来。

〔三七〕故事:旧事。

〔三八〕秫(shú 熟):粘高粱。

〔三九〕金:白银作为货币的单位为两,亦称金。银一两称一金。

〔四〇〕冻米:糯米蒸熟后再晾干即称冻米,油炸即泡涨、香酥,为佐食上菜。

〔四一〕摧:通"催",又称催征、催科,即催收赋税。

〔四二〕为桂藩供用焉　　"藩",原误作"济",不从。

二十一日

三十里,过新塘站。又二十里,将抵松柏,忽有人呕呼岸上,而咽不成声,则明宇所使追余者也。言明宇初肩舆来追,以身重舆迟,乃跣而驰,而令舆夫之捷足者前驱要余,刘即后至矣。欲听其匍匐来晤于松柏,心觉不安,乃与静闻登涯逆之,冀一握手别,便可仍至松柏登舟也。既登涯,追者言来时刘与期从江东岸行,乃渡而滨江行,十里至香炉山,天色已暮,而刘不至。已遇一人,知其已暂憩新塘站,而香炉山下虎声咆哮,未暮而去来屏迹,居者一两家,俱以木支扉矣。乃登山顶,宿于茅庵,卧无具,栉无梳,乃和衣而卧。

二十二日

夜半雨声大作,达旦不休,乃谋饭于庵妪〔一〕而行。始五里,由山陇中行,虽枝雨之沾衣,无泥泞之妨足。后五里,行田塍间,时方插秧,加岸壅水,泞滑殊甚。共十里至新塘站,烟雨满江来,问刘明宇，已渡江溯流去矣。遂亦问津西渡。始溯江岸行四里，至昔时遇难处，焚舟已不见，从涯上人家问刘踪迹，皆云无之。又西一里，出大路口，得居人一家，再三询之，仍无前过者。时刘无盖，而雨甚大，意刘必未能前。余与静闻乃暂憩其家，且谋饭于妪，而令人从大道，仍还觅于渡头。既而其妪以饭出，冷甚。时衣湿体寒，见其家有酒，冀得热飞大白〔二〕以敌之。及以酒至，仍不热，乃火酒也。余为浮两瓯，俱留以待追者。久之，追者至，知刘既渡，即附舟上松柏，且拟更摄予白坊驿，非速行不及。乃持盖匍匐，路俱滑塍，屡仆屡起，因令追者先趋松柏要留刘，而余同静闻更相跌，更相诟也。十五里过新桥，桥下乃湘江之支流，从松柏之北分流内地，至香炉对峰仍入于江者。过桥五里，西逾一岭，又五里，出山坞，则追者同随刘之夫携茶迎余，知刘已相待松柏肆中矣。既见，悲喜交并，亟治餐命酒。刘意犹欲挽予，候所贷物，予固辞之。时予所附广右舟今晨从此地开去，计穷日之力，当止于常宁河口，明日当止于归阳。从松柏至归阳，陆路止水路之半，竟日可达，而路泞难行；欲从白坊觅骑，非清晨不可得；乃遍觅渔舟，为夜抵白坊计。明宇转从肆中借钱百文，厚酬舟人，且欲同至白坊，而舟小不能容，及分手已昏黑矣。二鼓，雨止月出，已抵白坊，有驿。余念再夜行三十里可及舟，更许厚酬，令其即行，而舟人欲返守鱼厢，强之不前，余乃坚卧其中。舟人言："适有二舟泊下流，颇似昨所过松柏官舫。"其舟乃广右送李道尊至湘潭者，一为送官兴收典史徐姓者所乘〔三〕，一即余所附者。第予舟人不敢呼问，余令其刺舟往视之，曰："中夜何敢近官舫！"予心以为妄，姑漫呼顾行，三呼而得应声，始知犹待余于此也。乃刺舟过舫，而喜可知矣。

二十三日

　　昧爽，浓雾迷江，舟曲北行。二十里，过大鱼塘，见两舟之被劫者，哭声甚哀，舟中杀一人，伤一人垂死。于是，余同行两舫人反谢予曰："昨不候君而前，亦当至此。至此祸其能免耶！"始舟子以候予故，为众所诟，至是亦德色焉。上午雾收日丽，下午蒸汗如雨。行共六十里，泊于河洲驿。

二十四日

　　昧爽行，已去衡入永矣。三十里过大铺，稍折而西行；又十里，折而北行；午热如炙，五里，复转西向焉。自大铺来，江左右复有山，如连冈接阜。江曲而左，直抵左山，而右为旋坡；江曲而右，直抵右山，而左为回陇，若更相交代者然。又二十五里，泊于归阳驿之下河口。是日共行六十里，竟日皓日如烁，亦不多见也。

二十五日

　　晓日莹然，放舟五里，雨忽至。又南三十五里，为河背塘〔四〕，又西十里，过两山隘口。又十里，是为白水，有巡司。复远峰四辟，一市中横，为一邑之大聚落云。是日共行六十里，晚而后霁，泊于小河口。小河南自山峒来，北入于湘江，小舟溯流入，可两日程，皆祁阳属也。山峒不一，所出靛、锡、杪木最广，白水市肆，俱倚此为命，不依湘江也。既泊，上觅戴明凡家〔五〕，谢其解衣救难之患，而明凡往永不值。

二十六日

　　舟人登市神福〔六〕，晨餐后行。连过山隘，共三十里，上观音滩〔七〕。风雨大至，舟人泊而享馂〔八〕，遂止不行。深夜雨止风息，潇潇江上，殊可怀也。

二十七日

平明行,舟多北向。二十里,抵祁阳东市,舟人复泊而市米,过午始行。不半里,江涨流横,众舟不前,遂泊于杨家坝,东市南尽处也。下午舟既泊,余乃同静闻渡杨家桥,共一里,入祁阳西门。北经四牌坊,东出东门外,又东北一里,为甘泉寺。泉一方,当寺前坡下,池方丈余,水溢其中,深仅尺许,味极淡洌,极似惠泉水[九]。城东山陇缭绕,自北而南,两层成峡,泉出其中。寺东向,倚城外第一冈。殿前楹有吾郡宋邹忠公名浩[一〇],贬此地与蒋沣游。甘泉铭碑,张南轩名栻。从郡中蒋氏得之,跋而镌此。邹大书,而张小楷,笔势遒劲,可称二绝。其前山第二层之中,盘成一窝,则九莲庵也。旧为多宝寺,邑人陈尚书重建而复之,中有法雨堂、藏经阁、三教堂。而藏经阁中供高皇帝像,唐包巾,丹窄衣,眉如卧蚕而中不断,疏须开张而不志文,乃陈氏得之内府[一一]而供此者。今尚书虽故,而子孙犹修饰未已,视为本家香火矣。寺前环堵左绕,其中已芜,而闭户之上,有砖镌"延陵道意"四字,岂亦邹忠公之遗迹耶?而土人已莫知之,那得此字之长为糖羊也。九莲庵之山,南垂即为学宫。学在城外而又倚山,倚山而又当其南尽处,前有大池,甘泉之流,南下东绕,而注于湘。其入湘处为潇湘桥。桥之北奇石灵幻,一峰突起,为城外第二层之山。一盘而为九莲,再峙而为学宫,又从学宫之东度脉突此,为学宫青龙之沙。其前湘江从南至此,东折而去;祁江从北至此,南向入湘;而甘泉活水,又绕学前,透出南胁,而东向入湘。乃三水交会之中,故桥曰潇湘桥,亭曰潇湘亭,今改建玄华阁,庙曰潇湘庙,谓似潇、湘之合流也。〔庙后萼裂瓣簇,石态多奇。〕庙祀大舜像,谓巡守由此,然隘陋不称。峰之东北,有石梁五拱跨祁水上,曰新桥,乃东向白水道,而衡州道则不由桥而北溯祁流矣。时余欲觅工往浯溪拓中兴摩崖颂,工以日暮不及往,故探历诸寺。大抵甘泉古朴,九莲新整,一以存旧,一以征今焉。日暮,由江市而南,经三吾驿,即次山吾水、吾山、吾亭境也,去"山"、去"水"而独以"吾",甚是。自新桥三里,南至杨家桥,下舟已昏黑矣。是两日共行五十里,先阻雨,后阻水也。是夜水声汹汹,其势愈急。

二十八日

水涨舟泊,竟不成行。巫枬腹趋甘泉,觅拓碑者,其人已出。又从大街趋东门,从门外朱紫衔觅范姓,八角坊觅陈姓裱工,皆言水大难渡,以浯溪、阳江也。为余遍觅拓本,俱不得。复趋甘泉,则王姓拓工已归,索余重价,终不敢行,止就甘泉摹铭二纸。余先返舟中,留静闻候拓焉。

祁阳东门外大街与濒江之市,阛阓连络,市肆充牣[一二],且多高门大第,可与衡郡比隆。第城中寥寂,若只就东城外观,可称岩邑。

二十九日

昧爽放舟。〔晓色蒸霞,层岚开藻,既而火轮涌起,腾焰飞芒,直从舟尾射予枕隙,泰岳日观[一三],不谓得之卧游也。〕五里过浯溪,摩崖在西。东溯流从西,又二十里,过媳妇塘,娉婷傍北,沿洄自南,俱从隔江矫首。所称"媳妇石"者,江边一崖,从山半削出,下插江底,其上一石特立而起,昂首西瞻,岂其良人[一四]犹玉门[一五]未返耶?又二十里,过二十四矶,矶数相次。又五里泊于黄杨铺。

黄杨铺已属零陵。其东即为祁阳界。其西遥望大山,名驷马山,此山已属东安〔一六〕,则西去东安界约三十里。西北有大路通武冈州〔一七〕,共二百四十里。黄杨有小水自西而来,石梁跨其上,名大桥。桥下通舟,入止三五里而已,不能上也。

〔一〕妪(yù 玉):妇人。

〔二〕大白:一种浅而小的酒杯。

〔三〕一为送官兴收典史徐姓者所乘　　"兴收"二字疑有误。

〔四〕河背塘:今作河埠塘,在祁阳县东境,湘江南岸。

〔五〕戴明凡　三月初八日记作"戴字完"。

〔六〕神福:祀神祝福。

〔七〕观音滩:今名同,已成聚落,在祁阳县南境,湘江南岸。

〔八〕享馂(xiǎng jùn 响俊):吃祀神剩下的食物。

〔九〕惠泉:很早就名扬全国,唐时即被誉为"天下第二泉",在今江苏无锡市西隅的锡惠公园内,为风景胜地。

〔一〇〕邹浩(公元 1060～1111 年):字志完,常州晋陵(今江苏常州市)人,进士及第,调扬州、颍昌府教授。因上疏忤旨,被削官,羁管新州(今广东新兴)。徽宗时,官至兵、吏二部侍郎。后蔡京擅权,素忌浩,贬浩为衡州别驾。高宗时,赐谥忠,故称邹忠公。

〔一一〕内府:内即皇宫,又称大内。内府原为掌库藏的官,亦通称皇宫内为内府。

〔一二〕牣(rèn 认):满。

〔一三〕泰岳：即东岳泰山，又称岱山、岱宗，在山东泰安市北。山峰峻拔，雄伟壮丽，登山总路程达九公里，要上石阶6293级，沿天梯攀登三个"十八盘"，经南天门，即可到玉皇顶。绝顶海拔1545米。山上名胜古迹甚多，泰山观日为一佳景。陈函辉徐霞客墓志铭载："历齐、鲁、燕、冀间，上泰岱，拜孔林，谒孟庙三迁故里，峄山吊枯桐，皆在己酉。"霞客游泰山当在万历三十七年（公元1609年），时年24岁。

〔一四〕良人：丈夫。

〔一五〕玉门：古关名，汉武帝时置，因西域输入玉石取道于此而得名。故址在今甘肃敦煌西北小方盘城，和西南的阳关同为当时通往西域各地的交通门户，出玉门关为北道，出阳关为南道。明时已废圮。

〔一六〕东安：明为县，隶永州府，辖境即今东安县，但当时治所在今紫溪，今县治所在白牙市镇。

〔一七〕武冈州：隶宝庆府，即今武冈市。

闰四月初一日

昧爽，从黄杨铺放舟，至是始转南行。其先自祁阳来，多西向行。十五里大护滩，有涡成漩，诸流皆奔入漩中，其声如雷，盖漏卮也。又上为小护滩。又十五里为高栗市〔一〕，即方潋驿也。又二十里过青龙矶，矶石巉岏，横啮江流。又十里，昏黑而后抵冷水湾。下午，余病鱼腹，为减晚餐。泊西岸石涯下，水涨石没，不若前望中峥嵘也。

初二日

舟人登涯市薪菜，晨餐时乃行。雷雨大作，距午乃晴。共四十里，泊于湘口关，日尚高春〔二〕也。自冷水湾来，山开天旷，目界大豁，而江两岸，啖水之石时出时没，但有所遇，无不赏心悦目。盖入祁阳界，石质即奇，石色即润；过祁阳，突兀之势，以次渐露，至此而随地涌出矣。〔及入湘口，则耸突盘亘者，变为峭竖回翔矣。〕

初三日

平明，放舟入湘口，于是去潇而专向湘矣。潇即余前入永之道，与湘交会于此。二水一东南，潇。一西南，湘。会同北去，为洞庭众流之主，界其中者即芝山〔三〕之脉，直走而北尽。尽处两流夹之，尖若龙尾下垂，因其脊无石中砥，故两流挫也必锐而后已。潇之东岸即湘口驿。有古潇湘祠，祀舜帝之二妃。由祠前截潇水而西，盘龙尾而入湘。湘口之中，有砂碛中悬，丛木如山，湘流分两派漾之，若龙口之含珠，上下之舟，俱从其西逼山崖而上。时因流涨，即从珠东夹港沿龙尾以进。一里，绕出珠后，即分口处也。于是西北溯全湘，若入咽喉然，其南有小水北向入湘，即芝山西麓之水，余向登岭所望而见之者也。是时潇水已清，湘水尚浊。入湘口时，有舟泊而待附，共五人焉，即前日鲤鱼塘被劫之人也。由湘口而上，多有西北之曲，滩声愈多，石崖愈奇。二十里，有斜突于右者，上层峭而下嵌空。又二十里，有平削于左者，黄斑白溜，相间成行；又有骈立于右者，与江左平剖之崖，夹江对峙，〔如五老比肩，愈见奇峭。〕转而西行五里，过军家埠。又转而南，又一山中剖卑平插江右，〔其下云根倒浸重波。〕询之，无知其名者。〔时落日正衔山外，舟过江东，忽峰间片穴通明，若钩月与日并悬，旋即隐蔽。〕由山下转而东，泊于军家埠、台盘子之间，去军家埠又五里矣。

初四日

昧爽发舟，东过挂榜崖。崖平削江左，下至水面，嵌入成潭。其上石若磨崖，色间黄白，〔远逾临武，〕外方整而中界三分，北之前所见江左成行者〔四〕，无其高广。由挂榜下舟转南，行二十里，上西流滩。又十里，石溪驿〔五〕，已属东安矣。驿在江南岸，今已革。有东江自南而北，注于湘，市廛〔六〕夹东江之两岸，有大石梁跨其口，名曰复成桥。其水发源于零陵南界，舠由桥下南入，十五里为零陵界。又二十五里为东江桥〔七〕，其上有小河三支，通筏而已。〔按志："永水出永山，在永州西南九十里，北入湘。"即此水无疑也。〕石溪驿为零陵、东安分界。石溪，考本地碑文曰石期；东江，土人又谓之洪江，皆音相溷也。石期之左，有山突兀，崖下插江中，有隙〔北向〕，如重门悬峡。山之后顶为狮子洞，洞门〔东南向，〕不甚高敞。穿石窟而下一里，可透出临江门峡，惜时方水溢，其临江处既没浸中，而洞须秉炬入。先，余乘舟人泊饭市肉，一里攀山椒而上，徘徊洞门，恐舟人不余待，余亦不能待炬入洞，急返舟中。适顾仆亦市鱼鸭入舟，遂带雨行。又五里，泊于白沙洲。其对崖有石壁临江，黄白灿然满壁，崖北山巅又起一崖，西北向有庵倚之，正与余泊舟对，雨中望之神飞，恨隔江不能往也。是日共行四十里，天雨滩高，停泊不时耳。

初五日

雨彻夜达旦，晨餐乃行。十里，江南岸石崖飞突，北岸有水自北来注，曰右江口。或曰幼江。又五里，上磨盘滩、白滩埠，两岸山始峻而削。峭崖之突于右者，有飞瀑挂其腋间，虽雨壮其观，然亦不断之流也。又五里，崖之突于左，为兵书峡。崖裂成罅[八]，有石嵌缀其端，形方而色黄白，故效颦三峡之称[九]。其西坳亦有瀑如练，而对岸江滨有圆石如盒，为果盒塘。果盒、兵书，一方一圆，一上一下，皆对而拟之者也。又西五里，为沉香崖。〔崖斜叠成纹，〕崖端高迥处叠纹忽裂，中吐两枝，一曲一直，望之木形黝色[一〇]，名曰沉香，不知是木是石也。其上有大树一株，正当崖顶。更有上崖一重内峙，有庵嵌其间，望之层岚耸翠，下挲遥江，真异境也。土人言："有县令欲取沉香，以巨索悬崖端大树垂人下取，忽雷雨大作，迷不可见，令惧而止。"亦漫语[一一]也。过崖，舟转而南，泊于罗埠头[一二]之东岸。是日止行二十五里，滩高水涨，淋雨不止也。罗埠头在江西岸，倚山临流，聚落颇盛，其地西北走东安大道也。

初六日

夜雨虽止，而江涨有声，遂止不行。西望罗埠，一水盈盈，舟渡甚艰。舟中薪尽，东岸无市处，令顾仆拾坠枝以供朝夕焉。下午，流杀风顺，乃挂帆东南行。五里，东泊于石冲湾。是夕月明山旷，烟波渺然，有西湖、南浦之思。前一夕，江涨六七尺；停一日，落痕亦如之。

初七日

昧爽行，西转四里为下厂。又西一里，江南山一支自南奔而北向；又西一里，江北山一支自北奔而南来。两山夹江凑而门立，遂分楚、粤之界。两山之东，属湖广永州府东安县；两山之西，属广西桂林府全州。全州旧属永，洪武二十八年改隶广西，其界始不从水而从山。又五里为上厂。于是转而南行，共十五里，迤逦而西，为柳浦驿[一三]。又南十里，为金华滩。滩左有石崖当冲，轰流崭壁，高下两绝，险胜一时。西转八里,为夷襄河口,有水自北岸入湘。舟入二里,为夷襄〔一四〕,大聚落也。又西二里,泊于庙头〔一五〕。

〔一〕高栗市:明清时皆作高溪市,今仍称高溪市,在冷水滩区北境,湘江北岸。

〔二〕高春:日过午后,农村正忙于春碓,此时称高春。

〔三〕芝山　原作"楚山",据乾隆本、四库本改。

〔四〕北之前所见江左成行者　"北"疑为"比",因形近而误。

〔五〕石溪驿:即今石期市,在东安县南隅,湘江南岸。

〔六〕市廛　"廛",季抄本作"缠",因音同而误。市廛(chán 蝉):商肆集中的地方。

〔七〕东江:今称东湘江。东江桥:今作东湘桥,在永州市零陵区西隅,东湘江东岸。

〔八〕嶨(xué 学):山多大石。

〔九〕长江三峡西起四川奉节县白帝城,东到湖北宜昌南津关,即瞿塘峡、巫峡和西陵峡三段峡谷的总称,全长 189 公里,行船要一个白天。两岸崖壁陡峭,高出江面 500 米以上,江面却宽二、三百米,有的地方宽仅百米。整个三峡包括若干滩、峡和林立的峰群,雄伟壮丽。瞿塘峡有夔门雄峙,以险峻著称。巫峡长 40 公里,幽深曲折,峭壁屏列,群峰竞秀,连绵不断,以圣泉、集仙、松峦、神女、朝云、登龙、聚鹤、翠屏、飞凤、净坛、起云、上升等巫山十二峰最著名。西陵峡包括兵书宝剑峡、牛肝马肺峡、崆岭峡、灯影峡等四个峡区,以滩多水急为特点。兵书峡在西陵峡西段,位于香溪以东长江北岸，又称兵书宝剑峡。在陡峭的崖壁上，有一块像书本的岩石，搁在一个很高的小石缝里，即"兵书"。在兵书侧面，有一块凸起的石头，像一把宝剑插入江中。

〔一〇〕黝（yǒu 友）色：微青黑色。

〔一一〕漫语：随便说的话。

〔一二〕罗埠头：今作禄半头，在东安县西南隅，湘江西岸。

〔一三〕柳浦驿：今作柳铺，在广西全州东北隅，湘江西岸。

〔一四〕夷襄河：今作宜湘河，在全州北境，从西向东流入湘江。聚落夷襄，今亦称宜湘河，在宜湘河北岸。

〔一五〕庙头：今名同，在全州东北隅，湘江西岸。

粤西^{〔一〕}游日记^{〔二〕}

丁丑（崇祯十年，公元 1637 年）闰四月初八日^{〔三〕}

夜雨霏霏，四山暖黮，昧爽放舟。西行三十里，午后，〔分顾仆舟抵桂林，予同静闻从〕湘江南岸登涯，舟从北来，反曲而南，故岸在北。是为山角驿，地名黄沙^{〔四〕}。西南行，大松夹道，五里，黄沙铺。东面大岭曰紫云岩，西面大岭曰白云岩。湘江在路东紫云岩西。又南三里，双桥^{〔五〕}。有水自西大岭注于湘。又七里，石月铺，其西岭曰黄花大岭。又西南五里，出山陇行平畴间。又五里，深溪铺。过铺一里，有溪自西大山东注，小石梁跨之，当即深溪也。又一里，上小岭，舍官道，深溪一十里官道至太平铺，又十里至全。右入山。西向大山行，二里，直抵山下，又二里，宿于牛头冈蒋姓家。夜大雨。

初九日

冒雨西行五里，至砮岩普润寺。寺有宋守赵彦晖诗碑，宋李时亮记。岩洞前门东向〔如桥，出水约三十丈〕；后门北向，〔入水约十五丈。泉自山后破石窟三级下，故曰"砮"。〕西入甚奥，中有立笋垂柱。出岩，西三里，有小石山兀立路旁。又西三里，张家村，

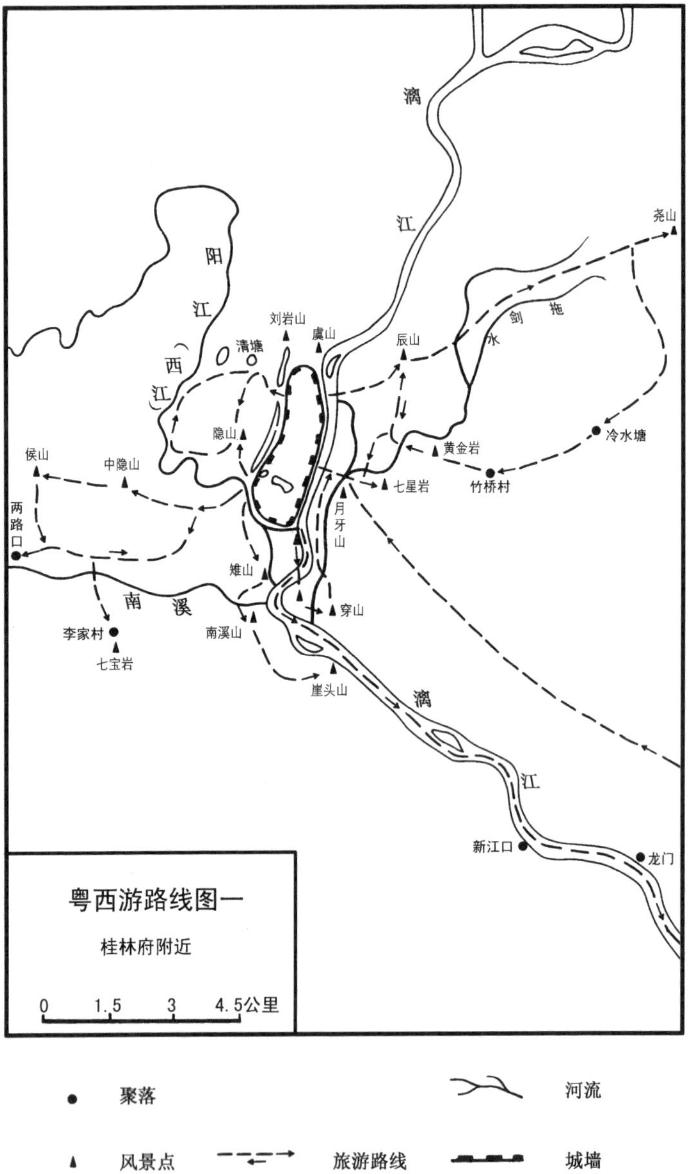
漓
江
阳
江
西
江
刘岩山
虞山
清塘
辰山
尧山
水
剑
拖
隐山
侯山
中隐山
黄金岩
冷水塘
七星岩
竹桥村
两路口
月牙山
雉山
南
溪
穿山
李家村
七宝岩
南溪山
崖头山
漓
江
新江口
龙门
0
1.5
3
4.5公里
聚落
河流
风景点
旅游路线
城墙

粤西游路线图一

桂林府附近

〔村后大山曰回龙岩。〕南五里，冈岭高下，出平坞中西行一里，上大冲，西行半里，为福寿庵，饭于庵。又西半里，西北上柳山，有阁，曹学佺额，为柳仲涂书院。又上为寸月亭，亦曹书。亭前为清湘书院。有魏了翁碑。此山为郡守柳开讲道处。院为林虰所建，与睢、岳、嵩、庐四书院〔六〕共著。其南有泉一方，中有石，题曰"虎踞石"。由此蹑岭，逾而西，一里，为慈慧庵。转北一里，为狮子岩，岩僧见性。〔宿狮子岩南清泉庵。〕

初十日

由狮子岩南下，二里，至湘山寺〔七〕。由寺东侧入，登大殿，寄行李。东半里，入全州〔八〕西门。过州前，出大南门，罗江在前。东至小南门，三江合处。约舟待于兴安。复入城，出西门至寺，登大殿，拜无量寿佛塔。无量寿佛成果于唐咸通间，传灯录未载，号全真，故州以全名。肉身自万历初毁，丙戌又毁，后又毁。〔塔后有飞来石。〕从塔东上长廊，西有观音阁。下寺，由寺西溯罗江一里，上卷云阁，绝壁临江。〔阁西为盘石，半嵌江中。绝壁有莲花一瓣，凹入壁间，白瓣黑崖，〕有无量指甲印石，作细点字六个。又西，〔一洞临江，泉由洞东裂石出，〕名玉龙泉。又西，有一石峰高竖如当关者，上大书"无量寿佛"四大字。共五里，又西为断桥。又西十里，度石蚬冈。石蚬，志作石燕。南为龙隐洞，〔小山独立江上，〕洞门西向。出洞而西，即为枂木渡桥〔九〕，宿。〔桥度水东自龙水出口，山耸秀夹立。〕

〔一〕粤（yuè 月）西：广西的别称。"粤"同"越"，广东、广西本古百越族地，故别称粤。广东称粤东，广西称粤西，又合称两粤。

〔二〕粤西游日记一在乾隆刻本第三册上。自闰四月初八至七月十七日，在季抄本徐霞客西游记第三册，原题"粤西"，有提纲云："入全州，过兴安县，抵桂林府，至阳朔县，仍返桂林。自桂林起，过洛容县，抵柳州府，过柳城县，至融县，仍返柳州。"

〔三〕乾隆本分系该日于两处。楚游日记尚有初八日日记一则，云："放舟南行二十里，为黄沙铺，粤舟可直抵桂林。予欲尽全州诸山，遂止此从陆，为粤游始。"

〔四〕黄沙：今称黄沙河，在全州东北隅，湘江东岸。

〔五〕双桥：今名同，在全州东北境，湘江稍西。

〔六〕书院盛于宋代，有私人办的，也有官府办的，选择山林名胜为院址，作为藏书与讲学之所，不少著名学者讲学其间。明代书院仍盛，很多府州都设有书院，成为准备科举考试的场所。睢即睢阳书院，在今河南商丘；岳即岳麓书院，在今湖南长沙；嵩即嵩山的嵩阳书院；庐即庐山的白鹿洞书院。

〔七〕湘山寺：俗称寿佛寺，在全州城西郊。寺已圮。寺后有无量寿佛塔，高七层。山顶有飞来石，传为自罗浮山飞来。

〔八〕全州：隶桂林府，即今全州县。

〔九〕杪木渡桥：乾隆本、四库本作"桥度"，今仍称桥渡，在全州西北境。

十一日

由渡桥西北行，五里为石鼓村，又三里为白沃村，过七里冈为寨墟〔一〕。有大溪自四川岭出。北入峡〔为山川口，〕十里为阎家村。又五里为白竹江〔二〕，饭于李念嵩家。云开日丽，望见西北有山甚岏突，问之为钩挂山，其上又有金宝顶，甚奇异。始问一僧，曰："去金宝有六十里。"复问一人，曰："由四川岭只三十里。"时已西南向宝顶，遂还白竹桥边，溯西北江而上。五里，进峡口，两山壁立夹溪，甚峭。路沿溪西北崖上行〔三〕，缘崖高下屈曲，十里出峡，为南峒。〔闻南峒北五里洞尽，可由四川岭达宝顶。〕有一僧同行，曰："四川路已没，须从打狗岭上，至大竹坪而登，始有路。"遂随之行。由溪桥度而西上岭，有瀑布在其左腋，其上峻极。共三十里至打狗凹，已暮，宿于兴龙庵。〔庵北高岭即金宝顶也。〕

十二日

由兴龙庵西上，始沿崖北转〔四〕，钩挂山在其北，为本山隐而不见。三下三上，三度坳曲，共三里，逾土地坳，西望新宁江已在山麓〔五〕。下山五里，为大竹坪。由坪右觅导登金宝者，一人方插秧，送余二里，逾一岭，又下一里，至大鼻山。余因寄行李于山下刘秦川家。兄弟二人俱望八〔六〕，妻寿同。其家惟老者在〔七〕，少者已出。余置行李，由村后渡溪，溯而上二里，当逾岭西登大道，误随溪直东上，二里路穷。还至中道，觅岐草中，西二里，逾岭上，得南来大道，乃从之。北二里，又登岭，又北上一里，为旧角庵基。由基后丛木中上六七里，不得道，还宿刘家。刘后有洞，其上一里，悬峡飞瀑，宛转而下，修竹回岩，更相掩映。归途采笋竹中，闻声寻壑，踏月乃返。

十三日

早饭于刘，倩刘孙为导，乃腰镰〔八〕裹餐，仍从村后夹涧上。一里，中道至飞瀑处，即西攀岭，路比前上更小。一里，至南来大道，〔乃从南大源上此者。〕三里，逾岭隘，一里，至角庵基。复从庵后丛中伏身蛇行入，约四里，穿丛棘如故，已乃从右崖丛中蛇行上。盖前乃从东峡直上，故不得道，然路虽异，丛棘相同。由岐又二里，从观音竹丛中行。其竹即余乡盆景中竹，但此处大如管，金宝顶上更大，而笋甚肥美。一路采笋，盈握则置路隅，以识来径。已而又见竹上多竹实，大如莲肉，小如大豆。初连枝折袖中，及返，俱脱落矣。从观音〔竹〕中上，又二里，至宝顶殿基，则石墙如环，半圮半立，而栋梁颓腐横地，止有大圣像首存石垆中〔九〕。时日色甫中，四山俱出。南峰之近者为钩挂山，〔石崖峭立，东北向若削；〕再南即打狗岭，再南为大帽，再南宝顶，而宝顶最高，〔与北相颉颃，〕仰望基后绝顶更高。复从丛竹中东北上，其观音竹更大而笋多，又采而携之。前采置路侧者较细，不能尽肩，弃之。又上一里至绝顶〔一〇〕。丛密中无由四望，登树践枝，终不畅目。已而望竹浪中出一大石如台，乃梯跻其上，则群山历历。遂取饭，与静闻就裹巾中以丛竹枝拨而餐之。既而导者益从林中采笋，而静闻采得竹菰〔一一〕数枚，玉菌一颗，黄白俱可爱，余亦采菌数枚。从旧路下山，抵刘已昏黑，乃瀹菌煨笋而餐之。

十四日

别刘而行。随溪西下一里，得大竹坪来道。又三里为大源，〔则大鼻西峡水与村后东峡水会，〕置桥其上，有亭随桥数楹，桥曰潮桥。由桥以西为大源村。〔予往南顶，则从桥东随涧南行。里许，渡木桥，涧忽东折入山，路南出山隘。涧复坠路东破峡出，连捣三潭：上方，瀑长如布；中凹，瀑转如倾；下圆整，瀑匀成帘。下二潭俱有圆石中立承水，水坠潭作势漾回尤异。又三里，度桥为桐初，有水南自打狗岭来会，亦桥其上。二水合而西南，则又观音桥跨之。大道从观音桥西逾岭出,予从桥下随溪南。一里,水从西峡出。〕逾一岭出西堰,又西四里为陈墓源〔一二〕,有瀑自东山峡中涌跃而出,与东岭溪合,有桥跨其会处,〔大道与水俱南。〕余渡桥,东跻岭而上,〔即涌瀑南岭也。二里,平行岭脊,北望北宝顶岿然,峡中水近自打狗南崖直逼其下。南望新宁江流,远从巾子岭横界南宝顶之西。其西南有峰尖突,正当陈墓水口,已而路渐出其下。二里,南〕下岭从坳中行。又二里,逾一小岭,一里至苏家大坪,聚居甚盛,皆苏姓也。饭于苏怀江家。下午大雨,怀江坚留,遂止其处。

十五日

过山路。〔坪侧大瀑破山西向出,势甚雄伟;下为大溪,西北合陈墓源出口。下午,东南上一岭,误东往大帽岭道。乃西南转六里,出南宝顶,道桃子坪。问上梁宿处,四里而是。逾岭东至新开田所,有路南下伏草中。复误出其东,历险陂三里,不辨所向。已忽得一龛,地名挂幡,去上梁五里矣。其处五里至快乐庵,又十里乃至南顶。以暮雨,遂歇龛。〕〔一三〕

十六日

〔雨不止,滞龛中。〕(仅五里,)快乐庵〔一四〕。

十七日

〔从定心桥下过脊处,觅莲瓣隙痕,削崖密附,旁无余径。乃从脊东隔峡望之,痕虽岈然,然上垂下削,非托庐架道处也。乃上定心石,过圣水涯,再由舍身崖登飞锡绝顶,返白云庵。〕宿白云庵,晤相宗师。

十八日

晨餐后,别相宗,由东路下山。一里余,则路旁峭石分列,置悬级出其间,是为天门。门外有耸石立路右,名金刚石,上大书"白云洞天"。从此历磴而下,危峭逾于西路。西庵之名快乐,岂亦以路之坦耶!又四里,过显龙庵〔一五〕。〔庵北向。〕先是,从观音静室遥见两人入箐棘中,问云知为掘青暑者,而不辨其为何。过显龙庵,又见两人以线络负四枚,形如小猪而肥甚,当即竹䶉也。笋根稚子,今始见之矣。大者斤许,小者半斤,索价每头二分,但活而有声,不便筐负,乃听而去。盖山中三小珍:黄鼠、柿狐、竹豚,惟竹豚未尝,而无奈其活不能携,况此时笋正而肥,且地有观音美笋,其味未必他处所能及。东下里许,南望那叉山飞瀑悬空而坠。〔先从宝顶即窥见,至此始睹崇隆若九天也。〕又东下五里,左渡小溪,深竹中有寺寂然,则苦炼庵〔一六〕。〔庵南向,左右各一溪自后来绕,而右溪较大,桥横其上,水从西南山腋透壁下。〕从庵前东南渡桥南上岭,〔其地竹甚大,路始分东西岐〕。从西岐下,〔始见那叉瀑北挂层崖,苦炼溪亦透空悬壑,与那叉大小高下势相颉颃。然苦炼近在对山,路沿之同下,朗朗见其捣壑势;其下山环成城,瀑垂其中,出西壁,与那叉东大溪合而东南去〕。见西峡中又一瀑如线,透山而下,连泄九层,虽细而甚长。路乃转东,〔共三里,〕又一溪自西北来。渡而随之,始觉甚微,渐下渐大,〔遂成轰雷涌雪观。〕路应从溪右下,而误从溪右〔一七〕。又二里,是为大坪。渡溪而右,入一村家问之,则在莲塘庵〔一八〕之下矣,〔竹色丛郁。〕村妪出所炊粥羹饷,余以炙笋酬之,余自大鼻山刘家炙得观音笋,即觅一山篮背负之。路拾蕨芽、萱菌可食之物,辄投其中,抵逆旅,即煮以供焉。于是〔西南渡〕那叉大溪,〔溪东北出白沙江〕。又西上岭,三里,饭于村家,其处乃大坪之极南也。又西南逾岭而上,二里,是为半山岭。屡渡溪，逾岭而上，八里，入望江岭。逾岭溯溪，又十里，为桐源山。南下山二里，为韭菜园。东过坳下山三里，又循一水，为小车江。随江南下四里，有〔桐源〕大溪自西来，即桐源韭菜溪，有大路亦自西来，南与小车江合而南去。路渡小车江口桥，从水右上山一里，随江而东南，〔路行夹江山上，极险峻。〕有小石山，北面平剖，纹如哥窑，而薄若片板。江绕其南，路绕其北。〔东北又有小溪，破峡成瀑。〕又东南二里始下，又一里下至江涯。稍上为木皮口，〔有溪自东北来入。其北峰曰不住岭。〕乃宿。

十九日

晨餐后，东南上岭。随江左行四里，下涉跳石江。又上岭，过车湾台。盘石共三里，出两山峡口，有坝堰水甚巨，曰上官坝。坝外一望平畴，直南抵里山隈。出峡，水东南入湘，路随峡右西南下。行平畴中又一里，抵赵塘〔一九〕。其聚族俱赵，巨姓也。村后一石山特立，曰西钟山〔二〇〕，下俱青石峭削，上有平窝，土人方斫石叠路，建五谷大仙殿。其东峭崖上有洞可深入。时以开道伐木，反隘其路，不得攀缘而渡。又西南〔渡〕一溪桥，共四里，过弃鸡岭。又四里，出咸水，而山枣驿在焉，则官道也。咸水之南，大山横亘，曰里山隈；咸水之北，崇岭重叠，曰三清界：此咸水南北之界也。咸水溪自三清界发源，流为焦川，自南宅出山，至此透桥东南罗江口入湘〔二一〕。渡桥西南行，长松合道，夹径蔽天，〔极似道州永明道。〕十里，板山铺。又十里，石子铺。从小路折而东南，五里抵界首〔二二〕，乃千家之市，南半属兴安，东半属全州。至界首才下午，大雨忽至，遂止不前。是日共行五十里。

二十日

平明饭。溯湘江而西,五里,北向入塔儿铺,始离湘岸,已入桂林界矣。有古塔,倾圮垂尽,有光华馆,则兴安之传舍也〔二三〕。入兴安界,古松时断时续,不若全州之连云接嶂矣。十里,东桥铺。五里,小宅,复与湘江遇。又五里,瓦子铺〔二四〕,又十里,至兴安万里桥〔二五〕。桥下水绕北城西去,两岸甃石,中流平而不广,即灵渠〔二六〕也,已为漓江,其分水处尚在东三里。过桥入北门,城墙环堵,县治寂若空门,市蔬市米,唯万里桥边数家。炊饭于塔寺。饭后,由桥北溯灵渠北岸东行,已折而稍北渡大溪,则湘水之本流也,上流已堰不通舟。既渡,又东〔有〕小溪,疏流若带,舟道从之。盖堰湘分水,既西注为漓,又东浚湘支以通舟楫,稍下复与江身合矣。支流之上,石桥曰接龙桥,桥南水湾为观音阁,已离城二里矣。又东南五里,则湘水自南来,直逼石崖下。其崖突立南向,曰狮子寨。路循寨脚东溯溪入,已东北入山七里,逾羊牯岭,抵状元峰下,内有邓家村〔二七〕,俱邓丞相之遗也。村南有静室名回龙庵,遂托宿于其中。僧之号曰悟禅。

〔一〕 寨墟:今仍作寨墟,在全州西境,山川河南岸。此从四川岭出的大溪,今称山川河。

〔二〕 白竹江:今名同,在全州西北境。

〔三〕 路沿溪西北崖上行 "西北",乾隆本、四库本作"东北"。

〔四〕 崖 原作"涯",据乾隆本、四库本改。

〔五〕 新宁江:明称夫夷水,为资水南源,1936 年在这里析置

徐霞客游记校注

资源县。因此江从<u>广西</u>境北流经过<u>湖南新宁</u>,故称<u>新宁江</u>。

〔六〕望八:将八十岁。

〔七〕老者:至今<u>云贵</u>一些地方仍称男性老年人为"老者"。

〔八〕镖(biāo 标):同"镖",为形如矛头的兵器,可遥掷以击人,作保卫行旅之用。

〔九〕垆:通"炉",此处指烧香化纸的石香炉。

〔一〇〕<u>金宝顶</u>:今作<u>真宝顶</u>,为<u>五岭</u>最西一个岭<u>越城岭</u>的绝顶,海拔 2123 米,在<u>全州</u>、<u>资源</u>两县界上。闰四月十四日记区别为"<u>北宝顶</u>"。

〔一一〕竹蓏(gū 姑):亦称竹肉、竹蓐,为生在朽竹根节上的菌类,状如木耳,红色。

〔一二〕<u>桐初</u>,今作<u>铜座</u>;<u>陈墓源</u>,今作<u>陈木源</u>。皆在<u>资源县</u>东北境,<u>越城岭</u>西坡。

〔一三〕以上一段<u>乾隆</u>本、<u>四库</u>本置于十四日"至<u>苏家大坪</u>"以下,但与宿<u>苏怀江</u>家,显系两日行踪。此段为错简,应系于十五日,为"过山路"的具体内容。　　　<u>上梁</u>:今名同,在<u>资源县</u>东境,<u>越城岭</u>西侧。

〔一四〕雨不止滞龛中　　<u>乾隆</u>本置于十五日,亦系错简,应系于十六日。该日因雨滞龛中,后仅行五里,至<u>快乐庵</u>宿。

〔一五〕显龙庵　　原作"题龙庵",据<u>乾隆</u>本、<u>四库</u>本改。

〔一六〕苦炼庵　　原作"若冻庵",据<u>乾隆</u>本、<u>四库</u>本改。

〔一七〕路应从溪右下而误从溪右　　依前后文,后一"溪右"应为"溪左"。<u>乾隆</u>本、<u>四库</u>本作"路循溪北"。

〔一八〕莲塘庵　　<u>乾隆</u>本、<u>四库</u>本作"莲花庵"。

〔一九〕赵塘　　乾隆本、四库本作"白塘村"。今仍称白塘，在全州西境。

〔二〇〕西钟山　　乾隆本、四库本作"金钟山"。

〔二一〕咸水溪：今仍称咸水。　　南宅、咸水：今名同，皆在全州西境，咸水南岸。南宅在西，咸水在东。

〔二二〕界首：今名同，在兴安县东北隅，湘江西岸。

〔二三〕传舍：供来往行人停住的旅舍。

〔二四〕瓦子铺：今名同，在兴安县治稍北的铁路边。

〔二五〕兴安：明为县，隶桂林府，即今兴安县。　　万里桥：在兴安县城东门外灵渠上，唐代建，是广西最古的一座石桥。桥上有亭，现已不存。

〔二六〕灵渠：秦始皇为进一步统一祖国南疆，命史禄率工兴修的运河，沟通湘、漓二水，联系长江与珠江两大水系。秦汉以后，中原与岭南的交通多取道于此。初名秦凿渠，后因漓水上游为零水，亦称零渠，唐以后又称灵渠。它用分水铧嘴分湘江水入漓，分为南北两渠，南渠注漓江，占水量十分之三，北渠注湘江，占水量十分之七。全长 33 公里，筑有很多斗门，顺次启门，增高水位，使船只能越过高地，既便舟楫，又利灌溉。因其技术特点，又被称为"陡河"、"埭江"。秦以后，历代共整修灵渠 26 次。现已成为以灌溉为主的河渠，灌溉面积达 3.2 万亩。

〔二七〕邓家村：今仍名邓家，在兴安县东境。

二十一日

从庵右逾小山南一里，至长冲，东逼状元峰之麓。又一里，至一尼庵，有尼焉。其夫方出耕，问登山道。先是，路人俱言，上茅塞，决不可登，独此有盲僧，反询客欲登大金峰、小金峰？盖此处山之杰出者，俱以“金峰”名之。而状元峰之左，有一峰片插，〔曰小金峰，〕亚于状元，而峭削过之。盖状元高而尖圆，此峰薄而嶙峋，故有大、小之称。二峰各〔有路〕，而草翳之。余从庵后登溪垅，直东而上，二里抵〔状元、〕翠微之间，山削草合，蛇路伏深莽中。渐转东北三里，直上逾其东北岭坳，望见其东大山层叠，其下溪盘谷阔，即为麻川〔一〕；其南层山，当是海阳东渡之脊；其北大山即里山隈矣；其西即县治，而西南海阳坪，其处山反藏伏也。坳北峰之下，即人九龙殿之峡。地名峡口，又曰锦霄。从坳南直跻峰顶，其峰甚狭而峭，凡七起伏，共南一里而至状元峰，则亭亭独上矣。自其上西瞰湘源，东瞰麻川，俱在足底；南俯小金峰，北俯锦霄坳岭，俱为儿孙行。但北面九峰相连，而南与小金尚隔二峰，俱峭若中断，不能飞渡，故路由其麓另上耳。闻此山为邓丞相升云处。其人不知何处，想是马殷等（僭）窃之佐〔二〕。土人言，其去朝数百里，夜归家而早入朝，皆在此顶。登云山下即其家，至今犹俱邓姓后。一疑其神异，遂诛而及其孥焉〔三〕。顶北第三峰，有方石台如舡首，飞突凌空。旧传有竹自崖端下垂拂拭，此旁箐亦有之，未见有独长而异者。坐峰顶久之，以携饭就筐分啖。已闻东南有雷声，乃下，〔返回龙庵〕。

二十二日

〔东行二里，过九宫桥，逾小岭，共二里至锦霄，是为峡口。麻川江自南来，北出界首，截江以渡，江深没股。麻川至此破山出，名七里峡；下又破山出，名五里峡。锦霄在其中，为陆行口。过江，溯东夹之溪入。三里，登山脊，至九龙庙，南北东皆崇山逼夹，南麓即所溯溪之北麓，溪声甚厉。遂下山，过观音阁，支流分环阁四面，惟南面石堰仅通水，东西北则舟上下俱绕之，惜阁小不称。阁东度石桥，循分支西岸，溯流一里，至分水塘。塘以巨石横绝中流，南北连亘以断江身，只以小穴泄余波，由塘南分湘入漓；塘之北，即濬湘为支，以通湘舟于观音阁前者也。遂刺舟南渡分漓口，入分水庙。西二里，抵兴安南门。出城，西三里，抵三里桥。桥跨灵渠，渠至此细流成涓，石底嶙峋。时巨舫鳞次，以箔阻水，俟水稍厚，则去箔放舟焉〔四〕。〕宿隐山寺。

二十三日

晨起大雨，饭后少歇。〔桥西有金鼎山。山为老龙脊，由此至兴安，南转海阳，虽为史禄凿山分漓水，而桥下有石底，水不满尺，终不能损其大脊也。上一里至顶，顶大止丈许；惟南面群峦纷丛岚雾中，若聚米，若流火，俯瞰其出没甚近。下至三里桥西，随灵渠西南去。已而渠渐直南，路益西，路右石山丛立。雨中回眺，共十里，已透金鼎所望乱山堆叠中，穿根盘壑，多回曲，无升降。又三里为苏一坪，东有岐可达乳洞。予先西趋严关〔五〕，共二里而出隘口。东西两石山骈峙，路出其下，若门中辟，傍裂穴如圭，梯崖入其中，不甚敞，空合如莲瓣。坐观行旅，纷纷沓沓。返由苏一坪东南行一里，溯灵渠东北上，一溪东自乳洞夹注，为清水，乃东渡灵渠。四里，过大岩堰。渡堰东石桥，转入山南，小石山分岐立路口，洞岈然南向。遂西向随溪入，二里至董田，巨村。洞即在其北一里，日暮不及登，乃趋东山入隐山寺。〕出步寺后，见南向有洞，其门高悬，水由下出，西与乳洞北流之水合，从西北山腋破壁而出大岩堰焉。时日色尚高，亟缚炬从寺右入洞。攀石崖而上，其石峭削，圯侧下垂，渊壁若裂，水不甚涌而浑，探其暗处，水石粗混，无可着足。出而返寺,濯足于崖外合流处,晚餐而卧。

二十四日

晨起雨不止,饭后以火炬数枚,僧负而导之。一里至董田,又北一里,至〔乳岩〕下洞、中洞、上洞〔六〕。雨中返寺午饭。雨愈大,遂止不行。

二十五日

天色霁甚,晨餐后仍向东行。一里,出山口,支峰兀立处,其上〔有〕庵,草翳无人,非观音岩也。从庵左先循其上崖而东,崖危草没,静闻不能从,令守行囊于石畔。余攀隙披蓁〔七〕而入,转崖之东,则两壁裂而成门,〔内裁一线剖,宛转嵌漏。〕其内上夹参九天,或合或离,俱不过咫尺;下夹坠九渊,或干或水,俱凭临数丈。夹半两崖俱有痕,践足而入,肩倚隔崖,足践线痕,手攀石窍,无陨坠之虑。直进五六丈〔八〕,夹转而东,由支峰坳脊北望,见观音岩在对崖,亦幽峭可喜。昨来时从其前盘山而转,惜未一入,今不能愈北也。下山,东南行田塍间,水漫没岸。三里,有南而北小水,急脱下衣,涉其东,溯之南。又二里,为秀塘,转而西南行,复涉溪而北,循山麓行。二里,又一洞自北山夹中出,涉其南,又循一溪西来入,即西岭之溪也。三里,越溪南,登下西岭,入口甚隘,而内有平畴,西村落焉。西南上岭,又二里而逾上西岭,岭东复得坪焉。有数家在深竹中,饭于村妪。又西南平上二里,乃东逾一坳,始东下二里,为开洲,则湘之西岸也。溯湘南行五里,复入冈陀,为东刘村。又五里为西刘村,有水自西谷东入湘。又西南三里为土桥,又二里大丰桥,俱有水东注于湘。又逾岭二里,宿于唐汇田〔九〕。〔东有大山岿然出东界上者,曰赤耳山。〕

二十六日

晨餐后，日色霁甚。南溯湘流二里，渡一溪为<u>太平堡</u>，有堡、有营兵焉。〔东西〕山至是开而成巨坞，〔小石峰一带，骈立<u>湘水</u>东。〕又南二里，曰<u>刘田</u>。又南二里，曰<u>白龙桥</u>。又三里，逾一小岭，曰<u>牛栏</u>。二里，<u>张村</u>。又一里至<u>庙角</u>〔一〇〕，饭于<u>双泉寺</u>，其南即<u>灵川</u>界〔一一〕。又南二里，东南歧路入山，其东高峰片耸，曰<u>白面山</u>。又南二里，渡一桥，<u>湘水</u>之有桥自〔此〕。循左山行，南二里，为<u>田心寺</u>。又南一里，<u>古龙王庙</u>。又南一里，有一石峰特立东西两界之中，曰<u>海阳山</u>。有<u>海龙庵</u>，在峰南石崖之半。<u>海龙庵</u>已为<u>临桂</u>界〔一二〕。<u>海龙堡</u>在西南一里，东入山五里为<u>季陵</u>，西十五里，过<u>西岭</u>背为<u>龙口桥</u>，东北五里<u>读书岩</u>、<u>白面山</u>，西北十五里<u>庙角</u>，南五里<u>江汇</u>〔一三〕。先是，望<u>白面山</u>南诸峭峰甚奇，问知其下有<u>读书岩</u>，而急于<u>海阳</u>，遂南入古殿，以瓦磨墨录其碑。抵<u>海龙庵</u>，日已薄崦嵫，急卸行李于中。乃下山，自东麓〔二洞门〕绕北至西，入<u>龙母庙</u>，已圮。即从流水中行，转南，水遂成汇，深者没股。庵下石崖壁立，下临深塘。由塘南水中行，转东登山。入庵，衣裤俱湿，急晚餐而卧以袭衣〔一四〕。是庵始有佛灯。

〔<u>海阳山</u>俱嵌峒贮水〔一五〕。水门二：南平，西出甚急。东旱门二，下一二尺，即水汇其中，深者五六尺。山南水塘有细流，东源<u>季陵</u>亦下此。则此山尚在过脊北，水俱北流，惟为<u>湘源</u>也。<u>漓源</u>尚在<u>海阳</u>西西岭角〔一六〕。〕

二十七日

晓起，天色仍霁，亟饭。从东北二里，<u>田心寺</u>，又一里，东入山，又一里，渡<u>双溪桥</u>。又东一里，望一尖峰而登。其峰在<u>白面</u>之西，

高不及白面，而耸立如建标累塔，途人俱指读书岩在其半，竞望之
而趋。及登岭北坳，望山下水反自北而南，其北皆山冈缭绕，疑无
容留处，意水必出洞间。时锐于登山，第望高而趋，已而路断，攀崖
挽棘而上。一里，透石崖之巅，心知已误，而贪于陟巅，反自快也。
振衣出棘刺中，又扪崖直上，遂出其巅。东望白面，可与平揖；南揽
巾子，如为对谈。久之，仍下北岭之坳，由棘中循崖南转，扪隙践块
而上，得峰腰一洞，南向岈然，其内又西裂天窟，吐纳日月，荡漾云
霞，以为读书之岩必此无疑；但其内平入三四丈，辄渐隘渐不容身，
而其下路复蔽塞，心以为疑。出洞门，望洞左削崖万丈，插霄临渊，
上有一石飞突垂空，极似一巨鼠飞空下腾，首背宛然，然无路可扪。
遂下南麓。回眺巨鼠之下，其崖悬亘，古溜间驳，疑读书岩尚当在
彼，复强静闻缘旧路再登。至洞门，觅路无从，乃裂棘攀条，梯悬石
而登，直至巨鼠崖之下。仰望崖下，又有二小鼠下垂，其巨鼠自下
望之，睁目张牙，变成狞面，又如猫之腾空逐前二小鼠者。崖腰有
一线微痕可以着足，而下〔仍峭壁。又东有巨擘〔一七〕一双作接
引状，手背拇指，分合都辨。至其处，山腰痕绝不可前。乃从旧路〕
下至南麓，夸耕者已得读书岩之胜。耕者云：“岩尚在岭坳之西，当
从岭西下，不当从岭东上也。”乃从麓西溯涧而北，则前所涉溪果从
洞中出，而非从洞来者。望读书岩在水洞上，急登之。其洞西向，
高而不广，其内垂柱擎盖，骈笋悬莲，分门列户，颇幻而巧。三丈之
内，即转而北下，坠深墨黑，不可俯视，岂与下水洞通耶？洞内左
壁，有宋人马姓为秦景光大书"读书岩"三隶字。其下又有一洞，
门张而中浅，又非出水者。水从读书岩下石穴涌出，水与口平，第
见急流涌溪，不见洞门也。时已薄午，欲登白面，望之已得其梗概，

恐日暮途穷，不遑升堂入室，遂遵<u>白面</u>西麓而南。二里，过<u>白源山</u>，又二里过<u>季陵</u>路口，始转而西。一里，随山脉登<u>海阳庵</u>，饭而后行，已下午矣。

由海阳山东南过<u>季陵</u>东下，入<u>堂溪桥</u>，遂由塘南循过脊西行，一里，为<u>海阳堡</u>。由堡西南行，则堡前又分山一支南下，与西山夹而成两界，水俱淙淙南下矣。随下一里，则西谷中裂，水破峡而出，又<u>罗姑</u>〔一八〕与西岭夹而成流〔者，皆为<u>漓水</u>源矣。〕越之，循水西南下三里，为<u>江汇</u>。于是水注而南，路转而西，遂西逾一岭，一里，登岭坳。三里，西循岭上行，忽有水自东南下捣成涧，路随之下。又一里，直坠涧底。越桥南，其水自桥下复捣峡中，路不能随。复逾岭一里，乃出山口，又西南行平畴中，二里，抵涧上。〔西有<u>银烛山</u>，尖削特耸，东南则石崖正扼水口也。〕乃止宿于<u>黄</u>姓家。

二十八日

平明，饭而行。二里，西南出涧口，渡水，逾一小岭，又三里得平畴，则<u>白爽村</u>也。由<u>白爽村</u>之西复上岭，是为<u>长冲</u>。五里，转北坳，望西北五峰高突，顶若平台，可夺<u>五台</u>之名。又西五里，直抵五峰之南，乱尖叠出，十百为群，横见侧出，不可指屈。其阳即为<u>熔村</u>〔一九〕，墟上聚落甚盛，不特山谷所无，亦<u>南中</u>〔二○〕所(少)见者。市多鬶面、打胡麻为油者，因市面为餐，以代午饭焉。〔东南三十里，有<u>灵襟洞</u>；南二里，有<u>阳流岩</u>云。〕又西五里为<u>上桥</u>，有水自东北丛尖山之南，西过桥下，即分为二。一南去，一西去。又西南〔穿石山腋，共〕三里，过<u>廖村</u>〔二一〕。其西北有山危峙，又有尖丛亭亭，更觉层叠。问之，谓危峙者为<u>金山</u>，而其东尖丛者不能名焉〔二二〕。又二里，有水自<u>金山</u>东腋出，堰为大塘。历堰而西，又三里,复穿石山峡而西,则诸危峰分峙叠出于前,愈离立献奇,联翩角胜矣。石峰之下,俱水汇不流,深者尺许,浅仅半尺。诸峰倒插于中,如出水青莲,亭亭直上。初二大峰夹道,后又二尖峰夹道,道俱叠水中,取径峰隙,令人应接不暇。但石俱廉厉凿足,不免目有余而足不及耳。其峰曰雷劈山,以其全半也;曰万岁山,以尖圆特耸也。其间不可名者甚多。共五里,始舍水磴而就坦坡。又五里,始得平畴,为河塘村,乃就村家瀹茗避日,下舂而后行。河塘西筑塘为道,南为平畴,秧绿云铺,北为汇水,直浸北界丛山之麓,蜚晶漾碧,令人尘胃一洗。过塘,循山南麓而西,五里,渡一石梁,遂登冈陀行。又五里,直抵两山峡中,其山南北对峙如门。北山之东垂,有石峰分岐而起,尖峭如削,其岐峰尤亭亭作搔首态,土人呼为妇女娘峰。崖半有裂隙透明,惟从正南眺之,有光一缴〔二三〕,少转步即不可窥矣。南山之首,又有石突缀,人行其下,左右交盼,亦复应接不暇。时日色已暮,且不知顾仆下落,亟问浮桥而趋。西过大石梁,再西即浮桥矣。漓水至是已极汪洋,北自皇泽湾即虞山下。转而南,桂林省城东临其上〔二四〕。城东北隅为驿,在皇泽湾转南之冲,其南即城也。城之临水者,东北为东镇门,南过木龙洞为就日门,再南出伏波山下为桂水门〔二五〕,又南为行春门,又南为浮桥门。此东面临流者,自北隅南至浮桥共五门。北门在宝积、华景二山。浮桥贯江而渡,觅顾仆寓不得,遂入城,循城南去,宿于逆旅。

二十九日

从逆旅不待餐而行。遂西过都司署前〔二六〕,又西,则靖江王府〔二七〕之前甬也〔二八〕。又西,则大街自北而南,乃饭于市肆。此处肉馒以韭为和,不用盐而用糖,晨粥俱以鸡肉和食,亦一奇也。又南登一楼。其楼三层,前有石梁,梁东西大水汇成大沼。自楼上俯眺,朱门粉堞,参差绿树中，湖水中涵，群峰外绕，尽括一城之胜。中层供真武像。时亟于觅顾仆，遂转遵大街北行，东过按察司前[二九]，遂东出就日门。计顾仆舟自北来，当先从城北濒江觅，而南从城下北行。已而城上一山当面而起，石脚下插江中，路之在城外者，忽穿山而透其跨下，南北岈然，真天辟关津也。〔西则因山为城，城以内即叠彩东隅。〕穿洞出，下临江潭，上盘山壁，又透腋而入，是为木龙洞。其洞亦自南穿北，高二丈，南北透门约十余里[三〇]。其东开窗剖隙，屡逗天光，其外濒江有路，行者或内自洞行，或外由江岸，俱可北达。出洞，有片石夹峙，上架一穹石，其形屈曲，其色青红间错，宛具鳞鬣[三一]，似非本山之石，不知何处移架于此。洞北辟而成崖，缀以飞廊，前临大江，后倚悬壁，憩眺之胜，无以逾此。廊上以木雕二龙插崖间，北压江水。廊北有庵、有院。又循城溯〔江〕北一里，过东镇门。又北过城东北隅，〔为东江驿。驿东向，当皇泽湾南下冲〕。入驿，问顾仆所附江舟，知舟泊浮桥北。出驿，北望〔皇〕泽湾，有二江舟泊山下，〔疑顾仆或在此舟，〕因令静闻往视，余暂憩路口。见城北隅，俱因山为城，因从环堵之隙，逼视其下，有一大洞北向穿然，内深邃而外旁穿。有童子方以梯探历其上，盖其附近诸户积薪贮器，俱于是托也。恐静闻返，急出待路口。久之不至，乃濒江北行觅之，直抵泊舟之山，则静闻从松阴中呼曰："山下有洞，其前有亭，其上有庵，可急往游。"余从之。先沿江登山，是为薰风亭。曹学佺附书。亭四旁多镌石留题，拂而读之，始知是为虞山，乃帝舜南游之地。其下大殿为舜祠，祠后即韶音洞，其东临江即薰风亭。亭临皇湾之上，后倚虞山之崖。刻诗甚多，惟正统藩臬[三二]王骥与同僚九日登虞山一律颇可观。诗曰："帝德重华亘古今，虞山好景乐临临。峰连五岭芙蓉秀，水接三湘[三三]苦竹深。雨过殊方沾圣泽，风来古洞想韶音。同游正

372

值清秋节,更把茱萸酒满斟。"〔三四〕由亭下,西抵祠后,入韶音洞。其洞西向,高二丈,东透而出约十丈。洞东高崖崭绝,有小水汇其前,幽泽嵌壁,恍非尘世。其水自北坞南来,石梁当洞架其上,曰接龙桥。坐桥上,还眺〔洞〕门崖壁,更尽峥嵘之势。洞门左崖张西铭栻刻韶音洞记,字尚可摹。仍从洞内西出,乃缘磴东上,有磨崖碑〔三五〕,刻朱紫阳所撰舜祠记,为张栻建祠作。乃吕好问所书,亦尚可摹,第崖高不便耳。从此上跻,有新叠石为级者,宛转石隙间,将至山顶,置静室焉,亦新构,而其僧已去。窗楞西向,户榻洒然,室不大而洁。乃与静闻解衣凭几,啖胡饼而指点西山,甚适也。久之,舜殿僧见客久上不下,乃登顶招下山待茶。余急于觅顾仆,下山竟南,循旧路,二里入就日门。从门内循城南行半里,由伏波山下出桂水门,门以内为伏波祠,门以外为玩珠洞。由城外南行又半里,为行春门,又南半里,为浮桥门,始遇顾仆于门外肆中。时已过午,还炊饭于城内所宿逆旅。下午,大雨大至,既霁,乃迁寓于都司前赵姓家,以其处颇宽洁也。

〔一〕麻川:今作漠川,在兴安县东境,从南往北流入湘江。

〔二〕马殷(公元852～930年):唐末许州鄢陵人,少为木工,应募当兵,升为神将,随军到湖南。公元896年自立,后被后梁封为楚王,为五代十国时期南方割据政权,主要地域在今湖南省。

〔三〕孥(nú 奴):妻子儿女。

〔四〕这里说的是灵渠的斗门,又称陡门。塞陡工具有陡杠(大木杠)、陡脚(三根木头捆成三脚状)、陡编(用竹片交叉编成)、陡笪(dá 达,用竹篾编成,长约五尺,宽约三尺)。在陡门的石穴上架起陡杠,放一排陡脚,再搁上陡编和陡箄,即可拦住水流,提高水位,船即可节节前进。箄(bó 泊):通常指用芦苇和秫秸编成的帘子,这里专指陡编和陡箄。

〔五〕严关:今名同,在兴安县西 7.5 公里,灵渠边上。处于狮子、凤凰两山间,西南向,有石砌城垣一道,长 43 米,关门亦存。明史地理志作"岩关",疑误。

〔六〕乳岩:在今兴安县城西南 6 公里茅坪村,共三洞,下洞称喷雷洞,中洞称驻云洞,上洞称飞霞洞。

〔七〕窾(kuǎn 款):空处。

〔八〕直进五六丈　　"丈"原作"里",据乾隆本、四库本改。

〔九〕东刘村、西刘村:今作东流、西流,在海洋河边。　　唐汇田:今作谭美田,在兴安县南境,湘江源海洋河西岸。

〔一〇〕刘田,今作刘家;白龙桥,今名同;牛栏,今作流兰;庙角,今作庙脚。以上皆在兴安县南境,从北往南,顺序排列在公路沿线。

〔一一〕灵川:明为县,隶桂林府,治今灵川县三街镇。

〔一二〕临桂:桂林府附郭县,治今桂林市区。现仍有临桂县,治二塘,辖境在桂林市区西邻。

〔一三〕海龙堡:应即今海洋,在灵川县东隅。二十七日记作"海阳堡",此处"龙"字疑误。　　季陵:今作岐岭,在灵川县东隅,海洋稍东。　　西岭背:今名同,在兴安县南隅,庙角稍西。

白面山:今作白面,在灵川县东隅,岐岭稍北。　　江汇:应即今江尾,在灵川县东境,海洋稍南。

〔一四〕裈(kūn 昆):有裆的裤子。　　亵(xiè 谢)衣:内衣。

〔一五〕崆峒:通"空洞",山里空如大洞。

〔一六〕按,近代地理考察证明,漓江源在兴安县北隅的苗儿山。

〔一七〕巨擘(bō 拨):大手。

〔一八〕罗姑　原作"罗始",据乾隆本、四库本改。即今罗鼓山,在兴安、灵川两县界上。

〔一九〕熔村:五月二十一日记作"榕村",今作雄村,在灵川县南境。

〔二〇〕南中:泛指我国南部地区。

〔二一〕上桥,今名同;廖村,今称廖家。皆在灵川县西南境。

〔二二〕而其东尖丛者不能名焉　此句乾隆本为:"东丛角亭亭,更觉层叠者,龙潭山也。"

〔二三〕缴:通"闪",今云贵方言仍有称缴者,形容光线一闪而过。

〔二四〕桂林:明置桂林府,为广西布政司治,即今桂林市。洪武八年(公元 1375 年)新修的桂林府城,不仅比宋元城扩大了近一半,而且奠定了现在桂林市的基础。东面滨临漓江,南抵象鼻山脚,至今阳江北岸,西至西濠东缘,北至鹦鹉山、铁封山,因山为城。全城略呈长方形,共十二门。东面滨江五门,最南的浮桥门,又称东江门,在今解放桥西。南面两门:文昌门,宁远门。宁远门又称南门,在今中山路上,南门桥北。西面四门:武胜门,游记多作"振武门",又称西门,在今西城路西端;丽泽门在今丽君路东端;还有宝贤门、西清门。北面一门即安定门,又称北门,在今中山北路上,鹦鹉山和铁封山间。

〔二五〕桂水门　　原作"桂林门"，据下一日记及乾隆本改。

〔二六〕都司署:明代各省皆设有都指挥使司,简称都司,管理一省的军事。都司署即都司衙门。

〔二七〕靖江王　　南宋时今桂林置为静江府,元代设静江路,但明代封在桂林的藩王作"靖江王",芦笛岩内保留至今的"靖江王府"采山队题名可以为证。原皆作"静江王府",从乾隆本、四库本改。下同。

〔二八〕甬(yǒng勇):犹"通",即甬道,官府衙门前面居中的大道。

〔二九〕按察司:明代各省设有提刑按察使司,简称按察司,管理一省的司法刑狱。

〔三〇〕南北透门约十余里　　"里"疑为"丈"之讹。

〔三一〕鰓(sāi塞):通"腮"。

〔三二〕正统　　原作"正德"。王骥生于洪武十一年(公元1378年),终于天顺四年(公元1460年),与正德无涉,据改。

藩(fān帆):即藩台,明清时布政使的别称。　　臬(niè聂):即臬台,明清时按察使的别称。

〔三三〕三湘:一说指湘水的三段,湘水发源与漓水合流后称漓湘,中游与潇水合流后称潇湘,下游与蒸水合流后称蒸湘。近代多用作湘东、湘西、湘南三部分的总称,泛指湖南全省。

〔三四〕茱萸(zhū yú朱于):植物名,有浓烈的香味,可入药。古人风俗,中历九月九日重阳节登高,将茱萸作囊系在身上或遍插茱萸,表示去邪辟恶。

〔三五〕磨崖:即摩崖。在名山胜景,将天然岩石加以打磨,依山崖石壁镌刻佛经、题赞等文字,称为磨崖。

五月初一日

　　晨餐后，留顾仆浣衣涤被于寓。余与静闻乃北一里，抵靖江王府东华门外。其东为伏波山，其西为独秀峰。峰在藩府内，不易入也。循王城北行，又一里，登叠彩山[一]。山踞省城东北隅，山门当两峰间，乱石层叠错立，如浪痕腾涌，花萼攒簇，令人目眩，所谓"叠彩"也。门额书"北牖洞天"，亦为曹能始书[二]。按北牖为隐山六洞之名，今借以颜此，以此山在城北，且两洞俱透空成牖也[三]。其上为佛殿，殿后一洞屈曲穿山之背，其门南向，高二丈，深五丈。北透小门，忽转而东辟。前架华轩[四]，后叠层台，上塑大士像。洞前下瞰城东，江水下绕，直漱其足。洞内石门转透处，风从前洞扇入，至此愈觉凉飔[五]逼人，土人称为风洞。石门北向，当东转之上，有一石刻卧像横置窦间，迦风曲肱，偃石鼓腹，其容若笑，使人见之亦欲笑。因见其上有石板平庋，又有圆窦上透，若楼阁之层架，若窗楞之裂。急与静闻择道分趋，余从卧像上转攀石脊，静闻从观音座左伏穿旁窍，俱会于层楼之上。其处东忽开隙，远引天光，西多垂乳，近穿地肺。余复与静闻披乳房而穿肺叶，北出而瞰观音之座，已在足下。以衣置层楼隙畔，乃复还其处，从圆窦中坠下。于是东出前轩，由洞左跻磴，循垣而上，则拱极亭旧址也。由址南越洞顶，攀石磴，半里，遂登绝顶，则越王坛也，是为桂山，又名北山。其上石萼骈发，顶侧有平板二方，岂即所谓"石坛"耶？志云五代时马殷所筑，有岩桂生其巅，今已无。其前一石峰支起，或谓之四望山，当即叠彩岩。其西一石峰高与此峰并，峰半有洞高悬，望之岈然中空。亟下，仍从风洞出，寺左有轩三楹，为官府燕[六]之所。前临四望，后倚绝顶，余时倦甚，遂憩卧一觉，去羲皇[七]真不远。由寺中右坳复登西峰，一名于越山〔八〕。上登峰半，其洞穿然东向，透峰腰而西，径十余丈，高四丈余。由其中望之，东西洞然，洞西坠壑而下，甚险而峻。其环砖为门，上若门限，下若关隘，瞰之似非通人行者。

乃仍东下至寺右，有大路北透两峰之间。下至其麓，出一关门，其东可趋东镇，其北径达北门。乃循山西行，一里，仰见一洞倚山向北，遂拾级而登。其下先有一洞，高可丈五，而高广盘曲，亦多垂柱，界窍分岐，而土人以为马房，数马散卧于其中，令人气阻。由其左跻级更上，透洞门而入，其洞北向，以峰顶平贯为奇。而是山之洞，西又以山腰叠透为胜，〔外裂重门，内驾层洞，〕各标一异，直无穷之幻矣。既下，又西行，始见峰顶洞门西坠处，第觉危峡空悬，仰眺不得端倪〔九〕，其下有遥墙〔一〇〕环之，则藩府之别圃也。又西出大街，有大碑在侧，大书"桂岭"二字。转北行一里，则两山耸峡，其中雉堞〔一一〕为关，而通启闭焉，是为北门。〔门在两山耸夹中，门外两旁，山俱峭拔，即为华景、宝积众胜云。〕出门有路，静闻前觅素食焉。

既而又南一里，过按察司，觅静闻不得。乃东从分巡司经靖藩后宰门，又东共一里，至王城东北隅，转而西向后宰门内。靖藩方结坛礼梁皇忏〔一二〕，置栏演木兰传奇，市酒传餐者，夹道云集，静闻果在焉。余拉之东半里，出癸水门〔一三〕，仍抵庆真观下，觅小舟一叶，北渡入玩珠岩。岩即伏波之东麓〔一四〕，石壁下临重江，裂隙两层，一横者下卧波上，一竖者上穿山巅。卧波上者，下石浮敞为台，上石斜骞覆之。一石柱下垂覆崖外，直抵下石，如莲萼倒挂，不属于下者，仅寸有余焉。是名"伏波试剑石"，盖其剑非竖劈,向横披者也。后壁上双纹若缕,红白灿然,蜿蜒相向。有圆岩三晕,恰当其首,如二龙戏珠,故旧名"玩珠",宋张维易曰"还珠"。双纹之后,有隙内裂,直抵竖峡下岩;嵌梯悬级,可直躡竖峡而上垂柱之西。石台中坼,横石以渡,更北穿小窦,下瞰重江,渊碧无底,所云伏波沉薏苡[一五]处也。更南入山腹,穿然中虚,有光西转,北透前门,是其奥矣。〔但石色波光,俱不若外岩玲珑映彻也。〕徘徊久之,渡子候归再三,乃舍之登舟。鼓枻回樯[一六],濯空明而凌返照,不意身世之间有此异境也。登涯,由浮桥门入城,共里余,返赵寓。静闻取伞往观木兰之剧。余憩寓中,取图、志以披[一七]桂林诸可游者。

初二日

晨餐后,与静闻、顾仆裹蔬粮,携卧具,东出浮桥门。渡浮桥,又东渡花桥[一八],从桥东即北转循山。花桥东涯有小石突临桥端,修溪缀村,东往殊逗人心目。山崎花桥东北,其嵯峨之势,反不若东南夹道之峰,而七星岩[一九]即崎焉,其去浮桥共里余耳。岩西向,其下有寿佛寺,即从寺左登山。先有亭翼然迎客,名曰摘星,则曹能始所构而书之。其上有崖横骞,仅可置足,然俯瞰城堞西山,则甚畅也。其左即为佛庐,当岩之口,入其内不知其为岩。询寺僧岩所何在,僧推后扉导余入。历级而上约三丈,洞口为庐掩黑暗;忽转而西北,豁然中开,上穿下平,中多列笋悬柱,〔爽朗通漏,〕此上洞也,是为七星岩。从其右历级下,又入下洞,是为栖霞洞[二〇]。其洞宏朗雄拓,门亦西北向,仰眺崇赫。洞顶横裂一隙,有〔石〕鲤鱼从隙悬跃下向,首尾鳞鬣,使琢石为之,不能酷肖乃尔。其旁盘结蟠盖,五色灿烂。西北层台高叠,缘级而上,是为老君台。由台北向，洞若两界，西行高〔台〕之上，东循深壑之中。由台上行，入一门，直北至黑暗处，上穹无际，下陷成潭，颒洞 [二一] 峭裂，忽变夷为险。时余先觅导者，燃松明于洞底以入洞，不由台上，故不及从，而不知其处之亦不可明也。乃下台，仍至洞底。导者携灯前趋，循台东壑中行，始见台〔壁〕攒裂绣错，备诸灵幻，更记身之自上来也。直北入一天门，石楹垂立，仅度单人。既入，则复穹然高远，其左有石栏横列，下陷深黑，杳不见〔底〕，是为獭子潭。导者言其渊深通海，未必然也。盖即老君台北向下坠处，至此则高深易位，丛辟交关，又成一境矣。其内又连进两天门，路渐转而东北，内有"花瓶插竹"、"撒网"、"弈棋"、"八仙"、"馒头"诸石，两旁善才童子，中有观音诸像。导者行急，强留谛视，顾此失彼。然余所欲观者，不在此也。又逾崖而上，其右有潭，渊黑一如獭子潭，而宏广更过之，〔是名龙江 [二二]，〕其盖与獭子相通焉。又北行东转，过红毡、白毡，委裘垂毯，纹缕若织。又东过凤凰戏水，始穿一门，阴风飕飀，卷灯冽肌，盖风自洞外入，至此则逼聚而势愈大也。叠彩风洞亦然。然叠彩昔无风洞之名，而今人称之；此中昔有风洞，今无知者。出此，忽见白光一圆，内映深壑，空濛若天之欲曙。遂东出后洞，有水自洞北环流，南入洞中，〔想下为龙江者，〕小石梁跨其上，则宋相曾公布所为也 [二三]。度桥，拂洞口右崖，则曾公之记在焉。始知是洞昔名冷水岩，曾公帅桂 [二四]，搜奇置桥，始易名曾公岩，与栖霞 [二五] 盖一洞潜通，两门各擅耳。

余伫立桥上，见洞中有浣而汲者，余询："此水从东北来 [二六]，可溯之以入否？"其人言："由水穴之上可深入数里，其中名胜，较之外洞，路倍而奇亦倍之。若水穴则深浅莫测，惟冬月可涉，此非其时也。"余即觅其人为导。其人乃归取松明，余随之出洞而右，得<u>庆</u><u>林观</u>焉。以所负囊裹寄之，且托其炊黄粱以待。遂同导者入，仍由隘口东门，过<u>凤凰戏水</u>，抵<u>红</u>、<u>白二毡</u>，始由岐北向行。其中有弄球之狮，卷鼻之象，长颈盎背之骆驼；有土冢之祭，则猪鬣鹅掌罗列于前；有罗汉之燕〔二七〕，则金盏银台排列于下。其高处有山神，长尺许，飞坐悬崖；其深处有佛像，仅七寸，端居半壁；菩萨之侧，禅榻一龛，正可趺跏而坐；观音座之前，法藏一轮，若欲圆转而行。深处复有渊黑，当桥洞上流。至此导者亦不敢入，曰："挑灯引炬，即数日不能竟，但此从无入者，况当水涨之后，其可尝不测乎？"乃返，循<u>红白二毡</u>、<u>凤凰戏水</u>而出。计前自<u>栖霞</u>达<u>曾公岩</u>，约径过者共二里，后自<u>曾公岩</u>入而出，约盘旋者共三里，然二洞之胜，几一网无遗矣。

出洞，饭于<u>庆林观</u>。望来时所见<u>娘媳妇峰</u>〔二八〕即在其东，从间道趋其下，则峰下西开一窍，种圃灌园者而聚庐焉。种金系草，为吃烟药者。其北复有岩洞种种，盖<u>曾公岩</u>之上下左右，不一而足也。于是循<u>七星山</u>之南麓，北向草莽中，连入三洞。计<u>省春</u>当在其北，可逾岭而达，遂北望岭坳行。始有微路，里半至山顶，石骨峻嶒，不容着足，而石隙少开处，则棘刺丛翳愈难跻；然石片之奇，峰瓣之异，远望则掩映，而愈披愈出，令人心目俱眩。又里半，逾岭而下，复得〔凿〕石之级，下级而<u>省春岩</u>在矣。

其岩三洞排列，俱东北向。〔最西者骞云上飞，〕内深入，有石如垂肺中悬。西入南转，其洞渐黑，惜无居人，不能索炬以入，然闻内亦无奇，不必入也。洞右旁通一窍，以达中洞。居中者外深而中不能远入，洞前亦有垂槎倒龙之石。洞右又透一门以达东洞。最东者垂石愈繁，洞亦旁裂，中有清泉下注成潭，寒碧可鉴。余令顾仆守己行囊于中洞，与静闻由洞前循崖东行。洞上耸石如人，蹲石如兽。洞东则危石亘空，仰望如劈。其下清流漱之，曰拖剑江，即癸水也。〔源发尧山，〕自东北而抵山之北麓，乃西出葛老桥而西入漓水焉。时余转至山之东隅，仰见崖半裂窍层叠，若云嘘绡幕，连过三窍，意谓若窍内旁通，连三为一，正如叠蕊阁于中天，透琼楞于云表，此一奇也。然而未必可达，乃徘徊其下，披莽隙，梯悬崖，层累而上。既达一窍，则窍内果通中窍。第中窍卑伏，不能昂首，须从窍外横度，若台榭然，不由中奥也。既达第三窍，穿隙而入，从后有一龛，前辟一窗，窗中有玉柱中悬。柱左又有龛一圆，上有圆顶，下有平座，结跏而坐，四体恰适，即刮琢不能若此之妙。其前正对玉柱，有小乳下垂，珠泉时时一滴。余与静闻分踞柱前窗隙，下临危崖。行道者望之，无不回旋其下，有再三不能去者。已而有二村樵，仰眺久之，亦攀蹑而登，谓余："此处结庐甚便，余村近此，可以不时瞻仰也。"余谓："此空中楼阁，第恨略浅而隘，若少宏深，便可停栖耳。"其人曰："中窍之上，尚有一洞甚宏。"欲为余攀蹑而上，久之不能达。余乃下倚松阴，从二樵仰眺处，反眺二樵在上，攀枝觅级，终阻悬崖，无从上跻也。久之，仍西行入省春东洞内，穿入中洞，又从其西腋穿入西洞。洞多今人磨崖之刻。

出洞而西，又得一洞，洞门北向，约高五丈，内稍下，西转虽渐昏黑，而崇宏之势愈甚，以无炬莫入，此古洞也。左崖大书"五美四恶"章〔二九〕，乃张南轩笔，遒劲完美，惜无知者，并洞亦莫辨其名，或以为会仙岩，或以为弹丸岩。拂岩壁，宋莆田陈黼题，则渚岩洞〔三○〕也，岂以洞在癸水之渚耶？洞西拖涧水〔三一〕自东北直逼崖下，崖愈穹削，高插霄而深嵌渊，甚雄壮也。石梁跨水西度，于是崖与水俱在路南矣。盖七星山之东北隅〔三二〕也，是名弹丸山，自省春来共一里矣。

由其西南渡各老桥〔三三〕，以各乡之老所建，故以为名。望崖巅有洞高悬穹，上下俱极峭削，以为即栖霞洞口也。而细谛其左，又有一崖展云架庐，与七星洞后门有异。亟东向登山。山下先有一刹，盖与寿佛寺、七星观南北鼎峙山前者也。〔南为七星观，东上即七星洞；中为寿佛寺，东上即栖霞洞；北为此刹，东上即朝云岩也。〕仰面局膝攀磴，直上者数百级，遂入朝云岩。其岩西向，在栖霞之北，从各老桥又一里矣。洞口高悬，其内北转，高穹愈甚，徽僧太虚叠磴驾阁于洞口，飞临绝壁，下瞰江城，远挹〔三四〕西山，甚畅。第时当返照入壁，竭蹶〔三五〕而登，喘汗交迫。甫投体叩佛，忽一僧前呼，则融止也。先是，与融止一遇于衡山太古坪，再遇于衡州绿竹庵，融止先归桂林，相期会于七星。比余至，逢人辄问，并无识者。过七星，谓已无从物色。至此忽外遇之，遂停宿其岩。因问其北上高岩之道，融止曰："此岩虽高耸，虽近崖右，曾无可登之级。约其洞之南壁，与此洞之北底，相隔只丈许，若从洞内可凿窦以通，洞以外更无悬杙梯之处也。"凭栏北眺，洞为石掩，反不能近瞩，惟洒发〔三六〕向西山，历数其诸峰耳。西山自北而南：极北为虞〔山〕，再南为东镇门山，再南为木龙风洞山，即桂山也，再南为伏波山。此城东一支也。虞山之西，极北为华景山，再南为马留山，再南为隐山，再南为侯山、广福王山。此城西一支也。伏波、隐山之中为独秀，其南对而踞于水口者，为漓山、穿山。〔皆漓江以西，故曰西山云。〕

初三日

留朝云岩阁上，对西追录数日游记。薄暮乃别融止下山，南过寿佛寺〔三七〕、七星观，共一里，西渡花桥，又西一里，渡浮桥，入东江门，南半里，至赵寓宿焉。

初四日

晨餐后，北一里，过靖江府东门，从东北角又一里，绕至北门。礼忏坛僧灵室，乃永州茶庵会源徒孙也，引余辈入藩城〔三八〕北门。门内即池水一湾，南绕独秀山之北麓，是为月牙池。由池西南经独秀西麓，有碑夹道。西为太平岩记，东为大悲、尊胜两咒。又南，独秀之西，有洞曰西岩。即太平洞。对岩有重门东向，乃佛庐也。方扃〔三九〕诸优于内，出入甚严，盖落场时恐其不净耳。寺内为灵室师绀谷所主。有须，即永州茶庵会源之徒，藩府之礼忏扃优皆俾主之。灵室敲门引客人，即出赴忏坛。绀谷瀹茗献客，为余言："君欲登独秀，须先启王〔四〇〕，幸俟忏完，王撤宫后启之。"时王登峰时看忏坛戏台，诸宫人随之，故不便登。盖静闻先求之灵室，而灵室转言师者。期以十一日启，十二日登。乃复启〔四一〕重门，送客出。出门即独秀岩，乃西入岩焉。其岩南向，不甚高，岩内刻诗缕画甚多。其西裂一隙，下坠有圆洼，亦不甚深，分两重而已。岩左崖镌西岩记，乃元至顺间〔四二〕记顺帝潜邸于此〔四三〕。手刻佛像，缕石布崖，俱极精巧，时字为苔掩，不能认也。洞上篆方石，大书"太平岩"三字。夹道西碑言：西岩自元顺帝刻像，其内官镌记，后即为本朝藩封。其洞久塞，重垣闭之。嘉靖间，王见兽入其隙，逐而开之，始抉其闭而表扬焉，命曰太平岩〔四四〕。岩右有路，可盘崖而登，时无导者，姑听之异日。

乃仍从月池西而北，出藩城。于是又西半里，过分巡。其西有宗藩，收罗诸巧石，环置户内外。余入观之，择其小者以定五枚，俟后日来取。乃从按察司前南行大街一里，至谯楼〔四五〕。从楼北西向行半里,穿榕树门〔四六〕。其门北向,大树正跨其巅,巨本盘耸而上,虬根分跨而下,昔为唐、宋南门,元时拓城于外〔四七〕,其门久塞,嘉靖乙卯,总阃周于德抉壅闭而通焉。由门南出,前即有水汇为大池。后即门顶,以巨石叠级分东西上,亦有两大榕南向,东西夹之。上建关帝殿,南面临池,甚为雄畅。殿西下,总阃建牙〔四八〕。路从总阃西循城而南,一里,西出武胜门,乃北溯西江行〔四九〕,一里而达隐山。

其山北倚马留诸岫,西接侯山诸峰〔五〇〕,东带城垣,南临西江,独峙坞中,不高而中空,故曰隐山。山四面有六洞环列:〔东为朝阳洞,寺在其下。洞口东向,下层通水,上层北辟一门,就石刻老君像,今称老君洞。山北麓下为北牖洞。洞东石池一方,水溢麓下,汇而不流,外窦卑伏,而内甚宏深。前有庵,由庵后披隙入,洞圆整危朗,后复上盘一龛,左有一窗西辟,石柱旁列,不通水窦。其北崖之上为白雀洞,在朝阳后洞西。门北向,入甚隘,前有线隙横列,上彻天光,渐南渐下,直通水。又西为嘉莲洞,亦北向,与白雀并列。洞分东西两隙,俱南向下坠,洞内时开小穴,彼此相望,数丈辄合,内坠渊黑,亦抵水。又西过一石隙,西北有石,平庋错荂中,绝胜琼台。乃南转为夕阳。洞西向,洞口飞石,中门为两。门左一侧壑汇水,由水窦东通于内,右有曲穴北转,内甚凄暗,下坠深潭,盖南北皆与水会焉。又南转西南山麓,为南华洞。洞南向,势渐下,汇水当门,可厉入。深入则六洞同流。五洞之底,皆交连中络,惟北牖则另辟一水窦,初不由洞中通云。闻昔唐宋时,西江之水东潆榕树门,其山汇于巨浸中,是名西湖〔五一〕,其诸纪游者,俱〔云〕"乘舟载酒而入"。今则西江南下,湖变成田,沧桑之感有余,荡漾之观不足矣。

余初至朝阳寺，为东洞僧月印导，由殿后入洞，穿老君之侧上，出山北，乃西过白雀、嘉莲，皆北隅之洞也。西南转平石台，是日甫照不能停，乃南过夕阳，此西隅之洞也。又南转而东，过南华，则南隅之洞云。余欲从此涉水而入，月印言："秋〔冬〕水涸虫蛰，方可内涉；今水大，深处莫测，而蛇龙居焉，老僧不能导。请北游北牖，可炊焉。兹已逾午矣。"余从之，乃东过西湖神庙，又北转过朝阳，别月印，逾〔隐山〕东北隅。其处石片分裂，薄若裂绡，耸若伸掌，石质之异，不可名言。有一石峰，即石池一方，下浸北麓，其内水时滴沥，声如宏钟。西入北牖庵，令顾仆就炊于庵内，余与静闻分踞北牖洞西窗上，外揽群峰，内阚洞府。久之出，饭庵前松荫下。复由老君洞入，仍次第探焉。

南抵南华，遇一老叟曰："此内水窦旁通，虽浅深不测，而余独熟经其内。君欲入，明当引炬以佐前驱。"余欲强其即入，曰："此时不及，且未松明。"及以诘旦〔五二〕为期。余乃南随西江之东涯，仍一里，过武胜门，西门。又南循城西一里，过宁远门。南门。由正街南渡桥，行半里，复东入岐。路循西江南分之派，行一里，抵漓山。山之东即漓江也，南有千手观音庵。从山之西麓转其北，则漓水自北，西江自西，俱直捣山下，山怒崖鹏骞，上腾下裂，以厄其冲，置礓上盘山腰，得雉岩寺。时已薄暮，遂停囊岩寺。遇庠友杨子正，方读书其间，遂从其后跻石峡，同蹑青萝阁，谒玉皇像。余与子正倚阁暮谈至昏黑，乃饭岩寺而就枕焉〔五三〕。

初五日

是为端阳节。晨起，雨大注，念令节名山〔五四〕，何不暂憩，乃令顾仆入城市蔬酒。余方凭槛看山，忽杨君之窗友〔五五〕郑君子英，朱君兄弟超凡、涤凡〔五六〕俱至，盖俱读书青萝阁。上午雨止，下雉岩寺，略纪连日游辙；而携饮者至，余让之，出坐雉岩寺亭，杨、郑四君复以柬来订。当午，余就亭中，以蒲酒、雄黄自酬节意。下午，四君携酒至，复就青萝饮之。朱君有家乐，效吴腔，以为此中盛事，不知余之厌闻也。时方禁龙舟，舟人各以小艇私棹于山下，鼍鼓〔五七〕雷殷，回波雪涌，殊方同俗，聊资凭吊，不觉再热。〔既暮，〕复下山，西入一洞。洞〔在山足，〕门西向，高穹而中平，上镌"乐盛洞"三字，古甚，不知何人题。前有道宫，亦就荒圮。出洞，复东循雉岩崖麓，沿江而东。其东隅有石，上自山巅，下插江中，中剜而透明，〔深二丈，高三丈，〕若辟而成户，〔江流自北汇其中。涉其南透崖以上，即为千手大士庵〕。余因濯足弄水，抵暮乃上宿雉岩。

雉岩，一统志以为即漓山，在城南三里。〔阳水南支经其北，漓水南下经其东；东有石门嵌江，西有穹洞深入，南有千手大士庵，俱列其足。雉岩寺高悬山半，北迎两江颓浪，飞槛缀崖，倒影澄碧。寺西为雉山亭，南为雉山洞。洞外即飞崖斗发，裂隙进峡，直自巅下彻，旁有悬龙矫变，石色都异。前大石平涌为莲台。台右根与后峡相接处，下透小穴入，西向台隙，摩崖登台，则悬龙架峡，正出其上。昔有阁曰青萝，今移置台端，登之不知其为台也。然胜概麕集，不以阁掩。是山正对城南，为城外第二重案山。北一里曰象鼻山水月洞，南三里曰崖头净瓶山荷叶洞，俱东逼漓江，而是山在中较高，志遂以此为漓山。〕范成大又以象鼻山水月洞为漓山，后人漫无适从。然二山形象颇相似。〔但雉岩石门,不若水月扩然巨观,故游者舍彼趋此[五八]。然以予权之,濒江午向[五九]三山,不特此二山相匹,崖头西北山脚,石亦剜空嵌水,跨成小门,其离立江水冲合中,三山俱可名漓也。〕

初六日

晨餐后,作二诗别郑、杨诸君。郑君复强少留,以一诗酬赠焉。遂下山,西南一里入大道,东南一里过南溪桥。南溪之山高崎桥东,有水自西南直上逼西麓,〔绕山东北入漓去,〕石梁跨其上,即所谓南溪也。白龙洞在山椒。累级而上,洞门高张,西向临溪,两石倒悬洞口,岂即所谓白龙者耶? 洞下广列崇殿,仰望不知为〔洞〕。由殿左透级上,得璇室[六○]如层楼,内有自然之龛,置千手观音。前临殿室之上,环瞻洞顶,〔为〕此洞最胜处。从此北向东转,遂成昏黑。先是,买炬山僧,僧言由洞内竟可达刘仙岩,不必仍由此洞出。及征钱篝火入,中颇宽宏多歧。先极其东隅,上跻一隙,余以为刘仙道也,〔竟〕途穷莫进。又南下一洼,则支窦傍午,上下交错,余又以为刘仙道也。山僧言:"〔此乃〕护珠岩道,崄巇[六一]莫逾。与其踯躅于杳黑,不若出洞平行为便。"时所赍茅炬已浪爇垂尽,乃随僧仍出白龙。下山至桥,望白龙之右复有洞盘空,而急于刘岩,遂从桥东循山南东转,则南面一崖,层突弥耸,下亦有窍旁错,时交臂而过。忽山雨复来,乃奔憩崖下,跻隙坐飞石上,出胡饼啖之。〔雨帘外窥,内映乳幕,〕仙仙乎有凌〔云〕餐霞之想。久之雨止,〔下〕岩,转岩之东,则刘仙岩在是矣。〔岩〕与白龙洞东西分向,由山南盘麓而行,相去不过一里,而避雨之岩正界其中,有观在岩下。先入觅道士炊饭,而道枕未醒,有童子师导从观右登级。先穿门西入，旋转逾门上，复透门出，又得一岩，东南向，中置三仙焉，则刘仙与其师张平叔辈也。又左由透门之上，再度而北，又开一岩，中置仙妃。岩前悬石甚巨，当洞门，若树屏，若垂帘。刘仙篆雷符于上岩右壁，又有寇忠愍准大书，俱余所（欲）得者。〔予至岩，即周览各窦。询与白龙潜通处，竟不可得。乃知白龙所通，即避雨岩下窦，导僧所云护珠岩是也。〕时雨复连绵不止，余乃令顾仆随童子师〔六二〕下观，觅米自炊。余出匣中手摹雷符及寇书，而石崖欹侧，石雨淋漓，抵暮而所摹无几。又令静闻抄录张、刘二仙金丹歌，亦未竟。又崖间镌刘仙养气汤方及唐少卿遇仙记未录，遂宿观。道士出粥以饷。中夜大雨，势若倒峡。

　　刘仙名景，字仲远，乃平叔弟子，各有金丹秘歌镌〔六三〕崖内，又有余真人歌〔六四〕在洞门崖上，半已剥落，而养气汤方甚妙，唐少卿书奇，俱附镌焉。

初七日

雨滂沱不止。令顾仆炊饭观中。余与静闻冒雨登岩，各完未完之摹录。遂由玉皇祠后，寻草中伏级，向东北登山。草深雨湿，里衣沾透，而瞻顾岩石，层层犹不能已。而童子师追寻至岩中，顾不见客，高声招餐，余乃还饭寺中。饭后，道士童师导由〔观左登〕穿云岩。其岩〔在〕上岩东南绝壁下，洞口亦东南向。其洞高穹爽朗，后与左右分穿三窍，左窍旁透洞前，后与右其窍小而暗，不暗行也。洞内镌桂林十二岩十二洞歌，乃宋人笔。余喜其名，欲录之，而高不可及。道士取二梯倚崖间，缘缘分录，录完出洞。洞右有文昌祠，由其前东过仙人足迹。迹在石上，比余足更长其半，而阔亦如之，深及五寸，指印分明，乃左足也。其侧石上书"仙迹"二字，

"迹"字乃手指所画，而"仙"字乃凿镌成之者。由迹北上，即为仙迹岩。岩在穿云东北崖之上，在上岩东隅，洞口亦东南向，外亦高朗，置老君像焉。其内乳柱倒垂，界为两重，〔若堂皇之后，屏列窗棂，分内外室者。〕洞岩穿窦两岐，俱不深，而玲珑有余。

徘徊久之，雨霏不止，仍从仙迹石一里，抵观前。别道士童师，遂南行〔二里，出〕十里铺。〔铺在斗鸡西，郡往平乐大道〔六五〕。〕由铺南进灵懿石坊，东向歧路，入一里，北望穿山，隔江高悬目窦，昔从北顾，今转作南瞻，空濛雨色中，得此圆明，疑是中秋半晴半雨也。再前，望崖头〔六六〕北隅梳妆台下，飞石嵌江，剜成门阙，远望之，较水月似小，而与雉山石门，其势相似。然急流涌其中，荡漾尤异，倏忽之间，上见圆明达云，下睹方渚嵌水，瞻顾之间，奇绝未有。共一里，东至崖头庙。其山在雉山之南，乃城南第三重当午之案也。漓江西合阳江于雉山，又东会拖剑水及漓江支水于穿山〔六七〕，奔流南下，此山当其冲。山不甚高，而屹立扼流，有当熊之势。西向祀嘉应妃，甚灵，即灵懿庙。宋嘉定间加封嘉应善利妃。其北崖有亭，为梳妆台，下即飞崖悬嵌，中剜成门处，而崖突波倾，不能下瞰，但见回浪跃澜，漩石而出，时磴然〔六八〕有声耳。坐久之，返庙中。由其后入一洞，其门西向。穿门历级下，其后岈然通〔望〕，有石肺垂洞中，其色正绿，叠覆田田〔六九〕，是为荷叶洞。穿叶底透山东北，即通明之口也，漓江复濙其下。由叶前左下，东转深黑中，其势穿然，不及索炬而入。初，余自雉山僧闻荷叶洞之名，问之不得其处，至是拭崖题知之，得于意外，洞亦灵幻，不负雨中蹒蹰。庙中无居人，赛神〔七〇〕携火就崖而炊，前后不绝。其东北隅石崖插江，山名"净瓶"以此，须泛舟沿流观之，其上莫窥也。

仍二里出大道，傍十里铺，〔经白龙洞，北随溪探前所望白龙左洞，则玄岩〔七一〕也。岩东向，洞门高耸。下峡，由南腋东入上洞；东登必由北奥，俱崇深幽邃，无炬不能遍历〔七二〕。洞前乳柱缤纷，不减白龙。上镌"玄岩"，字甚古。出洞〕，饭而雨霁。五里入宁远门，南门。返寓，易衣浣污焉。

初八日

晨餐后，市石于按察司东初旸王孙家，令顾仆先携三小者返寓，以三大者留为包夹焉。余遂同静闻里半出北门，转而东半里，北入支径，过一塘，遂登刘岩山。先有庵在山麓，洞当其后，为刘岩洞。洞门西向，东下渊黑，外置门为藏荔之所。此岩以刘姓者名，与城南刘仙同名实异也〔七三〕。由洞右跻危级而上，是为明月洞。其洞高缀危崖之半，上削千尺，下临重壑，洞门亦西向。僧白云架佛阁于洞门之上，层叠倚岩，有飞云缀空之势。洞在阁下，东入岈然，然昏黑莫辨，无甚奇。出洞，觅所谓望夫山。山在其北，犹掩不可睹。乃饭而下，崖半见北有支径，遂循崖少北，复见一洞西向，其门高悬，为僧伐木倒架，纵横洞前，无由上跻。方徘徊间，而白云自上望之，亟趋而下，怂恿引登。梯叠门而上，一石当门树屏；由其左透隙，则宛转玲珑；逾石脊东下，穿然直透山腹；辟门东出，外临层崖，内列堂奥，凭空下瞰，如置身云端也。洞门乳柱纵横，径窦逆裂，北有一径高穹下坠，东转昏黑，亦有门东出，暗不复下。复与白云分踞石脊之中，谈此洞灵异。昔其徒有不逞者，入洞迷昧，不知所往。白云遍觅无可得，哀求佛前。五日，复自洞侧出，言为神所缚，将置之海，以师乞免赀之〔七四〕。然先是觅洞中数遍，不知从何出也。此间东西透豁，而有脊有门中界之。〔不若穿山、叠彩、中隐、南峰诸

洞,扩然平通,下望明皎,内无余奥也。〕

下洞,别白云。仍一里,西过北门,门西峰当面起,削山为城。循其北麓转西北城角,下盘层石,上削危城。其西正马留山东度之脉;其南濒城为池,南汇与凉水洞桥新西门外。而南入阳江;其北则洼汇山塘,而东浅于虞山接龙桥下者。志所称始安峤当在其处也。志又有冷水洞,在城东,而曾公岩亦名冷水,而此又有冷水焉。凉水洞桥北,满堂皆莲花,香艳远暨,亦胜地。凉水洞在新西门外。北门在两山夹中,东西二峰峭竖而起,东峰俗呼为马鞍,西峰俗呼为真武。东峰疑即镇南峰,志言有唐人勒石,尚未觅得。西峰南麓,王阳明祠。因之为城,锁钥甚壮。然北城随山南转,故北隅甚狭,渐迤而南,则东西开扩矣。

余少憩城外西北角盘崖之上,旋入北门,西谒阳明祠。复东由大街南行,则望洞西岩之穴正当明处,若皎月高悬焉。又南,共一里,至桂岭碑侧[七五],西向濒城,复得一山,则华景洞在焉[七六]。洞门东向,前有大池,后倚山,则亦因为西城者。洞前岩平朗,上覆外敞,其南昔有楼阁,今俱倾圮莫支,僧移就岩栖焉。岩后穿穴为门,其内峣岈,分而为三:南入者,洼暗而邃;西透者,昔穿城外,因为城门,后甃石塞而断焉;北转者,上出岩前,下履飞石,东临岩上。崖有旧镌一,为开庆元年手敕,乃畀其镇将者。开庆不知是何年号[七七],其词翰俱为可观。而下有谢表并跋,则泐不能读矣。已复出至前岩,僧言由洞左攀城而上,山之绝顶有诸葛碑。余从闻异之,亟西登城陴,乃循而南登,已〔从石〕丛错中攀跻山顶。此顶当是宝积山。志言宝积与华景相连,上多危石怪木,当今又为卧龙山,想一山而南北异名耳。顶南荒草中有两碑,一为成化间开府孔镛撰文,一为嘉靖间阃帅俞大猷[七八]修记。皆言此山昔名卧龙,故因而祀公,以公德业在天下,非以地拘也。今顶祠已废,更创山麓。

从其上东俯宫衢，晚烟历历，西瞰濛渚，荷叶田田，近则马留山倒影，远则侯山诸峰列翠，虽无诸葛遗踪，亦为八桂胜地〔七九〕。其侧崖棘中，有百合花一枝，五萼，甚钜，因连根折之，肩而下山，即为按察司后矣。薄暮，共二里，抵寓。

初九日

余少憩寓中。上午，南自大街一里过樵楼，市扇欲书登秀诗赠绀谷、灵室二僧，扇无佳者。乃从县后街西入宗室廉泉园。廉泉丰仪修整，礼度谦厚，令童导游内园甚遍。园在居右，后临大塘，远山近水，映带颇盛，果树峰石，杂植其中，而亭榭则雕镂缋饰，板而无纹也。停憩久之。东南一里，过五岳观。又一里，出文昌门，乃东南门也，南溪山正对其前。转若一指，直上南过石梁，〔梁下即阳江北分派〔八〇〕。〕即东转而行，半里，过桂林会馆，又半里，抵石山南麓〔八一〕，则三教庵在焉。庵后为右军崖〔八二〕，即方信孺结轩处〔八三〕。方诗刻庵后石崖上，犹完好可拓。其山亦为漓山，今人呼为象鼻山，与雉山之漓，或彼或此，未知祖当谁左。山东南隅，亦有洞南向，即在庵旁而置栅锁，则因土人藏萎其中也〔八四〕。洞不甚宽广，昔直透东北隅，今其后窍已叠石掩塞。循石崖东北，遂抵漓江。乃盘山溯行，从石崖危嵌中又得一洞，北向，名南极洞。其中不甚深。出其前，直盘至西北隅，是为象鼻岩，而水月洞现焉。盖一山而皆以形象异名也。飞崖自山顶飞跨，北插中流，东西俱高剜成门，阳江从城南来，流贯而合于漓。上既空明如月，下复内外漾波，"水月"之称以此。而插江之涯，下跨于水，上属于山，中垂外掀，有卷鼻之势，"象鼻"之称又以此。水洞之南，崖半又辟陆洞。其崖亦自山顶东跨江畔，中剜圆窍，长若行廊，直透水洞之上，

〔北踞窍口,下瞰水洞,〕东西交穿互映之景,真为胜绝。宋范石湖〔八五〕作铭勒窍壁以存。字大小不一,半已湮泐〔八六〕,此断文蚀崇,真可与范铭同珍,当觅工拓之,不可失也。时有渔舟泊洞口崖石间,因令棹余绕出洞外,复穿入洞中,兼尽水陆之观。

乃南行一里,渡漓江东岸,又二里抵穿山下。其山西与斗鸡山相对。〔斗鸡在刘仙岩南,崖头山北,漓江西岸濒江之山也。东西夹漓,怒冠鼓距,两山当合名斗鸡,特东山透明如圆镜,故更以穿山名之。〕山之西又有一峰危立,初望之为一,抵其下,始见竖石下剖,直抵山之根,若岐若合,亭亭夹立。盖山以脆薄飞扬见奇也,土人名为荷叶山〔八七〕,殊得之也。穿山北麓,嘉熙拖剑之水直漱崖根,循山而南,遂与漓合。余始至其北,隔溪不得渡。望崖壁危悬,洞门或明或暗,纷纷错列,即渡亦不得上。乃随溪南行,隔水东眺,则穿岩已转,不睹空明,而山侧成峰,尖若竖指矣。又以小舟东渡,出穿山南麓,北面而登。拨草寻磴,登一岩,高而倚山半,其门南向,〔疑〕即穿岩矣。而其内乳柱中悬,琼楞层叠,殊有曲折之致。由其左深入,则渐洼而黑,水汇于中。知非穿岩,乃出。由其右复攀跻而上,则崇岩旷然,平透山腹,径山十余丈,高阔俱五六丈,上若卷桥,下如甬道〔八八〕,中无悬列之石,故一望通明,洞北崖右有镌为"空明"者。由其外攀崖东转,又开一洞,北向与穿岩并列,而后不中通,内分层窦,若以穿岩为皇堂,则此为奥室矣。〔其东尚有三洞门,下可望见,至此则峭削绝径。〕穿岩之南,其上复悬一洞,南向与穿岩叠起,而后不北透,内列重帏,若以穿岩为平台,则此为架阁矣。凭眺久之,仍由旧路东〔下汇〕水岩。将南抵山麓,复见一洞,门亦南向,而列于汇水之东。其内亦有支窍,西入而隘黑无奇。

时将薄暮,遂仍西渡荷叶山下。北二里,过河舶所,溯漓江东岸,又东北行三里,渡浮桥而返寓〔八九〕。

初十日

余憩寓中。上午,令取前留初旸所裹石,内一黑峰,多斧接痕。下午,复亲携往换,而初旸观戏王城后门,姑以石留其家。遂同静闻以所书诗扇及岳茗赍送绀谷。比抵王城后门,时方演剧,观者拥列门阑,不得入。静闻袖扇、茗登忏坛。适绀谷在坛,更为订期十三〔日〕。余时暴日中暑甚,不欲观戏,急托阑内僧促静闻返,乃憩寓中。

〔一〕叠彩山:又称桂山、北山、风洞山,位于桂林城北,漓江西岸,有于越、四望两山,明月、仙鹤两峰,还有风洞甚奇。今存山崖上的题刻两百多件,有诗文、题名、榜书、图画等多种形式,而且桂树成林,秋香四溢。

〔二〕曹学佺(公元 1574～1646 年):字能始,福建侯官人,万历二十三年(公元 1595 年)进士,授户部主事,累迁南京户部郎中,四川右参政、按察使等。天启二年(公元 1622 年)为广西右参议,崇祯初起广西副使,力辞不就。家居 20 年,著书立说,诗文颇富,著有石仓集、蜀中广记等。后曾参加南明唐王政权,抗清失败后,入山上吊自杀。曾为霞客秋圃晨机图题过诗。

〔三〕牖(yǒu 有):窗。

〔四〕轩(xuān 宣):殿堂前的平台,前檐特起,曲椽无中梁者,称轩。

〔五〕飐(chā 差):凉风。

〔六〕燕：通"宴"，安憩，休息。

〔七〕羲(xī 希)皇：指伏羲氏。古人想象伏羲以前的人，无忧无虑，生活闲适，因称太古的人为羲皇上人。

〔八〕于越山　今仍称于越山。季抄本作"千越山"，乾隆本、四库本作"干越山"，皆有误。

〔九〕端倪(ní 尼)：边际。

〔一○〕遥墙：很长的墙。乾隆本、四库本作"长垣"。

〔一一〕雉堞(zhì dié 制牒)：城上排列如齿状的矮墙。

〔一二〕梁皇忏：佛教书名。相传梁武帝初为雍州刺史时，夫人郗氏性嫉妒，后病死。武帝梦见她变为蟒蛇，特集录佛经语句，作成忏法十卷，为她忏悔罪孽，称慈悲道场忏法，世称梁皇忏。

〔一三〕癸水门：即桂水门。

〔一四〕伏波山：系一孤峰耸立在漓江西岸，山顶远眺，山腰赏洞，山麓临潭，景色各异。唐时伏波山为桂林佛教胜地，至今还保存唐代摩崖造像二百多尊，和唐宋以来游人题刻一百多件。

〔一五〕薏苡(yì yǐ 意以)：俗称"药玉米"、"回回米"、"六谷米"等，为一年生或多年生草本。颖果椭圆形，淡褐色，有光泽。种仁可以煮吃，亦可酿酒，入药称苡仁。　马援(公元前14～公元49年)：字文渊，陕西茂陵人，被封为伏波将军。征交趾，常煮薏苡以避瘴气。南方薏苡粒大，回军时，传说马援运了一车回来做种，遭人诽谤，诬他载回的是明珠。

〔一六〕枻(yì 曳)：短桨。　樯(qiáng 墙)：桅杆，引申为帆。

〔一七〕披(pī 批)：翻阅。

〔一八〕花桥:今名同,跨小东江上,水洞四孔,西端连接旱桥七孔,上有长屋,可避风雨,形式美观,现为重点文物保护单位。

〔一九〕七星岩:在桂林市东郊,漓江东岸。有七个排列得像北斗七星的残峰,总称为七星山。北面的天枢、天璇、天玑、天权四峰组成普陀山,形如斗魁;南面的玉衡、开阳、瑶光三峰组成月牙山,形如斗柄。七星山主峰高出地面130米,其中已查明的岩洞多达15个。七星岩即在普陀山内,有八个厅堂似的石灰岩溶洞,由一条长814米的狭窄甬道连为一体,最宽处43米,最高处27米,洞内温度常年在20℃左右,冬暖夏凉。依石景特点配上不同的彩色灯光,犹如飘渺的仙景。

〔二〇〕游记中的七星岩是现在碧虚亭洞和七星岩洞的总称,入洞后有上下两层洞穴,当时上洞称七星岩,高出游览洞道十多米,下洞称栖霞洞,即今游览洞道。今七星岩有大小五个洞口,即七星岩、豆芽洞、曾公岩、上洞、交洞。曾公岩即今马平街洞口。上洞和交洞洞口系抗日战争时开凿,明代尚无。霞客从七星岩北口即今入口处入洞,向南入三天门,即今白玉长廊一带,所经獭(tǎ塔)子潭即今癞(lài 赖)子潭,红毡、白毡即今金纱、银纱,再到曾公岩。又从曾公岩入洞,向东经大教场至无底深潭附近,再返从曾公岩出。

〔二一〕澒　　原作"倾",乾隆本同,从四库本、丁本改。澒(hòng 洪去)洞(tóng 同):弥漫无际。

〔二二〕龙江:指七星岩内的地下河。

〔二三〕曾布(公元 1035 ～ 1107 年):字子宣,南丰人,官至翰林学士兼三司使。元丰初,以龙图阁待制知桂州。

〔二四〕桂：即桂州。北宋置桂州，治临桂，即今桂林市。

〔二五〕栖霞　原作"飞霞"，据乾隆本、四库本改。

〔二六〕此水从东北来　"东北"，乾隆本、四库本作"西北"。

〔二七〕燕：通"宴"，宴饮。

〔二八〕娘媳妇峰　乾隆本、四库本作"搔首峰"，即四月二十八日记的"妇女娘峰"，六月初五日记作"媳妇娘峰"。

〔二九〕"五美四恶"章：即论语子张问政一章："子张问于孔子曰：'何如斯可以从政矣？'子曰：'尊五美，屏四恶，斯可以从政矣。'子张曰：'何谓五美？'子曰：'君子惠而不费，劳而不怨，欲而不贪，泰而不骄，威而不猛。'"

〔三〇〕渚岩洞　"渚"原作"诸"，但下文有"岂以洞在癸水之渚耶？"乾隆本、四库本亦作"渚"，据改。

〔三一〕拖涧水　乾隆本、四库本作"拖剑水"，即前拖剑江，今称灵剑溪。

〔三二〕东北隅　乾隆本、四库本作"西北隅"。

〔三三〕各老桥　即前"葛老桥"，今作国老桥，跨在灵剑溪上。

〔三四〕挹（yì邑）：通"揖"，即拱手作揖。

〔三五〕竭蹶（jué决）：力竭而颠蹶。

〔三六〕洒发：抬头远望，头发散落的样子。

〔三七〕寿佛寺　原倒误为"佛寿寺"，参照五月初二、十一日日记及乾隆本改。下同。

〔三八〕靖江王府始建于洪武五年（公元1372年），严格按照明王朝对藩王府的规制建造,是一庞大的建筑群。王城为长方形,形制规整,全用青石修砌,周围约1.5公里,每方各有一门,共四门。城址在桂林市中心,现为广西师范大学。城墙及城门至今保存完好。王府的主要建筑承运殿早毁,但殿前的云阶玉陛和勾栏望柱保存至今。独秀峰位于王府后花园,山麓的月牙池就是当时开凿的。

〔三九〕扃(jiōng):关锁。

〔四〇〕启:陈述,禀告。

〔四一〕启:打开。

〔四二〕至顺:元代文宗年号,时在公元1330～1332年,共三年。

〔四三〕元代曾于独秀峰建大园寺。元顺帝即位前曾居住过这里,后来他当了皇帝,便将大园寺改为万寿殿。

〔四四〕太平岩　原作"太后岩",据上文改。

〔四五〕樵:同"谯"。谯(qiáo 瞧)楼:古时建筑在城门上用以瞭望的高楼。

〔四六〕榕树门:为宋代古城南门,今仍称古南门。在榕湖北岸,过去因有古榕树盘生,故此门称榕树门,桂林也因此被称为榕城。其南的大池,明时称为"莲荡"、"阳塘",即今榕湖和杉湖,现为桂林市内的风景区。

〔四七〕元时拓城于外　"外"原作"内",据乾隆本、四库本改。

〔四八〕阃(kǔn 困):特指郭门的门槛,亦以指阃外负军事专责的人,游记中称阃帅。总阃:乾隆本作"大将军"。　牙:通

"衙",即衙门。

〔四九〕西江:即今阳江,又称桃花江。

〔五〇〕其山北倚马留诸岫西接侯山诸峰 "马留",今作"骝马山",下同。侯山距隐山甚远,应是"西接西山诸峰"。

〔五一〕西湖:到元代,西湖已废为田。西湖的残迹在今桂林市区西缘,隐山附近一带。

〔五二〕诘(jié 结)旦:又作"诘朝",意即明早。

〔五三〕雉山:在今桂林市区南郊,桃花江南支西岸,有洞称雉岩。雉岩寺、青罗阁等今已不存。

〔五四〕令节:佳节。 名山:著名于世的山。

〔五五〕窗友:同窗学习的朋友,即同学。

〔五六〕涤凡 原脱"凡"字,据本月十九日记补。

〔五七〕鼍(tuó 驼):亦称扬子鳄,皮可张鼓。鼍鼓即用鼍皮蒙的鼓。

〔五八〕故游者捨彼趋此 四库本作"故游者拾级趋此"。

〔五九〕午向:南向。

〔六〇〕璇(xuán 玄)室:雕饰华丽的宫室。

〔六一〕崄同"险"。游记"险"亦作"崄"。 崄巇(xiǎn xī 险希):艰险崎岖。

〔六二〕童子师:粗悉法事的道童。

〔六三〕镌(juān 捐):凿刻。

〔六四〕佘真人歌 "佘"原作"俞",据摹崖校改。

〔六五〕平乐:明置平乐府,即今平乐县。

〔六六〕崖头:即净瓶山,在桂林市南郊,南溪山以南的漓江边。山有荷叶洞,亦称莲叶洞。

〔六七〕又东会拖剑水及漓江支水于穿山　　原作"又东会湘水于穿山",据乾隆本、四库本改。

〔六八〕跫(qióng 穷):脚步声。

〔六九〕田田:形容荷叶相连的样子。

〔七〇〕赛神:旧俗用仪仗、鼓乐、杂戏迎神出庙,周游街巷,称迎神赛会,简称赛神。

〔七一〕玄岩:也称元岩、观音岩。　　南溪山白龙洞在山腰不在山顶。白龙洞与刘仙岩不通,但与玄岩、龙脊洞却是相通的。

〔七二〕遐(xiá 霞)历:远游。

〔七三〕刘岩山:俗称看牛山。其上刘岩洞,俗称牛洞。

〔七四〕贳:通"赦",赦免。

〔七五〕桂岭碑　　原作"桂林碑",据乾隆本、四库本改。

〔七六〕华景洞:在宝积山北,洞前有铁佛寺。宝积山:在桂林市中山北路西侧,与叠彩山的四望山东西对峙。山南有诸葛武侯祠,俗称孔明台,故又名卧龙山。

〔七七〕开庆:南宋理宗年号之一,时在公元 1259 年,仅一年。

〔七八〕俞大猷(? ～公元 1580 年):字志辅,号虚江,福建晋江人。负责广东地区的抗倭斗争,为抗倭名将。嘉靖二十八年(公元 1549 年),又打退了安南对钦、廉等州的侵犯。后为广西总兵官,带兵镇压了韦银豹领导的农民起义,分兵七路,斩获达 8400多人。

〔七九〕八桂:源自山海经:"桂林八树,在贲隅东。"宋代以后,"八桂"所指范围逐步集中到广西,成为桂林府的别称,但也泛称广西为八桂。明一统志:"八桂,广西桂林府郡名。""八桂堂,在桂林府治,宋范成大建。"

〔八〇〕明初将桂林府城往南扩展,同时引阳江水由象鼻山下出口,凿通南门桥至象鼻山脚一段水道,使它成为城壕。自此阳江始有南北两派,且北派成为阳江主流。

〔八一〕抵石山南麓　"南"后衍"行"字,据乾隆本、四库本删。

〔八二〕右军崖　乾隆本、四库本作"古云崖"。

〔八三〕方信孺(公元1177~1222年):字孚若,福建莆田人。曾被遣三次使金,"以口舌折强敌,金人计屈情见",信孺坚持不屈。嘉定间任广西转运使,在桂数年。著有南海百咏集。

〔八四〕则因土人藏蒌其中也　"则因",原倒误为"因则"。

〔八五〕范成大(公元1126~1193年):字致能,自号石湖居士,吴县人。曾知静江府兼广南西路安抚使,在广西有德政。工于诗文,主要著作有石湖集、揽辔录、桂海虞衡志等。

〔八六〕泐(lè勒):石依其纹理而裂开。湮(yān烟)泐:裂坏磨灭。

〔八七〕荷叶山:山上建有七级六角实心塔,今名塔山。远看如一只溯江而上的军舰,又称军舰山。

〔八八〕甬道　"甬",原作"周",从沪本改。甬道:此处为两旁有墙的通道。

〔八九〕此句乾隆本、四库本作:"西渡荷叶山下,北过訾家洲,度浮桥而返。"訾(zī资)家洲,今名同,在象鼻山对岸漓江中,明代河舶所想即设在訾家洲上。

十一日

　　饭后出东江门，渡浮桥，共一里，过嘉熙桥[一]，问龙隐路。龙隐岩即在桥东之南崖，乃来时所过。夹路两山，北为七星，南为龙隐，其岩洞俱西向临江。七星之后穿山而东者，为曾公岩[二]，其前有峰分歧，植立路北。龙隐之后逾岭而南者，为隐真岩，其北有石端拱，俯瞰路南。此来时初入之隘，至是始得其详也。从桥上南眺，龙隐与月牙并列东崖，第月牙稍北，度桥循山，有路可通；而龙隐稍南，须从桥下涉江而上；其大道则自端拱之石南逾岭坳，循隐真而西，又从怡云北转始达，其间又迂回里余矣。余欲并眺端拱石人，遂由桥东直趋岭下，乃南上平瞻石人。又南下，即得一大塘。由塘北循山西转，其崖石俱盘削飞突。崖有隐真岩，建阁祠。共里余，抵山之西南隅。其峰益嵯峨层叠，中空外耸，上若鹊桥悬空，心异之，知龙隐在下，始攀隙而登，上有台址，拂崖读记，则怡云亭之废迹也。由其上转罅梯空，穿石锷上跻，其石片片悬缀，侧者透峡，平者架桥，无不嵌空玲珑。既而踞坐桥下，则上覆为龛，攀历桥上，则下悬成阁，此真龙角之宫，蟾（口）之窟也。下至怡云，其右即龙隐在焉。洞门西向，高穹广衍，无奥隔之窍，而顶石平覆，若施幔布幄，有纹二缕，蜿蜒若龙，萃而为头，则悬石下垂，水滴其端，若骊珠焉[三]。此龙隐之所由其名也。其洞昔为释迦寺，僧庐甚盛，宋人之刻多萃[四]其间，后有元祐党人碑，则其尤著者也[五]。今已废弃，寂无人居。岂释教之盛衰，抑世变之沧桑也！洞右近口，复绾台垂柱，环为层龛，内瞩重洞，外瞰深流，此为最胜。出岩，已过午矣。

　　仍从怡云南麓，东北逾端岭，过"拱石人"处[六]。乃西转循街共里余，将至花桥，令顾仆北炊于朝云岩。即融止所栖处。共里余，余与静闻南沿西麓，随流历磴半里，入月牙岩〔七〕。其岩西向，与龙岩比肩而立，第此则叠石通磴，彼则断壁削崖，路分通塞耳。其岩上环如玦〔八〕而西缺其口，内不甚深而半圆半豁，形如上弦之状〔九〕，钩帘垂幌，下映清泠，亦幽境也。既而仍由街北过七星，入寿佛寺。寺在七星观北，其后即栖霞大洞。僧空生颇雅饬，因留客。时余急于朝云之餐，遂辞。乃从其北而东蹑磴，则朝云之餐已熟，亟餐之，下午矣。

下山，北过葛老桥，东入一王孙之苑，中多果木，方建亭饬庑焉。地幽而制板，非余所欲观也。时余欲觅屏风，而遍询莫识，或有以黄金岩告者，谓去城东北五里，其道路吻合，疑即此山。及询黄金，又多指朝云下佛庐当之，谓内阃王公所建，此乃王公，非黄金也。求屏风而不得，并黄金而莫从，乃贸贸焉〔一〇〕望东北而趋。约三里，遇负担而询之，其指村北山曰：“此即是矣。”此中土人鲜知其名，乃从村右北趋，问之村人，仍不知也。中犹疑信参半，及抵山东麓，则削崖平展，列嶂危悬，所云屏风，庶几〔一一〕不远。已转北麓，则洞门如峡，自下高穹，山顶两崖，阔五丈，高十余丈。初向南平入，十丈之内，忽少转东南向，忽明穴天开，自下望之，层楼结蜃，高镜悬空，即非屏风岩，亦异境也。从此遂高跻也，又十余丈而出明穴之口。先，余一人入洞，即采嫩松拭两崖，开藓剔翳，而古刻露焉。字尽得松膏之润〔一二〕，如摹拓者然，虽蚀亦渐可辨。右崖镌“程公岩”三大字。西有记文一通，则是岩为鄱阳程公〔崇宁帅桂时〕〔一三〕所开，而程子邻嗣为桂帅，大观四年〔一四〕。属侯彭老为记，梵仙赵岍书之者也。志言屏风岩一名程公，至此乃憬然〔一五〕无疑,而转讶负担指点之人所遇之奇也。乃更拭,其西又镌壶天观铭序,有"石湖居士名之曰空明之洞"之文〔一六〕,而后不著撰名,第复草书二行于后曰:"淳熙乙未〔一七〕廿八日,酌别碧虚七人复过壶天观。"姓字在栖霞,必即范公无疑,又不可无栖霞一番详证矣。左崖镌张安国诗题,其字甚放逸。其西又镌大宋磨崖碑,为李彦弼大书深刻者。其书甚大而高,不及尽拭而读之。遂西向登级,上登穴口,其内岩顶之石,层层下垂,若云翼势空〔一八〕,极其雄峻。将至穴口,其处少平。北奥有大石幢,盘叠至顶,圆若转轮,累若覆莲,色碧形幻,何造物之设奇若此也!是处当壶天观故址,劫尘荡尽,灵穴当悬,更觉空明不夹。出穴而西,其外山回崖转,石骨森森,下即盘峰成窝。窝底有洞北向,心颇异之。遂不及返观前洞,竟从明穴之后觅径西南下,及抵窝入洞,洞不甚深。乃即逾窝而西,有石峰骈枝并起,一为石工锤凿垂尽,一犹亭亭独立。从其东更南三里,已出葛老桥之西,于是循朝云、七星西麓,西度花桥。时方日落,市人纷言流贼薄永城,省城戒严,城门已闭。亟驰一里,过浮桥,而门犹半启,得返寓焉。

十二日

复二里,过初旸宗室,换得一石,令顾仆肩之,欲寄于都府街东裱工胡姓家。适大雨如注,共里余抵胡。胡亟来接,入手而石尖砑然〔一九〕中断,余无如之奈何,姑置其家。候雨少止,遂西过都府前,又西径学宫,乃南行,共二里而出丽泽门。门外有巨塘汇水,〔水自西北城角马留过脊处,南抵振武门北,入阳江。〕自北而南,有石梁跨之,〔曰凉水洞桥。〕其梁北塘中,莲花盛开,幽香艳色,坐梁端树下眺之,令人不能去。又西南行一里,已出隐山之外。从其西度西湖桥，溯阳江北岸而西，通侯山背；而大道犹在西南，当自振武门西度定西桥。时余欲觅中隐山，久询不得，志言在城西南十里，乃转而南向行。又一里抵振武门，于是越桥西行，一里，忽见路右有山森然，有洞岈然，即北趋其下。前有古寺，拭碑读之，则西山也。

西山之胜〔二〇〕，余以为与隐山、西湖相近，先是数询之不获，然亦不知有洞也。亟舍寺趋洞，洞门南向。其东又有裂石，自峰顶下跨成门。复舍洞趋之，则其门南北豁然，亦如雉山、象鼻之中空外跨，但彼则急流中贯，此则澄潭外绕耳。然其外跨之石，其上欹叠交错，尤露奇炫异放。亦未遽入门中，先绕其东，遂抵山北，则北向亦有洞岈然。穿洞而南，横透山腹，竟与南洞南北贯彻，第中有夹门，有垂柱，不若穿山中洞、风洞西岩一望皎然耳。然其内平整曲折，以小巧见奇，固居然一胜也。出南洞，望洞左有磴叠嵯峨中。循之北跻峰顶，则怪异之石，锷簇锋攒，〔中旋为平凹，长若沟洫，光滑特异。〕既下至南洞前，始东入〔石〕门。其门乃片石下攒，垂石上覆，中门高辟，众窍旁通，内穹一室，外启八窗，亦以小巧见奇，又一胜也。停憩久之，望其西峰，石亦耸列。从寺后西历其上，由峰崿中历级南下，出庆元伯祠。乃弘治时孝穆皇太后祠其父者。

西循大道行，又三里，由岐径北趋木陵村〔二一〕。先是，求中隐不（得），至此有居人朱姓者，告余曰："中隐、吕公，余俱未之闻，惟木陵村有佛子岩，其洞三层，道里相（同），或即此岩未可知。"余额之，遂从此岐入。西北二里，望见石峰在侯山东麓，洞门高悬。乃令顾仆就炊村氓家，余同静闻北抵岩下。其岩之东，先有二洞南向，余先入最东者，则洞敞而不深。稍西，则洞门侧裂，外垂列乳，中横一屏。屏后深峡下坠，屏东西俱有门可瞰而下。由峡中北入，其窍旁裂，渐隘而黑。乃复出，又西上入大洞。其洞南下北上，穹然高透，颇如程公岩。瞻右崖有题，亟以松枝磨拭之，则宋绍兴甲戌〔二二〕七月望吕愿忠题中隐山吕公洞诗也。〔后署云：〕"假守洛阳吕叔恭游中隐山无名洞，客有言：'此洞自君题，当以吕公名之。'余未敢。披襟在坐者皆曰：'当甚。'因书五十六字镌于壁。"〔二三〕余见之，更惬然喜，始知佛子岩之即吕公，吕公岩之即中隐也。于是北跻后穴，其内云翼劈空，叠层倒骞，与洞俱上，不作逼隘之观。而穴口高朗，更大于程公岩之后〔穴〕也。出口而北，有石磴二道，一东北下山麓，一西北跻山顶。余先从其下者，则北向之麓，皆崆峒如云嘘幔覆，外有倒石，界而为门，列而为窗，而内蜿蜒旁通，绕若行廊复道，此下洞之最幽奇者也。既而复上中洞后穴，从其左西北跻级而上，忽复得一洞。其洞北入南穹，扩然平朗，南向之中一石耸立如台，上有石佛，不知其自来，洞右有记，言此洞从前路塞莫上，一日有樵者入憩，忽睹此像，异而建之，此宋初也。佛子洞之名所由也。其前有巨石柱，如屏中峙，东西界为两门：西窍大而正，自下远眺，从窍直透北山，而东则隐焉；东窍狭而偏，其窍内东旋一龛，中圆覆而外夹如门，门上龙虎交两旁，有因而雕缋〔二四〕之者，反失天真，则真之害也〔二五〕。窍外循崖东转，又辟一门，下临中洞之上，则关帝之座也。余得一佛子，而中隐、吕公岩诸迹种种毕现，诚意外之奇遇也。仍由洞北东下，穿中洞南出，再读吕公五十六字题〔二六〕，识之以待归录。出中洞，复循山西行。又开一洞，南向与中洞并列，中存佛座、柱础，则昔时梵宇也，而内不甚宏〔二七〕。

　　由其西攀磴而上，又有南向之洞，余时腹已枵然，急下山，饭于木陵氓家。氓言："西向侯山之下，尚有铜钱岩，可透出前山；北向赵家山，亦有洞可深入；南向茶庵之西，又有陈拵岩，颇奇。"余思诸岩不能遍历，而侯山为众峰之冠，其岩不可交臂而过。遂由中隐旧路越小桥西，共一里，登侯山东麓，〔抵侯山庙。庙后山麓漫衍，蹈水披丛，〕茫不得洞。但见有级上跻，几欲贾勇一登绝顶，而山前行者，高呼日暮不可登。第西南遥望大道之南，削峰东转，有洞东北穿焉。不知为铜钱、为陈拵，姑望之而趋。交大道南去，共一里抵其下。洞门东北向，高倚山半，而前有潨水，汇而成潭。从潭上拾级攀棘，遂入洞中。其洞乱石堆门，外高内深，历石级西南下，直坠洞底，则水涯渊然。内望有一石横突而出，若龙首腾空，下有仄崖嵌水，内有裂隙旁通。余抵龙首之下，畏仄崖峭滑，逡巡〔二八〕未前，而从者高呼："日暮，路险。此可莫入！"乃从之出，下山。循麓转出东南，则此山之背，似复有门，前复汇水，岂所云铜钱岩可透前山者，乃即此耶？〔其处西峰骈耸，无侯山之高，而峭拔过之。〕日暮急驰，姑留以为后日之游。共二里，南出大道，回顾其西路南夹道之山，上有一窍东西透空，亦与佛子、穿岩无异，俱留为后游，不暇入。执途人而问："前所入北向洞何名？"则架梯岩，一名石鼓洞也。时途中又纷言城门已闭，竭蹶东趋三里，过茶庵，又二里，过前木陵分岐处，已昏黑矣，度已不及入城。又三里抵振武门，犹未全掩也。侧身而入，从容抵寓。

十三日

早促饭，即出靖藩城北门，过独秀西庵，叩绀谷，已入内宫礼忏矣。登峰之约，复欲移之他日。余召与其徒灵室期，姑先阳朔，而后来此。乃出就日门，过木龙南洞，由其下渡江。还望木龙洞下层,复有洞滨江穿麓,潆流可爱。上江东涯,即溯江流北行,不半里,入千佛阁,乃平殿也。〔前有大榕一株。〕问所谓辰山者,自庵至渡头东街,僧俗少及长俱无一知。乃东向苍莽行,冀近山处或得一识者,如屏风岩故事。随大路东北五里,眺尧山在东,屏风岩在南,独辰山茫然无辨。一负刍者,执而问之,其人曰:"余生长于此,未闻所谓辰山。无已,则东南数里有寨山角,其岩前后相通,或即此也。"余欲从之,将东南行,忽北望一山,去路不一里,而其山穹然有洞,洞口有石当门,赭色斑烂,彪炳〔二九〕有异。亟问何名,负刍者曰:"老虎山也。"余谓静闻:"何不先了此,而后觅辰山。"遂北由岐行一里,抵山下。有耕者,再问之,语如初。乃望高贾勇,遂先登洞口斑烂石畔,穿入跨下,其内天光自顶四射。由下北透其腹,再入重门,支峡后裂,层庋上悬,俱莫可度。返南向重门内,攀崖上跻,遂履层楼,徘徊未下。忽一人来候洞前,乃下问之,曰:"是山名老虎山,是洞名狮子口,以形也。又名黄鹂岩,以色也。山前有三洞:下曰平地,中曰道士,上曰黄鹂。"似欲为余前驱者。余出洞,见山顶石丛参错,不暇与其人语,遂循路上跻。其石片片,皆冰棱铁色。久之下岭,石棱就夷,棘道转没。方踯躅间,前候者自山下释耒〔三〇〕趋上,引余左入道士岩。岩亦南向,在黄鹂之东而稍下,所谓中洞也。洞之前壁,右镌李彦弼,左镌胡槻诗,皆赠刘升之者。升之家山下,读书洞间,故当道皆重之。拂读诗叙,始知是山之即为辰山〔三一〕。又得辰山之不待外索,更奇甚。前得屏风岩于近山之指示,又得中隐山于时登之摹拟,若此山近人皆以为非,既登莫知其是,而数百年之遗迹,独耿然示我也,其孰提醒而孰嘿导〔三二〕之耶?

余就岩录诗,因令顾仆随导者往其家就炊,其人欣然同去。录未竟,其人复来,候往就餐,余乃随之穿东侧门而出。其门内剖重龛,外耸峡壁。东向下山,以为其家不远,瞻眺无近村,始知尚在东北一里外也。其人姓<u>王</u>名<u>世荣</u>,号<u>庆宇</u>,山四旁惟兹姓最近,为山之主。抵<u>王</u>氏,主人备餐加豆,且留宿焉。余见<u>尧山</u>渐近,拟为明日游,因俞〔三三〕其请,而以余暑索近胜。<u>庆宇</u>乃肩梯束炬前导,为<u>青珠洞</u>游。不约而随者数十人,皆<u>王</u>姓。遂复趋<u>辰山</u>北麓。

其洞北向,裂峡上并山顶,内界两层。始向南,入十余丈,乃攀崖而上,其中穿窿而暗。稍转而西,乃竖梯向北崖上跻。既登,遂北入峡中五丈余,透出横峡。其峡东西横亘,上高俱不见顶。由东行四五丈,渐辟生光,有大石柱中悬。绕出柱西,其峡又南北竖裂:南入而临洞底,即穿窿暗顶之上也;北出而临洞门,即裂峡分层之巅也。洞门中列二柱,剖为一门二窗,延影内射,正当圆柱。余诧以为奇,而导者曰:“未也。”转从横峡口,又由西行四五丈,有窍南入,甚隘。悉去衣赤体,伏地蛇伸以进。其穴长三丈,大仅如筒,又曲折而有中悬之柱,若范人之身〔三四〕而为之窍者。时从游两人以火炬先入,余继之。半晌而度,即西坠度板,然后后入者得顶踵而入,几几手度一人须磨抵一时矣。过隘,洞复穿然,上崇下陷,乃俯南降,垂乳纷列,迥与外异。导者曰:“未也!”又西逾一梁,梁横〔南北〕若阃,下可由穴以坠,上可截梁而度。越梁西下,石乳愈奇。西洼既穷,复转北上,靡丽盈眸,弥转弥胜。盖此洞与山南之<u>黄鹂</u>正南北相当,而南则层叠轩朗,涤虑怡神,可以久托;北则重闉崄巇,骇心恫目,所宜暂游。洵一山皆空,其环峙分门者虽多,无逾此二妙矣。〔北向开洞门者三,此为中,东西二门俱浅。〕

出，复东循北麓，过洞门一，不甚深。转南向而循东麓，先过高穹之洞一，又过内削三曲〔三五〕一，又过狗头岩一，皆以高悬不入。又南过道士后峡门，又南得和合岩。其岩亦东向，内辄南裂成峡，而峡东壁上镌和、合二仙像，衣褶妙若天然，必非尘笔可就。〔南向者三，即平地、道士、黄鹏也。志称辰山有洞三级，第指其南耳。惟西面予未之穷。出青珠洞，过北洞一，东麓洞五，〕转西向而循南麓，遂入平地岩。其门南向，初入欹侧，不堪平行，侧身挨北缘东隙而上，内境既穹，外光渐闶。时火炬俱弃北隅，庆宇复欲出取，而暮色亦上，不堪栖迟，乃谢之出。亦以此洞既通中洞，已穷两端，无复中撷矣〔三六〕。乃从山东北一里，复抵王氏。庆宇之母，已具餐相待。是夜月色甚皎，而蚊聚成雷，庆宇撤己帐供客，主仆俱得安寝。

十四日

早餐于庆宇处，遂东行。过一聚落，又东北共三里，过矮山。其山在尧山之西，漓水之东，其北复耸一枝，如拇指之附，乃石山最北之首峰也。山南崖削立，下有白岩洞。洞门南向，三窦旁通；其内垂石，如莲叶卷覆，下多透漏，列为支门；其后少削，而下辄复平矿；转而西入数丈，仍南透天光。出洞而东，有庵两重，庵后又有洞甚爽，僧置牛栏猪笠〔三七〕于中，此中之点缀名胜者如此！北小山之顶，一小石尖立，特起如人。山之名"矮"，以矮于众山；余见其嶙峋，欲以雅名易之，未能也。

于是东向溯小溪行，共二里，抵尧山西麓。由王坟〔三八〕之左渡一小石桥，乃上山，入古石山坊，共二里，抵玉虚殿。其处小回成坞，西向开洋，水自山后转峡而来，可润可耕，名天赐田，而土人讹为天子田。由殿右转入山后，则两山夹而成涧。乃南向溯涧半里，又逾涧东上半里，始登岭角，于是从岭上望东北最高峰而登。适得樵者，询帝尧庙所在。其人指最高峰曰："庙在此顶，今已移麓，惟存二石为识，无他可睹也。"乃益东北上，三过狭脊，三登三降。又二里，始登第一高峰，然庙址无影响，并二石亦莫辨焉。盖此中皆石峰森立，得土山反以为异，故群而称之，犹吾地皆土山而偶得一石峰也。大舜虞山已属附影，犹有史记苍梧之文，而放勋〔三九〕何与于此哉！若谓声教南暨〔四〇〕，则又不独此山也。或者曰："山势岩峣〔四一〕。"又或曰："昔为瑶人所穴。"以声音之同，遂讹为过化所及，如卧龙之诸葛，此岂三国版图哉！其山之东，石峰攒丛，有溪盘绕其间，当即大坝之上流，出于廖家〔村〕西者也。

凭眺久之，仍五里下，饭于玉虚殿。又二里，抵山麓小桥。闻其北有尧庙，乃县中移以便伏腊故事者〔四二〕，其东南有寨山角、铁峰山，其名颇著。乃又南渡一桥，于是东南循尧山南麓而趋，将先探铁峰，遂可西南转及寨山、黄金而返也。五里，已出尧山东南坞。其南石峰森森，而东南一峰，尤铮铮屼突。余疑其为铁峰山，得两人自东来，问之，曰："铁峰在西，已逾而东矣！"余不信，曰："宁失铁峰，此铮铮者不可失也！"益东南驰松篁间，复得一小沙弥，询铁峰，曰："前即是矣！"出林，夹右转石山而南，将抵铮铮突峰之西，忽一老者曳杖至。再询之，则夹右而转者即铁峰，其东南铮铮者乃天童观后峰，铮铮者可望而不可登，铁峰山则可登而不可入。盖铁峰颇似独秀，其下有岩洞，昔有仙留记，曰："有人开得铁峰山，真珠金宝满担担。"故先后多凿崖通窍者，及将得其门，辄坠石闭塞焉。老者指余循南麓遍探，仍返勘东麓，俱无深入容身之窍。

乃西驰一里，转入南岐。又一里抵冷水塘〔四三〕。小桥跨流，急涌西南而去，一村依山逐涧，亦幽栖之胜，而其人不之觉也。村南石峰如屏，东西横亘，从西嘴望之，只薄若立指。从其腋东转南山之坳，则遂出山南大道。始驰而西，共三里过万洞寺，则寨山在其西矣。其地石山始开，平畴如砥，而寨山兀立其中。望其东崖，穹然壁立，悬崖之上，有室飞嵌，而不见其径。转循山南，抵山西麓，乃历级北上。当〔寨山〕西北隅，崖开一罅，上架横梁，乃逾梁入洞，贯腹而东，透出东崖，已在嵌室之内矣。余时急于东出，西洞真形俱不及细按。及透东洞，始解衣憩息，竟图托宿其间，不暇更问他胜矣。

十五日

寨山洞中多蚊，无帐睡不能熟。晨起，晓日即射洞而入，余不候盥栉，辄遍观洞中。盖其洞西北东南，前后两辟，而中则通隘，仅容一人。由西麓上山腰，透入飞石下，旋转蹑其上，卷石为桥，以达洞门。门西北向，门内洞界为两，南北并列，俱平整可居。北洞之后，即通隘透腹处也，隘长三丈。既入，即宽辟为岩，悬乳垂莲，氤氲左右，而僧结屋掩其门。东岩上下，俱极崇削，惟屋左角余飞台一掌，不为屋掩。余先是中夜为蚊所驱，时出坐其上。月色当空，见平畴绕麓，稻畦溢水，致甚幽旷。东岩之下，亦有深洞，第不透明。路当山麓，南转始得东上。余既晨餐，西北望黄金岩颇近，亟趋焉，不复东寻下洞也。

下山西麓，过竹桥，由村北西北行〔四四〕，三里，抵岩之阳。其山骨立路北，上有竖石如观音，有伏石如虾蟆，土人呼为"蟆拐拜观音"。拐即蛙之土名也。自九疑瑶峒，俱以取拐为务。其下即裂为洞，洞不深而高，南北交透，前低后峻。后门之半，复有石横飞，若驾虹空中，门界为二。既内外分启，亦上下层分，映彻之景，莫此为甚，土人俱指此为黄金岩。余既得之黄公之外，又觉此洞之奇，虽中无镌刻，而心有余幸。由洞内上跻，北出驾虹之下，俯瞰北麓，拖剑江直啮其下而西去焉。踞坐久之，仍南下出洞。其右复有一洞，门亦南向高裂，其内则深入而不透，若重峡而已。已从西麓北转，山之西北，亦有一洞西向，则中穹而不深，亦不透。其对山有东向之洞，与此相向，若门庑对列。其洞则内分四支如“十”字。东北二门则外透而明，然东其所入，北乃悬崖也；西南二峡则内入而黑，然西其上奥，南乃深潭也。拖剑之水在东峰之北，抵此洞前，转北循山。当洞有桥跨之，桥内汇而为池，亦山丛水曲之奥矣。出洞，不知其名，心诧其异，见汲水池中者，姑问之。其人曰：“此洞无名。其上更有一洞，可跻而寻也。”亟从之，适雨至不为阻，披箐透崖而上。南北两石屏并立而起，微路当其中，甚峻。洞峙南屏后，门亦东向，而不甚宏。门左刻石一方，则宋人遗迹也，言此洞山回水绕，洞名黄金，为东坡居士香火院〔四五〕。岩中东坡题额可拓，予急觅之。洞右有旧镌，上有“黄金岩”三字可辨。其下方所书，则泐剥无余矣。始知是洞为黄金，而前乃其东峰之洞。一黄金洞而既能得土人之所不知，又能知土人之所误指，且又知其为名贤所遗；第东坡不闻至桂为可疑耳。洞内无他奇，而北转上透天光，断崖崩溜，无级可攀。乃出门左，见北屏内峡，有路上跻，第为积莽所翳，雨深蔓湿，不堪置足，余贾勇直前，静闻不能从焉。既登，转而南，则上洞也。洞门北向。门外棘蔓交络，余缕分而节断之，乃得入门。门内旁窦外通，重楼三叠，下俯甚深，上眺亦异，然其上俱无级罅可攀。谛视久之，见中洞之内，有旁窦〔玲珑，悬隙宛转，〕可穿而上，第隘而层折，四体难舒。于是脱衣赤体，蛇伸蠖曲〔四六〕，遂出上层〔平庋阁上〕，踞洞口飞石驾梁之上，高呼静闻，久而后至，亦以前法教猱而升，乃共下焉。

时顾仆待下洞桥端甚久，既下，越桥将西趋屏风山，欲更录程公岩记并壶天（观）铭序。回望黄金岩下，其西北麓诸洞尤多，乃复越桥而西〔四七〕，随拖剑绕山北麓。其处又〔得〕北向洞二，西向洞三，或旁透多门，或内夹深峡，一山之麓，靡不嵌空，若垂云覆翼焉。极西一洞门，亦自西北穿透东南，亦北低南峻，与东峰（缺。）午，令顾仆先炊王庆宇处，余与静闻西望屏风山而趋。将度拖剑水，望〔屏风、黄金〕两山之中，又南界一山，其下有洞北向，复迂道从之。则其洞亦旁分两门，一北一东，此山之东北隅洞也。其西有级上跻，再上而级崩路削，又有洞北向。其前有垣，其后有座，乃昔时梵宇所托，虽后左深窍可入，然暗不能穷。乃下抵西北隅，则旁透之洞，中空之峡，又连辟焉，颇与黄金岩之西北同。而正西一洞，高穹层列，〔纷拏杰张，此〕又以雄厉见奇，〔非寻常窈宛窟也〕。土人见予久入，诧而来视，余还问其名，知为飞石洞。从此遂西度石堰，共一里入程公岩，录东崖记、铭二纸。铭乃范成大，记乃侯彭老。崖高石侧，无从缘拭，抄录甚久，有数字终不能辨。时已过午，腹中枵然，乃出岩北趋王氏。不半里，过一村，以衣质梯〔四八〕，复肩至岩中，缘拭数字，尽录无遗。复缘拭西崖张安国碑，以其草书多剥，有数字不辨焉。

时已下午，于是出洞还梯，北二里，饭于王氏。王氏杀鸡为黍，待客愈隆。其母再留止宿，余急于入城，第以胡槻诗下刘居显跋未录,居显,升之乃郎。攀凳拂拭,而庆宇复负而前趋。西一里,入道士岩东峡门,穿入洞中,拭左崖,再读跋,终以剥多置。又校得胡诗三四字,乃入洞右隅之后腋,即与下洞平地岩通者。其隙始入甚隘,少进而西,则高下穹然,暗不可辨。庆宇欲取火为导,余曰:"不若以余暑探外未悉之洞也。"遂仍出东峡,循东麓而北,过狗头洞。洞虽奇而名不雅,竟舍之。其北麓又有一洞,北门亦东向,外若裂罅。攀隙而上,历转三曲,遂透三窗,真窈窕之鹭宫,玲珑之鹭宇〔四九〕也。出洞再北,即为高穹之洞。其门南向,上盘山顶,与北之青珠并。入其内,即东转而上跻,已而北转,渐上渐黑,虽崇峻自异,而透朗独悭〔五〇〕,非余之所心艳也。出洞,日已薄暮,遂别庆宇南趋二里,过屏风山西麓,至是已周其四面矣。又三里,过七星岩,又一里,入浮桥门,〔浮桥共三十六舟〔五一〕云〕。则离寓已三日矣。

十六日

余暂憩赵寓,作寄衡州金祥甫书,补纪游之未尽者。

十七日

雨。余再憩赵寓,作家报并祥甫书,简点所市石。是日下午,辄闭诸城门,以靖藩燔灵也。先是,数日前先礼忏、演剧于藩城后,又架三木台于府门前。有父、母及妃三灵,故三台。至是夜二鼓,遍悬白莲灯于台之四旁,置火炮花霰〔五二〕于台上,奉灵主于中,是名"升天台"。司道官吉服奠觞〔五三〕,王麻冕拜〔五四〕,复易吉服再拜,后乃传火引线发炮,花焰交作,声震城谷。时合城士女喧观,诧为不数见之盛举。促余往寓目,余僵卧不起,而得之静闻者如此。

十八日

托静闻从朝云岩觅融止上人入寓。饭后,以所寄金祥甫书及家报、石帐付之,托转致于衡,嘱祥甫再寄家中。

十九日

以行囊简付赵主人时雨。余雨中出浮桥,将附舟往阳朔。时即开之舟,挨挤不堪;姑入空舟避雨,又不即去;乃托静闻守行李于舟,余复入城。登城楼,欲觅逍遥楼旧迹,已为守城百户〔五五〕置家于中。遂由城上南行,二里,抵文昌门。门外为五胜桥〔五六〕,漓之支流与阳江之分派交通于下。复循城外西过宁远门,乃南越南门桥,觅摹碑者,已他出。余初期摹匠同往水月,拓陆务观、范石湖遗刻。至是失期,乃赴雉山别郑、杨诸君,以先两日二君托人来招也。比至,又晤白益之,名弘谦,真谦谦君子也。时杨君未至,余少待之,雨大至,遂坐雉岩亭。方伸纸欲书补纪游,而杨君、朱君继至,已而郑君书小序见投,而朱君之弟涤凡亦以诗觊,余交作诗答之。暮,抵水月岩西舟中,宿。

二十日

舟犹欲待附者〔五七〕,因令顾仆再往觅拓工。遂同抵水月观洞,示所欲拓,并以纸价付之,期以阳朔游还索取所拓。是日补纪游程于舟中。舟泊五胜桥下,晚仍北移浮桥,以就众附也。是日晴丽殊甚,而暑气逼人。当午有王孙五人入舟强丐焉〔五八〕,与之升米而去。

〔一〕嘉熙桥:乾隆本、四库本作"花桥",应即花桥。嘉庆重修一统志桂林府津梁载:天柱桥"旧名花桥,又名嘉熙。"桥东侧有石笋耸立如柱,故又名天柱桥。

〔二〕七星之后穿山而东者为曾公岩 "七星",原作"七里",有误,此不从。

〔三〕骊(lí离)珠:一种珍贵的珠,传说出自深海中骊龙颔下,因称骊珠。

〔四〕萃(cuì粹):聚集。

〔五〕桂林文物甚多,保存至今的摩崖碑刻约有两千多件,有诗文、题名、书札、佛经、规约、告示、图画等,内容涉及到唐宋以来历代的政治、军事、经济、文化、民族关系等各方面,还保存了很多著名历史人物的事迹,有较高的史料价值。其中宋代碑刻特多,约占总数的四分之一。南宋时重刻的元祐党籍碑,至今仍保存在龙隐岩。新中国建立后,在龙隐岩建立了桂海碑林石刻馆。

〔六〕东北逾端岭过拱石人处　据上文所述,此句当为"东北逾岭,过端拱石人处"。

〔七〕月牙岩:在桂林市区东郊,前临小东江。近年新建了月牙楼,月牙岩内外又建了小广寒与襟江阁,颇便眺览。"端拱石人"在月牙山北,一石端直峭立,高数丈,形似剑柄,今称剑柄石。

〔八〕玦(jué决):古代的一种玉器,环形而有缺口。

〔九〕上弦:此处系指月相。中历每月初八、九,从地球上可以看见月球西边的半圆,这时月相如弓,因称上弦。

〔一〇〕贸(mào冒)贸:蒙昧不明的样子。

〔一一〕庶几(shù jī束机):也许可以。

〔一二〕松膏:墨按其原料不同分为松烟墨与油烟墨。用松煤制的称松烟墨,深重而不姿媚;用油烟制的称油烟墨,则姿媚而不深重。松膏即松烟墨。

〔一三〕崇宁:北宋徽宗年号,时在公元1102～1106年,共五年。

〔一四〕大观：北宋徽宗年号，时在公元 1107 ～1110 年，共四年。大观四年为公元 1110 年。

〔一五〕憬(yǐng 景)然：觉悟。

〔一六〕有石湖居士名之曰空明之洞之文　原作"有石湖居士命曰空之文"，据广西通志载壶天观铭序改。

〔一七〕淳熙乙未：淳熙二年，公元 1175 年。

〔一八〕云翼势空　下一日记有"云翼劈空"，疑此处"势"应作"劈"。

〔一九〕硁(kēng 坑)：打击石头的声音。

〔二〇〕西山：从记叙内容及方位看，本日所游西山系今牯牛山，与现在通常所称的西山不同。六月五日记有西峰，则指今西山的西峰。

〔二一〕木陵村：六月五日记又作"穆陵村"，即今睦邻村，在红铜崆西北。

〔二二〕绍兴：南宋高宗年号，时在公元 1131 ～1162 年，共 32 年。绍兴甲戌为绍兴二十四年，公元 1154 年。

〔二三〕此段乾隆本有删节，文字最少。季抄本亦非全文。兹录原文于后："假守吕叔恭游中隐岩无名洞，坐客鄱阳朱国辅云'此洞未有名，因公而显'，欲名曰吕公岩。予未敢。披襟而刘子思、陈朝彦皆曰：'甚当。'戏书五十六字镌于石壁间。"

〔二四〕缋(huì 汇)：同"绘"，指用彩色画或绣的花纹图像。

〔二五〕则真之害也　"害"原作"官"，因形近而误。

〔二六〕再读吕公五十六字题　原作"二十六字"，有误，据前文改。

　　〔二七〕中隐山:在桂林市区西5公里,有上、中、下三洞。下洞称张公洞,回环曲折,如九曲回廊。中洞称吕公岩,如大圆厅。上洞为佛子岩,像个大舞台。其后洞危崖陡壁,可凭栏远眺。

　　〔二八〕逡(qūn)巡:欲进不进,迟疑不决的样子。

　　〔二九〕彪(biāo 标)炳:文采焕发。

　　〔三〇〕耒(lěi 垒):即耒耜。古代耕地翻土的农具,亦以耒耜为农具的总称。

　　〔三一〕辰山:即虎山,俗称猫儿山,在桂林市区东北郊。霞客所住的王庆宇家,应即今猫儿山北面的王家碑。

　　〔三二〕嘿(mò 墨):同"默"。嘿导:暗中引导。

　　〔三三〕俞(yú 鱼):犹言"然",表示应允。

　　〔三四〕范(fàn 饭):模子。范人之身:以人的身体做模子。

　　〔三五〕三曲　　原作"三门",据乾隆本、四库本改。

　　〔三六〕撷(xié 协):采摘。

　　〔三七〕笠(lì 立):竹篾编成的笠形覆盖物。

　　〔三八〕王坟:即明代靖江王墓群,有王墓十一座,王室墓百余座,占地近万亩。

　　〔三九〕放勋(fǎng xūn 访薰):唐尧的称号,一说是尧的名。

　　〔四〇〕暨(jì 既):及,到。

　　〔四一〕峣(yáo 尧):山高的样子。尧山位于桂林市郊东北隅,海拔909米,为桂林辖区境最高峰,也是桂林唯一的土山。

　　〔四二〕伏,指夏天的伏日;腊,指冬天的腊日。古代伏腊日皆举行祭祀。后也用伏腊泛指节日。

〔四三〕冷水塘:今名同,在桂林市区东郊。

〔四四〕此村应即今竹桥村,在桂林市区东郊,乌山里稍北。

〔四五〕苏轼(公元1036～1101年):字子瞻,四川眉山人。曾通判杭州,知密州、徐州、湖州、永州。后为黄州团练副使,筑室于东坡,自号东坡居士。为北宋著名文学家,有东坡集四十卷。香火院:施舍财物,供神拜佛的寺院。

〔四六〕蠖(huò获):即尺蠖,为一种昆虫。它必须先弯曲身体,再向前伸,故北方称它为步曲,南方称它为造桥虫。

〔四七〕乃复越桥而西　疑"西"字应为"东"字。

〔四八〕质:抵押。

〔四九〕鹫(jiù就):鹰科部分大型猛禽的通称。　鸑(zhuó浊):即鸑鷟,凤的别称。

〔五〇〕悭(qiān牵):欠缺。

〔五一〕浮桥:跨漓江上,在桂林市区东隅,其址即今解放桥。嘉庆重修一统志桂林府津梁载:"永济浮桥,在临桂县东江门外,明正德四年(公元1509年),抚臣陈金造舟五十,两岸植铁柱四,中贯以铁缆二,各长百余丈,后废。本朝顺治十七年重建,雍正六年修。"

〔五二〕花霰(xiàn线):相当现在燃放的礼花。

〔五三〕奠(diàn电):向鬼神敬献祭品。　觞(shāng伤):敬酒。

〔五四〕麻冕(miǎn免):古代帝王、诸侯等的丧服。

〔五五〕百户:明代兵制实行卫所制,千户所下设有百户所,统兵120人,分为二总旗,十小旗。百户为百户所的长官。

〔五六〕文昌门:在今文明路南端。其南的五胜桥,跨在阳江上,今称文昌桥。

〔五七〕附者:乘船的人。

〔五八〕丐(gài 盖):乞讨。

二十一日

候附舟者,日中乃行。南过水月洞〔东〕,又南,〔雉山、穿山、斗鸡、刘仙、崖头诸山,皆从陆遍游者,惟斗鸡未到,今舟〕出斗鸡山东麓。〔崖头有石门净瓶胜,舟隔洲以行,不能近悉。去省已十里。〕又东南二十里,过龙门塘〔一〕,江流浩然,南有山嵯峨骈立,其中峰最高处,透明如月挂峰头,南北相透。又东五里,则横山岩屼突江右。渐转渐东北行,五里,则大墟〔二〕在江右,后有山自东北迤逦来,中有水口,疑即大涧榕村之流南下至此者。于是南转又五里,江右复有削崖屏立。其隔江为逗日井,亦数百家之市也。又南五里,为碧崖,崖立江左,亦西向临江,下有庵。横山、碧崖,二岩夹江右左立,其势相等,俱不若削崖之崇扩也。碧崖之南,隔江石峰排列而起,横障南天,上分危岫,几埒巫山,下突轰崖,数逾匡老。于是扼江而东之,江流啮其北麓,怒涛翻壁,层岚倒影,赤壁、采矶〔三〕,失其壮丽矣。崖间一石纹,黑缕白章,俨若泛海大士,名曰沉香堂。其处南虽崇渊极致,而北岸犹〔夷〕豁,是为卖柴埠。共东五里,下寸金滩,转而南入山峡,江左右自是皆石峰巑屼〔四〕,争奇炫诡,靡不出人意表矣。入峡,又下斗米滩,共南五里,为南田站。百家之聚,在江东岸,〔当临桂、阳朔界〕。山至是转峡为坞,〔四面层围,仅受此村〕。过南田,山色已暮,舟人夜棹不休。江为山所托，俛东俛南〔五〕，盘峡透崖，二十五里，至画山，月犹未起，而山色空濛，若隐若现。又南五里，为兴平〔六〕。群峰至是东开一隙，数家缀江左，真山水中窟色也。月亦从东隙中出，舟乃泊而候曙，以有客欲早起赴恭城〔七〕耳。由此东行，有陆路通恭城。

〔漓江自桂林南来，两崖森壁回峰，中多洲渚分合，无翻流之石，直泻之湍，故舟行屈曲石穴间，无妨夜棹；第月起稽缓，暗行明止，未免怅怅。〕

二十二日

鸡鸣，恭城客登陆去，即棹舟南行。晓月漾波，奇峰环棹，觉夜来幽奇之景，又翻出一段空明色相矣。南三里，为螺蛳岩。〔一峰盘旋上，转峙江右，〕盖兴平水口〔山〕也。又七里，东南出水绿村〔八〕，〔山乃敛锋〕。天犹未晓，乃掩篷就寐。二十里，古祚驿〔九〕。又南十里，则龙头山铮铮露骨，县之四围，攒作碧莲玉笋世界矣。

阳朔县〔一〇〕北自龙头山，南抵鉴山，二峰巍峙，当漓江上下流，中有掌平之地，乃东面濒江，以岸为城，而南北属于两山，西面叠垣为雉，而南北之属亦如之。西城之外，最近者为来仙洞山，而石人、牛洞、龙洞诸山森绕焉，通省大路从之，盖陆从西而水从东也。其东南门鉴山之下，则南趋平乐，水陆之路，俱统于此。正南门路亦西北转通省道。直南则为南斗山延寿殿，今从其旁建文昌阁焉，无径他达。正北即阳朔山，层峰屏峙，东接龙头。东西城俱属于南隅，北则以山为障，竟无城，亦无门焉。而东北一门在北极宫下，仅东通江水，北抵仪安祠与读书岩而已，然俱草塞，无人行也。惟东临漓江，开三门以取水。从东南门外渡江而东，濒江之聚有白沙湾、佛力司诸处，颇有人烟云。

上午抵城，入正东门，即文庙前，从其西入县治，荒寂甚。县南半里，有桥曰"市桥双月"，八景之一也。〔桥下水西自龙洞入城，〕桥之东，飞流注壑。〔壑大四五丈，四面丛石盘突，〕是为龙潭，入而不溢。桥之南有峰巍然独耸，询之土人，名曰易山，盖即南借以为城者。其东麓为鉴山寺，亦八景之一。"鉴寺钟声"。寺南倚山临江，通道置门，是为东南门。山之西麓，为正南门。其南崖之侧，间有罅如合掌，即土人所号为雌山者也。从东南门外小磴，可至罅傍。余初登北麓，即觅道上跻，盖其山南东二面即就崖为城，惟北面在城〔内〕，有微路级，久为莽棘所蔽。乃攀条扪隙，久之，直造峭壁之下，莽径遂绝。复从其旁蹑巉石，缘飞磴，盘旋半空，终不能达。乃下，已过午矣。时顾仆守囊于舟，期候于东南门外渡埠旁。于是南经鉴山寺，出东南门，觅舟不得，得便粥就餐于市。询知渡江而东十里，有状元山，出西门二里，有龙洞岩，为此中名胜，此外更无古迹新奇著人耳目者矣。急于觅舟，遂复入城，登鉴山寺〔一一〕。寺倚山俯江，在翠微中，城郭得此，沈彬诗云"碧莲峰里住人家"，诚不虚矣。时午日铄金〔一二〕，遂解衣当窗，遇一儒生以八景授。市桥双月，鉴寺钟声，龙洞仙泉，白沙渔火，碧莲波影，东岭朝霞，状元骑马，马山岚气。复北由二门觅舟，至文庙门，终不得舟。于是仍出东南门，渡江而东，一里至白沙湾，则舟人之家在焉。而舟泊其南，乃入舟解衣避暑，濯足沾醪，竟不复搜奇而就宿焉。

白沙湾〔一三〕在城东南二里，民居颇盛，有河泊所在焉。其南有三峰并列，〔最东一峰曰白鹤山〕。江流南抵其下，曲而东北行,抱此一湾,沙土俱白,故以白沙名。〔其东南一溪,南自二龙桥来,北入江。溪在南三峰之东,逼白鹤西址出。溪东又有数峰,自南趋北,界溪入江口,最北者,书童山也,江以此乃东北逆转。〕

二十三日

早索晨餐,从白沙随江东北行。一里,渡江而南,山东界书童山之东。由渡口东望,江之东北岸有高峰耸立,四尖并起,障江南趋。其北一峰,又岐分支石,缀立峰头作人形,而西北拱邑,此亦东人山之一也。既渡,南抵东界东麓。陂塘高下,林木翛然,有澄心亭峙焉,〔可憩〕。又东一里,过穆山村,复渡江而东,循四尖之南麓趋出其东,〔山开目旷,奇致愈出。前望〕东北又起一峰,上分二岐,东岐矮而欹斜,〔若僧帽垂空,〕西岐高而独耸,此一山之二奇也。四尖东枝最秀,二岐西岫最雄,此两山之一致也。而回眺西南隔江,下则尖崖并削,上则双岫齐悬,此又即书童之南,群峰所幻而出者也。时循山东向,又五里已出二岐,东南逾一岭而下,是为佛力司[一四]。〔司当江南转处,北去县十里。〕置行李于旅肆,问状元峰而上,犹欲东趋,居人指而西,始知即二岐之峰是也。西峰最高,故以状元名之。乃仍逾后岭,即从岭上北去,越岭北下,西一里,抵红旗峒。竟峒,西北一里抵山下,路为草没,无从得上,乃攀援踯躅,渐高渐得磴道,旋复失之,盖或翳或现,俱草之疏密为致也。西北上一里,逾山西下坳,乃东北上二里,逾山东上坳,此坳乃两峰分岐处也。从坳西北度,乱石重蔓,直抵高峰,崖畔则有洞东向焉。洞门虽高,而中不深广,内置仙妃像甚众,土人刻石于旁,言其求雨灵验,又名富教山焉。洞上悬窍两重,檐覆而出,无由得上。

洞前有峰东向，〔即似僧帽者。其峰〕亦有一洞西与兹山对，悬崖隔莽，不能兼收。坐洞内久之，东眺恭城，东南瞻平乐，西南睨荔浦〔一五〕，皆重山横亘。时欲一登高峰之顶，洞外南北俱壁立无磴，从洞南攀危崖，缘峭石，梯险踔虚，猿垂豹跃，转从峭壁之南，直抵崖半，则穿然无片隙，非复手足之力所及矣。时南山西市，雨势沛然，计上既无隙，下多灌莽，雨湿枝缪，益难着足。亟投崖而下，三里，至山足，又二里，逾岭，饭于佛力肆中。居人苏氏，世以耕读起家，以明经〔一六〕贡者三四人。见客至，俱来聚观，言此峰悬削，曾无登路。数年前，峰侧有古木一株，其仆三人祷而后登，梯转组级，备极其险，然止达木所，亦未登巅，此后从无问津者。下午，雨中从佛力返，共十里，仍两渡而抵白沙湾，遂憩舟中。

佛力司之南，山益开拓，内虽尚余石峰离立，而外俱绵山亘岭，碧簪玉笋之森罗，北自桂林，南尽于此。闻平乐以下，四顾皆土山，而巉厉之石，不挺于陆而藏于水矣。盖山至此而顽，水至此而险也。

二十四日

早饭白沙，即截江渡南峰下，登岸问田家洞道〔一七〕。乃循麓东南，又转一峰，有岩高张，外有门垣。亟入之，其岩东向，轩朗平豁，上多垂乳，左后有窍，亦幽亦爽。岩中置仙像，甚潇洒，下有石碑，则县尹〔一八〕王之臣重开兹岩记也。读记始知兹岩即土人所称田家洞，即古时所志为白鹤山者。三日求白鹤而不得，片时游一洞而两遂之，其快何如！余至阳朔即求白鹤山，人无知者；于入田家岩，知其即白鹤也。其山东对书童山，排闼而南，内成长坞，二龙桥之水北注焉。〔坞中舟行六十里，可抵二龙桥。〕

既出白鹤,遂循北麓溯江而西,三里,入东南门。复由正南门出,置行囊于旅肆,乃携火肩炬,西北循大道向龙洞岩〔一九〕。先一里,望见路右一山,嵁岈崆峒,裂窍重重,以为即龙洞矣。途人指云:"犹在北山。"乃出一石圈卷门,共一里,越小桥而东,有两洞门俱西向,一南列,一北列。〔其南列者为龙跃岩,地稍下,门极危朗;北洞地稍高,草塞门径。〕先入南洞,洞内东〔五丈,层〕陟一台,台右有窍深入洞前。左有石台、石座、石龛,可以憩思;右有乡人莫孝廉〔二○〕之先开洞记,谓:"北乃潜龙幽蛰之宫,此乃神龙腾跃之所,因命之曰龙跃岩。"出,由洞北登龙洞岩。

爇炬而入,洞阔丈五,高一丈,其南崖半壁,平亘如行廊;入数丈,洞乃南辟,洞顶始高。其后壁有龙影龙床,俱白石莶蕤,上覆下裂,为取石锤凿半去,所存影响而已。其下有方池一、圆池一,〔深五六寸,〕内有泉澄澈如镜,久注不泄,屡斟辄满。幽闳之宫有此灵泉,宜为八景第一也。池前又有丹灶一圆,四围环起,下剜一窍如门,宛如砌造成者。池上连叠小龛,如峰房燕窝,而俱无通道处。由左壁洼陷处伏地而入,渐入渐小,穴仅如巨管,蛇游南透五六丈后,始可屈伸。已乃得一旁裂之龛,得宛转焉。于是南明、小西,各启洞天,遂达龙跃后腋。

出洞,仍半里,由圈门入,东望龙洞南列之峰,闾阖重重,不胜登龙之企。遂由圈内渡溪东行,从棘莽沮如〔二一〕中,又半里,抵山下。初入西向第一门,高穹如峡,内皆牛马践秽,不可容足。东入数丈,转北者愈昏黑莫穷,转南者旋明穴西透。随明蹑峡,仍西出洞门之上,盖初入洞,南上西向第二门也。由其外更南上西向第三门。其洞东入,成峡如初洞,第峡下逼仄如胡同,峡上层叠如楼阁。五丈之内，下峡既尽，上悬重门，圆整如剜琢而成者。第峡壁峭削，俱无从上。与静闻百计攀跻，得上峡一层，而上层复悬亘莫达。乃出洞前，仰望洞上又连启二门，此又南上西向第四、第五门也。冀其内下与峡内重门通。静闻欲从洞外攀枝蹑缝直上，余欲从洞外觅窦寻崖另入，于是又过南上西向第六门，仰望愈高，悬崖愈削，弥望而弥不可即。又过南上西向第七门，见其石纹层层，有突而出者，可以置足，有窍而入者，可以攀指。遂覆身上蹑，凌数十级而抵洞门。洞北又夹坳竖起，高五六丈。始入上层，其夹光腻无级，无计可上。乃令顾仆下山觅树，意欲嵌夹以登，而时无佩刀，虽有竖条，难以断取，姑漫往觅之。时静闻犹攀蹑于第五门外，度必难飞陟，因令促来并力于此。顾仆下，余独审视，其夹虽无隙级，而夹壁宛转，可以手撑足支，不虞悬坠〔二二〕。遂耸身从之，如透井者然，皆横绷竖耸，不缘梯级也。既升夹脊，其北复陨而成峡，而穿映明透，知与前所望洞必有一通，而未审所通果属何门。因骑墙而坐，上睇洞顶，四达如穹庐；下瞰峡底，两分如璇室。因高声促静闻，久之，静闻与顾仆后先至。顾仆所取弱枝细不堪用，而余已升脊，亦不必用，教静闻如余法登，真所谓教猱也。静闻既登，余乃从脊西南上，静闻乃从脊东北上，各搜目之所未及者，俱不能远达。于是乃从脊北下峡中北进。西上高悬一门，则第六重门也，不及上。循峡更进，转而西出，则第五门也。门有石龙，下垂三四丈，头分两岐，击之铿然。旁有一坐平庋，下临重崖，上瞩垂乳，悬龙在旁，可卧而扰也。由龙侧循崖端而北，又得一门，则第四门也。穿门东入，稍下次层，其中廓然四辟。右向东转，深黑无穷，左向西出，即前第三门之上层也。知重门若剜处即在其内，因循崖穷之，复隔一柱。转柱隙而入，门内复另环一幽，不远亦不透也。自第三门而上，连历四门，初俱跻攀无路，一入第七门，如连环贯珠，络绎层分，宛转俱透，升陟于层楼复阁之间，浅深随意，叠层凭空，此真群玉山头、蕊珠宫里也。有莫公臣者，遍题"珠明洞"三字于四、五二洞之上，此亦有心表章兹洞者。时当下午，令顾仆先趋南门逆旅，炊黄粱以待。余与静闻高憩悬龙右畔，飘然欲仙，嗒然丧我〔二三〕，此亦人世之极遇矣。久之，仍从第六门峡内，西向攀崖以上。其门虽高张，内外俱无余地，不若四、五二门，外悬台榭，内叠楼楹也。既乃逾脊，仍〔南〕下第七门，由门外循崖复南，又得南下东向第八门〔二四〕。其洞亦成峡，东上虽高峙，而不能旁达。洞右有大理寺丞〔二五〕题识，然不辨其为何时何姓名也。此山西向八洞，惟南北之洞不交通，而中央四洞最高而可旁达，较之他处一二门之贯彻，一二洞之勾连，〔辄揽奇誉，〕真霄壤矣。

南崖复北转至第一洞，乃下山循麓南行半里，有峰巍然拔地屏峙于左，有峰峭然分岐拱立于右。东者不辨为何名，西者心拟为石人，而志言石人峰在县西七里，不应若是之近，然使更有一峰，则此峰可不谓之"人"耶？既而石人之南，复突一石，若伛偻而听命者，是一是二，是人是石，其幻若此，吾又焉得而辨之！又南半里，将抵南门逆旅，见路南山半，梵宇高悬，一复新构，贾余勇登之。新构者文昌阁，再上为南斗延寿堂，以此山当邑正南，故"南斗"之也。时当午，暑极，解衣北窗，稍凉而下。饭肆中，遂入南门，抵北山，过城隍庙、报恩寺，俱东向。觅所谓"大石岩"者，乃大乘庵也，废然而下。乃东过察院，东向临城上。北上北宸宫，以为即龙头山慈光寺也。比至，乃知为北宸。问："龙头山何在？"云："北门外。"问："慈光寺何似?"云:"已久废。"问:"读书岩何托?"云:"有名而无岩,有室而无路,可无烦往也。"余不顾,亟出北门,沿江循麓,忽得殿三楹,则仪安庙也,为土人所虔事者。又北,路为草蚀,荆蔓没顶,已得颓坊敝室,则读书岩矣。亦莫孝廉之先所重建,中有曹能始学佺碑记,而旁有一碑,则嘉靖重建,引解学士缙诗曰:"阳朔县中城北寺,云是唐贤旧隐居;山空寺废无僧住,惟有石岩名读书。"观此,则寺之废不自今日矣。时殷雷催雨,急入北门,过市桥,入龙潭庵,观所谓龙潭。石崖四丛,中洼成潭,水自市桥东注,陨坠潭中,有纳无泄,潜通城外大江也。

甫入庵,有莫姓者随余至,问:"游岩乐否?"余以珠明岩夸之。曰:"牛洞也。数洞相连,然不若李相公岩更胜。此间岩洞,山山有之,但少芟荆剔蔓为之表见者耳。惟李岩胜而且近,即在西门外,不可失也。"余仰见日色尚高,急别莫,曳杖出西门,觅火携具,即从岐北行,遇一小石梁,从梁边岐而西行,已绕此山东北两面矣。始知即前拔地屏峙之峰,即西与石人为对者也。既乃绕至西麓,其洞正西向石人峰,洞门之右,有镂记焉。急读之,始知其洞有来仙之名,李公为闽人李杜。更知其外列之山,有天马、石人诸名,则石人之不在七里,而即在此益征矣。李杜来仙洞记曰:"隆庆四年长至,闽云台山人李杜至阳朔,出郭选胜,得兹山倚天而中立,其南面一窍,可逾而入也。内有巨石当门,募工凿之,如掘泥折瓦然。其中有八音、五采,千怪万奇,其外则屏风、蟠桃、石人、天马、陈抟、钟离诸峰,环列而拱向,敞朗宏深,夏凉冬燠,真足娱也。其明年大水,有巨蛟长数丈乘水而去,洞中故有专车〔二六〕之骨,亦忽不见。邑之人异之,以余为仙人来也,名之曰来仙洞。夫余本遵伦谨业,恬泊为愉,非有缪巧仙理也,安足以驱蛟而化骨!然此山之幽奇,涵毓于开辟之初,而闷伏于亿万年之久。去邑不能一里,邑之人不知其有斯洞也。

一旦而见表于余，夫不言而无为，莫过于山川，而含章以贞终，以时发，是以君子贵夫需也。于稽其义，有足以觉世者矣。故为之记。门人靖藩云岳朱经畲书。"〔二七〕记谓其洞南面，余时占日影，指石人似为西面，大抵西向而少兼夫南者也。入洞东行，不甚高爽，转而南，遂昏黑。秉炬南入，有岐窍焉。由正南者，数丈辄穷；由东南者，乳窦初隘，渐入渐宏，〔琼葩云叶，缤纷上下。〕转而东北，遂成穹峡，高不见顶，〔其垂突蹲裂，种种开胜。〕深入，忽峡复下坠渊黑，不可以丈数计。以炬火星散投之，荧荧直下，久而不得其底。其左削崖不能受趾，其右乳柱分楞，窗户历历。以火炬隔崖探之，内若行廊，玲珑似可远达，惟峡上难于横度，而火炬有尽，恐深入难出，乃由旧道出洞前，录来仙洞记。从南麓东入西门，出东南门渡口，则舟人已舣舟待，遂入舟宿。

二十五日

自阳朔东南渡头发舟〔二八〕，溯流碧莲峰下。由城东而北，过龙头山，自是石峰渐隐。十里，古祚驿。又十五里，始有四尖山在江左，其右亦起群尖夹江，是为水绿村。又北七里，有岩在江之西岸，门甚高敞，东向临江。由右腋深入，渐高而黑，久乃空濛，复东辟门焉。由岩左腋上登，其上前亘为台，后结一窦，有尼栖焉。不环堵，不覆屋，因台置垣，悬梯为道，甚觉轩爽。窦后复深陷成峡，昏黑。东下欲索炬深入，尼言无奇多险，固止之。而雷声复殷殷促人，时舟已先移兴平，遂出洞。由洞左循麓溯江，草深齐项，半里，达螺蛳峰下。其峰数盘而上，层累若螺蛳之形，而卓耸压于群峰，乃兴平东南水口山也。以前岩在其下，土人即指为螺蛳岩。余觉岩在螺峰之南，双岐低峰之麓，及入岩读碑，而后知其为蛟头，非螺蛳也。螺蛳以峰胜，蛟头以岩胜，螺蛳穹而上盘，蛟头垂而下络，不一山，亦不一名也。绕螺蛳又二里，及舟，入半里，少舣兴平。其地有溪自东北来，石山隙中，遥见巨岭亘列于内，即所趋恭城道也。崖上有室三楹，下临江渚，轩栏横缀，为此中所仅见，额曰"月到风来"，字亦飞逸，为熊氏书馆〔二九〕。余闯入其中，竟不见读书人也。下舟已暮，又北二里而泊。

二十六日

昧爽发舟，西北三里，为横埠堡，又北二里为画山。其山横列江南岸，江自北来，至是西折，山受啮，半剖为削崖；有纹层络，绿树沿映，石质黄红青白，杂彩交错成章，上有九头，山之名"画"，以色非以形也。土语："尧山十八面，画山九筒头〔三〇〕，有人能葬得，代代出封侯。"后地师指画山北面隔江尖峰下水绕成坪处为吉壤，土愚人辄戕其母欲葬之。是夕峰坠，石压其穴，竟不得葬，因号其处为忤逆地。余所恨者，石坠时不并毙此逆也。舟人泊舟画山下晨餐。余遂登其麓，与静闻选石踞胜，上罨彩壁，下蘸绿波，直是置身图画中也。崖壁之半，有洞北向，望之甚深，上下俱无所着足。若缘梯缀级于石纹之间，非直空中楼阁，亦画里岩栖矣。

〔返而登舟，〕又北一里，上小散滩。又北二里，上大散滩。又北七里为锣鼓滩，滩有二石象形，在东岸。其处江之西涯，有圆峰端丽；江之东涯，多危岩突兀。〔其山南岩窈，有水中出，缘突石飞下坠江，势同悬瀑。粤中皆石峰拔起，水随四注，无待破壑腾空。此瀑出崇窈，尤奇绝。〕

又北八里，过拦州〔三一〕。〔西北岸一峰纯透，初望之，疑即龙门穿穴，以道里计之，始知另穿一峰，前以夜棹失之耳。〕舟转西北向，又三里，为冠岩〔三二〕。〔先是江东岸崭崖，丹碧焕映，采艳画山。冠岩即在其北，〕山上突崖层出，俨若朝冠。北面山麓，则穿洞西向临江，水自中出，外与江通。棹舟而入，洞门甚高，而内更宏朗，〔悉悬乳柱，惜通流之窦下伏，无从远溯〕。壁间有临海王宗沐题诗，号敬所，嘉靖癸丑学宪。诗不甚佳，时属而和者数十人，吉人刘天授等。俱镌于壁。觇玩久之，棹舟出洞，〔望隔江群峰丛合，忆前拦州所见穿山当正对其面，惜〕溪回山转，〔并其峰亦莫能辨识。顷之，〕矫首北见皎然一穴，另悬江东峰半，即近在冠岩之北。急呼舟人舣舟登岸，而令其以舟候于南田站。余乃望东北峰而趋，一里，抵山腋。先践蔓凌巉，既乃伏莽穿棘，半里逾岭坳。度明穴在东，而南面之崖绝不可攀，反循崖北稍下悬级，见有叠石阻隘者，知去洞不远矣。益北下，则洞果南透。其山甚薄，上穿如合掌，中镂。北下俱巨石磊落，南则峭崖悬亘，故登洞之道不由南，而由北云。洞右复有旁门复室，外列疏楞，中悬团柱，分帏裂隙，东北弥深，似昔有居者。而洞北复时闻笑语声，谓去人境不远，以为从北取道，可近达南田。时轰雷催雨，亟出明洞。北隅则巨石之隙，多累块丛棘，宛转数处，北望一茅甚迩，而绝不可通。不得已，仍逾西坳，循前莽南下，幸雷殷而雨不至。一里，转至西北隅，又得一洞，南北横贯。其北峰之麓，自冠岩来，此为北峰。北端亦透，而不甚轩豁。仍出南门，遂西北行平畴中。禾已将秀，而稿无滴水〔三三〕，时风雨忽至，余甚为幸之。〔其西隔江屏立者，皆穿崖削壁，陆路望之，更觉峥嵘；东则石峰离立，后托崇峦。〕共四里抵南田驿〔三四〕，觅舟不得，遂濒江而北，又一里，乃入舟。舟人带雨夜行，又五里，泊于斗米、寸金二滩之间。中夜仰视，萤阵烛山，远近交映。以至微而成极异，合众小而现大观，余不意山之能自绘，更无物不能绘也。

二十七日

昧爽出峡口，上寸金滩，二里至卖柴埠[三五]。西面峰崖骈立，沉香堂在焉。又西北三里，其北麓有洞嵌江，舟转而东，不及入。东三里，至碧岩。其岩北向，石嘴啖江。其上削崖高悬，洞嵌其中，虽不甚深，而一楹当门，倚云迎水，帆樯拂其下，帏幄环其上，亦凭空掣远之异胜地也。于是北转五里，过豆豉井。又西北五里，至大墟，市聚颇盛，登市蔬面。又西北五里，至横山岩。其岩东向，瞰流缀室，颇与碧岩似。〔右腋有窦，旁穿而南，南复辟一洞，甚宏，有门有奥。奥西上则深入昏冥，奥之南坠，皆嵌空透漏。门在坠奥东，廓然凭流，与前门比肩立。〕又北五里，为龙门塘。〔南望横山岩西透顶峰，虽似穿石，无从上跻。〕又西五里，为新江口，又夜行十里而泊。

二十八日

昧爽刺舟，亟推篷，已过崖头山。十余里，抵水月洞北城下，令顾仆随舟往浮桥，余同静闻过文昌门外，又西抵宁远门南，过南关桥。觅拓碑者，所拓[三六]犹无几，急促之。遂由宁远门入，经靖藩城后门，欲入晤绀谷，询独秀游期，而后门闭，不得入。乃循其东出东江门，命顾仆以行囊入趋赵时雨寓，而其女出痘，遂携寓对门唐葵吾处。闻融止已欲行，而石犹未取。饭后令静闻往觅之，至则已行，止留字云："待八月间来取。"殊可笑也。

二十九日

令静闻由靖藩正门入晤绀谷。余同顾仆再出宁远门促拓碑者。至是拓工始市纸携具为往拓计，余仍还寓。午暑不堪他行，惟偃愒而已。下午，静闻来述，绀谷之言甚不着意。余初拟再至省，一登独秀,即往柳州,不意登期既缓,碑拓尚迟,甚怅怅也。

三十日

余在唐寓。因连日炎威午烁,雨阵时沛,既倦山跰,复厌市行。止令静闻一往水月洞观拓碑者,下午反命,明日当移拓龙隐云。

〔一〕龙门塘:今仍作龙门,在漓江北岸,桂林市区东隅。

〔二〕大墟:明时为广西四大墟市之一。今名同,又作大圩,在漓江转折处,灵川县西南隅。

〔三〕赤壁:公元208年,孙权与刘备联军败曹操的战场。习惯上认为在今湖北赤壁市西北赤壁山,近人考证应在今湖北武汉市江夏区西赤矶山。 采矶:即采石矶,在安徽省马鞍山市,长江东岸。江面较狭,形势险要,为江防重地和古战场。

〔四〕江左右自是皆石峰嶙岏 "江"原作"山",据乾隆本、四库本改。

〔五〕傀(guǐ 鬼):偶然。

〔六〕兴平:今作兴坪,在阳朔县北境,漓江东岸。熙平河从此汇入漓江。北距桂林53公里。

〔七〕恭城:明为县,隶平乐府,即今恭城县。

〔八〕水绿村:今作水洛,在阳朔县北境,漓江东岸。

〔九〕古祚驿:应即今高州,在阳朔县北境,漓江西岸。

〔一〇〕阳朔县:隶桂林府,即今阳朔县。

〔一一〕鉴山:即通常所称碧莲峰,在阳朔县城边,漓江西岸。山麓的鉴山寺,抗日战争时被毁。近年重建为鉴山楼,并有迎江阁,阁四周的画窗,能眺览如画的阳朔胜景。

〔一二〕铄(shuò 朔):熔化。午日铄金:形容天气酷热,中午的太阳能使金属熔化。

〔一三〕白沙湾:在阳朔城东南,漓江转一大湾。河湾岸上,遍地白沙,称白沙湾。岸上的村子也叫白沙湾村。

〔一四〕佛力司:今作福利,在阳朔县东境,漓江南转处,为阳朔主要圩市之一。

〔一五〕荔浦:明为县,隶平乐府,即今荔浦县。

〔一六〕明经:唐时科举制度的科目之一,与进士科并列,主要考经义。明清时用作贡生的别称。

〔一七〕田家洞:今称田家河,在阳朔县城东南郊,金宝河与玉龙河汇合后流入漓江处。

〔一八〕县尹:元代称统治一县的行政长官为县尹,明清时则称知县。

〔一九〕龙洞岩:阳朔城西钟灵山有八洞,龙洞岩、龙跃岩、珠明洞皆为其中之一,八洞形态各异,彼此通透,洞口刻有“洞分八门,勾连曲畅”。

〔二〇〕莫孝廉　　原作“莫孝廛”,据本日后文改。

〔二一〕洳:同“洳”。沮洳(jù rù 句入):低湿的地方。

〔二二〕虞(yú 于):料想、臆度。

〔二三〕嗒(tà 榻)然丧我:心境空虚,物我皆失。

〔二四〕又得南下东向第八门　　“东”,乾隆本、四库本作“西”。

〔二五〕大理寺:我国从南北朝到清代的中央审判机关,负责审核刑狱案件。其主要官吏称卿,以下按级别顺序为卿、少卿、丞。

〔二六〕专车:占满一车。

〔二七〕来仙洞记　　所录有讹脱,"恬泊为愉"原作"恬淡为愉","不知其有斯洞"句脱"其","见表于余"原作"是表于余","莫过于山川"原作"莫道于山川",末句脱"云岳",据摩崖改补。

〔二八〕世称"阳朔山水甲桂林"。确切地说,桂林山水以漓江两岸最胜。漓江水的最大含沙量约为万分之三,多年平均含沙量仅为万分之零点六,数值之低,世界少有。桂林至阳朔间90公里的漓江两岸,风景点甚多,宛如一条赏心悦目的山水画廊,集中了桂林风景山秀、水清、洞奇、石美的特点。

〔二九〕书馆:进行启蒙教育的私塾。

〔三〇〕今称九马画山。群众把峭壁上的轮廓线条想象成九匹骏马,或立或卧,或仰或俯,或奔驰,或漫饮,神态各异,宛如一幅巨大的壁画。"筒",疑为"箇"即"个",因形近而误。

〔三一〕拦州:今作浪洲,在阳朔县北隅,漓江东岸。

〔三二〕冠岩:又称甘岩,在桂林以南的漓江边,是地下河的一个出口,水从洞内流入漓江。岩分四洞,循序深入。船上看到的是第一洞,第二、三、四洞洞口较低,必须枯水期才能进入。

〔三三〕秀:指禾类植物开花。　　　槁(gǎo 搞):枯干。

〔三四〕南田驿:今作南亭,在灵川县西南隅,漓江东岸。

〔三五〕卖柴埠:约当今明村,在灵川县西南隅,漓江西岸。

〔三六〕拓(tà 踏):把石碑或器物上的文字、图像刷印在纸上。

六月初一日

在唐寓。是日暑甚,余姑憩不出。闻绀谷以焚灵事与藩王有不惬，故欲久待。而是时讹传衡、永为流寇〔一〕所围，藩城亦愈戒严，余遂无意候独秀之登。而拓者迁延索物，余亦不能待，惟陆务观碑二副先拓者，尾张少二字，令彼再拓，而彼复拓一付，反并去此张，及促再补，彼愈因循，遂迟吾行。

〔独秀山北面临池，西南二麓，余俱绕其下，西岩亦已再探，惟东麓与绝顶未登。其异于他峰者，只亭阁耳。〕〔二〕

初二日

令顾仆促拓工，而余同静闻再为七星、栖霞之游。由七星观左入岩洞"争奇门"，乃曹能始所书者，即登级为碧虚阁。是阁在摘星亭之左，与七星洞前一片云同向，"一片云"三字乃巡抚都御史许如兰所书，字甚古拙。而稍在其南，下登者先经焉。余昔游时急于七星，以为此轩阁不必烦屐齿，后屡经其下，见上有岩石倒垂，心艳之，至是先入焉。则其额为歙人吴国仕所题。"碧虚"之名，昔在栖霞，而今此复踵之，岂彼以亭，而此以阁耶？余啜茗其间，仰视阁为瓦掩，不见岩顶；既而转入玄武座后，以为石窟止此，而不意亦豁然透空，顶上仅高跨如梁。若去其中轩阁，则前后通映，亦穿山、月岩之类，而铺瓦叠户，令人坐其内不及知，可谓削方竹而淹断纹者矣。阁后透明之下，复垒石为垣，高与阁齐，以断出入。余讯其僧："岩中何必叠瓦？"曰："恐风雨斜侵，石髓下滴。""阁后何必堵墙？"曰："恐外多山岐，内难幽栖。"又讯："何不移阁于岩后，前虚岩为门，以通出入；后倚阁为垣，以便居守，岂不名山面目，去室襟喉，两为得之！"曰："无钱粮。"然则岩中之结构，岩后之窒塞，又枵腹画空而就者耶？又讯："垣外后山，从何取道？"曰："须南自大岩庵。"此庵即花桥北第一庵，庵僧自称为七星老庵，余向所入，见后有李彦弼碑者〔三〕。余颔之，遂出，仍登摘星，由一片云〔入〕七星前洞。〔由阁后东上数十级，得小坪，石盘其中。遂〕北出后洞。洞右壁外崖之上，裂窍悬葩，云楞历乱。余急解衣攀缘而上，连上重龛二层，俱有列户疏楞、莲垂幄飐之势，其北下则栖霞洞穹然西向盘空矣。洞外右壁古刻多有存者，则范文穆成大碧虚亭铭，并将赴成都酌别七人题名在焉。七人即壶天观铭所题名字，在栖霞者，其岁月俱为乙未二十八日。碧虚亭以唐郑冠卿入栖霞遇日华、月华二君赠诗，有"不因过去行方便，那得今朝会碧虚"之句，遂取以名亭，石湖铭中所云"名翁所命而我铭之"者也〔四〕。今亭已废，而新安吴公借以名南岩之阁，不若撤南阁以亭此，则南岩不掩其胜，而此名亦宾其实，岂不快哉！盖此处岩洞骈峙者三：栖霞在北，而下透山之东西；七星在中，而曲透山之西北；南岩在南，而上透山之东西。故栖霞最远而幽暗，七星内转而不彻，南岩飞架而虚明。三窍同悬，六门各异，可谓异曲同工，其奈南岩之碧虚阁，反以人掩何！栖霞再北，又有朝云、高峙二岩，俱西向。此七星西面之洞也，其数共五。

下栖霞，少憩寿佛寺，乃过七星观，遂南入大岩庵。望南岩之后，山石丛薄，若可由庵外东北而登者。时已过午，余曰："何不了此而后中食。"余遂从庵门右草坪中上，静闻就荫山门，不能从焉。既抵山坳，草中复有石级，而右崖石上镌张孝祥〔五〕登七星山诗，张维依韵和之。共一里，再上，得坪一区，小石峰环列而拱之，薄若绡帷，秀分萼瓣。其北壁棘莽中，亦有记，磨崖为凿穴者戕损〔六〕不可读。盖其处西即南岩透明之窦，为僧人室垣断之者；北即七星之顶，与余峰攒而斗列者。昔人上登七星，此其正道，而今则无问津者矣。觅道草中，有小径出东南坳中。从之，共一里，东南下山，得一岩，列众神焉，而不知其名。下山而西，则曾公岩在望矣。忽凉飙[七]袭人，赤日减烈，则阴气自洞中出也。此有玄风洞，余夙求之不得，前由栖霞入，将抵曾公，先过一隘口，忽寒风拂灯，至此又阴气薄日，信乎玄风当不外此，后来为曾公所掩耳，非二洞也。入洞，更采叶拂崖，观刘谊曾公岩记及陈倩等诗已，乃濯足洞水中。久之出，仰见岩右又有一洞在峰半，与列神之岩东西并峙。执入洞汲水者问之，曰："此亦有洞，已不可登。"余再问其故，其人不答去。余亟攀崖历莽而上，则洞口亦东南向如曾公岩。初由石峡入，得平展处，稍转而北，其外复有龛东列，分楞叠牖，外透多明，内环重幄，若堂之有室焉。其后则穿门西入，门圆若圈，入其内，渐转渐深，而杳不可睹。乃转而出，甫抵洞外，则一人亦攀隙历险而至，乃庆林观道士也。见余独入，疑而踪迹之，至则曰："庆林古观，而今移门易向，遂多伤损，公必精青乌家言，乞为我指示。"余谢不敏，且问其岩何名，道者不告，强邀入观。甫下山，则静闻见余久不返，亦踵至焉。时已下春，亟辞道者。道者送余出观前新易门，余再索其岩名，道者曰："岩实无名。昔有僧居此，皆以为不利于观，故去之而湮其路，公岂亦有意于此乎？第恐非观中所宜耳。"余始悟其踪迹之意，盖在此不在彼也。一笑与别，已出花桥东街矣。盖此处岩洞骈峙者亦三：曾公在中，而下透于西；列神之岩在东上，而浅不旁通；庆林后岩在西上，而幽不能悉。然曾公与栖霞，前后虽分门，而中通实一洞。其北下与之同列者，又有二岩，〔予昔游省春，先经此，〕亦俱东南向。此七星山东南面之洞也，其数亦共五焉。若北麓省春三岩、会仙一洞，〔旁又浅洞一，〕乃余昔日所游者，亦俱北向。此七星山北面之洞也，其数亦共五焉。〔一山凡得十五洞云。〕既度花桥，与静闻就面肆中，以补午餐。过浮桥返唐寓，则晚餐熟矣。

初三日

简〔八〕顾仆所促拓工水月洞碑，始见陆碑尾张上每行失拓二字，乃同静闻亲携此尾往令重拓。二里，出南门，一里，抵拓工家，坐候其饭。上午乃同往水月，手指笔画之。余与静闻乃少憩山南三教庵，录张鸣凤羽王父所撰方、范二公漓山祠记。遂二里，南过雉山岩，再登青萝阁，别郑、杨诸君。欲仍过水月观所拓，而酷暑酿雨，雷声殷殷。静闻谓拓工必返午餐，不若趋其家便，遂西一里，至拓工家，则工犹未返也。于是北一里，入南门，就面肆为午餐，已下午矣。雨势垂至〔九〕，余闻郑子英言，十字街东口肆中，有桂故、桂胜俱张鸣凤羽王辑。及西事珥、学宪魏濬辑。百粤风土记司道谢肇淛辑。诸书〔一○〕，强静闻往市焉。还由靖藩正门而南，甫抵寓而雨至。

初四日

令顾仆再往拓工家索碑。及至，则所拓者止务观前书碑三张，而此尾独无，不特前番所拓者不补，而此番所拓并失之，其人可笑如此。再令静闻往，曰："当须之明日。"是日，余换钱市点，为起程计。

初五日

晨餐后即携具出南门，冀得所补碑，即往隐山探六洞之深奥处。及至，而碑犹未拓也。订余："今日必往，毋烦亲待。"余乃仍入南门，竟城而北，由华景之左出西清门。门在西北隅，再北则为北城门，西之山即王文成守仁祠在其南者。与之属焉。城外削崖之半,有洞西向,甚迥。时〔读清秀岩记〕,欲觅清秀岩,出城即渡濠坝而趋西。濠〔一一〕中荷叶田田,花红白交映,香风艳质,遥带于青峰粉堞间,甚胜也。有二岐,一乃循山北西行,一南从山南入峡。其循北麓者,即北门西来之大道。更有石峰突峙其北,片片若削,而下开大洞,西南向焉。与城崖西向之洞一高一下,俱岭岈诱人欲往,但知非清秀,姑取道岐南峡中。西行一里,则峡北峡南,其山俱中断若辟门,南北向,其门径路遂四交焉;径之西北,有洞南向。急觅道而登,其洞北入,愈入愈深,无他旁窦,而夹高底平,湾环以进,幽莫能测。

仍出洞,候行者问之,曰:“此黑洞也。”问:“清秀何在?”曰:“不知。”问:“旁近尚有洞几何?”曰:“正西有山屏立峡中者,其下洞名牛角。西南出峡为隐山,其洞名老君。由北出峡,有塘曰清〔塘〕,东界山岩曰横洞,西南濒塘,洞名下庄。近洞惟此,无所谓清秀者。”余得清塘之名,知清秀在此,遂北转从大道出峡门。其峡门东西崖俱有小洞,无径路可登。北出临塘,则潴水一泓,浸山西北麓大道。余循大道而西,沿清塘而绕其右,疑清秀在其上,急遵之。其路南嵌崖端,北俯渊碧。既而一岐南上,余以为必清秀无疑。攀跻渐高,其磴忽没,仰望山坳并无悬窍,知非岩洞所在。乃下,随路出塘之西,其南山回坞转,别成一壑,而洞门杳然无可觅也。其地去黑洞已一里矣。

于是仍从崖端东返,复由峡门南下,竟不得登岩之径。再过黑洞前,乃西趋屏立峡中山。一里,抵屏之东北,即有洞斜骞,门东北向,其内南下,渐入渐暗,盖与黑洞虽南北异向,高下异位,而湾环而入,无异轨焉。出洞,绕屏北而西,闻伐木声丁丁,知有樵不远,四望之，即在屏崖之半。问此洞名，亦云："牛角。"问："清秀何在?"其人谬指曰："随屏南东转，出南峡乃是。"余初闻之喜，绕西麓转南麓，则其屏南崖峭削，色俱赭黄，下有洼潴水，从山麓石崖出。崖不甚高，而中若腔峒，盖即牛角南通之穴，至此则坠成水洼也。

又东一里，抵南峡门，入北来大道。复遇一人，询之。其人曰："此南去即老君洞，不闻所谓清秀。惟北峡有清塘，其上有洞，南与黑洞通。〔此外无他洞。〕此是君来道。"余始悟屏端所指，乃误认隐山，而清秀所托，必不离北峡。时已当午，遂不暇北转，而冈南炊隐山。又一里，则隐山在望矣。仰见路西径道交加，多西北登崖者，因令顾仆先往朝阳，就庵而炊，余呼静闻遵径西北入。已而登崖蹑峤，丛石云轙〔一二〕，透架石而入，上书"灵咸感应"四大字，知为神宇。入其洞，则隙裂成龛，香烟纸雾，氤氲其间，而中无神像，外竖竿标旗，而不辨其为何洞何神也。下山，见有以鸡酒来者，问之，知为都箓岩〔一三〕。言其神甚灵异，而好食犬，时有犬骨满洞中。

遂南半里，抵隐山，候炊于朝阳庵。复由庵后入洞谒老君，穿上下二岩，乃出，饭庵中。僧月印力言："六洞之下，水深路闷，必不可入。"余言："邓老曾许为导。"僧曰："此亦谩言〔一四〕，不可信而以身试也。"既饭，又半里，南过邓老所居，邓老方运斤斫木〔一五〕，余告以来求导游之意。邓老曰："既欲游洞，何不携松明来。余无觅处，君明晨携至，当为前驱也。"余始怅怅，问："松明从何得?"曰："须往东江门。此处多导游七星者，故市者积者俱在焉。"余复与之期，乃西过西湖桥，一里，抵小石峰下。

其峰片裂如削，中立于众峰之间，东北西之三面，俱有垣环之，

443

而南则濒阳江，接南岭，四面俱不通。出入大路至此折而循其北麓，乃西还阳江之涯。窥其垣中，不知是何橐钥。遍绕垣外，见西北隅有逾垣之隙，从而逾之。其中荆莽四塞，止有一家在深翳中。披其东北，指小峰南麓，则磴级依然，基砌叠缀。其峰虽小，如莲瓣之间，瓣瓣有房，第云构已湮，而形迹如画。其半崖坪中有石如犀角，独耸无依，四旁多磨剔成碑，但无字如泰山，令人无从摸索耳。其后又盘空而上，片削枝攒，尤为奇幻。从其东下，崖半又裂石成岩，上镌三字，只辨其一为“东”字，而后二字，则磨拭再三，终莫得其似焉。桂林城之四隅，各有小峰特立。东有曾公岩，东有媳妇娘焉，其峰双岐而中剖；北则明月洞，西有望夫山焉，其峰片立而端拱；南则穿山岩，西有荷叶山焉，其峰窈窕中剖，而若合若分；西则西峰顶，南有兹山焉，其峰层叠中函，而若披若簇。四峰各去城一二里，以小见奇，若合筒节焉。搜剔久之，知其奇而不知其名，仍西蹈莽棘，逾垣以出。候途人问之，曰：“秋儿庄。”云昔宗室有秋英之号者，结构此山为菟裘〔一六〕，后展转他售，圭姓者得之，遂营为地〔一七〕，父子连掇乡科，后为盗发，幸天明见棺而止，故窒垣断道云。秋儿者，即秋英之误也。其西即阳江西来，有叠堰可渡；而南赵家山、穆陵村、中隐诸洞，隐隐在望。

循江北岸入，西一里，为狮子岩。西峰顶之西，峰尽而南突，若狮之回踞而昂首者，则狮岩山也。其西又峙一峰，高耸特立，与狮岩相夹，下有村落，是为狮岩村。其西耸之峰，有岩东向者，凭临峭石之上，中垂一柱，旁裂双楞，正东瞰狮岩之首。其岩不深，而轩爽有致，可以驾风凌烟。北转有洞北向，其门高穹，其内深坠。土人以为中通山南，而不知其道；以为旧有观址，而不知其名。拭碑读之，知为天庆岩。由级南下，中亘一壁，洞界为两，入数丈，两峡复合。其北峡之上，重门复窍，悬缀甚高，可望而不可攀焉,想登此则南通不远矣。

出洞北下,由西北行石山丛薄间,山俱林立圆耸,人行其间,松阴石影,参差掩映。又北一里,经石山西麓,见两洞比肩俱西向。辄扪棘披崖入,由南洞进五六丈,转从北洞出。其中宛转森寒,虽骄阳西射,而不觉其暑。出洞再北,仰望洞上飞崖,片片欲舞,余不觉神飞。适有过者,问之,以为王知府山。其西有林木回丛在平畴间,阳江西环之,指为王知府园〔一八〕。而沧桑已更,山峦是而村社非,竟不悉王知府为何代何名也。余一步一转眺,将转西北隅,思其西南有坳可逾,仍还南向,从双洞之左东北而登。忽得石磴,共一里,逾其坳间,磴断径绝,乃西攀石锷而上,静闻与顾俱不能从。所攀之石,利若剑锋,簇若林笋,石断崖隔,中俱棘刺,穿棘则身如蜂蝶,缘崖则影共猿鼯。盘岭腰而西,遂出舞空石上,而为丛棘所翳,反不若仰望之明彻焉。久之,仍下东坳,瞰其北麓陡绝难下,遂寻旧登之磴,共一里,下西麓,而绕出其北。又北过一峰,其南有支峰叠石,亦冕云异。抵其东麓,有洞东向,亟贾勇而登,中皆列神所栖,形貌狞恶。从其右内转,复得明窍,则支窦南通者也。

仍出洞,东望有一村在丛林中,时下午渴甚,望之东趋,共一里,得宋家庄焉。村居一簇,当南北两山坞间,而西则列神洞山为屏其后,东则牛角洞山为屏其前,其前皆潴水成塘,有小石梁横其上。求浆村姬,得凉水一瓢共啜之。随见其汲者东自小石崖边来,趋而视之,则石崖亦当两山之中,其西潴泉一方,自西崖出,盖即牛角洞西来之流也。其泉清泠,可漱可咽,甘沁尘胃。又东一里,即屏风中立牛角洞之山。从其南麓东趋,又一里,过北峡门,北眺西峡之半，有洞岈然，其为清秀无疑。而暮色已上，竭蹶趋城，又一里，入西清门。回顾静闻、顾仆，俱久不至，仍趁[一九]至门，始知二人为阍者所屏[二〇]。自闻衡、永有警，即议省城止开四门，而余俱闭塞。居人以汲水不便，苦求当道，止容樵汲，而行李俱屏之四门。乃与俱出，循城而北。半里，过城外西悬之洞，其下有级可攀而登，日暮不及。遂东转，又半里入北门焉，已昏黑矣。又二里，抵唐寓。

初六日

晨起，大雨如注。晨餐后，急冒雨赴南门，行街衢如涉溪涧。抵拓工家，则昨日所期仍未往拓，以墨沈[二一]翻澄支吾；再促同往，又以雨湿石润，不能着纸为解。窥其意，不过迁延需索耳。及征色发声，始再期明日往取，余乃返寓。是日雨阵连绵，下午少止，迨暮而倾倒不绝，遂彻夜云。

初七日

夜雨达旦，市间水涌如决堤，令人临衢而叹河无舟也。令静闻、顾仆涉水而去索碑拓工家。余停屐寓中，览西事珥、百粤风土记。薄暮，顾仆、静闻返命。问："何以迟迟？"曰："候同往拓。"问："碑何在？"曰："仍指索钱。"此中人之狡而贪，一至于此！付之一笑而已。是日以仆去，不及午餐，迨其归执爨[二二]，已并作晚供矣。

初八日

夜雨仍达旦，不及晨餐，令静闻、顾仆再以钱索碑。余独坐寓中，雨霏霏不止。上午，静闻及仆以碑至，拓法甚滥恶，然无如之何也。始就炊，晨与午不复并餐。下午整束行李，为明日早行计，而静闻、顾仆俱病。

初九日

晨起，天色暗爽，而二病俱僵卧不行，余无如之何，始躬操爨具，市犬肉，极肥白，从来所无者。以饮啖自遣而已。桂林荔枝极小而核大，仅与龙眼同形，而核大过之，五月间熟，六月即无之，余自阳朔回省已无矣。壳色纯绿而肉甚薄，然一种甘香之气竟不减枫亭风味，龙眼则绝少矣。六月间又有所谓"黄皮"者，大亦与龙眼等，乃金柑之属，味甘酸之，其性热，不堪多食，不识然否？

初十日

早觅担夫，晨餐即行。出振武门，〔取柳州道。〕五里，西过茶庵，令顾仆同行李先趋苏桥，余拉静闻由茶庵南小径经演武场，西南二里，至琴潭岩。岩东有村，土人俱讹为陈抟。其西北大道，又有平塘街。余前游中隐山，即询而趋之，以晚不及，然第知为陈抟，不知即琴潭也。后得桂胜，知方信孺〔二三〕孚若〔记云〕："最后得清秀、玉乳、琴潭、荔枝四岩。"故初四西出，即首索清秀，几及而复失之。以下三洞，更无知者。然余已心疑陈抟之即琴潭，姑俟西行时并及之。及今抵其村，觅导者，皆以为水深不可入。已得一人，许余为导，而复欲入市，订余下午方得前驱。余额之，闻其东南又有七宝岩，姑先趋焉。乃东南行，度一岭，共三里，又度一桥，桥下水自西而东。又南为李家村。村之南有石峰西向巉突，有庵三楹缀其下，前有轩，已圮，而中无居者。其岩不深而峭，其地盖在南溪山白龙洞之正西，即向游白龙洞时西望群山回曲处也。时静闻病甚，憩不能行，强之还陈抟村，一步一息，三里之程逾于数里。及抵村，其人已归，余强老妪煮茶啖饵为入岩计，而令静闻卧其家待之。已而导者负松明并梯至，遂西趋小山之南，曰："请先观一水洞，然不可入也。"余从之。其门南向，水汇其内，上浸洞口，而下甚满黑，深洞中宽衍，四旁皆为水际。其左深入，嵌空岭岈，洞前左崖濒水之趾，有刻书焉，即方孚若笔也。因出洞前遍征之，又得"琴潭"二大字，始信"陈抟"之果为音讹，而琴潭之终不以俗没矣。洞左复开一旁门，后与洞通，其不甚异〔二四〕。余既得琴潭之征，意所谓荔枝者当不远。导者篝火执炬，请游幽洞。余征幽洞何名，则荔枝岩也。问："有水否?"则曰："无之。"然后知土人以为水深不可入者，指琴潭言；导者以为梯楼可深入者，指荔枝言。此中岩洞繁多，随人意所指，迹其语似多矛盾，循其实各有条理也。

出琴潭岩，沿山左潴塘而行。绕塘北转而西，洞门东向琴潭西麓者，荔枝岩也。门不甚高，既入稍下，西向进数丈，循洞底右窍入其下穴。其内不高而宽平，有方池，长丈余，阔五六尺，而深及丈，四旁甚峻，潴水甚冽。再东南转，平入数十丈，两转度低隘，右崖之半有窍，阔二尺，高一尺，内有洞，上穿下平，潴水平窍。以首入窍东望，其水广邃，中有石蜿蜒，若龙之浮游水中。穴内南崖，有石盆一方，长二尺，阔一尺，高六七寸，平度水面，若引绳度矩，而弗之爽者。〔不能以身入也。〕仍出至洞底，少西进，又循一右窍入其上峡。其内忽庋为两层：下穴如队，少西转，辄止；上穴如楼，以梯上跻，内复列柱分楞。穿楞少西，遂下南峡中。平入数十丈，又南旋成龛，龛外洞顶有石痕二缕，分络夭矫，而交其端。仍出，度梯下至洞底，又循一左窍入其上峡，则层壁累垂，悬莲嵌柱，纷缀壁间，可披痕蹈瓣而登也。大抵此洞以幽闳见奇而深入。在右水窍之侧，有小石块如弹丸，而痕多磊落，其色玄黄，形如荔枝，洞名以此，正似九疑之杨梅，不足异也。

出洞，由琴潭之北共一里，仍至其村，已下午矣。携静闻西北由间道共二里,抵平塘街。其西石峰峭甚,夹立如门,南峰山顶忽有窍透腹,明若展镜。余向从中隐寻铜钱岩不得,晚趋西门,曾过而神飞,兹再经其下,不胜跃跃。问之,皆云无路可登。会静闻病不能前,有卖浆者在路旁,亦向从中隐来,曾与之询穿岩之胜者。其人曰:"有岐路在道旁打油坊后,可扪而入,东南转至一古庙,可登山而上也。"余乃以行李挂其桁间〔二五〕,并令静闻卧茅下以待,曳杖遂行。过打油者家问之,则仍云岩无可登,其居旁亦无径可入。余回眺其后,有蛇道伏草间,遂披篠穿隙,随山麓东行。转而南向,将抵古庙,见有路西上,遂从之。始扪级,既乃梯崖。崖之削者,有石纹锋利,履足不脱,扢指不滑;崖之觉者〔二六〕,有枝虬倒垂,足可躐藤,指可攀杪。惟崖穷跂〔二七〕峡,棘蔓填拥,没顶牵足,钩距纷纷,如蹈弱水,如陷重围,淬〔二八〕不能出。乃置伞插杖于石穴,而纯用力于指足,久之,抵丛石崖下。其上回狮舞象,矗凤腾龙,分形萃怪,排列缤纷。计透明之穴已与比肩,乃横涉而北逾,转逾出峰头,俯瞰嵌崖削窟,反在其下,而下亦有高呼路误,指余下践之级者。余感其意,随之下,竟不得所置伞杖处。呼者乃二牧翁,疑余不得下而怜之者,余下谢之。其人指登崖之道尚在古庙南,盖其岩当从崖后转入,不能从崖东入也。余言伞置崖间,复循上时道觅之。未几,闻平塘街小儿呼噪声,已而有数十人呼山下者,声甚急,余初不知其为余,迨获伞下而后知之。下至古庙侧,则其人俱执枪挟矢,疑余为伏莽〔二九〕而询之者。余告以游岩之故,皆不之信。乃解衣示之,且曰:"余有囊寄路口卖浆者茅中,汝可往而简也。"众乃渐散。余仍从古庙南历磴披棘上。遂西南转出山后坳间,眺其南,一峰枝起,顶竖一石,高数丈。〔予所见石峰缀立,雁宕翔鸾,龟峰灵芝,及此地笋石骈发,未有灵怪至此者。〕度已出岩后,而遥瞻石壁之下,犹未见洞门。忽下有童子,复高声呼误,言不及登者。时日已坠西峰,而棘蔓当前,度不可及,且静闻在茅店,其主人将去,恐无投宿,乃亟随之下,则此童已飏而去,不知其为怜为疑,将何属者。乃仍转北麓,出打油坊后,则卖浆主人将负所铺张为返家计。余取桁间挂物,随其人东趋平塘街求托宿处。其人言:"家隘不能容。"为余转觅邻居以下榻,而躬为执爨,且觅其宗人,令明晨导游焉。是暮,蕴隆出极〔三〇〕,而静闻病甚,顾仆乍分。迨晚餐后,出坐当衢明月下,而清风徐来,洒然众峰间,听诸村妇蛮歌谑浪〔三一〕,亦是群玉峰头一异境也。

〔一〕流寇:对农民起义军的诬蔑之词。

〔二〕独秀峰:在桂林城中心今王城北部正中。从西麓上山,过允升门、小谢亭遗址、南天门,历级到达山顶。山麓有读书岩、太平岩。北麓有涌泉,建有月牙池。

〔三〕李彦弼碑者 "彦"原作"丽",据摩崖校改。

〔四〕铭(míng 名):记载,镂刻。这种专门刻铭于碑版或器物上,用以称功德、申鉴戒的文体,因称铭或铭文。

〔五〕张孝祥(公元 1132～1169 年):字安国,历阳人,乾道元年(公元 1165 年)出知静江府兼广南西路经略安抚使。南宋著名诗人,在桂林题刻甚多。

〔六〕戕(qiāng 枪)损:砍坏。

〔七〕飙(biāo 标):疾风。

〔八〕简:通"检"。检查,清点。

〔九〕垂(chuí锤)至:将至。

〔一〇〕桂胜:十六卷,以山水标目,志桂林胜概。桂故:八卷,分郡国、官名、先政、先献、游寓、杂志等六门,志桂林故实。二书皆明代桂林人张鸣凤撰,成书于万历年间,所记内容止于南宋。西事珥:八卷,明代魏濬撰,一卷讲山川地理,二卷讲风土,三卷讲时政,四卷、五卷讲故事及人物,六卷讲物产,七卷讲仙释神怪,八卷讲对少数民族的统治。百粤风土记:一卷,明人谢肇淛撰。

〔一一〕濠(háo豪):护城河。这一片从北往南连延的水面至今犹存,称西濠,系明清桂林府城西边的护城河。

〔一二〕軿(píng平):通"屏",屏蔽。

〔一三〕篆(lù录):道教的秘文秘录。

〔一四〕谩(mán蛮)言:骗人的话。

〔一五〕运斤:挥动斧头。

〔一六〕菟裘(tú qiú图求):原为古邑名,春秋鲁国地,在今山东泰安东南楼德镇。鲁隐公说:"使营菟裘,吾将老焉。"后世因称士大夫告老退隐的处所为菟裘。

〔一七〕地:即坟地。至今还有些地方习惯称坟地为"地"。

〔一八〕王知府山　　乾隆本、四库本作"虾筢山"。

　　　　王知府园　　乾隆本、四库本作"王太守园"。

〔一九〕趁(chèn衬):追赶。

〔二〇〕屏:通"摒",排除。

〔二一〕墨沈:墨汁。

〔二二〕执爨(cuàn窜):烧火做饭。

〔二三〕方信孺　　"孺"原作"儒",从方信孺条注改。

〔二四〕 其不甚异　　乾隆本、四库本作"中多列柱垂葩,嵌空虚庑"。

〔二五〕 桁(héng 衡):梁上的横木。

〔二六〕 崖之觉者　　"觉"疑为"墨",意即隙罅。

〔二七〕 跰(bù 步):踩踏。

〔二八〕 淬:通"卒",终。

〔二九〕 伏莽:潜匿的盗匪。

〔三○〕 蕴(yùn 运):通"煴",闷热。　　隆(lóng 龙):即隆隆,雷的声音。

〔三一〕 蛮歌:指壮族农村对歌。　　谑(xuè 血)浪:开玩笑的声浪。

十一日

晨起,静闻犹卧,余令主宿者炊饭,即先过卖浆者家,同其宗人南抵古庙南登山。导者扬镵斩棘,共一里,抵山西南坳。从石隙再登一二步,即望见洞门西南向。又攀石崖数十步,即入洞焉。盖其门前向东北,后向西南,中则直透,无屈曲峻嶒之掩隔。导者谓兹洞曰榜岩洞,兹山曰枫木山。下山,仍过古庙,遂南由田塍中渡西来小洞,〔水自两路口西塘迤逦东穿山麓,即南溪发源也〕。共东南一里,入石岩洞。其门西北向,后门东北向,其中幽朗曲折。后门右崖,有架虚之台,盘空之盖,皆窗楞旁透,可憩可读。由后洞出,北一里,仍抵平塘街。街北有石峰嶙峋若屏,东隅有岩东向,是为社岩。外浅而不深,土人奉社神于中。导者又指其西北,有石峰中立,山下南北俱有汇塘,北塘之上,岩口高列,南塘之侧,穴门下伏,其内洞腹潜通,水道中贯,是名架梯岩,又名石鼓洞,盖即予前觅铜钱岩不得而南入之者。导者言之,而不知余之已游;余昔游之,而不知洞之何名。今得闻所未闻,更胜见所未见矣。

于是还饭于宿处,强静闻力疾行。西二里,经两山之峡。峡北山则巍然负扆,下为广福王庙;峡南山则森然北拱,其东有岩焉。门东向,当门有石塔,甚整而虚其中,塔后不甚崇宏。由其右穴入,渐入渐隘而黑,有狼兵数人调守于此,就岩爨寝焉。岩门外,右有旧镌磨崖,泐不可读。乃下,西出峡门,是为两路口〔一〕,市肆夹路。西北循山,为义宁道〔二〕;西南循山,为永福道。余就西南行,不一里,静闻从而后,俟之不至。望路东有岩西向,拨棘探之,岩不深而门异。下瞰静闻,犹然不见其过;欲返觅,又恐前行。姑急追之,又迟待之,执前后至者询焉,俱茫然无指,实为欲前欲却。久之,又西行四里,路右有小峰,如佛掌高擎,下合而上岐,下束而上展,于众峰中尤示灵怪。其南又骈峙两山,束而成峡,路由其中。峡南之峰,其东层裂两岩,转盼间,觉上岩透明。亟南向趋之,只下岩可入,而上岩悬叠莫登,乃入下岩。岩中列柱牵帷,界而为峡,剖而为窗,曲折明朗,转透其后,则亦横贯山腹者也。以为由后窍西出,可反跻上岩透处,而后窍上下俱削,旁无可攀。乃仍东出洞前,见东北隅石颇坎坷,姑攀隙而登,遂达上层。〔则前后二门,俱与下岩并列;门内乳幄莲柱,左右环转以达后门,数丈之内,纡折无竟。前门一台,正对东北佛掌峰。凭后门龛牖,〕遥瞰近视,岩外之收揽既奇,岩内之绾结亦异,诚胜境也。〔予所见粤中重楼之胜,此为第一。〕

既而下山,不知静闻之或前或后,姑西向行。又见大路之左,复有岩北向，登之亦浅而不深，此亦峡南之山也。其在峡北者，西向亦有二洞层列，洞门上下，所悬亦无几，而俱石色赭黄，若独为之标异者。一出峡门，则汇水直浸两峡之西，中叠石为堤，以亘水面，旁皆巨浸，无从渡水一登赭岩。〔既又闻有八字岩，亦不能至。〕遂由石道西向行汇水中。又望其西峰之东崖壁高亘，上悬三洞，相去各二十余丈，俱东向骈列，分南、北、中焉。〔其山在汇水西南，与东峡南峰东西夹塘成汇。〕遥睇崖端，俱有微痕，自南而北，可以上跻，惟北洞则崭然悬绝，若不可阶焉。途中行人见余趋岩，皆伫呼莫前，姑缓行堤间。俟前后行人少间，视堤西草径，循水遵南麓而行，虽静闻之前后，俱不暇计。已而抵南洞之下，仰睇无级。仍以攀崖梯隙之法，猿升猱跃而上，遂入南洞，则洞门甚崇，其内崆峒宏峻，规模迥异。稍下，一岐由右入，转而西南，渐觉昏黑，莫究厥底；一岐由左入，不五丈，忽一门西透山后，返照炳焉；一门北通中洞，曲景穿焉。于是先西向披后岩，〔洞门高与东埒，〕上下俱悬崖陟绝，可瞰而不可下。遥望西南对山，有洞亦若覆梁，而门广中邃，〔曰生洞，〕东向暗黑而不知其涯。仍入内，旋北向上中洞，洞内北转而东透。先探其北，转至洞门，有石内庋，架为两层，上叠为阁，倒向洞内，下裂为门，直嵌壁间，盖即所望之北洞矣。至此则兹洞之旁通曲达，既极崇宏，复多曲折，既饶旷达，复备幽奇，余所观旁穿之胜，此为最矣。仍入中洞之内，东临洞门，〔门愈高穹，下〕则其外路绝崖轰，遂仍返其中，循南洞而出焉。始知是三洞者，外则分门，内俱连窍，南洞其门户也，北洞其奥窟也，中洞则左右逢原，内外共贯，何岩洞之灵异，出人意表如此！

于是仍由旧级下，共一里，北出大道，亟西行。循南山北麓而西,三里,越一平坡,〔其南北岩洞甚多,不暇详步〕。岐而南为<u>通城墟</u>。墟房累累,小若鸽户,列若蜂房,虚而无人,以俟趁墟者〔三〕。从墟又南一里,是为<u>上岩</u>〔后洞〕。余循西路登岩,门北向,前临深塘。入其内,扩然崇宏,〔峡分左右。〕右峡下坠,已浚为渊,水潴其底,石壁东西夹之,峻不可下。〔其底南眺沉沉,壁西之崖,回覆渊上,予所驻足下瞰者;壁东则绝壁之下,骈通二穴,若环桥连亘,水通其中,不知所往;北则石壁自洞顶下插渊底,壁半裂柱成隙,泉淙淙隙端下注。出右峡,由〕左峡上入,蹲石当门,中耸为台,台上一顶柱直挂洞顶。路从两旁入,其西复有石崖,由洞北突而南,若塞门焉,与洞之南壁夹而成罅。路循崖西出,转绕崖后,〔外穹为门,门下横阈,而上多垂檐。〕踞门阈而坐,〔门外峡复峭峻,两旁多倒悬下攫之石,若龙爪猿臂,纷拏其门〕,俯仰双绝。出洞,循其东麓,复开一门,东向内洼,〔下滴水空声,转南渐黑,当即通后洞环桥水穴者。〕而下洞门之南,则〔<u>上岩村</u>〕村居萃焉。村后叠石开径,曲折而上,是为<u>上岩</u>〔前洞〕。其门东向,〔高齐后洞肩,深折不及。〕前有神庐,侧有台址。有村学究聚群蒙〔四〕于台上。〔由台直跻洞后,迸窦成龛,垂石如距:有垂至地下离一线者,有中悬四旁忽卷者,有柱立轮囷〔五〕其中者,有爪攫分出其岐者。其东南对山有泉源,曰龙泉云。〕

下台端,〔仍出后洞塘北,〕西北行一里,入东来大道。又二里,为<u>高桥</u>,石梁颇整。越桥西南,石山渐开,北眺遥山连接,自西而东,则<u>古田</u>〔六〕、<u>义宁</u>西来老龙矣。又七里为<u>山蚤铺</u>,其四旁虽间出土阜,而石峰尤屼突焉。又西南八里,为<u>马岭墟</u>。其日当市,余至已下午,墟既散,而纷然俱就饮啜浆矣。始于墟间及<u>静闻</u>,复与之饭。又西南二里,至缭江桥,越桥为缭江铺,于是山俱连阜回冈,无复石峰峥峥矣。又南八里为焉石铺,乃西入山坞。二里转而西南,又十里为苏桥〔七〕,〔为洛青江上流,水始舍桂入柳去,予遂与桂山别。〕桥西是为苏桥之堡。入东门,抵南门,时顾仆已先抵此一日,卧南门内逆旅中。是晚蕴隆之极,与二病人俱殊益闷闷。幸已得舟,无妨明日行计也。

〔一〕两路口:今称路口,在桂林市区西隅,公路和铁路皆从近旁经过。

〔二〕义宁:明为县,隶桂林府永宁州,治今临桂县五通。

〔三〕墟(xū 虚):岭南一带的农村定期集市。赶集的地方,有人则满,无人则虚,而岭南集市满时少,虚时多,故称为虚,或作墟、圩、墟市。一般三日一次,定期赶集,称为趁墟。赶集的日子称为墟期。平时搭盖给墟市交易用的一排排小屋称为墟房。很多定期趁墟的地方,亦以"墟"字为词尾命名。

〔四〕蒙(méng 萌):即蒙童,正进行启蒙教育的儿童。

〔五〕轮囷(qūn 逡):高大的样子。

〔六〕古田:明有古田县,时在公元 1381 ～1571 年间,后改为永宁州,又有古田所与州同城。治所先在今永福县北境寿城稍南的旧县,公元 1482 年移至今寿城。

〔七〕苏桥:今名同,在永福县东北境,洛清江东岸。

粤西游日记二^{〔一〕}

丁丑（公元崇祯十年，公元 1637 年）六月十二日

晨餐后登舟，顺流而南，曲折西转，二十里，小江口，为永福界。又二十里，过永福县^{〔二〕}。县城在北岸，舟人小泊而市蔬。又西南三十五里，下兰麻滩。其滩悬涌殊甚，上有兰麻岭，行者亦甚逼仄焉。又二十里，下陟滩为理定^{〔三〕}，其城在江北岸。又十五里而暮。又十五里，泊于新安铺^{〔四〕}。

十三日

昧爽行四十里，上午过旧街^{〔五〕}，已入柳州之洛容界矣，街在江北岸。又四十里，午过牛排。又四十里，下午抵洛容县^{〔六〕}南门。县虽有城，而市肆荒落，城中草房数十家，县门惟有老妪居焉。旧洛容县在今城北八十里，其地抵柳州府一百三十里。今为新县，西南抵柳州五十里，〔水须三日溯柳江乃至。〕是晚宿于舟中。预定马为静闻行计。

十四日

昧爽起饭，觅担夫肩筐囊，倩马驼静闻，由南门外绕城而西。

静闻甫登骑,辄滚而下。顾仆随静（闻）、担夫先去,余携骑返换,再易而再不能行。计欲以车行,众谓车之屼嵲甚于马,且升降坡岭,必须下车扶挽,益为不便。乃以重价觅肩舆三人,餍其欲[七]而后行,已上午矣。余先独行,拟前铺待之,虑轿速余不能踵其后也。共一里,过西门,西越一桥而西,即升陟坡坂。四顾皆回冈复岭,荒草连绵,惟路南隔冈有山尖耸,露石骨焉。跻荒莽共十八里,逾高岭,回望静闻轿犹不至。下岭又西南二里,为高岭铺,始有茅舍数家,名孟村。时静闻犹未至,姑憩铺肆待之。久之乃来,则其惫弥甚。于是复西一里,乃南折而登岭,迤逦南上,共四里,抵南寨山之西,则柳江逼其西崖矣。乃西向下,舟人舣舟以渡。〔有小溪自南寨[八]破壑,西注柳江,曰山门冲。〕江之东为洛容界,江之西为马平[九]界。登西岸,循山濒江南向行,是为马鹿堡[一〇]。东望隔江,石崖横亘其上,南寨山分枝耸干,亭亭露奇。共五里,乃西向逾坳入,则石峰森立,夹道如双阙。其南峰曰罗山,山顶北向有洞,斜骞侧裂,旁开两门,而仰眺无跻攀路,西麓又有洞骈峙焉。其北峰曰李冯山,而南面峭削尤甚[一一]。又二里,双阙之西,有小峰当央[一二]而立,曰独秀峰。

行者共憩树下,候静闻舆不至。问后至者,言途中并无肩舆,心甚惶惑。然回眺罗山西麓之洞,心异之。同憩者言:“从其南麓转山之东,有罗洞岩焉,东面有坊,可望而趋也。”余闻之益心异,仰视日色尚未令昃[一三],遂从岐东南披宿草[一四]行。一里,抵罗山西南角,山头丛石叠架,侧窦如圭,横穴如梁。从此转而南,东循其南麓,北望山半亦有洞南向,高少逊于北巅,而面背正相值也。东南望一小山濒江,山之南隅,石剖成罅,上至峰顶,复连而为门。

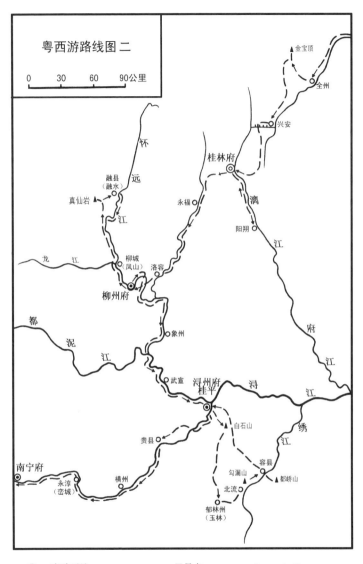

粤西游路线图二

0　　30　　60　　90公里

金宝顶

全州

兴安

桂林府

怀　远　江

融县
（融水）

真仙岩

永福

漓　江

阳朔

龙　江

柳城
（凤山）

洛容

柳州府

都　泥　江

府　江

象州

武宣

浔州府
桂平

浔　江

绣　江

白石山

贵县

勾漏山

容县

都峤山

南宁府

永淳
（峦城）

横州

北流

郁林州
（玉林）

◎　布政司治　　▲　风景点　　〰　河流

◉　府治　　　　融县　古地名　　〓　运河

○　散州、县治　（融水）今地名　　⇠⇢　旅游路线其时山雨忽来，草深没肩，不虞上之倾注，而转苦旁之淋漓矣。转山之东，共约一里，遂逾坳北入，一坪中开，自成函盖。右峰之北，有巨石斜叠而起，高数十丈，俨若一人北向端拱，衣褶古甚。左崖之北，有双门坠峡而下，内洞北向，深削成渊，底有伏流澄澈，两旁俱峭壁数十丈，南进窅然不知其宗。北抵洞口，壁立斩绝，上有横石〔高二尺〕，栏洞口如阈，可坐瞰其底，无能逾险下坠，亦无虞失足陨越也。阈之左壁，有悬绠数十丈，圈而系之壁间，余疑好事者引端悬崖以游洞底者。惜余独行无偶，不能以身为辘轳，汲此幽闳也。既北出峡门上，复西眺西峰，有道直上，果有石坊焉。亟趋之，石坊之后，有洞东向，正遥临端拱石人，坊上书"第一仙区"，而不署洞名。洞内则列门设锁，门之上复横栅为栏，从门隙内窥，洞甚崆峒，而路无由入。乃攀栅践壁逾门端入，则洞高而平，宽而朗，中无佛像，有匡床、木几，遗管城、墨池焉〔一五〕。探其左，则北转渐黑而隘；穷其右，则西上愈邃而昏。余冀后有透明处，摸索久之不得。出，仍逾门上栅，至洞前。见洞右有路西上，拨草攀隙而登，上蹑石崖数重，则径穷莫前，乃洞中剪薪道也。山雨复大至，乃据危石倚穹崖而坐待之。忽下见洞北坪间翠碧茸茸，心讶此间草色独异，岂新禾沐雨而然耶？未几，则圆绕如规，五色交映，平铺四壑，自上望之，如步帐回合，倏忽影灭。雨止乃下，仍从石坊逾南坳，共二里，转是山西麓。先入一洞，其门西向，竖若合掌，内洼以下，左转而西进，黑不可扪；右转而东下，水不可穷，乃峻逼之崖，非窈窕之宫也。出洞又北，即向时大道所望之洞。洞门亦西向，连叠两重。洞外有大石横卧当门，若置阈焉，峻不可逾。北有隙，侧身以入，即为下洞。洞中有石中悬，复间为两门，南北并列。先从南门

460

入,稍洼而下,其南壁峻裂斜骞,非攀跻可及;其北崖有隙,穿悬石之后,通北门之内焉。其内亦下坠,而东入洞底,水声汩汩,与南洞右转之底,下穴潜通。由北门出,仰视上层,石如荷叶下覆,虚悬无从上跻。复从南门之侧,左穿外窍,得·旁龛。龛外有峡对峙,相距尺五,其上南即龛顶尽处,北即覆叶之端。从峡中手攀足撑,遂从虚而凌其上。则上层之洞,东入不深,而返照逼之,不可向迩;惟洞北裂崖成窦,环柱通门,石质忽灵,乳然转异;攀隙西透,崖转南向,连开二楹,下跨重楼,上悬飞乳,内不深而宛转有余,上不属而飞凌无碍。岩之以凭虚驾空为奇者,阳朔珠明之外,此其最矣。

坐憩久之,仍以前法下。出洞前横阈,复西北入大道,一里抵独秀峰下。又西向而驰五六里,遇来者,问无乘肩舆僧,止有一卧牛车僧。始知舆人之故迟其行,窥静闻可愚,欲私以牛车代易也。其处北望有两尖峰亭亭夹立,南望则群峰森绕,中有石缀出峰头,纤幻殊甚,而不辨其名。又西五六里,则柳江自南而北,即郡城东绕之滨矣。江东之南山,有楼阁高悬翠微,为黄氏书馆。即壬戌会魁〔一六〕黄启元。时急于追静闻,遂西渡江,登涯即阛阓连络;从委巷二里入柳州城〔一七〕,东门以内,反寥寂焉。西过郡治,得顾仆所止寓,而静闻莫可踪迹。即出南门,随途人辄问之,有见有不见者。仍过东门,绕城而北,由唐二贤祠躐之开元寺。知由寺而出,不知何往。寺僧言:"此惟千佛楼、三官堂为接众之所,须从此觅。"乃出寺,由其东即北趋,里余而得千佛楼,已暮矣。问之僧,无有也。又西趋三官堂。入门,众言有僧内入,余以为是矣;抵僧栖,则仍乌有。急出,复南抵开元东,再询之途人,止一汲者言,曾遇之江边。问:"江边有何庵?"曰:"有天妃庙。"暗中东北行，又一里，则庙在焉。入庙与静闻遇。盖舆人以牛车代舆，而车不渡江，止以一人随携行李，而又欲重索静闻之资，惟恐与余遇，故迁历城外荒庙中，竟以囊被诒〔一八〕僧抵钱付去。静闻虽病，何愚至此！时庙僧以饭饷，余、舆同卧庙北野室中〔一九〕，四壁俱竹篱零落，月明达旦。

十五日

昧爽起，无梳具，乃亟趋入城寓，而静闻犹卧庙中。初拟令顾仆出候，并携囊同入，而顾仆亦卧不能起，余竟日坐楼头俟之，顾仆复卧竟日，不及出游焉。是日暑甚，余因两病人僵卧两处，忧心忡忡，进退未知所适从，聊追忆两三日桂西程纪，迨晚而卧。

十六日

顾仆未起，余欲自往迎静闻。顾仆强起行，余并付钱赎静闻囊被。迨上午归，静闻不至而庙僧至焉。言昨日静闻病少瘥，至夜愈甚，今奄奄垂毙，亟须以舆迎之。余谓病既甚，益不可移，劝僧少留，余当出视，并携医就治也。僧怏怏去。余不待午餐，出东门，过唐二贤祠，由其内西转，为柳侯庙，柳侯碑在其前，乃苏子瞻书，韩文公诗。其后则柳墓也。余按一统志，柳州止有刘蕡墓，而不及子厚，何也？容考之〔二〇〕。急趋天妃视静闻，则形变语谵〔二一〕，尽失常度。始问之，不能言，继而详讯，始知昨果少瘥，晚觅菖蒲、雄黄服之，遂大委顿〔二二〕，盖蕴热之极而又服此温热之药，其性悍烈，宜其及此。余数日前阅西事珥，载此中人有食饮端午菖蒲酒，一家俱毙者，方以为戒。而静闻病中服此，其不即毙亦天幸也。余欲以益元散解之，恐其不信。乃二里入北门，觅医董姓者出诊之。医言无伤，服药即愈。乃复随之抵医寓，见所治剂俱旁杂无要。余携至城寓，另觅益元散，并药剂令顾仆传致之,谕以医意,先服益元,随煎剂以服。迨暮,顾仆返,知服益元后病势少杀矣。

十七日

中夜雷声殷殷,迨晓而雨。晨餐后,令顾仆出探静闻病,已渐解。既午雨止,湿蒸未已。匡坐寓中,倦于出焉。

柳郡三面距江,故曰壶城。江自北来,复折而北去,南环而宽,北夹而束,有壶之形焉,子厚所谓"江流曲似九回肠"也。其城颇峻,而东郭之聚庐反密于城中,黄翰简、龙天卿之第俱在焉。龙名文光。黄翰简名启元,壬戌进士,父名化。由乡科任广东平远令,平盗有功,进金宪〔二三〕。母夫人许氏,以贞烈死平远〔二四〕,有颛〔二五〕祠。余昔闻之文相公湛持,言其夫人死于平远城围之上,而近阅西事珥,则言其死于会昌〔二六〕,其地既异,则事亦有分。此其所居,有祠在罗池东。(缺)当俟考之。翰简二子俱乡科。

十八日

因顾仆病不能炊,余就粥肆中,即出东门观静闻。一里,北过二贤祠,东过开元寺,又共一里,抵天妃庙,则静闻病虽少痊,而形神犹非故吾也。余初意欲畀钱庙僧,令买绿豆杂米作糜〔二七〕,以芽菜鲜姜为供。问前所畀,竟不买米,俱市粉饼食。余恐蹈前辙,遂弗与,拟自买畀之,而静闻与庙僧交以言侵余。此方病者不信药而信鬼,僧不斋食而肉食,故僧以大铺〔二八〕惑静闻,而静闻信之。僧谓彼所恃不在药而在食。静闻谓予不惜其命而惜钱,盖犹惑病狂之言也。余乃还,过开元寺入瞻焉。

寺为唐古刹,虽大而无他胜。又西过唐二贤祠觅拓碑者家,市所拓苏子瞻书韩辞二纸。更觅他拓，见有柳书罗池题石一方，笔劲而刻古，虽后已剥落，而先型宛然。余嘱再索几纸，其人欣然曰："此易耳。即为公发硎〔二九〕出一石拓，乃新摹而才镌之者。"问："旧碑何在？"曰："已碎裂。今番不似前之剥而不全矣。"余甚惋惜，谢其新拓，只携旧者一纸并韩辞二大纸去。询罗池所在，曰："从祠右大街北行，从委巷东入即是。然已在人家环堵中，未易觅也。"余从之。北向大街行半里，不得；东入巷再询之，土人初俱云不知。最后有悟者，曰："岂谓'罗池夜月'耶？此景已久湮灭，不可见矣。"余问何故，曰："大江东南有灯台山，魄悬台上而影浸池中，为此中绝景。土人苦官府游宴之烦，抛石聚垢，池为半塞，影遂不耀，觅之无可观也。"余求一见，其人引余穿屋角垣隙，进一侧门，则有池一湾，水甚污浊，其南有废址两重，尚余峻垣半角，想即昔时亭馆所托也。东岸龙眼二株，极高大，郁倩垂实，正累累焉。度其地当即柳祠之后，祠即昔之罗池庙，柳侯之所神栖焉者。今池已不能为神有，况欲其以景存耶？

　　凭吊久之，还饭于寓。乃出小南门，问融县舟，欲为明日行计。始知府城北门明日为墟期，墟散舟归，沙弓便舟鳞次而待焉。乃循江东向大南门渡江。江之南，稍西为马鞍山，最高而两端并耸，为府之案山；稍东为屏风山，形伏而端方；其东北为灯台山，则又高而扼江北转者也。马鞍之西，尖峰峭耸，为立鱼山〔三〇〕。其山特起如鱼之立，然南复有山映之，非近出其下不能辨。既渡，余即询仙奕岩，居人无知者。西南一里至立鱼山，而后知其东之相对者，即仙奕岩也。岩在马鞍之西麓，居人止知为马鞍，不知为仙奕，实无二山也。立鱼当宾州大道，在城之西南隅。由东北蹑级盘崖而登，岩门东向,踞山之半。门外右上复旁裂一龛,若悬窝缀阁,内置山神;门外左下拾级数层,又另裂一窍,若双崖夹壁,高穹直入,内供大士。入岩之门,如张巨吻,其中宽平整朗,顶石倒书"南来兹穴"四大字,<u>西蜀杨芳</u>笔也。门外又有诗碑。内列神位甚多,后通两窍,一南一北,穿腹西入,皆小若剜窦。先由南窍进,内忽穿然,高盘竖裂。西复有门透山之西,其中崇彻窈窕,内列三清巨像。后门逾阈而出,西临绝壑,遥瞻西南群峰开绕,延揽甚扩。由门侧右穿峡窍以下,复有洞,门西向。其内不高而宽,有一石柱中悬,杂置神像环倚之,柱后有穴,即前洞所通之北窍也。乃知是山透腹环转,中空外达,八面玲珑,即<u>桂林</u>诸洞所不多见也。由门内左循岩壁而上,洞横南北,势愈高盘。洞顶五穴剜空,仰而望之,恍若明星共曜〔三一〕。其下东开一峡,前达僧栖,置门下键〔三二〕,不通行焉。稍南,西转下峡,复西透一门,前亦下临西壑。由门左转而入,其内下坠成峡,直进东底,深峻不可下。由其上扪崖透腋,又南出一门。其门南向,前有一小峰枝起,与大峰骈立成坳。由其间攀崖梯石,<u>直蹑立鱼</u>之巅焉。盖是洞透漏山腹,东开二门,西开三门,南开一门,其顶悬而侧裂者,复十有余穴,开夹而趣括无穷,曲折而境深莫闷,真异界矣。复由诸洞宛转出前洞,从门右历级南上,少憩僧庐。东瞰山下,有塘汇水一方,中洼而内沁,不知何出;其东北所对者,即<u>马鞍山</u>之西北麓,<u>仙奕岩</u>在焉;其东南所对者,乃<u>马鞍山</u>西南枝峰,又有<u>寿星岩</u>焉。遥望其后重岩回复,当<u>马鞍</u>之奥境,非一览可尽。时日已下春,雨复连绵,余欲再候<u>静闻</u>,并<u>仙奕岩</u>俱留为后游。下山一里,复渡南门,又东北三里,携豆蔬抵<u>天妃殿</u>,而<u>静闻</u>与僧相侵弥甚;欲以钱赎被,而主僧复避不即至。余乃不顾而返,亟入城，已门将下键矣。昏黑抵寓，不得晚餐而卧。

十九日

凌晨而起，雨势甚沛，早出北门观墟市，而街衢雨溢成渠，墟不全集。上午还饭于寓。计留钱米绿豆，令顾仆往送静闻，而静闻已至。其病犹未全脱，而被襆之属俱弃之天妃庙，只身而来。余阴嘱寓主人，同顾仆留栖焉。余乃挈囊出西南门，得沙弓小舟一舱，遂附之，而同舟者俱明晨行，竟宿沙际。

二十日

候诸行者，上午始发舟。循城西而北溯柳江，过西门，城稍逊而内，遂不滨江云。江之西，鹅山亭亭，独立旷野中，若为标焉。再北，江东岸犹多编茅瞰水之家，其下水涯，稻舟鳞次，俱带梗而束者，诸妇就水次称而市焉，俱从柳城、融县顺流而下者也。又北二十里，晚泊古陵堡〔三三〕，在江西岸。

自柳州府西北，两岸山土石间出，土山迤逦间，忽石峰数十，挺立成队，峭削森罗，或隐或现。所异于阳朔、桂林者，彼则四顾皆石峰，无一土山相杂；此则如锥处囊中，犹觉有脱颖之异耳〔三四〕。

柳江西北上，两涯多森削之石，虽石不当关，滩不倒壑，而芙蓉倩水之态，不若阳朔江中俱回崖突壑壁，亦不若洛容江中俱悬滩荒碛也。

此处余所历者，其江有三，俱不若建溪之险。阳朔之漓水，虽流有多滩，而中无一石，两旁时时轰崖缀壁，扼掣江流，而群峰逶迤夹之，此江行之最胜者；洛容之洛青，滩悬波涌，岸无凌波之石，山皆连茅之坡，此江行之最下者；柳城之柳江，滩既平流,涯多森石,危峦倒岫,时与土山相为出没,此界于<u>阳朔</u>、<u>洛容</u>之间,而为江行之中者也。

〔一〕<u>粤西游日记二</u>在<u>乾隆</u>刻本第三册下。

〔二〕<u>永福县</u>:隶<u>桂林府永宁州</u>,即今<u>永福县</u>。

〔三〕<u>理定</u>:今作<u>里定</u>,在<u>鹿寨县</u>北隅。

〔四〕<u>新安铺</u>:今作<u>西岸</u>,在<u>鹿寨县</u>北境,<u>洛清江</u>西岸。

〔五〕旧街:今名同,在<u>鹿寨县</u>北境,<u>洛江</u>与<u>洛清江</u>汇口处。

〔六〕<u>洛容县</u>:隶<u>柳州府</u>,治今<u>鹿寨县</u>西部的<u>洛容</u>。

〔七〕餍(yàn 厌)其欲:尽量让他们吃饱。

〔八〕<u>南寨</u>:今名同,在<u>鹿寨县</u>西南隅,<u>柳江</u>东岸。

〔九〕<u>马平</u>:<u>柳州府</u>附郭县,治今<u>柳州市</u>。

〔一〇〕<u>马鹿堡</u>:今仍称<u>马鹿</u>,在<u>柳州市</u>郊东隅,<u>柳江</u>西岸,有公路经过。

〔一一〕而南面峭削尤甚 "南",原作"来",据<u>乾隆本</u>、<u>四库本</u>改。

〔一二〕当央:当中。

〔一三〕昃(zè 仄):太阳西斜。

〔一四〕宿草:隔年的深草。

〔一五〕匡床:方正而安适的床。 管城:即管城子、管城侯,为毛笔的别称。 墨池:磨墨的砚台。

〔一六〕魁(kuí 奎):第一。科举考试时,各省举人到京会考称为会试,会试第一名称为会元或会魁。

〔一七〕<u>柳州</u>:明置<u>柳州府</u>,治<u>马平</u>,即今<u>柳州市区</u>。

〔一八〕诒(yí夷):通"贻",遗留。

〔二九〕野室:村舍。

〔二〇〕柳宗元(公元773～819年):字子厚,河东(山西永济)人,因此人称柳河东。他是唐代著名的文学家和思想家,因参加"永贞革新",失败后被贬为永州司马。公元815～819年又被贬为柳州刺史,因此人称柳柳州。在柳州期间,释放奴婢,组织群众打井、种竹、植树。死后,虽然灵柩运回葬于长安郊区的栖凤原,但当地人民为了纪念他,在停放灵柩的地方修建了衣冠墓;在他经常游憩的罗池边修建了罗池庙,后又改为柳侯祠;在他"手种黄柑二百株"的地方建了柑香亭。这些古迹,一直保存至今,皆包入柳州市柳侯公园内。

〔二一〕语谵(zhān占):病中神态不清时胡言乱语。

〔二二〕委顿:极度疲困。

〔二三〕佥(qiān签)宪:明代都察院置左、右佥都御史,位次于副都御史,通称佥院,敬称佥宪。

〔二四〕平远:明为县,隶潮州府,治所在今广东平远县北的仁居。

〔二五〕颛(zhuān):通"专"。

〔二六〕会昌:明为县,隶赣州府,即今江西会昌县。

〔二七〕糜(mí迷):粥。

〔二八〕餔(bǔ补):食。 大餔:大吃油荤。

〔二九〕硎(xíng刑):磨刀石。 发:打磨。

〔三〇〕立鱼山:又称石鱼山,今称鱼峰山,在柳州市区南隅,为著名风景区。传说歌仙刘三姐从此乘鱼上天,山上建有刘三姐对歌亭,洞内有刘三姐石像,至今常有群众来此对歌。

〔三一〕曜(yào 耀):照耀。

〔三二〕键(jiàn 建):门上的横插。

〔三三〕古陵堡　原作"古城堡",据乾隆本、四库本改。今仍作古林,在柳江县东北隅,柳江西岸。

〔三四〕颖(yǐng 影):尖端。此句比喻好的东西终能自显突出。

二十一日

昧爽行。二十里,上午过杉岭,江右尖峰叠出。又三十里,下午抵柳城县〔一〕。自城北溯怀远江而入,又十里,泊于古旧县〔二〕。此古县治也,在江北岸。是日暑甚,舟中如炙。

柳城县在江东岸,孤城寥寂,有石崖在城南,西突瞰江,此地濒流峭壁,所见惟此。城西江道分而为二。自西来者,庆远江也,〔其源一出天河县〔三〕为龙江,一出贵州都匀司为乌泥江,经忻城北入龙江,合流至此;〕〔四〕自北来者,怀远江也,〔其源一出贵州平越府,一出黎平府,流经怀远、融县至此。〕〔五〕二江合而为柳江,所谓黔江也。下流经柳州府,历象州,而与郁江合于浔。

今分浔州、南宁、太平三府为左江道,以郁江为左也;分柳州、庆远、思恩为右江道,以黔江为右也。然郁江上流又有左、右二江,则以富州之南盘为右,广源之丽江为左也,二江合于南宁西之合江镇,古之左右二江指此,而今则以黔、郁分耳。

南盘自富州径田州,至南宁合江镇合丽江,是为右江。北盘自普安经忻城,至庆远合龙江,是为乌泥江〔六〕。下为黔江,经柳、象至浔州合郁,亦为右江。是南、北二盘在广右俱为右江,但合非一处耳。云南志以为二盘分流千里,至合江镇合焉,则误以南宁之左、右二江俱为盘江,而不知南盘之无关于丽江水,北盘之不出于合江镇也。

二十二日

平明发舟。西北二十里,午过大堡〔七〕,在江东岸。是日暑雨时作,蒸燠殊甚,舟人鼓棹,时行时止,故竟日之力,所行无几。下午又十五里,大雨倾盆,舟中水可掬,依野岸泊。既暮雨止,复行五里而歇。

二十三日

昧爽,西北行十五里,过草墟,有山突立江右,上盘危岩,下亘峭壁。其地鱼甚贱。十里,马头〔八〕,江左山崖危亘,其内遥峰森列,攒簇天半。于是舟转东行,十里复北,五里,下午抵沙弓〔九〕,融县南界也,江之西南即为罗城县〔一〇〕东界。沙弓,水滨聚落,北至融五十里,西至罗城亦然,西望隔江群峰攒处,皆罗城道中所由也。是晚即宿舟中。

二十四日

昧爽,仍附原舟向和睦墟。先是沙弓人言:"明日为和睦墟期,墟散有融县归舟,附之甚便。"而原舟亦欲往墟买米,故仍附之行。和睦去沙弓十里,水陆所共由也。舟自沙弓西即转而东北行,一里,有江自西北来,舞阳江〔一一〕也,〔内滩石甚险。〕又直东四里,始转而北,又五里为和睦墟〔一二〕。荒墟无茅舍,就高蘸〔一三〕草,日初而聚,未午而散,问舟不得。久之,得一荷盐归者,乃附行

徐霞客游记校注

囊与之偕行。始东北行一里，有小溪自西而东。越溪而北，上下陂陀，皆荒草靡靡，远山四绕。又四里过黄花岭，始有随坞之田。直北行五里，过古营，其田皆营中所屯也。又北五里，越一小溪为高桥，有秦姓者之居在峒中。北下一里为大溪，有水自西而东，有堰堰之，其深及膝，此中水之大者，第不通舟耳。又北五里，大道直北向县，而荷行李者陆姓，家于东梁西北，遂由此岐而西北行。二里，上鸡笼岭，其坳甚峻，西有大山突兀，曰古东山。山北东隅为东梁，县中大道所径也。西北隅为东阳〔一四〕，亦山中聚落也，而陆姓者聚居于其北坞对山之下，越鸡笼共西北三里，而抵其家。〔去真仙岩尚十里，去县十五里。〕时甫逾午，而潦暑〔一五〕疲极，遂止其处。

二十五日

平明起饭，陆氏子仍为肩囊送行。先隔晚，望其北山，有岩洞劓然〔一六〕上下层叠。余晚浴后欲独往一探，而稻畦水溢，不便于行；及是导者欲取径道行，路出于其下，余乃从田间水道越畦而登之。岩有二门，俱南向，东西并列，相去数丈，土人名为读学岩。外幨骈崖，中通横穴，〔若复道行空，蜃楼内朗，垂莲倒柱，钩连旁映，〕轩爽玲珑，可庐可憩，不以隘迫为病也。其西又有小石峰特起田间，旁无延附，亦有门东向，遂并越水畦入之。初入觉峡逼无奇，穿门西进，罅进"十"字，西既透明，南北俱裂窍，土人架木窍间，若欲为悬阁以居者，但宛转轩迥，不若前岩之远可舒眺而近可退藏也。甫出洞，导者言："西去一二里，有赤龙岩奇甚，胜当与老君洞等，惜无知者，君好奇，何不迂道观之！"余昨从和睦墟即屡问融中奇胜，自老君洞外更有何景，导者与诸土人俱云无有，盖彼皆以庵栖为胜，而不复知有山石之异也。至是，其人见余所好在此，始以其说进。余奖劳之，令即趋赤龙。于是不北向山坳，而西循溪塍，里余遂抵岩下。其岩北向，高穹山半，所倚之山，即陆氏所居之后岭，自西横列至此，而东下陆村者也。洞前北突两峰，若龙虎然，而洞当其中，高旷宏远，底平而上穹，门之中有石台两重界其间，洞后列柱分楞，别成圭门璇室。洞中直入数丈，脊稍隆起，遂成仙田每每，中贮水焉。更入则渐洼渐黑，导者云："其内门束如窦，只平身入，既入乃复廓然透别窍焉。"恨不从家携炬，得一穷其奥也。山前有溪自西来，分两派，而东萦陆氏之居，又东抵东梁，而北汇安灵潭，为灵寿溪之上流云。下山，越溪而北向，望北山有洞割然骈列。涉水畦而攀其上，其洞门南向，虽高穹侧裂，而中乃下旋如坠螺。由门外右跻，复飞嵌悬崖，凭踞则有余，深栖则不足，乃下。盖此山正与赤龙岩南北相向，其与读学岩则东西肩列者也。〔北趋间道，正由此山、读学两峰中。〕此山之东隅，复开两岩，其门皆东向，名钟洞岩：在北者，其岩不深峻，若竖钟而剖其半，中列神像；在南者，峡门甚高，层窦叠见，而内入不深，上透无级。所入下层之洞，当门即巨柱中悬，环转而出，无余地矣。乃下，直北趋，共二里，越一脊。脊之北为百步塘，四面尖峰环列，中开平壑一围，广漠低洼，下有溺水。塘之西北为古鼎，东北为羊膈山，东南为东梁，西南为此脊。越脊，循岩转又一里，其山分突三峰，北向百步而列。西一峰，山半洞门西向，有牧者憩歌于中，余不及登；中与东二峰前抱中环，有陆氏冢焉，北向古鼎以为案者也。中峰有洞东向，洞门层倚若重楼；东峰有洞西向，岩石下插如象鼻。余先登东峰西向之洞。其洞北进横峡，南骞斜窦，而有石上自山巅，下嵌峡底，四面可绕而出，所云象鼻者也。但其内浅而不深，不堪为栖托之所。次登中峰东向之洞。其洞北窍下裂，南牖上悬，有石飞架其间，外若垂楞，中可透扃，上牖有石台前突，憩卧甚适，唯峻不如象鼻，而夹曲过之，所恨者亦不深广耳。既下，乃直北径百步塘。二里，越塘之北，先有一小溪自西而北，〔自古鼎来，〕横涉而过；又有一大溪自南而北，〔即赤龙岩前水，东过东梁至此。〕二水合而北行，有石梁横渡，于是东西俱骈峰成峡，溪流其中，是为灵寿溪。又北一里，溪汇为潭，是为安灵潭，神龙之所窟也。又北一里，当面有山横列，峰半劐然开张洞门，余以为真仙岩矣。至则路转西麓，遂东行环绕其北，则此山之后复有洞焉，不知与南向开张者中通否也？时望真仙岩之山尚在其北，〔北即安灵溪水流入真仙后洞处。〕遂竭蹶东循其麓，姑留此洞以俟后探焉。东出山，又北转一里，则与东梁之大道会。峰转溪回，始见真仙洞门，穹然东北高悬，溪流从中北出，前有大石梁二道骈圈溪上。越梁而西，乃南向入洞焉。洞门圆迥，如半月高穹，中剜一山之半。其内水陆平分，北半高崖平敞，南半回流中贯。由北畔陆崖入数丈，崖叠而起，中壁横拓，复分二道。壁之西有窍南入，而僧栖倚之；壁之东南，溯溪岸入其奥扃，则巨柱中悬，上缀珠旒宝络，下环白象、青牛，稍后则老君危然，须眉皓洁，晏坐而对之，皆玉乳之所融结，而洞之所以得名也。其后则堂皇忽闳，曲户旋分，千门万牖，乳态愈极缤纷，以无炬未及入。其下则溪汇为渊，前趋峡壁，激石轰雷。〔其隔溪东崖，南与老君对者，溪上平耸为台，后倚危壁，为下层；北与僧栖对者，层阁高悬，外复疏明，为上层，但非鹊桥不能度。〕后覆重崖，穿云逗日，疑其内别有天地。

方徘徊延伫,而僧栖中有二客见余独入而久不出,同僧参慧入而问焉。遂出憩其栖,将已过午,参慧以饭饷余及陆。既而二客与陆俱别去,参慧亦欲入市,余乃随之。北一里,过下廓[一七],少憩广化寺。寺古而半圮。又北,则大江在东,自北而南,〔即潭江,北自怀远[一八]、大融南来者〕;小江在西,自西而东,(即)〔菜邕江,西自丹江桥绕老人岩,至此东入江〕。二水交流下廓两旁,道当其中。又一里,渡菜邕桥,又北半里,入融[一九]之南关焉。南关之外,与下廓犹居市相望,而城以内则寥落转甚。大江北来,绕城东而南,至下廓遂东南去。其水不回拱,所以萧条日甚耶?既问老人岩道,复从下廓之北,循小江西南行[二〇]。既西抵一峰,见其石势叠耸,遂披棘登之。至石崖下,乃回削千仞,无池旁窦[二一],乃下。路当北溯溪岸,余误而南入山峡,其峡乃老人岩之南枝,又与南山夹而成者。南山北麓,有石磴盘山而上。其下有石窦一圆,潴水泓然,有僧方汲。急趋而问之,始知其上为独胜岩,而非老人岩也,去下廓西南一里矣。余始上探独胜。其岩北向,高缀峰头,僧庐塞其门,入其下,不知为岩也。时暑气如灼,有三士人避暑其间,留余少憩。觇其庐后有小穴焉,因穿穴入。其内复开窍一龛,稍洼而下,外列垂幛,亦有裂隙成楞者,但为僧庐掩映,不得明光耳。〔独胜北有鲤鱼岩,即古弹子岩。闻乳柱甚丰,不及往。〕下山,日色犹未薄崦嵫,乃复东北一里,出下廓,又西北溯小溪一里,抵老人岩山下。其下有洞东向,余急于上跻,姑置之。遂西向拾级上,两崖对束,磴悬其间,取道甚胜。已透入一隘门,上镌"寿星岩"三字,甚古。门之上,转而北上,则岩之前门也。盖其岩一洞两门,前门东南向,下瞰下廓,后门东北向[二二],下瞰融城,乃石崖高跨而

徐霞客游记校注

东突,洞透其下,前后相去不遥,亦穿岩之类,而前后俱置佛龛障之,遂令空明顿失。时前岩僧方剖瓜,遂以相饷。急从庐侧转入后岩,始仰见盘空之顶,而后岩僧方樵而未返,门闭无由入。时日暮雷殷,姑与前岩僧期为后游,遂下山;则后岩僧亦归,余不能复上矣。指小径,仍从<u>独胜</u>东峰披蔓草行,二里乃暮,抵<u>真仙</u>。夜雨适来,<u>参慧</u>为炊粥以供。宿岩中,蚊聚如雷,与溪声同彻夜焉。

二十六日

憩息<u>真仙洞</u>中者竟日。<u>参慧</u>出市中。余拂岩中题识读之,为录其一二可备考者。

<u>真仙岩记游</u>　　嘉熙戊戌〔二三〕正月二十有三日,零陵<u>唐容</u>约延平<u>黄宜卿</u>、建安<u>田传震</u>等数人,早自平寨门出行。群山杳蔼间,夹道梅花盛开,清香袭人。二里许,至<u>玉华岩</u>。岩纵可十丈,横半之,无他奇瑰,而明洁可爱。东南诸峰当其前,间见层出,不移席而可以远眺望。乃具饭。饭已,循旧径过<u>香山</u>,历<u>老人岩</u>下。稍折而西,渡<u>舟江桥</u>〔二四〕,顷之至<u>弹子岩</u>。洞口平夷,坐百客不訾。少憩,酒三行,始秉炬以进,过若堂殿者三四。火所照耀,上下四方,皆滴乳流注,千奇万怪,恫心骇目,不可正视。有如人立,如兽蹲,如蛟蛇结蟠,如波涛汹涌,又有如仙佛之端严,鬼神之狞恶,如柱,如剑,如棋局,如钟鼓铃铎〔二五〕,考〔二六〕击之有声。布地皆小石,正圆如弹丸,此岩之所以得名也。其间玲珑穿穴,大率全山皆空,不可穷极,相与惊叹,得未曾有。遂出至<u>西峰岩</u>,所见比弹子同,尤加奇而岩稍窄。盘薄久之,乃转而东南,驰至<u>真仙岩</u>而休焉。仰瞻苍崖,上与云气接,划然天开,高朗轩豁,溪流贯其间,潺潺

有声，东西石壁峭拔，广袤数十亩，弹子、西峰所见，往往皆具。老君晏坐其奥，须眉皓洁，如塑如画，迨造物者之所设施，岂偶然也耶！回视先所夸诩〔二七〕者，恍然自失矣。正如初入富商巨贾之家，珠玑宝贝，充栋盈室，把玩恋嫪〔二八〕，殆不能去。而忽登王公大人之居，宫室广大，位置森然，而珍台异馆，洞房曲户，百好备足，而富商巨贾之所有，固亦在其间也。人之言曰："观于海者难为水。"予亦曰："游于真仙者难为岩。"于是书于岩口，以识兹游之盛。

洞间勒记甚多，而此文纪诸胜为详，录之。

宋绍兴丁巳〔二九〕融守胡邦用真仙岩诗叙

融州〔三〇〕真仙岩，耆旧相传，老君南游至融岭，语人曰："此洞天之绝胜也。山石巉屼，溪流清邃，不复西度流沙，我当隐焉。"一夕身化为石〔三一〕，匪雕匪镂，太质具焉。匪垩匪臊〔三二〕，太素〔三三〕著焉。丹灶履迹，炳然〔三四〕在焉。霓旌云幢，交相映焉。有泉湍激，空山（缺）尝以金丹投于其中，使饮之者咸得延寿，故号寿溪。东流十余里，入一村曰灵寿，其民皆享高年，间有三见甲子〔三五〕者。余被命出守，穷文考古，询访土俗，遂得仙迹之详，皆非图经所载，故作诗以纪之，书其始末，勒石以示来者。诗曰：岭南地势富山川，不似应改"谁似"。仙岩胜概全，石璞浑成尘外像，寿溪直彻洞中天。醮坛〔三六〕风细迎秋月，丹灶云轻压瘴烟；散步使人名利泯，欲求微妙养三田〔三七〕。

荆南〔三八〕龚大器春题真仙洞八景

天柱石星　　嵯峨盘地轴，错落布琼玖；风吹紫霞散，荧荧灿星斗。

龙泉珠月　　冰轮碾碧天，流光下丹井；惊起骊龙眠，腾

骧弄寒影。

鹤岩旭日　　仙人跨白鹤，飘飘下九垓；矫羽扶桑上，万

里日边来。

牛渚暝烟　　朝发<u>函关</u>道，暮入<u>湘水</u>边；一声铁笛起，吹

落万峰烟。

寒淙飞玉　　悬崖三千尺，寒泉漱玉飞；奔流下沧海，群

山断翠微。

碧洞流虹　　丹洞连海门，流水数千里；石梁卧波心，隐

隐蟒蛛起。

群峰来秀　　青山望不极，白云渺何处；郁郁秀色来，遥

看峰头树。

万象朝真　　真象两无言，物情如影响；回看大始前，无

真亦无象。

二十七日

憩息<u>真仙洞</u>中。有拓碑者，以司道命来拓党籍碑〔三九〕。午
有邑佐同其乡人来宴。余摩拭诸碑久〔四〇〕，辄得<u>韩忠献王</u>所书
画<u>鹃行</u>并<u>黄山谷</u>书二方，皆其后人宦此而勒之者。

二十八日

<u>参慧</u>束炬导游<u>真仙</u>后暗洞。始由<u>天柱老君</u>像后入，皆溪西崖
之陆洞也。洞至此千柱层列，百窦纷披，前之崇宏，忽为窈窕，前之
雄旷，忽为玲珑，宛转奥隙，靡不穷搜。石下有巨蛇横卧，以火烛
之，不见首尾，然伏而不动。逾而入，复逾而出，竟如故也。然此奥

虽幽邃，犹溪西一隅，时时由其隙东瞰溪流，冀得一当，而终未能下涉。既出，回顾溪窦，内透天光，对崖旁通明穴，益觉神飞不能已。遂托参慧入市觅筏倩舟，以为入洞计。〔参慧复爇炬引予，由岩前左石下，北入深穴。穴虽幽深，无乳柱幻空，然下多龙脊，盘错交伏，鳞爪宛然，亦一奇也。出洞，参慧即往觅舟。〕既而念参慧虽去，恐不能遽得，不若躬往图之，且以了老人、香山诸胜。乃复出洞，北遵大道行。已而西望山峡间，峰峦耸异。适有老农至，询知其内有刘公岩，以草深无导者，乃从下廓南先趋老人岩。共二里至其下，遂先入下岩。岩门东向，其内广而不甚崇。时近午郁蒸，入之即清凉心骨。其西北有窍，深入渐暗，不能竟。闻秉炬以进，其径甚远，然幽伏不必穷也。从门左仍跻石峡，上抵前岩，转透后岩。其内结阁架庐，尽踞洞口，惟阁西则留余地以为焚爇之所，前有台一方，上就石笋镌象焉。由此再西入，石窦渐隘而暗，爇炬探之，侧身而入，悬级而坠，皆甚逼仄，无他奇也。出就阁前凭眺，则上下悬崖峭绝，菜邕江西来漱其北麓，自分自合，抵岩下而北转临城，大江当其前，环城聚其下，〔渺然如天表飞仙〕；其直北即为香山，为八景之一。就窗中令道人指示所从道，遂下山。绝流渡菜邕江，水浅不及膝。遂溯江北行，望其西江所从来处，峰峦瑰异，〔内有鸡场洞。〕几随路而西，一里，遇一僧荷薪来，问之，始知香山尚在东北也。乃转从草径循北山之东麓，一里抵香山。于是西向登级，有庙在两山坳间，其神为梁、吴二侯。径寂而殿森，赤暑中萧萧令人毛悚。闻其神甚灵异，然庙无碑刻，不知其肇于何代，显以何功也。始余欲就饭香山，既至而后知庙虚无人。遂东北逾一桥，过演武场，南共一里，即入西门，寥寂殊甚，东抵县前饭焉。出南门，欲觅药市纸，俱不能得。遇医者询之，曰："此中猪腰子、山豆根俱出罗城。所云不死草者，乃挂兰，悬空不槁，乃草不死，非能不死人也。"为之一笑。又南过下廓，遇樵者，令其觅舟入真仙。二人慨然许之。先是，余屡觅之居人，俱云："此地无筏，而舟为陂阻，无由入洞，须数人负之以趋。"不意此二人独漫许之，余心不以为然。然窃计岩中有遗构，可以结桴〔四一〕浮水，但木巨不能自移，还将与参慧图之。既抵岩，则参慧已归，亦云觅舟不得，惟觅人结桴为便。意与余合，余更幸入洞有机，欣然就卧。

二十九日

晨起，余促参慧觅结桴者，未行而昨所期樵者群呼而至，谓予曰："已入洞否？"余应以待舟。樵者曰："舟不能至。若联木为桴，余辈从水中挟之以入，便与舟同。"余令参慧即以觅人钱畀之。其人群而负木入溪，伐竹为筏。顷间联桴已就，复以岩中大梯架其上，上更置木盆。余乃踞坐盆中，架足梯上。诸人前者纤引，旁者篙挟，后者肩耸，遇深渊辄浮水引之，遥不能引，辄浮水挟之。始由洞口溯流，仰瞩洞顶，益觉穹峻，两崖石壁劈翠夹琼，渐进渐异，前望洞内天光遥遥，层门复窦，交映左右。从澄澜回涌中破空濛而入，诵谪仙〔四二〕"流水杳然"，"别有天地"句，若为余此日而亲道之也。既入重门，岈岮上涵，渊黛下潆，两旁俱有层窦盘空上嵌，荡映幌漾，回睇身之所入，与前之所向，明光皎然，彼此照耀，人耶仙耶，何以至此耶，俱不自知之矣！挟桴者欲从其中爇炬登崖，以穷旁窍，余令先溯流出〔后〕洞，以穷明窦。乃复浮水引桴，遂抵洞门。其门西南向，吸川饮壑。溪破石而下，桴抵石为所格，不能入溪。乃舍桴践石而出洞，又划然一天也。溪石坎坷，不能置〔踵〕，望左崖有悬级在伏莽中,乃援莽蹑〔四三〕空而上。不数十步,辄得蹊径。四望平畴中围,众峰环簇,即余昔来横道北岩之东北隅也,第来时大道尚在南耳。乃随山左东过一小坳,计转其前,即双梁以东大道,从小径北跻山椒,即老君座对崖旁透之穴,俱可按方而求。而挟桴者俱候余仍游洞内,乃返而登桴,顺流入洞,仍抵中扃〔四四〕。视东西两旁俱有穴可登,而西崖穴高难登,且前游暗洞,已仿佛近之,而东崖则穴竟门纷,曾未一历,遂爇炬东入。其上垂乳成幄,环柱分门,与老君座后暗洞之胜丝毫无异。从其内穿隙透窍,多有旁穴,上引天光,外逗云影,知其东透山肤甚薄,第穴小窦悬,不容人迹,漫为出入耳。从其侧宛转而北出,已在老君对崖之下层,其处有金星石、龙田诸迹,因崖为台,下临溪流。上有石阈围池〔四五〕,岂昔亦有结榭以居,架飞梁以渡者耶?其后壁大镌"寿山福(地)"四大字,法甚古异,不辨其为何人笔。再出即为对崖之上层,其上亦列柱纵横,明窍外透,但石崖峻隔,与此层既不相通。仍引桴下浮,欲从溪中再上,而溪崖亦悬嵌,无由上跻。计其取道,当从洞前南转,抵小坳之东北,跻山椒而后可入;洞中非架飞梁,不能上也。乃从桴更入洞,其下水口旁洞俱浅隘,无他异。始绝流引桴,还登东崖,诸人解桴撤木,运归旧处。余急呼其中一黠〔四六〕者,携余炬,令导为刘公洞游。

北遵大道半里,即西南转入小岐,向山峡中,依前老农所指示行;导者虽屡樵其处,不识谁为刘公岩也。又二里,抵山下。望一洞在南山,东向而卑伏;一洞在南山,北向而高骞;一洞在北山中突之峰,东向而浅列。方莫知适从,忽闻牧者咳嗽声,遥呼而询之,则北向高骞者是。亟披莽从之。其人见余所携炬一束,哂曰:"入此洞须得炬数枚乃可竟。此一炬何济?"余始信此洞之深邃,而恨所携之炬少也。伏莽中石磴隐隐,随之而跻,洞门巨石前横。从石隙入,崖石上大镌"西峰之岩"四字,为宝祐三年〔四七〕李桂高书。其前又有碑记二方,其一不可读,其一为绍定元年〔四八〕太守刘继祖重开此岩,而桂林司理参军饶某记而并书者也。其记大约云:桂西灵异之气多钟于山川,故真仙为天下第一,而曰老人者次之,曰玉华、弹子者又次之,而西峰岩则与真仙相颉颃,而近始开之。余始知此洞之名为刘公者以此,而更信此洞之始,其开道建阁,极一时之丽。而今乃荒塞至此,益慨焉之昔何以盛,今何以衰耶!入洞,内甚宽敞,先爇炬由其后右畔入,则乳柱交络,户窦环转,不数丈而出。又从其后左畔入,则乳柱宏壮,门窦峻峡,数丈之后,愈转愈廓,宝幢玉笋,左右森罗,升降曲折,杳不可穷,亦不可记。其时恐火炬易尽,竭蹶前趋,尝脔而出〔四九〕,不知蔗境〔五○〕更当何如也。唐容真仙镌记谓:"西峰岩比弹子同于加奇而稍窄。"所云"窄"者,岂以洞门巨石亏蔽目前,未悉其宫墙之宏邃耶?下山,西望北山中突东向之洞,其外虽浅而石态氤氲,门若双列,中必相通。亟趋其下,则崖悬无路。时导者已先归,见余徘徊仰眺,复还至,引入南麓小洞。其门南向而浅,与上岩不通。盖上岩危瞰峰半,遥望甚异,而近眺无奇,且路绝莫援,不得不为却步。既东行,回首再顾,则氤氲之状,复脉脉系人。仍强导者还图攀跻,导者乃芟翳级石,猿攀以登。余亦仿而随之,遂历其上。则削壁层悬,虽两崖并列,而中不相通,外复浅甚,盖徒有玲珑之质,而未通窈窕之关,始兴尽而返。仍东南二里,抵真仙岩。时适当午,遂憩岩中,搜览诸碑于巨石间,而梯为石滑,与之俱坠,眉膝皆损〔五一〕焉。

　　真仙岩中明夹可栖,寂静无尘,惟泉声轰轰不绝,幽处有蛇,不为害,而蚊蚋甚多,令人不能寐。廿八中夜,闻有声甚宏,若老人謦咳然,久而不绝。早起询之,乃大虫鸣也。头大于身,夜潜穴中,然惟此夕作声,余寂然。

〔一〕 柳城县:隶柳州府,治今柳城县南部的凤山。

〔二〕 旧县:今名同,在柳城县南境。

〔三〕 天河县:隶庆远府,明时治所累迁,自1591年迁至今罗城县天河镇。

〔四〕 按,庆远江明时亦称龙江,今仍称龙江。流经天河县者,今称天河,从北往南在宜州市注入龙江。龙江主源从当时广西属的荔波来,明时称劳村江,今称打狗河;经今河池市金城江区境称为金城江;至明代柳城县治与怀远江合。对于龙江,戊寅年三月初十日记有精详的叙述。乌泥江又称都泥江,即今红水河,从贵州来,但不源自都匀司,亦不经都匀司;虽经忻城,但并未北至庆远入龙江。这两点,霞客在七月十九日记中已有校正。

〔五〕 怀远江:明时亦称潭江。融江,今仍称融江。融江源明时称古州江,即今都柳江。

〔六〕 按,这是霞客对两盘江最早的认识。这些观点后来已校正,此不足据。南盘与富州无涉,北盘亦不至庆远合龙江。

〔七〕 大堡:"堡"读"埔"音,今作大埔,为柳城县治。

〔八〕 马头:今作码头,在柳城县北隅,融江东岸。

〔九〕 沙弓:今作沙巩,在融水县南隅,融江东岸转折处。

〔一〇〕 罗城县:隶柳州府,即今罗城县。

〔一一〕 舞阳江:明时又作"武阳江",即今牛鼻河。

〔一二〕和睦墟:今名同,在融水县南隅,融江北岸。

〔一三〕萑(tuī 推):芦苇。

〔一四〕古营,今作古型;高桥,今名同;东阳,今名同,皆在融水县南境,古型最南,高桥稍北,东阳最北。

〔一五〕溽(rù 褥)暑:盛夏又湿又热的气候。

〔一六〕劐(huò 豁):破裂声。

〔一七〕下廓:今名同,在融水县南郊。

〔一八〕怀远:明为县,隶柳州府,治今三江侗族自治县南境的老堡。

〔一九〕融:即融县,又称大融,隶柳州府,即今融水苗族自治县。

〔二〇〕循小江西南行　"小江",乾隆本作"菜邕江",四库本作"蔡邕江"。

〔二一〕无池旁窦　"池",疑为"他"。

〔二二〕后门东北向　"东北",原作"东南",据乾隆本、四库本改。

〔二三〕嘉熙:南宋理宗年号,时在公元 1237～1240 年,共四年。嘉熙戊戌为嘉熙二年,公元 1238 年。

〔二四〕舟江桥　沪本作"丹江桥"。

〔二五〕铃:金属制成的乐器,形似钟而小。　铎(duó 夺):古代金属制成的一种大铃,形如铙、钲而有舌。

〔二六〕考:即"敲"。

〔二七〕诩(xǔ 许):说大话。

〔二八〕恋嫪(lào 烙):留恋。

〔二九〕绍兴丁巳:绍兴七年,公元 1137 年。

〔三〇〕融州:宋代有融州,即今融水苗族自治县。

〔三一〕老子:即老聃,姓李名耳,字伯阳,楚国苦县(今河南鹿邑东)人。春秋时的思想家,著有老子一书。后来,道教信奉老聃为教祖,并把他神化,称"太上老君",简称"老君"。相传融水县真仙岩即为太上老君升天的胜地。

〔三二〕垩(è 饿):用土粉刷。　　膱(huò 获):好的彩色。匪垩匪膱:不刷泥土,不施彩饰。

〔三三〕太素:形成天地的素质。

〔三四〕炳然:十分显著。

〔三五〕甲子:古人以干支相配纪年,甲居十天干首位,子居十二地支首位,自甲子至癸亥,刚好六十年轮完一遍,称六十甲子。"三见甲子"即经历三轮甲子,活到 180 岁。

〔三六〕醮(jiào 叫)坛:僧道为祛除灾祸而设的道场。

〔三七〕田:即丹田。道家称人身上修炼内丹的地方为丹田,认为丹田有三处,在脐下者为下丹田,在心下者为中丹田,在两眉间者为上丹田,合称为"三田"。

〔三八〕荆南:唐方镇名,大体包有今湖北、湖南及四川的一部分。五代时十国之一亦称荆南,治所皆在荆州(今湖北江陵)。

〔三九〕党籍碑:即元祐党籍碑,是研究宋代社会情况的重要史料。原刻于公元 1105 年,系蔡京手书,第二年,宋徽宗下诏毁碑,原碑无存。此碑系公元 1211 年沈昞根据家藏旧拓本重刻,至今仍存,为该碑全国仅存的两块之一。

〔四〇〕久　　原作"不",因形近而误。

〔四一〕桴(fú 扶):小筏子。

〔四二〕谪(zhé 折)仙:指唐代诗人李白。

〔四三〕蹠(zhí 直):同"跖",脚底板。

〔四四〕扃(jiōng):门户。

〔四五〕圊(qīng 青)池:厕所。

〔四六〕黠(xiá 侠):聪慧。

〔四七〕宝祐:南宋理宗年号,时在公元 1253～1258 年,共六年。宝祐三年为公元 1255 年。

〔四八〕绍定:南宋理宗年号,时在公元 1228～1233 年,共六年。绍定元年为公元 1228 年。

〔四九〕脔(luán 峦):切成小块的肉。　尝脔而出:只尝了切下来的一小块肉,没有能吃完整个猪就离开了。

〔五〇〕蔗境:源自晋书,顾恺之每食甘蔗,先吃末梢,渐吃近根部,越吃越甜,渐入佳境。通常即以蔗境称最后得到的佳境。

〔五一〕损:伤。

七月初一日

早起,以跌伤故,姑暂憩岩中。而昨晚所捶山谷碑犹在石间,未上墨沈,恐为日烁,强攀崖拓之。甫竟而参慧呼赴晨餐,余乃去而留碑候燥,亟餐而下,已为人揭去。先是,余拓左崖上老君像碑,越宿候干,亦遂乌有〔一〕。至是两番失之,不胜怅怅。盖此中无纸,前因司道檄县属僧道携纸来岩拓元祐党籍,余转市其连四陆张。拓者为吏所监督,欲候党籍碑完,方能为余拓韩忠献大碑,故栖迟以待。余先以余闲取一纸分拓此碑,而屡成虚费。然碑可再拓,而纸不可再得,惟坐候拓者完忠献大碑而已。是日僧道期明日完道碑,初三日乃得为余拓,而韩碑大,两侧不能着脚,余先运木横架焉。

初二日

是日为县城墟期,余以候拓淹留〔二〕,欲姑入市观墟;出洞而后知天雨,洞中溪声相溷,晴雨不辨。乃还洞,再拓黄碑。下午仍憩岩中。

初三日

早雾,上午乃霁。坐洞中候拓碑者。久之至,则县仍续发纸命拓,复既期初四焉。余乃出洞,往觅对崖明窍之径。东越洞前石梁,遂循山南转而西,径伏草中,时不能见;及抵后山过脊,竟不得西向登崖之径;乃践棘攀石,莽然跻山半觅之,皆石崖嵯峨,无窍可入。度其处似过,而南乃悬崖,复下。忽有二农过其前,亟趋询之,则果尚在北也。依所指西北上,则莽棘中果有一窍,止容一身,然下坠甚深,俯而瞰之,下深三丈余,即北崖僧栖所对望处也。已闻拓碑僧道笑语声,但崖峻而下悬,不能投虚而坠。眺视久之,见左壁有竖隙,虽直上无容足攀指处,而隙两旁相去尺五,可以臂绷而足撑。乃稍下,左转向隙,而转处石皆下垂,无上岐,圆滑不受攀践,磨腹而过,若鸟之摩空,猿之踔虚,似非手足之灵所能及也。既至隙中,撑支其内,无指痕安能移足,无足衔安能悬身。两臂两足,如胶钉者然,一动将溜而下。然即欲不动,而撑久力竭,势必自溜。不若乘其势而蹲股以就之,迨溜将及地,辄猛力一撑,遂免颠顿。此法亦势穷而后得之,非可尝试者也。既下,则岩宽四五丈,中平而下临深溪,前列柱缀楞如勾栏然,恐人之失足深崖,而设以护之

486

者。岩内四围环壁,有卷舒活泼之意,似雕镂而非雕镂所能及者。前既与西崖罨映,后复得洞顶双明,从其中遥顾溪之两端,其出入处俱一望皎然,收一洞之大全,为众妙之独擅,真仙为天下第一,宋张孝祥题:"天下第一真仙之岩。"而此又真仙之第一也。岩右崖前一石平突溪上,若跏趺之座,上有垂乳滴溜,正当其端,而端为溜滴,白莹如玉,少洼而承之,何啻仙掌之露盘也。由其侧攀崖而北,又连门两龛,内俱明洁无纤污,而右壁回嵌,色态交异,皆如初坠者。其前崖上,亦有一柱旁溪而起,中复纤圆若指,上抵洞顶,复结为幢络,散为蛟龙,绕纤指下垂,环而夭矫者数缕,皆有水滴其端。其内近龛处,复有一石圆起三尺,光莹如瓶卣〔三〕,以手拍之,声若宏钟,其旁倒悬之石,声韵皆然,而此则以突竖而异耳。此三洞者,内不相通而外成联壁,既有溪以间道,复有窍以疏明,既无散漫之滴乱洒洞中,又有垂空之乳恰当户外,卧云壑而枕溪流,无以逾此!此溪东上层之崖也。其南与下层并峙之崖相隔无几,而中有石壁下插溪根,无能外渡。稍内有隙南入,门曲折而内宛转,倒垂之龙,交缪纵横。冀其中通南崖,而尚有片石之隔,若凿而通之,取道于此,从下层台畔结浮桥以渡老君座后,既可以兼上下两崖之胜,而宛转中通,无假道于外,以免投空之险,真济胜之妙术也。时余虽随下溜其中,计上跻无援,隔溪呼僧栖中拓碑者,乞其授索垂崖,庶可挽之而上。而拓者不识外转之道,漫欲以长梯涉溪。而溪既难越,梯长不及崖之半,即越溪亦不能下。彷徨久之,拟候岩僧参慧归,觅道授索。予过午犹未饭,反覆环眺,其下见竖隙,虽无可攀援,而其侧覆崖反有凹孔,但上瞰不得见,而下跻或可因。遂耸身从之,若鸟斯翼,不觉已出阱而透井,其喜可知也。仍从莽中下山,一里，由石梁转入岩而饭焉。下午，以衣裤〔四〕积垢，就溪浣濯，遂抵暮。

初四日

拓碑者晨至，以余碑未了，及午乃竟，即往呈县，复约厥明焉。余待之甚闷。〔闻西南十里古鼎山，有龙岩高悬，铁旗新辟，且可从真仙后溯灵寿上流。〕欲以下午探古鼎铁旗岩，新开者。而拓者既去，参慧未归，姑守囊岩中，遂不得行。

初五日

吴道与镜禅之徒始至，为拓韩碑。其碑甚大，而石斜列，余先列木横架，然犹分三层拓，以横架中碍，必拓一层解架，而后可再拓也。然所拓甚草率，而字大镌浅，半为漫漶，余为之剜污补空，竟日润色之，而终有数字不全。会拓者以余纸拓元祐党籍、此碑为宋知军沈晹所刻。以其祖亦与名籍中也，故以家本刊此，与桂龙隐岩所刊同。但龙隐镌崖而大，此镌碑而整。老君洞图与像。下午，僧道乃去，余润色韩碑抵暮。

初六日

洞中事完，余欲一探铁旗岩，遂为行计。而是日雨复沛然，余不顾，晨餐即行。一里，过来时横列之北洞，又半里，抵横列之南洞，雨势弥大。余犹欲一登南洞，乃攀丛披茅，冒雨而上。连抵二崖下，竟不得洞。雨倾盆下注，乃倚崖避之。益不止，顶踵淋漓，崖不能久倚，遂去盖拄伞为杖，攀茅为縆，复冒雨下。盖其洞尚东，余所跻者在西，下望则了然，而近觅则茫不得见耳。又冒雨一里，南过安灵潭。又半里，西渡溪，乃从岐西向山坳。半里，逾坳而西，路渐大，雨渐杀。透山峡而出，共一里，南逾小桥，〔即来时横涉小溪

徐霞客游记校注

上源也。〕则仰望桥南山半,有洞北向,有路可登,亟从之。洞入颇深,而无他岐,土人制纸于中,纸质甚粗,而池灶烘具皆依岩而备。中虽无人,知去古鼎不远。乃就其中绞衣去水,下山,循麓再西,则村居鳞次,称山中聚落之盛焉。问所谓铁旗岩者,居人指在西北峰半。又半里,抵其峰之东南,见峰腰岩巉层出,余以为是矣。左右觅路不得,为往返者数四。既乃又西,始见山半洞悬于上,阁倚于前,而左右终不得路。复往返久之,得垂钓童子为之前导。盖其径即在山下,入处为水淹草覆,故茫无可辨。稍上即得层级,有大木横偃级旁,上丛木耳,下结灵芝,时急于入岩,不及细简。及抵岩,则岩门双掩,以绳绾扣,知僧人不在,而雨犹沛,为之推扉以入。其岩南向,正与百步塘南之陆垅山相对。盖岩前古鼎村之山峙于左,沸水岩之山峙于右,岩悬山半,洞口圆通,而阁衔于内。其内不甚宽广,丛列神像,右转宏扩而暗然,数丈之内,亦回环无他岐入矣。洞内之观虽乏奇瑰,而洞之胜,颇饶罨映。铁旗之名,其以峰著,非以洞著耶! 环视僧之爨具,在右转洞中,而卧帐设于前阁。因登其上,脱衣绞水而悬之窗间,取僧所留衣掩体以俟之。过午,望见山下一僧,戴笠拨茅而登,既久不至,则采耳〔五〕盈筐,故迟迟耳。初至,以余擅启其闭,辞色甚倨〔六〕。余告以远来遇雨,不得不入以待铺。初辞以无米且无薪,余先窥其盎有夙储,不直折之而穿,强其必炊。既炊,余就与语,语遂合,不特炊米供饭,且瀹耳为蔬,更觅薪炙衣焉。其僧好作禅语。楚人。既饭,酬以钱,复不纳。时雨渐止,余因问龙岩所在。僧初住山,误以沸水岩为龙岩,指余西南入。余初不知,从之。半里至其下,山下有水穴东北向,潴水甚满,而内声㳌峒,其东复然,盖其下皆中空,而水满潴之。然余所闻龙岩在山半，因望高而跻。其山上岐两峰，中削千仞，西有浅穴在削崖之下，东有夹罅在侧峰之侧，践棘披搜，终无危岩贮水。乃下，然犹不知其岩之为沸水不为龙岩也。东半里，趋古鼎村〔七〕。望村后山南向洞开，一高峡上穹，一圆窍并峙。私念此奇不可失，即从岐东上。上穹者，如楼梯内升，而前有一垂石当门，东透为台，下从台前南入并峙之窍；圆窍者，如圜室内剜，而内有一突石中踞。此时亦犹以沸水为龙岩，不复知此地可别觅龙岩也。既下，仍由村北旧路过小桥，则溪水暴涨，桥没水底者二尺余，以伞挂测以渡。念此小溪如此，若灵寿石堰，涨高势涌，必难东渡。适有土人取笋归古鼎，问之，曰："大溪诚难涉，然亦不必涉。逾岭抵溪，即随溪北下，所涉者止一小溪，即可绕出老君洞左。"余闻之喜甚。盖不特可以避涉，而且可以得安灵以北入洞源流，正余意中事，遂从之。逾坳，抵来所涉安灵西堰，则水势汹涌，洵非揭厉所及。乃即随溪左北行，里半，近隔溪横列之南洞，溪遂西转。又环西面一独峰，从其西麓转北，东向以趋老君后洞焉。路至是俱覆深茅间，莫测影响，惟望峰按向而趋。共二里，见灵寿大溪已东去，不能为余阻；而西山夹中，又有一小溪西来注之，其上有堰可涉。然挟涨势骄，以投鞭可渡之区，不免有望洋濡足之叹。踌躇半晌，既济而日已西沉，遂循溪而东。盖此处有径，乃北经刘公岩出下廊大道者，按方计里，迂曲甚多；时暮色已上，谓已在洞后，从其左越坳而下，即可达洞前，即无路，攀茅践棘，不过里许，乃竭蹶趋之。其坳皆悬石层嵌，藤刺交络，陷身没顶，手足莫施，如倾荡洪涛中，汩汩终无出理。计欲反辙刘公岩，已暝莫能及，此时无论虎狼蛇虺，凡飞走之族，一能胜予。幸棘刺中翳，反似鸿蒙〔八〕未凿，或伏穿其跨下，或蹂踔其翳端，久之竟出坳脊。俯而攀棘滚崖，益觉昏暗中下坠无恐。既乃出洞左蔬畦中，始得达洞，则<u>参慧</u>已下楗〔九〕支扉矣。呼而启扉，再以入洞，反若更生焉。

初七日

<u>参慧</u>早赴斋坛，余以衣濡未干，自炊自炙于岩中。而是日雨淋漓不止，将午稍间，乃趋城南讯舟，更入城补衣焉。是早有三舟已发，计须就其处俟之，盖舟从怀远来，非可预拟，而本地之舟则不时发也。薄暮乃返洞取囊，以就城南逆旅〔一〇〕，而<u>参慧</u>犹未返岩，不及与别，为留钱畀其徒而去。是日七夕，此方人即以当中元〔一一〕，益不知乞巧，只知报先，亦一方之厚道也。其时雨阵时作，江水暴涨，余为沽酒漫酌，迨夜拥苫〔一二〕而卧，雨透茅滴沥，卧具俱湿。

初八日

雨势愈急，江涨弥甚。早得一舟，亟携囊下待；久之，其主者至，舟甚隘，势难并处，余乃复负囊还旅肆。是午水势垂垂，逾涯拍岸，市人见其略长刻增〔一三〕，多移栖高原以避之。余坐对江流滔滔，大木连株蔽江而下，分阵漩涡，若战舰之争先。土人多以小舟截其零枝，顷刻满载；又以长索系其巨干，随其势下至漩湾处，始挈入洄溜，泄之涯间。涯人谓："庐〔一四〕且不保，何有于薪？"舟人谓："余因水为利，不若汝之胥溺〔一五〕。"交相笑也。

初九日

夜雨复间作，达旦少止，而水弥涨。余仍得一小舟，坐其间，泊城南吊桥下。其桥高二丈，桥下水西北自演武场来，初涸不成流，至是倏而凌岸，倏而逾梁，人人有产蛙沉灶之虑。过午，主舟者至，则都司促表差也。又有本邑差以独木舟四，缀其两旁，以赴郡焉，乃郡徵取以载卤者〔一六〕。其舟虽小，得此四舟，若添两翼。下午发舟，东南行，已转西南，二十里，有山突立江右，乃西自古东山逾鸡笼坳而东抵于此者。又二十里为高街，有百家之聚在江右。又五里，为芙蓉山亘其东南，有百家之聚在江左。又西南五里为和睦墟。又西十里过舞阳江〔一七〕口。晚泊于沙弓，水且及街衢，尽失来时之砂碛悬崖矣。

初十日

昧爽放舟。一十五里，马头。五里，杨城，舟泊而待承差〔一八〕取供给于驿。其江之西北有崖濒江，盖东与马头对者也。抵午始放舟。五里，草墟，十五里，罗岩〔一九〕。村在江左，岩在江右。其岩层突沓斑驳，五色灿然。南崖稍低，有石芝偃峰顶，有洞匏剜崖半，当亦有胜可寻，而来时以暑雨掩篷，去复仅隔江遥睇，崖间猿鹤，能不笑人耶！又五里杨柳〔二〇〕，又五里大堡，又十五里旧县，又五里古城，又五里白沙湾〔二一〕。江北有尖峰，两角分东西起，峭拔特甚，其南丛山即县治所倚也。江至白沙又曲而南，又十里，下午抵柳城县西门。龙江西至庆远来会。按志，县治西有穿山，而治西平临江渚，地且无山，安得有"穿"？又按，城北有笔架、文笔峰，而不得其据。遍询土人，有识者指城西南隔江峭峰丛立者为笔架、文笔，又言其巅有洞中透，穿山当亦即此。然方隅与志不合，而志既各标，兹何以并萃耶？承差复往驿中，余坐待甚久，泊多行少，不意顺流之疾，淹留乃尔！既暮，差至，促舟人夜行，遂得补日之不足焉。南二里，江之左为峦拦山，削崖截江，为县城南障；江之右即峭峰丛立，土人所指为笔架、穿山者，而透明之穴终无从瞩。

棹月顺流,瞬息十五里,转而东北行。又五里,有山兀耸江东岸,排列而南,江亦随之南折,滩声轰轰,如殷雷不绝,是为倒催滩。岂山反插而水逆流,故谓之"倒",而交并逼促,故谓之"催"耶?其时波光山影,月色滩声,为之掩映,所云挟飞仙者非欤!又南十五里为古陵,又二十里为皇泽墟,西与鹅山隔山相向矣。又南三里抵柳州府,泊其南门,城鼓犹初下也。

〔一〕乌有:没有。

〔二〕淹留:停留。

〔三〕卣(yǒu 友):古代青铜酒器,椭圆口,深腹,圈足,有盖和提梁。

〔四〕裈(kūn 坤):有裆的裤子,以别于无裆的套裤而言。

〔五〕耳:木耳。

〔六〕倨(jù 巨):傲慢。

〔七〕古鼎村:今作古顶,在融水县东南隅,融江西岸。

〔八〕鸿蒙:宇宙形成以前的混沌状态。

〔九〕楗(jiàn 健):门上关插的木条,横的称关,竖的称楗。

〔一〇〕逆旅:旅店。

〔一一〕七夕、中元:皆中国民间的传统节日。七夕指中历七月七日晚上,传说这时牛郎、织女在天河相会。妇女多于这天晚上陈设瓜果向织女星乞求智巧,称为"乞巧"。中元节在中历七月十五日,群众习惯于这天晚上追祀祖先。

〔一二〕刍(chú 除):同"刍",草。

〔一三〕市人见其略长刻增 "略",沪本疑为"晷",可从。

〔一四〕庐：小屋。

〔一五〕胥(xū 虚)：等待。　　溺(nì 泥)：淹没。

〔一六〕徼(yāo 腰)：拦截。　　卤(lǔ 鲁)：盐卤。

〔一七〕舞阳江　"舞"原作"無"，据六月二十四日记改。

〔一八〕承差：官署中一般吏役的通称。也称"经承"。

〔一九〕罗岩：今作洛崖，在柳城县稍西，融江西岸。

〔二〇〕杨柳：今名同，在柳城县北郊，融江东岸。

〔二一〕古城：今名同，在柳城县南境，融江东岸，浦河汇入融江处。　　白沙湾：今作白沙，在柳城县南境，融江东岸。

十一日

早入西南门，抵朱寓，则静闻与顾仆病犹未瘥也。往返二十日，冀俱有起色，而顾仆削弱尤甚，为之怅然。

十二日

出东门，投刺〔一〕谒王翰简之子罗源公，名唐国，以乡荐任罗源令〔二〕。其弟上春官〔三〕下第，犹未归。以疾辞。还从北门入。下午出南门，沿江询往浔州舡，以中元节无有行者。

十三日

早，从南门渡江，循马鞍山北麓西行，折而南，循其西麓，由西南坞中登山。石级草没，湿滑不能投足。附郭名岩，其荒芜乃尔，何怪深崖绝谷耶！仙奕岩在山半削崖下，其门西向，正与立鱼山对，〔只隔山下平壑中一潭。〕其岩内逼如合掌，深止丈余，中坐仙像，两崖镌题满壁。岩外右有石端耸，其上迸裂成纹，参差不齐，虽可登憩，而以为黑肌赤脉，分十八道可奕，似未为确；左有崖上削，大篆"钓台"二字,江遥潭隘,何堪羡鱼。盖博不及魏叔卿之台,钓不及严子陵之矶,惟登憩崖右石端,平揖立鱼,岩中梵音磬响〔四〕,飘然天钓,振溢山谷也。崖左有级东南上,又裂一岩,形与仙奕同,〔西南向。〕中砌石为座,后有穴下坠,颇深而隘。右有两圆穴,大仅如筒,而中外透漏,第隘不能入其下。东南抵坳中,又进一岩,亦浅隘不足观。盖仙奕三岩,齐列山半,俱相伯仲而已。既西下山麓还望,复得一岩,亦西向,正在中岩之下。其岩亦浅隘,中昔有碑,今止存其趺。岩上覆有三圆岩,若梅花之瓣,惜飘零其二,不成五。出岩前,有石平砥如枰,而赤纹纵横,亦未之有。岩右有石窟如峡,北透通明,其中开朗可憩。而有病夫卧其前,已蠕蠕不能屈伸。荒谷断崖,樵牧不至,而斯人托命于此,可哀亦可敬也!出岩,西盘一山嘴,转其东南,山半有洞西南向。乃践棘而登,洞门岈然,其中高穹而上,深坠而下,纵横成峡,层叠为楼,不甚宽宏,而以危峻逼裂见奇者也。入门,有石突门右,蹲踞若牛而青其色,其背复高突一石,圆若老人之首。先是,立鱼僧指其处有寿星岩,必即此矣。但所指尚在东南黄崖悬削处,盖黄崖西面与立鱼对,而此则侧隐于北,当时未见耳。由突石之左悬级下坠,西出突石之下,则下坠渊削,而上级虚悬,皆峭裂不通行。东入峡道中,湾环而进,忽得天光上映,仰睇若层楼空架,而两崖上覆下嵌,无由跖虚上跻。第遥见光映处,内门规列,高悬夹崖之端,外户楞分,另透前山之上,其顶平若覆帷,恨不能牵绹一登,怅怅而出。

更下山而东,仰见北山之半,复有一门南向,计其处当即前洞光映所通也。见其下俱回崖层亘,乃稍东,循崖端西北而上,逾下崖,抵中崖,而上崖悬绝不得上。复从前道下,更东循崖角西北登上崖。沿崖西陟，则洞前三面皆危壁倚空，惟此一线盘崖可通。前有平石如露台，内旋室方丈，四壁俱环柱骈枝，细若镂丝垂络，联布密嵌，而顶平如幕，下平如砥。西北内通一门，下临深峡，果即前所仰望透空处也。若断塞所登一线盘崖，从峡中设梯以上，此岩高朗如阁，正巢栖穴处之妙境矣。坐憩久之，仍循崖端东南下，其南复有山鹊起。从两山夹中取道而东，可出马鞍之东隅，而中塞无路；循南山西麓取道而南，可抵上龙潭，乃往来大道也。从西麓仰眺山半，悬崖穿拓，黄斑赭影，轰然西向，欲一登无路。循山南行，有微径从草中东上，顷即翳没。竭蹶上登，得一门，外虽穿然，而内仅如合掌，无可深入。望黄赭轰削处，已在其北，而崖嘴间隔，不可盘陟。复下至山麓，再从莽中望崖而登，久之抵轰崖下。其崖危削数千尺，上覆下嵌，若垂空之云，亘接天半。每当平削处，时裂孔一方，〔中多纷纶奇诡，〕第琐碎不能深入〔五〕。循崖下北行，上有飞突之崖，下有累架之石，升降石罅中，虽无窈窕之门，如度凌虚之树，亦足奇也。

时日已过午，下山欲南寻上龙潭，计无从得饭；而东向峡中，循马鞍东麓，即傍郭循江，既易得食，而又可窥屏风、登台，兼尽王氏山房诸胜，且取道两山间，更惬所愿也。乃披莽而东，见两崖石皆巉嵌，丛翠翳之，神愈飞动。既而得艺蔬之畦。又东一里，得北来大道。截大道横过，东去一里得聚落，则郡东门之对江渡也。于是溯江南岸倚屏风山北麓东行，其处村居连络。一里，抵登台山，居聚愈稠。江为山扼，土人谓登台山巅有三虎，夜辄下山啖猪犬。民居环山麓而崖峻，虎得负嵎，莫敢撄焉。转而北去，路从山南绕其东麓而北。闻其处有杨文广洞，甚深杳，从江底潜通府堂，今其洞已塞，土人莫能指导,仅人人言之而已。登台之北又一里,有山横列三峰,其阴即王氏山房所倚,余昔从洛容来,从其北麓渡江者也。兹从南至,望见南麓有洞骈列,路当出其东隅,而遥闻洞前人声沸然,乃迂而西北至其下,则村氓之群社于野庙者也。洞在庙北半里,南向岈然。其山倒石虚悬,内裂三峡,外通三门,宛转回合而不甚深扩,然石青润而穴旁通,亦不意中所难得者。出洞,望西峰之阳,复有一岩南向,乃涉洼从之。适有妇负刍自北坳来,问东西二洞何名,曰:"东洞名蛮王,西洞浅而无名,然中有蛇穴之。"问:"北坳可达王氏山房?"曰:"北坳乃樵径,无岐可通;大路从东麓而遥,小径缘西坡而近,然晚辄有虎,须急行。"余乃上西洞。洞门亦南向,而中果浅,皆赭赤之石,下无旁通之窍,何以穴蛇?内高五六尺,复有石板平庋,虚悬不能上。而石板中央有孔一圆,如井栏中剜,下适有突石,践石透孔,颈项恰出孔上,如罪人之囊三木〔六〕者,然耸肩束臂,可自此上跃也。但其上亦不宽奥,不堪舒憩。遂下,从西坡小径下山,循西麓而北逾一冈,竹坞翁丛。里余而得一茅舍,东倚山麓,西临江坡。坡上密箐蔽空,连麓交荫,道出其下,如行空翠穴中,不复知有西烁之日也。一里,北抵姚埠〔七〕,即东门渡也。其上村居数十家。由村后南向登,上即王氏山房。时日已晨。余先每入一岩,辄以所携龙眼、饼饵箕踞啖之,故至此而后索餐,得粥四瓯,饭与茶兼利之矣。遂南入竹坞中,篗篘〔八〕万个,森森俱碧玉翔烟,觉尘嚣之气俱尽。已而上山,石磴甚峻,西缘南折,穿榕树根中,透其跨下。其树小于桂林之榕树门,而一横跨街衢,一侧倚崖半,穿根透隙则同也。已又东上,过一庋石片下,〔石去地五六尺,崖旁平庋出,薄齐架板,〕则山房在焉。小楼三楹横列洞前,北临绝壑,西瞻市堞纵横,北眺江流奔衍,东指**马鹿**、**罗洞**诸山,分行突翠,一览无遁形。楼后即洞,洞高不为楼掩,中置西方诸像,而僧则托栖楼中,若为洞门锁钥者。盖**王氏**昔读书于此,今则以为僧庐,而名**东林洞**焉。洞后西、东分两窍:西窍从南入,稍转而东,渐黑隘,不堪深入;东窍从南入,转而东忽透明焉。逾东阈而出,巨石迸裂成两罅:一罅北透则石丛,而平台中悬,可以远眺;一罅东下则崖削,而茅阁虚嵌,可以潜栖。四旁皆耸石云嘘〔九〕,飞翠鸾舞,幽幻险烁,壶中之透别有天,世外之栖杳无地,非若他山透腹而出,一览即尽也。既而还至前洞,望渡舟甫去西岸。乃从洞东南跻岭上,石磴危峻,所望愈扩,遂南瞰**登台**焉。久之下山,则渡舟适至,遂由东门,共二里返寓。

十四日

在**柳**寓。

十五日

在**柳**寓。

十六日

作一书与**王翰简**之子**罗源公**。促**静闻**往**天妃庙**赎所当被,竟不得。

十七日

以书投**王罗源**,不俟其回书,即携行李下舟。过午,雨如注。既而复从南门入抵北门,市土药于**朱医士**,得山豆根、猪腰子、天竺黄、水萝葡、兔金藤诸药各少许,下舟已昏黑矣。

十八日〔一○〕

晨餐后放舟。十里,**石狗湾**。有小山在江左,江稍曲而东北。

小山之东为龙船山，又西南为夹道双山，此北门陆路所出也。由石狗湾五里，为油闸〔一一〕，江始转而东。又东北十里为罗沟。向正东行者五里，始转而南，十里为山门冲〔一二〕，即昔日洛容来渡江处也。江东为南寨山〔西麓，石崖回返，下嵌江流〕；江西岸为马鹿堡。又南十里为罗峒。前有山突兀坪中，有罅南裂，上连下透〔如石门〕。其巅又有一圆石突缀于上，若一僧倚崖南向，肩与崖齐，而上露其头颅，下透其腰背。余昔在罗山南已东望而见之，今复西眺，盖水陆兼收之矣。又南五里，诸峰森丛江右，石崖回亘，亦犹山门之列于江左者，而其上复有石森列，若立而伛偻，若坐而箕踞者。舟人谓此处有"八仙对奕"，岂即此耶？至此江稍转西南，其东岸有聚落曰鸡腊〔一三〕，乃柳州东南陆路大道也。道侧有溪自西来入，于是舟转东行。五里，转而南，有崖悬突江左，层累叠嵌，〔光采离奇〕。眺其东，有尖峰弯竖，形若牛角。既而东转五里，江北聚落出焉，名曰犁冲〔一四〕。盖山脉北自牛角尖直下，江流环其〔东、南、西〕三面，中成盘涯，若犁之尖，故名。忽转而北，又五里，直抵牛角山下。复转东去，北山松桧森然，名曰罗坟。遥闻滩声如雷，久之始至，则悬流回瀑，一泻数里，是曰横旋滩〔一五〕。自犁冲北转至此，破壁而出，建瓴而下，又共五里矣。东南下滩五里，山渐开伏，又十里，稍折而东北，又东十里，三江口〔一六〕。洛青〔江〕自东北来注，有聚落在柳江北、洛青西，昔有巡司并驿，今移贾江矣。时日已西衔山半，遂泊。

十九日

舟人因蚊蚋甚多，乘月放舟中流，听其随波去。五鼓抵贾江〔一七〕，市聚在东岸，其上连室颇盛，其下复有滩。下滩，舟稍泊,既曙乃行。二十里,象州〔一八〕,在江东岸。自犁冲来,石山渐隐,土山渐开,唯贾江之下有崖特立江左,江转而西,山形下削上突,岂即志所谓"象台"耶?象州城在江东岸,濒江岸颇高,西门城垣因之,州即在其内。州廨内外,多茅舍萧条,其东即洼而下,居民之庐托焉。西门外隔江即为象山。山土而不高,土人曰:"春月有云气,望若象形,纷走其上,即之则散,故名。"其北岸有石蹲伏山头,谓"猫儿石"也,颇觉宛然。舟泊,市蔬米,濒午乃发。十里,转而西,有崖峙江左。又西十里,过大容堡〔一九〕,转而西南行,两岸始扩然无山。又五里,转而东南行。又十里,都泥江自西南来会,其水浑浊如黄河之流,既入而澄波为之改色。江东北岸有小山,北面分耸两岐,西突兀而东尖峭,正与都泥入江之口相对,若为建标以识者。又东南十五里,折而西北,旋转西南。又十里,乃东下大滩,一泻五里,曰菱角滩。下滩五里,日薄崦嵫,又十五里,泊于泷村〔二○〕。在江北岸。

都泥江者,乃北盘之水,发源曲靖东山之北〔二一〕,经七星关〔二二〕抵普安之盘山,由泗城而下迁江〔二三〕,历宾州、来宾〔二四〕而出于此。溯流之舟,抵迁江而止。盖上流即土司蛮峒,人不敢入;而水多悬流穿穴,不由地中,故人鲜谙〔二五〕其源流者。又按庆远忻城有乌泥江,由县西六里北合龙江。询之土人,咸谓忻城无与龙江北合水口,疑即都泥南下迁江者。盖迁江、忻城南北接壤,"乌泥"、"都泥"声音相合,恐非二水。若乌泥果北出龙江,必亦贵州之流,惜未至忻城一勘其迹耳。若此江,则的为北盘之委,西事珥指为乌泥,似以二水为混,未详核之也。

二十日

昧爽放舟，五里下一滩，曰大鹭滩，江右石峰复骈列而出。又南五里，为武宣县[二六]西门。县城在江之左，亦犹象州之西临江渚也。但隔江西岸之山，卓立岐分，引队而南，〔岩皆奇诡，若垂首引项，伛偻比肩，种种怪异。志谓"县西有仙人山，南有仙岩山"，当即所望诸异峰也，〕不似象州西山以云气得名也。其附舟去五人，复更四人，舟人泊而待之，上午乃发。南五里，江折而东，又五里，乃东南折而去，〔两岸复扩然。〕又十五里，有溪自西来注。又东南十里，为勒马堡[二七]，堡江左，过此即为浔州之桂平[二八]界矣。又南十〔里，两岸山渐合，又〕五里为横石矶。有石自江右山麓横突江中，急流倒涌，遂极颓洞之势。盖两崖皆连山逼束，至此为入峡之始。又南五里，转而东南二十里，江左涯辟一坪，是为碧滩，设堡置戍，为峡中之界，名镇峡堡焉[二九]。又东南十里，两岸山势高耸，〔独冠诸峰，〕时有石峰悬峙。江至是转而东，其南回东转处，江左瞰流之石，有大书镌石者，土人指为韩都宪留题，然舟疾不能辨也。又东北二十里，有小溪自北破壁而出，其内深峻屈曲，如夹堵墙。又东为大藤峡，大江南北两崖，俱有石突江中。云昔有巨藤横驾江上，故南北两山之贼，此追彼窜，彼得藉为津梁，而我不能施其威武。自韩公雍破贼而断之，易名断藤峡[三〇]。过断藤五里，下弩滩[三一]，遂南出峡口。有水自东来注，曰小江口。其水由武靖州[三二]来，至此，合并西南下，势甚涌急，盖出峡而恣其放逸也。北自横石矶入峡，南至弩滩而出，其中山势回逼，正如道州之泷江，严陵之七里泷。但此峡相去六七十里，始入为东西峡，中转为南北峡，中无居庐，丛木亏蔽，两旁为瑶、僮窟宅，故易于为暴。使伐木开道，因泉置屯，则亦丹崖、钓台，胜概所丽矣。今碧滩之上置镇峡堡，声势甚孤，恐怠玩之后，不足以震慑戎心也。出峡，又西南循山下，十五里抵浔州〔府〕〔三三〕。已暮，泊于大北门。

　　大藤峡东抵府约三百余里，乃漓、柳二江之夹中也。两江瑶贼昔甚猖獗，屡征之后，今两江晏然。当其猖獗时，贼东西相结，盖其中有力山焉。东助府江〔三四〕，西援藤峡，互相窜伏，所谓狡兔之三窟也。王新建讨定之后，当有布置，俟考之。

〔一〕刺（cì 次）：名帖。

〔二〕罗源：明为县，隶福州府，即今福建罗源县。　　令：战国、秦汉以来，县的行政长官称令。明代改称知县，但仍相沿别称令。

〔三〕春官：礼部又称春官。科举考试的会试，由礼部主试，故参加会试又称为"上春官"。

〔四〕磬（qìng 庆）：佛寺中的法器，一种状如云板，一种为钵形，铜制。

〔五〕第琐碎不能深入　　"琐碎"，乾隆本、四库本作"琐碎"。

〔六〕囊三木：古时加在罪犯颈项和手上、脚上的刑具，更以物蒙覆罪犯的头。又称"三木囊头"。

〔七〕姚埠：今作窑埠，在柳州市区东郊，柳江东岸。

〔八〕筤（láng 郎）：即苍筤，幼竹。　　筜（dāng 当）：即箦筜，大竹。

〔九〕嘘(xū 虚):慢慢地吐气。

〔一〇〕本作"丁丑七月十八日"。自本日起至九月初九日记，在季抄本徐霞客西游记第四册。原题"粤西"，有提纲云："静闻死南宁崇善寺。自柳州府起，往象州、浔州桂平县、陆川县、郁林州、北流县、容县、贵县、横州、永淳县、南宁府、新宁州、太平府、太平州、安平州、恩城州、龙英州、下雷州、胡润寨、向武州、镇远州、佶伦州、都结州。"

〔一一〕油闸:今作油榨，在柳州市区北境，柳江南岸。

〔一二〕山门冲:今作三门江，在柳州市区东隅，柳江西岸。

〔一三〕鸡腊:今作鸡喇，在柳州市区南境，柳江西岸。

〔一四〕犁冲:今作立冲，在柳江县东北隅，柳江东岸转折处。

〔一五〕横旋滩　　原作"横拉滩"，据乾隆本、四库本改。

〔一六〕三江口:明为江口镇。今作江口，在鹿寨县南隅。

〔一七〕霣江　　霣(yǔn 允)通"陨"。霣江即今运江，在象州北隅，运江汇入柳江处。乾隆本、四库本作"宾江"，不从。

〔一八〕象州:隶柳州府，即今象州县。

〔一九〕大容堡:今作大仁，在武宣县北隅，柳江南岸。

〔二〇〕冘村:今作陇村，在武宣县北境，黔江北岸。

〔二一〕发源曲靖东山之北　　陈本、乾隆本皆作"发源杨林海子"，应为整理者窜入。北盘发源杨林海子，系霞客到交水后误信龚起潜之说。粤西游日记四戊寅二月十五日记还提到北盘江"自曲靖东山发源"，此处陈本、乾隆本有误。

〔二二〕七星关:今名同，在贵州毕节市西隅的公路边，鸭池河源于此附近，而与北盘江无涉。

〔二三〕迁江:明为县,隶柳州府宾州。今名同,在来宾市兴宾区西境,红水河南岸,清水江与红水河汇流处。

〔二四〕来宾:明为县,隶柳州府,治今来宾市区。

〔二五〕谙(ān 安):熟悉。

〔二六〕武宣县:隶柳州府象州,即今武宣县。

〔二七〕勒马堡:今仍作勒马,在武宣县南隅,黔江东岸。

〔二八〕桂平:浔州府附郭县,即今桂平市。

〔二九〕碧滩:今名同,在桂平市西隅,黔江北岸。明史地理志:桂平县“又北有碧滩堡、镇峡堡,俱成化中置”。不识碧滩与镇峡堡是一是二。

〔三〇〕此指明中叶大藤峡地区瑶族人民的起义。景泰七年(公元1456年)瑶族侯大苟率领瑶、壮族人民在大藤峡地区起义;北边,修仁、荔浦、平乐等地人民起来响应;往南,势力发展到广东高、廉、雷诸州。成化元年(公元1465年),明政府派韩雍率军十六万,分五路对起义人民进行镇压,侯大苟被俘,英勇牺牲。韩雍斩断大藤,“勒石纪功”,改大藤峡为断藤峡。成化二年(公元1466年)侯郑昂又继续起义,攻入浔州府城及洛容、北流两县,直到成化八年(公元1472年)起义才暂时被镇压,但接着浔、柳两地人民又举行起义,韩雍也因此被罢了官。嘉靖七年(公元1528年)王守仁最后平定了起义。大藤峡地区瑶族人民的起义坚持了数十年。

〔三一〕弩滩:今名同,在桂平市西北境,大藤峡南口。

〔三二〕武靖州:明代有武靖州,隶浔州府。成化三年置,万历末废。治所在今桂平市北境,金田稍南,现仍称武靖。

〔三三〕浔州府:治桂平,即今桂平市。简称浔。

〔三四〕府江：漓江在梧州附近一段称桂江，亦称府江。嘉庆重修一统志梧州府山川载："旧志，桂江一名府江，至府城西南入大江。"这一段河道今仍称桂江，又作抚河。

二十一日

隔晚泊浔州大北门税厂下。夜半风雨大作，五更雨止，而风势震撼不休，晨餐后乃杀。乃登涯入大北门。南行半里，转而东一里，过府前，又半里，抵四牌坊。折而南半里，出大南门，则郁江自西南来，绕城而东北，至小北门与黔江合而东北去，下平南〔一〕达梧州〔二〕者。下定寓南门驿前。乃登小北门城埠〔三〕，望二江交合处，有洲当其中，其江虽北去，旋转而东南下苍梧〔四〕也。循埠西行，望西山岋嵲出云表，下瞰城隅，上有石纵横，土人指其处有寺，当即志所称三清岩也。其后山即大藤峡。时以舍馆未定，不遑命屐，姑下舟觅夫，担行囊置南门外逆旅。静闻从而后，遍觅不得，下午乃至。薄暮仍雨。

二十二日

早，雨复淋漓不休。〔留静闻、顾仆寓浔之南门，〕觅担夫为勾漏、白石、都峤三山游。晨餐后雨止，乃发，即从驿前南渡郁江。五里，滩头村〔五〕。又三里为车路江，下有石梁，梁外水发，〔小水自东南西北入郁，〕舟得而至焉。南二里为石桥村。人家至此，惟滩头及石桥二村，余俱苍莽矣。从此南望，白石山与独秀挺峙，若在三十里外，而土人云："尚六十里而遥，竟日之力犹不能到。"盖山路迂隔也。由石桥村而南，苍莽中四高中洼，平地多伏莽突土之石，多分裂区汇之波。二里，得回石一罄，四面环丛，中潴清流，有渊坠成潭,有迸裂成隙,水石容与[六],亦荒野中异景也。按志浔城南十五里有潹水[七],旷野中天然怪石毵其旁,水泉深碧清澄,中有巨鱼,人不敢捕,即此无疑。更南,则汇潭更多。疑即志所称南湖[八]。上有冈为横南墟,或湖南之讹。有一妇人结茅贳酒其上,去郡盖十五里矣。其东有山,自南而北垂抵此,从其西渐升而南,进穴愈多,皆平地下陷,或长如峡,或圆如井,中皆丛石,玲珑攒嵌,下则渊水澄澈。盖其地中二三丈之下,皆伏流潜通,其上皆石骨嘘结,偶骨裂土进,则石出而穴陷焉。于是升涉沟垅,又三里,乃入山坞,则山皆纯土,无复嶙峋之石,而坞中皆禾田曲蟠四麓矣。又二里,上湖塘岭,坡陀相间,岭堑重叠。十里,抵容塘村,有潭汇水,数十家聚居山半。又南陟一岭,共二里,渡一溪桥,上岭为官坂墟。墟有一妇结茅贳酒,与横南同。郡中至此三十里,为白石山行之中道,乃餐粥茅店中。从岐东南逾岭,十里,为姚村。村亦百家之聚,依山汇水,真山中之乐墅也。渡一小溪,又南逾岭,五里,为木角村[九]。村在白石山之北麓,去山尚十里,日有余照而山雨复来,谋止宿其处而村人无纳者。村杨姓,俱闭门避客。徘徊抵暮,坐春舍[一〇]间拟度其夜。既而一春傍主人启扉纳焉,为之晚炊而宿。

二十三日

早饭,别木角主人,授火钱,固辞不纳。何前倨而后恭耶? 由其东南越一岭,由岐径望白石[一一]而趋。其山峰攒崖绝,东北特耸一峰为独秀,峭拔孤悬,直上与白石齐顶,而下则若傍若离,直剖其根。崖石多赭赤之色,谓之"白石",岂不以色起耶? 五里,路渐没草间。渡一溪,岭半得一山家,傍舍植芭蕉甚盛。亟投问路,始知大道尚在西南,而此乃岐中之岐也。由其左登山,东向而上,望周塘村〔一二〕在路右坞中,相隔坑阪已两三重也。由土山之脊转而南,五里,度一山坳。稍东而南折,直抵山之北麓,则独秀已不可见,惟轰崖盘削,下多平突之石,石质虽不玲珑,而盘亘叠出,又作一态也。直上一里,抵崖石下。转而南,一里,为三清岩。其岩西向,横开大穴,阔十余丈,高不过二丈,深不过五丈,石俱平燥,惟左后深入而东,然低庳〔一三〕不逾尺,所云南通勾漏者即指此。余谓山脉自此与勾漏南接,若此洞高峙山半,而其山四面孤悬,谓穴道潜通,夫谁入而谁试之耶?右壁尽处有穴大如管,泉自中滴下,悬四五尺,僧布竹承之,清冷异常。下丈余,汇为一潭,不甚深澈,指为"龙潭"云。岩内有一石如舡,卧可为榻,坐可为几。岩列三清像,故以"三清"为名,即白石之下洞矣。又南半里,为大寺。甚古,后倚崖壁,有观音堂甚敞。其左峭壁下有圆珠池,亦水自半崖滴下者,下甃圆潭承之,无他异也。按志,山北有漱玉泉,而西事珥与百粤风土记俱谓其泉暮闻钟鼓则沸溢而起,止则寂然,诧以为异。余谓泉之沸寂,自有常度,乃僧之候泉而鸣钟鼓,非泉之闻声而为沸寂也。及抵白石,先询之三清观,再征之白石寺并漱玉之名,不知何指,而闻钟泉沸之说,山僧茫然。泂皆好事之言也。寺僧为瀹茗,余急于会仙之胜,即以行囊置僧舍,不候茗,由后寺南循崖壁行。已东转而上,入石峡中。其峡两峰中剖,上摩层霄,中裂骈隙,相距不及丈,而悬亘千余尺,俱不即不离,若引绳墨〔一四〕而裁削之者,即俗所夸为"一线天",无以过也。磴悬其中,时有巨石当关,辄置梯以度,连跻六梯,始逾峡登坳。坳之南北,俱犹重崖摩夹。乃稍北转,循坳左行,则虬木盘云,丛篁荫日,身度霄汉〔一五〕之上,而不知午日之中,真异境也。至是东嶂稍开,始见独秀峰在

507

东北,而东南坞中又起一峰,正与独秀对峙,而高杀其三之一,〔宛然莲蕊中擎,但四面为诸峰所掩,惟此得睹全体耳。〕又北攀悬崖而上,木根交络石间,为梯为絙[一六],足蹑手缘,无非此矣。已转一墅,有碉[一七]自顶西向坠峡,累潭捣穴。由峡右复悬梯上登,宛转三梯,遂行平冈间。其外乃万丈下削之崖,其内即绝顶漱根之峡,内外皆乔松丛木,一道深碧,间有日影下坠,如筛金飏翠,闪映无定。出林则凿石成磴,又植竹回关,跻磴转关,而会仙之岩岈然南向矣。其岩皆黄赤之石,上下开窟,而内渐凑合,旁无氤氲之窍,上无滴沥之乳,与下岩同;而地位高迥,境路幽去。五里之云梯杳蔼,自大寺来,约有五里。千秋之鹤影纵横,非有栖霞餐液之缘,谁得而至哉!时已过午,中有云寮,绾钥已久,灶无宿火,囊乏黄粱,无从扫叶煮泉,惟是倚筇卧石,随枕上之自寐自醒,看下界之云来云去。日既下舂,炎威少退,乃起,从岩右蹑削崖,凌绝顶。崖虽危峭而层遥,盘隔处中有子石,圆如鹅卵,嵌突齿齿,上露其半,藉为丽趾[一八]之级,援手之阶,不觉一里,已腾踊峰头,东向与独秀对揖矣。盖此峰正从浔州来,所望独秀峰西白石绝顶,而独秀四面耸削如天柱,非羽轮不能翔其上。粤西三独秀,而桂城最著,柳州无闻,然皆嶙峋可登;此独最高耸,最孤峭。而此峰三面亦皆危崖突立,惟南面一罅,梯峡上跻,颇如太华三峰,上分仙掌,下悬尺峡,透险跻危。此真青柯嫡冢,他未见其比也。何者?桂、朔、柳、融诸峰非不亭亭如碧簪班笋,然石质青幻,片片如芙蓉攒合,窍受蹑,痕受攀,无难直跻;而此则赤肤赭影,一劈万仞,纵覆钟列柱,连轰骈峙,非披隙导窾,随其腠理,不能排空插翅也。〔独秀、莲蕊二峰,为此峰门户,其内环壑深堑,亏蔽日月,重冈间之,人无至者。〕坐眺久之,乃仍下会

508

仙。别岩而下，历三梯，三里至峡坳上，见峡左一石，倚崖而起，上并崖端倚云，下有线罅透日。急贾勇穿其中，则其隙不即不离，仅容侧身而进，其上或连或缺。既而渐下，南转出罅，则飞石上下悬嵌，危不可跻矣。返出峡坳，见倚石之侧，复有一道上山石端，危悬殊甚，乃流沙滚溜而成者。心益不能已，复攀根引蔓而登。跻其端，透入石阙中，则倚石西尽处也，与前崖夹而成阙。穿阙而南，则飞石南悬之上也，瞰前罅正在其下。遂攀登倚石之顶，则一台中悬，四崖环峙，见上又或连或缺，参错不齐。正凭眺间，闻雷声殷殷，仍下峡坳，历六梯，一里西出峡，又一里，北返大寺。亟问餐于僧，濯足于泉，而雷雨适至。先是，余下至上梯，遇寺中肄业诸生，见余登岩久不下，亦乘兴共登，至是未返，困于雨。而平南有乡贡梁凌霄者，开绛帷〔一九〕寺中，见余辄有倾盖〔二〇〕之雅，为之挑灯夜谈。中夜雷雨大奋，卧室淋漓。

二十四日

作诗与梁君别，各殷勤执手，订后期焉。西向下山，望罗丛岩在三十里外，初欲从此而南趋郁林。及一里，抵山下，渡小硐。又西二里，过周塘，则山谷回互，罗丛已不可见。问其道，多未谙者。云须南至麻洞墟〔二一〕，始有路西行。又南三里，路分为二，大道由东南上山，岐径由西南涉坳。余强从西南者，一里，逾一岭，渐不得道。二里，南行山莽间。又一里南下山，始有路自西北来，随之东南去，由坳塍出山夹中。二里抵干冲，始值北来大道，山始开。有小溪自东而西，又有自南向入之者。涉涧，随南水而上，村落依焉。于是山分东西两界，中则平畴南衍，深溪北流。西南二里，过一独木桥。又南三里，山坡突处，麻洞墟在焉。是日墟期，时已过午,乃就垆〔二二〕而餐。其西有岐,西向逾山为高塘路〔二三〕,觅高塘趁墟者问之,言:"由此至罗丛岩尚五十里,高塘未得其中火,欲西北渡郁江乃至。"余闻之怅然,姑留为后游,遂南随散墟者循西界山而趋。五里,有村连聚于东界大山之下,犹麻洞之聚落也。又南,山坞稍转而西,仍南共五里,为石马村。村倚西麓,有石倚东麓,若马之突焉。西麓之后,其上石峰突兀,是为穿石寨。土人言其石中穿,可透出山后,余望而未之见也。又南五里为大冲,聚落环倚西麓。于是坞穷畴转,截山为池,回坡为田,遂复向山坞矣。由大冲上行,又五里,路出马头岭之南,过山脊。其水北流者,经干冲由车路江入浔;南流者,经都合〔二四〕入秀江,北转高塘、罗行而入郁。出坞,复东南得平畴,山仍两开。五里,宿于中都峡。

二十五日

由都峡南行,二里,渡一桥,有岐从东南随水登坡,一里为回龙墟,墟犹未全集也。坡南水复西南去,渡板桥,更南三里,则坞穷而上岭。逾岭南下,一里出山,则山坞复开。南行三里,为罗播村〔二五〕。东渡一溪,逾小岭,又涉一溪,共一里,南向登山甚峻,曰大山坪,又曰六合岭〔二六〕。从其上北眺浔州西山,远在百里外,而东有大山屏列,西南亦有高峰,惟白石反为东北近山所掩不得见。平行其上二里,出南坞,岭头丛木蓊密。从其右行,又一里下山。又一里,山壑四交,中成奥谷,有小水自东而西。越其南,从中道复登岭,一里,逾而东,入山峡。峡北麓堰水满坞,潆浸山谷。乃循峡沿水东入南转,一里渐升,水亦渐涸。复逾山坞,路循岭右升分岭界。二里,复下渡山脊,路循岭左一里,下核桃岭,则有大溪自南而来,至此西折去。〔即浔郡西绣江〔二七〕上流也,发源自平山墟,乃大容山西北水。大容东西有两绣江:一南自广东高州〔二八〕,北至北流县,合大容东南水,经容县注于郁,此容县绣江也〔二九〕;一即此水,为浔上流之绣江。]路循溪向东南逾二岭,共三里,涉流渡江。其水及腹,所谓横塘渡也,浔州南界止此,江南即郁林州属,为梧西北境焉。由江南岸复溯流逾岭,四里始有聚落,时已过午,遂就炊村庐。炊饭毕,山雨大作,坐待久之。逾小岭而南,村聚益连络,所谓白堤者是,亦深山之奥区也。过墟舍,取中道渡小桥,溯溪右南行八里,误从路旁小岐西入,得大寨村,遂投宿主人李翁家。翁具酒烹蛋,山家风味,与市邸迥别。

大寨诸村,山回谷转,夹坞成塘,溪木连云,堤篁夹翠,鸡犬声皆碧映室庐,杳出人间〔三〇〕,分墟隔陇,宛然避秦处也。

二十六日

主人以鲜鲫饷客,山中珍味,从新涨中所得也。及出山,复误而西。二里,复得倚云绕翠,修竹回塘之舍。问道于村妇,知误,东出。作误入山村诗及村妇留别二绝句。二里,抵大板桥,始循大溪西岸南行。三里,过马禄山,越通明桥,遂西南折入山峡。两山逼束,中惟一溪,无夹水之畦,俱漭路之草。五里,有巨木桥横架溪上,乃通东南山路之道。余从桥右过,不从桥渡。其桥巨木两接,江右有大树,自崖底斜偃江中,巨木两端俱横架其杪,为梁柱焉,是名横江桥。又西南五里,过箬帽山,山峡稍开,南见大容焉。又西南三里,涉溪而右,又涉溪而左,共二里,逾冈而上,是为平山村〔三一〕。由白堤至平山三十里,路隘草荒,隔绝人境,将出平山,则纷纷言前途多盗矣。由平山南行,路已开辟。过墟舍,越岭畔行,东望大容在三十里外,犹有层峰间之。五里,下入山峡,过黄草塘。西南二里,抵都长庙。其处两山开坞西去，而路横坞而南越岭，所上无几，南下甚遥。共三里，转峡西出，是为勒菜口〔三二〕。于是山分两界，大容崿东北，寒山崿西南，排闼而东南去，中夹成大坞，溪流南注，则罗望江之源矣。于是循寒山北麓东南行，又三里，巨树下有卖浆者，以过午将撤去，乃留之就炊而饭。又五里，渡溪桥，是名崩江桥。桥南有庙，卖浆炊饭者群托焉。又东南二里，过冯罗庙。庙为冯、罗二姓所建。庙之南，山峡愈开，盖寒山南尽，大容东转，于是平畴扩然矣。其南有岐，东涉罗望，循大容南麓而东，四十里抵北流；土人以群盗方据南麓陆马庙〔三三〕为巢，俱劝余由州而往。〔予取郁林道。〕由畦塍中南行七里，复涉冈而南，见有鼓吹东去者，执途人问之，乃捕尉勒部过此也。又见有二骑甲胄而驰者，则州中探报之骑也。又三里，抵松城墟〔三四〕。墟舍旁有逆旅一家，时日色尚高，而道多虞儆〔三五〕，遂停宿焉。二鼓，闻骑声骤而南，逆旅主人出视之，则麻兵已夜薄贼巢，斩一级，贼已连夜遁去。夜半，复有探者扣扉，入与主人宿，言麻兵者，即土司汛守〔三六〕之兵，凤皆与贼相熟，今奉调而至，辄先以二骑往探，私语之曰："今大兵已至，汝早为计。"故群贼縻遵者〔三七〕一人斩之，以首级畀麻兵为功，而贼俱夜走入山，遂以"荡平"入报。恐转眼之后，将(已下缺)

平山乃大容西来之脉。盖澜沧以东之山，南径交趾北境，东转过钦、廉、灵山〔三八〕，又东北至兴业〔三九〕，由平山东度，始突为大容，于是南北之流分焉。

寒山者，郁林西北之望也。诸山俱环伏于大容，而此独与之抗。盖其脉分自兴业，在罗望、定川二江之间。其脊至勒菜口而尽，故铮铮特起。九域志：越王陀遣人入山采橘，十日方回,问其故,曰:"山中大寒,不得归。"因名。

陆马庙者,在大容南麓,乃土人以祀陆绩、马援者。流贼七八十人,凤往来劫掠村落,近与官兵遇,被杀者六人。旋南入陆川境〔四〇〕,掠平乐墟〔四一〕,又杀数十人。还过北流,巢此庙中,縻诸妇女富人,刻期索赎,不至者辄杀之。

二十七日

早自松城墟,不待饭而行。四里,过谷山村〔四二〕,复行田塍中。又五里,望见一石梁甚高整,跨罗望江上,所谓"北桥"也。三洞连穿,下叠石为堰。水漫堰而下,转西向行,由郁林城北转而西南,与定川南流合而南去,经廉州入海者也〔四三〕。石梁之西,又有架木为桥以渡下流者,行者就近不趋石梁而趋木桥焉。过桥,又南逾一岭,共一里,入郁林〔四四〕北门。北门外人居俱倚冈汇池,如村落然,既无街衢,不似城郭,然城垣高罄〔四五〕,粤西所仅见也。城中亦荒落。过郁林道而西,即为州治。乃炊饭旅肆,问此中兵道,已久驻苍梧矣。先是苍梧道顾东曙,名应旸。余锡邑人也,其乃郎以家讯寄来,过衡阳,为盗劫去,余独行至此,即令其仍驻此地,亦将不及与通,况其远在苍梧耶!

饭后出南门,陂池〔四六〕益广。西南一里,则南流江自东而西,其流较罗望为大。涯下泊舟鳞次,涯上有堤,内环为塘,堤上石碑骈立,堤下卧石片片,横列涯间。余视之有异,亟就碑读之,则紫泉也。泉隙在涯堤之半〔石片中,石南北夹成横罅,横三尺,阔二尺,东回环而西,缺其南,水从底上溢潆其中,停泓者三尺,上从南缺处流泻去,时见珠泡浮出水面〕。堤内塘水高丈余,涯下江流低亦丈余,水澄碧异常,其曰变"紫"者,乃宋淳熙间异兆,非泉之常

也。泉上旧有濯缨亭，今已成乌有。泉之西有石梁曰南桥，亦三
碧，高跨南流江上。桥北有文昌阁，当江流环转之中，高架三层，虚
敞可眺，为此中胜览。桥南为廉州大道；桥南由岐溯江岸东行，则
水月岩道也。溯江半里，江自东北来，路向东南去，乃舍江从路，始
由田塍行，其路犹大，乃陆川、平乐墟道也。八里，陟冈，有村焉。
由村左岐东北行，又二里，从岐而北，路益没。又二里，北过一塘
堤，始得西来路。循之东二里，经一村，复上一岭，路仍没。乃逾山
而东，从莽中踯躅东向，一里抵东山下，得南来之路。遂循之而北，
二里，仍东转入山坞。一里，渡一小石桥，又循东山而北，过一村，
复东转入山坞。其坞甚深，东入二里，路渐芜没。又望坳东登，一
里至岭，始得西来大道，则亦南向平乐墟路也。越岭而东，仍舍南
行大道，岐而东下山。径坞中共一里，逾山峡东下，则峡东石峰森
森，自北而南，如列旗整队，别成一界矣。出峡，循西山东麓而北，
一村倚山东向，前有大塘，余以为龙塘村矣，问之，则龙塘犹在北
也。又北一里余，转而东，得龙塘村。村踞冈脊之中，〔其南水南流
东去，其北水北入水月洞。〕由其东又北一里余，直东抵石山中峰。
渡石桥而北，则上岩西向，高穿峰半矣。

上岩者，水月洞南倚山凭虚之窍也；石山自东北来，南引而下，
支分队耸，而一支中出者。西瞰平芜，削崖悬窦，层级皆不甚深，而
此层最下，亦最扩。环峰石皆青润，独裂岩处色变赭赤，然其质犹
极灵幻，寻丈之间，层庋缕挂，窦穿盖偃，无所不备，亦无所不奇。
岩前架庐当门，而敞其上，庐可以栖，而上不掩胜，结构亦自不恶。
由岩右腋穿窍而上，窍仅如管，历级宛转，复透一层，若偏阁焉。云
牖腾空，星楞透影，坐憩其内，又别一"小西天"矣。由岩左腋环柱

而出，柱如龙旗下垂，从其侧缘崖上跻，转出岩端，复得一层。其岩亦西向，自分左右两重，〔左重在下，垂柱裂窍，仰睇上即右重也，然历磴无阶。由外北跻，始入右重。阁缀绝壁，与左层翼对增妍，皆岩之中层也。〕其上削崖之顶，尚有一层虚悬，而跻之无级，〔惟供矫首耳。〕水月洞尚在其北而稍下。龙塘之水，经山前石桥而北，过上岩之前，乃东向捣入洞中。洞门亦西向，路由其南，水由其北，相沿而入，透北而出。前后两门，一望通明，是为明洞。水贯其中，石蹲其旁，夹流突兀，俱作狮象形。〔洞顶垂石夭矫，交龙舞螭，缤纷不一。〕其水平流洞中，无融州真仙岩之大，而两岩亦无其深峭，可褰裳而涉溪。崖之右，又有一小水，南自支洞出，是为阴洞。〔左则沿溪笋乳回夹，上亦裂门缀穴。层阁之上，又汇水一池为奇。此明洞以内胜也。后门崖口，列大柱数条，自门顶合并倒悬，洞内望之，蜿蜒浮动。此明洞以外胜也。〕阴洞乃明洞旁穴，其中又分水陆。〔流不甚大，东南自牛陇又开一门，穿山腹至此合明洞。溯流南入半里，洞渐沉黑，崖益陡，水益深，结筏积炬，曲屈约二里，出牛陇。此阴洞水中胜也。从阴洞溯流，始崖左嵌石下，窦甚隘，匍匐下穿，引炬而前，忽岿然上穿，上下垂耸盘柱，诡状百出，升降其中，恫心骇目，邃曲莫尽。此阴洞陆中胜也。〕

余欲为水月游，时已过午，尚未饭，抵上岩，道者方扃户而出，余坐崖下荔阴间。久之，道者罢钓归，启扉具炊，余促其束炬游水月。既入明洞，篝火入阴洞，道人不随支流入，由其侧伏洼穿隙，遍观阴洞陆崖之胜，其中崇宏幽奥，森罗诸诡，五易炬而后出。欲溯流穷水崖，道者以水深辞："请别由侧道以探其后崖，不必从中出也。"乃复出明洞，涉水穷左崖之胜，遂出后洞，仰睇垂虹舞龙之石。

还饭于上岩，已日衔西山矣。

二十八日

早坐上岩中。道者出龙塘为予买米。余曳杖穷其最上层，已下，憩右窍偏阁中〔四七〕。盖是岩西向，下午则返照逼人，余故以上午，憩而拟以下午搜近山诸洞。既午，道人以米至，午炊甫毕，遂循山而南，至昨来所渡石桥，由桥侧东折入环峡中。〔是山石峰三支，俱锋棱巉削，由东北走西南。中支为水月岩所托，是峡则中支、南支相夹者。南支多削崖裂窍，予来时循其西麓，〕以为水月在其下。询之土人，皆曰："中不甚深，下无蹊径。"从峡转北，得中央平洼一围，牛千百为群，散处其内，名为牛陇。穷其西北，〔水汇成潭，〕遂入阴洞后门，〔即东南临潭上，四旁皆陡石，无路入，必涉潭乃登。〕洞甚虚敞，分之则二，合之则一。〔随水西入，渐北转，石崖成峡，水亦渐深昧，与水月阴洞所见等。虽未出其中，两端源流悉见，可无烦暗中摸索也。洞门〕右崖，石痕丛沓〔四八〕，俱作马蹄形，西事珥所谓"天马"，意即此矣。出洞，益遵峡而北，仰瞩东西两界，峰翔石耸，队合层分。〔二支北尽处，北支又兀突起，与中支北麓对峙成峡。〕遥望其下，有三洞南向，其上轰霞流电，闪烁有异，亟历莽趋之。其左畔二门骈列，崖下虽悬乳缤纷，而内俱不深；其右畔一门，孤悬峰半，虽洞门嵌空，而中忽渊坠，其深数十丈，宛转内透，极杳邈之势。而两崖峭削，无级下跻。踞崖端望之，其中飞鼠千百成群，见人蓬蓬内窜，其声甚遥，闻此中有蝙蝠洞，岂即此耶？出洞下山，望西北山嘴颇近，以为由此穿水月后洞而入，抵上岩甚便。竭蹶一里趋之，其下既注，乃攀陟山冈，则巨石飞耸，中俱蔓络，下嵌澄渊，路断径绝。〔遥探洞外诸奇石，杳不可见，即溪流破窾出者,亦尽没其迹。〕乃循北麓,仍东趋一里,南向前来之峡。
又经牛陇而南,共三里,返上岩之前。见日有余照,仍入水月,徜徉
明洞之内。复随流出洞后,睇望所涉路断处,犹隔一峰嘴,始知此
中山形横侧倏变,不可以意拟如此。是夕仍宿上岩。

二十九日

由上岩转入东北峡,过牛陇,共三里出峡,有岐焉。一直北循
北支东麓者,为北流大道;一转东向逾岭者,为北流间道。乃东过
田塍,更逾土岭而东。又二里,过一村,又东抵小石峰下,是为塘岸
墟。时山雨自东北来,弥漫山谷,墟无集者。〔墟为陆川北境,〕从
此转而北,冒雨循山,荒冈漫衍,已为北流境矣。十里为果子山,有
数家倚冈而居。过坳,雨渐止。又十里为横林,有聚落在路右坞,
数日前盗劫平乐墟,还宿于此,去北流只十里也。其北有石山一
支,自北而南,丛尖簇翠。余初望之,以为勾漏在是,渐近而路出其
东南,西望而行,秀色飞映。盖此山在北流西十里,而勾漏尚在北
流东十里也〔四九〕。由横林东北五里,逾一土岭,下行田塍中。有
石桥跨小溪,溪流西北去。又东行平冈上,五里,抵北流〔五〇〕西
门。西门闭不启,以西当贼冲,故戒严也。循城由南门入,经县前,
出东门,则街市颇盛。一街循城而北者,为街墟;一街随江而东者,
为沙街。街墟由城北隅东转,有溪自城北来,石桥跨之,曰登龙桥。
其溪为大容东流之水,由桥下而南注绣江者也。沙街由城南转东,
绣江南自粤东高州来,至此已胜巨舟,故阛阓依之,宋人名驿为朝
宗者,指此江而言也。今驿名宝圭。沙街东北过广济桥,则北溪之
水至此入绣。渡桥而与登龙之路合,路乃北出隘门,江乃东流而
去。余于是饭于沙街。出隘门,抵北山下,循其南麓东行,五里,渡

一小溪桥，遂入石峡中。〔南为望夫石，即黄婆岩西垂山也。北则石峰逶迤，愈东石骨益瘦，疑即独秀岩所托，今已失其迹。峰东崖大书"勾漏洞"〔五一〕三字。此南北二石峰，俱东拱宝圭洞。〕又东五里，石山回合处，中复突一峰，则宝圭洞在其西隅，而勾漏庵在其南麓。时殷雷轰轰，先投庵中。庵颇整洁，乃万历间有司重构者。内堂三楹，中列金仙，东则关圣，西则葛令。而葛令〔五二〕之像，纶巾朱履，飘然如生。后轩则准提大士在其中，西置炊而东设坐焉。前庭佛桑〔五三〕盛开，红粉簇映；后庭粉墙中护，篁桂森绕，其中寂然无人。有老道之妻掩关于后，询："游洞何自？"对以："俟道者晚归。"乃停囊轩中，令从去，就炊于中。既而雨止，时已暮，道人始归。乃县令摄以当道，欲索洞中遗丹及仙人米，故勾摄〔五四〕而去。然葛令欲就丹砂，乃其一时乘兴之言，其后蝉脱〔五五〕罗浮，实未至此，此中久已无丹砂，安得有遗丹仙粒耶？道者忧形于色，余姑畀钱，令多觅竹束炬，为明晨游具。道者领命，愿前驱焉。

北流县当大容南面之中，其脉由大容南下，曰绿蓝山。水分东西流：东流者即北溪，循城东，下登龙桥而入绣江者也；西流者为南流江之源，西南合水月洞之水，经郁林南门而西合罗望、定川诸水，南下廉州入海。是北流〔县〕实南流之源，其曰"北流"者，以绣江南来，至此始大，〔东过容县界，合洛桑渡水，经容邑南门，下藤县〔五六〕，北入郁江去，〕非北流源此也。

旧有北流、南流〔五七〕二县，南流即今之郁林州，皆当南北二水胜舟之会，东西相距四十里焉。

北流山脉中脊，由县而西南趋水月，南抵高州，散为诸山。

而北流之东十里,为勾漏洞;北流之西十里,为鬼门关。二石山分支耸秀,东西对列,虽一为洞天,一为鬼窟〔五八〕,然而若排衙拥载以卫县城者,二山实相伯仲也。

鬼门关在北流西十里,巅崖邃谷,两峰相对,路经其中,谚所谓:"鬼门关,十人去,九不还。"言多瘴也。舆地纪胜以为桂门关之讹,宣德中改为天门关,粤西关隘所首称者。

〔一〕平南　　原倒误为"南平",据明史地理志改。平南:明为县,隶浔州府,即今平南县。

〔二〕梧州:明置梧州府,即今梧州市。

〔三〕城埤(pí 皮):城墙上的矮墙。

〔四〕苍梧:梧州府附郭县,治今梧州市区。今仍有苍梧县,治所在龙圩,辖境在梧州市南、北、西三面。

〔五〕滩头村:今仍名滩头,在桂平市南郊,郁江东岸。

〔六〕容与:闲暇自得的样子。

〔七〕溟水:"溟"与"尿"同。今俗称密石坡。

〔八〕南湖:嘉庆重修一统志浔州府山川载:"南湖,在桂平县南,俗名结塘湖,广三里许,中有洲,今渐湮塞为民塘。"今分上结塘与下结塘,聚落称头塘街。

〔九〕姚村:今作耀村,在桂平市东境。　　木角村:因建白石水库已迁走。

〔一〇〕春(chōng 冲)舍:农民住屋边置石碓舂米的小棚。

〔一一〕白石山:在桂平市南,山石洁白,四面悬绝,因此得名。世传葛仙翁曾往来其间。有会仙岩、漱玉泉、三清岩、鹅颈峰等胜迹。须经苍玉峡（一线天）、云梯（三梯）及龟背石，始达绝顶。

〔一二〕周塘村：今亦作周唐，在桂平市东境，白石山西麓。

〔一三〕庳(bēi卑)：矮。

〔一四〕绳墨：木匠画线用的工具，今称墨线和墨斗。

〔一五〕霄(xiāo肖)：云霄。　　汉：天河。　　霄汉即高空。

〔一六〕緪(gēng耕)：粗索。

〔一七〕硐：同"洞"。

〔一八〕丽：附著。　　丽趾：脚踩踏。

〔一九〕绛(jiàng降)帷：原为红色帐帷。因师长传授知识时，常坐高堂，挂着红色帷帐，下面即坐生徒。故又以"绛帷"或"绛帐"作师长或讲座的代称，以表示尊敬。开绛帷意即开讲座，在此任教。

〔二〇〕盖：车上的伞盖。倾盖：停车交盖，两车的盖稍稍倾斜。用以形容朋友相遇，亲切交谈的情况。

〔二一〕麻洞墟　　此处原作"麻墟洞"，从下文及乾隆本、四库本改。麻洞墟，今作麻垌，在桂平市南境。

〔二二〕垆(lú炉)：酒店里安置酒瓮的土墩，也以垆为酒店的代称。

〔二三〕高塘：今名同，在桂平市西境，距郁江南岸不远。

〔二四〕石马村，今仍作石马；大冲，今作大统；都合，今名同。皆在桂平市南境，麻洞至罗播的公路线上，石马在北，大统稍南，都合最南。　　干冲：今作官冲，位于麻洞稍北。

〔二五〕罗播村：今仍作罗播，在桂平市南境。

〔二六〕六合岭：今有聚落称六鹤，在桂平市南隅。

〔二七〕浔州绣江:七月二十四日记作"秀江",今称大洋河。

〔二八〕高州:明置高州府,即今广东高州市。

〔二九〕容县绣江:又称容江,即今北流江。今北流江在北流市境称圭江,江源与广东高州无涉。下流亦不入郁江,而往北注于浔江。

〔三〇〕堤篁夹翠鸡犬声皆碧映室庐杏出人间　　此句疑误倒,应为"堤篁夹翠碧映室庐鸡犬声皆杏出人间"。

〔三一〕平山村:今作小平山,在玉林市北境。

〔三二〕勒菜口:今作乐泰,在玉林市北境,小平山稍南。

〔三三〕陆马庙:今作六马,在北流市西北境,大容山南麓。

〔三四〕松城墟:即今塘塍圩,在玉林市北境。

〔三五〕虞(yú 于):候望。　　儆:同"警"。　　虞儆:候望的警戒。

〔三六〕汛(xùn 训):通"讯"。　　汛守即驻防盘查往来行人。

〔三七〕縻(mí 迷):束缚。　　遵(zūn 尊):依从。

〔三八〕钦:指钦州,明隶广东廉州府,即今广西钦州。廉:指廉州府,明隶广东,治合浦,即今广西合浦。　　灵山:明为县,隶广东廉州府钦州,今广西灵山县。

〔三九〕兴业:明为县,隶梧州府郁林州,治所今名旧县,在玉林市西境,石南镇稍南。

〔四〇〕陆川:明为县,隶梧州府郁林州,即今陆川县。

〔四一〕平乐墟:今仍作平乐,在陆川县北隅。

〔四二〕谷山村:今仍名谷山,在玉林市北郊。

〔四三〕此指南流江，源自大容山，从北往南经过玉林市南，再南经博白至合浦入北部湾。罗望江一名西望江，亦源自大容山，从北往南流，经玉林市西，入南流江。定川江今称车陂江，在玉林市西境，东南流入南流江。

〔四四〕郁林：明置郁林州，隶梧州府，即今玉林市。

〔四五〕罄（qìng 庆）：严整。

〔四六〕陂（bēi 杯）池：池沼。

〔四七〕憩右窍偏阁中　"右"原作"石"，据乾隆本、四库本改。

〔四八〕丛：丛集。　沓（tà 榻）：繁多。

〔四九〕而勾漏尚在北流东十里也　"尚"，原作"出"，据乾隆本、四库本改。"十里"，四库本作"十五里"。

〔五〇〕北流：明为县，隶梧州府郁林州，即今北流市。

〔五一〕勾漏山：在北流市东北。平川中石峰矗立如林，溶洞勾曲穿漏，故名"勾漏"。有宝圭洞、玉阙洞、白沙洞、桃源洞等胜迹。

〔五二〕葛令：指葛洪（公元 284～364 年），字稚川，自号抱朴子，丹阳句容人，道教理论家，会炼丹术。曾参加东晋统治政权，赐爵关内侯。闻交趾出丹砂，求为勾漏令，携子侄至广东罗浮山炼丹，在山积年而卒。

〔五三〕佛桑：即扶桑。古代传说扶桑生于东海日出的汤谷，高大扶疏，花深红色，光焰照人，叶如桑，故名扶桑，又称扶木、桑槿，与木槿同属锦葵科，为著名观赏植物。

〔五四〕勾摄（shè 设）：追捕。

去，犹如得到解脱。

〔五六〕藤县：隶梧州府，即今藤县。

〔五七〕南流：元代有南流县，为湖广行省郁林州附郭邑，洪武
二年（公元 1369 年）省。治今玉林市。

〔五八〕一为鬼窟　"鬼"，原作"思"，此依上下文意改。

八月初一日

晨餐毕，余先作宝圭行，约道者肩炬篝火后至。洞在庵北半
里，庵后先有一岩南向，一岩西向，望之俱浅，而宝圭更在其北。先
有漫流自西北来，东向直漱山麓，涉其北登山，则洞门在矣。其门
西向，左开岩而右深入。开岩处甃以列碑轩敞，平临西峰；右洼嵌
而下，有石柱当门，其端有石斜飞。磴道由其侧下至洞底，交辟为
四岐：一由东入，一由南进，二岐俱深黑；一向西豁，一向北透，二岐
俱虚明。东岐之南，顶侧忽倒垂一叶，平庋半空，外与当门之柱相
对，〔上下凭虚，各数十丈，卷舒悬缀，薄齐蝉翅，〕叶间复有圆窍曲
窦，透漏异常。由左崖攀级而上，抵平庋处，盘旋其间，踞叶而坐，
真云軿〔一〕霞驭，不复人间也。坐久之，复盘叶而下，向北透之
岐。岐中倒垂一乳，长数丈，其端空悬，水由端涓涓下。更北入峡
中，其右则洼而北出，为下门，其左则高而北渡，为上叠，〔叠成上
阁，阁前平临西北，亦有乳柱界其中。〕此明洞之西北二岐也。探历
久之，道者负炬至，又携伴持筐。余询其故，道者曰："县以司道命，
取砂米二丹，适有庠士已为我觅仙米，而砂从洞穴中可探而得，将
携筐就炬以觅之。"始知所为砂者，非丹砂，乃砂粒如丹，其色以白

为上，而黄次之，故其北洞以<u>白砂</u>命名；所谓米者，乃山洼中菰米〔二〕，土人加以"仙人"之名耳。洞外芜莽中又有黄果如弹丸，土人谓之"颠茄"〔三〕，云采以为末，置酒中，腋能令人发枉迷闷〔四〕，<u>峤南琐记</u>所载闷陀罗者是。乃爇炬先入南穴，两旁壁起如峡，高而不广。入半里，左壁有痕横亘，曰仙床，悬地丈许。其侧垂柱裂窍，皆短而隘。窍腹宕如臼，以手探之，中有磊磊之粒，方圆不计，姑扫置筐中。连探三四穴，不及升许，计出而淘濯其污，简取其圆洁成粒者，又不及十之一也。然此亦砂粒之常，岂真九转之余哉？又少进，峡忽下坠成渊，由洞抵水，其深二丈，而水之深，更不知其几也。两崖俱危峭无可着足，南眺其内，窅黑无尽。始促道者涉渊，言："水深，从无能徒涉者。"再促道者觅筏，言："隘逼，曾无以筏进者。""然则何如可入？"曰："冬月水涸，始可坠崖而涉。""入当何如？"曰："其内甚深，能见明而不能升也。"余闻之，为之怅怅。扪石投水中，渊渊不遽及底。旁瞩久之，仰见左壁之上，有隙旁通，亟入焉。隙柱透漏，渐入渐束，亦无余窍。乃下，返而仍出四达之中，更爇炬而入东穴。初，两旁亦成峡壁，而其下渐高，既而中辟如堂皇，旁折如圭窦，皆暗窟也。稍北而东，其径遂穷，比之南窍，虽有穴宛转〔五〕，而深不及其半。彼有穴而水阻，此无水而穴阻，转觉东穴之无涯涘矣。

复出至四达处，谋为<u>白砂</u>洞游。按志，<u>白砂</u>在勾漏北，勾漏甲天下，而此洞复甲勾漏。如<u>玉虚</u>、<u>玉田</u>诸洞，普照、独秀诸岩，道者俱不言，而独津津言此洞。余急趣其前，道者复肩炬束火携筐帚以导。从北透偏门之下层出，乃循其西北麓而行，始见其山前后两峰，骈立而中连，峰之西南突者，为宝圭所倚，峰之东北峙者，为<u>白砂</u>所伏。<u>白砂</u>前后亦有两门：前门北向而高敞，分为三门，两旁悬峻，而中可俯级而入；按志云，<u>玉田洞</u>，洞前三门，中门明广可通，似与此门合。遍询土人，无知玉田洞者。岂即以后洞为白砂，以此门为玉田洞耶？后门南向而高隘，仅通一孔，前对宝圭之背，其左即中连之脊也。先过后门山坳，草没无路，道者不入而北去。共一里，转而东，绕山北麓而南跻前门。入门即洼下，数十级及底。仰视门左右，各有隙高悬旁启，即所谓左、右门也。倒光流影，余照四达，然虚嵌莫攀焉。从洞中右转，颇崇宏，而渐暗渐穷。余先遍探而四觅之，无深入路。出，促炬命导，仍由之入抵其中，以火四烛，旁无路也。道者忽从右壁下，投炬蛇伏而入，窦高不逾尺，而广亦如之。既入，忽廓然盘空，众象罗列，如闻阖阊下启，天地复通。方瞻顾不遑，而崇宏四际，复旁无余隙。忽得窦如前，透而东，转而南，倏开倏合，凡经四窦，皆隘若束管，〔薄仅透屏，故极隘忘窘，屡经不厌其烦也〕。既而见左崖之上，大书"丹砂"二字。其下有一龛，道者曰："此丹穴也。"复伏而扫砂盈掬〔六〕焉。其南稍有一岐，入之不深。出向西转，再折南行，则天光炯然，若明星内射，后洞门在望矣。是洞内洼而中甚平，惟壁窦阁辟，无沟陀升降，前后两门，俱高悬于上。道者欲仍从前门返，余欲逾后窦出。道者曰："后门隘不可跻，而外复草深莫从。"余曰："前暗中之隘，尚不惮其烦，况此空明，正可宛转，草之深浅，余所不顾也。"遂穿窦出，则午日方中，始见宝圭后峰，君树塞门焉〔七〕。乃披茅践棘，西南出山坳，仍过宝圭透北偏门，共二里，将及庵后，命夫同道者还炊于庵，余挟寄宿庵中者东探清泉焉，〔即前所经南向岩也。〕洞不深而明洁可栖。洞前有宋碑，大书"清泉岩"三字。洞左右无泉，而独得此名，无从征其故实。还饭于庵。

　　下午，挟夫与寄宿庵中人此人不知何处人，先停庵中，身无半文，随余游诸洞，余与之饭，两日后不知所往。探近山诸岩，乃西南入黄婆岩

焉。黄婆岩者，宝圭西南诸峰所裂之岩也。其山西自望夫石攒沓
而东，岩当其东北隅，与宝圭东西相对，而兹稍南逊。岩门甚高，中
有黄崖叠缀。岩外石峰之顶，分岐耸异，有欹若妇人之首，鬟髻盘
空，作回睇顾影之态。其北面亦有石峰丛突，南与此山并夹，东与
宝圭对峙。东南石壁上，大书"勾漏山"三字，大与山齐，土人指为
仙迹。此其下必昔时宫观所托，而今不可征矣。按志，勾漏有灵宝、
韬真二观，今皆不知其处。灵宝疑即庵基所因，韬真岂其在此耶？当时必多
碑碣，而沧桑之后，断础〔八〕无存矣。徘徊其下。又西抵望夫山西麓，
眺望山崖，别无岩洞。惟见东南一面，峦岫攒簇，疑即所云巫山寨
者，巫山寨一名石寨。山峰如楼橹雉堞，周回环绕，其数十二，故有巫山之
名。而渺漠无征，惟与山灵互相盼睐〔九〕而已。已乃循黄婆岩东
麓，且盼且行，〔南抵东南隅，石崿悬峭，片片飞云缀空。自外崖攀
峭石上，历竖隙，屡出层空，达峰顶，遂尽发其危嵌态。下山，〕转循
南麓，见峭崖穿然，〔石色雄赭。〕下虽有门，内入不深，无从穿扉透
室。乃东由营房在勾漏庵前东南坪上。草房数十间，营兵居之，为居停卖
浆之所。横过勾漏庵，抵后峰东南角。〔盖宝圭所托之峰，南面骈立
而中连，西立一峰，即庵后清泉岩所倚，东立者与之比肩南向。循
峰东麓北行，路左得一东向岩，内颇深，渐缩如牛角。出洞又北，〕
有清流一方，淙淙自乱石中流出，其上则草石蒙茸，其下则西南成
小溪去，行道者俱从此渡崖，庵与营俱从此取汲，而无问其所从来
者。余正欲求其源委，忽一少年至，见之，语从夫曰："汝辈欲寻洞
乎？此其上有二洞，相距数十丈，路为草翳，可探而入也。"又一人
曰："昨未晚，有二人携犬自东来者，虎自崖上跃下攫犬去。虎穴其
上，不可往。"余不顾，亟挟夫与寄宿者攀棘践刺上跻，觅之深蔓中，
则洞门果穿然东向，但外为蔓拥石蔽，无从即见耳。入洞门，即陡

徐霞客游记校注

然下坠。俯瞰之，则有溪〔自北而南〕贯其底，水声潺湲，崖势峻削，非攀缘可下。四瞩其上，南崖有坠而未尽者，片石悬空，若栈道架壁，阔不盈咫〔一〇〕，而长竟坠处直达西崖，但栈中有二柱骈立，若树栅断路者。而外一柱已为人截去，止下存尺余，可跨而过。但其处益狭，以双手握内柱，而盘越外柱，临深越险，莫此为甚。过栈达西崖，已与洞门隔溪相向。乃明炬四烛：崖之下，深坠与外崖同，崖之上，内入则垂乳列柱，回错开阁〔一一〕，〔疏棂窈窕，〕忽环而为璇室，忽透而为曲榭，中藏之秘，难以言罄。乃出崖临溪，从深坠处溜险投空而下，遂抵溪中。〔仰视洞顶高穹，延照内映，侧栈凌虚，尤增飘渺。〕水深不及膝，南从崖下涌来，北从崖下坠去，〔即由此东出，为乱石泉源也〕。余于是从南崖下溯流入。其穴甚低，垂覆水面，相距止尺。从夫暨寄宿者恐炬为水湿，内深莫辨，共阻莫入。余贾勇溯流，冲沫过颡〔一二〕。南入数丈，望前有流光熠熠，余喜，更透一洞，益高声呼二从人，虽伏水碍石，匍匐垂首，而瞻前顾后，火光与天光交通旁映，益前入不停。又南数丈，有洞穹然东西横贯，其上东辟而为外门，其内西入而成巨壑，〔门高耸与前所入门等势〕。时二人已至，乃令其以炬更前。于是西向溯流，洞愈崇宏，流愈深阔。又数丈，有石砥中流。登石内望，洞辟如广厦，渊水四际其下，以杖测水，不竟其底，以炬烛洞，洞甚深黑，〔不知更几转，得抵宝圭南穴前所望深坠处也。〕乃自砥石返步随流，仍抵东辟外门之下。二从者将垂首横炬，匍匐向低穴北入。余止之曰："此门虽峻，与〔先〕所入者无异。若伛偻下涉而就所入之门，不若攀空跻危，竟登此门为便。"二从者曰："门外不通，奈何？"余曰："门以外总不出此山，即所入之门，其外岂坦途哉？"遂攀崖先登，二人亦弃炬从之，乃出洞口。〔门亦东向，与所入门比肩，特黟于突石连蔓，遂相顾不见。〕循左崖平行，还眺门上，又上辟一层，若悬阁当空，然无级以登。〔盖北洞奥室内罗，此洞外缀层楼，所异者此耳。〕于是北转一曲，至前汲泉之穴，从容濯足，候从者至，〔遂一以北洞上登法而下。崖半石隙蔓影中，仿佛并北洞见之，迨极下仰眺，仍茫然失所睹矣〕。亟自东南山角转过营房，共一里，入勾漏庵，大雨如注。是日，先西觅玉虚、玉田诸洞而不得，既而东得此二洞，尤为奇绝。然此洞非异人忽指，则跬步之间，亦交臂而过，安知西峰大字岩之侧无棘霾蔓锁者？安得峰峰手摩足抉如黄婆岩东南诸峭石也耶！

初二日

晨餐后，令从夫随道者西向北流市蔬米于城，余独憩庵中。先是，寄宿者夜避蚊不知何往，至是至，曰："已询得独胜岩在县北。"余知在县北者或新开他岩，必非独胜，而庵中无人，不能与即去，姑辞明日，而此人遂去不复来。既午，从夫以蔬米返，余急令其具餐，将携砚载笔往录宝圭洞中遗诗。忽道者驰至，曰："兵道将至，恐治餐庵中。"欲携余囊暂入所栖处。余不顾，竟趋宝圭。甫出庵，而使者旗旄〔一三〕至矣，非所辖郁林道，乃廉州海北道也。乃漳浦张国径印梁，余昔在甘棠驿同黄石斋曾会之。兹驻廉州。时军门熊文灿代荆溪卢象叔总督中州〔一四〕，追捕流寇，张往送之，回辕过此，故欲为勾漏游。余隐墙西，俟其入庵，即趋录洞诗。录未半而彼已至洞，余趋避于北岐叠阁之上。回忆梧志所纪西小室，洞朗外瞩，自然石榻，平铺叠架，可眠可踞，与东洞对，正如两掖，其景宛然。彼入南穴，亦抵水而返；余石卧片时，听洞中人倏寂倏喧，亦一异趣。张出南穴，亦北趋偏门下，终不能攀上层而登，与县官啧啧称奇指盼，而不知有人卧其中也。俟其去，仍出录诸诗。诗俱(近)代，只有一宋碑而不佳，盖为兵燹荡净也。录甫毕，日衔西山，乃返于庵。

初三日

饭勾漏，即东北行。由营房转山之东南角，过透石东出之泉，径草坡而行。五里，越一坡，有塘衍水环浸山谷。渡桥，又二里，堰塘愈大，石峰至此东尽，其北有尖峰兀立若独秀焉。山北隙中露大容，蜿蜒若列屏。又东十里，有水自西北容山来，东南入绣江，为容、郁分界，名洛桑渡。其水颇急，以藤跨水横系两涯之上，而系舟于藤，令渡者缘藤引舟，不用篙楫。桃叶渡江，不若藤枝更妙矣。又东五里为西山墟〔一五〕，有公馆，客之所庭也。东南由岭上行，已下渡小桥，共五里矣。又东出山十里，有荒铺，有板桥。又东五里为清景新桥〔一六〕，则大容东峰，巍然北临〔若负扆〕。又东五里，入容县〔一七〕西外门。又一里，入城西门，经县治前，即南转出城南门。门外江水自西而东，即绣江。自高州北经北流，又东合洛桑、渭龙二水，绕城南而东北，由藤县入大江者也。〔渭龙源出天塘山〔一八〕，北向石寨村，始入绣江。〕渡江而南，炊于肆。又南二里，逾冈坂，误入东麓。二里，仍转西向，又二里而得大道。西南行，又五里，宿于古楼村〔一九〕。一村皆李姓。

初四日

饭于古楼村。仍西南随大路盘都峤〔二〇〕而过。先是，余按志言：“都峤在城南二十里。”自城问之，皆曰：“南山去城七八里。”故余喜其近，出南门渡江，即望山而趋，而不意其误也。盖都峤即南山，其北俱削崖悬亘，无级可阶，必绕出其南，始可北向而登。其曰七八里，乃北面抵山之数，而二十里者，并从南陟山而言也。共五里，过石寨村。又一里，抵石嘴铺。〔铺东南八里有黄土岩，不及登。〕东渡一桥，始从岐北向上山。登山东转，遂由山峡北向五里，抵南山寺，古所称灵景寺也。大岩倚东崖，其门西向，中无覆架，而外有高垣，设莲座于中，明敞平豁，虽云"寺"，实岩也。盖都峤之形，其峰北穹高顶，南分两腋，如垂臂直下，下兜成坞，而清塘一方当其中焉。两腋石崖，皆重叠回亘，上飞下嵌，若张吻裂唇。一岩甫断，复开一岩，层穴之巅，复环层穴，外有多门，中无旁窦，求如白石下岩所云"潜通勾漏"者，无可托矣。总而披之，灵景为东腋之首，岩最高而大，〔高三丈五尺，深五丈，横阔十余丈，两端稍低，中穹如半月。〕其北有三岩，皆西向而差小，亦有环堵为门者，皆读书者所托，而今无人焉。三清当分腋之兜，岩最正而洁，〔高深横阔同灵景〕。其东有二室，皆南向，亦有环堵倚之，与西向三岩易隅而齐列。其西有飞崖，则南转东向，为西腋之户。高穹虚敞，第内不甚深，然迤逦而南，与灵景分门对峙，若两庑焉。此下层也。三清之上，又列重门为中层，〔无缘陟道。〕其上又启一岩为上层，是名宝盖。〔高十五尺，深二丈，阔五六丈，后倚峰顶，地愈高上，独当中干，平临两腋巅。再上，即中盘顶。〕盖是岩不以灵巧见奇，而以回叠取胜，故舍其北峭，就其南崿〔一一〕，信列仙望衡对宇之区矣。〔上午，先抵灵景，门外竹光旁映，岩中霞幄高张，心乐其幽旷。〕时日已中，灵景僧留饭。见佛座下有唐碑一通，宋幢一柱〔二二〕，刻镌甚古，就僧觅纸，僧仅以黄色者应。遂磨墨沈于石，取拓月于抽〔二三〕，以钟敲为锤，以裹足为毡，洗碑而敲拓之。各完两通，而日色已暮。问三清观，道者他出，空寂无人，竟止岩中。

初五日

　　早饭于灵景。由岩右北行，历西向三岩，又盘磴而上，入南向二岩，共里许，然后抵三清岩。岩空境寂，〔树拂空明，〕甚堪憩足。又西历东向虚岩，乃仍从来路一里，返三岩之间，取道北上。又里余，沿崖躡端，遂抵玉帝殿，即宝盖岩也。盖已历重崖之上，下视中岩嵌入足底，而下岩三清，树杪衍翠铺云，若浮空而载之者。由岩左循崖跻石，其上层石回亘，如盘髻上突，而俱不中空，虽峭削无容足之级，而崖端子石嵌突，与白石之顶同一升法。约一里，遂凌峰顶。其间横突之崖，旁插之峰，与夫环涧之田，傍溪之室，遐览近观，俱无非异境。〔乃知是山东西骈列，惟三峰最高，皆北耸南俯，此其最西者也。回睇最东，层叠更多，但不及此峻耳。北又横突一峰，为此峰北护，即县南望之趋者。其北面峭削特甚，西则旁插一峰，颇尖锐，为此峰附。西北两附间，下开一门，内环为峡，乃北护山与西高峰夹而成者。峡中又突嶂中盘，为当门屏。由屏东进峡南转，则东西二高峰交夹隙也，回合甚深曲。〕久之，乃从旧道下，三里，至灵景岩取行囊。又五里，南下至山麓，西渡一桥，饭于石嘴铺。转而北一里，过石寨村。东望峡门深窈，冀一入探，而从夫阻梗不前；眺峡右有岩砑然，强其姑往探，此夫倔强如故。有土人见而问之，余以情告。土人曰："此岩甚浅，不足入。其内山半有竹筒岩，山北之岩惟此可入而游也。"夫乃俯首从命。遂东向峡门入，过峡北，岩果浅而中北，不堪置足〔二四〕。一里，西抵一高峰东麓，见危崖独展，内环成峡。〔当门屏下，其南面裂垂罅，削为三崖；西则下属北护峰，与之并起；东面危崖独展，与西高峰麓相对成峡。〕峡南堰水成塘，〔环汇南罅三崖下，西附小峰，即椎立于南。〕塘上一家结茅而居，环户以竹，甚有幽致。由此渡峡，转上西峰北麓。又一里，越岭稍下，其处又成峡焉。细流南向，〔直坠椎立小峰腋〕。余乃溯流北入，涧壁阴森，藤竹交荫，涧石磊落，菖蒲茸之，嵌水践绿，足之所履，知菖蒲不知其为石也。缘涧东上，复东南跻岭，共一里，有飞石二丈当道，缘梯而上，则竹筒岩在其左夹。两岩并列，门俱西北向，虽不甚深，高爽殊甚，南有飞泉外坠，北则燥洁中虚，有僧新结庐其间，故其道开辟。〔岩下崖直达洞底。计岩后即西高峰绝顶，当与三清岩胸背值，若由此置磴，可先登峰顶，次第下诸岩也。〕既而下二里，仍至环塘结茅处，〔探南面裂罅。罅相距五尺，两罅并起，界崖为三，俱危悬峭峭〕。见东麓有径北倚危崖，款〔二五〕茅而问之，其人方牧，指曰："此石背村路也。"先是，偕从夫循危崖北行，夹径藤树密荫，深绿空濛，径东涧声唧唧，如寒蛩私语；径西飞崖千尺，轰影流空，隔绝天地。若不有此行，只谓都峤南魁北峭，一览可尽，而谁觉其幽悄至此哉！时已下午，从夫顿捐〔二六〕倔强之色，并忘跋履之劳。二里，危崖北穷，与坞西转，〔即当门屏北麓也，较南麓三裂崖稍逊其峻，亦环亘成坞焉。〕路乃东向，截坞登岭。〔岭乃西高东北支，北走属北护峰者。〕逾岭，其坞自北而南。〔坞东乃中高盘亘，上亦有岩悬缀，下与西高夹为此坞，北更有重崖间之，南则湾环以出，不知所极。既而南〕见两三家倚西峰北麓而居，亟趋而问之，即石背村也。余既得石背，因忆宝盖道者所云："山北有岩与之相近。"更详询其所在。村人曰："此处东有婆婆岩，岩高路绝，可望而不可到；西有新岩，其岩新辟，有径可别下石寨。"乃引余从屋右小径，指而望之，即竹筒岩也。盖北山之洞即为竹筒。此中岩名、村界，询之则彼此多错，陟之则脉络递现,山灵与杖屦辐辏〔二七〕,其无幽不抉如此!时日已下迫,问抵县城尚二十里,亟逾岭,循危崖而行。三里,未至石寨,见有路北去,遂随之。盘一岭,路渐微,问之樵者。曰:"误矣!"指从苍莽中横去,曰:"从此西南,可得大道。"从之,路益荒棘。久之,得微径向西南,约共误三四里,仍出石寨傍南来大道,日已逼虞渊矣。始北转向大道行,五里,过古楼村西,已昏黑。念前所投宿处,酬钱不受,难再入,入他家又昏暮不便,从暗中历大道北向而驰。四里,越一隘,入二里,转一峋,复下一坡,渡一涧,共二里而抵绣江,则街鼓〔二八〕既动,宿肆俱寂。乃叩南涯之肆,入炊而宿焉。即昨来炊饭家,故闻声而即启也。

初六日

早,北渡江入南门,出西门,饭于肆,即从外垣〔二九〕内北向行。经演武场,有大塘潴水甚富,堤行其间。堤北出古城门,此古州北城遗址也。有碑言"天顺间郑果、嘉靖间吴显宗二寇为乱,皆因改州为县,城失其险。故崇祯初复门旧基为外护"云。余疑改州为县〔三〇〕,因人散城缩,非改县而后失险也。出〔容县北〕门即西行。已而北转,循大容东麓十里,有水自西北来,〔东入绣。〕乃连渡其右,复渡其左,三渡遂循溪溯流而上,行夹谷间五里,为石头铺。于是复乱流涉水,水势愈缩,山势愈夹。西折入山峡行,透峡共五里,山势复开,是为李村。已渡一桥,复渐入幽阻,盘旋山峡间,见溪流壑底,树蔓空中,〔藤箐沉翳,举首不见天日〕。五里,跻岭,复盘旋其上峡。又五里,忽山回谷转,潴水满陂,环浸山麓,开处如湖,夹处如涧,皆平溢不流,左右回错,上下幌漾,真深山中异境也。已而路向南山,水连东坞,乃筑堤界其间,以通行者。再南出峡，水遂西流，是为水源，盖大容北下之脉所盘夹而成者。于是水分东西，夹路随水西北出山。二里为同山墟，山乃大开，原田每每，村落高下。转而西行，仍南见大容西峰巍然颖出也。五里，有大溪自南，小溪自西，二溪会而东来之溪相并北去。乃涉南溪，溯西溪，北循岭过鸡黍山，有村落在路左。越溪而北，日有余照，途中人言，从此将北入深峡中，无居人，遂止于秦窑。秦窑者，鸡黍山北坞中悬小阜也。左右俱有峡，通狭径，两三家当阜而居，径分其前，溪合其下。主人方裂竹为构屋具，取大竹椎扁裂之，片大尺许，而长竟其节，以覆屋兼椽瓦之用。迎客有山家风味，不若他方避客如虎也。

初七日

晨餐毕，从秦窑北行。透峡二里，山复环而成坞，有聚落焉，是为卢绿塘〔三一〕。从此循壑西北行，山谷愈幽，径路愈塞，山俱丛茅荒棘，求如水源一带高树深林，无复可得。况草茅高者没顶，不辨其上之或东或西；短者翳胸，不见其下之为平为坎。如是者三里，过大虫塘〔三二〕。又二里逾长岭顶，始北望白石山在重峰之外。于是西北从岭头下二里，又从坑中下一里，为石潭村〔三三〕。村北逾小桥，从东岐行五里，山坞大开，有江自南而东北注，是为西罗江〔三四〕，乃发源大容西北，〔至此始胜舟，〕而东至头家寨入绣江者。其流颇大，绝流而渡，没股焉。北岸为平地墟，有舟下达绣江。由其埠西上岭，二里，入一坞，为板洞，聚落亦盛。由洞后西上岭，平行岭半二里，转而北，复平行岭半二里，乃下。旋东北上跻，遂逾岭头，南望大容东西诸峰无不毕献，惟北瞻白石，为北峰所掩。复平行岭上，一里而下岭北，其水犹东行。度峡西，稍逾一坳，水始分东西焉:东水俱入西罗江,属梧;西水俱入大水河〔三五〕,属浔,是为分界。一里出坞,为上周冲,山始开。五里抵罗秀,山乃大开。饭于肆。由罗秀北行三里,为卢塘〔三六〕。四山开绕,千室鳞次,倚山为塘,堤分陂叠,亦山居之再盛者也。罗秀、卢塘之中,道旁有空树一圆,出地尺五,围大五尺,中贮水一泓,水面上〔不〕盈树围者五六寸,下浮出地面者几及尺焉。深碧澄莹,以杖底之,深不可测,而珠泡亹亹〔三七〕上溢。空树虽高于地,若树中之水,止可与地相平,乃地之左右俱有溪流就下,而水贮树中者较地独高,不溢不减,此孰为之斟酌其间耶?树若井栏,或人之剜空而植之地中者。但水之浮地为可异耳。卢塘北五里,过卢忘村〔三八〕,登一岭夹。下而复上,又二里,循山半行,始望白石双尖如觌面。其岭东西两界夹持,而北下成深坑,布禾满底坑。一里,辄有过脊横断两崖间,凡渡三脊,约循崖上者共六里焉。俯瞰坑中,或旁通,或中岐,所谓“十二岔塘”者是矣。渡脊后,遂西北逾岭,一里稍下,复东度一脊,乃北向大路,直望白石山麓。北下一里,又随夹西转一里,下至坑底,即逾小岭。一里西下,则大水河从南北注。随之北下,又一里,水转东折,又有一小水北自白石来,合并东向。乃既渡其大,复渡其小,上东北涯,已暮色逼人,投宿于岭上之陈村。大水河者,自同冲、罗秀北流过此,下流至武林〔三九〕入浔江。

初八日

自大水河登后山入浔,路当从山左循小水北行,余误从山右大水北去。一里,大水折而东,余乃西逾岭。三里出罗捷〔四〇〕,或作“插”,有村落在山半。仍与北来小水遇,溯之行,始得大道。又二里,复逾水上岭,从岭上行二里,西瞻独秀而行。下山二里,为陈冲〔四一〕，已出独秀东北，复见白石矣。自陈冲循坞中小水东北行，至是又以潘观山为西瞻矣。潘观山与东界山排闼而北。十里，复西北陟冈，盘西界中垂之嘴，于是复循冈陇行。共十里，逾一岭而下，是为油麻墟〔四二〕。时值墟期，饭而后行。十里，连渡二桥，桥北为周村，水北绕而去，路陟西岭。五里，过上合村。又谓之麻合，居民二三家在岭内。又十里，抵陈坊〔四三〕。陈坊之南，自周村来，山不甚高，水不成溪，然犹冈岭间叠，陂陀盘绕；陈坊之北，则平野旷然，西山在望，聚落成市，始不作空山寂寞观矣。

初九日

自陈坊墟西行荒野之中，中洼如岩，岩中突石，盘错蹲踞，但下无深坠之隙，中无渊涵之水，与前所过石桥村南洼陂突石无以异也。西行十里，直逼思灵山下，则郁江自西南环城东北，而隔江山光雉堞，恍然在望矣。渡江，抵城东南隅，往南门，至驿前。〔返浔郡寓中，〕则二病者比前少有起色。询横州渡舠，以明晨早发，遂携囊下舟以俟焉。

是行也，为日十有六，所历四县、桂平、陆川、北流、容。一州郁林。之境，得名岩四，而三为洞天〔四四〕：白石名秀乐长真第二十一洞天，勾漏名玉阙宝圭第二十二洞天，都峤名大上宝玄第二十洞天。惟水月洞不在洞天之列，而实容山之正脉。盖余所历，俱四面环容山之麓。盖大脊西南自钦州、灵山〔四五〕，东北经兴业，由平山墟度脉而东，即高崎为大容〔四六〕。其北出之支，发为白石，而山脉尽焉；其南出之支，经北流县东分为勾漏，而山脉亦尽；南行正脉，自鬼门关又南为水月洞，又南经高州、西宁〔四七〕之境，散为粤东南界之脉，而北转者始自罗䒴而北,结为都峤。是白石、勾漏、水月皆容山嫡冢,而都峤则云礽〔四八〕之后矣。世谓容州三洞天俱潜穴相通,非也。白石之通于勾漏者,直指其山脉联属,而何必窍穴之相彻;都峤之通于勾漏者,第泥其地界之接轸〔四九〕,而岂知脉络之已分。故余于都峤而知迹之易混,于水月而知近之易遗也。

鬼门关在北流西十里,当横林之北,望之石峰排列,东与勾漏并矣。北流而县中峙,乃东者名仙区,西者称鬼域,何耶?余初是横林北望,心异山境,及抵北流而后知其为"鬼门",悔不能行其中,一破仙、鬼之关也。

初十日

未明发舟,晓霞映江,从篷底窥之,如行紫丝步帐中,彩色缤纷,又是江行一异景也。随西山南向溯流十里,外转而东北行,迂曲者又十里,始转而南又十里,望白石山亭峙东南,甚近。于是转而西北,是为大湾。又西十里过牛栏村〔五〇〕。转而南,复转而西,又十五里而暮。又乘月行五里,宿于镇门。是夕月明如昼,共行六十里。

〔一〕辌(píng 平):古代贵族妇女所乘的有帷幕的车。

〔二〕菰(gū 孤)米:菰为多年生水生宿根草本,我国长江以南低洼地区种植很多。基部形成肥大的嫩茎,即茭白,又称茭瓜,可作蔬菜。颖果为狭圆柱形,即菰米,可煮食。

〔三〕颠茄:多年生有毒草本,夏季开淡紫色钟状花,叶和根可作抗胆碱药,治腹绞痛、胃和十二指肠溃疡等。

〔四〕腋能令人发枉迷闷　　“腋”,疑为“液”。

〔五〕比之南穸虽有穴宛转　　原作“北之东穴虽有穸宛转”,据乾隆本、四库本改。

〔六〕掬(jū居):双手一捧。

〔七〕君树塞门焉　　乾隆本、四库本皆作“特为当门屏”。“君”疑为“若”,因形近而误。

〔八〕础(chǔ楚):柱子底下的石墩。

〔九〕盼(pàn判):看。睐(lài赖):旁看。盼睐:左右顾盼。

〔一〇〕咫(zhǐ纸):古代长度名,合今制市尺的六寸二分二厘。

〔一一〕阁:通“合”。

〔一二〕颡(sǎng嗓):额头。

〔一三〕旄(máo毛):古时旗杆头上用旄牛尾作的装饰。因此,指有这种装饰的旗为旄。

〔一四〕中州:即中土、中原。狭义的中州指今河南省一带,因其地在古九州之中,故称中州。广义的中州则指黄河流域。

〔一五〕西山墟:今名同,在容县西隅,北流江稍北。

〔一六〕清景新桥　　原作“景清新桥”,乾隆本、四库本亦误。该桥因清景寺得名,今仍称清景桥。

〔一七〕容县:隶梧州府,即今容县。

〔一八〕洛桑水,今称民乐河。　　天塘山:今作天堂山,在容县南隅。　　渭龙河:即今杨梅河,源自广东宜信县,从南往北流入北流江。

〔一九〕石寨村　　“寨”原作“塞”,据乾隆本、四库本改。今仍名石寨,在容县稍南的公路边。

古楼村:今作古柳,分上下两村,又名合柳。

〔二〇〕都峤山:在容县东南,有兜子、马鞍、八叠、云盖、香炉、仙人、中峰、丹灶等八峰,南洞称宝元洞天,北洞有三石三岩。

〔二一〕嵬(wèi 畏):山高低盘曲的样子。

〔二二〕幢(chuáng 床):刻着佛号或经咒的石柱,单位称"柱"。　通:碑的单位。

〔二三〕取拓月于抽　　"抽"疑为"袖",或为"柚",因形近而误。按:"拓月"即"拓肉",为拓碑用的蘸墨汁的棉团。据桂海虞衡志,柚子"皮甚厚,打碑者卷皮蘸墨以代毡刷,宜墨而不损纸,极便于用"。"抽"似应为"柚",即柚子,可代毡刷。但霞客当时来不及制备拓碑各物,"抽"亦可能为"袖",即临时撕衣袖代用。

〔二四〕岩果浅而中北不堪置足　　"北"似为"止",因形近而误。

〔二五〕款(kuǎn):通"叩",敲。

〔二六〕捐(juān 娟):除去。

〔二七〕屦(jù 据):用麻、葛等制成的单底鞋。　　辐辏(fú còu 福凑):车轮的很多辐集中于毂上,引申为聚集。

〔二八〕街鼓:古代夜间击鼓报时。一夜分为五更,击五次,亦称更鼓。街鼓既动为一更,时间约当晚上八九点钟。

〔二九〕垣(yuán 元):矮墙。外垣:指城外加筑的城墙,亦称郭。

〔三〇〕元设容州,直隶湖广行省,治今容县。明代降为县。

〔三一〕同山墟:今作松山,在容县西北境公路旁。秦窑,今作寻杨、寻瑶;鸡黍山,今作鸡屎山;卢绿塘,今作黎曲塘,皆在松山稍西。

〔三二〕大虫塘:今作大虫冲,在容县西北。

〔三三〕石潭村:今作石头、寺塘,在容县西北隅。

〔三四〕西罗江:又作思罗江,今称四六河。头家寨:今作道家,在藤县西南隅,四六河在道家汇入北流江。

〔三五〕大水河:今称白沙河,在平南县境,从南往北流入浔江。

〔三六〕罗秀:今名同,在桂平市东南隅。　卢塘:今作露棠,在桂平市东南隅,罗秀稍北。

〔三七〕亹(wěi 伟)亹:行进的样子。

〔三八〕卢忘村:今作路房,在桂平市东南隅。

〔三九〕武林:今名同,在平南县东境,浔江南岸,白沙河汇入浔江处。

〔四〇〕罗捷:今作罗集,在桂平市东隅。

〔四一〕陈冲:今分中陈冲、上陈冲,在桂平市东隅,油麻稍南。

〔四二〕油麻墟:今作油麻,在桂平市东境。

〔四三〕陈坊:今作寻旺,在桂平市稍东。

〔四四〕洞天:道教称神仙所居的地方为洞天,意即洞中别有天地。

〔四五〕灵山:明为县,隶广东廉州府钦州,即今广西灵山县。

〔四六〕大容山:今名同,在容县、桂平、玉林、北流数县间,最高峰海拔 1275 米。

〔四七〕西宁:明为县,隶广东罗定州,治今广东郁南县建城。

〔四八〕礽(réng 仍)：即礽孙。古称从本身下数第八世孙为礽孙(包括本身)；亦通称孙为"礽孙"。

〔四九〕彻(chè 撤)：贯通。　畛(zhěn 枕)：通"畛"，界限。

〔五〇〕牛栏村：今作流兰，在桂平市中部，郁江北岸。

十一日

未曙而行。二十里，白沙〔一〕，又五里登涯。由小路北行，一里得大路，稍折而东，渡雷冲桥。从桥东小岐北望石峰而行，涉一溪，行苍莽中。四里抵小石峰下，复透一峰峡，又三里抵罗丛岩，岩门南向。邦人黎霄鸾，乡贡进士，有记曰："东南望白石洞天，西北接狮子、凤巢之秀，艮案峙其前，太平拥其后。"既至，日犹未午，一面索炬同道者游，一面令具餐焉。盖兹岩前有东西两门，内有东西两洞。西洞之内，倏夹倏开，倏穹而高盘，倏垂而下覆，顶平若幕，裂隙成纹；至石形之异，有叠莲盘空，挺笋森立者，亦随处点缀，不颛以乳柱见奇也。西洞既穷，道者复携炬游东洞。〔计里许，北过一隘，西转有峡，北透天光。〕其内夹而不宽，高而无岐，石纹水涌，流石形如劈翅，而莲柱乳笋，亦复不汎〔二〕。〔时数炬更尽，不复能由内洞返。北跻后洞出，穴北向，仅中匍匐出洞。已下北麓，循麓东行，过东北隅，道者〔三〕指其上列窦曰："此东洞后穴也。"予即欲从之入。道者曰："无炬。须仍由前洞携炬出。"从之，环其东麓。麓东一峰圆峤，高逾此山，窍穴离披。道者谓都无深入窦。然其北有石一枝离立起，不由此不得睹也。复入东前洞，缚炬内游。乳石奇变，与西内洞等，而深止得半，不若西屡转愈扩也。东崖上穴骈进，亟跻上，则有门三穴，联翩北向，而下无阶级〔四〕。道者谓："从其内西向

541

踬暗夹中，有道可出，然愈上愈隘，不若仍出前洞也。〕游毕，下洞底，循故道出。

饭于道者，复束炬为<u>水洞</u>、<u>龙洞</u>游。<u>水洞</u>在山西南隅，其门南向，中宽数亩，潭水四际，潴而不流，其深不测，而渊碧如黛；其外浅处，紫碧浮映，想为日光所烁也。洞左右俱有重崖回环潭上，可循行以入。及抵潭际，则崖插底而路旁绝，〔上无岐穴，不识<u>水洞</u>何所止〕。出洞，循西麓北转而东，又得<u>龙洞</u>。洞在山西北隅，其门北向，中有水夹，其上片石东西交叠，成天生桥焉。〔五丈以内，又度一梁，篝火入，西穿石柱，夹渐大。〕南入约半里，〔路穷下黑，乃多燃火炬照耀之。〕亦有深潭一泓，潴水莫测，大更逾于<u>水洞</u>，〔投石沉沉，亦止而不流，〕洵神龙之渊宅也。〔已而熄炬消焰，南望隔潭，深处杳杳，光浮水面，道人神以为怪光使然。予谓穴影旁透。道人曰："昔村人结筏穷之，至其处，辄不得穴，安所得倒影？"予曰："此地深伏，虽去洞顶甚遥，然由门南出，计去<u>水洞</u>不远，或<u>水洞</u>之光，由水中深映，浮筏者但从上瞩，不及悟光从水出耳。若系灵怪，岂有自古不一息者哉？"乃复明炬〕出<u>龙洞</u>。

〔别道人，〕即西逾石梁，西南望山坳行。皆土山漫衍，三里，辄不得路。乃漫向西南升陟垅坂，五里始得路。乃随向西南一里，度一石梁，又一里得村聚，是为<u>厚禄</u>〔五〕，有公馆焉。<u>厚禄</u>西南，乃往<u>贵县</u>大道；<u>厚禄</u>之北为<u>安禄营</u>，乃<u>浔州</u>所从来者。余从间道出<u>厚禄</u>后山，已过<u>安禄</u>而南，欲趋<u>平碣</u>尚三十里，中无人烟可以托宿。土人劝余返<u>安禄</u>宿铺中，时日才下舂，余不能违也。<u>安禄营</u>有营兵数十家，以宿客为业。

<u>罗丛岩</u>西北有崇山横亘，东北自<u>浔</u>之<u>西山</u>，西南自<u>贵</u>之<u>北山</u>，二山两角高张，东西相距百四十里，中间峰峦横亘，翠环云

绕,颇似大容。盖大容为郁江南条之山,界于绣、郁两江之间;而此山为郁江北条之山,界于黔、郁两江之间。其脉自东南曲靖东山至泗城州界,经思恩、宾州之境,而东尽于浔〔六〕。贵县之倚北山,犹郁林之于大容西岭;浔州之倚西山,犹容县之于大容东峰:皆东西突耸两角,而中则横亘焉。第大容〔东西八十里〕,较近,而中有北流县界其间;兹山较远,而别无县治,惟安禄营为中界。安禄东有土山,脉由大山东北分支南下。第大山自西南趋东北,土山自东北转西南,南抵浔、贵滨江诸山而止。其中夹成大坞,映带甚遥,平畴广溪,迤逦西南矣。

十二日

平明,自安禄西南行田塍间。四里,南越山冈,西下二里为飘村〔七〕,聚落不及厚禄三之一,而西望大山之下,则村落累累焉。又西南四里,过一小桥,于是皆沮洳之境,两旁茅草弥望,不复黍苗芃芃矣。又一里,过临征桥,乃南逾冈陇。又西南三里,有碑大书为“贵县东界”。又西南渐向冈陇,而草薆〔八〕一望如故。又八里,直抵石山下,是为平碉营。先是,由飘村南望,右大山,左土岭,两界夹持,遥遥西南去,大山长后西突而起,土山短渐南杀焉。而两界之中,有石山点点,青若缀螺,至是而道出其间。平碉亦在冈阜上,有营兵数家,墟舍一环。就饭于卖浆者,恐前路无人烟也。平碉之东,石峰峭立,曰大岩山,有岩甚巨,中容数千人。其南又突小山,低而长,上有横架之石,若平桥高悬,其下透明。小山之西,平碉之南,为马鞍山,亦峭耸而起,此皆平碉之近山也。南望有骈若笔架、锐若卓锥者,在数里之外。望之而趋,三里,度石梁,为石弄桥。又南十余里,直抵南望诸峰之麓,有一第舍在路右突阜上,曰劈竹铺。眺路左诸峰，分岐竞异，执途人而问之，始知即贵县之东山也。其西北大山尽处高峙而起者，即贵县之北山也。按志，贵县有东、西、南、北四山，而东山在县东二十里，为二何隐处，一统志曰：唐时有何特进、履光二人隐此。风土记谓特进乃官衔，分履、光为二人，曰何履、何光。西事珥载，开元中，何履光以兵定南诏，取安宁，立铜柱。按此，则履光乃一人，其一名特进，非衔也〔九〕。明秀挺拔。盖四山惟北为崇峦峻脊，而东、西、南三山俱石峰森立。东山亚于南而轶〔一〇〕于西。西北一峰如妇人搭帔〔一一〕簪花，俗呼为新妇岩。中峰石顶分裂，如仙掌舒空，又如二人并立，今人即指为二何化名。然兹山耸拔自奇，何必摹形新妇，托迹化人也！其南支渐石化为土，峰化为冈，逶迤西南。循其右行，共九里，为黄岭〔一二〕。其南面土冈尽处，始见村聚倚冈，室庐高列。其北隅平洼中，复立一小石峰，东望如屋脊横列，两端独耸；西眺则擎芝偃盖，怪状纷错。又西南一里，路右复突一石峰，高耸当关，如欲俯瞰行人者。从此东北，石峰遂尽，遥望南山数点，又青青前列矣。又二里，度一石梁，其水势石状与劈竹同。又五里，则路两旁皆巨塘潴水，漾山漾郭。又一里，过接龙桥。叠石塘中以通南北，乃堤而非桥也。于是居聚连络。又西一里，由贵县〔一三〕东门抵南门，则大江在其下矣。〔静闻与顾仆所附舟，已先泊南门久。〕下午下舡，薄暮放舟，乘月西行，十五里而泊。

徐霞客游记校注

十三日

未明而发。十里，西抵西山之南，转向南行。五里，转向东行，十里，是为宋村〔一四〕。由贵县南至南山十里，由南山至宋村十里，而舟行屈曲，水路倍之。先，余拟一至贵县，即往宿南山，留顾仆待舟，令其俟明晨发。及余至，而舟且泊南门久矣。余别欲觅舟南渡，舟人云："舟且连夜发。"阻余毋往。余谓："舟行屈曲，当由南山间道相待于前，不知何地为便？"舟人复辞不知，盖恐迟速难期，先后有误耳。及发舟，不过十余里而泊。今过宋村，时犹上午，何不往宿南山，至此登舟也？至是，舟转西南，挂帆十里，转东南，仍纤十五里，复南挂帆行，五里，西转，是为瓦亭堡。其北涯有石突江若蹲虎，其南涯之内，有山横列焉。又十五里，则夹江两山并起，舟溯之入。又五里而暮，乘月行十里，泊于香江驿〔一五〕。

十四日

五鼓挂帆行，晨过乌司堡，已一十里矣，是为横州界。东风甚利，午过龙山滩，又四十里矣。滩上即乌蛮滩，有马伏波庙。滩高溜急，石坝横截，其上甚艰。既上，舟人献神庙下，少泊后行。西北五里，为乌蛮驿。又南十里，则石山峥嵘立江右，为凤凰山。自过贵县西山，山俱变土，至是石峰复突而出。其双崖壁立、南嵌江中者，即凤凰岩也。又南二里为麻埠〔一六〕，日已西昃。余欲留宿其处为凤凰游，而村氓皆不肯停客，徘徊久之而去。又西十里，其处有山高突江左，其上有洞曰道君岩，下有村曰谢村〔一七〕。日色已暮，而其山去江尚远，亦不及停。又南五里，曰白沙堡，又乘月行五里而泊。是夜月明如昼。

乌蛮滩在横州东六十里，上有乌蛮山、马伏波庙。志谓："昔有乌蛮人居此，故名。"余按，乌浒蛮在贵县北，与此不相及。而庙前有碑，乃嘉靖二十九年知南宁郡王贞吉所立。谓："乌蛮非可以渎前古名贤之祠，易名起敬滩。"大碑深刻，禁人旧称，而呼者如故。余遍观庙中碑甚多，皆近时诸宦其地者；即王文成上滩诗亦不在。而庙外露立一碑，为宋庆历丙戌〔一八〕知横州任粹所撰，张居正所书。碑古字道。碑言："粹初授官时，奉常二卿刘公以诗见送，有'乌岩积翠贯州图'之句。抵任即觅之，不得也。遍询之父老，知者曰：'今乌蛮山即乌岩山也，昔伪刘擅广〔一九〕，以讳易其称，至今不改。'夫蛮乃一方丑夷，讳亦一时僭窃，遂令名贤千古庙貌，讹袭此名，亟宜改仍其旧。闻者皆曰：'诺。'遂为之修庙建碑，以正其讹。"其意与王南宁同。而王之易为起敬，不若仍其旧更妙。

十五日

五鼓挂帆，十五里，清江。有江自江左入大江。又二十里，抵横州南门，犹上午也。横州城〔二○〕在大江东北岸，大江自西来，抵城而东南去，横城临其左。其濒江二门，虽南面瞰之，而实西南向也。近城有南、北两界山：北七里为古钵，在城西北隅；俗名娘娘山，以唐贞观中〔二一〕，有妇陈氏买鱼将烹，忽白衣人谓曰："鱼不可食，急掷水中，上山顶避之。"陈如其言。回望所居，已陷为池矣。其池亦名龙池，山顶庙曰圣婆庙。南十五里曰宝华，在城东南隅。宝华山有寿佛寺，乃建文君遁迹之地。二山皆土山逶迤，而宝华最高，所谓"秀出城南"是也。宋守徐安国诗。时州守为吾郡诸楚馀，名士翘。有寄书者，与郁林道顾东曙家书俱置簏中，过衡州时为盗劫去。故前在郁，今过横，俱得掉头而去。若造物者故借手此盗，以全余始终不见之义，非敢窃效殷洪乔也。

是日为中秋节。余以行李及二病人入南宁舟。余入城，饭于市，乃循城傍江而东，二里，抵下渡。横州有三渡：极西者在州门外，为上渡；极东者在下流东转处北极庙前，为下渡；而中渡在其中。渡南岸，〔为宝华山道，〕遂登山坡而入。其道甚大，共二里，透入岭半，其内山环成峒。由峒东北行，有小径，二十里可抵凤凰山。已而复随峡南行，共五里，乃由右岐南复登岭。一里南下，又一里过蒙氏山庄，又一里，乃东向入山。又二里，过山下村居，予以为即宝华寺也。披丛入之，而后知寺尚在山半。渡涧拾级，又半里，得寺。日才下午，而寺僧闭门，扣久之，乃得入。其寺西向，寺门颇整，题额曰"万山第一"。字甚古劲，初望之，余忆为建文君旧题，及趋视之，乃万历末年里人施怡所立。盖施怡建门而新其额，第书己名而并设建文之迹；后询之僧，而知果建文手迹也。余谓："宜表章之。"僧："唯唯。"寺中无他遗迹，惟一僧守户，而钟磬无声。问所谓山后瀑布，僧云："坠自后岭，其高百丈。而峡为丛木所翳，行之无蹊，望之不见，惟从岭而上，可闻其声耳。"余乃令僧炊于寺，而独曳杖上岭，直造其顶。而风声瀑声，交吼不止，瀑终不见。〔岭南下五十里，即灵山县矣。〕乃下返寺。寺后冈上，见积砖累累。还问之，僧曰："此里人杨姓者，将建建文帝庙，故庀〔二二〕材以待耳。"吁！施怡最新而掩其迹，此人追远而创其祠，里阈之间，知〔二三〕愚之相去何霄壤哉！既而日落西陲，风吼不息，浮云开合无定。顷之而云痕忽破，皓魄当空。参一出所储酝〔二四〕醉客，佐以黄蕉丹柚。空山寂静，玉宇无尘，一客一僧，漫然相对，洵可称群玉山头，无负我一筇秋色矣。

十六日

早饭于宝华。下山五里，出大路，又五里，出峒前岭。望东北凤凰诸石峰在三十里外，令人神飞。而屡询路远，不及往返，南宁舟定于明日早发，遂下山。西五里抵州门，由上渡渡江入舟。

十七日

平明发舟,雨色凄凄,风时顺时逆。舟西南行三十里,江口有小水自江南岸入江,名南江。舟转北行,又十里抵陈步江〔二五〕,在江南岸,通小舟。内有陈步江寺,亦建文君所栖。〔钦州盐俱从此出。〕泊于北岸。是日共行四十里。静闻以病后成痢,坚守凤戒,恐污秽江流,任其积垢遍体,遗臭满舱,不一浣濯,一舟交垢而不之顾。

十八日

晨餐始发舟。初犹雨色霏霏,上午乃霁。舟至是多西北行,而风亦转逆。山至是皆土山缭绕,无复石峰嶙峋矣。〔盖自入郁江,惟凤凰山石崖骈立瞰江,余皆壤阜耳。〕二十里,飞龙堡〔二六〕,又十里,东陇堡,又五里,泊于江之左岸。其处在火烟驿下流五里,土山之上有盘石,平亘若悬台,中天擎是向空,亦一奇也。是日行三十五里。

十九日

平明行。五里过火烟驿〔二七〕,是为永淳县界。于是舟转北行,历十二矶焉。矶在江右涯,盘石斜叠,横突江畔。盖自横以来,山石色皆赭黯,形俱盘突,无复玲珑透削之状矣。共十五里,绿村。舟转东北,又十里,三洲头。又五里,高村〔二八〕,转而东南,乃挂帆焉。三里,复转东北,又五里,转而东。又二里,抵永淳〔二九〕之南门而泊。是日行四十五里。

永淳踞挂榜山而城。郁江自西北来,直抵山下,始东折而南,仍环南门西去。当城之西,只一脊过脉,脊北则来江,脊南则去江,相距甚近。脊之东北,石崖圆亘,峙为挂榜山,而城冒〔三○〕其上,江流四面环之,旁无余地。

二十日

舟泊而候人,上午始行。乃北绕**永淳**之东,旋西绕其北,几环城之四隅,始西北行。十五里,**鹿颈堡**〔三一〕,已过午,始转而西,乃挂帆焉。于是两岸土山复出,江中有当流之石。五里,西南行。又十五里,**伶俐水**〔三二〕,有埠在江北岸,舟人泊而市薪。风雨骤至,迫暮而止。复行五里而泊。是日行四十里。

〔一〕**白沙**:今名同,在**桂平市**西南境,**郁江**西岸。

〔二〕**汎**:通"泛",一般。

〔三〕**道者**　**乾隆**本、四库本皆作"**导者**",据**季**抄本改。

〔四〕**阶级**:台阶。

〔五〕**厚禄**:今名同,又作**厚六**,在**桂平市**西隅。

〔六〕按,**霞客**因误认**南盘江**的下游,所论此脉实不存在。**曲靖东山**至**泗城州**界间,其脉被**南盘江**隔断。

〔七〕**飘村**:今作**标村**,在**桂平市**西隅,**厚禄**稍西南。

〔八〕**蔂**(léi 雷):蔓生植物。

〔九〕按,**明**代诸书多本**唐**人记录,**唐**代有关**何履光**进兵**南诏**事甚详。**蛮书**卷七说:"**天宝**八载(公元 749 年),**玄宗**委特进**何履光**统领十道兵马,从**安南**进军伐蛮国。十载(公元 751 年),已收复**安宁城**并**马援铜柱**。""**何履光**本是**邕管贵州**人,旧尝任**交**、**容**、**广**三州节度。**天宝**十五载(公元 756 年),方收蛮王所坐**大和城**之次,属**安禄山**造逆,奉**玄宗**诏旨,将兵赴**西川**,遂寝其收复。"**新唐书南诏**传亦载:"**玄宗**诏特进**何履光**以兵定**南诏**境,取**安宁城**及井,复立**马援铜柱**以还。"**南诏德化碑**载:"(赞普钟)三年(公元 754 年),**汉**

又命前云南郡都督兼侍御史李宓、广府节度何履光、中使萨道悬逊，总秦、陇英豪，兼安南子弟，顿营垅坪，广布军威，乃舟楫备修，拟水陆俱进。"册府元龟卷 975 载："天宝十二载（公元 753 年）九月辛亥，文单国王子率其属二十六人来朝，并授其属果毅都尉，赐金鱼袋。随何履光于云南征讨，事讫，听还蕃。"唐代贵州即今广西贵港市，是何履光的家乡。何履光官为广府节度，授衔特进，于公元 749 年从唐安南都护府进军南诏。安宁即今云南安宁市。马援未到过云南，马援立铜柱事不可遽信。

〔一〇〕轶(yì 逸)：超过。

〔一一〕帔(pèi 配)：披肩。

〔一二〕黄岭：今作旺岭，在贵港市稍东北。

〔一三〕贵县：隶浔州府，即今贵港市。

〔一四〕宋村：今名上宋，在贵港市稍南，郁江东岸。

〔一五〕香江驿：今仍作香江，在贵港市南境，郁江东岸。

〔一六〕麻埠：今名同，在横县东境，郁江南岸。

〔一七〕谢村：今称谢圩，在横县东境，郁江北岸。

〔一八〕庆历：北宋仁宗年号，时在公元 1041 ～1048 年，共八年。庆历丙戌为庆历六年，公元 1046 年。

〔一九〕伪刘擅广：指五代十国时刘隐在今广州建立的南汉政权。范围包有今两广。历五主，共 67 年，于公元 971 年为宋将潘美所灭。

〔二〇〕横州：隶南宁府，即今横县。

〔二一〕贞观：唐太宗年号，时在公元 627 ～649 年，共 23 年。

〔二二〕庀(pǐ 痞)：备具。

〔二三〕 知:通"智"。

〔二四〕 酝(yùn 蕴):酒。

〔二五〕 陈步江:应即今江口,在横县西境。其水陈步江,即今沙坪河,从南往北流,在江口汇入郁江。

〔二六〕 飞龙堡:今仍称飞龙,在横县西境,郁江南岸。

〔二七〕 火烟驿:今仍作火烟,在横县西境,郁江南岸。按今地望,火烟在飞龙稍东,江至飞龙以后,不再往西,而折北行。

〔二八〕 绿村:今作陆村,在横县西隅,郁江东岸。　　高村:今名同,在横县西隅,郁江西岸,陆村稍北。

〔二九〕 永淳:明为县,隶南宁府横州,治今横县西隅、郁江西岸的峦城。

〔三〇〕 冒(mào 贸):覆盖。

〔三一〕 鹿颈堡:今作六景,在横县西北隅,郁江北岸转折处。

〔三二〕 伶俐水:今仍作伶俐,在邕宁区东隅,郁江北岸。

二十一日

鸡再鸣即行,五里而曙。西南二十里,过大虫港,有港口在江北岸。转而南五里,又西五里,午过留人峒,有石耸立江右,宛若妇人招手留房者。石当山回水曲处,故曰峒。又北曲而西,五里,过襄衣滩。又十里,转而北行,则八尺江自西来入。〔江发源自钦州,通舟可抵上思州。〕八尺之北,大江之西,巡司名八尺〔一〕,驿又名黄花〔二〕。宿于左峰。

二十二日

平明，由黄花北行五里，上乌滗滩。江流至滩分一支西出八尺。舟上滩，始转而西，渐复西南。二十里，有土山兀出北岸，是为清秀山，上有浮屠五级出青松间，乃南宁东南水口也。又西五里，为私盐渡。又西五里，上一滩，颇长，有石突江西岸小山之上，下有尖座，上戴一顶如帽，是为豹子石。舟至是转而北，又十里过白湾，山开天阔，夹江多聚落，始不似遐荒矣。转而南三里，为坪南，江南岸村聚甚盛。又西三里，泊于亭子渡〔三〕。

二十三日

昧爽行，五里，抵南宁之西南城下〔四〕。

（自此至九月初八日纪俱缺。霞客自标简端云："在杂剟包根内。"遍搜遗帙，并无杂剟。计其时俱在南宁。嗟嗟！南宁一郡之名胜，霞客匝月之游踪，悉随断简销沉。缮写至此，安得起九原而问之！梦良记。）

九月初九日

西过镇北桥关帝庙，西行三里，抵横塘，东望望仙坡东西相距。于是西折行五里，望罗秀已在东北，路渐微。稍前始得一溪，溪水小于武江，而急流过之。渡溪始北行，二里，西去为申墟道，北去为罗赖村，已直逼西山东麓矣。返转东北，又二里，过赤土村〔五〕之西，有小水自西而东潆山麓，绕赤土下中墟。越涧登山，越小山一重，内成田峒。又越峒过小桥而上，其路复大。路左有寺，殿阁两重甚整，望之无人，遂贾余勇先直北跻岭。岭西有涧，重山自西高峰来，即马退山夹而成者。一里，登越山坳。盖大山西北自思恩来，东西环绕如城，迤逦自西南走东北，而西南最高者为马退。又东，骈峰杂突，皆无与为并。而罗秀在其东，联络若一山，而峰岫错落,路亦因之。路抵中峰,忽分为二:左向西北者,为武缘〔六〕道;右走直北者,为下山间道。二道界一峰于中,则罗秀绝顶也。时余未识二道所从,坐松阴待行人,过下午而无一至者。以右道幽地,从之北出坳,而见其下岭,乃谋返辕。念峰顶不可不一登,即从其处南向上。其顶西接马退,东由黄花北走宾州。盖其脉自曲靖东山而来,经永宁、泗城、思恩至此,东至于宾,乃南峙为贵县北山,又东峙为浔州西山,而始尽焉。南宁之脉,自罗秀东分支南下,冈陀蜿蜒数里,结为望仙坡,郡城倚之。又东分支南下,结为青山,为一郡水口。青山与马退东西对峙,后环为大围,中得平壤,相距三十里,边境开洋,曾无此空阔者。从顶四望,惟北面重峰丛突,万瓣并簇,直连武缘,然皆土山杂沓,无一石峰界其间,故青山豹子遂为此巨擘。从顶西下武缘道,坳间北望,寥寂皆无可停宿处。乃还从岐约一里下,从路旁入罗秀寺,空无人,为之登眺徘徊。又一里,下至前田峒,由其左循大道,共二里,抵赤土村,宿于陆氏。

（是纪一则,于乱帙中偶得之,胡涂之甚,不知其纪何日。观独登罗秀诗,知为重阳日记。录之以志此日之游踪,不与前后俱没。若云登高作赋,不负芳辰,则霞客无日非重九矣。梦良又记。）

（以下九月初十日至二十一日游南宁日记缺。）

〔一〕八尺:明又称八尺寨,在今邕宁区北郊,八尺江北岸的新德。

〔二〕黄花　原作"黄范"。乾隆本、四库本作"黄花驿",据改。下同。

〔三〕亭子渡:今仍名亭子,在南宁市区南郊,邕江南岸,邕江至此转而北。

〔四〕南宁:明置南宁府,治宣化,即今南宁市,现为广西壮族自治区首府。

〔五〕罗赖村,今作那赖;赤土村,今作赤里;申墟,今作心圩。皆在南宁市区北郊,赤里在北,心圩偏西,略成三角形。

〔六〕武缘:明为县,隶思恩府,为今武鸣县。

粤西游日记三〔一〕

丁丑（崇祯十年，公元 1637 年）九月二十二日

　　余往崇善寺别静闻，遂下〔太平〕舟。余守行李，复令顾仆往候。是晚泊于建武驿前天妃宫下。

二十三日

　　舟不早发。余念静闻在崇善畏窗前风裂，云白屡许重整，而犹不即备。余乘舟未发，乃往梁寓携钱少许付静闻，令其觅人代整。时寺僧宝檀已归，能不避垢秽，而客僧慧禅、满宗又为整篝〔二〕蔽风，迥异云白。静闻复欲索余所买布履、衡茶，意甚恳。余语静闻："汝可起行，余当还候。此何必索之今日乎！"慧禅亦开谕再三，而彼意不释。时舟已将行，且闻宝檀在天宁僧舍，余欲并取梁钱悉畀之，遂别之出。同梁主人觅得宝檀，宝檀慨然以扶危自任。余下舟，遂西南行。四里，转西北，又四里，泊于窑头。

　　时日色尚高，余展转念静闻索鞋、茶不已，盖其意犹望更生，便复向鸡足，不欲待予来也。若与其来而不遇，既非余心；若预期其必死，而来携其骨，又非静闻心。不若以二物付之，遂与永别，不作

555

转念，可并酬峨眉之愿也。乃复登涯东行，出窑头村，二里，有小溪自西北来，至此东注，遂渡其北，复随之东。又二里，其水南去入江。又东行一里，渡白衣庵西大桥，入崇善寺，已日薄崦嵫。入别静闻，与之永诀。呕出，仍西越白衣庵桥，共五里过窑头，入舟已暮，不辨色矣。

二十四日

鸡三鸣即放舟。西南十五里，过石埠墟[三]，有石嘴突江右，有小溪注江左，江至是渐与山遇，遂折而南行。八里过岔九[四]，岸下有石横砥水际，其色并质与土无辨，盖土底石骨为江流洗濯而出者。于是复西向行五里，向西北十里，更向北又十里，转而西又五里，为右江口。右江自北，左江自西，至此交会。左江自交趾广源州[五]东来，经龙州[六]，又东六十里，合明江南来之水，又东径崇善县，合通利江及逻、陇、教北来之水，绕太平府城东、南、西三面，是名丽江，又东流至此。右江自云南富州东来，经上林峒[七]，又东合利州[八]南下之水，又东经田州[九]南、奉议州[一○]北，又东南历上林[一一]、果化、隆安诸州县至此。　　又按一统志："右江出峨利州。"查"峨利"，皆无其地，惟贵州黎峨里在平越府[一二]，有峨峳山，乃祥牁所经，下为下大融、柳州之右江者，与此无涉。至利州有阪丽水，其流虽下田州，然无"峨峳"之名，不识统志所指，的于何地。　　又按路志曰："丽江为左，盘江为右。"此指南盘之发临安者[一三]。若北盘之经普安州，下都泥，亦出于来宾，合柳州之右江，与此无涉。　　此古左、右二江之分也。二水合至横州，又名郁江。而庆远之龙江，自贵州都匀、独山来；融县之潭江，自平越、黎平来；迁江之都泥，自普安七星关来。三水经武宣，是名黔江。二江俱会于浔。于是又以郁江为左，黔江为右者。而今已左、右二江道因之，彼此互称，不免因而纰缪[一四]矣。又按一统志于云南曲靖府盘江下注云："盘江有二源，在沾益州，北流曰北盘江，南流曰南盘江，各分流千余里，至平伐横山寨合焉。"今考平伐属贵州龙里、

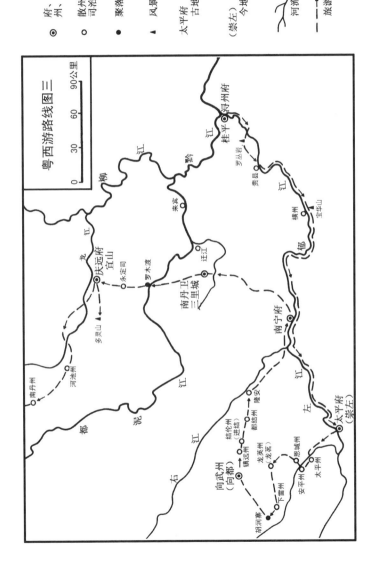

新添二卫,横山寨在南宁。闻横山寨与平伐相去已千余里,二水何由得合?况龙里、新添之水,由都匀而下龙江,非北盘所经。横山寨别无合水,合者,此左、右二江耳。左江之源出于交趾,与盘江何涉,而谓两盘之合在此耶?余昔有辨,详著于复刘愚公书中。其稿在衡阳遇盗失去。俟身经其上流,再与愚公质之。　　余闻右江之流,溯田州而上,舟至白隘〔一五〕而止。白隘本其邻境,为田州夺而有之。又考利州〔一六〕有白丽山,乃阪丽水所出,又有"阪"作"泓濛",二水皆南下田州者。白隘岂即白丽山之隘,而右江之出于峨利者,岂即此水?其富州之流,又西来合之者耶?自岊九来,两岸土山逶迤,俱不甚高。由右江口北望,其内俱高涯平陇,无崇山之间;而左江南岸,则众峰之内,突兀一圆阜,颇与众山异矣。又西一里,江亦转北,又南一里,是为大果湾。前临左江,后倚右江〔一七〕,乃两江中夹脊尽处也。其北有小峰三,石圆亘如骈覆钟,山至是始露石形。其东有村曰宋村,聚落颇盛,而无市肆。余夙考有合江镇,以为江夹中大市,至是觅之,乌有也。征之土人,亦无知其名者。是日行五十里,泊于湾下。

二十五日

鸡再鸣,发舟西向行。曲折转西南十五里,复见有突涯之石,已而舟转南向,遂转而东。二里,上长滩,有突崖飞石,娉立江北岸。崖前沙亘中流,江分左右环之,舟俱可溯流上。又三里,为杨美,亦名大湾,盖江流之曲,南自杨美,北至宋村〔一八〕,为两大转云。自杨美西向行十五里,为鱼英滩。滩东南有山如玦,中起一圆阜,西向迎江,有沙中流对之。其地甚奇。询之舟人,云:"昔有营葬于上者,俗名太子地。乡人恶而凿其两旁,其脉遂伤。"今山巅松石犹存,凿痕如新也。上滩又五里而暮,泊于金竹洲之上流野岸也。

二十六日

鸡初鸣，发舟。十里，西南过萧村〔一九〕，天色犹熹微也〔二○〕。至是已入新宁境，至是石山复出，〔若屏列，若角挺，〕两岸濒江之石，亦时时竞异。又五里，折而东，江南岸穹石成洞，外裂多门，如狮象骈立，而空其跨下；江北岸断崖成峡，上架飞梁，如虹霓高映，而缀其两端。又五里，转而西南，与石山时向时背。两崖突石愈奇，其上嶙如翅云斜劈，下覆如肺叶倒垂，幻态时时变换；但洞不甚深，崖不甚扩，未成楼阁耳。又北转五里，为新庄，转西南三里，为旧庄〔二一〕。又西二里，转而南五里，转而北三里，复转西南，更有石山当前矣。又三里，西透两山之腋，挟江北石峰北转，而循其西麓。于是东岸则峰排崖拓，穹洞连门；西岸则波激岸回，矶空窍应。其东岸之山，南连两峰，北峰洞列三门，门虽外分，皆崆峒内扩；北骈两崖，南崖壁悬两叠，叠俱有洞，复高下中通。此即狮岩。北行三里，直抵骈崖下，乃转南行。顺风挂帆二里，又西行一里，逼一尖峰下，仍转向南。西岸复有骈崖平剖，巍临江潭，即笔架山也。而东岸石根愈耸愈透。共三里，过象石下，即新宁〔二二〕之西门也。风帆方驶，舟人先有乡人泊此，遂泊而互酌。余乃入城，登州廨，读州记于仪间〔二三〕，询狮岩诸胜于土著。还登象石，日已薄暮，遂不成行，依象石而泊。

新宁之地，昔为沙水、吴从等三峒。国初为土县，后以思明土府〔二四〕有功，分吴从等村界之，遂渐次蚕食。后忠州〔二五〕从而效尤，与思明互相争夺，其地遂朝秦暮楚，人民涂炭无已，当道始收其地，以武弁守之。土酋黄贤相又构乱倡逆，隆庆末，罪人既得，乃尽收思明、忠州未吐地，并三峒为四，创立州治。其东南五里即宣化如何乡名。一、二、四三围，并割以附之；即萧村以上是也。其西北为思同、陀陵界〔二六〕；西南为江〔二七〕、忠二州界。江水自西南那勒来，绕城西北，转而东南去。万历己丑，州守江右张思中有记在州门，乃建州之初任者。

州北四里，隔江为狮岩山；州西二里，隔江为笔架山；州南一里为犀牛岩，更南三里为穿山大岩。皆石峰耸拔，石洞崆峒，奇境也。州西远峰排列更奇。象石、狮石俱在含晖门江岸。江流自南冲涌而来，狮石首扼其锐，迎流剸骨，遂成狰狞之状。下流荡为象石，巍准〔二八〕下倩，空颏内含，截水一湾，可泊可憩，而西门之埠因之。狮石之上曰冲口，下流有石梁高架两崖间，下辟成门。余先闻之邑父老云："近冲口有仙源洞府。"记忆不真，无可问者，不识即此否？

自南宁来至石埠墟，岸始有山，江始有石；过右江口，岸山始露石；至杨美，江石始露奇；过萧村入新宁境，江左始有纯石之山；过新庄抵新宁北郭，江右始有对峙之岫〔二九〕。于是舟行石峰中，或曲而左，或曲而右，旋背一崖，复漾一嶂，既环乎此，转鹜乎彼，虽不成连云之峡，而如梭之度纬，如蝶之穿丛，应接不暇，无过乎此。〔且江抵新宁，不特石山最胜，而石岸尤奇。盖江流击山，山削成壁，流回沙转，云根〔三〇〕迸出，或错立波心，或飞嵌水面，皆洞壑层开，肤痕縠绉；江既善折，岸石与山辅之恐后，益使江山两擅其奇。余谓阳朔山峭濒江，无此岸之石；建溪水激多石，无此石之奇。虽连峰夹嶂，远不类三峡；凑泊一处，促不及武彝；而疏密宛转，在伯仲间。至其一派

玲珑通漏,别出一番鲜巧,足夺二山之席矣。〕

二十七日

鸡初鸣,自新宁西南行。已转西北,直逼西峰之下,乃南转,共八里,江东岸石根突兀,上覆中空,已为幻矣。忽·转而双崖前突,碚石高连,下辟如闉阇中通,上架如桥梁飞亘,更巧幻中雄观也。但恨舟过其前而不得一登其上,且无知者质之,所谓"狮石"、"洞府",皆以意测,是耶? 非耶? 又一里,有水自东南来会,所谓冲江〔三一〕也。其源发自忠州。又南三里,则江东岸一峰甚峭,其北垂环腋转截处,有洞西向者累累,然皆悬而无路。又西曲南转,共八里,过那勒〔三二〕,风帆甚利,舟人以乡人泊此,复泊而饮。余乃登陆为穿山、犀牛二岩之游,舟竟泊此。

那勒在江东岸,居民颇盛。问犀牛岩,土人皆莫知,误指南向穆窑。乃透两峰之下,西南三里,有溪自东南来入大江。流小而悍,淙淙有声,新甃石梁跨其上,甚整。其源发自江州,土人谓之横江。越梁而南,即为穆窑村,有市肆西临江浒。问犀牛岩不得,得大岩。岩在其南一里,群峰排列,岩在峰半,其门西向。攀崖石而上,抵门,始西见江流横其前,山腹透其后。又见隔山回环于后门之外,翠壁掩映。乃由洞上跻,踞其中扃,则东西对辟,两门交透。其上垂石骈乳,凝结两旁;其内西下东上,故东透之门,高出西门之顶,自外望之,不知中之贯彻,必入门而后见焉。两门外俱削壁千丈,轰列云表,而东门地势既崇,上壁尤峭,下趾弥峻,环对诸岩。自门北迤逦转东,又南抱围成深谷,若另辟一翠微世界。其下旋转西去,谷口石崖交错,不得而窥也。

复自前洞下山,循山北行。一里,过穆窑,问知犀牛洞在麒麟村，乃过石梁东北行。三里，至麒麟。盖其村在那勒东二里，三村鼎足，而穆窑稍南。使那勒人即指此，何由向彼得穿岩耶？麒麟村人指犀牛洞在北山东峰之上，相去只里许耳。至其下，不得路。闻岩下伐木声，披荆攀棘，呼之不应，觅之不见得，遂复出大路旁。时已过午，虽与舟人期抵午返舟，即舟去腹枵，亦俱不顾，冀一得岩。而询之途人，竟无知者。以为尚在山北，乃盘山东北隅，循大道行。〔道西北皆石峰。〕二里，见有岐北转，且有烧痕焉。初，麒麟村人云："抵山下烧痕处，即登岩道。"余以为此必是矣，竭蹶前趋，遂北入山夹。其夹两旁峰攒崖叠，中道平直，有车路焉。循之里余，见路旁有停车四五辆，有数牛散牧于麓，有数人分樵于崖。遍叩之，俱不知有岩者。盖其皆远村，且牧且樵，以车为载者。过此，车路渐埋〔三三〕。又入一里，夹转而东，四眺重崖，皆悬绝无径，而西崖尤为峻峭。方徘徊间，有负竹而出深丛者，遥呼问之，彼摇手曰："误矣！"问："岩何在？"曰："可随我出。"从之出，至前停车处，细叩之，其人亦茫然不知，第以为此中路绝，故呼余出耳。余乃舍而复入，抵其北，复抵其东，共二里，夹环为坞，中平如砥，而四面崖回嶂截，深丛密翳，径道遂穷。然其中又有停车散牛而樵者，其不知与前无异也。余从莽棘中出没搜径，终不可得，始怅然出夹。余观此夹，外入既深，中蟠亦邃，上有飞岩，旁无余径，亦一胜境。其东向逾脊而过，度即舟行所过。东岸有洞累累者，第崖悬路塞，无从着足。然其肺腑未穷，而枝干已抉，亦无负一番跋履也。共五里，仍西南至麒麟村北大路旁，前望隔垅有烧痕一围，亟趋，见痕间有微径，直趋前所觅伐木声处，第石环丛隔，一时莫得耳，余以为此必无疑矣。其时已下午，虽腹中馁甚，念此岩必不可失，益贾勇直前，攀危崖,历丛茅。然崖之悬处,俱有支石为梯;茅之深处,俱有践痕覆地,并无疑左道〔三四〕矣。乃愈上愈远,西望南垂横脊,攒石森森,已出其上;东望南突回峰,孤崖兀兀,将并其巅;独一径北跻。二里,越高峰之顶,以为此岩当从顶上行,不意路复逾顶北下,更下瞰北坞,即前误入夹中所云"重崖悬处"也。既深入其奥,又高越其巅,余之寻岩亦不遗余力矣。然径路愈微,西下岭坳,遂成茅洼棘峡,翳不可行。犹攀坠久之,仍不得路。复一里,仍旧路南逾高顶。又二里,下至烧痕间,见石隙间复有一路望东峡上,其径正造孤崖兀兀之下,始与麒麟人所指若合符节〔三五〕。乃知径当咫尺,而迂历自迷,三误三返而终得之,不谓与山灵无缘也。但日色渐下,亟望崖上跻,悬磴甚峻。逾半里,即抵孤崖之北。始知是崖回耸于高峰之间,从东转西向,若独角中突,"犀牛"之名以此。崖北一脊,北属高峰,与东崖转处对。脊上巨石巍峙,若当关之兽,与独角并而支其腋。巨石中裂竖穴,内嵌一石圭〔三六〕,高丈余,两旁俱巨石谨夹,而上复覆之,若剜空而置其间者。圭石赭赤,与一山之石迥别,颇似禹陵窆石〔三七〕,而此则外有巨石为冒,觉更有异耳。脊东下坠成洼,深若回渊,其上削崖四合,环转无隙,高墉〔三八〕大纛,上与天齐,中圆若规。既逾脊上,即俯下渊底。南崖之下,有洞北向,其门高张,其内嵌峒,深不知所止;四崖树蔓蒙密,渊底愈甚;崖旁俱有径可循,每至渊底,俱则翳不可前。使芟除净尽,则环崖高拱,平底如掌,复有深洞崿岈其内,洞天福地,舍此其谁?余披循深密,静若太古〔三九〕,杳然忘世。第腹枵足疲,日色将坠,乃逾脊西下,从麒麟村北西行。二里,抵那勒下舟,舟犹未发,日已沉渊矣。

二十八日

晨餐后，自那勒放舟南行。旋转西北三里，直逼双峰石壁下，再折东南五里，有小水自东南来入，即穆窑也。又西南一里，过穿山之西。从舟遥望，只见洞门，不见透穴。又一里，西入两山隙，于是回旌多西北行矣。又五里，江北岸山崖陡绝，有小峰如浮屠插其前，又有洞〔南向〕缀其半。又六里，又有山蜿蜒而北，是曰界牌山，西即太平境矣。盖江之北岸，新宁、太平以此山分界，而南岸则俱新宁也。又二里，舟转北向，江西岸列岫嵯峨，一峰前突，俗名"五虎出洞"。舟人指昔有远客过而葬此，其家旋掇巍科〔四〇〕，然终不敢至此治冢也。由此舟遂东转，已复西北抵北山下，循之西向行，又共六里矣。过安定堡，北山既尽，南山复出，又西循之。三里，随山北转，过花梨村〔四一〕。又西北转，随江北山二里，转而西，随江南山三里，又暮行三里，泊于晚梦村〔四二〕。属新宁。是日共行四十里。

二十九日

循南岸山行二里，转北又一里，为驮塘。又二里转而西，山势渐开，又五里，西南过驮卢〔四三〕，山开水绕，百家之市，倚江北岸。旧为崇善地，国初迁太平府治此，旋还丽江，今则迁驮朴驿于此，名曰驮柴。盖此地虽宽衍，而隔江即新宁属，控制上流，自当以壶关为胜也。江北岸太平之地，濒江虽多属崇善县〔四四〕，内石山之后，即为诸土州地，而左州〔四五〕则横界焉。是日止行十里，舟人遂泊而不行。

〔一〕粤西游日记三、粤西游日记四皆在乾隆刻本第四册上。

〔二〕簟(diàn电):作障蔽之用的竹席。

〔三〕石埠墟:今作石埠,在南宁市区西郊、邕江北岸转折处。

〔四〕岔九:今作扎洲,在南宁市区西郊、邕江西岸转折处。

〔五〕广源州:在今越南高平东北的广渊。

〔六〕龙州:直隶广西布政司,即今龙州。

〔七〕上林峒:永乐七年(公元1409年)置上林长官司,直隶广西布政司,万历中省入泗城州。辖今田林县西境和西林县东境。

〔八〕利州:明初直隶广西布政司,嘉靖二年(公元1523年)废。州治在今田林县东的乐里,今亦仍称利州,又作利周。

〔九〕田州:直隶广西布政司,即今田阳县。

〔一〇〕奉议州:明初直隶广西布政司,嘉靖六年(公元1527年)改属思恩府。州治在今田阳县西南、右江南岸的旧城。

〔一一〕上林:明为县,初隶田州府,嘉靖七年(公元1528年)改隶思恩府,治所在今田东县东南隅、右江南岸城江北岸的远街。

果化州:明初隶田州府,嘉靖九年(公元1530年)改属南宁府。治所在今平果县西隅、右江南岸的果化。

〔一二〕平越府:明史地理志:"洪武十四年(公元1381年)置平越守御千户所,十五年(公元1382年)闰二月改为平越卫,十七年二月升军民指挥使司。领长官司五,属四川布政司,寻属贵州都司。万历二十九年(公元1601年)四月置平越军民府于卫城,以播州地益之,属贵州布政司。"平越府即平越军民府,与平越卫同城,治今贵州福泉市。

〔一三〕按,此指泸江,从石屏、建水往东注入南盘江,但非南盘江源。在滇游日记中霞客已作了校正。

〔一四〕 纰缪(pī miù 批谬):错误。

〔一五〕 白隘:即今云南剥隘,在富宁县东隅,距广西甚近。至今行船仍可至剥隘。

〔一六〕 利州　原作"丽州",据本日记上文改。

〔一七〕 前临左江后倚右江　原作"前临右江,后倚右江",有误,从沪本改。

〔一八〕 宋村:今名同,在邕宁区西北境。右江在北,左江在南,两江在其东汇合。　杨美:今名同,在邕宁区西北境,左江东岸转折处。

〔一九〕 萧村:今作霄汉,在扶绥县东北隅,左江西岸。

〔二〇〕 熹(xī 希)微:天色微明。

〔二一〕 旧庄:今名同,在扶绥县东北隅,左江西岸。

〔二二〕 新宁:明置新宁州,隶南宁府,治今扶绥县。

〔二三〕 仪间:古时称官署大门之内的门为仪门,仪门内的莅事堂则称仪间。

〔二四〕 思明府:治所在今宁明县稍东、明江北岸的明江镇。

〔二五〕 忠州:隶南宁府,治今扶绥县西南境的西长圩,又省称西长。

〔二六〕 思同:明置思同州,隶太平府,万历二十八年(公元1600年)省。治所在今扶绥县西北境,仍称思同。　陀陵:明为县,隶太平府,治所在今崇左市东北境、左江北岸转折处的陀芦。

〔二七〕 江州:明置江州,直隶广西布政司,治所在今崇左市南境,仍称江州。

〔二八〕 巍(wēi 威)准:高耸的鼻子。

〔二九〕岫(xiù 袖):有岩洞的山。

〔三〇〕云根:古人认为云触石而出,故称岩石为云根。

〔三一〕冲江:今称渠荣河,在扶绥县南境,从南往北流入左江。

〔三二〕那勒:今名同,在扶绥县西境,左江东南岸。

〔三三〕堙(yīn 因):埋没。

〔三四〕左道:邪道。

〔三五〕符节:古代朝廷征调兵将或传达命令用的凭证称符,分别用金玉铜竹木等不同质料制成,双方各执一半,合起来就可凭验真假。封建国家派出使者所持的凭证称节,古代出入门关所持的凭证亦称符节,为节的一种,用竹木或金属制成。

〔三六〕圭(guī 规):古代帝王、诸侯举行典礼时拿的一种玉器。形制大小因爵位及所用的事而有变化。作长条形,四楞显著,上面多为圆形、尖形,下面多作方形。

〔三七〕禹陵:即传说夏禹的陵墓,在浙江绍兴城稽山门外,陵旁有禹王庙、窆石亭,为浙江名胜。

〔三八〕墉(yōng 拥):城墙。

〔三九〕太古:远古。

〔四〇〕巍(wēi 威)科:科举考试中的高科。

〔四一〕安定堡:今仍称安定,在崇左市东隅,左江南岸。花梨村:今作花黎,在崇左市东隅,左江北岸。

〔四二〕晚梦村　原作"晓梦村",据乾隆本、四库本改。即今湾望村,在崇左市东隅,左江南岸。

〔四三〕驮卢:今作驮芦,在崇左市东北境,左江北岸转折处。

〔四四〕崇善县　"县"原作"寺",据乾隆本改。崇善县为太平府附郭县,即今崇左市。

〔四五〕左州:隶太平府,治所在今崇左市北境的左州。

十月初一日

昧爽,循驮卢西北五里,〔北岸为左州界,〕稍转而南,南岸石峰复突。又二里,复转西北,北岸亦有石山。三里,西南入峰夹间,于是挂帆而行。五里,渐转南向,有村在江东山坞间,曰驮木〔一〕,犹新宁属也。又西南五里,江西岸回崖雄削,骈障江流;南崖最高,有三洞东启;又南一峰稍低,其上洞辟尤巨。洞右崖石外跨,自峰顶下插江潭;崖右洞复透门而出,其中腔峒,其外交透。自舟望之已奇,若置身其内,不知胜更何若矣!又南二里,东岸石壁亦然,此地峰壁交映,江潆其间,更为胜绝。又一里,转向西行,又五里,渐转南行。已而东折,则北岸双崖高穹,崖半各有洞南向;南岸矶盘嘴叠,飞石凌空,〔无不穿嵌透漏〕。二里,转向西南,上银瓮滩。〔滩始有巨石,中横如坝。〕滩东,尖崖耸削绝壁,有形如瓮。九域志谓:"昔有仙丹成,遗瓮成银,人往取之,辄不得,而下望又复俨然。"一统志谓:"在南宁府境。"盖江东岸犹新宁也。转西五里,复转西北,盘东岸危崖二里,抵北山下。仍西向去,五里,又南转。既而转东一里,乃西向行,山开江旷,一望廓然。又五里而暮。又二里泊于捹利〔二〕。在江西岸,属新宁。江空岸寂,孤泊无邻,终夜悄然。是日行五十里。计明日抵驮朴,望登陆行,惟虑路险,而顾奴旧病未痊。不意中夜腹痛顿发,至晨遂胀满如鼓,此岚瘴所中无疑。于是转侧俱难,长途之望,又一阻矣。

初二日

昧爽,西北行。碧空如洗,晴朗弥甚。三里,抵江北危崖下。转而南二里,过下果湾,有村倚崖临江,在江西岸。又五里,有水自南来注,其声如雷,名响源,发于江州。水之西岸即为江州属,而新宁、江州以此水分界焉。水入江处,有天然石坝横绝水口如堵墙,其高逾丈,东西长十余丈,面平如砥,如甃筑而成者。水逾其面,下坠江中,虽不甚高,而雪涛横披,殊瀑平泻,势阔而悍,正如钱塘八月潮,齐驱下坂,又一奇观也。过响水,其南岸忠州境虽辖于南宁〔三〕,而濒江土司实始于此;北岸则为上果湾,有岩西向临江,上亦有村落焉。于是转北行一里,抵北山下。转西北挂帆行,两岸山复叠出。二里为宋村,在江南岸,忠州属。有八仙岩,为村中胜地。又三里,转东北,又二里,转西北,又三里,更转东北,两岸〔石〕崖叠出递换,靡非异境。转西北五里,又北转,而西岸一崖障天,崖半有洞东向。始见洞门双穴如连联,北穴大,南穴小,垂石外间而通其内;既而小者旁大者愈穿,忽划然中剜,光透其后。舟中仰眺,碧若连云驾空,明如皎月透影,洞前上下,皆危崖叠翠,倒影江潭,洵神仙之境,首于土界得之,转觉神州凡俗矣。〔南有驮朴村,转登山后,闻可攀跻。〕又北一里,东岸临江,焕然障空者为银山,劈崖截山之半,青黄赤白,斑烂缀色,与天光水影,互相飞动,阳朔画山犹为类大者耳〔四〕。崖下有上下二洞,门俱西向。上洞尤空邃,中悬石作大士形,上嵌层壁,下濒回潭,〔无从中跻,其北纷窍甚多,裂纹错缀树间,吐纳云物,独含英润〕焉。一里,转而西,遂为驮朴〔五〕,百家之市,尚在涯北一里。东南即银山,西北又起层峦夹之,迤逦北去,中成蹊焉,而市倚之。陆路由此而北,则左州、养利诸道;江路由此而西,则<u>太平</u>、<u>思明</u>诸境也。午抵<u>驮朴</u>,先登涯问道,或云:"通",或云:"塞"。盖<u>归顺</u>为<u>高平</u>残破,路道不测,大意须候<u>归顺</u>人至,随之而前,则人众而行始便。<u>归顺</u>又候<u>富州</u>人至,其法亦如之。二处人犹可待,惟<u>顾</u>奴病中加病,更令人惝惝耳。是日,即携行李寄宿逆旅主人家。

<u>驮朴</u>去<u>驮卢</u>五十里。自<u>驮卢</u>西至此,皆为<u>左州</u>南境,北去<u>龙州</u>四十里〔六〕。西仍为<u>崇善</u>地,抵<u>太平</u>亦四十里,水路倍之。

<u>高平</u>为<u>安南</u>地,由<u>龙州</u>换小舟,溯流四日可至,<u>太平</u>〔人呼之为<u>高夷</u>〕。

<u>龙州</u>山崖更奇,崖间有龙蜿蜒如生。

<u>思明</u>东换小舟,溯流四日至<u>天龙峒</u>〔七〕,过山半日即抵<u>上思州</u>〔八〕。<u>上思</u>昔属<u>思明</u>,今改流官,属<u>南宁</u>,有<u>十万山</u>〔九〕。其水西流为<u>明江</u>,〔出<u>龙州</u>〕;东流出<u>八尺江</u>。

<u>高平</u>为<u>莫夷</u>,乃<u>莫登庸</u>之后;<u>安南</u>为<u>黎夷</u>,乃<u>黎利</u>之后〔一〇〕。

自入<u>新宁</u>至此,石山皆出土巴豆树、苏木二种。二树俱不大。巴豆树叶色丹映,或队聚重峦,或孤悬绝壁,丹翠交错,恍疑霜痕黔柴。苏木山坳平地俱生,叶如决明,荚〔一一〕如扁豆,而子长倍之,绕干结瘿,点点盘结如乳,乳端列刺如钩,不可向迩。土人以子种成〔林,收贾不至,辄刈为薪;又择其多年细干者,光削之,乳纹旋结,朵朵作胡桃痕,色尤苍润。余昔自<u>天台</u>觅万年藤,一远僧携此,云出<u>粤西</u>蛮洞。余疑为古树奇根,不知即苏木<u>丛</u>条也。〕

初四日

自驮朴〔取道至太平〕。西南行一里，有石垣东起江岸，西属于山，是为左州、崇善分界。由垣出，循山溯江南行，三里，越一涸涧，又四里为新铺，数家之聚。江流从正南来，陆路遂西南转。四里，复过一涸涧，涧底多石，上有崩桥，曰冲登桥〔一二〕。其内有堡。从此南上，盘陟冈阜三里，复与江遇。其上有营房数家，曰崩勘。又南五里，转一山嘴，其后山中有村曰驮竺。盘其东垂，乃循山南西向行，于是回崖联蹁，上壁甚峻拔，下石甚玲珑。二里，路南复突一危峰，遂入山夹。盘之而西又一里，转南二里，登媚娘山。其处峰峦四合，中悬一土阜为脊。越之而南下，东南三里，路侧有窨〔一三〕一圆，名龙井。下坠五六丈，四围大径三丈，俱纯石环壁。坠空缀磴而下，下底甚平，东北裂一门，透门以入，其内水声潺潺，路遂昏黑。践崖扪隙，其下忽深不可测。久之，光渐启，回见所入处，一石柱细若碧笋，中悬其间，上下连属，旁有石板平庋，薄若片云，声若戛金树〔一四〕。至其洞，虽不甚宏而奇妙，得之路旁，亦异也。其上有一亭，将就圮。〔自驮朴陆行至太平，辄见冈陀盘旋，四环中坠，深者为井，浅者为田，上下异穴，彼此共窨。盖他处水皆转峡出，必有一泄水门，惟此地明泄涧甚少，水皆从地中透去。窍之直坠者，下陷无底；旁通者，则底平可植五稼〔一五〕。路旁大抵皆是。惟龙井下陷犹有底，故得坠玩焉。〕由此西南出山，又四里，而江自壶关东垂北向而至。溯之复南二里，升陟冈阜又二里，抵壶关。关内旧惟守关第舍四五间，今有菜斋老和尚建映霞庵于左，又盖茶亭于后。余以下午抵庵，遂留憩于中。菜斋，北人，年六十一岁，参访已遍海内。所食惟淡菜二盂，不用粒米，见此地荒落，特建庵接众，憩食于庵者数十人,虽久而不斩〔一六〕焉。菜斋法名如喜,徒名海润。

壶关在太平郡〔一七〕城北一里余。丽江西自龙州来,抵关之西,折而南,绕城南,东转而北,复抵关之东,乃东北流去。关之东西,正当水之束处,若壶之项,相距不及一里。属而垣之,设关于中,为北门锁钥。其南江流回曲间,若壶之腹,则郡城倚焉。城中纵横相距亦各一里,东西南三面俱濒于江。城中居舍荒落,千户所门俱以茅盖。城外惟东北有民居阛阓,余俱一望荒茅舍而已。

青莲山在郡城北二十余里,〔重峦北障天半。其支南向,东下者即媚娘岭,西下为〕碧云洞〔一八〕。〔洞〕在壶关正西二里,青莲山南下之支也。〔石峰突兀,洞穿峰半,门东向。先从北麓上三折坂,东向透石隙曰天门,得平台焉。洞门峙其上。门狭而高,内南转,空阔深暗,上透山顶,引光一线空濛下。光下有大士龛,北向,中坐像,后有窨深陷,炬烛之沉黑;又一穴南去,不知其底。此下层也。其上层隔窨之南,复辟为门;门前列双柱,上平庋两盆曰"宝盆"。先由大士像右壁,穿小穴南下窨侧,由双柱中抵宝盆下。透门入,始颇隘;连进门两重,渐转东上,则穹然高张,天光下进,一门南向出为通天窍。历级上,出洞门外,亦有台甚平,下瞰平壑,与东向门无异。由大士像左壁西穿小穴曲折入,两壁狭转,下伏为隘门;透门进,忽上盘如覆钟;凡进四门,连盘而上者,亦四五处,乃出。于大士像左壁稍北,又西穿小穴,渐北转,则岈然中通,山影平透,裂一门北向,号曰盘龙窟。此洞中胜也。北门外,崖石横带山腰,东达天门,西抵一飞崖下,上覆下嵌。崖不甚高,上下俱绝壁,中虚而横带者,若平廊复榭,无愧"群峰献翠"名。北瞰深坞,重峦前拱,较东南二台,又作一观。由崖东攀石萼西望,峰顶莲瓣错落,中有一石,东剜空明,为蔓深石削,不得攀接。仍从盘龙窟入,出东台,仰眺洞南,峰裂岐崖,回环一峡。乃攀枝援隙上,直历峡峰攒合中,复有东向洞,内皆耸石攒空,隙裂渊坠,削不受趾,俯瞰莫窥其底,石块投之,声历历不休,下即大士龛中承受坠光处也。至此洞外胜始尽。〕此洞向无其名,万历癸丑参戎顾凤翔开道叠磴,名之曰碧云,为丽江胜第一。顾乃华亭〔一九〕人。

白云岩在壶关正东四里,路由郡城东渡江,是为归龙村峒〔二〇〕。在江东岸,太平隔江即江州属。是村昔有怪出没江潭,为害江州、太平。人俱莫能制,而思明独来时而杀之,其害乃息。故江州以此一峒界思明,为思明属。今此峒东南北三面俱属江州,而西抵于江,为太平府,近太平城者惟此一村,而又远属思明,亦可异也。

石门塘在壶关外东北半里。老虎岩在壶关内西南半里。铜鼓在郡城内城隍庙,为马伏波遗物,声如吼虎,而状甚异。闻制府各道亦有一二,皆得之地中者。土人甚重之,间有掘得,价易百牛〔二一〕。

初五日

晨餐后,即独渡归龙,共四里,西循白云岩。荒坡草塞,没顶蒙面,上既不堪眺望,下复有芒草攒入袜裤间,举足针刺,顷刻不可忍,数步除袜解裤,搜刷净尽,甫再举足,复仍前矣。已有一小水自东南峡中出,北漾岩前,上覆藤蔓,下踔江泥,揭涉甚难。过溪,抵岩下。〔穹崖高展,下削如屏,色莹洁逾玉。崖南峭壁半列洞四五,大小不一,皆西向。南面一洞较大,下复叠一洞,不甚深昧,而上洞中空外削，望之窈窕，竟不得攀憩。再南半里，有洞甚大，亦西向，前俱大石交支。从石隙透门入，洼敞可容三百人，内无旁通窦。洞北有小径，东上山夹，两旁削石并耸。攀级而登，逾山坳南，亦有洼下陷，木翳不能窥其涘。其北更耸层峰，西瞰江流城堞，俱在足底。再北直出白云岩顶，其坳中洼窞虽多，然〕棘藤蒙密，既不得路，复无可询，往返徘徊，日遂过午，〔终不能下通岩半洞也。此处岩洞特苦道路芜阻，若能岩外悬梯，或叠磴中窦，其委曲奇胜，当更居碧云上。〕仍西二里，出归龙，南溯江岸三里，抵金柜、将军两山之间。〔金柜瞰江峙，崖洞中空，大容数百人。茅棘湮阨，〕竟金柜山岩洞不得，三周其北东南三面，又两越其巅，〔对瞩江城，若晰须眉于镜中。东即将军山，片崖立峰头迎江，有干城[二二]起赳势。环郡四眺，峰之特耸者此为最〕。下候东关渡舟，已暮不复来，腹馁甚。已望见北有一舟东渡，乃随江蹑石一里，抵其处，其舟亦西还。迁延久之，得一渔舟，渡江而西。见有卖蕉者，不及觅饭，即买蕉十余枚啖之。亟趋壶关，山雨忽来，暮色亦至。

初六日

余以归顺、南丹二道未决，余欲走归顺至富州，众劝须由南丹至贵州，盖贵州远而富州近，贵州可行而归顺为高平夷所阻也。趋班氏神庙求签决之。庙在大西门外，临江。其神在郡极著灵异，家尸而户祝之[二三]，有司之莅其境者，靡不严事焉。求签毕，有儒生数人赛[二四]庙中，余为询归顺道。一年长者辄欲为余作书，畀土司之相识者。余问其姓字，乃滕肯堂也。名祚昌。其中最年少者，为其子滕宾王。名佐。居城中千户所前。余乃期造其家，遂还饭于映霞庵。携火炬出壶关，西溯江岸，一里抵演武场北，又西一里，探碧云洞。出入回环者数四,还抵映霞。见日色甫下午,度滕已归,仍入城叩其堂。滕君一见倾盖,即为留酌。其酒颇佳,略似京口,其茶则松萝之下者,皆此中所无也。坐中滕君为言:"欲从归顺行,须得参戎一马符方妙。明晨何不同小儿一叩之乎?"余谢不敏〔二五〕。滕曰:"无已,作一书可乎?"余颔之。期明日以书往,乃别而返壶关。

初七日

雨色霏霏,酿寒殊甚。菜斋师见余衣单,为解夹衣衣我,始可出而见风。晨餐后,滕君来。既别,余作界参戎书。饭而抵其家,则滕自壶关别后,即下舟与乃郎他棹,将暮未返,雨色复来,余不能待而返壶关。雨少止,西觅老虎岩,坠洼穿莽,终不可得。

初八日

余再抵滕,以参戎书界之。参戎姓章,名易,为会稽〔二六〕人。其有名正宸者,合在户科,为辛未年家。滕复留饭,网鱼于池,池在门前。鱼有大小二种,大者乃白鲢,小者为鲂鱼。鲂鱼味淡而不腥。问所谓"香鱼",无有也。剖柑于树,其柑如香橼,瓤白而皮不厚,片剖而共食之,瓤与皮俱甘香,异众柑。因为罄其生平。滕君少年廪〔二七〕于学宫。其人昂藏有侠骨,夙与中表谢孝廉有隙〔二八〕。谢死,其家以毒诬滕,滕求检以白其诬,谢遂大窘。时孝廉之弟为南宁司李掾〔二九〕,而孝廉之房考〔三〇〕赵,为闽漳州人,方当道,竟罗织于宪访,且中以讪府道、殴卫所诸(莫)须有〔三一〕事,遂被黜〔三二〕戍钦州。未几归,复为有司崎蓝〔三三〕不已,雄心竟大耗,而须鬓俱皤然矣。其乃郎亦青年游泮,为此中铮铮出颖者,此中亦共以白眉〔三四〕推之。且谓余何不暂馆于此,则学宫诸友俱有束脩〔三五〕之奉,可为道路资。余复谢不敏。透出壶关,已薄暮矣。有僧自南宁崇善寺来,言静闻以前月廿八子时回首〔三六〕,是僧亲为下火而来。其死离余别时才五日，云白竟不为置棺，不知所留银钱并衣箧俱何人干没也？为之哀悼，终夜不寐。

初九日

午饭后，再入城候所进参戎书。而滕氏父子犹欲集众留余馆〔三七〕此，故不为即进。其书立为一初贡方姓者拆。书初录，展转携去，久索而后得之。乃复缄之，嘱其速进，必不能留此也。

初十日

晨餐后出游石门。上午抵滕君处，坐甫定，滕宾王持参戎招余柬来，余谢之。已参府中军唐玉屏名尚珠，全州人。以马牌相畀。余为造门投刺，还饭于滕。雨竟不止，是夕遂宿于滕馆。

〔一〕 驮木：今作驮目，在崇左市东境，左江西岸。

〔二〕 捺利：今作濑滤，在扶绥县西隅，左江南岸转折处。

〔三〕 其南岸忠州境虽辖于南宁　　忠州隶南宁，原误倒为"宁南"，不从。

〔四〕 犹为类大者耳　　乾隆本、四库本作"竟逊一筹"。"大"当为"犬"字，取"画虎不成反类犬"意，谓画山逊于银山。

〔五〕 驮朴：今作驮柏，在崇左市北境，左江北岸转折处。

〔六〕 北去龙州四十里　　"龙州"，依地望疑为"左州"之讹。

〔七〕 天龙峒：应即迁隆峒，明时设土巡检。在今宁明县东隅，明江北岸。

〔八〕 上思州：隶南宁府，即今上思县。

〔九〕 十万山：今仍称十万大山，位于上思县与防城区间，最高峰莳良岭海拔 1462 米。

〔一〇〕安南、交南、交趾，皆为明时对越南的称呼。公元1418年黎利在越南建立黎朝，为区别于公元980～1009年的黎朝，又称"后黎朝"。公元1527年，权臣莫登庸推翻黎朝，建立莫朝。公元1533年，黎朝大将阮淦占据清化、义安一带，另立政权，形式上恢复黎氏皇帝，但大权掌握在阮氏手里。公元1545年，阮淦死，大权又落入他的女婿郑检手中。此后的半个多世纪，越南历史上称为"南北朝"。莫氏政权统治北部，称为"北朝"；郑氏掌握了清化以南地区，称为"南朝"。公元1558年，阮淦的儿子阮潢出外镇守顺化，逐步据有顺化、广南一带，成为阮氏割据势力，与郑氏划浭江为界。公元1592年，南朝大将郑松战胜北朝，占领升龙城（今河内），结束南北朝。但莫氏势力仍占据着许多地方，并以高平为据点，直延续到公元1667年。公元1595年郑松称王，以后郑氏子孙掌握大权，世袭称王，但仍保有黎朝皇帝及其年号。明代后期，越南事实上处于分裂割据状态，各割据政权之间战争频仍。游记中"交夷"、"高平夷"、"莫夷"皆指莫氏。"夷"，乾隆本作"彝"。

〔一一〕荚　　原作"英"，据四库本改。

〔一二〕冲登桥：今仍作冲登，在崇左市稍北，左江西岸。

〔一三〕窞（dàn 旦）：深坑。

〔一四〕戛（jiá 荚）：击。　　戛金：即戛玉敲金，形容声音铿锵悦耳。

〔一五〕五稼：即五谷。五谷指的种类不同，此处泛指粮食作物。

〔一六〕靳（jìn 禁）：吝惜。

〔一七〕太平：明置太平府，治崇善，即今崇左市区太平镇。

〔一八〕初六日记有:"携火炬出壶关,西溯江岸,一里抵演武场北,又西一里,探碧云洞。出入回环者数四,还抵映霞。"本段自此以下至"为丽江胜第一"似非概语,而是探碧云洞的具体经过,疑为错简,应系于十月六日"出入回环者数四"之前。

〔一九〕华亭:为松江府附郭县,即今上海市松江区。

〔二〇〕归龙村峒 原误倒为"龙归村峒",据下日记及乾隆本、四库本改。归龙村峒:今作归陇,在崇左市区东北郊,左江东岸。

〔二一〕铜鼓:中国古代南方一些少数民族使用的重器,用铜铸成。大者数百斤,直径在100厘米以上;小者数十斤,仅十余厘米。鼓面有浮雕图案,中心为日光形,边缘或有蛙、鱼、牛等立体装饰,鼓身有不同的花纹围绕。很多纹饰和图案,反映了西南各族古代的生产、生活和社会情况。整个铜鼓形体凝重,声音雄沉,制作精致,纹饰丰富多彩。铜鼓从用作炊具的铜釜发展而来,成为统治权力的象征,用于祭祀、战争、赏赐、贮贝、进贡等,后又成为一种娱乐的乐器,至今仍为西南很多民族所珍爱。发现铜鼓的地区,北到四川凉山彝族自治州,西达云南腾冲县,云南、广西、贵州各省(区)博物馆收藏传世和出土的铜鼓甚多,年代约自春秋至清末不等。

〔二二〕干(gān 甘):盾牌。干城:捍蔽如盾,防守如城。

〔二三〕尸(shī 失):古代代表死者受祭的活人,后世则以画像受祭。家尸而户祝:意为家家户户都崇拜。

〔二四〕赛(sài 塞):祭祀酬神。

〔二五〕不敏:自谦之词,意为不聪明。

〔二六〕会稽:浙江绍兴府附郭县,即今浙江绍兴市。

〔二七〕廪(lǐn):即食廪,领取官府发给的粮米。

〔二八〕中表:古代称父亲的姊妹(姑母)的儿子为外兄弟,称母亲的兄弟(舅父)姊妹(姨母)的儿子为内兄弟。外为表,内为中,合称为中表,即今天通称的姑表和姨表亲戚。　隙(xì戏):感情上的裂痕。

〔二九〕司李:同"司理",即推官,详闽游日记注。　掾(yuàn院):古代属官的通称。

〔三〇〕房考:即科举考试中的房考官,他们每人占一房。应试考卷誊录后,先要分房,交房考官阅后,再推荐给主考官决定弃取。

〔三一〕莫须有:原意为恐怕有,也许有,后通称无罪被冤为"莫须有"。

〔三二〕黜(chù触):贬官。

〔三三〕齮齕(yǐ hé椅核):毁伤。

〔三四〕白眉:古人多以白眉称兄弟或同类间的优秀杰出者。

〔三五〕束脩(xiū修):脩为干肉,十条干肉称束脩。一般指送给教师的薪金。

〔三六〕回首:回头,此处指逝世。

〔三七〕馆(guǎn管):教书的私塾称馆。

十一日

雨。食息于滕。

十二日

雨，食息于滕。迨暮，雨少止，乃别，抵壶关映霞庵。是夜夜雨弥甚。

十三日

阻雨壶关。

十四日

仍为雨阻。余欲往驮朴招顾行，路泞草湿，故栖迟不前。

十五日

雨如故。有远僧三人自壶关往驮朴，始得寄字顾行，命其倩夫以行李至郡。

十六日

夜雨弥甚，达旦不休。余引被蒙首而睡，庵僧呼饭乃起。饭后天色倏开，日中逗影，余乃散步关前，而顾行至矣。异方两地，又已十余日，见之跃然。即促站骑觅挑夫，期以十八日行。

十七日

早寒甚，起看天光欲曙未曙，而焕赤腾丹，朦胧隐耀，疑为朝华，复恐雨征，以寒甚，仍引被卧。既而碧天如洗，旭日皎洁，乃起而饭。入别滕君，父子俱出，复归饭映霞。抵晚入候，适滕君归，留余少酌，且为作各土州书，计中夜乃完。余别之，返宿庵中。

十八日

昧爽入城，取滕所作书。抵北关，站骑已至。余令顾仆与骑俱返候壶关。滕君亦令人送所作书至。余仍入城谢别，返饭于庵。菜斋又以金赠。遂自壶关北行。关外有三岐：东北向驮朴，走左州，乃向时所从来者；西北向盘麻，走龙州，乃碧云洞游所经者；而兹则取道其中焉，〔太平州道也。〕五里，渐入山夹。又五里，过一空谷，甚平广而荒漠，无耕为田者。又三里，谷尽，有数家在路左。乃折而西二里，登楼沓岖，两傍山崖陡绝，夹隘颇逼，虽不甚高，而石骨嶙峋，觉险阻焉。逾隘门少西下，辄有塘一方，汇水当关，数十家倚之。西从峡中三里，逾二岖，高倍于楼沓；西下，辄崖石崭削，夹坞更深。北一里，上大岖，陡绝更倍之。逾坳北下，夹壁俱截云蔽日。一里，坞穷西转，其北四山中坠，下洼为不测之渊。又西一里，逾隘门西下，则悬磴旋转重崖间，直下山脚[一]，不啻千级也。〔按郡北有荡平隘，乃青莲山中裂成峡者。东南自楼沓岖，西北出此，中为岖[二]者凡四重，两崖重亘，水俱穴壑底坠，并无通流隙，真阨塞绝隘也。〕既下，循麓北行，有深窔悬平畴中，下陷如阱，上开线峡，南北横裂，中跨一石如桥，界而为两，其南有磴，可循而下，泉流瀄瀄，仰睇天光，如蹈瓮牖也。北行畦塍间，五里，坞尽山回，复西登一岭，下蹈重峡。五里出山，山始离立，又多突兀之峰夹。又五里为陵球[三]，有结茅二所，为贳酒炊粥之肆，是为此站之中道。又西北七里，过土地屯，有村一坞在路左山坡之北。又二里，有小水东自土地屯北岭峡中来，西南流去。绝流西渡，登陇行，闻水声冲冲，遥应山谷，以为即所渡之上流也。忽见大溪汹涌于路右，阔比龙江之半，自西北注东南，下流与小溪合并而去，上流则悬坝石而下，若涌雪轰雷焉。共二里，抵四把村，即石坝堰流处也。盖其江自归顺发源，至安平界，又合养利、恩城之水，盘旋山谷，至此凡径堰四重，以把截之，故曰"把"，今俗呼为"水坝"云。〔下抵崇善水口绵埠村，入龙江。水口在太平郡西七十里。〕[四]又西转二里，水之南有层峰秀耸，攒青拥碧，濒水有小峰孤突，下斜骞而上分岐，怒流横啮其趾；水之北，则巨峰巍踞，若当关而扼之者。路抵巍峰之东，转而北循其北麓，共五里，出其西，有村临江，曰那畔村〔五〕，为崇善北界。又五里，为叩山村，则太平州属矣。又西北七里，暮抵太平站。孤依山麓，止环堵三楹，土颓茅落，不蔽风日，食无案，卧无榻，可哂也。先是，挑夫至土地屯即入村换夫，顾奴随之行；余骑先抵站，暮久而顾奴行李待之不至，心甚悬悬；及更，乃以三人送来，始释云霓之望。是夜明月如洗，卧破站中如濯冰壶。五更，风峭寒不可耐，竟以被蒙首而卧。

十九日

晓日明丽，四面碧峤濯濯，如芙蓉映色。西十里，渡江即为太平州〔六〕，数千家鳞次倚江西岸。西南有峰，俱峭拔攒立；西北一峰特立州后，下有洞南向，门有巨石中突，骑过其前，不及入探为怅。州中居舍悉茅盖土墙，惟衙署有瓦而不甚雄。客至，馆于管钥者，传刺入，即以刺答而馈程焉。是日传餐馆中，遂不及行。

二十日

晨粥于馆，复炊饭而后行，已上午矣。西北出土墙隘门，行南北两山间。其中平畴西达，亩塍鳞鳞，不复似荒茅充塞景象。过特峰洞门之南，三里，过一小石梁，村居相望，与江、浙山乡无异。又三里，一梁甫过，复过一梁。西冈有铜钟一覆路左，其质甚巨，相传重三千余斤，自交南飞至者。土人不知其年，而形色若新出于型，略无风日剥蚀之痕，可异也。但其纽〔七〕为四川人凿去。土人云："尚有一钟在梁下水涧中，然乱石磊落，窥之不辨也。"又西北一里，辄见江流自西而东向去。又二里，复有水北流入江，两石梁跨其上。其水比前较大，皆西南山峰间所涌而出者。又西北五里，复过两梁，有三水自南来，会而北入于江。此处田禾丰美，皆南山诸流之溥〔八〕其利也。又二里，则平畴西尽，有两石峰界南北两山间，若当关者。穿其中而西，又一里，有小沟南属于山，是为太平州西界。越此入安平境，复有村在路右冈陂间。又西二里，即为安平州〔九〕。江水在州之东北，斜骞其前，而东南赴太平州去。又有小水自西而来，环贯州右，北转而入于江，当即志所称陇水也。其西南有山壁立，仙洞穹其下〔一〇〕，其门北向，高敞明洁，顶平如绷幔，而四旁窦壁玲珑，楞栈高下。洞后悬壁上坐观音大士一尊，恍若乘云揽雾。其下一石中悬，下开两门，上跨重阁，内复横拓为洞。从其右入，夹隙东转，甚狭而深，以暗逼而出。悬石之外，右裂一门，直透东麓；左拾级而上，从东转，则跨梁飞栈，遂出悬石之巅。其上有石盆一圆，径尺余，深四寸，皆石髓所凝，雕镂不逮〔一一〕。傍有石局〔一二〕、石床，乃少加斧削者。从西入，则深窦邃峡，已而南转，则遂昏黑莫辨。然其底颇平，其峡颇逼，摸索而行。久之，忽见其南有光隐隐，益望而前趋，则一门东南透壁而出，门内稍舒直，南复成幽峡。入之渐隘，仍出至少舒处。东南出洞门，门甚隘，门以外则穹壁高悬，南眺平壑，与前洞顿异矣。久之，复从暗中转出前洞，壁间杂镌和州〔一三〕帅李侯诗数首，内惟邹泗洙一首可诵。余亦和二首。既乃出洞游州前。其宅较太平州者加整，而民居不及。馆乃瓦盖，颇蔽风雨。然州乃一巨村，并隘门土墙而无之也。太平州帅李恩祀有程仪之馈。安平州帅为李明峦，止有名柬，乃太平偾行。

〔一〕直下山脚　　"山脚"，原作"山椒"，据乾隆本、四库本改。

〔二〕峺(gěng 耿)：同"埂"，地势高起成长条状。

〔三〕陵球　　今崇左市西境有村名楞球，应即陵球。原缺"球"字，据补。

〔四〕此大溪明代称逻水，今称黑水河。龙江明时又称丽江，即今左江在龙州境一段。绵埠村：今称棉江，在龙州东隅，龙江北岸，黑水河从北往南流，在此汇入左江。

〔五〕那畔村：今作那范，在崇左市西隅，黑水河北岸。

〔六〕太平州：隶太平府，治所在今大新县南境雷平镇稍东，黑水河西南岸的旧州。

〔七〕纽(niǔ 扭)：装在器物上以备提携悬系的部分。

〔八〕溥(fū 夫)：通"敷"，施给。

〔九〕安平州：隶太平府，治所在今大新县南境，黑水河南岸的安平。

〔一〇〕仙洞穹其下　　"仙洞"，陈本、乾隆本、四库本作"观音岩"。

〔一一〕不逮(dài 带)：不及。

〔一二〕局：棋盘。

〔一三〕和州：即今安徽和县。

二十一日

晨餐后，上午始得夫，乃往恩城者。始易骑而轮。盖恩城在安平东北，由安平西北向下雷，南宁属。日半可达；而东北向恩城，走龙英，其路须四日抵下雷焉。但安平之西达下雷界，与交夷即高平。接壤，所谓十九峒也。今虑其窃掠，用木横塞道路，故必迂而龙英。由安平东一里，即与江遇。其水自西而东，乃发源归顺、下雷者，即志所称逻水也。其势减太平之半。盖又有养利、恩城之水，与此水势同，二水合于下流而至太平州，出旧崇善焉。渡江，即有山横嶂江北岸，乃循山麓东行。五里，路北一峰枝起，如指之峭，其东北崖嶂间，忽高裂而中透，如门之卜悬，然峻莫可登也。穿嶂之东峡，遂东北转，其峡之东复起层峰，与穿嶂对夹而东北去。有小水界其内，南流入逻江。当峡有村界其中，此村疑为太平州境，非复安平属矣。村后一里，垒石横亘山峡间，逾门而北，则峡中平畴叠塍，皆恩城境矣。渡小水，溯之东北行五里，〔折而东，东峰少断处，〕有尖岫中悬，如人坐而东向者。忽见一江自东而西，有石梁甚长而整，下开五碧，横跨北上，江水透梁即东南捣尖岫峡中。此水即志所称通利江〔一〕，由养利而来者，其下流则与逻水合而下太平云。过梁即聚落一坞，是为恩城〔二〕。州宅门北向，亦颇整，而村无外垣，与安平同。是日止行十五里。日甫午，而州帅赵芳声病卧，卒不得夫，竟坐待焉。其馆甚陋，蔬饭亦不堪举箸〔三〕也。按一统志，在田州者曰恩城，在太平者曰思城。今田州之恩城已废，而此州又名恩城，不曰思城，与统志异，不知何故。

二十二日

晨餐后，夫至乃行。仍从州前西越五碧桥，乃折而循江东向行。五里，山夹愈束，江亦渐小，有石堰阻水，水声如雷。盖山峡东尽处，有峰中峙，南北俱有大溪合于中峰之西，其水始大而成江云。又东五里，直抵东峰之北〔四〕，而北夹之山始尽。乃循北夹东崖，〔渡一小溪，〕溯中峰北畔大溪，北向行夹峡中。二里，复东转越小水向东峡，溯北大溪北崖行，渐陟山上跻。一里，始舍溪，北跻岭坳。其岭甚峻，石骨嶙峋，利者割趾，光者滑足。共北二里，始逾其巅，是名鼎促，为养利、恩城之界。北下二里，峻益甚，而危崖蔽日，风露不收，石滑土泞，更险于上。既下，有谷一围，四山密护，中有平畴，惟东面少豁。向之行，余以为水从此出；一里，涉溪而北，则其水乃自东而西者，不识西峰逼簇，从何峡而去也。溪之南有村数家。又东一里，循北山之东崖北向行，又一里，溪从东来，路乃北去。又一里，有石垣横两山夹间，不知是何界址。于是东北行山丛间，峦岫历乱，分合倏忽。二里，出峡，始有大坞，东西横豁，南北开夹。然中巨流，故禾田与荒陇相半。北向三里，横度此坞，直抵北崖下，〔若无路可达者；至则东北开一隙，穿入之，峡峰峭合，愈觉宛转难竟〕。二里，北山既尽，其东山复大开，有村在平畴间，为东通养利大道。乃从小径北行一里，折而西北行三里，南北两夹之山，引锥标笋，靡非异境。又北行一里，复开大坞，〔东西亘，南北两界山如南坞，但南坞东西俱有丛岫遥叠，此则前后豁然，不知西去直达何地也〕。乃东北斜径坞中，共五里，〔至北山东尽处，〕东山益大开，有村在其南，已为龙英属，其东隔江即养利^{〔五〕}矣。盖养利之地，西北至江而止，不及五里也。又循山北行一里，有小石峰骈立大峰之东，路透其间，渐转而西，〔至是北条始见土山，与南条石山夹成坞。〕又三里，有村北向，曰耸峒^{〔六〕}，有耸峒站，乃龙英所开，馆舍虽陋而管站者颇驯。去龙英尚四十余里。抵站虽下午，犹未午餐，遂停站中。自登程来，已五日矣，虽行路迂曲，过养利止数里，而所阅山川甚奇，且连日晴爽明丽，即秋春不及也。

二十三日

饭而候夫，上午始至。即横涉一坞，北向三里，缘土山而登。西北一里，凌其巅。巅坳中皆夹而为田，是名鲨盘岭^{〔七〕}。平行其上，又西北半里，始下土山东去^{〔八〕}。其北坞皆石峰特立，北下颇平,约里许至坞底。于是东北绕石峰东麓而北,二里,复有一土冈横于前,〔西抵遥峰隙,东则南属于土山〕。陟冈不甚高,逾其北,即有水淋漓泻道间,丛木纠藤,上覆下湿,愈下愈深,见前山峰回壑转,田塍盘旋其下,始知横冈之南,犹在山半也。又北二里,下渡一桥,有水自西南东北去,横巨木架桥其上。过桥,水东去,路北抵石壁下。一里,忽壁右渐裂一隙,攀隙而登,石骨崚嶒,是曰大峺。半里,跻其坳,南北石崖骈夹甚峻。西穿其间,又半里始下,乃西坠半里至坞底。其处山丛壁合,草木翁密,〔州人采木者,皆取给大峺云。〕西半里,转而东北一里,又西北二里,北望石峰间有洞并峙,一敞一狭,俱南向。路出其西,复透峡而北,皆巨石夹径,上突兀而下廉利。于是西北共二里,两涉石坳,俱不甚高,而石俱峭丛,是名翠村岭。逾岭北下,山乃南北成界,东西大开,路向东北横截其间。二里,有石梁跨溪上。其溪自西而东,两岸石崖深夹,水漾其间,有声淙淙,而渡桥有石碑,已磨灭无文,拭而读之,惟见"翠江桥"三字。此处往来者,皆就桥前取水,爇木为炊,为笪峒至龙英中道。过桥,日已昃,而顾奴与担夫未至,且囊无米,不及为炊。俟顾仆至,令与舆夫同餐所携冷饭,余出菜斋师所贻腐干啖之,腹遂果然〔九〕。又东北行一里,北透山隙而入,循峡逾冈,共北三里,出田坞间,复见北有土山横于前。乃渡一小溪,共三里,抵土山下。循其南麓东北上,一里,逾岭东而北,遂西北从岭上行。又三里稍下,既下而复上,共一里,又逾岭一重,遂亘下一里,抵山之阴,则复成东西大坞,而日已西沉矣。于是循坞西行三里,北入山隙中,始有村落。一里,乃北渡一石桥。其水亦自西而东,水势与横木溪相似。桥东北有石峰悬削而起,即志所称牛角山也,〔极似缙云鼎湖峰。〕其西北又特立一峰,共为龙英水口山。又西一里,过西北特峰,抵龙英〔一〇〕,宿于草馆。州官名赵继宗,甚幼。

龙英在郡城北一百八十里。太平府至太平站七十里,太平站至耸峒七十里,耸峒至州四十里。其西为下雷,东为茗盈、全茗〔一一〕,二州相去止一里。北为都康、向武,南为恩城、养利,其境颇大。三年前为高平莫夷所破,人民离散,仅存空廨垣址而已。外城垣与宅后垣俱厚五尺,高二丈,仆多于立。土官州廨北向,其门楼甚壮丽,二门与厅事亦雄整,不特南、太诸官廨所无,即制府〔一二〕亦无此宏壮。其楼为隆庆丁卯年所建,厅事堂匾为天启四年布按三司〔一三〕所给。今残毁之余,外垣内壁止存遗址,厅后有棺停其中,想即前土官赵政立者。今土官年十八岁,居于厅宅之左,俟殡棺〔一四〕后乃居中云。

初,赵邦定有七子。既没,长子政立无子,即抚次弟政举之子继宗为嗣。而赵政谨者,其大弟也,尝统狼兵援辽归,遂萌夺嫡心,争之不得。政立死,其妻为下雷之妹,政谨私通之,欲以为内援,而诸土州俱不服。政谨乃料〔一五〕莫夷三入其州,下雷亦阴助之,其妹遂挈州印并资蓄走下雷,而莫夷结营州宅,州中无孑遗焉。后莫夷去,政谨遂颛州境。当道移文索印下雷,因诒〔一六〕政谨出领州事。政谨乃抵南宁,遂执而正其辟〔一七〕,以印予前政立所抚子继宗,即今十八岁者,故疮痍未复云。

莫夷之破龙英,在三年前;甲戌年〔一八〕。其破归顺〔一九〕,则数年前事也。今又因归顺与田州争镇安〔二〇〕,复有所祖而来,数日前自下雷北入镇安,结巢其地。余至龙英,道路方汹汹然,不闻其抄掠也。抄掠者乃莫夷各村零寇,而莫酋则不乱有所犯。

初,莫夷为黎夷所促,以千金投归顺,归顺受而庇之,因通其妻焉。后莫酋归,含怨于中,镇安因而纠之,遂攻破归顺,尽掳其官印、族属而去。后当道〔二一〕知事出镇安,坐责其取印取官于莫。镇安不得已,以千金往赎土官之弟并印还当道。既以塞当道之责,且可以取偿其弟,而土官之存亡则不可知矣。后其弟署州事,其地犹半踞于莫夷,岁入征利不休。州有土目黄达者,忠勇直前,聚众拒莫,莫亦畏避,今得生聚焉。

镇安与归顺,近族也,而世仇。前既纠莫夷破归顺,虏其主以去,及为当道烛其奸,复赎其弟以塞责,可谓得计矣。未几,身死无后,应归顺继嗣,而田州以同姓争之。归顺度力不及田,故又乞援于莫。莫向踞归顺地未吐,今且以此为功,遂驱大兵象阵有万余人,象止三只。入营镇安。是归顺时以己地献莫,而取偿镇安也。莫夷过下雷在月之中,闻十八日过胡润塞。今其事未定,不知当道作何处置也。

莫夷惟鸟铳甚利,每人挟一枚,发无不中,而器械则无几焉。初,莫夷为黎夷所蹙,朝廷为封黎存莫之说。黎犹未服,当道谕之曰:“昔莫遵朝命,以一马江〔二二〕栖黎,黎独不可以高平栖莫乎?”黎乃语塞,莫得以存,今乃横行。中国诸土司不畏国宪,而取重外夷,渐其可长乎? 当道亦有时差官往语莫酋者,彼则厚赂之,回报云:“彼以仇哄,无关中国事。”岂踞地不吐,狃主齐盟,尚云与中国无与乎?

二十四日

候夫龙英。

纠夷有辟，土司世绝，皆有当宪。今龙英、镇安正当乘此机会，如昔时太平立郡故事，疆理其地。乃当事者惧开边衅，且利仍袭之例，第曰："此土司交争，与中国无与。"不知莫夷助归顺得镇安，即近取归顺之地。是莫夷与归顺俱有所取，而朝廷之边陲则阴有所失。其失镇安而不取，犹曰仍归土司，其失归顺赂莫之地，则南折〔二三〕于夷而不觉者也。此边陲一大利害，而上人乌〔二四〕从知之！

二十五日

候夫龙英，因往游飘岩。州治北向前数里外，有土山环绕，内有一小石峰如笔架，乃州之案山也。土人名曰飘峭，所云"峭"者，即山之称也。其前即平畴一坞，自西而东，中有大溪横于前，为州之带水，〔即东入养利州，为通利江源，下太平州合逻水者也。〕水之东有山当坞而立，即飘岩山也。为州之水口山，特耸州东，甚峭拔，〔即前牛角山西北特立峰也。〕其东崩崖之上，有岩东南向，高倚层云，下临绝壁，望之岈然。余闻此州被寇时，州人俱避悬崖，交人环守其下，终不能上，心知即为此岩。但仰望路绝，非得百丈梯不可，乃怏怏去。循东南大路，有数家在焉。询之，曰："此飘岩也，又谓之山岩。几番交寇，赖此得存。"问："其中大几何？"曰："此州遗黎〔二五〕，皆其所容。"问："无水奈何？"曰："中有小穴，蛇透而入，有水可供数十人。"问："今有路可登乎？"或曰："可。"或曰："难之。"因拉一人导至其下，攀登崖间，辄有竹梯层层悬缀，或空倚飞崖，或斜插石隙，宛转而上，长短不一，凡十四层而抵岩口。其两旁俱危壁下嵌，惟岩口之下，崩崖缀痕，故梯得宛转依之。岩口上覆甚出，多有横木架板，庋虚分窦，以为蜂房燕垒者。由中窦入，其门甚隘，已而渐高，其中悬石拱把，翠碧如玉柱树之，其声铿然。旁又有两柱，上垂下挺，中断不接，而相对如天平之针焉。柱边亦有分藩界榻，盖皆土人为趋避计者也。由柱左北入，其穴渐暗，既得透光一缕，土人复编竹断其隘处。披而窥之，其光亦自东入，下亦有编竹架木，知有别窦可入。复出，而由柱右东透低窍，其门亦隘，与中窦并列为两。西入暗隘，其中复穿然，暗中摸索，亦不甚深。仍由中窦出外岩，其左悬石中有架木度板，若飞阁中悬者，其中筥〔二六〕筐之属尚遍置焉。又北杙一木，透石隙间，复开一洞西入，其门亦东向，中有石片竖起如碑状。其高三尺，阔尺五，厚二寸，两面平削，如磨砺而成者，岂亦泰山无字之遗碑？但大小异制。平其内，复逾隘而稍宽。尽处乳柱悬楞，细若柯节。其右有窦潜通中窦之后，即土人编竹断隘处也；其左稍下，有穴空悬，土人以芭覆之。窥其下，亦有竹编木架之属，第不知入自何所。仍度架木飞阁，历梯以下。下三梯，梯左悬崖间，复见一梯，亟援之上，遂循崖端横度而北，其狭径尺，而长三丈余，土人横木为栏，就柯为援，始得无恐。崖穷又开一洞，其门亦东向。前有一石，自门左下垂数丈，真若垂天之翼。其端复悬一小石，长三尺，圆径尺，极似雁宕之龙鼻水，但时当冬涸，端无滴沥耳。其中高敞，不似中窦之低其口而暗其腹。后壁有石中悬，复环一隙，更觉宛转，土人架木横芭于其内，即上层悬穴所窥之处也。徘徊各洞既久，乃复历十一梯而下，则岩下仰而伺者数十人，皆慰劳登岩劳苦，且曰："余辈遗黎，皆藉此岩再免交人之难。但止能存身，而室庐不能免焉。"余观此洞洞悬绝，而以此为长城，似非保土者万全之策。况所云水穴，当兹冬月，必无余滴，余遍觅之不得，使坐困日久，能无涸辙之虑乎？余谓土人："守险出奇，当以并力创御为上着；若仅仅避此，乃计之下也。"其人"唯、唯"谢去。〔是洞高张路旁，远近见之，惟州治相背，反不得见。余西游所登岩，险峻当以此岩冠。贵溪仙岩，虽悬空瞰溪，然其上窄甚，不及此岩崆峒，而得水则仙岩为胜。〕余返饭于馆，馆人才取牌聚夫，复不成行。

二十六日

晨餐后，得两肩舆，十夫。由州治前西行。半里，有小水自州后山腋出，北注大溪，涉之。又西半里，大溪亦自西南山谷来，复涉之。遂溯溪西南行一里，于是石山复攒绕成峡，又一小水自南来入。仍溯大溪，屡左右涉，七里，逾一冈。冈南阻溪，北傍峭崖，叠石为垒，设隘门焉。过此则溪南始见土山，与西北石山夹持而西。四里，乃涉溪南登土岭，一里，跻其上。又西南下一里，旋转而东南一里，复转西南，仍入石山攒合中。一里，山回坞辟，畦塍弥望，数十家倚南山，是曰东村。乃西南行田塍间，三里，遂西过石峡。所跻不多，但石骨嶙峋，两崖骈合，共一里，连陟二石脊，始下。上少下多，共一里，仍穿石山坞中，至是有小水皆南流矣。东村之水已向南流，似犹仍北转入州西大溪者。自二石脊西，其水俱南入安平西江，所云逻水矣。山脉自此脊南去，攒峰突崿，纠丛甚固，东南尽于安平东北通利、逻水二江合处。由安平西北抵下雷，止二日程；由安平东北自龙英抵下雷，且四日程，〔凡迂数百里，〕皆以此支山嶻丛沓，故迂曲至此也。安平西北抵下雷，俱由交夷界上行。时恐窃发，方倒树塞路，故由其迂者。又西南四里，饭于骚村。四山回合，中有茅巢三架。登巢而炊，食毕已下午矣。西行一里，复登山峡，陟石磴半里，平行峡中半里，始直坠峡而下。上少下多，共一（缺）磴道与

徐霞客游记校注

涧水争石。下抵坞中，又西南一里，复与土山值〔二七〕。遂西向循土山而上，已转西南，共二里，逾山之冈。其东南隔坞皆石峰攒合，如翠浪万叠；其西北则土山高拥，有石峰踞其顶焉。循石顶之西崖北向稍下，复上土山之后重，共一里，随土山之南平行岭半。又西南一里，遂逾岭上而越其北。于是西北行土山峡中，其东北皆土山高盘纡合，而西南隙中复见石峰耸削焉。一里，复转西南，下至峡底，其水皆自北山流向西南去，此逻水之上流也。过水，有岐北上山冈，其内为三家村。时日色已暮，村人自冈头望见，俱来助舆夫而代之。又西南一里，直抵所望石峰下。涉一小溪上岭，得郎头〔二八〕之巢，是为安村，为炊饭煮蛋以供焉。是日行三十余里，山路长而艰也。

连日晴朗殊甚，日中可夹衫，而五更寒威彻骨，不减吾地，始知冬、夏寒暑之候，南北不分，而两广之燠〔二九〕，皆以近日故也。试观一雨即寒，深夜即寒，岂非以无日耶？其非关地气可知。

余乡食冬瓜，每不解其命名之意，谓瓜皆夏熟而独以"冬"称，何也？至此地而食者、收者，皆以为时物，始知余地之种，当从此去，故仍其名耳。

二十七日

昧爽，饭而行。仍东下岭，由溪西循岭北坞西行。其处旧塍盘旋山谷，甚富，而村落散倚崖坞间，为龙英西界沃壤。一里，路北皆土岭，坞南多石峰。循土岭南麓渐上一里，逾土岭之西隅，岭旁即有石峰三四夹岭而起，路出其间。转北半里，复西下半里，于是四顾俱土山盘绕矣。西涉小涧一里，又西登一冈，有数茅龛在冈头，想汛守时所栖者。又盘旋西南下一里,涉一涧,其水自北而南。逾涧西行,渐循路北土山西上,二里,逾岭而北,循路西土山西北行山半,一里,逾支岭北下过,逾涧,即前所涉之上流,西自土山涯半来,夹坞田塍高下皆藉之。登涧北冈,见三四家西倚土山,已为下雷属矣。一里,西北登岭,半里,攀其巅。又西向平行半里,逾其北,始遥见东北千峰万岫,攒簇无余隙,而土峰近夹,水始西向流矣。于是稍下,循路南土峰西向连逾二岭,共一里,望见西南石峰甚薄,北向横插如屏,而路则平行土山之上。又西二里,有路自东北来合者,为英村之道。亦下雷属。其道甚辟,合之遂循路西土山南向行。一里,又逾一土岭,直转横插石峰之西。复循路西土山之南,折而西,始西向直下一里,又迤逦坦下者一里,始及西坞,则复穿石山间矣。又西北平行一里,始有村落。又西北一里,则大溪自北而南,架桥其上,溪之西即下雷〔三〇〕矣。入东隘门,出北隘门,抵行馆〔三一〕而解装焉。是日行约十八里。州官许光祖。

下雷州治在大溪西岸,即安平西江之上流,所云逻水也。其源发于归顺西北,自胡润寨而来,经州治南流而下。

州南三十里,州北三十里,皆与高平接界。州治西大山外,向亦本州地,为莫夷所踞已十余年;西之为界者,今止一山,〔州衙即倚之,〕其外皆莫境矣。

州宅东向,后倚大山即与莫夷为界者。垒乱石为州垣,甚低,州治前民居被焚,今方结庐,(缺)内间有以瓦覆者。

其地南连安平〔三二〕,北抵胡润寨,东为龙英,西界交趾。

时交趾以十八日过胡润寨,抵镇安,结营其间。据州人言:"乃田州纠来以胁镇安者,非归顺也。"盖镇安人欲以归顺第三弟为嗣,而田州争之,故纠莫夷以胁之。

归顺第二弟即镇安赎以任本州者。其第三弟初亦欲争立,本州有土目李园助之,后不得立。李园为州人所捕,窜栖高平界,出入胡润、鹅槽隘抄掠,行道苦之。

二十八日

阴霾四塞。中夜余梦墙倾覆身,心恶之。且闻归顺以南有莫夷之入寇,归顺以北有归朝之中阻,意欲返辕,惶惑未定焉。归朝在富州、归顺之间,与二州为难,时掠行人,道路为梗。考之一统志无其名。或曰:“乃富州之旧主,富州本其头目,后得沾朝命,归朝无由得达,反受辖焉,故互相龃龉。”未知然否〔三三〕?下雷北隘门第二重上,有耸石一圆,高五丈,无所附丽,孤悬江湄〔三四〕。叠石累级而上,顶大丈五,平整如台,结一亭奉观音大士像于中,下瞰澄流,旁揽攒翠,有南海〔三五〕张运题诗,莆田〔三六〕吴文光作记,字翰俱佳。余以前途艰阻,求大士决签为行止,而无从得签诗。叩筊笤先与约〔三七〕,若通达无难,三筊俱阳、圣而无阴;有小阻而无性命之忧,三筊中以一阴为兆;有大害不可前,以二阴为兆。初得一阴并圣、阳各一。又请决,得一圣二阳焉。归馆,使顾仆再以前约往恳,初得圣、阳、阴,又徼得圣一,阳与先所祈者大约相同,似有中阻,不识可免大难否?

上午,雾开日霁,候夫与饭俱不得。久之得饭,散步州前,登门楼,有钟焉,乃万历十九年辛卯土官许应珪所铸者。考其文曰:“下雷乃宋、元古州,国初为垆府指镇安也。匿印不缴,未蒙钦赐,沦于土峒者二百年。应珪之父宗荫奉檄征讨,屡建厥勋,应珪乃上疏复请立为州治。”始知此州开于万历间,宜统志不载也。州南城外即崇峰攒立，一路西南转山峡，即三十里接高平界者；东南转山峡，即随水下安平者，为十九峒故道。今安平虑通交夷，俱倒树塞断。此州隶南宁，其道必东出龙英抵驮朴焉。若东北走田州，则迂而艰矣。是日为州墟期，始见有被发之民。讯交夷往镇安消息，犹无动静。盖其为田州争镇安，以子女马币赂而至者，其言是的〔三八〕。先是，镇安与归顺王达〔三九〕合而拒田州，田州伤者数十人，故赂交夷至。而夷亦狡甚，止结营镇安，索饷受馈，坐观两家成败，以收渔人之利，故不即动云。

　　夫至起行，已近午矣。出北隘门，循石山东麓溯溪西北行。四里，路左石山忽断，与北面土山亦相对成峡，西去甚深。有小水自峡中出，横堤峡口，内汇为塘，浸两崖间，余波（缺）出注于大溪。逾堤西转，路始舍大溪。已复北转，逾北面土山之西腋，复见溪自西北来，路亦西北溯之。已北径大峡，共四里，有木桥横跨大溪上，遂渡溪北，复溯大溪左岸，依北界石山行。回望溪之西南始有土山，与溪北石山相对成大峡焉。东北石山中，屡有水从山峡流出，西注大溪，路屡涉之。共西北五里，东北界石山下，亦有土山盘突而西，与西南界土山相凑合，大峡遂穷。大溪亦曲而西南来，路始舍溪西北逾土山峡，于是升陟俱土山间矣。又三里，西下土山，复望见大溪从西北来。循土山西麓渐转西行，二里，直抵大溪上。北岸土山中，复有一小水南注于溪。涉溪升阜，复溯大溪西北行，三里，抵胡润寨〔四〇〕。其地西南有大峡与交趾通界，〔抵高平府〔四一〕可三日程〕；西北有长峡，入十五里，两峰凑合处为鹅槽隘；正西大山之阴即归顺地，〔日半至其州〕；直北鹅槽岭之北为镇安地，〔至其府亦两日半程〕，而鹅槽隘则归顺之东境也；东北重山之内，为上英峒〔四二〕,又东北为向武地。是日下午抵胡润,闻交夷犹陆续行道上,馆人戒弗行。余恐妖梦是践,遂决意返辕,〔东北取向武州道〕。

二十九日

早雾颇重,旋明,雾愈甚。候夫不至,余散步寨宅前后,始见大溪之水,一西北自鹅槽隘来者,发源归顺南境,经寨前南下下雷;一北自寨后土山峡中来者,发源镇安南境,抵寨后汇而分二口,一由寨宅北泻石堰,西坠前溪,一由寨宅东环绕其后,南流与前溪合。盖寨宅乃溪中一碛〔四三〕,前横归顺之溪,后则镇安之水分夹其左右,于是合而其流始大,〔即志所谓逻水,为〕左江西北之源,与龙州、高平之水合于旧崇善县之驮绵埠者也。

胡润寨有巡检〔四四〕,其魁岑姓,亦曰土官,与下雷俱隶南宁府,为左江属;过鹅槽隘为(缺)即右江属。而右江诸土司如田州、归顺、镇安又俱隶思恩府。是下雷、胡润虽属南宁,而东隔太平府龙英、养利之地,北隔思恩府镇安、田州之境,其界迥不相接者也。

左、右二江之分,以鹅槽岭为界,其水始分为南北流。盖山脊西北自富州来,径归顺、镇安而东过都康〔四五〕。过龙英之天灯墟〔四六〕,分支南下者为青莲山,而南结为壶关太平府;由龙英之天灯墟直东而去者,尽于合江镇,则左、右二江合处矣。

田州与归顺争镇安,既借交夷为重;而云南之归朝与富州争,复来纠助之。是诸土司只知有莫夷,而不知为有中国矣。或曰:"镇安有叛目黄怀立往纠之。"

三十日

早寒甚。初雾旋霁,而夫终不来。盖此处铺司〔四七〕奸甚,惟恐余往归顺，以归顺远也。屡以安南夷人满道恐吓余。其土官岑姓，乃寨主也，以切近交夷，亦惟知有夷，不知有中国。夷人过，辄厚款之，视中国漠如也。交夷亦厚庇此寨，不与为难云。余为馆人所惑，且恐妖梦是践，是早为三阄[四八]请于天：一从归顺，一返下雷，一趋向武。虔告于天而拾决之，得向武者。馆人亦利余往向武。盖归顺须长夫，而向武可沿村起换也。

　　下午夫至，止八名。少二名。及各夫又不赍蔬米，心知其为短夫，然无可再待理，姑就之行。从寨宅溯北来溪而上，半里，渡溪中土冈而行，于是溪分为两而复合。取道于中又半里，渡其西夹冈者，回顾溪身自土山东峡来，而路出土山西峡上。二里，其峡穷，遂逾山陟坳。一里，复东下而与大溪遇，乃溯溪北岸东北行。二里，有石山突溪北岸，其上藤树蒙密，其下路漾江潭，仰顾南北，俱土山高爽，而北山之巅，时露峭骨，而复突此石山当道，崚嶒[四九]欹侧，行路甚难。然两旁俱芟树披茅，开道颇阔，始知此即胡润走镇安之道，正交夷经此所开也。余欲避交夷不往归顺，而反趋其所由之道，始恨为馆人所卖云。循石山而东北一里，见一老人采薪路旁，舆人与之语，遂同行而前。半里，有树斜偃溪两岸，架桥因其杪，而渡溪之南，是为南陇村。有数家在溪南，舆夫舆入老人家，遂辞出。余欲强留之，老人曰：“余村自当前送，但今日晚，请少憩以俟明晨，彼夫不必留也。”余无可奈何，听其去。时日色尚可行数里，而余从老人言，遂登其巢。老人煮蛋献浆。余问其年，已九十矣。问其子几人，曰：“共七子。前四者俱已没，惟存后三者。”其七子之母，即炊火热浆之妪，与老人齐眉[五○]者也。荒徼绝域，有此人瑞[五一]，奇矣，奇矣！一村人语俱不能辨，惟此老能作汉语，亦不披发跣足，自下雷至胡润，其人半披发不束。并不食烟与槟榔，且不知太平、南宁诸流官地也。老人言："十六日交夷从此过,自罗洞往镇安,余走避山上,彼亦一无所动而去。"

〔一〕通利江:今称桃城河。

〔二〕恩城州:隶太平府,治所在今大新县南境的恩城。桃城河环城流过。

〔三〕箸(zhù 注):筷子。

〔四〕直抵东峰之北　"东",乾隆本、四库本作"中"。

〔五〕养利州:隶太平府,治今大新县治。

〔六〕耸峒:今作松峒,在大新县治稍西北。

〔七〕鲎(hòu 后):肢口纲剑尾目鲎科动物,我国浙江以南浅海中常能见到。头胸甲宽广,作半月形;腹面有六对附肢,腹甲较小,略呈六角形,下有六对片状游泳肢;尾呈剑状。

〔八〕始下土山东去　乾隆本、四库本作:"土山自西南石峰攒合处旋亘东去。"

〔九〕果然:饱足的样子。

〔一〇〕过西北特峰抵龙英　"西北",原误倒为"北西",据本书上文改。　龙英:明为州,隶太平府,治所在今天等县西南境的龙茗。

〔一一〕全茗:明为州,隶太平府,治所在今大新县北境公路边的全茗。　茗盈:明为州,隶太平府,治所在今大新县北境,全茗稍东北的茗盈。

〔一二〕制:言其有节制文武各官的权力。明代称总督为总制,制府即总督衙门。

〔一三〕三司:明代分各省的地方权为三部分,承宣布政使司管行政,提刑按察使司管刑狱,都指挥使司管军事,合称"三司"。

〔一四〕殡(bìn 鬓):殓而未葬称殡。古时习俗,人死后殡在屋内,经过三年,再择吉日而葬,故出葬亦称出殡。

〔一五〕料:通"撩"(liáo 辽),撩拨,逗引。

〔一六〕诒(dài 殆):通"绐",欺骗。

〔一七〕正:执而治其罪。 辟(bì):刑法。

〔一八〕甲戌年:即崇祯七年,公元 1634 年。

〔一九〕归顺:明为州,直隶广西布政司,治所在今靖西县治稍南的旧州。

〔二〇〕镇安:明为府,治今德保县。

〔二一〕当道:当权者。

〔二二〕马江:今名同,在越南清化省境。

〔二三〕折:损失。

〔二四〕乌:何。

〔二五〕遗黎:劫后残留的民众。

〔二六〕笱(gǒu 狗):捕鱼的竹笼。大口窄颈,腹大而长,无底,顶部装有细竹编的倒须,鱼能入而不能出。

〔二七〕值:相逢。

〔二八〕郎头:壮族头人。岭外代答和炎徼纪闻作"郎火"。文献通考卷328 四裔考五引桂海虞衡志"僚"载:"一村中推有事力者曰郎火,余但称火。"

〔二九〕燠(yù 郁,又读 ào 奥):温暖。

〔三〇〕下雷:原为下雷峒,明初属镇安府,嘉靖四十三年(公元 1564 年)改属南宁府,万历十八年(公元 1590 年)升为州。治今大新县西北隅、逻水西南岸的下雷。

〔三一〕行馆:政府设置的接待宾客的房舍。

〔三二〕其地南连安平 "安平",原作"平安",据本日记前段改。

〔三三〕归朝:今作皈朝,在云南富宁县东境的公路旁。 富州:隶云南广南府,治今富宁县。游记所述富州与归朝的关系,当地至今还有相同的传说。清代,富州旧主沈氏重新得到封建中央承认,州治正式设在皈朝,至今皈朝还有清代富州土司衙门的遗址及碑刻。

〔三四〕湄(méi 眉):岸边。

〔三五〕南海:广州府附郭县,在今广东广州市。

〔三六〕莆田:兴化府附郭县,即今福建莆田市。

〔三七〕笤(tiáo 条):用细竹枝扎束的笤帚。筊(jiǎo 绞):通"珓",亦称杯珓、杯筊。占卜用的工具,原用蚌壳,后亦剖竹或木片,使略象蚌壳形,掷于地,看其俯仰情况,以占吉凶。

〔三八〕是的(dí 迪):肯定确实。

〔三九〕王达 沪本作"黄达"。

〔四〇〕胡润寨:又作湖润寨,今仍作湖润,在靖西县东南隅,逻水源。

〔四一〕高平府:今越南高平。

〔四二〕上英峒:又作上映洞。明史地理志思恩军民府载:"上映州,元属镇安路,洪武五年(公元 1372 年)废为洞,万历三十二年(公元 1604 年)复置,来属。"粤西游日记三十一月初九日记谓:"上英峒尚属镇安。"今仍作上映,在天等县西境的公路边。

〔四三〕 碛(qì 戚):浅水中的沙石。

〔四四〕 胡润寨有巡检 原缺"润寨有巡"四字,据明史地理志补,惟明史地理志胡润寨巡检司属镇安府。

〔四五〕 都康:明为州,直隶广西布政司,治所在今天等县治稍西北,仍名都康。

〔四六〕 天灯墟:即今天等县治。

〔四七〕 铺司:管理驿站的机构。

〔四八〕 阄(jiū 鸠):即拈阄。用几张小纸片写上字或记号,揉成纸团,由有关的人任取,根据所取纸上的字决定弃取等行动。

〔四九〕 崚嶒(léng céng 棱层):高峻突兀的样子。

〔五〇〕 齐眉:夫妇相敬如宾。

〔五一〕 瑞(ruì 锐):吉祥难得的东西。人瑞:年寿特高的人。

十一月初一日

早雾,而日出丽甚。自南陇东北行,一里,渡溪北岸。溯溪上二里,见其溪自东南山峡轰坠而下。盖两峡口有巨石横亘如堰,高数十丈,阔十余丈,轰雷倾雪之势,极其伟壮,西南来从未之见也。水由此下坠成溪西南去,路复由峡北山坞溯小水东北上。一里,坞穷,遂逾岭而上。一里,抵岭头,遇交夷十余人,半执线枪,俱朱红柄。半肩鸟铳〔一〕,身带藤帽而不戴,披发跣足,而肩无余物。见余与相顾而过。舆人与之语,云已打镇安而归,似亦诳语〔二〕。又行岭上半里,复遇交夷六七人,所执如前,不知大队尚在何所也。从此下岭半里,复与溪遇,溯之而东又半里,溪自南来,路出东坳

602

下，见一畴一坞，随之东北行。一里，有桥跨大溪上。其溪北自石山腋中来，西南经此坞中，乃南转循山而北，出东坳之西。由桥之北溯溪北入，即镇安道，交夷所由也；渡桥南，循溪东北，渡东来小溪北，为罗峒村；由小溪南循山东入，为向武道；又从东南山隙去，为上英、〔都康州〕道。渡桥共半里，换夫于罗峒村〔三〕。村倚坞北石山下。石峰之西，即镇安道所入；石峰之东，即向武道所逾，始得与交夷异道云。待夫久之，村氓献蛋醴。仍南渡东来小溪，循石山嘴转其南峡东向上，一里半，登陇上，于是复见四面石山攒合，而山脊中复见有下坠之洼。又一里半，盘陇而入，得数家焉，曰涌村。复换夫东行坞中，逾一小水，即罗峒小溪东来之上流。二里，乃东北上岭。其岭颇峻，一里抵其坳，一里逾其巅。左右石崖刺天，峭削之极，而岭道亦崎岖蒙翳，不似向来一带宽辟矣。逾岭，从岭上循东南石崖，平行其阴，又沿崖升陟者三里，渡一脊。脊东复起一崖，仍循之半里，乃东南下壑中，一里，抵其麓。于是东北行田陇间，又里许，环壑中村聚颇盛，是曰下峎〔四〕，其水似从东南山峡去。乃饭而换夫，日将晡矣。又东北上土山夹中，已渐北转，共二里，宿于上峎，而胡润之境抵是始尽。

初二日

早无雾，而日丽甚。晨餐甚早，村氓以鸡为黍。由上峎村北入山夹中，一里，登岭而上，其右多石峰，其左乃土脊。半里，逾脊北下，即多流蹊水塍，路旁有流汨汨，反自外塍奔注山麓穴中。平下半里，又北行田陇间者一里，有村在路右峰下，是为南麓村〔五〕。换夫北行二里，路右石峰之夹，路左土垅之上，俱有村落。一小水溪界其间，有水如发，反逆流而南。盖自度脊，东石、西土，山俱不断，此流反自外入，想潜坠地中者。候夫流畔久之，然腹痛如割。夫至，舆之行，顷刻难忍，不辨天高地下也。北行三里，有村在路左山下，复换夫行。于是石山复离立环绕，夹中陂陀高下，俱草茅充塞，无复旧塍。东北八里，腹痛稍瘥，有村在路左石崖之内，呼而换夫。其处山夹向东北下，而路乃西北逾石坳。始上甚崚嶒，半里，逾石山而上，其内皆土山。又上半里，即西北行土山夹中一里，又平下者一里，循北坳而去一里，见小溪自西坳中来。路涉溪左又北半里，舍溪，又西向折入土山峡半里，是为坪濑村。时顾仆以候夫后，余乃候炊村巢。顾仆至，适饭熟，余腹痛已止，村氓以溪鲫为饷，为强啖饭一盂。饭后夫至，少二名，以妇人代担。复从村后西逾一坳，共一里，转出后坳，乃东向行。止坳，转而北，共一里，则前溪自南而来，复与之遇。循溪左北行十里，又转而西向入山峡半里，有村曰六月。候夫甚久，以二妇人代舆。仍从北山之半东向出峡，半里，乃逾岭北下，共一里，复从田塍东北行。已复与南来溪遇，仍溯其西北一里，有石峰峭甚，兀立溪东，数十家倚峰临溪。溪之西，田畦环绕，辟而成坞，是曰飘峒，以石峰飘渺而言耶？土人呼尖山为"飘"。换夫，北陟岭半里，转而西入山峡，一里而下。又西北一里半，有草茅数楹在西坞，寂无居人，是曰上控。前冬为镇安叛寇王歪劫掠，一村俱空，无敢居者。于是又北半里，折而东南入石山之夹，又半里，有上控居人移栖于此。复换之行，已暮矣。透峡东南向石山下，共一里，是曰陈峒。峒甚辟，居民甚众，暗中闻声，争出而负舆。又东一里，路北石山甚峭，其下有村，复闻声出换。又东一里，峭峰夹而成门，路出其中，是曰那哽，嵚崎殊甚〔六〕。出峡，宿于那哽村。是日共行三十五里，以屡停候夫也。

徐霞客游记校注

初三日

　　天有阴云而无雨。村夫昧爽即候行，而村小夫少，半以童子代舆，不及饭，遂行，以为去州近也，东行半里，当前有〔石〕山巍耸。大溪自南峡中透出，经巍峰西麓，抵其北，折而捣巍峰北峡中东向去。路自西来，亦抵巍峰西麓，渡溪堰，循麓沿流，亦北折随峰东入北峡中。盖巍峰与溪北之峰峭逼成峡，溪捣其中，势甚险阻。巍峰东瞰溪西，壁立倒插，其西北隅倚崖阻水，止容一人攀隥东入，因而置栅为关，即北岸寨也。若山海〔七〕之东扼，潼关之西悬，皆水冲山截，但大小异观耳，而深峭则尤甚焉。去冬，交夷攻之不能克而去。王歪纠来，掠上控而去。入隘门，其山中凹而南，再东复突而临水。中凹处可容数百人，因结为寨，有大头目守云。过寨东，又南向循崖，再出隘门南下。自渡溪入隘来，至此又半里矣。于是东向行山坞间，南北石山排闼成坞，中有平畴，东向宛转而去，大溪亦贯其中，曲折东行，南北两山麓时时有村落倚之。而那峈夫又不同前屡换，村小而路长，岂此处皆因附郭守险，不与乡村同例，一贵之十里之铺者耶？东北行平畴间，两涉大溪，随溪之西共东北五里，循路右山崖南转，始与溪别。一里，乃换夫于路右村中，已望向武〔八〕矣。税驾于向武铺司。此州直隶于省，而辖于右江，供应不给，刁顽殊甚。投滕书，竟置不理。向武州官黄绍伦，加衔参将。其宅北向，后倚重峰，大溪在其北山峡中，志谓"枯榕〔九〕在州南"，非也。夜半，雨作。

初四日

　　候夫司中，雨霏霏竟日。赋投黄诗，往叩中军胡、谢。二人皆贵池〔一〇〕人，亦漫留之，为余通黄。

初五日

寒甚，上午少霁。夫至，止六名。有周兵全者，土人之用事者也，见余诗辄携入，且谕夫去，止余少留。下午，黄以启〔一一〕送蔬米酒肉。抵暮，又和余诗，以启来授。

初六日

凌晨起，天色已霁。饭后周名尚武，字文韬。复以翰〔一二〕至，留少停；余辞以夫至即行。既而夫亦不至。乃北向半里，觅大溪。即枯榕江。随其支流而东，一峰圆起如独秀，有洞三层，西向而峙。下洞深五丈，而无支窍，然轩爽殊甚。而内外俱不能上通，仰睇中上二层飘渺，非置危梯，无由而达。已出洞，环其北东二麓，复半里矣。共二里，还抵寓。适夫至，欲行。周文韬来坐留，复促其幕宾梁文焕往携程仪至。乃作柬〔一三〕谢黄，装行李，呼夫速去。及饭毕，而夫哄然散，无一人矣。盖余呼其去，乃促其起程，而彼误以为姑散去也。饭后，令顾仆往催其家，俱已入山采薪，更订期明早焉。余乃散步四山，薄暮返铺司，忽一人至，执礼甚恭，则黄君令来留驾者，其意甚笃挚。余辞以名山念切，必不能留，托其婉辞。已而谢、胡各造谒，俱以主人来留，而前使又往返再三。已而周文韬复同大头目韦守老者来谒，"守老"，土音作"苏老"，当道以守备假之。传谕谆谆，余俱力辞云。既暮，黄君复以酒米蔬肉至，又以手书恳留，俟疾起一晤，辞礼甚恭。余不能决而卧。

初七日

早寒彻骨，即余地禁寒不是过也。甫晓，黄君又致鸡肉酒米。余乃起作柬答之，许为暂留数日。是日明霁尤甚，而州前复墟，余乃以所致生鸡界僧代养，买蕉煮肉，酌酒而醉。

初八日

上午,周文韬复以黄君手柬至,馈青蚨为寓中资,且请下午候见。盖土司俱以夜代日,下午始起栉沐耳。下午,文韬复来引见于后堂,执礼颇恭,恨相见晚。其年长余三岁,为五十五矣。初致留悃〔一四〕,余以参礼名山苦辞之。既曰:"余知君高尚,即君相不能牢笼,岂枳棘敢栖鸾凤?惟是路多艰阻,虑难即前。适有归顺使人来,余当以书前导,且移书归朝,庶或可达。"而胡润乃其婿,亦许为发书。遂订迟一日与归顺使同行。乃布局手谈〔一五〕,各一胜负。余因以囊中所存石斋翁石刻并湛持翁手书示之,彼引余瞻钦锡〔一六〕奖额。上书"钦命嘉奖"四字,乃崇祯八年十月十五日为加参将向武知州黄绍伦立。时额新装,悬于高楣,以重席袭护,悉命除去,然后得见。久之返寓,日将晡矣。文韬又以黄柬来谢顾。

初九日

待使向武。是日阴云四布,欲往百感岩,以僧出不果。此地有三岩:当前者曰飘琅岩,即北面圆峰,累洞三层;中上二层不能上,时州官亦将缚梯缠架穷之。在上流者曰白岩寨,土音曰不汗,一作北岸。在治西数里,即来时临流置隘门处;在下流者曰百感岩,在治东北数里,枯榕江从此入。此三岩黄将欲穷之,订余同行,余不能待也。

间晤胡中军□尚并归顺使者刘光汉,为余言:"昔镇安壤地甚广,共十三峒。今归顺、下雷各开立州治,而胡润亦立寨隶南宁。胡润之东有上英峒,尚属镇安,而旧镇安之属归顺者,今已为交夷所踞,其地遂四分五裂;然所存犹不小。昔年土官岑继祥没,有子岑日寿存宾州,当道不即迎入,遂客死,嗣绝。其由镇安而分者,惟归顺为近,而胡润次之。田州、泗城同姓不同宗，各恃强垂涎，甚至假胁交夷，则田州其甚者也。"
又言："自归顺抵广南，南经富州，北经归朝。归朝土官姓沈名
明通，与叔构兵，既多扰攘，又富州乃其头目。今富州土官李
宝之先所辖皆俍俍，居高山峻岭之上，李能辑抚，得其欢心，其
力遂强，觭龁其主，国初竟得窃受州印，而主沈反受辖焉。故
至今两家交攻不已，各借交夷泄愤，道路为阻云。"余观周文韬
所藏归顺宗图，岑濬之子再传无嗣，遂以镇安次子嗣之〔一七〕，继祥之
与大伦，犹同曾祖者也。

周文韬名尚武，本归顺人，为余言："初，高平莫敬宽为黎
氏所攻，挈妻子走归顺，州官岑大伦纳之。后黎兵逼归顺，敬
宽复走归朝，而妻子留归顺，为黎逼索不已，竟畀黎去，故敬宽
恨之。或言奸其妻，亦或有之。及返高平，渐获生聚，而镇安复从
中为构〔一八〕，遂以兵围归顺。自丙寅十二月临城围，丁卯三
月城破〔一九〕，竟掳大伦以去。镇安复取归杀之。"初，围城
急，州人以文韬读书好义，敛金千两，马四十四，段五十
端〔二〇〕，令随数人驰献交夷，说其退师。交人狡甚，少退，受
金，辄乘不备，复合围焉，城几为破。既抵城下，尽杀随行者，每
晨以周悬竿上试铳恐之，逼之令降。悬数日，其老母自城上望
之，乃缒城〔二一〕出。母抱竿而哭于下，子抱竿而哭于上，交人
义之，为解悬索赎。母曰："儿去或可得银，余老妪何从办之？"
初释〔二二〕周行，不数步复留之。曰："此老妪，宁足为质者！
必留子释母以取金。"既而有识者曰："观其母子至情，必非忍其
母者。"乃仍释周入城，以百二十金赎母归。及城破，复一家悉
缚去，编为奴者数月，母遂死其境。后防者懈，得挈家而
遁〔二三〕。昼伏夜行，经月走荒山中，得还归顺，妻子不失一

人。即与归顺遗目一二人同走当道，乞复其主。又遍乞邻邦共为援助，乃得立大伦子继纲延其嗣。而向武爱其义勇，留为头目，乃家向武。

镇安岑继祥，乃归顺岑大伦之叔，前构〔二四〕交夷破归顺，又取归杀之。未几，身死无嗣。应归顺第二子继常立，本州头目皆向之。而田州、泗城交从旁争夺，遂构借外夷，两州百姓肝脑涂地。虽争势未定，而天道好还如此。初，归顺无主，交夷先纵次子继常归，遂嗣州印。后复纵继纲，盖重叠索贿也。后当道以州印畀继纲，而继常返初服。

初十日

天色明丽。未日则寒甚，日出则回和。先晚晤归顺使，刘光汉。言归朝、富州路俱艰阻，而交夷尤不可测，劝余无从此道。余惑之，复阄于佛前，仍得南丹、独山为吉。既午，周文韬传黄君命，言："不从归顺、归朝，可另作田州、泗城书，觅道而去。"余素不顺田州，文韬亦言此二州俱非可假道者，遂决意从东。是日此地复墟，以黄君所赐宋钱，选各朝者俱存其一，以其余市布为裹足，市鱼肉为蔬，又得何首乌之大者一枚。抵暮，黄君以绵衣、唐巾〔二五〕、绅裙为赐。

〔一〕乌铳　　原作"乌铳"。武备志："即飞鸟之在林，皆可射落，因是得名。"据改。乌铳（chòng 冲）：亦称乌嘴铳，是古代的一种金属管形火器。有瞄准器，身管长，有木托，但仍用火绳发火。

线枪：乌枪类火器的一种，周围成八棱形，木床只及身管的一半，没有通条。

〔二〕诳（kuáng 狂）语：欺骗人的话。

〔三〕罗峒村：今作乐屯，在靖西县东南隅，湖润东北。

〔四〕下峺:今作下更,在靖西县东南隅,乐屯东北。

〔五〕南麓村:今作䯄乐,在天等县西隅。

〔六〕嵚(qīn钦)崎:山高峻的样子。

〔七〕山海:即山海关,又称"榆关"、"渝关",在明代长城的东端,今河北秦皇岛市。北依角山,南临渤海,地势险要,关城雄伟,自古即为华北到东北的交通要冲。关城今存,上有"天下第一关"的题额,为全国重点文物保护单位。

〔八〕向武:明为州,直隶广西布政司,治所在今天等县西北境的向都。

〔九〕枯榕江:今称城江,从西南往东北流,在田东境内入右江。

〔一○〕贵池:池州府附郭县,即今安徽池州市驻地贵池区。

〔一一〕启(qǐ起):书札。

〔一二〕翰(hàn汗):文辞,书信。

〔一三〕柬(jiǎn简):通"简",名帖、信札等的统称。

〔一四〕留悃(kǔn捆):真心诚意相留。

〔一五〕手谈:下围棋。

〔一六〕钦(qīn亲):对皇帝所作事情的敬称。　　锡(cì刺):赐与、给与。

〔一七〕遂以镇安次子嗣之　　"镇安",原误倒为"安镇"。游记多处作"镇安",据改。　　嗣(sì四):继承。

〔一八〕构(gòu购):罗织陷害。

〔一九〕丙寅:天启六年,公元1626年。　　丁卯:天启七年,公元1627年。

〔二○〕段:通"缎",绸缎。　　端:古代计量布帛长度的单位,犹"匹"。

〔二一〕缒(zhuì 坠)城:系在绳子上放下城去。

〔二二〕释　　本日记原皆作"什"。依文意为"释"的音字,释即释放。

〔二三〕挈(qiè 切)家:带领全家。

〔二四〕构(gòu 购):交接,勾结。

〔二五〕唐巾:唐代帝王所戴的一种便帽,后来也为士人所服用。

十一日

天色明丽,晓寒午暖。觅帖〔一〕作启谢黄君,而帖不可得。当户居民有被焚者,远近俱升屋驱飞焰,携囊远置旷野中。盖向武无土城,而官民俱茅舍,惟州宅厅事及后堂用瓦,故火易延爇云。下午,以短折〔二〕复黄。

十二日

天色明丽,晓寒午暖。独再往琅山寻岩,西面仰望,不得上而还。向武东至旧州五十里。又三十里为刁村,为土上林境,枯榕江由此入右江。又三十里为土上林县。向武西南三十里上英峒界有吉祥洞,前后通明,溪流其间,为韦守所居地。又东南二十里有定稔村〔三〕,有洞甚奇奥,俱有石丸、荔盆。

十三日

同韦守老联骑往百感岩。先径琅山东,回望见东面悬梯,乃新缚以升岩者。出百感岩,度横栈,未下梯,有岐东循崖。有岩在百感东,晚不及上。

十四日

韦守老再约游琅岩。余早饭,即先行,〔出州城北半里,觅大溪,溪即枯榕江。随其支流而东游琅岩。〕游毕,韦未至,余再往百感,游东上岩。复从百感大岩内,暗中穿洞北,下百感村〔四〕。矮僧净虚以酒来迎,遂溯水观水岩。外水深不得入,约明日缚筏以进。遂一里,东北渡桥,由百感外村东南逾岭,二里,南出东来大路。西一里,入隘门,〔过红石崖下,其北石山有洞南向,甚崆峒。〕西向行月下,共五里,还铺舍。

十五日

早起,晓寒午暖,晴丽尤甚。饭后仍往百感。过琅岩不上,东渡南曲小溪,循东流,有岩在路北,其下则东分中流所入穴。闻矮僧来言:"村氓未得州命,不敢缚筏。"阻余转。乃仍至琅岩东北,观枯榕水、三分水。北为龙行村〔五〕。由其西南渡溪北,越村东,随所分北溪东入山隘。东北共五里,其水东向捣入山穴。穴崖上有洞,门俱西向,中甚暖,有白丹丸。还铺,复入见黄君手谈。入夜,出小荔盆、石丸四,俱天成。

十六日

黄君命人送游水岩。

十七日

黄君以〔银〕镯送〔六〕。

十八日

天色明丽,待夫,上午始行。周文韬、梁心谷与茂林师远送,订后期而别。东过红石崖下。其北石山有洞南向,甚崆峒,惜不及登。〔直东即出东隘,可五十里至旧州,又三十里为刁村,又三十里为土上林县。余从镇远道,乃〕从此南入山,土石相间而出。五里,南逾一石山脊,亦置隘门,是名岭腋。下岭东南行,山夹间始有田畴。又五里,得一聚落曰邓村〔七〕,换夫。又东入山峡,过一脊,换夫于路。其处村在山北,呼之而出。又二里,饭于喋村。村人以虫为"喋",形如长身蟋蟀,而首有二眼,光如蜻蜓,亦一异也。又东南行山峡间,三里,换夫于北麓。又东南半里,渡小溪。半里,复上土山,其岭甚峻。半里登其巅,日已暮矣。东南下山一里,抵其坞。又暗行半里,抵一村。时顾奴候夫,后久而始至。得夫,又秉炬行。又东南下,渡一小溪,复南循水上山峡间,时闻水声潺潺,不可睹也。共五里而宿于下宁峒之峒槽村。问上宁峒,已在其西上流。是日约行三十里。

　　自十一月初三至向武,十八日起行,共十六日。向武石峰,其洞甚多,余所游者七:为百感洞,又东洞,又下洞,又后岩水洞;为琅山洞,又下洞;为龙巷东北江流所入之上洞。其过而未登者三:为〔琅山东北二里,〕中江坠穴之上,高岸南向洞;又为〔琅山东南二里,〕南江所绕独峰之上西南向洞;又为州东北巨峰南向洞,〔洞在红崖峰北。〕其闻而未至者二:为吉祥,在西南四十里,韦守老所居。〔洞前后通明,溪流其间。〕为定稔,土音丰辇〔八〕,在东南三十里。二洞又最以奇著者也。〔共十二洞云。〕所游之最奇者,百感雄邃宏丽,琅山层叠透漏,百感东洞曲折窈窕,百感水洞杳渺幽闶,各擅其胜,而百感为巨擘矣。

　　枯榕江〔即州北大溪,〕自向武西南境东流,自北岸寨抵向武北龙巷村之前。其东有石峰一枝,东西如屏横列。江当其西垂,分而为三:北枝东循峰北入峡,为正派;中枝东循峰南,停而大,为中江;南枝东南流田塍间,小而急,为南江。入峡者东北转五里,山势四逼,遂东捣石崖穴中,势若奔马齐驱。下坂,入山而东,经百感岩,北透其下,为水洞者也。循山南者,东行二里,忽下坠土穴,此派经流独短。亦北注石山而一,想亦潜通百感者也。南行塍间者,东绕平畴中两独峰之南,又东抵隘门岭西麓,折而北,直趋百感东洞之下,稍东入峡,亦下坠土穴,而北入百感。三流分于横列石峰之西,隔山岐壑,而均倾地穴,又均复合于百感一岩之中,而北出为大溪,始东北流峡去,经土上林之刁村而入右江。百感岩北,有村曰百感村。村东南向,庐舍之下有小流三派,从石穴溢而成渠,大溪自百感岩出,即与之合流。始知此山其中皆空,水无不出入旁通也。

　　百感岩在向武州东北七里。其西南即分水横列之山,中江之水所由入者;其东南即隘门岭之山,北逦而屏于东,南江之水所由折而北入者;其西北即此山之背,环为龙巷东入之内坞,北江之水所由捣而下者;其东北即此山后门,绕而为百感村,众江既潜合于中,所由北出者。此山外之四面也。而其岩则中辟于山之半,南通二门皆隘:一为前门,一为偏穴。北通一门甚拓,而北面层峦阻阂,不通人间。自州来,必从南门入,故巨者反居后,而隘者为前。前门在重崖之上,其门南向。初抵山下,东北攀级以上,仰见削崖,高数百仞,其上杙木横栈,缘崖架空,如带围腰,东与云气同其蜿蜒。既而西上危梯三十级,达崖之半,有坪一掌,石窍氤氲,然裂而深。由其东缘崖端石级而左,为东洞;由其西践栈而右,为正洞之前门。栈阔二尺,长六七丈,石崖上下削立,外无纤窦片痕,而虬枝古干,间有斜骞于外,倒悬于上者,辄就之横木为杙。外者藉树杪,内者凿石壁,复以长木架其上为梁,而削短枝横铺之,又就垂藤以络于外。人践其上，内削壁而外悬枝，上倒崖而下绝壑，飞百尺之浮桴，俯千仞而无底，亦极奇极险矣。栈西尽，又北上悬梯十余级，入洞前门。门南向，其穴高三尺五寸，阔二尺，仅容伛偻入。下丈许，中平，而石柱四环如一室，旁多纤穴，容光外烁，宿火种于中。爇炬由西北隙下，则窅然深陷。此乃洞之由明而暗处也。下处悬梯三十级，其底开夹而北，仰眺高峻。梯之下，有小穴伏壁根。土人云："透而南出，亦有明室一围，南向。"则前门之下层，当悬栈之下者也。由夹北入，路西有穴平坠如井，其深不测。又入其西壁下，有洼穴斜倾西坠。土人云："深入下通水穴，可以取水。"然流沙圮泻，不能着足也。西壁上有奥室围环中拓，若悬琉璃灯一盏，乃禅室之最闳者。出由其东，又北过一隘，下悬梯三十级，其底甚平旷，石纹鄰鄰，俱作荔枝盆。其西悬〔乳〕菱菰〔九〕，攀隙而入，如穿云叶。稍北转而西上，望见微光前透甚遥，蹑沙坂从之，透隘门西出，则赫然大观，如龙宫鹅阙〔一〇〕，又南北高穹，光景陆离，耳目闪烁矣。此乃洞之由暗而明处也。其洞内抵西南通偏门，外抵东北通后门，长四十丈，阔十余丈，高二十余丈。其上倒垂之柱，千条万缕，纷纭莫有纪极；其两旁飞驾之悬台，剜空之卷室，列柱穿崖之榭，排云透夹之门，上下层叠，割其一窝，即可当他山之全鼎〔一一〕。其内多因其高下架竹为栏，大者十余丈，小者二、三丈，俱可憩可眺。由东崖跻隘入西南洞底之上层，其内有编竹架菌〔一二〕而为廪者，可置谷千钟〔一三〕焉。其上又有龛一围，置金仙于中，而旁小龛曰慈云莲座，乃黄君之母夫人像也。黄母数年前修西方之业〔一四〕

于此，此其退藏之所；而外所编竹栏，则选佛之场；而廪则黄君储以备不虞者。龛西则偏门之光，自顶射下。此处去后门已遥，而又得斯光相续，遂为不夜之城。攀峻峡西上，透其门颇隘，即偏门也。其门西南向，下临不测，惟见树杪丛丛出叠石间，岨悬嶂绝，不辨其处为前山、后山也。龛既穷，仍由故道下，东北趋后门。其门东北向，高二十丈，门以外则两旁石崖直坠山麓，而为水洞之门；门以内，则洞底中陷，亦直坠山底而通水洞之内。陷处径尺五〔一五〕，周围如井。昔人置辘轳于上，引百丈绠下汲，深不啻十倍虎阜。恐人失足，亦编竹护其上，止留二孔以引轴轳，人不敢涉而窥也。井外即门，巨石东西横峙，高于洞内者五尺，若门之阈。由井东践阈，踞门之中，内观洞顶，垂龙舞蛟，神物出没，目眩精摇；外俯洞前，绝壁抟云，重渊破壑，骨仙神耸。此阈内井外峡，下透水门，亦架空之梁，第势极崇峻，无从对瞩耳。阈东透石隘东北下，磴倚绝壁，壁石皆崆峒，木根穿隙缘窍，磴断处，亦横木飞渡。下里半而为百感村。徐子曰：此洞外险中闳，既穿历窅渺，忽仰透崇宏，兼一山之前后以通奇，汇众流于壑底而不觉，幽明两涵，水陆济美，通之则翻出烟云，塞之则别成天地。西来第一，无以易此。

百感东岩在百感前门之东。由栈东危崖之端，东缘石痕一缕，数十步而得洞。其门亦南向，门以内不甚深，而高爽窈窈，石有五色氤氲之状，〔诡裂成形〕。由峡中东入三四丈，转而北，有石中峙。逾隘以进，遂昏黑。其中又南北成峡，深十余丈，底平而上峻；北尽处有巨柱回环，其外遂通明。跻级北上,有窍东透而欹侧,只纳天光,不堪出入也。由窍内转而北,又连辟为二室:一室中通而外障,乃由内北达者;一室北尽而东向,乃临深而揽胜者。先由中通之室入,其西隙旁环,俱可为房为榻。其东之外障,亦多零星之穴,悬光引照焉。北透一峡,达于北室,其前遂虚敞高门。门乃东临绝壁,中有纤笋尖峙于前,北有悬崖倒垂于外,极氤氲之致。其下闻水声潺潺,则<u>南江</u>之水,北转而抵其下入穴者也,然止闻声而不见形焉。其内西壁,亦有群乳环为小龛,下皆编竹架栏,亦昔人栖隐者。此洞小而巧,幽爽兼备,为隐真妙境。第中无滴沥,非由前栈入<u>百感</u>后轴轳取之,则由前梯转觅洞山前,取道其遥矣。

　　<u>百感</u>下水岩,在<u>百感</u>洞后门之下,<u>百感</u>村之南。<u>百感</u>有内、外两村。山从<u>百感</u>洞分两界,北向回环,下成深坞,而岩下水透山成江,奔腾曲折而北去。从<u>土上林</u>刁村<u>下右江</u>。〔村〕界于其中,源长而土沃,中皆腴产。洞在内村之南二百步,其门东北向,高耸而上,即后门也。水自洞出,前汇为广潭,中溢两崖,石壁倒插水底。从潭中浮筏以入,仰洞顶飘缈若云,孰意乃向之凌跨而下者耶!洞内两壁排空,南向而入,潴水甚深。西壁有木梯悬嵌石间,土人指曰:"此即上层轴轳之处。昔<u>侬智高</u>〔一六〕时,有据洞保聚者,兹从下汲。此其遗构也。"东壁石隙中拓,有架庐绝顶,飞缀凭空,而石壁危削虚悬二十丈,无可攀跻。土人曰:"此戊午〔一七〕荒歉,土人藏粟储粮以避寇者。须缚梯缀壁以上,兹时平,久不为也。"入十余丈,下壑既穷,上峡悬透,遥眺西南峡窔深入处,高影下射,光采烨烨,而石峻无级可跻,不知所通为山之前、山之右也。下壑石根插

入水间，水面无内入之隙，水之所从，由下泛滥而出，则其中众水交合处，犹崆峒内扃，无从问津焉。乃返筏出洞，从门外潭西蹑崖登门左之壁。透峡窍而上，辟岩一围，其门东向，下临前潭，右瞰洞水，前眺对崖之上，旁窦氤氲，可横木跨洞门而渡也。辟岩中广下平，可栖可憩，第门虽展拓，而对崖高屏，曾无日光之及，不免阴森。若跨木以通对崖，则灏灵爽气无不收之矣。此洞阻水通源，缥缈掩映，为神仙奥宫。若夫重峦外阻，日月中扃，即内村已轶桃源，而况窈窱幽闶，若斯之擅极者乎！

百感前下岩，在百感洞前门之下，路西坑腋间。其门亦南向，高拓如堂皇，中多巨石磊落，其后渐下。盖水涨时，山前之水亦自洞外捣入者，而今无滴沥也。洞东北隅有峡北入，其上透容光，其下嵌重石。累数石而下窥，其底渊然，水涵深窭，而石皆浮缀两崖间，既不能披隙而下，亦不能架空而入，惟倚石内望。西北峡穷处，亦有光内射，其隙长而狭，反照倒影，烨烨浮动，亦不知所通为山之后、山之右也〔一八〕。

龙巷东北坞上洞，在向武州东北七里，即百感之西崖，第路由龙巷村东入，〔山〕北转盘旋成坞，枯榕北枝大江分捣其中，崖回坞绝。坠穴东入，而洞临其上，其门西向，左右皆危崖，而下临激湍。原无入路，由其北攀线纹践悬壁以入，上幕云卷，下披芝叠。东进六丈后，忽烘然内暖，若有界其中者。盖其后无旁窦，而气益〔一九〕不泄也。又三丈，转而北，渐上而隘，又三丈而止。其中悬柱亦多，不及百感之林林总总〔二〇〕。而下有丸石如珠，洁白圆整，散布满坡坂间。坡坂之上，其纹皆鳞鳞如绉簇，如鳞次，纤细匀密，边绕中洼，圆珠多堆嵌纹中,不可计量。余选其晶圆者得数握,为薏苡,为明珠,不能顾人疑也。玉砂,洞中甚难得,亦无此洁白。

　　琅山岩在州北半里,其形正如独秀。始见西向有门三叠,而不知登处反在东峰之半也。余至后,黄君始命缚梯通栈,盖亦欲择其尤者为静修之地耳。由东麓攀危梯数百级,入其东门,其门豁然高敞。门以内遂分三径。由北窍者,平开一曲,即透北门,直瞰龙巷后北山,大溪西来界其中,抵横裂峰西而三分之,北面峦岚溪翠,远近悉揽。由南窍者,反从洞内折而东出,外复豁然,即东门之侧窍也。第一石屏横断其径,故假内峡中曲出,其内下有深洼,渊坠而底平。由其上循崖又南入峡中,渐上渐隘,有石横跨其上,若飞梁焉。透梁下再上,峡始南尽,东壁旋穴庋空,透窗倒影,西窍高穹曲嵌,复透而南,是为南门。其前正与州东北巨峰为对,若屏之当前,西南不能眺一州烟火,东南不能把三曲塍流,而不知其下乃通行之峡也。由西直入者,高穹旁拓,十丈以内,侧堰曲房,中辟明扉,若隘门之中堃者。然其上穹盘如庐,当隘处亦上裂成峡,高剧弥甚。透隘门而西,则西辟为堂,光明四溢,以西门最高而敞也。堂左南旋成龛,有片石平庋为榻,有悬石下卷为拓托,皆天成器具也。堂右北嵌成楼〔二一〕,圆转无隙,比及前门,则石阈高栏。透窍以出,始俯门下层崖叠穴,危若累棋,浮如飞鹢〔二二〕。盖已出西望第三门之上,而中门在其下矣。坐其上,倒树外垂,环流下涌,平畴乱岫,延纳重重,断壑斜晖,凭临无限,三门中较为最畅矣。夫此一山,圆如卓锥,而其上则中空外透,四面成门,堂皇曲室,夹榭飞甍,靡所不备。徙倚即殊方,宛转频易向,和风四交,蒸郁不到,洵中天之一柱,兼凌虚之八窗〔二三〕,栖真之最为缥缈,而最近人间者也。惟汲泉须盘梯而上,不便负戴耳。

下洞即在琅山西麓,其门西向,东入三丈余而止。仰其上,则悬岩层穴,又连叠门两重。余初至此,望之不能上达。明日又至,亦不知其上层之中通于东,并不知东之可登也。既而闻黄君命缚梯,既而由其南峡,同韦守老往百感出山之东,回望见梯已蜿蜒垂空,始知上洞须东上,下洞独西入,而中洞则无由陟焉。

十九日

晓起,有云。晨餐后,半里过宁墟。〔从南峡去,抵天灯墟,闻有营怀洞,乃龙英分界,为左、右二江脊。〕东折入山坞一里,北入峡一里,逾小脊北下。随山东转,又二里,南那村换夫。东北行二里,东逾一岭,曰石房岭。下岭而东,又二里,至石房村换夫。又东二里,复上山半里,过一岭脊。脊不高,其北水从东北坠,其南水从南流,是为向武、镇远分界,而左、右江亦以此分焉。随流南下一里,大路自西来合,遂东转循老山之南,东逾平峡一里,大道直东去,又从岐随水东南下一里半,四山环坞一围,曰龙那村〔二四〕,已镇远属矣。〔初至村,遥见屋角黄花灿烂,以为菊,疑无此盛,逼视之,乃细花丛丛,不知其名。又见白梅一树,折之,固李也。黄英白李,错红霜叶中,亦仲冬一奇景。〕饭而行,北逾岭而下,共一里,又行峡中半里,与西来大道合。于是随水形东行山峡间,五里,水形东北去,路东南上山。半里,又从岐南逾一岭,共一里而下,得南峒村。村人顽甚,候夫不即至,薄暮始发。其峒四山连脊,中洼为池,池上有穴,东面溢水穿山腹东出,池西乃居人聚庐所托也。东逾岭而下,共一里,东向行山坞间。八里,过一村,又东与石山遇。循其南崖,崖上石窦历乱俱可入,崖下累石属南山,傍崖设隘门以入,于是南北两石山复峥峥屏立矣。又东一里为镇远州[二五],宿于州东之铺舍。州官名赵人伟。

州宅西南向。其地〔属太平府,〕在太平府东北二百里。西南一日至全茗[二六],又经养利而达府。西北为向武界,十八里。东北为结伦界,十六里。东为结安界[二七],西南为全茗界。州前流甚细,南入山峡,据土人言,乃东北至结伦,北入右江者。由此言之,则两江界脊西自镇安、都康,经天灯墟,龙英之北,向武之南,二州分界。东径全茗、永康、罗阳[二八]诸地而抵合江镇。昨所过石房村东南之脊,乃北走分支,其南下之水,尚非入左江者也。

二十日

晨起,小雨霏霏。待夫,而饭后至。乃雨止,而云不开。于是东向转入山峡,半里,循南崖之嘴转而北,循北崖之□共半里,出一隘门,循西山之麓北行二里,山撞而成峒。乃转而东一里,又东出一隘门,即循北山之麓。又东一里上一岭,共一里,逾而下,复东行一里,随小水转而北。其处山峡长开东西两界,中行平畴,山俱深木密藤,不辨土石。共北二里半,渡小水,傍西麓北行。又二里,稍东北,经平畴半里,已复北入峡中。其中水草沮洳,路循西麓,崎嵚而隘。二里,渡峡而东上东岭,一里跻其巅,东下一里,抵其麓。其岭峻甚,西则下土而上石,东则上土而下石,皆极峭削,是为镇远、结伦分界。又东行坞中一里,复稍上而下,共一里,逾小石脊。又东北平行半里,乃直下石崖中,半里,已望见结伦村聚矣。既下,又东行平畴一里,有小水自西南山夹来,又一大溪自南来,二水合而北注,北望土山开拓。乃涉溪而东,是为结伦〔二九〕,止于铺舍。适暮,微雨旋止。州乃大村落,州官冯姓。是日共行二十里。

都康在镇安东南,龙英北,胡润、下雷东,向武西南,乃两江老龙所经,再东即为镇远、结伦。土人时缚行道者转卖交夷,如壮者可卖三十金,老弱者亦不下十金。如结伦诸土州隔远,则展转自近州递卖而去;告当道,仍展转追赎归,亦十不得二三。其例:每掠卖一人,即追讨七人,然不可得。土州争杀,每每以此。

结伦在向武东南,都结〔三○〕西南,土上林在其北,结安在其南。其水自西南龙英山穴中流出,北流经结安,又北至结伦,绕州宅前,复东北入山穴,出土上林而入右江。疑即志所称泓漳江。从结伦东北入石穴,出向武境、土上林,与枯榕俱入右江者。

〔一〕 帖(tiě 铁):小束。

〔二〕 折:书札用折迭的形式出现者,即称折子或手折。

〔三〕 定稳村:今作廷稳,在天等县西北境,向都稍东。

〔四〕 百感村:今仍作百感,在天等县西北境,向都稍东北。

〔五〕 龙行村:十一月十八日记及乾隆本、四库本皆作“龙巷村”,今作“陇祥”,在天等县西北境,向都稍北。

〔六〕 黄君以银镯送　　乾隆本、四库本作“复以银烛赠予”,“镯”作“烛”。徐镇辩讹:“银烛,花银如烛者。”

〔七〕 邓村:今作下邓,在天等县北境,向都稍东南。

〔八〕 丰辇　　“丰”,原作“豐”,应系“豐”字之误。乾隆本、四库本作"风辇洞"。"风"、"丰"同音,可证。

〔九〕 萎蕤(wěi ruí 委锐阳):原为草木茂盛枝叶下垂的样子,此处用以形容众多石钟乳悬垂。

〔一〇〕 如龙宫鹅阙 "鹅",沪本作"峨"。

〔一一〕 鼎(dǐng 顶):古代煮东西的青铜器,圆形三足两耳,也有长方四足的。

〔一二〕 菌(jùn 郡):通"箘",一种竹的名称。

〔一三〕 钟(zhōng 中):古量单位。大小有变化,一般是十釜为一钟,合六斛四斗。

〔一四〕 修西方之业:拜佛,求往升西方净土。

〔一五〕 陷处径尺五 "尺五",乾隆本、四库本作"一丈五尺"。

〔一六〕 侬智高:生卒年不详,宋羁縻广源州的壮族首领,属广南西路邕州(今南宁市)所辖。庆历元年(公元 1041 年),势力扩展到傥犹州(今广西靖西县东部),建立"大历国"政权。后以交趾进犯,徙安德州(今靖西县西隅的安德)建立"南天国"政权。皇祐四年(公元 1052 年)起兵反宋,陷邕州,自立为"仁惠皇帝",并沿江而下,破横、贵、龚、浔、藤、梧、封、康、端诸州,围广州五十七日不下,再北上至全州,受挫反回邕州。皇祐五年(公元 1053 年),宋遣大将狄青征讨,侬智高兵败于昆仑关归仁铺,以后退走大理。至今在云南文山州还能听到有关狄青征侬智高的传说。

〔一七〕 戊午:万历四十六年,公元 1618 年。

〔一八〕 亦不知所通为山之后山之右也 "后",乾隆本、四库本作"前"。

〔一九〕 盎(àng 昂去):充盈。

〔二〇〕林林总总：众多的样子。

〔二一〕堂右北嵌成楼　　原作"堂石北嵌成楼"，有误。

〔二二〕鹢(yì益)：古书中常提到的一种水鸟，形状像鹭鹚，能高飞。

〔二三〕中天：天之中，天顶。　　凌(líng灵)虚：高入天空。

〔二四〕龙那村　　乾隆本、四库本作"龙濑村"。

〔二五〕镇远州　隶太平府，治所在今天等县北境的镇远。

〔二六〕全茗　　原作"上茗"，据明史地理志改。下同。

〔二七〕结安　　原作"佶安"。明史地理志作"结安"，十二月初五日记亦作"结安"，据改，下同。结安：明为州，隶太平府，治所在今天等县东北境、进结稍南的结安。

〔二八〕永康：明为县，治所在今扶绥县北境的旧县。万历二十八年(公元1600年)升为州，仍隶太平府，治所南迁至今扶绥县北境的中东。　　罗阳：明为县，隶太平府，治所在今扶绥县北境、中东稍南的南哨附近。

〔二九〕结伦　　原作"佶伦"。明史地理志作"结伦"，十一月二十四日记亦作"结伦"，据改。下同。结伦：明为州，隶太平府，治所在今天等县东北境的进结，又作镇结。

〔三〇〕都结　　"结"原作"给"，明史地理志及十一月二十二、二十三日记皆作"结"，据改。下同。

二十一日

浓云密布而无雾。候夫未至。饭后散步东阜，得古梅一株，花蕊明密，幽香袭人。徘徊其下不能去，折奇枝二，皆虬干珠苉〔一〕。南望竹崖间一岩岈然，披荆入之，其门北向。由隘窦入，中分二岐，一南向入，一东南下，皆不甚深。还铺舍，觅火炙梅枝。微雨飘扬，拈村醪对之，忘其为天涯岁暮也。

　　既午雨止，日色熹微，夫始至，复少一名，久之乃得行。从东南盘崖间小岩一里，路循坞而南，度小溪，有岐东向入土山。从坞南行又一里，有岐西南溯大溪，结安、养利大道，为此中入郡者。又正南行一里，折而东入土山之峡。〔其处西为镇远来所逾，石峰峭聚如林；东为土山，自结伦北南绕而西，遥裹西面右峰；中开大坞，亦自西南转北去。〕从土峡中东行一里，遂跻土山而上。又一里，逾山之巅，即依岭南行。一里，出南岭之巅，〔东望盘谷东复有石山遥列，自东北环峙西南矣。〕东向循岭半行，又一里，转南半里，又东下半里，抵山之麓。遂从坞东南行二里，越一南来小水，又北越一西北来小水，得一村倚东山下，众夫遂哄然去。余执一人絷〔二〕之，始知其地为旧州，乃结伦旧治，而今已移于西北大溪之上。两处止隔一土山，相去十里，而州、站乃互相推委。从新州至都结，直东逾山去，今则曲而东南，欲委之旧州也。始，当站者避去，见余絷其夫，一老人乃出而言曰："铺司姓廖，今已他出，余当代为催夫。但都结须一日程，必明日乃可。"候余上架餐饭，余不得已，从之。检行李，失二鸡，乃镇远所送者。仍絷前夫不释。久之，二村人召鸡，释夫去。是日止行十里，遂止旧州〔三〕。

二十二日

　　早起，天无雾而云密布。饭后，村人以二鸡至，比前差小。既而夫至，乃行。一里，东北复登土山，四里，俱从土山脊上行。已下一坞，水乃东北行，遂西北复上土山，一里逾脊。又东北行岭上二里,转而西北二里,始与结伦西来路合。乃下山,得一村曰陆廖村〔四〕,数家之聚在山半。其夫哄然去,余执一人絷之,盖其夫复欲委之村人也。度其地止去结伦东十余里,因其委旧州,旧州欲委此村,故展转迁曲。始村人不肯承,所絷夫遍号呼之,其逃者亦走山巅遍呼村人。久之,一人至,邀余登架,以鸡黍饷而聚夫〔五〕,余乃释所絷者。日午乃得夫,遂东上。岭头有岐,直北者为果化道〔六〕,余从东岐循岭南而东向行。半里,遂东北下山,一里而及山坞,有小水自北坞中来,折而东去。渡之复北上岭,一里逾岭北,循之东向行。半里,有岐直东从岭畔去;即都结大道。以就村故,余从东北岐下山。复一里抵山坞,有小水自北来,折而东南去。渡之,复东北逾一小岭,共一里半,前所渡水穿西南山夹来,又一小水从西北山夹下,小会而东,路遂因之。屡左右渡,凡四渡,共东行三里,又一小水从南坞来合之北去。又东渡之,复上岭,一里,逾岭东下,其水复从北而南。又东渡之,复上山,随之东行一里半,水直东去,路折入东北峡。一里,得数家之聚,曰那印村。夫复委之,其郎头他出,予执一夫絷而候之。时甫下午,天复明霁,所行共二十余里。问去都结尚一日程,而中途无村可歇,须明日早行,即郎头在亦不及去矣。余为怏怏,登架坐而待之。久之郎头返,已薄暮矣。其饷以鲫为供。

二十三日

早雾四塞,既饭而日已东出。促夫至,仍欲从东北坞行。余先问都结道,当东逾岭,窥其意,以都结道远,复将委之有村处也。盖其地先往果化,则有村可代,而东南往都结,无可委之村,故那印夫必不肯东南。久之,一人来劝余,此地东往龙村,名囤龙,亦结伦

（缺）即都结属,但稍迂,多一番换夫耳。余不得已,从之。乃东北入坞中,半里,复与前西南来之水遇,遂循之东向行。二里,下坞中,忽望见北坞石山回耸。又半里,路右东行之水,又与一东南来水会而北去。东向涉之,复上岭,东北一里,逾岭上。又北行岭脊半里,望西北石山与所登土山分条而东,下隔绝壑,有土脊一枝横属其间,前所渡北流之水,竟透脊而入其坞穴中,不从山涧行矣。路既逾岭,循岭上东行三里,过一脊,又平行一里,始东南下。一里半,及坞底,忽见溪水一泓深碧盈涧,随之东下,渐闻潺潺声,想即入脊之水至此而出也。东行半里,又有小水自东峡而出,溯之行一里,溪四壑转〔七〕,始见溪田如掌。复随之东南行一里,水穷峡尽,遂东上一里,登岭。平行岭北半里,又东南坦下者半里,过一脊,又东北逾岭半里而上,逾其阴,望东北坞中,开洋成塍。又东北半里,始东向下山,半里,午抵囤龙村〔八〕。土人承东往果化,不肯北向都结,亦以都结无村代也。饭于郎头家。下午夫至,郎头马姓者告余曰:"此地亦属结伦,若往送都结,其径已迂,恐都结村人不承,故本村不敢往;往果化则其村为顺,不敢违耳。"盖其地往都结,尚有一村曰捺村,仍须从所来高岭之脊南向而去。余不得已,仍从之。及升舆,尚少三人,遍入山追之。比至,日已西入山,余有戒心,闻结伦、都结土人不良。竟止不行。是午,土人以鼠肉供,麾却之〔九〕。易以小鸟如鹌鹑,乃薰干者,炒以供饭。各家所供酒,或烧酒或白浆,皆可食。又有黄酒,色浊味甜,墟中有沽者,各村罕有。是日上午行二十里而已。

二十四日

早起,雾色如洗;及饭,反有雾蒙四山;日出而净如故。及起行,土人复欲走果化,不肯走都结,即迁往其村,亦不肯送。盖与都结有仇杀,恐其执之也。余强之不能,遂复送向那印。盖其正道在旧州,此皆迂曲之程也。遂西南行田陇间,半里,穿石隙登土山西向平上,半里及其巅。又半里,越岭而南,稍下度一脊。又平上半里,复逾巅西下。一里,及坞中,遂循水痕西北行。一里,有小水自北坞来,与东来小水合而西去。又随之西一里,复有小水自北坞来,与东来之水合而南去。路西上山,直上者一里半,平行岭上者二里,又西向下者一里半,下及坞底。忽有水自南峡来,涵碧深沉,西向去。过坞半里,从北山西上一里,登岭上又一里,稍下,过一脊复上,始依岭北,旋依岭南,俱西向平行岭上,南望高岭,即旧州走都结者。共三里始西南下,一里半而及其坞,则前所过南峡之水,与那印之水东西齐去,而北入石山之穴。截流而西,溯东来之水三里,饭于那印。候夫至下午,不肯由小径向都结,仍返结伦。初由村左西北上山,转西南共一里,登岭上行。西南五里,稍下,度一脊复上,西南行岭上六里,转出南坳。又西南行六里,稍东转,仍向西南,始东见旧州在东南山谷,结伦尖山在西南山谷。又西二里,始下,南渡坞塍,始见塍水出北矣。又南逾山半里,又渡塍逾小山一里,得一村颇大,日已暮。从其南渡一支流,复与南来大溪遇。南越一垅,溯大溪西南行塍间,又一里半至结伦州。州宅无围墙,州官冯姓尚幼。又南渡大溪,宿于权州者家〔一〇〕。是日约行四十余里,皆迂路也。

二十五日

凌晨,权州者复送二里,至北村,坐而促夫者竟日,下午始行。即从村东南上山一里,始东北逾岭,旋转东南,绕州后山脊行。六里,少庭脊,复上行岭畔者三里,又稍下。其处深茅没顶,舆人又妄指前山径中多贼阵,余辈遥望不见也。又前下一里,渡脊,始与前往陆廖时所登山径遇,遂东瞰山谷,得旧州村落。又东南下者半里,时及麓,舆夫遂哄然遁去。时日已薄暮,行李俱弃草莽中。余急趋旧州,又半里下山,又行田塍间一里,抵前发站老人家,已昏黑,各家男子俱遁入山谷,老人妇卧暗处作呻吟声。余恐行李为人所攫,遍呼人不得。久之,搜得两妇执之出,谕以无恐,为觅老人父子归,令取行李。既而顾仆先携二囊至,而舆担犹弃暗中。已而前舍有一客户〔一〕来询,谕令往取,其人复遁去。余追之执于前舍架上,强之下,同顾仆往取。久之,前所遣妇归,云:“老人旋至矣。”余令其速炊,而老人犹不至。盖不敢即来见余,亦随顾行后,往负行李也。半晌,乃得俱来。老人惧余鞭其子若孙,余谕以不责意。已晚餐,其子跣立,予叱令速觅夫,遂卧。

二十六日

凌晨饭。久之,始有夫两人、马一匹。余叱令往齐各夫。既久,复不至。前客来告余:“此路长,须竟日,早行;兹已不及。明晨早发,今且赏跣者,责令其举夫可也。”余不得已,从之。是日,早有密云,午多日影。既饭,遂东向随溪入石山峡,一里,两石山对束,水与路俱从其中。东入又半里,路分两岐,一东北逾坳,一西南入峡。水随西南转,轰然下坠,然深茅密翳,第闻其声耳。已西南逾坳,则对东西山之后脊也,溪已从中麓坠穴,不复见其形矣。乃转至分岐处,披茅觅溪,欲观所坠处,而溪深茅丛,层转不能得。又出至两峰对束处,渡水陟西峰,又溯之南,茅丛路塞,旋复如溪之北也。乃复从来处度旧路,望见东峰崖下有洞南向,已得小路在莽中,亟披之。其洞门南向,有石中悬,内不甚扩,有穴分两岐,水入则黑而隘矣。出洞，见其东复有一洞颇宽邃，其门西南向，前有圆石界为二门，右门为大。其内从右入，深十余丈，高约三丈，阔如之，后壁北转渐隘而黑，然中觉穿然甚远，无炬不能从也。其外从左南扩，复分两岐，一东北，一东南，所入皆不深，而明爽剔透，有上下旁穿者。况其两门之内，下俱甚平，上则青石穹覆，盘旋竟尺，圆宕密布无余地〔一二〕。又有黄石倒垂其间，舞蛟悬萼，纹色俱异，有石可击，皆中商吕〔一三〕，此中一奇境也。出洞，仍一里，返站架。日色甚暖，不胜重衣，夜不胜覆絮。是日手疮大发，盖前<u>结伦</u>两次具餐，俱杂母猪肉于中也。

二十七日

早起雾甚。既散，夫骑至乃行。仍从东北一里，上土山，与前往<u>陆廖</u>道相去不远。一里登岭，雾收而云不开，间有日色。从岭上北转一里，仍东北二里，又下一里，度一水，复东北上二里，岭畔遂多丛木。从木中行岭上者三里，从林木少断处，下瞰左右旋谷中，木密树<u>丛</u>，飞鸟不能入也。又半里乃下，甚峻。一里半乃及坞底，则木山既尽，一望黄茅弥山谷间矣。从坞中披茅行，始有小水东流峡谷。随之涉水而东，从南麓行，复渡水从北麓上，又东下坞渡水，复东上岭，一里登其巅。行其上者三里，又直下坞中者一里，则前水复自南北注向峡中去。又东逾一小岭，有水自东坞来，自南向北绕，与西来水合。既涉东来水，复东上山登其巅，盘旋三里，出岭。二里，得一平脊，乃路之中，赍饭者俱就此餐焉。既饭，复东从岭北行，已渐入丛木。出山南，又度一脊，于是南望皆石峰排列，而东南一峰独峻出诸峰之上；北望则土山层叠，丛木密翳。过脊稍下而北，转而东上，直造〔前〕所望〔东南峻〕石峰之北，始东南下。一里半而及坞底,有细流在草中行,路随之。半里入峡,两崖壁立,丛木密覆,水穿峡底,路行其间。半里,峡流南汇成陂,直漱峻峰之足。复溯流入,行水中者一里,东南出峡,遂复仰见天光,下睹田塍,于是山分两界,中有平坞,若别一天地也。东行坞中,坞尽,复攀石隘登峘,峘石峻耸如狼牙虎齿,前此无其巉峭者也。逾岭从坞中行二里,循岭平上一里,平下一里,平行坞一里,穿平峡一里,穿峡又行坞中一里,逾岭上下又一里,始得长峡。行四里,又东行坞与西同。三里,逾北山之嘴,南山之麓始有茅三四架,于是山坞渐开。南山之东有尖峰复起,始望之而趋,过其东,则都结州治〔一四〕矣。州室与聚落俱倚南山向北,有小水经其前东注,宅无垣墙,廨亦陨圮〔一五〕。铺司狞甚,竟不承应,无夫无供,盖宛然一夜郎〔一六〕矣。州官农姓。是日为余生辰,乃所遇旧州夫既恶劣,而晚抵铺司复然,何触处皆穷也。

二十八日

早起,寒甚而霁。铺司不为传餐,上午始得粝饭〔一七〕二盂,无蔬可下。以一刺令投,亦不肯去。午后,忽以马牌掷还云:"既为相公,请以文字示。"余拒无文,以一诗界之,乃持刺去。久之,以复刺来,中书一题曰:"有德者必有言,有言者亦(必有德)。"无聊甚。倚筐磨墨,即于其刺后漫书一文界之。既去,薄暮始以刺饶〔一八〕鸡酒米肉,复书一题曰:"子路拱而立,止子路宿。"余复索灯书刺尾界之,遂饭而卧。馆人是晚供牛肉为案。既卧,复有人至,订明日联骑行郊,并令馆人早具餐焉。

二十九日

早寒,日出丽甚。晨起,餐甫毕,二骑至矣。一候余,一候太平府贡生何洞玄。同行者乃骑而东，又有三骑自南来，其当先者，即州主农姓也。各于马上拱手揖而东行。三里，渡一溪，又东二里，随溪入山峡，又东五里，东北逾一岭。其岭颇峻，农君曰："可骑而度，不必下。"其骑腾跃峻石间，有游龙之势。共逾岭二里，山峒颇开，有村名那沓，数十家在其中央，皆分茅各架，不相连属。过而东，又二里，复东逾一岭。其峻弥甚，共二里，越之。又东一里，行平坞间，有水一泓，亦自西而东者，至是稍北折，而南汇涧二丈余，乃禁以为鱼塘，其处名相村。比至，已架茅于其上，席地。临诸峒丁各举缯西流而渔，得数头，大止尺五，而止有锦鲤，有绿鳜。辄驱牛数十蹂践其中，已复匝而缯〔一九〕焉，复得数头，其余皆细如指者。乃取巨鱼细切为脍〔二〇〕，置大碗中，以葱及姜丝与盐醋拌而食之，以为至味。余不能从，第啖肉饮酒而已。既饭，日已西，乃五里还至那沓村。登一茅架，其家宰猪割鸡献神而后食，切鱼脍复如前。薄暮，十余里抵州，别农马上，还宿于铺。

三十日

日丽而寒少杀。作骑游诗二首畀农。时有南宁生诸姓者来，袖文一篇，即昨题也。盖昨从相村遇此生来谒，晚抵州官以昨题命作也。观其文毫无伦次，而何生漫以为佳。及入农，果能辨之，亟令人候余曰："适南宁生文，不成文理，以尊作示之，当骇而走耳。"乃布局手谈。抵暮，盛馔，且以其族国琱讦告事求余为作一申文，白诸当道〔二一〕，固留再迟一日焉。

〔一〕 葩(pā 趴)：花

〔二〕 絷(zhí 执)：原为用绳索绊住马足，引申为拘囚。

〔三〕旧州:今作高州,在天等县东北境,进结稍东南。

〔四〕陆廖村:今作陆连,在隆安县西北隅。

〔五〕以鸡黍饷而聚夫 "鸡"原误作"难"。粤西三十一月初二有"村氓以鸡为黍"。粤西一五月十五日又载:"王氏杀鸡为黍,待客愈隆。"据改。

〔六〕果化:明为州,隶南宁府,治所在今平果县西隅,右江西岸的果化。

〔七〕溪四墼转 "四",疑为"回",因形近而误。

〔八〕固龙村:又作龙村,今作亭龙,在平果县西南隅。

〔九〕麾(huī 灰):通"挥"。 麾却之:挥手斥退。

〔一○〕权(quán 全)州者:暂代州官行使职权的人。

〔一一〕客户:从别处来客居该地的人户。

〔一二〕圆宕密布无余地 "宕",四库本同。乾隆本作"石",不从。南方俗称小坑为宕。

〔一三〕商:中国古代通行五声音阶,即宫、商、角、徵、羽,商为五音之一。吕:中国古代音乐有十二律制,用三分损益法将一个八度分为十二个不完全相等的半音,其中奇数各律称"律",偶数各律称"吕",总称"六律"、"六吕"。 皆中商吕:都能发出优美和谐的声音。

〔一四〕都结 原作"都佶",不从。详前注。都结:明为州,隶太平府,治所在今隆安县西境的都结。

〔一五〕宅(zhái):住家的房屋。 廨(xiè 械):官吏办事的屋舍。

〔一六〕夜郎:战国至秦汉我国西南的一个古族,范围包有今贵州西部、北部，云南东部的部分地区，西汉时于其地置牂柯郡。夜郎王不知汉的广大，竟问汉使："汉孰与我大？"后来，人们即以"夜郎自大"形象地比喻妄自尊大的典型。

〔一七〕粝(lì 厉)饭：糙米饭。

〔一八〕饶(ráo)：另外增添。

〔一九〕罾(zēng 增)：通"罾"，一种用木棍或竹竿做支架的鱼网。　　匝(zā 扎)：环绕。

〔二〇〕脍(kuài 快)：细切用以生食的鱼片。

〔二一〕讦(jié 结)：攻击别人的短处或揭发别人的阴私。

申文：旧时下级对上级呈文的名称。　　白：述事陈义。

十二月初一日〔一〕

在都结铺舍。早起阴云四布，欲行，复为州官农国琦强留，作院道申文稿。盖国琦时为堂兄国瑚以承袭事相讼也。抵暮，阴云不开。既晚餐，农始以程仪来馈。

初二日

早起，阴云如故。饭久之，夫至乃行。东向三里，即前往观鱼道也。既乃渡溪而北，随溪北岸东行，又二里，有石峰东峙峡中。盖南北两界山，自州西八里即排闼而来，中开一坞，水经其间，至此则东石峰中峙而坞始尽，溪水由石峰之南而东趋峡中，即昨所随而入者。今路由石峰之北而东趋北坞，又三里，得一村在坞中，曰那贤。又东二里，坞乃大开，田畴层络，有路通南坞，即那伦道也〔二〕。又东五里，山坞复穷，乃北折而东逾山坳。一里，越坳之东，行坞间又一里，复东穿山峡。其峡甚逼而中平，但石骨棱棱，如万刀攒侧，不堪着足。出峡，路忽降而下，已复南转石壑中，乱石高下共三里，山渐开。忽见路左石穴曲折，坠成两潭，清流潴其中，映人心目。潭之南坞有茅舍二架，潭之东坞有茅舍一架，皆寂无一人。询之舆夫，曰："此湘村也。向为万承〔三〕所破，故居民弃庐而去。"由湘村而东，复有溪在路北，即从两潭中溢出者。东行平坞二里，过昨打鱼塘之南。又东三里，遂北渡西来之溪，溪水穿石壑中，路复随之，水石交乱。一里，从溪北行，转入北壑。一里，水复自南来，又渡之而东。又一里，水复自北而南，又渡之，乃东向出峡。忽坠峡直下者一里，始见峡东平畴，自北而南，开洋甚大，乃知都结之地，直在西山之顶也。下山是为隆安界，亦遂为太平、南宁之分，其高下顿殊矣。随西峰东麓北行一里，溪流淙淙，溯之得一村，是为岩村，居民始有瓦房、高凳，复见汉官仪矣。至是天色亦开霁。时已过午，换夫至，遂行。于是俱南向行平畴间，二里，饭于前村之邓姓者家。既饭，又渡溪西岸，南行一里半，其西山峡中开，峰层坞叠，有村在西坞甚大，曰杨村〔四〕。又南一里半，杨村有溪亦自西坞而南，与北溪合，其溪乃大。并渡其西，又南一里，水东注东界土山腋中；路西南一里，抵西界石山下，得一村曰黑区村。换夫，循西界石山南行，其峰有尖若卓锥，其岩有劈若飞翅而中空者。行其下嵌石中，又南四里，得巨村在西峰丛夹处，曰龙村〔五〕。又换夫而南，乃随东界土山行矣〔六〕。始知自黑区至此，皆山夹中平坞而无涧，以杨村所合之流，先已东入土山也。至是复有水西自龙村西坞来，又南成小涧。行其东三里，盘土山东南垂而转，得一村曰伐雷〔七〕，换夫。又暮向东南行三里，宿于巴潭黄姓者家。

初三日

巴潭黄老五鼓起,割鸡取池鱼为饷。晨餐后,东南二里,换夫于伐连村。待夫久之,乃东南逾土山峡,一里,则溪流自西北石山下折而东来,始瀄瀄〔八〕成声。随之南行,盖西界石山至此南尽,转而西去,复东突一石峰峙于南峡之中,若当户之枢,故其流东曲而抵土山之麓,又南绕出中峙石峰,始南流平畦,由龙场入右江焉。随溪一里,南山既转,西南平壑大开,而石峰之南,山尽而石不尽。于是平畴曲塍间,怪石森森,佹离佹合,〔高下不一,流泉时漱之,环以畦塍,使置一椽〔九〕其中,石林精舍,胜无敌此者。〕行石间一里,水正南去,路东上,山麓得一村,聚落甚大,曰把定村。村人刁甚,候夫至日昃,始以一骑二担夫来。遂东北逾土岭,一里半,北渡一小水,乃北上岭。又一里逾其巅,又北行岭上者一里,则下见隆安〔一〇〕城郭在东麓矣。乃随岭东北下者里〔一一〕,又东行者一里,入西门,抵北门,由门内转而南,税驾于县前肆中。是日云气浓郁,不见日光。时已下午,索饭,令顾仆往驿中索骑,期以明旦,而挑夫则须索之县中。时县君何为库役所讼往府,摄尉〔一二〕事者为巡检李姓,将觅刺往索夫,而先从北关外抵巩阁,则右江从西北来,经其下而东去,以江崖深削,故遥望不见耳。从崖下得一〔南宁〕舟,期以明日发。余时疮大发,乐于舟行,且可以不烦县夫,遂定之。令顾仆折骑银于驿,以为舟资。乃还宿于肆。

初四日

晨起,饭而下舟;则其舟忽改期,初八始行。盖是时巡方使者抵南宁,先晚出因于狱,同六房之听考察者,以此舟往。中夜忽逸一囚,吏役遂更期云。余时已折骑价,遂淹留舟中。疮病呻吟,阴云黯淡,岁寒荒邑外,日暮瘴江边,情绪可知也。

初五日

坐卧舟中。下午,顾仆曰:"岁云暮矣,奈何久坐此!请索担夫于县,为明日步行计。"余然之。

左、右江之分,以杨村、把定以西石山为界。故石山之内,其地忽高,是为土州,都结、万承。属太平;石山之下,其坞忽坠,是为隆安,乃嘉靖间王新建所开设者[一三],属南宁。此治界所分也。若西来之龙脊,则自归顺、镇安、都康、龙英北界之天灯墟,又东经全茗[一四]、万承,而石山渐尽,又东抵合江镇,则宣化属矣。其在脊之北者,曰镇远、结伦、结安、都结,万承之东北鄙。其水或潜坠地穴,或曲折山峡,或由土上林,或由隆安入右江。然则,此四土州水入右江而地辖于左江,则以山脊迂深莫辨也。

隆安东北临右江,其地北去武缘界一百四十里,南去万承土州界四十里,东去宣化界一百二十里,有大滩驿。西去归德[一五]土州界八十里。其村民始有瓦屋,有台凳,邑中始为平居,始以灶爨,与土州截然若分也。

土人俱架竹为栏,下畜牛豕,上爨与卧处之所托焉。架高五六尺,以巨竹捶开,径尺余,架与壁落俱用之。爨以方板三四尺铺竹架之中,置灰爇火,以块石支锅而炊。锅之上三四尺悬一竹筐,日炙稻而舂。舂用巨木刳为小舟形,空其中,以双杵捣之。妇人担竹筒四枚,汲于溪。其筒长者四五尺。亦有纺与织者。织亦有扣有综[一六],第不高而平,妇人趺坐而织。纺亦然。男子着木屐[一七],木片为底,端绊皮二条,交于巨趾间。岂交趾之称以此耶？妇人则无不跣者。首用白布五六尺盘之，以巨结缀额端为美观，亦间有用青布、花布者。妇人亦间戴竹丝笠；胸前垂红丝带二条者，则酋目之妇也。裙用百骈细裆〔一八〕，间有紧束以便行走，则为大结以负于臀后。土酋、土官多戴毡帽，惟外州人寓彼者，束发以网，而酋与官俱无焉。惟<u>向武</u>王振吾戴巾。<u>交</u>人则披发垂后，并无布束。间有笼毡帽于发外者，发仍下垂，反多穿长裾，而足则俱跣。

<u>交</u>绢轻细如吾地兼〔一九〕丝，而色黄如<u>睦州</u>〔二○〕之黄生绢，但比之密而且匀，每二丈五尺一端，价银四钱，可制为帐。

<u>向武</u>多何首乌，出石山穴中，大有至四五斤者。〔余于州墟以十二钱得三枚，重约十五斤。〕余按<u>一统土物志</u>，<u>粤西</u>有马槟榔，不知为何物，至是见州人俱切为片，和蒌叶以敬客，代槟榔焉，呼为马槟榔，不知为何首乌也〔二一〕。

<u>隆安县</u>城在<u>右江</u>西南岸。余前至<u>南宁</u>，入郡堂观屏间所绘郡图，则此县绘于<u>右江</u>之北。故余自都结来，过把定，以为必渡江而后抵邑。及至，乃先邑而后江焉。非躬至，则郡图犹不足凭也。

初六日

早雾四塞。饭后，适县中所命村夫至，遂行。初自南门新街之南南向行，三里，复入山。逾冈而下半里，两过细流之东注者，抵第三流，其水较大，有桥跨其上，曰<u>广嗣度桥</u>。又南上山一里半，出一夹脊，始望见山南大坞自西北开洋南去。遂南下土山，一里，土山南尽，复有石山如锥当央。由其西南向行六里，又抵一石山下，其山自北遥望若屏斯列，近循其西麓，愈平展如屏。已绕其南，转东向行三里，其山忽东西两壁环列而前，中央则后逊而北，皆削崖轰空，三面围合而缺其南；其前后有土冈横接东西两峰尽处，若当门之阈；其后石壁高张，则环霄之玦也。先是，按<u>百粤志</u>记隆安有<u>金榜山</u>，合沓如城。余至邑问之，无有知者。又环观近邑皆土山，而余方患疮，无暇远索。至是心异其山，问之村夫，皆曰："不知所谓<u>金榜</u>者。"问："此山何名？"曰："第称为<u>石岩</u>，以山有岩可避寇也。"余闻之，遂令<u>顾仆</u>同夫候于前村，余乃北向入山。半里，逾土冈而下，其内土反洼坠，其东西两崖俱劈空前抱，土冈横亘而接其两端。既直抵北崖下，望东崖之上，两裂透壁之光，若明月之高悬镜台也；又望西崖之上，有裂罅如门，层悬叠缀，若云扉之嵌空天半也。余俱不暇穷，先从北崖之麓入一窍。窍门南向，嵌壁为室，裂隙为门，层累而上，内不甚宽，而外皆叠透。连跻二重，若楼阁高倚，飞轩下临，爽朗可憩。其左忽转劈一隙，西裂甚深，直自崖巅下极麓底，攀夹缝而上，止可胁肩，不堪寄傲。乃复层累下，出悬隙两重，遂望西崖悬扉而趋。其门东向，仰眺皆崇崖莫跻，惟北崖有线痕可攀，乃反攀倒跻，两盘断峡，下而复上，始凌洞门。门以内，隙向西北穹起；门以外，隙从崖麓坠下。下峡深数丈，前有巨石立而掩之〔二二〕，故自下望，只知为崖石之悬，而不知其内之有峡也。然峡壁峻削，从上望之，亦不能下，欲攀门内之隙，内隙亦倾侧难攀。窥其内渐暗，于是复从旧法攀悬下。乃南出大道，则所送夫亦自前村回，候余出而后去。乃东行五里，有村在路左，曰<u>鱼奥</u>。将入而觅夫，则村人遥呼曰："已同押担者向前村矣。"〔村人劳余曰："游<u>金榜</u>大洞乐乎？"余始知<u>金榜</u>即此山。亟问："大洞云何？"曰："是山三面环列，惟西面如屏。大洞在前崖后高峰半，中辟四门，宏朗灵透。"余乃悟所游者为前崖小洞，尚非大洞也。〕又东五里，追及之于百浪村，乃饭于村氓家。于是换夫，东南行二里，复见右江自北来，随之南，遂下抵江畔，则有水西自石峡中来注。其水亦甚深广，似可胜舟，但峡中多石，不能入耳。其下有渡舟，名龙场渡，盖即把定、龙村之水，其源自都结南境，与万承为界者也。渡溪口，复南上陇，江流折而北去，路乃东南行。又六里，换夫于邓炎村。又东南八里，逾一小山之脊，又南二里，抵那纵村。从村中行，又二里，换夫于甲长家〔二三〕，日已暮矣。复得肩舆，行月夜者二里，见路右有巨塘汪洋，一望其盘汇甚长。又四里，渡一石桥，有大溪自西南来，透桥东北去。越桥又东二里，宿于那同村〔二四〕。夜二鼓，风雨大作。

初七日

早起颇寒，雨止而云甚浓郁。饭后夫至，始以竹椅缚舆，遂东行。一里，路左大江自北来，前所过桥下大溪西南入之，遂曲而东，路亦随之。半里，江曲东北去，路向东南。又半里，换夫于那炎村。又待夫缚舆，乃东南行。二里，路左复与江遇，既而江复东北去。又东南四里，渐陟土山，共一里，逾而下，得深峡焉，有水自西南透峡底，东北入大江。绝流而渡，复上山冈，半里逾岭侧，复见大江自北来，折而东去，路亦随之。循南山之半东行一里，南山东尽，盘壑成塘，外筑堤临江，内潴水浸麓。越堤而东，江乃东北去，路仍南转，共一里，有公馆北向大江，有聚落南倚回阜，是曰梅圭。又东从岐行三里，饭于振楼村〔二五〕。仍候夫缚舆久之。南行十里，始与梅圭西北来大道合。又东南十二里，抵平陆村。已为宣化属

640

矣〔二六〕。村人不肯缚舆,欲以牛车代,相持久之,雨丝丝下;既而草草缚木于梯架,乃行,已昏黑矣。共四里,宿于那吉,〔土人呼为屯吉云〕。

初八日

晨起,雨不止。饭而缚舆,久之雨反甚,遂持伞登舆。东南五里,雨止,换夫于麟村,缚舆就乃行。东南三里,路分二歧,转从东南者行,渐复逾土山。三里,越山而东,则右江自北折而来,至此转东南向去,行随之。又二里而至大滩〔二七〕,有数家之聚在江西岸,始降栏宅土,有平居矣。即旧之大滩驿也,万历初已移于宋村。江中有石横截下流,滩声轰轰,闻二三里,大滩之名以此,右江至此始闻声也。换夫缚舆,遂从村东东南逾岭,三里,逾岭南,则左江自杨美下流东北曲而下,至此折而东南去。遂从江北岸随流东行,二里,复入山脊,雨复纷纷。上下冈陀间又二里,换夫于平凤村。又东行二里半,至宋村,即来时左、右二江夹而合处,其南面临江,即所谓大果湾也。其村在两江夹中,实即古之合江镇,而土人莫知其名矣。万历初移大滩驿于此,然无邮亭、驿铺,第民间供马而已。故余前过此,求大滩驿而不知何在,至是始知之也。候饭,候夫,久之乃行,雨不止。其地南即大果湾,渡左江为杨美通太平府道,正东一里即左、右二江交会之嘴。今路从东北行一里余,渡右江,南望二江之会在半里外,亦犹前日从舟过其口而内望其地也。渡右江东岸,反溯江东北行。已遂东向逾山,三里而下,雨竟淋漓大至。又一里至王宫村,遂止息焉。雨淙淙,抵暮不能复行。王宫在大江北岸里余矣〔二八〕。

初九日

中夜数闻雨声甚厉,天明,云油然四翳。迟迟而起,饭而后行,近上午矣。王宫村之左,有路北入山夹,乃旧大滩间道。由村前东南行二里,逾一岭而下,有小水自北夹来,西南入大江。越之而东又一里,稍北转循北山行,有大道自东而西,始随之东去。其直西逾小坳者,亦旧大滩道,盖南宁抵隆安,此其正道,以驿在宋村两江夹间,故迁而就之也。又东行三里,转上北冈,换夫于颜村〔二九〕。又东南逾一岭而下,转而西,共五里,换夫于登科村。又东南二里,换夫于狼科村。山雨大至,候夫不来,趋避竹间,顶踵淋漓,乃趋避一山庄庑下。久之夫至,雨亦渐止,又东南逾一平坳,共四里,饭于石步村〔三〇〕。既饭,已下午矣,雨犹不全止,夫至乃行。东南有墟在冈头,逾冈而下共半里,越小石梁,下有涧深而甚细,盖南宁北面之山,至石步而西截江流者也。又东南行,雨势大作,遍体沾透。二里,复下一深涧,越木桥而上冈,又东南行雨中二里,止于罗岷村。候夫不至,雨不止,煨湿木以爇衣,未几乃卧。

初十日

云势油然连连,乃饭。村人以马代舆,而另一人持舆随行。雨复霏霏,于是多东南随江岸行矣。五里,稍北折,内坞有溪自东北来入江,乃南逾之。复上冈,二里,抵秦村〔三一〕,其村甚长。先两三家互推委,既乃下一村人家,骑与送夫去。候夫久之,有奸民三四人索马牌看,以牌有马,不肯应夫。盖近郭之民,刁悍无比,真不如来境之恭也。久之,止以二夫肩行李,舆与马俱一无,余以步而行。一舆来,已数村,反为其人有矣。幸雨止,冈渐燥。一里,平逾冈东北,有溪自东北来入江,较前三溪颇大,横竹凳数十渡涧底,盖即申墟之下流,发于罗秀山者也。复东南上冈一里余,过窑头村之北,顾奴同二担入村换夫,余即从村北大道东行。二里,北渡一石梁,其梁颇长,架两冈间,而下流亦细,向从舟登陆,自窑头村东渡小桥,即其下流也。又东四里,有长木梁驾两冈上,渡而东即白衣庵,再东即崇善寺。乃入寺询静闻永诀事。其殁在九月二十四〔日〕酉时,止隔余行一日也。僧引至窆骨〔三二〕之所,乃在木梁东岸溪之半。余拜而哭之。南顾桥上,则顾奴与二担适从梁上过矣。乃与僧期,而趋梁店税驾焉。时才午,雨纷纷不止。饭后蹑履问云、贵客于熊石湖家,云、贵经纪。则贵竹有客才去,兹尚无来者。余以疮痛市药于肆,并履袜而还。〔一别南宁已七十五日矣。〕

〔一〕本作"丁丑十二月初一日"。自本日起至戊寅三月二十七日,在季抄本徐霞客西游记第五册,原题"粤西",有提纲云:"移静闻骨于南宁崇善寺。自都结出隆安、南宁府、宾州、三里,北出八寨、周安镇、忻城县、永定司,抵庆远府、德胜镇、河池州、南丹州止。"

〔二〕那伦:今作那隆,在崇左市东北境。

〔三〕万承:明为州,隶太平府,治所在今大新县东北境的龙门。

〔四〕杨村:今作杨湾,在隆安县西境。

〔五〕龙村:今作龙正,在隆安县西境,杨湾稍南。

〔六〕乃随东界土山行矣 "土"原作"上",据乾隆本、四库本改。

〔七〕伐雷:今作发雷,在隆安县治稍西南。

〔八〕漷漷(guó 国):水流声。

〔九〕椽(chuán 传):安在梁上支架屋面和瓦的木条。也作房屋间数的代称。

〔一〇〕隆安:明为县,隶南宁府,即今隆安县。

〔一一〕乃随岭东北下者里　疑"者"后脱里数。

〔一二〕摄(shè 设):代理。　尉(wèi 卫):指县尉,掌一县的军事。明代已废,此处用以指县的长官。

〔一三〕明史地理志隆安县:"嘉靖十二年(公元 1533 年)四月析宣化县那久地置。"

〔一四〕全茗　原作"上茗",据十月二十三日记改。

〔一五〕归德:明为州,隶南宁府。今仍作归德,在平果县东境的公路边。

〔一六〕扣:同"筘"(kòu 叩),织布机的附件,作梳齿状,经纱从筘片间穿过,可控制织物经密,并把纬纱推向织口。　综(zèng 赠):织布机上使经线上下交错以受纬线的一种装置。

〔一七〕屐(jī 机):木板鞋。

〔一八〕骈(pián 片阳):并列。　裥(jiǎn 简):裙幅的折迭。

〔一九〕兼:通"缣"(jiān),双丝的细绢。

〔二〇〕睦州:隋置,治雄山,在今浙江淳安县稍西南。唐代治建德,在今浙江建德市东境的梅城。公元 1121 年改名严州,明代仍称严州府,治所未变。

〔二一〕此条内容专记向武物产,乾隆本、四库本稍略,系于十一月十七日游向武州日记,载百感诸岩后。

〔二二〕前有巨石立而掩之　"掩"原作"撩",据乾隆本、四库本改。

〔二三〕甲长:明代实行里甲制度,作为户口编制的系统。每110户为一里,选丁多粮多的十户为里长。其余百户分为十甲,每甲十户,设甲长进行管理。

〔二四〕鱼奥,应即今儒浩;百浪村,今作博浪;龙场渡,十二月三日记作"龙场",今作龙床渡;邓炎村,应即今上邓;那纵村,今作那重;那同村,今作那桐。以上各村皆位于今隆安县东南境,沿右江南岸,从西北往东南按顺序排列。

〔二五〕那炎村,今作那元;梅圭,今作玫瑰;振楼村,今作镇流。以上各村皆在今隆安县东南隅,从西往东排列在右江南岸。

〔二六〕已为宣化属矣　"属"原作"忝",据乾隆本、四库本改。

〔二七〕大滩:今名同,在邕宁区西北境,左、右二江之间。

〔二八〕大江:即郁江,今南宁一段又称邕江。　王宫村:今仍作王宫,在邕宁区西北境,邕江北岸。

〔二九〕颜村:今作言屋,在邕宁区北隅,邕江北岸。

〔三〇〕石步村　九月二十四日记作"石埠墟"。

〔三一〕秦村:今作陈村,在南宁市区西郊,邕江北岸。

〔三二〕窆(biǎn 扁):落葬。

粤西游日记四

丁丑(崇祯十年,公元 1637 年)十二月十一日〔一〕

夜雨达旦。余苦疮,久而后起。然疮寒体惫,殊无并州之安也。时行道莫决,〔闻静闻诀音,必窆骨鸡足山,〕且问带骸多阻,余心忡忡,乃为二阉请于天宁寺佛前,得带去者。余乃冒雨趋崇善,以银畀僧宝檀,令备蔬为明日起窆之具。晚抵梁店,雨竟不止。

十二日

雨不休,午后小止。余市香烛诸物趋崇善,而宝檀、云白二僧欲瓜分静闻所遗经衣,私商于梁店,为互相推委计,谓余必得梁来乃可。而梁故坚不肯来,余再三苦求之,往返数四,而三恶互推互委,此不肯来,彼不肯去。及余坐促,彼复私会不休。余不识其展转作奸,是何意故?然无可奈何。惟日夜恳之,而彼反以诟言交詈焉〔二〕。

十三日

晨起,求梁一往崇善,梁决意不行。余乃书一领,求梁作见领者,梁终不一押〔三〕。余复令顾仆求二僧,二僧意如故。乃不得已,思鸣之于官,先为移寓计。遂入城,得邓贡士家旧房一间。乃出城,以三日房钱畀梁,移囊入城。天色渐霁。然此寓无锅,市罐为晚餐,则月色皎然,以为晴霁可望矣。

十四日

早闻衙行蹑屐声,起视之,雨霏霏如故。令顾仆炊而起,书一揭〔四〕令投之郡太守吴公。而是日巡方使者自武缘来,吴已往候于郊,顾仆留侦其还。余坐雨寓中,午余,余散步察院前,观左江道所备下程及宣化县〔五〕所备下马饭,亦俱丰腆。还寓,顾仆以郡尊未还,请再从崇善求之。余复书,顾畀之去,仍不理焉。

太平、南宁俱有柑,而不见橘。余在向武反食橘数枚。橘与柑其形颇相似。

边鱼南宁颇大而多,他处绝无之。巨者四五觔〔六〕,小者亦二三觔,佳品也。鲫鱼颇小而少,至大无出三寸者。

十五日

五更峭寒,天明开霁。自初一早阴至此,恰半月而后晴朗。是日巡方使者驻南宁,接见各属吏。余上午往观,既午,吴郡侯还自左江道,令顾仆以揭往诉静闻事,吴亦不为理。下午出城觅车夫,复俱不得,忡忡而已。

十六日

明爽殊甚。五鼓,巡方使者即趋太平府。其来自思恩,亦急迫如此,不知何意。想亦为交夷压境而然耶!然不闻其调度若何,此间上下俱置之若罔闻也。仍令顾仆遍觅车夫,终不可得。

南宁城北狭西阔,北乃望仙坡来龙,西乃濒江处也。北、东、南各一门,皆偏于角上,惟西面临江,有三门。

十七日

再备香烛素蔬往崇善，求云白熟而奠之，止索戒衣、册叶〔七〕、竹撞，其他可易价者悉不问。云白犹委候宝檀回。乃先起窆白骨，一瓶几满。中杂炭土，余以竹箸逐一拣取，遂竟日之力。仍以灰炭存入瓶中，埋之旧处，以纸数重裹骨，携置崇善寺外，不容带入。则宝檀归矣。见余索册、撞，辄作盗贼面孔向余曰："僧死已安窆，如何辄发掘？"以索自锁，且以锁余。余笑而度之，盖其意欲余书一领，虚收所留诸物也。时日色已暮，余先闻其自语云："汝谓我谋死僧，我恨不谋汝耳！"余忆其言，恐甚，遂从其意，以虚领界之，只得戒衣、册叶，乃得抱骸归。昏暮入邓寓，觅烛，重裹以拜，俱即戒衣内者。包而缝之，置大竹撞间，恰下层一撞也。是日幸晴霁，故得拣骨涯滨竟日，还从黑暗中，见沙堤有车，以为明日行可必矣。

十八日

早起则阴雨霏霏，街衢湿透。余持伞觅夫，夫之前约者，已不肯行。出沙堤觅车，车又不复得。乃还寓，更令顾仆遍索之城外，终无有也。

十九日

晨得一夫，价甚贵，不得已满其欲，犹推索再三，上午乃行。雨色已开，阴云未豁。出朝京门，由五公祠即望仙坡。东麓东北行。五里，过接官亭，有小水自西北注东南。又五里，越一冈，连涉南行小水。又五里，有一溪较大，亦自西北向东南注，此即向往清秀所过香象桥之上流也。盖郡北之山东西屏峙，西抚于石步墟，东极于司叛之尖山，皆崇峰联属如负扆。其中南走一支，数起数伏，而尽于望仙坡，结为南宁郡治。又东再南走一支，南尽于清秀山而为南宁之下砂。此水其腋中之界也，有木梁架溪上，渡梁，遂登冈阜。又五里，越一最高冈脊，东下有泉一窖在脊畔，是曰<u>高井</u>。由是三下三上，屡渡小水，皆自东南注西北，始知其过脊尚在东，此皆其回环转折之阜，流之西北注者，即西转而东南下木梁大溪者也。共四里，又越一冈脊而下，其脊高不及<u>高井</u>之半，而实为西北来过脊以趋<u>清秀</u>者也。下脊又二里，再渡一溪，其流亦自西北注东南。过溪上冈又二里，为<u>归仁铺</u>，三四家在冈头而已。又东北望尖山而行，七里为<u>河丹公馆</u>，亦有三四家在冈头，乃就饭焉。又东北行，屡涉南流小水，五里，一溪颇大，有木梁架之，至长于前二溪。其溪盖自北崇山中来，有聚落倚其上流坞中，颇盛。越梁东上冈，是为<u>桥村墟</u>，数十家之聚。时方趁墟，人声沸然。于是北望尖山行，又屡涉东南流小水，十二里，北渡一木梁颇大，又三里而至<u>施湴驿</u>，日将晡矣，歇于店。

二十日

五更起，饭而行，犹昧爽也。由<u>施湴</u>东北行二里，为<u>站墟</u>。又一里，降而下，渡一溪，木梁亦长。越溪东上，共一里，逾一冈，已越尖山东北矣。途中屡越小水，皆北而南。又十二里，横径平畴中。其处北近崇山，南下平坞，西即所逾之冈，东则崇山东尽，转而南行，缭绕如堵墙环立。又东二里，复得大溪自北山南注其内，溪北大山之下，聚落甚盛，曰<u>韦村</u>。大山负扆立村后，曰<u>朝著山</u>。渡溪桥，东上崇冈即南下之脊，为<u>清秀</u>之东郡城第二重下砂也。按郡志〔八〕，东八十里有横山，高险横截江河，盖即此山南走截江而耸起者也。宋置横山寨，为市马之所〔九〕。又东北二里，有三四家在山冈，曰<u>火甲铺</u>。于是北下行山坞间，四面皆山，水从东南透夹去。屡涉细流，五里，遂北折入山夹。两山东西骈立，从其中溯流北上，共十里，山夹束处汇塘洳水，有三四家踞山脊中度处，两崖山甚逼，乃名曰关山，土人又名曰山心。按志，昆仑山在郡城东九十余里，必此地无疑。然询之土人，皆曰昆仑关在宾州南，即谢在杭百粤志亦云然。按宾州南者乃古漏关，非昆仑也。世因狄武襄〔一〇〕驻宾州，以上元〔一一〕飨士，夜二鼓被〔一二〕昆仑，遂以宾州古漏当之。至今在南宁者，止知为关山，而不知昆仑；在宾州者，皆以为昆仑，而不知为古漏。若昆仑果在宾州南十里，则两军已对垒矣，武襄十日之驻，二鼓之起，及曙之破，反不足为神奇矣。饭于氓舍，遂东北下山。一里，有大溪自北而南，其流汤汤，入自南宁境，尚无比也。盖关山南北水虽分流，犹南下郁江。于是溯其流北行山夹间，其山屡开屡合，又十四里，得百家之聚，曰长山驿。聚落在溪之西。其北有两溪来会，一自西北，一自东北。二水会合，其北夹而成冈，有墟舍在其上，甚盛。乃渡其西北来之溪，陟桥登墟，循东北来溪之右溯之行。又十里，溪水自东北盘坞中来，路由北麓而上，得数家之聚，曰里段墟，乃邕、柳界牌岭之南麓也。其去界牌尚十里。此地犹属宣化。盖邕、柳之水以界牌岭而分，北下者由思笼西转武缘高峰岭西入右江，南下者入郁江。此界牌岭南流之水，经长山而南，余以为即伶俐水之上流也。然土人云"伶俐水尚东隔一山；此水出大中港，其港在伶俐之西"云〔一三〕。是日至里段，约行六十里，日才过午，夫以担重难行，且其地至思笼四十里，皆重山，无村可歇，遂税驾不前。

〔一〕季抄本原仅作"十一日"，年月为整理者加。

〔二〕诟(gòu 够)言:侮辱人的话。　　詈(lì 利):骂。

〔三〕领:领条。领取物件留下的字据。　　押:画押。在公文契约上签字或画记号,以作凭信。

〔四〕揭(jiē 皆):即揭帖,此指具有揭发性质的私人启事。

〔五〕<u>宣化县</u>:<u>南宁府</u>附郭县,在今<u>南宁市</u>。

〔六〕觔(jīn 今):同"斤",重量单位。

〔七〕戒衣:即袈裟,为佛教僧尼的法衣。　　册叶:即"册页",原为书的册数、页数,此指经卷。

〔八〕郡志　　"志"原作"城",据<u>乾隆</u>本、<u>四库</u>本改。

〔九〕按,<u>横山寨</u>为<u>南宋</u>与<u>大理</u>、<u>罗殿</u>、<u>自杞</u>集中进行马匹贸易的地方,<u>南宋</u>与<u>金</u>对峙,战马多从<u>大理</u>来。<u>横山寨</u>的位置,近人多认为在今<u>田东县</u>治。此认为在<u>邕州</u>以东,可备一说。

〔一〇〕<u>狄青</u>(公元 1008～1057 年):字<u>汉臣</u>,<u>汾州西河</u>人,善骑射。<u>侬智高</u>陷<u>两广</u>,<u>青</u>上表请行。据<u>宋史·狄青传</u>,驻兵<u>宾州</u>,"一昼夜绝<u>昆仑关</u>,出<u>归仁铺</u>为阵。""<u>青</u>执白旗麾骑兵,纵左右翼,出贼不意,大败之,追奔五十里,斩首数千级,其党<u>黄师宓</u>、<u>侬建中</u>、<u>智中</u>及伪官属死者五十七人,生擒贼五百余人,<u>智高</u>夜纵火烧城遁去。迟明,<u>青</u>按兵入城,获金帛巨万,杂畜数千,招复老壮七千二百尝为贼所俘胁者,慰遣之。"死后赠中书令,谥<u>武襄</u>,故称<u>狄武襄</u>。

〔一一〕上元:旧俗以中历正月十五日为上元节,七月十五日为中元节,十月十五日为下元节。

〔一二〕被:及,抵达。

〔一三〕按,霞客详细记录群众的讲述甚为可贵,当地群众的说法是对的。<u>伶俐水</u>入<u>郁</u>处称<u>伶俐</u>,在<u>邕宁区</u>东隅;<u>沙江河</u>在<u>伶俐</u>

水之西,入郁处称江口,在邕宁区东境。两水皆平行湾曲南向入郁江。

二十一日

平明,自里段北行,复下山,仍与北来水遇。溯之入五里,水左右各有支流自山腋来注,遂渡一小桥,乃西北来支流也。又四里,又渡小桥,越溪之东,东北山夹又有支流下注。又北一里,始北上登岭,西瞰其流自西夹中来,则里段、长山大溪之发源处矣。北上半里,东入一隘门,其东有公馆焉,是为邕、柳分界处。门以内属宾州。公馆惟中屋为瓦,其门庑俱茅所盖。馆门东向,其前后环壑为田,而南北更峙土山。其水犹西坠馆右峡中,盖即前西麓登山时所见,东北夹支流下注之上流也。其隘土人名为界牌岭,又指为昆仑关〔一〕。按昆仑为南宁地,去郡东九十五里;兹与宾分界,去南宁一百二十里,其非昆仑可知。今经行者见其处有隘,遂以昆仑当之。故西事珥云:"昆仑关不甚雄险,其上多支径,故曰:'欲守昆仑,须防间道。'"亦误谓此也。又平行岭夹,则田塍之东潴而为塘。三塘连汇,共半里,塘尽,复环为田。(田)之南巨山横峙,田之北列阜斜骞,而田塍贯其间,即过脉处也,其东,水北流矣。余初以小脉自北南过,及随水东北下,抵思笼而问之,始知其水犹西北转武缘南之高峰,而入右江〔二〕,则此脉乃自南而北渡,北起为陆蒙山,迤逦西行,过施滗尖峰,又西走而分支南结为南宁,其直西又西为罗秀,又西为石步,又西尽于王宫,则右江入郁之东岸也。自过脉处又东半里,乃下,又半里,下抵坞中。随水东北行,望前山一峰尖而甚高,云气郁勃,时漫时露。五里,渐抵尖峰之南,渡溪而北又二里,始见路左西山下有村倚焉。又东渡溪,于是循溪东而北向行。三里,已出尖峰之西麓,溪流东啮麓趾,路乃盘崖北上。转出崖北,二里,东北下,已绕尖峰之北矣。又行坞中二里,有小水南自尖山北夹来,北与界牌之水合,有小桥,渡之,是为上林县界〔三〕。自界牌岭来至此皆为宾州境,而是水之东又为上林境,以上林之思笼一驿孤悬独界其中也。过桥,复东北升陟冈陀,四里抵思笼〔四〕,村落一区在冈头,是为思笼驿。按志,思笼废县,昔为南宁属,不知何时割属上林。其地东西南皆宾州境,惟西北五十里至上林县。〔驿南面曰高尖山;北面崇山并障,东曰北斗山,西曰晒麯岭;遥山层叠正西者,曰陆蒙山。溪自界牌岭东北至此,扼于北山,遂转西南去。惟陆蒙隔于溪西也。〕

先是,雨色濛濛,初拟至思笼而止;及饭,而日色尚早,夫恐明晨雨滑,遂鼓勇而前。由思笼遂东下坞中,溯细流东行,一里,田夹既尽,复潴水为池。其池长亘一里,池尽复环塍为田,其南北皆崇山壁夹,南为高尖之东北垂,北为北斗之东南垂,其中夹而成田。共半里,即二山度脉之脊,水至是遂分东北与西南二派,东北者入都泥江,西南者入右江,〔为黔、郁两江脊,〕水之派至是始分。过脊,随水东北行峡中,其峡甚束。又半里始降而下,有坊焉,复为宾州界。盖宾州之地,东西夹思笼一驿于中,为上林南界者,横过仅七里云。既下,山愈逼束,路益东转,已越高尖山之东麓矣。按志:"宾州南四十五里有古漏山,古漏之水出焉。其关曰古漏关。"即此矣,然土人无复知者。随水东下又三里,山峡渐辟,又六里,渐出峡,始东望遥峰甚高,双尖骈起者,为百花山。水折而北,路亦随之,山乃大辟。六里,为双峰洞,阳有庙东向,曰陈崇仪庙,乃祀宋守陈曙者。侬智高之乱，曙为宾守，以兵八千战于昆仑，兵溃，经略狄青以军法斩之，土人哀而祀焉。后韩都督征蛮，见有白马朱衣而导者，知为曙显灵，故拓而新之。其地乱山回伏，无双峰特耸；若百花骈拥，虽望而见之，然相距甚遥，不知何以"双峰"名峒。碑曰："在宾州三十里。"又北二里，有小水自西坞出，东注于大溪。即古漏水。又三里，乃渡大溪之东，溪乃东转，路亦从溪南随之。共东十里，溪北之山东尽，溪南之山亦渐东转而南，是为山口。其东平畴一望，天豁岚空，不意万山之中，复有此旷荡之区也！东望五里，为丁桥村，又东十里为宾州〔五〕，皆在平楚中。谢肇淛云："昆仑在宾州南十里。"此何据也？

少憩山口，征三里路于途人。知者云："当从此东北行，由北小岭入，是为口村。其道为径，可无宾州之迂。"时甫下午，日色大霁，遂由山口北渡大溪，从平畴中行。十里，抵北界小山下。其山颇低，自山口之北回环东北行，至此有村落依之。由村东又东北行五里，越山之北，复有坞自西而东，路横涉之。二里，有水亦自西而东注，架小桥于上渡之。又北一里，直抵北山下，其山乃北第二重东行小支。又有水直逼山麓，自西而东，架桥亦与前溪同。度桥即北向登山，山巅有堡一围，名竹马堡，乃二年前太平节推吴鼎元，高州人。署宾州所筑，招狼兵五十名以扼要地者。上山半里，又从山上北行半里，山北有水一塘，横浸山麓，四面皆山峡环之。下山又半里，北望公村尚在坞北二里外，担夫以力不能前，乃从山北麓东行半里，投宿小村。村不当大道，村人初不纳客，已而一妇留之，乃南都〔六〕人李姓者之女，闻余乡音而款留焉。其夫姓邓，随驿骑至南宁。

654

二十二日

是为立春日。晨起，阴云四合。饭而北行田坞间。二里，抵北山下，是为公村〔七〕。由村东越山而北，三里下及北麓，始见北向扩然，渐有石峰透突。盖自隆安西岭入，土山崇卑不一，皆纯土而不见石，至此始复见峥嵘面目矣。于是复行平畴中，一里，北过一板桥，有小水亦自西而东。又北行四里，抵北小山下，有水从山下漱南麓而东，架桥渡之。遂穿山腋而北，于是北行陂陀间，西望双峰峻极，氤氲云表者，大明山〔八〕也。其山〔在北斗山西北〕，为上林、武缘分界。按志，上林、武缘俱有镆铘、思邻二山，为二县界，曰镆铘关而不及大明，岂大明即镆铘耶？又北五里，有大溪西自大明山东流而去，是又为宾州、上林之界，其水较古漏诸溪为大，故不能梁而涉焉〔九〕。由溪北又三里，登一冈，是为思洛墟，宾州北来大道至墟而合。遂西北行，共十二里过白墟〔一〇〕，又三里为牧民堡，有卖饭于冈头者，是为宾州往上林、三里中道也。又西北行十里至开笼山，〔一名鸡笼，〕已直逼北界石山下。由歧北入石山夹中，其山千百为群，或离或合，山虽小而变态特甚。〔有分三歧者，东歧大而高，中次之，西歧特锐，细若竹枝，诡态尤甚；有耸立众峰间，卓如簪笔者。〕由其西转而北，入石山峒中。五里，北至杨渡，一大溪西由上林崇山中东流至此，直逼北面石山下，又有一溪北由三里山峡中南向入之，二流合而其溪愈大，循石山而东，抵迁江入都泥焉〔一一〕。方舟渡北山下，有卖饭者当道，渡者屡屡不绝，遂由其东溯南来溪西岸入峡。其峡或束或开，高盘曲峙，左右俱有村落。十里，峡复大开，四山围绕，中成大坞。有一峰当坞起平畴中，四旁无倚，极似桂林之独秀、向武之瑞岩，更小而峭。路过其西，忽树影倒垂，天光中透，亟东入之，则其中南北中迸。南窍复有巨石自洞顶当门外倚，界洞门为二，门内裂窍高数丈，阔丈五，直透峰北者五六丈。出北窍，其上飞崖倒覆，骞腾而东，若复道回空，悬树倩影。复入其内，又西通一窍，西北转而出，其中宛转，屡有飞桥上悬，负窦层透，又透西门焉。一峰甚小，下透四门，中通二道，亦<u>琅岩</u>之具体而微者，但<u>琅岩</u>高迥，而兹平狭耳。由岩北又北三里，为<u>桂水桥</u>，溪水自西北漱崖，而南崖瞰溪临桥。昔有叠石为台，构亭于上者，曰<u>来远亭</u>，今止存荒址矣。越桥东，又北二里，为<u>三里城</u>〔一二〕。城建于<u>万历八年</u>，始建参府，移<u>南丹卫</u>于此〔一三〕，以镇压<u>八寨</u>云。时已过午，税驾于南城外陈队长家。其人乃<u>浙之上虞</u>〔一四〕<u>陈氏</u>也，居此二十年矣。晚日甚丽，余乃入城谒<u>关帝庙</u>，换钱于市而出。及就寝，雨复大作。

二十三日

晨起雨止。既而日色皎然，遂令顾仆浣衣濯被，余乃作与<u>陆参戎</u>〔一五〕书，并录哭<u>静闻</u>诸诗缄〔一六〕之，以待明晨投入。迨暮，日复坠黑云中。

二十四日

晨起，雨复作。上午以书投<u>陆君</u>。陆，<u>镇江</u>人也，镇此六年矣。名<u>万里</u>。得书即令一把总以名帖〔一七〕候余，余乃入谒，为道乡曲，久之乃别。<u>陆君</u>曰：“本当即留款，以今日有冗，诘朝尚候耳。”〔一八〕盖是日乃其孙<u>伯恒</u>初冠，诸卫官有贺燕也。余返寓，雨纷纷不休。<u>陈主人</u>以酒饮余，遂醉而卧。

二十五日

晨起渐霁，余作程纪于寓中。上午，<u>陆君</u>以手书订余小叙，尽返所馈仪。余再作书强之，为受金谷秋香卷。下午，入宴于内署，晤陆君令弟玄芝，昆仲俱长厚纯笃〔一九〕，极其眷爱焉。

二十六日

晨起，入谢陆君，遂为下榻东阁。阁在署东隅，乔松浮空，幽爽兼致，而陆君供具丰腆，惠衣袜裤履，谆谆款曲，谊逾骨肉焉。是日，陆君出新旧诸报〔二〇〕见示，始知石斋先生已入都，又上二疏，奉旨责其执拗，复令回话，吏部主政熊文举以疏救之。又知郑鄤阳〔二一〕之狱拟成，复奉旨欲加重刑，刑部尚书任为镌三级焉。至六月，锦衣卫〔二二〕以病闻。又知钱牧斋〔二三〕为宵人〔二四〕上疏，以媚乌程，遂蒙迨〔二五〕入都，并瞿式耜〔二六〕俱下狱。抚宁侯朱国弼等疏攻乌程，六月间，乌程始归，郑、钱狱俱未结。

二十七日

雨。

二十八日

稍霁。陆公特同余游韦龟岩。岩在三里西十里。

二十九日

复雨。

三十日

复雨。

戊寅(崇祯十一年，公元 1638 年)正月初一日

阴雨复绵连，至初六稍止。陆君往宾州，十一日归。

十三日

游独山岩，又小独山。

十五日

雨中往游周泊隘。隘在三里东二十五里。晚酌南楼,观龙灯甚盛。

二十七日

同陆伯恒游白崖堡岩洞。洞在杨渡西,北向高洞三层,又东南向深洞,内分二支。入宿白崖哨官[二七]秦馀家。

二十八日

陆公昆仲至,同游青狮岩。岩在杨渡东南,过渡四里乃至。其岩东西直透,东门平,西门高,洞内下甚宽平,上两层中空透顶。西门内可望而高不可上,须由山北小窦攀崖而入,下临西门之顶。又东入深奥,又北透重门,俱在绝壁之上。是日酌于洞中,有孙、张、王三指挥使[二八]同饮。既乃观打鱼于江畔,抵暮归,乃病。

二十九、三十两日

余卧疴[二九]东阁。天雨复不止。

〔一〕昆仑关:今名同,在邕宁东北隅,邕宁与宾阳界上,公路仍从此经过。

〔二〕而入右江　"入"原为"出",据本书上文及地理实际校改。

〔三〕上林县:隶柳州府宾州,即今上林县。

〔四〕思笼:明时为思龙镇,置巡检司,隶上林县。今作思陇,在宾阳县西境。

〔五〕宾州:隶柳州府,治今宾阳县稍北的新宾。

〔六〕南都:明制有两京,即北京和南京,北京顺天府称京师,南京应天府又称南都。直隶南京的地区称南直隶,简称南直或直,辖境相当于今江苏、安徽两省。

〔七〕公村:今作公车,在宾阳县西北隅。

〔八〕大明山:今名同,在上林、武鸣两县间,最高峰海拔1760米。

〔九〕此大溪即今狮螺江,今上林、宾阳两县仍基本以此水为界。

〔一〇〕白墟:今仍作白圩,在上林县东境的公路边。

〔一一〕杨渡:今作洋渡,在上林县东境。从上林西来之水明代称澄江、李依江、南江,从三里南下之水明代称北江。南北二江在杨渡汇合后称清水江,再往东转北流,至迁江入红水河,此水今仍称清水江。

〔一二〕三里城:今仍作三里,在上林县东北境。

〔一三〕南丹卫驻地迁徙频繁。洪武二十八年(公元1395年)置于南丹州,因名南丹卫。永乐二年(公元1404年)徙上林县东,正统六年(公元1441年)徙宾州城,万历八年(公元1580年)迁至三里城。

〔一四〕上虞(yí 余):明为县,隶绍兴府,治所在今浙江上虞市东境的丰惠。

〔一五〕参戎:即参将。

〔一六〕缄(jiān 坚):封信。

〔一七〕名帖(tiě 铁):亦简称"帖",用红纸片书写姓名、官衔,为官场拜谒时交给对方的东西,犹如现今的名片。

〔一八〕耑:同"专",专门。

〔一九〕昆仲:对他人兄弟的敬称。　　笃(dǔ赌):忠实。

〔二〇〕报:即邸(dǐ底)报。为了传达政令,通报消息,封建中央主办的报纸,只在封建政府内各级机构传阅。内容主要是皇帝的命令文告,臣下给皇帝的奏章,以及官吏的任免消息。

〔二一〕郑鄤(màn慢)(公元1594～1639年):字峚(mì密)阳,武进人。黄石斋之友,经石斋介绍,霞客曾从福建徒步到广东访郑鄤于罗浮,后又曾访郑于常州。

〔二二〕锦衣卫:即锦衣亲军都指挥使司。原为护卫皇宫的亲军,后又兼管刑狱,成为皇帝的耳目,可秉承皇帝意旨,四出侦察、缉捕,用刑极为惨酷,权力很大,成为明代监视、控制群众及各级官吏的特务机构。

〔二三〕钱谦益(公元1582～1664年):字受之,号牧斋,晚年号蒙叟,又号东涧老人,常熟人。万历进士,曾属东林党,官至礼部侍郎,后被革职。南明时为福王政权礼部尚书。清初以礼部侍郎管秘书院事。工诗文。钱氏对霞客有较深的了解,曾作徐霞客传。

〔二四〕宵(xiāo消)人:即小人。

〔二五〕迨(dài代):同"逮",逮捕。

〔二六〕瞿式耜(sì四)(公元1590～1650年):字起田,又字稼轩,常熟人。曾任江西永丰知县、户科给事中等。明亡,瞿参加弘光政权,任广西巡抚。后拥永历,为文渊阁大学士兼吏、兵二部尚书,留守桂林,打退了清军的多次进攻。公元1650年,清兵入桂林,瞿与城共,被清军捕杀。

〔二七〕哨:古代军队的编制单位。明嘉靖以后,哨为军队中较小的编制单位,以3120人为一枝,每枝分中、左、右哨。清代也有哨,但编制更小,咸丰后,陆军每百人或 80 人为哨,水师每 80 人或 20 人为哨。哨官即哨的军官。

〔二八〕指挥使:明代军队实行卫所制,数府划为一个防区设卫,辖军士 5600 人,卫的军官即称指挥使,也省称挥使。

〔二九〕疴(kē 科):病。

二月初一日

稍霁。

初二日

复雨。是日余病少愈,乃起。

初三日

雨中复往青狮潭观打鱼。先是张挥使言,青狮岩之南有鸡笼山,亦有大岩,故陆公以骑送余至此,命张往同游。张言雨中不可入,且久无游者,固阻余,仍冒雨归。自后余欲辞陆公行,陆公择十三日为期。连日多雨,至初九稍霁。陆公命内侄刘玉池、嘉生昆仲并玄芝、伯恒各分日为宴饯余。因出演武场,伯恒、二刘为走马命射。演武场周围有土城,即凤化县址也〔一〕,在城东。

〔一〕凤化县:存在时间甚短。正德七年(公元 1512 年)增设凤化县治于思恩府,嘉靖六年(公元 1527 年)王守仁平八寨,议割上林三里与思恩府,而移凤化县治于其处。巡抚林富以三里城设南丹卫,随即裁凤化县。

十一日

早闻雨声，余甚恐为行路之阻。及起，则霁色渐开。至晚，饯余于署后山亭。月色皎然，松影零乱，如濯冰壶，为之醉饮。

十二日

日色甚丽。自至三里，始见此竟日之晴朗。是日陆公自饯余，且以厚赆〔一〕为馈，并马牌、荐书相界，极缱绻之意〔二〕，且订久要焉。何意天末得此知己，岂非虞仲翔〔三〕之所为开颐者乎？

十三日

五鼓，雨声复作。既起，雨止，雷声殷殷。陆公亲为治装毕，既饭，送至辕门〔四〕，命数骑送余。遂东出东门，过演武场，抵琴水桥，伯恒与苏友陈仲容别去。又一哨官王姓者以骑来，与刘玉池同送渡琴水桥。又东一里，北向入山，升陟坂垅，东北十四里，抵一最高石峰之麓，有一土阜西缀石峰之下，是为左营。其石山东即罗洪洞贼。营北一里有墟场，趁墟者多贼人。然墟无他物，肉米而已。又北行，皆东石西土。共七里，有石崖夹道，竖峰当门，乃金鸡山也。透山腋二里，北复开间峡北去。又十里，为后营。营在西土山之上，东支则石峰参差，西支则土山盘错。营于山巅，土山形如船。其石山东乃那良〔五〕贼寨。哨官杨迎款甚勤。杨号耀先，闽漳州人。欲往游东岩，以雨色复来，恐暮，乃止。

自旧年十二月廿三日入三里，至今二月十三日由三里起程，共五十日。

三里砖城，周回大三里。东西皆石山排列，自后营分枝南下，中有土山一支，至此而尽，又起一圆泡，以城环之。参府即倚泡建牙〔六〕。府周围乔松百余，〔高刺云霄，〕干大皆〔三人〕合抱。

余以为数百年物。按碑，乃隆庆初年建府时所植，〔栽逾六十年，〕地气涌盛如此。城久颓，且无楼橹〔七〕，陆公特增缉〔八〕雉堞，创三门楼。东、西、南三门。惟直北当府后无门。南门之外，又建南楼，以壮一方之形势。余有南宣楼记。又前，则东西二溪交于汇水桥，二溪，西大而东小，俱发源后营之东、西谷，〔合〕而下洋渡。而独山岩又中峙为下流之钥，前又有独山村之山为第二重钥。

三里之界，南逾杨渡或作洋渡。抵鸡笼山，〔共二十里。〕北过后营抵分脊岭，共五十里。昔时脊北那历、玄岸二村，北并蓝涧俱顺业里〔九〕属，今已沦为贼窟。东抵周泊隘，共二十五里。西抵苏坑，五十五里〔一○〕。纵横皆七十里。名"三里"者，以昔为贼踞，王文成平八寨〔一一〕，始清出之，编户三里：一曰上无虞，二曰下无虞，三曰顺业里。今顺业北境与八寨接壤者十余里，那历、玄岸并蓝涧皆贼踞为巢。曾置凤化县，即今演武场周围土城，遗址尚存。随废，后以南丹卫迁此，而设参府镇之。田粮初输卫收，后归上林县，而民以不便，复纷纷议归卫矣。

三里以洋渡为前门，有〔李依〕江西自上林县大明山发源，东流至此，横为杨渡。渡之南则石峰离立，若建标列戟；渡之北则石峰回合，中开一峡，外凑如门，有小江自北而南，注于洋渡下流，〔即汇水桥下合流水也。〕溯小江西岸入峡，宛转俱从两界石山中，北行数里，两界山渐开渐拓，中环平畴，有独山村界其中，〔一石山中立溪西〕为外案，又有独山岩为内案。于是东西两溪之水前合而南去，北面石山愈开，土山自北而来，结为城治焉。城北土山中悬，直自后营西北夭矫而下，至此而尽。其东西两界石山回合如抱，愈远愈密，若天成石郭，另辟一函盖于中者。盖西来之脊高峙为大明山，分支东走，环绕于苏坑南北者，遂为西界之障；又北转而东抵后营之后，乃中分土山一枝，直南四十里而结三里，若萼中之房；其分枝东度者，又南转环绕为东界之障。故周泊、苏坑两处，为三里东西之腋，正中与城治相对〔一二〕。其处〔东西〕最拓，若萼之中拆处焉。由周泊而南，渐转渐合，至洋渡而西向临溪，则青狮庙之后崖也。由苏坑而南，渐转渐合，至洋渡而东向临溪，则白崖堡之东崖也。二崖凑合于洋渡，即所入之前门，若萼之合尖处焉。

东西两溪，俱在两界石山之内，土山北自后营盘伏而来，两源遂夹而与俱。西界者，南至罗墟北〔一三〕，又合一西来之水，曲折绕城西，又西抵石村，合汛塘之水，乃东南出汇水桥下，合东溪。东界者，南至琴水岩东，又南出琴水桥，又合一东来之水，曲折抵东南石峰下，又穿流山峡中，乃西出而合西溪。二水合而南，经两独山，潆之，又〔南〕注于洋渡之东〔一四〕。大江西下，此水北下，合并东去。其西北之夹，即洋渡；东北之夹，为青狮庙后崖。

韦龟洞，在城西十里韦龟村。西由汛塘逾佛子岭而北，其路近〔一五〕；北由罗墟转石山嘴而南，其路远。其中群峰环绕，内拓平畴，有小水自北而南，分流石穴而去。惟北面石山少开，亦有独峰中峙若标。韦龟之山自东南中悬，北向而对之，函盖独成，山水皆逆，真世外丹丘也。数十家倚山北麓，以造纸为业，栖舍累累，或高或下，层嵌石隙，望之已飘然欲仙。其西即洞门，门亦北向。初入甚隘而黑，西南下数步，透出石隙，忽穹然高盘，划然内朗。其四际甚拓，而顶有悬空之穴，天光倒映，正坠其中。北向跻石而上，乳柱前排，内环平台，可布几席；南向拾级而下，碧黛中汇，源泉不竭，村人之取汲者，咸取给焉。平台之前，右多森列之柱，幢盖骈错，纹理明莹；左多层叠之块，狮象交踞，形影磊落。其内左右又可深入焉。秉炬由右西向入，渐下渐岐，而南可半里，又开一壑而出。秉炬由左东向入，渐跻渐逾而北，可半里，又转一窦而还。闻由右壑梯险而上，其入甚深；然觅导不得，惟能言之，不能前也。是岩外密中宽，上有通天之影可以内照，下有逢源之窍不待外求，一丸塞口，千古长春。〔三里虽岩谷绝盛，固当以是岩冠。〕况其外村居，又擅桃源、谷口之胜乎？

琴水岩，在城东六里琴水桥之北，中支土山东南尽处也。东溪自北环山之东。土山既尽，独露石山一拳，其石参差层沓。山南亦有数家之村。洞在村西山半，其门南向。初入洼而下，甚欹侧；北进数丈，秉炬逾一隘，转而西，始穹然中高，西透明穴，北有暗窍；当明处有平石阔三丈，卧洞底如坠，可攀而憩焉。秉炬穷暗窍，数丈而隘，跻其上，亦不能深入。乃仍出至平石，跻西穴而出，则山之西面也。下山，仍转山前，骑而周玩之。洞前稍下，其东亦开一岩，门亦南向，外高而中浅，村人积薪于中焉。其北又开两岩，一上一下：上者在重崖，无路；下者多潴水，然亦不能与前通也。

佛子岭北岩，在城西七里汛塘村之西。佛子岭者，石山自西分支而东，东为汛塘、仙庙诸峰，而岭界其间，石骨嶙嶙。逾岭而北下，则韦龟村西坞之水，南流而抵其麓，倾入洞焉。洞门北向甚豁，中回环成潭，潭中潴水渊澄，深不可测，潭四周皆石壁无隙。闻其南有隙在水下,大潦〔一六〕从北捣下,洞满不能容,则跃而出于山南之崖。盖南崖较高,水涸则潴于北而不泄,中满则内激而反射于外,其交关之隙,则中伏云。门右穿旁窦,南抵潭东涯上。其上有石高跨潭旁,上与洞顶不即不离,各悬尺许,如鹊桥然。坐桥下而瞰深潭,更悠然也。

佛子岭南岩,在佛子岭之南。其门南向,前有石涧天成若槽,有桥横其上。时洞中无水,即由涧入洞。洞外高岩层穿侧裂,不能宏拓。北入洞,止容一人,渐入渐黑,而光滑如琢磨者;其入颇深,即北洞泄水之道也。盖水大时北洞中满,水从下反溢而出此,激涌势壮,故洞与涧皆若磨砺以成云。

佛子岭西北岩,在佛子岭西北一里,其门东向。韦〔龟〕村西坞之水自北来,又分流一涧,西抵此洞前,忽穴地下坠。洞临其上,外门高朗,西入三四丈即止。洞南有一隙,亦倾侧而下,渐下渐黑,转向西南,无炬而出。闻下与水遇,循水西南行,即透出后山。乃知此村水坠穴,山透腹,亦与向武〔百感〕一辙也。

独山岩,今名砥柱岩,在城南四里。此地有三独山,皆以旁无附丽得名:一在溪东岸,与东界石山近,其山小而更峭;一在此山南五里,障溪而东环之,其山突而无奇;独此山既高而正当其中,与向武之琅山岩相似,省中之独秀无此峭拔,亦无此透漏也。其岩当山之腹,南北直透。南门高迸如裂阙,其前有巨石,自岩顶分跨而下,界为两门,正门在东,偏门在西南,皆有古木虬藤倒挂其上,轻风飘曳,漾翠飞香,甚异也。岩中如合掌而起,高数丈,〔阔一丈五尺,〕平通山后〔者五六丈。〕

上有飞崖外覆，下有涌石如栏，南北遥望，众山排闼，无不罗列献于前。岩之中分窍西透，亦转而北，又通一门，其内架阁两重，皆上穿圆窍，人下窍行，又若透桥而出者。此一洞四门相通，山甚小而中甚幻也。惟东向不通。其崖外又有一门东向，而西入深亦数丈，是又各分门立户者。

小独山岩，在城东南五里，与砥柱东西相向，夹小江而立。自砥柱东望，似此山偏与东界近；自此山西望，又似砥柱偏与西界近；自其中望之，其实两山之去东西两界各悬绝等也。山小于砥柱，而尖锐亦甚，极似一浮屠中立者。下亦通一门，有石跨其外而不甚高。西透小隙而上，悬崖之侧，有石平峙为台。其上悬绝处，有洞南向甚深，若能梯阶而升，亦异境也。游砥柱日独随一骑导而浮江，并尽此胜。

白崖堡南岩，在城南十六里。由洋渡北岸溯江西行，转入山坞，则堡在其中。盖其山南北回合，又成一洞天矣。洞在南山之上，重门北向，高缀万仞之壁，自堡中望之，即在举首间，而无从着足。岩下石脚外插，亦开裂成纹。初开揢数隙〔一七〕，如升层楼，而不知去洞犹甚远；复出望之，而后觉枪榆枋者〔一八〕，无及于垂天之翼也。既而土人秦馀至，为秉炬前导，仍从山口出，循南山之东而转其南，始拾级上，得一门东南向，是为后洞，〔正对卓笔、青狮岩诸峰。〕由洞中东北上跻，乃暗而需炬；更转而北，其上甚峻，遥望天光中透矣。益攀跃以升，得一隙仅如掌，瞰其外辟巨门焉，则上洞之下层也。隙隘不容侧身向外，只可俯眺而已。从其内更上跻，透隘而出，则洞门岈然，北临无地，向之仰眺而莫可及者，今忽身跻其上矣。此洞甚高，呼吸可通帝座，其前夹崖下陷，以木横架而补其阙，即堪憩托，然止可凭揽诸峰，非久栖地也。仍从内隙下，再窥其外第二层洞，亦以为不可到矣。姑以杖从隙中投之，再由故道俯级直坠，抵前遥望天光处，明炬遍烛，于洞北崖下得一穴焉。其口甚隘，亟引炬蛇行而入〔一九〕，其中渐高而成峡，其底甚平，数丈后宛转东折，又数丈而北透，则其门北向高裂，有巨树盘根洞中，偃出洞外，是为第三层洞。洞前平石如掌，上下皆危崖峭壁，轰悬无级。回首上眺，则层门重叠，出数十仞之巅者，即上洞与第二层洞也。稍缘平石而东〔二〇〕，峡壁间有藤树虬络，乃猱升猿引以登。半晌，遂历第二层外洞，前所投杖俨然在也。其洞深三丈，高五丈，嵌上下两洞之间，而独不中通，反由外跻。因为吟句曰："洞门千古无人到，古干虬藤独为谁？投杖此中还得杖，三生长与菖坡随〔二一〕。"乃仍挂枝下，循平石篝火穿第三层洞入，再抵前遥望天光处，则仍还后洞腹中矣。盖是洞如蹲虎，中空如腹，而上洞则其口也。第二层洞在其喉管之外，向从隙外窥处则喉管也。人从喉管上透，出其口，由喉管下坠，抵腹中。第三层洞为其脐之所通，故在腹之前。后洞乃其尾闾〔二二〕，故在腹之下云。

白崖堡南山下洞，在后洞之西三百步。洞门亦东南向，洞外高崖层亘，洞内即横分二道，一向西南，一向东北，皆稍下从洼中入，须用炬矣。从西南者，数丈后辄分两层，下层一穴如井。由井下坠，即得平峡，西行三丈，又悬峡下坠，复得平洼，其中峡窍盘错，交互层叠，乳柱花萼，倒垂团簇，不啻千万。随行胡生金陵人。折得石乳数十条，俱长六七寸，中空如管，外白如晶,天成白玉搔头也〔二三〕。又有白乳莲花一簇,径大三尺,细瓣攒合,倒垂洞底,其根平贴上石,俱悬一线,而实粘连处,蒂仅如拳,铲而下之甚易。第出窦多隘,且下无所承,恐坠下时伤损其瓣,不忍轻掷也。盘旋久之,忽见明光一缕,透窍而出,井口亦如前,又在前井之南矣。又从上层西南入,其中石脊高下,屡见下陷之坑,宵黑无底,疑即前所探下层也。深入亦盘错交互,多乳柱攒丛,〔细若骈枝,团聚每千百枝,〕与下层竞远。〔惟后营东洞,乳柱多而大,悉作垂龙舞虬状,比列皆数十丈云〔二四〕。〕从东北者,不五丈,有北嵌之窍两重,皆不甚深。东向攀崖而上,渐进渐曲,其盘错亦如西洞,而深奥少杀之。

青狮南洞,在城南二十里,西南与上林分界处,路由杨渡过江,东南四里乃至。其山石峰卓立,洞在山之下,开东西二门。东门坦下,门高数丈,阔亦数丈,直透山西者约三十丈,平拓修整〔二五〕,下辟如砥,上覆如幔,间有石柱倒垂幔下。洞之西垂,又有石柱一队,外自洞口排列,抵洞后西界,别成长榭;从榭中瞩外洞,疏楞绮牖,牵幕披云,又恍然分境也。西门崇峻,下有巨石盘叠为台,上忽中盘高穹。从台内眺,已不见前洞之顶,只见高盘之上,四面层回叠绕,如云气融结,皆有窍穴钩连,窗楞罗列,而空悬无上处。从台外眺,则西面三岐之峰,卓笔之岫,近当洞门中央,若设之供者。由台北下,奥窟中复开平洞一围,外峙巨石为障,下透中虚,〔若桥之度空。〕从此秉炬北入东转,其穴大而易穷;东从腋隘直入,其窍狭而甚远。计其止处,当〔不下十五丈,〕已逾外洞之半。此下洞之最奥处也。出小穴，复酌于西门之台，仰视上层云气叠绕处，冀一登，不可得。忽见其北有光逗影，知其外通，<u>陆公</u>令健而捷者从山外攀崖索之。久之，其人已穿入其上，从下眺，真若乘云朵而卷雾叶也。既而其人呼曰："速携炬至，尚可深入。"余从之。乃从西门下，循山麓转其北，复南向攀崖跻。山之半，有门北向。穿石窦入，则其内下陷通明，俯见诸君群酌台上，又若登月窟、扪天门而俯瞰尘界矣。其上有石砥平庋，石端悬空处，复有石柱外列，分窗界户，故自下望之，不一其窦，而内实旁通也。于是秉炬东入，愈入愈深，宵然中辟，亦几二十丈焉。东入既穷，复转西北，得一窦。攀而北上，忽倒影遥透，有峡纵横，高深骈沓。攀其东北，有穴高悬，内峡既峻，外壁弥削，只纳光晖，无从升降。更从奥窟披其西北，穿腋上透，又得一门，平整明拓。其门北向，其处愈高，吐纳风云，驾驭日月，非复凡境。其北腋尚有余奥〔二六〕，然所入已不甚遥。由其门出，欲缘石觅磴而下，其下皆削立之壁，悬突之崖，无从着足。乃复从洞中故道，降出至悬台下瞰处。诸君自下呼噪，人人以为仙，即余亦自以为仙也。倏明倏暗，倏隔倏通，倏上倏下，倏凡倏仙，此洞之灵，抑人之灵也？非<u>陆公</u>之力，何以得此！

　　<u>青狮北洞</u>，在<u>青狮潭</u>北岸。<u>青狮潭</u>者，即<u>洋渡</u>之下流也，江潭深汇，为群鱼之宫，乃参府之禁沼〔二七〕，罟〔二八〕网所不敢入者。其北崖亦多穿门，与南洞隔江相对。余雨中过此，不及旁搜。又西为<u>青狮庙</u>。危峰西南来，抵水而尽。<u>洋渡</u>之水从西，<u>三里</u>之水从北，至此合流而东，峰截其湾，愈为屼嵲，

庙倚其下,遂极幽阒焉。

堡北岩,在城南十二里〔巨〕堡之北〔二九〕。〔堡南去洋渡仅三里。〕其门东向,中深五六丈,后洼而下,不能深入。

独山村西北水岩,在城南八里大路之西。洞门东向,前有石路,中跨为桥,盖水发时自洞溢出也。洞倚西山下,洞口危石磊落,欹嵌而下,其中宵然深黑,不能悬入也。

砥柱岩西峰水岩,在城南四里。有峰岿突于砥柱之西,高不及砥柱,而回列倍之,上冒下削,〔其淋漓痕,俨若黄熟香片侧立。〕其南多空裂成门,而北麓有门北向,两崖如合掌上并。其内深宵,有光南透,若甚崆峒,第门有潴水溢于两涯,不能入。几番欲以马渡,而水下多乱石,骑亦不前。

后营东山洞,在城北四十里,即后营东界石山之西麓也,去后营四里。中又有小山一重为界,山坳中断处,有尖峰在前,亦曰独山,则其西护也。直抵东山下,有石笋一圆云。备记五月十四日〔三〇〕。

仙庙山,在城西四里,西面石峰之最近城者也。石峰中悬,三面陡绝,惟从西南坳中攀崖上,则三里四境尽在目中。昔有村氓登山而樵,遇仙得道,故土人祀之。

汛塘浮石,在城西五里汛塘中。汛塘者,即仙庙山南之坞也,自仙庙山前西接狮子坳〔三一〕。坞中有塘长数里,水涨时洪流漫衍,巨鱼逆流而上,土人利之,故不疏为田,而障为塘。有石堑一区当塘之中,上浮如败荷覆叶,支撑旁偃,中空外漏,水一潭绕之,石箕踞其上,又如数梁攒凑,去水不及三尺,而虹卧云嘘,若分若合,极氤氲蜿蜒之势。其西北里余即汛塘村,倚北山之下。

周泊隘，在城东二十五里，东界石山之脊也。隘当脊中，南北崇崖高压，云气出没其中。逾隘而东，即为迁江境。其东北石山内，为八寨之罗洪洞。按一统志："罗洪洞在上林县东北四十五里。"则昔时亦上林境，而后沦于贼，遂不能恢复，至今为贼所踞。东南石山内，为马场洞。犹三里属。第地无居民，皆巨木。

汛塘后坞石洞，在城西七里。西山东来，过佛子岭分为两支，一支直东为汛塘村后峰，一支北转为韦龟山。二山之东北又环成一坞，东以仙庙山为前障，中有支峰对。其麓有洞，门东向，前有水隔之，内望甚深。土人云："中可容千人。昔其西有村，今已鞠〔三二〕为草莽。"所向东峰之上，亦有洞，门西向，高悬欹侧，亦翳于草莽，俱未及登。

三层阁在参府厅事东，陆公所新构也。长松环荫，群峰四合，翛然有遗世之想。松风亭在署后土山之巅，松荫山色，遥连埤堄〔三三〕，月色尤佳。余下榻于〔三〕层阁，几至忘行。陆公饯余于松〔风〕亭，沉醉月夜，故以终记。

三里：一曰上无虞里，一曰下无虞里，一曰顺业里。

八寨：西界者曰寨圩、东与后营对。都者、东与周安对。剥丁，东与苏吉对。东界者曰罗洪、西与左营对。那良、西与后营对。古卯、古钵、何罗。

三镇：中曰周安、北曰苏吉、西南曰古鹏。

贯八寨之中者，南自后营，北抵周安，极于罗木渡。其中有那历、玄岸、蓝涧、桥蓝诸村，南北十余里。昔乃顺业里及周安之属，今为八寨余党所踞。渠魁蓝海潮。八寨交通，而三里之后门不通矣。

三里〔周围石峰，中当土山尽处，风气含和，独盛于此；土膏腴懿，生物苗茂，非他处可及。所艺禾稿〔三四〕特大，恒种一郭，长倍之，性柔嘉，亦异庶土〔三五〕所植。〕畜物无所不有。鸡豚俱食米饭，其肥异常。鸭大者重四斤而方〔三六〕。此邦鲫鱼甚艰，长仅逾寸，而〔此地〕独有长四五寸者〔三七〕。三里出孔雀。风俗：正月初五起，十五止，男妇答歌曰"打跋"，或曰"打卜"。举国若狂，亦淫俗也〔三八〕。果品南种无丹荔，北种无核桃，其余皆有之。春初，枸杞芽大如箸云，采于树，高二三丈而不结实，瀹其芽实之入口，微似有苦而带凉，旋有异味，非吾土所能望。木棉树甚高而巨，粤西随处有之，而此中尤多。春时花大如木笔〔三九〕，而红色灿然，如云锦浮空，有白鸟成群，四面翔绕之，想食啄其丛也。结苞如鸭蛋，老裂而吐花，则攀枝花也，如鹅翎、羊绒，白而有光。云泗城人亦有练〔四〇〕之为布者，细密难成，而其色微黄，想杂丝以成之也。相思豆树〔四一〕高三四丈，有荚如皂荚而细，每枝四五荚，如攒一处，长一寸而大仅如指。子三四粒缀荚中，冬间荚老裂为两片，盘缩如花朵，子犹不落。其子如豆之细者而扁，色如点朱，珊瑚不能比其彩也。余索得合许。竹有中实外多巨刺者，丛生而最大；有长节枝弱不繁者，潇洒而颇细；如吾地之笀节虚中，则间有之而无巨者；又一种节细而平，仅若缀一缕而色白，可为杖，土人亦曰粽竹，出三镇之苏吉；其地亦有方竹，止在下数节而不甚端。

十四日

晨起，阴云四布，即索骑游东岩。岩在东石峰之麓，由独山入隘，度土山一重，共三里抵其下。有石笋一圆，傍石峰西麓，岩在石笋之上。〔遥见当峰半，一门西向高悬，则西洞后穿别窍。〕由南麓上跻，有两门并列，暗洞在东，明岩在西，二门俱南向。先入明岩，中高敞平豁，后一石蕊中悬。穿蕊而入，〔下坠小穴，上则垂乳窈窕，围成龛，极玲珑纤幻。龛中圆且峻，贮水一池，沉映崖壁，光影上照，绀碧夺目〕。转门而西，又开一门，西向，亦明豁高爽，下临绝壁，〔即前从坞中遥见高悬者〕。其内与南门转接处，石柱或耸而为台，或垂而成龛，攒合透映，真神仙窟宅，雕镂所不能就者也。仍出南门，从其东北向，伛偻入暗洞。〔门外隘中洼，〕少下，洞遂穹然，篝火北入数丈，则玉乳倒垂骈耸，夭矫缤纷，〔底甚平〕。由其腋透隙而入，〔岐而西，峡东隙皆不数丈尽，惟直北逾乳隙进，内复宽〕。少东转，垂柱益多。平底中有堆石一方，土人号为"棺材石"，以形似也。更入，〔从石东北转，石坡高下，乳笋参差立。披窍北入，复辟一最巨室，乳柱回环，阃辟莫测〕。从此西北穿隘而下，其入甚遥，闻深处有溪成潭，下跨石为梁，上则空〔明〕透影。时误从东转，竟从别窦仍下堆石旁。欲复入觅西北隘，而易炬已多，恐一时不继，乃从故道出。闻此洞东通<u>迁江</u>，虽未必然，而透山而东，即为<u>那良</u>贼寨之地，未知果有从出处耳。余所入止得三四转，度不及其十之一二，然所睹乳柱之瑰丽，无过此者。此洞既以深诡见奇，而西畔明岩复以明透表异，合之真成二美矣。

出洞，仍下山西北行，一里半抵<u>独山</u>。从其北而西，又一里半，饭于<u>后营</u>。<u>杨君</u>统营兵骑而送余，遂下山北行。东西两山，一石一土，相持南下，有小水南流于其中，经<u>后营</u>而南，<u>金鸡隘</u>之北，乃西南坠壑而去，即<u>琴水桥</u>之上流也。从此北望，直北甚遥；南望则金鸡石峰若当门之标。后营土山头南尾北,中悬两界之中,西南走而尽于三里,遂结为土脉之尽局云。北行八里,有土脊自西而东,横属于两界之中,则南北分水之脊也,南入于杨渡,而北遂入罗木渡焉。逾脊北二里,为那力村,又三里为玄岸村。二村俱在东石峰之下,昔皆民居,今为八寨贼所踞矣。又北三里,水从直北去,路西穿土山之腋。一里西下,则土山复东西夹而成坞。又北十里,是为蓝涧,俱贼村矣。贼首蓝海潮者,家西山下。有涧从其前北流,溯之行,北一里半,有石山突于坞东,由其西麓逾小坡,即为周安界矣。又二里,一村在东山麓,曰朝蓝〔四二〕。前涧中有潭,深汇澄澈,自是而北,遂成拖碧漾翠之流,所云“蓝涧”者,岂以此耶? 蓝涧本三里之顺业里属。今南抵那力过脊之地,俱为八寨余孽所踞,而蓝海潮则其魁也。由蓝涧而北抵罗木渡,南抵左营,中开天成直夹,皆土山也。其两石山:西为寨垒、都者、剥丁,东为罗洪、那良。东西皆贼薮。朝蓝昔本周安属,今北抵周安亦俱为诸薑所踞〔四三〕,并周安亦岌岌矣。由朝蓝随涧东岸又北五里,转而东逾土山,北下一里,复行坞中。三里,出坞。又西行一里,始见前溪从土山西畔北注,与石山西峡之涧合而东来,遂有汤汤之势。涉溪北上,溪亦折而北,不半里,是为周安镇。数家之聚,颓垣败址,在溪西岸,而溪东膏腴俱为贼踞,不可为镇矣。所云镇者,是为周安,其西南为古鹏,其北曰苏吉,总名三镇〔四四〕。盖界于八寨之中者也。今周安仅存,古鹏全废,惟苏吉犹故。昔有土镇官吴姓者,以青衫〔四五〕居宾州,未袭其职。其子甫袭而死。后委哨官及古零司〔四六〕九司之一。兼摄之,而古零鞭长不及。前年,八寨贼由此劫上林库银,为上林县官所申,当道复觅吴氏之遗孤仍袭。其孤名承祚,才十二岁,父即前甫袭而死者。其外祖伍姓者号娱心，乃宾州著姓，游大人以成名者。甫自宾州同承祚到镇，见周安凋敝，以承祚随师卒业于苏吉。而伍适返周安，见余至，辄割牲以饷。土司以宰猪一味献客为敬。盖杨君昔曾委署此镇，见其送余，非直重新客，犹恋旧主也。是晚复同杨、伍二君北二里游罗隐岩。岩在镇之西北隅，乃石峰西断处。盖大溪南经周安之前而北至此，有土垣一周，为旧宾州、南丹卫遗址，乃万历八年征八寨移而镇此者。后卫移三里，州移故处，而此地遂为丘墟，今且为贼薮，可恨也。按一统志，罗洪洞在上林县东北四十五里，为韦旻隐居之地，则罗洪昔亦上林属，而后沦于贼者也。由土垣北直去为苏吉〔四七〕、罗木渡大道，由土垣西向入石峰隘，有数家倚隘侧，为罗寨村。村前石峰特起，岩穴颇多，但浅而不深。其西麓为罗隐岩，岩横裂如榻。昔有儒生过此，无托宿处，寄栖此中，题诗崖上，后人遂指为罗隐。其题句鄙俚，而诸绕戎〔四八〕过之，多有继题其下者，岂以其为崔浩〔四九〕耶？是晚还宿周安，作谢陆君书畀杨。

十五日

早雨霏霏，既饭少霁，遂别杨君，伍君骑而送余，俱随大溪西岸北行。〔石峰西突路左，峰四面多开穴窍，中空，第高莫能上。北又有荔枝岩，深黑，须炬入，闻中有荔枝盆。〕于是东西两界俱石峰，无复土山中间矣。〔先北涉一小水，又北涉一涧，水皆东向入大溪。共四里，小峰当坞立，嵌空多穴，乃下流镇山，亦如三里之独山，但南北易位耳。〕北六里，山峡中拓，聚落倚西峰下，是为苏吉镇。伍君留余入头目栏，令承祚及其师出见，欲强饭；余急辞之出，乃以多人送余行。又北三里，又有土山突两界石山中，于是升陟高下，俱随两石山之麓,而流溪渐薄东界,相去差远矣。又北十五里,则一江西自万峰石峡中破隘而出,横流东去,复破万峰入峡,则都泥江也。有刳木小舟二以渡人,而马浮江以渡。江阔与太平之左江、隆安之右江相似,而两岸甚峻,江嵌深崖间,渊碧深沉,盖当水涸时无复浊流潆漫上色也。其江自曲靖东山发源,径沾益而北,普安而南,所谓北盘江是也。土人云自利州、那地至此,第不知南盘之在阿迷、弥勒者,亦合此否?渡江而北,饭于罗木堡〔五〇〕,乃万历八年征八寨时所置者。堡兵五十余家,其头目为王姓,泣而诉予,为土贼黄天台、王平原所侵,近伤其人,掳其赀,求余入府乞示。余以其送人少,不之许。其地已属忻城,而是堡则隶于庆远,以忻城土司也。宾庆之分南北〔五一〕,以江为界。堡北,东西两界石山复遥列,而土山则盘错于中。北复有小江,北自山寨而来,山寨者,即永定土司也。循东山而南入都泥。路循西畔石山北上二十里,有村倚西山之麓,曰龙头村〔五二〕。村后石山之西,皆瑶人地。盖自都泥江北,罗木堡西已然矣。龙头村之东有水,一自北来者,永定之水也;一自东来者,忻城之水也。二水合于村前,即南流而合罗木下流者也。又北二里为古勒村,村在平坞中。村北三里,复逼小山西岸行,又五里,有小村倚西峰之麓,又有小水西自石峰下涌穴而出,东流而注于小江。截流渡小水北,又东上土坡,是为高阳站。是站在小江之西,渡江东逾峰隘而入,共十五(里)而抵忻城〔五三〕;溯小江北五十里抵永定,又六十里而至庆远,亦征八寨时所置。站乃忻城头目所管者。其地石峰之后即为瑶窟。其西有夷江〔五四〕,想即罗木渡之上流。其内有路,自东兰、那地〔五五〕走南宁从之。东石峰之后即忻城。其东界接柳州。其站始用竹肩舆〔五六〕,盖土俗然也。自三里马至周安,周安马至高阳,高阳换舆直送至府。此地无虞,可行矣。是日共行五十余里，以渡罗木难也。

十六日

晨起，阴如故。夫自龙头村来，始缚竹为舆，既而北行。十里，东西两界石山中土山渐无，有石山突路左，小江由其东，路出其西。又北十里，西界石山突而东出，是为横山，乃忻城、永定分界处也。缘山嘴盘崖北转，巉石嵌崎，中独淋漓滑淖，间有行潦停隙中，崖路颇高而独若此者，以上有重崖高峙，故水沥其下耳。然磊石与密树蒙蔽，上下俱莫可窥眺。间从隙间俯见路石之下，石裂成潭，碧波渊澄，涵影深阗，又或仰见上有削云排空之嶂，透丛而出，或现或隐，倏高倏下，令人恍惚。既北，两界石山犹拓而北。又八里，有石峰一枝中悬，坞分而为二，其一通西北，其一通东北。余循西北坞溯流入，又五里，复有峰中突，小江缘其东出，路逾其西入。又二里，有数十家倚中峰之北，是为头奎村，以中突峰形若兜鍪〔五七〕也。饭于头目何姓者家。自横山之北，皆为山寨地。弘治间，都御史邓廷瓒奏置永定长官司，长官韦姓，隶府。其西又有永顺司〔五八〕，土官名邓宗胜。嘉靖间调二土司兵至吾乡剿倭者，所云"狼兵"是也〔五九〕。既饭，日色忽霁。北向坞中行，始循东界石山矣。五里，抵永定司，即所谓山寨也〔六〇〕。土官所居村在西界石山下，欲留余止宿，余以日才过午，不入而行。渐闻雷声隐隐。又北二里，西截坞而过。坞中有石潭，或断或续，涵水于中，即小江之脉也，水大时则成溪，而涸则伏流于下耳。于是复循西界石山而北，又五里，有峰当坞立，穿其腋而北，坞遂西向而转，于是山又成南北二界矣。其时黑云自西北涌起，势如泼墨，亟西驰七里，雨大至，避之石壁堡〔六一〕之草蓬下。石壁堡在北山之麓，堡适被火，欲止其间，无宿处。半晌雨止,乃西二里,逾岭坳,此乃东西分水之脊也。南北俱石山如门,逾门西出,始扩〔然〕大开,中皆土阜高下,〔则永顺司接境;南即石峰丛合,皆瑶窟。〕循石峰之西麓,北向升陟土阜,其上多回环中洼,大者如塘,小者如井,而皆无水,俯瞰不见其底。〔水由地行,此其中坠处,一如太平府所见。〕北行五里,始下土山坞中。其水东北去,路复北透石峰之隘,此处又石峰一枝自西而东。一里出隘,又一里,于东峰之麓得一村,曰草塘,乃冯挥使之家丁也。头目曰东光,言其主在青塘〔六二〕,今且往南乡。余以陆君书令其速传去。冯名润,二年前往泗城〔六三〕,而泗城土官岑云汉加衔副总兵〔六四〕,欲冯以属礼见。此地明官至土俱以宾主论,冯不从。岑拘其从者送狱中,冯亦淹留不听行,复不给粮,从者半毙。陆君以出巡至,始带出之。陆君之第三郎并两仆亦死其中。故陆君不听余从泗城行,而送余由此,托冯与南丹导余焉。是晚宿东光栏上。

十七日

天甚晴霁。从草塘北行,其地东西两界复土山排闼。先从东麓横过西麓,坞中有水成塘,而断续不成溪,亦犹山寨之北也。塘之北始成溪北流,路从其西。从西峰北行五里,有山中坞突,水由其东,路由其西。入峡二里,东逾一隘又一里,复北行七里,又一小水横亘两山北口,若门阃然。由其西隘出,于是东西两界山俱北尽,其外扩然,又成东西大坞矣。西界北尽处,有石突起峰头,北尨独有红色一方内嵌,岂所谓“赤心北向”者耶?又北竟土坂五里,乃下坠土夹中,一里抵夹底。又从夹中行一里,得五碧桥,有水自西而东出桥下,其势颇大,乃土山中之巨流也。逾桥北又三里,复有石山一枝自西而东,穿隘北出,其东即为南山寺,龙隐洞在焉。有水自其东谷来,即五碧桥东流之水,至黄冈而分为二流,一东径油罗村入龙江下流,一西北经龙隐之前,而北过庆远东门入龙江。出隘北又皆土山矣。又五里,抵庆远〔府之〕南门〔六五〕。于是开东西大夹,其南界为龙隐、九龙诸山,北界即龙江北会仙、青鸟诸山,而江流直逼北山下,江南即郡城倚之。其城东西长而南北狭。从城南西抵西城外,税驾于香山寺〔六六〕。日才午,候饭,乃入城。复出南门,抵南山,游龙隐。先是,余过后营,将抵蓝洞,回顾后有五人者追而至。问之,乃欲往庆远而阻于蓝洞不敢入,闻余从此道,故随而往者。杨君令偕行队伍中。及杨君别去,一路相倚而行,送至香山寺乃谢去。及余独游至此,忽见数人下山迎,即此辈也,亦非庆远人,俱借宿于此。余藉之束炬携火,先游龙隐,出,又随游双门洞。既出,见此洞奥而多不能卒尽,而不忍舍去。乃令顾仆留宿香山,令一人同往取卧具,为宿此计。余遂留此,更令两人束炬秉火,尽探双门二洞之奇。出已暮,复入龙隐,令两人秉炬引索,悬下洞底深阱。是夜宿龙隐。

十八日

天色晴霁甚。早饭龙隐。僧净庵引,由山北登蚺蛇洞,借宿二人偕行。既下,再饭龙隐,偕二人循南山北西行二里,穿山腋南出,又循山南西行一里余,过龙潭。又西一里,渡北流小溪,南入张丹霞墓洞。遂东北五里,还饭于香山寺。复令一人肩卧具,随由西门入,北门出,渡龙江,北循会仙山西麓行一里,东上山又一里,游雪花洞。又里余,登山顶。是晚宿雪花洞。其人辞去,约明日来。

十九日

五更闻雨声,迨晓而止。候肩行李者不至,又独行探〔深〕井〔岩〕,又从书生鲍心赤从雪花东坳下,游百子岩。仍上雪花寺饭。

有山下卧云阁僧至,因乞其导游中观、东阁诸胜,并肩卧具下二里置阁中。遂携火游中观、东观、丹流阁、白云洞,午餐阁中。下午,还香山寺。

二十日

入候冯,犹未归。仍出游西竺寺、黄山谷祠。

〔一〕赆(jìn 尽):送行者赠送的路费或礼物。

〔二〕缱绻(qiǎn quǎn 遣犬):情意深厚缠绵。

〔三〕虞仲翔:即虞翻,三国时吴国的经学家,会稽余姚人。孔融曾看过他研究易的著作易注,感慨地说:"生无可与语,死以青蝇为吊客,使天下有一人知己,足以无恨。" 颐(yí 夷):脸颊。

〔四〕辕(yuán 袁)门:领兵将帅的营门及督抚等官署的外门。

〔五〕那良:今名同,在上林县东北境。

〔六〕牙:通"衙",后文作"衙",即官府衙门。

〔七〕楼橹(lǔ 鲁):即望楼,古时用以防御、侦察或攻城的高台。

〔八〕缉(jī 积):即缉理,整治。

〔九〕那历,本月十四日记作那力,今作老黎;玄岸,今作贤岸;顺业里,今作顺良。皆在上林县北境,贤岸偏北,顺良偏东。

〔一〇〕西抵苏坑五十五里　乾隆本、四库本作"西抵苏坑共四十五里"。

〔一一〕王守仁(公元 1472～1528 年):字伯安,号阳明,浙江余姚人。明代著名理学家,但他一生也主持了不少镇压农民起义的军事行动。正德元年(公元 1506 年),因抗章救戴铣等人,触怒宦官刘瑾,被廷杖四十,谪为贵州龙场驿丞。后为右佥都御史,巡抚江西等省,镇压了江西的农民起义。嘉靖六年(公元 1527 年),以原官兼左都御史、总督两广兼巡抚,平了田州土官的叛乱,接着,又出兵镇压了大藤峡瑶族人民起义,下令布政使林富率田州、思恩土兵直抵八寨,破石门,副将沈希仪邀斩起义军,"尽平八寨"。后被诏赠新建侯,谥文成。

〔一二〕周泊,今作刁泊;苏坑,应在今罗圩附近。皆在上林县东北境,三里城东西两侧。

〔一三〕罗墟:今作罗圩,在上林县东北境,三里城稍西。

〔一四〕又南注于洋渡之东　原缺"南"字,空一格,据乾隆本、四库本补。

〔一五〕汛塘,今作信桃;韦龟村,今作韦归。皆在上林县东北境,三里城稍西。

〔一六〕潦(lǎo 老):雨水。

〔一七〕初开揢数隙　乾隆本作"初攀数隙"。

〔一八〕枪:冲,突。　榆(yú 于):即榆树。　枋(fāng方):檀木。

〔一九〕巫引炬蛇行而入　"炬"原作"亡",据乾隆本、四库本改。

〔二〇〕稍缘平石而东　"缘"原作"悬",据乾隆本、四库本改。

〔二一〕三生:本佛教用语,指前生、今生、来生,又称三世。

菖坡:通"猖(chāng 昌)披",衣不系带,散乱不整,引申为不遵法度,任意行为。

〔二二〕尾闾(lǘ 驴):古代传说中海水所归的地方。

〔二三〕搔(sāo 骚)头:首饰,簪的别名。

〔二四〕比列皆数十丈云　乾隆本、四库本皆有此句,但四库本作“数丈”。

〔二五〕平拓修整　“拓”原作“柘”,据乾隆本、四库本改。

〔二六〕其北腋尚有余奥　“北”原作“比”,据乾隆本改。“北腋”,四库本作“北胁”。

〔二七〕乃参府之禁沼　“沼”原作“治”,据乾隆本改。该句四库本作“乃参府设禁”。

〔二八〕罟(gǔ 古):网的总名。

〔二九〕在城南十二里巨堡之北　原缺“巨”字,据乾隆本、四库本补。

〔三〇〕备记五月十四日　按后述游踪,应为二月十四日,“五”字有误。

〔三一〕自仙庙山前西接狮子坳　“狮子坳”,乾隆本、四库本作“佛子坳”。

〔三二〕鞠(jū 居):穷,尽。

〔三三〕埤堄(pí nì 皮泥):城墙上的小墙。

〔三四〕穑(sè 啬):收获的谷物。

〔三五〕庶(shù 数)土:众多地方。

〔三六〕鸭大者重四斤而方　乾隆本、四库本作“鸭大者重七十两,方体”。

〔三七〕独有长四五寸者　乾隆本、四库本作“有至尺者”。

〔三八〕"三里出孔雀"至"亦淫俗也"　　原系眉批,从沪本移此。

〔三九〕木笔:即辛夷,多用作木兰的别称。因其未开花时,苞上有毛,尖长如笔,故称木笔。

〔四〇〕练(liàn 炼):把丝、麻、布帛煮得柔软洁白。

〔四一〕相思豆树:即红豆树。为豆科乔木,春季开白色或淡红色花。种子朱红色,有光泽,有的一端黑色,或有黑色斑点。

〔四二〕朝蓝　　乾隆本、四库本作"桥蓝村"。

〔四三〕诸蓩所踞　　"蓩"原作"莺",从沪本改。蓩(wù 误):逆。

〔四四〕周安,今名同;古鹏,今作古蓬;苏吉,今作思吉。皆在忻城县南境,思吉、周安、古蓬,从北往南排列在公路线上。

〔四五〕青衫:古时地位低下者所穿的服装。

〔四六〕古零司:今仍作古零,在马山县东南境。

〔四七〕苏吉　　此处原作"苏吾",从前记改。

〔四八〕绕戎:出巡的军官。

〔四九〕崔浩(?　～450 年):字伯渊,北魏时人,官至司徒。后作国书三十卷,立石铭之,以彰直笔,因此以修史暴露"国恶"的罪名被灭族。

〔五〇〕都泥江:即今红水河。罗木堡:明时作罗墨,今亦作罗墨,在忻城县南境,红水河北岸。河南岸今称红渡,应即罗木渡。

〔五一〕宾庆之分南北　　"庆"原作"屡",据乾隆本改。

〔五二〕龙头村:今仍称龙头,在忻城县治稍南。

〔五三〕忻城:明为县,隶庆远府,即今忻城县。

〔五四〕夷江　　四库本同。乾隆本作"彝江"。

〔五五〕东兰:明为州,隶庆远府,即今东兰县。　　那地:明为州,隶庆远府,治所在今南丹县南境的那地。

〔五六〕竹肩舆:与轿子不同,即现今通称的滑竿,用两根大竹缚成,形如躺椅。

〔五七〕头奎村　　"奎",据下文,村之得名因"峰形若兜胄",应作"盔",头盔即古代士兵所戴的兜胄(dōu zhòu 都宙)。今仍作头盔,在都安瑶族自治县东隅。

〔五八〕永顺司:即永顺长官司,隶庆远府,治所在今都安瑶族自治县北隅,刁江南岸的永顺。

〔五九〕此指倭寇,即日本浪人、武士、封建主、走私商人等侵扰我国东南沿海的事。后被戚继光、俞大猷领导的爱国军民平定。广西壮族群众七千五百多人也参加了抗倭战争,称为狼兵。有关狼人与狼兵的情况,庆远府志载:"与僮无异,唯语言稍别。善伏弩,猎山而食。儿能骑犬引弓射雉兔掘鼠,少长习骑,应募为狼兵。""狼人"为壮族的一支,或作"俍人"。从小养成骁勇善战的本领,其武装即称"狼兵"。

〔六〇〕永定司:弘治五年(公元 1492 年)析宜山县地置永定长官司,隶庆远府。治所山寨,今作三寨,在宜州市南隅的公路旁。

〔六一〕石壁堡:今作石别,在宜州市南境。

〔六二〕青塘:今作清潭,在宜州市南隅,石别稍东。

〔六三〕泗城:明为州,直隶广西布政司,治今凌云县。

〔六四〕副总兵:性质、职能与总兵同,仅权位稍次于总兵。详黔游日记一注。此处副总兵仅为加给泗城土官的虚衔,不一定实掌其权。

〔六五〕庆远:明置庆远府,治宜山,即今宜州市。

〔六六〕香山寺:在宜州古城西门外,今宜州市区西部。民国年间建为中山公园,但至今仍"涌石环主,为门为峡,为峰为嶂,甚微而幻","巨树箕踞,其根笼络,与石为一"。徐霞客所记录的香山寺景色依旧。

二十一、二十二日

皆有雨,余坐香山寺中。抵暮,雨大作,彻夜不休。是日前所随行五人,俱止南山龙隐庵,犹时时以一人来侍余。抵暮,忽有言其一人在洞诱牧牛童,将扼其吭〔一〕而挟之去者。村人来诉余,余固疑,其余行亦行,余止亦止,似非端人〔二〕;然时时随游扶险,其意殷勤,以似非谋余者。心惴惴不能测。

二十三日

雨犹时作时止。是日为清明节,行魂欲断,而沽酒杏花将何处耶?是处桃、杏俱腊中开落。下午,冯挥使之母以酒蔬饷,知其子归尚无期,怅怅,闷酌而卧。

二十四日

五鼓,雨声犹潺潺,既而闻雷,及起渐霁,然浓云或开或合,终无日影焉。既而香山僧慧庵沽酒市鱼,酌余而醉。及寝,雷雨复作,达旦而后止。

二十五日

上午犹未霁。既饭,丽日晶然。先是,余疑随行五人不良,至是卜之得吉。彼欲以两人从余,先界定银与之市烟焉。又慧庵以缘簿求施,余苦辞之;既而念其意不可却,虽囊中无余资,展转不能已,乃作书贷之陆君,令转付焉。

二十六日

日晴霁。候冯挥使润犹不归,投谒守备吴[三],不见而还香山寺,再饭。同僧慧庵往九龙,西南穿塍中,蜿蜒排石而过。五里,越北流溪[四],至丹霞遗蜕洞,即前日所入者。仍下,绕其东麓而南,回眺遗蜕峰头,有岩东向高穹,其上灵幻将甚,心欲一登而阻于无路。又东南约半里,抵东峰之北麓,见路两旁皆水坑流贯,路行其上,若桥梁而不知也。其西有巨枫树一株,下有九龙神之碑,即昔之九龙祠遗址。度其北,是昔从龙隐来所经平冈中之潭,而九龙潭则在祠南石崖之下,水从其中北向经路旁水坑而出为平冈潭者也。

九龙洞山在郡城西南五里,丹霞遗蜕洞东南。其山从遗蜕山后绕而东,其北崖有洞,下有深潭嵌石壁中若巨井。潭中下横一石,东西界为二,东小而西巨,东水低,西水高,东水清,西水浑。想当雨后,西水通源从后山溢来,而东则常潴者也。西潭之南,石壁高数丈,下插潭底,〔潭多巨鱼。〕上镌“九龙洞”三大字,不知镌者当时横架杙木费几许精力?西潭之深莫能竟,曰垂丝一络,亦未可知,然水际无洞,其深入之窍当潜伏水底耳。洞高悬潭上三丈余,当井崖之端,其门北向,东与“九龙洞”三字并列,固知此镌为洞,不为潭也。门颇隘,既入乃高穹。峡南进,秉炬从之,其下甚平。直进十余丈,转而东,下虽平,而石纹涌起[五],屈曲分环,中有停潦,遂成仙田[六]。东二丈,忽下陷为深坑。由坑上南崖伛偻而出坑之东,其下亦平,而仙田每每与西同。但其上覆石悬乳,压坠甚下,令人不能举首。披隙透其内,稍南北分岐,遂逼仄逾甚,不得入矣。仍西出至坑崖上，投火坑中谛视之，下深三丈余，中复有洞东西通透：西洞直入，与上峡同；东洞则横拓空阔，其上水淙淙下滴，下似有潦停焉。坑之南崖平覆如栈，惟北则自上直插坑底。坑之裂窍，南北阔二丈，东西长三丈，洞顶有悬柱倒莲，恰下贯坑中，色洁白莹映，更异众乳。俯窥其上久之，恨不携梯悬索，若南山一穷奥底也。〔东三百步，又有岩北向，深十余丈，在东峰崖过脊处。〕

九龙西峰高悬洞，在丹霞遗蜕之东顶，其门东向而无路。重崖缀石，飞突屼嵲，倒攀虽险，而石铓〔七〕嵯峨，指可援而足可耸也。先是，一道者持刀芟棘前引，一夫赍火种后随，而余居其中。已而见其险甚，夫不能从，道者不能引，俱强余莫前。余凌空直跃，连者数层，频呼道者，鼓其速登，而道者乃至。先从其北得一岩，其门东向，前峡甚峻，中通一线，不即不离，相距尺许；曲折而入者三丈，其内忽穹而开；转而西南四五丈，中遂黑暗，恨从夫不以火种相随。幸其下平，暗中摸索又转入一小室，觉无余隙，乃出。此洞外险而中平，外隘而中扃，亦可栖托，然非高悬之洞也。高悬处尚在南畔绝崖之上，亏蔽不能仰见。稍下，转崖根攀隙以升，所攀者皆兜衣钩发之刺棘也。既上，其岩亦东向，而无门环回前列，高数丈〔八〕，覆空若垂天之云。而内壁之后，层削而起，上有赭石一区嵌其中，连开二门，层累其上，猿猱之所不能升也，安得十丈梯飞度之。时老僧慧庵及随夫在山麓频频号呼，乃仍旧路下。崖突不能下睇，无可点足。展转悬眺，觉南上有痕一缕，攀棘侧肩循之。久之，乃石尽而得土，悬攀虽峻，无虞陨坠矣。下山五里，还香山。返照甚朗，余以为晴兆。既卧而雷雨复大作，达旦不休。

二十七日

雨止而起。余令人索骑欲行,而冯挥使之母令人再留曰,已三往促其子矣,姑允其留。既而天色大霁,欲往多灵,以晚不及。亟饭而渡北门大江,登北岸上观音阁,前为澄碧庵,皆江崖危石飞突洪流之上,就而结构成之者〔九〕。又北一里,过雪花洞下,乃渡溪,遂西向入石山峡中。转而南,登岭坳,遇樵者问之,此上有牛陣洞,非三门也,三门尚在北山。仍出,由南来大路北行二里,过一古庙。又北,有水自西山麓透石而出,其声淙淙,东泻即前所渡自北而南小溪也。又西半里,循西山转入西坞,则北界石峰崔嵬,南界之山又转而为土矣,中有土冈南北横属。又半里,逾冈西下,则三门岩在北崖之中矣。乃由岐北向抵山下,望其岩上下俱危崖,中辟横窍,一带垂柱,分楞齐列于外。拾级而上,先抵岩东,则石瓣骈沓,石隙纵横,皆可深入。而前则有路,循崖端而西,其岩中辟,高二丈余,深亦如之,而横拓四丈余,上下俱平整,而外列三石,界成四门,俱南向,惟中门最大,而左腋一门卑伏。言"三门"者,举其大也。西门岩壁抵此而莫前,其上石态更奇;东门穿隙而出,即与东偏纵横之隙并;而中门之内,设神像于中,上镌"灵岩"二字。由神像后穿隙北入,宛转三四丈,逾庋攀而上,中有一龛,乃岩中之奥室也。出岩而东,披纵横之隙,亦宛转三四丈,始辟而大。东逾石阈而上,其内上下平整,前穴通明,另成一界,乃岩外之奥室也。透其前穴出,有石高擎穴前,上平如台。其东又有小隙宛转,如簇瓣莲萼,披之无不通也。由台前小隙下,即前循崖端而西路。复从崖端转石嘴而东,稍入,有洞门内辟。其门亦南向,中深数丈,弥备幽深之致。乃仍旧路下,即沿山麓东还,北望山坳间,有岩高悬绝峡之上,心异之。乃北向望坳上,攀石跻崖以升。数十步,逾坳间,乃炭夫樵斫者所由,而悬岩尚在其东,崖壁间之藤棘蒙密,侧身难度。乃令随夫缘枝践级,横过崖间,不百步而入岩,余亦从之。岩前悬峡,皆棕竹密翳,其色白,大者可为杖,细者可为箸。而洞当转峡之侧,上下悬峭,其门西南向,顶崇底坦。入五六丈,当洞之中,遥望西南锐竖尖峰正列其前,洞两旁裂峡分瓣,皆廉利沓合。洞后透石门而入,其内三辟三合,中连下透,皆若浮桥驾空,飞梁骈影,思各跻其上,不知何处着脚。及透入三桥之内,其中转宽而黑。从左壁摸索而上攀东崖,南出三四丈,遂凌内梁之东。其梁背刀削而起,不堪着足。而梁之西亦峻石拄顶,另隔成界,不容西渡。又南缘东崖,凌中梁之东,其不可度与内梁同。又南缘东崖凌前梁之东,则梁背平整,横架于两崖之间,下空内豁,天设徒杠〔一〇〕。其背平架之端,又有圆石尺许耸立其上,俨若坐墩。余以为人琢而置此者,扪其根,则天然石柱也。渡梁之西,又北转入峡门,即中内二梁西端之石所界而成者。其内又有东豁而下通梁后,又西刓而透穴中。入穴中,又拓而为龛,环而为门,逾而为峡,下皆细砂铺底,〔平洁如玉,〕但其中已暗而渐束,不能深入。仍出至前梁之西,缘西崖之半,攀石笋南下,穿石窟以出,复至洞中央矣。前眺尖峰,后瞩飞梁,此洞之胜,内外两绝。

出洞,取棕竹数枝,仍横度坳脊,历悬石,下危峡而抵麓。循麓东行又百步,有洞裂削崖间如"丁"字,上横下竖,甚峻,其门南向。复北向抵崖下巨峡前,大石如室,累数石而上,皆倒攀悬跻升之。其上一石则高削数丈,无级可攀,而下有穴大如斗。蛇穿以入,中遂穹然,上高数十丈,外透而起,则"丁"字之竖裂也,而横裂则仰之莫及矣。洞内夹壁而入，倾底而下，北进七八丈，折而东，始黑暗不可穷诘。乃出斗穴，下累石，又循崖而东数十步，复入巨峡。其门亦南向，前有石界之。连跻石隙二重，其内夹下倾，亦如"丁"字岩。北进五六丈，亦折而东，则平而拓矣。暗中摸索，忽有光在足下，恍惚不定，余疑为蛇珠虎睛，及近索之，复不见。盖石板之下，复有下层窟穴通于前崖，而上下交通处，穴小于斗，远则斜引下光，近则直坠莫睹。且其穴小而曲，不能蛇伏以下。遥瞩其东二三丈，石板尽处，复有微光烨烨。匍匐就之，则其外界石如屏，中有细孔径寸，屈曲相攒，透漏不一，可以外窥，而其下有孔独巨，亦如斗大。乃以足先坠，然后悬手而下，遂及下层。其外亦有门南向，而内入不深。岩门内距屏石仅二丈，屏下又开扃窍，内入即前所望石板下窟穴也，然外视昏黑，不知其内通矣。由门外又循崖而东数丈，复得一岩。其门亦南向，内不甚深，而后壁石窍玲珑，细穴旁披，亦可捱身转隙，然无能破其扃也。岩前崖悬磴绝，遂不能东，乃仍西历前所入洞口，下及山麓。又东百步，有洞当北麓，其门亦南向。穿而入，则转东，透峡四五丈而出，其门又东豁者也。〔闻古城洞在<u>青鸟山</u>〔一一〕前，东门渡江，三里可至，石壁对夹，中多种蔬者。〕时日将晡，恐渡舟晚不及济，亟从旧路还，五里余而抵<u>龙江</u>，渡舟适至，遂受之南济，又穿城一里，抵<u>香山</u>已薄暮矣。

二十八日

天色甚霁。晨起索饭，即同慧庵僧为<u>多灵山</u>之行。西南过<u>雁山村</u>，又过<u>龙项村</u>之北，共八里过<u>彭岭桥</u>，其水即<u>九龙</u>北去之流也。又二里登<u>彭岭</u>，其南陇有村，是为<u>彭村</u>〔一二〕。又西下岭，西南转入山坞，峡中堰而成塘，水满浸焉。共五里，逾土岭而下，于是遂与石山遇。又三里，南穿其峡，逾脊而西，其南乃扩然。循石峰南麓西行，二里，为黄窑村。其村之西，石峰前突，是为黄窑山。转山嘴而西一里，有水自南冈土峡中泻下，分为二派：一循山嘴东行，引环村之前；一捣山麓北入石峰而出其后。渡水溯流陟冈而上，则上流亦一巨塘也。山至是南北两界，石峰遥列而中横土脊，东望甚豁，直抵草塘，觉其势渐下，而冈坡环合，反堰成此水。由塘上西行，又二里，则其水渐西流。又西南二里，下土洼，中则汇水一塘，自西北石峰下成涧而去。又西四里上土冈，见南山有村三四家，投之炊，其家闭户避不出。久之，排户入，与之烟少许，辄以村醪、山笋为供。饭而西行，四里，有石峰自西北中悬而来，至此危突，曰高狮山。又二里，逾山前土脊而下，又西南四里，过一荒址，则下迁村之遗也。又西上岭，望见一水自南，一水自东，至此合流而西去，是为下迁江。其江西北流去。截流南渡，水涨流深，上及于胸。既渡，南上陇行三里，有村在南峰东麓，龙门之流潆之而北，是为鹿桥村[一三]，大路在其岭西。乃下岭循南峰东麓西行，过一浑水塘，共二里越脊而下，又二里出土山之隘，于是坞遂南北遥豁，东西两界皆石山矣。又有溪当石山之中，自南而北流去，路乃溯流南入。二里，过一石桥，由溪西南向行。又一里，有墟在路左，又有村在西山下，是曰黄村，则宜山西南之鄙矣。有全州道人惺一者，新结茅于此，遂投宿其中。是日尚有余照，余足为草履所损，且老僧慧庵闻郡尊时以朔日行香寺中，欲明日先回，故不复前。

二十九日

复从黄村墟觅一导者，别慧庵南向行。一里，有村在西麓，曰牛牢村[一四]。有一小水在其南，自西山峡中出，东入南来之溪，

692

行者渡小水，从二水之中南向循山行。又一里余，有岩突西峰之
麓，其门东向，披棘入之，中平而不深。其南峰回坞夹，石窍纵横，
藤萝拥蔽，则山穷水尽处也。蒙密中不知水从何出，但闻潺潺有
声，来自足底耳。从此半里，蹑级西上，石脊崚嶒。逾坳而西，共一
里而抵其下，是曰都田隘，东为宜山县[一五]，西为永顺司分界。见有溪
自西南来，亦抵坳窟之下，穿其穴而东出，即为黄村上流者也。又
南半里，乃渡其水西南行，山复开，环而成坞。二里，有村在西麓，
是为都田村[一六]，一曰秦村[一七]，乃永顺司之叔邓德本所分
辖者。又南二里，复渡其水之上流，其水乃西北山腋中发源者，即
流入都田隘西穴，又东出而为黄村之水者也。又东南一里，陟土山
之冈，于是转出岭坳，西向升降土冈之上，二里，为大歇岭。石山又
开南北两界，中复土脊盘错，始见多灵三峰如笔架，高悬西南二十
里外。下岭，又西南行夹坞中三里，乃西向升土山。其山较高，是
为永顺与其叔分界，下山是为永顺境。

西由坞中入石山峡，渐转西北行。其地寂无人居，而石峰离
立，〔色青白成纹，态郁纡若缕刻，〕色态俱奇。五里，路右有二岩
骈启[一八]，其门皆南向，东者在麓，可穿窍东出，而惜其卑；西者
在崖，可攀石以上，而中甚幻。由门后透腋北入，狭窦渐暗，凌窦隙
而上，转而南出，已履洞门之上矣。其下石板平如砥，薄若叶，践之
声逄逄如行鼓上，中可容两三榻。南有穴，下俯洞门，若层楼之窗，
但自外望之，不觉其上之中虚耳。其结构绝似会仙山之百子岩，但
百子粗拙而此幻巧，百子藉人力，而此出天上，胜当十倍之也。

坐久之，乃南下山，复西北行。一里，路渐降，北望石峰之顶，
有岩碧然，其门东南向，外有朱痕，内透明穴，乃石梁之飞架峰头

者。下壑半里，转而南，始与溪遇。其水西南自八洞来，至此折而西向石山峡中。乃绝流渡，又南二里，西望有村在山坞中，是为八洞村〔一九〕。都田村之东有八仙洞，乃往龙门道。又南一里，复南渡溪。过溪复南上，循山一里，转而东南行一里半，直抵多灵北麓。路左有土山，自多灵夭矫下坠。其后过腋处，有村数家，是为坟墓村，不知墓在何处也。从其前又转而西南行，一里下山，绝流渡溪，其溪自南来，抵石山村之左，山环壑尽，遂捣入石穴，想即八洞溪之上流矣。过溪又半里，北抵山麓，是为石山村。乃叩一老人家，登其栏而饭。望多灵〔二〇〕正当其南，问其上，有庐而无居者。乃借锅于老人，携火于村。老人曳杖前导，仍渡溪，东南上土山，共二里，越冈得坞，已在坟墓村之南，与多灵无隔阪矣。老人乃指余登山道，曰："此上已（无）歧，不妨竟陟也。"老人始去。

余践土麓东南上，路渐茅塞。披茅转东北行二里，茅尽而土峡甚峻。攀之上，抵石崖下，则丛木阴森，石崖峭削，得石磴焉。忽闻犬声，以为有人，久之不见；见竹捆骈置路傍，盖他村之人乘上无人而窃其笋竹，见人至，辄弃竹而避之巉岨〔二一〕间耳。此间人行必带犬。于是攀磴上，磴为覆叶满积，几不得级。又一里，有巨木横仆，穿其下而上，则老枋之巨，有三人抱者。乃复得坪焉，而茅庵倚之。其庵北向，颇高整，竹匡、木几与夫趺跏洒扫之具俱备。有二桶尚存斗米，惜乎人已久去，草没双扉，苔封古灶，令人恨不知何事忆人间也！令一人爇火灶中，令一人觅水庵侧〔二二〕。断薪积竹，炊具甚富，而水不可得。其人反命曰："庵两旁俱无，亦无路。惟东北行，有路在草树间，循崖甚远，不知何之？"予从之，果半里而得泉。盖山顶悬崖缀石，独此腋万木攒翳。水从崖石滴坠不绝，昔人

694

凿痕接竹，引之成流，以供筒酌。其前削崖断峥，无可前矣。乃以两筒携水返庵，令随夫淅米而炊。令导余西南入竹林中，觅登顶之道。

初有路影，乃取竹觅笋者所践；竹尽而上，皆巨茅覆顶，披之不得其隙。一里，始逾一西走之脊。其脊之西，又旁起一峰以拱巨峰者，下不能见，至是始陟之也。又从脊东上，皆短茅没腰，践之每惊。其路又一里，而始逾一南走之脊。其脊之南，亦旁起一峰以拱巨峰者，北不能瞩，至是又陟之也。〔此两峰即大歇岭所望合中峰为笔架者。〕于是从脊北上，短茅亦尽，石崖峻垂，攀石隙以升，虽峻极，而手援足践，反不似丛茅之易于颠覆也。直北上一里，遂凌绝顶。其顶孤悬特耸于众石山之上，南北逾一丈，东西及五丈，惟南面可跻，而东西北三面皆嵌空悬崖，不受趾焉。顶之北，自顶平分直坠至庵前石磴下，皆巨木丛列，翳不可窥，惟遥望四面，丛山千重万簇，其脉似从西南来者。遥山外列，极北一抹乃五开、黎平〔二三〕之脊；极南丛亘，为思恩九司〔二四〕之岭；惟东北稍豁，则黄窑〔二五〕、里渚所从来者也。南壑之下，重坑隔阪间，时见有水汪汪，盖都泥之一曲也。山高江逼，逆而来则见，随而转又相掩矣。此即石堰诸村之境也。山之东南垂，亦有小水潺潺，似从南向去，此必入都泥者，其在分脊岭之南乎？土人言："登此山者，必清斋数日，故昔有僧王姓者不能守戒，遂弃山而下。若登者不洁，必迷不得道。"以余视之，山无别岐，何以有迷也？又云："山间四时皆春，名花异果不绝于树。然第可采食，怀之而下，辄复得迷。"若余所见者，引泉覆石之上，有叶如秋海棠而甚巨，有花如秋海棠而色白，嗅之萼，极清香，不知何种。而山顶巨木之巅，皆蔷薇缘枝缀花，殷红鲜耀，而不甚繁密。又有酸草，茎大如指，而赤如珊瑚，去皮食之，酸脆殊甚。亦有遗畦剩菜，已结子离离。而竹下龙孙〔二六〕，则悉为窃取者掘索已尽。此人亦当在迷路之列，岂向之惊余而窜避者，亦迷之一耶？

眺望峰头久之，仍从故道下。返茅庵，暝色已合，急餐所炊粥〔二七〕，觉枯肠甚适。积薪佛座前作长明灯〔二八〕，以驱积阴之气，乃架匡展簟而卧〔二九〕。

〔一〕 吭(háng 杭)：喉咙。

〔二〕 端(duān)人：正派的人。

〔三〕 守备：明代武职。驻守城哨，地位次于游击将军，无定员。

〔四〕 越北流溪　　原误倒为"北越流溪"，据乾隆本、四库本改。

〔五〕 而石纹涌起　　"石纹"，乾隆本、四库本作"石级"。

〔六〕 停潦(lǎo 老)：指岩洞内平坦洞底的积水。由于水浅，边缘的水蒸发快，沿边缘逐渐结晶，形成有纹理的蛇曲状沉淀物，比水池的水面稍高，犹如纵横阡陌，即是"仙田"，今人多称"石田坝"。

〔七〕 铓(máng 忙)：刀剑等的尖峰。石铓：石头的尖峰。

〔八〕 高数丈　　乾隆本、四库本作"高十丈"。

696

〔九〕 观音阁、澄碧庵，皆在龙江北岸今河池学院校园内，遗址犹存。

〔一〇〕 徒(tú 图)杠：古代几根木头并列的称桥，独木小桥称杠。徒杠为仅通徒步的木桥，此亦用指小石桥。

〔一一〕青鸟山　　乾隆本、四库本原作"青乌山"，据季抄本二月十七日、三月初九日记改。

〔一二〕龙项村，今作龙降；彭村，今作鹏岭。皆在宜州市治西南郊，鹏岭在西，龙降在东。

〔一三〕鹿桥村：今作六桥，在宜州市西境。

〔一四〕牛牢村：今仍名牛牢，在宜州市西境，六桥稍西。

〔一五〕宜山县：为庆远府附郭县，即今宜州市。

〔一六〕都田村　　"都"原作"鄙"，上文有都田隘，此应即都田村。

〔一七〕秦村：今作新村，在宜州市西境，距北牙甚近。

〔一八〕路右有二岩骈启　　"二"原作"一"，乾隆本、四库本同。据文意从丁本、沪本改。

〔一九〕八洞村：今作八峒，在宜州市西南境。

〔二〇〕多灵山：在宜州市西南境，突起三峰如笔架，轩耸秀丽，可远眺数百里。

〔二一〕巉（chán 馋）：山势高险的样子。　　岨（jū 居）：同"砠"，戴土的石山，或戴石的土山。

〔二二〕令一人觅水庵侧　　"水"原作"火"，据上下文意改。

〔二三〕五开、黎平：明置黎平府隶贵州布政司，置五开卫隶贵州都司，治所同城，皆在今贵州黎平县。

〔二四〕思恩：明置府，治所明初在旧城，正统十年（公元1445年）迁于桥利，嘉靖七年（公元1528年）徙治于今武鸣县北隅的府城。思恩九司：为思恩府属九个土巡检司，皆嘉靖七年（公元1528年）设。兴隆，今名同，在马山县中部，乔利稍南；那马，今作龙马，在马山县南境，周鹿稍东；白山，即今马山县治；定罗，今名同，在马山县西境，永州稍南；旧城，今名同，在平果县东隅；下旺，在今平果县北境的六着附近；安定，在今都安县南隅；澄江与红水河汇合处的红渡；都阳，今名同，在都安县西境；古零，今名同，在马山县东南境。

〔二五〕黄窑：今作黄瑶，在宜州市治西南郊。

〔二六〕龙孙：竹笋的别称。

〔二七〕急餐所炊粥　　原误倒为"急炊所餐粥"，据乾隆本、四库本改。

〔二八〕长明灯：佛前燃点的灯，昼夜不灭，故称长明灯。

〔二九〕匡（kuāng 框）：即匡床，方正而安适的床。　　簟（diàn 店）：供坐卧用的竹席。

三月初一日

昧爽起，整衣冠叩佛座前。随夫请下山而炊，余从也，但沸汤漱之而下。仍至石山村导路老人栏，渐米以炊。余挟导者觅胜后山，仰见石崖最高处，有洞门穿悬，随小径抵其西峡，以为将攀崖而上，乃穿腋而下者也。其隘甚逼，逾而北下，东峰皆峭壁，西峰皆悬窍，然其中石块丛沓，萝蔓蒙密，无可攀跻处也。其北随峡而出，又通别坞，不能穷焉。转出村前，乃由其东觅溪水所从入，则洞穴穿然在山坳之下，其门南向，溪流捣入于中，其底平衍而不潭。洞高二丈，阔亦二丈，深三四丈，水至后壁，旁分二门以入，其内遂昏黑莫可进。洞之前，有石柱当其右崖，穿柱而入，下有石坡尺许，傍流渡入，不烦涉水。由石柱内又西登一隙，上复有一龛焉。底平而上穹,亦有石柱前列,与水洞并向,第水洞下而此上,水洞宽而此隘耳。洞中之水,当即透山之背,东北而注于八洞之前者也。出洞,还饭老人家。仍东北循土山而下,渡水过八洞,又北渡水,东南转入石山之峡,过前所憩洞前。又东入重坞,逾分脊之岭,乃下岭东北行坞,复陟冈转陂逾大歇岭,乃北下渡溪,沽酒饮于秦村。又北向渡溪而逾都田之岭,又从岭东随穴中出水北行而抵黄村庵,则惺一瀹茶煮笋以待。余以足伤,姑憩而不行。乃取随夫所摘多灵山顶芽茶,洁釜而焙之,以当吾〔乡〕阳羡茶中之茄〔一〕,香色无异也。此地茶俱以柴火烘黑,烟气太重。而瀹时又捉入凉水煨之,既滚又杂以他味焉。

初二日

别惺一,惺一送余以笋脯。以丝曝干者。乃北行渡溪桥,又北,乃东转入山峡,逾平脊,东过浑水塘上岭,东望鹿桥而北行。已而北下,渡大溪之水,其水昔高涌于胸,今乃不及脐矣。但北上而崖土淖滑,无可濯处,跣而行。逾坡而下,抵下阱村旧址,有渟潦〔二〕焉,乃濯足纳履〔三〕。又东北逾一涧,乃东上高四山〔四〕之南阪。逾脊又东,升跂陂陀,路两旁皆坠井悬窨,或深或浅,皆土山,石孔累累不尽。既而少憩土冈上,其南即截路村。又东逾一冈下坞,有塘一方,潴水甚清,西北从石峰下破涧而去,丛木翳之,甚遥。又东逾冈,水从路侧西流。又东则巨塘汇陂间,乃北坠而下,分为两流,一北入山穴,一东循山嘴,环于黄窑村前,诸塍悉取润焉。乃饭于村栏,询观岩之路〔五〕。其人曰:“即在山后,但路须东径草峡,北出峡口,西转循山之阴,而后可得。”从之,遂东。甫出村,北望崖壁之半,有洞高穹,其门东向,甚峻迥,不可攀。草峡之南,有双峰中悬,又有土山倚其下,是为里诸村,聚落最盛。共二里半,北入草峡。又东北行一里,逾石脊而过,有岐西行,遂从之,即黄窑诸峰石山之阴也。其山排列西北去,北尽于孤山〔六〕,所谓观岩者正在其中。乃循山东麓行,又三里折而西南,半里而抵其下,则危崖上覆,下有深潭,水潴其中,不知所出,惟从岩北隔泻入巨门,其中窅黑,水声甚沸。盖水从山南来,泛底而出,潴为此潭,当即黄窑之西〔巨塘〕分流而捣入山穴者,又透底而溢于此也。乃一出而复北入于穴,水与山和,其妙如此。覆岩之上,垂柱悬旌,纷纭历乱,后壁石脚倒插潭中。其上旋龛回窦,亦嵌漏不一,〔俱隔潭不能至〕。潭东南亦有一岩北向,内不甚深;潭东北崖间有神祠焉,中有碑,按之,始知为小观岩。神祠之后,即潭中之水捣入石门处,其门南向,甚高,望其中崆峒,莫须浮筏以进,不能竟入也。久之,仍从神祠东北出平畴,见有北趋路,从之,意可得大道入郡。既乃愈北,始知为独山、怀远道。欲转步,忽见西山下有潭,渊然直逼石崖,崖南有穴,则前北向入门之流,又透此而出也。〔计所穿山腹中,亦不甚遥,若溯流入,当可抵水声甚沸处。〕余欲溯流而入,时日已西昃,而足甚艰,遂从潭上东向觅畦而行。半里,将抵一村,忽坠坑而下,则前潭中之水北流南转,遂散为平溪,漾村南而东去。其水甚阔,而深不及尺,导者负而渡。渡溪,遇妇人,询去郡路几许,知犹二十里也。东北上崇涯,遂东出村前,有小路当从东南,导者循大路趋东北〔七〕,盖西北有大村,乃郡中趋怀远大道。知其非是,乃下坡走乱畦中,既渐失路,畦水纵横,踯躅者五六里。遇二人从南来,询之,曰:"大道尚在北。"复莽行二里,乃得大道,直东向行。询之途人,曰:"去城尚十里。"返顾日色尚高,乃缓步而东。

其道甚坦,五里,渐陟陂陀,路两旁又多智井〔八〕坠穴,〔与太平一辙〕。于是闻水声淙淙,则石罅或断或连,水走其底,人越其上,或架石为桥,俯瞰底水,所坠不一道,而皆不甚巨。盖小观之水出洞为溪,散衍诸畦洫中,此其余沥〔九〕,穿地峡而北泄于龙江者也。又东二里,逾冈而下,复得石罅,或断或连,水散溜其下,与前桥同。此乃彭岭桥之水,自九龙来,亦散衍畦洫,故余沥穿峡而北,泄者亦无几也。又东一里半,有庵峙路北,为西道。堂前有塘甚深衍,龙溪细流从东来注,而西北不见其所泄。又东一里,为西门街口,乃南越龙溪,循溪南东行,过山谷祠之后,又半里而抵香山寺,已昏黑矣。问冯使,犹未归也。暑甚,亟浴于盆而卧。

初三日

余憩足寺中。郡人袏会寺前〔一〇〕,郡守始出行香。余倚北檐作达陆参戎书,有一人伺其旁,求观焉,乃冯使之妻弟陈君仲也。名瑛,庠彦〔一一〕。言:“此书达陆君,冯当获罪,求缓之。余当作书往促。”并携余书去,曰:“明日当来代请。”已而又二人至,一曰谢还拙,一曰陈斗南。谢以贡〔一二〕作教将乐而归;陈以廪〔一三〕而被黜,复从事武科〔一四〕者也。二君见余箧中有文、项诸公手书,欲求归一录,余漫付之去。既暮,有河池所诸生〔一五〕杜、曾二君来宿寺中,为余言:“谢乃腐儒,而陈即君仲之叔,俗号‘水晶’,言其外好看而内无实也。”

初四日

余晨起欲往觅陈、谢,比出寺东而陈、谢至,余同返寺中,坐谈久之。又求观黄石斋诗帖。久之去,余随其后往拜,陈乃返诸公手书。观其堂额,始知其祖名陈学夔,乃嘉靖末年进士,曾任常镇兵使者，莅吾邑，有爱女卒于任，葬西门外，为之题碑其上曰："此兵使者陈学夔爱女之墓。吾去之后，不知将夷而去之乎？抑将怜而存之乎？是在常之人已。"过谢君之堂，谢君方留酌，而随行者觅至，请还，曰："有陈相公移酒在寺，相候甚久。"余以谢意不可却，少留饮而后行。比还寺，复领陈君仲之酌。陈出文请正，在此中亦铮铮者。为余言，其邻有杨君者，名姿胜。亦庠生，乃独山烂土司〔一六〕之族，将往其地，"君可一拜之，俟之同行，不惟此路无虞，而前出黔境亦有导夫，此为最便。"余颔之。

初五日

晨起，余往叩陈君。有韦老者，廪将贡矣，向以四等停，兹补试郡中，郡守以其文不堪，复再三令改作，因强余为捉刀〔一七〕。余辞再三，不能已，乃为之作二文。一曰吾何执，一曰禄足以代其耕也。既饭，以稿畀韦，而往叩于陈，陈已他出矣。乃返宿于寺。

初六日

以一书畀吴守备，得其马票。韦亦为余索夫票于戚挥使。以为马与夫可必得，及索之，仍无应者。是日斋戒而占〔一八〕，惟思恩可行，而南丹不吉。其杨生之同行，亦似虚而不实。

初七日

索夫马仍不得。杨姿胜来顾，乃阿迷州杨绳武之族也〔一九〕。言其往黔尚迟，而此中站骑甚难，须买马可行。余占之，颇吉。已而冯使以一金来贶，侑以蔬酒，受之。既午，大雨倾盆，欲往杨处看骑，不果行。下午雨止，余作一柬托陈君仲代观杨骑。是日为谷雨，占验者以甘霖〔二〇〕为上兆，不识吾乡亦有之否也？

初九日

零雨浓云,犹未全霁。营中以折马钱至,不及雇骑者十之二。此间人之刁顽,实粤西所独见也。欲行,陈君仲未至,姑待之。抵午不至,竟不成行。下午,自往其家,复他出。余作书其案头作别,遂返寓,决为明日步行计。

自二月十七日至庆远,三月初十起程,共二十三日。

庆远郡城在龙江之南。龙江西自怀远镇,北凭空山,透石穴而出,其源从贵州都匀而下。循北界石山而东,其流少杀于罗木渡,而两岸森石嶙峋过之。江北石峰耸立,中为会仙,东为青鸟,西为宜山,会仙高耸,宜山卑小。又西为天门拜相山,〔即冯京祖墓〕。皆凭临江北,中复开坞,北趋天河〔县名。〕者也。江南即城。城南五里有石山一枝,自西而东,若屏之立,中为龙隐洞山,东为屏山,西为大号山,又西为九龙山,皆蜿蜒郡南,为来脉者也。

郡城之脉西南自多灵山发轫。多灵西南为都泥,东北为龙江,二江中夹之脊也。东北走六十里,分枝而尽于郡城。将抵城五里处,先列为九龙山,又东北为大号山,又北结为土山曰料高山,则郡之案也〔二一〕。又北遂为郡城,而龙江截其北焉。

多灵山脉,直东走为草塘堡南之土脊,东起为石壁山,又东而直走为柳州江南岸诸山,又东南而尽于武宣之下柳江、都泥交会处。

龙江,郡之经流也。其东北有小江南入于龙,其源发于天河县北界;其东南则五碧桥诸流北入于龙,其源发于多灵山东境,皆郡城下流也。郡城西南又有小水南自料高山北来,抵墨池西流,是为龙溪。又西则九龙潭之水自九龙山北流,与之合而西北入龙江。此郡城之上流也。

西竺寺在城西门外,殿甚宏壮,为粤西所仅见,然寥落亦甚。其南为香山寺,寺前平地涌石环立,为门为峡,为峰为嶂,甚微而幻,若位置于英石盘中者。且小峰之上,每有巨树箕踞,其根笼络,与石为一,干盘曲下覆,极似苏圃盆累中雕扎而成者。寺西有池,中亦有石。池北郡守岳和声建香林书院,以存宋赵清献公故迹。又西北为黄文节祠,后有卧龙石,前有龙溪西流。宋署守张自明因文节遗风,捐数十万钱建祠及龙溪书院,今规模已废而碑图犹存祠中。其东北即西竺寺也。

城内外俱茅舍,居民亦凋敝之甚,乃粤西府郡之最疲者。或思恩亦然。闻昔盛时,江北居民濒江瞰流亦不下数千家,自戊午饥荒〔二二〕,蛮贼交出,遂鞠为草莽,二十年未得生聚,真可哀也。

绕城之胜有三:曰北山,则会仙也;曰南山,则龙隐也;曰西山,则九龙也。

龙隐岩在郡城南五里,石峰东隅回环北转处也。前有三门,俱西向;后通山背亦有三门,俱东南向。其中上下层叠,纵横连络,无不〔贯〕通〔二三〕。今将中道交加处,以巨〔石〕窒其穴〔二四〕,洞遂分而为二。盖北偏一门最高敞,前有佛宇,僧净庵栖之;南偏二门在山腋间,最南者前多宋刻,张丹霞诸诗俱在焉;其中门已无路。余先从南门入,北透暗穴,反从上层下瞰得之,而无从下。仍出南门,攀搜到其处,再携炬入,遂尽其奥里。

北门西向高穹，前列佛宇三楹，洞高不碍其朗。内置金仙像，两旁镌刻皆近代笔，无宋人者。数丈后稍隘，而偏于南畔遂暗黑矣。秉炬直东入，又数丈，有岐在南崖之上。攀木梯而登，南向入穴，有一洼下陷如井，横木板于上以渡。又南，则西壁下有纹一缕，缘崖根而卧，鳞脊蜿蜒，与崖根不即不离，此即所称龙之"隐"者。外碑有记，谓其龙有昂首奋爪之形，则未之睹矣。又南数丈，逾一隘，遂俯石级下坠，则下层穴道亦南北成隙。南透则与中门内穴通，不知何人以巨石窒而塞之。北透过二隘，仰其上，则横板上渡处也。再北，窦隘而穷，遂从横板之窍攀空而上。盖上瞰则空悬无底，而下跻则攀跃可升也。仍北下木梯，复东向直入，又逾一隘，有岐复南去。从之，渐见前窍有光烨烨，则已透山而得后门矣。又数丈，抵后门。其门东南向，下瞰平畴；山麓有溪一枝，环而北透其腋，即<u>五碧</u>之东流之分而北者；其前复有石山一枝环绕为坞，成洞天焉。仍北返分岐处，复东向直入，又数丈，则巨石中踞。由其北隙侧身挨入，有眢井凭空下陷，大三四丈，深亦如之。乃悬梯投炬，令一人垂索而下，两人从上援索以絷梯。其人既下，余亦随之。又东南入一窍，中复有穴，下坠甚隘而深，〔一飞鼠惊窜上。〕从其西南攀崖而上，崖内复有眢井空陷，烛之不见其底。循其上西南入穴，遂无可通处。乃仍下，从悬梯攀索而上，依故道直西而出前门。

南门在北洞南二百余步山腋间，俗谓之<u>双门洞</u>。洞前宋刻颇多，而<u>方信孺</u>所题"一洞中分路口三"者，亦在焉。其诗载一统志。其上又有<u>张自明</u><u>丹霞</u>绝句曰："玉玲珑外玉嵬嵬，似与三生识面来。自有此山才'才'字余谓作'谁'字妙。〔二五〕有此，游人到此合徘徊。"此志所未载也。其左右又有<u>平蛮</u>诸碑，皆<u>宋</u>人年月。由门东向入，辄横裂而分南北，若"丁"字形。南向忽明透山腹，数丈而出后门，此亦后门之最南者也；北向内分两岐，直北遥望有光，若明若暗；东北悬崖而上，累碎石垣横截之。乃先从直北透腋平入，其下有深窨，循其上若践栈道焉。数丈，北抵透明处，则有门西辟在五丈之下，而此则北门之上层也。其前列柱垂楞，飞崖下悬，与下洞若隔。从隙间俯窥下洞，洞底平直；从履下深入，洞前明敞，恍然一堂皇焉。上层逾隘北转，昏黑不能入。乃从故道南还，复出南门，索炬于北岩，复入。北至分岐处，乃东北逾石垣而下，其内宽宏窈窕，上高下平；数转约二十丈而透出东门，则后门之中也。其前犹垒石为门，置灶积薪，乃土人之樵而食息者。崖旁有遗粟，则戊午避盗者之所藏。门内五丈，有岐东南去，转而西南，共十余丈而穷。

中门在南门北数十步，与南门只隔一崖，上下悬绝，丛箐密翳，须下而复上。搜剔久之，乃得其门。亟觅炬索火于北岩〔二六〕，由门东入，其后壁之上，即南来之上层也。从其下入峡，峡穷，攀而上，其南即上层北转处，向所瞰昏黑不能下者也，而援侧坂可通焉。其东直进又五六丈，有穴穿而下，以大石窒而塞之，即北洞交通之会，而为人所中断者也。大抵北洞后通之门一，南洞后通之门二，而中洞则南通南洞之上层，北通北洞之奥窟。是山东西南三面无不贯彻，惟北山不通，而顶有蚺蛇洞另辟一境云。

蚺蛇洞在龙隐山北绝顶。由山麓遂其东北一里，溪水从两山峡中破壁西北来，水石交和，漱空倒影，曳翠成声，自成一壑，幽趣窈然。渡水，共一里，南向攀崖而上，两崖如削瓜倒垂，中凹若刳，突石累累。缘之上跻，两旁佳木丛藤，蒙密摇飔，时度馨〔二七〕飔。上一里，则洞门穹然北向，正与郡城相对；前有土山当其中，障溪西北去，而环麓成坞者也。门之中，石柱玲珑缀叠，前浮为台，其东辟洞空朗，多外透之窦。东崖既穷，转窍南入，始昏黑，须炬入，数丈无复旁窍，乃出。仰眺东崖之上，复有重龛〔二八〕。攀崖上跻，则外龛甚大，内龛又重缀其上。坐内龛，前对外龛之北，有窦一圆恰当其中，若明镜之照焉。此洞极幽极爽，可憩可栖，惜无滴沥，奈艰于远汲何！

卢僧洞在龙隐北洞之旁，去北数十步即是。其门亦西向而甚隘，今有葬穴于中者，可笑也。既入，中辟一室，从东北攀隙上，又得一小室，其东北奥上悬垂盖，下耸圆笋，若人之首，即指以为卢僧者也。昔盱江张自明〔二九〕候选都门〔三〇〕，遇一僧曰："君当得宜州，至时幸毋相忘。"问："何以知之？"曰："以数测之。"问："居何处？"曰："南山。"因以香一枝界之，曰："依此香觅找，即知所在。"后果得宜，抵南山访之，皆曰："僧已久去，不知所向矣。"张乃出香爇之，其烟直入此洞，随之入，遂与卢遇。余以为所遇者，即此石之似僧者耳。或又谓："卢僧自洞出迎，饮以茶。茶中有鼻注〔三一〕，张不能饮。侍者饮之，辄飞腾去。张遂愤而死。忽有风吹其棺，葬九龙洞石间。其棺数十年前犹露一角，今则石合而周之矣。"其说甚怪，不足信也。按张自明以辞曹摄宜州事〔三二〕，号丹霞，曾建黄文节祠、龙溪书院，兴学右文〔三三〕，惠政于民甚厚。今书院图碑刻犹存，而统志不载，可谓失人。至土人盛称其怪诞，又不免诬贤矣。

九龙潭在郡城西南五里平冈之上，有潭一泓，深窅无底，而汇水常溢，北流成溪。九龙洞石山在其南，张自明祷雨有应，请封典焉。石山之北，有岩北向，前有石屏其中，若树塞门。由西隙入，其内辟为巨室，而不甚高。后复有石柱一围，当洞之中。前立穹碑，曰"郡守张自明墓"。此嘉靖间郡守所立。此实石也，何以墓为？从墓东隙秉炬南入，又南则狭隘止容一人，愈下愈卑，不容入矣。仍出洞门，有一碑卧其前，中篆"紫华丹台"四大字，甚古。两旁题诗一绝，左行曰："百尺长分手独提，金乌玉兔两东西〔三四〕。"右行止存一句曰："成言一了闲游戏"，及下句一"赤"字，以下则碑碎无可觅矣。其字乃行草〔三五〕，而极其遒活之妙，必宋人笔。惜其碑已碎，并失题者姓名，为可恨！岩之西下又有一峡门，南入甚深而隘，秉炬入，十余丈而止。底多丸石如丹，第其色黄，不若向武者莹白耳。东下又有一覆壁，横拓甚广而平。倚杖北眺，当与羲皇不远。〔去岩东北四里，石阵排列，自西而东如插屏，直止于香山寺前，俗称为"铁索系孤舟"云。〕余览罢，即从北行，东渡龙潭北流之涧，东北三里而抵香山寺。寺僧言："九龙洞甚深，须易数炬；此洞犹丹霞墓，非九龙岩也。"

会仙山在龙江之北，南面正临郡城，渡江半里，即抵其麓。其山盘崖峻叠，东西南三面俱无可上，惟北面山腋间可拾级而登。路从西麓北向行，抵山西北隅，乃东向上跻。第一层，岐而南为百子岩;第二层,岐而南为雪花洞,岐而北为百丈深井岩;直东上岭脊,转而南为绝顶。此皆西北面之胜也。从东麓北向上,直抵绝壁之下,最东北隅者,为丹流阁,又循崖而西为东观,又西为白龙洞,又西为中观,又西为西观。此皆东南面之胜也。东南之胜在绝壁下,而中观当正南之中;西北之胜在绝顶上,而玄帝殿踞正南之极;而直北之深井,则上自山巅,下彻山底,中辟奥穴,独当一面焉。

百子崖在会仙山西崖之半,其门西向。由下门入三丈余,梯空而上,上复叠为洞,若楼阁然,前门复出下门之上。洞虽不深崇,而辟为两重,自觉灵幻。内置送子大士,故名。是山石色皆青黝,而洞石独赭。南又一洞与上层并列,已青石矣。

雪花洞在会仙山西崖,乃百子之上,而绝顶之侧也。其洞西北向,前有庵奉观音大士。侧叠石为台,置室其上,则释子所栖也。由大士龛后秉炬入,门颇不宏;渐入渐崇拓,有石柱石门;宛转数曲,复渐狭;其下石始崎嵚,非复平底矣。越一小潭,其内南转而路遂穷。洞在最高处,而能窈窕深入,石柱之端,垂水滴沥不绝,僧以器承之,足以供众,不烦远仍,故此处独有僧栖。余酌水饮之,甘冽不减惠泉也。夜宿洞侧台上,三面陡临绝壑,觉灏气上通帝座。

绝顶中悬霄汉,江流如带横于下,郡城如棋局布其前,东界则青鸟山,西界则天门拜相山,俱自北而南,分拥左右,若张两翼。而宜山则近在西腋,以其卑小宜众,则此山之岩岩压众可知矣。峰顶有玄帝殿,颇巨而无居者。殿后有片石凌空,若鼓翼张喙者然。按张自明龙溪书院图,绝顶有齐云亭,即此。

深井在绝顶之北，与雪花洞平列。路由二天门东北行，忽从山顶中陷而下，周回大数十丈，深且百丈。四面俱嵼削下嵌，密树拥垂，古藤虬结，下瞰不见其底，独南面石崖自山巅直剖而下。下有洞，其门北向，高穹上及崖半，其内下平中远，反可斜瞩。盖洞上崖削无片隙，树莫能缘也。崖之西北峰头，有石横突窅中，踞其上，正与洞门对。傍又有平石一方如砥，是曰棋枰石，言仙自洞下出，升峰头而弈〔三六〕也。余晚停杖雪花洞，有书生鲍姓者引至横突石上，俯瞰旁瞩，心目俱动。忽幽风度隙，兰气袭人，奚啻〔三七〕两翅欲飞，更觉通体换骨矣，安得百丈青丝悬轳轳而垂之下也！僧言其洞直通山南，穿江底而出南山。通山南之说有之，若云穿江别度，则臆说也。

中观在会仙山南崖之下。缘石坡而上，至此则轰崖削立。前有三清殿，已圮。上有玄帝像，倚崖缀石而奉之。像后即洞门，南向。篝灯而入，历一室，辄后崖前起。攀而上，复得龛一圆，可以趺坐，不甚深。其东崖上大书有"四遇亭"三字。循崖而东三百步，得白龙岩。

白龙洞〔三八〕在中观之东危崖下，〔洞南向。〕入门即西行，秉炬渐转西北，其底平坦，愈入愈崇宏；二十丈之内，有石柱中悬，长撑洞顶，极为伟丽。其内有岐东上，而西北仍平，入已愈开拓。中有白石一圆，高三尺，尖圆平整，极似罗筑而成者，其为仙冢无疑。冢后有巨石中亘，四旁愈扩。穿隙而入，其内石柱更多。北入数丈，过一隘，又数丈，石壁忽涌起，如莲下垂，而下无旁窦可入。望其上复窅然深黑，然离地三四丈，无级以登。乃从故道出，仍过白石冢至东上之岐，攀跻而上。

其石高下成级，入数丈，石柱夹而成门。逾门脊东下，其处深而扩，底平而多碎石漫其中。渐转而北，恐火炬不给，乃返步由故道出。余游是洞，以<u>卧云阁</u>僧为导〔三九〕，取爇洞口，未及束炬，故初入至白石𥑻而出；再取爇入，至石壁高悬，无级以登而出；三取爇入，从东岐逾隘下深底，将北转而出。三出皆以散草易爇，不能持久也。洞口有<u>刘棐</u>诗一绝，甚佳，上刻"白龙洞"三大字。

东观在<u>白龙洞</u>东北二百余步，前有<u>三茅真人</u>殿，殿后穹岩覆空，其门南向，中如堂皇，亦置金仙像。东西俱有奥室〔四〇〕，东奥下而窅黑，西奥上而通明。岩前大书"云深"二字，国初<u>彭</u>挥使笔也。殿西有洞高穹，其门东向。门之南偏，有石笋高二丈余，镌为立佛，东向洞外；门之北偏，有石屏高三丈余，镌为坐佛，西向洞中。其洞崇峻崆峒，西入数丈，忽下坠深坑，上嵌危石，洞转北入，益深益宏。盖下陷之坑，透石北转于下，上穹之洞，凌石北转于上，中皆欹嵌之石，横跨侧偃，架则为梁，空则为渊，彼此间阻，不能逾涉，故无深入之路，第一望杳黑而已。是洞有题崖者，亦曰"白龙"，又曰"白龙双洞"，乃知洞原有二，前之所入乃西洞，此乃东洞也。西洞路平可行，此洞石嵌，无容着足，其深远皆不可测。洞门题刻颇多，然无宋人笔，最多者皆<u>永乐</u>间题，有永乐四年<u>庐陵郭子卢金宪</u>小记云："此乃<u>陆仙翁</u>休服修炼处，石床、丹灶、仙桃、玉井犹存。"按<u>百粤风土志</u>，<u>仙翁</u>又名<u>禹臣</u>，<u>唐</u>时人，岂名与字之不同耶？洞两旁龛窦甚多，皆昔人趺坐之所。殿东有小室，亦俱就圮。

<u>丹流阁</u>在<u>东观</u>东北二百余步，其上危崖至此又一折矣。

崖前有小阁两重，皆就圯。后阁中置**文昌司命像**。阁西有洞西入，其门东向，甚高。门之内，有石夹耸成关，架小庐其上，亦甚幽爽，皆昔人栖真之处也。由洞内西入数十丈，渐隘而北转，路亦渐黑，似无深入处，遂不及篝灯。阁北上崖裂折，下岭倒坠，北路遂尽，此中观东北之胜也。此处庐阁处处可栖，今俱洞敞，无一人居，以艰于水也。诸洞惟雪花有滴沥。

西观在中观西三百余步危崖之上，上下皆石壁悬亘。后有洞，亦南向。余至中观，仰眺不见，遂折而东行；既下山麓，始回睇见之，不及复往矣。〔闻会仙山西南层崖上，又有仙姑岩，由西南山麓攀跻上，当在西观上层，雪花、百子岩南崖，无正道也。〕此中观西崖之胜也。

宜山在会仙山之西，龙江之北。其东又有小石一支并起，曰小宜山。二山孤悬众峰之间，按志以其小而卑，宜于众，故名。旧宜山县在江南岸、西竺寺西，正与此山相对。或又称古宜山县在江北，岂即在此山下耶？县今为附郭〔四一〕矣。

多灵山最高耸。其上四时皆春，瑶花仙果，不绝于树。登其巅，四望无与障者。其山在郡城西南九十里，永顺司邓宗胜之境，乃龙江西南，都泥江东北，二江中分之脊也。其来脉当自南丹分枝南下，结为此山；东行至青塘之南，过脊为石壁堡山；又东走而环于柳江之南，为穿山驿〔四二〕诸山；而东尽于武宣之西南境，柳、都二江交会之间〔四三〕。

卧云阁在龙江北半里，周氏之别墅也。周氏兄弟五人，俱发隽，有五桂坊匾。营园于此，名金谷。今已残落，寂无一人。惟阁三楹犹整洁，前后以树掩映可爱。主人已舍为玉皇阁，而中未有像，适一老僧自雪花分来守此，余同徜徉于中。其西南临江，又有观音阁，颇胜而有主者，余不及登。

初十日

晨起饭于香山寺，云气勃勃未已，遂别慧庵行，西〔取南丹道去〕。随龙溪半里，逾其北，即西门外街之尽处也。又半里，见又一溪反自西来，乃九龙之流散诸田塍，北经西道堂之前东折而来。龙溪又西流而合，两水合于西街尽处，即从路下北入石穴而注于江。又半里，过西道堂，又西五里，过前小观还所过石桥架于石塍间者，其水乃小观所出之支也。过桥，西南有岐，即前小观所来大路，从桥西直行，乃怀远大道也。直西行又三里，望见西北江流从北山下一曲，盖自郡西来，皆循江南岸行，而江深不可见，至是一曲，始得而见之。江北岸之山，自宜山之西连峰至此，突而西尽，曰鸡鸣山。其西之连峰，又从鸡鸣后环而去者也。忆前从小观来，误涉水畦；既得大道后，即涉一石塍，有石架塍上，其下流水潺潺，深不可晰。又东二里，复过一石塍，其架石亦如之。今所过止东塍石桥一所，其西塍者，路已出其北，桥应在其南，但桥下北注之水，不知竟从何出，岂亦入穴而不可睹耶？向疑二桥之水，一为小观，一为九龙，以今观之，当俱为小观，非九龙也。于是两界石山俱渐转西北。从中坞行，又十里，有山中峙于两界之间，曰独山，峭削孤耸，亦独秀之流也。独山南有村数十家，在南山下，曰中火铺。又西北一里逾土冈，复望见西北大江一曲，自西而东。又西北一里，直逼南界石山而行。路北则土阜高下，江北复石峰蜿蜒，路濒南峰，江濒北峰，而土山盘界其间，复不见江焉。是时山雨大至，如倾盆倒峡，溪流之北入江者，声不绝也。又五里，两界之中，又起石峰一枝，路遂界其北，江遂界其南〔四四〕。雨虽渐止，而泥滑不堪着足，行甚塞〔四五〕

也。又三里,转南界石嘴,有泉一泓,独止石窨间,甚澄碧。其西有岩北向,前有大石屏门而峙,洞深五丈,中高外闳,后壁如莲花,叶蕊层层,相叠而缀,隙扁狭,可窥而不可入焉。又西北二里,南山后逊,外攒中开,一宕北向,数家倚之,曰<u>大洞堡</u>。入而炊于栏,问:"洞何在?"曰:"在南山之背。从堡后南入峡,尚三四里而至,一曰<u>大洞</u>,一曰<u>天门洞</u>,有楚氓开垦其内焉。"盖自堡北望之,则南峰回环如玦,入至堡后,又如莲瓣自裂,可披而入也。过<u>大洞堡</u>,升降陂陀,又十里,逾土山而下,则江流自南而北横,天堑焉。其西岸即为<u>怀远镇</u>〔四六〕。时随夫挑担不胜重,匍匐不前,待久之而后渡。江阔半于<u>庆远</u>,乃<u>怀远镇</u>之<u>南江</u>也。其江自<u>荔波</u>〔四七〕来,至<u>河池州</u>东境为<u>金城江</u>,又南至<u>东江</u>合<u>思恩县</u>西来水〔四八〕,南抵<u>永顺</u>北境入山穴中,暗伏屈曲数里,而东出于<u>永泰里</u>〔四九〕,又东北至<u>中里</u>,经<u>屏风</u>而东,<u>黄村</u>、<u>都田</u>之水入焉。又东北过此,又北而东五里,则<u>北江</u>自西北来合,〔为<u>龙江</u>焉。〕前谓自<u>屏风山</u>入穴者,讹也。<u>屏风</u>未尝流穴中,入穴处在<u>永顺司永泰里</u>之间,土人亦放巨板浮穴中下。由是观之,<u>永顺司</u>有三大流焉。此为北支;而司北五里者,又为<u>都泥</u>北支;司南与<u>思恩府</u>九司隔界者,为<u>都泥</u>南支。<u>八峒</u>、<u>石壁</u>之水,入<u>金城</u>下流可知。<u>怀远镇</u>在江之西岸,其北尚有<u>北江</u>〔五〇〕自<u>思恩县北总州</u>来〔五一〕,与<u>南江</u>合于<u>怀远</u>之下流,舟溯<u>南江至怀远</u>而止。其上则滩高水浅,不能上矣。<u>北江</u>通小舟,三四日至<u>总州</u>。是晚宿<u>怀远镇</u>之保正家,而送夫之取于堡中者,尚在其西土山上。盖是处民供府县,而军送武差。

〔一〕茆　　乾隆本、四库本作"茗",可从。茗(míng 明)为茶芽,正与前句"多灵山顶芽茶"一致。"芽茶",<u>乾隆</u>本、<u>四库</u>本作"茶芽"。

〔二〕渟潦(tíng lào)：水塘。

〔三〕纳履(lǚ 旅)：穿鞋。

〔四〕高四山　乾隆本同。沪本作"高狮山"。四库本脱"四"，仅为"高山"。

〔五〕询观岩之路　"岩"原作"洞"，据下文及乾隆本、四库本改。

〔六〕孤山　乾隆本、四库本作"独山"。

〔七〕导者循大路趋东北　"东北"，沪本作"西北"。

〔八〕督(yuān 渊)井：指山间的洼地，中有落水洞，水从中下泄。

〔九〕沥(lì 历)：液体的点滴。

〔一〇〕祉(zhǐ 止)：祈福。古代风俗，每年有春社、秋社，为祀社神的节日。社即土地神。春社在立春后第五个戊日，适当三月初，此次祉会应即春社日。

〔一一〕庠(xiáng 详)：古代的学校。府学称郡庠，县学称邑庠，府州县学生员则称庠生、庠彦或庠士。　彦(yàn 艳)：古代对读书人的美称。

〔一二〕贡：即贡生。科举制度中，地方儒学生员升入京师国子监肄业者皆称贡生。

〔一三〕廪(lǐn)：即廪膳生员，省称廪生。明代府州县学生员最初每月都给廪膳，以后须经岁、科两试成绩好的，才取得廪生名义，由官府发给伙食津贴。

〔一四〕武科：科举制度中专为选拔武官而设的科目，明代还有定期举行乡试、会试的制度。

〔一五〕诸生：明清时凡经过本省各级考试取入府、州、县学的通称生员，亦称诸生。

〔一六〕烂土司：即合江洲陈蒙烂土长官司，治所在今贵州三都水族自治县西隅，都柳江东岸的烂土。

〔一七〕捉刀：代别人作文。

〔一八〕斋（zhāi 摘）戒：古人在求神、祭祀或举行典礼前，沐浴更衣，不饮酒、不吃荤，清心洁身，表示诚敬，称为斋戒。　占（zhān 沾）：即占卜、卜问，预测事物的迷信方法。

〔一九〕按，杨绳武系云南广西府弥勒州人，与阿迷接近，但不是阿迷州人。

〔二〇〕甘霖（lín 林）：适时而有益于农事的大雨。

〔二一〕大号山　原作"火号山"，乾隆本、四库本同，皆误，从本日前记改。嘉庆重修一统志庆远府山川载："大号山，在宜山县南二里，县境诸山，惟此独高。"清史稿地理志亦载：宜山县"南，大号"。

天门拜相山：形似纱帽，今名状元山，山下现有冯京公园。料高山：即鹩哥山。

〔二二〕自戌午饥荒　"戌"，此处及南门条原俱作"或"，据十二日记改。戌午：万历四十六年，公元 1618 年。

〔二三〕无不贯通　原缺"贯"字，空一格，据乾隆本、四库本补。

〔二四〕以巨石窒其穴　原缺"石"字，空一格，"窒"作"窑"，据乾隆本、四库本补、改。

〔二五〕此碑今存双门洞摩崖上，"三先"作"三贤"，"到此"

作"于此",末署"嘉定乙亥七月既望张自明题"。

谁　依文意疑为"惟",因形近而误。

〔二六〕亟觅炬索火于北岩　原缺"岩"字,空一格,据本日记南门条补。

〔二七〕馨(xīn 欣):散布很远的香气。

〔二八〕龛(kān 堪):壁上的石室。

〔二九〕张自明:建昌人,南宋嘉定时,以宜州教授摄州事,用州中余钱二十万建龙溪书院,后授知宜州。

〔三〇〕都门:原为都中里门,后通称首都为都门。

〔三一〕鼻注:岭南一些民族有鼻饮的习惯,即饮吸东西不用口而用鼻子,其法系用一根管子接到鼻子里吸进去,该管即称鼻注。

〔三二〕曹:州郡所置的属官。　辞曹:即户曹,为各州郡主管民户的属官。　摄(shè):代理。　宜州:宋置,在今广西宜州市。

〔三三〕右文:崇尚文治。

〔三四〕金乌:太阳的别称。　玉兔:月亮的别称。

〔三五〕行草:汉字书法中,介于正楷与草书间的字体称行书,它不像草书那样潦草,也没有正楷那样端正。其中,楷法多于草法的称行楷,草法多于楷法的称行草。

〔三六〕弈(yì 亦):下棋。

〔三七〕奚啻(xī chì 溪翅):何止,岂但。

〔三八〕白龙洞　乾隆本、四库本作"白龙岩",季抄本上述中观条亦作"白龙岩"。"岩"通"洞",即岩洞,大体广西俗称岩,贵州、云南俗称洞。

〔三九〕卧云阁　　原作"云卧阁"，据本日下文改。

〔四〇〕奥（ào 傲）室：洞的深处。

〔四一〕附郭：府治所在地的县，与府同城，因称附郭县，又作"倚郭"或"倚"。

〔四二〕穿山驿：今仍作穿山，在柳江县南境的公路边。

〔四三〕按，柳、都二江交会处在今象州西南隅的石龙附近，武宣西北隅以江为界，此山实际没有到达武宣境，"武宣"似为"象州"之误。

〔四四〕路遂界其北江遂界其南　　原作"江遂界其北，路遂界其北，江遂界其南"，有衍文，现依文意删正。

〔四五〕蹇（jiǎn 简）：原意为跛足，亦通作艰难解。

〔四六〕怀远镇：明时隶宜山县，设巡检司，今仍称怀远，在宜州市西境的铁路边。

〔四七〕荔波：明为县，先后隶庆远府、南丹州、河池州，即今贵州荔波县。

〔四八〕思恩县：隶庆远府河池州，治今环江县。思恩县西来水明时即称环江，今称大环江。大环江下游明时称东江，从北往南，在河池市东境汇入龙江，汇流处聚落今仍称东江。

〔四九〕永泰里　　乾隆本、四库本作"泰顺里"。

〔五〇〕北江：即今小环江，从北往南，在怀远注入龙江。此段龙江又称南江。

〔五一〕总州：应为中州。元代在小环江沿岸有安化峒，并分设安化中州与安化下州，隶庆远南丹安抚司。中州即安化中州的省称,至明时设治已废,但仍保留小地名。在今环江县东北境,小环江边的加兴附近。

十一日

晨起,保正以二夫送至安远堡换兵夫,久之后行。于是石山遥列,或断或续,中俱土山盘错矣。西北五里,上土山,转而北,已乃复西北升降坡陇,每有小水,皆北流。共二十里,过中火铺,又西北三里,为谢表堡。其堡当土山夹中,一阜孤悬,惟前面可上,后乃汇水山谷,浸麓为塘,东西两腋,亦水环之。堡在山上,数家而已。候夫久而行。又北逾一岭,五里,有数十家在东山下,曰旧军。时已过午,贳酒一壶,酌于路隅石上。石间有小水乱(流)。其南一穴伏石窨下,喷流而出,独清洌殊甚。又西北,坞中皆成平畴,望见西北石山横列于前,共八里,循南界石峰之麓,于是与西北石山又夹而成东西坞。路由其中,转向西行,逾一横亘土脊,则此小水之分界也。由此西望,则羊角山湾竖于两界之中,此叱石之最大者也。又西二里,抵德胜镇〔一〕之东营。时尚下午,候营目不至,遂自炊而食。既饭,欲往河池所,问相去尚五里。问韦家山、街南金刚山。袁家山、街北狮子洞。莲花塘,诸俱在德胜。遂散步镇间,还宿于东营。是日下午已霁,余以为久晴兆;及中夜,雨复作。

十二日

晨起,饭毕而雨不止。令顾奴押营夫担行李,先往德胜西营。余入德胜东巷门,一里,折而北,半里,抵北山下。袁家山。过观音庵,不入,由庵左自庵登山。有洞在山椒,其门南向,高约五丈,后有巨柱中屏,穿东西隙,俱可入,则稍下而暗。余先读观音庵碑,云庵后为狮子洞,故知此洞为狮子。又闻之土人云:"袁家山有洞,深透山后。"窥此洞深杳,亦必此山。时洞外雨潺潺,山顶有玉皇阁,欲上索炬入洞,而阁僧适下山,其中无人。乃令随夫王贵。下观音庵索炬,余持伞登山。石磴曲缀石崖间,甚峻,数曲而上,则阁上为僧所扃,阁下置薪可为炬。余亟取之,投崖下。历崖两层,见两僧在洞口,余疑为上玉皇阁僧也,及至,则随夫亦在焉。僧乃观音庵者,一曰禅一,一曰映玉,乃奉主僧满室命以茶来迎,且导余入洞者。遂同之,更取前投崖下薪,多束炬入。遂由屏柱东隙,又北进数丈,则洞遂高拓,中有"擎天柱"、"犀牛望月"、"莺嘴"、"石船"诸名状。更东折数丈,则北面有光熠熠自上倒影,以为此出洞之所也;然东去尚有道杳黑,乃益张炬东觅之,又约五丈而止。乃仍出北去,向明而投。抵其下,则悬石巉岨,光透其上,如数月并引。余疑,将攀石以登,忽有平峡绕其左而转,遂北透出,其门北向,又在前所望透明之下也。出洞,南向攀丛崖而上,则石萼攒杳,如从莲花簇瓣上行,缘透明穴外过,又如垂帘隔幕也。南向上山顶,遂从玉皇阁后入,则阁僧已归。登阁凭眺,则德胜千家鳞次,众峰排簇,尽在目中也。仍从二导僧下山,〔折磴石崖间,凡数曲下,出〕过狮子洞前,下入观音庵,谢满室而别。

遂出,南半里,过德胜街,其街东西二里余。街方墟集为市。雨中截街而南,又半里抵韦家山。从山之西麓攀级而登,崖悬峡转,有树倒垂其上,如虬龙舞空。上有别柯,从岩门横架巨树之杪,合而为一,同为纠连翔坠之势。其横架处,独枝体穿漏,刓空剔窍,似雕镂成者。岩门在上下削崖间,其门西向,前瞰树杪,就隘为门。前有小台,石横卧崖端,若栏之护险。再上,有观音阁当洞门。由其右入洞,洞分两支:一从阁后东向入,转而南,遂暗,秉炬穷之,五丈而止,无他窦也;一从阁西东向入,下一级,转而北,亦暗,秉炬穷之,十丈而止,亦无他窦也。大抵此洞虽嵌空,而实无深入处,不若狮子洞之直透山后。然狮子胜在中通,而此洞胜在外嵌,凭虚临深,上下削崖,离披掩映,此为胜绝矣。观音阁之左为僧卧龛,上下皆峭岩,僧以竹扉外障;而南尽处余隙丈余,亦若台榭空悬,僧亦将并障。余劝其横木于前,栏而不障以临眺,僧从之。此僧本停锡未几,传闻此洞亦深透于后,正欲一穷,余以钱界之,令多置火炬以从,其僧欣然。时有广东客二人闻之,亦追随入。及入而遍索,竟无深透之穴,乃止。洞门下悬级之端,亦有一门,入之深不过四丈,而又甚狭,遂下山,山下雨犹潺潺也。仍半里,出德胜街之中,随街西向行,过分司前。向有二府,今裁革,以河池州同摄镇事。又一里,出德胜西街门,又西一里,有营在路北,是为德胜营。往问行李,又挑而送至河池所矣。仍出至大路,稍西,遂从岐南过一小溪。半里,平原中乱石丛簇,〔分裂不一,〕中有潴水一泓,〔澄无片草,〕石尖之上,亦有跨树盘络,如香山寺前状。〔石片更稠合,间以潭渚,尤奇。〕潭西又有一石峡,内亦潴水,想下与潭通。其上则石分峡转,不一其胜也。其南有石独高而巨,僧结茅于上,是为莲花庵,亦如香山寺前之梵室。〔门就石隙,东西北俱小流环之,地较香山幽丽特绝。〕但僧就峡壁间畜猪聚秽,不免唐突[二]灵区[三]耳。峡水之西,又有古庙三楹,扃而无人。前有庵已半圮,有木几、巨凳满其内,而竟无栖守。石虚云冷,为之怃然,乃返。

北出大路,又西过一石梁,其下水颇小,自北而南,又东环莲花庵之东,又西绕其前而南去,此乃南入南江之流也。又西经一古台门，则路俱砖甃，而旁舍寥落，不若德胜矣。又西一里，入河池所〔四〕东门。所有砖城，中开四门，而所署倾尽，居舍无几，则戊午岁凶，为寇所焚劫，荡为草莽也。德胜镇皆客民，雇东兰、那地土兵守御，得保无虞；而此城军士，反不能御而受斃〔五〕。担停于所西军舍，秽陋不堪。乃易衣履至东街叩杜实徵，不在舍。返寓，之东门，实徵引至其书室，则所土阜上福山庵后楹也。庵僧穷甚，无薪以炊，仍炊于军家〔六〕，移食于庵，并行李移入。下午，令顾仆及随夫以书及军符白〔七〕管所挥使刘君，适他出，抵暮归曰："当即奉叩，以晚，须凌晨至也。"所城与所后福山寺，皆永乐中中使〔八〕雷春所创，乃往孟英山开矿者。

十三日

晨起欲谒刘君，方往市觅柬，而刘已先至。刘名弘勋，号梦予。馈程甚腆，余止收其米肉二种。已而柬至，乃答拜其署，乃新覆茅成之者。商所适道，刘君曰："南丹路大而远，第土官家乱，九年冬，土官莫仗〔九〕因母诞，其弟妇入贺，奸之，乃第三弟妻也。于是与第四弟皆不平，同作乱。仗遁于那地。后下司即独山之烂土司〔一○〕，向为南丹所苦，十年九月间，亦乘机报愤，其地大乱。两弟藉下司万人围南丹，仗以那地兵来援，其三弟走思恩县，四弟走上司，仗乃返州治。十二月，收本州兵，执三弟于思恩而囚之。今年春，郡遣戚指挥往其州，与之调解，三弟得不死，而四弟之在上司者，犹各眈眈〔一一〕也。下司路不通；由荔波行，路近而山险，瑶僮时出没〔一二〕。思恩西界有河背岭，极高峻，为畏途，竟日无人，西抵茅滥而后入荔波境〔一三〕，始可起夫去。但此路须众人，乃行。"先是，戚指挥以护送牌惠余，曰："如由荔波，令目军房玉洁送。"盖荔波诸土蛮素慑服于戚，而房乃其影，尝包送客货往来。刘君命房至，亲谕之送，房唯唯，而实无行意，将以索重贿也。

从署中望北山岩,如屏端嵌一粟。既出欲游北山,有王君以柬来拜,名冕,号宪周。且为刘君致留款意。已刘君以柬来招,余乃不游北岩而酌于刘署。同酌者为王宪周、杜实徵及实徵之兄杜体乾,皆河池所学生也。曾生独后至。席间实徵言其岳陈梦熊将往南丹,曰:"此地独耳夫难,若同之行,当无宵人之儆〔一四〕。"刘君命童子往招之,不至。余持两端〔一五〕,心惑焉。

十四日

以月忌〔一六〕,姑缓陈君行。余卜之,则南丹吉而荔波有阻。及再占,又取荔波。余惑终不解。乃出北门,为北山之游。北山者,在城北一里余;拾级而上者,亦几一里。削崖三层,而置佛宇于二层之上、上层之下。出北门,先由平壑行,不半里,有乱石耸立路隅,为门为标,为屏为梁,为笋为芝,奇秀不一,更巧于莲花塘、香山寺者。又北几一里,北向陟山,危磴倚云崖而上,曲折亦几一里。进隘门,有殿宇三楹,僧以索食先下掩其扉,自下望之,以为不得入矣,及排之,则掩而不扃也。入其中,上扁为"云深阁",右扁有记一篇,乃春元〔一七〕董其英者,即所中人。言尝读书此中,觅阁东音石,为置茅亭。今从庵来,觅亭址,不可得。而庵之西,凌削崖而去,上下皆绝壁,而丝路若痕。已从绝壁下。汇水一坎,乃凿堰而壅者,有滴沥从倒崖垂下,汇之以供晨夕而已。庵无他奇异,惟临深凭远,眺揽甚遥。南望多灵山在第二重石峰之外,正当庵前;西之羊角山,东之韦家山,则庵下东西两标也。

徙倚久之,仍下山至所城北门外,东循大路行。已岐而东北,共一里,入寿山寺。乱石一区,水纵横汇其中,从石巅构室三四处,以奉神佛,高下不一。先从石端得室一楹,中置金仙。其西则石隙南北横坠，澄流潴焉，若鸿沟之界者。以石板为桥，渡而西，有侧石一队，亦南北屏列，其上下有穴如门。又穿而西，有庵北向，前汇为塘，亦石所拥而成者。庵后耸石独高，上有室三楹，中置一像，衣冠伟然，一老人指为张总爷，而所中诸生皆谓之文昌像。余于福山寺阅河阳八景诗，有征蛮将军张澡跋，谓得之寿山藓石间，乃万历戊子阅师过此，则此像为张君无疑。以无文记，后生莫识，遂以文昌事之，而不知为张也。凭吊既久，西南一里，入所城东门，返福山寓。令奴子买盐觅夫于德胜，为明日行计。余作记寓中。已而杜实徵同其岳陈生至，为余觅夫，决明日同为南丹行。是日午后霁，至晚而碧空如洗，冰轮〔一八〕东上，神思跃然。

十五日

晨起，天色如洗，亟饭而行。刘君来送，复往谢之，遂同杜实徵同至其岳陈处候之。出北门，即西向行。涉一涧，七里，过羊角山之北，候换夫于西村，竟不至。久之遂南逾土冈，望西峰环转处，有洞在山巅，东南向，其门甚巨，疑即所谓新岩者。土冈之南，山又分东西二界。由其坞中南向行，五里，渐见路左小水唧唧行，已而有小水从西北石山下来合，涉北来水循之，又南二里，为都街村〔一九〕，有数家在西山之麓。至此皆为僮贼之窟，所称"西巢"也，始不得夫。又南二里，循溪入土山峡中，其峡甚逼。又一里半，转而东，又一里半，溪乃南去，路西逾土坳，始出险，所谓都街陇也。陇之中，草木亏蔽，为盗贼薮。数日前犹御人其间，余得掉臂而过，甚幸也。下坳西行三里，有茅舍一楹在山北，为税司。乃署德胜者，委本处头目掌之。其西一里即为落索村，都街之流又西转至此，由村南入峡去，路从村北陟山。都街、落索皆盗贼薮。西北二里半，过石下，有巨石蹲路北，上有榕缘络之。又西一里，有巨洞在路右山之半，其门东南向，而高悬殊甚，望之神飞。适担夫停担于下，余急贾勇北向攀崖，茅塞无路。诸人呼于下，余益奋而上，遂凌藤棘，抵其下。前亦多棕竹，颇巨。洞门甚高，内甚爽豁，深十丈而止。右有小窦，甚隘而中空，不识可蛇伏而入否？洞前有石，分两岐倒垂其顶。余方独憩，以陈君候余于下，遂返。又西二里，宿于马草塘之北村。其村在北峰之麓，村西有江自北峡来，穿西峡而去，即东江之上流也。村氓茅栏甚巨，而下俱板铺，前架竹为台。主人出茅滤酒劝客。陈君曰："此皆贼子也。"是夜，月从东山出，明洁如洗。自入春来，晓旭宵轮，竟晨夕无纤翳，惟此日见之。

十六日

晨起，微云薄翳，已不如昨宵之明彻矣。饭后，南逾土阜而下，是为马草塘。东西俱有峰夹之，塘独低而洼，真萑苻之薮也。二里，越而南，又西三里，有江自北而南，深嵌危崖间，所谓东江也。其南有数家在冈坞间，泊舟于下，呼之不为渡，乃自取其舟渡而西。其江大数丈，而深不测，再南下数里，即与金城江合而入石穴中，透出永泰里，而下怀远镇为南江者也。由江西岸北行半里，转而西下又四里半，为界牌村，是为宜山县、河池州界。村之东南有山中悬，即东江西北岸之山也。山之南，有坞豁然东南去，则金城之江已在南山之北，向此隙东注而下，与东江合者，第此处犹未之见耳。又西二里，有山在路北，峭崖屏削，上多纹理，虬干缘之，掩映间有若兜胄，有若戈矛，土人指为南丹莫氏之祖挂盔甲所成者，乃附会形似而言也。又西一里，路北有石耸出峰头，薄若片云擎空，上有岐角之物，土人指为犀牛，而不知犀乃独角也。又西一里为大湾村〔二〇〕,村在北山之麓。村东有洼岩,有水自北山石穴南出,流宕底三丈余,复南入地穴而注于江。又西则路出临江北岸,溯之西行一里,其江自西南来,北流至此,折而东去。路从折处直西行,一里,过一小石梁,其下乱石嵯峨,而涸无滴水。其南有村在南山之麓,为桥步村。又西三里,有江自北而南,其阔十丈余,其深与东江并,乃自荔波来者,其源当亦出于黔南,是为金城渡〔二一〕。渡北之西岸,有水悬崖,平泻一二丈,声轰如雷,东注大江,则官村南来之水也。大江南去,转而东过大湾,与东江合,又南抵南巢,贼窟也,在永顺北。而捣入石穴数里,而出于永泰里以下怀远者也。时渡舟在江西岸,候久之,乃至。登西岸,复西向行,则山回壑转,始为峒而不为峡。三里,有小溪自南而北,溯溪南行半里,有石梁跨其上,甚高整,是为南桥。越桥西半里,其坞乃西南转,有村在路右,是为垒街。又西南三里,山帏转拓,有村在西南山麓,曰官村。路折而南,溯溪西一里,过官村前。又南一里,循西山南嘴转入西峡,半里,有巨石峙北山之麓,老榕偃盖其上,为行者憩息之所。又西一里,北山复起石岩,其色黄白焕然,与前所过诸山异。石山自三里来,所见皆青白为章。其赭黄一种,自柳州仙奕南见后,久未之睹矣。又西半里,有村在北山麓,是为鬼岩村,入登其栏而憩焉,于是村始见瓦栏。盖德胜间用瓦而非栏,河池所无栏而皆茅覆,河池以西则诸栏无非茅覆者,独此村用瓦。主人韦姓,其老者已醉,而少者颇贤,出醇醪醉客,以糟芹为案〔二二〕。山家清供,不意诸蛮中得之,亦一奇也。是日昼阴,而夜月甚皎。

十七日

　　及明而饭,南向行。半里,得东来大路,有坞直南而去,墟当其中，是为鬼岩墟。复西向循南山北麓行，又西里余，有岩在南山之半，其门西北向，即鬼岩矣。洞中遥望杳黑，土人祀神像于其间，故谓之"鬼"。从其下西登坳，石级颇整。共一里，逾坳西下，自是石土二山交错，而石亦有土矣。两界山又南北成坳〔二三〕，有细流潆潆流坳中，南向而去，即东回北转而绕于官村之前者也。既下，溯细流北行坳中一里，则两界山又转为东西坳。仍溯细流西向行三里，有石堰细流之上，疑即所谓丁阑堰。上潴流一方，泻堰隙东下，是为滥觞之始，而源实出于都明岭之东麓。渡堰而南，循南山麓西行，又二里，过卢塘村〔二四〕。盖南北两界山夹持成坳，坳底平洼，旱则涸，涨则成塘，有村在北山下，路循塘南行。又一里，复有堰当上流，又越之西二里，乃复上土岭半里，逾岭坳而西下又半里，有泉一泓出路左石穴，西向汨汨，无涨涸，亦无停息，勺而饮之，甘冽殊甚，出穴即坠石穴而下，潆潆有声。其处山犹东西成坳。循北界山随流东下三里，有村在南山下，曰都明村。村后南山既尽，有峡南去，则那地州道也；而河池之道，则西北行土陇间。又二里，渡石梁而西，桥下水北流，当亦东北入金城上流者。其源则一东自都明岭之石穴，一南自下河岭北来，二流合而成涧者也。又西北四里，陟一土冈。由冈上又西北二里，有两三家在北阜下，为乾照村，炊汤饭于其栏。遂从村侧北上土岭，由岭畔北行共三里，下至西麓，有大溪自南而北，即所谓河池江也。江底颇巨，皆碎石平铺，而无滴沥。横渡登西岸，北望则石峰回合，即有流亦无出处，不知此流涨时从何而出？盖北卓立之峰，其下有洞，门南向，当即江水透入之处也。其处南北两界又俱石山排列，江形西自河池州之南，东向至此，折而北捣入山。又西循枯江北岸行一里，则江底砂石间有细流淙淙矣。又西七里，入河池州〔二五〕之东门。州城乃土墙，上覆以茅，城中居民凋蔽，俱草茅而无瓦舍。其山南北对峙，中成东西坞，而大溪横其中，东至乾照后土山，亘截为前门溪，转而北，入石穴；西至大山岭石脊，为后钥水之所从发者也。抵州才过午，穿州出西门，寓茅舍中。以陆柬马符索骑于州尊萧。来凤，东粤人。萧公即为发票，取夫骑各二，不少羁〔二六〕焉。

十八日

晨餐后得二骑差役，即以马夫二名作挑夫影射。既而萧公复以腆仪来贶，余受其笋脯，而尽壁其余〔二七〕。入城买帖作谢柬，久乃得之，行已上午矣。西向山坞行三里，有溪自北山南流，合于西来大溪。乃渡北溪溯大溪北岸行，又七里，有村在南山之坞，有瓦室焉，名杨村〔二八〕。杨姓者有巨力，能保护此村。循北山麓行，又二里，有飞石覆空而出，平压行人之上。已而上危级，见级外倚深坑，内有悬穴，中空下陷，洪流溢其底焉。既上，从山半行，遂循崖北转，又成南北之峡，山凑而为东西两界矣。循东崖溯流上，升陟三里，渡溪而北，逾一坡而下，见东峡石壁危削，上有穹岩，下有骈峡，但闻水声喧甚，以为自堕峡而下也，而旁眺不见影。稍前，则溪水犹自北来，复渡之。循溪东行峡中，三里，水穷峡尽。北上岭一里，又从岭头行一里，出两山坳间，有石垣两重，属〔二九〕两峰之左右，是为大山岭，河池、南丹之界也。逾岭北下，遂为丹州境。转而西二里，渡小水，其水南去。复西南逾一岭，复与水遇，随之西北行，共三里，复渡水，水汇于石壁下，遂就之而饭。又随水出峡，西二里，山势渐开，近山皆变石为土，南山下有茅一二楹矣。随小水西行三里，渐转而北，土山坞尽，西山陇间有数十家倚之，是为土寨关,则南丹土税之钥也。路在东山之麓,遂北上土岭。其东来之水,似无北流之隙,惟西北有巨山悬削,想亦从其下入穴以注大江,而下金城、东江者,未亲晰也。北下土岭,其坞中小水亦自东而注西南,似亦逼悬削巨山而去。于是复西北上岭,升陟共五里,转出岭头,始有巨坞西北去,路从其西山岭半行,又五里曰百步村〔三〇〕。茅舍数家在西山陇上,皆江右人,为行李居停者。时锡贾担夫三百余人,占室已满,无可托足,遂北向下陇前西北坞中。水至是转而西南去,有木梁架其上,覆以亭,亦此中所仅见者。度梁而上陇,其坞遂转东西。于是西向行五里,有四五家在南山陇间,曰岩田村。中有瓦栏三楹颇巨,亟投之,则老妪幼孩,室如悬磬〔三一〕,而上瓦下板,俱多破孔裂痕。盖此乃巨目家,前州乱时,为贼所攻掠而破,遗此老稚,久避他乡,而始归故土者。久之觅得一锅,仅炊粥为餐,遂席板而卧。

十九日

平明起,炊饭而行。细雨霏霏。西向行土山间,三上三下共十里。有水自东北注西南,深不及膝,阔约五六丈,是为大江。其源发于西北丛山壑中,南流东转而至永顺界,合东江下流者也〔三二〕。渡江,又西逾一岭,共五里,转下一坞。其坞中有一水东南去,溯之行,其水曲折坞中,屡涉之,俄顷数十次。共三里,有水一支自西北来,一支自正西来,遂转而向西溯之。又半里,有村在北山之麓,其名曰金村,乃是站之当钥者〔三三〕。〔其地西往锡坑止十五里,西北去南丹州五十里。〕入其栏,头目方往百步墟,乃坐而待之。雨时洒时止。陈梦熊从此入锡坑,遂别去。余候头目,抵晚始归。

二十日

晨起，雨霏霏。饭而候夫，久之乃扎竹为舆，止得其一，而少其一，上午始行。雨中遂东北逾土山，一里余，越其脊，乃西北下，深茅没径。又里许，穿箐而降至坞底，则有小水自南而北，大路亦自南随之，则锡坑道也。从之北一里，又有一水自西南来，二水合而东北去，水东有村在东山下，是曰雷家村，山峡稍开。又一里，遂转而为东西坞，有大溪自西而来，合南来小溪，东去即南转而为大江者也。于是溯溪南土山北麓行，西向升陟共十里，有茅数楹在南山之半，曰灰罗厂〔三四〕，皆出锡之所也。由其下又西一里，其坞西尽，有土山横其中，一小水自西北，一大水自西南，二水合于横岭之下。于是涉小水西上横岭，岭东路旁有眢井种种，深数丈，而圆仅如井大，似凿掘而成者，即锡穴也。逾岭西下共四里，又与前西南来大溪遇。其溪方北曲而南，遂绝流而西，其峡复东西开。溯溪行其中，屡左右涉之，四里为西楞村，又一水自西北来入，路从大溪南岸行。又一里，路左有岐逾岭而南，想往锡坑道也。又西，有溪自南峡来合，其溪亦巨，与西来之溪等，于是又横涉南溪口，仍溯西来溪南岸行。又五里，有村在南山，曰大徐村。村之西，其峡复开，田始连塍，水盘折其中。又屡涉之，四里，直抵西山下。溯流转而北，一里，乃涉水上西山。初上甚峻，望北坞山环壑尽，瀑流从山腋悬空直喷，界群碧间，如玉龙百丈。粤西皆石山森幻，〔故悬水最艰，〕惟此景独见。忆前自全之打狗岭亦北望见之〔三五〕，至此已迂回数千里，涉历经年，忽于此得睹，亦汗漫〔三六〕中一奇遇也。西向援土级而上，瞻顾一里而不能释，已而渐逾岭南，始不复见。又迤逦循北峰而西上者二里，逾一脊，脊北路隅是为打锡

徐霞客游记校注

关〔三七〕，乃锡贾自锡坑而来者，昔于此征税，有居舍，自去年乱后被燹，遂无居人。由此西下半里，即有壑当峡之西，遂转而北，山夹成峡。又下半里，水始成涧北去，随之又半里，渡涧西，缘崖北行一里半，出峡。前峡又自东北向西南，乃循崖转而西南行，雨大至。既而复屡涉此涧，涧乃南去，路乃西逾山坳。共二里，复行坞间，半里，循北山之崖，前涧复自南来，涉之。西北行又半里，又一溪自南峡来，其水颇大，与前涧合而北，横堰而潴之。从堰西向北行，又一里而渡<u>南丹</u>〔三八〕之<u>南桥</u>，暮雨如注，雷电交作，急觅逆旅而税驾焉。

<u>南丹</u>之水北流经州治东。其山东西分界，州治在西山下。其东有街，南北依溪而列。中有一街西入，大石坊跨其前，曰"<u>撼忠报国</u>〔三九〕，崇整精微"，粤省所未见者。由坊下进街西行，街尽，又入一石卷门。门内有<u>关帝庙</u>，西向，前亦有坊。其西即巨塘汇水，南北各有峰，自西山环臂而前，塘水直浸其麓。塘中有堤，东西长亘数丈，两端各架木为桥，而亭其上。越西桥，又西过一废苑，则州治在西南小石峰下。其门北向，前亦有石坊，而四围土墙不甚崇整，此下署也。州官所居，则在囤上。囤上者，即署后小石峰之巅，路由署中登，乃<u>莫公</u>因家难后移此以避不测者。盖西界群峰蜿蜒，其南北两支东突者，既若左右臂，又有一枝中下特起为石峰，而下署倚之，囤结于上，三面峭削，惟南面有坳可登。囤之后复起小峰，与囤中连若马鞍，其后与崇山并夹为深坑，其下有小水东南出而注于大溪，此署左第一层界水也。

<u>囤山</u>之北，其山西断，有洞裂山下。其门东南向，正与<u>囤山</u>对。门顶其平，亦有圆柱倒垂。门之中即有二巨石危踞，中

开一峡仅尺许，北入三四丈，折而西，稍下，则西巨石之后也。与洞后壁北距丈余，西深二丈余，窅黑无可见，不识有旁窦否？西巨石之上，其面高下不一，皆若台榭可栖，第四壁悬绝，俱无级可登。东石亦然，第后即联缀于洞壁，无后绕之隙，而石台之前，有石柱上耸接于洞顶，为异西石耳。西石之西，又有小隙穿石，而北峡中架梯一两层，即可登石上，由西石跨石二尺，即可达东石之端，惜此中人不知点缀耳。由岩前北向行半里，其山又开东西坞，循西山嘴转而西行，又有水自西峡来，东北向而入大溪，即<u>清水塘</u>之下流也。溯之西行，又半里，渡一桥亭。桥南有石崖障流，内汇水一池，昔水从桥下出，今捣崖根而东，不北由桥下矣。渡桥稍西，逾一冈，即<u>清水塘</u>。塘南北两山成夹，中开东西坞，西则大山屏其后，东即石崖所障水口也。寺在其中，东向而立。入门即为方塘，四周石砌，汇水于中，不深而甚澈。前层架阁塘中，阁后越塘又中亘一亭，亭南北塘中，复供石于水，两旁各架阁于塘为左右厢。亭西则<u>玉皇阁</u>也，亦从塘中甃石为基，而中通水道者。阁下位<u>真武</u>，上位<u>玉皇</u>，而<u>真武</u>之后，又从塘中架阁一层，下跨水上，为栖憩之所，上与<u>玉皇阁</u>联架为一，置三世佛焉。佛后有窗，可平眺西峰，下瞰塘水矗矗从地中溢起。塘之外，皆有垣周之，层楼叠阁，俱架于水中，而佛像皆整丽，亦粤<u>西</u>所未见。惜乎中无一僧，水空云冷，惟闻唧唧溪声而已。寺为<u>天启</u>七年<u>莫公伋</u>所建，前年以谮〔四〇〕，鞭杀僧，遂无居者。寺南有溪自西南腋中来，即由寺前东去者。寺北有大道西向逾岭去，是通<u>巴鹅</u>〔四一〕而达<u>平洲</u>者。寺前水东去，经石崖水口，又东出而注大溪,此署左第二重界水也。

署右第一重界水,即前来所涉堰上南峡之流,第二重即打锡关东来之涧,二水合为大溪而经州前。

〔一〕德胜镇:今仍称德胜,在宜州市西北境的铁路边。

〔二〕唐突:冒犯。

〔三〕灵区　原作"灵匼",从沪本改。

〔四〕河池所:洪武二十八年(公元1395年)置于河池县,因名。永乐六年(公元1408年)徙于今宜州市西北隅,德胜西五里处。故明代河池所与河池州不同城。

〔五〕燹(xiǎn显):兵火。

〔六〕军家:即军户人家。明代实行卫所制度,家属皆随军士驻屯地,军士的子孙仍入军籍,世代当兵。

〔七〕白:述事陈义通称白,即告知。

〔八〕中使:皇帝派出为使者的宦官,委以监军、找宝、开矿、收税等重任,到矿山的称"矿监"。

〔九〕莫伋　原作"莫极",据乾隆本、本书黔游日记三月二十八日及嘉庆广西通志土司志改。

〔一〇〕按,下司与烂土司虽同为贵州独山州所辖的两个土司,但二者有别。下司即丰宁长官司,在独山州南;烂土司即合江州陈蒙烂土长官司,在独山州东。"即"应为"及"。

〔一一〕眈(dān单)眈:威严地垂目注视。

〔一二〕僮(zhuàng壮):即今壮族,是我国少数民族中人口最多的一个族,1982年7月统计,有1337.8万多人,集中分布在广西壮族自治区和云南省文山壮族苗族自治州。

〔一三〕思恩：此指庆远府属的思恩县，现环江毛南族自治县治仍称思恩镇。茅滩：又作"毛难"，指毛南族聚居地。

〔一四〕儆（jǐng 景）：通"警"，戒备。

〔一五〕持两端：持两可的态度，作不了决定。

〔一六〕忌（jì 记）：旧时迷信称行事不吉利的日子为忌日，有忌日、忌辰、月忌等。俗以每月初五、十四、二十三日为月忌。

〔一七〕春元：明代科举制度，会试每三年一次，在北京举行，由礼部主持。考期在春季二月，故称"春闱"。会试考取者称为贡士，第一名亦称"春元"。

〔一八〕冰轮：月亮。

〔一九〕都街村：今仍作都街，在宜州市西北隅的铁路边。

〔二〇〕大湾村：今仍称大湾，在河池市稍东，金城江北岸。

〔二一〕金城渡：明时为金城镇，设巡检司，即今金城江区，为河池市驻地。

〔二二〕糟（zāo）：用酒或糟腌制食物。　芹（qín）：即芹菜。　案（àn）：古时进食用的短足木盘。

〔二三〕两界山又南北成坞　"两"原作"西"，据下文改。

〔二四〕卢塘村：今作六塘，在河池市中部的公路旁。

〔二五〕河池州：隶庆远府，治所今仍称河池，在河池市西境。

〔二六〕羁（jī 基）：牵留。

〔二七〕贶（kuàng 况）：赐与。　躄：通"辟"、"避"，避而不受。

〔二八〕杨村：今名同，在河池市西境。

〔二九〕属(zhǔ 主):连接。

〔三〇〕百步村:今作八步,在南丹县东南隅,刁江东岸。

〔三一〕悬磬(qìng 庆):空无所有。

〔三二〕按,十八、十九两日所记大江应指今刁江。嘉庆重修一统志庆远府山川载:"大江,在南丹州南二十里,源出都利山,亦名都利江,东北入河池州界,合金城江。"霞客未及亲晰,此处即本传统说法。但明清的传统说法有误,刁江经河池州界后,又东南经永顺司北,再南入都泥江,而不入龙江。

〔三三〕乃是站之当钥者 "钥",原作"月",从沪本改。

〔三四〕灰罗厂:今仍作灰罗,在南丹县东南隅,刁江东岸。

〔三五〕忆前自全之打狗岭亦北望见之 "打狗岭"原作"打钩岭",即丁丑闰四月十三日所记全州的"打狗岭","全"原作"金",皆误。

〔三六〕汗漫:漫无边际。

〔三七〕打锡关:今仍称打锡,在南丹县治稍东南,公路从此经过。

〔三八〕南丹:明为州,隶庆远府,即今南丹县。

〔三九〕摅(shū 书):舒展。

〔四〇〕谮(zèn):诬害,中伤。

〔四一〕巴鹅:今作巴峨,在南丹县西北隅。

二十一日

平明起,天已大霁,以陆公书投莫。莫在囤,不及往叩,以名柬去,余乃候饭于寓中。既午,散步东街,渡塘堤,经州治前,而西循闽山北壁下行，共一里，入北山南向石洞。又从洞前西北行半里，转而西南又半里，渡桥亭，入清水塘，返寓已下午。莫公馈米肉与酒，熟而酌之。迨晚霁甚。

二十二日

五更颇寒，迨起而云气复翳。站人言夫将至，可亟炊饭。既饭而夫仍不齐。先是，余无以为贽〔一〕，以晶章〔二〕二枚并入馈，此晶乃漳中署中所得，莹澈殊甚。岂一并收入后，竟无回音。余索帖再三，诸人俱互相推委，若冀余行即已者。余不得已，往叩掌案刘〔三〕，为言其故。刘曰："昨误以为银砾薄物，竟漫置之，不意其为垂物也〔四〕，当即入言。但斯时未起，须缓一日程可耳。"余不得已，从之。昨诸人竟私置于外，故不得回束，至是然后入白也。候至更余，刘犹在闽未归，乃闷闷卧。

银、锡二厂，在南丹州东南四十里，在金村西十五里，其南去那地州亦四十里〔五〕。其地〔厂有三：〕曰新州〔六〕，属南丹；曰高峰，属河池州；曰中坑，属那地。皆产银、锡。三地相间仅一二里，皆客省客贾所集〔七〕。按志有高峰砦，即此高峰之厂，独属河池，而其地实错于南丹、那地之间，达州必由南丹境。想以矿穴所在，故三分其地也。银锡俱掘井取砂，如米粒，水淘火炼而后得之。银砂三十斤可得银二钱，锡砂所得则易。又有灰罗厂，止产锡。在南丹东南三十又五里，即余昨所经。有孟英山，在南丹西五十里芒场相近。止产银。永乐中遣中使雷春开矿于此，今所出甚微，不及新州矣。雷春至孟英时，河池所城是其所筑。

二十三日

候夫不至，总站徐曰："以昨礼未酬，尚须待一日。"余求去不得,惟闷闷偃坐而已。至午后,始以两晶章还余,而损其一,余五色,则为诸人干没〔八〕矣。是日午间雷雨,晚大雾。

由银锡厂而南,两日程至涯洞〔九〕,有大江自西而东,为那地、东兰二州界。其渡处名河水渡,即都泥江也。其上流来自泗城界,其下流东历永顺土司北五里,即下石堰,为罗木渡者也〔一〇〕。

南丹东八十余里抵大山岭,为河池州界;东南四十里过新州,为那地州界;西三日程约一百五十里抵巴鹅,北为平洲四寨界,西为泗城州界;西北二日程约一百里过六寨,为独山下司界;东北日半程约七十里抵东界,为荔波县界。

南丹米肉诸物价俱两倍于他处。米俱自独山、德胜诸处来。惟银贱而甚低,所用者止对冲七成。其等甚大,中国银不堪使也。

龙眼树至此无。德胜甚多。

二十四日

晨起,阴云四合,是日为立夏。饭而待夫,久不至,上午止得四名,二名犹未至。余不能待,以二名担行李,以二名肩舆行。出街北,直北行山坞间,一里半,大溪向东北去,路折而西北,逾土岭。二里半,逾岭西下,有水自东南来,北向而去,渡之南行,于是石峰复出,或回合,或逼仄,高树密枝,蒙翳深倩,时午日渐霁,如行绿幄中。已溯峡西入,惟闻水声潺潺,而翳密不辨其从出,想亦必东向之流,然石路甚大,不若州东皆从草莽中行也。共三里,有石峰中立于两山峡间,高锐逾于众,而两旁夹壁反隘,益觉峥嵘。由其南夹西透,又陟岭一里,西南逾脊,其南即深坑下坠,亦如岭北者之密翳沉碧也。由岭上西循北峰,又逾脊西下,共里余,由两山夹中西出，曰夹山关〔一一〕。夹西即有数家倚北峰下，其后削崖如屏，前则新篁密箐，路从其下行。忽北山之麓，石崖飞架，有小水自西来，漱石崖之脚，北入石洞中。洞门南向，在浮崖之东村后危崖之下，水自南捣入，当亦透北山而泄于南丹下流者也。由浮崖下溯细流西行，其内复回田一壑，南麓又有村数十家。又西三里，逾土山下，西北又一里，有水自西南土峡中来，东抵石崖下，转而北去，路亦渡水而北。二里，水由东北坞中去，由小岐西北升陟，冈阜高下，共四里，乃下岭。又西南转入山坞，为夷州村，日已下午矣。炊而易骑，由坞中随细流东北行。一里，涉溪，又一里，逾坳乃转西北，细流在山峡中，亦西北转。已北渡一峡，复北上山，缘西山之半行，共二里，峰头石路甚崎嵚，其下峡中水亦自南而北，又有一东来小水凑合于其下而北去。又北行逾岭而下，则峡中汇水甚深，想即前水之转而西也。渡之，循涧北行，有堰截涧中，故其东水及马腹耳。共一里，又有小水自西土峡来，合而东去。从其合处仍渡而北，则东来大路复至是会，乃循之西北上岭。一里，逾土山隘，则北面石山屏立而东，路循南界土山西北行。两界之中复有田塍，东西开坞，有小水界其中，亦东向去。又西二里余，坞南北山下俱有村，多瓦舍，曰栏路村〔一二〕。大路直西向山隙去，从岐北向渡溪，一里，逾北界石山北下，转西行半里，宿于蜡北村。

二十五日

昧爽，由蜡北村稍西复北向入峡中，半里，逾小脊北下，半里，抵尖高峰下。其处另成一峒，有一二茅舍倚尖峰下。竟峒东北行二里，有村在西山之麓，曰肖村。又北半里，有洞在西小山坑中，其门东南向，外层甚敞，中壁如屏，又辟内门甚深。路由东山崖上行，隔坞对望之，藤萝罥挂，中有水自洞门潺潺出，前成涧，南流西折去。又东北半里，逾岭脊，颇峻。东西峰俱石崖，而此脊独土。逾之东北下一里，又成一峒，曰街旁村。送者欲换夫骑，而居人不承，强送者复前。于是西北登岭，岭上下多倚崖随壑之舍。一里，逾岭下而复上，又西北二里，复逾岭西转北向行，有村在东山之半，甚众。循之北行二里，有尖山竖东峰之上，甚锐，下有瓦房，环篱回堵，颇不似诸村落。其西界有山高耸，冠于诸峰，此始为南下多灵两江都泥、龙江。分界之脊，与所行东峰对夹成坞。中开大壑，自南而北，即前栏路村西行大道，转而为此坞者也。坞中土山之上，丛树蓊葱，居室鳞次。与此村东西相对者曰芒场〔一三〕，此大道所经者；余以站骑就村相换，故就此小道。然村夫沿门求代，彼皆不承，屡前屡止，强之不行。方无可奈何，适有一少年悬剑插箭至，促其速行，则南丹莫君所遣令箭送余者，始得复前。又北逾一岭，又北一里，饭于壁坳村。数家在东峰之半，前多踞石排列，置庐其间，实为选胜，而土人莫之知也。既饭，易骑至而无鞍，乃令二夫先以担行，站夫再往芒场觅鞍；久之仍不得，乃伐竹缚舆；舆成而候夫；又久之马至，已下午矣，乃西向行。先是，壁坳站夫言："西北石山嵯峨，其下有村曰蛮王，此峰亦曰蛮（王）峰。"乃望之西行，越一土阜西下，共二里，有洞自南而北，逾涧又北上岭，逾土山二重，共一里，下至土峡中，有小水自北而南，溯之北上一里，直抵蛮王峰下。其屼嵲骈耸最，西南峰顶有石曲起，反躬北向，上复直竖如首，岂即所谓"蛮王"者耶？时顾仆押夫担在蛮王村，尚隔一夹，呼余直西从大道，彼亦从村押夫来。半里，会于峰之西，乃转而循峰西夹北向行。其夹会水于中，北上半里，夹中犹土田，而水已北注，是为北来山脊，至蛮王而西渡南下，峙为芒场西最高之峰，以至多灵，为都泥、金城两江之界者也。北随水行半里，其水西向去，路西北又半里，逾岭而下半里，西南山界扩然，北界石山之脊自西而东，有尖峰竖其上，环其西南为大壑，田陇高下，诸庐舍倚其东北尖峰下。又里许，登其栏曰郊岚村〔一四〕，又名头水站。有水自东北脊间出，为都泥旁枝之上流，此"头"名所由起也。村人以酒食献，餐之，易骑行。西北一里半，有路逾北夹而去，乃导者由岐西出峰南。又半里，复易夫，始知其为小路就村也。又西一里，雷雨大至，俄顷而过。又西一里，登一堡，导者欲易骑，其人不从，只易夫而行。乃挟峰北转，越岭而下。又西南坠，共二里，渡一涧，又西北行一里，始与东来大道合。复西北逾岭三里，望北山石脊嵯峨，诸庐舍倚其上，而尚隔一壑。又西，大道西去，由岐北转，从北山下东向行，一里，上抵飘渺村。其村倚山半，南向，东有尖峰高插岭头，西有危崖斜骞冈上。村前平坠为壑，田陇盘错，自上望之，壑中诸陇皆四周环塍，高下旋叠，极似堆漆雕纹。盖自蛮王峰西渡脊而北，至此水皆西南入都泥，壑皆耕犁无隙，居人亦甚稠，所称巴坪哨，亦一方之沃壤也。是晚，雨后即霁甚。

二十六日

晨起，饭而候骑，命夫先担行；待久之，乃得骑。由西峰突崖下西向行，二里，逾岭西北下坞中。其坞东西开夹，中底甚平，东汇堰为塘，溯之西行，塘尽而成草洼。共西半里，有墟场在路隅，曰巴坪场。其西有深夹自西北来，为此东西夹上流，场乃挟右而转者。路度夹而西，复上岭，半里，逾脊西下，于是成南北夹。路转北行半里，夹仍东西转，路又西向半里，此夹中皆平底草蔓，似可为田。于是复西逾隘脊,其脊止高丈许,脊东即所行草堑,脊西则水溢成溪。随溪西行半里,渡,从北山下行,过一坳,有三四家倚之。又西半里,大路直西去,以就村觅夫故,又南由岐涉溪逾南坳,共一里,得村于南坞中,曰潭琐。居村颇盛,山转中环,又成一峒。又饭而候夫,久乃得之。下山半里,由西北峡出,即前西流之溪矣。由溪南西行半里,溪转而北,路亦随之。于是山开东西两界:东界山皆自东而西突,凡五六峰,西面皆平剖下坠,排列而北,若"五老"西向;西界山则土峰蜿蜒,与东界对列成峡,涧由其中北向去。从涧西循西山东麓北行半里,有小水东注于涧,渡之又北一里半,抵一岭,涧折而东去,路乃北逾岭。一里,则大路自东来合。又东一里,有涧亦东注,渡之北,又一里,有水一泓,在路侧树根下石隙间,清冽殊异。又北一里,又有水自西北峡中来,东出与石泓北流之水合,似透东北峡而去,路溯西北峡而入。其峡湾环,北自<u>东序</u>六寨之一。南来,是名羊角冲,为此中伏莽之徒所公行无惮处〔一五〕。與夫指路侧偃草,为数日前杀人之区,过之恻然。入峡一里,东眺已逼东界突山下。又北则突山既尽,其坞大开。东望一峰尖迥而起,中空如合掌,悬架于众峰之间,空明下透,其上合处仅徒杠之凑,千尺白云,东映危峰腋间,正如<u>吴门</u>匹练〔一六〕,香炉瀑雪〔一七〕,不复辨其为山为云也。自<u>桂林</u>来,所见穿山甚多,虽高下不一,内外交透,若此剜空环翠者,得未曾有。此地极<u>粤西</u>第一穷徼,亦得此第一奇胜,不负数日走磨牙吮血之区也。又北一里,有村悬西峰石坡上,曰<u>东序村</u>,乃六寨极南之首村也。缚舆换夫。东北二里,复换夫。西北逾一岭而下,共一里半,有场曰<u>六寨场</u>。转北而东又半里,有溪自东来,独木桥渡其北。一里,有石峰中悬两峡间,前有数十家倚之，是为<u>六寨哨</u>〔一八〕。所称"六寨"者，南自<u>东序</u>，北抵<u>六寨哨</u>，中有寨六。缚舆换夫，从东峡北行一里，转而西入峡。其水东流，溯之入又一里余，大路直西逾隘，由岐西北就村半里，得<u>浑村</u>在北村下。头目<u>韦</u>姓出帖呈览，以忠勇免差者。余谕之送，其人出酒肉饷，以骑送余。其地北有崇崖，有洞，门西南向，高悬崖上；南有绝壁，有洞，门东北向，深透壁间。从小路下西坡，交大路而南，二里，抵南洞之前。循石壁西又一里，转入南山峡中，东南入坞，有村曰<u>银村</u>。待夫久之，晚而缚舆，昏黑就道。西北循山出峡，转而西，共三里，宿于<u>晚宛南村</u>。

二十七日

晨起，不及饭，村人舆就即行。循西山而北，石壑中渐有水东自<u>浑村</u>西麓来，流而成溪。半里，渡溪北行，半里，有村在西山下，溪流环其前，村东向临之，为<u>晚宛中村</u>，其长又半里。路隔溪，随之北又一里，渡桥而西，饭于<u>晚宛北村</u>。换夫东渡桥，遂东北行一里半，逾东冈，有村在冈北悬阜上。又换夫，北下冈，渡一涧，复一里半，北上一冈，是为<u>岜</u>土音作"壁"。<u>歹村</u>，乃<u>丹州</u>极北之寨也。六寨北至<u>岜歹</u>，西至<u>巴鹅</u>，昔皆<u>泗城州</u>所属之地，去<u>泗城</u>远，故后为<u>丹州</u>所占。三年前上疏清界，当亦在其中。〔由此西去两日程，曰<u>罗猴</u>，为<u>泗城</u>东北境，<u>都泥</u>上流所经也。〕饭而换马，北下阜，过一涧，于是北上冈陇，渐逾坳而北，三上三下。坞中俱荒芜，无复耕塍，其水皆西南流，故知东北即大山之脊矣。共五里，为<u>山界</u>，土人指以为与<u>贵州下司</u>分界处，此不特<u>南丹</u>北尽，实<u>粤西</u>西北尽处也〔一九〕。

逾脊北下，水犹西南流。又从岭北再升一土岭，共一里，北出石山之隘，是为<u>艰坪岭</u>。石骨棱削，对峙为门，是为南北二水分界。

北下一里,石路嶙峋,草木蒙密,马足跃石齿间,无可着蹄处,正伏莽者弄兵之窟,余得掉臂而过,亦幸矣哉!既下,西向行峡中,水似西流,而似无出处。一里,始复睹塍田。又西半里,转而北,峡中塍乃大辟。又北一里,有村在西坞,曰由彝村,是为下司东南第一村,亦贵省东南第一村也。南丹送骑及令箭〔二〇〕牢子辞去。待夫甚久,担先去,暮,骑至。西北二里至山寨,又逾岭涉涧,越数村,夜行八里而抵下司,俱闭户莫启。久之,得一家启户入,卧地无草,遍觅之,得薪一束,不饭而卧。

〔一〕贽(zhì 至):旧时初次求见人所送的礼物。

〔二〕晶(jīng 睛)章:水晶印章。

〔三〕叩(kòu 扣):询问。　　掌案:掌管案牍文书的人。

〔四〕垂物:流传永久的贵重物品。

〔五〕其南去那地州亦四十里　　按实际地理方位,疑"南"字为"西"字之误。

〔六〕新州:今名同,在南丹县南隅。此三厂清代合称"三厂",今三厂联为一个行政单位,设大厂镇。

〔七〕客省客贾(gǔ 古):外省来此开店做买卖的商人。

〔八〕色:种类。　　干没:侵吞公家或他人财物。

〔九〕涯洞:明时亦作隘洞,今作隘洞,在东兰县治稍北,红水河北岸。

〔一〇〕按,此处把都泥江与刁江相混了。经涯洞及罗木渡者即今红水河;在永顺司北五里者为红水河支流,即今刁江。刁江从北往南流,在罗木渡以上不远处汇入红水河。

〔一一〕夹山关:即今关上,在南丹县北境。

〔一二〕栏路村:今作拉六,在南丹县北境,铁路线稍东。

〔一三〕芒场:今名同,在南丹县北境。

〔一四〕郊岚村:今作者乐,在南丹县北隅。

〔一五〕伏莽之徒:潜藏在山林中的盗匪。 无惮(dàn但):无所畏惧。

〔一六〕匹(pǐ):绸布等织物的量名,古代一匹长约四丈。练(liàn链):洁白的熟绢。

〔一七〕香炉:庐山香炉峰。

〔一八〕六寨哨:今仍称六寨,在南丹县北隅的公路旁。

〔一九〕实粤西西北尽处也 杨本、陈本、乾隆本、四库本皆将三月二十七日记分载两处,此句下有"余粤西游亦止此",其下内容则列入黔游日记首篇,且文字较详。

〔二〇〕令箭:古时军中用以传令的小旗,竿头为铁制的箭镞,故称令箭。

中 华 国 学 文 库

徐霞客游记校注 下

〔明〕徐弘祖 撰

朱惠荣 校注

中 华 书 局

黔〔一〕游日记一〔二〕

戊寅(崇祯十一年,公元 1638 年)三月二十七日

自南丹北鄙岜歹村,易骑入重山中,渐履无人之境。五里,逾山界岭。南丹、下司界。又北一里,逾石隘,是为艰坪岭。其石极嵯峨,其树极蒙密,其路极崎岖,黔、粤之界,以此而分,南北之水,亦由此而别。然其水亦俱下都泥,则石隘之脊,乃自东而西度,尽于巴鹅之境,而多灵大脊犹在其东也。北下一里,就峡西行,一里,始有田塍。又半里,峡转北,坞始大开。又北一里,有村在西坞中,曰由彝〔三〕。此中诸坞,四面皆高,不知水从何出。然由彝村南石壁下,有洞东向,细流自畦中淙淙入,透山西而去,固知大脊犹在东也。至此南丹差骑辞去。由彝人始许夫骑,久乃不至,促久之,止以二夫负担去。余独坐其栏,从午至暮,始得骑。西北二里,至山寨,则寨人已送担亦前去。乃由其东上岭,越脊北下一里,行壑中。又北一里,再越岭脊,下行峡中。壑圆而峡长,南北向皆有脊中亘,无泄水之隙,而北亘之脊,石齿如锯,横锋竖锷,莫可投足。时已昏暮,跃马而下,此骑真堪托死生也。越脊,直坠峡底,逾所上数倍,

始知前之圆壑长峡，犹在半山也。峡底有流，从南脊下溢，遂滔滔成流。随之西向行，共里许，有村在南山麓，担夫已换去。又骑而西半里，担夫又已去。盖村人恐余止其家，故亟换之行；而又无骑换，骑夫不肯前，余强之暗行〔四〕。西北半里，有溪自东而西，横堰其中，左右渊深。由堰上北度，马蹄得得，险甚。又西转过一村，半里，由村西而北向逾岭，始与双担同行，暗中呼声相属，不辨其为石为影也。共二上二下，遂行田塍间。共五里，过一寨，排门入，居人颇盛。半里，复排一门出，又行田塍中。一里半，叩门入旧司，门以内茅舍俱闭，莫为启。久之，守一启户者，无茅无饭而卧。

上、下二司者，即丰宁司也〔五〕。濑南界者，分为下司，与南丹接壤。二司皆杨姓兄弟也，而不相睦。今上司为杨柚，强而有制，道路开治，盗贼屏息。下司为杨国贤，地乱不能辖，民皆剽掠，三里之内，靡非贼窟。其东有七榜之地，地宽而渥〔六〕，骛骜尤甚，其叔杨云道，聚众其中为乱首，人莫敢入。

旧司者〔七〕，下司昔日司治也，为上司所破，国贤移居寨上。按，丰宁二司皆贵州都匀府属，其兄弟相贼而莫问，岂羁縻之道固应然耶〔八〕？寨在南山麓，与旧司南北相对，中隔一坞，然亦无奇险也。

二十八日

平明起，雨霏霏下。余令随夫以盐易米而炊。余以刺索夫于南寨，国贤避不出，托言与上司不合，不敢发夫，止许护送者两三人送出境。余饭而待之，送者亦不至，乃雇夫分肩行李，从旧司北向逾岭行。共三里余，下至饿鬼桥，有小水自东北注西南，小石梁跨其上，御人者〔九〕每每横行于此。又北二里，逾岭，已为上司界。

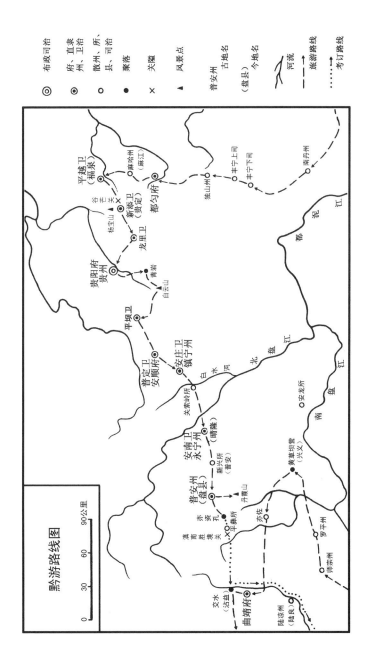

下岭二里,有村在西坞,而路东有枫木树对之。又东北逾岭二里,有村在东坞,其前环山为壑,中洼为田。村倚东峰,有石崖当村后;路循西岭,与村隔垄相向,始敢对之息肩。又西北逾岭二里,转而西向行〔一〇〕,于是峡大开,南北相向,南山下村居甚稠,北山则大路倚之。西行五里,路复西北逾岭。盖此地大山在东北,路俱缘其西南上,虽有升降,然俱上多下少,逶迤以升者也。又西北二里,逾岭。路北有峰,回亘层叠,俨若天盘龙髻。崖半有洞,门西向,数十家倚之。路乃北转,又一里,越其西冈北向下。西冈者,大山分支西突为<u>盘髻峰</u>,其下横冈西度者也。西冈之北,山又东西排闼。北望西界山,一圆石高插峰头,矗然倚天之柱,其北石崖回沓,即上<u>司</u>治所托也;东界土山,即路所循而行者。共北五里,路与西界矗柱对。又北二里,忽山雨大至。担夫停担,各牵笠蔽雨,余持伞亦蔽一挑。忽有四人持镖负弩,悬剑囊矢〔一一〕,自后奔突而至。两人趋余伞下,一人趋<u>顾</u>仆伞下,一人趋担夫笠下,皆勇壮凶狞,似避雨,又似夹持。余甚恐。问余何往,余对以<u>都匀</u>。问余求烟,余对以不用。久之,雨不止而势少杀,余曰:“可行矣。”其人亦曰:“可去。”余以为将同往而前者,及余行而彼复止。余益知其必非良人,然入其吻而不下咽,其心犹良也。更北半里,转而西又一里余,有营当两界夹中阜上,壁垒新整。由其下又西一里,入<u>上司</u>南门〔一二〕,有土垣环绕,门内即宿铺。<u>江西</u>人。自<u>下司</u>至此,居舍中各半土半栏。

时雨过街湿,余乘湿履,遂由街北转而西,有巨塘汇其内,西筑堤为堰,甃为驰道甚整〔一三〕。又北半里,直抵<u>囤山</u>〔一四〕东麓,北向入一门。有石罅一缕在东麓下,当其尽处,凿孔如盂,深尺许,可贮水一斗。囤上下人俱以盉候而酌之,谓其水甘冽,迥异他水。

余酌而尝之，果不虚也。由此循囷麓转入北峡，峡中居人甚多，皆头目之为心膂〔一五〕寄者；又编竹架囷于峡中，分行贮粟焉。由北峡西向行，已入囷后，有脊自西北连属于囷，乃囷之结蒂处也。脊东峡中，有洞倚囷麓，其门北向，甚隘而深。有二人将上囷，余问："此洞深否？"云："其洞不深。上至囷半，有大洞颇深而有水，须以炬入。"由下仰眺，囷上居舍累累，惟司官所居三四层，皆以瓦覆，以垩〔一六〕饰。囷险而居整，反出南丹上也。余乃随其人拾级上囷，其级甚峻，而凿凿开整。竭蹶而上，共半里，折而东，有楼三楹跨路间，乃囷半之隘关也。洞在中楹之后，前为楼所蔽不可见。有男妇各一，炊中楹下。二人指余入，遂登囷去。余索炬于炊者，则楹后即猪栏马栈。践之下洞，洞门北向，洼坠而下，下皆污土，上多滴沥，不堪驻足，乃复出而下。先是令一夫随行，至脊下，不敢登，余乃独上。然囷上之形，可以外瞭而见，惟此洞为楼掩，非身至不知也。仍由旧路里余，返宿舍，则已薄暮矣。炊饭亦熟，遂餐而卧。

上司土官杨柚，由长官而加副总，以水西之役也。其地小而与南丹为仇，互相袭杀，故两土官各退居囷上。南丹州治在囷下而居于上。上司则司治俱在上，而环囷而居者，皆其头目也。南丹第三弟走荔波，为莫佽〔一七〕所执；第四弟走上司，至今为外难，日惴惴焉。

其囷圆而大，四面绝壁，惟西北有脊通级而上，路必环旋于下峡，故为天险。峡中水西南下，合塘中及外峡南北诸流，俱透西南腋中坠去。

二十九日

由上司出南门，仍渡门东小水，溯之东北行。一里，蹑土山而上。四里，逾土山西度之脊，其西石峰突兀，至此北尽。逾脊西北行一里半，岭头石脊复夹成隘门，两旁石骨嶙峋。由隘西出，转而东北下，半里，下抵坞中。又北一里，复越土山西下脊，是为上司、独山州界，于是下岭循东山行。又二里，有村在西山坞中，为苴查村。其处东西两界皆土山，中开大坞，有水自北来，界于坞中，绕苴查之东，乃西向破峡去。循东界山溯水北向行，又三里，水分二支来，一自西北，一自东北，如"丫"字会于中支山尽处。西北者较大，路溯东北行，一里半始渡之。于中支山东麓得坛子窑村，乃土官蒙氏之族也。村北溪中皆碎石，时涸时溢。又东渡之，东北上冈头，共里许，有土环遗址，名曰关上，而无居舍。又东北一里，水尽坞穷，于是蹑岭，其岭甚峻。三里，北逾其脊，隘中砥石〔一八〕如铺，两旁有屼立峰，是名鸡公关。其脉自独山州西北，绕州治东南过此，又东南度六寨之东，而下蛮王峰者也。脊西南水，下苴查而入都泥；脊东北水，由合江州〔一九〕下荔波而入龙江。从脊东北眺，则崇山蜿蜒，列屏于前，与此山遥对成两界，中夹大坞，自西北向东南焉。下山即转北行，一里抵坞。转东，即有小水东南下。又东一里，逾陟冈阜，忽有溪自西北注东南，水于此复出，为龙江上流矣。渡溪东上，于是升陟坡垅，东北行坞中。五里，有数家之村，在东北山下。从其前复转入西峡，北一里，过一脊，始北向下岭。其下甚深，半里抵其麓，始知前所行俱在山上也。又北行坞中一里半，有大溪汪然，自西峡层山中出，东注而去，亦由合江州而下荔波、思恩者〔二〇〕。历石堑而渡其北，又缘西界支陇北行五里，为羊角寨。乃蒙氏之砦也〔二一〕。在西山麓。又北三里，有小水自西坡东注，涉之。又北二里，入独山州〔二二〕之南隘门。其州无城，一土知州，一明知州。土官蒙姓，所属皆土人。即苗仲〔二三〕。明官多缺，以经历〔二四〕署篆〔二五〕，所属皆客户。余所主者，江西南昌人黄南溪也，其人忠厚长者，家有楼可栖。盖是州虽无城，而夹街楼房连属，俱用瓦盖，无复茅栏牛圈之陋矣。

　　独山土官昔为蒙诏，四年前观灯，为其子所弑。母趋救，亦弑之〔二六〕。乃托言杀一头目，误伤其父，竟无问者。今现为土官，可恨也！

三十日

　　平明饭，出独山州北隘门，西北向循西界山行。六里，有小水亦自西坡东注，涉之。又北二里，北坞渐穷，山脊自东界西度南转，乃路转东北，涧中小水北流。渡涧，循东界山腋间东北上，又二里，有水溢路旁石穴间，甚冽〔二七〕。其侧有蒙氏修路碑。从此攀石磴东北上岭，雨大至。一里半，北登岭隘。是岭由东南度西北，乃祖山，从其东北分裂众枝：其直东而去者，为黎平、平崖之脊；东南分枝而下者，为荔波、罗城之派；西北分枝而下者，度此稍北，即西转南走而环于独山之西，度鸡公岭而南，为蛮王、多灵之派。独山州南二十里，有山尖起，立于众山之中，是名独山，州之所以得名也。又东北行山峡间，乃下。共二里，有涧自东谷走深崖中，两崖石壁甚逼，涧嵌其间甚深，架石梁其上，为深河桥。过桥，复跻崖而上。登岭而北，有小水自东北泻石崖而下，涉之，复升岭，共一里，遂由峡中北行。又二里，乃下，东北行壑中。有村在东山下，由其前少转西北，共二里，有溪自东北来，渡之。溯其西岸，东北逾岭二里，一水自东北来，一水自西北来，东北者较大。于是涉西北水，缘中支山而上，东北三里而登其冈。饭于冈上。乃稍下，又北逾岭而下夹坞中。共

751

三里,又上,有溪自南峡北向下坠深潭中,潭小而高,此西北小溪之源也。又北逾岭下一里半,下度深壑中,有涧自西南峡中来,至此东向西转,此东北小溪之源也。涉之,西南登岭。半里而上,循岭半西南行。二里,过兔场〔二八〕,西出嘉坑关。随小水西下,由夹中行五里,两夹山多石崖突兀,路侧有泉涌穴出。又西二里,水坠南峡去,路逾北坳上,有寨在东冈之巅。由其西北度脊,南北俱有洼中坠,环塍为田,直抵其底,水皆自底西向透石穴者也。又西逾岭一里,出隘口,其上石骨棱峭,皆作嘘云裂萼之势。又西北下峡中,一里,转而西,半里,西出峡,是为独山州与胡家司分界。胡家司即都匀长官司。从姓呼之,以别郡名也〔二九〕。于是山开南北洋,中有大溪自北而南,是为横梁〔三○〕。循溪东转南半里,抵南崖。崖下有卖粉为饷者,以盐少许易而餐之。随溪南岸西行,道路开整,不复以蜀道为苦。溪北有崇庙在高树间,人家田陇,屡屡从断岸而出。共六里,过坞里村。又西一里,其水南曲,乃西渡之。从溪西岸南行,半里,为邛母村。从村前西转,坞复东西开。而其村重缀冈阜,瓦舍高耸,想亦胡家司之族目也。西二里,其水北曲,复西渡之。又西北一里,其水西曲,又北渡之。从北岸悬崖西行一里半,有水自西来会,乃麦冲河也。即溯河西行二里,入麦冲堡〔三一〕南隘门而宿。是晚雷雨大作,彻夜不止。

752

〔一〕黔:贵州省的简称。因省境东北部在战国、秦代属黔中郡,为贵州地区设治之始。今贵州大部地区在唐代又属黔中道,自成区域,故名黔,亦称黔中。

〔二〕黔游日记一、黔游日记二皆在乾隆本第四册下。徐本在

徐霞客游记校注

第六册,题曰"黔",不分"一"、"二",有提纲云:"丰宁下司、上司、独山州、都匀府、麻哈州、平越卫、新添卫、龙里卫、贵州、平坝卫、普定卫、安庄卫、查城、鼎站、安南卫、普安州。"

〔三〕由彝:今作尧逸、尧益,在独山县南隅。

〔四〕暗行:摸黑走路。

〔五〕明史地理志独山州:"丰宁长官司:州西南。洪武二十三年(公元 1390 年)置,属都匀卫。弘治七年(公元 1494 年)五月属州。西南有行郎山。"

〔六〕渥(wò 握):优厚。

〔七〕旧司:即今下司,在贵州独山县南境。

〔八〕按丰宁二司皆贵州都匀府属其兄弟相贼而莫问岂羁縻之道固应然耶　原脱此句,据四库本补。

〔九〕御人者:拦路抢人的人。

〔一〇〕西向行　四库本作"西南"。

〔一一〕镖(biāo 标):形如矛头的兵器,用以投掷伤人。　弩(nǔ 努):一种利用机械力量射箭的弓。　剑:古代随身佩带的一种兵器,两面长刃,中间有脊,短柄。　櫜(gāo 高):古代盛放衣甲或弓箭的囊。　矢(shǐ 驶):箭。

〔一二〕上司:今仍作上司,在独山县南境。

〔一三〕驰道:本为秦汉时期专供帝王出巡时行驶车马的道路,此处指可供车马疾驰的宽整的大道。

〔一四〕囤(dùn 顿):为了军事防卫而设的堡垒的一种。凡民众团聚地建堡;地势冲要而狭隘不能建堡的,就作囤,恃险囤结,住头目或壮丁。囤山在今上司镇西五里的屯脚村,井、洞及山上建筑遗址犹存。

〔一五〕膂(lǚ 旅):脊骨。　　心膂:二者都是人体的重要部分,比喻为亲信得力的人。

〔一六〕垩(è 饿):白色土。

〔一七〕伋(jí 及):多作人名用。

〔一八〕砥石　　原作"底石",据四库本改。"砥(zhǐ 纸)石"又作"底石",为石中的平软精细者。

〔一九〕合江州:即合江洲陈蒙烂土长官司,明置,隶独山州。在今三都县西隅的烂土。

〔二〇〕按,此水明代称独山江,经合江州往东,应为明代古州江、福禄江源,下游即今都柳江,入广西境为融江,而不再折南经荔波、思恩了。

〔二一〕砦(zhài 寨):即山居设有防守栅栏者。

〔二二〕独山州:隶都匀府,即今独山县。

〔二三〕苗仲:即仲家,今布依族。

〔二四〕经历:管出纳文书的官。

〔二五〕署(shǔ 曙):代理。　　篆(zhuàn 转):官府的印章。凡某官空缺,而以其他官代管印信,暂理其事者,称为署印或署篆。

〔二六〕弑(shì 试):古时臣杀君、子杀父母称为弑。

〔二七〕冽(liè 列):寒冷。

〔二八〕兔场:今名同,在独山县北隅。

〔二九〕从姓呼之以别郡名也　　原脱此句,据徐本补。

〔三〇〕横梁:今作黄良,在都匀市南隅。

〔三一〕麦冲堡:今作墨充,在都匀市南境。

四月初一日

平明起，雨渐止。饭间，闻其西有桃源洞，相去五里，须秉炬深入，中多幡盖缨络之物。觅主人导之不得，曰："第往关上，可西往也。"遂北向出隘门，溯溪东岸行。忽石壁涌起岸东，势极危削，溪漱之南，路溯之北，咫尺间，上倚穹崖，下循迅派，神骨俱竦[一]。三里，转入东坞，其北有小峰立路隅，当麦冲河南下之冲，有岩北向，曰观音洞。又北半里，曰麦冲关。问所谓桃源洞者，正在其直西大峰之半，相望不出四里外。关之东有真武阁，南向正与观音洞门对。乃停行李于阁中，觅火炬于僧，将往探之。途遇一老者，曰："此洞相去不远。但溪水方涨，湍急不可渡，虽有导者不能为力，而况漫试乎？"余乃废然而返，取行李西南越而下，抵河东岸。溯之北，共一里，有溪自西北山腋来，路从东北山腋上，遂与麦冲河别。当坡路潦迹间，有泉汛汛从下溢起，孔大如指，以指探之，皆沙土，随指而涸[二]，指去而复溢成孔，乃气机所动，而水随之，非有定穴也。一里，转上后峡，遂向东入。又一里，峡更东去，路复从北峡上。其处石峰嶙峋，度脊甚隘。越隘北下坞中，被垄盈坞，小麦青青荞麦熟，粉花翠浪，从此遂不作粤西芜态。粤西独不艺麦。脊东西乱水交流，犹俱下麦冲者。又东一里，转而北，有坞南北开洋，其底甚平，犁而为田，此处已用牛耕，不若六寨以南之用橛橇矣[三]。波耕水耨，盈盈其间，水皆从崖坡泻下，而不见有浍浚[四]之迹。二里，有村颇盛，倚西峰下，曰普林堡[五]。又北一里，逾岭而上石峰，复度峡而下，转而东，平行石岭间。一里东下，盘窝中有小石峰圆如阜，盘托而出，路从之，经窝东入峡。一里，复北向升岭，一里，遂逾土脊之上。此脊当为老龙之干，西自<u>大</u>、<u>小平伐</u>来〔六〕，东过<u>谷蒙</u>、<u>包阳</u>〔七〕之间，又东过此，东南抵<u>独山州</u>北，又东为<u>黎平</u>、<u>平崖</u>之脊，而东抵<u>兴安</u>，南转<u>分水龙王庙</u>者也。越脊北下，峡壁甚隘。一里，下行峡中，有水透西南峡来入，北随峡去，渡之，傍涧西涯行。有岐路溯水西南峡，则<u>包阳</u>道，通<u>平浪</u>、<u>平洲六洞</u>〔八〕者也。随水东北行峡中，又三里，转而东，其峡渐开，有村在南山间，曰<u>下石堡</u>。又北二里，过一巨石桥，涧从桥下西北坠深峡中而去；路别之，东北逾岭。升降二重，又二里，越岭下，则东南山坞大开，大溪自西北破峡出，汤汤东去，是曰<u>大马尾河</u>。以暴涨难渡，由溪南循山崖东行，溪流直捣崖足。一里，东抵堡前，观诸渡者，水涌平胸，不胜望洋之恐。坐久之，乃解衣泅水而渡，从北岸东向行。水从东南峡去，别之，乃东北逾岭而下，共三里，东渡<u>小马尾河</u>。复东北升岭，一里半，越岭脊东下。一里半，出山峡，山乃大开，成南北坞，东西两界，列山环之，大河汤汤流其间，自北而南。溯溪西岸，循西界山北行一里，路旁即有水自西峡东向入溪，涉之。又北二里，有石梁跨一西来溪上，度之。从梁端循峡西入，是为<u>胡家司</u>，即<u>都匀长官司</u>也，以名同本郡，故别以姓称。又北一里，有村在西山崖上，曰<u>黄家司</u>，乃其副也〔九〕。又北行田塍间五里，度<u>西桥</u>。又北半里，入<u>小西门</u>，是为<u>都匀郡城</u>〔一〇〕。宿逆旅，主人家为<u>沈</u>姓，亦<u>江西</u>人。

初二日

晨起，作书投<u>都匀</u>司尊<u>张</u>，<u>勉行</u>，四川人。乃散步东入郡堂，堂乃西向<u>蟒山</u>者。又东上<u>东山</u>麓，谒圣庙。见有读书庑东者，问<u>南皋邹</u>总宪〔一一〕戍<u>都</u>时遗迹。曰："有书院在东门内。"问郡志。其友归取以示，甚略而不详，即<u>大</u>、<u>小马尾</u>之水，不书其发源，并不书其所注,其他可知。载都八景〔一二〕,俱八寸三分帽子,非此地确然特出之奇也。此地西门大溪上有新架石梁,垒石为九门甚整,横跨洪流,乃不取此,何耶?

都匀郡城东倚东山,西瞰大溪。有高冈自东山西盘,而下临溪堑;溪自北来,西转而环其东〔一三〕。城圆亘冈上,南北各一门,西有大小二门,东门偏于山之南。城后环东山之巅,其上有楼,可以舒眺。

郡西对蟒山,为一郡最高之案,郡治、文庙俱向之。其南峰旁耸,有梵宇在其上,须拾级五里而上,以饭后雨作不及登。谓之"蟒"者,以峰头有石脊,蜿蜒如巨蛇。今志改为龙山。

九龙洞,在城东十里。按一统志有都匀洞,在都匀长官司东十里,前门北向,后门南向,当即此洞。今志称为仙人洞二,下注云:"一在城东,一在城西。"殊觉愦愦〔一四〕。

水府庙,在城北梦遇山,大溪南下横其前,一小溪西自蟒山北直东来注。下有白衣阁,倚崖悬危壁上,凭临不测。上有梵音洞,西向为门。洞无他致,止云其中有石佛自土中出者为异耳。

初三日

下午自都匀起身,二十里,文德宿。

初四日

三十里,麻哈州〔一五〕。又十里,干溪宿。

初五日

十里,麻哈大堡。又十里,干坝哨。又十五里,平越卫〔一六〕。

初六日

歇平越。

初七日

宿店。

初八日

雇贵州夫行,至崖头〔一七〕宿。

初九日

新添〔一八〕饭,至杨宝宿〔一九〕。

初十日

龙里〔二〇〕歇。

〔一〕竦(sǒng 耸):通"悚",恐惧。

〔二〕溷(hùn):通"混",混浊。

〔三〕艺:种植。近年,在广西六寨镇银寨村还有农妇使用概橇,张守恩亲见并摄有照片,见盘江考勘校。概橇为铁制,厚、窄且长,适于在石漠化地区翻地钻土。

〔四〕浍(kuài 快):田间的大沟渠。　浍浚:人工疏挖的田间沟渠。

〔五〕普林堡:今作普林,在都匀以南的黔桂铁路线上。

〔六〕大平伐长官司:隶龙里卫,在今贵定县南部的平伐。
小平伐长官司:属新添卫,在今贵定县中部。

〔七〕谷蒙:今名同,在都匀市西北隅。　包阳:今名同,在都匀市南部,紧靠普林西北邻。

〔八〕平浪:明置平浪长官司,隶都匀府,在今都匀市南部的平浪。　平洲六洞:明置平洲六洞长官司,隶都匀府,在今平塘县治。

〔九〕按,据明史贵州土司传:"正德三年,都匀长官司吴钦与其族吴敏争袭仇杀,镇巡以闻,言:'钦之祖赖洪武间立功为长官,阵亡。子琮幼,弟贵署之。及琮长,仍袭,传至钦三世。敏不得以贵故妄争。'诏可之。"嘉庆重修一统志都匀府载:"都匀长官司,在府城南七里,元为上都云等处军民长官司,明洪武十六年(公元1383年)改置今司,属都匀卫,永乐十七年隶贵州布政司,寻还属都匀卫,弘治七年(公元1497年)属府,本朝改属都匀县。正长官吴姓,副长官王姓。"都匀土长姓吴,都匀长官司应为吴家司,副长官应为王氏,副长官住地至今仍称王家司。

〔一〇〕都匀府:治今都匀市。

〔一一〕宪:旧俗属吏称上官为宪。总宪:对都察院左都御史的尊称。

〔一二〕载都八景 "都",四库本、叶本作"郡"。"都"字似较合理。

〔一三〕此溪明代称都匀河,今称剑江,下为龙头河,即清水江源。

〔一四〕愦(kuì 溃)愦:混乱。

〔一五〕麻哈州:隶都匀府,治今麻江县。

〔一六〕平越卫:治今福泉市。

〔一七〕崖头:今作岩头铺,在贵定县东境。

〔一八〕新添:明置新添卫,治今贵定县。

〔一九〕杨宝:即杨宝山,又作阳宝山。嘉庆重修一统志卷三九一:"阳宝山,在贵定县北十里,高可百余丈,树木森密,殿阁崔嵬,诸峰环向此山,称黔东之胜山。上产茶。""阳宝山寺,在贵定县北阳宝山上，前后两寺，为一方之胜。"

〔二〇〕龙里：明置龙里卫，治今龙里县。

十一日

二十里，至鼓角〔一〕。三十里，至贵州〔二〕。

十二日

止贵州。游古佛洞〔三〕。

十三日

止贵州，寓吴慎所家。

十四日

晨饭于吴，遂出司南门，度西溪桥〔四〕，西南向行。五里，有溪自西谷来，东注入南大溪；有石梁跨其上，曰太子桥〔五〕。此桥谓因建文帝得名，然何以"太子"云也？桥下水涌流两崖石间，冲突甚急，南来大溪所不及也。度桥，溯南来大溪〔六〕又西南三里，有一山南横，如列屏于前，大溪由其东腋北出，路从其西腋南进。又南行峡间二里，历东山之嘴，曰岜堰塘〔七〕，其西南有双峰骈起，其东即屏列山之侧也。又三里，过双骈东麓而出其南，渐闻溪声遥沸，东望屏列之山，南进成峡，溪形复自南来捣峡去，即出其东北腋之上流矣；第路循西界山椒〔八〕，溪沿东界峰麓，溯行而犹未觌面耳。又南二里，始见东溪汪然，有村在东峰之下，曰水边寨。又南三里，曰大水沟〔九〕，有一二家在路侧，前有树可憩焉。又南渐升土阜，遂东与大溪隔。已从岭上平行，五里，北望双骈，又三分成笔架形矣。南行土山峡中，又一里，出峡〔一〇〕。稍折而东，则大溪自西南峡中来，至此东转，抵东峰下，乃折而北去。有九巩巨石梁，南北架溪上,是为华仡佬桥〔一一〕。乃饭于桥南铺肆中。遂南向循东峰之西而行,皆从土坡升陟〔一二〕,路坦而宽。九里,见路出中冈,路东水既东北坠峡下,路西水复西北注坑去,心异之。稍上冈头〔一三〕,则路东密箐回环,有一家当其中,其门西临大路,有三四人憩石畔,因倚杖同憩,则此冈已为南北分水之脊矣。盖东西两界,俱层峰排闼,而此冈中横其间为过脉,不峻而坦,其南即水南下矣,是云独木岭〔一四〕。或曰头目岭。昔金筑司在西界尖峰下,而此为头目所守处。从岭南下,依东界石山行。五里,复升土岭,渐转东南,岭头有一洼中坠。从其东又南向而上,共二里,乃下。一里,则有溪自西北峡中出,至此东转,石梁跨之,是为青崖桥。水从桥下东抵东界山,乃东南注壑去,经定番州而南下泗城界,入都泥江者也,于是又出岭南矣。度桥而南,半里,入青崖城〔一五〕之北门。其城新建,旧纡而东,今折其东隅而西就尖峰之上,城中颇有瓦楼阛阓焉。是日晴霁竟日,夜月复皎。

　　青崖屯属贵州前卫,而地则广顺州〔一六〕所辖。北去省五十里,南去定番州〔一七〕三十五里,东北去龙里六十里,西南去广顺州五十里。有溪自西北老龙脊发源,环城北东流南转。是贵省南鄙要害,今添设总兵〔一八〕驻扎其内。

十五日

　　昧爽,出青崖南门,由岐西向入山峡。南遵大路为定番州道。五里,折而南。又西南历坡阜,共五里,有村在路北山下,曰翁楼,大树蒙密,小水南流。从其西入山峡,两山密树深箐,与贵阳〔一九〕四面童山〔二○〕迥异。自入贵省,山皆童然无木,而贵阳尤甚。西北入峡三里,遂西上陟岭。一里,逾岭西下,半里,有泉出路旁土中,其冷彻骨，南下泻壑去。又西下半里，有涧自北峡来，横木桥于上，其水南流去，路西度之。复北上岭一里，逾脊西，有泉淙淙，随现随伏。西北行两山夹中，夹底平洼，犁而为田，而中不见水。又西北半里，抵西脊，脊东复有泉淙淙，亦随现随隐。盖此中南北两界俱穿峰，而东西各亘横脊，脊中水皆中坠，不见洼底，故洼底反燥而不潴。越西脊而下，西北二里，路北有悬泉一缕，自山脊界石而下；路南忽有泉声淙淙成涧，想透穴而出者。半里，转而西行，又半里，得一村在北山下，曰<u>马铃寨</u>〔二一〕。路由寨前西向行，忽见路南涧已成大溪，随之西半里，又有大溪自西峡来，二溪相遇，遂合而东南注壑去。此水经<u>定番州</u>，与<u>青崖</u>之水合而下<u>都泥</u>者也。于是溯西来大溪之北岸，又西向行二里，为<u>水车坝</u>。坝北有土司<u>卢</u>姓者，倚庐北峰下；坝南有场在阜间，<u>川</u>人结茅场侧，为居停焉。坝乃自然石滩横截，涧水飞突其上，而上流又有巨木桥架溪南北，其溪乃西自<u>广顺</u>来。<u>广顺</u>即<u>金筑安抚司</u>，乃<u>万历</u>二十五年改为州，添设流官。由溪北岸溯流入，为<u>广顺州</u>道；由溪南岸逾岭上，为<u>白云山</u>道；随溪东南下，为<u>定番州</u>道。乃饭于<u>川</u>人旅肆；送火钱，辞不受。遂西南一里，逾岭。又行岭夹中一里半，乃循山南转，半里，又东转入峡。半里，峡穷，乃东南攀隘上，其隘萝木蒙密，石骨逼仄。半里，逾其上，又东南下，截壑而过。半里，复东南上，其岭峻石密丛更甚焉。半里，又逾岭南下，随坞南行，一里，是为<u>八垒</u>。其中东西皆山，南北成壑，亦有深坎〔二二〕，坠成瞽井，而南北皆高，水不旁泄者也。直抵壑南，则有峰横截壑口，西骈隘如阒，东联脊成岭。乃东向陟岭上，一里，逾其脊，是为<u>永丰庄</u>北岭，即<u>白云山</u>西南度脊也。乃南向下山，又成东西坞，有村在南山下，与北岭对，是为<u>永丰庄</u>。从坞中东

向行二里,得石磴北崖上,遂北向而登。半里,转而西,半里,又折
而北,皆密树深丛,石级迤逦。有巨杉二株,夹立磴旁,大合三人
抱,西一株为火伤其顶,乃<u>建文君</u>〔二三〕所手植也。再折而西半
里〔二四〕,为<u>白云寺</u>,则<u>建文君</u>所开山也;前后架阁两重。有泉一
坎,在后阁前楹下,是为<u>跪勺泉</u>,下北通阁下石窍,不盈不涸,取者
必伏而勺,故名曰"跪",乃神龙所供<u>建文君</u>者,中通<u>龙潭</u>,时有双
金鲤出没云。由阁西再北上半里,为<u>流米洞</u>。洞悬山顶危崖间,其
门南向,深仅丈余,后有石龛,可傍为榻;其右有小穴,为米所从出,
流以供帝者,而今无矣;左有峡高迸,而上透明窗,中架横板。犹云
<u>建文帝</u>所遗者,皆神其迹者所托也。洞前凭临诸峰,翠浪千层,环
拥回伏,远近皆出足下。洞左构阁,祀<u>建文帝</u>遗像,阁名<u>潜龙胜迹</u>。
像昔在佛阁,今移置此。乃巡方使〔二五〕<u>胡平运</u>所建,前瞰遥山,右
翼<u>米洞</u>而不掩洞门,其后即山之绝顶。逾而北,开坪甚敞,皆层篁
耸木,亏蔽日月,列径分区,结静庐数处,而<u>南京井</u>当其中。石脊平
伏岭头,中裂一隙,南北横不及三尺,东西阔约五尺,深尺许,南北
通窍不可测;停水其间,清冽异常,而不减不溢;静室僧置瓢勺之。
余初至,见有巨鱼戏水面,见人掉入窍去,波涌纹激,半晌乃定。穴
小鱼大,水停峰顶,亦一异也。以其侧有<u>南京</u>僧结庐住静,故以"南
京"名;今易老僧,乃北京者,而泉名犹仍其旧也。

　　是日下午,抵<u>白云庵</u>。主僧<u>自然</u>供餐后,即导余登<u>潜龙阁</u>,憩
<u>流米洞</u>;命阁中僧导余北逾脊,观<u>南京井</u>。北京老僧迎客坐。庐前
艺地种蔬,有蓬蒿菜,黄花满畦;莺粟花殷红千叶,簇朵甚巨而密,
丰艳不减丹药也。四望乔木环翳,如在深壑,不知为众山之顶。幽
旷交擅,亦山中一胜绝处也。对谈久之,薄暮乃返。<u>自然</u>已候于庵

西,复具餐啜茗,移坐庵后石壁下。是日自晨至暮,清朗映彻,无片翳之滓;至晚阴云四合,不能于群玉峰头逢瑶池夜月,为之怅然。

十六日

夜闻风雨声,抵晓则夙雨霏霏,余为之迟起。饭后坐小窗待霁,欲往探龙潭,零雨不休,再饭乃行。仍从潜龙阁北逾岭至南京井,从岐东北入深箐中,耸木重崖,上下窈渺,穿崿透碧,非复人世。共五里,则西崖自峰顶下嵌,深坠成峡,中洼停水,渊然深碧,陷石脚而入,不缩不盈,真万古潜渊,千峰闳壑也。其峡南北约五丈,东西约丈五,东崖低陷空下者约三丈,西崖耸陷空下者十数丈;水中深不可测,而南透穴弥深,盖穿山透腹,一峰中涵,直西南透为南京井,东南透为跪勺泉者也。崖上乔干密枝,漫空笼翠。又东北攀崖,东南度壑,皆窈渺之极。壑东有遗茅一龛,度木桥而入,为两年前匡庐僧住静处,今茅空人去。将度木披之,而山雨大作;循旧径返,深霭间,落翠纷纷,衣履沾透。再过南京井,入北僧龛。僧钥扉往白云,惟雨中莺粟脉脉对人,空山娇艳,宛然桃花洞口逢也。还逾潜龙阁,自然已来候庵旁。遂下庵,瀹茗炙衣。晚餐后,雨少霁,复令徒导,由庵东登岭角。循之而北,一里,出其东隅,近山皆伏其下,遥山则青崖以来,自龙里南下之支也。稍北,下深木中,度石隙而上,得一静室。其室三楹,东向寥廓,室前就石为台,缀以野花,室中编竹缭户,明洁可爱。其处高悬万木之上,下瞰箐篁丛叠,如韭畦沓沓[二六],隔以悬崖,间以坑堑,可望而不可陟。故取道必迂从白云,盖与潜龙阁后北坪诸静室[二七]取道皆然,更无他登之捷径也。此室旷而不杂,幽而不闷,峻而不逼,呼吸通帝座,窅寐绝人寰,洵栖真[二八]之胜处也。静主号启本,滇人,与一徒同栖;而北坪则独一老僧也。<u>白云</u>之后,共十静庐,因安氏乱,各出山去,惟此两庐有栖者。十二庐旁,各有坎泉供勺,因知此山之顶,皆中空酝水,停而不流,又一奇也。晚返<u>白云</u>,暮雨复至。<u>自然</u>供茗炉旁,篝灯夜话,半晌乃卧。

十七日

晨起已霁,而寒悄颇甚。先是重夹犹寒,余以为阴风所致,有日当解,至是则日色皎然,而寒气如故,始知此中夏不废炉〔二九〕,良有以耳。

<u>白云山</u>初名<u>螺拥山</u>,以<u>建文君</u>望白云而登,为开山之祖,遂以"白云"名之〔三○〕。<u>一统志</u>有螺拥之名,谓山形如螺拥,而不载<u>建文</u>遗迹,时犹讳言之也。土人讹其名为罗勇,今山下有罗勇寨。土人居罗勇,而不知其为螺拥;土人知<u>白云山</u>〔三一〕,而不知即螺拥山。僻地无征,沧桑转盼如此!

<u>白云山</u>西为<u>永丰庄</u>北岭,即余来所逾岭也;东则自<u>滇</u>僧静室而下,即东陨颓然,下对<u>青崖</u>,皆为绝壑;前则与南山夹而成坞,即余来北上登级处也〔三二〕;后则从山顶穷极窈渺,北抵<u>龙潭</u>,下为后坞,即余来时所经岭南之<u>八垒</u>者也。此其近址也。其远者:东抵<u>青崖</u>四十五里,西抵<u>广顺</u>三十里,东南由<u>翁贵</u>抵<u>定番州</u>三十里,北抵<u>水车坝</u>十五里。

<u>白云山</u>中有玄色〔三三〕、白色诸猿,每六六成行,轮朝寺下。据僧言如此。余早晚止闻其声。又有菌甚美,大者出<u>龙潭</u>后深箐仆木间,玉质花腴,盘朵径尺,即天花菜也。又有小者名八担柴,土人呼为茅枣,<u>云南</u>甚多。

自<u>青崖</u>而西,有<u>司如</u>之流,其西又有<u>马铃寨</u>东溪,其西又

有水车坝西溪，皆南流合于定番，而皆自石洞涌出。至白云南，又有翁贵锣鼓洞水及撒崖水，皆为白云山腹下流，皆东合于定番州。其南又有水埠龙，在白云南三十里，有仙人洞。其北五里又有金银洞、白牛崖。其上流亦自洞涌出，而南注于都泥江〔三四〕。则此间水无非洞出者矣。

东望山脊蜿蜒，自龙里西南分支南下，回绕如屏，直抵泗城界，此即障都泥而南趋者。其山回环而东，中围丹平、平洲诸司〔三五〕，即麦冲、横梁诸水南透六洞而下都泥，以此支环之也。

老龙之脊，自广顺北，东度上寨岭东，过头目岭，又东北过龙里之南，又东过贵定县〔三六〕西南，又东过新添卫之杪木寨，乃东南转，环蟒山之南，东过为普林北岭，又东南抵独山州北，乃东趋黎平南境，而东度沙泥北岭，以抵兴安分界。

贵州东三里为油凿关〔三七〕，其水西流；西十里为圣泉〔三八〕北岭，其水东流；北十五里为老鸦关，其水南流为山宅溪〔三九〕；南三十里为华屹佬桥，其水北流。四面之水，南最大，而西次之，北穿城中又次之，东为最微；俱合于城南薛家洞，东经襄阳桥〔四〇〕，东北抵望风台〔四一〕，从其东又稍北，入老黄山东峡，乃东捣重峡而去；当与水桥诸水，同下乌江者也。

十八日

辞自然师下山。一里半，抵山麓。西一里半，有数家在南麓，为永丰庄，皆白云寺中佃户也。由其前西向尖峰峡中去，是为广顺州道；由其前西去南转，是为定番州道；由其前北向逾岭，是为土地关道。先是<u>自然</u>为余策所从,曰:"由<u>广顺</u>、<u>安顺</u>西出<u>普定</u>,其道近,而两顺之间,<u>广顺知州柏兆福</u>,欲归<u>临清</u>〔四二〕。<u>安顺</u>土知州,近为总府禁狱中。<u>苗蛮</u>〔四三〕伏莽可虑。不若西北由<u>东基</u>出<u>平坝</u>抵<u>普安</u>,多行四十里,而地僻苗驯,可免意外。"余思由<u>两顺</u>亦须三日行,走<u>平坝</u>路迂而行多,亦三日可达<u>普安</u>,遂不西行而北逾岭,其岭即<u>白云山</u>之西垂也。共一里,越其北,有坞东北向;东南界即<u>白云</u>后<u>龙潭</u>之后,西北界即<u>南岭</u>所环,转北而东,属于<u>龙潭</u>东峰之下者;其中平坞一壑,南北长二里,水亦中洼下<u>坠</u>,两旁多犁为田,是名<u>八垒</u>。北竟坞中,乃北逾石岭。共半里下,北度独木桥,有坞自东北向西南,是为<u>干沟</u>,横渡之。北上半里,是为<u>土地关</u>。下关半里,凿石坎停细流一盂,曰"一碗水",行者以口就而啜之。又西向一里半,出峡;由其北循山东北转,为<u>水车坝</u>道。

　由其西截坞直行〔四四〕,一里半,有村在北山下,是为<u>谷精</u>〔四五〕。从村西转,又截坞而下,一里,转入山峡,有溪自西南而北,即从北峡转而东去,是<u>水车坝</u>之上流也;其流自<u>广顺州</u>东北<u>老龙南谷</u>来者。渡之,又西越山坡,旋下,溯西来小流入;其流东注南来大溪,即同之直向东去。路溯溪南,山峡逼仄,时攀石上下,二里余,乃西渡此水。从其北西向又半里,其北削崖高穹,有洞上缀,其门南向,遂从其下西逾坳。坳间石骨棱厉,逼属南山,回视前溪在其下,不知从何而出,当亦透穴之流也。先是<u>自然</u>谓余,此间如<u>马铃堡</u>诸水,多从山穴出,即<u>水车坝</u>水亦流自穴中者,不知即指此水,抑谓南来大溪也。逾坳西稍下,约一里,有路交为"十"字:其南北皆从山岭上下,有石磴逶迤,乃<u>广顺</u>达<u>贵省</u>道也;其东西即逾坳而西下峡中者。从峡西下半里,又闻水声潺潺,有水深自坑底东注坳下,信乎即坳东透穴之水矣。溯之,山坳复开,有村在西山下,是为东基下寨。从其前转而东北,则下寨山之北突也。循之一里,又西北转,则西界山纯削为石,而东界则土脊迤逦。又北二里,有村当北冈之上,是为东基上寨。寨中悬小支尽处,皆瓦房鳞次,非他苗寨所及。由寨西北向半里,有泉飞流注腋间,由寨东而出,寨当其中。小支左右,皆崇冈峻峡。寨后复环一坳,良畴层倚焉,皆此泉之所润,而透于东坳之下者也。蜿蜒上跻者一里,从岭上复北逾顶者半里,下至坳中。望北峰夹立甚高,其下有坳自西北来者,即上寨后注腋之水,从水车坝而南去者也;其下有坳向东北坠者,即坳中东分之水,从华仡佬桥而北出者也。其坳甚平,中犁为田。从田塍北上,又东北升岭,半里,逾峰头而饭。于是北望遥山,开伏数里外,石峰屏列,俱不能与此山并峻矣。

北下甚坦,半里,路分两岐:一从东北行者,从黄泥堡、天生桥而达省;一从西北行者,为野鸭塘出平坝道。遂从西北下山,一里,抵山下。沿坡陀西行,渐有小水,俱从东北去。二里,复溯水入峡,一里,复陟岭而上,又二里,遂西过野鸭塘〔四六〕。有堡数十家在南山下,其前有塘潴水,直逼北山,然东西皆高,不知从何而泄,即所谓野鸭塘是也。绕堡前西南行半里,望西北山崖间有洞高穹,其前陇复有洞伏于下,乃呼担夫少停行李路隅,余独从西岭横陟之。半里,遂陟下洞之上。陇不甚高,然四面皆悬削不可下。复稍西,下山麓东向行,遂得下洞。洞门南向,门下稍洼〔四七〕;其左透崖东出,另辟一门,门东北向,其后旋壑下陷,四面宽圆,虽洼而不暗。既上,遂透东门而出。稍下,从峡中西陟上洞。洞门东向,前有垒石为垣,后亦中洼而下,然不甚深,其上悬崖虽高,中扃之玲珑,乳柱之夭矫，反不若下洞也。

既出，复从峡中下，转前陇之嘴而西，又经下洞前，则前麓皆水草沮洳，东与野（鸭）塘相连，而此即其上流也。忽闻水声潺潺，自下洞前石根透出，历沮洳之坞，而东潴于野（鸭）塘者也。又从西岭下半里，仍抵路隅，呼担与顾奴，遂西缘山坳行。西望三峰攒列，外又有峰绕之，心以为异。又西四里，有寨在南山下，又绕其前，循之左转。西南半里，又逾一坳，于是西行峡中。其峡南北两界，排闼而前。北即所望三峰攒列者，但在其内，下望反不可见；南则崖高削，上有一石倒垂，石色独白，而状如羊，是为羊吊崖。逾坳至此，又一里矣。其北崖中断，忽露顶上之峰，盘穹蠹竖，是为唐帽山；盖即前望三峰，至是又转形变象耳。按志，唐帽在省城南八十里，天生桥在金筑司北三十里。今天生桥在唐帽东北三十里，是天生桥去省反近，而唐帽反远，不知当时何以分界也？自然言建文君先驻唐帽，后驻白云；志言其处可以避兵，亦幽阒之区矣。

又西一里余，有峡南向下，是为猪槽堡。路直西逾小脊而下，三里，则坞开南北，路交"十"字于中，乃横截之。渡一小水，半里，有堡在西山上，曰柳家堡。又北半里，又有堡在北陇上。于是循其右，复西上岭。一里，将及岭坳，有泉淙淙自土穴出，其色乳白，浑而不清。逾岭下，共二里，复坞开南北，仍横截之。有涧在坞中，其水甚小，潴而不流，似亦北去者。又西一里，复上岭。其岭南北石峰骈夹，中通一坳，甚逼。一里，越坳而西，见西壑中堰水满陂〔四八〕，始以为东出，而实不流之波也。循之又西一里，则大坞扩然西去，陂堰横障而北。又北循之，有村在北山之嘴，曰狗场堡〔四九〕，乃汤吏部〔五〇〕之佃苗也。村西平畴一坞，为膏腴之壤。欲投之宿，村人弗纳,曰:"西去二里有村,亦<u>汤氏</u>佃丁,其中可宿。"乃复西循平畴北陇行。一里余,有石峰界平坞中,削骨擎空,亦独秀之峭而险者。透北峡而西,又半里,复得一村,入叩之,其人闭户遁去。又西得一堡,强入其中,茅茨〔五一〕陋甚,而卧处与猪畜同秽。盖此地皆<u>苗</u>熟者,虽为佃丁,而习甚鄙,令人反忆土蛮竹栏为上乘耳。

十九日

昧爽,促<u>苗</u>起作饭。忽担人亦呼之,余心以为异,谓从来懒不肯起,今何以人呼亦呼也?盖此人名<u>王贵</u>,为<u>靖州</u>〔五二〕<u>太阳坪</u>人。先自<u>三里</u>抵<u>蓝涧</u>,彼同数人自后尾至,告曰:"余侪〔五三〕欲往<u>庆远</u>,苦此路不通,迂路又太远,闻参府以兵送行,故特来附带。"余怜而纳之〔五四〕,途中即以供应共给之。及抵<u>庆远</u>,彼已去。及游<u>南山</u>,复遇之,遂日日来候余,愿随往<u>滇</u>中。余思自<u>庆</u>抵<u>南丹</u>,有夫可送,至<u>贵州</u>界,恐无负担,欲纳其一人。因与之约曰:"余此地尚无所用汝,然既随余,亦每日予工价一分。若遇负担处,每日与工价三分半。"彼欲以二人从。后闻其侪在<u>南山</u>洞中,以絮塞牧牛童子口,余心疑之。而<u>王贵</u>来言,诱童子非伊,乃同行者,彼已另居于<u>庆</u>。已请独从。后至<u>麻哈</u>,遂渐傲慢,以凳伤予足。及抵<u>贵州</u>,见余欲另觅夫,复作悔过状,甚堪怜,余复用之。至是早起,忽不见,观余所藏路费,亦竟窃之去矣。自余行蛮洞中,以数金藏盐筒中,不意日久为彼所窥,乃不失于蛮烟虺毒之区,而失之就坦遵途之日,徒有怅怅而已。

既明,担夫窃资已去,无可奈何。求<u>苗</u>子送出<u>平坝</u>,不及三十里,索价甚贵,已而竟逶去不肯出,盖<u>苗</u>习素不送客。予求之他<u>苗</u>,其人曰:"彼好意宿汝,奈何以担累之?须自负去。二三里抵<u>九家</u>

堡,即有送者。"遍求之,其语皆然。余无可奈何,饭而束担,与顾仆共抬而前行。由狗场西苗堡截坞堰南过,一里,逾岭西下,又过一苗堡,益转而南,又逾一岭。半里,乃由岭头从岐路北向入坞,路小山寂。一里,乃西向下。半里,有溪汪然自南而北,始为脊北第一流〔五五〕,乃北合洛阳桥下水,东经威清〔五六〕而下乌江者。溪上旧有石桥已圮,其东半涉水,而渡其西半,是为九家堡〔五七〕,乃苗之熟者也。至是已近午矣,始雇得一夫,担而行。复西北上陇,六里,有村在西山下,曰二家堡。从其东盘山嘴而北,北界山远辟旷然,直东遥见高峰在四十里外者,即志所云马鞍山,威清之山也。路复循南山之北,西向入峡。二里出峡,有村在南山下,曰江清〔五八〕。其处山坞大开,平畴中拓,东有石峰离立,即与南山夹而为所从之峡者也。

由村东北向抵二石峰下。其峰兀突,南面削崖回裂而无深洞;西面有洞在峰半,其门西向。亟令苗子停担峰下。余先探其南面,无岩可入,惟西南峰下细流汩汩,向麓下窍中出〔五九〕,遂从其上跻入洞。洞顶甚平,间有乳柱下垂,若帷带飘摇。其内分为三层。外层即洞门之前,旷若堂皇,中有圆石,如堆旋而成者。四五丈之内,即陷空而下。其下亦平整圆拓,深约丈五,而大倍之。从其上下瞰,亦颇光明,盖洞门之光,既从上倒下,而其底北裂成隙,亦透明于外,似可捱入而未及也。是为下层。下层之东,其上复深入成洞,与外层对,第为下陷所隔,不能竟达。由外层南壁攀崖而上,东透入腋,列柱如门,颇觉幽暗,而玲珑嵌空,诡态百出。披窍北下,遂达中层,则外层之光,仍中射而入。其内千柱缤纷,万窍灵幻,左入甚深,而窈窕莫穷,前临下层,如在楼阁,亦贵竹〔六○〕中所仅见者。方攀陟不能去，而苗夫在下呼促不已，乃出洞而下。从洞前北行，升陟塍陇二里，有大溪自西而东，溯之西行。有桥十余巩横跨其上，是为洛阳桥，乃新构而成者。桥下流甚大，自安顺州北流至此，曲而东注威清，又北合陆广，志所谓的澄河是矣〔六一〕。

度桥北，又溯流而西，抵水之北来东折处，遂从岐北向溯小溪行。始由溪东，已涉堰由溪西，已复西北逾冈，五里，抵铜鼓山。其处山坞南辟，北界石峰耸立，皆有洞，或高或下，随峰而出。西界则遥山自北而南，蜿蜒如屏，连裂三洞，其门皆东向，而南偏者最高敞。其前有数十家当其下，即铜鼓寨也，是洞名铜鼓洞。按志，铜鼓山在威清西四十五里，以方隅道里计之，似即此山；然其地去平坝仅五里，不平坝而威清，何也？其洞高悬峻裂，内入不甚深，而前多突耸之石，环牖分门，反觉窈窕。其右重壁之上，圆穴一规，北向高穹。攀崖登之，其中上盘空顶，下坠深阱，土人架木铺竹为垫，俨然层阁。顶东另透明窗，阱内复有穴自下层出入，土人置扉穴前，晚则驱牛马数十头藏其中。正岩之后，有裂窍西南入，滴沥垂其内不绝，渐转渐隘而暗，似向无入者，乃出。时有一老者，候余洞前。余欲并探北偏中洞，老者曰："北洞浅，不足观。有南洞在高崖上，且大路所由，可一登之。"乃循洞麓西转，不数十步，则峰南果有洞出崖端，其门南向，其下依崖而居者，犹环之为庐。乃从庐后跻级上。洞门悬嵌弥高，前垒石为垣，若雉堞形，内深五丈余，而无悬突之石，扩然高朗。其后洼陷而下者一二丈，然俱面阳而燥，土人置廪〔六二〕盈其间。其左腋裂窍北下，渐下渐狭而卑，土人曰与东洞通，想即垂沥不绝处也，亦以黑暗不暇入。时顾仆与苗子担前行已久，余恐其不之待，遂下山。循麓西上，半里，逾坳，则顾仆与苗夫犹待于此。其坳当西界蜿蜒屏列之中,脊不甚高,而石骨棱棱,两旁骈峙甚逼。过隘,西下坳中洼,其西复有坳环属,盖南北夹起危峰,而东西又两脊如属垣。洼中有小水,牧者浸牛满其中。度洼半里,又逾脊西下约一里,有岐直下西坳者,通平坝南上之道;循岭北越岭角者,为往平坝道。乃西北上岭者一里,逾岭角而北。又北下者一里,又逾岭西北一里,与大道值〔六三〕。循大道稍北,遂西度田塍,共半里,逾小桥,入平坝〔六四〕东门。半里,转而南,乃停担肆中。是晚觅得安庄夫,市小鲫佐酒。时方过午,坐肆楼作记。

平坝在东西两山夹间,而城倚西山麓。城不甚雄峻,而中街市人颇集,鱼肉不乏。出西门数里有圣泉,亦时涸时溢,以迂道不及往。

二十日

早餐,随担夫出平坝南门,循西山麓南行。二里,有石坊当道,其南丛山横列,小溪向东峡去,路转西峡入。三里,又随峡南转。又二里,上石子岭,逾岭为石子哨〔六五〕。又七里,过水桥屯。又五里,为中火铺〔六六〕。又二里,西上坳,从坳夹行一里,为杨家关〔六七〕。又西三里,为王家堡,乃南转四里,为石佛洞。洞门西向,不深,有九石佛,甚古。其处西抵大茅河为安酋界,约五十里〔六八〕。又南五里,平坝间水分南北流,是为老龙过脊。又南五里,为头铺〔六九〕。又南二里,西入山坳。逾之,出其西,又南行三里,过一堡,又二里上陇,入普定〔七〇〕北门。一岐自东北来者,广顺道;一岐自西北来者,大茅河诸关隘道。普定城垣峻整,街衢宏阔。南半里,有桥。又南半里,有层楼跨街,市集甚盛。

〔一〕鼓角:今作谷脚,在龙里县西境,湘黔公路上。

〔二〕贵州:指贵州布政司及贵州宣慰司的治所,在今贵阳市区。明清贵州城略作椭圆形,其范围南至南明河,东西北三面比今环城路稍小。大南门、次南门、大西门、威清门、六广门、洪边门、小东门、老东门,都是当时的城门,惟现只保留名称而已。现在东边文昌阁附近还有城墙遗迹;从延安路中段到六广门体育场附近的城基路,路基隆起如脊,也是当年西北部的城墙基址。

〔三〕古佛洞:四库本作"古佛寺"。民国贵州通志载:黔灵山"山半为古佛洞"。黔灵山风景区得山水之胜,明代已有开发。进入今黔灵公园往左边路登山,就是九曲径,又称赤松道。路边削壁千仞,称溜翠岩。石壁下部有一洞近一人高,内有白玉石雕苦行佛坐像一尊,即霞客所游的古佛洞。洞前小屋一楹,梁上有"道光辛丑年建"字样,建屋时间较晚。登完九曲径,山顶凹处即是弘佛寺,内有大铜钟一口,连钮约一人高,系明代成化五年(公元1469年)铸。进入公园大门往右傍檀山涧行,即到麒麟洞。不但山形像麒麟,洞门边略加雕琢的钟乳石,亦酷似一对正舞动的麒麟。洞门外有明嘉靖九年(公元1530年)镇守贵州太监杨金的七律诗。解放后,新辟了动物园,修了黔灵湖、烈士塔及穿山隧道,黔灵山成为贵阳市郊的著名风景区。

〔四〕西溪:即今市西河。

〔五〕太子桥:即今太慈桥。弘治贵州图经新志载:"太慈桥,在治城西南五里四方河之上,俗讹为太子桥。"自西谷流来之溪即四方河。溯河前行不远,即为1965年发现的白龙洞地下公园,惜霞客西游时尚被土石所掩。洞内长587米,奇石缤纷,有水帘洞、双玉盘、动物园、百步桥等三十多组景色。

〔六〕此大溪明代称南门河,见明史地理志。又称南明河,见弘治贵州图经新志。嘉庆重修一统志贵阳府山川载:"南明河,在府城南门外。……为清水江之上源,亦谓之南门河。"即今流经贵阳市区的南明河。

〔七〕巴堰塘:今称甘荫塘,在贵阳市南郊。

〔八〕椒(jiāo 焦):山巅。

〔九〕大水沟:今名同,在贵阳至花溪的公路旁。

〔一〇〕又一里出峡 徐本、求是斋黔游日记抄本作"又二里出峡"。

〔一一〕华仡佬桥:"华"同"花"。据黔记,此溪"俗名花仡佬河"。桥亦称花仡佬桥。花仡佬桥在今花溪区驻地,这里溪水潆洄多变,小山错落有致,自然景色极佳,被誉为"贵州高原之花",为贵阳市郊的著名风景区和文化区。

仡佬(gē lǎo 格老):中国少数民族之一,主要分布在贵州省,至今花溪附近的山区还有几家仡佬族。

〔一二〕皆从土坡升陟 "坡"原作"坂",据四库本改。二字含义同,但贵州习称坡。

〔一三〕稍上冈头 原作"稍下冈头",据四库本、徐本、求是斋黔游日记抄本改。

〔一四〕独木岭:今作桐木岭,在花溪区中部。

〔一五〕青崖城:明史地理志作青岩,即今青岩镇,在花溪区南境。

〔一六〕广顺州:隶贵阳军民府,治今长顺县北的广顺镇。

〔一七〕定番州：成化十二年（公元 1476 年）置程番府于今惠水县。隆庆二年（公元 1568 年）移府入布政司城。万历十四年（公元 1586 年）置定番州，仍治今惠水县。

〔一八〕总兵：明代镇守边区的统兵官。本为差遣的名称，无品级，无定员，遇有战事，总兵佩将印出兵，事毕缴还。后渐成常驻武官。

〔一九〕贵阳：隆庆二年（公元 1568 年）移程番府来贵州城，三年（公元 1569）三月，改程番府为贵阳府，增辖贵竹、平伐二长官司，万历二十九年（公元 1601 年）升为贵阳军民府。即今贵阳市。

〔二〇〕童山：光秃无草木的山。

〔二一〕马铃寨：今名同，亦作马林，在花溪区西南隅。

〔二二〕深坎　　四库本作"溪坎"。

〔二三〕建文：即明太祖朱元璋的皇太孙朱允炆。公元 1398 年朱元璋死，朱允炆继位，是为惠帝，年号建文，在位时间仅四年。后在北京的燕王朱棣起兵反抗，攻下南京，即皇帝位，史称"靖难之变"。建文皇帝被逼走，下落不明，有传说他逃隐到西南为僧，至今云南、贵州很多地方都有他曾到过的传说。

〔二四〕白云寺：近年重建。跪泉、流米洞、南京井等遗迹仍存。

〔二五〕巡方使：即巡按。

〔二六〕沓（tà）沓：繁多。

〔二七〕静室：僧侣的居室，为其习静修行的地方，故称"静室"。

〔二八〕栖真：道家安恬修炼之术。

〔二九〕始知此中夏不废炉　　"炉"原作"垆",据四库本改。

〔三○〕白云山:今名同,在贵阳、长顺、惠水间,海拔1436米,为著名风景区。

〔三一〕土人知白云山　　原脱"山"字,据四库本补。

〔三二〕即余来北上登级处也　　四库本作"即余东北来登级处也"。

〔三三〕玄色:带赤的黑色。

〔三四〕此水源明代称濛潭。其下的都泥江,指今惠水县境的涟江和罗甸县境的濛江。

〔三五〕丹平:明置丹平长官司,属新添卫,治今平塘县西境曹渡河西岸的丹坪。　　平洲:诸本皆作"平州",误。平洲即平洲六洞长官司,治今平塘县,据明史地理志改。

〔三六〕贵定:据明史地理志贵阳军民府:"贵定,倚,万历三十六年(公元1608年)析新贵县及定番州地置。东有铜鼓山,有石门山。南有高连山,有南门河。又东有龙洞河,下流俱入陆广河。"则初置贵定县时,治所在今贵阳市区,与新贵县同城,为贵阳府附郭县,所辖范围为今贵阳市东部和南部。明末贵定县治已迁至今贵定县西南四十里的旧县场,今称旧治。

〔三七〕油凿关:今称油榨关,在贵阳市东郊。

〔三八〕圣泉:在今黔灵山背后川黔铁路以西、黔灵湖隧道西北约一里的山坳中。又称灵泉、漏勺泉、百盈泉、百刻泉。其水经常变化,百盈百缩,因名。明时镇远侯顾成甃石为池,池中置一石鼓,验水的消长。池旁有观音堂。

〔三九〕山宅溪:又称宅溪或择溪,从清至今俗称贯城河。在贵阳市区东北流入城中,从北往南流,至喷水池稍南处向西穿过中华路,又往南流入南明河。现有些地段已用水泥板盖为暗河,但深陷的河床仍然存在。

〔四〇〕襄阳桥:即霁虹桥,在今贵阳市大南门外南明河上。嘉庆重修一统志贵阳府津梁载:"俗名襄阳桥,故南明河俗亦谓襄阳河;或云桥成而襄阳府济饷适至,故名。"

〔四一〕望风台:即观风台。嘉庆重修一统志贵阳府古迹载:"观风台,在府城东南一里许,明万历中建。"今地名仍称观风台,在甲秀楼稍东。在襄阳桥与望风台间,南明河从东流折往南,这一带河面比现在宽,水势迂回减缓,形成涵碧潭和芳杜洲。河中有宽平而坚实的鳌头矶,万历二十五年(公元1597年),在矶石上修建了甲秀楼。楼为三层方形,绿琉璃瓦顶,颇便登高揽胜。又建了九孔石桥连接两岸,称浮玉桥(因修公路,占去了北面的两孔,今存七孔)。桥上有涵碧亭,矶上亦置石栏石凳,也是憩息瞰水的好地方。霞客对这一带形势十分熟悉,证明他是到过这一带的。

〔四二〕临清:明置临清州,治今山东临清市。

〔四三〕苗:即指苗族。但"苗子"、"苗蛮"皆系对苗族带有民族歧视的称呼。

〔四四〕由其西截坞直行 "西",四库本同。徐本作"南"。

〔四五〕谷精:今作谷增,在贵阳市花溪区西南隅,马铃稍西南。

〔四六〕野鸭塘:今作鱼雅,仍俗称野鸭塘,在平坝县东南隅。

〔四七〕门下稍洼 "下"原作"中",据四库本改。

〔四八〕堰水满陂 "满陂"原作"满坡",据四库本改。

〔四九〕狗场堡:今作狗场坝,在平坝县东南缘,接近长顺县。

〔五〇〕吏部:明封建中央所设六部之一。吏部掌管全国官吏的任免、考课、升降、调动等事,长官称吏部尚书。汤吏部系以其官名称其人。

〔五一〕茅茨:茅草盖的房子。

〔五二〕靖州:治今湖南靖州苗族侗族自治县。

〔五三〕余侪(chái 柴):我辈。

〔五四〕余怜而纳之 原倒误为"余纳而怜之",据四库本改。

〔五五〕此溪即今麻线河,为猫跳河源之一。

〔五六〕威清:明置威清卫,治今清镇市。

〔五七〕九家堡:今作九甲,在平坝县东南境,麻线河西岸。

〔五八〕江清:今作江青,在平坝县东南境,高峰镇驻地稍西,羊昌河东岸。

〔五九〕向麓下窍中出 "出",四库本同,徐本作"入"。

〔六〇〕贵竹:洪武五年(公元 1372 年)正月,置贵竹长官司,隶贵州宣慰司,后改属贵阳府,在今贵阳市。万历十四年(公元 1586 年)改为新贵县。又作贵筑、贵竺。游记中亦以"贵竹"称贵州全省。

〔六一〕的澄河:又作滴澄河,即今猫跳河,全长 180 公里,但自然落差达 549 米。新中国建立后在其中游清镇境修建了红枫湖水库,库容达 6 亿立方米,还有百花水库,库容 1.8 亿立方米。沿河修了六个梯级电站,装机总容量为 24 万千瓦。一级红枫电站以上河段,基本在海拔 1250～1300 米的岩溶峰林洼地间缓流。猫跳河是现今贵州开发利用最好的河流,红枫湖成了贵州新的游览胜地。猫跳河源有狗桥河、羊昌河、麻线河、后六河等,霞客所过大溪称洛阳河,即今羊昌河。洛阳桥即因跨在洛阳河上得名,至今附近还有上洛阳、洛神坝等地名。明代陆广河为的澄河下游,明史地理志:威清卫"西有的澄河,即陆广河上游"。陆广河汇入后的一段乌江也称陆广河。

〔六二〕廪(lǐn):米仓。

〔六三〕值:相逢。

〔六四〕平坝:明置平坝卫,治今平坝县。

〔六五〕石子哨:今作沙子哨,在平坝县西南境。

〔六六〕中火铺:旅途程站适中处供过往行人生火做饭或售卖食物的地方。

〔六七〕杨家关:今名同,在安顺市西秀区东北境,七眼桥铁路车站稍北。

〔六八〕约五十里　　徐本作"约五十余里"。

〔六九〕头铺:今名同,在安顺市区东郊,滇黔公路旁。

〔七〇〕普定:明置普定卫,治今安顺市区。

二十一日

出南门,西南行十五里,为杨家桥〔一〕,有堡为杨桥堡。又南十里,为中火铺。又南一里,抵龙潭山下,转入西峡。西八里,有哨。转南七里,为龙井铺〔二〕。又南七里,过哑泉,大路从东南下山,绕山南入安庄东门;小路越岭西而南下,度小桥,抵安庄〔三〕西门。安庄后倚北峰,前瞰南陇,而无南北门,惟东西两门出入。西门外多客肆,余乃入憩焉。遂入西门,遇伍、徐二卫舍,为言:"此间为安邦彦所荼毒,残害独惨,人人恨不洗其穴。然以天兵临之,荡平甚易,而部院朱独主抚,以致天讨不行,而叛逆不戢〔四〕。今正月终,犹以众窥三汊河,以有备而退。"〔五〕三汊河者,去安庄西五十里,一水西北自乌撒〔六〕,一水西南自老山中,合并东北行,故曰"三汊";东经大茅、陆广、乌江,与安限为天堑者,惟此〔七〕;今设总兵官驻其地。时朱总督〔八〕已毙,舁尸还越,而按君〔九〕冯士晋为四川人,余离贵省日,亦亲临陆广,巡历三汊,将由安庄抵安南。伍君曰:"按君此行,亦将巡察要害,分布士卒,为剿除之计,非与朱为比者。"不识然否?

普定卫城内,即安顺府所驻。余先闻安顺止土知州,而宦籍有知府节推,至是始知所驻在普定也〔一〇〕。

安庄卫城内,即镇宁州所驻。其公署在南城内段公祠之东,段公名时盛,天启四年任镇宁道。云南普名胜叛,踞阿迷州,段统兵征之,死于难,故州人立祠祀之,而招魂葬于望水亭之西。今普名胜之子犹据阿迷州。湫敝殊甚〔一一〕。庭有古杉四株,大合两人抱,岂亦国初之遗耶?

安南卫城内,即永宁州所驻。考一统志,三卫三州,旧各有分地,卫俱在北,州俱在南。今州卫同城,欲以文辖武,实借武卫文也。但各州之地,俱半错卫屯,半沦苗孽,似非当时金瓯无缺矣。

三卫之西,为水西所苦,其东又诸苗杂据,惟中一道通行耳。

二十二日

五鼓,大雨达旦,余少憩逆旅。下午霁,独南遵大路,一里逾岭，由岐东下半里，入<u>双明洞</u>〔一二〕。此处山皆回环成洼，水皆下透穴地。将抵洞，忽坞中下裂成坑，阔三尺，长三丈，深丈余，水从其东底溢出，即从其下北去。溢穴之处，其上皆环塍为田，水盈而不渗，亦一奇也。从此西转，则北山遂南削为崖，西山亦削崖北属之，崖环西北二面，如城半规。先抵北崖下，崖根忽下嵌成洞，其中贮水一塘，渊碧深泓，即外自裂坑中潜透而汇者。从崖外稍西，即有一石自崖顶南跨而下，其顶与崖并起，而下辟为门，高阔约俱丈五，是为东门。透门而西，其内北崖愈穹，西崖之环驾而属者，亦愈合。西山之南，复分土山一支，掉臂而前，与东门外崖夹坑而峙。昔有结高垣，垒石址，架阁于上，北与东门崖对，以补东向之隙，而今废矣。由东门又数十步，抵西崖下。其崖自南山北属于北崖，上皆削壁危合，下则中辟而西通，高阔俱三倍于东门，是为西门。此洞外之"双明"也。一门而中透已奇，两门而交映尤异。其西门之外，山复四环成洼，高若列城。水自东门外北崖渊泓间〔一三〕，又透石根溢出西门之东，其声淙淙，从西门北崖，又透穴西出。门之东西，皆有小石梁跨之，以入北洞。水由桥下西行环洼中，又透西山之下而去。西门之下，东映重门，北环坠壑，南倚南山，石壁氤氲，结为龛牖，置<u>观音大士</u>像焉。由其后透穴南入，石窍玲珑，小而不扩，深可十余丈而止。此门下南壁之奇也。北接北崖，石屏中峙，与南壁夹而为门。屏后则北山中空盘壑，极其宏峻，屏之左右，皆有小石梁以分达之。屏下水环石壑，盘旋如带。此门下北壁之奇也。北壁一屏，南界为门，北界为洞，洞门南临。此屏中若树塞，遂东西亦分两门，南向。水自东门下溢穴而出，漱屏根而入，则循屏东而架为东桥，而东门临之；又溢穴出西门下，循屏西而架为西桥,而西门临之。此又洞内之"双明"也。先从西门度桥入,洞顶高十余丈,四旁平覆如幄;而当门独旋顶一规,圆盘而起,俨若宝盖中穹;其下有石台,中高而承之;上有两圆洼,大如铜鼓,以石击之,分清浊声,土人诧为一钟一鼓云。洞西北盘亘,亦多垂柱裂隙,俱回环不深。东南裂隙下,高迥亦如西门,而掩映弥深,水流其前,潆洄作态,崆峒清泠,各极其趣。遂逾东桥,仍出西门下,由其前南向而上,直跻崖根,复有洞东向,高阔俱三丈,而深十丈。洞后北转,遂上穹而黑,然不甚深矣。洞中干朗,有僧栖之,而中置金仙像。乃叩僧索笔携炬,同下穷西门大士后小穴,并录壁间诗。返寓已暮。

二十三日

雇短夫遵大道南行。二里,从陇头东望<u>双明</u>西岩,其下犹透明而东也。洞中水西出流窦中,从大道下复西入山麓,再透再入,凡三穿岩腹,而后注于大溪。盖是中洼窦,皆四面山环,水必透穴也。又南逾阜,四升降,共四里,有堡在南山岭头。路从北岭转而西下,又二里,有草坊当路,路左有茅铺一家。又西下,升陟陇窦,共七里,得聚落〔一四〕一坞,曰<u>白水铺</u>〔一五〕,已为中火铺矣。又西二里,遥闻水声轰轰,从陇隙北望,忽有水自东北山腋泻崖而下,捣入重渊,但见其上横白阔数丈,翻空涌雪,而不见其下截,盖为对崖所隔也。复逾阜下半里,遂临其下流,随之汤汤西去,还望东北悬流,恨不能一抵其下。担夫曰:"是为<u>白水河</u>。前有悬坠处,比此更深。"余恨不一当其境,心犹惵惵〔一六〕。随流半里,有巨石桥架水上,是为<u>白虹桥</u>。其桥南北横跨,下辟三门,而水流甚阔,每数丈,辄从溪底翻崖喷雪,满溪皆如白鹭群飞,"<u>白水</u>"之名不诬矣。

度桥北,又随溪西行半里,忽陇箐亏蔽,复闻声如雷,余意又奇境至矣。透陇隙南顾,则路左一溪悬捣,万练飞空,溪上石如莲叶下覆,中剜三门,水由叶上漫顶而下,如鲛绡〔一七〕万幅,横罩门外,直下者不可以丈数计,捣珠崩玉,飞沫反涌,如烟雾腾空,势甚雄厉,所谓“珠帘钩不卷,匹练挂遥峰”,俱不足以拟其壮也。盖余所见瀑布,高峻数倍者有之,而从无此阔而大者,但从其上侧身下瞰,不免神悚。而担夫曰:“前有<u>望水亭</u>,可憩也。”瞻其亭,犹在对崖之上,遂从其侧西南下,复度峡南上,共一里余,跻西崖之巅。其亭乃覆茅所为,盖昔<u>望水亭</u>旧址,今以按君道经,恐其停眺,故编茅为之耳。其处正面挹〔一八〕飞流,奔腾喷薄之状,令人可望而不可即也〔一九〕。停憩久之,从亭南西转,洞乃环山转峡东南去,路乃循崖拾级西南下〔二〇〕。

又升陟陇壑四里,西上入坞,有聚落一区在东山下,曰<u>鸡公背</u>。土人指其东南峰上,有洞西北向,外门如竖而内可容众,有“鸡公”焉,以形似名也。其洞东透前山,而此坞在其后,故曰“背”。余闻之,乃贾勇先登,冀一入其内。比登,只有一道西南上,随之迤逦攀跻,竟无旁岐。已一里,登岭头矣,是为<u>鸡公岭</u>。坳中有佛宇。问洞何在?僧指在山下村南,已越之而上矣。担夫亦至,遂逾岭西向下,半里,抵壑中。又半里,有堡在南陇,曰<u>太华哨</u>〔二一〕。又西上岭,逾而西,又一里,乃迤逦西南下,甚深。始望见西界遥峰,自北而南,屏立如障,与此东界为夹,互相颉颃;中有溪流,亦自北而南,下嵌壑底〔二二〕。望之而下,一下三里,从桥西度,是为<u>关岭桥</u>。越桥,即西向拾级上,其上甚峻。二里,有观音阁当道左,阁下甃石池一方,泉自其西透穴而出,平流池中,溢而东下,是为<u>马跑泉</u>,乃关索之遗迹也〔二三〕。阁南道右，亦有泉出穴中，是为哑泉，人不得而尝焉。余勺马跑，甘冽次于惠，而高山得此，故自奇也，但与哑泉相去不数步，何良楛〔二四〕之异如此！由阁南越一亭，又西上者二里，遂陟岭脊，是为关索岭。索为关公子，随蜀丞相诸葛南征，开辟蛮道至此。有庙，肇自国初，而大于王靖远，至今祀典不废。越岭西下一里，有大堡在平坞中，曰关岭铺，乃关岭守御所〔二五〕所在也。计其地犹在山顶，虽下，未及三之一也。至才过午，夫辞去，余憩肆中。

二十四日

晨起，以乏夫为虑。忽有驮骑〔二六〕至，尚余其一，遂倩之，议至交水。以筐囊装马上，令之先行，余饭而后往。西南七里，上北斗岭。一里，西逾其脊，有亭跨其上。西望崇山列翠，又自北屏列而南，与东界复颉颃成夹，夹中亦有小水南去。从岭西下二里，抵夹坞中，有聚落倚其麓，是为北斗铺〔二七〕。关岭为中界高山，而北斗乃其西陲。鸡公岭为东界高山，而太华乃其西陲。二界高岭，愈西愈高。由铺西截坞横度二里，乃西向拾级上。迤逦峰头，五里，逾一坳，东眺关岭，已在足底，有坊跨道，曰"安普封疆"，是为安庄哨。自关岭为镇宁、永宁分界，而安庄卫之屯，直抵盘江，皆犬牙相错，非截然各判者。又西上峰峡中三里，崖木渐合，曰安笼铺〔二八〕，又永宁属。按志有安笼箐山、安笼箐关，想即此。问所谓安笼守御所，土人云："在安南东南三日程。"此属普州，又非此矣〔二九〕。按此地在昔为安氏西南尽境，故今犹有安庄、安笼、安顺、安南诸名。盖安氏之地，昔以盘江为西堑，而今以三汊为界，三汊以南，盘江以东，为中国奋武卫者仅此耳〔三〇〕。

由铺西更南上一里,逾岭稍下,有坞中洼。又西半里,则重峰夹坑,下坠北去。盘岭侧,西度坑坳半里,复拾级上二里,有庵跨道,是为象鼻岭。由其西度脊,甚狭,南北俱削壁,下而成坑,其上仅阔五六尺,如度堵〔三一〕。又宛转北跻,再过一脊,共二里〔三二〕,陟岭头,则此界最高处也。东瞰关岭,西俯盘江以西,两界山俱屏列于下,如“川”字分行而拥之者,岭西又盘坞为坪,结城其间,是为查城〔三三〕,即所谓鼎站也。有查城驿,属安南。鼎站为西界高山,而白云寺乃其西陲,亦愈西愈高。乃望之西北下,共二里半,而税驾逆旅赵店。江西人。时驮骑犹放牧中途,余小酌肆中,入观于城,而返憩肆间。

其地为盘江以东老龙第一枝南分之脊,第二枝为关岭,第三枝为鸡公背。三枝南下,形如“川”字,而西枝最高,然其去俱不甚长,不过各尽于都泥江以北。其界都泥江北而走多灵者,又从新添东南,分支下都匀南,环独山州北而西,又东南度鸡公关而下者也。

其地东南为慕役长官司〔三四〕,李姓。东北为顶营长官司〔三五〕,罗姓。西北为沙营长官司〔三六〕。沙姓。时沙土官初故,其妻即郎岱土酋〔三七〕之妹,郎岱率众攻之,人民俱奔走于鼎站。沙营东北为狼岱土酋,东北与水西接界,与安孽表里为乱,攻掠邻境;上官惟加衔饵,不敢一问也。

按是岭最高,西为查城,东为安笼箐,皆绝顶回环而成坞者,在众山之上也。一统志永宁之安笼箐关,正指此。普安之安笼千户所,在安南东南三日程者,即与广西之安隆长官司〔三八〕接界,乃田州白隘所由之道。在普安安笼千户所,当作安隆,与广西同称,不当作安笼,与永宁相溷也。

鼎站之峡,从东北向西南,其东南即大山之脊,而查城倚其西北,亦开一峡而去,乃沙营土司道也。其泉源亦自东北脊下,穿站街而西,南坠峡底,西南峡脊亦环接无隙,遂从其底穿山腹西去,当西注盘江者矣。

〔一〕杨家桥:今名同,在安顺市西秀区西南境。

〔二〕龙井铺:今名同,在镇宁县东北隅的公路旁。

〔三〕安庄:明置安庄卫,治今镇宁布依族苗族自治县城关镇。

〔四〕戢(jí集):收敛,止息。

〔五〕元代在今贵州境内的土司即有水西、水东之称。明代设贵州宣慰司,由安氏世袭宣慰使,宋氏世袭宣慰同知,两宣慰各有分地。安氏辖境大部在今乌江上游鸭池河以西,通称水西;宋氏辖地大部在鸭池河以东,通称水东。天启二年(公元1622年)安邦彦反,攻陷毕节,又破安顺、平坝、沾益,并配合宋万化围贵阳十余月。后安邦彦又率众数万追官军,"贵阳三十里外樵苏不行,城中复大震。"崇祯元年(公元1628年)明廷调朱燮元总督贵、云、川、广,专门对付安邦彦。安邦彦经七年始被平定,安位继位,仍继续为乱。崇祯十年(公元1637年)安位死,明废宣慰使,分其地为十二州,乱亦未止,不久复旧。

〔六〕乌撒:明置乌撒府,隶四川布政司,治今贵州威宁彝族回族苗族自治县。

〔七〕三汊河:今仍称三岔河,即乌江上游。明代各段皆有专名,今六枝以北称谷龙河,今普定以北称大茅河,今安顺以北称思腊河,今平坝、清镇以北称鸭池河,今修文以北称六广河,今息烽、开阳以北始称乌江。

〔八〕总督:官名。明初在用兵时派部院官总督军务,事毕即罢。后各地逐渐增置,成为定制。

〔九〕按君:对巡按的尊称。明代派遣监察御史分赴各省区巡视,按临州县,考核吏治,三年一更,称为巡按。其品级虽低,但可与省区行政长官分庭抗礼。

〔一〇〕安顺州:治所原在今安顺市西秀区东境的旧州镇。成化中(公元 1465～1487 年)移与普定卫同城,即治今安顺市。万历三十年(公元 1602 年)升为安顺军民府,统辖贵州西部的大片地区。

〔一一〕湫(jiǎo 剿)敝殊甚:十分低矮破烂。

〔一二〕双明洞:嘉庆重修一统志安顺府山川载:"双明洞,在镇宁州西五里,又名紫云洞,俗名观音洞。轩敞高朗,东西相通如城阙,中有流水,有桥可渡。明时车马大道经其中,后因苗贼伏劫,乃改路于洞后里许,非探奇者莫至。"霞客经过时,已不在大道上了。近数十年,又在镇宁县东一公里处发现伙牛洞,为放伙牛的牧童避雨休憩的地方,因名。洞内有多具野兽遗骸及兽骨化石,现改名犀牛洞,并扩大了洞门,炸宽了入口通道,已建成新的旅游点。

〔一三〕水自东门外北崖渊泓间 "北崖",原误倒为"崖北",据本书上文改。

〔一四〕聚落:定居一年以上的村落。亦省称"聚"。

〔一五〕白水铺:今仍称白水或白水河,在镇宁县西境,打帮河稍东的公路旁。

〔一六〕慊(qiàn 欠)慊:遗憾。

〔一七〕鲛绡(jiāo xiāo 交消)：传说中鲛人所织的绡，亦泛指名贵凉爽的薄纱。

〔一八〕揖(yī 一)：拱手致礼。

〔一九〕白水河为打帮河的一段。以上描述的即黄果树瀑布群，为我国最大的瀑布。在打帮河上，瀑漫层叠，滩潭连续，有九级十八布之称。其中黄果树瀑布高 67 米，宽 60 米，奔流直泻犀牛潭，规模最大，最为壮观。它的上段还有三级，下段还有五级，千姿百态，各具特色。高滩瀑布高 120 米，为区内最高的瀑布。陡坡塘瀑布宽 105 米，高 23 米，为区内最宽的瀑布。螺蛳滩瀑布盘旋层叠，滩漫最长，形成螺旋状瀑布群。大树崖瀑布为三级断崖瀑布，仅谷底一级即高 55 米。伏流口瀑布，河水从槽状溶潭倾泻入地下，落差 75 米。千层崖瀑布系河水冲刷成数百层石级状悬崖，瀑流如从高石坎上沿级而下。游丝瀑如细丝嬝嬝，为季节性小瀑布。还有罕见的洞内瀑布。黄果树瀑布区岩溶现象十分突出，俗称十山九空，水帘洞、伙牛洞、观音洞、者斗洞为其中四大名洞。洞内千奇百怪，亦各有特点。该瀑布群位于今镇宁、关岭两县间，适当滇黔公路边的黄果树街附近，有观瀑亭、望水厅可供凭眺。新辟的五百多道石级，可直达犀牛潭边。

〔二〇〕拾级　　原作"石级"，据四库本改。

〔二一〕太华哨：今作大花哨，在关岭县东境，打帮河与坝陵河间的公路边。

〔二二〕此溪今称坝陵河，自北而南，流入打帮河。

〔二三〕乃关索之遗迹也　　四库本作"乃关索公遗迹也"。

〔二四〕楉(kǔ 苦)：恶劣。

〔二五〕关岭守御所：即今关岭布依族苗族自治县驻地关索镇。

〔二六〕驼骑："驼"同"驮"，驼骑即马帮，今云南山区还能看到。数十匹甚至数百匹马为一帮，进行长途驮运，用芒锣或驮铃指挥，有固定的路线及程站，是西南地区古代主要的运输方式。

〔二七〕北斗铺：今称北口，在关岭县中部。为鸡场坪北部隘口，故名。

〔二八〕安笼铺：今作安龙铺，又讹作安龙坡，在关岭县中部。

〔二九〕在安南东南三日程此属普州又非此矣　原文其意难解，疑应为"彼属普州，又非此矣"。彼即指安笼所，普州即普安州。安笼守御所属普安州，在今安龙县。

〔三〇〕为中国奋武卫者仅此耳　"奋武卫"，徐本、四库本作"奋卫"，宁抄本作"旧卫"。

〔三一〕堵：墙壁。

〔三二〕共二里　四库本作"共三里"。

〔三三〕查城驿：与清代永宁州城同点，即今永宁镇，在关岭县西境的公路边。道光永宁州志考证："按查城驿在镇宁、安南之间，即今永宁州治。志云在永宁州北，盖指永宁州初建于打罕时而言。"

〔三四〕慕役长官司：在今关岭县南的花江镇。

〔三五〕顶营长官司　原倒误为"营顶长官司"，据明史地理志改。现仍称顶营，在关岭县治与永宁间的公路旁。

〔三六〕沙营长官司：即今关岭县北部的沙营场。

〔三七〕郎岱　游记中又作"狼代"。即今六枝特区南部的郎岱镇。清雍正九年(公元 1731 年)设郎岱厅,1913 年改郎岱县,1960 年撤县。

〔三八〕安隆长官司:直隶广西布政司,治今广西隆林各族自治县。

黔游日记二

戊寅（崇祯十一年，公元1638年）四月二十五日〔一〕

　　晨起，自鼎站西南行。一里余，有崖在路右，上下各有洞，洞门俱东南向，而上洞尤空阔，以高不及登。路左壑泉已成涧，随之南半里，山回壑尽，脊当其前，路乃上跻，水则自其下入穴。盘折二里，逾坳脊，是为梅子关。越关而西，路左有峡，复坠坑而下，东西径一里，而西复回环连脊。路循其上平行而西，复逾脊，始下陟。二里，又盘坞中山西南转，二里，复西北上，一里，是为黄土坝〔二〕。盖鼎站之岭，至此中降，又与西岭对峙成峡，有土山中突而连属之，其南北皆坠峡下，中踞若坝然，其云黄土坝者以此。有数家倚西山而当其坳，设巡司以稽察焉。又上逾岭脊，共五里为白云寺〔三〕。于是遂西南下，迤逦四里，途中扛担络绎，车骑相望，则临安道母忠，以钦取〔四〕入京也。司道无钦取之例，其牌如此，当必有说。按母，川人，本乡荐〔五〕，岂果有卓异特达圣聪耶？然闻阿迷之僭据〔六〕未复，而舆扛之纷纭实繁，其才与操，似俱可议也。又至坞底，西北上一里，为新铺〔七〕。由铺西稍逾岭头，遂直

792

垂垂下。

五里，过白基观。观前奉真武，后奉西方圣人，中颇整洁。时尚未午，驼骑方放牧在后，余乃入后殿，就净几，以所携纸墨，记连日所游；盖以店肆杂沓，不若此之净而幽也。僧檀波，甚解人意，时时以茶蔬米粥供。下午，有象过，二大二小，停寺前久之。象奴下饮，濒去，象辄跪后二足，又跪前二足，伏而候升。既而驼骑亦过，余方草记甚酣，不暇同往。又久之，雷声殷殷〔八〕，天色以云幕而暗，辞檀波，以少礼酬之，固辞不受。

初，余以为去盘江止五里耳，至是而知驼骑所期旧城，尚在盘江上五里，亟为前趋。乃西向直下三里，有枯涧自东而西，新构小石梁跨之，曰利济桥。越桥，度涧南，又西下半里，则盘江沸然，自北南注。其峡不阔而甚深，其流浑浊如黄河而甚急。万山之中，众流皆清，而此独浊，不知何故？余三见此流：一在武宣入柳江，亦甚浊，一在三镇北罗木渡，则清；一在此，复浊。想清乃涸时也。

循江东岸南行，半里，抵盘江桥。桥以铁索，东西属两崖上为经，以木板横铺之为纬。东西两崖，相距不十五丈，而高且三十丈，水奔腾于下，其深又不可测。初以舟渡，多漂溺之患；垒石为桥，亦多不能成。崇祯四年，今布政〔九〕朱名家民，云南人。时为廉宪〔一〇〕，命安普游击〔一一〕李芳先四川人。以大铁链维两崖，链数十条，铺板两重，其厚仅八寸，阔八尺余，望之飘渺，然践之则屹然不动，日过牛马千百群，皆负重而趋者。桥两旁，又高维铁链为栏，复以细链经纬为纹。两崖之端，各有石狮二座，高三四尺，栏链俱自狮口出。东西又各跨巨坊。其东者题曰"天堑云航"，督部朱公所标也；其西者题曰"□□□□"，傅宗龙〔一二〕时为监军御史所标也。傅又竖穹碑，题曰"小葛桥"，谓诸葛武侯以铁为澜沧桥，数千百载，乃复有此，故云。余按，"渡澜沧，为他人"〔一三〕乃汉武故事，而澜沧亦无铁桥；铁桥故址在丽江，亦非诸葛所成者〔一四〕。桥两端碑刻祠宇甚盛，时暮雨大至，不及细观。度桥西，已入新城门内矣。左转瞰桥为大愿寺。西北循崖上，则新城所环也。自建桥后，增城置所，为锁钥之要云。闻旧城尚在岭头五里，急冒雨竭蹶跻级而登。一里半，出北门。又北行半里，转而西，逶迤而上者二里，雨乃渐霁。新城内所上者峻，城外所上者坦。西逾坳，循右峰北转，又半里，则旧城悬岭后冈头矣。入东门，内有总府镇焉。其署与店舍无异。早晚发号用喇叭，声亦不扬，金鼓之声无有也。青崖总兵姓班，三汊总兵姓商，此间总兵姓胡。添设虽多，而势不尊矣。是夜，宿张斋公家；军人也。

二十六日

驼马前发，余饭而出旧城西门。始俱西南行，从岭坞升降。五里，有一二家在南陇下，为保定铺。从其侧西上岭，渐陟隆崇。三里，忽有水自岭峡下。循峡而上，峡中始多田塍，盖就水而成者。时已插莳〔一五〕矣。又上二里，是为凉水营〔一六〕。由营西复从山坞逶迤而上，渐上渐峻。又五里，遇驼马方牧，余先发。将逾坳，坐坳下石间少憩，望所谓海马嶂者，欲以形似求之。忽有人自坳出，负罂〔一七〕汲水，由余前走南岐去。余先是望南崖回削有异，而未见其岐，至是亟随之。抵崖下，则穿然巨洞，其门北向，其内陷空而下，甚宏。其人入汲于石隙间，随处而是，皆自洞顶淙淙散空下坠，土人少凿坯承之。水从洞左悬顶下者最盛，下有石台承之；台之侧，凿以贮汲者。洞从右下者最深，内可容数百人，而光明不闳，然俱无旁隙别窍，若堵墙而成者也。出洞，仍由旧路出大道。登坳即海马嶂,有真武阁跨坳间。余入憩阁间,取笔楮记游,而驼马已前去。久之乃行。其内即为海马铺〔一八〕,去城十里矣。其处北两日半程为小米马场,有堡城下临盘江,隔江即水西地;南两日程为乖场河,水涨难渡,即出铅之所也。又西循南岭而行,见其坞皆北向坠,然多中洼而外横亘者。连西又稍上二平脊,共三里,则北度而蠡者,其峰甚高,是为广山。其上李芳先新结浮屠,为文曲星,盖安南城东最高之巅也。又西二里为茶庵〔一九〕,其北有山,欹突可畏,作负崛之势者,旧名歪山,今改名威山。余望之有异,而呕于趋城,遂遵大路而西。又三里,复逾一阜。又二里,税驾于安南城〔二〇〕之东关外逆旅陈贡士家。

二十七日

驼马已发,余乃饭。问知城东五里,由茶庵而北,有威山〔二一〕,山间有洞,从东透西;又有水洞,其中积水甚深,其前正瞰卫城。遥指其处,虽在山巅,然甚近也。乃同顾仆循昨来道,五里,东抵茶庵,遂由岐北向入山。一里,抵山左腋,则威山之脉自北突而南,南耸而北伏,南削而北垂,东西皆亘崖斜骞而南上;从南麓复起一小峰,亦如之。入东峡又一里,直抵山后,则与东峰过脊处也。由脊北下,甚深而路芜;由脊西转,循山北峰之半西行,路芜而磴在。循之行,则北坞霾雾从坞中起,弥漫北峰,咫尺不可见;而南面威山之北,惟行处犹朗,而巅亦渐为所笼。西行半里,磴乃南上。拾级而登者半里,则峰之北面全为雾笼矣。乃转东北上,则东崖斜骞之上也。石脊甚狭,由东北上西南,如攀龙尾而升。复见东南峰外,澄霄丽日,遥山如靛;余所行之西北,则弥沦如海,峰上峰下,皆入混沌,若以此脊为界者。盖脊之东南,风所从来,故凤霾净卷;脊之西北，风为脊障，毒雾遂得倚为窟穴。予夙愿一北眺<u>盘江</u>从来处，而每为峰掩，至是适登北岭，而又为雾掩，造化根株，其不容人窥测如此！

攀脊半里，有洞在顶崖之下，其门东向，上如合掌，稍洼而下，底宽四五丈，中有佛龛僧榻，遗饭犹存，而僧不知何往。两旁颇有氤氲之龛。其后直透而西，门乃渐狭而低，亦尖如合掌。其门西径山腹而出，约七丈余，前后通望，而下不见者，以其高也。出后门，上下俱削崖叠石。路缘崖西南去十余丈，复有洞西向，门高不及丈，而底甚平，深与阔各二丈。而洞后石缕缤纷，不深而幻，置佛座其中，而前建虚堂，已圮不能存。其前直瞰卫城，若垂趾可及，偶雾气一吞，忽漫无所睹，不意海市蜃楼，又在山阿城郭也。然此特洞外者也。由洞左旁窍东向入，其门渐隘而黑。攀石阈上，其中坎坷欹嵌，洼窦不一，皆贮水满中而不外溢。洞顶滴沥，下注水池，如杂珮〔二〕繁弦，铿锵远近。洞内渐转东北，势似宏深渊坠，既水池高下，无可着足，而无火炬遥烛，惟从黑暗中听其遥响而已。余所见水洞颇多，而独此高悬众峰之顶，又潴而不流，无一滴外泄，向所望以为独石凌空，而孰意其中乃函水之具耶。出洞，仍循崖而北，入明洞后门，抵前洞。从僧榻之左，有旁龛可登，攀而上之，则有隙西透，若窗而岐为两。其后复有洞门西向，在崖路之上，其门颇敞，第透隙处，双棍逼仄，只可外窥，不能穿之以出耳。先是余入前洞，见崖间有镌"三明洞"三字者，从洞中直眺，但见前后，而不知旁观更有此异也。

下洞，由旧路三里，出茶庵，适按君<u>冯士俊</u>以专巡至。从来直指巡方，不逾<u>关岭</u>、<u>盘江</u>，冯以特命再任，故历关隘至此耳。时旌旗穿关逾坳,瞻眺之,空山生色,第随其后抵安南,不免徒骑杂沓,五里之程,久乃得至。乃饮于陈氏肆中。遂入东门,西抵卫前,转南而出南门。南向行岭峡间,共平上二里,有脊自西北度东南,度处东平为塍,西忽坠坑深下,有小水自坑中唧唧出。路随之,西循北崖下坠,即所谓乌鸣关也,乌鸣关在安南卫。土人呼为老鸦关〔二三〕。西向直下一里,有茶庵跨路隅,飞泉夹洒道间,即前唧唧细流,至此而奔腾矣。庵下崖环峡仄,极倾陷之势。又曲折下半里,泉溢浃〔二四〕道,有穹碑,题曰"甘泉胜迹"。其旁旧亦有亭,已废,而遗址丰碑尚在,言嘉靖有僧施茶膳众,由岭下汲泉甚艰,一日疏地得之,是言泉从僧发者。余忆甘泉之名,旧志有之,而唧唧细流,实溢于岭上,或僧疏引至此,不为无功,若神之如锡卓〔二五〕龙移,则不然也。

又拾级西南下一里,下抵峡口,循西崖之足,转而西行,北则石崖排空,突兀上压;南则坠壑下盘,坻坯纵横,皆犁为田。虽升降已多,犹平行山半也。又西半里,有泉自北崖裂隙间宛转下注,路经其前,为架桥横度,泉落于桥内,复从桥下泻峡去。坐桥上仰观之,崖隙欹曲,泉如从云叶间堕出,或隐或现,又瀑布一变格也。循崖又西,迤逦平上,两过南度之脊,渐转西北,共五里,为乌鸣铺。复西北下峡间,一里余,有小水,一自东峡来,一自北峡来,各有石梁跨之,合于路左而东南去。度两石桥,又西南上岭,一里,从岭头过一哨,有数十家夹道。又从岭上循北界大山西向行,其南复平坠成壑,下盘错为田甚深。其南遥山与北界环列者,耸如展屏,而北角独尖竖而起。环此壑而东度土脊一支,遥属于北界大山,所过岭头夹哨处,正其北属之脊也。余先是从海马嶂西,即遥从岭隙见西峰

缭绕，而此峰独方顶，迥出如屏。问骑夫："江西坡即此峰否？"对
曰："尚在南。"余望其坳入处反在北，心惑之，至是始知其即东向
分支之脊，路虽对之行，而西坡实在其北。循北岭升降曲折，皆在
峰半行。又西北二里，西南二里，直坠坡而下者二里，缘岭西转者
一里，是为纳溪铺；盖在北崖南坠之下，虽所下已多，而犹然土山之
脊也。由铺西望，则东西山又分两界，有水经其中，第此两界俱支
盘陇错，不若关岭之截然屏夹也。复西南下一里半，有水从东崖坠
坑而出，西悬细若马尾。从其北，路亦坠崖而下。又二里余，抵坞
中。巨桥三门，跨两陇间，水从东一门涌而北出，其西二门皆下平
为田，岂水涸时耶？其水自西南诸峡中，各趋于桥之南，坠峡而下，
经桥下，北注而出于盘江上流，其"纳溪"之名以此耶〔二六〕？度
桥，复西北上岭，是为江西坡，以岭在溪之西也。路从夹冈中透壁
盘旋而上，一里，出夹，复拾级上。一里，得茅庵，在坡之半。又北
上拾级，半里，抵岭头，其北有峰夹坞，尚高；东望纳溪铺之缀东崖
者，高下正与此等。于是又西向平陟岭间二里，挟南峰转循其西，
又西向行半里，则岭上水多左右坠。又东北下转，则一深堑甚逼，
自西南坠东北，若划山为二者。度小石梁而西，又西北逾岭头，共
一里而入西坡城〔二七〕之东南门，是为有嘉城。

二十八日

出西坡城之西北门，复西向陟岭。盘折而上二里，始升岭头，
其北岭尚崇。循其南而西，又二里，望西北一峰，甚近而更耸，有雾
笼其首，以为抵其下矣。又西一里，稍降而下，忽有脊中度，左右复
中坠成峡，分向而去，其度脊阔仅二尺，长亘二三丈而已，为东西联
属之蒂。始知西坡一山，正如一芝侧出，东西径仅十里，南北两垂，

亦不过二三十里，而此则其根蒂所接也。度脊，始上云笼高峰。又二里，盘峰之南，是为倪纳铺。数十家后倚高峰，南临遥谷，前所望方顶屏列之峰，正亘其南。指而询之，土人曰："是为兔场营。其南为马场营〔二八〕，再南为新、安二所。"新为新城所〔二九〕，安为安笼所，即与广西安隆土司为界者。由铺之西半里，有脊自山前坞中南度，复起山一支，绕于铺前，脊东西流水，俱东南入纳溪桥之上流者，第脊西之流，坠峡南捣甚逼。又稍北，循崇山而西半里，有脊自南岭横亘而北，中平而不高，有堡楼峙脊间，是为保家楼。已为㑩㑩〔三○〕哨守之处。其脊自西南屏列而来，至此北度〔三一〕，东起而为高峰，即倪纳后之雾笼者；西亘而成石崖，即与来脊排闼为西夹坞者。由脊北循石崖直西，行夹坞之上，是为三条岭。西四里，石崖垂尽，有洞高穹崖半，其门南向，横拓而顶甚平；又有一斜裂于西者，其门亦南向，而门之中有悬柱焉。其前坞中水绕入西南峡，路乃稍降。复西上岭坳，共三里，为芭蕉关。数十家倚北山南突之坳间；水绕突峰之南，复北环关西而出；过关，则坠峡而下，复与水遇。是为普安东境之要害，然止铺舍夹路，实无关也。

由其西降峡循水，路北重崖层突，多赭黑之色。闻有所谓"吊崖观音"者〔三二〕，随崖物色之。二里，见崖间一洞，悬踞甚深，其门南向而无路。乃攀陟而登，则洞门圆仅数尺，平透直北十余丈而渐黑，似曾无行迹所入者。乃返出洞口，则满地白骨，不知是人是畜也。仍攀崖下。又西有路，复北上崖间，其下门多牛马憩息之所，污秽盈前；其上层有垂柱，空其端而置以小石大士〔三三〕，乃出人工，非天然者。复下，循大路随溪西一里，溪转北向坠峡去，于是复西陟坡阜〔三四〕，共六里而至新兴城〔三五〕。自芭蕉关而来，所降不多,而上亦不远,其坞间溪犹出山上也。入东门,出西门,亦残破之余也。有碑,为天启四年都御史乌程〔三六〕闵公所复。中有坐镇守备。是晚按君宿此。又西行岭峡间二里,连逾二岭脊,皆自南北度者。忽西开一深壑,中盘旋为田,其水四面环亘,不知出处。路循东峰西南降一里,复转南向上一里,又转东南上半里,逾岭脊而南,乃西南下一里,西抵坞中。闻水声淙淙甚急,忽见一洞悬北崖之下,其门南向而甚高,溪水自南来,北向入洞,平铺洞间,深仅数寸,而阔约二丈。洞顶高穹者将十丈,直北平入者十余丈,始西辟而有层坡,东坠而有重峡,内亘而有悬柱,然渐昏黑,不可攀陟矣。此水当亦北透而下盘江者。出洞,征〔三七〕洞名于土人,对曰:"观音洞。"征其义,以门上崖端有置大士像于其穴者也。洞前溪由东南峡中来,其峡底颇平,大叶蒲丛生其间,淬绿锷〔三八〕于风前,摇青萍于水上,芃芃有光。循之西南半里,又西穿岭隙间,渐循坡蹑脊。二里,有一二家在北峰下,其前陷溪纵横,水由西南破壑去,路由西北循岭上。一里,出岭头,是为蔺家坡。西南骋望,环山屏列甚遥,其中则峰巅簇簇,盘伏深壑间,皆若儿童匍匐成行,无与为抗。从此乃西北下,直降者二里,又升降陇脊西行者二里,有庵缀峰头,曰罗汉松,以树名也。自逾新兴西南岭,群峰翠色茸茸,山始多松,然无乔枝巨本,皆弱干纠缠,垂岚拂雾,无复吾土凌霄傲风之致也。其前又西南开峡。从峡中直下者三里,转而西平行者一里,有城当坞间,是曰板桥铺城〔三九〕。城当峡口,仰眺两界山凌空而起,以为在深壑中矣,不知其西犹坠坑下也。路在城外西北隅,而入宿城中之西门。

二十九日

出板桥城之西门，北折入大路，遂拾级下。有小水自右峡下注，逾其左随之行。一里，则大溪汪然，自西南转峡北注，有巨石梁跨其上，即所谓三板桥〔四〇〕也；今已易之石，而铺犹仍其名耳。桥上下水皆阔，独桥下石峡中束，流急倾涌。其水西北自八纳山发源，流经软桥，又西南转重谷间，至是北捣而去，亦深山中一巨壑也。越桥西，溯溪北崖行。一里，溪由西南谷来，路入西北峡去，于是升降陇坳，屡越冈阿。四里直西，山复旷然平伏〔四一〕，独西南一石峰耸立，路乃不从西平下，反转南仰跻。半里，盘石峰东南，有石奋起路右，首锐而湾突，肩齐而并耸，是曰鹦哥嘴〔四二〕。又西转而下者一里半，有铺肆夹路，曰革纳铺〔四三〕。土音"纳"俱作"捺"，至是而始所云"捺溪"、"倪捺"皆"纳"字也。惟此题铺名。又从峡平行，缘坡升降，五里，有哨舍夹路，曰软桥哨〔四四〕。由哨西复坠峡下，遥见有巨溪从西峡中悬迅东注；下峡一里，即与溪遇；其溪转向南峡去，路从溪北，溯溪循北山之麓西行。二里，有巨石梁南北跨溪上，即所谓软桥也。余初疑冉姓者所成，及读真武庙前断碑，始知为"软"，想昔以篾索为之，今已易之石，而犹仍其名耳。

度桥而南，遂从溪南西向缘南崖而上，其跻甚峻。半里，平眺溪北，山俱纯石，而绿树缘错成文，其中忽有一瀑飞坠，自峰顶直挂峡底。缘南崖西上，愈上愈峻，而北眺翠纹玉瀑，步步回首不能去。上二里，峡底溪从西北而出，岭头路向西南而上。又一里，过真武庙。按君自新兴而来，越此前去。由其西南行，遂下坞中。又西南共四里，两越小岭而下，有峡自东南达西北，又两界山排闼而成者，其中颇平远，有聚落当其间，曰旧普安〔四五〕。按君饭于铺馆，余复先之而西北由坞中行。东北界山逶迤缭绕，不甚雄峻；西南界山蹁跹离立，复露森罗；峡踪虽远，然两头似俱连脊，中平而无泄水之隙者。又西三里，有石峰中起，分突坞间，神宇界其下，曰双山观〔四六〕。按君自后来，复越而前去。又西一里，则西脊回环于前，遂坞穷谷尽。坞底有塘一方，汇环坡之麓，四旁皆石峰森森，绕塘亦多石片林立，亦有突踞塘中者。于是从塘西南上回坡，一里，登其脊。又宛转西行岭头，岭左右水俱分泻深谷，北出者当从软桥水而入盘江上流，南流者当从黄草坝〔四七〕而下盘江下流。又西向从岭头升陟，其上多中洼之宕，大者盘壑为田，小者坠穴为阱。共五里，为水塘铺〔四八〕，乃饭于庙间。过铺西下岭，逶迤山半又五里，为高笠铺，南向行陇间。逾一平岭西南下，又五里，有小溪自北峡来，石桥南跨之。度其南，北门街夹峙冈上；逾冈南下，始成市，有街西去，为云南坡大道；直南，又一小溪自西南峡来，石桥又南跨之。桥南即为普安城，州、卫俱在其中〔四九〕。按君已驻署中矣。其城西半倚山脊，东半下临东溪，南北二门正当西脊之东麓，而东门则濒溪焉。南门外石桥，则三溪合于北，经东门而西环城南，又南去而注于水洞者。北门外石桥：第一桥，即云南坡之水，绕城西北隅而为堑，东下而与北溪合于城东；第二桥，即小溪自西北来者，一统志所云"目前山之水"也；第三桥，即小溪自北来者，一统志所云"沙庄之水"也。三溪交会于城之东北，合而南去，是为三一溪，经城南桥而入于水洞。其城自天启初，为水西叛逆，诸蛮应之，攻围一年而破，后云南临安安南土官沙姓者，奉调统兵来复。至今疮痍未复。然是城文运为贵竹之首，前有蒋都宪，今有王宫詹，名祚远。非他卫可比。州昔惟土官，姓龙，其居在八纳山下，统十二小土司。今土官名子烈，年尚少。后设流官，知州姓黄。并治焉。

州东北七十里有八纳。其山高冠一州，四面皆石崖崭绝，惟一径盘旋而上，约三十里。龙土官司在其下。其顶甚宽平，有数水塘盈贮其上，软桥之水所由出也。土音以"纳"为"但"，而梵经有"叭呾哆"之音，今老僧白云南京人。因称叭呾山，遂大开丛林〔五〇〕，而彝地远隔，尚未证果。

州南三十里有丹霞山。其山当丛峰之上，更起尖峰卓立于中。西界有山一支，西南自平彝卫〔五一〕屏列而北，迤逦为云南坡，而东下结为州治。西屏之中，其最高处曰睡寺山，正与丹霞东西相对。其东界有山，南自乐民所〔五二〕分支而北，当丹霞山南十里。西界屏列高山横出一支，东与东界连属，合并而北，夭矫丛沓，西突而起者，结为丹霞山；东北耸突而去者，渐东走而为兔场营方顶之山，而又东北度为安南卫脉。其横属之支，在丹霞山南十里者，其下有洞，曰山岚洞，其门北向。水从洞中出，北流为大溪，经丹霞山之西大水塘坞中，又北过赵官屯，又东转而与南板桥之水合〔五三〕。由洞门溯其水入，南行洞腹者半里，其洞划然上透，中汇巨塘，深不可测。土人避寇，以舟渡水而进，其中另辟天地，可容千人。而丹霞则特拔众山之上，石峰峭立，东北惟八纳山与之齐抗。八纳以危拥为雄，此峰以峭拔擅秀。昔有玄帝宫，天启二年毁于蛮寇，四年，不昧师徽州人。复鼎建，每正二月间，四方朝者骈集，日以数百计。僧又捐资置庄田，环山之麓，岁入谷三百石。而岭间则种豆为蔬，岁可得豆三十石。以供四方。但艰于汲水：寻常汲之岭畔，往返三里，皆峻级；遇旱，则往返十里而后得焉。

〔一〕原仅作"二十五日",年、月系整理者加。

〔二〕黄土坝:今作黄土坡,又称黄丰,在关岭县西境公路旁。

〔三〕白云寺:今称白云,又作白英哨,在黄土坡稍西的公路旁。

〔四〕钦取:皇帝取用。

〔五〕乡荐(jiàn建):明代每三年一次在各省举行的科举考试称乡试。乡试取中为举人者,称领乡荐。

〔六〕僭(jiàn践)据:僭越名位,分裂割据。

〔七〕新铺:今名同,在关岭县西隅。

〔八〕殷(yīn)殷:震动声。

〔九〕布政:即布政使,为各省的最高行政长官。

〔一〇〕廉宪:明代各省设提刑按察使,主管一省的司法。因元代有肃政廉访使,与按察使职掌略同,故按察使亦尊称廉宪。

〔一一〕游击:明代边区守军设有游击将军,分掌驻在地的防守应援。

〔一二〕傅宗龙(? ～1641年):字仲纶,号括苍,又号云中,昆明人。万历中进士,初为铜梁知县,崇祯中历任贵州巡按、四川巡抚、兵部尚书。后因镇压明末农民起义而死。

〔一三〕渡澜沧为他人　原作"渡澜沧为□□",空二字,据徐本、四库本、陈本、求是斋黔游日记抄本补。华阳国志南中志载:"孝武时,通博南山,度兰仓水、渚溪,置巂唐、不韦二县,徙南越相吕嘉子孙宗族实之,因名不韦,以彰其先人恶行。人歌之曰:'汉德广,开不宾,渡博南,越兰津,渡兰仓,为他人。'渡兰仓水以取哀牢地,哀牢转衰。"兰仓水即今澜沧江。

〔一四〕唐时有铁桥,为吐蕃所建,在今玉龙县西北塔城关附近的金沙江上,为云南通往西藏的交通要道,当时的铁桥节度和铁桥城皆因此得名。

〔一五〕蒔(shì 示):移栽。　　插蒔指插秧。

〔一六〕凉水营:今名同,在晴隆县东境的公路旁。

〔一七〕罂(yīng 婴):小口大腹容积较大的瓦器。

〔一八〕海马铺:民国晴隆县志载徐霞客所经本县沿路古迹考:"即今之哈马哨也,旧称哈马关。哈马者,下马也。盖其关极窄,骑者必下马而过也。"今仍称哈马哨,在晴隆县东境的公路边。

〔一九〕茶庵(ān 安):在交通要道售卖茶水供旅人歇息的小草屋。也有些地方建为小庙向行人施茶。

〔二〇〕安南:明置安南卫,卫城在今晴隆县治莲城镇。

〔二一〕威山:在晴隆县稍东北,今作歪山。徐霞客所经本县沿路古迹考载:"威山,今称巍山,以其高也。其洞曰巍山洞,俗称神仙洞。"

〔二二〕珮(pèi 佩):古时贵族身上所佩带的玉器。

〔二三〕乌鸣关:徐霞客所经本县沿路古迹考:"即今之二十四拐也。兴义府志云:'按乌鸣关,今土人呼为半关,下通江西坡。'现二十四拐半腰有庙曰半观。"今仍称二十四道拐,滇黔公路从此经过。

〔二四〕浃(jiā 夹):湿透。

〔二五〕锡卓:即僧人所拄的锡杖。杖高与眉齐,头有锡环,原为僧人乞食时所用,振环作声,以代扣门,兼防牛犬,亦称"鸣杖"。后来成为佛教的一种法器,又称"禅杖"。

〔二六〕此溪称江西坡河,即今西泌河,又称新寨河,为晴隆、普安二县界河。河上桥称江西坡桥,游记称纳溪桥。

〔二七〕西坡城:今名江西坡,在普安县东隅的公路边。

〔二八〕马场营:在今盘县东境的马场。

〔二九〕新城所:在今兴仁县治。

〔三〇〕倮儸:游记又作"猡猡"、"猓猡"、"玀猡"、"啰啰"等,都是带有民族歧视的写法,应作"倮儸"。倮儸最初是滇东北、贵州西部和四川西南部彝族先民的自称,元、明、清时期扩大成为各地彝族的共同名称。

〔三一〕至此北度   徐本作"西北度"。

〔三二〕此处今称观音洞,在普安县治稍东的公路边。

〔三三〕大士:佛教称佛或菩萨为大士。游记里多专指观音菩萨。

〔三四〕西陟坡阜   "陟"原作"涉",据四库本改。

〔三五〕新兴:明置新兴所,清初置普安县,治新兴,即今普安县治。

〔三六〕乌程:明设乌程县,为湖州府附郭县,在今浙江湖州市城区。

〔三七〕征:征询、询问。

〔三八〕淬(cuì 翠):铸造刀剑时把剑烧红浸入水中,使之刚利。锷(è 萼):剑刃。此处系比喻蒲叶为绿锷。

〔三九〕板桥铺城:应在今普安县西隅、公路边的峰桥。

〔四〇〕三板桥:位置与今化肥厂附近的公路桥相当。此水称软桥河,即今虎跳河,下游称格所河,从南往北流入北盘江,为普安县与盘县界河。

〔四一〕山复旷然平伏　　"复",四库本作"皆"。

〔四二〕鹦哥嘴:今雅化为英武,在盘县东隅。

〔四三〕革纳铺:今名同,在盘县东隅。

〔四四〕软桥哨:今名同,在盘县东境,滇黔公路线上。

〔四五〕旧普安:明史地理志普安州载:"东有八部山,元普安路治山下,属云南行省,洪武十五年三月为府,属云南布政司,寻升军民府,二十七年四月改属四川,永乐后废。"旧普安即元代和明初的普安路治,今仍称旧普安,在盘县东境,滇黔公路稍南,不当大道。

〔四六〕双山观:今称双山,在旧普安稍西。

〔四七〕黄草坝:今兴义市。霞客后曾到黄草坝。详崇祯十一年(公元1638年)八月二十六至二十九日记。

〔四八〕水塘铺:今名同,在盘县城关镇与旧普安中间。

〔四九〕明设普安卫和普安州。普安卫城在今盘县城关镇,州城又在稍北的营盘山左,万历十四年(公元1586年),"州自卫北来同治",此后即州卫同城,皆在今盘县城关镇。

〔五〇〕丛林:佛教僧众聚居较多的寺院称为丛林,意为众僧聚居一处,犹如众木丛丛成林。

〔五一〕平彝卫:明置平彝卫,属云南都司,治今云南富源县。

〔五二〕乐民所:今名同,在盘县西南隅,为乡政府驻地。

〔五三〕山岚洞,今称山岚;大水塘,今称水塘;赵官屯,今名同;南板桥,即今板桥。皆在盘县南境,从南往北沿风洞河谷排成一线。

五月初一日

余束装寄逆旅主人符心华寓，兰溪人。乃南抵普安北门外，东向循城行。先是驼骑议定自关岭至交水，至是余欲往丹霞，彼不能待，计程退价。余仓卒收行李，其物仍为夫盗去。穷途之中，屡遭拐窃，其何堪乎！复随溪南转过东门，又循而抵南门，有石梁跨溪上。越其南，水从西崖向南谷，路从东坡上南岭，西眺水抵南谷，崖环壑绝，遂注洞南入。时急于丹霞，不及西下，二里，竟南上岭，从岭上行。又二里，逾岭转而西，其两旁山腋，多下坠之穴，盖其地当水洞东南，其下中空旁透，下坠处，皆透穴之通明者也。又西南一里，路右一峡下进，有岩西南向，其上甚穹，乃下探之。东门有侧窦如结龛，门内洼下而中平，无甚奇幻。遂复上南行，又一里，逾岭脊，遂西南渐下，行坡峡间。一里，过石亭垒址，其南路分两岐：由东南者，为新、安二所，黄草坝之径；由西南者，则向丹霞而南通乐民所道也。遂从西南下。

从岭峡中平下者二里，东顾峡坑坠处，有水透崖南出，余疑为水洞所泄之水，而其势颇小，上流似不雄壮。从其西，遂西南坠坑而下。一里，抵壑中，则有溪汪然自西而东注，小石梁跨其上，曰南板桥。以别于北大道之三板桥也。其下水西自石洞出，即承水洞之下流，至是而复透山腹也。水从桥东，又合南峡一溪，东向而去，东北合软桥下流，出北板桥而东与盘江合。其南峡之溪，则自大水塘南山岚洞来。二溪一北一南，皆透石洞而出，亦奇矣。越南板桥南一里，溯南来溪入南峡，转而西行峡中。又二里，则有坝南北横截溪上，其流涌坝下注，阔七八丈，深丈余，绝似白水河上流之瀑〔一〕，但彼出天然，而此则人堰者也。坝北崖有石飞架路旁，若鹳首棹虚，而其石分窍连枝，玲珑上透，嵌空凑合，亦突崖之一奇也。又西三里，路缘北崖而上，西越之而下，共半里，山回水转，其水又自南向北而来者，其先东西之峡甚束，至是峡之成南北者渐宽。又循溪西崖南向行，一里，南逾一突嘴，则其南峡开而盘成大坞，南望有石梁横跨溪上。半里，度石梁而东，遂东南上坡，始与南来之溪别。东上半里，过一村，又东半里，转而南稍下，共半里，逾小溪而上，过赵官屯，遂由屯村北畔东南入坞。二里，复上岭，一里，转峡处有水飞坠山腰。循山嘴又西转而南半里，随峡东入又一里，峡中有水自东峡出，即飞瀑之上流也。小石梁跨峡而南，石碑剥落，即丹霞山建桥记文也。

由桥南西向盘岭，为大水塘之道，遂由桥东向溯水而入〔二〕。其下峡中箐树蒙密，水伏流于下，惟见深绿一道，迤逦谷底。又东半里，内坞复开，中环为田，而水流其间。路循山南转，半里，入竹树间，有一家倚山隈〔三〕结庐，下瞰壑中平畴而栖，余以为非登山道矣。忽一人出，呼余由其前，稍转而东，且导余东南登岭，乃下耕坞中去。及余跻半里，复西入樵径，其人自坞中更高呼"稍东"，遂得正道。其处四山回合，东北皆石山突兀，而余所登西南土山，则松阴寂历，松无挺拔之势，而偃仆盘曲，虽小亦然。遂藉松阴，以手掬所携饭抟而食，觉食淡之味更长也。既而循坡南上者半里，又入峡西上者一里，又南逾坳脊间半里。其坳两旁石峰，东西涌起，而坳中则下陷成井，灌木丛翳其间，杳不可窥。已循东峰之南，又转而东南，盘岭半里，其两旁石峰，又南北涌起，而峡中又下陷成洼。又稍转东北，路成两岐，一由北逾峡，一由东上峰。余不知所从，乃从东向而上者，其两旁石峰，复南北涌起。半里陟其间，渐南转，又半里,南向跻其坳,则两旁石峰,又东西涌起。越脊南,始见西南一峰特耸,形如天柱,而有殿宇冠其上。乃西南下洼间,半里,复南上冈脊。回望所越之脊,有小洞一规,其门南向;其西有石峰如展旗,其东冈之上,复起乱峰如涌髻,而南冈则环脊而西,遂矗然起丹霞之柱焉;其中回洼下陷,底平如镜,已垦土为田,第无滴水,不堪插莳。由冈西向跻级登峰,级缘峰西石崖,其上甚峻;已而崖间悬树密荫,无复西日之烁。直跻半里,始及山门〔四〕。其门西北向,而四周笼罩山顶。时僧方种豆陇坂间,门闭莫入。久之,一徒自下至,号照尘。启门入余,遂以香积供。既而其师影修至,遂憩余阁中,而饮以茶蔬。影修又不昧之徒也,时不昧募缘安南,影修留余久驻,且言其师在,必不容余去,以余乃其师之同乡也。余谢其意,许为暂留一日。

初二日

甚晴霁。余时徙倚四面,凭窗远眺,与影修相指点。其北近山稍伏,其下为赵官屯,渐远为普安城,极远而一峰危突者,八纳也。相去已百里。其南稍下,而横脊拥其后,为山岚洞;极远而遥峰隐隔者,乐民所之南,与亦佐县为界者也。其西坠峡而下,为大水塘,坞中自南而北,山岚洞之水,北出南板桥者也;隔溪则巨峰排列,亦自南而北,所谓睡寺山矣;山西即亦资孔大道,而岭障不可见。其东仅为度脊,上堆盘髻之峰;稍远则骈岫丛沓,迤逦东北去,为兔场营方顶山之脉者也。山东南为归顺土司〔五〕。普安龙土司之属,与粤西土司同名。越其东南,为新安二所,黄草坝诸处,与泗城接界矣。是日余草记阁中。影修屡设茶候〔六〕,供以鸡葼菜、蘦浆花〔七〕、藤如婆婆针线,断其叶蒂,辄有白浆溢出。花蕊每一二十茎成一丛。茎细如发,长半寸。缀花悬蒂间,花色如淡桃花。连丛采之。黄连头,皆山蔬之有风味者也。

初三日

饭后辞影修。影修送余以茶酱,粤西无酱。贵州间有之而甚贵,以盐少故。而是山始有酱食。遂下山。十里,北过赵官屯,十里,东北过南板桥,七里,抵普安演武场。由其西横岭西度,一里,望三一溪北来,有崖当其南,知洞在是矣。遂下,则洞门北向迎溪,前有巨石坊,题曰"碧云洞天"〔八〕,始知是洞之名碧云也。土人以此为水洞,以其上有佛者为干洞。洞前一巨石界立门中,门分为二,路由东下,水由西入。入洞之中,则扩然无间,水循洞西,路循洞东,分道同趋,南向十余丈,渐昏黑矣。忽转而东,水循洞北,路循洞南,其东遂穹然大辟,遥望其内,光影陆离,波响腾沸,而行处犹暗暗也。盖其洞可入处已分三层,其外入之门为一层,则明而较低;其内辟之奥为一层,则明而弥峻;当内外转接处为一层,则暗而中坼,稍束如门,高穹如桥,耸豁不如内层,低垂不如外层,而独界其中,内外回眺,双明炯然。然从暗中仰瞩其顶,又有一圆穴上透,其上亦光明开辟,若楼阁中函,恨无由腾空而上也。东行暗中者五六丈而出〔九〕,则堂户宏崇,若阿房、未央〔一〇〕,四围既拓,而峻发弥甚;水从东南隅下捣奥穴而去,光从西北隅上透空明而入〔一一〕;其内突水之石,皆如踞狮泛凫,附壁之崖,俱作垂旐蠹柱。盖内奥之四隅,西南为转入之桥门,西北为上透之明穴,东南为入水之深窍;而独东北回环迥邃,深处亦有穴高悬,其前有智窟下坠,黑暗莫窥其底,其上有侧石环之,若井栏然,岂造物者恐人暗中失足耶?由窟左循崖而南,有一石脊,自洞顶附壁直垂而下,痕隆起壁间者仅五六寸，而鳞甲宛然，或巨或细，是为悬龙脊，俨有神物浮动之势。其下西临流侧，石畦每每，是为十八龙田。由窟右循崖而东，有一石痕，亦自洞顶附壁直垂而下，细纹薄影，是为蛇退皮，果若遗蜕粘附之形。其西攀隙而上，则明窗所悬也。其窗高悬二十丈，峻壁峭立，而多侧痕错锷。缘之上跻，则其门扩然，亦北向而出，纵横各三丈余，外临危坡，上倚峭壁，即在水洞之东，但上下悬绝耳。门内正对矗立之柱，柱之西南，即桥门中透之上层也。余既跻明窗，旋下观悬龙、蛇蜕，仍由碧桥下出，饭于洞门石上。石乃所镌诗碑，游人取以为台，以供饮馔〔一二〕。其诗乃张浣、沈思充者，诗不甚佳，而浣字极遒〔一三〕活可爱。镌碑欲垂久远，而为供饮之具，将磨澌〔一四〕不保矣，亟出纸笔录之。仍入内洞，欲一登碧桥上层，而崖壁悬峭，三上三却。再后，仍登明窗东南，援矗柱之腋，透出柱南，平视碧桥之背，甚坦而近，但悬壁无痕，上下俱绝攀践，咫尺难度。于是复下而出洞。日已下舂，因解衣浴洞口溪石间。半载夙垢，以胜流浣濯之，甚快也！既而拂拭登途，忽闻崖上歌笑声，疑洞中何忽有人，回瞩之，乃明窗外东崖峭绝处，似有人影冉冉。余曰："此山灵招我，不可失也。"先是，余闻水洞之上有梵龛，及至，索之无有。从明窗外东眺，层崖危耸，心异之，亦不见有攀缘之迹。及出水洞觅路，旁有小径，隐现伏草间，又似上跻明窗者，以为此间乃断崖绝磴耳，不意闻声发闷，亟回杖上跻。始向明窗之下，旋转而东，拾级数十层，复跻危崖之根，则裂窍成门。其门亦北向，内高二丈余，深亦如之；左有旁穴前透，多裂隙垂楞，僧以石窒之为室；右有峭峡后坼，上颇氤氲盘结，而峻不可登。洞中有金仙三像，一僧栖其间，故游者携樽罍〔一五〕就酌于此。非其声，余将芒芒〔一六〕

返城,不复知水洞之外,复有此洞矣。酌者仆从甚都〔一七〕,想必王翰林子弟,余远眺而过之。下山,循溪溯流二里,有大道,即南门桥。遂从南门入,蹑山坡北行。城中荒敝甚,茅舍离离〔一八〕,不复成行;东下为州署,门廨无一完者。皆安酋叛时,城破鞠为丘莽,至今未复也。出北门,还抵逆旅。是晚觅夫不得,遂卧。按君是早返辕矣。

初四日

觅夫不得,候于逆旅。稍散步北寺,惟有空楼层阁,而寂无人焉,乃构而未就者。还,闷闷而卧。

初五日

仍不得夫。平明微雨,既止,而云油然四布。是日为端午,市多鬻蒲艾者。雄黄为此中所出,然亦不见巨块。市有肉而无鱼。余兀坐逆旅,囊中钱尽,不能沽浊醪〔一九〕解愁,回想昔年雉山之乐,已分霄壤。

初六日

夜雨达旦。夫仍不得。既午,遇金重甫者,麻城〔二〇〕人也,贾而儒,索观余诸公手卷。为余遍觅夫,竟无至者。

初七日

囊钱日罄,而夫不可得,日复一日,不免闷闷。是早,金重甫言将往荆州,余作书寄式围叔。下午,彼以酒资奉,虽甚鲜而意自可歆〔二一〕。

初八日

候夫虽有至者,而恶主代为揸价〔二二〕,即符也,钱为所窃去〔二三〕。力阻以去。下午得骑,亦重价定之,无可奈何也。余所遇恶人,如衡阳劫盗、狗场拐徒,并此寓窃钱去者,共三番矣。此寓所窃,初疑为骑夫,后乃知为符主也。人之无良如此! 夫劫盗、拐徒无论,如南宁梁冲宇〔二四〕、宝檀僧,并此人,俱有害人之心。余以万里一身,脱其虎口,亦幸矣!

初九日

平明,以行李付骑,别金重甫乃行。是早,云气秾〔二五〕郁。从普安北门外第一溪桥北,循西峡入,过税司前,渐转西南,皆溯小溪西岸行。西山崇隆,小瀑屡屡从山巅悬注。南五里,始西南登坡,是为云南坡。初二里稍夷,又一里半甚峻,过一脊而西,复上坳,共一里,为马鞍岭。越而西,遂循岭西向西南行,于是升降在岭头,盘折皆西南,俱不甚高深。五里,稍降坞中,为坳子哨。先是每处有打哨之苦,此为第一哨。今才奉宪禁,并于一处,过无问者。又南越一坳,大雨淋漓。仍前,升降大峰之西,冒雨又十五里而至海子铺〔二六〕。山坞稍开,颇大,中有水塘,即所谓海子也。有小城在其南,是为中火铺。普安二十二哨,俱于此并取哨钱,过者苦焉。先各哨分取,今并取于此。哨目止勒索驼马担夫,见余辈亦不甚阻挠,余乃入城,饭于肆。复出南门,南向登山。五里,遇驼马方牧于山坡,雨复大至,余乃先行。升降高下,俱依东大山而南,两旁多智井坠坑,不辨水从何出。又五里为大河铺〔二七〕,有水自铺东平泻坡陀下,漫流峡中,路随之而南。天乃大雾,忽云破峰露,见西南有山甚高,土人称为黑山。云气笼罩,时露一班,直上与天齐。望而趋五里,大河之水,已渐坠深堑,似从西北坼峡去。路东南缘岭透峡东下,则山环坞合间,中洼为塘,水满其中,而四面皆高,不知出处。又东透坳下,坞间又复洼而成塘,与前虽有高下,而潴水莫泄同之。又东缘南峰而转,越其东,则东坞大开,深盘远错,千塍环壑于下。度其地在丹霞山南、山岚洞西南,余谓壑底水即北透山岚者。征之

徐霞客游记校注

土人,云:"西峰下有入水洞,水坠穴去,不知所出。"从西峰稍下,共五里,是为何郎铺〔二八〕。越铺南,又上岭,仍依东岭行。回望云笼高峰,已在西北,时出时没,兴云酿雨,皆其所为,虽山中雨候不齐,而众山若惟瞻其马首者。循东岭南下峡中,有溪自南而来,溯之行其东岸。共五里,路忽由水渡西岸,而暴雨涨流,深涌莫能越。方欲解衣赴之,忽东山之上有呼者,戒莫渡,招余东上岭行。余从之,遂从莽棘中上东岭。已得微道,随之南二里,得北来大道,果从东岭上降者。盖涉溪者乃西道,从岭者乃东道,水涸则从西,水涨则从东也。西流之中,有一线深坑,涸时横板以度,兹涨没无影,非其人遥呼,几不免冯河之险矣〔二九〕。从东岭下一里,则大道西濒溪,道中水漫数寸,仍揭而溯之。一里,有石梁跨溪上。其溪自西南抵东山之麓,至是横折而西,从梁下抵西山之麓,乃转北去。盖其源发于西南火烧铺〔三○〕西分水岭,按志,分水岭在普安西南百二十里,即此。北流经此,又北抵黑山、何郎之南,不知所泄,即土人亦莫能悉也〔三一〕。石梁西麓,有穴纷骈纵横如"亦"字,故名其地曰亦字孔,今讹为亦资孔,乃土音之溷也。梁南半里,即为亦字孔驿〔三二〕,有城倚西山下,而水绕其东焉。比至,雷雨大作。宿于西门内周铺。

〔一〕在白水河,徐霞客看到了两个瀑布。此"白水河上流之瀑"即今陡坡塘瀑布。

〔二〕遂由桥东向溯水而入　　原无"遂"字,从丁本补。

〔三〕隈(wēi 威):弯曲的地方。

〔四〕丹霞山:今又称丹山,在盘县南境,水塘稍东,盘县到兴义的公路西边。如圆柱孤峰插天，林木蓊郁，石级盘旋而上，山顶有一小块平地，还有水池。当地有"三月三，玩丹山"的说法，至今仍为风景胜地。

〔五〕归顺土司：明设归顺营，为普安十二营之首。今仍称归顺，又称民主，在盘县南境，为乡政府驻地。

〔六〕影修屡设茶候　原脱"候"字，据四库本补。

〔七〕蘽(lěi 垒)浆花：依其描述的形态特点，应即鱼腥草，贵州称折耳根，云南有些地方称壁虱菜。一说是野党参，又称奶浆藤。

〔八〕题曰碧云洞天　原脱"曰"字，据四库本补。

〔九〕东行暗中者五六丈而出　"东"，徐本作"西"。

〔一○〕阿房(ē fáng)：秦宫名，在渭水南岸，今西安市西郊赵家堡和大古村之间。　未央：汉宫名，在今西安市西北郊的汉城乡。二宫规模皆极宏伟，至今还有遗址，为全国重点文物保护单位。

〔一一〕光从西北隅上透空明而入　"西北隅"，徐本作"东北隅"。

〔一二〕馔(zhuàn 撰)：陈放食物。

〔一三〕遒(qiú 囚)：强劲。

〔一四〕漶(huàn 患)：模糊不可辨识。

〔一五〕樽(zūn)：本作"尊"，古代的一种酒器。罍(léi 雷)：上面刻有云雷纹的酒尊。

〔一六〕芒芒：同"茫茫"，模糊不清。

〔一七〕都：漂亮。

〔一八〕离离:散乱。

〔一九〕浊醪(láo 劳):浊酒。

〔二〇〕麻城:明为县,即今湖北麻城市。

〔二一〕歆(xīn 欣):欣喜。

〔二二〕揾(kèn 价):索价刁难。

〔二三〕即符也钱为所窃去　原脱此八字,据四库本补。

〔二四〕梁冲宇　徐本作"吴仲宇","吴"应系误字。游记多次提到"梁店",姓梁无疑。但"冲"可能作"仲"。

〔二五〕秾:原指花木稠多,此处通"浓"。

〔二六〕海子铺:今名同,在盘县城关镇与亦资孔间的公路边。

〔二七〕大河铺:应即今旧铺,在海子铺稍南的公路边。

〔二八〕何郎铺:今作娥榔铺,在盘县西境,亦资孔稍北,有铁路、公路经过,铁路红果车站即建在附近。1999 年盘县新县城迁至红果。

〔二九〕冯(píng 凭)河:徒步过河,喻其冒险行事。

〔三〇〕火烧铺:即今伙铺,又作火铺,在盘县西隅。

〔三一〕此溪即今清水河,又称拖长江。源自火铺,在娥榔铺西峰下流入洞中,以后重新流出,从南往北入北盘江。

〔三二〕亦字孔驿:今作亦资孔,在盘县西隅滇黔公路上,现为乡政府驻地。林则徐滇轺纪程:七月二十一日"七十里至亦资孔,本名亦是孔,以路形似亦字也。中华人民共和国地名词典贵州省载:"亦资孔,系彝语音译,意为有水的冲子。"

滇游日记一〔一〕

（季会明曰：乙酉七月〔二〕，余宗人季杨之避难于舅氏徐虞卿处，顾余于馆，见霞客游记，携滇游一册去。不两日虞卿为盗所杀，火其庐，记付祖龙。是书遭其残缺，亦劫数也！原稿后又抢散，此集亦失而复得，危矣哉！幸矣哉！但全集今唯义兴〔三〕庠友曹骏甫处有之。骏甫亦好游，慕霞客之高，闻变，诣吊，已葬，拜墓而去。后又来，欲求遗书校录，为刊刻计。子依以原稿付去，逾一年而返赵，云已誊录。今其集必全。况此册正入滇之始，奇遇胜游，多在其中，甚不可缺，访而得之，亦甚易也。又诗稿一册，仲昭付梓人陈仲邻；仲邻遇难，稿亦散失。然其诗另为一册，与记不相连属，缺之犹可；记缺其一，便不成集，当急求之。

曹宸采识：滇游记已失一册，当急求之。但所谓骏甫者不知子若孙谓谁，兵燹之后，其书犹有存焉否？呜呼，西北东南，天地犹多缺陷，书亦乎哉？要亦存此心焉尔矣。

陈体静曰：余尝考介翁于宜兴史氏购得曹氏底本，而此册中亦仅载游太华、颜洞三节而已，其间自五月初九至八月初六，凡八十七日日记，仍不可得。想曹氏以其经行之略已见于盘江考中而概削之者，则知骏甫所录，先已非全文也。文章缺陷，信乎有数存焉，为之浩叹！游太华等小记三即列此后，其盘江考今改附日记十二后。〔四〕

徐镇按:滇一日记,已为烬简,介翁蒐残补治,定知非辑缀假合也。或者一并汰之,直将太华数节,别作记外赘笔,而滇一则仍阙如,岂复成令丙耶?兹从陈本编正。)〔五〕

〔一〕滇游日记一、滇游日记二皆在乾隆刻本第五册上。滇游日记一正文原缺,乾隆本载有小记三则、随笔二则。徐本原缺第七册。

〔二〕乙酉:顺治二年,公元1645年。这年清兵南下江南,江南人民纷纷起来抗清,发生了著名的江阴守城战。群众推典史阎应元指挥作战,坚守江阴城八十天,城破,守城群众全部壮烈牺牲。

〔三〕义兴:古地名,晋永嘉中置义兴郡,隋废郡改为义兴县,至宋太平兴国初改为宜兴。故义兴指今江苏宜兴市。

〔四〕季会明、陈体静语乾隆本有删节,此据陈本补足。

〔五〕滇游日记一的散佚,使人们无法知道霞客在滇东、滇南的详细游程,但从散见游记其他部分的追叙、对比记载,可大致获悉霞客的游踪。

霞客由黔入滇,从亦资孔经火烧铺越小洞岭,再经明月所过滇南胜境关入云南。过平彝卫(今富源)游清溪洞,到交水(今沾益)住龚起潜家。以后,沿南盘江以船行为主,到了曲靖和陆凉(今陆良),途经石堡温泉和越州。盘江考提到此段旅途经过:"余憩足交水,闻曲靖东南有石堡温泉胜,遂由海子西而南。""有船南通越州,州在曲靖东南四十里。舟行至州,水西南入石峡中,悬绝不能上下,乃登陆。十五里,复下舟,南达陆凉州。"后来,霞客又从嘉利泽南岸,经过杨林西登老脊,达云南省城。从陆凉至杨林间的路线缺载,但根据霞客常取间道,尽量不走重复路线的习惯,很可能从

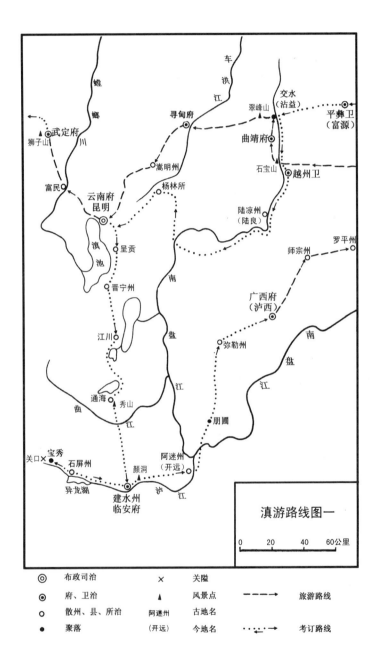

车
洪
江

蟒
蟠

武定府

狮子山

川

富民

高明州

寻甸府

交水
（沾益）

翠峰山

平彝卫
（富源）

曲靖府

石宝山

越州卫

杨林所

云南府
昆明

陆凉州
（陆良）

滇
池

呈贡

罗平州

师宗州

南

晋宁州

广西府
（泸西）

盘

江川

南

弥勒州

盘

江

通海

秀山

江

曲

朋圃

江

江

关口

宝秀

石屏州

颜洞

阿迷州
（开远）

异龙湖

建水州
临安府

泸

江

滇游路线图一

0   20   40   60公里

◎ 布政司治   ×   关隘

⊙ 府、卫治   ▲   风景点   ----→   旅游路线

○ 散州、县、所治   阿迷州   古地名

● 聚落   （开远） 今地名   ……→   考订路线

陆凉往西到了石林，再从石林北达嵩明县南境。石林在陆凉县西不远，正当交通大道上，早在元代即有记载，称为石门，明代，有关资料更多，所记石门即今乃古石林，霞客游石林的条件完全具备。详拙文石林认识小史。

霞客游滇南，从晋宁南沿大坝河，过四通桥、河间铺、关索岭，经江川县，游通海县南的秀山，对山茶花有深刻的印象。再往南，越建通关，过曲江桥，经南庄到临安(今建水)。从临安随流考南盘江西源，西到石屏、宝秀，至宝秀西十里的关口。霞客曾泛舟异龙湖，盘江考中有一段记载异龙湖的景色，十分生动。从石屏返回临安，再东行过金鸡哨游颜洞，经漾田越中道岭到阿迷(今开远)，留下游颜洞记。从阿迷渡盘江经朋圃、竹园达弥勒，途中洗沐翠微温泉。再从弥勒往东行九十里，过大麻子哨，达广西府(今泸西)，留下随笔二则。其所行路线，滇游日记二八月十三日记有一段概述："自省至临安，皆南行。自临安抵石屏州，皆西北。自临安抵阿迷，皆东北。自阿迷抵弥勒，皆北行。自弥勒抵广西府，皆东北。"

霞客滇南之行的时间，滇游日记十一七月十五日记："是夕为中元，去岁在石屏，其俗犹知祭先，而此则寂然矣。"则戊寅年(崇祯十一年，公元1638年)七月十五日在石屏。离开临安游颜洞后，八月初一到开远。

游太华山记〔一〕

出省城〔二〕，西南二里下舟，两岸平畴夹水。十里田尽，崔苇〔三〕满泽，舟行深绿间，不复知为滇池巨流，是为草海。草间舟道甚狭,遥望西山绕臂东出,削崖排空,则罗汉寺也。又西十五里抵高嶢〔四〕,乃舍舟登陆。高嶢者,西山中逊处也。南北山皆环而东出,中独西逊,水亦西逼之,有数百家倚山临水,为迤西〔五〕大道。北上有傅园;园西上五里,为碧鸡关,即大道达安宁州者。由高嶢南上,为杨太史祠〔六〕,祠南至华亭、太华,尽于罗汉,即碧鸡山南突为重崖者。盖碧鸡山自西北亘东南,进耳诸峰由西南亘东北,两山相接,即西山中逊处,故大道从之,上置关,高嶢实当水埠焉。

余南一里,饭太史祠。又南过一村,乃西南上山,共三里,山半得华亭寺〔七〕。寺东向,后倚危峰,草海临其前。由寺南侧门出,循寺南西上,南逾支陇入腋,共二里,东南升岭,岭界华亭、太华两寺中而东突者。南逾岭,西折入腋凑间,上为危峰,下盘深谷,太华则高峙谷东,与行处平对。然路必穷极西腋,后乃东转出。腋中悬流两派坠石窟,幽峭险仄,不行此径不见也。转峡,又东盘山嘴,共一里,俯瞰一寺在下壑,乃太平寺也。又南一里,抵太华寺。寺亦东向,殿前夹墀〔八〕皆山茶,南一株尤巨异。前廊南穿庑入阁〔九〕,东向瞰海。然此处所望犹止及草海,若漾漾浩荡观,当更在罗汉寺南也。

遂出南侧门,稍南下,循坞西入。又东转一里半,南逾岭。岭自西峰最高处东垂下,有大道直上,为登顶道。截之东南下,复南转,遇石峰嶙峋南拥。辄从其北,东向坠土坑下,共一里,又西行石丛中。一里,复上蹑崖端,盘崖而南,见南崖上下,如蜂房燕窝,累累欲堕者,皆罗汉寺〔一〇〕南、北庵也。披石隙稍下,一里,抵北庵,已出文殊岩上,始得正道。由此南下,为罗汉寺正殿;由此南上,为朝天桥。桥架断崖间,上下皆嵌崖,此复崭崖中坠。桥度而南,即为灵官殿,殿门北向临桥。由殿东侧门下,攀崖蹑峻,愈上愈奇,而楼、供纯阳。而殿、供元帝。而阁、供玉皇。而宫,名抱一。皆东向临海,嵌悬崖间。每上数十丈,得斗大平崖,辄杙空架隙成之。故诸殿俱不巨,而点云缀石,互为披映,至此始扩然全收水海〔一一〕之胜。南崖有亭前突,北崖横倚楼,楼前高柏一株,浮空漾翠。并楼而坐,如倚危樯上,不复知有崖石下藉也。抱一宫南削崖上,杙木栈,穿石穴,栈悬崖树,穴透崖隙,皆极险峭。度隙,有小楼粘石端,寝炱炊灶皆具。北庵景至此而极。返下朝天桥,谒罗汉正殿。殿后崖高百仞〔一二〕。崖南转折间,泉一方渟崖麓,乃朝天桥迸缝而下者,曰勺冷泉。南逾泉,即东南折。其上崖更崇列,中止漾坪一缕若腰带,下悉陜陁崩崖,直插海底,坪间梵宇仙宫,雷神庙、三佛殿、寿佛殿、关帝殿、张仙祠、真武宫。次第连缀。真武宫之上,崖愈杰辣,昔梁王〔一三〕避暑于此,又名避暑台,为南庵尽处,上即穴石小楼也。更南,则庵尽而崖不尽,穿壁覆云,重崖拓而更合〔一四〕。南绝壁下,有猗兰阁址。

还至正殿,东向出山门,凡八折,下二里抵山麓,有村氓数十家〔一五〕,俱网罟为业。村南即龙王堂,前临水海。由其后南循南崖麓,村尽波连,崖势愈出,上已过猗兰旧址。南壁愈拓削,一去五里,黄石痕挂壁下,土人名为挂榜山。再南则崖回嘴突,巨石垒空嵌水折成罳〔一六〕,南复分接屏壁,雄峭不若前,而兀突离奇,又开异境。三里,下瞰海涯,舟出没石隙中,有结茅南涯侧者,亟悬仄径下,得金线泉。泉自西山透腹出,外分三门,大仅如盎,中崆峒,悉巨石欹侧,不可入。水由盎门出,分注海。海中细鱼溯流入洞,是名金线鱼。鱼大不逾四寸,中胰脂,首尾金一缕如线,为滇池珍味。泉北半里,有大石洞,洞门东瞰大海,即在大道下,崖倾莫可坠,必迁其南，始得透迤入，即前所望石中小舟出没处也。门内石质玲透，裂隙森柱，俱当明处。南入数丈辄暗，觅炬更南，洞愈崇拓。共一里，始转而分东西向，东上三丈止，西入窈窕莫极。惧火炬不给，乃出。

上山返抱一宫。问山顶黑龙池道，须北向太华中，乃南转。然池实在山南金线泉绝顶，以此地崖崇石峻，非攀援可至耳。余辄从危崖历隙上，壁虽峭，石缝多棱，悬跃无不如意。壁纹琼葩瑶苕，千容万变，皆目所未收。素习者惟牡丹，枝叶离披，布满石隙，为此地绝遘〔一七〕，乃结子垂垂，外绿中红，又余地所未见。土人以高远莫知采鉴，第曰山间野药，不辨何物也。攀跻里余，遂蹑巅，则石葶鳞鳞，若出水青莲，平散竞地。峰端践侧锷而南，惟西南一峰最高。行峰顶四里，凌其上，为碧鸡绝顶〔一八〕。顶南石葶骈丛，南坠又起一突兀峰，高少逊之〔一九〕，乃南尽海口山也。绝顶东下二里，已临金线泉之上，乃于耸崖间观黑龙池而下。〔二〇〕

〔一〕太华山：又称碧鸡山，今俗称西山，因其山形酷似美人仰卧，又称睡美人山或睡佛山，为昆明市郊著名风景区。对昆明碧鸡山的秀丽景色，唐时已有记载。蛮书卷二载："碧鸡山在昆池西岸上，与拓东城隔水相对，从东来者冈头数十里已见此山。山势特秀，池水清澹。水中有碧鸡山，石山有洞庭树，年月久远，空有余本。"在元代，碧鸡山亦一著名风景。元混一方舆胜览中庆路景致载："碧鸡山，山在城西，峰峦秀拔，为诸山长，俯瞰滇池，一碧万顷。"明代对碧鸡山的描述更为生动。正德云南志云南府山川载："碧鸡山在府治西南三十里。东瞰滇泽，苍崖万丈，绿水千寻，月映澄波,云横绝顶,云南一佳景也。相传昔有碧凤翔翥此山,后讹为碧鸡云。"西山北段幽奥深邃,南段峭壁千仞,山腰有华亭寺、太华寺、三清阁三组建筑群,还有著名音乐家聂耳墓。过去游西山多乘小船横渡滇池,爬千步崖,解放后新建了登山公路,可乘车直达三清阁。

〔二〕省城:指明代云南布政司治所云南府城,附郭县昆明,即今昆明市区。

〔三〕萑(huán 环)苇(wěi 伟):长成后的芦苇。

〔四〕高峣(qiāo):旧称高峣渡。今名同,在滇池西岸西山脚下,但已失去水上交通码头的作用。从昆明到滇西的公路从旁边经过。

〔五〕迤(yǐ 以)西:明时云南有迤东和迤西之分,为地区名。以昆明为中心,迤东包括今滇东及滇南,迤西即今滇西。清初在此基础上设迤东道和迤西道,乾隆年间又从迤东道中分出迤南道,专管滇南。清代成为政区名,这就是通常所称的"三迤"。至今人们仍按三迤称呼滇东、滇西和滇南。

〔六〕杨慎(公元 1488 ～ 1559 年):字用修,号升庵。四川新都人,现新都桂湖建有杨升庵纪念馆。明武宗时,杨升庵殿试第一,授翰林院修撰,人称"杨状元"、"杨太史"。世宗初,因议朝政,被廷杖,谪戍云南永昌卫。杨升庵在滇三十五年(公元 1524 ～ 1559 年),足迹遍及云南主要地区,著述甚多,保存了不少有关云南的诗文及历史资料。云南人民怀念他,至今还有不少关于他的传说和遗物。杨升庵在云南住得较久的地方要算昆明高峣,他的住处名叫"碧峣精舍"或"海庄",后人于此建祠纪念,即杨太史祠。

杨太史祠在今徐霞客小学与普贤寺之间,居高临下,背山面水,憩览甚适。近年经过整修,普贤寺并入,建立杨升庵纪念馆和徐霞客纪念馆,为云南省级重点文物保护单位。

〔七〕华亭寺:相传大理时善阐侯高家曾在华亭寺原址修建别墅,高家的后人给此山取名华亭山,名称沿用到现在。元代修建了圆觉寺,明代即称华亭寺。

〔八〕墀(chí迟):台阶。

〔九〕明一统志云南府寺观:"太华寺,在太华山顶,元赛典赤建,俯瞰滇池,僧佛财于寺中建为高阁,本朝都督沐昂为匾曰'一碧万顷'。"太华寺在明代为西山最大的寺院,此阁即指一碧万顷阁。该寺环境清幽,至今仍以茶花、玉兰、桂花等名花取胜。

〔一○〕罗汉寺:即今三清阁建筑群。

〔一一〕滇池被海埂分为两部分。北部即草海,明时又称西湖,湖水较浅,湖面较小。南部即水海,又称外海或昆阳海,湖水较深,湖面宽广。

〔一二〕仞(rèn刃):古代长度单位。各时期标准有变化,周制为八尺,汉制为七尺,东汉末则为五尺六寸。

〔一三〕梁王:元代封在云南地区的皇族,他们经常以皇帝的代理人身份在云南进行统治,甚至干预和监督行省的一切事务,在王府管辖范围内享有绝对权力。梁王避暑宫即明代所称南庵,今已不存,其址约在今龙门下。

〔一四〕今西山自此以南,还有从绝壁上凿出的数百米曲折蜿蜒的隧道和凤凰洞、慈云洞、云华洞、达天阁等石室,总称龙门石刻。系清代贫穷道士吴来清及附近数十户石工,从乾隆四十六年至<u>咸丰三年</u>(公元 1781～1853 年),在前后 72 年内冒着生命危险断断续续开凿出来的,成为<u>西山</u>风景最精彩的部分。

〔一五〕此即今<u>山邑村</u>,又称<u>龙门村</u>。从<u>三清阁</u>门口到<u>龙门村</u>足有石阶千级,此路称为<u>千步崖</u>。

〔一六〕璺(wèn 问):裂蠸,破而未离称为璺。

〔一七〕绝遘(gòu 构):绝难遇见的。

〔一八〕<u>西山</u>绝顶<u>美女峰</u>海拔 2511 米,比<u>滇池</u>水面高出 625.5米,为<u>昆明</u>周围诸山的最高点。绝顶周围一片石萼,今俗称<u>小石林</u>。

〔一九〕逊(xùn 训):差,不如。

〔二〇〕<u>黑龙池</u>:今称<u>小黑龙洞</u>,据<u>钱凤娟</u>踏勘,有一小水潭约0.5 平米,高出<u>滇池</u>三四百米,但终年不盈不涸。旁有小庙称<u>小黑龙庙</u>。详<u>滇池纪事</u>。

滇中花木记 〔一〕

<u>滇</u>中花木皆奇,而山茶、山鹃为最。

山茶〔二〕花大逾碗,攒合成球,有分心、卷边、软枝者为第一。省城推重者,城外<u>太华寺</u>。城中<u>张石夫</u>所居<u>朵红楼</u>楼前,一株挺立三丈余,一株盘垂几及半亩。垂者丛枝密干,下覆及地,所谓柔枝也;又为分心大红,遂为<u>滇</u>城冠。

山鹃〔三〕一花具五色,花大如山茶,闻一路迤西,莫盛于<u>大理</u>、<u>永昌</u>境。

花红〔四〕形与吾地同,但家食时,疑色不称名,至此则花红之实,红艳果不减花也。

〔一〕滇，古代族名，春秋战国至秦汉期间，活动于滇池地区。战国时，楚国庄蹻带兵至其地，"变服从其俗，以长其民"，称为滇王。汉武帝开西南夷（元封二年，公元前109年），在今云南置益州郡，滇的中心设滇池县，成为益州郡治所。后来，滇成为云南省的简称。解放后，曾在晋宁县晋城稍西滇池边的石寨山进行了五次发掘，发现滇王及其王室贵族的墓葬四十八座，出土五千余件精美的青铜器及部分铁器，还有西汉中央赐予的"滇王之印"金印，证明这里就是古滇国的中心。石寨山遗址已被列为全国重点文物保护单位，并建立了标识。这些精美的铜器，为恢复古代滇族的社会生活和阶级关系，提供了生动的资料，现珍藏在云南省博物馆里。

〔二〕山茶：明代云南的山茶已很著名，明人王象晋的群芳谱载："山茶一名曼陀罗，树高者丈余，低者二三尺。枝干交加，叶似木樨，梗有棱，稍厚，中阔寸余，两头尖，长三寸许，面深绿光滑，背浅绿，经冬不脱。以叶似茶，又可作饮，故得茶名。""闻滇南有二三丈者，开至千朵，大于牡丹，皆下垂，称绝艳矣。"该书记载了山茶的二十个品种，但他还说"不可胜记"。现云南茶花已达105种，被逐步移植到其他省和国外。

〔三〕山鹃：即杜鹃花，又称映山红，属杜鹃花科，被誉为中国三大名花之一。我国有400多种杜鹃花，其中云南占250多种。云南是杜鹃花类植物最为集中的地方，被认为是世界杜鹃花的发源地。

〔四〕花红：又称林檎、沙果，蔷薇科落叶小乔木。果实秋季成熟，为红色或黄色，果味似苹果。

游颜洞记〔一〕

临安府颜洞凡三，为典史〔二〕颜姓者所开，名最著。余一至滇省，每饭未尝忘钜鹿〔三〕也。遂由省中南过通海县〔四〕，游县南之秀山〔五〕。上一里半，为灏穹宫。宫前巨山茶二株，曰红云殿。宫建自万历初，距今才六十年，山茶树遂冠南土〔六〕。又南抵临安府〔七〕。城南临泸江〔八〕；此江西自石屏州〔九〕异龙湖来，东北穿出颜洞；而合郡众水，亦以此洞为泄水穴也。

于是觅一导游者于城东接待寺。颜洞大道，当循城而南，渡泸江桥；导者从寺前隔江东北小路行，遂不得渡泸江，东观三溪会合处。由寺北循塘岸东行，塘东皆红莲覆池，密不见水。东北十五里，渡赛公桥。水自西北来，东南入泸。又五里，上山，为金鸡哨。哨南泸江会诸水，由此东入峡。峡甚逼，水倾其中，东抵洞口尚里余。望洞顶石崖双劈，如门对峙，洞正透其下，重冈回夹之，不可得见。求土人导入，皆曰："水涨流急，此非游时。若两月前水涸，可不桥而入；今即有桥，亦不能进，况无桥耶！"桥非一处，每洞中水深处，辄架木以渡。往例按君来游，架桥费且百金，他费亦百金。土人苦之，乘普酋兵变，托言洞东即阿迷境，叛人尝出没此，遂绝官长游洞者。余必欲一至洞门，土人曰："须渡江南岸，随峡入，所谓泸江桥大道也。"始悔为导者误，乃舍水洞，觅南明、万象二陆洞。

从哨东下坡，复上山登顶。东瞰峡江环峡东入，洞门即在东峡下。余所登山处，正与其上双崖平对，门犹为曲掩，但见峭崖西向，涌水东倾，捣穴吞流之势，已无隐形矣。东北三里，逾岭脊下山。

二里,则极东石壁回耸,如环半城,下开洞门北向。余望之有异,从之直下,一里,抵峡中。又一里半,抵东壁下。稍南上,洞门廓然,上大书"云津洞",盖水洞中门也。游颜洞以云津为奇:从前门架桥入,出后门,约四五里,暗中傍水行,中忽辟门延景,其上又绝壁回环,故自奇绝。余不能入其前洞,而得之重崿绝巘间,且但知万象、南明,不复知有云津也,诚出余意外。遂瞰洞而下。洞底水从西南穴中来,盘门内而东,复入东南穴去。余下临水湄,径之,水阔三丈,洞高五六丈,而东西当门透明处,径可二十丈。但水所出入,直逼外壁,故非桥莫能行。出水西穴,渐暗不可远窥;东为水入穴处,稍旁拓,隔水眺之,中垂列乳柱,缤纷窈窕。复上,出洞外,上眺东南北三面,俱环壁无可上。仍西出旧道,北上山。东一里,逾岭,已陟东壁回环上,岭坞中东向一里。其地南北各起层峰,石崖时突,万象洞即在北崖上,乃导者妄谓在南崖下。直下者一里,抵南崖。一洞东向,高四丈,水从中涌出,两崖角起,前对为峡,水出洞破峡,势极雄壮,盖水洞后门也。又东二里,抵老鼠村,执途人问之,万象洞在西北岭上,即前所从下山处,洞甚深,历降而下,底与水洞通。余欲更至洞门,晚色已合,去宿馆尚十里〔一〇〕。念此三洞,慕之数十年,趋走万里,乃至而叛彝阻之,阳侯隔之〔一一〕,太阳促之,导人又误之,生平游屐,斯为最厄矣〔一二〕!

〔一〕嘉庆重修一统志临安府山川载:"石岩山,在建水县东十五里,或谓之蒙山。山麓有洞,异龙湖泸江诸水流入其中,复出入阿迷州界。府志:山麓有洞三。一曰水云洞,亦名云津洞,亦名中洞,亦名岩洞,门前虚敞,可容数百人,泸江之水赴以为壑,冬月水落,架桥列炬而入,石笋倒垂,如龙蛇虎豹之状,旋转回合,几二十里。一曰南明洞,在水云洞后,上有两窍,阳光射入,见石床丹灶。一曰万象洞,与南明洞相连,势更峻绝,历级而上,隐隐闻风雷声。通志:昔迁客阎闳所辟,又称阎洞,亦曰句町三洞。"今仍称颜洞。为建水县的风景胜地。

〔二〕典史:知县下面掌管缉捕、监狱的属官。

〔三〕钜(jù巨)鹿:古郡名,治钜鹿,在今河北平乡县西南。

〔四〕通海县:隶临安府,即今通海县。

〔五〕秀山:嘉庆重修一统志临安府山川载,秀山"又名青山,又名螺峰,列翠如屏,黄龙居左,白马居右,俯瞰城郭。滇志:宋开禧元年(公元1205年),段氏就秀山建启祥宫,山半有判府泉,因爨判而名。"大理时置秀山郡,因山名郡,反映秀山在大理时已很著名。秀山与通海城相连,风景秀丽,文物古迹甚多。由毓秀坊登山,沿途古刹亭阁参差,重要的有普光寺、灏穹宫、涌金寺等建筑群。普光寺有元代宣光七年(公元1377年)古碑。附近有空心砂石岩钵,淙淙流水,可容数挑,即古判府泉。灏穹宫原名启祥宫,规模宏敞,即霞客欣赏茶花处。宫后有建文帝祠,杨升庵书额"慈仁寺"。再上为清凉台,传说建文曾驻锡于此。山顶有涌金寺,为段思平重建,铸铜佛百余尊,惜已不存。今有古柏两棵,传为宋代人所植。登古柏阁远眺,可饱览杞麓湖浩渺的波光和通海坝子如画的村舍田畴。现建为秀山公园供游人登临。

〔六〕秀山山茶还有更早的记录。元混一方舆胜览载:"秀山,山有山茶一株,花如木芍药,中原所未见也。"

〔七〕临安府:建水州附郭,即今建水县。雄伟的迎晖门(东门)城楼至今仍存,上有明代洪武二十五年(公元 1392 年)临安卫铸的大铜钟。

〔八〕泸江:今名同。异龙湖水从泸江经建水、开远,流入南盘江。

〔九〕石屏州:隶临安府,即今石屏县。

〔一〇〕滇游日记二八月十八日记:"自初一漾田晴后,半月无雨。"漾田,今名同,在建水县东境,位于古代临安到阿迷的大道上,正当颜洞稍东"去宿馆尚十里"的位置。则霞客游颜洞的时间,当为戊寅(崇祯十一年,公元 1638 年)七月的最末一天。当晚宿漾田,第二天启行,天晴。

〔一一〕阳侯:古代传说中的水神名。

〔一二〕颜洞为一水二陆共三洞组成的溶洞群。水洞有三门,泸江从前门(水云洞)流入,约四五里在中门(云津洞)稍出现又入洞,约二三里自后门(岩洞)涌出。另有二陆洞即万象洞和南明洞。由于误导,霞客错走泸江东北小路,仅得遥望水云洞绝壁,后转至中门,见"云津洞"刻石。后又因导者所误,错过近在北崖上的万象洞和西岭上的南明洞,而绕走南崖下,到水洞的后门。

随笔二则

黔国公〔一〕沐昌祚卒,孙启元嗣爵〔二〕。邑诸生往祭其祖,中门启,一生翘首内望,门吏杖箠之。多士怒,亦箠其人,反为众桀奴所伤,遂诉于直指金公。公讳瑊〔三〕,将逮诸奴,奴耸启元先疏诬多士。事下御史,金逮奴如故。启元益嗔〔四〕,征兵祭蘽〔五〕，环直指门，发巨炮恐之，金不为动。沐遂掠多士数十人，毒痛之，囊其首于木。金戒多士毋与争，急疏闻。下黔督张鹤鸣勘〔六〕，张奏以实。时魏珰专政，下调停旨，而启元愈猖狂不可制。母宋夫人惧斩世绪，泣三日，以毒进，启元陨，事乃解。宋夫人疏请，孙稚未胜爵服，乞权署名，俟长赐袭。会今上登极〔七〕，怜之，辄赐敕实授。即今嗣公沐天波，时仅岁一周支〔八〕也。

普名胜者〔九〕，阿迷州〔一〇〕土寇也。祖者辂，父子为乱三乡、维摩间。万历四十二年，广西郡守萧以裕，调宁州〔一一〕禄土司兵合剿，一鼓破之，辂父子俱就戮，始复维摩州〔一二〕，开三乡县〔一三〕。时名胜走阿迷，宁州禄洪欲除之。临安守梁贵梦、郡绅王中丞抚民，畏宁州强，留普树之敌，曲庇名胜。初犹屯阿迷境，后十余年，兵顿强，残破诸土司，遂驻州城，尽夺州守权。崇祯四年，抚臣王伉忧之，裹毡笠，同二骑潜至州，悉得其叛状，疏请剿。上命川、贵四省合剿之。石屏龙土司兵先薄漾田，为所歼。三月初八日，王中丞亲驻临安，布政周士昌〔一四〕统十三参将〔一五〕，将本省兵万七千人，逼沈家坟。贼命黎亚选扼之，不得进，相持者二月。五月初二日，亚选自营中潜往为名胜寿，醉返营。一童子泄其事于龙。龙与王土司夜劫之，遂斩黎；进薄州城，环围四月，卒不下。时州人廖大亨任职方郎〔一六〕，贼恃为奥援，潜使使入京纵反间，谓普实不叛，王抚起衅徼功，百姓悉糜烂。于是部郎疏论普地不百里，兵不千人，即叛可传檄定，何骚动大兵为？而王宫谕锡衮、杨庶常绳武〔一七〕，各上疏言宜剿。事下枢部议。先是王抚疏名胜包藏祸心已久，前有司养疽莫发奸，致成难图蔓草，上因切责前抚、按。而前抚闵洪学已擢冢宰〔一八〕，惧勿能自解，即以飞语〔一九〕怂恿大司马〔二〇〕。大司马已先入部郎言,遂谓名胜地不当一县,抚、按比周,张大其事势,又延引日月,徒虚糜县官〔二一〕饷。疏上,严旨逮优及按臣赵世龙。十月十五日,抚、按俱临安就逮。十二月十八,周士昌中铳〔二二〕死,十三参将悉战没。五年正月朔,贼悉兵攻临安,诈郡括万金犒之,受金,攻愈急。迨十六,城垂破,贼忽退师,以何天衢袭其穴也。天衢,江右人,居名胜十三头目之一,见名胜有异志,心不安,妻陈氏力劝归中朝,天衢因乞降,当道以三乡城处之,今遂得其解围力。后普屡以兵攻三乡,各相拒,无所胜,乃退兵,先修祖父怨于宁州。方攻宁时,洪已奉调中原,其母集众目,人犒五金、京青布二,各守要害,贼不得入。后洪返,谓所予太重,责之金,诸族目悉解体。贼谍之,乘之入,洪走避抚仙湖孤山〔二三〕,州为残破。岁余,洪复故土,郁郁死。贼次攻石屏州,及沙土司等十三长官,悉服属之。志欲克维摩州南鲁白城,即大举。鲁白城在广南西南七日程,临安东南九日程,与交趾界,城天险,为白彝所踞。名胜常曰:“进图中原,退守鲁白,吾无忧矣。”攻之三年,不能克。七年九月,忽病死。子福远,方九岁。妻万氏,多权略,威行远近。当事者姑以抚了局,酿祸至今,自临安以东、广西以南,不复知有明官矣! 至今临安不敢一字指斥,旅人询及者,辄掩口相戒,府州文移,不过虚文。予过安庄,见为水西残破者,各各有同仇志,不惜为致命;而此方人人没齿无怨言,不意一妇人威略乃尔! 南包沙土司,抵蒙自县〔二四〕;北包弥勒州〔二五〕,抵广西府;东包维摩州,抵三乡县;西抵临安府:皆其横压之区。东唯三乡何天衢,西唯龙鹏〔二六〕龙在田,犹与抗斗,余皆闻风慑伏〔二七〕。有司为之笼络,仕绅受其羁靮〔二八〕者,十八九。王仉以启衅被逮,后人苟且抚局,举动如此,朝廷可谓有人乎! 夫仉之罪,在误用周士昌,不谙兵机,弥连数月,兵久变生耳。当时止宜责其迟,留策其后效。临敌易帅且不可,遽就军中逮之,亦太甚矣。嗟乎! 朝廷于东西用兵,事事如此,不独西南蠢也!

〔一〕黔国公:沐英为明朝开国勋臣之一,受封为西平侯,后其子孙又进封为黔国公,世袭镇守云南总兵官。他们不但与省的地方机构没有直接隶属关系,甚至"骄凌三司","虐害小民",横行云南,庄田遍布全省,时称"黔府"或"沐府"。

〔二〕孙启元嗣爵　　孙,原作"子"。明史沐英传:"昌祚卒,孙启元嗣。"据改。

〔三〕直指:汉武帝派遣直指使者,衣绣衣,持节发兵,有权诛杀不力的官员。直指,意即指事而行,挺直不阿。

金珹　"金",滇云历年传、康巡云南通志"沿革大事考"作"余"。

〔四〕益嗔(chēn):越生气。

〔五〕纛(dào 道):古时军队或仪仗队的大旗。

〔六〕张鹤鸣　原误倒为"张鸣鹤",据明史张鹤鸣传改。

〔七〕今上登极:指朱由检当皇帝,年号崇祯,时在公元1628 年。

〔八〕岁一周支:"支"指地支,古人通常用十二地支计年,岁一周支即一轮地支,才 12 岁。据张履程明黔宁王沐氏世袭事略,沐启元死,"崇祯三年,子天波袭。天波,字玉液,年十二,事不自专,必禀命于母。"

〔九〕普名胜:即普名声。明史云南土司传一载:"普维藩者,与宁州禄氏构兵，师歼焉。维藩子名声，幼育于官，既长，有司俾继父职。名声收拾旧部，勇于攻战，从讨奢安有功，仍授土知州，渐骄恣。崇祯五年(公元1632年)，御史赵洪范按部，名声不出迎。已，出戈甲旗帜列数里。洪范大怒，谋之巡抚王伉，请讨，得旨。官军进围州城，名声恐，使人约降，而阴以重赂求援于元谋土官吾必奎。时官军已调必奎随征，必奎与名声战，兵始合，佯败走。官军望见，遂大溃，布政使周士昌战死。朝廷以起衅罪伉，逮治，而名声就抚。然骄恣益甚，当事者颇以为患。已而广西知府张继孟道出阿迷，以计毒杀之。"崇祯七年(公元1634年)张继孟用计毒杀于弥勒息宰，其妻万氏改嫁王弄山副长官沙定州。

〔一〇〕阿迷州：隶临安府，治今开远市。盘江考又作"阿弥州"。

〔一一〕宁州：隶临安府，即今华宁县。

〔一二〕维摩州：隶广西府，治今砚山县北境的维摩。道光云南通志卷35引旧云南通志载，维摩新废州城"在丘北西阿宁乡，明崇祯四年(公元1631年)徙州治于此，康熙九年(公元1670年)州废城存。"明末维摩州治在今丘北县下寨马头山的旧城。

〔一三〕三乡县：明史地理志载，维摩州"西有三乡城，万历二十二年(公元1594年)筑"。万历四十二年(公元1614年)正式开三乡县。三乡城在今丘北县治稍西下寨马头山的新城。

〔一四〕周士昌　原作"周世昌"，据明史云南土司传改。下同。

〔一五〕参将：明在边区军事要地设参府，分守各路。主持参府的统兵官即参将，又称参戎，位在总兵、副总兵之下，无定员。

〔一六〕职方郎：明代于兵部设职方司，掌管疆域图籍、军制、城隍、镇戍、简练、征讨等事。职方司的长官称职方郎。

〔一七〕王锡衮:云南禄丰人,官至大学士,明末为沙定洲所执杀。　　杨绳武:字念尔,云南弥勒人,崇祯时中进士,选庶常授监察御史,官至兵部侍郎。

〔一八〕擢(zhuó 浊):提升。　　冢宰:周官名,为六卿之首。后世亦称吏部尚书为冢宰。

〔一九〕飞语:没有根据的流言,或恶意的诽谤。

〔二〇〕大司马:汉武帝时改太尉置大司马,为全国军事首脑。后来则用作高级武官的专称,明代亦别称兵部尚书为大司马。

〔二一〕县官:朝廷,官府。

〔二二〕铳(chòng 冲):古代的一种火器。

〔二三〕孤山:读史方舆纪要卷 115 载:"海瀛山,在府东南,特起湖中,四壁如削,凭虚视下,竞秀争流。一名孤山。"又名环玉山。今仍称孤山。位于抚仙湖南部,面积约 0.5 平方公里。其上原来殿阁甚多,后毁于战火。近年重建亭阁。

〔二四〕蒙自县:隶临安府,即今蒙自市。

〔二五〕弥勒州:隶广西府,即今弥勒县。

〔二六〕龙鹏:今作龙朋,在石屏县北境。

〔二七〕慑(shè 摄)伏:慑于威势而屈服。

〔二八〕靮(dí 敌):马缰绳。

滇游日记二^{〔一〕}

戊寅(崇祯十一年,公元 1638 年)**八月初七日**

余作书投署府何别驾^{〔二〕},求广西府志。是日其诞辰,不出堂,书不得达。入堂阅其四境图,见盘江自其南界西半入境,东北从东界之北而去,不标地名,无从知其何界也。

初八日

何收书欲相见,以雨不往。

初九日

余令顾仆辞何,不见;促其志,彼言即送至,而终不来。是日,复大雨不止。

初十日

何言觅志无印就者,已复命杀青^{〔三〕}矣。是日午霁,始见黄菊大开。菊惟黄色,不大。又有西番菊。

广西府西界大山^{〔四〕},高列如屏,直亘南去,曰草子山。西界即大麻子岭,从大龟来者。东界峻逼,而西界层叠,北有一石山,森罗于中,连络两界,曰发果山。东支南下者结为郡治;西支横属西界者,有水从穴涌出,甚巨,是为泸源,经西门大桥而为矣邦池〔五〕之源者也。通海〔六〕从穴涌出,此海亦从穴涌出。然此海南山复横截,仍入太守塘〔七〕山穴中,尤为异也。广福僧言,此水入穴即从竹园村〔八〕北龙潭出,未知果否?恐龙潭自是锡冈北坞水,此未必合出也。矣邦池俗名海子,又曰龙甸。　　　此泸江非广中泸江也。泸江在南,而此水亦窃其名,不知何故。矣邦池之南,复有远山东西横属,则此中亦一南北中洼之坑,而水则去来皆透于穴矣。此郡山之最远者也。

发果山圆若贯珠,横列郡后。东下一支曰奇鹤峰,则学宫所托;西下一支曰铁龙峰,则万寿寺所倚;而郡城当其中环处。城之东北,亦有一小石峰在其中,曰秀山,上多突石,前可瞰湖,后可揽翠。城南濒湖,复突三峰:东即广福,曰灵龟山;中峰最小,曰文笔峰,建塔于上;而西峰横若翠焉。即名翠屏。此郡山之近者也。秀山前有伏波将军庙,后殿为伏波像,前殿为郡守张继孟祠。张,扶风〔九〕人,以甲科守此。壬申〔一○〕为普酋困,城岌岌矣。张奋不顾身,固保城隍,普莫能破,城得仅存。先是张梦马伏波示以方略,后遂退贼。二月终,亲莅息宰河〔一一〕招抚焉。州人服其胆略,贼称为"舍命王"云。

新寺即万寿寺。当发果西垂之南,其后山石嶙峋,为滇中所无。其寺南向,后倚峭峰,前临遥海,亦此中胜处。前有玉皇阁,东为城隍庙,俱在城外。

泸源洞在城西北四里。新寺后山西尽,环坞而北,其中乱峰杂沓,缀以小石蚰,皆削瓣骈枝,标青点翠。北环西转,而泸源之水,涌于下穴,泸源之洞,辟于层崖,有三洞焉。上洞东南向,前有亭;下洞南向,在上洞西五十步,皆在前山之南崖。后洞在后山之北冈,其上如瞀井。从井北坠穴而下二十步,底界而成脊,一穴东北下而小,一穴东南下而廓。此三洞之分向也。其中所入皆甚深,秉炬穿隘,屡起屡伏,乳柱纷错,不可穷诘焉。

〔一〕 自戊寅八月初七日起,至十二月二十二日日记,<u>徐</u>本在第八册,题曰"<u>滇</u>",有提纲云:"自<u>广西府</u>、<u>师宗州</u>、<u>罗平州</u>、<u>步雄</u>、<u>黄草坝</u>、<u>亦佐县碧峒</u>、<u>黄泥河</u>、<u>亦佐县</u>、<u>块泽河</u>、<u>罗平桃源</u>、<u>陆凉马场</u>、<u>海崖</u>、<u>箐口</u>、<u>越州卫</u>、<u>龙塘河</u>、<u>曲靖府</u>、<u>沾益州交水</u>、<u>翠峰山</u>、<u>寻甸府</u>、<u>嵩明州</u>、<u>邵甸</u>,还至省城。再自省城往<u>晋宁州</u>,由<u>晋宁</u>往<u>昆阳</u>、<u>海口</u>、<u>安宁州</u>、<u>汤池</u>、<u>碧鸡关</u>、<u>进耳</u>、<u>棋盘</u>,又还省城。自省城往<u>筇竹</u>、<u>妙高</u>、<u>天生桥</u>、<u>富民县河上洞</u>、<u>武定府狮子山</u>、<u>元谋县雷应山</u>、<u>金沙江</u>、<u>官庄</u>、<u>大姚县</u>、<u>姚安府</u>、<u>洱海卫至鸡足山</u>。"<u>史夏隆</u>序本提纲末有"穷<u>盘江</u>源"四字。

〔二〕 别驾:<u>汉</u>设别驾从事史,为州刺史的佐吏,刺史巡视辖境时,别乘驿车随行,故称别驾。至<u>宋</u>,诸州置通判,为府州长官的行政助理,职责近似别驾。<u>明</u>时,各府通判分掌粮运及农田水利等事务,也相沿称为别驾。

〔三〕 杀青:古人最初无纸,文字都是用毛笔蘸墨写在狭长的竹片上,但新鲜竹片易受虫蛀朽坏,而且青皮不易吸墨,故先用火将竹烘干,使竹筒内的水分象汗样冒出来,叫做"杀青"、"汗简"。一说初稿写在青竹皮上,易于改抹,定稿时,把青皮刮掉,写在竹白上,不再改动,叫做"杀青"。后泛指书稿写定为杀青,此处杀青指用纸印刷。

〔四〕广西府:明代设广西府,治今泸西县城中枢镇。广西府辖师宗、弥勒、维摩三州,跨有南盘江两侧。泸源洞即今阿庐古洞,为著名风景名胜区。

〔五〕矣邦池:明一统志广西府山川载:"矣邦池,在府治南,周三十余里,半跨弥勒州界。水源有二,一出阿卢山麓石窍,一出弥勒州吉双乡,南流入盘江。中有小山,建广福寺。"矣邦池原在泸西县南,今已不存。

〔六〕通海:此指通海湖。明一统志临安府山川载:"通海湖,在通海县北三里,源自河西县,流注为湖,周八十里。相传昔水涝不通,有僧于县治东北石笋丛立处,以杖穿穴泄其水,因名通海。"今称杞麓湖,湖水面积 42.3 平方公里,东西长 15.5 公里,南北宽 0.8～5.6 公里,湖岸线长约 64 公里,平均水位海拔 1731.5 米,平均水深 4 米,最深处达 15 米。无明显出口,从东南部岳家营附近的落水洞泄为地下暗河,再出露地表,注入南盘江。

〔七〕太守塘:应即知府塘,在矣邦池南部,为矣邦池尾闾。

〔八〕竹园村:明设竹园村巡检,今仍名竹园,在弥勒县南境。

〔九〕扶风:明置扶风县,在今陕西扶风。

〔一〇〕壬申:即崇祯五年,公元 1632 年。

〔一一〕息宰河:即游记盘江考中巴甸江下游流经息宰的一段,亦即今甸溪河下游,在弥勒县南境。

十一日

大雾。上午出西门,过城隍庙、玉皇阁前。西一里,转新寺西峰之嘴而北。又北一里,见西壑涨水盈盈,而上洞在其西北矣。由岐路一里抵山下，历级游上洞。望洞西有寺，殿两重，入憩而瀹水为餐。余因由寺西观水洞。还寺中索炬，始知为洞有三，洞皆须火深入。下午，强索得炬，而火为顾仆所灭，遍觅不可得。遥望一村，在隔水之南，涨莫能达，遂不得为深入计。聊一趋后洞之内，披其外扃，还入下洞之底，探其中门而已。仍从旧路归，北入新寺，抵暮而返。

十二日

早促何君志，犹曰即送至；坐寓待之，拟一至即行；已而竟日复不可得。晚谓顾仆曰："志现装钉，俟钉成帙，即来候也。"

余初以为广西郡人必悉盘江所出，遍征之，终无谙者。其不知者，反谓西转弥勒，既属颠倒。其知者，第谓东北注罗平，经黄草坝下，即莫解所从矣。间有谓东南下广南，出田州，亦似揣摩之言，靡有确据也。此地至黄草坝，又东北四五日程。余欲从之，以此中淹留日久，迤西之行不可迟，姑留为归途之便。

广西府鹦鹉最多，皆三乡县所出，然止翠毛丹喙〔一〕，无五色之异。

三乡县，乃甲寅〔二〕萧守所城。

维摩州，州有流官，只居郡城，不往州治。二处皆藉何天衢守之，以与普拒。

广福寺在郡城东二里，吉双乡在矣邦池之东南，与之对。而弥勒州在郡西九十里。一统志乃注寺在弥勒东九十里，乡为弥勒属，何耶？岂当时郡无附郭〔三〕，三州各抵其前为界，故以属之弥勒耶？然今大麻子哨西，何以又有分界之址也？

十三日

中夜闻雷声,达旦而雨。初余欲行屡矣,而日复一日,待之若河清焉!

  自省至临安,皆南行。自临安抵石屏州,皆西北。自临安抵阿迷,皆东北。自阿迷抵弥勒,皆北行。自弥勒抵广西府,皆东北。

十四日

再令顾仆往促志,余束装寓中以待。乍雨乍霁。上午得回音,仍欲留至明晨云。乃携行李出西门,入玉皇阁。阁颇宏丽,中乃铜像,而两庑塑群仙像,极有生气,正殿四壁,画亦精工。遂过万寿寺,停行李于其右庑。饭后登寺左铁龙峰之脊,石骨棱棱,皆龙鳞象角也。志又称为天马峰,以其形似也。既下,还寺中,见右庑之北有停枢焉,询之,乃吾乡徽郡游公枢也。游讳大勋,任广西三府。征普时,游率兵屯郡南海梢,以防寇之冲突。四年四月,普兵忽乘之,游竟没于阵。今其子现居其地,不得归,故停枢寺中。余为慨然。是晚,遇李如玉、杨善居诸君作醮〔四〕寺中,屡承斋饷。僧千松亦少解人意。是晚月颇朗。

十五日

余入城探游君之子,令顾仆往促何君。上午,出西门,游城隍庙。既返寺,寺中男妇进香者接踵。有吴锡尔者,亦以进香至,同杨善居索余文,各携之去,约抵暮驰还。抵午,顾仆回言:“何君以吏钉志久迟,扑数板,限下午即备,料不过期矣。”下午,何命堂书〔五〕送志及程仪〔六〕至,余作书谢之。是晚为中秋,而晚云密布,既暮而大风怒吼。僧设茶于正殿,遂铺馂而卧。

十六日

雨意霏霏，不能阻余行色。而吴、杨文未至，令顾仆往索之。既饭，杨君携酒一樽，侑〔七〕以油饼熏凫，乃酌酒而携凫饼以行。从玉皇阁后循铁龙东麓而北，一里，登北山而上。一里逾其坳，即发果山之脊也，志又谓之九华山。盖东峰之南下者为奇鹤，为学宫所倚；西峰之南下者为铁龙，为万寿寺之脉；中环而南突于城中者，为钟秀山：其实一山也。从岭上平行，又北三里，始见泸源洞在西，而山脊则自东界大山横度而西，属于西界，为郡城后倚。然泸源之水，穿其西穴而出，亦不得为过脉也。从岭北行，又五里而稍下，有哨在坞之南冈，曰平沙哨，郡城北之锁钥也。其东即紫微之后脉，犹屏列未尽；其西则连峰蜿蜒，北自师宗南下为阿卢山；界坞中之水，而中透泸源者也。由哨前北行坞中，六里，有溪自北而南，小石梁跨之，是为矣各桥。溪水发源于东西界分支处，由梁下西注南转，坞穷而南入穴，出于泸源之上流也。又北六里，有村在西山之半，溪峡自东北来，路由西北上山。一里，蹑岭而上，二里，遂逾西界之脊，于是瞰西坞行。坞中水浸成堑，有村在其下；其西复有连山自北而南，与此界又相持成峡焉。从岭上又北四里，乃西北下西峡中，一里抵麓。复循东麓北行十五里，复有连冈属两界之间，有数家倚其上，是为中火铺，有公馆〔八〕焉。按志，师宗南四十里有额勒哨，当即此矣。饭，仍北行峡中。其内石峰四五，离立峥嵘。峡西似有溪北下，路从峡东行，两界山复相持而北。坞中皆荒茅沮洳，直抵师宗，寂无片椽矣。闻昔亦有村落，自普与诸彝出没莫禁，民皆避去，遂成荒径。广西李翁为余言："师宗南四十里，寂无一人，皆因普乱，民不安居。龟山督府今亦有普兵出没。路南〔九〕之道亦梗不通。一城之外，皆危境云。"龟山〔一〇〕为秦土官寨。其山最高，为弥勒东西山分脉处。其西即北属陆凉，西属路南，为两州间道。向设督捕城〔一一〕，今渐废弛。秦土官为昂土官所杀，昂复为普所掳。今普兵不时出没其地，人不敢行，往路南、澂江者，反南迂弥勒，从北而向革泥关〔一二〕焉。盖自广西郡城外，皆普氏所慑服。即城北诸村，小民稍温饱，辄坐派其赀以供，如违，即全家掳掠而去。故小民宁流离四方，不敢一鸣之有司〔一三〕，以有司不能保其命，而普之生杀立见也。北行二十里，经坞而西，从坞中度一桥，有小水自南而北，涉之，转而西北行。暝色已合，顾仆后，余从一老人、一童子前行，踯躅昏黑中。余高声呼顾仆，老人辄摇手禁止，盖恐匪人闻声而出也。循坡陟坳十里，有一尖峰当坳中，穿其腋，复西北行。其处路甚泞，蹂水交流，路几不辨。后不知顾仆趋何所，前不知师宗在何处，莽然随老人行，而老人究不识师宗之远近也。老人初言不能抵城，随路有村可止。余不信。至是不得村，并不得师宗，余还叩之〔一四〕。老人曰："余昔过此，已经十四年。前此随处有村，不意竟沧桑莫辨!"久之，渐闻犬吠声隐隐，真如空谷之音，知去人境不远。过尖山，共五里，下涉一小溪，登坡，遂得师宗城焉。抵东门，门已闭，而外无人家。循城东北隅，有草茅数家，俱已熟寝。老人仍同童子去。余止而谋宿，莫启户者。心惶惶念顾仆负囊，山荒路寂，泥泞天黑，不知何以行？且不知从何行？久之，见暗中一影，亟呼而得之，而后喜可知也!既而见前一家有火，趋叩其门。始固辞，余候久之，乃启户入。瀹汤煮杨君所贻粉糕啖之，甘如饴也。濯足藉草而卧，中夜复闻雨声。主人为余言："今早有人自府来，言平沙有沙人〔一五〕截道。君何以行？"余曰："无之。"曰："可征君之福也。土人与之相识，犹被索肥始放，君之不遇，岂偶然哉!即此地外五里尖山之下，时有贼出没。土人未晚即不敢行，何幸而昏夜过之!"

师宗〔一六〕在两山峡间，东北与西南俱有山环夹。其坞纵横而开洋，不整亦不大。水从东南环其北而西去，亦不大也。城虽砖甃而甚卑。城外民居寥寥，皆草庐而不见一瓦。其地哨守之兵，亦俱何天衢所辖。

城西有通玄洞，去城二里，又有透石灵泉，俱不及游。

十七日

晨起，雨色霏霏。饭而行，泥深及膝，出门即仆。北行一里，有水自东南坞来，西向注峡而去，石桥跨之，为绿生桥。过桥，行坞中一里，北上坡。遵坡行八里，东山始北断成峡，水自峡中西出，有寨当峡而峙，不知何名。余从西坡北下，则峡水西流所经也。坡下亦有茅舍数家，为往来居停之所，是曰大河口。河不甚巨，而两旁沮洳特甚，有石梁跨之，与绿生同，其水势亦与绿生相似。过桥北行，度坞。坞北复有山自东北横亘西南，一里陟其坡，循之东向行。三里，越坡东下。坞中沮洳，有小水自北而南入大河。溪上流有四五人索哨钱于此，因架木为小桥以渡。见余，不索哨而乞造桥之犒，余畀以二文，各交口称谢。既渡，半里，余随车路东行，诸人哄然大呼，余还顾，则以罗平大道宜向东北，余东行为误故也。亟还，从东北半里，复上坡东行，于是皆荒坡遥陇，风雾远迷，重茅四塞。十五里，东逾冈，始望见东北冈上有寨一屯，其前即环山成洼，中有盘壑，水绕其底而成田塍〔一七〕，四顾皆高，不知水从所出。从冈东下一里，越坞中细流。其坞与流，皆自南而北，即东通盘壑者。又东上一里，循壑之南脊行，与所望北冈之寨正隔坞相对矣。又逾东冈稍下一里，则盘壑之东，有峡穿陇中而至，其峡自东南大山破壁而至者。峡两崖皆亘壁，其上或中剖而成峡，或上覆而成梁，一坞之中，倏断倏续，水亦自东南流穿盘錾，但錾中不知何泄。时余从石梁而度，水流其下，不知其为梁也。望南北峡中水，一从梁洞出，一从梁洞入。乃从梁东选石踞胜，瞰峡而坐。睇其下，如连环夹壁，明暗不一，曲折透空，但峡峭壁削，无从下穿其穴耳。于是又东，愈冈坞相错，再上再下。八里，盘岭再上，至是夙雾尽开，北有削崖近峙，南有崇岭遥穹。取道其间，横陟岭脊，始逼北崖，旋向南岭。二里，复逾高脊，北转东下。二里，有茅当两峰峡间，前植哨竿，空而无人，是曰张飞哨，山中之最幽险处也。又东下三里，悬錾深阒，草木蒙密，泥泞及膝，是名偏头哨。哨不见居庐，路口止有一人，悬刀植枪而索钱，余不之与而过。此哨之南即南穹崇岭，罗平贼首阿吉所窟处，为中道最险，故何兵哨守焉；又名新哨，而师宗界止此矣。过哨，又东上岭。岭更峻，石骨棱厉。二里跻其巅，是为罗平、师宗之分界，亦东西二山之分界也。岭重山复，上下六十里，险峻为迤东之冠。其山盖南自额勒度脉，分支北下，结成崇岭，北度此脊而为白腊、束龙，而东尽于河底、盘江交会处者也。从岭上东向平行，其间多坠錾成穿，小者为智井，大者为盘洼，皆丛木其中，密不可窥，而峰头亦多树多石，不若师宗皆土山茅脊也。平行岭上五里，路左有场，宿火树间，是为中火铺，乃罗平、师宗适中之地。当午，有土人担具携炊，卖饭于此，而既过时辄去，余不及矣，乃冷餐所携饭。又东一里，渐下。又一里，南向下丛中。其路在箐石间，泥泞弥甚。一里，遂架木为栈，嵌石隙中，非悬崖沿壁，而或断或续，每每平铺当道，想其下皆石孔智井，故用木补填之也。又东下一里，始出峡口。回顾西錾，崇岭高悬，皆丛箐密翳，中有人声，想有彝人之居，而外不能见。东眺则南界山冈平亘，北界则崇峰屏立,相持而东。于是循北坡东行。三里,复北上坡,直抵北界峰腰,缘之。三里,峰尽东下,有坞纵横,一坞从北峡来,一坞从东峡来,一坞从西峡来,一坞向东南去。时雨色复来,路复泥泞,计至罗平尚四十里,行不能及,闻此中有营房一所可宿,欲投之。四顾茫无所见,只从大道北转入峡,遂缘峡东小岭而上。一里,忽遇五六人持矛挟刃而至,顾余曰:"行不及州矣。"予问:"营房何在?"曰:"已过。""可宿乎?"曰:"可。"遂挟余还。盖此辈即营兵,乃送地方巡官过岭而返者。仍一里,下山抵坞中,乃向东坞入。半里,抵小峰之下,南向攀峰而上,峻滑不可着足。半里登其巅,则营房在焉。营中茅舍如蜗,上漏下湿,人畜杂处。其人犹沾沾谓予:"公贵人,使不遇余辈,而前无可托宿,奈何? 虽营房卑隘,犹胜彝居十倍也。"彝谓黑、白彝与㑩㑩〔一八〕。余颔之。索水炊粥。峰头水甚艰,以一掬濯足而已。

十八日

平明,雨色霏霏。余谓:"自初一漾田晴后,半月无雨。恰中秋之夕,在万寿寺,狂风酿雨,当复有半月之阴。"营兵曰:"不然。予罗平自月初即雨,并无一日之晴。盖与师宗隔一山,而山之西今始雨,山之东雨已久甚。乃此地之常,非偶然也。"余不信。饭后下山。饭以笋为菜。笋出山箐深处,八月正其时也。泞滑更甚于昨,而浓雾充塞,较昨亦更甚。一里,抵昨所入坞中,东北上一里,过昨所返辕〔一九〕处。又一里,逾山之冈,于是或东或北,盘旋岭上。八里稍下,有泉一缕,出路左石穴中。其石高四尺,形如虎头,下层若舌之吐,而上有一孔如喉,水从喉中溢出,垂石端而下坠。喉孔圆而平,仅容一拳,尽臂探之,大小如一,亦石穴之最奇者。余时右足为污泥所染，以足向舌下就下坠水濯之。行未几，右足忽痛不止。余思其故而不得，曰："此灵泉而以濯足，山灵罪我矣。请以佛氏忏法解之。如果神之所为，祈十步内痛止。"及十步而痛忽止。余行山中，不喜语怪，此事余所亲验而识之者，不敢自讳以没山灵也。从此渐东下，五里抵一盘窒中，有小水自北而南，四围山如环堵，此中注之底也，岂南流亦透穴而去者耶？又上东冈，二里逾冈。又东下一里，行坞中者三里，有小水自西北向东南，至是始遇明流之涧，有小桥跨之。既度，涧从东南去，路复东上冈。三里，逾冈之东，始见东坞大辟，自南而北。东界则遥峰森峭，<u>志</u>称<u>罗庄山</u>。骈立东南；西界则崇巘巍峨，<u>志</u>称<u>白蜡山</u>。屏峙西北。东北又有一山，土人称为<u>束龙山</u>。横排于两界缺处，而犹远不睹<u>罗平城</u>，近莫见<u>兴哆啰</u>也。<u>兴哆啰</u>即在山下，以岭峻不能下瞰耳。又东，稍下者二里，峻下者一里，遂抵坞中，则<u>兴哆啰</u>茅舍数间，倚西山东麓焉。从此遂转而北行坞中。其坞西傍<u>白蜡</u>，东瞻<u>罗庄</u>，南去甚遥，则<u>罗庄</u>自西界老脊分枝而东环处也。坞中时有土冈自西界东走，又有石峰自东界西突。路依西界北行，遥望东界遥峰下，峭峰离立，分行竞颖，复见<u>粤西</u>面目。盖此丛立之峰，西南始于此，东北尽于<u>道州</u>，磅礴数千里，为西南奇胜，而此又其西南之极云。过<u>兴哆啰</u>北，一重土冈东走，即有一重小水随之。想土冈之东，有溪北注，以受此诸水。数涉水逾冈，北五里，望西山高处有寨，聚居颇众，此<u>偡偡寨</u>也。又北二里，有池在东冈之下，又北二里，有池在西冈之下，皆冈坞环转，中洼而成者。又北三里，有水成溪，自西而东向注，甚急，一石梁跨之，是为<u>鲁彝桥</u>，桥下水东南数里入穴中。越桥北，始有夹路之居。又北半里，有水自西而东注，其水不及<u>鲁彝</u>之半，即从上流分来，亦东里余而灭,亦一石梁跨之。二水同出于西门外白蜡山麓龙潭中,分流城东南而各坠地穴,亦一奇也。桥之南,始有盈禾之塍。又北半里,入罗平南门。半里,转东,一里,出东门,停憩于杨店。是日为东门之市。既至而日影中露,市犹未散,因饭于肆,观于市。市新榛子、薰鸡蒌还杨店,而雨濛濛复至。时有杨婿姜渭滨者,荆州人,赘此三载矣,颇读书,知青乌术〔二〇〕,询以盘江曲折,能随口而对,似有可据者。先是余过南门桥,有老者巾服而踞桥坐,见余过,拉之俱坐。予知其为土人,因讯以盘江,彼茫然也。彼又执一人代讯,其人谓由澄江返天上,可笑也。渭滨言:"盘江南自广西府流东北师宗界,入罗平之东南隅罗庄山外,抵八达彝寨〔二一〕会江底河,经巴泽、河格、巴吉、兴龙、那贡,至坝楼为坝楼江,遂东南下田州。不北至黄土坝〔二二〕,亦不至普安州。"第坝楼诸处与普安界亦相交错,是南盘亦经普安之东南界,特未尝与东北之北盘合耳。

罗平在曲靖府东南二百余里,旧名罗雄,亦土州也。万历十三年,土酋者继荣作乱,都御史刘世曾奉命征讨,临元道文作率万人由师宗进,夹攻平之,改为罗平〔二三〕。明年,继荣目把董仲文等复叛,羁知州何俅。文作以计出之,复率兵由师宗进,讨平之。今遂为迤东要地。

罗平州城西倚白蜡山下,东南六十里为罗庄山,东北四十里为束龙山。有水自白蜡麓龙潭出,名鲁彝河,东环城,南出鲁彝桥,而东入地穴〔二四〕。其北有分流小水亦如之。此内界之水也。其西有蛇场河,自州西南环州东北,抵江底河,俱在白蜡、束龙二山外。其东南有盘江,自师宗东北入境,东南抵八达,俱在罗庄山外。此外界之水也。

州城砖甃颇整。州治在东门内,俱民,惟东门外颇成阛阓。西南二门,为贼首官霸、仲家巢,在正南八十里乌鲁河〔二五〕师宗界。阿吉偯偯巢,在州西南七十里偏头南大山下,二寇不时劫掠,民不能居。

白蜡山,在城西南十余里,顶高十余里,其麓即在西门外二里。上有尖峰,南自偏头寨,北抵州西北,为磨盘山过脉,而东又起为束龙山者也。此山虽晴霁之极,亦有白云一缕,横亘其腰如带围,为州中一景。

束龙山,在城东北四十里。者继荣叛时,结营其上为巢窟,官兵攻围久之,内溃而破。今其上尚有二隘门。

罗庄山,在城东南六十里。其山参差森列,下多卓锥拔笋之岫,粤西石山之发轫〔二六〕也。

罗平州东至广南八达界二百里,西南至师宗州偏头哨六十里,南至师宗州乌鲁河界八十五里,西南至陆凉蛇场河界一百里,西北至旧越州〔二七〕界发郎九十里,北至亦佐县桃源界一百二十里,东北至亦佐县、黄草坝二百里。

罗平州正西与滇省对,正东与广西思恩府对,正北与平彝卫对,正南与广西府永安哨对。

十九日

坐雨逆旅,阅广西府志。下午,有伍、左、李三生来拜。

二十日

雨阻逆旅。

〔一〕喙(huì 会):鸟兽的嘴。

〔二〕甲寅:即万历四十二年,公元 1614 年。

〔三〕附郭：与府州治所同城的县，称为附郭县。

〔四〕醮（jiào叫）：僧道为除灾去鬼而设的道场。

〔五〕官府治事的地方称堂。知府、知县亦称堂官。府县书吏称堂书。

〔六〕仪（yí）：礼物。程仪：赠送给行者的路费或礼物。有时又省称"程"。

〔七〕侑（yòu又）：陪进食物。

〔八〕公馆：封建政府修建供官府人员旅途停歇的屋舍，多设在交通沿线的重要程站。

〔九〕路南：明置州，隶澂江府，1998年改名石林彝族自治县。

〔一〇〕龟山：即前称"大龟"，今作圭山，在石林县东境。

〔一一〕督捕：州县官署中的杂佐官，负有缉捕之责。

〔一二〕革泥关：明又设革泥巡检司，在今弥勒和石林两县间的大麦地附近。

〔一三〕有司：古代设官分职，事各有其专司，故又称官吏为有司。

〔一四〕叩（kòu扣）：询问。

〔一五〕沙人：民国马关县志稿卷二风俗志载："沙人，本侬人之变种。明末，其酋长沙定洲骁悍，……其部谓之沙人，衣装剪裁另为格式，以示区别，此沙人之由来也。一说该族多居河滨，男妇老稚每于沙滩乘凉，初生小儿以之卧沙上，则无疾易养，故称沙人云。查其语言风俗，与侬人无异，不同处惟裙不加折。以情判之，则前之说转为近似。"沙人系壮族中的布雅侬支系，他们和侬人一样，都是以其统治者的姓氏见称。但景泰云南图经志书载广西府

"有沙蛮",正德云南志说,广西府"沙人善治田",则沙人的名字比沙定洲早得多。

〔一六〕师宗:明置州,隶广西府,即今师宗县。

〔一七〕水绕其底而成田塍 "田"后衍"回"字,据徐本、四库本删。

〔一八〕彝族分布极广,支系复杂,黑彝、白彝都是彝族支系的不同称谓。黑彝即黑罗罗,白彝即白罗罗,又称撒摩都。也有以黑白分贵贱者,景泰云南图经志书卷二说:"罗罗以黑白分贵贱。"直到建国前,四川大凉山彝族还以黑彝、白彝区分贵贱。

〔一九〕辕(yuán 袁):指车辕,即伸出在车前驾车的长木。返辕:折转来往回走。

〔二〇〕青乌术:相传汉代有青乌子,又称青乌先生,精通堪舆相地之术,后世堪舆书多收青乌之说,因称相地术为青乌术,相地的人为青乌。

〔二一〕八达彝寨:游记盘江考中作"巴旦彝寨"。今称八达河或八大河,在罗平县东南隅的盘江北岸,与贵州、广西毗邻。

〔二二〕黄土坝 据所述地望,疑为"黄草坝"。

〔二三〕罗平:明史地理志:"罗平州,元罗雄州。万历十五年(公元1587年)四月更名。"明罗平州隶曲靖府,在今罗平县治罗雄镇。

〔二四〕鲁彝河:今名大干河。

〔二五〕乌鲁河:今作五洛河,在师宗县东南境,从北往南流入南盘江。

〔二六〕轫(rèn 刃):止住车轮转动的木头。开车时须先去轫,故称启程为"发轫"。此处用以比喻此种地形的开始。

〔二七〕越州:今名同,在曲靖市麒麟区南境。明史地理志南宁县:"东南有石堡山,山西有元越州治,洪武二十八年(公元1395年)正月废。"元设越州,明初相沿,后即废,故此称"旧越州"。明代又设越州卫于此。

二十一日

亦雨阻逆旅

二十二日

早犹雨霏霏,将午乃霁。浣濯污衣,且补纫之。下午入东门,仍出南门,登门外二桥,观鲁彝河。询之土人,始知其西出白蜡山麓龙潭,仍东入地穴者也。还入南门,上城行,抵西门。望白蜡山麓,相去仅三里,外有土冈一层回之,鲁彝发源,即从其麓透穴而西出者也。稍北,即东转经北门。其西北则磨盘山峙焉,为州城来脉。城东北隅汇水一塘,其下始有禾畦,即东门接壤矣。其城乃东西长而南北狭者也。

二十三日

晨起,阴云四布,饭而后行。其街从北去,居民颇盛。一里,出北隘门,有岐直北过岭者,为发郎道,其岭即自西界磨盘山转而东行者;板桥大道,从岭南东转。东北向行十里,有村在北山之下,曰发近德〔一〕。其处南开大坞,西南即白蜡,东南即大堡营山。大堡营之南,一支西转,卓起一峰,特立于是村之南,为正案。其南则石峰参差遥列,即昨兴哆啰所望东南界山也。又东,屡有小水南去,渡之。东五里,有石峰突兀当关。北界即磨盘东转之山,南界即<u>大堡山</u>诸石峰，相凑成峡，而石峰当其中，若蹲虎然。由其东南腋行，南界石山森森成队南去，而路渐东北上。五里出当关峰之东，其东垂有石特立，上有斜骞之势，是曰<u>金鸡山</u>，所谓"金鸡独立"也。又东一里，一洞在南小峰下，时雨阵复来，避入其中，饭。又东三里，东上峡脊。其脊即<u>磨盘山</u>东走脉，至此又度而南，为<u>大堡营</u>东山者也。一里，逾脊之东，其上有岐南去，不知往何<u>彝</u>寨。脊东环洼成坞，有小水北下，注东南坞中，稻禾盈塍。有数家倚北峰下，曰<u>没奈德</u>。东峰下有古殿二重，时雨势大至，趋避久之。乃随水下东南峡，峡逼路下，两旁山势，仍觉当人面而起。东行峡中二里，有水自峡南洞穴出，与峡水同东注。又一里，有小石梁跨溪，逾之。从溪南东行，一里，溪北注峡，路东逾冈。一里余，有坞自西北来，环而南，其中田禾芃或〔二〕，村落高下。东二里，有数十家夹路，曰<u>山马彝</u>，亦重山中一聚落也。于是又东北一里，石峰高亘，逾其南坡，抵峰下。又东南一里，有塘在山坞，五六家傍坞而栖，曰<u>挨泽村</u>。又东北二里，为<u>三板桥</u>〔三〕。数家踞山之冈，其桥尚在冈下。时雷雨大至，遂止于冈头上寨。

二十四日

主人炊饭甚早，平明即行。雨色霏霏，路滑殊甚。下坡即有小石梁，其下水亦不大，自西而东注，乃出于西北石穴，而复入东北穴中者。其桥非板而石，而犹仍其旧名。桥南复过一寨，乃东向行坡间。二里，有岐当峡：从东北者，乃入寨道；从直东者，为大道，从之。直东一里，登冈上。其北有坞在北大山下，即寨聚所托，中有禾芃芃〔四〕焉。冈南小石峰排立冈头，自东而西，遂与北山环峙为峡。入峡，东行四里，逾脊北上，半里入其坳。其北四峰环合，中有平坞,经之而北,西峰尤突兀焉。北半里,又穿坳半里,复由峡中上一里,直抵北巨峰下。其峰耸亘危削,如屏北障。其西有坞下坠北去,其中箐深雾黑,望之杳然。路从峰南东转,遂与南峰凑峡甚逼。披隙而东半里,其东四山攒沓,峰高峡逼,丛木蒙密,亦幽险之境也。遂循南峰之东,南向入坞,半里,乃东南上。半里,逾冈脊而东,其东有坞东下,路从冈头南向行。一里,复出南坳。其坳东西两峰,从冈脊起,路出其侧,复东向行。三里,始稍降而复上。于是升降曲折,多循北岭行,与南山相持成坞。六里,路从坞而东。又五里,稍上逾坳,南北峡始开。再东盘北岭之南三里,始见路旁余薪爨灰,知为中火之地。从其东一里下峡,始得石路,迤逦南向。平行下二里,俯见南坞甚杳。循北岭东向行一里,忽闻溪声沸然。又南下抵坞中,一溪自东而西,有石梁跨之,溪中水颇大而甚急。四顾山回谷密,毫无片隙,不知东北之从何来,不知西南之从何泄,当亦是出入于窍穴中者。欲候行人问之,因坐饭桥上。久之不得过者,乃南越桥行。仰见桥南有岐蹑峰直上,有大道则溯溪而东。时溪涨路潆〔五〕,攀南峰之麓行。念自金鸡山东上,一路所上者多,而下者无几,此溪虽流坞中,犹是山巅之水也。东一里,循南峰东麓,转而南。隔坞东望,溪自东北峡中破崖而出,其内甚逼。路舍之南,半里,复循南峰南麓,转而西向入坞。一里,坞穷,遂西上岭。一里,逾岭头,始见有路自北来。合并由岭上南去;此即桥南直上之岐,逾高岭而下者,较此为径直云。由岭南行,西瞰坞甚深,而箐密泉沸,亦不辨其从何流也。又南二里,转而东,循北岭南崖东向行,亦与南山下夹成坞,下瞰深密,与西坞同。东五里,其坞渐与西坞并,始知山从东环,坞乃西下者。又东向逾冈,东北一里,度一脊，其脊东西度。从其东复上岭，一里，则岭东有坞南北辟。乃北转循西山行坞上，一里，坞穷。从坞北平转，逾东岭之东，共二里，有数家在路北坡间，是曰界头寨，以罗平村落东止于此也。又东行冈上二里，再上岭一里，逾而东，则有深峡下嵌，惟闻水声汹涌，而不见水。从岭上转而南行，东瞰东界山麓，石崖悬削，时突于松梢箐影中，而不知西界所行之下，其崖更耸也。南行一里，始沿崖南下。又一里，仰见路西之峰，亦变而为穹崖峭壁，极危峻之势焉。从此瞰东崖之下，江流转曲，西南破壁去；隔江有茅两三点，倚崖而居。乃东向拾级直下，一里，瞰江甚近，而犹未至也。转而北，始见西崖矗立插天，与东崖隔江对峙。其崖乃上下二层，向行其上，止见上崖而不得下见，亦不得下达，故必迂而南，乃得拾级云。北经矗崖下半里，下瀬江流，则破崖急涌，势若万马之奔驰，盖当暴涨时也。其水发源于师宗西南龙扩北，合陆凉诸水为蛇场河，由龙甸〔六〕及罗平旧州〔七〕，乃东北至伊泽，过束龙山后，转东南抵此，即西南入峡，又二百里而会八达盘江者也。罗平、普安以此江为界，亦遂为滇东、黔西分界焉〔八〕。有舟在江东，频呼之，莫为出渡者。薄暮雨止，始有一人出曰："江涨难渡，须多人操舟乃可。"不过乘急为索钱计耳。又久之，始以五人划舟来，复不近涯，以一人涉水而上，索钱盈壑，乃以舟受，已昏黑矣。雨复淋漓，截流东渡，登涯入旅店。店主人他出，其妻黠而恶，见渡舟者乘急取盈，亦尤而效之，先索钱而后授餐，餐又恶而鲜〔九〕，且嫚亵余〔一〇〕，盖与诸少狎而笑余之老也。此妇奸肠毒手，必是冯文所所记地羊寨中一流入，幸余老，不为所中耳！

　　江底寨〔一一〕乃僰僰；只此一家歇客，为汉人。其人皆不良，如伥伥之要渡，汉妇之索客，俱<u>南中</u>〔一二〕诸彝境所无者。其地为<u>步雄</u>属〔一三〕，乃<u>普安</u>十二营〔一四〕长官所辖也。土酋龙姓。据土人曰："今为侬姓者所夺。"<u>步雄</u>之界，东抵<u>黄草坝</u>二十里，西抵此江六十里，南抵<u>河格</u>为<u>广南</u>界一百余里，北至本司十二营界亦不下三四十里，亦平原中一小邑也〔一五〕。

二十五日

其妇平明始觅炊，迟迟得餐。雨时作时止。出门即东上岭。盖其江自北而南，两崖夹壁，惟此西崖有一线可下，东崖有片隙可庐，其南有山横列，江折而西向入峡，有小水自东峡来注，故西崖之南，江勒而无余地，东崖之南，曲转而存小塍。过此江〔一六〕，乃知<u>布雄</u>之地，西南随此江，其界更远；南抵<u>广南</u>，其界即<u>盘江</u>，此统志所云东入<u>普安</u>州境也。<u>步雄属贵州普安州</u>。盘旋东北共三里，逾岭头，遂与南山成南北两界。峡中深逼，自东而西；路循北山岭南行，自西而东。又五里，则北山忽断如中剖者，下陷如深坑，底有细流，沿石底自北而泻于南峡。路乃转北而下，历悬石，披仄嶭，下抵石底，践流稍南，复攀石隙，上跻东崖。由石底北望，断崖中剖，对夹如一线，并起各千仞，<u>丛翠披云</u>，飞流溅沫，真幽险之极观，逼仄之异境也。既上，复循北岭东行。五里稍降，行坞中二里，于是路南复有峰突起，不沿南坞，忽穿北坳矣。时零雨间作，路无行人。既而风驰雨骤，山深路僻，两人者勃窣〔一七〕其间，觉树影溪声，俱有灵幻之气。又二里，度东脊，稍转而南，复逾冈而上。二里，一岐东南，一岐直北，<u>顾</u>奴前驰从东南者。穿山腋间二里，忽见数十家倚北坞间，余觉有异，趋问之，则大路尚在北大山后，此乃山中别聚，皆伥伥也。见人伥伥，间有解语者，问其名，曰<u>坡头甸</u>。问去<u>黄草</u>

坝，曰尚五十里。问北出大路若干里，曰不一里。盖其后有大山，北列最高，抱此甸而南，若隔绝入境者。随其指，逾岭之西北腋，果一里而得大道。遂从之，缘大山之北而上。直跻者一里，望北坞甚深而辟，霾开树杪，每仡视之，惟见其中丛茅盘谷，阒〔一八〕无片塍半橡也。盘大山之东，又上半里，忽见有峡东坠。稍东南降半里，平行大山东南支，又见其西复有峡南坠，已与大山东西隔陇矣。于是降陟岭坞十里，有两三家居北冈之上，是曰柳树〔一九〕。止而炊汤以饭；而雨势不止，讯去黄草坝不及，遂留止焉。其人皆汉语，非僰倮。居停之老陈姓，甚贫而能重客，一见辄煨榾柮以燎湿衣。余浣污而炙之。虽食无盐，卧无草，甚乐也。

二十六日

平明起，炊饭。风霾飘雨，余仍就火，久之乃行。降坡循坞，其坞犹西下者。东三里坞穷，有小水自北坞来，横渡之。复东上坡，宛转岭坳，五里，有场在北坡下。由其东又五里，逾冈而下，坞忽东西大开。其西南冈脊甚平，而东北若深坠；南北皆巨山，而南山势尤崇，黑雾间时露岩岩〔二〇〕气色。坞中无巨流，亦无田塍居人，一望皆深茅充塞。路本正东去，有岐南向崇山之腋，顾奴前驰，从之。一里，南竟坞，将陟山坡上，余觉其误，复返辙而北，从大路东行。披茅履湿，三里，东竟坞。有峰中峙坞东，坞从东北坠而下，路从东南陟而上。二里，南穿山腋。又东半里，逾其东坳，俯见东山南向列，下界为峡，其中泉声轰轰，想为南流者。从岭上转南半里，逾其南坳，又俯见西山南向列，下界为峡，其中泉声轰轰，想亦南流者。盖其东北皆有层峦夹谷，而是山中悬其间。遂从其西沿岭南下，二里，有小水自东崖横注西谷，遂踞其上，濯足而饭。既饭，从坞上南行。隔坞见西峰高柯丛蔓，蒙密无纤隙。南二里，坞将尽，闻伐木声，则抡材取薪者，从其南渐北焉。又南一里，下至坞中，则坞乃度脊，虽不甚中高，而北面反下。脊南峡，南下甚逼，中满田禾。透峡而出，遂盘一堑，丰禾成塍。有小水自东北峡下注，南有尖峰中突，水从其西南坠去，路从其东北逾岭。一里半涉堑，一里半登岭。又东俯，有峡南下，其中水声甚急。拾级直下，一里抵坞底，东峡水西南注，遂横涉之。稍南，又东峡一水，自东而西注，复横涉之，二水遂合流南行。路随涧东而南，二里出峡，有巨石峰突立东南，水从坞中直南去。坞中田塍鳞次，黄云被陇，西瞻步雄，止隔一岭。路从坞东上岭，转突峰之南，一里，有数家倚北冈上，是曰<u>沙涧村</u>〔二一〕，始知前所出坞为<u>沙涧</u>也。由其前东下而复上，又东南逾一冈而下，共一里余，有溪自北而南，较前诸流为大，其上有石梁跨之。过梁，复东上坡一里，冈头石齿萦泥，滑泞廉利，备诸艰楚。一里东下，又东南转逾一冈，一里透峡出，始见东小山南悬坞中，其上室庐累累，是为<u>黄草坝</u>。乃东行田塍间一里，遂经坞而东，有水自北坞来，石坡横截之，坡东隙则叠石齐坡，水冒其上，南泻而下。其水小于西石梁之水，然皆自北而南，抵<u>巴吉</u>而入<u>盘江</u>者也。自<u>沙涧</u>至此，诸水俱清澈可爱，非复潢污〔二二〕浑浊之比，岂<u>滇</u>、<u>黔</u>分界，而水即殊状耶？此处有石濑〔二三〕，而复甃堰以补其缺，东上即为<u>黄草坝营聚</u>〔二四〕，坝之得名，岂以此耶？时樵者俱浣濯坝上，亦就濯之，污衣垢膝，为之顿易。乃东上坡，循堵垣而东，有街横萦冈南，然皆草房卑舍，不甚整辟。土人言，前年为<u>步雄龙土司</u>挟其戚<u>沙土司</u>兵攻毁，故非复旧观。然<u>龙</u>氏又为<u>侬</u>氏所攻而代之矣。其北峰顶，即土司<u>黄</u>氏之居在焉。乃入息于<u>吴</u>氏。<u>吴</u>，<u>汉</u>人，男妇俱重客，蔬醴俱备云。

二十七日

晨起，南犹不止。既而霁，泥泞犹甚。姑少憩一日，询<u>盘江</u>曲折，为明日行计。乃匡坐作记。薄暮复雨，中夜弥甚，衣被俱沾透焉。

二十八日

晨雨不止。衣湿难行，俟炙衣而起。终日雨涔涔[二五]也。是日此处马场，人集颇盛。市中无他异物，惟黄蜡与细笋为多。乃煨笋煮肉，竟日守雨。

<u>黄草坝</u>土司黄姓，加都司衔。乃<u>普安十二营</u>长官司之属。<u>十二营</u>以<u>归顺</u>为首，而钱赋之数则推<u>黄草坝</u>，土地之远则推<u>步雄</u>焉。

<u>黄草坝</u>东十五里为<u>马鼻河</u>[二六]，又东五十里抵<u>龙光</u>[二七]，乃<u>广西右江</u>分界；西二十里为<u>步雄</u>，又西五十里抵<u>江底</u>，乃<u>云南罗平州</u>分界；南三十里为<u>安障</u>[二八]，又南四十里抵<u>巴吉</u>[二九]，乃<u>云南广南府</u>[三〇]分界；北三十里为<u>圭塘</u>[三一]，又北二十里抵<u>碧洞</u>，乃<u>云南亦佐县</u>分界。东西南三面与两异省错壤，北去<u>普安</u>二百二十里。其地田塍中辟，道路四达，人民颇集，可建一县；而土司恐夺其权，州官恐分其利，故莫为举者[三二]。

<u>黄草坝</u>东南，由<u>龙光</u>、<u>箐口</u>、<u>者恶</u>、<u>板屯</u>、<u>坝楼</u>[三三]、以上俱<u>安隆</u>土司地。其土官自<u>天启</u>初为部人所杀，<u>泗城</u>以孙代署之。<u>八腊</u>、<u>者香</u>俱<u>泗城州</u>地。下<u>田州</u>，乃昔年大道。自<u>安隆</u>无土官，<u>泗城</u>代署，<u>广南</u>以兵争之，据其大半，道路不通，实由于此。

按盘江自八达、与罗平分界。巴泽、河格、巴吉、兴隆、那贡〔三四〕,以上俱安隆土司地,今俱为广南有。抵坝楼,遂下八蜡、者香。又有一水自东北来合,土人以为即安南卫北盘江,恐非是。安南北盘,合胆寒、罗运、白水河之流,已东南下都泥,由泗城东北界,经那地、永顺,出罗木渡,下迁江。则此东北来之水,自是泗城西北界山箐所出,其非北盘可知也。于是遂为右江。再下又有广南、富州之水,自者格、亦安隆土司属,今为广南据者。葛阆、历里俱泗城州地。来合,而下田州,此水即志所称南旺诸溪也〔三五〕。二水一出泗城西北,一出广南之东,皆右江之支,而非右江之源;其源惟南盘足以当之。胆寒、罗运出于白水河,乃都泥江之支,而非都泥江之源;其源惟北盘足以当之。各不相紊也。

按云南抵广西间道有三。一在临安府之东,由阿迷州、维摩州本州昔置干沟、倒马坡、石天井、阿九、抹甲等哨,东通广南。每哨拨陆凉卫百户一员、军兵十五名、民兵十五名把守。后州治湮没,哨悉废弛。见有府志可考。抵广南富州,入广西归顺、下雷,而出驮伏,下南宁。此余初从左江取道至归顺,而卒阻于交彝者也,是为南路。一在平越府〔三六〕之南,由独山州丰宁上下司,入广西南丹、河池州,出庆远。此余后从罗木渡取道而入黔、滇者也,是为北路。一在普安之南、罗平之东,由黄草坝,即安隆坝楼之下田州,出南宁者。此余初徘徊于田州界上,人皆以为不可行,而久候无同侣,竟不得行者也,是为中路。中路为南盘入粤出黔之交;南路为南盘萦滇之始,与下粤之末;北路为北盘经黔环粤之会。然此三路今皆阻塞。南阻于阿迷之普,富州之李、沈,见广西小纪。归顺之交彝;中阻于广南之蚕食,田州之狂猰〔三七〕；北阻于下司之草窃，八寨之伏莽。既宦辙〔三八〕之不敢入，亦商旅之莫能从。惟东路由沅〔三九〕、靖而越沙泥〔四〇〕，多黎人之恐州〔四一〕，为今人所趋。然怀远、沙泥，亦多黎人之恐，且迁陟湖南，又多历一省矣。

　　黄草坝东一百五十里为安笼所，又东为新城所，皆南与粤西之安隆、泗城接壤。然在黔曰"笼"，在粤曰"隆"，一音而各异字，一处而各异名，何也？岂两名本同一字，传写之异耶？按安庄之东，大路所经，亦有安笼箐山，与安笼所相距四百里，乃远者同而近者异，又何耶？大抵黔中多用"笼"字，粤中多用"隆"字，如隆安县之类。故各从其地，而不知其地之相近，其取名必非二也。

　　黄草坝著名黔西，而居聚阛阓俱不及罗平州；罗平著名迤东，而居聚阛阓又不及广西府。此府、州、营、堡之异也。闻澂江府〔四二〕湖山最胜，而居聚阛阓亦让广西府。临安府为滇中首郡，而今为普氏所残，凋敝未复，人民虽多，居聚虽远，而光景止与广西府同也。

　　迤东之县，通海为最盛；迤东之州，石屏为最盛；迤东之堡聚，宝秀为最盛：皆以免于普祸也。县以江川为最凋，州以师宗为最敝，堡聚以南庄〔四三〕诸处为最惨，皆为普所蹂躏也。若步雄之龙、侬争代，黄草坝之被阋于龙、沙，沙乃步雄龙氏之妇翁。安隆土司之纷争于岑、侬。岑为广西泗城，侬为广南府。今广南势大，安隆之地为占去八九矣。土司糜烂人民，乃其本性，而紊及朝廷之封疆，不可长也。诸彝种之苦于土司糜烂，真是痛心疾首，第势为所压，生死惟命耳，非真有恋主思旧之心，牢不可破也。

其所以乐于反侧者，不过是遗孽煽动。其人不习汉语，而素昵彝风，故勾引为易。而遗孽亦非果有殷之顽、田横之客也，第跳梁伏莽之奸，藉口愚众，以行其狡猾耳。

所度诸山之险，远以罗平、师宗界偏头哨为最；其次则通海之建通关〔四四〕，其险峻虽同，而无此荒寂；再次则阿迷之中道岭，沈家坟处。其深杳虽同，而无此崇隘；又次则步雄之江底东岭，其曲折虽同，而无此逼削。若溪渡之险，莫如江底，崖削九天，堑嵌九地〔四五〕，盘江朋圃〔四六〕之渡，皆莫及焉。

粤西之山，有纯石者，有间石者，各自分行独挺，不相混杂。滇南〔四七〕之山，皆土峰缭绕，间有缀石，亦十不一二，故环洼为多。黔南〔四八〕之山，则界于二者之间，独以逼耸见奇。滇山惟多土，故多壅流成海，而流多浑浊。惟抚仙湖〔四九〕最清。粤山惟石，故多穿穴之流，而水悉澄清。而黔流亦界于二者之间。

二十九日

晨雨霏霏。既饭，辞主人行。从街东南出，半里，绕东峰之南而北，入其坞。仁而回睇，始见其前大坞开于南，群山丛突，小石峰或朝或拱，参立前坞中。而遥望坞外，南山横亘最雄，犹半与云气相氤氲，此即巴吉之东，障盘江而南趋者也。坞中复四面开坞：西则沙涧所从来之道，东则马鼻河所从出之峡，而南则东西诸水所下巴吉之区，北则今所入丰塘之路也。计其地，北与庆远境为对〔五〇〕，南与富州为对，西与杨林为对，东与安笼所为对。其遥对者，直东则粤西之庆远，直北则四川之重庆〔五一〕矣。入北坞又半里，其西峰盘崖削石，岩岩独异，其中有小水南来。溯之北又二里,循东峰北上,逾脊稍降,陟坞复上,始见东坞焉。共二里,再上北坳,转而西,坳中有水自西来,出坳下坠东坞,坳上丰禾被陇。透之而西,沿北岭上西向行。二里稍降,陟北坞。一里复西北上,二里逾北坳,从岭脊西北行。途中忽雨忽霁,大抵雨多于日也。稍降,复盘陟其西北坡冈,左右时有大洼旋峡,共五里,逾西坞而下。又三里抵坞中,闻水声淙淙,然四山回合,方疑水从何出。又西北一里,忽见坞中有坑,中坠如井,盖此水之所入者矣。从坞右半里,又西北陟岭半里,透脊夹而出,于是稍降,从长峡中行。西北三里,复稍上,始知此峡亦中洼而无下泄之道者也。饭于路旁石上。出岭之西,始见西坞中盘,内皆嘉禾芃芃。北有小山绾坞口,庐舍悬其上,是曰丰塘。东西南皆回峰环之,水从西南二坞交注其间,北向坠峡。由坞东南降岭,循坞南盘南山北麓,共二里,北与绾口庐舍隔坞相对。见路旁有岐,南向入山,疑为分岐之处,过而复还。始登,见其内道颇大,以为是;再上,路分为二,西者既渐小,南者又盘南山,又疑为非。往复数四,莫可从问。而坞北居庐相距二里余,往返既遥;见南山有牧者,急趋就之,而隔峰间壑,不能即至。忽有负木三人从前岭下,问之,乃知其非。随之二里,北出大路。其人言:"分岐之处尚在岭西。此处南岐,乃南坞小路之入山者,大路在西坞入也。然此去已不及黄泥河,正可从碧峒托宿矣。"乃西向入坞。有小水自西来,路逾坡西上,下而复陟,三里逾坳。坳不高而接两山之间,为南山过北之脊;东水下丰塘,西水复西北流,俱入马鼻者;脊西遥开坞直去。循北岭又西二里,岐始两分:沿北岭西向出坞,为普安州道;横度坞南,陟岭南上,为亦佐道。遂南度坞,路渐微,深茅覆水,曲磴欹坡,无非行潦。缘之南上坡,一里,西南盘岭角，始望见北界遥山横亘，蜿蜒天末。此即<u>亦字孔</u>西南东转之脊，从<u>丹霞山</u>东南，迤逦环<u>狗场</u>〔五二〕、<u>归顺</u>二营以走<u>安笼所</u>，北界<u>普安</u>南北<u>板桥</u>诸水入<u>北盘</u>，南界<u>黄草坝</u><u>马鼻河</u>诸水入<u>南盘</u>者也。又西南入峡一里余，复南跻岭巅。一里，得石磴，由脊南转。其脊茅深路曲，非此石道，复疑其误矣。循磴西下，复转而南，曲折一里，抵山麓。其麓复开大坞西去。坞虽大，皆荒茅盘错，绝无禾塍人烟。于是随山麓西行，三里，坞直西去，路西南截坞行。坞南北界，巨岭森削，中环一壑，圆匝合沓〔五三〕，令人有四面芙蓉之想。惟暝色欲合，山雨复来，而路绝茅深，不知人烟何处，不胜惴惴。又西南一里，穿峡脊而过，其脊中平而夹甚逼。出其西，长峡西去，南北两界夹之甚遥，其中一望荒茅，而路复若断若续，上则重茅偃雨，下则停潦盈蹊。时昏黑逼人，惟向暗中踯躅。三里，忽闻犬声，继闻人语在路南，计已出峡口，然已不辨为峡为坡，亦不辨南向从何入。又半里，大道似从西北，而人声在南，从莽中横赴之，遂陷棘刺中。久之，又半里，乃得石径。入寨门，则门闭久矣。听其舂声甚遥，号呼之，有应者；久之，有询者；又久之，见有火影出；又久之，闻启内隘门声，始得启外门入。即随火入舂者家，炊粥浣足。虽拥青茅而卧，犹幸得其所矣。既定，问其地名，即<u>碧峒</u>也，为<u>亦佐</u>东北界。问<u>红板桥</u>何在？即在此北峰之麓，为<u>黄草坝</u>西界，与此盖南北隔一坞云〔五四〕。

〔一〕 <u>发近德</u>：今作<u>法</u><u>金甸</u>，在<u>罗平县</u>东北境。

〔二〕 芃彧（péng yù 蓬郁）：茂盛。

〔三〕 <u>三板桥</u>：即今<u>板桥</u>，在<u>罗平县</u>东境。

〔四〕芃芃:草木茂密丛杂的样子,游记中亦用以形容庄稼茂盛。

〔五〕渰(yān):通"淹"。掩盖,遮蔽。

〔六〕龙甸:今名同,在师宗东北隅。

〔七〕罗平旧州:大理时有罗雄部,元代相沿设罗雄州。景泰云南图经志书卷二载:"罗雄州旧址,在喜旧溪之东,遗址废为平原。"此即罗平旧州,在今罗平县治北6公里,九龙河东岸。

〔八〕此水今名各段不同:在师宗称子午河,入罗平称九龙河,至罗平东北称喜就溪,汇入黄泥河后即南转流入南盘江。

〔九〕鲜(xiǎn险):少。

〔一〇〕嫚亵(màn xiè慢谢):轻慢、欺侮。

〔一一〕江底:指今黄泥河边的老江底,有别于公路边的新江底,在贵州省兴义市西隅,这一段黄泥河亦称江底河。

〔一二〕南中:该名始于三国时,蜀汉以巴蜀为根据地,巴蜀以南的广大地区则称南中,相当于今云南、贵州两省和四川省的大渡河以南地区。

〔一三〕步雄:今作布雄,在贵州兴义市南境。

〔一四〕普安十二营:弘治贵州图经新志卷十普安州风俗载:"土酋号十二营长,部落有罗罗、仲家、仡僚、㑩人,言语不相谙,常以㑩人为通事译之。"光绪普安直隶厅志载:"州领九里十二营。明制以九里处汉人,以十二营处夷人。"黔南识略又载:普安"州领十二部,号十二营,谓部长曰营长。马乃、鼠场、楼下,今为普安县地;捧鲊、布雄、黄坪,今兴义县地;鲁土、归顺、狗场、普陌、毛政、簸箕,在今盘县境。"布雄营又作卜容营,黄坪营即黄草坝营。普安十二营分布在北自北盘江,南抵南盘江的广大地区。

〔一五〕亦平原中一小邑也　　"平原"原作"中原",据徐本改。

〔一六〕过此江　　原脱此三字,据徐本补。

〔一七〕勃窣(sū 苏):匍匐而行。

〔一八〕阒(qù 去):寂静。

〔一九〕柳树:今称柳树坪,在兴义市西隅,属白碗窑镇。

〔二〇〕岩岩:高峻的样子。

〔二一〕沙涧村:即今洒金村,在兴义市区西郊。

〔二二〕潢(huáng 黄)污:停积不流的水。

〔二三〕石濑(lài 赖):水激石间形成的急流。

〔二四〕黄草坝营:在今贵州兴义市区,现又为黔西南布依族苗族自治州首府。此水今名花桥河,从北往南流经兴义城西,再从西往东穿过兴义市区。河北岸即明代黄草坝营,后来曾建石城,当地群众称老城;河南岸为后来发展的商业区,亦曾建过土城。

〔二五〕涔(cén 岑)涔:雨水不断地往下流。

〔二六〕马鼻河:今作马别河,又称清水河,在兴义市东境,从北往南流入南盘江。河边有聚落称马别桥,又称马岭,公路从此经过。

〔二七〕龙光:今作龙广,在贵州安龙县西隅。

〔二八〕安障:今作安章,在兴义市南境。

〔二九〕巴吉:今作巴结,在兴义市东南隅,南盘江北岸,为贵州少有的产糖要地。

〔三〇〕广南府:即今云南广南县。

〔三一〕 丰塘:今作枫塘,在兴义市西北隅。

〔三二〕 清嘉庆三年(公元 1798 年)在黄草坝设兴义县,属普安州。嘉庆十六年(公元月 1811 年)改属兴义府。1952 年兴仁专署迁兴义,更名兴义专区。1982 年成立黔西南布依族苗族自治州,兴义成为州首府。1987 年设兴义市。历史证明了霞客的预言。

〔三三〕 箐口:今名同,在兴义市东南隅。 坝楼:清代称北楼,在今广西隆林各族自治县东,冷水河流入南盘江处。

〔三四〕 兴隆:游记盘江考又作兴龙,即今安龙县东部的兴隆。那贡:今作纳贡,在隆林县北隅,南盘江南岸。

〔三五〕 者格:今作者厄,在广南县北隅,驮娘江从广南进入广西壮族自治区处。 葛阆:即今富宁县东隅的谷拉。南旺诸溪应为今驮娘江、西洋江、谷拉河等水道。

〔三六〕 平越府:明史地理志:“万历二十九年(公元 1601 年)四月置平越军民府于卫城,以播州地益之,属贵州布政司。”平越府设置较晚,与平越卫同城,治今贵州福泉市。

〔三七〕 狂狺(yín 银):狗狂叫。

〔三八〕 宦辙(zhé 哲):官府的车轮碾过的痕迹,此指封建中央派去的流官。

〔三九〕 沅:明为州,治今湖南芷江侗族自治县。

〔四○〕 沙泥:今作沙宜,在广西三江侗族自治县东北隅。

〔四一〕 多黎人之恐州 原缺“多黎人之”四字,据四库本补。黎人:此指侗族。侗族分布在今贵州、湖南、广西三省交界一带地方。

〔四二〕**澂江府**:治河阳,即今澄江县。

〔四三〕**南庄**:今名同,在建水县北的公路旁。

〔四四〕**建通关**:续修通海县志载:建通关"在县南二十里通海、建水分界处,设塘设铺。"

〔四五〕九天:高不可测的九重天上。　九地:极深的九层地底。

〔四六〕**朋圃**:明代又作彭堡、溯普,即今朋普,在弥勒县南境。

〔四七〕**滇南**:云南省的别称。云南简称滇,又位于国土南部,故称滇南。现多称云南南部为滇南,与滇东、滇西对应,含义已有变化。

〔四八〕**黔南**:贵州省的别称。贵州省本称黔,又位于国土南部,故称黔南。

〔四九〕寰宇通志澂江府山川载:"抚仙湖,在府城南,周围二百余里,一名罗伽湖,又名青鱼戏月湖,渟滀清澈,而其中多石,鱼难网。东流入盘江。"抚仙湖又称澄江海,在今澄江县南,面积212平方公里,南北长30公里,东西宽2.3～11.3公里,湖岸线长约90公里,平均水位海拔1720米,平均水深87米,最深处达151.5米,是云南第三大湖,也是云南最深的湖。湖水碧绿,透明度大,可达4～5米。

〔五〇〕北与庆远境为对　原缺"庆远境"三字,据四库本补。

〔五一〕**重庆**:明置重庆府,治巴县,隶四川布政司,即今重庆市渝中区。

〔五二〕**狗场营**:今名同,又称联强,在盘县南隅。

〔五三〕圆匝(zā 扎):环绕成圆。　合沓(tà 踏):重重叠叠聚集在一起。

〔五四〕这一片云、贵分界的交错状况,古今相同。碧峒:今作笔冲,分上笔冲和下笔冲,在威舍和枫塘之间,属富源县古敢水族乡,为云南跨在黄泥河以东的土地。红板桥:今名同,在兴义市西北隅,枫塘稍北的公路旁。黄泥河以西的阿依、下德黑,又属兴义市威舍。

滇游日记三^{〔一〕}

戊寅（崇祯十一年，公元 1638 年）**九月初一日**

雨达旦不休。起观两界山，已出峡口，碧峒在西南山下，其北山冈上即红板桥，为贵州界。复去黔而入滇，高枕一宵矣。就火炊饭欲行，主人言："此去黄泥河二十里，水涨舟莫能渡，须少需^{〔二〕}之。"盖是河东岸无居庐，先有去者，亦俱反候于此。余见雨势不止，惮于往返，乃扫剔片地，拭木板为几，匡坐敝茅中^{〔三〕}，冷则与彝妇同就湿焰。盖一茅之中，东半畜马，西半则主人之榻，榻前就地煨湿薪以为爨^{〔四〕}，爨北即所置几地也，与其榻相隔止一火。夜则铺茅以卧，日则傍火隐几。雨虽时止，檐低外泞，不能一举首辨群山也。

初二日

夜雨仍达旦。主人言："今日涨愈甚，舟益难渡。明日为街子^{〔五〕}，贵州为"场"，云南为"街子"，广西为"墟"。候渡者多，彼舟不得不至。即余亦同行也。"余不得已，复从之。匡坐如昨日，就火煨粥，日三啜焉，枯肠为润。是日当午，雨稍止。忽闻西岭喊声，寨中长幼俱遥应而驰。询之，则豺狼来负羊也，幸救者，伤而未死。夫日中而凶兽当道，余夜行丛薄中[六]，而侥幸无恐，能忘高天厚地之灵祐哉！

　　碧峒在亦佐县东百里。盖滇南胜境[七]之界山南走东转，包明月所[八]之南横过，为火烧铺南山。按滇南胜境，乃分界山也，而老脊尚在其东火烧铺西岭。余前过明月所，即平彝所，询土人，言其水南下亦佐。则明月所东，火烧铺西，乃为分水之脊，即转为火烧、亦资孔之南山，东走而北转，经乐民所，北绕归顺、狗场之间，而东南下安笼所，入广西泗城州境，又东过思恩府北，东峙为大明山，而尽于浔州，为黔、郁二江之界。其滇南胜境之南，所度火烧铺南山者，其峡中尚有明月水出焉，界从其口东度两分而已。老脊从此分为两支。正支东由亦资孔南，东北绕乐民所北，而转安笼所，下泗城州。旁一支南下东转，而黔、滇之界因之，南抵此峒，又南至于江底，又南尽于南盘之北焉。是黔界越老脊之西南，不以老脊为界，而以南支为界也。若以老脊，则乐民所、狗场营、黄草坝俱当属滇。以老脊东行而黔隘小，故衷[九]滇益黔，以补不足。

　　碧峒北与新兴城遥对，南与柳树遥对。此地又滇凸而东者。

　　碧峒寨有民哨，有㑩㑩，共居一寨门之内。其西为民寨，即余所栖者；其东为㑩㑩寨。

　　自黄草坝至此，米价最贱，一升止三四文而已。

初三日

　　子夜寒甚。昧爽起，雨仍霏霏。既饭，出寨门，路当从小岐南上山，误西从大石径行。初有坞西北去，以为狗场道。随石径西南转，二里，东界石山南去，坞转而西，随之。二里，峡中禾遂盈陇，望北山崖畔有四五家悬坡上，相去尚一里，而坞南遂绝。乃莽苍横陟其坞而西北，一里，抵北山村麓，有两人耕于其下，亟趋而问之。尚隔一小溪，其人辄牵牛避去。余为停趾，遂告以问道意。其人始指曰："往黄泥河应从来处。此误矣。"再问以误在何处，其人不告去。乃返，行泥塍间，路倏断倏续。二里余，至前转坞处，犹疑以为当从南峡入。方惆怅无路，忽见坞边一牧马者，呼之，即碧峒居停主人也，问何以至此？盖黄泥河之道，即从碧峒后东南逾岭，乃转西峡，正与此峡东界石山，南北相隔，但茅塞无路，故必由碧峒始得通行。遂复二里余，返至碧峒西南，傍其寨门，东南逾岭而下。一里，东南径坞，半里复上。又半里，又东南逾一岭，有峡自南西坠，而路则直西出坳。半里始下，又半里抵西峡中，遂由峡西行。屡陟冈洼，三里，有石峰踞峡之中，为当关之标，由其北逾脊而下。时密云酿雨，见细箐萦崖，深杳叵测，真豺虎之窟也。惴惴西下，一里度堑。又二里，忽有水自北峡出，下嵌堑中，绕东南而注，是为黄泥河。其河仅比泸江水，不阔而深，不浑而急；其源发于乐民所、明月所，经狗场至此，东南与蛇场河同下江底而入盘江者也。时有小舟舣西，稍待之，得渡，遂西上坡。一里半，逾岭坳，有岐自东南峡底来，为入小寨而抵板桥者，乃知板桥亦四达之区也。又西出峡，见群峰中围一堑，而北峰独稍开，即黄泥河所环。共一里余，抵聚落中。是日为市，时已散将尽。入肆觅饭。主人妇以地泞天雨，劝留莫前。问马场尚四十里，度不能前，遂停杖焉。

　　黄泥河聚庐颇盛，但皆草房。其地四面环山，而北即河绕其后，复东南带之〔一〇〕。西又一小溪，自西南峡来，北注黄泥。其中多盘坞环流，土膏丰沃，为一方之冠。亦佐之米，俱自此马驮肩负而去。前拟移县于此,至今称为<u>新县</u>,而名<u>亦佐</u>为旧县云。

初四日

晨起雨止,四山云气勃勃。饭而行。西半里,度一木桥,其下溪流自南而北,即西小溪也。又西上坡,转而南,溯流半里,入西峡。又半里,转而北,其处又有北峡、西峡二流之交焉。于是随北峡溪,又溯流半里,乃西上山。时东峰云气稍开,乃贾勇上跻。仰见西岭最高,其上皆夹坡削箐,云气罩其顶,不能悉。上跻二里,渐入浓雾中,遂从峰头穿峡上,于是箐深霾黑,咫尺俱不可见。又一里陟其顶,平行岭上。又二里乃下,下一里及西坞。涉坞而西,一里,度一小桥,桥下水北流。乃南向西转,一里,有岐交其南北:南乃入<u>牛场村</u>道,有小峰骈立,村隐其下焉;北乃其处趋<u>狗场营</u>者。又西半里,乃西上山。其坡峻且滑,无石级可循,有泥坎陷足,升跻极难。二里,陟峰头,又平行峰头一里,越其巅。时浓雾成雨,深茅交道,四顾皆弥沦〔一一〕如银海。得峰头一树如擎盖,下有列石如错屏,乃就树踞石而憩,止闻飕飀滴沥之声〔一二〕,而目睫茫如也。又西北平行者一里,下眺岭西深坠而下,而杳不可见;岭东屏峙而上,而出没无常。已从北下,始有石磴陡坠,箐木丛水。共一里半,陟坞而西,亦中洼之宕也。半里,又逾西坳出,其壑大开,路乃稍平,尖峰旁立,若为让道者。西向平行坞中一里半,有水横潴于前,以为溪也,涉之不流,乃壑底中洼之坑,蓄而成溪者。又西二里,复有一溪,北流甚急,波涨水深,涉之没股焉。又西一里,乃饭于峡坡之下。既饭,遂西入竹峡。崇峰回合,纤夹高下,深箐密箐,蒙密不容旁入,只中通一路,石径逶迤,如披重云而穿密幄也。其竹大可为管，弥漫山谷，杳不可穷，从来所入竹径，无此深密者。其处名<u>竹园箐</u>。自<u>黄泥河</u>西抵<u>马场</u>，人人捆负，家家献客，皆此物也。客但出盐渝〔一三〕之耳。其中坡陀屡更，三里，逾峡南下，其壑中开，又为雾障，止闻隔坡人语声，然不辨其山形谷势矣。南行壑中一里，转而西半里，又越一坳。又半里，经峡而西，抵危坡下，复西向跻磴上，于是密箐仍萦夹壁悬崖间，其陟削虽殊，而深杳一如前也。攀陟三里，西逾岭头，竹箐既尽，循山南转，皆从岭上行。路东则屏峙而上，路西则深坠而下，然皆沉雾所翳，不能穷晰也。南向平陟岭上者三里，转而西行岭脊者一里，其脊南北俱深坠而下，第雾漫莫悉端倪。既而傍北岭行，北屏峙而南深坠。又二里，雨复大至，适得<u>羊场堡</u>〔一四〕四五家当岭头，遂入宿焉。其家竹床竹户，煨楔饷笋，竟忘风雨之苦也。

初五日

　　夜雨达旦不休。饭而行。遂南向稍下，已渐转西。两旁多中洼下陷之穴，或深坠无底，或潴水成塘，或枯底丛箐，不一而足，然路犹时时陟冈逾岭，下少上多也。十里，见路北有深箐，有岐从箐中升，合并西去；有聚落当岭头，是曰<u>水槽</u>。其处聚落颇盛，夹道成衢，乃<u>狗场营</u>、<u>安笼所</u>、<u>桃花大道</u>所出。但冈头无田，其上皆耕垦锄陇，只堪种粟，想稻畦在深坑中，雾翳不见也。升陟岭头，又西五里，是曰<u>水井</u>，其聚落与<u>水槽</u>同。由其西一里半，始历磴下，遥望西坞甚深。下箐中一里，由峡底西行二里，复逾坡而上。一里，稍下坡西坞中。其中不深，而回峰四辟，雾倏开合，日色山光，远近迭换，亦山中幻景也。既复西向逾岭，三里，见岭西洼中，有水成塘。乃循峰西北行，稍下一里，而入<u>亦佐县</u>〔一五〕东门。县城砖甃，而城外草舍三四家，城中亦皆草舍，求瓦房寥寥也。一里，炊于县前。

饭后，半里出西门，乃西北行。计其地犹在群峰之顶，但四山雾塞，上下莫辨耳。从岭头西北行二里，乃西向历峻级而下。其时雾影亦开，遂见西坞中悬，东界所下之山，与西界崇峰并夹，南北中辟深壑，而拐泽河〔一六〕自北而南，经其中焉；其形势虽见，而河流犹深嵌不可窥。西山崇列如屏，南额尤高，云气尚平抹其顶，不令尽露。西山之南，复起一山，斜障而东，此则障拐泽而东南合蛇场者也。于是盘折西下，三里，抵坡而磴尽。复西北行坡陀间，一里，逾冈再下，数家茅舍在焉，然犹未濒河流也。又西半里，涉一东来小水，乃抵河岸。溯之北，又涉一东北来小水，约半里，有渡舟当崩崖下，渡之。是河发源于平彝卫及白水铺〔一七〕以东，滇南胜境以西皆注焉。其势半于江底，而两倍于黄泥河，急流倾洞，南奔东转，与蛇场合而东南会黄泥河水而为江底河者也。亦佐、罗平南北东西二处，俱以此为界。西登崖，崖岸崩颓，攀跻而上，遂西向陟岭。时暮色将至，始以为既渡即有托宿处，而荒崖峻坂，绝无一人，登陟不已，暮雨复来。五里，遇一人趋渡甚急，执而问之。曰："此无托宿处。鸡场虽遥〔一八〕，亟趋犹可及也。"乃冒雨竭蹶，转向西南上。五里逾坳而西，乃西转北行峡中。稍降二里，得数家之聚焉。亟投煨楱，暮色已合，而雨复彻夜。

初六日

晨起雨止，四山犹氤氲不出。既饭，稍西下，渡洼。复西北上，渐露昨所望屏列崇峰在西南，而路盘其东北。三里逾一冈，坪间有墟地〔一九〕一方，则鸡场是也。从坳北稍下，又得数家之聚焉，问之，亦鸡场也。盖昨所宿者，为鸡场东村，此则鸡场西村矣。从村北行,其峡西坠处,有石峰屼立,路从其北逾脊。稍东转而北涉坞,共三里,遂西北跻岭。盘折石磴西北上,二里而涉其巅,则夙雾顿开,日影焕发,东瞻群峰吐颖,众壑盘空,皆昨所从冥漠中度之者。越岭西下一里,抵盘壑中,见秋花悬隙,细流萦磴,遂成一幽异之境。西一里,有山横披壑西,透其西北腋,似有耕云樵石之栖,在西峰后;循其东南坞,则大路所从去也。乃随坞南转。坞东西山分两界,余以为坞中水将南流,而不意亦俱中洼之穴也。南行三里,复逾脊而上,遂西转,盘横坡之南脊焉。一里,循横坡南崖而西,其处山脊凑合,冈峡纵横而森,石尤多娟丽。又西一里,有岐自东南峡来合。又西一里,乃转北下,于是西向山遥豁,而路则循山西北向行矣。四里,复北向逾冈,转而西下,望西北坞中,有石壁下嵌,不辨其底。已而降行坞中一里余,又直造其下,则亦中洼之峡也。由其南又西行,两陟冈坞共三里,始涉一南流小水。自渡拐泽河至此,俱行岭上,未见勺水。又西逾一冈,一里,南望冈南,一峰西辟,洞门高悬,门有木横列,而下隔一峡,遥睇无路,遂不及迁入。又半里,又涉一南流小水,西逾一冈,共二里而抵桃源村〔二〇〕。其村百家之聚,与水槽相似,倚北山而居;前有深坞,罗平之道自坞中东南来,北东西三面俱会;其水南坠入崖洞,而南泄于蛇场江。故知拐泽西岸崇山,犹非南行大脊也。村多木皮覆屋以代茅。时日已午,就村舍瀹汤餐饭,而木湿难燃。久之,乃西向行,渡西北峡石中小水。一里,陟西坞而上。又一里,逾冈而西,见西坞自西而东,其南有小山蜿蜒,亦自西而东界之。其山时露石骨峥峥,然犹未见溪流也。坞中虽旋洼成塘,或汇澄流,或潴浊水,皆似止而不行者。又西一里,逾冈西下,有村当坞,倚南崖而居。于是绕村西行,始见坞中溪形曲折,且闻溪声潺潺矣。由其北溯之西行,又一里,见坞中又有一村当坞而居。始见溪水自西来,从其村西,环其村北,又绕其东。其村中悬其北曲中,一溪而三面环之,南倚南山之崖,北置木桥以渡溪水。其水不甚大,而清澈不汩,是为清水沟云。盖发源于西山之回坎坡,经此而东出于桃源,始南去者也。又西一里,复过一村,其村始在坞北。又西一里,又经一村,曰小板村,有税司在焉,盖罗平北境,为桃花驼盐之间道也。又西二里,始逾坡涉涧,屡有小水自北峡来,南注于清水沟,路截而逾之也。北峡中男妇二十余人,各捆负竹笋而出,盖土人群入箐采归,淡熏为干,以待鬻人者〔二一〕。又西二里,直逼西山之麓,有村倚之,是为回窨坡。清水沟中民居峡坞,至此而止,以坞中有水,可耕也。由此西南半里,过一小桥,其水自西北沿山而来,即清水沟上流之源矣。度之,即西上岭。岭头有索哨者,不之与而过。蹑岭一里半,西陟岭脊。是脊始为分水之处,乃北自白水铺西直南度此,回环西南,而峙为大龟,以分十八寨〔二二〕、永安哨、江底河诸派者也,而罗平之界,亦至是而止焉。逾脊西,渐西北平下一里,渐转而西,行坞中。其坞东西直亘,而南北两界遥夹之,南山卑伏,而北山高耸,暮雾复勃勃笼北峰上,流泉亦屡屡自北注南。第南山之麓,似有坠涧横其北,然不辨其为东为西,以意度之,以为必西流矣,然不可见也。坞中皆荒茅断陇,寂无人烟。西行六里,其西有山横列坞口,坞始坠而西下,茅舍两三家,依坞而栖,路乃逾坞循北山而西。半里,有茅亭一龛当路旁,南与茅舍对,想亦哨守之处也。又西一里稍下,有小水成溪,自北峡来,小石梁跨之,其水南注坞口而去。既度梁,即随西山南向,随流半里,转而西上岭,暮色合矣。又上一里,而马场〔二三〕之聚当岭头。所投宿者,乃新至之家,百无一具。时日已暮,无暇他徙,煨湿薪,卧湿草,暗中就枕而已〔二四〕。

初七日

晨起,云尚氤氲。饭而行。有索哨者,还宿处,解囊示批而去。于是西北随坡平下,其路甚坦,而种麻满坡南,盖其下亦有坞西通者。西驰四里,始与溪近。随流稍南半里,复循坡西转,又一里,下坡。西望西南坞中,有数家之聚,田禾四绕,此溪经坞环之。其坞自北山随坡南下,中有一水,亦自北而南,与此水同会于村北,合而西南破峡去。乃西截北来坞,半里抵北来之溪,有新建石梁跨之,是为<u>独木桥</u>。想昔乃独木,今虽石而犹仍旧名也。桥下溪流,三倍于西来之水,固知北坞之源远于东矣〔二五〕。逾桥西,即上岭,西南直跻甚峻,一里半,逾其脊。又西向平下者一里,有岐随冈南去者,<u>陆凉</u>道也。冈西坞中,复有数家焉,亦<u>陆凉</u>属也。其坞亦自北而南,虽有村而无流。路西下截坞,半里,经村北,又半里,抵西界崇山下,遂蹑峻而上,而<u>陆凉</u>之界,又西尽于此矣。盖因其水南下<u>陆凉</u>,故西自此坞,东抵<u>回窘</u>西山,皆属之<u>陆凉</u>。其处南抵<u>陆凉卫</u>,路经<u>尖山</u>、<u>天生桥</u>,相距尚八十里也。由西岭而上,又为<u>海崖</u>属,乃亦<u>佐县右县丞土司龙</u>姓者所辖,<u>亦佐县</u>有左、右二丞〔二六〕,皆土司。左丞姓沙,在本县,即与<u>步雄</u>攻<u>黄草坝</u>者。右丞姓龙,或曰即姓海,在此,而居近<u>越州</u>。其地东自此岭而西抵<u>箐口</u>焉。东与<u>亦佐</u>西界中隔,<u>罗平</u>、<u>陆凉</u>〔二七〕二州之地间错其间,不接壤也。

从东麓西上,屡峻屡平,峻者削崖盘磴,平者曲折逶迤。三峻而三逾岭头,共七里,望见南坪有数十家之聚,北峰则危耸独悬。盖自<u>马场</u>而西,即望见遥峰尖削,特出众峰之上,而不意直逼其下也。又一里，梯石悬磴，西北抵危峰前。其时丽日转耀，碧天如洗，众峰尽出，而是山最高，不特独木西峰，下伏如砥，即远而回窨老脊，亦不能上与之抗，惟拐泽鸡场西岭，遥相颉颃。其中翡翠层层，皆南环西转，而接于西南巨峰。此东顾之极观也。其西则乱峰回窞，丛箐盘错，远虽莫抗，而近多自障焉。其南则支条直走，近界既豁，远巘前环，此独木诸所遥带而下泄者。西南有二峰遥凑，如眉中分，此盘江之所由南注者耶？其西即越州所倚。而东峰之外，复有一峰高悬，其南浮青上耸，圆若团盖，此即大龟山之特峙于陆凉、路南、师宗、弥勒四州之交者耶？天南诸峰，悉其支庶，而此峰又其伯仲行矣。由峰西逾脊稍下，即有石坡斜悬，平庋砥峙，古木婆娑其上，亦高崖所仅见者。由此历级西下一里，有壑回环，中洼四合，复有中悬之台，平瞰其中，夹坑之冈，横亘其外，石痕木荫，映彩流霞，令人神骨俱醒。由横冈西南转，二里，复逾一脊。又西度一中悬之冈，有索哨者，不顾而去；度冈而西一里，复上坡，又一里，西逾其隘，复有索哨者，亦不顾而去：想皆所云海崖土司者〔二八〕。逾脊，又不能西见盘江。又西半里，西障始尽，下界遥开，瞥然见盘江之流，自西北注东南而去，来犹不能尽瞩焉。于是西向拾级直下，一里抵坞中。

又西半里，循西山南转，半里，复稍上逾冈西，复平行岭上。半里，有岐，一直西下坑，一西南盘岭。见西南路稍大，从之。一里，得数家当岭头，其茅舍低隘，牛畜杂处其中，皆所谓㑩㑩也。男子皆出，妇人莽不解语，索炊具无有应者。是即所谓箐口也，海崖之界，于是止焉。由冈头西南去，为越州道；从此西北下，即越州属，为曲靖道。遂西北下岭。始甚峻，一里，转西渐夷。于是皆车道平拓，无龃龉〔二九〕之虑矣。又西一里，饭于树下。又西驰七里，始有坞北来。遂盘东山北转，一里，始横截北来之坞。余始意坞中当有流南注，而不知其坞亦中洼也。坞中横亘一冈，南北俱成盘壑，而壑南复有冈焉。从中亘者驰而西，一里，复西上坡。又一里，陟坡之脊，亦有侜侜数家。问之道，不能对也。从脊西下三里，连越两坡，又见坞自北来南向去，其中皆圆洼贮水，有冈中间，不通流焉。从坡上西北望，则龙潭之山，自北分突，屏列而西，此近山也；西南望，则越州南岭，隔山遥障，所谓西峰也；而东峰之外，浮青直对，则大龟之峰，正与此南北相准焉。西下坡，又有一坞自北而南，南环为大坞，与东界连洼之坞合。此坞始有细流中贯，夹坞成畦。流上横小桥西度，有一老人持筐卖梨其侧，一钱得三枚，其大如瓯，味松脆而核甚小，乃种之绝胜者，闻此中有木瓜梨，岂即此耶？西上一冈，平行冈上四里，直抵西峰下，则有坞随其麓，而深涧漱之，所谓龙塘河也，然但见涧形，而不能见水。乃西下坡约半里，随坞出西南，先与一小水遇，随之；既乃截坞而西，又半里，始与龙塘河遇〔三〇〕，有大石梁跨其上。桥右村庐累累，倚西山而居，始皆瓦房，非复茅舍矣。龙塘河之水，发源于东北山峡中，其处环潭甚深，为蛟龙之窟，即所谓曲靖东山之东峡也。其山北自白水铺西分水岭分支南下，亘曲靖之东，故曰东山；而由此视之，则为西岭焉，南至此，濒河而止。其西腋之中，为阆木山；东腋之中，为龙潭，即此水之所出矣。自箐口西下坞中，即为越州属，州境至此西止，而田畴悉环聚焉。

由村西上坡，即东山之南尽处也。二里，逾冈头，方踞石少憩，忽一人自西岭驰来，谓余曰："可亟还下山宿。前岭方有盗劫人，毋往也。"已而其妇后至，所语亦然。而仰视日方下午，前终日驰无人之境，皆豺狼魑魅之窟，即深夜幸免，岂此昼行，东西夹山而居者甚众,反有贼当道耶？因诘之曰："既有贼,汝何得至？"其人曰："彼方剥行者衣,余夫妇得迁道来耳。"余疑此人欲诳余还宿,故托为此言。又思果有之,今白日返宿,将明日又孰保其不至耶？况既劫人,彼必无复待之理,不若即驰而去也。遂叱顾仆行,即从冈上盘北山而西。盖北即东山南下之顶,南即其山下坠之峡,而盘江自桥头南下,为越州后横亘山所勒,转而东流,遂截此山南麓而断之,故下皆砠硞。路横架岭上,四里抵其中,旁瞩北岭,石参差而岫岈嵯峨,觉云影风枝,无非愞人之具,令人错顾不定,投趾莫择。又西四里,始西南下片石中。其处土倾峡坠,崩嵌交错,而石骨露其中,如裂瓣缀行。其坠处皆流土,不可着足,必从石瓣中宛转取道。其石质幻而色异,片片皆英山绝品,惟是风鹤惊心,不能狎憩而徐赏之。亡何〔三一〕,已下见西坞南流之江,知去桥头不远,可免虎口,乃倚石隙少憩,竟作青莲瓣中人矣。

从石中下者一里,既及西麓,复行支陇,遂多聚庐之居。又一里,路北江回堰曲,中涵大塘一围,四面丰禾环之;东有精庐,高倚东山之麓;西则江流所泄,而石梁横跨之。又行畦间半里,始及石梁。其梁不高而长,是为南盘之源,北自炎方〔三二〕、交水、曲靖之东,直南至此。是桥为曲靖锁钥,江出此即东南流,绕越州之东而南入峡焉。逾梁而西约半里,上坡北,而宿于逆旅,即昔之所过石堡村也。适夜色已暝,明月在地,过畏途,就安庐,乐甚。问主人："岭上有御人者,果有之乎？"主人曰："即余邻人。下午樵于山,数贼自山后跃出,剥三人衣,而碎一人首。与君来时相后先也。"予于是始懔然悚,还欣然幸,深感前止宿者之厚情〔三三〕,而自愧以私衷臆度之也。盖是岭东为越州,西为石堡,乃曲靖卫屯军之界,互相推诿，盗遂得而乘之耳。

初八日

昧爽饭，索酒而酌，为浴泉计。遂由村后越坡西下，则温泉在望矣〔三四〕。坞中蒸气氤氲，随流东下，田畦间郁然四起也。半里，入围垣之户，则一泓中贮，有亭覆其上，两旁复砖甃两池夹之。北有槛三楹，水从其下来，中开一孔，方径尺，可掬而盥也。遂解衣就中池浴。初下，其热烁肤，较之前浴时觉甚烈。既而温调适体，殊胜弥勒之太凉，而清冽亦过之〔三五〕。浴罢，由垣后东向半里，出大道。是日碧天如濯，明旭晶然，腾翠微而出，浩波映其下，对之觉尘襟荡涤，如在冰壶玉鉴中。

北行十里，过南城，又二十里，入曲靖南门〔三六〕。时有戈参戎者，奉按君命，巡诸城堡，高幢〔三七〕大纛，拥骑如云，南驰而去。余避道旁视之，如赫电，亦如浮云，不知两界青山见惯，祖当谁左也〔三八〕。饭于面肆中。出东门半里，入东山寺。是名青龙山，而实无山，郭东嵱嵷，高仅丈余，大不及五丈。上建大殿，前列层楼配之，置宏钟焉，钟之大，余所未见也。殿左有藏经阁，其右楼三层，皆翼于嵱嵷〔三九〕之旁而齐其末者。徙倚久之，出寺右，循城而北，五里，出演武场大道。又三里过白石江，又二里过一坡。又十里抵新桥，殷雷轰然，大雨忽至，避茅檐下，冰雹交作，回风涌之，扑人衣面，莫可掩蔽。久之乃霁。仍北行，泞滑不可着趾。十里抵交水〔四〇〕，入南门。由沾益州署〔四一〕前抵东门，投旧邸龚起潜家。见其门闭，异之，叩而知方演剧于内也。余以足泥衣垢，不乐观优〔四二〕，亟入其后楼而憩焉。沾益惟土司居州治，而知州之署则在交水。

初九日

余倦于行役〔四三〕,憩其楼不出,作数日游纪。是日为重九,高风鼓寒。以登高之候,而独作袁安僵卧之态〔四四〕,以日日跻攀崇峻不少也。下午,主人携菊具酌,不觉陶然而卧。

初十日

寒甚,终日阴翳。止寓中,下午复雨,彻夜不休。

〔一〕 滇游日记三在乾隆刻本第五册下,原附盘江考。

〔二〕 需(xū 虚):等待。

〔三〕 几(jǐ 机):矮小的桌子。 匡(kuāng 框)坐:正坐。

〔四〕 爨(cuàn 窜):用几块石头在屋中围成的简单的灶,云南俗称火塘。

〔五〕 街子:农村集市的俗称。这些农村集市,多在村镇的街道或广场上定期进行,故词尾在云南多称"街",在贵州多称"场"。人们往往以其举行集市的日期,按十二生肖名称呼喊,如鸡街、羊街、狗场、马场。

〔六〕 丛薄:草木丛杂的地方。

〔七〕 滇南胜境:即今胜境关,仍在贵州、云南界上。自古都是交通要道,今滇黔公路从这里通过。

〔八〕 明月所:又称平彝所,属贵州都司,在今贵州盘县西隅的平关。

〔九〕 裒(póu 杯):减少。

〔一○〕 黄泥河:今名同,在云南富源县东南隅。经过这里从北往南流的水道亦称黄泥河。

〔一一〕弥沦：完全被淹没。

〔一二〕飕飗（sōu liú 搜留）：风的声音。　　滴沥（lì 历）：水稀疏下滴的声音。

〔一三〕瀹（yuè 跃）：用汤煮东西。

〔一四〕羊场堡：今称小羊场，在黄泥河西隅。

〔一五〕亦佐县：隶曲靖府，治今富源县南境富村稍南，今仍名亦佐。

〔一六〕拐泽河：明史地理志作块泽江，今亦作块泽河，下流又称色衣河。

〔一七〕白水铺：今仍名白水，在沾益县东隅，自古即为交通要道。

〔一八〕鸡场：在罗平县北端富乐稍南。大鸡场在东，小鸡场在西。

〔一九〕墟地：农村赶集的空地。

〔二○〕桃源村：今仍名桃源，在罗平县北隅。

〔二一〕鬻（yù 育）人者：卖给人的。

〔二二〕十八寨：嘉庆重修一统志广西直隶州关隘："十八寨，在弥勒县西南。今蛮党分居者，曰永安寨、石洞寨、禄庆里寨、阿营里寨、米车寨，余或以山名。本一山而群蛮分居其中，曰十八寨。明嘉靖元年（公元 1522 年）尝设十八寨守御千户所于此。"明置十八寨守御千户所，在今弥勒县西南的虹溪镇。

〔二三〕马场：今分大马场、小马场，在曲靖市麒麟区东南隅。建国后新建了独木水库，马场现位于水库边。

〔二四〕云南、贵州有些贫苦农民用青秧作被盖，俗称秧被。

〔二五〕此溪即今篆长河。

〔二六〕县丞(chéng 成):县令的佐官,掌管文书及仓狱。

〔二七〕陆凉:明置陆凉州和陆凉卫,皆在今陆良县境,但州卫不同城。陆凉州治在今陆良县治东北25里,万历二十八年(公元1600年)始建土城,今称旧州。陆凉卫城为洪武三十一年(公元1398年)建,即今陆良县城。清初(公元1666年)裁卫归州,移州城于卫城,州治始在今陆良县城。

〔二八〕海崖土司:中心在今曲靖市麒麟区东南部茨营南隅,水城河水库以北,今名海寨,分大海寨、小海寨两村。

〔二九〕龃龉(jǔ yǔ 咀语):同"岨峿",游记亦作"砠硈",形容地面参差不平。

〔三〇〕龙塘河:今称龙潭河,从北往南流贯曲靖市麒麟区茨营坝,在越州附近汇入南盘江。

〔三一〕亡(wú 无)何:不久。

〔三二〕炎方:明为炎方驿,今名同,在沾益县北境。

〔三三〕予于是始懔然悚还欣然幸深感前止宿者之厚情
原脱"懔然悚还欣然幸深"及"厚"等字,据四库本补。

〔三四〕石堡温泉:为碳酸泉,宜于饮用,可治疗肠胃病。今建有温泉疗养院,从曲靖有公路可达。

〔三五〕明清弥勒县境温泉有三。城北三十里的步阚温泉,不当开远、弥勒、泸西道上。今弥勒城西的梅花温泉,温度不算低。据康熙弥勒州志:"翠微温泉,朋普翠微阁,清如步阚,春夏稍凉,浴宜秋冬。"正符合游记所述。霞客浴者应为弥勒朋普的翠微温泉。

〔三六〕曲靖:明设曲靖府和曲靖卫,皆治南宁,即今曲靖市区。潇湘江边的古城遗迹，至今还依稀可见。曲靖一带曾经是云南的行政中心。南北朝时期的宁州治所味县在今曲靖市区西北的三岔。唐宋时又称石城，隋代南宁州总管府及唐代前期的南宁州都督即治石城。南诏和大理时皆设石城郡，为控制滇东的重镇。现今曲靖一中的碑亭内，保存了乾隆年间在曲靖杨旗田出土的爨宝子碑，系东晋大亨四年(即义熙元年，公元405年)立。另有石城会盟碑，记述了明政三年(公元971年)大理割据政权与三十七部会盟的事。两碑书法极精，且是爨氏和段氏时期的重要史料，皆为全国重点文物保护单位。

〔三七〕幢(chuáng床)：古时作为仪仗用的一种旗帜。

〔三八〕左袒或右袒，即露出左臂或右臂。西汉时，大将周勃清除吕氏，在军中对众说：拥护吕氏的右袒，拥护刘氏的左袒。结果军队都左袒，表示拥护刘氏。袒当谁左：意即谁露出左臂表示拥护呢？

〔三九〕嵝嵝(lǒu娄)：同"培塿"，即小土山。

〔四〇〕交水：元设交水县。明代废县，但地名仍称交水，属沾益州。在今沾益县治。

〔四一〕明设沾益州，隶曲靖府，包有今宣威、沾益、富源三县地，治今宣威市区。明末，沾益州土官叛乱，流官知州于天启二年(公元1622年)逃到交水，筑城寄治，而沾益土司仍居州治，在今宣威市，于是出现土官流官各自设署的情况，此处所述沾益州署即流官治所。清代雍正五年(公元1727年)改土归流，于原沾益州治处新设宣威州，即今宣威市；并承认已迁交水的为沾益州。至此，原属沾益州的范围析为两个州。

〔四二〕不乐观优　原脱"优"字，据四库本补。

〔四三〕行役:即行旅,在外长途跋涉。

〔四四〕袁安:字邵公,东汉汝南人。洛阳下大雪,人多出来乞讨吃食,袁安独僵卧不起,被洛阳令知道,举为孝廉,后官至司徒。

十一日

余欲行,主人以雨留,复为强驻,厌〔一〕其酒脯焉。初余欲从沾益并穷北盘源委,至交水,龚起潜为余谈之甚晰,皆凿凿可据,遂图返辕,由寻甸趋省城焉。

十二日

主人情笃,候饭而行,已上午矣。十里仍抵新桥,遂由岐溯流西南行。二里抵西南小山下,石幢之水,乃从西北峡中来〔二〕,路乃从西南峡中入。一里登岭,一里陟其巅。西行岭上者又一里,乃下。初从岭头下瞰西坞,有庐有畴,有水潆之,以为必自西而东注石幢者。迤逦西下者又一里,抵坞中,则其水返西南流,当由南谷中转东而出于白石江者〔三〕。询是村为戈家冲〔四〕。由是而西,并翠峰诸涧之流,皆为白石江上流之源矣。源短流微,潆带不过数里之内,而沐西平〔五〕曲靖之捷,诩为冒雾涉江,自上流渡而夹攻之,著之青史,为不世勋,而不知与坳堂〔六〕无异也。征事考实,书之不足尽信如此!于是盘折坂谷四里,越刘家坡,则翠峰山在望矣。盖此山即两旁中界之脊,南自宜良〔七〕分支,北度木容箐,又北而度火烧箐岭,又北而度响水西岭,又北而结为此山;又西夹峙为回龙山,绕交水之西北,经炎方,又北抵沾益州南;转东,复折而南下,峙为黑山,分为两支。正支由火烧铺、明月所之间南走东折,下安笼所,入泗城州,而东峙为大明山,遂尽于浔州。旁支西南由<u>白水</u>西分水岭，又分两支：直南者由<u>回窨坡</u>西岭，西南峙为<u>大龟山</u>，而尽于<u>盘江</u>南曲；西南分支者，尽于<u>曲靖东山</u>。其东南之水，下为<u>白石江</u>；东北之水，下为<u>石幢河</u>；而西则泄于<u>马龙</u>之□江〔八〕，而出<u>寻甸</u>，为<u>北盘江</u>焉。然则一山而东出为<u>南盘</u>，西出为<u>北盘</u>，惟此山及炎方足以当之；若<u>曲靖东山</u>，则旁支错出，而志之所称悉误也。由<u>刘家坡</u>西南，从坡上行<u>一里</u>，追及一妪，乃<u>翠峰山</u>下<u>横山屯</u>人也。随之又西一里，乃下坡。径坞一里，有小水自西北来，小石梁跨之。从此西南上坡，为<u>三车</u>道；从此直西溯小水，自西南岸入，为<u>翠峰</u>间道。其路若续若断，横截坞陇。三里，有大道自东南来，则自<u>曲靖</u>登山之径也，于是东南望见<u>三车市</u>〔九〕矣。遂从大道西行，二里，将抵<u>翠峰</u>下，复从小径西南度陇。风雨忽至，顷刻而过。一里，下坡涉深涧，又西上坡半里，抵<u>横山屯</u>。其屯皆<u>徐</u>姓。

老妪命其子从村后送余入山。半里抵其麓，即有两小涧合流。涉其北来者，溯其西来者，遂蹑峻西上。一里半，盘岭头而北，转入西峡中，则山之半矣。其山自绝顶垂两支，如环臂东下：北支长，则<u>缭绕</u>而前，为<u>新桥</u>西冈之脉；南支短，则所蹑以上者。两臂之内，又中悬一支，当坞若台之峙，则<u>朝阳庵</u>踞其上，庵东北向。其南腋又与南臂环阿成峡，自峰顶逼削而下，则<u>护国</u>旧寺倚其间。自西峡入半里，先达旧寺，然后东转上<u>朝阳</u>，以旧寺前坠峡下堑也。旧寺两崖壁夹而阴森，其病在旁无余地；<u>朝阳</u>孤台中缀而轩朗，所短在前少回环。余先入旧寺，见正殿亦整，其后遂危崖迥峭，藤木倒垂于其上，而殿前两柏甚巨，夹立参天。寺中止一僧，乃寄锡〔一〇〕殿中者，一见即为余爇火炊饭。余乃更衣叩佛，即乘间东登<u>朝阳</u>。一头陀〔一一〕方曳杖出庵门。余入其庵，亦别无一僧，止有读书者数人在东楼。余闲步前庭。庭中有西番菊两株，其花大如盘，簇瓣无心，赤光灿烂，黄菊为之夺艳，乃子种而非根分〔一二〕，此其异于诸菊者。前楼亦幽迥，庭前有桂花一树，幽香飘泛，远袭山谷。余前隔峡盘岭，即闻而异之，以为天香遥坠，而不意乃敷萼〔一三〕所成也。桂芬菊艳，念此幽境，恨无一僧可托。还饭旧寺，即欲登顶为行计，见炊饭僧殷勤整饷，虽瓶无余粟，豆无余蔬，殊有割指啖客之意，心异之。及饭，则已箸不沾蔬，而止以蔬奉客，始知即为淡斋师也。先是横山屯老妪为余言："山中有一僧，损口苦体，以供大众。有予衣者，辄复予人。有饷食者，己不盐不油，惟恐众口弗适。"余初至此讯之，师不对，余肉眼不知即师也。师号大乘，年甫四十，幼为川人，长于姚安，寄锡于此，已期年〔一四〕矣。发愿淡斋供众，欲于此静修三年，百日始一下山。其形短小，而目有疯痒之疾。苦行勤修，世所未有。余见之，方不忍去，而饭未毕，大雨如注，其势不已，师留止宿，余遂停憩焉。是夜寒甚，余宿前楹，师独留正殿，无具无龛，彻夜禅那〔一五〕不休。

十三日

达旦雨不止，大乘师复留憩。余见其瓶粟将尽，为炊粥为晨餐，师复即另爨为饭。上午雨止，恐余行，复强余餐。忽有一头陀入视，即昨朝阳入庵时曳杖而出者，见余曰："君尚在此，何不过我？我犹可为君一日供，不必啖〔一六〕此也。"遂挟余过朝阳，共煨火具餐。师号总持，马龙人，为曲靖东山寺住持，避嚣于此，亦非此庵主僧也，此庵主僧曰瑞空，昨与旧寺主僧俱入郡，瑞空归而旧寺僧并不知返，盖皆蠢蠢，世法佛法，一无少解者。大乘精进而无余资，总持静修而能搏节〔一七〕，亦空山中两胜侣也。已而自言其先世为姑苏吴县〔一八〕籍，与余同姓。昔年朝海过吴门，山塘徐氏欲留之放生池，师不果而归。今年已六十三矣。是夜宿其西楼，寒更甚，而夜雨复潺潺。

十四日

雨竟日不霁，峭寒砭骨〔一九〕，惟闭户向火〔二〇〕，不能移一步也。

翠峰山，在曲靖西北，交水西南，各三十里，在马龙西四十里，秀拔为此中之冠〔二一〕。朝阳庵则刘九庵大师所开建者。碑言师名明元，本河南太康〔二二〕人，曾中甲科〔二三〕，为侍御〔二四〕。嘉靖甲子〔二五〕，驻锡翠峰。万历庚子〔二六〕有征播之役〔二七〕，军门〔二八〕陈用宾过此，感师德行，为建此庵。后师入涅槃〔二九〕，陈军门命以儒礼葬于庵之东原。土人言：刘侍御出巡，案置二桃，为鼠所窃。刘窥见之，佯试门子〔三〇〕曰："汝何窃桃?"门子不承。吓之曰："此处岂复有他人，而汝不承。吾将刑之。"门子惧刑，遂妄承之。问："核何在?"门子复取他核以自诬。刘曰："天下事枉者多矣!"乃弃官薙发〔三一〕于此。

曲靖者，本唐之曲州、靖州也〔三二〕，合其地置府，而名亦因之。

沾益州土知州安边者，旧土官安远之弟，兄终而弟及者也。与四川乌撒府土官安孝良接壤，而复同宗。水西安邦彦之叛，孝良与之同逆。未几死，其长子安奇爵袭乌撒之职，次子安奇禄则土舍也。军门谢命沾益安边往谕水西，邦彦拘留之。当事者即命奇禄代署州事，并以上闻。后水西出安边，奉旨仍掌沾益，奇禄不得已，还其位;而奇禄有乌撒之援，安边势孤莫助，拥虚名而已。然边实忠顺，而奇禄狡猾，能结当道〔三三〕欢。今年三月，何天衢命把总〔三四〕罗彩以兵助守沾益，彩竟乘机杀边，并挈其资二千金去。或曰：彩受当道意指，皆为奇禄地也。奇禄遂复专州事，当道俱翕然从之。独总府沐曰："边虽土司，亦世臣也，况受特命，岂可杀之而不问？"故至今九月间，沾益复杌捏〔三五〕不安，为未定之局云。

下午饭后，伺雨稍息，遂从朝阳右登顶。西上半里，右瞰峡中，护国寺下嵌穿口，左瞻冈上，八角庵上踞朝阳右胁。西眺绝顶之下，护国后箐之上，又有一庵，前临危箐，后倚峭峰，有护国之幽而无其逼，有朝阳之垲〔三六〕而无其孤，为此中正地，是为金龙庵。时霏雨复来，俱当岐而过，先上绝顶。又西半里逾北岭，望见后数里外，复一峰高峙，上亦有庵，曰盘龙庵，与翠峰东西骈峙；有水夹北坞而下〔三七〕，即新桥石幢河之源也。于是南向攀岭脊而登，过一虚堂，额曰"恍入九天"。又南上，共半里而入翠和宫，则此山之绝顶也。

翠峰为曲靖名峰，而不著于统志。如阆木之在东山，与此隔海子遥对，然东山虽大，而非正脉，而此峰则为两江鼻祖。余初见西坞与回龙夹北之水，犹东下新桥，而朝阳、护国及是峰东麓之水，又俱注白石，疑是峰犹非正脊；及登顶而后知正南下坠之峡，则南由响水坳西，独西下马龙〔三八〕出寻甸矣，始信是顶为三面水分之界。东北二面俱入南盘，南面入北盘。其脉南自响水坳西，平度而峙为此峰，即西度盘龙。其水遂南北异流，南者从西转北，北者从东转南。两盘之交错，其源实分于此云。

翠和顶高风峭，两老僧闭门煨火，四顾雾幕峰阒，略瞰大略。由南坞西下，为寻甸间道，余拟明日从之而去者。遂东南下，由灵宜庙东转，半里入金龙庵。庵颇整洁，庭中菊数十本，披霜含雨，幽景凄绝。是庵为山东老僧天则所建，今天则入省主地藏寺，而其徒允哲主之。肃客〔三九〕具斋，暝雨渐合。遂复半里，东还朝阳。欲下护国看大乘师，雨滑不能，瞰之而过。

十五日

达旦雨止，而云气叆叇〔四〇〕，余复止不行。日当午献影，余遂乘兴往看大乘。大乘复固留。时天色忽霁，余欲行而度不及，姑期之晚过，为明日早行计。乃复上顶，环眺四围，远峰俱出，始晰是山之脉，但东西横列，而脉从中度，屡伏屡起，非直亘之脊也。惟翠峰与盘龙二峰，乃东西并夹。而翠峰之南，响水坳之支横列东下，而结为曲靖；盘龙之西，又南曲一支，始东下而结为交水，又横亘而北，始东汇炎方之水，又北始转度沾益之南坳焉。从峰东下，又还过八角庵，仍返餐于朝阳。为总持所留，不得入护国。是日以丽江、嵩明二处求兆〔四一〕于翠和灵签，丽江得"贵人接引喜更新"，嵩明得"枯木逢春欲放花"。皆吉兆也。午晴后，窃计明日可早行，既暮而雨复合。

十六日

阻雨。

十七日

雨复达旦。一驻朝阳者数日，而总持又非常住，久扰殊为不安，雨竟日复一日〔四二〕。饭后欲别而行，总持谓雨且复至，已而果然。已复中霁，既乃大注，倾盆倒峡，更甚于昨。

十八日

彻夜彻旦，点不少辍。前二日俱午刻朗然，而今即闪烁之影一併无之，而寒且更甚，惟就榾柮作生涯，不复问前程矣。

十九日

晦雨仍如昨，复阻不行，榾嵝闲谈。总持昔以周郡尊事逮系，桁杨甚苦〔四三〕，因笔记之。东山寺昔有藏经，乃唐巡抚所请归者。郡守周之相，石阡人〔四四〕，由乡荐擢守曲靖，以清直闻。慕总持师道行，请之检藏，延候甚密。迤东巡守以下诸僚，皆有"独清"之恨，而周复不免扬其波，于是悉侧目之，中伤于抚台王伉，罗织无迹，遂诬师往还为交通贿赂，以经籯为筐箧〔四五〕，坐以重赃。周复代为完之而去云。

二十日

夜不闻檐溜，以为可行矣。晨起而雾，复以为霁可待也。既饭而雾复成雨。及午过大霁，以为此霁必有久晴。迨暮而雨声复瑟瑟，达夜而更甚焉。

〔一〕厌：通"餍"，即吃饱。

〔二〕石幢河：清代称阿幢河，今称西河，从西往东流入盘江。新桥：今名同，在西河南岸，沾益南境，沾益、曲靖间的公路东侧。

〔三〕白石江：今名同，在曲靖火车站南，从西向东流，又折南入潇湘江，水小处几乎只等于一条大沟。

〔四〕戈家冲：今作戈家屯，在曲靖麒麟区西北隅。

〔五〕沐西平：即沐英。古人习惯以某人的官爵名为其别号，沐英受封为西平侯，故人多称沐西平。

〔六〕坳堂：同"坳塘"，即最小的水塘。

〔七〕宜良：明为县，隶云南府，即今宜良县。

〔八〕□江　　原空一字。明一统志："东河，在马龙州治东。""西河,在马龙州治西,东流合东河,入寻甸军民府界。"江源今仍称东河。以下各段今称龙潭河、马过河、马龙河。

〔九〕三车市:明时又称三岔口堡。今作三岔,在曲靖市麒麟区西北部。

〔一○〕寄锡:行脚僧投某寺院暂住,必须将他随身带的锡杖挂在僧堂东西两边的壁上,故称寄锡、挂锡,又称挂单。

〔一一〕头陀:梵文音译,意为"抖擞",即苦行僧。头陀应守住空闲处,常乞食,穿百衲衣等十二项苦行,称头陀行。后来也称行脚乞食的僧人为头陀。

〔一二〕乃子种而非根分 "根"原作"苗",据徐本、陈本、四库本改。

〔一三〕敷萼(fū è 夫饿):开花。

〔一四〕期年 "期"原作"暮",据徐本、四库本、丁本改。期(jī 基)年:一整年。

〔一五〕禅那:梵文音译,通常称"禅定",略称"禅",即安静而止息杂虑的意思,为佛教修行的方法之一。禅定时,只许静坐,不能卧床睡眠,因此,禅定也叫坐禅。

〔一六〕啖(dàn 淡):吃。

〔一七〕撙(zǔn)节:节省。

〔一八〕姑苏:苏州府治西南有姑苏山,因以姑苏为苏州府的别名。 吴县:为苏州府附郭县,在今江苏苏州市。

〔一九〕砭(biān 边)骨:刺骨。

〔二○〕向火:围坐在火塘边烤火取暖,至今云、贵仍称向火。

〔二一〕翠峰山:今名同,在麒麟区与马龙县界上,依实际方位应为马龙东北，"在马龙西四十里"的"西"字疑有误。

〔二二〕太康：明为县，即今河南太康县。

〔二三〕甲科：科举制度时，试题依其难易又分为甲、乙、丙、丁等科，甲科指考试中最高的科目。后来，甲科即指进士。

〔二四〕侍御：即侍御史。明清时，侍御史即监察御史。

〔二五〕嘉靖甲子：即嘉靖四十三年，公元 1564 年。

〔二六〕万历庚子：即万历二十八年，公元 1600 年。

〔二七〕播：即播州宣慰司，明属四川，治今贵州遵义市区。土司杨氏世有其地，万历二十八年（公元 1600 年）平定杨应龙，即此处所说的"征播之役"。次年改置遵义军民府，并置附郭县遵义。

〔二八〕军门：明代亦称总督、巡抚为军门。陈用宾为巡抚，故称军门。

〔二九〕涅槃（niè pán 聂盘）：为梵文音译，指僧人逝世，又称"入灭"或"圆寂"。

〔三〇〕门子：明代对官衙下人的鄙称。

〔三一〕薙：即"剃"。薙发：剃光头发，披上袈裟，出家为僧，又称"披薙"、"落发"。

〔三二〕按，唐代曲州在今昭通，靖州在今昭通市昭阳区北的靖安镇。但从元代开始，误认为曲州、靖州皆在今曲靖，并取名曲靖路，相沿讹误至今。

〔三三〕当道：执掌政柄的人。

〔三四〕把总：明代驻守京师的京营兵分三大营，设千总、把总等领兵官。各地总兵辖下的低级军官也称把总。此处指后者。

〔三五〕杌楻（wù niè 兀聂）：本作"杌陧"，意为不安。

〔三六〕垲(kǎi 凯):地势高而土质干燥。

〔三七〕有水夹北坞而下　原脱"有水"二字,据陈本补。

〔三八〕马龙:明置州,隶曲靖府,即今马龙县。

〔三九〕肃(sù 宿)客:恭敬地引进客人。

〔四〇〕叆叇(ài dài 爱代):形容云很浓密的样子。

〔四一〕求兆(zhào):占卜吉凶。

〔四二〕一驻朝阳者数日而总持又非常住久扰殊为不安雨竟日复一日　原作"念自驻朝阳者数日",据徐本、陈本改补。

〔四三〕桁(háng 杭)杨:加在脚上或颈上拘系囚犯的刑具。

〔四四〕石阡:明置石阡府,即今贵州石阡县。

〔四五〕簏(lù 鹿):用竹子、柳条或藤条编成的圆形器,装佛经的称"经簏",装书的称"书簏"。　筐篚(kuāng fěi 匡匪):皆装东西的竹器,方形的称筐,圆形的称篚。

二十一日

晦冥终日,迨夜复雨。是日下午,散步朝阳东数十步。东峡中一庵当峡,是曰太平庵,盖与护国东西夹朝阳者。太平老僧煮芋煨栗以饷。

二十二日

晨起晦冥,然决去之念,已不可止矣。上午乃行。总持复赠之以米,恐中途雨后一时无宿者耳。既别,仍上护国后夹箐中观龙潭。潭小而流不竭,盖金龙庵下夹壁缝中之液,虽不竭而非涵潴之窟也。遂西上逾岭,循翠和宫之后,一里余,又逾岭而南下,雨犹霏霏不已。半里,及坞中。又一里,有岐北转,误从之,渐入山夹,则盘龙所登之道也。仍出从大道西南行。二里,有村当坞中,溪流自坞直南去,路由村西转北行。半里,涉坞而西,一里,又有村在坡间,是曰高坡村〔一〕。由村后下冈,有岐从坞中西南去,为小径,可南达鸡头村〔二〕;从冈上西北转,为大径,乃驼马所行者。初交水主人谓余:"有间道自寻甸出交水甚近,但其径多错,乃近日东川〔三〕驼铜之骑所出。无同行之旅,不可独去,须从响水走鸡头村大道。"乃余不趋响水而登翠峰。问道于山僧,俱云:"山后虽即驼铜道,然路错难行,须仍出鸡头为便。"至是余质之途人,亦多主其说。然见所云径路反大,而所云往鸡头大路者反小甚,心惑之。曰以村人为卜,然已过村。见有村人自山中负薪来,呼而问之,则指从北不从南。余乃从驼马路转西北,循冈三里,西北过一脊。其脊乃自盘龙南度者,余初以为分支南下,而不意乃正脉之曲。出坳西,见脊东所上者甚平,而脊西则下坠深曲,脊南北又从岭头骈峰高耸,各极嵯峨。意是山之脊,又直折而南。盖前自翠峰度其北去者,此又度其南,一脊而半日间两度之矣。从坳西随南峰之上,盘腰曲屈,其坑皆深坠。北向一里,跻一坡。一里,又北度一脊,其脊平亘于南北之中者。于是又一里,再跻北岭,始西北下。其时天已渐霁,无复晦冥之色,远峰近峡,环瞩在望。二里,下西坞。其坞自南而北,其中黄云盘陇,村落连错,一溪中贯之。问水所从出,则仍从新桥石幢河也。问其所从来,则堰口也。问其地何名,则兔街子也〔四〕。始信所过之脊,果又曲而南;过堰口,当又曲而北。余前登翠峰,第见其西过盘龙,不至此,又安知其南由堰口耶? 前之为指南者,不曰鸡头,即曰桃源,余乃漫随马迹,再历龙脊,逢原之异,直左之右之矣。下坞,南行二里,遂横涉其溪,中流汤汤,犹倍于白石江源也。南上坡一里,是为堰口,聚落数十家,在溪北冈上。乃入炊。久之,饭而行,阴云复合。其处有岐,北入山为麦冲道。余乃西向行,其溪亦分岐来,一自北峡,一自西峡。余度其北来者,遂西入峡,渐上渐峻,天色亦渐霁。四里,从岭上北转,则北峡之穷坠处。又一里,复逾岭而西。是岭自木容箐杨金山北走翠峰,复自盘龙南走高坡,又南至此,始转而北,其东西相距,数里之内,凡三曲焉。余一日三过之,何遇之勤而委曲不遗耶!从岭西涉坞,其水遂南流。一里,于是又北转逾岭。一里,西北下山。二里,抵坞中,随小水北向出峡,始有坞成畦。路当从畦随流西去,而坞北有村聚当北冈上,是为洒家,想亦土酋之姓,或曰亦属平彝。乃一里经坞登冈,由洒家西向行。一里,越陇西下,有峡自北来,小水从之,是亦麦冲南来之道。遂循其坞转而西南行,二里抵新屯〔五〕,庐舍夹道,丰禾被坞。其处为平彝之屯。据土人言,自堰口之北兔街子,屯属平彝,而粮则寄于南宁〔六〕;自洒家之西抵三车,屯属平彝,而粮则寄于马龙;自一碗冲之西抵鲁石,屯属平彝,而界则属于寻甸。盖寻甸、曲靖,以堰口老龙南分之脊为界;马龙、南宁,以堰口老龙为界;而平彝则中错于两府之交而为屯者也。自屯西逾坡,共一里余,过一坞,有二三家在西岭,其坞复自北而南。由村南转而逾冈西南下,二里,复有一坞,溪畴南环,聚落北倚,是为保官儿庄〔七〕,夹路成衢,为村聚之最盛者,此亦平彝屯官之庄也。

二十三日

中夜闻隔户夜起者,言明星烺烺〔八〕;鸡鸣起饭,仍浓阴也,然四山无雾。昧爽即行,始由西南涉坞,一里,渐转西行入峡,平陟而上。三里,逾一坳脊,遂西下。两上两下,两度南去之坞,两逾南行坡脊而西，共五里，有村在西坡上，是曰三车〔九〕。由其村后，复逾南行一坡，度南行一坞，一里半，披西峡而入，于是峡中水自西而东。溯之行半里，渐盘崖而上。崖南峡中，箐木森郁，微霜乍染，标黄叠紫，错翠铺丹，令人恍然置身丹碧中。一里余，渐盘而北折，下度盘壑，更觉深窈。二里，又循西峡上。一里，又逾一脊，是为南行分脊之最远者，东西皆其旁错也。由脊西下，涉坞再西，共二里，有峡甚逼。随峡西折而南行，半里，复西逾岭。半里出岭西，始见岭北有坞，居庐环踞冈上，是为一碗冲〔一〇〕。于是西行岭脊之上，其岭颇平，南北皆坞，而脊横其中。一里，陟脊西。又南转逾冈西下，共一里，度一峡，想即一碗冲西向泄流之峡也。又西北上坡，其坡颇长，一里陟其巅。于是东望所度诸岭，如屏层绕，而直东一峰，浮青远出，恐尚在翠峰之外，岂东山阆木之最高处耶？北望乃其峰之分脊处，至是乃见回支环壑。而南望则东南最豁，此正老脊分支环于板桥诸处者，不知此处何以反伏其脊？其外亦有浮青特出远甚，当是路南、邑市之间〔一一〕。惟西则本支尚高，不容外瞩也。由巅南循坡西转，半里，又西度脊。从脊西向西北下坞，约一里，有溪始西向流，横二松渡之。其溪从西峡去，路循西北坡上。一里，复西逾脊，环坡南下，遂循之行。一里，转而西下，有坞自北来，颇巨，横涉其西，塍泥污泞。半里，有大聚落在西坡下，是为鲁石哨〔一二〕，其处已属寻甸，而屯者犹平彝军人也。由村南西上逾坡，一里，复逾冈头。转而西南二里，又西向逾脊。从脊西下峡中，半里，峡北忽下坠成坑，路从南崖上行，南耸危巇，北陷崩坑，坑中有石幢，则崩陨之余也。循坑西下，又半里，有北来之坞，横度之。又半里，涉溪西上，复西南上坡，横行坡上。一里，又西向入峡，其南有峰尖耸,北有峰骈立。二里,从南峰之北逾腋而西,又一里,始行北峰之南冈,与北峰隔坞相对。有村居倚北峰而悬坞北,是为郭扩〔一三〕,始非平彝屯而为寻甸编户。

由其西南下坡,半里,涉小涧,西登坡,循坡北行,又与骈峰东西隔坞。共二里北上,瞰骈峰之阴。遂西半里,逾冈,从冈上平行。有中洼之坑,当冈之南,横坠而西。其西有尖峰,纯石而中突,两腋属于南北,若当关之标。路行坑上,一里,出尖石峰之北腋,遂西向而下,一里抵西墅,则尖石峰之西麓矣。于是南界扩然,直望一峰最高,远插天表,余疑以为尧林山,而无可征也。迤东诸山,惟尧林山最高耸特出,在嵩明东二十里,与河口隔河相对。登杨林老脊,犹东望而见之,今则南望而见之,皆在七八十里之外〔一四〕。按志无尧林之名,惟有秀嵩山在嵩明州东二十里,耸秀插霄汉,环州之山,惟此为最耳。度墅西转,二里,越小溪桥,有村在北陇,是曰壁假〔一五〕。由其西攀岭北上,旋逾坳而西,一里,复下涉墅,又南见天表高峰。时已追及一老人,执而问之,果尧林也。又西一里,复入西峡。蹑峡而上半里,逾岭西,西界遥山始大开,望见南龙老脊,自西南横列而东北,则东川、寻甸倚之为界者也。其脊平峙天际,而西南与东北两头各起崇峰,其势最雄,亦最远。从屏峙中又分列一支,自西北走东南,若"八"字然。其交分之处,山势独伏,而寻甸郡城正托其坳中。由伏处入,为东川道;西逾分列之脊,为嵩明并入省道;循分列东麓而南,为马龙道。杨林之水,绕尧林之东,马龙水由中和北转,同趋而北,皆随此分列之山,而合于其东者也;但溪流犹不可见,而郡南海子则汪然可挹。从此西下,坡峻岭豁,二里抵其峡中。有小水亦南行,随之西南又半里,北坞回环,中有村庐当坡,曰海桐。由其南,西度坞,复上冈,一里抵冈头。随冈南下,转而西,共二里,坞自北来,溪流随之,内有村当坞,曰果壁,外有石堰截流。路由堰上涉水而西,从平坡上行,二里,稍下,有村倚坡之西,曰柳塘〔一六〕。于是坡尽畦连,北抵回峰,西逾江而及郡,南接海子,皆禾稻之区,而村落相望矣。从畦塍西行二里,则马龙之溪自东南峡出,杨林之溪自西南峡出,夹流而北,至此而合,石梁七洞横架其上,曰七星桥。其自南而北,为北盘上流,正与石堡桥之流,自北而南,为南盘上流,势正相等,但未能及曲江桥〔一七〕之大也。过桥,有庙三楹,东向临之。中有旧碑,或言去郡城十五里,或言二十里,或名为江外河,或名为三岔河,无定里,亦无定名。而一统志又名其溪为阿交合溪,又注旧名为些邱溢派江,名其桥为通靖桥,然注其桥曰:"城东二十里,跨阿交合溪。"注其溪曰:"府东南十五里合流。"又自异焉。按旧城在今城东五里,今城筑于嘉靖丁亥〔一八〕安铨乱后,则今以十五里之说为是。乃屡讯土人,皆谓其流出东川,下马湖〔一九〕,无有知其自沾益下盘江者。然一统志曰入沾益,后考之府志,其注与一统同。参之龚起潜之说,确而有据,不若土人之臆度也。或有谓自车洪江下马湖,其说益讹。亦可见此水之必下车洪,车洪之必非马湖矣。盖车洪之去交水不远,起潜之谙沾益甚真,若车洪之上,不折而西趋马湖,则车洪之下,不折而北出三板桥,则起潜之指示可知也〔二〇〕。

由江西岸北行半里,随江折而西。循江南岸,依山陟岭又二里余,江折而北,路逾岭头折而南下。半里,由坞中西行,于是循凤梧南山之麓矣。按凤梧山者,在郡城东北十里,山脉由郡西外界老脊,排列东突为是山,西北一峰圆耸,东南一峰斜骞,为郡中主山。阿交合溪自东来逼其麓,转而东北入峡去,若避此山者,是老龙东

滇游日记三

北行之脊也。一统志无其名，止标月狐山在城东北八里，环亘五十余里。以旧城计之，当即此山，第府志则月狐、凤梧并列，似分两山。然以山形求之，实无两山分受也。岂旧名月狐，后讹"狐"为"梧"，因讹"月"为"凤"耶？岂圆耸者为月狐，而后人又分斜骞者为凤梧耶？共西三里，南望壑中海子，水不甚大，而另汇连珠。盖郡城之流东南下，杨林之川南来，相距于壑口而不相下，遂潴而成浸者〔二一〕。坡南下处，石渐棱棱露奇。又一里，行石片中，下忽有清泉一泓，自石底溢而南出，其底中空，泉混混平吐，清冽鉴人眉宇。又西数步，又有泉连潴成潭，乃石隙回环中下溢而起，泛泛不竭，亦溢而南去。此潭圆若镜而无中空之隙，不知水从何出，然其清冽不若东泉之碧莹无纤翳也。按郡志八景中有"龙泉双月"，谓郡城东十里有双泉，相去十余步，月夜中立其间，东西各见月影中逗。以余观之，泉上石环树罨，虽各涵明月，恐不移步而左右望，中未必能兼得也。又西半里，有聚落倚山面壑，是为凤梧所〔二二〕，土人谓之马石窝，想未置所时其旧名然耳。于是西北随田塍行，坡陇间时有聚落而不甚盛。按郡志，旧郡址在今城东五里，不知何村足以当之？共西三里，有溪流自北坞来，中贯田间，有石梁跨之。越之西行，又三里，复有溪自北坞来，亦贯田间，而石梁跨之，此即所谓北溪也。水在郡城之北为最近，乃城西坡与凤梧夹胁中出者。越梁，又西行一里，入寻甸东门。转而南〔二三〕，停履于府治东之旅肆。

寻甸昔为土府，安氏世长之，成化间始改流。至嘉靖丁亥，安之裔孙安铨者作乱，构武定凤廷文，攻毁杨林、马龙诸州所。当道奏发大兵歼之，并武定改流。乃移寻甸郡于旧治之西五里，直逼西山下，始筑城甃砖为雄镇云〔二四〕。按凤廷文或又称为凤继祖，又称为阿凤，或又称为凤显祖，自改名凤廷霄。或又云本江西人，赘武定土官妇，遂专恣作乱，以兵直逼省。后获而磔之〔二五〕。

寻甸四门俱不正，盖因山势所就也。东门偏于北，南门偏于东，西门偏于南，惟北门差正，而又非经行之所。城中惟街二重，前重乃府与所所莅，后重为文庙、城隍、察院所倚，其向俱东南。

寻甸之城，直东与马龙对，直西与元谋对，直南与河口对，直北与东川对。其西北皆山，其东南大豁。

二十四日

余初欲行，偶入府治观境图，出门，左有肆，中二儒冠者，问图志，以有版可刷对。余辞以不能待。已而曰："有一刷而未钉者，在城外家中。"索钱四百，余予之过半。既又曰："须候明晨乃得。"余不得已，姑俟之。闻八景中有"北溪寒洞"，在东门外北山之下，北溪水所从出也，因独步往探之。遍询土人，莫有识者，遂还。步城内后街，入儒学、城隍诸庙。下午还寓作记。是日晴而有风。城中市肆，与广西府相似。卖栗者，以火炙而卖之〔二六〕。

二十五日

晨起，往索志。其人初谓二本，既而以未钉者来，止得上册，而仍少其半。余略观之，知其不全，考所谓阿交合溪之下流，所载亦正与一统志同，惟新增所谓凤梧山、双龙潭之类而已。乃畀还之，索其原价。遂饭而行。

出西门，即上西山，峻甚。五里，逶迤蹑其顶，则犹非大龙之脊也。其脊尚隔一坞，西南自果马山环界而北，乃东度而为月狐，从其北度之坳，又南走一支，横障于东，即此山也。志称为隐毒山，谓山下有泉为隐毒泉。盖是山之西，与老龙夹而中洼，内成海子，较南海子颇长而深；是山之东，有泉二派，一出于北，今名为北溪。一出于南，（脱数字）而是山实南北俱属于大脊焉。由其西向西南下，二里抵坞中，有小坑潴污流，不甚大也。西涉坞一里半，草房数间，倚南坡上，为黑土坡哨：前有岐，西北由坞中行，为潘、金、魏所道；西南上坡为正道。余乃陟坡一里，复南逾其冈，冈头多瞀井中陷，草莽翳之，或有闻水声潺潺者。越冈南行二里余，乃下坡，遂与西海子遇；其水澄碧深泓，直漱东山之麓。路既南临水湄，遂东折而循山麓行。南向二里，见其水汪汪北转，环所逾瞀井之冈，南抵南冈，东逼山麓，而西濒所聚焉。盖惟西北二面，大脊环抱，可因泉为田，而三所屯托之，所谓潘所、金所、魏所也〔二七〕。乃土官三姓。三所在海子西，与余所循山麓，隔水相望。是水一名清海子，一谓之车湖〔二八〕，水濒山麓，清澈可爱，然涸时中有浅处，可径而南也。今诸山冈支瞰其间，湖水纡折回抱，不啻数十里。一统志谓四围皆山者是；谓周广四里，则不止焉，想从其涸时言也。又南一里，东逾一瞰水之冈，又陟漱水之坡，南向一里，海子南尽，遂西南逾冈而行。冈不甚峻，而横界于东西两界之间，皆广坡漫衍。由其上南行四里，稍南下，忽闻水声，已有细流自冈西峡坠沟而南矣。有数家在西山下，曰花箐哨〔二九〕。始知其冈自西界老脊度脉，而东崎为东界，北走而连属于凤梧之西坳，是为隐毒山，中环大洼，而清海子潴焉；南走绵亘于河口之北崖，是为尧林山，前挟交溪，而果马水入焉。不陟此冈，不知此脉乃由此也。于是随水南行，皆两界中之坂陇,或涉西委之水,或逾西垂之坡,升降俱不甚高深,而土衍不能受水,皆不成畦。然东山逶迤而不峻,西山崇列而最雄,路稍近东山,而水悉溯西山而南焉,则花箐诸流之下泄于<u>果马溪</u>者,又<u>杨林</u>之源矣。南行二十五里,始有聚落,曰<u>羊街子</u>,其西界山至是始开峡,<u>重峦</u>两叠,凑列中有悬箐焉。由此而入,是为<u>果渡</u>、<u>木朗</u>〔三〇〕,乃<u>寻甸</u>走<u>武定</u>之间道。盖西界大山,北向一支,自西南横列东北,起嶂最高,如重盖上拥;南向一支,亦自西南横列东北,排峦稍杀,如外嫚斜骞,虽北高南下,而其脉实自南而北叠,而中悬一箐为丛薄,为中通之隙焉,是曰<u>果马山</u>;而南北之水由此分矣。<u>羊街子</u>居庐颇聚。又有<u>牛街子</u>,在<u>果马溪</u>西大山下,与<u>羊街子</u>皆夹水之市〔三一〕,皆<u>木密所</u>〔三二〕分屯于此者。盖<u>花箐</u>而南,至此始傍水为畦耳。时方下午,问前途宿所,必<u>狗街子</u>,去此尚三十里。恐行不能及,途人皆劝止,遂停憩逆旅,草记数则。薄暮,雨意忽动,中夜闻潺潺声。

二十六日

晨起,饭后,雨势不止,北风酿寒殊甚。待久之,不得已而行。但平坡漫陇,界东西两界中,路从中而南,云气充塞,两山漫不可见,而寒风从后拥雨而来,伞不能支,寒砭风刺,两臂僵冻,痛不可忍。十里,稍南下,有流自东注于西,始得夹路田畦。盖<u>羊街</u>虽有田畦,以溪傍西山,田与路犹东西各别耳。渡溪南,复上坡,二里,有聚落颇盛,在路右,曰<u>间易屯</u>。又北一里半,南冈东自<u>尧林山</u>直界而西,西抵<u>果马</u>南山下,与<u>果马</u>夹溪相对,中止留一隙,纵<u>果马溪</u>南去;溪岸之东山,阻溪不能前,遂北转溯流作环臂状。又有村落倚所环臂中,东与行路相向,询之土人,曰<u>果马村</u>。从此遂上南冈,平行冈岭二里，是为寻甸、云南之界。盖其岭虽不甚崇，自南界横亘直凑西峰，约十余里，横若门阈，平若堵墙，北属寻甸，南属嵩明，由此脊分焉。稍南，路左峰顶有庵二重在松影中，时雨急风寒，急趋就之。前门南向，闭莫可入。从东侧门人，一老僧从东庑下煨榾椌，见客殊不为礼。礼佛出，将去之，一爨下僧号德闻。出留就火。薪不能燃，遍觅枯槎焙〔三三〕之，就炙湿衣，体始复苏；煨栗瀹茶，肠始回温。余更以所携饭乘沸茶食之，已午过矣。

零雨渐收，遂向南坡降。三里，抵坡下，即杨林海子之西坞也。其处遥山大开，西界即嵩明后诸老龙之脊，东界即罗峰公馆后分支，为翠峰祖脊，相对夹成大壑，海子中汇焉；其南杨林所城当锁钥，其北尧林山扼河口。海东为大道所经，海西为嵩明所履，但其处竹树渐密，反不遑远眺。大道东南去，乃狗街子道；岐路直南去，为入州道。余时闻有南京僧，在狗街子州城大道之中，地名大一半村者，欲往参之，然后入州。乃从岐道下竹坑间行，一里，有大溪自西北环而东注，即果马溪〔三四〕之循西山出峡，至是放而东转者。横木梁跨石泆上，泆凡三砥〔三五〕，木三跨而达涯之西，其水盖与新桥石幢河相伯仲者也。既度，即平畴遥达，村落环错，西南直行，六里而抵州。由塍中东南向，遵小径行二里，过小一半村。又一里，有大路自东北走西南，是为狗街子入州之道，道之北即为大一半村〔三六〕，道之南即为玉皇阁。入访南京师，已暂栖州城某寺。其徒初与余言，后遂忘之。南京僧号金山。余遂出从大道，西南入州。二里，又有溪自西而东向注，其水小于果马之半而颇急，石卷桥跨之。越而西南行，泞陷殊甚。自翠峰小路来，虽久雨之后，而免陷淖之苦，以山径行人少也。一入大路，遂举步甚艰，所称"蜀道"，

不在重崖而在康庄。如此又三里,直抵西山下。转而西南,又一里
而入嵩明之北门,稍转东而南,停于州前旅舍。问南京僧,忘其寺
名,无从觅也。

二十七日

密云重布,虽不雨不雾,而街湿犹不可行。余抱膝不下楼,作
书与署印州同张〔三七〕,拒不收;又以一刺投州目管〔三八〕,虽收
而不即答。初是州使君〔三九〕为吾郡钮国藩,武进〔四〇〕乡荐。余
初入滇,已迁饶州别驾,至是东其辕及月矣。二倅〔四一〕皆南都
人,余故以书为庚癸呼〔四二〕,乃张之扞戾〔四三〕乃尔,始悔弹铗
操竿〔四四〕之拙也。是日买得一野凫〔四五〕,烹以为供。

二十八日

晨起,浓云犹郁勃,惟东方已开。余令肆妇具炊,顾仆候管倅
回书。余乃由州署西,践湿径,北抵城隍庙,其东为察院。其中北
向登山数级,右为文庙,左为明伦堂、尊经阁。登阁,天色大霁,四
山尽出,始全见海子之水当其前。是海子与杨林共之,即统志所云
嘉利泽也〔四六〕,以果马龙巨江〔四七〕及白马庙溪之水为源,而
东北出河口,为北盘江之源者也。由中路再上,抵文庙后夹衢西
入,与文庙前后并峙者,是为宗镜寺。寺建于唐天祐〔四八〕中。寺古
而宏寂,踞蛇山之巅,今谓之黄龙山。山小而石骨棱棱,乃弥雄山
东下之脉,起而中峙如锥,州城环之,为州治之后山者也。昔多小黄
蛇,故今以黄龙名之。登此,则一州之形势,尽在目中矣。

嵩明旧名嵩盟。一统志言,州治南有盟蛮台故址,昔汉人
与乌白蛮会盟之处,而今改为嵩明焉〔四九〕。州城亦因山斜
绕,门俱不正,其向与寻甸相似。

嵩明正北由大山峡口入，竟日而通普岸、严章，为寻甸西境；正南隔嘉利泽，与罗峰公馆对，为杨林北境；正东为尧林山，踞河口之北，为下流之砥柱；正西逾岭，为旧邵甸县。其北之梁王山，为老龙分支之处，领挈众山，为本州西境，与寻甸、富民、昆明分界者也。

嵩明中环海子，田泽沃美。其西之邵甸〔五〇〕，南之杨林〔五一〕，皆奥壤也，昔皆为县，而今省去。杨林当大道，今犹存所焉。

出寺下山，还饭于店，而管倅回音不至。余遂曳杖出南门，转而西，半里抵塔下。大道东南由杨林去，余时欲由兔儿关，乃西南行。一里，有追呼于后者，则管倅以回柬具程，命役追至，而程犹置旅寓中。因令顾仆返取，余从间道北向法界寺待之。法界寺者〔五二〕，在城西北五里，亦弥雄山东出之支，突为崇峰者也。路当从西门出，余时截冈逾陇，下度一竹坞，二里而北上山。蹑坡盘级而上，二里，逾一东下之脊，见北坞有山一支，自顶下垂，而殿宇重叠，直自峰顶与峰俱下。路有中盘坳中者，有直蹑峰顶者，余乃竟蹑其顶，一里及之。西望峰后，下有重壑，壑西北有遥巘最高，如负扆挈领，拥列回环，瞻之甚近，余初以为嵩明之冠，而不知其即梁王之东面也。转而东，峰头有元帝殿冠其顶，门东向。余入叩毕，问所谓南京师者，仍不得也。先是从城中寺观〔五三〕觅之不得，有谓在法界者，故余复迂途至，而岂意终莫可踪迹乎。由殿前东向下，历级甚峻。半里得玉虚殿，亦东向，仍道宫也，两旁危箐回合，其境甚幽。再下，出天王殿。又下半里，有一庵当悬冈之中，深竹罨门，重泉夹谷，幽寂窈窕。惜皆闭户，无一僧在。又下，始为法界正殿。先入殿后悬台之上，其殿颇整，有读书其中者，而主僧仍不在。乃下，礼佛正殿。甫毕，而顾仆亦从坞中上。东庑有僧出迎，询知南京师未尝至。而仰观日色，尚可行三十余里，遂询道于僧，更从北径为邵甸行。盖杨林为大道，最南而迂；兔儿〔五四〕为中道，最捷而坦；邵甸为北道，则近依梁王，最僻而险。余时欲观其挈领之势，遂取道焉。

由寺前西南转竹箐中，随坳而南，一里，逾东南冈，出向所来道，遂南下山。一里抵山下，有坞自西北来，即前岭头下瞰重壑之第一层也。由其南横度而西南，二里，过一村，村南始畦塍相属。随塍南下，西行畦中一里余，望见北冈垂尽处，石崖骈沓，其东村庐倚冈上，为灵云山；西有神宇临壑，是为白马庙。神宇之西有坞，自北山回环而成峡，有大溪自峡中东注而出，即前岭头遥瞰之第二层也。其壑西南，始遥逼梁王最崇峰之下。盖梁王东突，耸悬中霄，北分一支，东下为灵云峰，即白马所倚；再北分一支，东峙为法界寺，法界北壑虽与梁王对夹，而灵云实中界焉，故梁王东麓之溪漾注，俱从此出也。其流与东山之龙巨江相似，东西距州城远近亦相似也。溪无桥，涉之，即西上坡。始余屡讯途人，言渡溪而西，必宿大大村，村之东，皆层冈绝岭，漫无村居。问："去村若干里？"曰："三十。"余仰视日色，当已不及，而土人言不妨，速行可至。再问皆然。遂急趋登坡，一里，有负载而来者，再问之，曰："无及矣。不如返宿为明晨计。"余随之还，仍渡溪，入白马庙。庙敝甚，不堪托宿。乃东过骈沓石崖，从村庐之后，问宿于灵云山僧。是庵名梵虚，僧虽不知禅诵，而接客有礼，得安寝焉。

二十九日

晨起，碧天如洗。亟饭。仍半里渡溪，蹑西坡而上。迤逦五里，逾冈脊，东望嘉利泽，犹在足下；西瞻梁王绝顶，反为近支所隐不可见，计其处，正当绝巘之东，此即其支冈也。冈头多中陷之坎，枯者成瞽井，潴者成天池。稍西北盘冈一里，复西南下。一里，度中洼之底，复西北上，行山南岭坡间。二里，复西南下坞中。其坞自西北崇峰夹中来，中有流泉颇急，循坞西崖东坠，此梁王山东南之流也。有岐路直自坞外东南来，直西北向梁王山东腋去，此杨林往普岸、严章径，余交截之而西。半里，渡西涯急流，复西北蹑冈上，颇峻。一里，蹑峰头，已正当梁王山之南矣。西向平行岭头一里，又西下半里，坞有小水，犹东南流也。一里径坞，又西上逾岭。半里，复下。其岭南北俱起，崇峰夹之，水已西南行，余以为过脊矣，随之下一里，行峡中。转而南一里，又有水自西北来，同坠壑东注而下嘉利泽，始知前所过夹峰之脊，犹梁王南走之余支也。越水，复西北蹑峻而上，一里半，抵峰头，则正当梁王山之西南矣。是峰西南与南来老脊，又夹坑东北下嘉利泽；是峰东北与梁王主峰，亦盘谷东下嘉利泽。从脊上平行而西，一里余，出西坳。半里，始见其脉自南山来者，从此脊之西北下，伏而再起，遂蠢峙梁王焉〔五五〕。

梁王山者，按志无其名，余向自杨林西登老脊，已问而知之，云在邵甸东北，故余取道再出于此，正欲晰其分支界水之源也。然志虽不名梁王，其注盘龙江则曰："源自故邵甸县之东山、西山。"则指此为东山矣。其注东葛勒山，则曰："在邵甸县西北，高三十里，为南中名山，远近诸峰，高无逾此。"则所谓三十里者，又指此为东葛勒山矣。但土人莫谙旧名，因梁王结寨其顶，遂以梁王名之。志无梁王名，未尝无东葛勒名也。其脉自澂江府罗藏山东北至宜良，分支东北走者，为翠峰之支，正支西北走者，由杨林西岭，而北度兔儿关，又北度此而高耸梁王山，横亘于邵甸之北。其东西两角并耸，东垂下临白马溪之西，西垂下临牧养涧之东。由西垂环而西南为分支，则文殊、商山之脉所由衍也；由东垂走而东北为正支，则果马、月狐之脊所自发也。西垂曲抱，而盘龙之源，遂浚滇海；东垂横夹，而嘉利之派，遂汇北盘。宜其与罗藏雄对南北，而共称梁王云。

过脊，渐西降，西瞰夹坞盘窝，皆丰禾芃芃，不若脊东皆重冈荒碛也。一坡西垂夹坞中，上皆侧石斜卧。从其上行，二里，始随坡下坠。一里及坞，有小溪自东南坞中出，越之西行。又半里，有村聚南山下，皆瓦房竹扉，山居中之最幽而整者，是曰大大村〔五六〕，始东西开坞。梁王山西南之水，由坞北西注；余所越南坞之水，截坞而从之。半里，越村之西，又开为南北之坞，有小水自南来，经西冈下，北合于东坞之水，同破西北峡而下坠，当西出于邵甸之北者也。路越南来小水，遂西南上坡。盘坡而上，约里许，越其巅。又西下半里，西南涉溪；其溪似南流者。一里，又西逾坡脊，平行坡上。又一里余，始见西坞大开。其坞自北而南，辟夹甚遥，而环峰亦甚密，坞中丰禾云丽，村落星罗，而溪流犹仅如带，若续若断焉。于是陟降西麓，半里抵坞。有村倚麓西而庐，是曰甸头村，即邵甸县之故址也。是村犹偏于坞东；坞北有峰中垂，亦有聚庐其上。其地去嵩明州四十里，重峦中间，另辟函盖。正北则梁王正脊亘列于后，东界即老脊之北走者，西界即分支之南环者。其西北度处，有坳颇平，是通牧漾〔五七〕；东北循梁王山东垂而北，是通普岸、严章；西逾岭，通富民县；东逾岭，即所从来者；惟南坞最远，北自甸头,十里至甸尾。坞中之水,南至甸尾,折而西南去,路亦逾山而西,遂为嵩明、昆明之界焉。

余既至甸头村,即随东麓南行。一里,有二潭潴东涯下,南北相并,中止有岸尺许横隔之,岸中开一隙,水由北潭注南潭间,潭大不及二丈,而深不可测,东倚石崖,西濒大道,而潭南则祀龙神庙在焉。潭中大鱼三四尺,泛泛其中。潭小而鱼大,且不敢捕,以为神物也。甸头之水,自北来流于大道之西;潭中水自潭南溢,流大道之东,已而俱注于西界之麓,合而南去。路则由东界之麓,相望而南。坞中屡过村聚。八里,有小水自东峡出,西入于西麓大溪,逾之。南二里,则甸尾村〔五八〕横踞甸南之坡。有岐直南十里,通兔儿关;正路则由村西向行。一里余,直抵西界之麓,有石梁跨大溪上〔五九〕。逾梁,始随西麓南行。半里,溪水由西南盘谷而入,路西北向逾岭。一里,登岭头。一里,下岭西坞中,路复转西南行,大溪尚出东南峡中,不相见也。盖其东老脊,南自宜良,经杨林西岭度而北,一经兔儿关,其西出之峰突为五龙山,则挟汇流塘之水而出松花坝者也〔六〇〕;再北经甸尾东,其峰突为祭鬼山,则挟邵甸之水而西出汇流塘者也。于是又西越坞脊,四里,随坞西下。一里,又有水自北峡来〔六一〕,有梁跨之,其势少杀于甸尾桥下水。有村在梁之西,是为小河口〔六二〕,即牧漾之流,南经此而与邵甸之水合,而出汇流塘者也。过村,又西南上岭,盘折山坡者七里,中有下注之窞。既而陟下峡中,有小水自西北峡来,渡之,村聚颇盛。村之南,则邵甸之水,已与小河口之流,合而西向出峡,至此复折而南入峡中,是为汇流塘,其萦回之势可想也。从此路由西岸随流入峡,其峡甚逼,夹翠骈崖,中通一水,路亦随之,落照西倾,窈不见影。曲折四里,有数家倚溪北岸,是为三家村〔六三〕。投宿不纳。盖是时新闻阿迷不顺,省中戒严,故昆明各村,俱以小路不便居停为辞。余强主一家,久之,乃为篝火炊粥,启户就榻焉。

〔一〕高坡村:今名同,分上下两村,在马龙县东北隅。

〔二〕鸡头村:今名同,在马龙县北境的铁路线上。

〔三〕东川:明置东川府,隶四川布政司,治今会泽县。今东川区明时亦属东川府。

〔四〕堰口,今作沿口;兔街子,今名同。两地皆在今马龙县东北境的西河沿。

〔五〕洒家,今作色甲;新屯,今名同。两地皆在今马龙县北境。

〔六〕南宁:为曲靖府附郭县,在今曲靖市麒麟区。

〔七〕保官儿庄:今作保谷庄,在马龙县北境。

〔八〕烺(lǎng 朗)烺:如火样明亮。

〔九〕三车:今名同,在马龙县北境王家庄与前卫间,有别于前述曲靖三车市。

〔一〇〕一碗冲:今作玉碗冲,在马龙县西北境。

〔一一〕当是路南邑市之间　"邑市"原作"市邑",误。明曾置邑市县,隶路南州,治今宜良县东北境的古城。弘治三年(公元 1490 年)废邑市县入路南州。明末虽已废县,但地名仍存。

〔一二〕鲁石哨:今仍称鲁石,分上鲁石与下鲁石两村,在马龙县西北隅。

〔一三〕郭扩:今作戈夸,在寻甸县东南隅。

〔一四〕尧林山:今作药灵山、瑶玲山,即秀崧山,海拔 2627米。河口:今称小河口,在嵩明东境,两山逼窄,杨林海水东流至此,转而北流为牛栏江。

〔一五〕壁假:今作必寨,在寻甸县东南境。

〔一六〕海桐,今作海通;果壁,今作戈必;柳塘,今作勒塘,皆同音异写,均在寻甸东南境。

〔一七〕曲江桥:明一统志临安府关梁:"曲江桥,在府城北九十里。"曲江桥在今建水县北隅,横跨曲江上。

〔一八〕嘉靖丁亥:即嘉靖六年,公元 1527 年。

〔一九〕马湖:明置府,隶四川布政司,治今四川屏山县。

〔二○〕按,嘉庆重修一统志云南府山川:"通志:流入寻甸州为牛栏江,按舆图,下流为车洪江,当即牛栏江别名。"明史地理志四川布政司东川府载:"东南有牛栏江,自云南寻甸府流入,至府北合金沙江。"则车洪江即牛栏江,今仍称牛栏江,明代已知其自寻甸往北流入金沙江。龚起潜之说误。

〔二一〕此即二十五日记及盘江考中所称的"南海子",今已不存。

〔二二〕凤梧所:即凤梧守御千户所,嘉靖六年(公元 1527年)建,直隶云南都司,在今寻甸县稍东的马石五村。

〔二三〕转而南 原脱此三字,据徐本、四库本补。

〔二四〕寻甸:明置府,即今寻甸回族彝族自治县。治所曾多次迁徙,明末始移至今县治。嘉庆重修一统志曲靖府古迹载:"寻甸故城,在今寻甸州城东五里,元仁德府遗址也。旧志:寻甸府在今州城北一里,明成化十五年建土城甚隘,后徙鲁兀山下,嘉靖六年为安铨所破,十二年(公元 1533 年)徙今治。张志淳筑城记:元仁德遗址,在今城东五里,其迁于旧治,莫考厥时,今城在旧城之右逾一涧。"

〔二五〕磔(zhé 哲):古代的一种酷刑,即将肢体分裂为几块。

〔二六〕栗:即栗子,俗称板栗,云南、贵州出产较多。至今还有带壳用火炙的吃法,即糖沙炒板栗。

〔二七〕黑土坡哨:今名同,在寻甸城西不远。此海水面缩小,仅存者称潘所海。魏所在北,金所在西,潘所在西南,名称至今未变,但魏所已距海较远。

〔二八〕按,明一统志寻甸军民府山川:"车湖,在府城西三十里,一名清水海子,周广四里,四围皆山,有灌溉之利。"清史稿地理志寻甸州:"车湖源出花箐哨山,会北山诸水潴为湖,一名清水海,周数十里,北入会泽界为小江。"车湖即清水海,为小江源,北流经东川区入金沙江,今名同。现湖水面积七平方公里,南北长 4.9 公里,东西平均宽 0.98 公里,平均水位海拔 2188 米,平均水深 20米,最深处达 30 米。霞客所见海子,仅距寻甸西十多里,在潘、金、魏三所东,今称潘所海,有别于清水海。

〔二九〕花箐哨:今作花心哨,在金所以南,寻甸到羊街的公路上。

〔三〇〕果渡:即今柯渡。木郎:即今木龙马。皆在寻甸县西南部。

〔三一〕羊街子:今仍名羊街,在果马河东岸。 牛街子:今仍名牛街,在果马河西。羊街、牛街皆在今寻甸南隅。

〔三二〕木密所:洪武十五年(公元 1382 年)置木密守御千户所,直隶云南都司,在今寻甸县南隅的易隆。

〔三三〕焙(bèi 倍)：用微火烘烤。

〔三四〕果马溪：今仍称果马河，从北往南流入嵩明坝子。

〔三五〕石洑(fú 伏)：下为伏流的巨石。　砥(dǐ 抵)：平而细的磨刀石。

〔三六〕大一半村、小一半村：今作大倚伴、小倚伴，位于嵩明县城稍东、果马河西，小倚伴在北，大倚伴在南。

〔三七〕州同：知州的佐官。署印州同：即原为州同而暂时代理知州事。

〔三八〕州目：州里的吏目。

〔三九〕使君：汉时称州的刺史为使君，此沿旧称以使君称知州。

〔四〇〕武进：为常州府附郭县，在今江苏常州市。

〔四一〕倅(cuì 翠)：古时称副职为倅。

〔四二〕庚癸：因庚为西方，主谷，癸为北方，主水，故以庚癸为军中乞粮的隐语，后亦俗称告贷为庚癸呼。

〔四三〕扞戾(hàn lì 汉利)：牴牾而乖张。

〔四四〕弹铗操竽：战国时冯驩客孟尝君，弹铗操竽求食，后即以此作为穷乏而有所希望之词。

〔四五〕野凫(fú 扶)：野鸭。

〔四六〕寰宇通志云南府山川："嘉利泽，在嵩盟州东南十五里，方圆百余里，水溉民田，鱼供民食，故名。又名杨林泽。"民国初年，湖面约有二万多亩，南部称杨林海，北部称八步海。解放后已垦殖为农场和鱼池。

〔四七〕果马龙巨江　游记诸本皆作"巨龙江"。明一统志云南府山川载:"龙巨江,一名龙济溪,源出寻甸果马山,流经嵩盟州东南入嘉利泽。"寰宇通志寻甸军民府山川亦载:"果马溪,在府城西三十里,源出果马山,流入嵩明州龙济溪。"应正为"龙巨江"。

〔四八〕天祐:唐哀帝李柷年号,时在公元 904～907 年,共四年。

〔四九〕嵩明:宋代为大理嵩盟部,元代设嵩明州。明代亦置州,隶云南府,即今嵩明县。明史地理志:"嵩明州,洪武十五年(公元 1382 年)三月改曰嵩盟。成化十八年(公元 1482 年)复故。"则自公元 1482 年改名嵩明,故明一统志、寰宇通志皆作嵩盟。

〔五〇〕邵甸:元置邵甸县,明初亦短期存在,后废。治今嵩明县西南部的白邑村。

〔五一〕杨林:元置杨林县,明初亦为县,成化十七年(公元 1481 年)废,仍存杨林守御千户所,即今嵩明县杨林,治今老城。

〔五二〕法界寺:位于嵩明县城西北灵云山,峰峦环立西、南、北三面,如莲瓣展开,有"半朵莲花"之称,为嵩明八大寺之首,现为森林公园。

〔五三〕寺:佛教的庙宇称寺。 观(guàn 贯):道教的庙宇称观。

〔五四〕兔儿:即兔儿关。明设兔儿关巡检司,属嵩明州。今亦作兔耳关,在昆明市郊东北隅,小哨附近。

〔五五〕梁王山:今名同,在嵩明县西北。

〔五六〕大大村:今作达达村,又称周达,在嵩明县西南境,白邑稍东。

〔五七〕牧漾:今作牧羊,在嵩明县西北部盘龙江边,阿子萱稍北。

〔五八〕甸尾村：今仍名甸尾，在嵩明县西南隅。

〔五九〕明时认此大溪为盘龙江正源，称邵甸河。今名同。

〔六〇〕汇流塘：今作回流湾。松花坝：今名同。从回流湾到松花坝，现已连为松花坝水库，湖面宽阔，为昆明市郊人工建筑的最大水库。但元、明时期的松花坝遗迹，至今仍能看到。

〔六一〕此水明时称牧漾水，为盘龙江正源，今亦称盘龙江。

〔六二〕小河口：今称小河或小河村，在昆明市郊东北隅。

〔六三〕三家村：解放后扩建松花坝水库时，三家村已安全迁至小河村东边，邵甸河与牧漾水汇流处的东岸，原三家村址今已被水库淹没。

盘 江 考

南北两盘江，余于粤西已睹其下流，其发源俱在云南东境。余过贵州亦资孔驿，辄穷之。驿西十里，过火烧铺。又西南五里，抵小洞岭。岭北二十里有黑山，高峻为众山冠，此岭乃其南下脊〔一〕。岭东水即东向行，经火烧铺、亦资孔，乃西北入黑山东峡，北出合于北盘江；岭西水自北峡南流，经明月所西坞，东南出亦佐县，南下南盘江。小洞一岭，遂为南北盘分水脊。一统志谓，南北二盘俱发源沾益州东南二百里，北流者为北盘，南流者为南盘，皆指此黑山南小洞岭，一东出火烧铺，一西出明月所二流也。后西至交水城东，中平开巨坞，北自沾益州炎方驿，南逾此经曲靖郡，坞亘南北，不下百里，中皆平畴，三流纵横其间，汇为海子。有船南通越州，州在曲靖东南四十里。舟行至州，水西南入石峡中，悬绝不能上下，乃登陆。十五里，复下舟，南达陆凉州。越州东一水，又自白石崖龙潭来〔二〕，与交水海子〔三〕合出石峡，乃滇东第一巨溪也，为南盘上流云。

余憩足交水，闻曲靖东南有石堡温泉胜，遂由海子西而南。南下二十里，一溪来自西北，转东南去，入交海，桥跨之，为白石江；涓细仅阔数丈，名独著，以沐西平首破达里麻于此，遂以入滇也。按达里麻以师十万来拒，与我师夹江阵，是日大雾，沐分兵从上流潜济，绕出其后，遂破之。今观线大山溪，何险足据；且白石上流为戈家冲，源短流微，潆带不过数里内。沐公曲靖之捷，夸为冒雾涉江，自上流出奇夹攻之，为不世勋，不知乃与坳堂无异也！度桥南六里，抵曲靖郡。出郡南门，东南二十五里，海子汪洋涨溢，至是为东西山所束，南下伏峡间。桥横架交溪上，曰上桥。桥西开一坞东向，即由上桥西折入坞，半里至温泉。泉可浴，泡珠时发自池底，北池沸泡尤多，对以六角亭，曰喷玉。东逾坡半里，抵桥头村〔四〕。村西行田畴间，忽一石高悬，四面蓊丛，楼楹上出，即石崖堡〔五〕也，与温泉北隔一坞。径平畦里许，抵堡东麓，南向攀级，上凌绝顶，则海子东界山南绕于前，西界山自北来，中突为此崖，又西峙而南为水口山。交溪南出上桥，前为东界山南绕所扼，辄西南汇为海子，正当石堡南；其东北白石崖龙潭，与东南亦佐之水，合交溪下流于越州，乃西南破峡去。而石堡正悬立众峰中，诸水又汇而潆之，危崖古松，倍见幽胜。北下山，西一里抵石堡村。回眺石堡，西北两面嵌空奇峭，步步不能去。由村南下坡，东半里，逾一石梁。南走梁下者，即交溪，溪遂折东南去。又东一里半，抵东山麓。东北上山，从石片中行，土倾峡坠，崩嵌纷错，石骨竞露如裂瓣，从之倾折取道。石多幻质，色正黑如着墨，片片英山绝品。石中上者一里，至岭坳，下见西坞南流之江，下坠岭南之峡，乃交溪由桥头南下，横截此山南麓以东去者也。

余已躬睹南盘源，闻有西源更远，直西南至石屏州，随流考之。其水源发自石屏西四十里之关口，流为宝秀山巨塘〔六〕，又东南下石屏，汇为异龙湖〔七〕。湖有九曲三岛，周一百五十里。岛之最西北近城者，曰大水城，顶有海潮寺；稍东岛曰小水城。舟经大水城南隅，有芰荷百亩，巨朵锦边，湖中植莲，此为最盛。水又东经临安郡南，为泸江，穿颜洞出，又东至阿弥州，东北入盘江。盘江者，即交水海子，南经越州、陆凉、路南、宁州，至州东六十里婆兮甸，合抚仙湖水；又南至播箕街河甸，合曲江；又东至阿弥州稍东，合泸江。二江合为南盘江，遂东北流广西府东山外。

余时征诸广西土人，竟不知江所向。乃北过师宗州，又东北去罗平州十五里，抵一坞曰兴哆啰。其坞西傍白蜡，东瞻罗庄，南去甚遥，而罗庄山森峭东界，皆石峰离立，分行竞奋，复见粤西面目。盖此丛蠡怪峰，西南始此，而东北尽于道州，磅礴数千里，为西南奇胜，此又其西南之极也。已而至罗平，询土人盘江曲折，始知江自广西府流入师宗界，即出罗平东南隅罗庄山外，抵巴旦彝寨，会江底河；寨去罗平东南二百里，江东即广南府境。又东北经巴泽、河格、巴吉、兴隆、那贡，至霸楼，为霸楼江；六处地名，俱粤西安隆长官司地。今安隆无土官，俱为广南、泗城所占。遂入泗城境之八蜡、者香，于是为右江。再下，又有广南富州之水，自者格经泗城之葛阆、历里来合，而下田州云。

后余至云南省城,过杨林,见北一海子特大,古称嘉利泽,北成大溪,出河口。溪北有山甚峻,曰尧林山。又东北十里出峡,经果子园〔八〕,北至寻甸府,合郡城西北水,汇为南海子。又东北与马龙水合于郡东二十里七星桥,为阿交合溪。余因究水所出,知其下沾益州为可渡河,乃北盘江上流也。按此则南北二盘,但名称之同耳,发源非一山之水。北盘自可渡河而东,始南合亦资孔、火烧铺之水,则火烧铺非北盘之源也。南盘自交水发源,南渡越州,始合明月所之水,则明月所非南盘之源也。乃一统志北盘舍杨林,南盘舍交水,而取东南支分者为源。则南北源一山之误,宜订正者一〔九〕。

又以南盘至八蜡、者香,一水自东北来合,土人指以为北盘江,遂谓南北盘皆出于田州。夫北盘过安南,已东南下都泥,由泗城东北界,经那地、永顺,出罗木渡,下迁江。则此东北合南盘之水,自是泗城西北箐山所出。谓两江合于普安州、泗城州之误,宜订正者二〔一〇〕。

至一统志最误处,又谓南北二盘,分流千里,会于合江镇。盖惟南宁府西左右江合流处为合江镇,是直以太平府左江为南盘,田州右江反为北盘矣。今以余所身历综校之,南盘自沾益州炎方驿南下,经交水、曲靖,南过桥头,由越州、陆凉、路南,南抵阿弥州境北,合曲江、泸江,始东转,渐北合弥勒巴甸江〔一一〕,是为额罗江。又东北经大柏坞、小柏坞〔一二〕,又北经广西府东八十里永安渡,又东北过师宗州东七十里黑如渡,又东北过罗平州东南巴旦寨,合江底水,经巴泽、巴吉,合黄草坝水,东南抵霸楼,合者坪水,始下旧安隆〔一三〕,出白隘,为右江。北盘自杨林海子,北出嵩明州果子园,东北经热水塘,合马龙州中和山水,抵寻甸城东,北去彝地为车洪江。下可渡桥,转东南,经普安州北境,合三板桥诸水,南下安南卫东铁桥,又东南合平州诸水,入泗城州东北境,又东注那地州、永顺司,经罗木渡,出迁江、来宾,为都泥江,东入武宣之柳江。是南盘出南宁,北盘出象州,相去不下千里;而南宁合江镇,乃南盘与交趾丽江合,非北盘与南盘合也。其两盘江相合处,直至浔州府黔、郁二江会流时始合,但此地南北盘已各隐名为郁江、黔江矣。则谓南盘、北盘即为南宁左、右江之误,宜订正者三〔一四〕。

若夫田州右江源,明属南盘,志书又谓源自富州,是弃大源而取支水,犹之志南盘者源明月所,志北盘者源火烧铺也。彼不辨端末巨细,悍然秉笔,类一丘之貉也夫!

〔一〕小洞岭即硝洞岭。黑山俗称老黑山,连接贵州盘县与云南富源间。

〔二〕白石崖:今作白石岩,在麒麟区东境,茨营北端的龙潭河源。此水即今龙潭河。

〔三〕交水海子:又省称交海,在曲靖坝子东部。经历代辟为圩田,今已不存。

〔四〕桥头村:今名同,又称温泉村,在南盘江西岸,属曲靖市麒麟区三宝镇。

〔五〕石崖堡:即石堡山,在温泉稍南,为曲靖名胜。明一统志曲靖府山川:"石堡山,在府城东南二十余里,相传蜀汉诸葛亮征蛮时与诸酋会盟之所,其下温泉出焉。"

〔六〕宝秀:明设宝秀关巡检司,今名同,在石屏县西境,风景甚佳。宝秀山巨塘:即宝秀湖,又称赤瑞湖,今湖面甚小。

〔七〕异龙湖:今名同,在石屏县东南。湖泊面积约42平方公里,东西长13.8公里,南北宽1.4～6公里,湖岸线长86公里,平均水位海拔1411米,平均水深3.5米,最深处为7米。大水城、小水城皆在湖岸上,三岛今已不存。"曲"今称"湾",有大湾、高家湾、杨家湾等。近年由于将湖水引入石屏南部灌溉农田,湖水改道流入元江,且曾一度接近干涸。现已恢复旧貌。

〔八〕河口,今称小河口;果子园,今名同;皆在嵩明县东境的铁路线上,杨林海水东流至此转北流为牛栏江。

〔九〕按,霞客订正明一统志之说,把南盘江源上溯到炎方,是很大的功劳。但杨林的嘉丽泽往北流入金沙江,与北盘江无涉。近代地理调查说明,南、北盘江皆发源于今沾益县北境的马雄山,北盘江源在马雄山北麓,往北流为革香河,再转南即称北盘江。南盘江源在马雄山南麓。

〔一〇〕按,八蜡,今作坝纳,在贵州册亨县东南境。者香,今作蔗香,在贵州望谟县南。此两地正位于南、北盘江合流处的两岸,土人关于南、北盘在此合流的说法是可信的。霞客把东北合南盘之水,认为是"泗城西北箐山所出",而以今紫云、罗甸间的格凸河为北盘经流,亦误。

〔一一〕巴甸江:今称甸溪河,在弥勒县境,从北往南流入南盘江。

〔一二〕大柏坞、小柏坞:即今大百户、小百户,大百户在砚山县西北隅,小百户在丘北县腻脚一带。

〔一三〕旧安隆:今称旧州,在南盘江南岸,广西田林县西北隅。

〔一四〕按,霞客订正了明一统志的错误,弄清了北盘江下游注入今红水河,是又一大功劳。但仍沿明人旧说,认为南盘江入广西为右江,往下为郁江。其实,右江源为驮娘江和西洋江,与南盘江亦不相涉。

滇游日记四^{〔一〕}

戊寅(崇祯十一年,公元 1638 年)十月初一日

凌晨起,晴爽殊甚。从三家村啜所存粥启行^{〔二〕},即西由峡中,已乃与溪别。复西逾岭,共三里,入报恩寺。仍转东,二里,过松花坝桥。又循五龙山而南三十里,循省城东北隅南行。已乃转西度大桥,则大溪之水自桥而南^{〔三〕},经演武场而出火烧铺桥,下南坝矣。从桥西入省城东门,饭于肆。出南门^{〔四〕},抵向所居停处,则吴方生方出游归化寺未返,余坐待之。抵暮握手,喜可知也。见有晋宁歌童王可程,以就医随吴来,始知方生在唐守处过中秋,甚洽也。

初二日

余欲西行,往期阮仁吾所倩担夫,遇其侄阮玉湾、阮穆声,询候甚笃。下午,阮仁吾至寓,以担夫杨秀雇约至。余期以五日后再往晋宁,还即启行。仁吾赆以番帨^{〔五〕}、香扇。

初三日

余欲往晋宁,与唐玄鹤州守、大来隐君作别。方生言:"二君日日念君。今日按君还省,二君必至省谒见,毋中途相左也。盍少待

之?"乃入叩玉湾，并叩杨胜寰，知丽江守相望已久。既而玉湾来顾寓中，知按君调兵欲征阿迷，然兵未发而路人皆知之，贼党益猖狂于江川〔六〕、澂江之境矣。玉湾谓余："海口有石城妙高，相近有别墅〔七〕，已买山欲营构为胜地。请备车马，同行一观。"余辞以晋宁之行不容迟，因在迤西羁久也。又云："缅甸不可不一游。请以腾越庄人为导。"余颔之。

初四日

余束装欲早往晋宁，主人言薄暮舟乃发，不若再饭而行。已而阮玉湾馈榼〔八〕酒，与吴君分饷之。下午，由羊市〔九〕直南六里，抵南坝〔一〇〕，下渡舟，既暮乃行。是晚西南斗风，舟行三十里，至海夹口泊。三鼓乃发棹，昧爽抵湖南涯北圩口〔一一〕，乃观音山〔一二〕之东南濒海处，其涯有温泉焉。舟人有登浴者，余畏风寒，不及沐也。于是挂帆向东南行，二十里至安江村〔一三〕，梳栉于饭肆。仍南四里，过一小桥，即西村四通桥分注之水，为归化〔一四〕、晋宁分界处。又南四里，入晋宁州〔一五〕北门，皆昔来暗中所行道也，至是始见田畴广辟，城楼雄壮焉。入门，门禁过往者不得入城，盖防阿迷不靖也。既见大来〔一六〕，各道相思甚急。饭而入叩州尊〔一七〕，如慰饥渴，遂留欢宴。夜寝于下道，供帐极鲜整。

初五至初七日

日日手谈内署，候张调治。黄从月、黄沂水、禹甸与唐君大来，更次相陪，夜宴必尽醉乃已。

初八日

饮后，与黄沂水出西门，稍北过阳城堡，即所谓古土城也〔一八〕。其西北为**明惠夫人庙**,庙祀**晋宁州**刺史**李毅**女〔一九〕。夫人功见**一统志**。有元碑,首句云:"夫人姓杨氏,名秀娘,**李毅**之女也。"既曰"**李女**",又曰"姓**杨**",何谬之甚耶?岂夫人之夫乃姓**杨**耶?然辞不达甚矣。人传其内犹存肉身,外加髹〔二〇〕焉,故大倍于人。余不信。**沂水**云:"昔年鼠伤其足,露骨焉。不妄也。"是日,州幕**傅良友**来拜,且馈楂醴〔二一〕。**傅,江西德化**〔二二〕人。

初九日

余病嗽,欲发汗,遂卧下道。

初十日

嗽不止,仍卧下道。**唐君**晨夕至榻前,邀诸友来看,极殷绻〔二三〕。

〔一〕滇游日记四在乾隆刻本第六册上。

〔二〕从三家村啜所存粥启行　原脱"所存"二字,据四库本补。

〔三〕此即**盘龙江**,**明代**又称**滇池河**,为滇池主要水源。今仍称**盘龙江**。

〔四〕**明洪武**十五年(公元 1382 年)设云南府及附郭昆明县,并废弃元代土城不用,另筑砖城。城为方形略扁,城周九里三分,有六门。东门称咸化门,今称**大东门**,在小花园。东北为**永清门**,俗称**小东门**,在今**圆通山**大门前、圆通街东口。北为保顺门,在今北门街尽头,省杂技团门口。西为广远门,俗称**大西门**,在今**文林**街新建设电影院街口。西南为洪润门,俗称小西门,在今武成路西口、东风商店前。南门称崇政门,在今近日公园。**明**城的范围和规模，一直相沿到清末，清代仅在原来基础上修整，并改换了城门的名称。明清城壕直到解放后才拆填完，现已变为青年路、南屏街、东风西路等宽大的街道。北城墙穿过云南大学及圆通公园，今圆通公园东北隅高处的瞭望亭，即建在原城墙上，是明清云南府城墙仅存的珍贵标本。

〔五〕番帨(shuì 税)：国外来的佩巾。

〔六〕江川：明置江川县，隶澂江府。明史地理志江川县："南有故城，崇祯七年(公元 1634 年)圮于水，迁于旧江川驿，即今治。"此前江川县治今星云湖北岸的龙街，明末迁至今江城。

〔七〕别墅(shù 树)：旧时富户于住宅外另置的园林建筑等游息之所。

〔八〕榼(kē 棵)：古代盛酒的器具。

〔九〕羊市：今仍称羊市口，在昆明市南通街。

〔一○〕南坝：今名同，在昆明市南郊，昆明火车站南。

〔一一〕圩(yú 于)：湖、海边上防水护田的土堤。北圩口：即今白鱼口，为滇池土著鱼白鱼的产卵场，因名。为风景疗养区，温泉今存，在空谷园内，惜水温较低。

〔一二〕观音山：今名同，在滇池西岸，山上有塔，附近建有昆明市工人疗养院。

〔一三〕安江村：今名同，在滇池东岸晋宁县境。

〔一四〕归化：明置归化县，隶晋宁州，治今呈贡区南的化城。

〔一五〕晋宁州：隶云南府，治今晋宁县晋城镇。

〔一六〕唐大来(公元 1593～1673 年)：名泰，晋宁人，青年时曾游学于祖国内地，是杰出的书画家和诗人，以"诗、书、画三绝"

闻名于世。明末削发为僧,长住鸡足山,法名普荷,号担当。云南省博物馆收藏担当书画甚多。

〔一七〕州守:即知州,又省称"守"。州尊:系对知州的尊称。

〔一八〕阳城堡:元史地理志晋宁州:"唐晋宁县,蒙氏、段氏皆为阳城堡部,元宪宗七年(公元 1257 年)立阳城堡万户,至元十二年(公元 1275 年)改晋宁州。"南诏、大理时,晋宁称阳城堡部,此即当年遗址。

〔一九〕明一统志云南府祠庙:"忠烈庙,在晋宁州古土城内,祀晋宁州刺史李毅之女秀。惠帝时,五苓蛮寇宁州,毅卒,其女明达有父风,众推领州事,奖励将士,婴城固守,伺夷稍怠,出军击走之。唐开元初赐庙额。"元混一方舆胜览亦载此事说:"今有庙在晋宁州,贴金盖万两云。"

〔二〇〕髤(xiū 休):本作"髹",赤黑色的漆。

〔二一〕醴(lǐ 礼):甜酒。

〔二二〕德化:为九江府附郭县,在今江西九江市。

〔二三〕殷:殷勤。   绻:即绻缱(quǎn qiǎn 犬遣),形容情意深厚。

十一日

余起,复入内署。盖州治无事,自清晨邀以入,深暮而出,复如前焉。是日,傅幕复送礼。余受其鸡肉,转寄大来处。下午,傅幕之亲姜廷材来拜。姜,金溪人。

十二日

唐州尊馈新制长褶棉被。余入谢,并往拜姜于傅署,遇学师

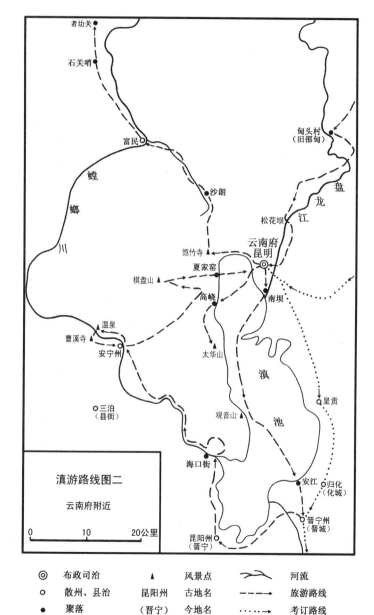

者则关

石关哨

旬头村
（旧邵甸）

富民

螳
螂
川

沙朗

盘

龙
江

松花坝

筇竹寺

云南府
昆明

夏家窑

棋盘山

高峣

南坝

温泉

曹溪寺

安宁州

太华山

滇

三泊
（县街）

观音山

呈贡

海口街

池

滇游路线图二

云南府附近

安江
归化
（化城）

0   10   20公里

晋宁州
（晋城）

昆阳州
（晋宁）

◎ 布政司治   ▲ 风景点   〜 河流

○ 散州、县治   昆阳州 古地名   − − → 旅游路线

● 聚落   （晋宁） 今地名   ⋯⋯ → 考订路线

赵，相见蔼蔼〔一〕。及往拜赵于学斋，遇杨学师，交相拜焉。询赵师："陆凉有何君巢阿否？"赵，陆凉人，故询之。赵言："陆凉无之。当是浪穹人。然同宦于浙中，相善。"赵君升任于此，过池州〔二〕，问六安〔三〕何州君，已丁艰〔四〕去矣。四月初至镇远〔五〕，其所主〔六〕之家，即何所先主者，是其归已的。但余前闻一僧言，贵州水发时，城中被难者，有一浙江盐官，扛〔七〕二十余，俱遭漂没，但不知其姓。以赵君先主镇远期计之，似当其时，心甚惴惴，无可质问也。从陈木叔集中，转得二知己，为吴太史淡人及何六安巢阿，俱不及面。岂淡人为火毙于长安〔八〕，今又有此水厄？若果尔，何遇之奇也！

十三日

州尊赴杨贡生酌。张调治以骑邀游金山寺〔九〕，以有庄田在其西麓也。出西门，见门内有新润之房颇丽，问之，即调治之兄也。名□□，以乡荐任常州〔一〇〕判〔一一〕，甫自今春抵家。以谗与调治不睦。出西门，直西行田塍中，路甚坦。其坞即南自河涧铺〔一二〕直北而出者，至此乃大开洋，北极于滇池焉。西界山东突濒坞者，为牧羊山；北突而最高者，为望鹤山，其北走之余脉为天城；又西为金沙，则散而濒海者也。东界山西突而屏城南者，为玉案山；北峙而最高者，为盘龙山；其环北之正脊，为罗藏山，则结顶而中峙者也。州治倚东界之麓。大堡、河涧合流于西界之麓，北出四通桥，分为两流：一直北下滇海；一东绕州北入归化界，由安江村入滇海。经坞西行三里，上溪堤，有大石梁跨溪上，是为四通桥。由桥西直上坡，为昆阳道。西北由岐一里半，为天女城，上有天城门〔一三〕遗址，古石两叠，如雕刻亭檐状。昔李毅之女秀，代父领镇时，筑城于此，故名。城阜断而复起，西北濒湖者，其山长绕，为黄洞山；西南并<u>天城</u>而圆耸夹峙者,为<u>金沙山</u>〔一四〕。此皆土山断续,南附于大山者也。<u>金沙</u>之西,则<u>滇海</u>南漱而入,直逼大山;<u>金沙</u>之南,则<u>望鹤山</u>高拥而北瞰,为西界大山北隅之最。其西则<u>将军山</u>耸崖突立,与<u>望鹤</u>骈峙而出,第<u>望鹤</u>则北临<u>金沙</u>,<u>天城</u>、<u>将军</u>则北临<u>滇海</u>耳。<u>黄洞山</u>之西,有洲西横海中,居庐环集其上,是为<u>河泊所</u>〔一五〕,乃海子中之蜗居〔一六〕也;今已无河泊官,而海子中渡船犹泊焉。其处正西与<u>昆阳</u>对,截湖西渡,止二十里;陆从<u>将军山</u>绕湖之南,其路倍之。由<u>天女城</u>盘<u>金沙山</u>北夹,又一里半而入<u>金山寺</u>。寺门北向,<u>盘龙莲峰师</u>所建也,寺颇寂寞。由寺后拾级而上,为<u>玉皇阁</u>,又上为<u>真武殿</u>,俱轩敞,而北向瞻湖,得海天空阔之势。山之西麓,则连村倚曲,民居聚焉。入<u>调治山楼</u>,饭而登山,凭眺寺中。下步田畦水曲,观<u>调治</u>家人筑场收谷。戴月入城,皎洁如昼,而寒悄逼人。还饭下道,不候<u>唐君</u>而卧。<u>唐君</u>夜半乃归,使人相问,余已在梦魂中矣。

十四日

在署中。

十五日

在州署。夜酌而散,复出访<u>黄沂水</u>。其家寂然,花阴历乱,惟闻犬声。还步街中,恰遇<u>黄</u>,<u>黄</u>乃呼酒踞下道门,当月而酌。中夜乃散。

十六日

余欲别而行,<u>唐君</u>谓:"连日因歌童就医未归,不能畅饮。使人往省召之,为君送别,必少待之。"余不能却。

十七、十八日

皆在州署。

十九日

在州署。夜月皎而早阴霾。

二十日、二十一日

在州署。两日皆候雨候霁。

〔一〕蔼(ǎi 矮)蔼：人数众多。

〔二〕池州：明置池州府，隶南京，治今安徽池州市。

〔三〕六安：明置六安州，隶南京，即今安徽六安市。

〔四〕丁艰：旧时父母亲死称丁艰或丁忧，亦省称"忧"，当官者即须去职在家服丧。

〔五〕镇远：明为府，隶贵州布政司，即今贵州镇远县。

〔六〕主：居停。

〔七〕扛(gāng 冈)：两人共抬一物为一扛。

〔八〕长安：为西安府附郭县，在今陕西西安市。

〔九〕金山寺　原作"金沙寺"。方树梅担当年谱谓："寺名金山，在金沙山麓，误为金沙寺。"据改。下同。

〔一〇〕常州：明为府，隶南京，即今江苏常州市。

〔一一〕判：即通判，是府州长官的行政助理，分掌粮运及农田水利等事务。

〔一二〕河涧铺：今作河间铺，在晋宁县东南隅。

〔一三〕天城门：今名同，在晋宁县晋城稍西。

〔一四〕金沙山　原作"金沙江山"，据徐本、四库本删"江"字。下同。据读史方舆纪要，晋宁州西有金沙山，以产沙石其色如金得名。

〔一五〕河泊所：今仍称河泊村，在晋城正西的滇池边，但不再是水中沙洲，已与陆地联成一片。

〔一六〕蜗（wō 窝）居：比喻窄小的住地。

二十二日

唐君为余作瘗静闻骨记，三易稿而后成。已乃具酌演优〔一〕，并候杨、赵二学师及唐大来、黄沂水昆仲，为同宴以饯。

二十三日

唐君又馈棉袄、夹裤，具厚赆焉。唐大来为余作书文甚多，且寄闪次公书，亦以青蚨〔二〕赆。乃入谢唐君，为明日早行计。

晋宁乃滇池南一坞稍开，其界西至金沙山，沿将军山抵三尖村，与昆阳界，不过二十里；东至盘龙山顶，与瀓江界，不过十里；北至分水河桥，与归化界，不过五里；南入山坞，与瀓江界，不过十里。总计南北不过十五里，东西不过三十里，不及诸蛮酋〔三〕山徼一曲也。

晋宁之水，惟四通桥为大。其内有二溪，俱会于牧羊山下石壁村。一为大坝河，即河涧铺之流，出自关索岭〔四〕者，余昔往江川由之；一为大甫河，出自铁炉关者，与新兴〔五〕分水之岭界。二水合而出四通桥，又分其半，东灌州北之田。至州东北，又有盘龙山涧之水，自州城东南隅，循城北流，引为城濠，而下合于四通东灌之水，遂北为归化县分界，而出安江村。其河乃唐公新浚者。

晋宁二属邑俱在州东北境，亦滇海东南之余坞也。归化在州北二十里，呈贡〔六〕又在归化北四十里。呈贡北即昆明

县界,东北即板桥〔七〕路,东即宜良〔八〕界,东南即罗藏山,
阳宗〔九〕界。归化北五里有莲花洞山,一名龙洞,有水出其
间。罗藏山在归化东十里,盘龙山东北之主峰也,东南距澂江
府四十里。其山高耸,总挈众山,与邵甸之梁王山对,亦谓之
梁王山,以元梁王结寨其上也〔一〇〕。西北麓为滇池,东南麓
为明湖〔一一〕、抚仙湖。水之两分其归者,以此山为界;水之
三汇其綮者,亦以此山为环。然则比邵甸梁王,此更磅礴矣。
其脉自铁炉关东度为关索岭,又东为江川北屈颖巅山,遂北走
为此山;又东至宜良县西境,又北度杨林西岭,又北过兔儿关,
又北结为邵甸梁王山,而为果马、月狐之脊焉。

晋宁四门,昔皆倾圮。唐元鹤莅任,即修城建楼,极其
壮丽。

晋宁东至澂江六十里,西至昆阳四十里,南至江川七十
里,北至省会一百里,东南至路南州一百五十里,东北至宜良
一百六十里,西南至新兴州一百二十里,西北至安宁州一百二
十里。

唐晋宁〔一二〕初授陕西三水令〔一三〕,以御流寇功,即
升本州知州,以忧归,补任于此。乃郎年十五岁,文学甚优,落
笔有惊人语。余三子俱幼。

唐大来名泰选贡〔一四〕,以养母缴引〔一五〕,诗画书俱得
董元宰〔一六〕三昧。余在家时,陈眉公即先寄以书云:"良友
徐霞客,足迹遍天下,今来访鸡足并大来先生。此无求于平原
君〔一七〕者,幸善视之。"比至滇,余囊已罄,道路不前,初不
知有唐大来可告语也。忽一日遇张石夫谓余曰:"此间名士唐

大来，不可不一晤。"余游高嶢时，闻其在傅元献别墅，往觅之，不值。还省，忽有揖余者曰："君岂徐霞客耶？唐君待先生久矣！"其人即周恭先也。周与张石夫善，与张先晤唐，唐即以眉公书诵之，周又为余诵之。始知眉公用情周挚，非世谊所及矣。大来虽贫，能不负眉公厚意，因友及友。余之穷而获济，出于望外如此。

唐大来，其先浙之淳安籍，国初从戎于此。曾祖金，嘉靖戊子〔一八〕乡荐，任邵武同知〔一九〕，从祀名宦。祖尧官，嘉靖辛酉〔二〇〕解元〔二一〕。父懋德，辛卯〔二二〕乡荐，临洮〔二三〕同知。皆有集，唐君合刻之，名绍箕堂集，李本宁先生为作序，甚佳。

大来言历数先世，皆一仕一隐，数传不更，故其祖虽发解，竟不仕而年甚长。今大来虽未发解，而诗翰为滇南一人，真不忝〔二四〕厥祖也。但其胤嗣〔二五〕未耀，二女俱寡，而又旁无昆季〔二六〕，后之显者，将何待乎？

大来之岳为黄麟趾，字伯仁，以乡荐任山东嘉祥〔二七〕令，转四川顺庆府〔二八〕□□县令，卒于任，即黄沂水、禹甸之父、从月之兄也。其祖名明良，嘉靖乙酉〔二九〕乡荐，仕至毕节〔三〇〕兵宪〔三一〕，有牧羊山人集。

大来昔从广南出粤西，抵吾地，亦以粤西山水之胜也。为余言："广南府东半日多程，有宝月关〔三二〕甚奇。从广南东望，崇山横障，翠截遥空，忽山间一孔高悬，直透中扃，光明如满月缀云端，真是天门中开。路由其下盘跻而入，大若三四城门。其下旁又一窍，潜通滇粤之水。"予按黄麟趾昭阳关诗注云:"关口天成一石虎头,耽耽可畏。"诗曰:"何代凿鸿濛〔三三〕?蛮山峭嵲〔三四〕通。五丁〔三五〕输地力,一窍自天工。域畛华彝界,关当虎豹雄。弃襦〔三六〕愁日暮,驱策乱流中。"按昭阳即此洞也,唐君谓之宝月者,又其别名耳。此路东去即归顺,余去冬为交彝所梗,不能从此。

盘龙山莲峰祖师,名崇照,元至正〔三七〕间以八月十八日涅槃。作偈〔三八〕曰:"三界与三涂,何佛祖不由,不破则便有,能破则便无。老僧有吞吐不下,门徒不肯用心修,切忌切忌。"师素不立文字,临去乃为此,与遗蜕俱存。至今以此日为"盘龙会"云。

邵真人以正,初名璇,晋宁人。其父名仁,叔名忠,俱由苏州徙此。阁老刘逸挽忠诗有曰〔三九〕:"三郎足下风云达,忠子圮,领乡荐。小阮壶中日月长。即真人。"末句又曰:"怅望苏州是故乡。"见州志。

晋时,晋宁之地曰宁州〔四〇〕,南蛮校尉李毅持节镇此,讨平叛酋五十八部。惠帝〔四一〕时,李雄乱,毅死之。女秀有父风,众推领州事,竟破贼保境,比卒,群酋为之立庙。是时宁州所辖之境虽广,而驻节之地,实在于此。至唐武德〔四二〕中,以其为晋时宁州统会之地,置晋宁县。此州名之所由始也。州名宦向有李毅及王逊、姚岳等。迨万历间吴郡〔四三〕许伯衡修州志,谓今晋宁州地已非昔时五十八部之广,以一隅而僭通部之祀,非诸侯祭封内山川义,遂一并撤去之,并志传亦削去,只自我朝始。遂令千载英灵,空存朌氄〔四四〕,一方故实,竟作尘灰,可叹也!然毅虽削,而其女有庙在古城,岳虽去,而岳亦有庙在州西,有功斯土,非竖儒〔四五〕所能以意灭者也。许伯衡谓昔时宁州地广,今地狭,李毅虽嫡祖,晋宁不得而祀之,犹支子之不得承祧祀大宗〔四六〕也。余谓晋宁乃嫡冢〔四七〕,非支子比,毅所辖五十八部虽广,皆统于晋宁,今虽支分五十八部,皆其支庶,而晋宁实承祧之主。若晋宁以地狭不祀,将委之五十八部乎?五十八部复以支分,非所宜祀,是犹嫡冢以支庶众多,互相推委,而虚大宗之祀也。然则李毅乃一方宗主,将无若敖之恫〔四八〕乎?故余谓唐晋宁、唐大来,首以复祀李毅为正。

二十四日

街鼓未绝,唐君令人至,言早起观天色,见阴云酿雨,风寒袭人,乞再迟一日,候稍霁乃行。余谢之曰:"行不容迟,虽雨不为阻也。"及起,风雨凄其,令人有黯然魂消意。令庖人〔四九〕速作饭,余出别唐大来。时余欲从海口、安宁返省,完省西南隅诸胜,从西北富民观螳螂川下流,而取道武定,以往鸡足,乃以行李之重者,托大来令人另赍往省,而余得轻具西行焉。方抵大来宅,报晋宁公已至下道,亟同大来及黄氏昆玉还道中。晋宁公复具酌于道,秣马于门。时天色复朗,遂举大觥〔五〇〕,登骑就道。

从西门三里,度四通桥。从大道直西行,半里,上坡,从其西峡转而西南上,一里半,直蹙望鹤岭西坳。又西下涉一涧,稍北,即濒滇池之涯。共五里,循南山北麓而西,有石耸起峰头,北向指滇池,有操戈介胄之状,是为石将军,亦石峰之特为巉峭者。其西有庙北向,是为石鱼庙。其西南又有山西突起,亚于将军者,即石鱼山也。又西二里,海水中石突丛丛,是为牛恋石。涯上村与乡,俱以"牛恋"名〔五一〕。谓昔有众牛饮于海子，恋而不去，遂成石云。于是又循峡而南，二里，逾平坡南下，有水一塘，直浸南山之足，是为三尖塘。塘南山峦高列，塘北度脊平衍，脊之北，即滇池牛恋。塘水不北泄而东破山腋，始知望鹤之脉自西来，不自南来也。从塘北西向溯坞入，其坞自西而东，即塘水之上流也。三里，坞西尽处，有三峰排列：其南最高者即南山之再起者也；其中一峰，则自南峰之西绕峡而北，峙为中峰焉；北峰则濒滇池，而东度为石将军、望鹤山之脉矣。中峰之东，有村落当坞，是为三尖村，晋宁村落止此。西沿中峰而上，一里，与南峰对峡之中，复阻水为塘，不能如东塘之大，而地则高矣。又平上而西，一里，逾中峰之脊。从脊上西南直行，为新兴道；逾脊西北下，即滇池南涯，是为昆阳道；而晋宁、昆阳以是脊为界焉。于是昆阳新旧州治，俱在一望。直下半里，沿滇池南山陇半西行，二里余，有村在北崖之下，滇池之水环其前，是曰赤峒里〔五二〕，亦池滨聚落之大者，而田则不能成垫焉〔五三〕。又西由村后逾岭南上，既西下，三里，有村倚南山北麓。盘其嘴而西，于是西峡中开，自南而北，与西界山对夹成坞。其脊南自新兴界分支北下，西一支直走而为新旧州治，而北尽于旧寨村；东一支即赤峒里之后山，滨池而止。东界短，西界长，中开平坞为田，一小水贯其中，亦自南而北入滇池，即志所称渠滥川也。按隋书，史万岁为行军总管，自蜻蛉川至渠滥川，破三十余部，当即指此〔五四〕。由东嘴截坞而西，正与新城相对，而大道必折而南，盘东界之嘴以入，三里始西涉坞。径坞三里，又随西界之麓北出一里半，是为昆阳新城。又北一里半，为昆阳旧城，于是当滇池西南转折处矣。旧城有街衢阛堵而无城郭，新城有楼橹雉堞而无民庐，乃三四年前，旧治经寇，故卜筑新邑，而市舍犹仍旧贯也。旧治街自南而北，西倚山坡，东瞰湖涘〔五五〕。至巳日西昃，亟饭于市。此州有天酒泉、普照寺，以无奇不及停屐，遂北行。

四里，稍上，逾一东突之坳。其山自西界横突而出，东悬滇海中。路逾其坳中北下，其北滇海复嵌坞西入。其突出之峰，远眺若中浮水面，而其西实连缀于西界者也。乃西转涉一坞，共四里，又北向循滇池西崖山麓行。五里，又有小峰傍麓东突，南北皆湖山环抱之，数十家倚峰而居，是为旧寨村〔五六〕。由村北过一坞，其坞始自西而东；坞北有山一派，亦自西而东，直瞰滇海中。北二里，抵山下。直蹑山北上，一里余，从崩崖始转东向山半行。又里余，从东岭盘而北，其岭南北东三面，俱悬滇海中，正东与罗藏隔湖相对。此地杳僻隔绝，行者为畏途焉。岭北又有山一支，从水涯之北，亦自西而东，直瞰滇海中，与此岭南北遥对成峡，滇海驱纳其中，外若环窝，中骈束户，是为海口南岭。北下之处，峻削殊甚，余虑日暮，驱马直下。二里，复循坞西入，二里，西逾一坳。由坳西下，山坞环开，中为平畴，滇池之流，出海就峡，中贯成河，是为螳螂川焉〔五七〕。二里，有村傍坞中南山下，过之。行平畴间，西北四里，直抵川上。有聚落成衢，滨川之南，是曰茶埠墩，即所谓海口街也〔五八〕，有公馆在焉，监察御史〔五九〕案临，必躬诣其地，为一省水利所系耳。先是唐晋宁谓余，海口无宿处，可往柴厂莫土官盐肆中宿；盖唐以候代巡，常宿其家也。余问其处尚相去六七里，而日色已暮，且所谓海门龙王庙者，已反在其东二里，又闻阮玉湾言，有石城之胜，亦在斯地，将留访焉，遂不复前，觅逆旅投宿。

二十五日

令二骑返晋宁。余饭而蹑屏〔六〇〕北抵川上,望川北石崖蠹空,川流直啮其下。问所谓石城者,土人皆莫之知,惟东指龙王堂在盈盈一水间。乃溯川南岸,东向从之。二里,南岸山亦突而临川,水反舍北而逼南,南岸崩嵌盘沓,而北崖则开绕而受民舍焉,是为海门村〔六一〕,与南崖相隔一水。不半里,中有洲浮其吭间,东向滇海,极吞吐之势;峙其上者,为龙王堂〔六二〕。时渡舟在村北岸,呼之莫应。余攀南崖水窟,与水石相为容与,忘其身之所如也。久之,北崖村人以舟至,遂渡登龙王堂。堂当川流之中,东临海面,时有赛神者浮舟而至,而中无庙祝;后有重楼,则阮祥吾所构也。庙中碑颇多,皆化、治〔六三〕以后,抚按相度水利、开濬海口免于泛滥,以成濒海诸良田者,故巡方者以此为首务云。

出庙渡北岸,居庐颇集。其北向所倚之山有二重。第一重横突而西,多石,而西垂最高,即蠹削而濒于川之北岸者;第二重横突而东,多土,而东绕最远,即错出而尽为池之北圩者。二重层叠于村后,盖北自观音山盘礴而尽于此。村氓俱阮氏庄佃。余向询阮玉湾新置石城之胜,土人莫解,谓阮氏有坟在东岸,误指至此,村人始有言石城在里仁村。其村乃偻偻寨,正与荼埠墩对,从此有小径,向山后峡中西行,三里可至。余乃不东向阮坟,而西觅里仁焉。即由村后北逾第一重石峰之脊,北向下,路旁多错立之石,北亦开坞,而中无细流。一里,随坞西转,已在川北岸蠹削石峰之后;盖峰南漱逼川流,故取道于峰北耳。其内桃树万株,被陇连壑,想其蒸霞焕彩时,令人笑武陵、天台为爝火〔六四〕矣。西一里,过桃林,则西坞大开,始见田畴交塍,溪流霍霍,村落西悬北山之下,知其即为里仁村矣。盖其坞正南矗立石山,西尽于此。坞濒于川,亦有一村临之,是为海口村,与茶埠墩隔川相对,有渡舟焉。其坞之东北逾坡,坞之西北循峡,皆有路,凡六十里而抵省会。而里仁村当坞中北山下〔六五〕,半里抵村之东,见流泉交道,山崖间树木丛荫,上有神宇,盖龙泉出其下也。东坞以无泉,故皆成旱地;西坞以有泉,故广辟良畴。由村西盘山而北,西坞甚深,其坞自北峡而出,直南而抵海口村焉。村西所循之山,其上多蹲突之石,下多崆峒之崖,有一窍二门西向而出者。余觉其异,询之土人,石城尚在坞西岭上,其下亦有龙泉,可遵之而上。

　　共北半里,乃西下截坞而度,有一溪亦自北而南,中乾无流。涉溪西上,共半里,闻水声潋潋〔六六〕,则龙泉溢西山树根下,潴为小潭,分泻东南去。由潭西上岭,半里,则岭头峰石涌起,有若卓锥者,有若夹门者,有若芝擎而为台,有若云卧而成郭者。于是循石之隙,盘坡而上,坠壑而下。其顶中洼,石皆环成外郭〔六七〕,东面者嵲屼森透,西面者穹覆壁立,南向则余之逾脊而下者;北面则有石窟曲折,若离若合间,一石坠空当关,下覆成门,而出入由之。围壑之中,底平而无水,可以结庐,是所谓石城也。透北门而出,其石更分枝簇萼。石皆青质黑章〔六八〕,廉利棱削,与他山迥异。有牧童二人,引余循崖东转,复入一石队中,又得围崖一区,惟东面受客如门,其中有趺座之龛,架板之床,皆天成者。出门稍南,回顾门侧,有洞岈然,亟转身披之。其洞透空而入,复出于围崖之内,始觉由门入,不若由洞入更奇也。计围崖之后,即由石城中望所谓东面嵲屼处矣。出洞,仰眺洞上石峰层沓,高耸无比。复有一老偻偻披兽皮前来,引余相与攀跻。其上如众台错立,环中洼而峙其东,东眺海门，明镜漾空，西俯洼底，翠瓣可数，而隔崖西峰穹覆之上，攒拥尤高。乃下峰，复度南脊，转造西峰，则穹覆上崖，复有后层分列，其中开峡。东坠危坑而下，其后则土山高拥，负展于上，耸立之石，或上覆平板，或中剖斜楔。崖胁有二小穴如鼻孔，群蜂出入其中，蜜渍淋漓其下，乃崖蜂所巢也。两牧童言："三月前土人以火熏蜂而取蜜，蜂已久去，今乃复成巢矣。"童子竞以草塞孔，蜂辄嗡嗡然作铜鼓声。凭览久之，乃循坠坑之北，东向悬崖而下。经东石门之外，犹令人一步一回首也。先是从里仁村望此山，峰顶耸石一丛，不及晋宁将军峰之伟杰，及抵其处而阛辟曲折，层沓玲珑，幻化莫测，钟秀独异，信乎灵境之不可以外象求也。盖是峰西倚大山，此其一支东窜，峰顶中坳，石骨内露，不比他山之以表暴见奇者；第其上无飞流涵莹之波，中鲜剪棘梯崖之道，不免为兔狐所窟耳。老伛伛言："此石隙土最宜茶，茶味迥出他处。今阮氏已买得之，将造庵结庐，招净侣以开胜壤。岂君即其人耶？"余不应去。信乎买山而居，无过此者。

下山，仍过坞东，一里，经里仁村。东南一里，抵螳螂川之北，西望海口，有渡可往茶埠，而东眺濑川，石崖耸削。先从茶埠隔川北望，于嶙岏嵌突中，见白垣一方，若有新茅架其上者；今虽崖石掩映，不露其影，而水石交错，高深嵌空，其中当有奇胜，遂东向从之。抵崖下，崖根插水，乱石潆洄，遂攀跻水石间。沿崖南再东，忽见石上有痕，蹑崖直上，势甚峻，挂石悬崖之迹，俱倒影水中。方下见为奇，又忽闻謦咳〔六九〕声落头上，虽仰望不可见，知新茅所建不远矣。再穿下覆之石，则白垣正在其上。一道者方凿崖填路，迎余入坐茅中。其茅仅逾方丈，明窗净壁，中无供像，亦无爨具，盖初落成而犹未栖息其间者。道人吴姓，即西村海口人，向以贾游于外，今归而结净于此，可谓得所托矣。坐茅中，上下左右，皆危崖缀影，而澄川漾碧于前，远峰环翠于外；隔川茶埠，村庐缭绕，烟树堤花，若献影镜中；而川中凫舫〔七〇〕贾帆，鱼罾〔七一〕渡艇，出没波纹间，棹影跃浮岚，橹声摇半壁，恍然如坐画屏之上也。

既下，仍西半里，问渡于海口村。南度茶埠街，入饭于主家，已过午矣。茶埠有舟，随流十里，往柴厂载盐渡滇池。余不能待，遂从村西遵川堤而行。其堤自茶埠西达平定，随川南涯而筑之。盖川水北依北岸大山而西，其南岸山势层叠，中多小坞，故筑堤障川。堤之南，屡有小水自南峡出，亦随堤下注。从堤上西行，川形渐狭，川流渐迅。七里，有村庐倚堤，北下临川，堤间有亭有碑，即所谓柴厂也；按旧碑谓之汉厂，莫土官盐肆在焉。至此川迅石多，渐不容舟，川渐随山西北转矣，堤随之。又西北七里，水北向逼山入峡，路西向度坞登坡。又二里，数家踞坡上，曰平定哨〔七二〕。时日色尚高，以土人言前途无宿店，遂止。

二十六日

鸡再鸣，饭而出店，即北向循西山行〔七三〕。三里，曙色渐启。见有岐自西南来者，有岐自东北来者，而中道则直北逾坳。盖西界老山至此度脉而东，特起一峰，当关中突，障扼川流，东曲而盘之，流为所扼，稍东逊之，遂破峡北西向，坠级争趋，所谓石龙坝也。此山名为九子山，实海口下流当关之键，平定哨在其南，大营庄在其东，石龙坝在其北。山不甚高大，圆阜特立，正当水口，故自为雄耳。山巅有石九枚，其高逾于人，骈立峰头，土人为建九子母庙，以石为九子，故以山为九子母也。余时心知正道在中，疑东北之岐为便道，且可一瞰川流，遂从之。一里抵大营庄〔七四〕，则川流轰轰在下，舟不能从水，陆不能从峡，必仍还大路，逾坳乃得；于是返辙，从峰西逾岭北下。共二里，有小水自西南峡来，渡之。复西上逾坡，则坡北峡中，螳川之水，自九子母山之东破峡北出，转而西，绕山北而坠峡，峡中石又横岨而层阁之，水横冲直捣，或跨石之顶，或窜石之胁，涌过一层，复腾跃一层，半里之间，连坠五六级，此石龙坝〔七五〕也。此水之不能通舟，皆以此石为梗。昔治水者多燔〔七六〕石凿级，不能成功，土人言凿而辄长，未必然也。

石级既尽，峡亦北转。路从峡西山上，随之北行。下瞰级尽处，峡中有水一方，独清潆，土人指为青鱼塘，言塘中青鱼大且多。按志，昆阳平定乡小山下有三洞，泉出汇而为潭，中有青鱼、白鱼，俗呼随龙鱼，岂即此耶？北二里，峡稍开，有村在其下，为青鱼塘村〔七七〕。北二里，西北蹑一岭，此岭最高，始东见观音山与罗汉寺碧鸡山，两峰东峙。又北见遥山一重，横亘众山之北，西尽处特耸一峰最高，为笔架山；其西又另起一峰，与之骈立，则老龙之龙山也；东尽处分峙双岫，亦最高，为进耳山，其南坳稍伏而豁，则大道之碧鸡关也。两最高之间，有尖峰独锐，透颖于横脊之南，是为龙马山，其下则沙河之水所自来也。惟西向诸山稍伏而豁，大道之往迤西者从之，而老脊反自伏处南度。老龙之脊，西北自丽江、鹤庆东，南下至楚雄府〔七八〕南，又东北至禄丰〔七九〕、罗次〔八〇〕北境，又东至安宁州西北境，东突为龙山；迤南从安宁州之西，又南度三泊县〔八一〕之东，又南向绕昆阳州之西南，乃折而东经新兴州北，为铁炉关；又东经江川县北，为关索岭，又东峙为屈颡巅山，乃折而东北，为罗藏山，则滇池、抚仙湖之界脊也。

始西一里，逾其巅。又西北下一里，则螳川之水，自岭之北麓环而西，又转而南。岭西有村，濒川而居，置渡川上，是曰武趣河，昆阳西界止此，过渡即为安宁州界。武趣之河，绕村南曲，复转西峡去；路渡河即西北上坡。连越土坡二重，共五里，北下，有水一塘在东坞中。又北二里，有水一塘在西坞中。又北一里半，有村在路东。又北一里半，坡乃北尽，坡北始开东西大坞。乃下坡西向行坞中，二里，有水东北自北界横亘中尖峰下来，是为沙河。其流颇大，石梁东西跨之。河从梁下南去，螳川之水，自武趣西峡转而北来，二水合于梁南，半里，遂西北至安宁州城之南，于是北向经城东而北下焉。过沙河桥，又西北一里，则省中大道自东北来，螳大川自城南来，俱会于城东，有巨石梁东西跨川上，势甚雄壮。

过梁即为安宁城〔八二〕。入其东门，阛阓颇集，乃沽饮于市，为温泉浴计。饮毕，忽风雨交至。始持伞从南街西行，已而知道禄裱大道〔八三〕，乃返而至东门内，从东街北行。半里，过州前，从其东复转北半里，有庙门东向，额曰"灵泉"，余以为三潮圣水也，入之。有巨井在门左，其上累木横架为梁，栏上置辘轳以汲〔八四〕，乃盐井也。其水咸苦而浑浊殊甚，有监者，一日两汲而煎焉。安宁一州，每日夜煎盐千五百斤。城内盐井四，城外盐井二十四。每井大者煎六十斤，小者煎四十斤，皆以桶担汲而煎于家。

又西转过城隍庙而北，半里，出北门。风雨凄凄，路无行人，余兴不为止，冒雨直前。随螳川西岸而北，三里半，有村在西山麓，其后庙宇东向临之，余不入。又北二里半，大路盘山西北转；有岐下坡，随川〔八五〕直北行。余乃下从岐，一里半，有舟子舣舟渡，上川东岸，雨乃止。复循东麓而北，抵北岭下，川为岭扼，西向盘壑去，路乃北向陟岭。岭颇峻，一里逾岭北，又一里，下其北坞，有小水自东北来，西注于川，横木桥度之。共一里，又西北上坡，有村当坡之北,路从其侧,一里,逾坡而北。再下再上,共三里,西瞰螳川之流,已在崖下。崖端有亭,忽从足底涌起,俯瞰而异之。亟舍路西向下,入亭中,见亭后石骨片片,如青芙蓉涌出。其北复有一亭,下乃架木而成者。瞰其下,则中空如井,有悬级在井中,可以宛转下坠。余时心知温泉道尚当从上北行,而此奇不可失,遂从级坠井下。其级或凿石,或嵌木,或累梯,共三转,每转约二十级,共六十级而至井底。井孔中仅围四尺,其深下垂及底约四五丈。井底平拓,旁裂多门,西向临螳川者为正门,南向者为旁门。旁门有屏斜障,屏间裂窍四五,若窗棂户牖,交透叠印,土人因号之曰"七窍通天"。"七窍"者,谓其下之多门;"通天"者,谓其上之独贯也。旁门之南,崖壁巉削,屏列川上;其下洞门,另辟骈开,凡三四处,皆不甚深透,然川漱于前,崖屏于上,而洞门累累,益助北洞之胜。再南,崖石转突处,有一巨石下坠崖侧,迎流界道,有题其为"醒石"者,为冷然笔。冷然,学道杨师孔号。杨系贵州人。石北危崖之上,有大书"虚明洞"三大字者,高不能瞩其为何人笔。其上南崖,有石横斜作垂手状,其下亦有洞西向,颇大而中拓,然无嵌空透漏之妙。"虚明"二字,非北洞不足以当之。"虚明"大书之下,又有刻"听泉"二字者,字甚古拙,为燕泉笔。燕泉,都宪何孟春号。何,郴州人,又自叙为吾邑。又其侧,有"此处不可不饮",为升庵笔,升庵,杨太史慎号。而刻不佳,不若中洞。门右有"此处不可不醉",为冷然笔,刻法精妙,遂觉后来者居上。又"听泉"二字上,刻醒石诗一绝,标曰"姜思睿",而醒石上亦刻之,标曰"谱明"。谱明不知何人,一诗二标,岂谱明即姜之字耶?此处泉石幽倩,洞壑玲珑,真考槃〔八六〕之胜地,惜无一人栖止。大洞之左,穿崖南尽,复有一洞,见烟自中出,亟入之。其洞狭而深，洞门一柱中悬，界为二窍，有偻偻囚发〔八七〕赤身，织草履于中，烟即其所炊也。洞南崖尽，即前南来之坞，下而再上处也。

时顾仆留待北洞，余复循崖沿眺而北。北洞之右，崖复北尽，遂蹑坡东上，仍出崖端南来大道。半里，有庵当路左，下瞰西崖下，庐舍骈集，即温泉在是矣。庵北又有一亭，高缀东峰之半，其额曰"冷然"。当温泉之上，标以"御风"之名，杨君可谓冷暖自知矣。由亭前蹑石西下，石骨棱厉。余爱其石，攀之下坠，则温池在焉。池汇于石崖下，东倚崖石，西去螳川数十步。池之南，有室三楹，北临池上。池分内外，外固清莹，内更澄澈，而浴者多就外池。内池中有石，高下不一，俱沉水中，其色如绿玉，映水光艳烨然。余所见温泉，滇南最多，此水实为第一〔八八〕。池室后，当东崖之上，有佛阁三楹，额曰"暖照"。南坡之上，有官宇三楹，额曰"振衣千仞"。皆为土人锁钥，不得入。

余浴既，散步西街，见卖浆及柿者，以浴热，买柿啖之。因问知虚明之南，尚有云涛洞，川之西岸，曹溪寺旁，有圣水，相去三里，皆反在其南，可溯螳川而游也。盖温池之西滨螳川东岸，夹庐成衢，随之而北，百里而达富民。川东岸山最高者为笔架峰，即在温池东北，志所谓岱崧山也；川西岸山最高者为龙山，曹溪在其东陇之半，志所谓葱山也。二山夹螳川而北流，而葱山则老脊之东盘者矣。余时抵川上，欲先觅曹溪圣水，而渡舟在川西岸，候之不至，遂南半里，过虚明诸洞下。南抵崖处，坡曲为坞，宜仍循川岸而南，以无路，遂上昔来大路隅，由小岐盘西崖而南。亦再下再上，一里半，有一村在坡南，是为沈家庄〔八九〕。老妇指云涛洞尚在南坡外。又南涉坞,半里登坡,路绝而不知洞所在。西望隔川,有居甚稠,其上有寺,当即曹溪。有村童拾薪川边,遥呼而问所谓云涛洞者,其童口传手指,以川隔皆不能辨。望见南坡之下,有石崖一丛,漫趋之。至其下,仰视石隙,丛竹娟娟,上有朱扉不掩。登之,则磴道逶迤,轩亭幽寂,余花残墨,狼藉蹊间,云牖石床,离披洞口。轩后有洞门下嵌,上有层楼横跨,皆西向。先登其楼,楼中供大士诸仙像,香几灯案,皆以树根为之,多有奇古者。其南有卧室一楹,米盎^{〔九〇〕}书籝,犹宛然其内,而苔衣萝网,封埋已久,寂无径行,不辨其何人所构,何因而废也。下楼入洞,初入若室一楹,侧有一窞,下陷窈黑。其北又裂一门,透裂入,有小窍斜通于外,见竹影审入,即堕黑而下。南下杳不知其所底,北眺亦有一牖上透,第透处甚微,光不能深烛,以手扪隙,以足投空,时时两无所著,又时时两有所碍。既至其底,忽望西南有光烨然,转一隙,始见其光自西北顶隙透入,其处底亦平,而上复穹焉高盘。倏然有影掠隙光而过,心异之,呼顾仆,闻应声正在透光之隙,其所过影即其影也。复转入暗底,隙隘崖悬,无由著足,然而机关渐熟,升跻似易,觉明处之魂悸,不若暗中之胆壮也。再上一层,则上牖微光,亦渐定中生朗,其旁原有细级,宛转崖间,或颓或整,但初不能见耳。出洞,仍由前轩出扉外,见右崖有石刻一方,外为棘刺结成窠网,遥不能见。余计不能去,竟践而入之,巾履俱为钩卸,又以布缚头护网,始得读之。乃知是庵为天启丙寅^{〔九一〕}州人朱化孚所构。朱,壬辰^{〔九二〕}进士。其楼阁轩亭,俱有名额,住山僧亦有名有诗,未久而成空谷,遗构徒存,只增慨耳!

　　既下至川岸,若一航渡之,即西上曹溪。时不得舟,仍北三里至温泉，就舟而渡，登西岸，溯川南行。望川东<u>虚明</u>崖洞，若即若离，杳然在落花流水之外。南一里，又见川东一崖，排突亦如<u>虚明</u>，其下亦有多洞迸裂，门俱西向，有大书其上为"青龙洞"、为"九曲龙宫"者，隔川望之，不觉神往。土人言此二洞甚深，篝火以入，可四五里，但中黑无透明处。此洞即在<u>沈家庄</u>北，余前从<u>虚明</u>沿川岸来，即可得之，误从其上，行崖端而不知，深为怅怅；然南之<u>云涛</u>，北之<u>虚明</u>，既已两穷，此洞已去而复得之对涯，亦未为无缘也。又南一里，抵川西村聚。从其后西上山，转而南，又西上，共一里，遂入<u>曹溪寺</u>〔九三〕。寺门东向，古刹也。余初欲入寺觅<u>圣泉</u>，见殿东西各有巨碑，为<u>杨太史升庵</u>所著，乃拂碑读之，知寺中有优昙花树诸胜，因觅纸录碑，遂不及问水。是晚，炊于僧寮，宿于殿右。

二十七日

晨起，寒甚。余先晚止录一碑，乃殿左者，录未竟，僧为具餐，乃饭而竟之。有寺中读书二生，以此碑不能句〔九四〕，来相问，余为解示。二生：一姓<u>孙</u>，<u>安宁州</u>人；一姓<u>党</u>，<u>三泊县</u>人。<u>党生</u>因引余观优昙树。其树在殿前东北隅二门外坡间，今已筑之墙版中，其高三丈余，大一人抱，而叶甚大，下有嫩枝旁丛。闻开花当六月伏中，其色白而淡黄，大如莲而瓣长，其香甚烈而无实。余摘数叶置囊中。遂同<u>党生</u>由<u>香积</u>北下坡，循坳而北，一里半，观<u>圣泉</u>〔九五〕。泉从山坡大树根下南向而出，前以石环为<u>月池</u>，大丈余，潴水深五六寸余，波淙淙由东南坡间泻去。余至当上午，早潮已过，午潮未至，此正当缩时，而其流亦不绝，第潮时更涌而大耳。<u>党生</u>言，穴中时有二蟾蜍出入，兹未潮，故不之见，即碑所云"金鼃〔九六〕"，号曰"神泉"者矣。<u>月池</u>南有亭新构，扁曰"问潮亭"，前巡方使<u>关中张凤翮</u>

为之记。<u>党生</u>又引余由泉西上坡，西北缘岭上，半里，登水月庵。庵东北向，乃<u>葱山</u>之东北坳中矣。庵洁而幽，为乡绅<u>王</u>姓者所建。庭中水一方，大仅逾尺，乃建庵后劚地〔九七〕而出者。庵前有深池，泉不能蓄也。既复下至<u>圣泉</u>，还至<u>曹溪</u>北坡坳，<u>党生</u>别余上寺，余乃从岐下山。

一里，抵昨村后上山处。由村后南行半里，复东望川东回曲中，石崖半悬，飞楼临丹，即<u>云涛洞</u>也。川水已从东盘曲，路犹循西山南向下，因其山坞自南而转也。一里余，始循南山而东。二里，则其川自坞北曲而南，与路遇，既过，路又循东山溯溪转而北，一里，乃东向陟南山之北，一里，乃转东南行。一里，南陟一西来之峡，又南上坡。一里，与前来温泉渡西大道合，始纯南行。六里，入北城门。见有二女郎，辫发双垂肩后，此间幼童女，辫发一条垂脑后。女郎及男之长者，辫发两条垂左右耳旁。女仍用包髻，男仍用巾帽冠其上。若傻傻则辫发一条，周环于脑额，若箍其首者。又有男子未冠〔九八〕者，从后脑下另挽一小鬏〔九九〕若螺，缀于后焉。手执纨扇〔一〇〇〕，嫣然在前，后有一老妇随之，携牲盒纸锭，将扫墓郊外。此间重十月朝祭扫。家贫不及者，至月终亦不免也。<u>南中</u>所见妇女，纤足姣好，无逾此者。入城一里半，饭于东关，乃出，逾巨石梁，遵大道东北行。半里，有小溪自东坞来，溯之行。从桥南东去，三里半，上坡。又一里，逾<u>东安哨岭</u>。岭不甚峻，东北从横亘大山分陇西南下，为<u>安宁</u>东第一护城之砂者也。过岭东下，始见<u>沙河</u>之水自东北来。随其坞东入，过<u>站摩村</u>，共十五里，为<u>始甸铺</u>。又四里，过<u>龙马山</u>，屼屼北透，横亘大山之南。路绕其前而东，又四里，始与<u>沙河</u>上流之溪遇。有三巩石梁东跨其上，是曰<u>大桥</u>。其水自东北进<u>耳</u>二尖峰西、<u>棋盘山</u>南峡来，西南至<u>安宁</u>城东，南入于<u>螳川</u>者也。又半里，东上坡，宿于<u>高枧</u>

桥村〔一〇一〕。

二十八日

平明，东行一里半，上坡，为安宁东界，由此即为昆明地。陂陀高下，以渐升陟而上，八里，其坞自双尖后进耳山来，路遂由南陇上。又二里，山坳间有聚庐当尖，是为碧鸡关〔一〇二〕。盖进耳之山峙于北，罗汉之顶峙于南，此其中间度脊之处，南北又各起一峰夹峙，以在碧鸡山之北，故名碧鸡关，东西与金马〔一〇三〕遥对者也。关之东，向东南下为高峣，乃草海西岸山水交集处，渡海者从之；向西北下为赤家鼻，官道之由海堤者从之。余时欲游进耳，遂西北下坡半里，循西山北行。二里，有村在西山之麓，是为赤家鼻〔一〇四〕。大道由其前北去，乃西折而入村。村倚山而庐。有池潴坡侧，大不逾五尺，村人皆仰汲焉。中复有鱼，有垂钓其上者，亦龙潭之浅者也。由池南上坡，岭道甚峻。半里，登冈上，稍北而曲，有坊当道，则进耳山门外坊也，其寺尚隔一坑。由坊西望，见寺后大山环于上，此冈绕于前，内夹深坑，旋转而入，若耳内之孔，寺临孔上盘朵边，以"进耳"取名之义，非身履此冈，不见其亲切也。进坊，西向沿坑入，半里，有岐西逾大山之坳；而入寺之路，则沿坑南转。盘崖半里，西上入寺中。寺门东向，登其殿，颇轩爽，似额端，不似耳中也。方丈在殿北，有楼三楹在殿南。其楼下临环坑，遥览滇海，颇如太华之一碧万顷，而此深远矣。入方丈，有辛贡士伯敏者，迎款殷勤。僧宝印欲具餐，辛挥去，令其徒陈履惇、陈履温二陈乃甲戌〔一〇五〕进士〔一〇六〕履忠弟。及其弟出见，且为供荤食。复引余登殿南眺海楼，坐谈久之。余欲趋棋盘山，问道于宝印。宝印曰："由坊东下山，自赤鼻山宝珠寺上为正道，路且三十里。由此寺北，西逾大山之坳，其路半之，但空山多岐，路无从觅耳。"乃同辛君导余从殿后出，遂北至坳下东来岐路，始别去。

余乃西上，半里逾坳，半里西北稍下，一里涉中洼。洼西复有大山，南北横峙，与东界进耳后双尖，并坳北之巅，东西夹成中洼。由洼西复循西山之东北行，一里，循岭北转而西，稍下一里，度峡西上。其西复有大山南北横峙，遂西向横蹑之，一里半，登其冈。见西南随坳有路，上逾其脊，将趋之。有负刍者〔一〇七〕来，曰："棋盘路在北，不在西也。"乃循西山之东，又北行，其路甚微，若断若续。二里半，从西山北坳透脊西出，始望见三家村在西坞中，村西盘峙一峰，自北而南，如屏高拥，即棋盘山也。其脉北自妙高寺三华山西南来，复耸此峰。分支西度，为温泉之笔架山；分支南下，为始甸后之龙马山；南环东亘，即为所逾之脊；而南度为进耳、碧鸡者也。脊北山复横列东北，至宝珠、赤鼻而止，为三家村东界护山。余昔来自金马以东，即遥望西界山横如屏，其顶复有中悬如覆釜、高出其上者，即此棋盘峰也，而不知尚在重壑之内，外更有斯峰护之，洵西峰之领袖矣。从坳西转，循东山北崖半里，乃西向下。一里，行壑中，有水北流，西涉之。又半里抵三家村〔一〇八〕，其村倚棋盘东麓。路当从村北西上，乃误由村南度脊处循峡西南上，竟不得路。攀蹑峡中三里，登一冈，有庵三楹踞坪间，后倚绝顶，其前东瞰滇中，乃发僧玄禅与僧裕庵新建者。玄禅有内功，夜坐峰头，晓露湿衣，无所退怖；庵中四壁未就，不以为意也。日已西昃，迎余瀹茗煮粥，抵暮乃别。西上跻峰，一里，陟其巅。又西向平行顶上一里，有寺东北向，则棋盘寺也。时已昏黑，遂啜茗而就榻。

二十九日

凌晨起，僧为余炊，余乃独蹑寺后绝顶。时晓露甚重，衣履沾透。顶间无高松巨木，即丛草亦不甚深茂，盖高寒之故也。顶颇平迥。其西南皆石崖矗突，其性平直而中实，可劈为板，省中取石，皆于此遥负之，然其上反不能见，以坳于内也。西北坞中，有大壑回环，下有水二方，村庐踞其上，即志所载勒甸村龙泉也，其水分青、白色〔一〇九〕。西南峡中水，则循龙马山东而去，当即沙河之源矣。东南即三家之流。是顶亦三面分水之处，第一入滇池，两入螳川，皆一派耳。由顶远眺，则东北见尧林山尖耸，与邵甸梁王山并列；东南见罗藏山，环峙海外；直南见观音山屼嵲，为碧鸡绝顶掩映，半浮半隐；直西则温泉笔架山连翩而去；惟西北崇山稍豁，则螳川之所向也。下饭于寺。乃同寺僧出寺门东行三十步，观棋盘石。石一方横卧岭头，中界棋盘纹，纵横各十九道。其北卧石上，楷书"玉案晴岚"四大字，乃碧潭陈贤所题。南有二石平庋，中夹为穴，下坠甚深，僧指为仙洞，昔有牧子坠羊其中，遂以石填塞之。僧言此山之腹皆岈峒，但不得其门而入耳。穴侧亦有陈贤诗碑，已剥不可读。乃还寺，录昆明令汪从龙诗碑〔一一〇〕。仍令幼僧导往峰西南，观凿石之崖。其崖上下两层，凿成大窟如厦屋。其石色青绿者，则腻而实；黄白者，则粗而刚。其崖间中嵌青绿色者两层，如带围，各高丈余，故凿者依而穴之。其板有方有长，方者大径五六尺，长者长径二三丈，皆薄一二寸，其平如锯，无纤毫凹凸，真良材也。

还从寺前东向下，一里，过新庵之左。直下者一里半，过三家村左，渡涧。又一里半，东逾石山之坳。其山乃东界北走之脉，至此复突一峰，遂北尽焉。从坳东坠崖而下，复渐成一坑，随之行三里,为宝珠寺。未至寺,其西坠峡处,坑水溃而为瀑,悬崖三级下,深可十五六丈,但水细如络丝,不如匹练也。宝珠寺东向,倚山之半,亦幽亦敞。由其前坠坡直下,五里抵山麓,为石鼻山,聚落甚盛,盖当草海之西,碧鸡关大道即出其下也。由村转北一里半,东北与大道合,于是东向湖堤。二里半,有村当堤之冲,曰夏家窑〔一一一〕。过此,遂遵堤行湖中。堤南北皆水洼〔一一二〕,堤界其间,与西子苏堤无异〔一一三〕。盖其洼即草海之余,南连于滇池,北抵于黄土坡,西濒赤鼻山之麓,东抵会城〔一一四〕,其中支条错绕,或断或续,或出或没,其濒北者,志又谓之西湖,其实即草海也。昔大道迂回北坡,从黄土坡入会城〔一一五〕,傅元献为侍御时,填洼支条,连为大堤,东自沐府鱼塘,西接夏家窑,横贯湖中,较北坡之迂,省其半焉。东行堤上一里半,复有冈有桥,有栖舍介水中央。半里,复遵堤上东行湖中,遥顾四围山色,掩映重波间,青蒲偃水,高柳漾堤,天然绝胜;但堤有柳而无花,桥有一二而无二六,不免令人转忆西陵耳。又东二里,湖堤既尽,乃随港堤东北二里,为沐府鱼池〔一一六〕。又一里半,抵小西门,饭于肆。东过闸桥,滨濠南而东一里,入城南旧寓〔一一七〕。问吴方生,则已隔晚向晋宁矣。已而见唐大来寄来行李书画,俱以隔晚先至,独方生则我来彼去,为之怅怅。乃计复为作书,令顾仆往晋宁谢唐君,别方生,并向大来索陶不退书。陶名珽〔一一八〕,有诗翰声,向官于浙。前大来欲为作书,闻其已故,乃止。适寓中有高土官从姚安来,知其犹在,皆虚传如眉公也,故复索书往见之。

〔一〕优:即优伶,古代称表演戏曲、乐舞的演员为优,此处指演出舞乐戏曲。

〔二〕青蚨(fú夫):传说中的虫名,曾有"青蚨还钱"的传说,后人因称钱为青蚨。

〔三〕蛮酋:指少数民族酋长或土司。

〔四〕关索岭:今称关岭,在晋宁县东南隅,昆明到建水的公路从此经过。

〔五〕新兴:明置州,隶澂江府,治今玉溪市区。铁炉关:明置铁炉关巡检司,在今晋宁、玉溪界上。

〔六〕呈贡:明为县,隶云南府晋宁州,即今昆明市呈贡区。

〔七〕板桥:即今大板桥,在昆明市东郊。

〔八〕宜良:明为县,隶云南府,即今宜良县。

〔九〕阳宗:明为县,隶澂江府,治今澄江县北、阳宗海南的阳宗。

〔一〇〕梁王山:今名同,主峰海拔2820米。

〔一一〕明湖:即今阳宗海。明一统志澂江府山川:"明湖,在阳宗县北,一名曰夷休湖,一名阳宗湖。源出罗藏山,下流盘江,周七十余里。两岸陡绝,山水黑色,鱼味甚美。"现湖面有31平方公里,南北长12.7公里,东西宽1.9~5.6公里,湖岸线长32.3公里,平均水深20米,最深处达30米,平均水位海拔1770米。

〔一二〕唐晋宁:即唐玄鹤。名万龄,淮安人。古人习惯以某人所主的地名为其别号,唐玄鹤为晋宁知州,故称唐晋宁。游记中还有类似情况,不再一一注出。

〔一三〕三水:明为县,隶邠州,治今陕西旬邑。令:即县令,为县的行政长官。秦汉时期,人口万户以上的称令,万户以下的称长,至唐代始不再分令长。明代设知县,但仍俗称"令"。

〔一四〕选贡:科举制度中各地方贡入国子监的生员的一种。明制于岁贡之外考选学行兼优者充贡,故称选贡。

〔一五〕缴引:交回荐引的凭证,即辞不受选。

〔一六〕董元宰(公元 1555～1636 年):即董其昌,松江华亭人,明代著名书画艺术家。

〔一七〕平原君:即赵胜(?～前 251 年),战国时赵国贵族,曾任赵相,有食客数千人。

〔一八〕嘉靖戊子:即嘉靖七年,公元 1528 年。

〔一九〕同知:为知府、知州的佐官,分掌督粮、捕盗、水利等事,分驻指定地点。

〔二〇〕嘉靖辛酉 "辛酉"本作"辛囗",据叶本补。嘉靖辛酉即嘉靖四十年,公元 1561 年。

〔二一〕解元:科举制度中,各省举行的乡试的第一名称解元。

〔二二〕辛卯:万历十九年,公元 1591 年。

〔二三〕临洮:明置临洮府,即今甘肃临洮县。

〔二四〕不忝(tiǎn):无愧于。

〔二五〕胤嗣(yìn sì 印侍):后嗣,后代子孙。

〔二六〕昆季:弟兄。

〔二七〕嘉祥:明为县,隶济宁州,即今山东嘉祥县。

〔二八〕顺庆府:治今四川南充市。

〔二九〕嘉靖乙酉:即嘉靖四年,公元 1525 年。

〔三〇〕毕节:明置毕节卫,即今贵州毕节市。

〔三一〕兵宪:对兵备道道员的尊称。

〔三二〕宝月关:今名同,在广南县东 18 公里的滇桂公路线上。

〔三三〕鸿濛：指宇宙形成以前的混沌状态。

〔三四〕窈窕(yǎo tiǎo 咬条上)：形容其深远的样子。

〔三五〕五丁：古代神话中的五个大力士。

〔三六〕繻(rú 如)：古代作通行证用的帛，上面写字，分成两半，过关时验合以为凭信。

〔三七〕至正：元顺帝年号之一，公元 1341 年～1368 年，共28 年。

〔三八〕偈(jì 祭)：梵文"偈陀"的省称，意即"颂"，就是佛经中的唱词。

〔三九〕阁老刘逸挽忠诗有曰　　原缺"逸"，空一格，据徐本补。

阁老：明以后也称宰辅为阁老。

〔四〇〕宁州：晋泰始七年（公元 271 年）以益州地广，分建宁、兴古、云南、永昌四郡为宁州，统县四十五，户八万三千。公元 284 年一度罢宁州。公元 303 年恢复宁州，增辖牂柯、越嶲、朱提三郡，又分建宁以西七县别立为益州郡，共为八郡，宁州范围有所扩大。公元 308 年改益州郡为晋宁郡。西晋宁州是在云南第一次设置的州一级政区，并且大体奠定了现今云南省的范围。两晋宁州治所在今晋宁县晋城镇。

〔四一〕惠帝：西晋皇帝司马衷，在位 17 年（公元 290～306年）。

〔四二〕武德：唐高祖年号，公元 618～626 年，共 9 年。

〔四三〕吴郡：从汉到唐，皆有吴郡，治今江苏苏州市。明无吴郡,此沿旧称用以指苏州。

〔四四〕肸蚃(xī xiǎng 希响):神灵感应。

〔四五〕竖儒(shù rú 树如):无识见的儒生。

〔四六〕承祧(tiāo 佻):承继为后嗣。　　大宗:古代宗法制度以嫡系长房为大宗,其他的儿子为小宗。

〔四七〕嫡冢(dí zhǒng 敌肿):正妻所生的长子称为嫡冢,妾所生的儿子则称为庶子。

〔四八〕若敖之恫:周代楚王雄咢生子熊仪,命名为若敖。楚国令尹子文为若敖之后,其子越椒汰侈,子文担心他将会使若敖氏灭宗,临死时说:"鬼犹求食,若敖氏之鬼,不其馁而!"旧因以此指无子绝嗣。

〔四九〕庖(páo 袍)人:厨师。

〔五〇〕觥(gōng 肱):古代青铜制的酒器,有兽头形器盖,也有整器作兽形的。

〔五一〕石将军、牛恋乡:至今仍存,位于晋宁县上蒜北部的滇池边上。石将军山在峭壁上有"大圣毗沙门天王"石刻像,高6.5米多,宽约2.5米,系就山石所作的薄肉雕。左手扶腰,右手持三尖叉,左脚踏龙,右脚踏虎,脚边还有骷髅,左上方刻着飘浮于云端的塔,形像雄伟,造型生动。牛恋乡崖岸边有金线洞,也以产金线鱼著称。但由于滇池水位下降,牛恋石所在的水面有的已成陆,"众牛饮于海子"的图景已不甚清晰。

〔五二〕赤峒里:在滇池南岸,今称渠东里,与渠西里相对,属晋宁县昆阳。

〔五三〕而田则不能成壑焉　　原脱此句,据徐本、四库本补。

〔五四〕按,蜻蛉川在今大姚坝子。渠滥川应在今大理市凤仪坝子,但自元明以来,则被误指在今昆阳,更误称昆阳坝子的小水为渠滥川。

〔五五〕昆阳:明置州,隶云南府,治今晋宁县治昆阳镇。游记中所说的新城今名大新城村,系崇祯七年(公元 1634 年)新筑,公元 1647 年又被孙可望拆去,州治仍回到今昆阳镇所在的旧城。昆阳系明代大航海家郑和的故里,旧城"西倚山坡"的月山上保存至今的马哈只碑,系郑和于永乐三年(公元 1405 年)给他父亲立的墓碑,永乐九年(公元 1411 年)郑和回乡扫墓,并留下了碑阴的题刻。这里现已辟为郑和公园。

〔五六〕旧寨村:今名同,在晋宁县北隅、滇池西岸。

〔五七〕螳螂川:今名同,经富民县以下称普渡河,北入金沙江,为滇池出水口。

〔五八〕海口街:今称老街,属昆明市西山区。

〔五九〕监察御史:明代设都察院,掌弹劾及建言,长官为都御史、副都御史、佥都御史。并设监察御史按省区分道负责,故皆分别冠以某某道地名。

〔六〇〕屩(juē):草鞋。

〔六一〕海门村:今名同,在滇池出口处海口河北岸。

〔六二〕河中洲即中滩,后形成聚落,称中滩街。龙王堂在中滩上,今已不存。

〔六三〕化、治:即成化、弘治。成化:明宪宗年号,公元 1465 ~ 1487 年,共 23 年。弘治:明孝宗年号,公元 1488 ~ 1505 年,共 18 年。

〔六四〕爝(jué 觉)火:小火把。

〔六五〕里仁村:今名同,分里仁大村与里仁小村,在海口北境。

〔六六〕漍(guó 国)漍:水流的声音。

〔六七〕外郭:外城。

〔六八〕黑章:黑色的文采。

〔六九〕謦(qǐng 庆上)咳:咳嗽。

〔七○〕凫舫:形似浮游着的野鸭的小船。

〔七一〕罾(zēng 增):用木棍或竹竿做支架张起的鱼网,俗称扳罾。鱼罾:上面张着扳罾的打鱼船。

〔七二〕柴厂,今作柴场;平定哨,今作坪地哨:皆在海口西北隅。

〔七三〕饭而出店即北向循西山行　　原脱"饭而出店即"五字,据徐本、四库本补。

〔七四〕大营庄:今作大鹰庄、大仁庄,在海口西北隅。

〔七五〕石龙坝:今名同。利用其天然地形,公元1912年4月在这里建成中国最早的水电站——石龙坝水电站。

〔七六〕燔(fán 凡):焚烧。

〔七七〕青鱼塘:今名同,又省称青鱼,在海口西北隅。

〔七八〕楚雄府:治楚雄县,即今楚雄市,现为楚雄彝族自治州首府。

〔七九〕禄丰:明为县,隶安宁州,即今禄丰县。

〔八○〕罗次:明为县,隶云南府。今名同,在禄丰县东北境。

〔八一〕三泊县:隶昆阳州,今仍名三泊,又称县街,在安宁市南境。

〔八二〕安宁城:明置安宁州,隶云南府,即今安宁市。

〔八三〕禄裱:亦作禄脿,明设巡检司。今名同,在安宁市西隅。禄裱大道即从昆明经过禄裱通往滇西的大道,今公路仍从此经过。

〔八四〕辘轳(lù lú 鹿卢):安装在井上的提水装置。井上树立支架,上装可用手柄摇转的轴,轴上绕绳索系桶。摇转手柄提起水桶,即可汲取井水。

〔八五〕川:水道,河流。

〔八六〕考槃(pán 盘):贤者隐居洞谷。

〔八七〕囚发:头发蓬乱,如囚犯样。

〔八八〕此即著名的安宁温泉。元混一方舆胜览载:"温泉,云南诸郡汤池一十七所,惟安宁州者为最。石色如碧玉,水清可鉴毛发,虽骊山玉莲池远不及。"明一统志亦载:"汤池,在安宁州北一十里。云南温泉非一,惟此为最,色如碧玉,可鉴毛发。"该温泉为碳酸泉,含重碳酸钙54.81,镁19.46,钠12.11,还有少量的放射性元素。水温42~45℃,水质透明无味,流量每昼夜1888吨左右。此处系一温泉群,附近还有很多泉眼,温泉每昼夜总流量达6000吨。浴后清凉爽快,皮肤润滑,对风湿性关节炎疗效甚好。可以沏茶,可以烹饪,饮后对肠胃病有疗效。霞客所游石洞及题刻,在今温泉南端螳螂川东岸的林荫道边。今存题刻,最早有明代正德、嘉靖、万历年间的,以后各朝都有,明清以来,温泉都是游人不绝的胜地。温泉镇今建有宾馆、饭店、疗养院、医院等。

〔八九〕沈家庄:今名同,在螳螂川东岸与曹溪寺对。

〔九〇〕米盎(àng)：一种腹大口小的装米的器皿。

〔九一〕天启丙寅：即天启六年，公元1626年。

〔九二〕壬辰：万历二十年，公元1592年。

〔九三〕曹溪寺：为昆明著名古寺之一，在温泉西南、螳螂川西岸，过去的渡口今已修为大桥，公路直达寺边。该寺的大殿具有宋元风格，寺内现存的木雕华严三圣像，经鉴定为宋代造像。霞客亲见的杨升庵著重修曹溪寺碑记和优昙花树，至今仍存。寺南有珍珠泉，源旺水清，浮泡如珠串。大殿有"天涵宝月"一景。相传每年中秋，月光透过殿前房檐下的圆窗，可以射到大殿正中坐佛身上，60年有一次射到坐佛肚脐。笔者于1978年中秋节亲睹此景，月亮出山不久，铜钱大的月光射到大殿正中坐佛的右肩上。

〔九四〕不能句：即不能断句。

〔九五〕寰宇通志云南府井泉："海眼泉，在安宁州治北，每日三潮，随涌随涸，世传戒照禅师卓锡所穿之泉。"今被围存。

〔九六〕鳅(qiū秋)：即蟾蜍，癞蛤蟆为其中的一种。

〔九七〕斸(zhú竹)地：掘地。

〔九八〕冠(guàn贯)：帽子。古时男子20岁时必须举行加冠仪式，正式戴上帽子，表示已经成年。未冠：即年龄还不到20岁。

〔九九〕鬏(dí狄)：发髻。

〔一〇〇〕纨(wán丸)扇：用细绢制成的团扇。

〔一〇一〕始甸铺，今仍称始甸村；高枧桥村，今作高枧槽。皆在今安宁市东隅的公路南侧，但高枧槽村在始甸西一里多。

〔一〇二〕碧鸡关：今名同，在昆明西郊碧鸡山上，自古就是昆明通往滇西的交通要隘，现滇缅公路仍从此经过。

〔一〇三〕金马关:在今昆明东郊金马山脚,为昆明通往内地的交通要隘。

〔一〇四〕赤家鼻:又作赤甲鼻,即今车家壁,在昆明西郊。

〔一〇五〕甲戌:崇祯七年,公元1634年。

〔一〇六〕进士:科举制度中,举人经过会试及殿试被录取者称进士。

〔一〇七〕负刍(chú 锄)者:背草的人。

〔一〇八〕三家村:今名同,在昆明市区西郊。

〔一〇九〕此即龙潭坝子,至今还有大水潭数处。在昆明市西山区西境,棋盘山以西。

〔一一〇〕棋盘山:又称玉案山,在昆明坝子西缘低山外,海拔2493米。今山顶景色,大体还和游记所述一致。庙宇不存,但有石墙多处,棋盘石及“玉案晴岚”卧石仍存,还有清代题刻。

〔一一一〕夏家窑:今称夏窑,在昆明西郊,西山区驻地马街子稍东。

〔一一二〕此堤两边,现都变为平畴良田,比之明代,滇池水位下降,滇池湖面缩小。现滇池湖面为306.3平方公里,水容量15亿立方米,湖岸线长163.2公里,平均水深为4.4米,最深处为10.94米,平均水位海拔1886米,仍为云贵高原最大的湖泊。

〔一一三〕西子:原指古代美人西施。宋代苏轼诗:“水光潋滟晴方好,山色空濛雨亦奇,欲把西湖比西子,淡妆浓抹总相宜。”自此后,人们亦称杭州西湖为西子或西子湖。公元1089年,苏轼任杭州太守,疏浚西湖,堆成南北长堤,上建六桥,夹道种植桃柳,后人尊称“苏公堤”、“苏堤”。

〔一一四〕会城：人物商旅会集的城市，此指云南省会，即今昆明市区。

〔一一五〕传统交通线经过今眠山脚、小团山脚、黑林铺、黄土坡、西站而至大西门，基本沿湖岸山边行。近代修筑通往滇西的公路仍沿袭这条路线，新中国建立后修筑了捷直的人民西路。

〔一一六〕此湖堤西起夏窖，东到土堆。土堆再东北至昆明医学院，为今鱼翅河河堤，即明代港堤。沐府鱼池约在今昆明医学院前面至潘家湾一带。清代，从湖堤经港堤，再经沐府鱼池边至小西门，已成为交通要道。鱼翅河沿岸，土堆、江家桥、下栗村、上栗村、红庙村、六合村等村落毗连，应和当年的交通发展有关系。直到近代，滇西的马帮还常从这里经过，土堆一带的老人记忆犹新。至今湖堤基址尚存，有马车路宽，比两边的田埂稍高，当年铺路的大石板零星可见，夏窖附近还残存一座石拱桥。土堆到下栗村一段，鱼翅河河道尚存。下栗至六合村一段被掩为暗河，河上修成公路。昆明医学院至小西门一段已修为人民路。

〔一一七〕综合游记前后所载，霞客在昆明的寓所，约在今顺城街附近。

〔一一八〕陶名斑　"名"原作"讳"，据四库本改。"斑"原作"挺"，四库本作"涎"，据姚安县志改。

十一月初一日

晨起，余先作书令顾仆往投阮玉湾，索其导游缅甸书，并谢向之酒盒。余在寓作晋宁诸柬，须其反命，即令往南坝候渡。下午，顾仆去，余欲入城拜阮仁吾，令其促所定负担人，为西行计。适阮穆声来顾,已而玉湾以书来,期明日晤其斋中,遂不及入城。

初二日

晨起,余欲自仁吾处,次第拜穆声,后至玉湾所,忽玉湾来邀甚急,余遂从其使先过玉湾。则穆声已先在座,延于内斋,款洽殊甚。既午,曰:"今日总府宴抚按,当入内一看即出,故特延穆声奉陪。"并令二幼子出侍客饮。果去而即返,洗盏更酌。已而报抚按已至,玉湾复去,瞩穆声必款余多饮,须其出而别。余不能待,薄暮,托穆声代别而返。

初三日

晨往阮仁吾处,令促负担人。即从其北宅拜穆声。留晨餐,引入内亭,观所得奇石。其亭名竹在,余询其故,曰:"父没时,宅为他人所有,后复业,惟竹在耳。"亭前红梅盛开。此中梅俱叶而花,全非吾乡本色,惟一株傍亭檐,摘去其叶,始露面目,犹故人之免冑相见也。石在亭前池中,高八尺,阔半之,玲珑透漏,不瘦不肥,前后俱无斧凿痕,太湖之绝品也。云三年前从螺山〔一〕绝顶觅得,以八十余人舁至。其石浮卧顶上,不经摧凿而下,真神物之有待者。余昔以避雨山顶,遍卧石隙,乌睹有此类哉!下午,过周恭先,遇于南门内,正挽一友来顾。知金公趾为余作送静闻骨诗,相与同往叩之,则金在其庄,不相值。金公趾名初麟,字颇肖董宗伯,风流公子也。善歌,知音律,家有歌童声伎。其祖乃甲科。父伟,乡荐,任江西万安〔二〕令。公趾素好客〔三〕,某奏劾钱土晋军门,名在疏中,黜其青衿焉。其友遂留至其家,割鸡为饷,看多烹牛杂脯而出,甚精洁。其家乃教门,举家用牛,不用豕也。其友姓马,字云客,名上捷,号阆仙。寻甸府人。父以乡科任沅州守,当安酋困黔省时,以转饷功擢常德〔四〕太守〔五〕,军兴旁午〔六〕,独运援黔之饷,久而无匮,以劳卒于任。云客其长子也,文雅蕴藉,有幽人墨士之风。是晚篝灯论文,云客出所著拾芥轩集相订,遂把盏深夜。恭先别去,余遂留宿其斋中。窗外有红梅一株盛放,此间皆红梅,白者不植。中夜独起相对,恍似罗浮魂梦间,然叶满枝头,转觉翠羽太多多耳。

初四日

马君留晨餐。恭先复至,对弈两局。又留饭。过午乃出城,以为顾仆将返也。及抵寓,顾仆不见,而方生已俨然在楼。问:"何以来?"曰:"昨从晋宁得君书,即骑而来送君。骑尚在,当迟一日复往晋宁。"问:"昔何以往?"曰:"往新兴,便道晋宁看君耳。"问:"顾仆何在?"曰:"尚留晋宁候渡。"始知方生往新兴,以许郡尊考满,求雷太史左右之于巡方使君之侧也。雷名跃龙,以礼侍丁忧于家。巡方使为倪于义,系四川人。

初五日

方生为余作永昌潘氏父子书,父名嗣魁,号莲峰,丙子〔七〕科第十名。子名世澄,号未波,丙子科解元。腾越潘秀才书;名一桂。又为余求许郡尊转作书通李永昌,永昌太守李还素,昔自云南别驾升,与许同僚。又为余求范复苏医士,江西人。转作书通杨宾川。宾川守杨大宾,黔人,号君山。原籍宜兴〔八〕人,以建平〔九〕教中于南场,与又生乡同年也。前又生有书来,然但知其家于黔,而不知其宦于宾。书为盗失,并不知其家之所在,但忆昔年与其弟宜兴总练同会于又生坐。今不知其弟尚在宜兴否。怜余无赀,其展转为余谋,胜余自为谋也。下午,顾仆自晋宁返,并得唐大来与陶不退书。阮仁吾所促负担人亦至。

初六日

余晨造别阮玉湾、穆声,索其所作送静闻骨诗。阮欲再留款,余以行李已出辞。乃出叩任君。任君，大来妹婿。大来母夫人在其家，并往起居之。任固留饭，余乃趋别马云客，不值，留诗而还。过土主庙，入其中观菩提树。树在正殿陛庭间甬道之西，其大四五抱，干上耸而枝盘覆，叶长二三寸，似枇杷而光。土人言，其花亦白而带淡黄色，瓣如莲，长亦二三寸，每朵十二瓣，遇闰岁则添一瓣。以一花之微，而按天行之数，不但泉之能应刻，州勾漏泉，刻百沸。而物之能测象如此，亦奇矣〔一〇〕。土人每以社日〔一一〕，群至树下，灼艾代灸，言灸树即同灸身，病应灸而解。此固诞妄，而树肤为之瘢靥〔一二〕无余焉。出庙，饭于任，返寓。周恭先以金公趾所书诗并赆至，又以马云客诗扇至。阮玉湾以诗册并赆至，其弟镨亦使人馈赆焉。迨暮，金公趾自庄还，来晤，知余欲从笻竹往，曰："余辈明晨当以笻竹为柳亭。"余谢之曰："君万万毋作是念。明晨君在温柔梦寐中，余已飞屐峰头矣，不能待也。"是晚，许郡尊亦以李永昌书至，惟范复苏书未至也。

初七日

余晨起索饭欲行，范君至，即为作杨宾川书。余遂与吴方生作别。循城南濠西行二里，过小西门。又西北沿城行一里，转而北半里，是为大西门，外有文昌宫桂香阁崎其右，颇壮。又西半里，出外隘门，有岐向西北者，为富民正道；向正西者，为笻竹寺道。余乃从正西傍山坡南行，即前所行湖堤之北涯也。五里，其坡西尽，村聚骈集，是为黄土坡〔一三〕；坡西则大坞自北而南，以达滇海者也。西行坞塍中二里；有溪自西北注而南，石梁横其上，是即海源寺侧穴涌而出之水，遂为省西之第一流云。又西一里半，有小山自西山横突而出，反自南环北；路从其北嘴上一里半，西达山下〔一四〕。

有峡东向,循之西上,是为筇竹;由峡内越涧西南上,是为圆照;由峡外循山嘴北行,是为海源。先有一妇骑而前,一男子随而行者,云亦欲往筇竹。随之,误越涧南上圆照,至而后知其非筇竹也。圆照寺门东向,层台高敞,殿宇亦宏,而阒寂无人。还下峡,仍逾涧北,令行李往候于海源,余从峡内入。一里半,涧分两道来,一自南峡,一自北峡,二流交会处,有坡中悬其西。于是渡南峡之涧,即蹑坡西北上,渐转而西,一里半,入筇竹寺〔一五〕。

其寺高悬于玉案山之北陲,寺门东向,斜倚所踞之坪,不甚端称,而群峰环拱,林壑潆沓,亦幽邃之境也。入寺,见殿左庖脍喧杂,腥膻交陈,前骑来妇亦在其间。余即入其后,登藏经阁。望阁后有静室三楹,颇幽洁,四面皆环墙回隔,不见所入门,因徘徊阁下。忽一人迎而问曰:“先生岂霞客耶?”问何以知之?曰:“前从吴方生案征其所作诗,诗题中见之,知与丰标不异也。”问其为谁,则严姓,名似祖,号筑居,严冢宰清之孙也。为人沉毅有骨,澹泊明志,与其侄读书于此,所望墙围中静室,即其栖托之所。因留余入其中,恳停一宿。余感其意,命顾仆往海源安置行李,余乃同严君入殿左方丈。问所谓禾木亭者,主僧不在,锁钥甚固。复遇一段君,亦识余,言在晋宁相会,亦忘其谁何矣。段言为金公趾期会于此,金当即至。三人因同步殿右。循阶坡而西北,则寺后上崖,复有坪一方,其北崖环抱,与南环相称,此旧筇竹开山之址也,不知何时徙而下。其处后为僧茔,有三塔皆元时者,三塔各有碑,犹可读。读罢还寺,公趾又与友两三辈至,相见甚欢。窥其意,即前骑来妇备酒邀众客,以筇竹为金氏护施之所,公趾又以夙与余约,故期于此,而实非公趾作主人也。时严君谓余,其侄作饭于内已熟,拉往餐之。顷之，住持僧体空至。其僧敦厚笃挚，有道行者，为余言："当事者委往东寺〔一六〕监工修造，久驻于彼，今适到山，闻有远客，亦一缘也。必多留寺中，毋即去。"余辞以鸡山愿切："此一宵为严君强留者，必不能再也。"体空谓："今日诸酒肉汉混聒寺中。明晨当斋洁以请。"遂出。余欲往方丈答体空，严君以诸饮者在，退而不出。余见公趾辈同前骑妇坐正殿东厢，始知其妇为伎而称觞者〔一七〕。余乃迁从殿南二门侧，曲向方丈。体空方出迎，而公趾辈自上望见，趋而至曰："薄醴已备，可不必参禅。"遂拉之去。抵殿东厢，则筑居亦为拉出矣。遂就燕饮。其妇所备肴馔甚腆。公趾与诸坐客，各歌而称觞，然后此妇歌，歌不及公趾也。既而段君去，余与筑居亦别而入息阴轩。迨暮，公趾与客复携酒盒就饮轩中，此妇亦至，复飞斝〔一八〕征歌，二鼓乃别去。余就寝。寝以纸为帐，即严君之榻也。另一榻亦纸帐，是其侄者，严君携被袱就焉。既寝，严君犹秉烛独坐，观余石斋诗帖并诸公手书。余魂梦间，闻其哦〔一九〕三诗赠余，余寝熟不能辨也。

初八日

与严君同至方丈叩体空。由方丈南侧门入幽径，游禾木亭。亭当坡间，林峦环映，东对峡隙，滇池一杯，浮白于前，境甚疏爽，有云林笔意。亭以茅覆，窗棂洁净。中有兰二本，各大丛合抱，一为春兰，止透二挺；一为冬兰，花发十穗，穗长二尺，一穗二十余花。花大如萱，乃赭斑之色，而形则与兰无异。叶比建兰阔而柔，磅礴四垂。穗长出叶上，而花大枝重，亦交垂于旁。其香盈满亭中，开亭而入，如到众香国中也。三人者，各当窗一隙，踞窗槛坐。侍者进茶，乃太华之精者。茶冽而兰幽，一时清供，得未曾有。禾木者，山中特产之木,形不甚大,而独此山有之,故取以为名,相仍已久,而体空新整之,然目前亦未睹其木也。体空恳留曰:"此亭幽旷,可供披览;侧有小轩,可以下榻;阁有藏经,可以简阅。君留此过岁,亦空山胜事。虽澹泊,知君不以膻来,三人卒岁之供,贫僧犹不乏也。"余谢:"师意甚善。但淹留一日,余心增歉一日。此清净界反成罪戾场矣。"坐久之,严君曰:"所炊当熟,乞还餐之。"出方丈,别体空,公趾辈复来,拉就殿东厢,共餐鼎肉汤面,复入息阴轩饭。严君书所哦三诗赠余,余亦作一诗为别。出正殿,别公趾,则行李前去,为体空邀转不容行。余往恳之,执袖不舍。公趾、筑居前为致辞曰:"唐晋宁日演剧集宾,欲留名贤,君不为止。若可止,余辈亦先之矣。"师曰:"君宁澹不膻,不为晋宁留,此老僧所以敢留也。"余曰:"师意既如此,余当从鸡山回,为师停数日。"盖余初意欲从金沙江往雅州〔二〇〕,参峨眉。滇中人皆谓此路久塞,不可行,必仍归省,假道于黔而出遵义,余不信。及濒行,与吴方生别,方生执裾〔二一〕黯然曰:"君去矣,余归何日! 后会何日! 何不由黔入蜀,再图一良晤?"余口不答而心不能自已。至是见体空诚切,遂翻然有不由金沙之意。筑居、公趾辈交口曰:"善。"师乃听别。出山门,师犹远送下坡,指对山小路曰:"逾此可入海源上洞,较山下行近。"

　　既别,一里半,下至峡中。令肩行李者逾南涧,仍来路出峡,往海源寺〔二二〕;余同顾仆逾北涧,循涧北入,即由峡东向蹑岭。一里,逾岭东。稍东下,半里,折而北,又半里,已遥见上洞在北岭,与妙高相并,而路则践危石历巉磴而下。下险,即由山半转而北行。半里,有大道东南自海源上坡,从之。西北上半里,岭上乱石森立,如云涌出。再北，遂得上洞。洞门东向，高穹轩迥，其内深六七丈，阔与高亦如之，顶穹成盖，底平如砥，四壁围转，无嵌空透漏之状；惟洞后有石中突，高丈余，有隙宛转。逾之而入，洞壁亦嵌而下坠，深入各二丈余，底遂窅黑。坠隙而下，见有小水自后壁滴沥而下，至底而水不见，黑处亦渐明。有樵者见余入，驻外洞待之，候出乃去。洞中野鸽甚多，俱巢于洞顶，见人飞扰不定，而土人设机关以取之。又稍北，共半里而得中洞。洞门亦东向，深阔高俱不及上洞三之一，四壁亦围转无他岐，惟门左旁列一柱，又有二孔外透为异耳。

余从洞前望往妙高大路，自海源由山下村落，盘西山北嘴而西上；洞前有如线之路，从岭北逾坳而西，即从岭头行，可省陟降之烦。乃令顾仆下山招海源行李，余即从洞岭北行，期会于妙高。洞北路若断若续，缘西山之半，其下皆村聚，倚山之麓，大路随之。余行岭半一里，有路自下村直上，西北逾岭，从之。一里，逾岭西，峰头有水一塘在洼中。由塘北西下一里，山复环成高坞，自南向北；坞口石峰东峙，嶙峋飞舞，踞众壑之交。石峰北，又有坞自西而东，西坞重壑层叠，有大山临之，其下路交而成蹊〔二三〕焉。余望之行，半里，北下至石山之西。又半里，西抵西坞之底。路当从西坞北崖缘峡而上，余误从西坞南崖蹑坡而登。一里，逾岭脊而西，即见西北层冈之上，有佛宇重峙，余知即为妙高，而下有深峡间隔，路反折而西南，已觉其误。循之行一里，以为当截峡北渡，便可折而入寺。乃坠峡西北下，半里涉底，复攀峡西北上，以为寺在冈脊矣，而何以无路？又半里，及登脊，则犹然寺前环峡之冈，与寺尚隔一坑也。冈上有一塔，正与寺门对。复从其东北下坑，半里，由坑底再上北崖，则犹然前坞底缘峡处也。北上半里，冈头有茶庵当道，是为富民大路，庵侧有坊。沿峡端西循坡半入，半里，是为妙高寺。寺门东向，前临重峡，后倚三峰，所谓三华峰也，三尖高拥攒而成坞，寺当其中，高而不觉其亢，幽而不觉其阒，亦胜地也。正殿左右，俱有官舍，以当富民、武定之孔道故。寺中亦幽寂。土人言，妙高正殿有辟尘木，故境不生尘，无从辨也。

瞻眺久之，念行李当至，因出待于茶庵侧。久之，乃从坡下上。余因执途人询沙朗道，或云仍下坡，自普吉〔二四〕大道而去，省中通行之路也，其路迂而易行；或云更上坡，自牛圈哨分岐而入，此间间达之路也，其路近而难知。余曰："既上，岂可复下？"遂更上坡。三里，逶迤逾岭头，即循岭北西向盘崖行。又二里，有小石峰自岭北来，与南峰属，有数家当其间，是曰牛圈哨，东西之水，从此分矣。从哨西直下，则大道之出永定桥者。余乃饭而从岭脊北向行，一里，稍下涉壑，即从壑北上坡。缘坡东北上，回望壑底，西坠成峡，北走甚深。路东北逾坡，其东犹下滇池之峡也。又一里半，从岭头逾坳而北。北行一里，再逾一西突之坳，其北遂仍出西峡上，于是东沿山脊行。又北一里半，西瞰有村当峡底，是为陡坡。其峡逼仄而深陡，此村居之最险者。从岭上随岭东转，半里，有路自东坳间透而直西，遂坠西峡下，此陡坡通省之道，乃遵之东上。半里，逾坳东，于是南沿山脊行。又东半里，稍东北下峡中。半里，有水一池潴路南，是为清水塘，在度脊之北。塘北遂下坠成坑，随之北下，一里过峡底，有东来大道度峡西北去，此即自省会走富民间道也。随之，复从峡西傍西山北行。二里，又转而西，遇一负薪者，指北向从岐下峡中行。将半里，至其底，即清水塘之下流也。又从峡西缘坡麓行，细径断续，乱崖崩陨。二里半，逾涧，缘东麓又北一里，乃出峡口。于是北坞大辟，南北遥望，而东界老脊与西界巨峰夹而成坞。始从畦塍北行，一里，有溪颇巨，自坞北来，转而西去，余所从南来之水亦入之，同入西南峡中。路北渡之，一里，有村聚倚西山之麓，高下层叠，是为沙朗〔二五〕。入叩居停，皆辞不纳，以非大路故，亦昆明之习俗也。最后入一老人家，强主之，竟不为觅米而炊。

初九日

令顾仆觅米具炊。余散步村北，遥晰此坞。东北自牧养北梁王山西支分界，东界虽大脊，而山不甚高；西界虽环支，而西北有石崖山最雄峻。又南为沙朗西山，又南为天生桥，而南属于陡坡东峡之山。其山东西两界既夹成大坞，而南北亦环转连属。其中水亦发源于龙潭，合南北峡而成溪，西注于富民螳螂，然不能竟达也；从坞西南入峡，捣入山洞，其洞深黑莫测，穿山西出，与陡坡之涧合。洞上之山，间道从之，所谓"天生桥"也〔二六〕。然人从其上行，不知下有洞，亦不知洞之西透，山之中空而为桥；惟沙朗人耕牧于此，故有斯名。然亦皆谓洞不可入，有虎狼，有妖祟，劝余由村后逾山西上，不必向水洞迂折。余不从。

既饭，乃南循坡麓行。一里半，与溪遇，遂同入西峡。其峡南北山壁夹而成，路由溪北沿北山之麓入，一里，仰见北崖之上，石壁盘突，其间骈列多门，而东一门高悬危瞰，势独雄豁，而磴迹甚微，棘翳崖崩，莫可著足。乃令顾仆并行李俟于下，余独攀跃而上。久之，跻洞东，又见一门侧进，余以为必中通大洞，遂从其侧倒悬入大洞门。其门南向甚穹，洞内层累北上，深十余丈，而阔半之，然内无旁窦，即前外见侧进之门，亦不中达也。出洞，欲东上侧门；念西洞尚多，既下，欲再探西洞；望水洞更异，遂直从洞下，西趋水洞。又半里，西峡既尽，山环于上，洞辟于下，水从东来逼南崖，捣西洞入，路从其北坠冈下。余令肩夫守行李于冈上，与顾仆入洞。洞门东向，高十余丈，而阔半之。始涉水从其南崖入，水漱北崖而环之。入五六丈，水环北崖，路环南崖，俱西转。仰见南崖之上，层覆叠出，突为危台，结为虚楼，皆在数丈之上，氤氲阖辟，与云气同为吞吐。从其下循之西入，北崖尚明，水漱之；南崖渐暗，路随之。西五六丈，南崖西尽，水从北崖直捣西崖下，西崖遂下嵌成潭，水呜呜其中，作冲激声，遂循西崖北折去。路乃涉水循东崖，北向随之。洞转而北，高穹愈甚，延纳余朗，若昧若明。又五六丈，水漱北崖复西转，余亦复涉西涯。于是水再环北崖，路再环南崖，竟昏黑不可辨，但闻水声潺潺。又五六丈，复西遇水，其水渐深，既上不可见，而下又不可测，乃出。

出复四渡水而上冈。闻冈上有人声，则沙朗人之耕陇者。见余入洞，与负行李人耦语〔二七〕待之。为余言："水之西出，即陡坡北峡；山之上度，即天生桥间道所从，如前之所标记者。"始恨不携炬，竟西从洞中出也。其人又为余言："富民有老虎洞，在大溪之上，不可失。"余谢之。乃西上蹑岭，一里半，登其脊，是为天生桥。脊南石峰嶙峋，高耸而出，其脉自陡坡东度脊而北，间道循其东陲，陡坡之涧界其西麓；至此又跨洞而北，属于沙朗后西山，水从其下穿腹西出，路从其上度脊西行。脊西瞰，即陡坡涧水，直走而北，至此西折，脊上之路，亦盘礐西坠。益信出水之洞即在其下，心悬悬欲一探之。

西行山半者一里，见有岐直下峡底，遂令顾奴同负囊者由大道直前，余乃独下趋峡中。半里，抵峡底，遂溯水东行。一里，折而南，则后洞庞然西向，其高阔亦如前洞，水从其中踊跃而出，西与南来之涧合而北去。余溯流入洞，二丈后，仰睇洞顶，上层复裂通于门外，门之上，若桥之横于前，其上复流光内映，第高穹之极，下层石影氤氲，若浮云之上承明旭也。洞中流，初平散而不深，随之深入数丈，忽有突石中踞，浮于水面，其内则渊然深汇，磅礴崖根，不能溯入矣。洞顶亦有石倒骞，以高甚，反不觉其夭矫。其门直而迥，故深入犹朗朗，且以上层倒射之光，直彻于内也。出洞，还顾洞门上，其左悬崖甚峭，上复辟成一门，当即内透之隙。乃涉涧之西，遥审崖间层叠之痕，孰可著足，孰可倒攀，孰可以宛转达，孰可以腾跃上。乃复涉涧抵崖，一依所审法试之。半晌，遂及上层外，门更廓然高穹也。入其内，为龛为窝，为台为榭，俱浮空内向。内俯洞底，波涛破峡，如玉龙负舟，与洞顶之垂幄悬帔，昔仰望之而隐隐者，兹如缨络随身，幢幡覆影矣，与蹑云驾鹤，又何异乎？坐久之，听洞底波声，忽如宏钟，忽如细响，令我神移志易。及下，层崖悬级，一时不得膝理〔二八〕，攀挂甚久。忽有男妇十余人，自陡坡来，隔涧停睇。迨余下，问何所事。余告以游山。两男子亦儒者，问其上何有。余告以景不可言尽。恐前行者渐远，不复与言，遂随水少北转而西行峡中。

一里，渐上北坡。缘坡西行，三里，峡坞渐开。又四里，坞愈开。其北崖逾山南下者，即沙朗后山所来道；其南坡有聚落倚南山者，是为头村。路至此始由坞渡溪。溪上横木为桥，其水即陡坡并天生桥洞中所出，西流而注于螳螂川者也。从溪南随流行一里，过头村之西。沿流一里半，复上坡西行。二里，再下坞中。半里，路旁有卖浆草舍倚南坡，则顾仆与行李俱在焉。遂入饭。又西盘南山之嘴，一里余，为二村。村之西有坞北出，横涉而过之。半里，复上坡，随南山而西，上倚危崖，下逼奔湍。五里，有村在溪北，是为三村〔二九〕。至是南界山横突而北，北界山环三村之西，又突而南，坞口始西窒焉。路由溪南跻北突之坡而上，一里半，抵峰头。其峰北瞰三村溪而下，溪由三村西横啮北峰之麓，破峡西出。峡深嵌逼束，止容水不容人，故路逾其巅而过，是为罗鬼岭，东西分富民、昆明之界焉。过岭西下四里，连过上下罗鬼两村，则三村之流已破峡西出。界两村之中而西，又有一溪自北坞来，与三村溪合并西去。路随之，行溪南二里，抵西崖下，其水稍曲而南，横木梁渡之。有村倚北山而聚，是为阿夷冲。又从其西一里半，逾一坡。又一里半，昏黑中得一村，亦倚北山，是为大哨〔三〇〕。觅宿肆不得，心甚急。又半里，乃从西村得之，遂宿其家。

初十日

鸡鸣起饭，出门犹不辨色。西南行塍中，一里半，南过一石桥，即阿夷冲溪所出也。溪向西北流，路度桥南去。半里，又一水自东南峡中来，较小于阿夷冲溪，即志所云洞溪之流也。二流各西入螳螂川。度木桥一里余，得大溪汤汤，即螳螂川也；自南峡中出，东北直抵大哨西，乃转北去而入金沙江。有巨石梁跨川上，其下分五巩，上有亭。其东西两崖，各有聚落成衢，是为桥头。过桥，西北一里，即富民县治。由桥西溯川南行七里，为河上洞。先是有老僧居此洞中，人以老和尚洞呼之，故沙朗村人误呼为老虎洞。余至此，土人犹以为老和尚也。及抵洞，见有刻为河上洞者，盖前任县君以洞临溪流，取河上公之义而易之。甫过桥，余问得其道，而顾仆与负囊者已先向县治。余听其前，独沿川岸溯流去。

一里，西南入峡。又三里，随峡转而南，皆濒川岸行。又二里，见路直蹑山西上，余疑之，而路甚大，姑从之。一里，遇樵者，始知上山为胡家山道，乃土寨也，乃复下，濒川而南。一里，其路又南上山，余觇其旁路皆翳，复随之。蹑山南上，愈上愈峻，一里，直登岭脊，而不见洞。其脊自西峰最高处横突而东，与东峰壁夹川流，只通一线者也。盖西岸之山，南自安宁圣泉西龙山分支传送而来，至此耸为危嶂，屏压川流，又东北坠为此脊，以横扼之；东岸之山，东自牛圈哨岭分支传送而来，至此亦耸为危嶂，屏压川流，又西与此脊对而挟持之。登此脊而见脊南山势崩坠，夹川如线，川自南来，下嵌其底，不得自由，惟有冲跃。脊南之路，复坠渊而下，以为此下必无通衢，而坠路若此，必因洞而辟。复经折随之下，则树影偃密，石崖亏蔽，悄非人境。下坠一里，路直逼西南高峰下，其峰崩削如压，危影兀兀欲坠。路转其夹坳间，石削不容趾，凿孔悬之，影倒奔湍间，犹宵然九渊〔三一〕也。至是余知去路甚远，已非洞之所丽，而爱其险峭，徘徊不忍去。忽闻上有咳声，如落自九天。已而一人下，见余愕然，问何以独踞此。余告以寻洞，曰："洞在隔岭之北，何以逾此？"余问："此路何往？"曰："沿溪蹑峭，四十里而抵罗墓〔三二〕。"则此路之幽閟，更非他径所拟矣。虽不得洞，而觇此奇峭，亦一快也。

返跻一里，复北上脊。见脊之东有洞南向，然去川甚远，余知非河上洞，而高揽南山，凭临绝壑，亦超然有云外想，遂披棘攀崖入之。其洞虽不甚深，而上覆下平，倒插青冥〔三三〕，呼吸日月，此为最矣。凭憩久之，仍逾脊北下。一里抵麓，得前所见翳路，瞰川崖而南,半里,即横脊之东垂也。前误入南洞,在脊南绝顶,此洞在脊北穷峡。洞门东向,与东峰夹束螳川,深嵌峡底,洞前惟当午一露日光,洞内之幽阻可知也。洞内南半穹然内空,北半偃石外突;偃石之上,与洞顶或缀或离;其前又竖石一枝,从地内涌起,踞洞之前,若涌塔然。此洞左之概也。穹入之内,岖峒窈窕,顶高五六丈,多翱翔卷舒之势。五丈之内,右转南入,又五丈而窅然西穹,阒黑莫辨矣。此洞右之概也。余虽未穷其奥,已觉幽奇莫过,次第滇中诸洞,当与清华、清溪二洞相为伯仲。而惜乎远既莫闻,近复荒翳,桃花流水,不出人间,云影苔痕,自成岁月而已〔三四〕!

出洞,遂随川西岸遵故道七里,至桥头。又北一里余,入富民县南门,出北门;无城堞,惟土墙环堵而已〔三五〕。盖川流北向,辟为大坞,县治当西坡之下,其北有余支掉臂而东,以障下流,武定之路,则从此臂逾坳北去,川流则湾此臂而东北下焉。

时顾仆及行李不知待何所,余踉跄而前,又二里,及之坳臂之下,遂同上峡中,平逾其坳。三里,有溪自西南山峡出,其势甚遥,乃河上洞西高峰之后,夹持而至,东注螳川者。其流颇大,有梁南北跨之。北上坡,又五里,饭于石关哨。逾坳北下,日色甚丽,照耀林壑。西有大山曰白泥塘,其山南北横耸,如屏插天。土人言,东下极削而西颇夷,其上水池一泓,可耕可庐也。山东之水,即由石关哨北麓而东去。共二里,涉之,即缘东支逶迤北上。其支从白泥东北环而南下者,其腋内水亦随之南下,合于石关北麓。路溯之北,八里,又逾其坳。坳不甚峻,田塍叠叠环其上,村居亦夹峙,是为二十里铺。又四里为没官庄,又三里为者功关〔三六〕。其处坞径旁达,聚三流焉。一出自西南峡中者,最大,即白泥塘山后之流也,有石梁跨其上,梁南居庐即者功关也。越梁西北上一里,复过一村庐,又一小水自西峡来,又一水自西北峡来,二水合于村庐东北,稍东,复与石梁下西南峡水合而东北去,当亦入富民东北螳川下流者。过村庐之西北,有平桥跨西峡所出溪上,度其北,遂西北上岭。其岭盖中悬于西北两涧之中,乃富民、武定之界也。盘曲而上者三里,有佛宇三楹,木坊跨道,曰"滇西锁钥",乃武定所建,以为入境之防者。又西上一里余,当山之顶有堡焉,其居庐亦盛,是为小甸堡〔三七〕。有歇肆在西隘门外,遂投之而宿。

〔一〕螺山:即今圆通山,在昆明市区北缘,海拔1933米,现建为昆明动物园。每年3月,圆通山的樱花和垂丝海棠盛开,花潮似海,游人如织,也是昆明一胜景。

〔二〕万安:明为县,即今江西万安县。

〔三〕公趾素好客 "素"原作"昔",据四库本改。

〔四〕常德:明置府,即今湖南常德市。

〔五〕太守:自汉以来,郡设太守,为一郡最高行政长官。明时太守已经不是正式官名,仅依习惯用以专称知府,亦简称"守"。

〔六〕旁午:诸事纷繁。

〔七〕丙子:崇祯九年,公元1636年。

〔八〕宜兴:明为县,隶常州府,即今江苏宜兴市。

〔九〕建平:明为县,治今安徽郎溪县。

〔一〇〕南诏野史载:"优昙花:云南府省城土主庙。南诏蒙氏时,有僧菩提巴波一名大义法师,自西天竺来,以所携念珠丸子种左右。树高数丈,枝叶扶疏,每岁四月花开如莲,有十二瓣,遇闰多一瓣。今存西一树,尚茂。"土主庙在今昆明市武成路东端,五华二中校址,庙基及断碑尚能看到。

〔一一〕社:土地神。社日:祭祀土神的节日。社日时间,各朝代不同。

〔一二〕瘢(bān 斑):创伤痊愈后留下的疤痕。　靥(yè 夜):面颊上的微涡。

〔一三〕黄土坡:今名同,在昆明市区西北郊。

〔一四〕此处即今黑林铺,明代称黑林堡。

〔一五〕筇竹寺:在昆明市区西北郊的山上,昆明至富民的登山公路从寺前经过。该寺至今保有元代雄辩法师大寂塔铭和汉、蒙文对照的白话圣旨碑,具有重要的史料价值。还有大型塑像五百罗汉,为清光绪年间四川雕塑名匠黎广修等人用七年时间塑成,形象生动,性格各别,有较高的艺术价值,被列为全国重点文物保护单位。

〔一六〕明一统志云南府寺观:"常乐寺,在府城南,俗呼西寺。觉照寺,在府城南,俗呼东寺。二寺俱唐贞元初弄栋节度使王嵯颠创,各有白塔高十三丈。"两塔经过几次重修,得以保存至今,皆位于昆明市区南部,一在书林街,一在东寺街。公元1833年东寺塔因地震倒塌,今东寺塔系公元1883～1887年在原址以东重建。东寺塔为密檐式十三层方形空心砖塔,高40.57米,塔顶有铜球、宝顶和四只铜鸡,俗称金鸡塔。两塔为全国重点文物保护单位。

〔一七〕称觞(shāng 伤):举杯敬酒。

〔一八〕斝(jiǎ 甲):古代用青铜做的酒器,圆口,有鋬和三足。

〔一九〕哦(é俄):吟哦。

〔二〇〕雅州:今四川雅安市。

〔二一〕裾(jū居):衣服的前襟。

〔二二〕海源寺:今存,在昆明坝子西北缘,龙院村和黑林铺之间。附近的龙潭水甚旺,曾作昆明市自来水水源之一。

〔二三〕蹊(xī稀):小路。

〔二四〕普击:今作普吉,分大普吉、小普吉,亦在昆明坝子西北缘。

〔二五〕牛圈哨:今称小哨,在妙高寺遗址西。　陡坡:今名同,在陡坡河峡谷。　沙朗:今名同。霞客居停处为今沙朗坝子西缘的大村。

〔二六〕天生桥:今仍称天生桥,昆明经普吉至富民的公路从桥上经过。洞分三层,上洞为观音洞,中洞名仙桥洞,霞客所探为下洞,称水帘洞。

〔二七〕耦(ǒu偶)语:相对私语。

〔二八〕腠(còu凑)理:原指肌肉的纹理,此指山的纹理。

〔二九〕头村、二村、三村:村名今均未变。头村、二村在五华区西北隅,属沙朗白族乡。三村则已属富民县大营。

〔三〇〕大哨:按其位置地望,应即今大营镇。

〔三一〕九渊:九层深潭底。比喻其水很深。

〔三二〕罗墓:今作乐母、乐亩,在昆明市西山区西北隅。

〔三三〕青冥(míng明):苍天。

〔三四〕河上洞:在富民县西5公里,螳螂川北岸。主洞深130米,洞口宽17米,高20米。近年在洞内曾发掘出动物化石。

有公路通县城。

〔三五〕**富民县**：隶云南府。读史方舆纪要卷114载："富民故县，旧治在安宁河南梨花村旁，寻徙大河北。明嘉靖中，以河流泛溢，复迁河南土主村。万历中复徙治大河北。旧无城垣，崇祯十三年（公元1640年）始营城浚隍，周三里有奇，即今治也。"富民县治在明代有迁移，但明后期已固定在螳螂川北，即今富民县治。城墙是霞客刚过不久修的，故此说"无城堞"。

〔三六〕**者功关**：即今大者北，又称者北街，在富民县北境。

〔三七〕**小甸堡**：今仍称小甸，分小甸上、下村，在富民县西北隅的罗免附近。原属武定，1971年划归富民。

十一日

自小甸堡至武定府歇〔一〕。

（季会明曰：此后共缺十九日。询其从游之仆，云武定府有狮子山〔二〕，丛林甚盛，僧亦敬客。留憩数日，遍阅武定诸名胜。后至元谋县，登雷应山，见活佛，为作碑记〔三〕，穷金沙江。由是出官庄，经三姚——三姚：大姚县、姚安府、姚州而达鸡足。此其大略也。余由十二月记忆之，其在武定、元谋间无疑矣〔四〕。夫霞客虽往，而其仆犹在，文之所缺者，从而考之，是仆足当霞客之遗献云。）

〔一〕**武定府**：即今武定县。明代武定府治所有迁移，隆庆四年（公元1570年）始建石城于今治，周围三里三分，四门。

〔二〕**狮子山**：在武定城西郊，如屏风高插天际，被誉为"西南第一山"。在接近山顶的地方，有一平台，元时即建为正续寺。传说明代建文皇帝曾到过狮山正续寺为僧，手植孔雀杉二株，茶花一株。今孔雀杉挺直高耸达 25 米,四人才能合抱;茶花已死,尚遗花台,皆在大雄宝殿前。殿后的藏经楼,规模甚大。下层正中有建文塑像,白发,穿蓝色袈裟,坐龙椅,扁额题"明惠帝"。寺内楹联甚多,皆与建文事迹有关。滇略载:狮山"岩半有庵曰龙隐,中祠建文皇帝,云帝自靖难师入自髡以出,栖此山者 40 余年,始自白归大内,今其像禅衣锡杖,凄然老衲状也。"滇略作者谢肇淛于万历末年为宦云南,则万历年间狮山已祠建文像,此当为霞客亲见者。寺边月牙泉涌流不绝。寺后是陡峻光滑的石壁,一层层整齐的纹理,状如狮子,山因此得名。崖壁磴道悬绝,藤树密翳,石门悬阁嵌错其间。山顶宽平,海拔 2400 米,林木遍列,可尽览武定坝子。今已修登山公路,汽车可直达正续寺。

〔三〕雷应山:又称住雄山、东山。今名同,为元谋坝子东面的高山,南北走向,蜿蜒八十余里,最高峰海拔 2803 米。明时建有法灵寺和香山寺。法灵寺今已不存。香山寺在半坡平坦处,传说有山下能海闹村女子在那里留偈坐化,当地人称为活佛,称此寺为活佛寺。上有入定石、治癭泉诸胜迹,明清时香火很盛。活佛寺现作小学校舍。雷应山上有火把梁子,当地彝族群众每年在上面欢度火把节。

〔四〕据天启滇志旅途志载建昌路程站:"富民西北十二亭达武定府,有鸡街子坡……逾坡有小甸关,扼要可守。""武定西历乌龙洞、跃鹰村、高桥村至马鞍山七亭。村落十余,皆枕山面流,川原平衍,广二十余里。有径路涉高桥水,径一亭,冬春乃过。逾马鞍山西九亭达元谋县。"从武定到元谋的大道,沿东西走向的山坞,与今公路线基本一致。乌龙洞、跃鹰村、高桥、马鞍山等名,至今仍存,皆在武定县西境的公路旁。

滇游日记五〔一〕

戊寅（崇祯十一年，公元 1638 年）十二月初一日

在官庄〔二〕茶房。时顾仆病虽少瘥〔三〕，而孱弱殊甚，尚不能行。欲候活佛寺僧心法来，同向黑盐井〔四〕，迂路两日，往姚安府，以此路差可行，不必待街子也。

初二日、初三日、初四日

在茶房。悟空日日化〔五〕米以供食，而顾仆孱弱如故。心法亦不至。

初五日

前上雷应诸蜀僧返。诸僧待明日往马街，随街往炉头出大姚。余仍欲随之，而病者不能霍然，为之怏怏〔六〕。

马街〔七〕在西溪东坡上，南去元谋县二十五里，北去黄瓜园三十五里，东至雷应山箐口十里，西至溪西坡五里，当大坞适中处，东西抵山，共径十五里，南抵山，北逾江，共径一百三十里，平坞之最遥者也。其东南有聚庐曰官庄，为黔府庄田。茶房即在马街坡北。

元谋县〔八〕在马头山西七里〔九〕，马街南二十五里。其直南三十五里为腊坪〔一〇〕，与广通〔一一〕接界；直北九十五里为金沙江，渡江北十五里为江驿〔一二〕，与黎溪〔一三〕接界；江驿在金沙江北，大山之南。由其后北逾坡五里，有古石碑，大书"蜀滇交会"四大字。然此驿在江北，其前后二十里之地，所谓江外者，又属和曲州〔一四〕；元谋北界，实九十五里而已。江驿向有驿丞。二十年来，道路不通，久无行人，今止金沙江巡检司带管。直东六十里为墟灵驿〔一五〕东岭头，与和曲州接界；直西四十里为西岭，与大姚县接界。其地北遥与会川卫〔一六〕直对，南遥与新化州〔一七〕直对，东遥与嵩明州直对，西遥与大姚县直对。东界大山即墟灵驿与雷应山也，南自大麦地〔一八〕，直北抵金沙江南岸，横亘二百里，平障天半焉。西界山层叠错出，亦皆自南而北。县治之支，南自楚雄府定远县〔一九〕东来，分支结为县治。其余支西绕者，由县西直北十五里西溪之口而止，是为第一层；又一支南自定远县分支来，与县西之支同夹而北，至西溪口，东支已尽，此支更夹之而北，至扁担浪而止，是为第二层；又一支西自定远西与姚安府东界分支东来，与扁担浪之支同夹而北，中界苴林后水，即所谓西尖界岭也；又一支西自姚安府东北分支东来，与西尖界岭同夹而北，中界炉头溪水，即所谓炉头西乱石冈也；又一支定远县西北妙峰山分支东来，与乱石冈同夹而北，中界河底之水，即所谓舌甸独木桥西山也。诸山皆夹川流北出，或合西溪，或出苴榷〔二〇〕而下金沙，故自县以北，其西界诸山，一支既尽，一支重出，若鳞次而北抵金沙焉。其东界水皆小，惟墟灵驿一支较大，南出马头山之南，经县治东而北与西溪〔二一〕合。自是以北，溪东之村,倚东界山之麓甚多:官庄之北,十里为环州驿,又十里为海闹村,滨溪东岸,即活佛所生处,离寺二十五里。其村有木棉树,大合五六抱。县境木棉树最多,此更为大。又十五里为黄瓜园。溪西之村,倚西界山之麓亦甚多:西坡下村,与官庄对峙,北十五里为五富村,又十里为苴宁村,又北逾岭二十里,为扁担浪,于是北夹西溪,尽于金沙焉〔二二〕。

西界诸山俱自定远夹流分支,东北而尽于金沙江。其西北又有大山方顶蠹峙于北,与金沙北岸"蜀滇交会"之岭,骈拥天北。从坞中北向遥望,若二眉高列于坞口焉。余初以为俱江北之山,及抵金沙江上,而后知江从二山之中,自北而南,环东山于其北,界西山于其西,始知此方顶之山,犹在金沙之南也。其山一名方山,象形。一名番山,以地。因其音之相近而名之。其地犹大姚县属,在县东北百四十里苴榷之境,东临金沙江。是此山又从西北北胜州界环突东南,界金沙于外,抱三姚于中,与此西界回合,而对峙为门户者也。

金沙巡司〔二三〕乃金沙江南曲之极处。自此再东,过白马口〔二四〕、普渡河北口,即从乌蒙山〔二五〕之西转而北下乌蒙〔二六〕、马湖。巡司之西,其江自北来,故云南之西北界,亦随之而西北出,以抵北胜〔二七〕、丽江焉。

初六日

是早,云气少霁,诸蜀僧始欲游街子,俟下午渡溪而宿,明晨随街子归人同逾岭。既晨餐,或有言宜即日行者。悟空以余行有伴,辞不去,而顾仆又以恹恹〔二八〕不能速随诸僧后,虽行,心为忡忡。出茶房西一里半,渡西溪,溪从此西曲,从其南岸随之。又一里余,

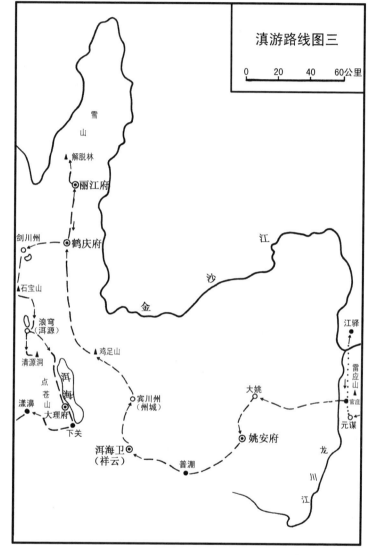

滇游路线图三

0　20　40　60公里

雪山

▲ 解脱林

◎ 丽江府

剑川州

◎ 鹤庆府

金　沙　江

▲ 石宝山

浪穹
（洱源）

清源洞

鸡足山

点苍山

洱海

漾濞▲

大理府◎

下关

宾川州
（州城）

大姚 ○

姚安府◎

江驿

雷应山▲

官庄

元谋○

洱海卫
（祥云）

普淜 ●

龙　川　江

◎	府、卫治	▲	风景点		旅游路线
○	散州、县治	洱海卫	古地名		
●	聚落	（祥云）	今地名		考订路线

抵西山下,溪折而北,又从其西崖傍山麓随之。又北一里余,有村当路北,遂由其南西向入峡。半里,涉枯涧,乃蹑坡上。其坡突石,皆金沙烨烨,如云母堆叠,而黄映有光。时日色渐开,蹑其上,如身在祥云金粟中也〔二九〕。一上二里,逾其顶,望其西又辟一界,有尖山独耸,路出其间,乃望之而趋。西向渐下,三里,抵坞中,有水自南峡中来,至此绕坞东北去。其水不深而阔,路北数十家,倚河东岸。由其南渡河而西,其处木棉其〔三〇〕有高一丈余者,云两三年不调。有枯涧自西来,其中皆流沙没足,两傍俱回崖亘壁夹持而来,底无滴水,而沙间白质皑皑,如严霜结沫,非盐而从地出,疑雪而非天降,则硝之类也。路当从涧底直入,诸僧之前驱者,误从南坡蹑岭上。上一里,见其路愈南,而西尖在西,知其误,乃与僧西北望涧底攀崖下坠。一里,复循底西行,见壁崖上悬金丸累累,如弹贯丛枝,一坠数百,攀视之,即广右所见颠茄也。志云:"枝中有白浆,毒甚,土人炼为弩药,著物立毙。"行涧底二里,其底转自西北来,路乃从西南蹑岭。一里半,盘岭头西出,又一里半,西南下坡。其处开壑湾环而北,涉壑底而西,不见有水。半里,循西坑入,见石峡中有水潺潺,其峡甚逼,水亦甚微。一里,其峡有自南流而出者,下就涉之。其流之侧,有窨〔三一〕如半匏,仰东崖下,涵水一盂,不流不竭,亦潴水之静而有常,不与流俱汩者也。涉细流西上,逾坡半里,有植木为坊者,上书"黔府官庄"。西下半里,有数家在坡北,其壑亦湾环而北,中有田塍数十畦,想即石峡之上流,得水如线,遂开此畦,所谓"黔府庄田"是也。时诸僧未及携餐,令其徒北向彝家觅火。余辈随大道绕其南而西,一里,又有木坊在西坡,书亦如前,则其西界也。从此西下,又涉一枯涧,遂西上岭,其上甚峻。前乞火僧携火至，而不得泉，莫能为炊。上岭二里，盘峡而西，又半里，转而南，半里，一坪北向，环洼中亦无水，余乃出所携饭分啖之。随坪稍南，半里，复西上，其上愈峻。二里，登冈头，以为逾岭矣，而不知其上乃东垂之脊也。望西尖尚在其北，隔一深坑甚遥，西尖又有南北二横山亘其两头，又自成一界焉。从脊向西行二里半，又南转峡上，循而环之，又西北上，再陟峻岭。二里，登冈头，又以为逾岭矣，而其上犹东垂之脊也。又从脊西向行，于是脊两旁皆深坠成南北壑，壑蟠空于下，脊端突起于外，西接横亘之界，树丛石错，风影飒飒动人，疑是畏途。时肩担者以陟峻难前，顾仆以体弱不进，余随诸僧后，屡求其待之与俱，每至一岭，辄坐待久之，比至，诸僧复前，彼二人复后。余心惴惴，既恐二人之久迟于后，又恐诸僧之速去于前，屡前留之，又后促之，不胜惶迫，愈觉其上不已也。从脊行三里，复从岭西上一里，遂陟横亘南山之北巅。其巅与中突之尖，南北相对，上有石叠垣横界，是为<u>元谋</u>东界、<u>大姚</u>西界〔三二〕，即<u>武定</u>、<u>姚安</u>二府所分壤处也。路由其间，登巅之绝处，则有盘石当顶，于是从南横之巅，南向陟其脊，东瞰<u>元谋</u>，西瞰<u>炉头</u>，两界俱从屐底分坞焉。南行脊上二里，西向下二里，路侧渐坠成峡，石坎累累，尚无滴水。历石坡直下，一里，抵峡中。峡西又有回冈两重，自东北而蟠向西南。于是涉峡盘冈，再逾坡两重，共七里，乃西南下岭。一里，始及其麓，其坞乃南北大开，中有溪界之，望见溪西有大聚落，是为<u>炉头</u>〔三三〕。时诸僧已饥，且日暮，急于问邸，遂投东麓下草庐家宿。

初七日

土人言，自<u>炉头</u>往<u>独木桥</u>，路止四十里，不及<u>官庄</u>来三之一。

余信之。时顾仆奄奄，诸僧先饭而去，余候顾仆同行。是早阴翳如昨，西望炉头大村行。半里，渡一北流溪，又西一里余，直抵西界山麓。又有一溪颇大，自南峡中来，渡之，北上崖，即炉头大村也。其溪环村之前，转而北去。炉头村聚颇盛，皆瓦屋楼居，与元谋来诸村迥别。其西复有山斜倚，循其东麓西南溯流行，三里，逾一东突之坡，乃南下。半里，涉坞，一里，又南陟坡而上。其坡自西而东突，与北坡东向，环成中坞，溪流北注于前，田塍环错于内。陟南坡一里，见溪东又盘曲成田，倚东山为坞。由坡西南行一里，下坡，溪自北而南，乃横涉之。登其西崖，则见所涉之北，其溪复自北来，有支流自北峡来者，小水也。从崖西行，已复逾溪之南岸，溯溪上。溪在北峡，有数家倚其南冈。从其中西行二里，北峡两崖对竦〔三四〕，石突如门。其北崖石半有流环其腰，土人架木度流，引之南崖，沸流悬度于上，亦奇境也。路循南崖之腰，盘崖西下，又半里，则其溪又自南而北，南北俱削崖峙门，东西又危坡夹堑，境奇道险。渡溪，又西上坡半里，蹑坡南，则复逾溪之北崖，溯溪上。西二里，一峰危突溪西，溪身自其南环峡而出，支溪自其北堑壑而下。有歧西渡支溪，直蹑西峰者，小路也；自支溪之东崖，陟坡循峡而北入者，大道也。余乃从大道北上坡。半里，由坡峡平行，一里，随峡折而北，路缘堑，木丛路旁，幽箐深崖，令人有鸟道羊肠之想。一里余，峡渐从下而高，路稍由高而下，两遇之。遂西涉峡中细流，复从峡西蹑峻西上，即盘而北，乃知是为中悬之冈，其西复有峡流自北来，与所涉之峡流即会于冈前。缘冈北上一里，左右顾瞰，其下皆峡，而流贯其中，斯冈又贯二流之中，始觉西尖之岭，峰隆泉缩，不若此之随地逢源也。从冈脊北向，以渐上跻，亦以渐转西，二里，登冈之首，望其冈，犹自西峰东突而下者。盖山脊自西南来至此，既穹南山一重，即从其北峡中度而北，再起中峰，又亘为此山一重，即从其北岭环支而东，又亘为北山一重，恰如"川"字，条支东南走而所上者，是其中支也。从冈首又西向平行二里，直抵其西中峰最高之下，乃循其峰之东崖西南上，一里半，是为乱石冈，遂凌其峰之崖，下瞰南峡之底，即其中度处也，峡中之水遂东西分焉。由岭崖最高处西转而下，逶迤曲折，下四里，复从冈上西北行，忽见冈左右复成溪而两夹之，其溪流分大小。平行冈上二里，即从其端下，西渡大溪。由溪西上坡，稍转而北，半里，从北峡转西，遂向西坞入，于是溯西来大溪之北，循北山西行矣。二里半，有村在溪南，倚南山之坡，北山亦至是南突，路遂从所突峡中上。乃踞峡石而饭。又一里，盘其南崖，从崖转西。又一里，逾其西坳，乃西下坡。半里，抵坡之西麓，其西复开成坞。半里，路循溪北之山，又有村倚溪南之麓，与前倚溪南之坡者，皆所谓"夷村"〔三五〕也。西行三里，一溪自南峡来，路亦随之南转。稍下，渡西来小水，从南坡西上，二里逾其坳，西北下一里，下至塈中。其塈南向，而大山环其北，又有小水东南流，当亦下大溪者，而大溪盘其东南峡中，不见也。

渡小水，又西上一里，透西坳出，始见西坞大开，大溪贯其中，自西而东，抵所透坳南，破其峡壁东去，其峡逼束甚隘，回顾不能见。西下坡半里，抵坞中，遵溪北坞西行，半里，过一小村。又西一里，忽坞塍间甃砖为衢，半里，绕大村之前，又西半里，抵村侧新桥而止，是为大舌甸村〔三六〕。其坞夹溪为田，坞环而田甚辟；其村倚山为衢，村巨而家甚古，盖李氏之世居也。村后一山横拥于北，又一山三峰递下，斜突于西南。有小流自其峡中出，由村西而南入大溪,架桥其上,西逾之,遂循斜突南峰下西南行。二里,抵其西垂,则大溪自南直捣其麓,乃逾堰东向。其麓为水所啮,石崖逼削,几无置足处。历堰之西,上流停洄,自南而北,路从其西转而南入峡。又行南峡一里余,则有石梁一巩,东西跨溪上,是为独木桥。路从桥西直南上坡;其逾桥而东者,乃往省大道。是桥昔以独木为之,今易以石,有碑名之曰"蹑云",而人呼犹仍其旧焉。桥侧有梅一株,枝丛而干甚古,瓣细而花甚密,绿蒂朱蕾,冰魂粉眼,恍见吾乡故人,不若滇省所见,皆带叶红花,尽失其"雪满山中,月明林下"之意也。乃折梅一枝,少憩桥端。仍由其西上南坡,随坡西转,盖是溪又从西坞来,至是北转而逾石堰,是坡当其转处。其南又开东西大坞,溪流贯之。路溯溪北崖,循北山西行,一里,有聚落倚北山下,是为独木桥村。有慈云寺当村之中〔三七〕,其门南向,其处村无旅店,有北京僧接众于中,余乃入宿。

初八日

　　晨起寒甚。顾仆复病,余亦苦于行,止行一里,遂憩水井屯〔三八〕寺中。

初九日

　　出寺一里半,过□家庄。半里,转南,半里,仓屯桥〔三九〕。二里半,泗峡口。转西五里,王家桥。有小水北来。五里,孚众桥。有西北、西南二小水。西上山,十里至脊。转南半里,庙山营。西下半里,庙前打哨。西下二里,有歧转北坳。一里,复西随平峡北。二里,又西下,二里,至峡底。西平行一里半,复于峡北上。一里,转北坳而西,又北半里,过一峡脊。又北下半里,又北度一峡底。又西上坡,一里,转而北,又一里,转而西下,一里,至脊间,又西二里余，乃下脊。一里余，抵其北，曰小仡老村。始有田、有池。又西四里，抵西山下，有村。转南一里，西过一小坳，又半里，西南过新坝屯。又西半里，过新坝桥。又西一里，转而南，二里，盘西山嘴，转而西北，一里余，入大姚〔四〇〕东门。半里，过县前。又西南至旅肆歇。

初十日

早寒甚。出北门，半里，经南门，转而西南上坡。一里，有桥跨溪上，曰南门桥。志曰承恩。过桥，南上坡，一里，登坡，倚西山南行。三里，其坳自南来，有塔在坳东北山上，乃沿西山南下，半里，抵坳底。又半里，见有水贯坳中，石梁跨其上，是名土桥。即姚安水从西南峡中来，向东北峡去，桥北为大姚，桥南为定远，盖以是水为界也。从桥南上坡，有村为定远屯。入峡渐上，一里东转，半里上坡，半里，由坡南转，一里，是为赖山哨。于是南下，一里，抵东南坡头。有岐，南行者为姚安府路，有海子在其东；东行者为赤草峰路。逾坡东下一里，为赤草峰北村。由村转南，溯溪行一里，度桥而南，半里，随赤草峰街子南行。一里，乃东上山。一里半，逾岭东南下，其东又有坳自西而北，甚遥。下坡半里，由西山东麓南行。二里，村落傍溪左右，皆为仡老村。此定远所属。又东一里半，始傍西水岸南行。半里，东度小桥，遂由东麓南行。二里至鹿家村后，遂东上山。山半有岐，路从岐入峡，半里，渡溪东北上。一里，至妙峰山德云寺〔四一〕。寺门西向，南望烟萝，后有梦庵亭，后五里，碧峰庵。

〔一〕滇游日记五在乾隆刻本第六册下。

〔二〕官庄:在今元谋县治元马镇东郊,仍称官庄,但由于城、乡的发展,基本与县城相连。它与能道村紧邻,今又合称官能。

〔三〕瘥(chài 钗去声):病愈。

〔四〕黑盐井:明设黑井提举及巡检司,属定远县。今仍称黑井,在禄丰县西北隅,龙川江西岸。

〔五〕化:即化缘、化募,指和尚、道士求人施舍。

〔六〕不能霍然:指疾病不能突然痊愈。　　快快:郁郁不乐。

〔七〕马街:又称辖辘街。逢午而市,又逢未而市,每次连赶街两天。明清以来即成为商业中心,人称"金马街,银元谋",被誉为"滇南大都会"。光绪四年(公元 1878 年)元谋县治迁此,后又建土城。新中国建立后仍为元谋县治,现称元马镇,在元谋坝子中部,海拔 1065 米。

〔八〕元谋县:隶武定府。治所曾多次迁徙,万历三十一年(公元 1603 年)始于丙弄山下筑城,天启二年(公元 1622 年)改筑砖城,周一里三分。元马河从东往西,潆绕城北。城址在今元谋县南境的老城,沿河岸修砌的城墙,城内的孔庙和三元宫,遗址尚存。

〔九〕马头山:今名同,即老城以东的高山。今公路从此经过,方下到元谋坝子。在马头山麓,元谋坝子东缘,大那乌村东(上那蚌村北)的缓坡上,1965 年发现了两颗猿人牙齿,经古地磁法测定,距今 170 万年,是目前我国已发现的时代最早的猿人。附近古动物化石极为丰富,现已建有石碑标识。

〔一〇〕腊坪:即勒品甸。今称羊街,在元谋县南境。

〔一一〕广通:明为县,属楚雄府,治今禄丰县西部的敦仁镇。

〔一二〕江驿:他书皆作"姜驿",在元谋县最北境。

〔一三〕黎溪：元置黎溪州，明初废入会川卫，但地名仍存。今仍称黎溪街，在四川会理县西南。

〔一四〕和曲州：属武定府。据明史地理志："和曲州，旧城在南，元州治于此。隆庆三年十二月徙州为府附郭，令吏目领兵守焉。"则公元1569年后和曲州与武定府同点，在今武定县治。

〔一五〕墟灵驿：他书皆作"虚仁驿"。在今武定县西隅的白路，有公路经过。

〔一六〕会川卫：即会川卫军民指挥使司，属四川行都司，在今四川会理县城。

〔一七〕新化州：洪武十七年（公元1384年）置马龙他郎甸长官司，弘治八年（公元1495年）改为新化州，万历十九年（公元1591年）隶临安府，治今新平彝族傣族自治县西部的新化。

〔一八〕大麦地：今名同，在元谋县东隅。

〔一九〕定远县：属楚雄府，治今牟定县。

〔二〇〕苴榷（zuǒ què 左确）：他书作"苴却"，明时属大姚县，在今永仁县治。

〔二一〕西溪：又称西溪河，即今龙川江。发源于马头山，流经县治北，从东往西汇入龙川江的水，即今元马河。

〔二二〕环州驿：有别于今武定环州。康熙元谋县志载："环州驿，今裁。""旧基在马街北八里。"清代裁驿，今已不存。海阑村：又作能海阑，今名牛街，在龙川江东岸。黄瓜园：即今黄瓜园镇，在龙川江东岸，有铁路和公路经过。苴（zuǒ 左）宁村：游记前作"苴林"，即今苴林，在龙川江西岸。扁担浪：今作丙大浪，在蜻蛉河汇入龙川江处。以上村寨，皆按顺序分布在元谋县北境龙川江两岸,与今地望相较,游记所载详实、准确,足证关于霞客"穷金沙江"的说法是可信的。霞客沿此一线约北达金沙江北岸的姜驿。

〔二三〕金沙巡司:即金沙江巡检司,在今元谋县北境,龙川江和金沙江汇口处的龙街,位于金沙江南岸,龙川江东岸。

〔二四〕白马口:今名同,在武定县北隅,所所卡河从南往北在此汇入金沙江。

〔二五〕明一统志武定府山川:"乌蒙山,在禄劝州东北三百里,一名绛云露山,北临金沙江,山有十二峰,耸秀为一州诸山之冠,八九月间常有雪,其顶有乌龙泉,下流为乌龙河,蒙氏封此山为东岳。"此山在禄劝县与东川区间,禄劝称轿子雪山,东川称碎王山,最高峰海拔 4247 米。现在通常把滇东北和黔西北间的大山称乌蒙山。

〔二六〕乌蒙:明置乌蒙府,属四川布政司,治今昭通市昭阳区。

〔二七〕北胜:明置北胜州,治今永胜县。

〔二八〕恹(yān 淹)恹:精神不振。

〔二九〕此枯涧应即今白沙干河。这是对元谋土林的最早记录。元谋县土林甚多,以班果土林最典型,在龙川江西岸班果一带的白沙干河两岸,即霞客所经者。沙堆林立,形状各异,拟人拟物,十分壮观。沙石多呈黄色,还有粉红、玫瑰红、浅绿等色泽,且随光照角度发生变化,使土林更加迷人。

〔三〇〕木棉:即攀枝花,又称英雄树,为落叶乔木,树干高大,春季开红花。至今仍为元谋特产,在坝子里随处可见,点缀在村头田间,为广袤的田野增色不少。其(jī 基):即其木,指树干。

〔三一〕窞(dàn旦):深坑。

〔三二〕是为元谋东界大姚西界　　依其位置,此处似"东"、"西"倒误,疑应为"是为元谋西界、大姚东界"。

〔三三〕明代有炉头溪,清代亦称炉头河,今称鼠街河或上白河。源自大姚县东南隅的鼠街,往东北流,至元谋牛街附近汇入龙川江。此河因流经炉头坝子而得名,今新华乡驻地仍称炉头坝,又作"卢头"。炉头坝一直属大姚,解放后始划归元谋县。

〔三四〕竦(sǒng耸):高耸。

〔三五〕夷村:少数民族居住的村寨。

〔三六〕大舌甸村:今作设甸,在大姚县东南隅,紧邻龙街。

〔三七〕有慈云寺当村之中　　原脱"慈云"二字,据徐镇辨讹补。

〔三八〕水井屯:今名同,在大姚县东南隅,龙街稍西。

〔三九〕仓仓桥:今作仓屯,在大姚县东南隅,水井屯稍西。

〔四〇〕大姚:明为县,隶姚安府,即今大姚县。

〔四一〕妙峰山德云寺:在今大姚县南隅,天启六年(公元1626年)建。

十一日

待师未归,看藏〔一〕。宗景慧大师西方合论。

十二日

饭,仍西下山。二里,南行。二里,随坞西转。二里,有桥跨溪上,曰梁桥。度其北,即仡老村尽处也,其水自南来入,路从村西上岭。一里半,逾坳西,行岭上。半里,有岐从西南下,误从坡上直西。半里，乃改从岐西南行。半里，渐下转南，又一里，乃南下，半里，抵峡中。随峡南去半里，有大路随东峡来，小水随之。西半里，入南峡。一里，有池在峡中。又一里半，峡分两岐，从西南者，倚东岭平上。一里，南逾坳。由坳转而西，始见西坞大开，西南有海子颇大，其南有塔倚西山下，是即所谓白塔〔二〕也。乃西南下坡，二里，有村在坡下，曰破寺屯。于是从岐直西小路，一里，渡溪。稍西南半里，有一屯当溪中，山绕其北，其前有止水。由其西坡上南行一里，是为海子北堤。由堤西小路行半里，抵西坡下，是为海口村。转南，随西山东麓行，名息夷村海子。三里，海子西南尽，有路直抵大山下，半里，为高土官家。由其西南入峡中，上坡一里半，有神庙当坡峡间。又上半里，活佛寺临其后。其西大山名龙凤山，又名广木山〔三〕。寺号龙华，僧号寂空。是日下午，寂空留止后轩东厢。其后有深峡下悬，峡外即危峰高峙，庭中药栏花砌甚幽。墙外古梅一株，花甚盛，下临深箐，外映重峦。是夜先订寂空，明晨欲早行，求为早膳。

白塔尚在寺东南后支冈上。冈东有白塔海子，其南西山下，又有阳片海子，其东又有子鸠海子，府城南又有大坝双海子，与息夷村共五海子〔四〕。

十三日

昧爽起，饭已久待，遂饭而下山〔五〕。二里，仍出土官家后，遂转南行。一里，过格香桥，有小水自活佛寺后峡中来者，此峡正与白塔之冈，中格而对峙。又南二里，有冈自西界东突而出，路盘其东垂，则又一海子汇其东南。从海子北堤东向行，半里，随堤南转，一里半，抵海子东南尽处，遂东南行。四里，有冈自西而东突，是为<u>龙冈卫</u>，盘冈东皆大聚。半里，过聚东行。一里，复南。二里，曲度乾底。复南二里，则西山一峰，复突其南，遂渐抵东山^{〔六〕}，则南北成两界焉。又南五里而入<u>姚安府</u>北门，歇<u>青莲庵</u>^{〔七〕}。

<u>青莲</u>碑记曰："东烟萝，西<u>金秀</u>，南青蛉，北曲折。"

<u>姚安府</u>南随峡上一百四十里，<u>镇南州</u>^{〔八〕}；东逾大山一百四十里，<u>定远县</u>；西逾小坡一百二十里，北随大坞下一百二十里，<u>白盐井</u>^{〔九〕}。

<u>姚安</u>东西两界，皆大山夹抱，郡城当其南，西界最辟，直北二十五里，两界以渐而束，各有支中错如门户焉。中有小水，西自<u>镇南州</u>界北来，至郡北屡堰为湖，下流绕北峡之门而出，所谓<u>青蛉川</u>也^{〔一〇〕}。

十四日

饭于<u>青莲</u>。日色已高^{〔一一〕}，循城南一里半，为<u>观音寺</u>。转北过西门，共一里，抵旧西门。二里半，抵西麓，是为<u>古寺山</u>，以有古寺在山之东半也，即<u>志</u>所称<u>祥龟寺</u>也。二里，逾顶下，其西环坞北口，则<u>羊片湖</u>在焉。西下一里半，行坞中。一里半，有坊当坞中，曰<u>羊片屯</u>。西过半里，转南半里，又西南半里，抵小山之麓。从其南坞西入一里半，又西上一里半，有岐焉：西北者，入山樵牧者所经；西南盘岭者，大道也。盘岭上一里半，逾其顶，是为<u>当波院</u>，而实无寺宇，乃南来之脊，北度而东，为<u>古佛寺</u>大山及<u>大姚</u>西界诸山也。于是西南下二里，有小水南流，随之南入箐。又东一里半，转而西一里半，峡始开。稍北盘坳一里，复西南下坡。三里，峡中溪自南而北注，有桥跨之。度桥，遂循西山南向溯水行。二里，饭于村家。又南向行二里余，其峡自西来转，水亦从之，于是折而入，是名<u>观音</u>

箐。箐中止容一水，西溯之入二里，有观音堂，其前堰水甚泓澈，其侧石亦崟岈。又西三里，乃南上山，甚峻。二里，陟其脊，乃东南下。一里，抵峡中，遂循坡西南下，二里，抵景聚桥。桥上有亭，桥下水乃西来小流也。过桥三里，是为弥兴〔一二〕，居集甚盛。又南半里，转西一里余，有公馆神庙在冈上。由其前西南半里，转而西，于是连逾三坡，下陟三峡，共九里，有村悬西坡上，是为孙家湾，宿。

十五日

昧爽，饭而行，霜寒殊甚。南上坡，溯小流入。五里，盘一坡，坡下有洞甚束，其东北人家，曰尾苴村。稍西转南，是为龙马箐。三里，有哨当涧东坡上，是为龙马哨，有哨无人。山壑幽阻，溪环石隘，树木深密，一路梅花，幽香时度。又南一里，随峡转西。一里，有一峡自南来，甚深隘；一峡自西来。仍循北山行西来峡上，一里出峡，乃成坞焉。西向平下一里，有村当其西，是为大大苴村。西行二里，抵西山下，遂西上坡。半里，逾坳，北下陟坞，西北半里，是为小大苴村〔一三〕。由其南半里，转而北上坡。循西峡行二里，下渡涧中小水，即西上岭，甚峻。三里半，逾岭头。西行脊上，或南峡上，又临北峡，再平再上，三里余，则盘西岭之东，北转二里，逾其脊，此最高处也。东望烟萝东界尖山，在钱章关者，隐隐连妙峰，而西界南突之山亦见；惟北望活佛寺大山，反为孙家湾后山所隔，不可见。又西二里，当西突之处，有人守哨焉，是为老虎关哨。哨西下半里，行坡间一里半，为打金庄牌界。又西一里半，逾坡，又西上一里半，是为绝顶，有公馆，东南之峡，至是始穷。其脉自南天申堂后，直北分支来，东度老虎关而北。于是西向稍下，半里，度一坡，半里，逾其巅。从巅西行一里，遂西望四十里外，层山一重西绕，又高峰一带南环者，皆大脊也，其东有小脊二重内隔，外有远峰二抹西浮，不知为点苍为鸡足也。于是西下颇坦，五里下至峡中，是为五里坡，有水自南而北，小石梁跨之。度而西，盘西山南峡入，一里，又蹑坡而上，一里，凌其巅。一里半稍下，平行岭上。二里余，西向下，有溪自西南来，北向去，亦石梁跨之，是为普昌河。西上坡半里，为巡司。半里，复上一山脊。由脊西行四里，乃下，一里而抵普溯〔一四〕。

十六日

由普溯西北行。二里，渡一水，一里，又渡一水，乃西上坡。二里，逾坡上一里，脊上平行三里，为金鸡庙。又西二里，为界坊，乃姚州、小云南界。又西行岭上五里，至水盆哨，乃西北稍下，即见南界水亦西流，出鼻窗厂而下元江矣。乃随北山临南峡西行。二里，山坑南坠峡，路随西脊过，有村当脊间，是为水盆铺。盖老龙自西南来，从此脊北度，峙为一峰，其东南又折而南为水盆铺，惟中央一线，南流下元江云。铺西北上有关帝庙，就而作记，听顾仆同行李先去。久之，乃随大道西二里，则岭北山下，亦下坠成西向之峡。于是循南峡之顶西径峡北所起尖山〔一五〕，是为青山，至是其西横拖而去。于是循南峡之顶西行。二里，忽见路北坠峡西去，路由其峡南岭脊行，于是与峡北之尖山，又对峡分流，西注云南，而北下金沙矣。始知大脊自九鼎南下，至洱海卫城南青华洞东度〔一六〕，又耸而南为水目山，其南又东转为天华山，即云南川〔一七〕南兜之山也。从天华东北转，数起而为沫滂东岭，又东过公馆而度水盆铺，北耸为青山，其形东突而西垂川中，故自打金庄岭望之，仅为北尖峰，而至此又横夹而西。然是山西北二支，皆非大脊也；大脊即从东南水盆哨过脉,遂东南迤逦于天申堂〔一八〕南,又东至沙桥站〔一九〕分脊焉。所过水盆哨、铺之南间,相去不过二里,忽度其脊南,又度其脊北,至由峡南岭稍上稍下,西南二里,公馆当其顶。又西下西上,再从岭脊西行八里,脊自西南来,至此稍突而北,乃转而北缘之。二里,又西南下,始追及前行行李。于是遂出山之西崖,见其西坞大开,于是直下,五里及麓,为沫滂铺〔二〇〕。西截坞八里,有二石梁东西跨,其下皆涸,而川水实由之北注。又西二里,过大水堰塘。堰稍北,复西十里,抵西山下,为小云南驿〔二一〕,宿。

十七日

昧爽饭。询水目寺在其南,遂由岐随山之东麓南行,盘入其西南坞中。共五里,有水自山后破峡南出,即洱海卫青海子之流也,是为练场村〔二二〕,村在水西。渡桥西,复沿山而南,一里半,为温泉,其穴西向。待浴妇,经两时乃浴。仍南沿西麓半里,又盘其山之南坞入,有溪自坞东出,即水目之流也,始见水目山〔二三〕高崎于西。溯水西入,见其西又大开南北之坞。横截其间,五里,抵西山麓,有村甚大,曰冉家屯。由其后西向上山,于是有溪流夹村矣。西上逾一岭,二里稍下,涉一涧。其涧自南而北,溯之南上。山间茶花盛开。又二里余,为水目寺。余误从其南大路,几逾岭,遇樵者,转而东北下,半里,入玉皇阁。又下,观倒影,又下,过普贤寺,又下,遇行李于灵光寺,遂置于寺中楼上。慧然。乃西至旧寺访无住〔二四〕,方在上新建住静处,不值。旧寺有井,有大香樟,有木犬,有风井,有塔。由其后上无影庵,饭于妙忍老僧静室。暮过观音阁,观渊公碑,乃天开十六年〔二五〕楚州赵祐撰者。

十八日

往无住处。午过徽僧戒月静室,饭。下午,观慧然新楼花卉。

十九日

早,雨雪。无住苦留,因就火僵卧。上午,雨雪倏开,再饭,由山前东北下。五里,下山,过一村。北向二里,逾一坡。又二里,过一小海子,其北冈上有数家,曰酒药村。一里,越之,乃陟坞循东山北向行。五里,即青海子之西南涯也,遂与小云南来之大道遇,于是由青海子〔二六〕西涯西北向行。八里,则南山再突而北,濒于海,路或盘之,或逾之。又五里,为狗村铺,坊名瑞禾,馆名清华。其处北向洱海卫城八里,西向白崖城站四十里。余从西路四里观清华洞。洞北有路西过岭,此白崖道;洞南有坞南过脊,此灭渡〔二七〕道。余出洞,循西山仍北行,六里,入卫城南门〔二八〕。顾仆亦至。出西门宿。

二十日

饭而行,犹寒甚而天复霁。由西门北向循西山行,五里,抵一村,其北有水自西峡出,遂随之入。一里余,稍陟坡,一里余,有村在涧西,曰四平坡。北转五里,渡溪桥,又北上三里,为九鼎山寺。又二里陟其巅,饭。下午,从东北下,三里,过北溪桥,仍合大路,循梁王山西麓西北溯流入。五里,梁王村。北八里,松子哨。行半里,溪西去,路北上,半里,逾岭。又东北下者五里,则溪复自西来,又有一小溪,自幕山北麓来与之合,乃涉其交会处,是为云、宾之界。又东二里,为自北关,已暮。又东二里半,渡涧桥之北。又东半里,转北一里半,为山冈铺〔二九〕,宿。

徐霞客游记校注

1006

〔一〕藏(zàng 脏)：系汉文佛教经典的总称，包括天竺和中国的佛教著述在内。唐代已有 1076 部、5048 卷，以后各代又续有新译、经论和著述入藏。明代分南北二藏，达 6771 卷。

〔二〕白塔：明一统志姚府军民府古迹载："白塔，在姚州北二十里，晋天福间(公元 936 ～ 943 年)建，高十五丈。西南数里有池，清洁可鉴毛发，塔影常映其中，因名塔镜。"民国姚安县志载："高陀山塔，在城北二十里高陀山，高十有五级。昔人传为石晋天福间建，今废。清乾隆中，邑人改建观音阁，发现塔砖，有'大宝六年甲戌'等字及梵文。"白塔建于大理段正兴大宝甲戌年(公元 1154 年)，清代以来通称高陀山塔，今已不存。

〔三〕广木山：今作光木山，在姚安县北隅，姚安坝子西边。

〔四〕海子：云南俗称湖泽为"海子"，或简称"海"。

〔五〕饭已久待遂饭而下山　　原脱"饭已久待遂"五字，据徐本、四库本、陈本、史序本补。

〔六〕龙冈卫，今仍名龙冈；东山，今名同：皆因山为名，为较重要村寨，位于姚安县北境的公路旁。

〔七〕姚安府：明置姚安军民府，又置姚州附郭，即今姚安县。青莲庵在姚安县城东郊，旧为聚远楼，中有爱莲亭，为名流宴集之所。今名青莲寺，村以寺名。

〔八〕镇南州：隶楚雄府，治今南华县。

〔九〕白盐井：又称白羊井。明置白盐井提举司，辖盐井九，又有白盐井巡检司。近代曾设盐丰县。在大姚县西北部，今称石羊，亦称盐丰。

〔一〇〕青蛉川：即今蜻蛉河。

〔一一〕日色已高　原脱此四字,据徐本、四库本、陈本、史序本补。

〔一二〕弥兴:即今弥兴街,在姚安县西南境。

〔一三〕大大苴村:今仍作大苴,又称上庄房。　小大苴村:今仍作小苴,又称代苴街。两村之间水流经过处今仍称龙马箐,皆在姚安县西南隅。

〔一四〕打金庄,今作打金砖;普昌河,今名同,既为河名,亦为村名;普溯,今名同,亦作普棚街。三村皆在今祥云县东隅。明一统志姚安军民府七溯条解释:"土人称陂堰为溯,凡七,皆前代所筑,潴水以灌田,民甚赖之。"则普溯亦因有人工陂堰等水利工程而得名。

〔一五〕于是循南峡之顶西径峡北所起尖山　原作"□□□□□□□□□峡北所起尖山",空九字,据徐本、四库本、陈本补。史序本亦有此数字,但"径"作"经"。然"于是循南峡之顶西径"与下文重,疑此九字为原稿衍文,被乾隆本刻版过程中发现铲掉,依乾隆刻本文意较顺。

〔一六〕至洱海卫城南青华洞东度　"东度"倒误为"度东",据徐本改。

〔一七〕川:自唐代以来,云南称"川"的地方很多,即平川,现在云南通称为坝子。云南川即云南县坝子。

〔十八〕天申堂　此处诸本皆作"天申宫",应即前一日记中的"天申堂",因形近而误。今仍称天申堂,在南华县西隅。

〔十九〕沙桥站:今仍作沙桥,在南华县西境。

〔二〇〕水盆铺,今名同;沐滂铺,今作沐滂:皆在祥云县东境,下庄东南。

〔二一〕小云南驿:即今云南驿,在祥云县东境,自古以来皆为交通要道。

〔二二〕练场村:今作练车,在云南驿稍南。

〔二三〕水目山:今名同,在祥云、弥渡两县间,海拔 2627 米。

〔二四〕水目寺在水目山的山腰,始建于南诏。现存下庵即旧寺。有中殿、大殿、左右厢、水目塔及塔林,还有大香樟、木犬、风井,有古山茶及古月季。塔林被誉为我国南方第一塔林。详邱宣充水目山志。

〔二五〕天开:大理段智祥年号。天开十六年为公元 1220 年。

〔二六〕青海子:滇游日记十二八月二十日记作青龙海子。今仍名青海,在祥云县治与云南驿之间的公路北侧。

〔二七〕灭渡　滇游日记十二八月十九、二十两日记皆作"迷渡"。明史地理志亦作"迷渡市"。

〔二八〕此即洱海卫城。明设洱海卫于今祥云县治,游记中亦省称"洱海"。

〔二九〕梁王村:今作梁王山,在祥云县西北隅。　　山冈铺:今名同,在宾川县南隅。

二十一日

平明,行大坞中。北向十里,其西为宾居〔一〕。又北五里,有小水出田间。又北三里,有涧自西峡出,随之北二里,为火头基〔二〕。西北连渡二溪,又北五里,总府庄。又北三里,宾川州在东坡上〔三〕,东倚大山,西临溪流,然去溪尚里许;其滨溪东岸者,曰大罗城〔四〕。令行李先去，余草记西崖上。望州北有冈自东界突而西，其北又有冈自西界突而东，交错于坞中，为州下流之钥，溪至是始曲折漾之，始得见其形焉。又北三里半，逾东突之冈，则见有村当其北麓，是名红帽村。溪自东南漾东突之冈，西转而漾于村之前，其前又开大坞北去。仍循西山北行，五里，渐转而西，于是岐分为二：东北随流遵大坞直去者，由牛井街通浪沧卫〔五〕道；西北从小坞逾岭者，由江果往鸡足道。余初由山冈铺北望，以为东界大山之北岭即鸡足，而川中之水当西转出澜沧江。至是始知宾川之流乃北出金沙江〔六〕，所云浪沧卫而非澜沧江也；其东界大山，乃自梁王山北转，夹宾川之东而北抵金沙，非大脊也。从小坞西二里，逾西界之脊，始见鸡足在西，其高与东界并，然东界尤屏亘，与雷应同横穹半壁云。从脊上南望，其南五德山横亘天南〔七〕，即前洱海卫所望九鼎西高拥之山，其上有雪处也，至是又东西横峙；其东又耸幕山，所谓梁王山也；二山中坳稍低，即松子哨度脊而北处也。从岭西行三里，稍北下，有溪自西而东，注于宾川大溪，架梁其上，覆以亭，是为江果村〔八〕，在溪北岸，其流与火头基等。时日甫下午，前向东洞尚三十五里〔九〕，中无托宿，遂止。

二十二日

昧爽，由江果村饭，溯溪北岸西行。其溪从西峡中来，乃出于鸡山南支之外，五福之北者，洱海东山之流也。四里，登岭而北，寒风刺骨，幸旭日将升，惟恐其迟。盘岭而北一里半，见岭北又开东西坞，有水从其中自西而东，注于宾川大溪，即从牛井街出者。此坞名牛井，有上下诸村，其水自鸡足峡中来，所谓盒子孔之下流也〔一〇〕。于是西向渐下，一里半而抵坞中。又西一里过坞中村后,有坊曰"金牛溢井",标胜也。土人指溪北冈头,有井在石穴间,云是昔年牛从井出处也。又西二里,复逾冈陟峡,盖其山皆自南突出,濒溪而止,溪东流潆之,一开而为炼洞,再开而为牛井,此其中突而界之者。

盘峡而上,迤逦西北,再平再上,五里,越岭而复得坞。稍下一里半,有坊在坡,曰"广甸流芳"。又一里半,复过一村后,此亦炼洞最东南村也。又北二里,有村夹道,有公馆在村头,东北俯溪,是为炼洞之中村。其北二里,复上岭。二里,越之而北,有坊曰"炼法龙潭",始知其地有蛰龙,有炼师,此炼洞所由名也〔一一〕。又北二里,村聚高悬,中有水一池,池西有亭覆井,即所谓龙潭也〔一二〕。深四五丈,大亦如之,不溢不涸,前濒于塘。土人浣于塘而汲于井。此鸡山外壑也,登山者至是,以为入山之始焉。其村有亲迎者,鼓吹填街。余不顾而过,遂西北登岭。

五里,有庵当岭,是为茶庵。又西北上一里半,路分为二:一由岭直西,为海东道;一循峡直北,为鸡山道。遂北循之。稍下三里而问饭,发筐中无有,盖为居停所留也。又北下一里,有溪自西南峡中出,其峡回合甚窅,盖鸡足南峡之山所泄余波也。有桥亭跨两崖间。越其西,又北上逾岭,一里,有哨兵守岭间。又北一里,中壑稍开,是为拈花寺,寺东北向。余馁甚,入索饭于僧。随寺北西转,三里,逾冈之脊,是为见佛台。由此西北下一里,又涉一北下之峡,又西逾一北下之脊,始见脊西有坞北坠,坞北始逼鸡山之麓。盖鸡山自西北突而东南,坞界其中,至此坞转东北峡,路盘其东南支,乃谷之绾会处也。

西一里,见有坊当道左,跨南山侧,知其内有奥异。讯之牧者,曰："其上有白石崖，须东南逾坡一里乃得。"余乃令行李从大道先向鸡山，独返步寻之。曲折东南上，果一里，得危崖于松箐之间。崖间有洞，洞前有佛宇，门北向，钥不得入。乃从其西逾窦径之棘以入，遍游洞阁中。又攀其西崖探阁外之洞，见其前可以透植木而出，乃从之下，一里仍至大路。又西北二里，下至坞中，渡溪，是为洗心桥，鸡山南峡之水，西自桃花箐、南自盒子孔出者，皆由此而东出峡，东南由炼洞、牛井而合于宾川者也。溪北鸡山之麓，有村颇盛，北倚于山，是为沙址村〔一三〕，此鸡山之南麓也。于是始迫鸡山〔一四〕，有上无下矣。

从村后西循山麓，转而北入峡中，缘中条而上，一里，大坊跨路，为"灵山一会"坊，乃按君宋所建者。于是冈两旁皆涧水泠泠，乔松落落。北上盘冈二里，有岐，东北者随峡，西北者逾岭；逾岭者，西峡上二里有瀑布，随峡者，东峡上二里有龙潭；瀑之北即为大觉，潭之北即为悉檀。余先皆不知之，见东峡有龙潭坊，遂从之。盘磴数十折而上，觉深窅险峻，然不见所谓龙潭也。逾一板桥，见坞北有寺，询之，知其内为悉檀，前即龙潭，今为壑矣。时余期行李往大觉，遂西三里，过西竺、龙华而入宿于大觉。

二十三日〔一五〕

饭于大觉，即东过悉檀〔一六〕。悉檀为鸡山最东丛林，后倚九重崖，前临黑龙潭，而前则回龙两层环之。先是省中诸君或称息潭，或称雪潭，至是而后知其皆非也。弘辨、安仁二师迎饭于方丈，即请移馆。余以大觉遍周以足疾期晤，于是欲少须之〔一七〕。乃还过大觉，西上一里，入寂光寺。住持者留点。此中诸大刹，惟此七佛殿左右两旁俱辟禅堂方丈，与大觉、悉檀并丽。又稍西半里，为水月、积行二庵,皆其师用周所遗也,亦颇幽整。

二十四日

入晤遍周,方留款而弘辨、安仁来顾,即悬移寓。遂同过其寺,以静闻骨悬之寺中古梅间而入。问仙陀、纯白何在,则方监建塔基在其上也。先是余在唐大来处遇二僧,即殷然以瘗[一八]骨事相订。及入山,见两山排闼,东为水口,而独无一塔,为山中欠事。至是知仙陀督塔工,而未知建于何所。弘辨指其处,正在回龙环顾间,与余意合。饭后,遂东南二里,登塔基,晤仙陀。

二十五日

自悉檀北上,经无息、无我二庵。一里,过大乘庵,有小水二派,一自幻住东,一自兰陀东,俱南向而会于此,为悉檀西派者也。从二水之中蹑坡上,二里余,东为幻住,今为福宁寺[一九];西冈为兰陀。幻住东水,即野愚师静室东峡所下,与九重崖为界者;幻住西水,即与艮一兰陀寺夹坞之水,上自莘野静室,发源于念佛堂,而为狮子林中峡之水也。循东冈幻住旁,北向一里而得一静室,即天香者。时寺中无人,入讯莘野庐,小沙弥[二〇]指在盘崖杳蔼间,当危崖之西。乃从其后蹑崖上,穿林转磴,俱在深翠中,盖其地无乔松,惟杂木缤纷,而叠路其间,又一景矣。数十曲,几一里,东蹑冈,即野愚庐;西缘崖度峡,即莘野庐道。于是西向傍崖,横陟半里,有一静室高悬峡中,户扃莫入,是为悉檀寺库头所结。由其前西下兰陀寺,蹑其后而上,又半里而得莘野静室。时知莘野在牟尼山,而其父沈翁在室,及至而其门又扃,知翁别有所过,莫可问。遂从其左上,又得一静室。主僧亦出,有徒在,询之,则其师为兰宗也。又问:"沈翁何在?"曰:"在伊室。"问:"室何扃?"曰:"偶出,当亦不远。"余欲还，以省中所寄书界之。其徒曰："恐再下无觅处，不若留此代致也。"从之。又从左峡过珠帘翠壁，蹑台入一室，则影空所栖也。影空不在。乃从其左横转而东，一里，入野愚静室，所谓大静室也。有堂三楹横其前，下临绝壁。其堂窗棂疏朗，如浮坐云端，可称幽爽。室中诸老宿具在。野愚出迎。余入询，则兰宗、影空及罗汉壁慧心诸静侣也。是日野愚设供招诸静侣，遂留余饭。饭后，见余携书箧，因取箧中书各传观之。兰宗独津津不置，盖曾云游过吾地，而潜心文教者。

　　既乃取道由林中西向罗汉壁，从念佛堂下过，林翳不知，竟平行而西。共一里半，有龛在磐石上，入问道。从其西南半里，逾一突嘴，即所谓望台也，此支下坠，即结为大觉寺者。望台之西，山势内逊，下围成峡，而旃檀林之静室倚之。峡西又有脉一支，自山尖前拖而下，是为旃檀岭，即西与罗汉壁分界者。是脉下坠，即为中支，而寂光、首传寺倚之，前度息阴轩，东转而尽于大士阁者也。由望台平行而西，又二里半而过此岭。岭之西，石崖渐出，高拥于后。乃折而北上半里，得碧云寺。寺乃北京师诸徒所建，香火杂沓，以慕师而来者众也。师所栖真武阁，尚在后崖悬嵌处。乃从寺后取道，宛转上之。半里，入阁，参叩男女满阁中，而不见师。余见阁东有台颇幽，独探之。一老僧方濯足其上，余心知为师也，拱而待之。师即跃而起，把臂呼："同声相应，同气相求。"且诠解之〔二一〕。手持二袜未穿，且指其胸曰："余为此中忙甚，袜垢二十年未涤。"方持袜示余，而男妇闻声涌至，膜拜不休，台小莫容，则分番迭换。师与语，言人人殊，及念佛修果，娓娓不竭。时以道远，余先辞出。见崖后有路可蹑，复攀援其上。转而东，得一峡上缘，有龛可坐，梯险登之。

复下碧云庵。适慧心在，以返悉檀路遥，留余宿。主寺者以无被难之，盖其地高寒也。余乃亟下。南向二里，过白云寺，已暮色欲合。从其北傍中支腋行，路渐平而阔。二里，过首传寺，暗中不能物色。又东南一里余，过寂光。一里，过大觉。又东一里过西竺，与大道别，行松林间，茫不可见。又二里过悉檀前，几从龙潭外下，回见灯影，乃转觅。抵其门，则前十方堂已早闭不肯启，叩左侧门，乃得入宿焉。

二十六日

晨起饭。弘辨言："今日竖塔心，为吉日，可同往一看。幸定地一处，即可为静闻师入塔。"余喜甚。弘辨引路前，由龙潭东二里，过龙砂内支。其腋间一穴，在塔基北半里，其脉自塔基分派处中悬而下。先有三塔，皆本无高弟也。最南一塔，即仙陀、纯白之师。师本嵩明籍，仙陀、纯白向亦中表，皆师之甥，后随披薙，又为师弟。师归西方〔二二〕，在本无之前，本公为择地于此，而又自为之记。余谓辨公，乞其南为静闻穴。辨公请广择之。又有本公塔在岭北，亦惟所命。余以其穴近仙陀之师为便，议遂定。静闻是日入窆〔二三〕。

二十七日

（有缺文）余见前路渐翳，而支间有迹，可蹑石而上，遂北上攀陟之。屡悬峻梯空，从崖石间作猿猴升〔二四〕。一里半，则两崖前突，皆纯石撑霄，拔壑而起，自下望之，若建标〔二五〕空中，自上凌之，复有一线连脊，又如琼台中悬，双阙并倚也。后即为横亘大脊。披丛莽而上，有大道东西横山脊，即东自鸡坪关〔二六〕山西上而达于绝顶者。因昔年运砖,造城绝顶,开此以通驴马。余乃反从其东半里,凌重崖而上。然其处上平下嵌,俯瞰莫可见,不若<u>点头峰</u>之突耸而出,可以一览全收也。

其脊两旁皆古木深翳,通道于中,有开处下瞰山后。其东北又峙山一围,如箕南向,所谓<u>摩尼山</u>〔二七〕也,即此山余脉所结者。其西北横拖之支,所谓后趾也,即南耸而起为绝顶者。故绝顶自南鍪望之,如展旗西立,<u>罗汉</u>九层之脊,则如展旗东立;自北脊望之,则如展旗南立,后趾之脊,则如展旗北立。此一山大势也。若桃花箐过脊,又在绝顶西南峡中,南起为<u>木香坪</u>之岭,东亘为<u>禾字孔</u>之脊,与<u>罗汉壁</u>、<u>点头峰</u>南北峙为两界。此在三距西南支之外,乃对山而非鸡足矣。若南条老脊,自<u>木香</u>而南走乌龙坝,<u>罗汉壁</u>、<u>点头</u>峰又其东出之支,非老干矣。山后即为<u>罗川</u>地,北至<u>南衙</u>,皆邓川属,与宾川以此山脊为界,故绝顶即属<u>邓川</u>,而<u>曹溪</u>、<u>华首</u>,犹隶宾川焉。若东北之<u>摩尼</u>,则北胜、浪沧之所辖,此又以山之东麓鸡坪山为界者也。从脊直北眺,雪山一指竖立天外,若隐若现。此在<u>丽江</u>境内,尚隔一鹤庆府于其中,而<u>雪山</u>之东,<u>金沙江</u>实透腋南注,但其处逼夹仅丈余,不可得而望也。

由脊道西行,再隆再起,五里,有路自南而上者,此罗汉壁东旃檀岭道也;交脊而西北去者,此循后趾北下鹤庆道也;交脊而东北下者,此罗川道也;随脊而西者,绝顶道也。于是再上,再纡而北,又二里余而抵绝顶之下。其北崖雪痕皑皑,不知何日所积也。又南上半里,入其南门。门外坠壑而下者,<u>猢狲梯</u>出铜佛殿道;由北门出,陟后脊转而西南下者,<u>束身峡</u>出礼佛台,从华首门会铜佛殿道。而<u>猢狲梯</u>在东南,由脊上;<u>束身峡</u>在西北,由雷中〔二八〕。此登顶二险，而从脊来者独无之。

　　入门即迦叶殿。此旧土主庙基也，旧迦叶殿在山半。岁丁丑〔二九〕，张按君谓绝顶不可不奉迦叶，遂捐资建此，而移土主于殿左。其前之天长阁，则天启七年海盐朱按君所建。后有观风台，亦阁也，为天启初年广东潘按君所建，今易名多宝楼。后又有善雨亭，亦张按君所建，今貌其像于中。后西川倪按君易名西脚蓬庐〔三○〕，语意大含讥讽。殿亭四围，筑城环之，复四面架楼为门：南曰云观，指云南县昔有彩云之异也；东曰日观，则泰山日观之义；北曰雪观，指丽江府雪山也；西曰海观，则苍山、洱海所在也。张君于万山绝顶兴此巨役，而沐府亦伺其意，移中和山铜殿运致之，盖以和在省城东，而铜乃西方之属，能克木，故去彼移此〔三一〕。有造流言以阻之者，谓鸡山为丽府之脉，丽江公亦姓木，忌金克，将移师鸡山，今先杀其首事僧矣。余在黔闻之，谓其说甚谬。丽北鸡南，闻鸡之脉自丽来，不闻丽自鸡来，姓与地各不相涉，何克之有？及至此而见铜殿具堆积迦叶殿中，止无地以竖，尚候沐府相度，非有阻也。但一城之内，天长以后，为河南僧所主，前新建之迦叶殿，又陕西僧所主，以张按君同乡故，沐府亦以铜殿属之，惜两僧无道气，不免事事参商〔三二〕，非山门〔三三〕之福也。余一入山，即闻河南、陕西二僧名，及抵绝顶，将暮，见陕西僧之叔在迦叶殿，遂以行李置之。其侄明空，尚在罗汉壁西来寺。由殿侧入天长阁，盖陕僧以铜殿具支绝迦叶殿后正门，毋令从中出入也。河南僧居多宝楼下，留余晚供。观其意殊愤愤。余于是皆腹诽〔三四〕之。还至土主庙中，寒甚。陕僧爇火供果，为余谈其侄明空前募铜殿事甚悉。"今现在西来，可一顾也。"余唯唯。

二十八日

晨起寒甚，亟披衣从南楼观日出，已皎然上升矣。晨餐后，即录碑文于天长、善雨之间。指僵，有张宪副二碑最长，独不及录。还饭迦叶殿。乃从北门出。门外冈脊之上，多卖浆瀹粉者。脊之西皆削崖下覆，岂即向所谓舍身崖者耶？北由脊上行者一里，乃折而西下，过一敞阁，乃南下束身峡。巨石双进，中窅成坑，路由中下，两崖逼束而下坠甚峻，宛转峡中，旁无余地，所谓"束身"也。下半里，得小坪，伏虎庵倚之。庵南向，从其前，多卖香草者，其草生于山脊。

循舍身崖东南转，为曹溪、华首之道；绕庵西转，盘绝壁之上，是为礼佛台、太子过玄关。余乃先过礼佛台。有亭在台东，亦中圮，台峙其前石丛起中，悬绝壑之上。北眺危崖倒插于深壑中，乃绝顶北尽处也，其下即为桃花箐，但突不能俯窥耳。其东南壑中，则放光寺在焉；其西隔坞相对者，木香坪也〔三五〕。是台当绝顶西北隅悬绝处，凌虚倒影，若浮舟之驾壑，为一山胜处，而亭既倾敞，不容无慨。台之北，崖壁倒悬，磴道斩绝，而西崖之瞰壑中者，萼瓣上迸，若蒂斯启。遥向无路，乃栈木横崖端，飞虹接翼于层峦之上，遂分蒂而蹈，如入药房，中空外透，欲合欲分。穿其奥窟，正当佛台之下，乃外石之附内石而成者，上连下进，裂透两头。侧身而进，披隙而出，复登南台之上。仍东过伏虎，循岩傍壁，盘其壑顶。仰视蠹崖，忽忽欲堕，而孰知即向所振衣蹑履于其上者耶。

东南傍崖者一里余，有室倚崖，曰曹溪寺。以其侧有水一泓，在蠹崖之下，引流坠壑，为众派之源，有似宗门法脉也。稍下，路分为二，正道东南循崖平去，小径西下危坡。余睎放光在西南壑，便疑从此小径是。西循之一里余，转而北逾一嘴，已盘礼佛台之下，其西北乃桃花箐路，而东南罄底，终无下处，乃从旧路返。二里，出循崖正道，过八功德水，于是崖路愈逼仄，线底缘嵌绝壁上，仰眺只觉崇崇隆隆而不见其顶，下瞰只觉窅窅冥冥而莫晰其根，如悬一幅万仞苍崖图，而缀身其间，不辨身在何际也。

东一里，崖势上飞，高穹如檐，覆环其下，如户阃形，其内壁立如掩扉，盖其石齿齿，皆堕而不尽，堕之余，所谓华首门也。其高二十丈，其上穹覆者，又不知凡几，盖即绝顶观海门下危崖也。门之下，倚壁为亭，两旁建小砖塔襄之，即经所称迦叶受衣入定处，待六十百千岁以付弥勒者也。天台王十岳士性宪副诗偈镌壁间，而倪按院大书“石状奇绝”四字，横镌而朱丹之。其效颦〔三六〕耶？颦面耶〔三七〕？在束身书“石状大奇”，在袈裟书“石状又奇”，在兜率峡口书“石状始奇”，凡四处，各换一字，山灵何罪而受此耶？

又半里，矗崖东尽，石脊下垂，有寺倚其东，是为铜佛殿，今扁其门曰传灯寺，盖即绝顶东突，由猢狲梯下坠为此，再下即迦叶寺，而为西南支发脉者。寺东向，大路自下而来，抵寺前分两岐：由其北峡登寺后猢狲梯，为绝顶前门道，余昨从上所瞰者；由寺前循崖西转，过华首门，上束身峡，为绝顶后门道，余兹下所从来者。盖寺北为峡，寺西为崖，寺后猢狲梯由绝顶垂脊而下，乃崖之所东尽而峡之所南环者也。寺北有石峰突踞峡中，有庵倚其上，是为袈裟石。余初不知其为袈裟石也，望之有异，遂不入铜佛殿而登此石。至则庵僧迎余坐石上。石纹离披作两叠痕，而上有圆孔。僧指其纹为迦叶〔三八〕袈裟〔三九〕，指其孔为迦叶卓锡之迹。即无遗迹，然其处回崖外绕，坠壑中盘，此石缀崖瞰壑，固自奇也。僧瀹米花为献，甚润枯肠。余时欲下放光、圣峰诸寺，而不能忘情于猢狲梯，遂循石右上。半里，升梯。梯乃自然石级，有叠磴痕可以衔趾，而痕间石芒齿齿，著足甚难。脊左瞰即华首矗崖之上，右瞰即袈裟坠壑之端，其齿齿之石，华首门乃垂而下，此梯乃错而上者，然质则同也。上半里，数折而梯尽，仍从峡上。问去顶迥绝，乃返步下梯，由铜佛殿北东下峡中。

　　一里，横盘峡底，有庵当其中，所谓兜率庵也，已半倾。其后即绝顶与罗汉壁分支前突处，庵前峡复深坠。循庵横度，循左崖下半里，崖根有洼内嵌，前有巨树流荫，并鹤峋居士〔四〇〕诗碑。其前峡遂深蟠，路从其上，又分为两：循右峡中西南下者，为迦叶寺、圣峰寺西支大道；循左崖下东向行者，为西来寺、碧云寺、罗汉壁间道。余时身随西峡下，而一步一回眺，未尝不神飞罗汉壁间也。下半里为仰高亭，在悬峡中，因圮未入。既下，又半里出峡，为迦叶寺，其门东向，中亦高敞。此古迦叶殿，近因顶有新构，遂称此为寺云。入谒尊者〔四一〕。从其前南向循岐而下，其路峻而大。两丐者覆松为棚。曲折夹道数十折，一里余而至会灯寺。寺南向，人谒而出。东下半里，有岐西去者，放光寺道也。恐日昃不及行，遂不西向而东趋。其路坦而大，一里为圣峰寺。寺东向，踞分支之上，前有巨坊，后有杰阁，其势甚雄拓。阁祀玉皇，今皆以玉皇阁称之。从此北瞻西来寺，高缀层崖之上，屏霞亘壁，飘渺天半，其景甚异。出寺，东随陇行，二里，过白云寺。又从其右东行一里半，过慧林庵，则左右两溪合于前而陇尽。遂渡其左峡，东过大觉寺蔬园，一里，从息阴后逾中支之脊，从千佛阁前观街子。街子者，惟腊底〔四二〕集山中，为朝山〔四三〕之节，昔在石钟寺前，今移此以近大觉，为诸寺之中也。由街子东半里,过西竺寺,又二里余,入悉檀。

具餐后,知沈公莘野乃翁。来叩,尚留待寺间,亟下楼而沈公至,各道倾慕之意。时已暮,寺中具池汤〔四四〕候浴,遂与四长老〔四五〕及沈公就浴池中。池以砖甃,长丈五、阔八尺,汤深四尺,炊从隔壁釜中,竟日乃温。浴者先从池外挽水涤体,然后入池,坐水中浸一时,复出池外,擦而涤之,再浸再擦,浸时不一动,恐垢落池中也。余自三里盘浴后,入滇只澡于温泉,如此番之浴,遇亦罕矣。

二十九日

饭于悉檀,同沈公及体极之侄同游街子。余市鞋,顾仆市帽。遇大觉遍周亦出游,欲拉与俱。余辞岁朝往祝,盖以其届七旬也。既午,沈公先别去,余食市面一瓯〔四六〕。一里余,从大乘庵上幻住。一里入幻住,见其额为福宁寺,问道而出,犹不知为幻住也。由其右过峡西北行,一里而入兰陀寺,寺南向。由正殿入其东楼,艮一师出迎。问殿前所卧石碑。曰:"此先师所撰迦叶事迹记也。"昔竖华首门亭中,潘按君建绝顶观风台,当事者曳之顶,将摩镌新记,艮一师闻而往止之,得免,以华首路峻不得下,因纡道置此。余欲录之,其碑两面镌字,而前半篇在下。艮一指壁间挂轴云:"此即其文,从碑誊写而出者。"余因低悬其轴,以案就录之。艮一供斋〔四七〕,沈公亦至。斋后,余度文长不能竟,令顾仆下取卧具。沈公别去,余订以明日当往叩也。迨暮,录犹未竟,顾仆以卧具至,遂卧兰陀禅榻。顾仆传弘辨、安仁语曰:"明日是除夕,幸尔主早返寺,毋令人悬望也。"余闻之,为凄然者久之。

三十日

早起盥栉而莘野至，相见甚慰。同饭于兰陀。余仍录碑，完而莘野已去。遂由寺循脊北上，其道较坦，一里，转而东，一里出莘野庐前小静室。又半里而入莘野楼，则沈公在而莘野未还。沈公为具食，莘野适至，遂燕其楼。父子躬执爨，煨芋煮蔬，甚乐也。莘野恳令顾仆取卧具于兰陀曰："同是天涯，何必以常住〔四八〕静室为分。"余从之，遂停寝其楼之北楹。其楼东南向，前瞰重壑，左右抱两峰，甚舒而称。楼前以枇松连皮为栏，制朴而雅，楼窗疏棂明净。度除夕于万峰深处，此一宵胜人间千百宵。薄暮，凭窗前，瞰星辰烨烨下垂，坞底火光，远近纷拿〔四九〕，皆朝山者，彻夜荧然不绝，与瑶池月下，又一观矣。

〔一〕宾居：明置宾居巡检司。今名同，在宾川南境。

〔二〕火头基：今作河头基，分东西两村，位于宾居至州城间的桑园河两侧，此处应指今东河头基村。

〔三〕宾川州：弘治六年（公元 1493 年）析赵州及太和、云南二县地置，隶大理府，治今宾川县州城。

〔四〕大罗城：明有大罗卫，弘治六年与宾川州同置。至今州城稍西、桑园河东岸仍有村名大罗城，即明代大罗卫城。

〔五〕浪沧卫　应为"澜沧卫"，下同。明代设澜沧卫，与北胜州同城，在今永胜县。游记永昌志略作"澜沧卫"，明史地理志同。

〔六〕此河明代称桑园河、宾川溪，今亦称桑园河，又称宾居河。源于菇村，东流经宾居，又北流经州城、牛井、力角，往北入金沙江。

〔七〕其南五德山横亘天南　　此称五德山"即前洱海卫所望九鼎西高拥之山",而九鼎西大山为五福山,此"五德"即下日记所载"五福",沪本疑"德"为"福"之误,可从。

〔八〕江果村:今作江股,分大、小二村,在牛井街稍南。此"自西而东"的溪水即今大营河,"在溪北岸"的应指今小江股。

〔九〕东洞　　诸本如此,疑为"炼洞"之讹。

〔一○〕牛井街:今名同,1958年后为宾川县治,现设金牛镇。此自西而东经过炼洞及牛井的水即今炼洞河。

〔一一〕炼洞:今名同,在宾川县西北境,为通往鸡足山的必经之地。

〔一二〕龙潭:云贵两省俗称山间或坝子边缘有地下泉水涌出的深潭为龙潭。

〔一三〕沙址村:今名同,在宾川县西北隅。游鸡足山的公路通到沙址。原属炼洞乡,今设鸡足山镇。

〔一四〕鸡足山:在宾川县西北30公里,中耸平顶,三方各有山一支伸出,形似鸡足,因此得名,又省称鸡山。有迦叶石门,世传此山为佛大弟子迦叶守佛衣以待弥勒处,为我国佛教圣地之一,明清时最盛。庙宇甚多,旧志载有72峰,72寺,崖壑泉涧之属以数百计。有金顶、猢狲梯、虎跳涧、华首门、舍身崖、袈裟石、罗汉壁诸胜景,山顶如城,楞严塔共十二层,高达45米。经整饰或修复的寺庙有金顶寺、铜佛寺、祝圣寺等。鸡足山亦多奇花古树,有云南最高的柳杉(华严寺),树龄达675年的"空心树"(悉檀寺),明代栽的茶花(华严寺),等等。

〔一五〕徐本自戊寅十二月二十三日起至己卯二月二十四日，在第九册上，自己卯三月初一日至四月二十九日，在第九册下。上下合题"滇"，有提纲云："自鸡足山过鹤庆府，进丘塘关，抵丽江府解脱林。复自解脱林出丽江丘塘关、清玄洞，再至鹤庆。西过大脊下汝南哨、清水江、山膆塘、剑川州金华山、罗尤邑、莽歇岭、驮强江、石宝山、沙溪、罗木哨、观音山、出洞鼻、浪穹县佛光寨标楞寺。由浪穹凤羽山再出普陀崆，中所、邓川驿、上关、大理府。下关、石门、漾濞、横岭、永平县、宝台山、沙木河、澜沧铁桥、水寨、永昌府。冷水箐、枯飘、盘蛇谷、潞江、分水关、龙川江、乱箭哨、腾越州、尖山、固栋、南香甸、界头。"

〔一六〕悉檀寺：今已不存，遗址在鸡足山宾馆后面的树林里，有说明碑："悉檀寺，宾川县人民政府，一九九八年二月立。"水潭仍存，在鸡足山宾馆前。

〔一七〕须：等待。

〔一八〕瘗（yì易）：埋葬。

〔十九〕今为福宁寺　　原作"宁福寺"。宁抄本作"福宁寺"。十二月二十九日记："入幻住，见其额为福宁寺"。鸡山志略幻住庵注："后嗣定光。今名福宁。"据改。

〔二〇〕沙弥：梵文的音译讹略，意为"息恶"或"勤策男"，指依照佛教戒律出家，已受十戒，还没有受具足戒的男性修行者。

〔二一〕诠（quán全）解：详细解释。

〔二二〕归西方：佛教认为西方有极乐国土，佛家亦称逝世为归西方。

〔二三〕静闻墓：今存，在鸡足山文笔峰之阴，东南距尊胜塔院甚近。近年重修,周围绿树掩映。

〔二四〕从崖石间作猿猴升　原夺"猿"字,据徐本补。

〔二五〕建标:竖物作为表识。

〔二六〕鸡坪关:今名同,在鸡山东麓,炼洞正北。

〔二七〕摩尼山:今作牟尼山,在永胜县南隅,属片角乡。崇祯二年(公元 1629 年)建牟尼庵及吉祥塔。今已不存,遗址在牟尼山村。

〔二八〕霤(liù 溜):原为屋檐下接水的长槽,此处泛指承水的槽。

〔二九〕丁丑:崇祯十年,公元 1637 年。

〔三〇〕蘧(qú 渠)庐:旅舍。

〔三一〕铜殿:嘉庆重修一统志云南府载:"鸣凤山,在昆明县东,距金马山三里,旧名鹦鹉山,明巡抚陈用宾易今名。上有太和宫诸胜。""太和观,在昆明县东鸣凤山,中有铜亭,楹柱檐瓦皆铜铸成,地甃大理石,极瑰丽。其右为环翠宫。"鸣凤山海拔 2058 米。昆明金殿系明万历三十年(公元 1602 年)云南巡抚陈用宾创建,但崇祯十年(公元 1637 年)已撤迁到鸡足山。现铜殿系清康熙十年(公元 1671 年)吴三桂重铸,又称铜瓦寺。殿宽、深皆 6.2 米,高6.7 米,门窗柱瓦、帏幔、神像、供桌等全部用铜雕铸成,总重量约250 吨,为全国重点文物保护单位。

〔三二〕参(shēn 伸)、商:原为二星名,此出则彼没,两不相见,故常用以比喻互不和睦。

〔三三〕山门:佛寺多在山间,佛寺的大门因称山门。

〔三四〕腹诽:口里不说,心中不以为然。

〔三五〕木香坪　　原作"香木坪"，据四库本改。他处同。范承勋鸡足山志、大错鸡足山指掌图及新编鸡足山志皆作"木香坪"。

〔三六〕颦(pín 贫)：皱眉。　效颦：丑妇人学美女西施捧心皱眉，愈加难看，常比喻以丑拙学美好为效颦。

〔三七〕黥(qíng 京)面：在脸上刺字，再涂上墨。

〔三八〕迦叶：梵文摩诃迦叶波的略称，"摩诃"是大的意思，"迦叶波"是他的姓。大迦叶是释迦牟尼十大弟子之一，释迦死后，第一次会诵佛教总集三藏时，他是召集人。

〔三九〕袈裟(jiā shā 加沙)：梵文音译，为佛教僧尼的法衣。

〔四〇〕居士：通常称在家修道而又受过三归、五戒的佛教徒为居士。居家道士，名为居士。

鹤峋　　下文作"峋鹤"。

〔四一〕尊者：凡已成罗汉的和尚，为僧中之尊，故称为尊者。

〔四二〕腊底：腊月底，年底。

〔四三〕朝山：佛教徒到名山大寺进香拜佛，称为朝山。

〔四四〕汤：热水。

〔四五〕长(zhǎng 掌)老：佛教徒对住持僧的尊称。

〔四六〕瓯(ōu 欧)：装酒或食物的小盆。

〔四七〕斋(zhāi 摘)：又称斋食，即不带动物油荤的素食。

〔四八〕常住：寺僧不游方的称为常住。

〔四九〕纷拿：相著牵引。

滇游日记六〔一〕

己卯(崇祯十二年,公元 1639 年)正月初一日

　　在鸡山狮子林莘野静室。是早天气澄澈,旭日当前。余平明起,礼佛而饭,乃上隐空、兰宗二静室。又过野愚静室,野愚已下兰宗处。遂从上径平行而西,入念佛堂,是为白云师禅栖之所,狮林开创首处也。先是有大力师者,苦行清修,与兰宗先结静其下,后白云结此庐与之同栖,乃狮林最中,亦最高处。其地初无泉,以地高不能剞木〔二〕以引。二师积行通神,忽一日,白云从龛后龙脊中垂间,劙〔三〕石得泉。其事甚异,而莫之传。余入龛,见石脊中峙为崖,崖左有穴一龛,高二尺,深广亦如之。穴外石倒垂如檐,泉从檐内循檐下注,檐内穴顶中空,而水不从空处溢,檐外崖石峭削,而水不从削处坠,倒注于檐,如贯珠垂玉。穴底汇方池一函,旁皆菖蒲茸茸,白云折梅花浸其间,清泠映人心目。余攀崖得之以为奇,因询此龙脊中垂,非比两腋,何以泉从其隆起处破石而出?白云言:"昔年剜石得之,至今不绝。"余益奇之。后遇兰宗,始征其详。乃知天神供养之事,佛无诳语,而昔之所称卓锡、虎跑,于此得

其征矣。龛前编柏为栏,茸翠环绕,若短屏回合。阶前绣墩草,高圆如叠,跏趺〔四〕其上,蒲团〔五〕锦茵皆不如也。龛甚隘,前结松棚,方供佛礼忏〔六〕。白云迎余茶点,且指余曰:"此西尚有二静室可娱,乞少延憩,当瀹山蔬以待也。"余从之。西过竹间,见二僧坐木根曝背,一引余西入一室。其室三楹,乃新辟者,前甃石为台,势甚开整,室之轩几,无不精洁〔七〕,佛龛花供,皆极精严,而不见静主。询之,曰:"白云龛礼忏司鼓者是。"余谓此僧甚朴,何以有此?乃从其侧又上一龛,额曰"标月",而门亦扃。乃返过白云而饭。始知其西之精庐,即悉檀体极师所结,而司鼓僧乃其守者。饭后,又从念佛堂东上,蹑二龛。其一最高,几及岭脊,但其后纯崖无路,其前则旋崖层叠,路宛转循之,就崖成台,倚树为磴,山光悬绕,真如蹑鹫岭而上也。龛前一突石当中,亦环倚为台,其龛额曰"雪屋",为程还笔,号二游,昆明人,有才艺。而门亦扃。盖皆白云礼忏诸静侣也。

又东稍下,再入野愚室,犹未返,因循其东攀东峡。其峡自顶下坠,若与九重崖为分堑者。顶上危岩叠叠,峡东亘岩一支,南向而下,即悉檀寺所倚之支也。其东即九重崖静室,而隔此峰峡,障不可见。余昔自一衲轩登顶,从其东攀岩隙直上,惟此未及经行,乃攀险陟之。路渐穷,抵峡中,则东峰石壁峻绝,峡下陨壑崩悬,计其路,尚在其下甚深。乃返从来径,过帘泉翠壁下,再入兰宗庐。知兰宗与野愚俱在玄明精舍,往从之。玄明者,寂光之裔孙也。其庐新结,与兰宗静室东西相望,在念佛堂之下,莘野山楼之上。余先屡过其旁,翠条罨映,俱不能觉;今从兰宗之徒指点得之,则小阁疏棂,云明雪朗,致极清雅。阁名雨花,为野愚笔。诸静侣方坐啸其中,余至,共为清谈瀹茗。日既昃,<u>野愚</u>辈乃上探<u>白云</u>,余乃下憩<u>莘野</u>楼。薄暮,<u>兰宗</u>复来,与谈山中诸兰若〔八〕缘起,并古德〔九〕遗迹,日暮不能竟。

初二日

饭于<u>莘野</u>,即再过<u>兰宗</u>,欲竟所征,而<u>兰宗</u>不在。爰<u>玄明雨花阁</u>精洁,再过之,仍瀹茗剧谈。遂扶筇〔一〇〕西一里,过<u>望台岭</u>。此岭在<u>狮林</u>之西,盖与<u>旃檀岭</u>为界者,亦自岭脊南向而下,即<u>大觉寺</u>所倚之冈也,自<u>狮林</u>西陟其岭,即可望见绝顶西悬,故以"望"名。与其西一岭,又夹壑为坞,诸静室缘之,层累而下,是为<u>旃檀岭</u>。先是鸡山静室只分三处,中为<u>狮子林</u>,西为罗汉壁,东为<u>九重崖</u>,而是岭在<u>狮林</u>、罗汉壁之间,下近于<u>寂光</u>,故<u>寂光</u>诸裔,又开建诸庐,遂继三而为四焉。盖其诸庐在峡间,东为<u>望台岭</u>,西为<u>旃檀岭</u>,此岭又与<u>罗汉壁</u>为界者,又自岭脊南向而下,即<u>寂光寺</u>所倚之支也,是为中支。盖罗汉壁之东,回崖自岭脊分隗南下,既结<u>寂光</u>,由其前又南度东转,为<u>观音阁</u>、<u>息阴轩</u>,峙为瀑布东岭,于是又度脊而南,为<u>牟尼庵</u>,又前突为中岭,若建标于中,而<u>大士阁</u>倚其端,龙潭、瀑布二水口交其下,一山之脉络,皆以兹为绾毂云。

逾<u>望台岭</u>西三里,由诸庐上盘壑而西三里,又盘岭而南北转一里,北崖皆插天盘云,如列霞绡,而西皆所谓罗汉壁也。东自<u>旃檀岭</u>,西至<u>仰高亭峡</u>,倒插于众壑之上,当其东垂之褶〔一一〕者,<u>幻空</u>师结庐处也。<u>真武阁</u>倚壁足,其下曲径纵横,石级层叠,师因分箐为篱,点石为台,就阁而憩焉。其下诸徒辟为丛林,今名<u>碧云</u>者也。余前已访<u>幻空</u>返,忆阁间有<u>陈郡侯天工</u>诗未录,因再过录之。师复款谈甚久,出果饷之榻间。阁两旁俱有静室旁通,皆其徒所居,而无路达西来寺，必仍下碧云。

　　由山门西盘崖坡，又一里半，北上半里，抵壁足，则陕西僧明空所结庵也，今名西来寺。北京、陕西、河南三僧，俱以地名，今京、陕之名几并重。以余品之，明空犹俗僧也。其名之重，以张代巡凤翮同乡，命其住持绝顶迦叶殿，而沐府又以中和山铜殿移而界之，故声誉赫然。然在顶而与河南僧不协，在西来而惟知款接朝山男妇，其识见犹是碧云诸徒流等，不可望幻空后尘也。然其寺后倚绝壁，云幕霞标，屏拥天际，巍峭大观，此为第一。寺西有万佛阁，石壁下有泉一方，嵌崖倚壁，深四五尺，阔如之，潴水中涵，不盈不涸。万峰之上，纯石之间，汇此一脉，固奇，但不能如白云龛之有感而出，垂空而下，为神异耳。观其水色，不甚澄澈，寺中所餐，俱遥引之西峡之上，固知其益不如白云也。寺东有三空静室，亦倚绝壁。三空与明空俱陕人，为师兄弟，然三空颇超脱有道气，留余饭其庐，已下午矣。自西来寺东至此，石壁尤竦峭，寺旁崖迸成洞，其中崆峒，僧悉以游骑填驻其中，不可拦入，深为怅恨。又有峡自顶剖洼而下，若云门剑壁，嵌隙于中，亦为伟观。僧取薪于顶，俱自此隙投崖下，留为捷径，不能藉为胜概也。

　　既饭，复自寺西循崖而去，二里，崖尽而为峡，即仰高亭之上也。先是余由绝顶经此下，遂从大道入迦叶寺，不及从旁岐东趋罗汉壁，然自迦叶寺回眺崖端，一径如线痕，众窦如云盖，心甚异之，故不惮其晚，以补所未竟。然其上崖石虽飞嵌空悬，皆如华首之类，无可深入者。乃返，从西来、碧云二寺前，东过旃檀，仍入狮林，至白云龛下，寻玄明精舍。误入其旁，又得一龛，则翠月师之庐也。悉檀法眷。前环疏竹，右结松盖为亭，亦萧雅有致，乃少憩之。遂还宿莘野楼，已暮矣。

初三日

晨起，饭。荷行李将下悉檀，兰宗来邀，欲竟山中未竟之旨，余乃过其庐，为具盒具餐，遍征山中故迹。既午，有念诚师造其庐，亦欲邀过一饭。兰宗乃辍所炊，同余过念诚。路经珠帘翠壁下，复徙倚久之。盖兰宗所结庐之东，有石崖傍峡而起，高数十丈，其下嵌壁而入，水自崖外飞悬，垂空洒壁，历乱纵横，皆如明珠贯索。余因排帘入嵌壁中，外望兰宗诸人，如隔雾牵绡，其前树影花枝，俱飞魂濯魄，极罨映之妙。崖之西畔，有绿苔上翳，若绚彩铺绒，翠色欲滴，此又化工之点染，非石非岚〔一二〕，另成幻相者也。崖旁山木合沓，琼枝瑶干，连幄成阴，杂花成彩。兰宗指一木曰："此扁树，曾他见乎？"盖古木一株，自根横卧丈余，始直耸而起，横卧处不圆而扁，若侧石偃路旁，高三尺，而厚不及尺，余初疑以为石也，至是循视其端，乃信以为树。盖石借草为色，木借石为形，皆非故质矣。

东半里，饭于念诚庐。别兰宗，南向下"之"字曲，半里，又入义轩庐。义轩，大觉之派，新构静室于此，乃狮林之东南极处也。其上为念诚庐，最上为大静室，即野愚所栖，是为东支。莘野楼为西南极处，其上为玄明精舍，最上为体极所构新庐，是为西支。而珠帘之崖，当峡之中，傍峡者为兰宗庐，其上为隐空庐，最上为念佛堂，即白云师之庐也，是为中支。其间径转崖分，缀一室即有一室之妙，其盘旋回结，各各成境，正如巨莲一朵，瓣分千片，而片片自成一界，各无欠缺也。

从义轩庐又南向"之"字下，一里余，过天香静室。天香，幻住庵僧也，其年九十，余初上觅莘野庐，首过此问道者。又南一里，过幻住庵，其西即兰陀寺也，分陇对衡，狮林之水，界于左右，而合于其下焉。又南下一里余，二水始合，渡之即为大乘庵。由涧南东向循之，半里，水折而南，复逾涧东南下，一里，过无我、无息二庵。其下即为小龙潭、五花庵，已在悉檀寺右廊之外，而冈陇间隔。复逾涧南过迎祥寺，乃东向随涧行，一里，抵寺西虎砂，即前暗中摸索处也。其支自兰陀南来，至迎祥转而东，横亘于悉檀寺之前，东接内突龙砂，兜黑龙潭于内，为悉檀第一重案。其内则障狮林之水，东向龙潭；其外则界旃檀之水，合于龙潭下流，而脉遂止于此焉。于是又北逾涧半里，入悉檀寺，与弘辨诸上人相见，若并州故乡焉。前同莘野乃翁由寺入狮林，寺前杏花初放，各折一枝携之上；既下，则寺前桃亦缤纷，前之杏色愈浅而繁，后之桃属更新而艳，五日之间，芳菲乃尔。睹春色之来天地，益感浮云之变古今也。

初四日

饭于悉檀，即携杖西过迎祥、石钟二寺。共二里，于石钟、西竺之前，逾涧而南，即前山所来大道也。余前自报恩寺后渡溪分道，误循龙潭溪而上，不及过大士阁出此，而行李从此来。顾仆言大士阁后有瀑甚奇，从此下不远，从之，即逾脊。脊甚狭而平，脊南即瀑布所下之峡，脊北即石桥所下之涧，脊西自息阴轩来，过此南突而为牟尼庵，尽于大士阁者也。脊南大路从东南循岭，观瀑亭倚之。瀑布从西南透峡，玉龙阁跨之。由观瀑亭对崖瞰瀑布从玉龙阁下隙，坠崖悬练，深百余丈，直注峡底，峡逼箐深，俯视不能及其麓。然踞亭俯仰，绝顶浮岚，中悬九天，绝崖陨雪，下嵌九地，兼之霁色澄映，花光浮动，觉此身非复人间，天台石梁，庶几又向昙花亭上来也。时余神飞玉龙阁，遂不及南下问大士阁之胜，于是仍返脊，南循峡端共一里,陟瀑布之上,登玉龙。其阁跨瀑布上流,当两山峡口,乃西支与中支二大距凑拍处,水自罗汉华严来,至此陨空下捣。此一阁正如石梁之横翠,鹊桥之飞空,惜无居人,但觉杳然有花落水流之想。阁为杨冷然师孔所题,与观瀑亭俱为蒋宾川尔弟所建。有一碑卧楼板,偃踞而录之。

遂沿中支一里,西上息阴轩。从其左北逾涧,又北半里,入大觉寺,叩遍周老师。师为无心法嗣,今年届七十,齿德两高,为山中之耆宿〔一三〕。余前与之期以新旦往祝,而狮林迟下,又空手而前,殊觉快快。师留餐于东轩。轩中水由亭沼中射空而上,沼不大,中置一石盆,盆中植一锡管,水自管倒腾空中,其高将三丈,玉痕一缕,自下上喷,随风飞洒,散作空花。前观之甚奇,即疑虽管植沼中,必与沼水无涉,况既能倒射三丈,何以不出三丈外?此必别有一水,其高与此并,彼之下,从此坠,故此上,从此止,其伏机当在沼底,非沼之所能为也。至此问之,果轩左有崖高三丈余,水从崖坠,以锡管承之,承处高三丈,故倒射而出亦如之,管从地中伏行数十丈,始向沼心竖起,其管气一丝不旁泄,故激发如此耳。雁宕小龙漱下,昔有双剑泉,其高三尺,但彼则自然石窍,后为人斫窍而水不涌起,是气泄之验也。余昔候黄石斋于秣陵〔一四〕,见洪武门一肆盆中,亦有水上射,中有一圆物如丸,跳伏其上,其高止三尺,以物色黄君急,不及细勘,当亦此类也。既饭,录碑于西轩。轩中山茶盛开,余前已见之,至是折一枝。

别遍周,西半里,过一桥,又北上坡一里,入寂光寺。寺住持先从遍周东轩同餐,至此未返。余录碑未竟,暝色将合,携纸已罄〔一五〕,乃返悉檀。又从大觉东一探龙华、西竺二寺,日暮不能详也。

初五日

暂憩悉檀寺。莘野乃翁沈君，具柬邀余同悉檀诸禅侣，以初六日供斋狮林，是日遂不及出。

初六日

悉檀四长老饭后约赴沈君斋，沈君亦以献岁周花甲〔一六〕，余乃录除夕下榻四诗为祝。仍五里，至天香庐侧，又蹑峻二里而登莘野楼，则白云、翠月、玄明诸静侣皆在。进餐后，遂同四长老遍探林中诸静室。宛转翠微间，天气清媚，茶花鲜娇，云关翠隙，无所不到。先过隐空，为留盒茗。过兰宗、野愚，俱下山。过玄明，啜茗传松实〔一七〕。过白云，啜茗传茶实。茶实大如芡实，中有肉白如榛，分两片而长，入口有一阵凉味甚异。即吾地之茗实，而此独可食。闻感通寺者最佳，不易得也。间有油者棘口。过体极静庐，预备茶盒以待。下午，仍饭于莘野楼。四长老强余骑，从西垂下二里，过兰陀寺西，从其前东转，乃由幻住前下坡，四里，归悉檀。

初七日

晨起，大觉寺遍周令其徒折柬来招，余将赴之，适艮一、兰宗至，又有本寺复吾师自摩尼寺至，复吾，鹤庆人，以庠士为本无高徒。今主摩尼，间归本刹，乃四长老之兄行也。有子现在鹤庠。野愚师又至，遂共斋本刹。下午，野愚、兰宗由塔盘往大士阁，余赴大觉之招。小食后，腹果甚，遂乘间往寂光，录前所未竟碑。仍饭于大觉，而还悉檀宿。

初八日

饭后，四长老候往本无塔院，盖先期以是日祭扫也，余从之。由寺左龙潭东下一里，又过一东腋水南行半里，则龙砂内支，自东而西突，与中支大士阁之峰，夹持于悉檀之前，其势甚紧。悉檀左右前后诸水，俱由此出。路由岭坳南度，余同弘辨、莘野特西探其岭。隔峡西眺，中支南突，至此而尽，大士阁倚其下，乃天然锁钥，为悉檀而设者也。仍还由大路，循东岭而南，半里，为静闻瘗骨处，乃登拜之。

又南一里，则龙砂外支，又自东岭分突而西[一八]，与西支传衣之峰对，亦夹持于悉檀之前，其势甚雄。大士阁东龙潭诸水，阁西瀑布诸水，悉由此而出。此岭为一山之龙砂，而在悉檀为尤近，即鸡足前三距[一九]中之东南支也。其脉自绝顶东亘，屏立空中，为罗汉壁、狮子林、点头峰、九重崖后脊。中支由罗汉壁下坠而止于大士阁，东支由九重崖东南环为此岭，若臂之内抱，先分一层为内砂，与中支大士阁对，又纡此层为外砂，与西支传衣后峰对。其势自东而西突，其度脊少坳如马鞍，故昔以马鞍岭名之。余初入鸡山抵大觉，四顾山势，重重回合，丛林净室，处处中悬，无不恰称，独此处欠一塔，为山中缺陷。及至悉檀，遥顾此峰尤奇，以为焉得阿育王大现神通于八万四千中，分一灵光于此。既晤弘辨，问仙陀何在？曰："在塔盘。"问塔盘何在？则正指此山也。时尚未竖塔心，不能遥瞩，自后则瞻顾如对矣。人谓鸡山前伸三距，惟西支长，而中东二支俱短，非也。中支不短，不能独悬于中，令外支环拱。西支固长，然其势较低，盖虎砂正欲其低也。若东支之所谓短者，自其环抱下坠处言之，则短，自其横脊后拥处言之，则甚长而崇，非西支之可并也。盖西支缭绕而卑，虎砂也，而即以为前案；东支夭矫而尊，龙砂也，而兼以为后屏，皆天设地造，自然之奇，拟议所不及者也。塔盘当峰头，在马鞍中坳之西，有大路在马鞍之间，则东南下鸡坪关者；有岐路在马鞍之东，则东北向本无塔院者。时塔盘工作百余人，而峰头无水，其东峰有水甚高，以中坳不能西达，乃竖木柱数排于坳中，架桥其上以接之。柱高四丈余，刳木为沟，横接松杪。昔闻霄汉鹊桥，以渡水也，今反为水渡，抑更奇矣。大觉则抑之地中以倒射，此则浮之空中使交通，皆所谓颠倒造化也。由坳东向循峰，则鸡山大脊之南尽处也。其前复开大洋，分支环抱，又成一向，可谓灵山面面奇矣。

共二里，登谒本无塔。塔甚伟，三塔并峙，中奉本公舍利〔二○〕，左右则诸弟子普、同二塔也。左为塔院，有亭有庑，而无守者。可憩可栖。诸静侣及三番僧皆助祭，余则享馂〔二一〕焉。时同祭者，四长老外，则白云、复吾、沈公及莘野诸后裔俱集。若兰宗、艮一，则本公雁行〔二二〕，故不至云。祭后，仙陀、纯白又携祭品往祭马鞍岭北三塔，遂及静闻。下午，还过塔盘，叩仙陀，谢其祭静闻也。

初九日

晨餐后，余即携杖西行。三里，过息阴轩。轩在中支之脊，大觉寺之前案也，为本无师静摄处。额为金宪冯元成时可所书。筇竹轩，亦曰息阴，以本无从筇竹披剃也。其前有三岐：从左渡涧，趋大觉、寂光；从右渡涧，趋传衣，下接待；从后直上，则分渡右涧，或由慧林而上圣峰，或陟西支而抵华严焉。余乃先半里从右渡，转而东上南岭，半里，盘其东崖之上，即瀑布之西峰也。于是循之南行，东瞩中支之大士阁在其下，东支之塔盘岭对其上。平行三里，乃东转随坡下，一里，则传衣寺东向倚山之半。其北先有止止庵，嘿庵真语所建，传衣大机禅师之友也。又南为净云，彻空真炳所建。又南有弥陀、圆通、八角三庵,皆连附于传衣寺者,而八角名之最著,以昔有八角亭,今改创矣。八角开创于嘉靖间,为吉空上人所建。其南即为传衣寺,寺基开爽,规模宏拓,前有大坊,题曰"竹林清隐",乃直指毛堪苏州毛其茨也。所命,颇不称。上又一直指大标所题古松诗,止署曰"白岳"。古松当坊前,本大三围,乃龙鳞,非五鬣也。山间巨松皆五鬣,耸干参天,而老龙鳞颇无大者,遂以纠挐见奇。干丈五以上,辄四面横枝而出,枝大侔于干,其端又倒垂斜攫,尾大不掉,干几分裂。今筑台拥干,高六七尺,又植木支其横枝,仅免于裂,亦幸矣。由梯登台,四面横枝倒悬于外,或自中跃起,或自巅垂飏,其纷纠翔舞之态,不一而足,与天台矞凤,其一类耶!坊联曰:"花为传心开锦绣,松知护法作虬龙。"为王元翰聚洲笔。门联曰:"峰影遥看云盖结,松涛静听海潮生。"为罗汝芳近溪笔。差可人意。然罗联涛潮二字连用,不免叠床之病,何不以"声"字易"涛"字乎?寺昔为圆信庵,嘉靖间,李中谿元阳为大机禅师宏创成寺,其徒印光、孙法界,戒律〔二三〕一如大机。万历辛丑〔二四〕元日毁于火,法界复鼎建之,视昔有加。先是余过止止庵,一病僧留饭,坐久之,见其方渐米〔二五〕,乃去,饭于净云僧觉心处,遂入参寺中,入其西藏经阁。阁前山茶树小而花甚盛,为折两枝而出。乃东北下峡中,一里,有垣围一区,瀦山为池,畜金鱼于中,结茅龛于上者,亦传衣之裔僧也。云影山光,以一泓印之,不觉潭影空心。又东北下半里,抵峡底,则瀑布之下流也,去瀑布已一曲。昔从瀑上瞰,不见其底,今从峡底涉,亦不见其瀑。峡西有草庐菜畦,则犹传衣之蔬圃也。峡中水至是如引丝,反不如悬瀑之势巨矣。

渡涧,乃东上坡,一里而至大道,则大士阁之侧也。阁倚中支南突之半，其前有坊有楼，历级甚峻，后为阁，飞甍〔二六〕叠栋，上供大士，左右各有楼，其制亦敞。乃万历丙午〔二七〕，直指沈公所建，选老僧拙愚者居之，命曰三摩寺。余录碑阁下，忽一僧殷勤款曲，问之，乃拙公之徒虚宇也。虚宇又为兰宗之派，今拙公没，虚宇当事。昨野愚、兰宗宿此，想先道余，故虚宇一见惓惓〔二八〕，且留宿。余以日暮碑长，许之。令顾仆返悉檀，乃下榻于西楼之奥室。

初十日

晨起盥栉，而顾仆至，言弘辨师遣僧往丽江已行，盖为余前茅者〔二九〕。余乃候饭，即从寺右大道北上，二里，陟中支之脊，有庵踞其上，曰牟尼庵。其前松影桃花，恍有异致。庵后即观瀑亭，回瞰瀑布，真有观不足之意。仍溯中支二里，过息阴轩，从其后直西一里，又南下渡涧西行，已在大觉寺蔬圃之南矣。盖大觉蔬圃当中支之后，中支至是自北转东，其西有二流交会，即瀑布之上流也。一自罗汉壁东南下，一自华严东北流，二水之交，中夹一支，其上为慧林庵，乃西南支东出之旁派，圣峰、白云寺所倚者也。华严之路，又从圃东渡其下流。乃从涧南溯之西上，一里半，渐逾支脊。其南复有一涧，与西支东走之脊隔。又从其涧北溯之西上，一里余，见脊上有冢三四，后有轩楼遗构，与冢俱颓。此脊乃西支余派，直送而出，无有环护，宜其然也。由冢西复下峡，其峡复有二：在南者，自西支法照寺南发源，东下经华严寺北，至此而与北涧合；在北者，自西支法照寺北发源，东下经毗卢寺北，至此而与南涧合。二水之交，中夹一支，为华严寺北向之案，亦西南支东出之旁派，毗卢、祝国二寺所倚者也。涉北涧，有二岐：随涧西行者，为祝国、毗卢道；由支端登脊而上，溯南涧之北西行者，为华严道。余乃登脊，瞰南涧行。一里,有亭桥横跨涧上,乃华严藉为下流之钥也。度桥,始为西南本支,又西半里而得华严寺。寺当西南支之脊,东北向九层崖而峙,地迥向异,又山中一胜也。盖鸡山中东二支,及绝顶诸刹,皆东南二向,曾无北拱者,惟此寺回首返照,北大山诸林刹,历历倒涌,亦觉改观。规模亦整,与传衣伯仲。嘉靖间,南都古德月堂开建,其徒月轮,以讲演名,万历初,圣母赐藏。后遭回禄〔三〇〕。今虽重建,绀宇依然,而法范寂寥矣。寺东有路,东行山脊,乃直达传衣者。由寺前峡上西行,半里,复有亭桥横跨涧上,即东桥上流也。寺左右各有桥有亭,山中之所仅见。

　　过桥,又陟其北向余支,蹑冈半里,旋冈脊,过毗卢寺,寺前为祝国寺,俱东向踞冈。寺北有涧东下,即前所涉之北涧也。又由其南崖溯之西上,一里半,有寺踞冈脊,是为法照寺。盖西南支自铜佛殿下南坠,至此东转,当转折处,又东抽一支以为毗卢、祝国之脉,而横亘于华严之前者也,是为西南余支之第一。法照之北,又分一冈相夹,无住庵倚之,即下为颊颊之支,是为西南余支之第二。屡有路直北逾冈渡峡而横去,皆向圣峰、会灯之大道。余欲析其分支之原,遂从峡中溯之而上,于是南舍法照,北绕无住之后,峡路渐翳,丛箐横柯,遂成幽阒,然已渐逼绝顶之下矣。时路无行人,随一桃花箐村氓行。一里,北循峡中,又一里,北蹑坠脊,又一里,遂逾脊而西。乃西见木香坪之前山外拥,华首门之绝壁高悬,桃花箐之过腋西环,而此脊上自铜佛殿,下抵法照寺,转而东去,界此脊西一壑,另成一境,则放光寺所倚也。逾脊,更西北盘蹙上行,又一里半而得大路,已直逼华首门下崖矣。其路东自圣峰来,西由放光出桃花箐,抵邓川州,为大道。余西随之,半里而放光寺在焉。

其寺南向，后倚绝壁，前临盘壑，以桃花箐为右关，以西南首支为左护，其地虽在三距之外，而实当绝顶之下，发光钟异，良有以也。余初自曹溪、华首门下瞰之，见其寺沉沉直坠壑底，以为光从窅阃中上腾，乃魑栖彪伏〔三一〕之窟。及至而犹然在万壑盘拱之上，而上眺华首，则一削万仞，横拓甚阔，其间虽有翠纹烟缕，若绣痕然，疑无可披陟，孰知其上乃西自曹溪，东连铜佛殿，固自有凌云之路，横缘于华首之前也。然当身历华首时，止仰上崖之穹崇，不觉下壁之峻拔，至是而上下又合为一幅，其巍廓又何如也？然则鸡山虽不乏层崖，如华首、罗汉、九重诸处，其境界固高，而雄杰之观，莫以逾此矣。寺前以大坊为门，门下石金刚〔三二〕二座，镂刻甚异，狰狞之状，恍与烟云同活。其内为前楼，楼之前有巨石峙于左，高丈五，而大如之；上擎下削，构亭于上，蒋宾川题曰"四壁无然"。其北面正可仰瞻华首，而独为楼脊所障，四壁之中，独翳此绝胜一面，不为无憾。寺建于嘉靖间，陕西僧圆惺所构。万历初，毁而复兴。李元阳有碑，范铜而镌之，然镌字不能无讹。其后嗣归空更建毗卢阁，阁成而神庙赐藏。

余录铜碑，殿中甚暗，而腹亦馁。时主僧俱出，止一小沙弥在，余界之青蚨，乃爇竹为炬，煮蔬为供。既饭，东遵大道一里，逾垂支之脊又一里余，盘坠峡之上，得分岐焉。一过峡直东者，为圣峰路；一蹑岭北上者，为会灯路，始为登顶正道。余乃北蹑上岭，数曲而至会灯寺。寺南向，昔为廓然师静室，今其嗣创为寺。由寺西更转而北上，复数曲，一里余而过迦叶寺。寺东向，此古迦叶殿也。今张按君迁迦叶殿于绝顶，因改此为寺。由其前北向入峡，其峡乃西自绝顶，东自罗汉壁，两崖相夹而成，中垂磴道。少上有坊，为罗、李二

先生游处。罗为近溪先生汝芳,李为见罗先生材,皆江西人,同为司道游
此。又上有亭,为仰高亭,中有碑,为万历间按君周懋相所立,纪登
山及景仰二先生意。周亦江西人也。余前过此,见亭中颓,不及录
其文而去,故此来先录之。风撼两崖间,寒凛倍于他处,文长字冗,
手屡为风所僵。录竟,日色西倾。望其上兜率庵,即前所从下,而
其东横缘之路出罗汉壁者,前又曾抵此而返,顶头未了之事,未可
以余暑尽也。

乃返步下,仍过迦叶寺前,见有岐东下壑中,其壑底一庵在圣
峰北者,必补处庵也,乃取道峡中随壑下,盖缘脊下经会灯者为正
道,随壑东下趋补处者为间道。下二里,过补处庵。亦稍荒落,恐
日暮不入。由其前渡峡涧南,遂上坡,过圣峰寺。寺东向,前有大
坊。由坊外东行里余,冈脊甚狭,南北俱深坑逼之。度脊又东里
余,有寺新构,当坡之中垂,是为白云寺。余欲穷此支尽处,遂东下
行南涧之上,二里,则慧林庵踞坡尽处。缘庵前转下北涧,渡之,始
陟中支行,北涧与南涧乃合于路南,其东即大觉蔬圃矣。东半里,
过蔬圃北,又东一里,过息阴轩南,又东一里,过瀑布北,遂去中支,
北涉西竺寺涧,而行中东二支盘壑中矣。又二里,薄暮,入悉檀寺。

〔一〕滇游日记六在乾隆刻本第七册上。

〔二〕刳(kū 枯)木:把树木剖开挖空。

〔三〕劖(chán 缠):凿。

〔四〕跏趺(jiā fū 加夫):"结跏趺坐"的略称,即两脚交迭而
坐,脚底板朝上,默然凝神,为佛教修禅者的坐法。

〔五〕蒲团:僧人坐禅及跪拜所用的垫子,用蒲编成,形状团

圆,故称蒲团。现亦用稻草编成或布缝制。

〔六〕礼忏:佛家礼拜三宝忏悔罪孽的仪式,又称拜忏。

〔七〕室之轩几无不精洁 原脱此八字,据徐本补。

〔八〕兰若:梵语"阿兰若"的省称,义即空寂闲静的地方,为寺庙的另一称谓。

〔九〕古德:佛教徒对其先辈的尊称。

〔一〇〕筇(qióng 穷):通作"邛",本我国西南地区古代族名,在今四川西昌一带。邛地产竹,节高实中,可作手杖,即史记西南夷列传中所说的"邛竹杖"。后来,杖也称筇。

〔一一〕褶(zhě 者):折迭。

〔一二〕岚(lán 蓝):山林中的雾气。

〔一三〕耆(qí 其)宿:年高而有道德学问的人。

〔一四〕秣陵:南京在秦汉时属秣陵县,治所在今南京市区南20 余公里的秣陵镇。明代置秣陵关。秣陵也是南京的古称。洪武门为明代南京宫城南面的正门,在今南京光华门内稍北处。

〔一五〕罄(qìng 庆):尽,完。

〔一六〕花甲:我国古代纪年方法有多种,其中一种以十天干、十二地支参互配合,60 年为一轮,因称年满 60 岁为一花甲。

〔一七〕松实:即食用的松籽,至今仍为云南特产。

〔一八〕龙砂:青龙为中国古代神话中的东方之神,后为道教所信奉,同白虎、朱雀、玄武合称四方四神。青龙在左,代表东方,东边左砂即称龙砂。白虎在右,代表西方,西边的右砂则称虎砂。朱雀在前,代表南方。玄武在后,代表北方。

〔一九〕距:鸡的脚爪。

〔二〇〕舍利:梵文音译的略称,即佛骨。释迦牟尼死后,弟子焚其身,有骨子如五色珠,光莹坚固,称舍利子,因造塔埋葬。后僧侣死后火化的残余骨烬亦称舍利,且亦建塔埋葬。僧侣墓地集中的地方,即称塔院。

〔二一〕馂(jùn 俊):剩余的食物。

〔二二〕雁行(háng):弟兄辈。意即兄弟长幼,年齿有序,如飞雁平行而又排列有次序。

〔二三〕戒律:僧徒必须遵守的法规。

〔二四〕万历辛丑:万历二十九年,公元 1601 年。

〔二五〕淅(xī 息)米:淘米。

〔二六〕甍(méng 蒙):屋脊。

〔二七〕万历丙午:万历三十四年,公元 1606 年。

〔二八〕惓(quán 权)惓:诚恳而深切。

〔二九〕前茅:古代行军时,前哨侦察敌情的人以茅为旌,遇有敌情,则举旌警告后军,故前茅指先头部队。

〔三〇〕圣母:皇帝的生母。　　回禄:传说中的火神名,俗作火灾的代称。

〔三一〕鼯(wú 吾):即鼯鼠,又称大飞鼠,前后肢间有宽而多毛的飞膜,常夜间出来滑翔。　　虺(huǐ 毁):毒蛇。

〔三二〕金刚:梵文嚩日罗的意译,原指一种最坚硬的兵器。佛教用以美化它所宣扬的教义,也称"般若"(智慧)为金刚。通常则称寺院山门两侧的四天王像为四大金刚。

十一日

饭后，觉左足拇指不良，为皮鞋所窘也。而复吾亦订余莫出，姑停憩一日，余从之。弘辨、安仁出其师所著书见示，禅宗赞颂、老子玄览、碧云山房稿。弘辨更以纸帖墨刻本公所勒。相界，且言遍周师以青蚨相貤，余作柬谢之。甫令顾仆持去，而大觉僧复路遇持来，余姑纳之笥。上午，赴复吾招，出茶果，皆异品。有本山参，以蜜炙为脯〔一〕，又有孩儿参，颇具人形，皆山中产。又有桂子，又有海棠子，皆所未见者。大抵迤西果品，吾地所有者皆有，惟栗差小，而枣无肉。松子、胡桃、花椒，皆其所出，惟龙眼、荔枝市中亦无。菌之类，鸡葼之外，有白生香蕈。白生生于木，如半蕈形，不圆而薄，脆而不坚。黔中谓之八担柴，味不及此。此间石蜜最佳，白若凝脂，视之有肥腻之色，而一种香气甚异。因过安仁斋中观兰。兰品最多，有所谓雪兰花白、玉兰花绿最上，虎头兰最大，红舌、白舌以心中一点，如舌外吐也。最易开，其叶皆阔寸五分，长二尺而柔，花一穗有二十余朵，长二尺五者，花朵大二三寸，瓣阔共五六分，此家兰也。其野生者，一穗一花，与吾地无异，而叶更细，香亦清远。其地亦重牡丹，悉檀无山茶而多牡丹，元宵前，蕊已大如鸡卵矣。

十二日

四长老期上九重崖，赴一衲轩供，一衲轩为木公所建，守僧岁支寺中粟百石，故每岁首具供一次。以雨不能行。饭后坐斋头，抵午而霁，乃相拉上崖。始由寺左半里，上弘辨静室基旁。又西半里，过天柱静室旁。又北跻一里半，横陟峡箐，始与一西来路合，遂东盘峡上。半里，其北又下坠一峡，大路陟峡而逾东北岭，乃北下后川向罗川之道；小路攀脊西北上，乃九重崖之东道，其路甚峻，即余前所上者。第此时阴晴未定,西南望木香坪一带积雪峥嵘,照耀山谷,使人心目融彻,与前之丽日澄空,又转一光明法界〔二〕矣。一里余,抵河南师静室。路过其外,问而知之。雨色复来,余令众静侣先上一衲轩,而独往探之。师为河南人,至山即栖此庐,而曾未旁出。余前从九重崖登顶,不知而过其上;后从狮林欲横过野愚东点头峰下,又不得路;踌躇至今,恰得所怀。比入庐,见师,人言其独栖,而见其一室三侣;人言其不语,而见其条答有叙;人言其不出,而见其把臂入林,亦非块然者。九重崖静室得师,可与狮林、罗汉鼎足矣。坐少定,一衲轩僧来邀,雨阵大至,既而雪霏,师挽留,稍霁乃别。蹀磴半里,有大道自西上,横陟之,遂入一衲轩。崖中静主大定、拙明辈,皆供餐络绎,迨暮不休。雨雪时作,四长老以骑送余,自大道西下。其道从点头峰下,横盘脊峡,时岚雾在下,深崖峭壑,茫不可辨。二里,与狮林道合,已在幻住庵之后,西与大觉塔院隔峡相对矣。至此始胜骑,从幻住前下山,又四里而入悉檀。篝灯作杨赵州书。

十三日

晨起饭,即以杨赵州书畀顾仆,令往致杨君。余追忆日记于东楼。下午,云净天皎。

十四日

早寒,以东楼背日,余移砚于藏经阁前桃花下,就暄〔三〕为记。上午,妙宗师以鸡葼茶果饷,师亦检藏其处也。是日,晴霁如故。迨晚,余忽病嗽。

十五日

余以嗽故,卧迟迟,午方起。日中云集,迨晚而霽。余欲索灯卧,弘辨诸长老邀过西楼观灯。灯乃闽中纱围者,佐以柑皮小灯,或挂树间,或浮水面,皆有荧荧明星意,惟走马纸灯,则闇而不章也〔四〕。楼下采青松毛铺藉为茵席,去卓〔五〕跌坐,前各设盒果注茶为玩,初清茶,中盐茶,次蜜茶,本堂诸静侣环坐满室,而外客与十方诸僧不与焉〔六〕。余因忆昔年三里龙灯,一静一闹;粤西、滇南,方之异也;梵宇官衙,寓之异也,惟佳节与旅魂无异!为黯然而起,则殿角明蟾〔七〕,忽破云露魄矣。

十六日

晨餐后,复移砚就暄于藏经阁前桃花下。日色时翳。下午返东楼,嗽犹未已。抵暮,复云开得月。

十七日

作记东楼。雨色时作。

十八日

浓云密布,既而开霁。薄暮,顾仆返自赵州〔八〕。

十九日

饭后,晴霁殊甚。遂移卧具,由悉檀而东,越大乘东涧,一里上脊,即迎祥寺。从其南上,寺后半里为石钟寺,又后为圆通、极乐二庵。极乐之右即西竺,西竺之后即龙华。从龙华前西过大路,已在西竺之上,去石钟又一里矣。龙华之北坡上,即大觉寺。龙华西,临涧又有一寺,前与石钟同东南向。从其后渡涧,即彼岸桥,下流即息阴轩,已为中支之脊矣。从轩左北向上,过观音阁,为千佛寺,其前即昔之街子,正当中脊,今为墟矣。

复北渡涧,从大觉侧西北上。寺僧留余入,谢之。仍过涧桥,上有屋,额曰"彼岸同登"。其水从望台岭东下,界于寂光、大觉之间者,<u>龙华</u>至此,又一里矣。过桥复蹑中支上,半里,中脊为<u>水月庵</u>,脊之东腋为<u>寂光</u>,脊之西腋为<u>首传</u>。僧<u>净方</u>,年九十矣,留余,未入。由寺右盘一嘴,东觑一庵,桃花嫣然,松影历乱,趋之,即<u>积行庵</u>也。其庵在<u>水月</u>之西,<u>首传</u>之北。僧<u>觉融</u>留饭。后乃从庵左东上,转而西北登脊。从中支脊上二里,有静室当脊,是曰<u>烟霞室</u>,<u>克心</u>之徒<u>本和</u>所居。由其西分岐上<u>罗汉壁</u>,由其东盘峡上<u>旃檀岭</u>。岭从峡西下,路北向作“之”字上,一里,得<u>克心</u>静室。<u>克心</u>者,<u>用周</u>之徒,昔住持<u>寂光</u>,今新构此,退休。其地当垂脊之左,东向稍带南,又以西支外<u>禾字孔</u>大山为虎砂,以<u>点头峰</u>为龙砂,龙近而虎远,又与<u>狮林</u>之砂异。其东有<u>中和</u>静室,亦其徒也,为郁攸〔九〕所焚,今<u>中和</u>往省矣。<u>克心</u>留余,点茶稠叠,久之别,已下午。遂从右上,小径峻极,令其徒偕。

上半里,得西来大道,随之东上。又半里,陟<u>旃檀岭</u>脊而西南行,经<u>烟霞室</u>,渐转东南,为<u>水月</u>、<u>寂光</u>。由其前,又西南一里,盘一嘴,有庐在嘴上,余三过皆钥门不得入,其下即<u>白云寺</u>所托也。又西半里,再盘突嘴而上,即<u>慧心</u>静室。<u>慧心</u>为<u>幻空</u>徒,始从<u>野愚</u>处会之,前曾过<u>悉檀</u>来叩,故入叩之,方禅诵<u>会灯庵</u>,其徒供茶而去。后即<u>碧云寺</u>,不入。从其侧又盘嘴两重,二里,北上<u>西来寺</u>,西经<u>印雪楼</u>前,又西循诸绝壁行,一里,为<u>一真兰若</u>,其上覆石平飞。又西半里,崖尽而成峡。其峡即峰顶与<u>罗汉壁</u>夹峙而成者,上自<u>兜率宫</u>,下抵<u>罗</u>、<u>李</u>二先生坊,两壁夹成中溜,路当其中。溜之半,崖脚内嵌,前耸巨木,有旧碑刻<u>峋鹤</u>诗,乃题<u>罗汉壁</u>者。中横一岐,由其上涉溜半里,过<u>玄武庙</u>。又半里,过<u>兜率宫</u>,已暮,而宫圮无居人。又上一里,叩<u>铜佛殿</u>,入而栖焉,即所谓<u>传灯寺</u>也。前过时,朝山之履相错,余不及入,兹寂然。久之,得一老僧启户,宿。

二十日

晨起,欲录寺中古碑,寒甚,留俟下山录,遂置行具寺中。寺中地俱大理石所铺。盖以登绝顶二道,俱从寺而分,还必从之也。出寺,将北由袈裟石上,念猢狲梯前已蹋之,登其崖端而下,束身峡向虽从之下,犹未及仰升,兹不若由南上北下,庶交览无偏。乃从寺右循崖西行,遂过华首门而西,崖石上下俱峭甚,路缘其间,止通一线,下瞰则放光寺正在其底,上眺则峰顶之舍身崖即其端,而莫能竟也。其西一里,有歧悬崖侧,余以为下放光道,又念层崖间何能垂隙下。少下,有水出崖侧树根间,刳木盛之,是为八功德水。刳木之外无余地,水即飞洒重崖,细不能见也。路尽仍上,即前西来入大道处,有草龛倚崖间,一河南僧习静其中,就此水也。又西半里,稍上,又半里,为曹溪庵。庵止三楹,倚崖,门扃无人。其水较八功德稍大,其后危崖,稍前抱如玦。余攀石直跻崖下,东望左崖前抱处,忽离立成峰,圆若卓锥,而北并崖顶,若即若离,移步他转,即为崖顶所掩不可辨。惟此处则可尽其离合之妙,而惜乎旧曾累址,今已成棘,人莫能登。盖鸡山无拔地之峰,此一见真如闪影也。又西半里余,过束身峡下,转而南,过伏虎庵,又南过礼佛庵,共一里,再登礼佛台。台南悬桃花箐过脉之上,正与木香坪夹箐相对,西俯桃花箐,东俯放光寺,如在重渊之下。余从台端坠石穴而入,西透窟而出,复有耸石,攒隙成台,其下皆危崖万仞,栈木以通,即所谓太子过玄关也。过栈即台后礼佛龛。昔由栈以入穴,今由窟以出栈,其凭眺虽同,然前则香客骈趾,今则诸庵俱扃,寂无一人,觉身与灏〔一〇〕灵同其游衍而已。栈西沿崖端北转,有路可循,因披之而西,遂过桃花箐之上。共一里,路穷,乃樵径也。仍返过伏虎庵,由束身峡上。峡势逼束,半里,透其上,是为文殊堂,始闻有老僧持诵声。路由其前蹑脊,乃余前东自顶来者,见其后有小径,亦蹑脊西去,余从之。盖文殊堂脊处,乃脊之坳;从东复耸而起者,即绝顶之造而为城者也;从西复耸而起者,桃花箐之度而首崝者也。西一里,丛木蒙茸,雪痕连亘,遂造其极〔一一〕。

　　盖其山自桃花箐北度,即凌空高崝,此其首也。其脊北垂而下,二十里而尽于大石头,所谓后距也。其横亘而东者,至文殊堂后,少逊而中伏,又东而复起为绝顶,又东而稍下,遂为罗汉壁、旃檀岭、狮子林以后之脊,又东而突为点头峰,环为九重崖之脊,皆迤逦如屏。于是掉尾而南转,坠为塔基马鞍岭,则鸡山之门户矣。垂脊而东,直下为鸡坪关,则鸡山之胫足矣。故山北之水,北向而出于大石东;山西之水,其南发于西洱海之北者,由和光桥;西发于河底桥者,由南、北衙,皆会于大石之下,东环牟尼山之北,与宾川之流,共북下金沙大江焉。始知南龙大脉,自丽江之西界,东走为文笔峰,是为剑川、丽江界。抵丽东南邱塘关,南转为朝霞洞,是为剑川、鹤庆界。又直南而抵腰龙洞山,是为鹤庆、邓川州界。又南过西山湾,抵西洱海〔一二〕之北,转而东,是为邓川、太和界。抵海东隅,于是正支则遵海而南,为青山,太和、宾川州界;又东南崝为乌龙坝山,为赵州、小云南〔一三〕界;遂东度为九鼎,又南抵于清华洞,又东度而达于水目焉。分支由海东隅,北崝为木香坪之山,从桃花坞北度,是为宾川、邓川界。是鸡足虽附于大支,而犹正脊也。登此直北望雪山,茫不可见。惟西北有山一带,自北而南者,雪痕皑皑,即腰龙洞、南北衙西倚之山也。其下麦畦浮翠,直逼鸡山之

麓，是为罗川，若一琵琶蟠地，虽在三十里下，而黛色欲袭人衣。四顾他麓，皆平楚苍苍也。西南洱海，是日独瀿荡如浮杯在掌。盖前日见雪山而不见海，今见海而不见雪山，所谓阴晴众壑殊，出没之不可定如此。此峰之西尽处也。

东还一里，过文殊堂后脊，于是脊南皆危崖凌空，所谓舍身崖也。愈东愈甚，余凌其端瞰之，其下即束身峡，东抵曹溪后东峰，向跻其下，今临其上，东峰一片，自崖底并立而上，相距丈余，而中有一脉联属，若拇指然，可坠坳上其巅也。余攀蹑从之，顾仆不能至。时罡风横厉，欲卷人掷向空中，余手粘足踞，幸不为舍身者，几希矣。又共一里，入顶城门，实西门也。入多宝楼，河南僧不在，其徒以菉豆粥、芝麻盐为饷。余再录善雨亭中未竟之碑。下午，其徒复引余观其师退休静室。其室在城北二里，即前所登西峰之北坳也。路由文殊堂脊，北向稍下循西行。当北垂之腋，室三楹，北向，环拱亦称。盖鸡山回合之妙，俱在其南，当山北者仅有此，亦幽峻之奥区也。其左稍下，有池二方，上下连汇，水不多，亦不竭，顶城所供，皆取给焉。还抵城北，竟从城外趋南门，不及入迦叶前殿。由门前东向悬石隙下，一里，有殿三楹，东向，额曰"万山拱胜"，而户亦扃。由其前下坠，级甚峻。

将抵猢狲梯，遇一人，乃悉檀僧令来候余者，以丽江有使来邀也。遂同下，共一里而至铜佛殿。余初拟宿此，以候者至，乃取行李。五里，过碧云寺前。直下五里，过白云寺。由寺北渡一小涧，又东五里，过首传寺后，时已昏黑。又三里，过寂光寺西，候者腰间出一石如栗，击火附艾，拾枯枝燃之〔一四〕。遵中支三里，叩息阴轩门，出火炬为导。又一里余，逾瀑布东脊而北，又三里而至悉檀。

弘辨师引丽府通事见,以生白公招柬来致,相与期迟一日行。

〔一〕 距鸡山不远的巍山县,今还有蜜沙参,为当地特产,制法与此同。

〔二〕 法界:佛家认为众生本性皆善,与佛无异,这种本性即称法界。此处借用以描写景物,相当于"境界"。

〔三〕 暄(xuān 宣):太阳的温暖。

〔四〕 惟走马纸灯则阗而不章也　原脱此十一字,据徐本补。

〔五〕 卓:同"桌"。

〔六〕 滇略胜略载:鸡足山"前后远近兰若七十有二,穷极幽胜,西域、天竺诸僧,岁时云集,香灯梵呗,百里相望,殆非人境。"此"外客与十方诸僧"中,有其他国家来的僧人。

〔七〕 蟾(chán 缠):蟾蜍的省称,传说月中有蟾蜍,故月亮又称"蟾"或"蟾宫"。

〔八〕 赵州:隶大理府,治今大理市凤仪。

〔九〕 郁攸:火。

〔一〇〕 灝(hào 浩):无边无际。

〔一一〕 鸡山绝顶天柱峰海拔 3240 米。

〔一二〕 西洱海:洱海在明代又称西洱海,见明一统志、寰宇通志诸书。

〔一三〕 小云南:吴应枚滇南杂记:"云南县俗名小云南。"明清时,为区别于省会所在地的云南府,别称云南县为小云南。明云南县与洱海卫同城,隶大理府,治今祥云县。

〔一四〕用火石取火的方法，至今在云南边疆还能看到。随身带一铁片及火石，需火时取铁片击石，即可引燃艾叶。

二十一日

晨起，余约束行李为行计。通事由九重崖为山顶游。将午，复吾邀题七松册子，弘辨又磨石令其徒鸡仙书静闻碑。

二十二日

晨餐后，弘辨具骑候行，余力辞之。遂同通事就道，以一人担轻装从，而重者姑寄寺中，拟复从此返也。十里，过圣峰寺。越西支之脊而西，共四里，过放光寺，入录其藏经圣谕。僧留茶，不暇啜而出。问所谓盘陀石静室者，僧指在西北危崖之半。仰视寺后层崖，并华首上下，合而为一，所谓九重崖者，必指此而名。开山后，人但知为华首，觅九重故迹而不得，始以点头峰左者当之，谁谓陵谷无易位哉〔一〕？由寺西一里余，始躐坳而上，又一里余，其上甚峻，乃逾脊。脊南北相属，东西分坑下坠，所谓桃花箐也。脊有两坊，俱标为"宾邓分界"。其处陟历已高，向自礼佛台眺之，直似重渊之底云。

由箐西随箐下，二里，有茅舍夹道，为前岁底朝山卖浆者所托处，今则寂然为畏途。其前分岐西南者，为邓川州道；直西者为罗川道，乃通丽江者。遵之迤逦下二里，有庵当路北北山下，曰金花庵。又西下三里，连有二涧，俱自东而西注，即桃花箐之下流也，各有板桥跨之。连越桥南，始循南山西向行。一里，有寺踞南山之脊，曰大圣寺，寺西向。乃从其前逾脊南下，又值一涧亦西流，随之半里，涧与前度二桥之流，俱转峡北去，路乃西。半里，逾南山北突之坳。坳西，其坡始西悬而下，路遵之。四里，有村在南山坳间，是为白沙嘴〔二〕。随嘴又西下二里，忽见深壑自南而北，溪流贯之，有梁东西跨其上。乃坠壑而下，二里，始及梁端，所谓和光桥也。鸡山西麓，至是而止。其水南自洱海东青山北谷来，至此颇巨，北向合桃花箐水，注于大石头者也〔三〕。丽府生白公建悉檀之余，复建此梁，置屋数楹跨其上。遂就而饭焉。

桥之西有小径，自北而南，溯流循峡者，乃浪沧卫通大理道，与大道"十"字交之。大道随流少北，即西上岭，盘旋而上，或峻或夷。五里越其坳，西北下，四里始夷。又一里为罗武城，其处坳始大开。自此山之西，开东西大坳，直至千户营坳分为二，始转为南北坳，皆所谓罗川也。向自山顶西望，翠色袭人者即此，皆麦与蚕豆也。罗武无城，一小村耳。村北有溪，西自千户营来，即南衙河底之水，至此而东北坠峡，合和光桥下流，而东北经大石头者也〔四〕。于是循南山行溪之南，二里，有村在溪北山下，曰百户营。又西五里，有村在溪北悬冈上，曰千户营〔五〕。营之西，有山西自大山分支东南下，突于坳中，坳遂中分。当山之西南者，其坳回盘，其水小，为西山湾，新厂在其东南，而路出其西北。当山之东北者，其坳遥达，其水大，为中所屯。南北二衙又在其西北，而路则由山之西南逾坳以入。于是从千户营溪南转入南坳，一里余，至新厂。皆淘沙煎银者。乃北一里余，抵分界山之阳，渡一小流，循山阳西北行三里，北逾过坳。于是稍下，循西大山之麓北向行，其东又成南北大坳，即千户营之上流也。北一里，有村倚西山之坡，是为中所屯〔六〕，乃邓川、鹤庆分界处，悉檀寺庄房在焉，乃入宿。悉檀僧已先传谕之，故守僧不拒云。

二十三日

晨，饭于悉檀庄，天色作阴。乃东下坞中，随西山麓北行。二里，有支冈自西山又横突而东，乃蹑其上。有岐西向登山者，为南葡道，腰龙洞在焉；北向逾坳者，为北葡道，鹤庆之大道随之。余先是闻腰龙洞名，乃令行李同通事从大道行，期会于松桧，地名，大道托宿处。余同顾仆策杖携伞，遂分道从岐，由山脊西上。一里，稍转而南，复有岐缘南箐而去，余惑之。候驱驴者至，问之，曰："余亦往南葡者，大路从此西逾岭下，约十里。"余问南岐何路？曰："此往鸡鸣寺〔七〕者。"问寺何在？其人指："南箐夹崖间者是，然此岐隘不可行。"忽一人后至，曰："此亦奇胜。即从此峡逾南坳，亦达南葡，与此路由中坳者同也。"余闻之喜甚，曰："此可兼收也。"谢其人，遂由岐南行。里许，转入夹崖下，攀崖隙，透一石隙而入。其石自崖端垂下，外插崖底，若象鼻然，中透一穴如门，穿门即由峡中上跻，亦犹鸡山之束身焉。登峡上，则上崖岈然横列，若洞、若龛、若门、若楼、若栈者，骈峙焉。洞皆不甚深，僧依之为殿，左为真武阁，又左为观音龛，皆东北向下危壁。殿阁之间，又垂崖两重，俱若象鼻，下插崖底，而中通若门。有僧两人，皆各踞一龛，见客至，胡麻〔八〕方熟，辄邀同饭，余为再啜两盂。见龛后有石脊，若垂梯而上，跣而蹑之，复有洞悬其上层，中空而旁透小穴。崖之左右，由夹中升岭，即南坳道，而崖悬不通，复下，由穴门出，即转崖左西南上。仰见上崖复悬亘而中岈然，有岐细若虫迹，攀条从之，又得一大穴，其门亦东北向，前甃石为台，树坊为门，曰青莲界。其左药灶碑板俱存，而无字无人，棘萝旁翳，无可问为何人未竟之业。其右复有象鼻外垂之门，透而南，复有悬绡高卷之幛。幛之右，上崖有洞巍张,下崖即二僧结庵之处,然磴绝俱莫可通。

乃仍由青莲界出东夹,再上半里,而崖穷夹尽,山半坪开。又有泉自南坳东出,由坪而坠于崖之右;又分而交潆坪塍,坠于崖之左。崖当其中,濯灵涤窍,遂成异幻。由坪上溯流半里,北向入峡,峡中之流,倾涌南向。溯之一里,洞形不改,而有巨石当其中。石之下,则涌水成流;而石之上,惟砾石堆涧,绝无水痕。又溯枯涧北行半里,路穷茅翳,盖其涧自四峡来,路当北去也。乃东向蹑岭,攀崖跻棘,又半里,得南来路,遂随之北。半里,西涉一坳,复升陇而西,有岐,入西南峡中者颇小,其直北下陇者颇大。余心知直北者为南衙道,疑腰龙洞在西南峡中,遂望峡行。半里,不得路。遥听西北山巅有人语声,乃竭蹶攀岭上,一里,得东来道。又一里,得驱犊者问之,则此路乃西向逾脊抵焦石硐〔九〕者。问腰龙洞何在?曰:"即在此支岭之北,然岭北无路,须随路仍东下山,折而北,至南衙,乃可往。"盖是山大脊,自北而南,脊之西为焦石硐,脊之东,一支东突,其北腋中,则腰龙洞所在,南腋中即此路也。余乃怅然,遂随路返。东下一里,乃转而东北下,又一里,抵山麓,循之北行,又一里而至南衙。南衙之村不甚大,倚西山而东临大坞,其坞北自北衙,南抵中坳,其中甚宽。盖此中大坞,凡三曲三辟,最北者为北坞,坞南北亘,以北坳东隘为峡口;其南即中所屯坞,坞亦南北亘,以江阴村为峡口;其南即千户营、百户营坞,坞东西亘,以罗武村为峡口。总一溪所贯,皆谓之罗川云。

由南衙之后西南上山,磴道甚辟。一里半,有亭有室,当山之半,其旁桃李烨然。亭后蹑级而上,有寺,门榜曰"金龙寺"。门内有楼当洞门,其楼前临平川,后瞰洞底,甚胜也。楼后即为洞门,洞与楼俱东向,其门悬嵌而下,极似江右之石城洞。西壁上穿覆而下崆峒,南与北渐环而转,惟东面可累级下。下五丈,一石突起,当洞之中,西耸而东削,掇以为台,亭其上,供白衣大士。其亭东对层级,架木桥以登,西瞰洞底,潴水环其下,沉绀映碧,光怪甚异。亟由桥返级,穿桥下,缘台左西降,十余丈而后及水。水嵌西崖足,西面阔约三丈,南北二面,渐抱而缩,然三面皆绝壁环之,无有旁窦,水渟涵其间,俨若月牙之抱魄〔一〇〕也。水中深浅不一,而澄澈之极,焕然映彩,极似安宁温泉,浅者浮绿,深者沉碧,掬而尝之,甘冷异常。其洞以在山之半,名为腰龙,而文之者额其寺为金龙,洵神龙之宫也。洞口如仰盂,下圆如石城,水溁三面如玦,石脊中盘如垂舌。其异于石城者,石城旁通无极,而此则一水中涵,若其光莹之异,又非他水可及也。久之,仍上洞口,始登前楼,则前槛后轩,位置俱备,而僧人他出,扃钥不施。

仍一里余,下至南衙,问松桧道,俱云行不能及。乃竭蹶而趋,由南衙后傍西山而北,二里,是为北衙〔一一〕。有神庙当北衙之南,门东向,其后大脊之上,骈崖矗夹,有小水出其中。庙之北有公馆,市舍夹道,甚盛。折而东,共半里,而市舍始尽,盖与南衙迥隔矣。二衙俱银矿之厂,独以衙称者,想其地为盛也〔一二〕。东与南来大道合,复北行一里余,市舍复夹道,盖烹炼开炉之处也。过市舍,遂北下坡,又一里余而及其底,始知南北两衙,犹山半之坞也。其峡既深,有巨涧流其间,自北而南,是为河底,盖即罗川之上流。有支流自西峡来入,其派颇小,置木桥于上。越之又北,见石梁跨巨涧,涧中有巨石,梁东西两跨之,就其中为阁,以供白衣大士。越桥之东,溯涧北向上,危崖倚道,盘级而登,右崖左涧,下嵌深渊,上削危壁。五里登坪脊，有枯涧，堑山头，亦跨石梁。度梁北，有殿新构，有池溢水，有亭施茶〔一三〕。余入亭饭，一僧以新瀹茶献，曰："适通事与担者久待于此，前途路遥，托言速去。"盖此殿亦丽江所构以施茶者，故其僧以通事命，候余而致之耳。余亟饭行，竟忘其地为热水桥，而殿前所流即热水也。

既从其侧，又过一石梁。梁跨山头，与前梁同，而下有小水，西坠巨涧。过梁，从中脊北向而行，东西俱有巨山夹之。盖西界大山，自鹤庆南来，至七坪老脊，直南高亘于河底之西者，为鲁摆；由七坪东度，分支南下，即此中脊与东界之山，故此中脊之北，又名西邑。盖西邑与鲁摆皆地名，二山各近之，界坊遂以为名焉。中脊与鲁摆老脊夹成西峡，此河底之流所自出者，盖源于七坪之南云。行中脊十里，脊东亦盘为中洼之宕，脊悬西峡东洼之间，狂风西来，欲卷人去。又三里，乃西北上岭，一里，又蹑岭而西，半里，乃西北下。一里抵坞中，是为七坪〔一四〕，即中界所度之脊，与西界大山夹成此坪，为河底之最高处也。由坪中北行二里，始为度脊隘口。脊南有两三家当道，脊西有村落倚山，桃李灿然。时日已下舂，尚去松桧二十里，亟逾隘北行。五里，少出西界，巨山如故，而东界亦渐夹而成洼，洼中石穴下陷，每若坑若阱。路循东脊行，又数里，有数家当北峡之口，曰金井村，始悟前之下阱累累者，皆所称金井者耶。隘口桃花夹村，嫣然若笑。

由村北东向下坡，一里渐夷，乃东行岭脊，脊左右渐夹而成坞。由脊行三里，复由脊北坠坑东下，一里抵其麓，于是坞乃大开。有三楹当麓之东，亦梵龛〔一五〕也。由其前东向径平坞而驰，望东峰南北高耸者，日光倒映其间，丹葩一点，若菡萏〔一六〕之擎空也。

盖西山屏亘甚高，东峰杂沓而起，日衔西山，反射东山，其低者，日已去而成碧，其高者，日尚映而流丹，丹者得碧者环簇其下，愈觉鲜妍，世传鹤庆有"石宝之异"，"西映为朝霞，东映为晚照"，即此意也。东驰二里，过数家之舍。又东一里，渐坠壑成涧向东南去。乃折而北度一陇，又一里，有公馆在西山之麓，其左右始有村落，知其为松桧〔一七〕矣，而犹未知居停何处也。又北半里，担者倚间门〔一八〕而呼，乃入之，已就晦矣。是家何姓，江右人，其先为监厂委官，遂留居此。

二十四日

昧爽，饭于松桧，北向入山峡。松桧之南，山盘大壑而无水，沟涧之形，似亦望东南去；松桧之北，山复渐夹为坞，小水犹南行。五里登坂，为波罗庄，山从此自西大山度脊而东，脊不甚高，而水分南北。又北五里，望北坞村落高下，多傍西大山，是为山庄〔一九〕。于是北下，随小溪北行，五里间，聚庐错出，桃杏缤纷。已而直抵北山下，有倚南山居者，是为三庄河底村。村北溪自西而东，其水一自三庄西谷来，一自河底村南谷来，皆细流；一自西北大山夹中来，俱合于河底村北，东流而去，亭桥跨之，桥北即龙珠山之南麓矣。龙珠山者，今名象眠山，自西大山之东，分支东亘，直接东大山之西麓。其北之西大山，即老龙之脊，皆自北而南；其北之东大山，即峰顶山，亦皆自北而南，中夹成南北大坞。漾共之江〔二○〕，亦自丽江南下，漾鹤城之东，而南至此为龙珠所截，水无从出，于是自峰顶之麓，随龙珠西转，搜得龙珠骨节之穴，遂捣入其中，寸寸而入，凡百零八穴而止。土人云，昔有神僧倔多〔二一〕尊者，修道东山峰顶，以鹤川一带，俱水汇成海，无所通泄，乃发愿携锡杖念珠下山，意欲通之。路遇一妇人，手持瓢问："师何往？"师对以故。妇人曰："汝愿虽宏，恐功力犹未。试以此瓢掷水中，瓢还，乃可得，不然，须更努力也。"师未信，携瓢弃水中，瓢泛泛而去。已而果不获通。复还峰潜修二十年，以瓢掷水，随掷随回。乃以念珠撒水中，随珠所止，用杖戳之，无不应手通者，适得穴一百零八，随珠数也。今土人感师神力，立寺众穴之上，以报德焉。一统志作喔哆，土人作摩伽陀。众水于山腹合而为一，同泄于龙珠之东南麓。大路过河底桥，即逾龙珠而北，与出入诸水洞皆不相值，以俱在其东也。余乃欲从桥北，随流东下，就小径穷所出洞，令通事及担者从大路往。担者曰："小径难觅，不若同行。"盖其家在入水洞北，亦便于此也。余益喜，遂同东向随溪行龙珠山之南。一里，反越溪南，半里，又渡溪北。其路隘甚，而夹溪皆有居者。又东半里，枫密河〔二二〕东南泻峡去，路东北逾龙珠支岭。两下两上，东北盘岭共四里，其路渐上。俯瞰东南深峡中，有水破峡奔决，即合并出穴之水也。其水南奔峡底，与枫密之水合，而东南经峰顶山之南峡以出，下金沙大江。然行处甚高，水穴在重崖下出，俯视不见其穴。令通事及担者坐待道旁，余与顾仆坠壑东南下。下半里，不得路，踯躅草石间，转向东箐半里，又南迁半里，始下至硐底。乃西向溯流披棘入，共半里，则巨石磊落，堆叠硐中，水从石隙，泛溢交涌。余坐巨石上，止见水与石争隙，不见有余穴，雪跃雷轰，交于四旁，而不知其所从来也。

久之，复迁从旧道，一里余，迁上既近，复攀石乱跃，又半里，登大道，遂东北上。半里，转一峡，见后有呼者，乃通事与担夫也。于是北半里，上攒石间，北过脊，始北望两山排闼，一坞中盘，漾共江络其东，又一小水纬其西北，皆抵脊下而不可见。其两山之北夹而遥接于东北隅者，是为丽府邱塘关所踞，漾共水所从出也。乃北下山，一里余而及其麓，有寺悬麓间，寺门北向，其下即入水之穴也。不及入寺，急问水。先见一穴，乃西来小流所入，其东又有平土丈余隔之，东来之漾共江，屡经穴而屡分坠，至是亦遂穷，然则所谓一百八穴者，俱在东也。余因越水北东向溯流，见其从崖下遇一穴，辄旋穴下灌，如坠瓮口，其声呜呜，每穴远者丈余，近者咫尺而已。既而复上寺前，乃北下渡西来小流，有小石梁跨之。北一里，有村当平冈间，是曰甸尾村，担者之家在焉。入而饭于桃花下。既乃西北行三里余，而入南来大道，即河底桥上逾岭者。于是循西山又北五里，为长康铺坊。有河流自西南峡来，巨石桥跨之，有碑在桥南，称为鹤川桥。盖鹤川者，一川之通名，而此桥独擅之，亦以其冠一川也。桥北有岐，溯流西南，为大理府大道，故于此设铺焉。过桥不半里，为长康关〔二三〕，庐舍夹道。是日街子，市者交集。自甸尾至此，村落散布，庐舍甚整，桃花流水，环错其间。其西即为朝霞寺峰，正东与石宝山对。于是路转东北，又八里余而入鹤庆〔二四〕南门。

城不甚高，门内文庙宏整。土人言其庙甲于滇中，亦丽江木公以千金助成。由其东北行半里，稍东为郡治。由其西，又北行半里，出一鼓楼，则新城之北门也。其北为旧城，守御所在焉。又北半里而出旧城北门，稍西曲而北一里，复东曲而北四里，为演武场，在路东。从其西又北五里，过一村，又五里为大板桥〔二五〕。桥下水颇大而潴，乃自西而东下漾共江者。时所行路，当甸坞之中；东山下，江流沿之；西山下，村庐倚之。自此桥之北，甃路石皆齿齿如编，仰管之半，砾趾难措。又北六里，为小板桥。桥小于前，而流亦次之，然其势似急。又北七里，为甸头村之新屯〔二六〕，居落颇盛。稍转而东，有王贡士家，遂入而托宿。王贡士，今为四川训导〔二七〕。其孙为余言："其西北山半，有青玄洞甚妙，下有出水龙潭，又北有黑龙潭。若沿西山行，即可尽观。"是日欲抵冯密宿，以日暮遂止此云。

二十五日

昧爽，饭而行。北二里为冯密村〔二八〕，村庐亦盛，甸头之村止此矣。盖西北有高冈一支，垂而东南下，直逼东山文笔峰下，江流亦曲而东。高冈分支处，其腋中有黑龙潭之水，亦自西大山出，南流而抵冯密，乃沿高冈之南而东注漾共江，鹤庆、丽江以此为界云。冯密之西，有佛宇高拥崖畔，即青玄洞也。余望之欲入，而通事苦请俟回日，且云："明日逢六，主出视事，过此又静摄不即出。"余乃随之行，即北上冈。四里，有路横斜而成"叉"字交，是为三岔黄泥冈。其西南腋中，松连箐坠，即黑龙所托也。于是西北之山，皆荒石濯濯〔二九〕，而东北之山，渐有一二小村倚其下，其冈脊则一望皆茅云。

又北一里为哨房，四五家当冈而踞，已为丽江所辖矣。又北行冈上八里而下，其东北坞盘水曲，田畴环焉。下一里，有数家倚西山，路当其前，是为七和南村。又北二里，有房如官舍而整，是为七和之查税所。商货出入者，俱税于此。七和者，丽江之地名〔三〇〕，有九和、十和诸称。其北又有大宅新构者，乃木公次子所居也。由其前北向行，又盘一支岭而北，七里，乃渐转西北，始望见邱塘关〔三一〕在北山上，而漾共之水已嵌深壑中，不得见矣。于是路北有石山横起，其崖累累，虽不高，与大山夹而成峡。遂从峡间西北上，一里，逾其东度之脊。又西北二里余，乃北下枯壑，横陟之，半里，复北上冈。西北行冈上半里，又北半里，度一小桥，半里，乃北上山。其山当西大支自西东来，至此又横叠一峰，其正支转而南下，其余支东下而横亘，直逼东山，扼丽江南北山之流，破东山之峡而出为漾共江，此山真丽之锁钥也。丽江设关于岭脊，以严出入，又置塔于东垂，以镇水口。山下有大道，稍曲而东，由塔侧上；小道则蹑崖直北登。余从其小者，皆峻石累垂，锋棱峭削，空悬屈曲。一上者二里，始与东来大道合，则山之脊矣。有室三楹，东南向而踞之，中辟为门，前列二狮，守者数家居其内。出入者非奉木公命不得擅行，远方来者必止，阍者〔三二〕入白，命之入，乃得入。故通安诸州守，从天朝选至，皆驻省中，无有入此门者。即诏命至，亦俱出迎于此，无得竟达。巡方使与查盘之委，俱不及焉。余以其使奉迎，故得直入。

入关随西山北行，二里，下一坑。度坑底复登坡而北，一里，稍东北下山。又东北横度坡间者二里，始转而北。二里，过木家院东。又北二里，度一小桥，则土冈一支，西南自大山之脊，分冈环而东北，直抵东山之麓，以扼漾共江上流。由冈南陟其上，是为东圆里。北行岭头，西南瞻大脊，东南瞰溪流，皆在数里之外。六里乃下。陇北平畴大开，夹坞纵横，冈下即有一水，西自文笔峰环坞南而至，有石梁跨其上，曰三生桥。过桥，有坊二在其北，旁有守者一二家，于是西北行平畴间矣。北瞻雪山，在重坞之外，雪幕其顶，云气郁勃，未睹晶莹。西瞻乌龙，在大壑之南，尖峭独拔，为大脊之宗，郡中取以为文笔者也。路北一坞，窈窕东北入，是为东坞。中有水南下，万字桥水西北来会之，与三生桥下水同出邱塘东者也。共五里，有柳径抱，耸立田间，为土人折柳送行之所。路北即万字桥水漭流而东，水北即象眠山至此南尽。又西二里，历象眠山之西南垂，居庐骈集，萦坡带谷，是为丽江郡〔三三〕所托矣。于是半里，度石梁而北，又西半里，税驾于通事者之家。其家和姓。盖丽江土著，官姓为木，民姓为和，更无别姓者。其子即迎余之人，其父乃曾奉差入都，今以居积番货为业。坐余楼上，献酪为醴，余不能沾唇也。时才过午，通事即往复命,余处其家待之。

东桥之西,共一里为西桥,即万字桥也,俗又谓之玉河桥。象鼻水从桥南下,合中海之水而东泄于东桥,盖象鼻之水,土人名为玉河云。河之西有小山兀立,与象眠南尽处,夹溪中峙。其后即辟为北坞,小山当坞,若中门之标,前临横壑,象鼻之水夹其东,中海之流经其西,后倚雪山,前拱文笔,而是山中处独小,郡署踞其南,东向临玉河,丽江诸宅多东向,以受木气也。后幕山顶而上,所谓黄峰〔三四〕也,俗又称为天生寨。木氏居此二千载,宫室之丽,拟于王者。盖大兵临则俯首受绁〔三五〕,师返则夜郎自雄,故世代无大兵燹〔三六〕,且产矿独盛,宜其富冠诸土郡云。

二十六日

晨,饭于小楼。通事父言,木公闻余至,甚喜,即命以明晨往解脱林候见。谕诸从者,备七日粮以从,盖将为七日款也。

二十七日

微雨。坐通事小楼,追录前记。其地杏花始残,桃犹初放,盖愈北而寒也。

二十八日

通事言木公命驾,下午向解脱林。解脱林在北坞西山之半,盖雪山南下之支,本郡诸刹之冠也。

二十九日

晨起,具饭甚早。通事备马,候往解脱林。始过西桥,由郡署前北上,挟黄峰东麓而北,由北坞而行,五里,东瞻象眠山,始与玉河上流别。又五里,过一枯涧石桥,西瞻中海,柳岸波漾,有大聚落临其上,是为十和院〔三七〕。其后即十和山,自雪山〔三八〕南下之脉

也。又北十里,有大道北去者,为白沙院^{〔三九〕}路;西北度桥者,为
解脱林路。桥下涧颇深而无滴沥。既度桥,循西山而行,五里为崖
脚院^{〔四○〕}。其处居庐交集,屋角俱插小双旗,乃把事之家也。院
北半里,有洞自西山峡中下,有木梁跨其上。度桥,西北陟岭,为忠
甸大道;由桥南溯溪西上岭者,即解脱林道。乃由桥南西向蹑岭,
岭甚峻,二里稍夷,折入南峡,半里,则寺依西山上,其门东向,前分
一支为案,即解脱林^{〔四一〕}也。寺南冈上,有别墅一区,近附寺后,
木公憩止其间。通事引余至其门,有大把事二人来揖,俱姓和。一
主文,尝入都上疏,曾见陈芝台者;一主武,其体干甚长壮而面黑,真猛士也。
介余入。木公^{〔四二〕}出二门,迎入其内室,交揖而致殷勤焉。布席
地平板上,主人坐在平板下,其中极重礼也。叙谈久之,茶三易,余
乃起,送出外厅事门,令通事引入解脱林,寓藏经阁之右厢。寺僧
之住持^{〔四三〕}者为滇人,颇能体主人意款客焉。

　　〔一〕鸡足山在元明时期原称九曲山、九重岩、九曲岩。元混
一方舆胜览大理路:"九曲山,峰峦攒簇,状如莲花,盘曲九折,在洱
河东北。"寰宇通志:"九曲山,在西洱河东北百余里,盘折九曲而
上,顶有石门,高不可入。"明一统志:"九曲山,在洱河东百余里,
峰岳攒簇,状若莲花,九盘而上,又名九重岩。上有石洞,人莫能
通。"明史地理志宾川州:"西有鸡足山,一名九曲岩。"
　　〔二〕白沙嘴:今名同,在洱源县东南隅,金王桥河东岸,距宾
川、鹤庆县界甚近。
　　〔三〕此溪今名金王桥河,发源于洱海北岸,从南往北流入落
漏河。
　　〔四〕此溪今名落漏河,与金王桥河合流后,从南往北流入金

徐霞客游记校注

沙江。

〔五〕百户营、千户营:今名同,在鹤庆县南境,黄坪新街东南邻。

〔六〕中所屯:今称小中所,在鹤庆县南隅,黄坪新街西邻。

〔七〕鸡鸣寺:今名同,在鹤庆县南隅,黄坪、北衙之间。

〔八〕胡麻:即芝麻。过去一般认为芝麻是从西域引进的,故称胡麻。

〔九〕焦石峒:今名同,又称大营,在洱源县东隅,属右所乡。

〔一〇〕魄(pò 破):月体有轮廓而无光的部分叫魄。

〔一一〕北衙:今名同,在鹤庆县南隅。滇游日记七作"北牙"。

〔一二〕衙:即官署。特设官署直接管理的地方,亦因此称"衙"。

〔一三〕此地即今舍茶寺。在北衙东北邻,锅厂河(落漏河上游)东岸。

〔一四〕西邑,今名同;七坪,今名同,又称大营:皆在鹤庆县南境,松桂与北衙之间。

〔一五〕梵龛(fàn kān 饭堪):佛寺。

〔一六〕菡萏(hàn dàn 函旦):荷花。

〔一七〕松桧:今作松桂,在鹤庆县南境。

〔一八〕闾(lǘ 驴)门:里巷的大门。

〔一九〕波罗庄:今仍作波罗,又称北营。山庄:今名同,应即下文"三庄"。二地皆在鹤庆以南、松桂以北的公路旁。

〔二〇〕漾共江:今作漾弓江,在鹤庆坝子又称东山河,下流称中江。

〔二一〕倨多　丁本、明一统志作"赞陀倨多"。

〔二二〕枫密河:今作枫木河,注入漾弓江。

〔二三〕长康关:今仍名长康,分南北两村,又称康福,在鹤庆县稍南。

〔二四〕鹤庆:明置鹤庆军民府,即今鹤庆县。

〔二五〕大板桥:今称板桥,又称板南,在鹤庆县北境。此"颇大而潴"的水今称草海,分布在公路两侧,共 1600 亩,有时达 1800 亩,平均水深 1.6 米,最深处达 2.6 米,水面海拔 2193.2 米。

〔二六〕新屯:今名同,亦作辛屯,在鹤庆县北境。

〔二七〕训导:明清时期学官的一种,各府州县学皆设训导,地位略次于教谕,负责管理在学生员。

〔二八〕冯密村:今名同,在鹤庆县北隅,鹤庆至丽江的公路上。

〔二九〕濯(zhuó 浊)濯:光秃无草木的样子。

〔三〇〕元一统志通安州注:"和即寨也。"七和:今作七河,在丽江市古城区南境。

〔三一〕邱塘关:今称关坡,在丽江市古城区南境,其南坝子里今有村名东关、西关。

〔三二〕阍(hūn 昏)者:守门人。

〔三三〕寰宇通志载:"丽江军民府,在大研厢内,国朝洪武十五年(公元 1382 年)建。"今丽江市古城区驻地仍习称大研镇,即明代丽江军民府治所。

〔三四〕黄峰:今名狮子山,在大研镇中心四方街西部,海拔 2466 米。

〔三五〕绁(xiè 屑)：捆缚罪人的绳索。

〔三六〕兵燹(xiǎn 险)：因战乱而遭受的焚烧破坏。

〔三七〕中海：今仍存，在白沙以南。　十和：今称续和，又作束和，在中海附近。

〔三八〕雪山：明一统志丽江军民府山川："雪山，在府西北二十余里，一名玉龙山，条冈百里，肖巍千峰，上插霄汉，下临丽水，山巅积雪经春不消，岩崖涧谷清泉飞流，蒙氏异牟寻封为北岳。"今通称玉龙山，十三峰南北排列，主峰扇子陡海拔5596米。山顶积雪终年不化，百里外即能望见银光耀眼的雪龙高卧天穹。玉龙山有冬虫夏草、贝母、雪茶、绿绒蒿、大雪莲等名贵药材，附近农民精于采药、勤于种药。据估计，山上集中了四百多种药材，是一个理想的高山药用植物园。

〔三九〕白沙院：今仍称白沙，在丽江市区稍北，属玉龙纳西族自治县，距大雪山不远。至今保存有明代建筑大宝积宫和明代壁画，为全国重点文物保护单位。

〔四〇〕崖脚院：今仍称崖脚，在白沙西邻的山脚下。

〔四一〕解脱林：即福国寺。嘉庆重修一统志丽江府寺观载："福国寺，在丽江县西北，雪山西南麓。旧名解脱林，明天启时赐此名。"至今当地人仍称解脱林，并能指出霞客住过的屋子。寺内有三层木结构建筑称五凤楼，建于万历二十九年(公元1601年)，形制特殊，近年照原样搬迁至丽江城郊黑龙潭。

〔四二〕木公：即木增，又号生白(公元1587～1646年)。丽江木氏宦谱载："知府阿宅阿寺，官讳木增，字长卿，号华岳，又生白。"世袭土知府，后加左布政衔。著有云薖淡墨集、啸月函、山中逸趣集、芝山集、光碧楼选草等数种，是明代云南土官中受中原文化影响较深的。

〔四三〕住持：为佛教寺院内主持僧的职位。久住寺中，总持事务，因称住持。

滇游日记七^{〔一〕}

己卯（崇祯十二年，公元1639年）二月初一日

木公命大把事以家集黑香白镪^{〔二〕}十两来馈。下午，设宴解脱林东堂，下藉以松毛，以楚雄诸生许姓者陪宴，仍侑^{〔三〕}以杯缎。银杯二只，绿绉纱一匹。大肴八十品，罗列甚遥，不能辨其孰为异味也。抵暮乃散。复以卓席馈许生，为分犒诸役^{〔四〕}。

初二日

入其所栖林南净室，相迎设座如前。既别，仍还解脱林。昨陪宴许君来，以白镪易所侑绿绉纱去。下午，又命大把事来，求作所辑云薖淡墨^{〔五〕}序。

初三日

余以叙稿送进，复令大把事来谢。所馈酒果，有白葡萄、龙眼、荔枝诸贵品，酥饼、油线、细若发丝，中缠松子肉为片，甚松脆。发糖^{〔六〕}白糖为丝，细过于发，千条万缕，合揉为一，以细面拌之，合而不腻。诸奇点。

初四日

有鸡足僧以省中录就云薖淡墨缴纳木公。木公即令大把事传

示,求为较政〔七〕。其所书洪武体虽甚整,而讹字极多,既舛落无序,而重叠颠倒者亦甚。余略为标正,且言是书宜分门编类,庶无错出之病。晚乃以其书缴入。

初五日

复令大把事来致谢。言明日有祭丁〔八〕之举,不得留此盘桓,特令大把事一人听候。求再停数日,烦将淡墨分门标类,如余前所言。余从之。以书入谢,且求往忠甸,观所铸三丈六铜像。既午,木公去,以书答余,言忠甸皆古宗〔九〕,路多盗,不可行。盖大把事从中沮之,恐觇〔一〇〕其境也。是日,传致油酥面饼,甚巨而多,一日不能尽一枚也。

初六日

余留解脱林校书。木公虽去,犹时遣人馈酒果。有生鸡大如鹅,通体皆油,色黄而体圆,盖肥之极也。余爱之,命顾仆腌为腊鸡。

解脱林倚白沙坞西界之山。其山乃雪山之南,十和后山之北,连拥与东界翠屏、象眠诸山,夹白沙为黄峰后坞者也。寺当山半,东向,以翠屏为案,乃丽江之首刹,即玉龙寺〔一一〕之在雪山者,不及也。寺门庑〔一二〕阶级皆极整,而中殿不宏,佛像亦不高巨,然崇饰庄严,壁宇清洁,皆他处所无。正殿之后,层台高拱,上建法云阁,八角层甍,极其宏丽,内置万历时所赐藏经焉。阁前有两庑,余寓南庑中。两庑之外,南有圆殿,以茅为顶,而中实砖盘。佛像乃白石刻成者,甚古而精致。中止一像,而无旁列,甚得清净之意。其前即斋堂香积也。北亦有圆阁一座,而上启层窗,阁前有楼三楹,雕窗文槅〔一三〕,

俱饰以金碧，乃木公燕憩之处，扃而不开。其前即设宴之所也。其净室在寺右上坡，门亦东向，有堂三重，皆不甚宏敞，四面环垣仅及肩，然乔松连幄，颇饶烟霞之气。闻由此而上，有拱寿台、狮子崖，以迫于校雠，俱不及登。

初六、初七日

连校类分标，分其门为八。以大把事候久，余心不安，乃连宵篝灯，丙夜始寝。是晚既毕，仍作书付大把事，言校核已完，闻有古冈之胜，不识导使一游否？古冈者，一名僦偻，在郡东北十余日程，其山有数洞中透，内贮四池，池水各占一色，皆澄澈异常，自生光彩。池上有三峰中峙，独凝雪莹白，此间雪山所不及也〔一四〕。木公屡欲一至其地，诸大把事言不可至，力尼之，数年乃得至，图其形以归。今在解脱林后轩之壁，北与法云阁相对，余按图知之。且询之主僧纯一，言其处真修者甚多，各住一洞，能绝粒休粮，其为首者有神异，手能握石成粉，足能顿坡成洼，年甚少而前知。木公未至时，皆先与诸土人言，有贵人至，土人愈信而敬之。故余神往而思一至也。

初八日

昧爽，大把事赍册书驰去，余迟迟起。饭而天雨霏霏。纯一馈以古磁杯、薄铜鼎，并芽茶为烹瀹之具。备马，别而下山。稍北，遂折而东下，甚峻，二里至其麓。路北有涧，自雪山东南下，随之东半里，有木桥。渡涧西北逾山为忠甸道；余从桥南东行，半里，转而东，是为崖脚院，倚山东向。其处居庐连络，中多板屋茅房。有瓦室者，皆头目之居，屋角俱标小旗二面，风吹翩翩，摇漾于夭桃素李之间。宿雨含红，朝烟带绿，独骑穿林，风雨凄然，反成其胜。院东南有洼地在村庐间，中涸无水，尚有亭台堤柳之形，乃旧之海子环为园亭者，今成废壑矣。又南二里，有枯涧嵌地甚深，乃雪山东南之溪，南注中海者。今引其水东行坞脊，无涓滴下流涧中，仅石梁跨其上。度梁之东，即南随引水行，四里，望十和村落在西，甚盛。其南为中海，望之东南行，其大道直北而去者，白沙道也。南四里，有枯涧东西横坞中，小石梁南跨之。

又东五里，东瞻象眠山已近。通事向许导观象鼻水[一五]，至是乃东南行田间，二里，抵山下。水从坎下穴中西出，穴小而不一，遂溢为大溪，折而南去。二里，析为二道，一沿象眠而南，一由坞中倒峡；过小石桥，又析为二，夹路东西行。五里，至黄峰山北，所引之水，一道分流山后而去，一道东随黄峰而南。始知黄峰之脉，自象鼻水北坡垂坞中南下，至此结为小峰，当坞之口，东界象眠山亦至此南尽，西界山自中海西南环绕而北，接十和后山。南复横开东西大坞，南龙大脊，自西而东列案于前，其上乌龙峰，独耸文笔于西南，木家院南峰，回峙雄关于巽位[一六]。众大之中，以小者为主，所以黄峰为木氏开千代之绪也。从黄峰左腋南上西转，又一里，出其南，则府治东向临溪而峙，象鼻之水环其前，黄峰拥其后。闻其内楼阁极盛，多僭制，故不于此见客云。

先是未及黄峰三里，有把事持书，挈一人荷酒献胙[一七]，冲雨而至，以余尚未离解脱也。与之同过府治前，度玉河桥，又东半里，仍税驾于通事小楼。读木公书，乃求余乞黄石斋叙文，并索余书，将令人往省邀吴方生者。先是木公与余面论天下人物，余谓："至人惟一石斋。其字画为馆阁第一，文章为国朝第一，人品为海宇第一，其学问直接周、孔，为古今第一。然其人不易见，亦不易求。"因问:"可以亲炙者〔一八〕,如陈、董之后,尚有人乎?"余谓:"人品甚难。陈、董芳躅,后来亦未见其继,即有之,岂罗致所及?然远则万里莫俦,而近则三生自遇。有吴方生者,余同乡人,今以戍侨寓省中。其人天子不能杀,死生不能动,有文有武,学行俱备,此亦不可失者。"木公虑不能要致,余许以书为介,故有是请,然尚未知余至府治也。使者以复柬返。前缴册大把事至,以木公命致谢,且言古冈亦艰于行,万万毋以不赏蹈不测。盖亦其托辞也。然闻去冬亦曾用兵吐蕃不利,伤头目数人,至今未复,儞俉、古宗皆与其北境相接,中途多恐,外铁桥亦为焚断。是日雨阵时作,从楼北眺雪山,隐现不定,南窥川甸,桃柳缤纷,为之引满〔一九〕。

是方极畏出豆〔二○〕。每十二年逢寅,出豆一番,互相牵染,死者相继。然多避而免者。故每遇寅年,未出之人,多避之深山穷谷,不令人知。都鄙间一有染豆者,即徙之九和,绝其往来,道路为断,其禁甚严。九和者,乃其南鄙,在文笔峰南山大脊之外,与剑川接壤之地〔二一〕。以避而免于出者居半,然五六十岁,犹惴惴奔避。木公长子之袭郡职者,与第三子俱未出,以旧岁戊寅,尚各避山中,越岁未归。惟第二、第四名宿,新入泮〔二二〕鹤庆。者,俱出过。公令第四者启来候〔二三〕,求肆文木家院焉。

初九日

大把事复捧礼仪来致谢,酬校书之役也。铁皮褥一,黄金四两。再以书求修鸡山志,并恳明日为其四子校文木家院,然后出关。院有山茶甚巨,以此当折柳也。余许之。是日仍未霁,复憩通事楼。

其俗新正重祭天之礼。自元旦至元宵后二十日,数举方止。每一处祭后，大把事设燕燕木公。每轮一番，其家好事者费千余金，以有金壶八宝之献也。

其地田亩，三年种禾一番。本年种禾，次年即种豆菜之类，第三年则停而不种。又次年，乃复种禾。

其地土人皆为麽㱔〔二四〕。国初汉人之戍此者，今皆从其俗矣。盖国初亦为军民府，而今则不复知有军也。止分官、民二姓，官姓木，初俱姓麦，自汉至国初。太祖乃易为木。民姓和，无他姓者。其北即为古宗。古宗之北，即为吐蕃。其习俗各异云。

古宗北境雨少而止有雪，绝无雷声。其人南来者，至丽郡乃闻雷，以为异。

丽郡北，忠甸之路有北岩，高阔皆三丈，崖石白色而东向。当初日东升，人穿彩服至其下，则满崖浮彩腾跃，焕然夺目，而红色尤为鲜丽，若镜之流光，霞之幻影。日高则不复然矣。

初十日

晨餐后，大把事复来候往木家院。通事具骑，而大把事忽去，久待不至，乃行。东向半里，街转南北，北去乃象眠山南垂，通安州〔二五〕治所托，南去乃大道。半里，过东桥，于是循溪南岸东南行。三里，有柳两三株，在路右塍间，是为土人送行之地。其北有坞，东北辟甚遥。盖雪山之支，东垂南下者两重，初为翠屏、象眠，与解脱、十和一夹而成白沙坞；再为吴烈东山，与翠屏、象眠再夹而成此坞，其北入与白沙等。其北度脊处，即金沙江逼雪山之麓而东者。东山之外，则江流南转矣。脊南即此坞，中有溪自东山出，灌溉田畴更广。由此坞东北逾脊渡江，即香罗〔二六〕之道也。坞中溪东南与玉河会于三生桥之东，又有水西南自文笔山沿南山而东转，随东圆冈之下，经三生桥而东与二水会，于是三水合而成漾共江之源焉。东员冈者〔二七〕，为丽郡东南第一重锁钥。盖有大脊自西来，穹为木家院后高峰大脊，从此南趋鹤庆。其东下者为邱塘关，其东北下者，环转而为此冈，直逼东山之麓，束三水为一，沿东山南下而出邱塘东峡，自七和、冯密而达鹤庆。冈首回环向郡，南山之溪经其下，巩桥度之，曰三生桥。桥北有二坊，两三家为守者。自柳塘至此，又五里矣。其北皆良畴，而南则登坡焉。一里，升坡之巅，平行其上。右俯其坡内抱，下辟平坞，直北接郡治，眺其坡，斜削东下，与东山夹溪南流。坡间每有村庐，就洼傍坎，桃花柳色，罨映高下。三里，稍下就洼，有水成痕，自西而东下于溪。又南逾一坡，度板桥而南，则木家院〔二八〕在是矣。

先是途中屡有飞骑南行，盖木公先使其子至院待余，而又屡令人来，示其款接之礼也。途中与通事者辄唧唧语，余不之省。比余至，而大把事已先至矣，迎入门。其门南向甚敞，前有大石狮，四面墙垣之外，俱巨木参霄。甫入，四君出迎，入门两重，厅事亦敞。从其右又入内厅，乃拜座进茶。即揖入西侧门，搭松棚于西庑之前，下藉以松毛，以示重礼也。大把事设二卓，坐定，即献纸笔，袖中出一小封，曰："家主以郎君新进诸生，虽事笔砚，而此中无名师，未窥中原文脉，求为赐教一篇，使知所法程，以为终身佩服。"余颔之。拆其封，乃木公求余作文，并为其子斧正〔二九〕。书后写一题曰："雅颂各得其所。"余与四君，即就座拈毫〔三〇〕，二把事退候阶下。下午，文各就。余阅其作，颇清亮。二把事复以主命求细为批阅。余将为举笔，二把事曰："馁久矣，请少迟之。后有茶花，为南中之冠,请往一观而就席。"盖其主命也,余乃从之。由其右转过一厅,左有巨楼,楼前茶树,盘荫数亩,高与楼齐。其本径尺者三四株丛起,四旁萎蕤[三一]下覆甚密,不能中窥。其花尚未全舒,止数十朵,高缀丛叶中,虽大而不能近觑。且花少叶盛,未见灿烂之妙,若待月终,便成火树霞林,惜此间地寒,花较迟也。把事言,此树植与老把事年相似,屈指六十余。余初疑为数百年物,而岂知气机发旺,其妙如此。已还松棚,则设席已就。四君献款,复有红毡、丽锁之惠。二把事亦设席坐阶下,每献酒则趋而上焉。四君年二十余,修皙[三二]清俊,不似边陲之产,而语言清辨可听,威仪动荡,悉不失其节。为余言北崖红映之异。时余欲由九和趋剑川,四君言:"此道虽险而实近,但此时徙诸出豆者在此,死秽之气相闻,而路亦绝行人,不若从鹤庆便。"肴味中有柔猪、牦牛舌,俱为余言之,缕缕可听。柔猪乃五六斤小猪,以米饭喂成者,其骨俱柔脆,全体炙之,乃切片以食。牦牛舌似猪舌而大,甘脆有异味。惜余时已醉饱,不能多尝也。因为余言,其地多牦牛,尾大而有力,亦能负重,北地山中人,无田可耕,惟纳牦牛银为税。盖鹤庆以北多牦牛,顺宁以南多象,南北各有一异兽,惟中隔大理一郡,西抵永昌、腾越,其西渐狭,中皆人民,而异兽各不一产。腾越之西,则有红毛野人,是亦人中之牦、象也。抵暮乃散。二把事领余文去,以四君文畀余,曰:"灯下乞细为削抹,明晨欲早呈主人也。"余颔之。四君送余出大门,亦驰还郡治,仍以骑令通事送余。东南二里,宿村氓家。余挑灯评文,就卧其西庑。

〔一〕滇游日记七在乾隆刻本第七册下。

〔二〕白镪(qiǎng 抢):白银的别称。

〔三〕侑(yòu 又):酬报。

〔四〕复以卓席馈许生为分犒诸役　　原脱此十二字,据徐本补。

〔五〕薖(kē 科):空。云薖淡墨,共六卷,木增撰。四库全书总目子部杂家类有存目,并载:"增好读书,多与文士往还,是书盖其随笔摘抄之本,大抵直录诸书原文,无所阐发,又多参以释典道藏之语,未免糅杂失伦,特以其出自蛮陬,故当时颇传之云。"今云南省图书馆有藏本,仅存卷三至卷六,共四册。

〔六〕发糖:应即丝窝糖,近年一些农村还有生产。用燕麦制的"马尾松糖"可能也是发糖。

〔七〕较政:通"校正"。

〔八〕祭丁:古代风俗,于仲春、仲秋的上丁日,祭奠先圣先师,称为祭丁。

〔九〕古宗:明代以来,称云南、四川境内的藏族为古宗。

〔一〇〕沮(jǔ 举):阻止。　觇(chān 搀):窥看。

〔一一〕玉龙寺:在今玉峰寺处,位于白沙北面的玉龙村后。至今还有明代茶花一株,枝叶盘错成凉棚,花繁叶茂,生长良好。乾隆丽江府志略有玉峰寺而无玉龙寺,并注:"以上皆明时土知府木氏建,今渐圮倾。"疑寺名有更动,或"玉龙寺"为"玉峰寺"之讹。

〔一二〕庑(wǔ 武):殿阁周围的廊屋。

〔一三〕槅(gé 隔):房屋的隔板。

〔一四〕古冈:又作牯冈,在丽江东北,应即贡嘎,为今四川稻城县南部的贡嘎日俄,主峰高 6032 米。鼠俉应即水洛,纳西语为盛产铁矿的山谷,应即今四川木里县西部的水洛河流域。池上有三峰者应即泸沽湖。寰宇通志永宁府:"泸沽湖,在府城东三十里,周回三百里,中有三岛。"今名同,在云南、四川两省界上,湖呈腰子形,由草海和亮海构成。草海在东北,约万亩,水浅;亮海约九万余亩。湖面平均海拔 2700 米,湖上现有七个小岛。湖周围群山环抱,绿林如海,风景甚佳。

〔一五〕象眠山即今丽江市区北郊的象山。象鼻水今名黑龙潭,为丽江著名风景区,现有五凤楼、得月楼和丽江文化馆。黑龙潭又称玉泉,泉水通过丽江城内,称为玉河,分为若干明沟,清流伴街,纵横交错,形成丽江城独特的秀丽景色。

〔一六〕巽(xùn 逊)位:巽为八卦之一,以八卦定方位,巽位为东南方。

〔一七〕挈(qiè 切):带领。　胙(zuò 坐):祭祀用的肉。

〔一八〕亲炙:亲身受到教益。

〔一九〕引满:举饮满杯的酒。

〔二〇〕出豆:即传染病天花。

〔二一〕九和:今作九河,在玉龙县南境,石鼓以南。

〔二二〕泮(pàn 判):即学官前的水池,形如半月,故称泮池。因称学官为泮官,考入府州县学即称入泮或游泮。

〔二三〕据丽江木氏宦谱,木增四子名阿春、阿光、阿宝、阿仁。长子阿寺阿春即木懿,袭知府职。

〔二四〕麽些:又作"磨些"、"摩沙",即今纳西族。

〔二五〕通安州:为丽江军民府附郭,与丽江府同点,在今丽江市古城区驻地。

〔二六〕香罗:明设香罗甸长官司,隶云南永宁府,治所在今四川木里县西北。

〔二七〕东员冈 上句作"东圆冈"。冈北今有东元桥,位置约即明代三生桥。

〔二八〕木家院:在今丽江市区南8公里漾西村,又称万德宫。

〔二九〕斧正:请人修改文章的客气话。

〔三〇〕拈(niān)毫:执笔。

〔三一〕萎蕤(wēi ruí):又作"葳蕤",形容草木茂盛枝叶下垂的样子。

〔三二〕修皙:即修长而白皙,身体瘦高,皮肤白净。

十一日

昧爽,通事取所评文送木家院,就院中取饭至,已近午矣。觅负担者,久之得一人,遂南行。二里,抵南山下。循山东南一里,下越一坑底,仍东南上二里,出邱塘关。关内数家居之〔一〕,有把事迎余献茶。其关横屋三楹,南向踞岭上,而南下颇削,而关门则无甚险隘也。其岭自西大脊分支东突,与东山对,夹漾共江于下,关门东脊临江之嘴,竖塔于上,为丽东南第二重锁钥。隔江之东山,至是亦雄奋而起,若与西大峰共为犄角者。关人指其东麓,即金沙江南下转而东南,趋浪沧、顺州〔二〕之间者。此地有路,半日逾此岭,又一日半而东南抵浪沧卫。

出关,辞通事以骑返,余遂同担夫仍南向就小道下山。其道皆纯石嵯峨,践隙攀峰而下,二里,乃抵其麓。遂西南陟桥,桥西有坡,南向随之。半里,复下坡,西有坞南开,而中无水。又半里,横陟之,由西坡上半里,依西大山之麓转而东南行。一里余,路左复起石山，与西山对夹，路行其中。二里，逾脊南下，脊右有石崖下嵌，而东半石峰，尤为巉巆。南一里，东峰始降，复随西坡盘而西南。二里，其支复东突，再南逾之。下半里，还顾东突峰南，有崖嵌空成门，返步探之，虽有两门，而洞俱不深。又循西山而南，一里余，三四家倚西山下，于是复见漾共江出峡而下盘其麓，峡中始环叠为田，村之前，已引水为渠，循山而南，抵七和矣。随渠盘西山东突之嘴，又三里而抵七和。七和者，丽郡之外郛〔三〕也，聚落倚西山，颇盛。其下坞中，水田夹江，木公之次子居此，其宅亦东向。由其前又南半里，为税局，收税者居之。又南渐下一里，复过一村，乃西南上坡。一里，陟坡顶，其上甚平。由其上平行而南，二里，有数家居坡脊，是为七和哨，则丽江南尽之鄙也，故设哨焉。

哨南又半里，有路自东南横过西北者，为三岔黄泥冈。盖是坡自西大山下垂，由此亘而东南，横路随其脊斜去，脊西遂下陷成峡，黑龙潭〔四〕当其下焉。大道由峡东直南，鹤庆、丽江之界，随此坡脊而分。故脊西下陷处，自西盘而南至冯密，其下已属鹤庆；脊东盘亘处南下冯密东，其内犹属丽江，此东西两界大山内之横界也。于是西瞰峡内，松箐遥连，路依东脊南向渐下，六里而至冯密。

日才过午，觅宿店，漫投一楼上，乃陈生某家也，向曾于悉檀相晤者。担人卸担去，余炊饭其家，欲往青玄洞。陈生止余曰："明日登程，可即从此往。今日晚，可一探东山之麓乎？"遂同东陟坞塍。盖此坞即自黑龙潭南下，至此东向而出者，坞北则黄泥冈之坡，直垂而逼东山之麓，江亦东逊若逗而出于门者，故坞东之界，直以此门而分。由坞东行一里，即与漾共江遇。溯之东北半里，有木桥横江上。从桥东度，木凡四接。循东岸溯之而北，半里，登东陇，其上复盘陇成畦,辟田甚广。又北一里,直对黄泥之嘴,东界尖峰最耸,是为笔架峰,正西与冯密后堆谷峰相对焉。陈生父冢正在其陇之上,时将议迁,故来相度。余劝其勿迁,惟来脉处引水开渠,横截其后,若引从墓右,环流于前,是即旋转之法。陈生是之。仍从木桥度江,共三里,还寓。陈生取酒献酢。余嘱其觅远行担夫,陈言明日可得,不必嘱也。

十二日

陈为余觅夫,皆下种翻田,不便远去,已领银,复来辞。既饭,展转久之,得一人曰赵贵,遂行。余以纯一所馈瓯二鼎一,酬陈生之赍〔五〕酒。从其居之西涉一涧,既截坞而西北,一里余,登西坡,已逼堆谷峰下。坡上引水为渠南注,架木而度,即南循东下之脊而上,半里,得平冈。由冈上西行半里,直逼西山下,有庙临冈而峙。庙南东下腋底,有庙祀龙王,南临一池,甚广而澄澈,乃香米龙潭也。庙南西上层崖,有洞东向辟门,其上回崖突兀,即青玄洞也。二庙俱不入,西蹑山直上,半里,抵崖下,则洞门有垂石中悬,门辟为二,左大而右小。有僧倚中垂之石,结庐其外,又环石于左门之下,以为外门。由环石窦间入,登左门,其门大开,西向直入,置佛座当其中。佛座前稍左,其顶上透,引天光一缕下坠,高盖数十丈也。其右则外悬之壁当其前,中旁达而南,即豁为右门,门稍东南向,下悬石壁,可眺而不可行也。盖佛座之前,悬石外屏,既觉回环,而旁达两门,上通一窍,更为明彻,此其前胜也。佛座以后,有巨碑中立,刻诗于上。由此而内,便须秉炬。乃令担人秉炬前,见内洞亦分两门,则右大而左小。先循左壁攀左隙上跻,既登一崖,其上夹而成隙。披隙入,转而南向,有穴下坠甚深。先投炬烛其底，以为阴也，乃撑隙支空而下，三丈，至其底；稍南见有光遥透，以为通别窦矣；再前谛视，光自东入，始悟即右门所入之大窦也。复转而西入，内有小门渐下，乃伏而穷之。数丈，愈隘不能进，乃倒退而出。循右崖之壁，从其西南，复得一门。初亦小，其内稍开，数丈后，亦愈隘而渐伏，亦不能进，复倒退而出，即前之有光遥透处也。向明东蹈，左审右顾，石虽蜿蜒而崖无别窍。遂至大碑后录其诗，并出前洞，以梯悬垂石内后崖，亦录其诗。僧瀹茶就，引满而出下洞前，则有桃当门，犹未全放也。是洞前后分岐岣嵝，前之罳映透漏，后之层叠峣岈；擅斯二美，而外有回崖上拥，碧浸下涵，亦胜绝之地。

既下，至平冈，余欲北探黑龙潭。担者言："黑龙潭路当从黄泥冈西下，不然，亦须从冯密后溯流入。此山之麓，无通道可行。盖此中有二龙潭，北峡为黑龙潭，此下为香米龙潭，皆有洞自西山出，前汇为潭，其胜如一轨，不烦两探。"余然之，遂南向趋香米。其潭大数十亩，渊然澄碧。盖即平冈之脊，东向南环，与西山挟潭于中，止西南通一峡容水去。路从潭西循西山而南，山崖忽迸，水从中溢于潭，乃横石度崖口。崖前巨石支门，水分潆巨石之隙，横石亦分度之。其石高下不一，东瞰澄波，西悬倒壁，洞流漱其下，崖树络其上，幽趣萦人，不暇他顾。已乃披隙入洞，洞中巨石斜骞，分流衍派，曲折交旋，一洞而水石错落，上如悬幕，下若分莲，蹈其瓣中，方疑片隔，仰其顶上，又觉空洞。入数丈，后壁犹有余光，而水自下穴出，无容扪入矣。

出洞，依西山南行二里，有数家倚山而居。由其前又南一里，转而西行一里，又逼西山之麓。复南行二里，则西山中断，两崖对

夹如门，上下逼凑，其中亦有路缘之上。盖此崖乃<u>丽江</u>南尽之界，
川内平畴，<u>鹤庆</u>独下透而北，两界高山，<u>丽江</u>俱前踞而南，以两山之
后，犹麼麼之俗耳。自此而南，东西界后亦俱偄偋，属鹤庆土官<u>高
千户</u>矣。又南二里，一溪自西山下出，余溯而穷之。稍转北半里，
其水分两穴东向出，皆溢自石下，无大窍也。乃逾出水石上，由水
之西，循山南行。半里，有洞连裂三门，倚崖东向，洞深丈余，高亦
如之，三门各峙，中不相通，而石色殷红，前则桃花点缀，颇有霞痕
锦幅之意，但其洞不中透，为可惜耳。崖右，其支峰自上东向，环臂
而下，腋中冲砂坠砾，北转而倾于崖前。腋底亦有一洞，南登环臂
之脊，始回眺见之，似亦不深，乃舍之。南逾臂脊，东南下半里，有
村庐十数家，倚西山之嘴，是为<u>四庄</u>〔六〕。其南腋中，有龙潭一
围，大百余亩，直逼西山，西山石崖插潭而下。路盘崖上凌其南，又
一里，循潭东岸南绕之，泄水之堰，在其东南，悬坑下坠，即东出而
注于<u>小板桥</u>者也。其西北腋崖回转，石脚倒插，复东起一崖，突潭
中如拇指，结槛其上，不知中祀何神，其下即潭水所自出也，亦不知
水穴之大小。然其境水石潆回，峰崖倒突，而水尤晶莹晃漾，更胜
<u>香米</u>之景，惜已从潭东一里，抵泄水之堰，不便从西崖逾险而上矣。
由其南循西山又二里，有石山一支，自西山东向突川中，其西南转
腋处，有古庙当其间，前多巨石嶙峋，如芙蓉簇萼，其色青殷〔七〕，
而质廉利，不似北来之石，色赭而质厉也。入叩无人，就庑而饭。
既乃循东突之峰东行半里，转而南盘其嘴。其嘴东临平川，后耸石
峰，嘴下石骨棱棱，如侧刃列锷，水流一线，穿于其间，汩汩南行，心
异之。仰眺其后耸石峰，万萼云丛，千葩簇结，以为必有灵境。担
者曰："近构一寺，曰鹤鸣，不识有人栖否。"余乃令担仆前行，独返

而蹑其上，披绡蹈瓣半里，陟峰头而庵在焉。其门东北向，中有堂三楹，供西方大士，左有楼祀文昌，俱不大，而饰垩未完。有一道者栖其间。盖二年前，居人见山头有鸣鹤之异，而道者适至，募建此庵，故乡人感而名之。道者留余迟一宿，余以担仆已前，力辞之，不待其炊茶而别。

其庵之南，村庐倚西山下者甚盛。三里余，又有危峰自西山东突，与鹤鸣之峰南北如双臂前舒，但鹤鸣嶙峋而缭绕，此峰耸拔而拱立为异耳。是峰名石寨，前有村名石寨村。有一龙泉自峰下出，汇水为潭，小于四庄，东乃环堤为堰，水从堰东注壑去，即东出于大板桥者也〔八〕。半里，越堤之南，复循西山南行，其地渐莽，无田塍村庐之托，想无水源故也。八里，始有溪东注，路东转而南渡之，于是东望为演武场北村，西望为西龙潭大村，盖此水即西龙潭所分注者也。西龙潭亦当西山东突之腋，汇水颇大，东北流者为此水，中为城北大路口水，东南引者为城中之水，其利为一郡之冠云〔九〕。又南二里，出大路。正当大路所向之处，其东有竹丛村庐，即来时所遵道也。从大路南四里余，而抵鹤庆北关，托宿于关外，乃入北门，是为旧城。南半里，转而西，为御前守御所在焉。摩尼庵复吾师之子张生家北向而居，入叩之，往摩尼未返也。又转南，再入城门，是为新城。始知鹤庆城二重，南新北旧，南拓而北束。入新城，即从府治东南向行，半里，东转郡学前，南向有大街，市舍颇盛。已乃仍出两北门，入寓而餐始熟，遂啜而卧。

鹤庆西倚大山，为南龙老脊，东向大山，为石宝高峰，石宝山高穹独耸，顶为倔多尊者道场〔一〇〕。此山自丽江东山南向下，南尽于金沙江。中夹平川，自七和南下。但七和之南，又有三岔黄泥冈，自西而横逼东山。故其川以冯密南新屯为甸头，直下而南,共五十里,有象眠山西自西大脊东属于石宝山。石宝山西与剑川同名,一统志称为峰顶山,从志为是。象眠山与丽江同名,一统志称为龙珠山,亦当从志为是。漾共江贯于中川,南抵象眠,分注众窍,合于山腹,南泄为一派,合枫木之水,东南入金沙江。两旁东有五泉,出石宝之下;西有黑龙、西龙诸潭,出西大山下。故川中田禾丰美,甲于诸郡。冯密之麦,亦甲诸郡,称为瑞麦,其粒长倍于常麦。

十三日

早饭,平明抵北门。从门外循旧城而西,一里,转而南,半里,其南则新城复拓而西出。随之又西半里,又循城南转半里,过西门,乃折而西向行。度一桥,西三里,乃蹑坡,二里,逾坡西稍下。其坡自西山东下,至此伏而再起,其南北俱有峰舒臂前抱,土人称为旗鼓山,而坡上冢累累,盖即郡城之来脉也。土人言:"昔土官高氏之冢当此冈,国初谓其有王气,以大师挖断其后脉,即今之伏处也。"不知起伏乃龙脉之妙,果挖之,适成其胜耳,宜郡城之日盛也。由伏处即上蹑坡行,一里,至坡脊,南北俱坠坑成峡。又一里,南度西峡之上,从南坡蹑峻西登,二里稍平。再缘南坡折而上,一里,复随峡西入,一里,抵西岭下,转而北向蹑峡中。其峡乃坠水枯涧,巨石磊磊,而叠磴因之,中无滴沥,东西两崖,壁夹骈凑,石骨棱棱,密翳蒙蔽,路缘其中,白日为冷。二里余,有巨石突涧道中,若鹳[一]首之浮空,又若蹲狮之当户。由其右崖横陟其上,遂循左崖上,其峻束愈甚。二里始平,西行峡中。一里稍上,北崖峭壁耸起,如奋翅劈霄,而南崖亦崭削相逼,中凑如门,平行其中,仰天一线,余以为此南度之大脊也。透其西,峰环壑转,分为二岐:一由脊门西下,循北山而西北;一由脊门直出,循南山而西南。莫定所适。

得牧者,遥呼而问之,知西北乃樵道也,遂从其西南行。半里,有峰中悬壑中,两三茅舍当其上,亦哨守者之居也。从其南平行峡中,西望尖峰耸立,高出众顶,余疑路将出其西北。及西二里,稍下洼中,半里,抵尖峰东麓,其处洼而无水,西北、西南之峡,俱似中坠,始悟脊门西来平壑,至此皆中洼,而非外泄之峡矣。从洼西南上,遂披尖峰东南峡而登,密树蒙茸,高峰倒影。二里,循峰西转,遂逾其东度之脊。西半里,盘尖峰之南,西北半里,又逾其南度之脊。北脊高于东度者,然大脊所经,又似从东度者南转,而脊门犹非其度处也。逾脊,遂北向而下,一里,已出尖峰之西,至此盖三面挟尖峰而行矣。

乃西向随峡下坠,一里,峡始开。一里,转而西南,乃循南山之坡曲折西下,三里,抵盘壑中。其处东北西三面皆崇峰,西北东南二面皆坠峡,惟西南一脊如堵垣。平陟其上,共二里,逾前冈,有废舍踞冈头,是为汝南哨〔一二〕。其东南坞中,有村倚东山,乃土官所居,土人又名为虞蜡播箕。由哨南下,行坞中一里余,遂南入峡。东西皆土峰逼夹,其下颇峻。二里出峡,乃饭。复见东南有坠壑,乃盘西峰之南,复西陟其坞。一里余,复陟其西峰而南盘之,遂西向循坡下,北峰南壑,路从深树叠石间下,甚峻。四里,转峡度脊,其下稍平。西南半里,有茅棚卖浆冈头,乃沽以润枯肠。又西南半里,下至壑底,有水自南峡来,竟壑中,北透峡去,是为清水江〔一三〕。始知壑西之山,反自大脊南度而北,其水犹滥觞细流,不足名溪,而乃以江名耶?其下流北出,当西转南下,而合于剑川之上流,然则剑川之源,不第始于七和也。清水江东岸,有数家居壑中,上有公馆,为中道。

涉水西，从西坡南向上，迤逦循西山而南，三里余，乃折而西南上，甚峻。一里，又折而西，半里，西逾岭脊，即南从东大脊西度北转者，当北尽于清水江西透之处者也。越脊西下峡中，二里，峡始豁而下愈峻，又一里余，始就夷。行围辇间，又一里余，乃循南峰之西而南盘之。一里，出其口，始见其西群峰下伏，有峡下嵌甚深，南去稍辟，而东南峡中，似有水光掩映者，则剑川湖也；西南层峰高峙，雪色弥莹者，则老君山也。南盘二里，又见所盘之崖，其西石峰倒涌，突兀嵯峨，骈错趾下，其下深壑中，始见居庐环倚，似有楼阁瞻依之状，不辨其为公馆、为庙宇也。从其上南向依东崖下，二里，西度峡脊，已出居庐之南，遂循西峰南下，一里，则东峡已南向，直趋剑湖〔一四〕矣。于是南望湖光杳渺，当东山之麓，湖北带壑连青，环畦甚富，意州治已在其间，而随峡无路。路反从峰头透坳西去，一里稍下，又转西峰而盘其南。又一里，于是南面豁然，其前无障，俯见南湖北坞，而州治倚西山，当其交接处，去此尚遥。路盘坡西行，一里余，乃从坡西峡中南下。又一里，抵山麓，乃循崖西转。半里，则村居倚山临坞，环堵甚盛，是为山塍塘。问距州尚十里，而担者倦于行，遂止。

十四日

昧爽，饭于山塍塘，平明乃行。自是俱西南向平畴中行矣。二里余，有一小山南突平川，路从其北西转而挟之。复西南行平畴中，雨霏霏至。二里，有大溪自北而南，平流浅沙，汤汤南注湖中，然湖自下山塍，已不可见矣。随溪南行，又半里，大石梁西跨之，其溪流盖北自甸头来。按志，州西北七十里山顶，有山顶泉，广可半亩，为剑川之源。此山不知何名，今丽江南界七和后大脊，实此川发源之所〔一五〕，则此山即在大脊之南可知。更有东山清水江之流，亦合并之，其盘曲至此，亦不下七十里，则清水江亦其源可知。从桥北望，乃知水依西山南下，其东则山塍塘北之山盘夹之，山塍塘之东山南坠而为川，又东，则东山乃南下而屏其东，与西界金华山为对。是山塍塘者，实川之北尽处，其东南辟而为川以潴湖，其西北夹而为峡以出水者也。过桥，风雨大至。随溪南行半里，避于坊下，久之稍止，乃西南复行塍间。一里余，有一小流西来，乃溯之西一里，抵剑川州〔一六〕。

州治无城，入其东街，抵州前，乃北行，税行李于北街杨贡士家。乃买鱼于市。见街北有祠，入谒之，乃祠死节段公者。段名高选，州人，万历末，以进士为重庆巴县令〔一七〕，阖家死奢酋之难〔一八〕，故奉诏立祠。今其长子暄荫锦衣在都。祠中有一生授蒙童。植盆中花颇盛，山茶小仅尺许，而花大如碗。出祠，东还寓，以鱼界顾仆，令守行囊，而余同主人之子，令担者挈饭一包，为金华之游。

出西郊，天色大霁，先眺川中形势。盖东界即大脊南下分为湖东之山者，是为东山。西界则金华山最高〔一九〕，北与崖场诸山，南与罗尤后岭，颉颃西峙，是为西山。其金华之脉，实西南从老君山来。老君山者，在州西南六十里杨村之北，其山最高，为丽江、兰州之界〔二〇〕，出矿极盛，倍于他山者。土人言，昔亦剑川属，二十年前，土千户某姓者，受丽江贿，以其山独界丽江。丽江以其为众山之脉，禁矿不采。然余按一统志，金华山脉自西番〔二一〕罗均山来，盖老君即罗均之讹，然谓之西番者，则统志之讹也。其山犹在兰州之东，西番在兰州西澜沧江外，其山即非剑川属，亦丽江、兰州界内，胡以有西番之称？然即此亦可知此山原不属剑川，土人贿界之言，不足信也。其北则山塍后岭，自东山北转，西亘而掉其尾。其南则印鹤山，自东山南下，西顾而回其岭。中围平川，东西阔十里，南北长三十里，而湖汇其半。湖源自西北来，向西南破峡去，而湖独衍于东南。此川中之概也。其地在鹤庆之西，而稍偏于南；在丽江之南，而稍偏于西〔二二〕；在兰州之东，而稍偏于北；在浪穹之北，而稍偏于西。此四境之准也。州脉自金华北岭东环而下，由州治西行一里余，及其麓。有二寺，并列而东向，俱不宏敞。寺后有亭有轩，在层崖盘磴之上，水泉飞洒，竹影桃花，罨映有致，为乡绅杨君之馆。由其北蹑崖西上，有关帝庙，亦东向，而其处渐高，东俯一川甸色湖光，及东山最高处雪痕层叠，甚为明媚。由庙后循大路又西上半里，北循坡而下，为桃花坞；南分岐而上，为万松庵；而直西大道，则西逾岭而抵莽歇岭者也。

乃随杨君导，遂从北坡下，数百步而桃花千树，深红浅晕，倏入锦绣丛中。穿其中，复西上大道，横过其南，其上即万松庵，其下为段氏墓，皆东向。段墓中悬坞中，万松高踞岭上，并桃花坞，其初皆为土官家山，墓为段氏所葬，而桃花、万松，犹其家者。万松昔为庵，闻今亦营为马鬣〔二三〕，门扃莫由入。遂仍从关庙侧，约一里下山。山之北，有峡甚深，自后山环夹而出，涧流嵌其下，是为崖场。两崖骈立，其口甚逼，自外遥望，不知山之中断也。余欲溯其流入，以急于金华，遂循山南行。一里余，有冈如堵墙，自西山而东亘州南，乃引水之冈也。逾冈又南一里余，有道宫倚西山下，亦东向。其内左偏有何氏书馆，何乡绅之子读书其中。宫中焚修者，非黄冠，乃瞿昙〔二四〕也。引余游馆中，观茶花，呼何公子出晤，而何不在，留余少憩。余急于登山，乃出。

从宫右折而西上坡，一里，有神庙当石坡上，为土主之宫。其庙东向而前有阁，阁后两古柏夹立，虬藤夭矫，连络上下，流泉突石，错落左右，亦幽閴名区也。与何公子遇，欲拉余返馆，且曰："家大人亦祈一见。"盖其父好延异人，故其子欲邀余相晤。余约以下山来叩。后询何以进士起家，乃名可及者，忆其以魏党〔二五〕削夺，后乃不往。遂从庙右西上，于是崇攀仰陟，遵垂坡以登，三里，转突崖之上。其崖突兀坡右，下临深峡，峡自其上石门下坠甚深。从此上眺，双崖骈门，高倚峰头，其内环立翠翠，仿佛有云旌羽裳出没。益鼓勇直上，路曲折悬陡，又一里而登门之左崖。其上有小石塔，循崖西入，两崖中辟，上插云霄，而下甚平。有佛宇三楹当其中，楹左右恰支两崖，而峡从其前下坠，路由左崖入，由右崖栈石壁而盘其前以登玉皇阁。佛宇之后，有池一方，引小水从后峡滴入，池上有飞岩嵌右崖间，一僧藉岩而栖。当两崖夹立之底，停午不见日色，惟有空翠冷云，绸缪牖户而已。由崖底坡坳而登内坞，有三清阁；由崖右历栈而蹑前崖，有玉虚亭，咫尺有幽旷之异。余乃先其旷者，遂蹑栈盘右崖之前。栈高悬数丈，上下皆绝壁，端耸云外，脚插峡底，栈架空而横倚之。东度前崖，乃盘南崖，西转北上而凌其端，即峡门右崖之绝顶也。东向高悬，三面峭削，凌空无倚。前俯平川，烟波村树，历历如画幅倒铺。后眺内峡，环碧中回，如蓉城蕊阙，互相掩映，窈蔼莫测。峰头止容一阁，奉玉宸于上。

余凭揽久之，四顾无路，将由前道下栈，忽有一僧至，曰："此间有小径，可入内峡，不必下行。"余随之，从阁左危崖之端，挨空翻侧，践崖纹一线，盘之西入，下瞰即飞栈之上也，半里而抵内峡之中。峡中危峰内簇，瓣分蒂绾，中空如莲房。有圆峰独穹于后，当峡中峙，两旁俱有峰攒合，界为两峡，合于中峰前。旁峰外缀连冈，自后脊臂抱而前，合成崖门，对距止成线峡。外围中簇，此亦洞天之绝胜矣。冈上小峰共有五顶，土人谓上按五行，有金木水火土之辨。此亦过求之论，即不藉五行，亦岂输三岛哉？中峰前结阁，奉三清〔二六〕，前有古柏一株颇巨，当两峡中合之上。余欲上蹑中峰，见阁后路甚仄，陟左峡而上，有路前蹈峡门左崖之顶，乃陟峡而北蹑之。东出西转，有塔峙坡间，路至此绝。余犹攀巉践削，久之不得路，而杨氏之子与担夫俱在下遥呼，乃返。从内峡三清阁前下坠峡底，共一里而至峡门内方池上，就岩穴僧栖，敲火沸泉，以所携饭投而共啖之。乃与僧同出峡门，循左崖东行。僧指右峡壁间突崖之下，石裂而成峡，下临绝壑，中嵌巉崖，其内直逼山后莽歇，峡中从来皆虎豹盘踞，无敢入者。余欲南向悬崖下，僧曰："既无路而有虎，君何苦必欲以身试也。且外阻危崖，内无火炬，即不遇虎，亦不能入。"杨氏子谓："急下山，犹可觅罗尤温泉。此不测区，必不能从也。"乃随之东北下山。一里，路分两岐：一循山北下，为入州便道；一直东随坡下，即来时道。僧乃别从北去，余仍东下。一里，路左有一巨石，当坡东向而峙，下瞰土主庙后，石高三丈，东面平削，镌三大天王像于上，中像更大，上齐石顶，下踏崖脚，手托一塔，左右二像少杀之，土人言，土司出兵，必宰猪羊夜祭之，祭后牲俱乌有，战必有功。是为天王石。又下一里，至土主庙南，乃逾涧南上坡，循西山之东，逾坡度坞，南向而行。村之倚坡临川者，篱舍屈曲，竹树扶疏〔二七〕，缀以夭桃素李，光景甚异，三里余而得一巨村，则金华之峰，至是南尽。又下为盘岭，回亘南去，兰州之道，由是而西逾之，从杨村而达焉。

由村南东盘东突之嘴，共里余，南转而得罗尤邑，亦百家之聚也。其处有温泉，在村洼中出，每冬月则沸流如注，人争浴之，而春至则涸成污池焉。水止而不流，亦不热矣。有二池，一在路旁，一在环堵之内，今观之，与行潦无异。土人言，其水与兰州温泉彼此互出，溢于此则彼涸，溢于彼则此涸。大意东出者在秋冬，西出者在春夏，其中间隔重峦绝箐，相距八十里，而往来有时，更代不爽，此又一异也。村中有流泉自西峡出，人争引以灌，与温泉不相涉。其上有石龙寺，以晚不及探，遂由大道北返。四里，北越一桥，桥北有居庐，为水寨村。从村北折而西，望金华山石门之峡，高悬双阙，如天门复峙。又二里，北抵州治，入南街，又里余而返寓。

十五日

余欲启行，闻杨君乔梓言莽歇岭〔二八〕为一州胜处，乃复为一日停。命担者裹饭从游，先从崖场入。崖场者，在金华北峰之下，有洞破重壁而东出〔二九〕，剖层峰为二，其内皆云春水碓，极幽寂之致。莽歇正道，当从南崖上；余意披峡而西，由峡底觅道上，更可兼尽，遂溯流入。始缘涧北，不得入。仍渡涧南西入，南崖之上，即昨桃花迷坞处，而此当其下嵌。矫首两崖逼霄，但谓涧底流泉，别有天地，不复知峰头春色，更占人间也。曲折三里，只容一溪宛转，乱春互答。既而峰回峡转，前岭西亘，夹涧北来，中壑稍开，环崖愈嵌，路亦转北，而回眺西南岭头，当是莽歇所在，不应北入。适有樵者至，执而问之，曰："此涧西北从后山来。莽歇之道，当从西亘之岭，南向蹑其脊，可得正道。"余从之。遂缘西亘岭西南跻之，虽无路径，方位已不出吾目中。一里余，遂南蹑其北突之脊，东来之路，亦逾此转南矣，遂从之。此峰自金华山北向横突，从此下坠，前尽于崖场峡口，后尽于所逾之脊。其西又有山一支，亦自南北向横突金华山之后，而为北下之峡。盖二山俱从西南老君山来，分支并驰，中夹成箐，石崖盘错，即所谓莽歇岭也。于是循金华山之西南向二里，又渐下者半里，而抵箐中。其箐南来，东崖即金华北岭之后，西崖是为莽歇，皆纯石危亘，骈峡相对，而路当其下。先有一崖，北向横障箐中，下嵌成屋，悬覆二丈余，而东北一石下垂，如象鼻柱地，路南向无隙。从象鼻卷中，傍东崖上透，遂历覆崖之上，望东西两崖，俱有石皮壁覆云，而西崖尤为突兀，上露两亭，因西向蹑危登之。其亭皆东向，倚崖缀壁，浮嵌歆仄，而南列者较大，位佛像于中。左壁有泉自石罅出，下涵小池而不溢。北亭就嵌崖通路，撼虚而过，得片石冒亭其上，三面悬削，其路遂绝。此反北凌箐口，高出象鼻覆崖之上矣。凭眺久之，闻木鱼〔三〇〕声甚亮，而崖回石障，不知其处。复东下箐底，溯细流北入，则西崖转嘴削骨，霞崩嶂压，其势弥异。半里，矫首上眺，或下嵌上突，或中剡旁裂，或层堆，或直劈，各极骞腾。有书其上为"天作高山"者，其字甚大，而悬穹亦甚高，或云以篾箩藤索，从峰顶倒挂而书者。西崖有白衣大士，东崖有胡僧达摩，皆摩空粘壁而成，非似人迹所到也。更南半里，有玉皇阁当箐中。由此攀西崖，捱石磴，有僧嵌一阁于崖隙。其阁亦东向。其崖上下陡绝，中嵌横纹，而阁倚之。挨横纹而北，又覆一亭，中供巨佛，倚壁而立，以崖逼不容青莲座也。其北横纹迸绝矣。前闻鲸声遥递，即此阁僧。其师为南都人，茹淡辟幽，栖此有年，昨以禅诵赴崖场，而守庐者乃其徒也，留余待之。余爱其幽险，为憩阁中作记者半日。

僧为具餐。下午而师不至。余问僧："此处有路通金华山否？"僧言："金华尚在东南，隔大脊一重，箐中无路上。东向直蹑东崖，乃南趋逾顶而东下之。盖东崖至是匪石而土，但峭削之极，直列如屏，其上为难。"余时已神往，即仍下<u>玉皇阁</u>，遂东向攀岭上。时有游人在<u>玉皇阁</u>者，交呼："此处险极难阶！"余不顾，愈上愈峻。二里，有路缘峰腰自南而北，担者欲从北去，余强之南。半里，此路乃东通后岭，非东南逾顶者，乃复东向蹑峻。担者屡后，呼之不至，余不复待，竭蹶上跻，一里余而东逾其脊。从脊上俯视，见州治在川东北矣，乃即从脊南趋。半里，又东南蹑峻上，一里，始凌<u>金华山</u>顶。于是北眺<u>丽江</u>，西眺<u>兰州</u>〔三一〕，东眺<u>鹤庆</u>，南眺<u>大理</u>，虽嵌重峰之下，不能辨其城郭人民；而西之<u>老君</u>，北之大脊，东之大脊分支处，南之<u>印鹤</u>横环处，雪痕云派，无不历历献形，正如天际真人〔三二〕下辨九州，俱如一黍也。复从顶脊南行，脊上已有路，直前一里，渐西转向<u>老君</u>，余知乃<u>杨庄</u>〔三三〕道，乃转而北瞰东向之路，得一线垂箐下，遂从之。下里余，路穷箐密，倾崖倒坎，欹仄蒙翳，下嵌莫测。乃攀枝横跌，跌一重复更一枝，幸枝稠箐密，不知倒空之险。如是一里，如蹈碧海，茫无涯际。既而审视，忽见一塔下涌，虽隔悬重箐，而方隅在目，知去<u>石门</u>，不在<u>弱水</u>外矣。益用攀坠之法。又一里，有线径伏箐间，随之亚行。半里，得中洼之峡，又半里，出<u>三清阁</u>之后，即昨来审视而难从者。于是下峡门，过昨所饭处，皆阒无一人。乃前趋过昨所望虎穴之上，此直康衢，非险道矣。乃从北道循西山北向下，五里而返寓，则担夫犹未归也。

十六日

平明，炊饭而行。遵南街出，七里至<u>罗尤邑</u>。余以为将滨湖而行，而大道俱西南循坡，竟不见波光渚影。途中屡陟冈越涧，皆自西向东，而冈涧俱不巨，皆有村庐。八里，一聚落颇盛。从其南又一里,大路将东转而趋海门桥〔三四〕,有岐西南入,乃石宝山道也,从此始与大道别。南瞻印鹤山,尖耸而当湖之南,为一川之南屏。其脉自湖东南下伏,而西度复耸,故榆城大道,过海门桥绕湖南而东,由其东伏处南逾而出观音山;湖流所注,由海门桥绕山北而西,由其西尽处南捣而下沙溪。石宝山又在印鹤西南,东隔此溪南下,又西隔驼强江北流,故其路始从此溪北峡入,又从驼强江东峡渡,然后及石宝之麓焉。由岐路循西坡南下,一里,度一峡,从峡南上,转而西行,二里余,已遥望石宝山尖穿西大峰之南矣。

于是复西南下一里,涉涧,乃南向升层冈,峡中曲折三里,始南逾其脊。南下二里,有水自西南峡来,至此折而东去,是为驼强江,有大石梁南跨之,桥南环塍连阡。南陟之,半里,有村庐倚南坡下,颇盛,是为驼强村。从村南复随箐南上,一里余,登岭脊。从脊上西望,老君山雪色峥嵘,在重峰夹涧之西,始知石宝之脉,犹从金华南下,而尽于驼强北转之处;若老君之脉,则南从横岭而尽于黑会、澜沧之交矣。平行脊上一里余,稍南下,度峡坳,半里,东望海门桥之溪,已破峡嵌底而南,有路随箐直下而就之,此沙溪道也;有岐南上盘西峰之南,此石宝道。乃南上盘峰,一里余,凌峰之南,遂西转而饭。从岭头西向行二里,稍下而逾脊西,随之南转西向,一里,又西南逾其北突之崖,始平望石宝之尖,与西峰并峙,而白塔高悬其间。

南一里,遂坠壑直下,一里,抵崖麓,则驼强江自南而北,奔流石峡中,而两崖东西夹峙,巉石飞骞,古木盘耸,悬藤密箐,蒙蔽山谷,只觉绿云上幂,而仰不见天日,玉龙下驰,而旁不露津涯。盖西即石宝之麓,东乃北绕之峰,骈夹止容一水,而下嵌上逼,极幽异之势。循东崖南行三里,夹壁稍开,有石梁西度,立梁上四眺,尚不见寺托何处。梁南两崖,溯水而上,已无纤径,而桥东有路,南逾东峰,则沙溪之道也。度桥西半里,西壁稍开,中坠一坑,甚峻,有巨阁当其口,已倾圮不蔽风雨,而坑中亦无入路,惟仰见其上盘崖层叠,云回幛拥,如芙蓉十二楼,令人目眩心骇。路循坑右盘崖磴曲折上,一里余而入石宝寺〔三五〕山门。门殿三四层,俱东向,荒落不整,僧道亦寂寥;然石阶殿址,固自雄也。

余停行李于后殿之右,一老僧栖其后,初不延纳。余不顾,即从殿北盘左腋,穷北岩二重,复下,从殿南盘右腋,穷北岩一重,再下,则老僧已炊黄粱相待。时已下午,复从右腋上玉皇阁,穷塔顶,既暮始下。盖后殿正嵌崖脚,其层亘之崖,重重上盘,而路各从两旁腋间,分道横披而入,其前既悬削,不能直上,而上亦中断,不能交通,故殿后第一层分嵌三窍,北窍二重,路从北腋转,南窍一重,路从南腋转,俱回临殿上,而中间不通。其上又环为第二层,殿后仰瞻不见也。路又从玉皇阁北转,即凭临第一层之上,从突崖北陟,蹑北支西上三里余,凌后峰之顶。顶颇平,西半里,有白塔当坪间,又中洼为土塘者二而无水。洼之南,皆石坡外突,平庋如塘堰,而石面有纹如龙鳞,有小洼嵌其上,皆浅而有水。其顶即西并大峰,其峰横列上耸,西拥如屏,欲蹑其上,路绝日暮而止。僧言其上有天成石像,并不竭石池,余所睹颇不一,亦少就雕刻,不辨孰为天成也。

十七日

由石宝饭而下山。二里,度桥东上,即转东南,二里,东逾其脊,乃转而南行。渐下,转而西南,三里,又转而东,一里,循山南转。其地马缨盛开,十余小朵簇成一丛,殷红夺目,与山茶同艳。二里,过一南度之脊,里余,越岭而南,始望见沙溪之坞,辟于东麓。所陟之峰,与东界大山相持而南,中夹大坞,而剑川湖之流,合驼强江出峡贯于川中〔三六〕,所谓沙溪〔三七〕也。其坞东西阔五六里,南北不下五十里,所出米谷甚盛,剑川州皆来取足焉。从岭南行又二里,峰头石忽涌起,如狮如象,高者成崖,卑者为级,穿门蹋瓣,觉其有异,而不知其即钟山也。去而后知之,欲再返观,已无及矣。又一里,遂东南下,三里及其麓。从田塍间东南行,二里,得一大村,曰沙腿〔三八〕。遇一僧,即石宝山之主僧也,欲留余还观钟山,且言:"从此西四十里,过蕨食坪,即通杨村、兰州,由兰州出五盐井,径从云龙州抵永昌,甚便。"余将从之,以浪穹何巢阿未晤,且欲一观大理,更闻此地东去即观音山,为鹤庆、大理通道,若舍此而西,即多未了之愿。

乃别僧东南行塍间,三里至四屯〔三九〕,村庐甚盛,沙溪之水流其东,有木梁东西驾其上,甚长。度桥,又东南望峡坡而趋,二里,由峡蹑坡东向上者五里,得一坡顶,踞而饭。又东一里余,见路右有峡西坠如划堑,其南有崖北向,一洞亦北向辟门,艰于坠峡,惟隔崖眺望,不及攀也。又东里余,抵东脊之下,有涧自北来,小水流其中,南注西坠峡间。大路涉涧而东逾脊,已乃知其为三营道,如欲趋观音山,当溯涧而北入坞。余乃复返涧西,北向溯之入,行夹中,径甚微,两旁石树渐合。二里出夹,乃东北蹑坡而上,坡间万松森列,马缨花映日烧林,而不闻人声。五里,转而东,又上五里,始蹑其脊。脊南北俱峰,中反洼而成坳,穿坳一里,始东北向而下。望见东界,遥山屏列,上干云汉,而其下支撑陇盘,犹不见下辟之坞也。

坠峡而下二里，又见东麓海子一围，水光如黛，浮映山谷，然其径芜塞，第望之东下。又二里，始有路自北顶而下，随之东北降，又五里余，始及山麓。麓之东，平壑内环，小山外绕，自西大山北麓分支，回环东抱，又转而西，夹于南麓，四周如城，中辟如规，北半衍为平畴，南半潴为海子。海子之水，反西南逼大山之麓，破峡坠去，其中盖另一天也。当壑之中，有居庐骈集，是为罗木哨〔四〇〕。其北冈峰，如负扆独拥于后，而前有庐室倚其阳，是为李氏之居。李名某，以进士任吏部郎。今其家居〔四一〕。地灵人杰，信有征哉。东行塍畴间二里，过罗木哨村。又东一里余，有大道自西北向东南，交过之。又东半里，抵东冈下，循之而北，半里，乃东向逾坳而上，又半里乃下，及其东麓，数家濒东溪而居。其溪自三岔路涧峡发源，经观音山过此，而西南绕出洞鼻，合浪穹海子〔四二〕及凤羽闷江，而同入普陀崆，南经中所下洱海者也。其时将暮，担者欲止，问村人不得，乃误从村南度小桥，由溪东大道北行。二里，得观音铺村，已日暮矣，遂宿。

十八日

昧爽促饭，而担夫逃矣。久之，店人厚索余赀，为送浪穹。遂南行二里，过一石桥，循东山之麓而南，七里，至牛街子〔四三〕。循山南去，为三营大道；由岐西南，过热水塘，行坞中，为浪穹间道。盖此地已为浪穹、鹤庆犬牙错壤矣。于是西南从支坡下，一里，过热水塘〔四四〕，有居庐绕之。余南行塍间，其坞扩然大开。西南八里，有小溪自东而西注。越溪又南，东眺三营，居庐甚盛〔四五〕，倚东山之麓，其峰更崇；西望溪流，逼西山之麓，其畴更沃；过此中横之溪，已全为浪穹境矣。三营亦浪穹境内，余始从鸡山闻其名，以为山阴也，而何以当山之南？至是而知沐西平再定佛光寨，以其地险要，特立三营以控扼之。土人呼营为"阴"，遂不免与会稽之邻县^{〔四六〕}同一称谓莫辨矣。

又南十里，则大溪^{〔四七〕}自西而东向曲。由其西，有木桥南北跨之，桥左右俱有村庐。南度之，行溪之西三里，溪复自东而西向曲。又度桥而行溪之东三里，于是其溪西逼西山南突之嘴，路东南陟陇而行。四里，则大溪又自西而东向曲，有石梁南跨之，而梁已中圮，陟之颇危。梁之南，居庐亦盛，有关帝庙东南向，是为大屯。屯之西，一山北自西大山分支南突，其东南又有一山，南自东大山分支北突，若持衡之针，东西交对，而中不接。大溪之水北捣出洞鼻之东垂，又曲而南环东横山之西麓，若梭之穿其隙者。两山既分悬坞中，坞亦若界而为二。

于是又西南行塍间，三里，转而西，三里，过一小石梁，其西则平湖浩然，北接海子，南映山光，而西浮雉堞，有堤界其中，直西而达于城。乃遵堤西行，极似明圣苏堤，虽无六桥花柳，而四山环翠，中阜弄珠，又西子之所不能及也。湖中鱼舫泛泛^{〔四八〕}，茸草新蒲，点琼飞翠，有不尽苍茫、无边潋滟之意，湖名"茈碧"，有以也。西二里，湖中有阜中悬，百家居其上。南有一突石，高六尺，大三丈，其形如龟。北有一回冈，高四尺，长十余丈，东突而昂其首，则蛇石也。龟与蛇交盘于一阜之间，四旁沸泉腾溢者九穴，而龟之口向东南，蛇之口向东北，皆张吻吐沸，交流环溢于重湖之内。龟之上建玄武阁，以九穴环其下，今名九炁台^{〔四九〕}。余循龟之南，见其腭中沸水，其上唇覆出，为人击缺，其水热不可以濯。有僧见余远至，遂留饭，且及夫仆焉。其北蛇冈之下，亦新建一庵，余以入城急，不暇遍历。

由台西复行堤间，一里，度一平桥，又二里，入浪穹〔五〇〕东门。一里，抵西山之下，乃南转入护明寺，憩行李于方丈。寺东向，其殿已久敝，僧方修饰之。寺之南为文昌阁，又南为文庙，皆东向，而温泉即洋溢于其北。既憩行李，时甫过午，入叩何公巢阿，一见即把臂入林，欣然恨晚，遂留酌及更〔五一〕，仍命其长君送至寺宿焉。何名鸣凤，以经魁〔五二〕初授四川郫县〔五三〕令，升浙江盐运判官。尝与眉公道余素履，欲候见不得。其与陈木叔诗，有"死愧王紫芝，生愧徐霞客"之句，余心愧之，亦不能忘。后公转六安州知州，余即西游出门。至滇省，得仕籍〔五四〕，而六安已易人而治；讯东来者，又知六安已为流寇所破，心益忡忡。至晋宁，会教谕〔五五〕赵君，为陆凉人，初自杭州转任至晋宁，问之，知其为杭州故交也，言来时从隔江问讯，知公已丁艰先归。后晤鸡足大觉寺一僧，乃君之戚，始知果归，以忧离任，即城破，抵家亦未久也。

十九日

何君复具餐于家，携行李入文庙西庑，乃其姻刘君匏石读书处也。上午，何君具舟东关外，拉余同诸郎四人登舟。舟小仅容四人，两舟受八人，遂泛湖而北。舟不用楫〔五六〕，以竹篙刺水而已。渡湖东北三里，湖心见渔舍两三家，有断埂垂杨环之。何君将就其处，结楼缀亭，绾纳湖山之胜，命余豫题联额，余唯唯。眺览久之，仍泛舟西北，二里，遂由湖而入海子。南湖北海，形如葫芦，而中束如葫芦之颈焉。湖大而浅，海小而深，湖名茈碧，海名洱源。东为出洞鼻，西为剧头村，北为龙王庙，三面山环成窝，而海子中溢，南出而为湖。海子中央，底深数丈，水色澄莹，有琉璃光穴从水底喷起，如贯珠联璧，结为柱帏，上跃水面者尺许，从旁遥觑水中之影，千花万蕊，喷成珠树，粒粒分明，丝丝不乱，所谓"灵海耀珠"也。

山海经谓洱源出罢谷山，即此。杨太史有泛湖穷洱源遗碑没山间，何君近购得之，将为立亭以志其胜焉。从海子西南涯登陆，西行田间，入一庵，即护明寺之下院也。何君之戚，已具餐庵中，为之醉饱。下午，仍下舟泛湖，西南二里，再入小港，何君为姻家拉去，两幼郎留侍，令两长君同余还，晚餐而宿文庙西庑。

二十日

何君未归，两长君清晨候饭，乃携盒抱琴，竟堤而东，再为九氙台之游。拟浴于池，而浴池无覆室，是日以街子，浴者杂沓，乃已。遂由新庵掬蛇口温泉，憩弄久之，仍至九氙台，抚琴命酌。何长君不特文章擅藻，而丝竹〔五七〕俱精。就龟口泉瀹鸡卵为餐，味胜于汤煮者。已而寺僧更出盒佐觞，下午乃返。西风甚急，何长君抱琴向风而行，以风韵弦，其声泠泠，山水之调，更出自然也。

（一）关内数家居之　"数家"，四库本同。徐本作"数十家"。

〔二〕顺州：隶鹤庆府，今仍称顺州或州城，在永胜县西境，团街稍北。

〔三〕外郭(fú 孚)：外城，又称郭。此系比喻七和位置重要，有如丽江的外城。

〔四〕黑龙潭：在鹤庆县北隅，今扩建为大龙潭水库。

〔五〕贳(shì 世)：赊欠。

〔六〕四庄：今作士庄，在鹤庆县北隅，辛屯西境。水潭今存，称士庄龙潭。

〔七〕殷(yān 烟)：赤黑色。

〔八〕石寨村:今名新华,在鹤庆县北隅,板桥以西。水潭今存,仍称石寨子龙潭。

〔九〕演武场:在鹤庆县北郊的公路上,今称校场坝。西龙潭:今名同,已扩为西龙潭水库。

〔一〇〕道场:佛教礼拜、诵经的场所。

〔一一〕鹢(yì 益):像鹭鸶样的水鸟,能高飞。

〔一二〕汝南哨:今名同,又称新峰,在鹤庆县西隅。

〔一三〕此水今仍称清水江,在剑川县东北隅。水边有村亦名清水江。

〔一四〕剑湖:嘉庆重修一统志丽江府山川:"剑川湖,在剑川州南五里,亦名东湖,周广六十里,尾绕罗鲁城,流为漾濞江,亦曰濞溪江。俗呼为海子,岁办鱼课。"今剑湖水面仅 7.5 平方公里,平均水深 4 米,最深处 9 米,平均水位海拔 2186 米。

〔一五〕按,甸头,今名同,在玉龙纳西族自治县九河。至今此水仍发源于九河。滇游日记八三月二十三日记也明确说:"此水发源于九和,经剑川别而南流,故曰漾别。"则此处"七和"应为"九和"之误。

〔一六〕剑川州:隶鹤庆军民府,治今剑川县治金华镇。

〔一七〕段名高选州人万历末以进士为重庆巴县令　本作"段名某,州人,万历末,以进士为重庆某县令",据四库本、叶本补。　巴县:为重庆府附郭县,在今重庆市渝中区。

〔一八〕明时设永宁宣抚司,在今四川叙永县。奢酋指永宁宣抚司土官奢崇明。天启元年(公元 1621 年),奢崇明请调马步兵二万援辽,其部党领兵至重庆,乘机起事,杀明官,据重庆,分兵攻合江、纳溪,破泸州,陷遵义,进围成都百日。崇祯初始平。

〔一九〕金华山:为剑川县西郊风景胜地,今存石牌楼、白塔、卧佛及石将军像。石将军像系山腰路旁一块孤立的巨石,上雕天王像,高4.55米,全身戎装,右手持戟,左手擎塔,左右有二小像侍立,双手合十,近人研究为南诏时雕像。金华山的建筑,有土主庙、老君殿、玉皇阁、望海楼等。

〔二〇〕老君山:今名同,仍位于玉龙、兰坪、剑川三县交界处,最高峰海拔4298米。

〔二一〕西番:即今普米族。维西见闻录载:"巴苴,又名西番,亦无姓氏。……澜沧江内有之。板屋栖山,与麽些杂居,亦麽些头目治之。"直至近代,兰坪县的普米族仍最多。

〔二二〕在丽江之南而稍偏于西 "西"原作"东",四库本同。据徐本改。

〔二三〕马鬣(liè猎):马颈上的长毛。此处引申为马栈。

〔二四〕黄冠:道士所戴束发的冠为黄色,因此道士也别称黄冠。 瞿昙(qú tán 渠坛):系乔答摩的另一译法,为佛教创始人释迦牟尼的姓,故常称佛为瞿昙。此处以瞿昙称和尚。

〔二五〕明末,宦官魏忠贤(公元1568～1627年)为司礼秉笔太监,又兼管东厂,自称九千岁,专断国政,累兴大狱。其爪牙、私党遍全国,人称魏党。崇祯帝即位,魏被黜职逮治,在途中惧罪自缢。其私党皆被当时人所痛恨,后亦遭削夺。

〔二六〕三清:道教称天上有三种最高仙境,其中居住着三位最高天神,即玉清元始天尊、上清灵宝天尊、太清太上老君,合称"三清"。

〔二七〕扶疏:树木高大,而且枝叶茂盛分披。

〔二八〕乔梓(zǐ子):原为二木名,乔树果实向上,梓树果实下俯,因以此比喻父子。 莽歇岭:今作满贤林,意为贤士荟萃的山林。在剑川县城西金华山后,亦为风景胜地。近年建成千狮山,就崖雕成大小不同、形态各异的狮群,颇具特色。

〔二九〕崖场:今作岩场,在剑川县稍西北,永丰河出山口。

〔三〇〕木鱼:佛教法器名,以木雕挖成鱼形,念经时敲击伴诵,以调音节。鲸声即礼佛时敲击木鱼的声音。

〔三一〕兰州:隶丽江府,元明时治所在今剑川县西部的坡脚。

〔三二〕真人:修真得道的人,传说中的成仙者。道家成仙者,男为真人,女为元君。

〔三三〕杨庄　十四、十七日记皆作"杨村",今剑川县西北隅仍有杨家村,距老君山不远。

〔三四〕海门桥:今称海门口,在剑湖出口。曾在此发现新石器时代晚期水边村落遗址和3800年前的青铜器时代早期文物。

〔三五〕石宝山名胜区:在剑川县城南25公里,占地面积约11平方公里,分为石钟寺和宝相寺两部分。石宝山区遍布天然奇石。重建石宝山祝延寺碑记载,宝相寺周围"灵泉结乳,怪石磊磊,作仙佛相,鸟兽相,钟鼓琳琅相,种种天成"。后因改祝延寺为宝相寺。康熙剑川州志载:"钟山,石宝山南,其中有石龛、石佛、石狮、石虎、牛、马。"石钟寺周围更甚。

宝相寺一片在北,山高谷深,树密藤拥,奇花异草甚多,以自然风光取胜。宝相寺依筑在高耸的削壁上,沿石栈转折攀登,分上下两层,下层有大殿,上层为玉皇阁。海云居(回龙寺)幽,在万树丛中,别有天地。还有牛魔王洞,据说长达五百米,约可容千人。

石钟寺在宝相寺南五公里,文物价值最高,有西南边疆规模最大的石窟群,包括石钟寺八窟,其北的狮子关三窟,其南的沙登村后山谷中五窟。石窟反映的内容极为广泛,在大量的佛像中,还夹有"剖腹观音"、"愁面观音"、"酒醉鬼观音"和属于密宗系统的八大明王雕像。其中三窟雕南诏王及其家属官吏等,还有"波斯国人"雕像,藏文题记。有一窟雕一女性生殖器,白族语称为"阿盎白",一直受到祷拜。石窟保留了南诏、大理以来的大量题记,如"大理圀"、"天启十一年"(公元850年)、"盛德四年"(公元1179年)等,明代李元阳重游石宝山题诗亦保留至今。该石窟开凿于南诏,大理时也有增刻,为我们保留了研究南诏历史的生动资料,被列为全国重点文物保护单位。

进入石宝山区的路线不同。一般人由南而北,从沙溪坝子北端的甸头村登山,先石钟后宝相;若由公路边的明涧哨岔路口往西进山,则先到海云居;徐霞客从北而南,先宝相后石钟,宝相即游记中所称石宝寺,但因无人向导,把石钟寺石窟错过了。

〔三六〕剑川湖流出的水即前称"黑会",今作黑惠江,往南流入澜沧江。驼强江今称羊岑河、桃园河。

〔三七〕沙溪:今名同,在剑川县南境。

〔三八〕沙腿:南诏、大理时已称沙退,见石宝山石窟题记。即今沙登村,在石钟山东南麓,甸头村南。

〔三九〕四屯:即今仕登,又作寺登,为沙溪镇驻地。

〔四〇〕罗木哨:今作龙门哨,在洱源县北隅。 海子今扩建为海西水库。

〔四一〕今其家居　　原脱此四字,据徐本补。

〔四二〕浪穹海子:明代又称宁湖、明河,即今茈碧湖。明史地理志:浪穹县"西北有宁湖,亦曰明河,即普陀江上源。"明一统志大理府山川:"明河(即)宁湖,在浪穹县西北五里,周回五十里,水色如镜。"茈碧湖已改造为水库,现湖面八平方公里,一般水深10～20米,最深处为32米,平均水位海拔2056米。

〔四三〕牛街子:今仍名牛街,在洱源县北境。

〔四四〕热水塘:云南俗称温泉为热水塘,此处专指牛街温泉。该温泉至今仍存,在牛街稍南的公路边。

〔四五〕三营:今名同,在洱源县北境。

〔四六〕明置绍兴府,山阴、会稽两县同为其附郭县,治所皆在今浙江绍兴。

〔四七〕此大溪即今漾茨河。

〔四八〕舫　　四库本作"舠"。舠,形如刀的小船。

〔四九〕炁:同"气"。

〔五〇〕浪穹:明为县,隶邓川州,即今洱源县。

〔五一〕更(gēng 庚):古代夜间计时的单位,一夜分为五更,每更约两小时。及更就是直到天黑后打更。

〔五二〕经魁(kuí 奎):科举制度以五经取士,每经各取一名为首,称为经魁。

〔五三〕郫县:隶成都府,即今四川郫县。

〔五四〕仕籍:官吏的名册。

〔五五〕教谕:县学中主持祭祀和考试,教育和管束生徒的学官。

〔五六〕楫(jí 集):划船的短桨。

〔五七〕丝竹:对弦乐器与竹制管乐器的总称。

二十一日

何君归,饭余于前楼,以其集示余,中有为余咏者。余亦作二诗以酬之。

二十二日

何君特设宴宴余。余以小疾欲暂卧,恳辞不获,强起赴酌。何君出所藏山谷真迹、杨升庵手卷示余。

二十三日

何长君联骑同为佛光寨之游。佛光寨者,浪穹东山之最高险处。东山北自观音山南下,一穹而为三营后山,再穹而为佛光寨,三穹而为灵应山,其势皆崇雄如屏,连障天半,遥望虽支陇,其中实多崩崖叠壁,不易攀跻,故佛光寨夙称天险。名胜志谓为孟获首寨,然载于邓川,而不载于浪穹,误矣。国初既平滇西,有右丞普颜笃者〔一〕,复据此以叛,久征不下,数年而后克之。今以其地建灵光寺。从寺后而上,有一女关最险,言一女当关,莫之能越也。颜笃据寨,以诸女子分守峰头,遥望山下,无所不见。从关而上,即通后山之道,北出七坪,南下北牙者也。余闻其胜,故与长君先及之。仍从九炁台〔二〕,共十里,过大屯石梁。其梁已折而重建,横木桥以度。遂从东北行五里,转而东,从径路又三里,直抵东山下,乃沿山东北上,又二里而及灵光寺。寺门东向,下临遥川,其前坡虽峻而石不多,惟寺前一石,高突如屋。前楼后殿,两庑为炊卧之所,乃何君之伯某府别驾所建,今且就圮矣。余至,先有三客在,皆吕姓,一少而麻衣者,为吕挥使子,其二长者,即其叔也。具餐相饷,为余言一女关之胜,欲即登之,诸君谓日晚不及。迨下午,诸吕别去,何长君亦往三营戚家,余独留寺中,为明晨遍历之计。诸吕留蔬果于僧〔三〕,令供余,且导余游。

二十四日

晨起索饭,即同寺僧从寺后跻危坡而上。二里余,有岐:北盘入峡者,向寨址道也;历级直上而南越峰头者,向一女关〔四〕道也。余从其上者,一里余,凌坡之脊,随之南转,俯瞰脊东盘夹中,有遗址围墙,即普颜笃之旧寨也,反在其下矣。南一里,峰头始有石累累。从其下东转,南突危崖,北临寨底,线径横腰。(下缺)

(二十五日至月终俱缺)

〔一〕有右丞普颜笃者　　原脱"右丞"二字,据四库本补。

〔二〕九炁台:今名九气台温泉,水温达 76℃,可烫熟鸡蛋。当地群众并从温泉沟道上刮取天生磺。九气台村、突石及真武阁今存,但周围已成陆。

〔三〕诸吕留蔬果于僧　　"果",四库本作"米"。

〔四〕明史地理志:浪穹县"东北有佛光山,山半有洞,可容万人,山后险仄,名一女关"。

滇游日记八〔一〕

己卯(崇祯十二年,公元1639年)三月初一日

何长君以骑至文庙前〔二〕,再馈餐为包,乃出南门。一里,过演武场,大道东南去,乃由岐西南循西山行。四里,西山南尽,有水自西峡出,即凤羽之流也,其水颇大〔三〕。南即天马山横夹之,与西山南尽处相崎若门,水出其中,东注苤碧湖南坡塍间,抵练城而南入普陀崆。路循西山南尽处溯水而入,五里,北崖忽石峰壁立耸首,西顾其内坞稍开,有村当耸首下坞中,是名山关。耸首之上,有神宇踞石巅,望之突兀甚,盖即县后山,自三台分支南下,此其西南尽处也。其内大脊稍西曲,南与天马夹成东西坞。循溪北崖间又三里余,西抵大脊之下,于是折而南,一里,渡涧,东循东山南行。一里,为闷江门哨,有守哨者在路旁。又南二里,有小山当峡而踞,扼水之吭,凤羽之水南来,铁甲场之涧西出,合而捣东崖下。路乃缘崖袭其上,二里,出扼吭之南,村居当坡东,若绾其口者。由是村南山坞大开,西为凤羽,东为启始后山,夹成南北大坞,其势甚开。三流贯其中,南自上驷,北抵于此,约二十里,皆良田接塍,绾谷成

村。曲峡通幽入，灵皋〔四〕夹水居，古之朱陈村、桃花源，寥落已尽，而犹留此一奥，亦大奇事也。循东山而南，为新生邑〔五〕，共五里，折而西度坞中。截坞五里，抵西山凤羽之下，是为舍上盘，古之凤羽县也〔六〕。今有巡司，一流一土，土尹姓。名忠，号懋亭，为吕挥使梦熊之婿。吕梦熊先驰使导为居停，而尹以捕缉往后山，其内人出饭待客，甚丰。薄暮尹返，更具酌，设鼓吹焉。是夜大雨，迨晓而雪满西山。

初二日

晨餐后，尹具数骑，邀余游西山。盖西山即凤羽之东垂也，条冈数十支，俱东向蜿蜒而下，北为土主坪，南为白王寨。是日饭于白王寨北支帝释寺中。其支连叠三寺，而俱无僧居，言亦以避寇去也。从土主庙更西上十五里，即关坪，为凤羽绝顶〔七〕。其南白王庙后，其山更高，望之雪光皑皑而不及登。凤羽，一名鸟吊山。每岁九月〔八〕，鸟千万为群，来集坪间，皆此地所无者。土人举火，鸟辄投之〔九〕。

初三日

尹备骑，命四人导游清源洞，晨餐后即行。循西山南行五里，过一村，有山横亘坞南，大坞至是南尽而分为二峡，西峡路由马子哨通漾濞，有一水出其中；东峡路由花甸哨出洪珪山，有二水出其中，其山盖南自马子哨分支北突者。由其北麓二里，东降而涉坞，过上驷村，渡三涧，三里，东抵一村，复上坡循东山南行。一里余，渡东涧之西，乃南蹑坡冈，则东之蜡坪厂山〔一〇〕其厂出矿，山之东即邓川州。与西之横亘山又夹成小坞。南行里余，乃折而东逾一坳，共一里，东向下，忽见一水自壑底出，即东涧之上流，出自洞下者也。亟下壑底，睹其水自南穴出，涌而北流成溪。其上崖间一穴，大仅二三尺，亦北向，上书"清源洞"三字[一一]，为邓川缙绅[一二]杨南金笔。水不从上洞出。由洞口下降而入，亦不见水。或曰："行数里后，乃闻水声。"其入处逼仄深坠，恰如茶陵之后洞。导者二，一人负松明一筐，一人然松明为炬以入。南入数丈，路分为二，下穿者为穴，上跻者为楼。楼之上复分二穴。穿右穴而进，其下甚削，陷峡颇深，即下穿所入之峡也，以壁削路阻不得达。乃返穿左穴而进，其内曲折骈夹，高不及丈，阔亦如之，而中多直竖之柱，或连枝剖楹，或中盘旁丛，分合间错，披隙透窾，颇觉灵异，但石质甚莹白，而为松炬所薰，皆黑若烟煤，着手即腻不可脱。盖其洞既不高旷，烟雾莫散，而土人又惯用松明，便于伛偻，而益增其煤腻。盖先是有识者谓余曰："是洞须岁首即游为妙，过二月辄为烟所黑。"余问其故，曰："洞内经年，人莫之入，烟之旧染者，既渐退而白，乳之新生者，亦渐垂而长，故一当新岁，人竞游之，光景甚异。从此至二月，游者已多，新生之乳，既被采折，再染之垢，愈益薰蒸，但能点染衣服，无复领其光华矣。"余不以其言为然。至是而知洞以低故，其乳易采，遂折取无余，其烟易染，遂薰蒸有积，其言诚不诬也。透柱隙南入，渐有水贮柱底盘中。其盘皆石底回环，大如盆盎，颇似粤西洞中仙田之类，但不能如其多也。约进半里，又坠穴西下，其深四五尺，复夹而南北，下平上凑，高与阔亦不及丈，南入三丈而止，北入十余丈，亦窘缩不能进。乃复出，升坠穴之上，寻其南隙，更披隘以入。入数丈，洞渐低，乳柱渐逼，俯膝透隙，匍匐愈难。复返而出，由楼下坑内批隙东转，又入数十丈，其内高阔与南入者同，而乳柱不能比胜。既穷，乃西从下坑透穴出。由坑仰眺，其上稍觉崆峒，即入时由楼上俯瞰处。既下穴出，渐见天光，乃升崖一出口，满

滇游日记八

身皆染淄〔一三〕蒙垢矣。乃下,濯足水穴之口,踞石而浣。水从乱穴中汩汩出,遂成大溪北去,清冷澈骨。所留二人,炊黄粱于洞外者亦熟。以所携酒脯,箕踞〔一四〕唊洞前,仰见天光如洗,四山如城,甚惬幽兴。饭后,仍逾西坳,稍南遵花甸路,遂横涉中溪,西上横亘山之东坂。沿山陟陇,五里下,出上驷村之西,仍循西山北行。一里,过一村,遂由小径遵西山陇半搜剔幽奥。上下冈坂十余里,抵暮,还宿于尹宅。

初四日

尹备数骑,循西山而北。三里,盘西山东出之嘴。又北半里,忽见山麓有数树撑空,出马足下,其下水声淙淙出树间,则泉穴自山底东透隙而出也。又北半里,有坑自北山陷坠成峡,涉之。稍东,又盘一嘴,又三里而至波大邑,倚西山而聚庐,亦此间大聚落也。由村北坠坑而下,横涉一涧,又北上逾冈,三里而下,是为铁甲场〔一五〕,有溪自西山东注,村庐夹之。前闷江门南当峡扼水,小山又东踞,为此中水口,南北环山两支,复交于前,又若别成一洞天者。过溪,上北山。北山自西山横拖而来,为铁甲场龙砂,实凤羽第三重砂也,东束溪流,最为紧固,其西南之麓即铁甲,东北之麓即闷江门,凤羽一川,全以此为锁钥焉。骑登其上。还饭于铁甲场居民家。置二樽于架上,下煨以火,插藤于中而递吸之,屡添而味不减〔一六〕。其村氓惯走缅甸,皆多彝货,以孩儿茶点水飨客,茶色若胭脂而无味〔一七〕。下午,仍从波大邑盘泉穴山嘴,复西上探其腋中小圆山。风雨大至,沾濡而返。

初五日

晨起欲别,尹君以是日清明,留宴于茔山〔一八〕,即土主庙北新茔也。坐庙前观祭扫者纷纷,奢者携一猪,就茔间火炕之而祭;贫者携一鸡,就茔间吊杀之,亦烹以祭。回忆先茔,已三违春露,不觉怃然〔一九〕! 亟返而卧。

初六日

余欲别,而尹君谓,前邀其岳吕梦熊,期今日至,必再暂停。适村有诸生许姓者,邀登凤羽南高岭,随之。下午返而吕君果至,相见甚欢。

初七日

尹君仍备骑,同梦熊再为清源洞之游。先从白米村〔二〇〕截川而东,五里,遵东山南行。山麓有骑龙景帝庙〔二一〕,庙北有泉一穴,自崖下涌出,崖石嵌磊,巨木盘纠,清泉漱其下,古藤络其上,境甚清幽。土人之耕者,见数骑至,以为追捕者,俱释耜〔二二〕而趋山走险,呼之,趋益急。又南五里而抵清源洞。不复深入,揽洞前形势。仍西渡中溪,遍观西山形胜而返。下午,余苦索别,吕君代为尹留甚笃。是日宴张氏两公子。客去,犹与吕君洗盏更酌,陈乐为胡舞,曰紧急鼓〔二三〕。

初八日

同梦熊早饭后别尹君。三十五里,抵浪穹南门。梦熊别去,期中旬晤榆城〔二四〕。余入文庙,命顾仆借炊于护明寺,而后往候何六安。何公待余不至,已先一日趋榆城矣。余乃促何长君定夫,为明日行计。何长君留酌书馆,复汲汤泉为浴而卧。

初九日

早饭于何处。比行,阴云四合,大有雨意,何长君、次君仍以盒饯于南郊。南行三里,则凤羽溪自西而东注,架木桥度之。又南里余，抵天马山麓，乃循而东行，风雨渐至。东里余，有小阜踞峡口之北，曰练城[二五]，置浮屠于上，为县学之案。此县普陀崆水口既极逼束，而又天生此一阜，中悬以锁钥之。苴碧湖、洱源海及观音山之水出于阜东，凤羽山之水出于阜西，俱合于阜南，是为三江口。由其西望之而行，又二里，将南入峡，先有木桥跨其上流，度桥而东，应山铺[二六]之路自东北逾横山来会，遂南入峡口。

是峡东山即灵应山西下之支，西山即天马山东尽之处，两山逼凑，急流捣其中，为浪穹诸水所由去。路从桥东，即随流南入峡口。有数家当峡而居，是为巡检司[二七]。时风雨交横，少避于跨桥楼上。楼圮不能蔽，寒甚。南望峡中，风阵如舞；北眺凌云诸峰，出没闪烁。坐久之，雨不止，乃强担夫行。初从东崖南向行普陀崆中，一里，峡转而西曲，路亦西随之。一里，复转而南，一里，有一家倚东崖而居。按郡志，有龙马洞在峡中，疑即其处，而雨甚不及问。又南，江流捣崆中愈骤，崆中石笋突而激湍，或为横槛以扼之，或为夹门以束之，或为龃龉，或为剑戟，或为犀象，或为鸷鸟，百态以极其搏截之势；而水终不为所阻，或跨而出之，或穿而过之，或挟而漾之，百状以尽超越之观。时沸流倾足下，大雨注头上，两崖夹身，一线透腋，转觉神王[二八]。二里，顾西崖之底，有小穴当危崖下，东向与波流吞吐，心以为异。过而问热水洞何在，始知即此穴也。先是，土人言普陀崆中有热水洞，门甚隘而中颇宽，其水自洞底涌出如沸汤。人入洞门，为热气所蒸，无不浃汗，有疾者辄愈。九氽台止可煮卵，而此可糜肉。余时寒甚，然穴在崆底甚深，且已过，不及下也。

又南一里，峡乃尽，前散为坞，水乃出崆，而路乃下坡。半里抵坞,是为下山口〔二九〕。盖崞东之山,即灵应南垂,至是南尽,余脉逊而东,乃南衍为西山湾之脊;崞西之山,南自邓川西逆流而上;中开为南北大坞,而弥苴佐江〔三〇〕贯其中焉。峡口之南,有村当坞,是为邓川州境,于是江两岸垂杨夹堤。路从东岸行,六里余而抵中所〔三一〕。时衣已湿透,风雨不止,乃觅逆旅,沸汤为饭。入叩刘陶石。名一金。父以乡荐为涿州〔三二〕守,卒于任。前宿其来凤庄者。刘君出酒慰寒,遂宿其前楼。出杨太史二十四气歌相示,书法带赵吴兴〔三三〕,而有媚逸之致。

初十日

雨止而余寒犹在,四山雪色照人。迨饭而担夫逸去,刘君乃令人觅小舟于江岸之西覆钟山下,另觅夫肩行李从陆行,言西山下有湖可游,欲与余同泛也。盖中所当弥苴佐江出峡之始,其地平沃,居屯甚盛,筑堤导江,为中流所;东山之下,有水自焦石洞下,沿东山经龙王庙前,汇为东湖,流为闷地江〔三四〕,是为东流所;西山之下,有水自钟山石穴中,东出为绿玉池〔三五〕,南流为罗苜江〔三六〕,是为西流所。故其地亦有三江之名。然练城之三江合流,此所之三江分流,虽同南行注洱海,而未尝相入也。

余与刘君先西过大石梁,乃跨弥苴佐江上者。西行塍中一里,有桥跨小溪上,即罗苜江也。桥之北,水塘潋滟〔三七〕,青蒲蒙茸;桥之南,溪流如线,蛇行两畦间。因踞桥待舟,北望梅花村、绿玉池在里外,而隔浦路湿,舟至便行,竟不及北探也。此地名中所。东山之东,罗川之上,亦有中所,乃即此地之分屯也,余昔自鸡山西下所托宿处。大约此地正东与鸡鸣寺,西与凤羽舍上盘相对,但各间一山脊耳。桥西诸山皆土,而峭削殊甚,时多崩圮。钟山峙桥西北,溪始峙桥正西,盖钟山突而东,溪始环而西。溪始之上,有水一围,汇绝顶间,东南坠峡而下,高挈众流之祖,故以"溪始"名〔三八〕。下舟,随溪遵其东麓南行。两旁塍低于溪,壅岸行水于中,其流虽小而急。此处小舟如叶,止受三人。其中弥苴佉江似可通大舟,而流急莫从。二里,则两岸渐平,而走沙中壅,舟胶不前。刘君与余乃登岸行陇,舟人乃凌波曳舟。五里,乃复下舟。少曲而西,半里,遂南挺而下湖。湖中菱蒲泛泛,多有连芜为畦,植柳为岸,而结庐于中者。汀港相间,曲折成趣,深处则旷然展镜,夹处则窅然罨画〔三九〕,翛翛〔四○〕有江南风景;而外有四山环翠,觉西子湖又反出其下也。湖中渚田〔四一〕甚沃,种蒜大如拳而味异,莺粟花连畴接陇于黛柳镜波之间,景趣殊胜。三里湖尽,西南瞻邓川州〔四二〕治当山腋曲间,居庐不甚盛而无城,其右有崩峡倒冲之;昔年迁于德源城,以艰于水,复还故处。大路在湖之东,弥苴佉江西岸,若由陆路行,不复知此中有湖,并湖中有此景也。

又南行港间一里余,有路自东横亘于西山,即达州治之通道也。堤之下,连架三桥以泄水。舟由堤北东行,一里,穿桥而南。又半里,有小桥曰三条桥,即北从中所来之大道也。水穿桥东,路度桥南,俱南向行。初约顾仆以行李待此而不在,刘君临岐踟蹰〔四三〕。时已过午,腹馁,余挥手别刘君,令速返。余遵大道南行,始见路东有小山横亘坞中,若当门之槛,截坞而出者,是为德源城〔四四〕,盖古迹也。按志,昔六诏未一,南诏延五诏长为星回会,邓赕诏之妻劝夫莫往,曰:"此诈也,必有变。"以铁环约夫臂而行。后五诏俱焚死,遗尸莫辨,独邓赕以臂约认之还。后有欲强妻之,复以计诣之,得自尽,不为所污。故后人以"德源"旌之〔四五〕。山横坞中不甚高,而东西两端,各不属于大山。山之西,与卧牛相夹,则罗蒔江与邓川驿路从之;山之东，与西山湾山相夹，则弥苴佉、闷地二江从之。南三里，从其西峡傍卧牛山东突之嘴行。卧牛山者，邓川东下南砂之臂也，一大峰，一小峰，相属而下，大者名卧牛，小者名象山；土人以象小而牛大，今俱呼为象山云。凑峡之间，有数十家当道，是为邓川驿〔四六〕。过驿一里，上盘西山之嘴，始追及仆担。遂南望洱海直上关而北，而德源横亘之南，尚有平畴，南接海滨。德源山之东，大山南下之脊，至是亦低伏东转，而直接海东大山。盖万里之脉，至洱海之北而始低渡云。

　　由嘴南仍依西山南下，二里，下度一峡口，其峡自西山出，横涉之而南上坡间。又二里，有坊当道，逾坡南行，始与洱海近。共五里，西山之坡，东向而突海中，是为龙王庙。南崖之下，有油鱼洞，西山腋中，有十里香奇树，皆为此中奇胜。而南瞻沙坪，去坡一里而遥，急令仆担先觅寓具餐，余并探此而后中食。乃从大路东半里，下至海崖。其庙东临大海，有渔户数家居庙中，庙前一坑下坠，架石度其上如桥。从石南坠坑下丈余，其坑南北横二丈，东西阔八尺，其下再嵌而下，则水贯峡底，小鱼千万头，杂沓于内。渔人见余至，取饭一掌撒，则群从而嗫〔四七〕之。盖其下亦有细穴潜通洱海，但无大鱼，不过如指者耳。油鱼洞在庙崖曲之间，水石交薄，崖内逊而抱水，东向如玦，崖下插水中，崆峒透漏。每年八月十五，有小鱼出其中，大亦如指，而周身俱油，为此中第一味，过十月，复乌有矣。崖之后，石笋片如芙蓉裂瓣，从其隙下窥之，多有水漱其底，盖其下皆潜通也。稍西上，有中洼之岩当路左，其东崖漱根，亦有水外通，与海波同为消长焉。

　　从其侧交大路而西逾坡，不得路，望所谓三家村者，尚隔一箐踞西峡间。乃西半里，越坡而下，又西半里，涉箐而上，乃沿西山南向而趋。一里，渐得路，转入西腋，半里，抵三家村。问老妪，指奇树在村后田间。又半里，至其下。其树高临深岸，而南干半空，矗然挺立，大不及省城土主庙奇树之半，而叶亦差小。其花黄白色，大如莲，亦有十二瓣，按月而闰增一瓣，与省会之说同；但开时香闻远甚，土人谓之"十里香"，则省中所未闻也。榆城有风花雪月四大景，下关风〔四八〕，上关花，苍山雪〔四九〕，洱海月。上关以此花著。按志，榆城异产有木莲花，而不注何地，然他处亦不闻，岂即此耶？花自正月抵二月终乃谢，时已无余瓣，不能闻香见色，惟抚其本辨其叶而已。乃从村南下坡，共东南二里而至沙坪〔五〇〕，聚落夹衢。入邸舍，晚餐已熟。而刘君所倩担夫已去，乃别倩为早行计。

〔一〕滇游日记八在乾隆刻本第八册上。

〔二〕何长君以骑至文庙前 "君"原作"公"，据徐本改。

〔三〕此水明代称凤羽溪，即今凤羽河。

〔四〕皋(gāo 高)：近水的高地。

〔五〕新生邑：今名大新生，又称凤河，在洱源县南境，凤羽坝子东缘。

〔六〕凤羽县：大理时已设凤羽郡。元置凤羽县，隶邓川州。明初亦设凤羽县，隶邓川州，后并入浪穹县为凤羽乡，设巡检司。景泰及正德云南志皆已记载凤羽县省入浪穹县，则省并时间当更早。古凤羽县治在今洱源县南部的凤羽。

〔七〕凤羽山：今称罗坪山，在凤羽坝子西缘，最高处海拔3612米。

〔八〕每岁九月　　原作"每禁□月"，据叶本改补。

〔九〕有关鸟吊山的记载很早。续汉书郡国志注引广志载："有吊鸟山，(叶榆)县西北八十里，有阜山，众鸟千百群共会，鸣呼啁哳，每岁七月八月晦望至，集六日则止，岁凡六至。雉雀来吊，特悲。其方人夜燃火伺取，无噪不食者以为义鸟，则不取也。俗言凤凰死于此山，故众鸟来吊。"这种动人的奇景至今仍然存在。每年中秋前后，在大雾迷濛、细雨绵绵的夜晚，成群结队按一定路线迁徙的候鸟，迷失了方向，在山间徘徊乱飞，当地群众在山上四处点燃火把诱鸟，火光缭乱，群鸟乱扑。鸟吊山的奇景，在云南共有30多处。墨江哈尼族自治县坝溜乡瑶家寨附近的大风丫口，至今每年秋天总有二三晚"鸟会"，有时也出现在春季。还有巍山县的"鸟道雄关"，弥渡县的打雀山，南涧县的凤凰山，南华县的大中山，镇沅、新平间的金山丫口，富宁县的鸟王山等。

〔一〇〕上驷村:今作上寺，在凤羽坝子南端。　　蜡坪厂:今仍称腊坪，属洱源县右所。

〔一一〕清源洞:今存，在洱源县凤羽坝子东南缘，为游览胜地。每年农历六月十三日传统的清源洞会，附近群众皆来此游玩。

〔一二〕缙绅(jìn shēn 晋申):原为古代官宦的装束。缙意为插，插笏于绅;绅为束在衣外的大带子。亦用以称官吏或做过官的人。

〔一三〕淄(zī 资):黑色。

〔一四〕箕踞:古人一种比较随便的坐势。两脚张开坐，形如簸箕，故称箕踞。

〔一五〕波大邑:今作包大邑，又名起凤。　　铁甲场:今作铁甲。

二村皆在凤羽坝子北端。

〔一六〕此处所述即用钩藤饮酒。滇略产略载："钩藤,藤也,可以酿酒,土人溃米麦于罂,熟而着藤其中,内注沸汤,下燃微火,主客执藤以吸。按钩藤即千金藤,主治霍乱及天行瘴气,善解诸毒,其功似与槟榔同也。"

〔一七〕孩儿茶:即儿茶,又称黑儿茶,傣语称"西谢"。豆科植物,用其树干黄褐色的心材制取儿茶膏,作为饮料,可清热、生津、化痰。在我国,现云南西双版纳、广东、广西皆有种植。

〔一八〕茔(yíng营):墓地。

〔一九〕怃(wǔ武)然:悲哀惆怅。

〔二〇〕白米村:今名同,在凤羽坝子中部。

〔二一〕该庙祀南诏王世隆。世隆又作酋龙,谥景庄皇帝。

〔二二〕耜(sì饲):即耒耜,是我国最原始的翻土工具,形似犁。后世也以耒耜为各种耕地农具的总称。

〔二三〕紧急鼓:为大理白族在"绕三灵"等活动中跳的"金钱鼓舞"。白语为"纠几股",与"紧急鼓"音谐同。见聂乾先云南民族舞蹈文集。

〔二四〕榆城:大理的别称。西汉时置叶榆县,中心在今大理喜洲附近,后因称大理为榆城。

〔二五〕练城:今作炼城,在洱源坝子东南缘。

〔二六〕应山铺:今名同,在洱源坝子东缘。

〔二七〕此即普陀崆巡检司,位于普陀崆峡口,约在今巡检村附近。

〔二八〕王:通"旺",旺盛。

〔二九〕下山口：今名同，在洱源县南境，邓川坝子北端，属右所镇。

〔三〇〕弥苴佉江　本作"弥宜佉江"，据陈本、叶本改。下同。明史地理志：邓川州"又有普陀江，一名蒲萄江，又名弥苴佉江，南入西洱河"。弥苴（zuǐ咀）佉（qū曲）江今又作㳽苴河，在洱源县南部，从北往南流入洱海。

〔三一〕中所：今名同，在邓川坝子北部、㳽苴河西岸。

〔三二〕涿州：今河北涿州市。

〔三三〕赵孟頫（1254—1322），著名书画家，元代湖州路（今浙江湖州市）人。当地在三国和唐代都设过吴兴郡。古人习惯以名人出生地的古名作敬称，故称赵吴兴。

〔三四〕闷地江：今名永安江。

〔三五〕绿玉池：今名同，在中所西邻。

〔三六〕罗苴江：今作罗时江。

〔三七〕潋滟（liàn yàn 殓艳）：水满波连的样子。

〔三八〕溪始：今作起始河，有起始河水库。

〔三九〕罨（yǎn 掩）画：彩色杂陈的画。

〔四〇〕翛（xiāo 消）翛：风景天成，无拘无束、自由自在的样子。

〔四一〕渚（zhǔ 主）田：水中小洲上的田。此水今称西湖，面积四平方公里。分为若干鱼塘，水产丰富。村舍环湖而居，或聚于湖心岛。

〔四二〕邓川州：隶大理府，治今洱源县南部邓川坝子西缘的旧州。

〔四三〕跼:同"局"。踳(jí 脊):用极小的步子走路。跼踳:不安的样子。

〔四四〕德源城:为唐代前期六诏之一邓睒诏的中心,在今洱源县邓川东北,公路东边的小山上。三面陡峻,弥苴河流绕山脚,如天然堡垒。山顶平坦,周围遗留至今的土筑城墙还清晰可见,随地势高低起伏。城内有一古庙,过去供奉慈善夫人(即邓睒诏之妻)木雕像,衣冠服饰都反映了南诏的遗俗。城内地下曾挖出过陶片、砖瓦及引水用的陶制水管。是保存较完整的六诏城池遗址之一,为云南省重点文物保护单位。

〔四五〕唐代前期,洱海地区有六诏,唐中央政府即其地分别设置州县,进行治理。其中蒙舍诏在今巍山,位置最南,又称南诏,唐置为蒙舍州。蒙嶲诏在今巍山坝子北部,唐置阳瓜州。越析诏在今宾川县牛井,唐置越析州。浪穹诏在今洱源坝子,唐置浪穹州。施浪诏在今洱源县江尾一带,唐置舍利州。邓睒诏在今洱源县邓川镇的德源山,唐置邓备州。公元 737 年,南诏统一六诏,并逐步发展势力,建立地方政权。其范围比今云南全省大得多,中心先在太和城,后迁阳苴咩城(今大理古城)。公元 902 年为郑买嗣所灭。游记这里讲的是南诏统一六诏的传说。

〔四六〕邓川驿:后又称新州,即今邓川,在洱源县南境。

〔四七〕嘬(chuài):咬吃。

〔四八〕下关俗称"风城"。位于苍山南端的缺口,一年中至少有 250 天以上是刮风天,每年平均约有 35 天以上的大风,风的强度经常在七级左右,最大风力超过八级,还常发生阵风,冬春两季特别突出。

〔四九〕苍山：又称点苍山，是横断山脉中段一座名山，如屏风障在大理坝子西缘，北起邓川，南抵下关，南北长五十多公里，东西宽约十多公里。山顶积雪时间甚长，五月还能看到皑皑白雪。新雨后，山腰飞瀑如练。山上云雾变幻无常，望夫云，玉带云都极美丽动人。苍山风景极佳，山脚的蝴蝶泉、清碧溪、下关温泉、天生桥，山腰的龙眼洞、凤眼洞，山顶的洗马塘等都各具特色。

〔五〇〕沙坪：今名同，原在洱源县南隅，属江尾镇。近年，洱海北岸原洱源县江尾镇和双廊镇划属大理市，江尾镇更名为上关镇，沙坪、油鱼洞、龙王庙、三家村一片，皆为大理市辖。

十一日

早炊，平明，夫至乃行。由沙坪而南，一里余，西山之支，又横突而东，是为龙首关，盖点苍山北界之第一峰也。凤羽南行，度花甸哨南岭而东北转者，为龙王庙后诸山，迤逦从邓川之卧牛、溪始，而北尽于天马，南峙者为点苍，而东垂北顾，实始于此，所以谓之"龙首"。一统志列点苍十九峰次第〔一〕，自南而北，则是反以龙尾为首也。当山垂海错之处，巩城当道，为榆城北门锁钥，俗谓之上关〔二〕，以据洱海上流也。入城北门，半里出南门，乃依点苍东麓南行。高眺西峰，多坠坑而下，盖后如列屏，前如连袂，所谓十九峰者，皆如五老比肩，而中坠为坑者也。

南二里，过第二峡之南，有村当大道之右，曰波罗村。其西山麓有蛱蝶泉〔三〕之异，余闻之已久，至是得土人西指，乃令仆担先趋三塔寺，投何巢阿所栖僧舍，而余独从村南西向望山麓而驰。半里，有流泉淙淙，溯之又西，半里，抵山麓。有树大合抱，倚崖而耸立,下有泉,东向漱根窍而出,清冽可鉴。稍东,其下又有一小树,仍有一小泉,亦漱根而出。二泉汇为方丈之沼,即所溯之上流也。泉上大树,当四月初即发花如蛱蝶,须翅栩然,与生蝶无异〔四〕。又有真蝶千万,连须钩足,自树巅倒悬而下,及于泉面,缤纷络绎,五色焕然。游人俱从此月,群而观之,过五月乃已〔五〕。余在粤西三里城,陆参戎即为余言其异,至此又以时早未花,询土人,或言蛱蝶即其花所变,或言以花形相似,故引类而来,未知孰是。然龙首南北相距不出数里,有此二奇葩,一恨于已落,一恨于未蕊,皆不过一月而各不相遇。乃折其枝、图其叶而后行。

已望见山北第二峡,其口对逼如门,相去不远,乃北上蹑之。始无路,二里,近峡南,乃得东来之道,缘之西向上跻,其坡甚峻。路有樵者,问何往,余以寻山对。一人曰:“此路从峡南直上,乃樵道,无他奇。南峡中有古佛洞甚异,但悬崖绝壁,恐不能行,无引者亦不能识。”又一老人欣然曰:“君既万里而来,不为险阻,余何难前导。”余乃解长衣,并所折蛱蝶枝,负之行。共西上者三里,乃折而南,又平上者三里,复西向悬跻。又二里,竟凌南峡之上,乃第三峡也。于是缘峡上西行,上下皆危崖绝壁,积雪皑皑当石崖间,旭日映之,光艳夺目。下瞰南峰,与崖又骈峙成峡,其内坠壑深杳,其外东临大道,有居庐当其平豁之口,甚盛。以此崖南下俱削石,故必由北坡上,而南转西入也。又西上二里,崖石愈巉嶪,对崖亦穹环骈绕,盖前犹下崖相对,而至此则上峰俱回合矣。又上一里,盘崖渐北,一石横庋足下,而上崖飞骞刺空,下崖倒影无底。导者言,上崖腋间,有洞曰大水,下崖腋间,有洞曰古佛,而四睇皆无路。导者曰:“此庋石昔从上崖坠下,横压下洞之上,路为之塞。”遂由庋石之西，攀枝直坠，其下果有门南向，而上不能见也。门若裂罅，高而不阔，中分三层。下层坠若眢井，俯窥杳黑而不见其底，昔曾置级以下，爇〔六〕灯而入甚深，今级废灯无，不能下矣。中层分瓣排棂，内深三丈，石润而洁，洞狭而朗，如披帷践榭，坐其内，随峡引眺，正遥对海光；而洞门之上，有中垂之石，俨如龙首倒悬，宝络中挂。上层在中洞右崖之后，盘空上透，望颇窅窱，而中洞两崖中削，内无从上。其前门夹处，两崖中凑，左崖前削，石痕如猴，少刓其端，首大如卵，可践猴首飞度右崖，以入上洞。但右崖欹侧，与左崖虽中悬二尺余，手无他援，而猴首之足，亦仅点半趾，跃陟甚难，昔亦有横板之度，而今无从觅。余宛转久之，不得度而下。导者言："数年前有一僧栖此崖间，多置佛，故以'古佛'名。自僧去佛移，其叠级架梯，亦久废无存，今遂不觉闭塞。"余谓不闭塞不奇也。乃复上庋石，从其门扪崖直上。崖亦迸隙成门，门亦南向，高而不阔，与下洞同，但无其层叠之异。峡左石片下垂，击之作钟鼓声。北向入三丈，峡穷而蹑之上，有洼当后壁之半，外耸石片，中刓〔七〕如甀臼，以手摸之，内圆而底平，乃天成贮泉之器也。其上有白痕自洞顶下垂其中，如玉龙倒影，乃滴水之痕。臼侧有白磁一，乃昔人置以饮水者。观玩既久，乃复下庋石。导者乃取樵后峡去，余乃仍循崖东下。

　　三里，当南崖之口，路将转北，见其侧亦有小岐，东向草石间，可免北行之迂，乃随之下。其下甚峻，路屡断屡续。东下三里，乃折而南，又平下三里，乃及麓，渡东出之涧。涧南有巨石高穹，牧者多踞其上，见余自北崖下，争觇眺之，不知为何许人也。又南一里半，及周城村〔八〕后，乃东出半里，入夹路之衢，则龙首关来大道也。时腹已馁，问去榆城道尚六十里，亟竭蹶而趋。遥望洱海〔九〕东湾，苍山西列，十九峰虽比肩连袂，而大势又中分两重。北重自龙首而南至洪圭，其支东拖而出，又从洪圭后再起为南重，自无为而南至龙尾关，其支乃尽。洪圭之后，即有峡西北通花甸；洪圭之前，其支东出者为某村，又东错而直瞰洱海中，为鹅鼻嘴，即罗刹石也。不特山从此叠两重，而海亦界为两重焉。十三里，过某村之西，西瞻有路登山，为花甸道；东瞻某村，居庐甚富〔一○〕。又南逾东拖之冈，四里，过二铺，又十五里而过头铺〔一一〕，又十三里而至三塔寺。入大空山房，则何巢阿同其幼子〔一二〕相望于门。僧觉宗出酒沃饥而后饭。夜同巢阿出寺，徘徊塔下，踞桥而坐，松阴塔影，隐现于雪痕月色之间，令人神思悄然。

十二日

觉宗具骑挈餐，候何君同为清碧溪游。出寺即南向行，三里，过小纸房，又南过大纸房。其东即郡城之西门，其西山下即演武场。又南一里半，过石马泉。泉一方在坡坳间，水从此溢出，冯元成谓其清冽不减慧山。甃为方池，其上有废址，皆其遗也。志云："泉中落日照见有石马，故名。"又南半里，为一塔寺〔一三〕，前有诸葛祠并书院。又南过中和、玉局二峰。六里，渡一溪，颇大。又南，有峰东环而下。又二里，盘峰冈之南，乃西向觅小径入峡。峡中西望，重峰罨映〔一四〕，最高一峰当其后，有雪痕一派，独高垂如匹练界青山，有溪从峡中东注，即清碧之下流也。从溪北蹑冈西上，二里，有马鬣在左冈之上，为阮尚宾之墓。从其后西二里，蹑峻凌崖。其崖高穹溪上，与对崖骈突如门，上耸下削，溪破其中出。从此以内，溪嵌于下，崖夹于上，俱逼仄深窅。路缘崖端，挨北峰西入,一里余,马不可行,乃令从者守马溪侧,顾仆亦止焉。

余与巢阿父子同两僧溯溪入。屡涉其南北,一里,有巨石蹲涧旁,两崖巉石,俱堆削如夹。西眺内门,双耸中劈,仅如一线,后峰垂雪正当其中,掩映层叠,如挂幅中垂,幽异殊甚。觉宗辄解筐酌酒,凡三劝酬。复西半里,其水捣峡泻石间,石色光腻,文理灿然,颇饶烟云之致。于是盘崖而上,一里余,北峰稍开,得高穹之坪。又西半里,自坪西下,复与涧遇。循涧西向半里,直逼夹门下,则水从门中突崖下坠,其高丈余,而下为澄潭。潭广二丈余,波光莹映,不觉其深,而突崖之槽,为水所汩,高虽丈余,腻滑不可着足。时余狃之不觉,见二僧已逾上崖,而何父子欲从涧北上,余独在潭上觅路不得。遂蹑峰槽,与水争道,为石滑足,与水俱下,倾注潭中,水及其项。亟跃而出,踞石绞衣。攀北崖,登其上,下瞰余失足之槽,虽高丈余,其上槽道曲折如削,腻滑尤甚;即上其初层,其中升降,更无可阶也。再逾西崖,下觑其内有潭,方广各二丈余,其色纯绿,漾光浮黛,照耀崖谷,午日射其中,金碧交荡,光怪得未曾有。潭三面石壁环窝,南北二面石门之壁,其高参天,后面即峡底之石,高亦二三丈;而脚嵌颡突,下与两旁联为一石,若剖半盎,并无纤隙透水潭中,而突颡之上,如檐覆潭者,亦无滴沥抛崖下坠;而水自潭中辄东面而溢,轰倒槽道,如龙破峡。余从崖端俯而见之,亟攀崖下坠,踞石坐潭上,不特影空人心,觉一毫一孔,无不莹彻。亟解湿衣曝石上,就流濯足,就日曝背,冷堪涤烦,暖若挟纩。何君父子亦百计援险至,相叫奇绝。

久之,崖日西映,衣亦渐干,乃披衣复登崖端,从其上复西逼峡门,即潭左环崖之上。其北有覆崖庋空,可当亭榭之憩,前有地如掌，平甃若台，可下瞰澄潭，而险逼不能全见。既前，余欲从其内再穷门内二潭，以登悬雪之峰。何君辈不能从，亦不能阻，但云："余辈当出待于休马处。"余遂转北崖中垂处，西向直上。一里，得东来之道，自高穹之坪来，遵之曲折西上，甚峻。一里余，逾峡门北顶，复平行而西半里，其内两崖石壁，复高骈夹起，门内上流之间，仍下嵌深底。路旁北崖，削壁无痕，不能前度，乃以石条缘崖架空，度为栈道者四五丈，是名阳桥，亦曰仙桥。桥之下，正门内之第二潭所汇，为石所亏蔽，不及见。度桥北，有叠石贴壁间。稍北，叠石复北断，乃趁其级南坠涧底。底有小水，蛇行块石间，乃西自第一潭注第二潭者。时第二潭已过而不知，只望涧中西去，两崖又骈对如门，门下又两巨石夹峙，上有石平覆如屋而塞其后，覆屋之下，又水潴其中，亦澄碧渊渟〔一五〕，而大不及外潭之半。其后塞壁之上，水从上涧垂下，其声潺潺不绝，而前从块石间东注二潭矣。余急于西上，遂从涧中历块石而上。涧中于是无纤流，然块石经冲涤之余，不特无污染，而更光腻，小者践之，巨者攀之，更巨者则转夹而梯之。上瞩两崖，危蠹直夹，弥极雄厉。渐上二里，碙石高穹，滑不能上，乃从北崖转陟箐中。崖根有小路，为密箐所翳，披之而行。又二里，闻人声在绝壁下，乃樵者拾枯于此，捆缚将返，见余，言前已无路，不复可逾。余不信，更从丛篁中披陡而西上。其处竹形渐大，亦渐密，路断无痕。余莽披之，去巾解服，攀竹为绠。复逾里余，其下壑底之涧，又环转而北，与垂雪后峰，又界为两重，无从竟升。闻清碧涧有路，可逾后岭通漾濞，岂尚当从涧中历块耶？

时已下午，腹馁甚，乃亟下；则负刍之樵，犹匍匐箐中。遂从旧道五里，过第一潭，随水而前，观第二潭。其潭当夹门逼束之内，左

崖即阳桥高横于上，乃从潭左攀磴隙，上阳桥，逾东岭而下。四里
至高穹之坪，望西涧之潭，已无人迹，亟东下沿溪出，三里至休马
处。何君辈已去，独留顾仆守饭于此，遂啜之东出。三里半，过阮
墓，从墓右下渡涧，由涧南东向上岭。路当南逾高岭，乃为感通间
道；余东逾其余支，三里，下至东麓之半。牧者指感通道，须西南逾
高脊乃得，复折而西南上跻，望崖而登，竟无路可循也。二里，登岭
头，乃循岭南西行。三里，乃稍下，度一峡，转而南，松桧翳依，净宇
高下，是为宕山，而感通寺在其中焉〔一六〕。

　　盖三塔、感通，各有僧庐三十六房，而三塔列于两旁，总以寺前
山门为出入；感通随崖逐林，各为一院，无山门总摄，而正殿所在，
与诸房等，正殿之方丈有大云堂，众俱以大云堂呼之而已。时何君
辈不知止于何所，方逐房探问。中一房曰斑山，乃杨升庵写韵楼故
址，初闻何君欲止此，过其门，方建醮设法于前，知必不在，乃不问
而去。后有人追至，留还其房。余告以欲觅同行者，其人曰："余知
其所止，必款斋而后行。"余视其貌，似曾半面，而忘从何处，谛审
之，知为王赓虞，乃卫侯之子，为大理庠生，向曾于大觉寺会于遍周
师处者也。今以其祖母忌辰，随其父来修荐于此，见余过，故父子
相谂〔一七〕，而挽留余饭焉。饭间，何君亦令僧来招。既饭而暮，
遂同招者过大云堂前北上，得何君所止静室，复与之席地而饮。夜
月不如前日之皎。

十三日

　　与何君同赴斋别房，因遍探诸院。时山鹃花盛开，各院无不灿
然。中庭院外，乔松修竹，间以茶树。树皆高三四丈，绝与桂相似，
时方采摘，无不架梯升树者。茶味颇佳，炒而复曝，不免黝黑〔一八〕。

已入正殿，山门亦宏敞。殿前有石亭，中立我太祖高皇帝〔一九〕赐僧无极归云南诗十八章〔二〇〕，前后有御跋。此僧自云南入朝，以白马、茶树献，高皇帝临轩见之，而马嘶花开，遂蒙厚眷。后从大江还故土，帝亲洒天藻，以江行所过，各赋一诗送之，又令诸翰林大臣皆作诗送归。今宸翰〔二一〕已不存，而诗碑犹当时所镌者。李中谿大理郡志以奎章〔二二〕不可与文献同辑，竟不之录。然其文献门中亦有御制文，何独诗而不可同辑耶？殿东向，大云堂在其北。僧为瀹茗设斋。

已乃由寺后西向登岭，觅波罗岩。寺后有登山大道二：一直上西北，由清碧溪南峰上，十五里而至小佛光寨，疑与昨清碧溪中所望雪痕中悬处相近，即后山所谓笔架山之东峰矣；一分岐向西南，溯寺南第十九涧之峡，北行六里而至波罗岩。波罗岩者，昔有赵波罗栖此，朝夕礼佛，印二足迹于方石上，故后人即以“波罗”名。波罗者，乃此方有家道人之称。其石今移大殿中为拜台。时余与何君乔梓骑而行。离寺即无树，其山童然。一里，由岐向西南登。四里，逾岭而西，其岭亦南与对山夹涧为门者。涧底水细，不及清碧，而内峡稍开，亦循北山西入。又一里，北山有石横叠成岩，南临深壑。壑之西南，大山前抱，如屏插天，而尖峰齿齿列其上，遥数之，亦得十九，又苍山之具体而微者。岩之西，有僧构室三楹，庭前叠石明净，引水一龛贮岩石下，亦饶幽人之致。僧瀹茗炙面为饵以啖客。久之乃别。

从旧路六里，过大云堂，时觉宗相待于斑山，乃复入而观写韵楼。楼已非故物，今山门有一楼，差可以存迹。问升庵遗墨，尚有二扁，寺僧恐损剥，藏而不揭也。僧复具斋，强吞一盂而别。其前有龙女树。树从根分挺三四大株,各高三四丈,叶长二寸半,阔半之,而绿润有光,花白,小于玉兰,亦木莲之类而异其名。时花亦已谢,止存数朵在树杪,而高不可折,余仅折其空枝以行。

于是东下坡,五里,东出大道,有二小塔峙而夹道;所出大道,即龙尾关达郡城者也。其南有小村曰上睦,去郡尚十里。乃遵道北行,过七里、五里二桥〔二三〕,而入大理〔二四〕郡城南门。经大街而北,过鼓楼,遇吕梦熊使者,知梦熊不来,而乃郎已至。以暮不及往。乃出北门,过吊桥而北,折而西北二里,入大空山房而宿。

十四日

观石于寺南石工家。何君与余各以百钱市一小方。何君所取者,有峰峦点缀之妙;余取其黑白明辨而已〔二五〕。因与何君遍游寺殿。是寺在第十峰之下,唐开元中建,名崇圣。寺前三塔鼎立,而中塔最高,形方,累十二层,故今名为三塔〔二六〕。塔四旁皆高松参天。其西由山门而入,有钟楼与三塔对,势极雄壮;而四壁已颓,檐瓦半脱,已岌岌矣。楼中有钟极大,径可丈余,而厚及尺,为蒙氏〔二七〕时铸,其声闻可八十里。楼后为正殿,殿后罗列诸碑,而中谿所勒黄华老人书四碑俱在焉。其后为雨珠观音殿,乃立像铸铜而成者,高三丈。铸时分三节为范,肩以下先铸就而铜已完,忽天雨铜如珠,众共掬而熔之,恰成其首,故有此名。其左右回廊诸像亦甚整,而廊倾不能蔽焉。自后历级上,为净土庵,即方丈也。前殿三楹,佛座后有巨石二方,嵌中楹间,各方七尺,厚寸许。北一方为远山阔水之势,其波流潆折,极变化之妙,有半舟皮尾烟汀间。南一方为高峰叠障之观,其氤氲浅深,各臻神化。此二石与清真寺碑跌〔二八〕枯梅,为苍石之最古者。清真寺在南门内,二门有碑屏一座,其北趺有梅一株,倒撇垂趺间。石色黯淡,而枝痕飞白,虽无花而有笔意。新石之妙,莫如张顺宁所寄大空山楼间诸石,中有极其神妙更逾于旧者。故知造物之愈出愈奇,从此丹青一家,皆为俗笔,而画苑可废矣。张石大径二尺,约五十块,块块皆奇,俱绝妙著色山水,危峰断壑,飞瀑随云,雪崖映水,层叠远近,笔笔灵异,云皆能活,水如有声,不特五色灿然而已。其后又有正殿,庭中有白山茶一株,花大如红茶,而瓣簇如之,花尚未尽也。净土庵之北,又有一庵,其殿内外庭除,俱以苍石铺地,方块大如方砖,此亦旧制也;而清真寺则新制以为栏壁之用焉。其庵前为玉皇阁道院,而路由前殿东巩门入,绀宫三重,后乃为阁,而竟无一黄冠居守,中空户圮,令人怅然。

十五日

是日为街子之始。盖榆城有观音街子之聚〔二九〕,设于城西演武场中〔三〇〕,其来甚久。自此日始,抵十九日而散,十三省物无不至,滇中诸彝物亦无不至,闻数年来道路多阻,亦减大半矣。晨餐后,何君以骑同余从寺左登其祖茔。过寺东石户村,止余环堵数十围,而人户俱流徙已尽,以取石之役,不堪其累也。寺南北俱有石工数十家,今惟南户尚存〔三一〕。取石之处,由无为寺而上,乃点苍之第八峰也,凿去上层,乃得佳者。又西上二里半,乃登其茔。脉自峰顶连珠下坠,前以三塔为案,颇有结聚环护之胜。还二里,至寺后,转而南过李中谿墓〔三二〕,乃下马拜之。中谿无子,年七十余,自营此穴,傍寺以为皈依,而孰知佛宇之亦为沧桑耶!由西石户村入寺饭。同巢阿趋街子,且欲入城访吕郎,而中途雨霰大作,街子人俱奔还,余辈亦随之还寺。

十六日

巢阿同乃郎往街子,余由西门入叩吕梦熊乃郎。讯其寓,得于关帝庙前,盖西城内之南隅也,时已同刘陶石往街相马矣。余乃仍由西门西向一里半,入演武场,俱结棚为市,环错纷纭。其北为马场,千骑交集,数人骑而驰于中,更队以觇高下焉。时男女杂沓,交臂不辨,乃遍行场市。巢阿买文已返,刘、吕物色无从,遇觉宗,为饮于市,且觅面为饭。观场中诸物,多药,多毡布及铜器木具而已,无足观者。书乃吾乡所刻村塾中物及时文数种,无旧书也。既暮,返寺中。

十七日

巢阿别而归,约余自金腾东返,仍同尽点苍之胜,目下恐渐热,先为西行可也。送至寺前,余即南入城。遇刘陶石及沙坪徐孝廉〔三三〕,知吕郎已先往马场,遂与同出。已遇吕,知买马未就。既而辞吕,观永昌贾人宝石、琥珀及翠生石诸物,亦无佳者。仍觅面为饭。饭后觅顾仆不得,乃返寺,而顾仆已先在矣。

十八日

由东门入城,定巾,买竹箱,修旧箧。再过吕寓,叩刘、吕二君。吕命其仆为觅担夫,余乃返。

十九日

早过吕寓,二君留余饭。同刘君往叩王赓虞父子,盖王亦刘戚也,家西南城隅内。其前即清真寺。寺门东向南门内大街,寺乃教门沙氏所建,即所谓回回堂也。殿前槛陛窗棂之下,俱以苍石代板,如列画满堂,俱新制,而独不得所谓古梅之石。还寺,所定夫来索金加添,余不许。有寺内僧欲行,余索其定钱,仍揞不即还。令顾仆往追,抵暮返,曰:"彼已愿行矣。"

二十日

晨起候夫,余以其溪壑无厌,另觅寺僧为负。及饭,夫至,辞之。索所界，彼展转不还〔三四〕。余乃以重物寄觉宗，令顾仆与寺僧先行。余乃入西门。自索不得，乃往索于吕挥使乃郎，吕乃应还〔三五〕。余仍入清真寺，观石碑上梅痕，乃枯槎而无花，白纹黑质，尚未能如张顺宁所寄者之奇也。

出南门，遂与僧仆同行。遵西山而南，过五里、七里二桥，又三里，过感通寺前入道。其南，有三四家夹道，曰上睦。又南，则西山巍峨之势少降，东海弯环之形渐合。十里，过阳和铺〔三六〕。又十里，则南山自东横亘而西，海南尽于其麓，穿西峡而去。西峡者，南即横亘之山，至此愈峻，北即苍山，至此南尽，中穿一峡，西去甚逼。而峡口稍旷，乃就所穿之溪，城其两崖，而跨石梁于中以通往来，所谓下关也，又名龙尾关〔三七〕。关之南则大道，东自赵州，西向漾濞焉。

既度桥出关南，遂从溪南西向行。三里，南北两山俱逼凑，水捣其中如线，遥睇其内，崇峰北绕苍山之背，壁立弯环，掩映殊异。破峡而入，又二里，南峰俱成石壁，倒压溪上，北峰一支，如渴兕〔三八〕下赴，两崖相粘，中止通一线，剖石倒崖，始行峡中，继穿石下。峡相距不盈四尺，石梁横架其西，长丈五尺，而峡仅尺余，正如天台之石梁，南崖亦峻，不能通路。出南崖上，俯而瞰之，毛骨俱悚〔三九〕。又西里余，折而北，其溪下嵌甚微。又北，风雨大至。北三里余，数家倚西山下，是为潭子铺〔四〇〕，其地为赵州属。北五里，转而西，又北十五里，有溪自西峡来入，是为核桃箐。渡箐溪，又北五里，有三四家倚西山下，是为茅草房，溪两旁至此始容斫崖之塍，然犹杯棬〔四一〕之缀于箐底也。是日，榆道〔四二〕自漾濞下省，赵州、大理、蒙化诸迎者，蹀躞〔四三〕雨中。其地去四十里桥尚五里，计时才下午，恐桥边旅肆为诸迎者所据，遂问舍而托焉，亦以避雨也。

〔一〕苍山十九峰，峰间夹十八溪，自北而南，排列如下：云弄峰—霞移溪，沧浪峰—万花溪，五台峰—阳溪，莲花峰—芒涌溪，白云峰—锦溪，鹤云峰—灵泉溪，三阳峰—白石溪，兰峰—双鸳溪，雪人峰—隐仙溪，应乐峰—梅溪，观音峰—桃溪，中和峰—中溪，龙泉峰—绿玉溪，玉局峰—龙溪，马龙峰—清碧溪，圣应峰—莫残溪，佛顶峰—葶蓂溪，马耳峰—南阳溪，斜阳峰。其中以马龙峰最高，海拔4122米。

〔二〕上关：今名同，在大理市北隅，至今还能看到蜿蜒的古城残迹，西抵苍山，东达洱海。

〔三〕蛱（jiá 夹）蝶：蝴蝶的一类，成虫为赤黄色。

〔四〕与生蝶无异　"生蝶"原作"蛱蝶"，据四库本、叶本改。

〔五〕至今每年阴历四月十五日为蝴蝶会。笔者有幸得与其盛。泉边有一棵大合欢树，树上吊着蝶团，每团都有成百上千的蝴蝶挤在一起，犹如树上吊的蜂房。也有的蝴蝶蜷伏在树叶上，远看犹如枯叶，但偶尔动几下，证明它们不是花或叶。还有一些在绿树丛中穿梭飞舞，但种类不多，体型较大的有带红点的黑蝴蝶，较小的有黄蝶、枯叶蝶等。也有人认为，成串垂吊在树枝上的是蛾，而不是蝶类。如1982年第7期我们爱科学刊登的蝴蝶泉边的发现一文，就认为："那些成串垂吊在树枝上的，竟都不是蝶类，而是蛾类。而且，蝴蝶会中的蛾类实际上比蝶类多，大约有一百一十种以上。"

〔六〕 煹(gòu 遘):举火。

〔七〕 刓(wán 完):剜刻。

〔八〕 周城村:今仍名周城,在大理北境。

〔九〕 洱海:明一统志大理府山川:"西洱海,在府城东,古叶榆河也,一名洱海,又名西洱河。源自邓川,合点苍山之十八川而汇于此,形如人耳,周三百余里,中有罗筌、浓禾、赤崖三岛及四洲九曲之胜,下流合于漾备江。"现今洱海湖面宽 250 平方公里,南北长 40.5 公里,东西宽 3.4 ~8.4 公里,湖岸线长 116 公里,平均水位海拔 1974 米,湖水呈绿色。喜洲附近有一沙堤伸入海中,俗称海舌,分洱海为两部分。北为内海,水深一般不足 13 米;南为外海,平均水深 15 米,最深处达 21 米。

〔一〇〕 此村应即今喜洲,在大理市北境,距洱海甚近。元代已有"喜州"之名,见元混一方舆胜览,明时亦应称喜州。花甸:今仍称花甸坝,在大理西北隅苍山后,古代大理到凤羽的大道即经花甸。

〔一一〕 头铺:今名同,在大理市北境的公路上,银桥东邻。

〔一二〕 其幼子 史夏隆序本作"小乃郎"。

〔一三〕 明一统志大理府寺观:"弘圣寺,在点苍山十峰麓,中有塔高二十丈,又名一塔寺。"此塔今存。

〔一四〕 罨:通"掩"。罨映:彼此掩覆而衬托。

〔一五〕 渊渟(tíng 停):深水潭。

〔一六〕 宕山:明一统志作荡山,又称上山。元混一方舆胜览大理路崇圣寺条载:"又西南有上山寺,幽雅之趣非云南诸寺比。"感通寺又称上山寺,元代已很著名。

〔一七〕谂(shěn 审):知悉。

〔一八〕明一统志大理府物产:"感通茶,感通寺出,味胜他处产者。"滇略产略将感通茶与太华茶相比,结论是:"点苍感通寺之产过之'值亦不廉'。"

〔一九〕太祖高皇帝:"即明太祖朱元璋(公元 1328～1398年)。游庐山日记称"高帝"。楚游日记丁丑四月二十七日称"高皇帝"。

〔二○〕赐僧无极归云南诗十八章 "无极"原作"某","十八章"原作"十二章"。据四库本、叶本、谢肇淛滇略胜略、诸葛元声滇史、嘉庆重修一统志大理府寺观补改。

〔二一〕宸(chén 辰):帝王的宫殿,引申为帝王的代称。翰(hàn 汉):文字、文词。 宸翰:皇帝的亲笔文字。

〔二二〕奎章:帝王的手笔。

〔二三〕上睦:今作上末。七里桥:今名同。五里桥:今名同。皆在大理古城南境,从南往北依次排列于下关至大理的公路附近。

〔二四〕大理:明置大理府,治太和县,即今大理古城。方正的城垣和整齐的街道,至今还大体保持了明清时期的面貌。

〔二五〕此即大理特产的大理石,明代称点苍石、苍石或文石,当地人又称础石。明一统志大理府物产载:"点苍石,点苍山出,其石白质青,文有山水草木状,人多琢以为屏。"杨慎滇程记载:点苍山"五台峰怪石是产,巧出灵陶,文有云树人骑,是斫屏障"。以花纹不同,大理石又分彩花、水墨花、纯白石三大类,是精致的玩赏装饰品及优良的建筑材料,至今北京故宫和承德避暑山庄还有当年皇帝享用的大理石镶嵌的屏风及桌椅。现大理石厂产品已有六十多种,远销十多个国家。

〔二六〕崇圣寺三塔迭经风雨地震,一直保存到现在,为全国重点文物保护单位。中塔称千寻塔,高 69.13 米,方形十六层,每层的高度和宽度自下而上逐渐收缩,为中空密檐式砖塔,建于唐代。北塔、南塔各高 42.19 米,皆为八角形十层实心砖塔,建于晚唐或五代。

〔二七〕蛮书卷三:"蒙舍,一诏也,居蒙舍川,在诸部落之南,故称南诏也。姓蒙。"正德云南志蒙化府建置沿革:"乐进求时有细奴逻者,亦哀牢之裔,耕于蒙化巍山之下,因号蒙氏,部属渐盛。"蒙氏系南诏统治家族,自元以来,亦称南诏统治时期为"蒙氏时"。

〔二八〕趺(fū 夫):碑下的石座。

〔二九〕观音街子即现在通称的三月街。三月街始于何时,无明确记载。大理地区长期流传的白国因由载南诏细奴逻时,观音口授方广经辞张敬入寂一段说:"观音令婆罗部十七人以白音口授之,不久皆熟,自是转相传授,上村下营,善男信女,朔望会集。于三月十五日在榆城西搭篷礼拜方广经。是日,彩毫绵布,观音驾云而去,众皆举首遥望,攀留不及。年年三月十五日,众皆聚集,以蔬食祭之,名曰祭观音处,后人于此交易,传为祭观音街,即今之三月街也。"

〔三〇〕演武场:在今大理城西苍山脚下,为一大广场,从明至今,皆在此赶三月街。广场上有大德八年(公元 1304 年)立的元世祖平云南碑,碑通高 4.44 米,宽 1.65 米,由两块石头相接成,有较高的历史价值,被列为全国重点文物保护单位。

〔三一〕此南户位置应为现在的三文笔村,解放前称础石街,村中精于石工者甚多,至今仍以产大理石著名。

〔三二〕李中谿(公元 1497～1580 年):即李元阳,字仁甫,嘉靖时进士,选为庶吉士,出知江阴、分宜等县,有政绩,入为监察御史,以持正不阿著称,"墨吏望风解绶"。后罢官,在家乡四十余年,修有万历云南通志、大理府志等书。晚年信佛教,常来往于鸡山、大理等处。

〔三三〕孝廉:明清时亦称举人为孝廉。

〔三四〕余以其溪壑无厌另觅寺僧为负及饭夫至辞之索所畀彼展转不还　原作"晨起候夫不至",据徐本改补。

〔三五〕余乃入西门自索不得乃往索于吕挥使乃郎吕乃应还　原脱此段,据徐本补。

〔三六〕明代阳和铺有别于现在五里桥附近的阳和村。依其里距,应即今大理南的太和村。南诏中心太和城遗址即在今太和村一带,南北两道城墙,西起苍山,东至洱海,至今还依稀可辨。南诏德化碑现仍屹立在太和城遗址,碑高 3.02 米,宽 2.27 米,有很高的史料价值,被列为全国重点文物保护单位。

〔三七〕下关:即今下关,为滇西的交通中心,大理白族自治州首府。

〔三八〕兕(sì 寺):古代称雌性犀牛为兕。

〔三九〕此即今下关西面的天生桥,在西洱河上。明一统志:"龙尾关,在点苍山南,其右有石长丈余,名天桥,洱河之水过其下,两岸石险,人不可度,又名石马桥。"

〔四〇〕潭子铺,今作塘子铺;核桃箐,应即今大菠箐;茅草房,今作茅草哨。皆在大理市下关西郊西洱河两岸的狭谷里。塘子铺附近的公路边有<u>下关温泉</u>，<u>南诏野史</u>高河条"温汤"注"今<u>龙尾关西温泉</u>"，即指此。大理石镶嵌的浴池和满院的茶花，突出了该温泉的特点。

〔四一〕杯棬(quān 圈)：曲木制成的盂。

〔四二〕道：<u>明代</u>布政、按察二司因辖区广大，派出布政司的佐官左右参政、参议分理各道钱谷，称为分守道；按察司的佐官副使、佥事分理各道刑名，称分巡道。这些皆称为道员，或省称"道"。

〔四三〕蹀躞(dié xiè 蝶屑)：小步行走。

二十一日

鸡再鸣〔一〕，促主者炊，起而候饭。天明乃行，云气犹勃勃也。北向仍行溪西，三里余，有亭桥跨溪上，亭已半圮，水沸桥下甚急，是为<u>四十里桥</u>〔二〕。桥东有数家倚东崖下，皆居停之店，此地反为<u>蒙化</u>属。盖桥西为<u>赵州</u>，其山之西为<u>蒙化</u>，桥东亦为<u>蒙化</u>，其山之东为<u>太和</u>〔三〕，犬牙之错如此。至是始行溪东，傍点苍后麓行。七里余，有数十家倚东山而庐，夹路成巷，是为<u>合江铺</u>〔四〕。至是始望西北峡山横裂，有山中披为隙，其南者，余所从来峡也；其北来者，下江嘴所来<u>漾濞峡</u>也；其西南下而去者，二水合流而下<u>顺宁</u>之峡也。峡形虽遥分，而溪流之会合，尚深嵌西北峡中，此铺所见，犹止南来一溪而已。出铺北，东山余支垂而西突，路北逾之，遂并南来溪亦不可见，盖余支西尽之下，即两江会合处，而路不由之也。西北行坡岭者四里，始有二小流自东北两峡出。既而盘曲西下，一涧自东北峡来者差大，有亭桥跨之，亭已半圮，是为<u>亨水桥</u>〔五〕。盖<u>苍山</u>西下之水，此为最大，亦西南合于南北二水交会处。然则"合江"之称,实三流,不止漾水、濞水而已也。从桥西复西北逾一小岭,共一里,始与漾水遇。其水自漾濞来经此,即南与天生桥之水合〔六〕,破西南山峡去,经顺宁泮山而下澜沧江。路溯其东岸行。其东山亦苍山之北支也,其西山乃罗均南下之脉,至此而迤逦西南,尽于顺宁之泮山。

北行五里,有村居夹而成巷,为金牛屯〔七〕。出屯北,有小溪自东山出,架石梁其上,侧有石碑,拭而读之,乃罗近溪所题石门桥诗也。题言石门近在桥左,因矫首东望,忽云气迸坼〔八〕,露出青芙蓉两片,插天拔地,骈立对峙,其内崇峦叠映,云影出没,令人神跃。亟呼顾仆与寺僧,而二人已前,遥追之,二里乃及。方欲强其还,而一僧旁伺,问之,即石门旁药师寺僧也。言门上有玉皇阁,又有二洞明敞可居,欣然愿为居停主。乃东向从小路导余,五里,抵山下,过一村,即药师寺也。遂停杖其中。其僧名性严,坐余小阁上,摘蚕豆为饷。时犹上午,余欲登山,性严言,玉皇阁蹑峰而上十里余,且有二洞之胜,须明晨为竟日游,今无及也。盖性严山中事未完,既送余返寺,遂复去,且以匙钥置余侧。余时慕石门奇胜,餐饭即扃其阁,东南望石门而趋,皆荒翳断塍,竟不择道也。

二里,见大溪自石门出,溪北无路入,乃下就溪中;溪中多巨石,多奔流,亦无路入。惟望石门近在咫尺,上下逼凑,骈削万仞,相距不逾二丈,其顶两端如一,其根止容一水。盖本一山外屏,直从其脊一刀中剖而成者,故既难为陆陟,复无从溯溪。徘徊久之,乃渡溪南,反随路西出。久之得一径东向,复从以入,将及门下,复渡溪北。溪中缚木架巨石以渡,知此道乃不乏行人,甚喜过望。益东逼门下,丛筸覆道。道分为二,一东蹑坡磴,一南下溪口。乃先降而就溪,则溪水正从门中跃出,有巨石当门扼流,分为二道。袭之而下,北则漫石腾空,作珠帘状而势甚雄;南则嵌槽倒隙,为悬溜形而势甚束。皆高二丈余,两旁石皆逼削,无能上也。乃复上就东岐蹑磴。已又分为二,一北上蹑坡,一南凌溪石。乃先就溪凌石,其石大若万斛之舟,高泛溪中,其根四面俱湍波漱激,独西北一径悬磴而上,下瞰即珠帘所从跃出之处,上眺则<u>石门</u>两崖劈云削翠,高骈逼凑,真奇观也。但门以内则石崩水涌,路绝不通,乃复上就北岐蹑磴。始犹藤箐蒙茸,既乃石崖耸突,半里,路穷,循崖南转,飞崖倒影,上逼双阙,下临绝壑,即<u>石门</u>之根也,虽猿攀鸟骞〔九〕,不能度而入矣。久之,从旧路返<u>药师寺</u>。穷日之力,可并至<u>玉皇阁</u>,姑憩而草记,留为明日游。

二十二日

晨起候饭,<u>性严</u>束火负铛〔一○〕,摘豆裹米,令僧仆分携,乃从寺后东向登山。二里,转而南向循山腰上,二里,复随峡转东,一里,从峡尽处南转逾岭。一里,路分二岐,一东上者,为<u>花椒庵石洞</u>道;一南上者,一里而逾<u>石门</u>之上。此石门之北崖也,所登处已在门之内,对瞰南崖崩削之状,门底轰沸之形,种种神旺,独所踞崖端危险,不能返观,犹觉未能两尽也。东眺门以内,峡仍逼束,水自东南嵌底而来。其正东有山一支,巍然中悬,恰对峡门,而<u>玉皇阁</u>即踞其上,尚不能遥望得之,盖其内木石茸密,非如外峰可以一览尽耳。于是缘冈脊东上一里,南与峡别,折而东北上半里,坳间有颓垣遗构,为<u>玉峰寺</u>废址。<u>玉峰</u>者,<u>万历</u>初僧<u>石光</u>所建,<u>药师</u>乃其下院,而<u>性严</u>即其后嗣也。其后又有一废址,曰<u>极乐庵</u>。从其后复转向东南上半里,再与东峡遇,乃缘支峡东向行,古木益深。半里,支

1142

峡东尽,乃南度其上,复北转,共二里而得玉皇阁。阁南向石门而遥,东临峡壁而逼,初创于朱、史二道人,有僧三贤扩而大之,今前楼之四壁俱颓,后阁之西角将仆,盖岌岌矣。阁东有台,下临绝壑,其下有洞,为二道静修处。时二僧及仆,俱然〔一一〕火觅泉将为炊,余不及觅洞,先从阁援石独上。盖遥望峡后大山,上耸三峰者,众皆指为笔架峰,谓即东南清碧溪后主峰,余前由四潭而上,曾探其阳,兹更欲一穷其阴,以尽石门洞水之源,竟不暇招同行者,而同行僧仆亦不能从。余遂贾勇直前。

二里,山石既穷而土峰峻甚,乃攀树。三里,山树亦尽,渐陟其顶。层累而上,登一顶,复起一顶。顶皆烧茅流土,无复棘翳,惟顶坳间,时丛木一区,棘翳随之。余从岭脊烧痕处行,虎迹齿齿,印沙土间。连上数顶,始造其极,则犹然外峰也。始知苍山前后,共峰两重:东峙者为正峰,而形如笔架者最高;西环者南从笔架、北从三塔后正峰,分支西夹,臂合而前,凑为石门。但其中俱崩崖坠派,不复开洋,俱下盘夹箐,水嵌其底,木丛其上。余从峰头东瞰笔架山之下,有水悬捣涧底,其声沸腾,其形夭矫,而上下俱为丛木遥罨,不能得其全,此即石门之源矣。又从外岭北行,见其北又分支西下,即漾濞驿北之岭,西尽于漾濞桥者也。时日色正午,开霁〔一二〕特甚,北瞻则凤羽之西,有横山一抹,自西北斜亘而来者,向从沙溪南望,斜亘其西南,为桥后〔一三〕水口者也,剑川之路,溯之北入;南眺则潭子铺西之山,南截漾、濞二水之口,为合江铺者,大理之路,随之北来;西览则横岭铺之脊,排闼西界,北接斜亘之岭,南随合江西下,永昌之路,逾之西向;惟东面内峰巀嶪,榆城即在东麓,而间隔莫逾,一以峰高崖陡,攀跻既难,一以山划两重,中箐深陷，降陟不易。闻此山北坳中，有大堡白云寺，可跻内峰绝顶，又南逾笔架，乃东下清碧溪。大堡之路，当即从分支西下之岭，循度脊而上，无此中堑之箐，沐西平征大理，出点苍后，立旗帜以乱之，即由此道上也。

凭眺久之，乃循旧迹下。三里，忽误而坠西北支，路绝崖欹，无从悬坠，且空山杳隔，莫辨真形，竟不知玉皇阁所倚之支在南在北也。疑尚濒南涧箐中〔一四〕，而涧中多岐，且峻崖绝坂，横度更难，有棘则蒙翳，无棘则流圮。方徘徊间，雨复乘之，忽闻南箐中有呼噪声，知玉皇阁在其下。余亦漫呼之，已遥相应，而尚隔一箐，树丛不可见，路绝不可行。盘箐之上腋二里，始得石崖，于是攀隙坠空，始无流坠之恐，而雨倾如注。又一里而出玉皇阁之右，炊饭已寒，重沸汤而食之。阁左少下，悬崖之间，有洞南向，下临深涧，乃两巨石合掌而成者。洞高一丈，下阔丈五，而上合尖，其深入约及数丈，而底甚平。其石质粗砺，洞形亦无曲折之致，取其通明而已。洞前石崖上下危削，古木倒盘，霏烟揽翠，俯掬衮流，令人有杳然别天之想。

时雨已复霁，由旧路转北而下，三里，至玉峰寺旧址。由岐下北壑，转峡度坞，一里余而得花椒庵石洞。洞亦巨石所覆，其下半叠石盘，半庋空中，空处浮出二三丈，上下亦离丈余，而平皆如砥。惟北粘下盘之上，而东西南三面，俱虚檐如浮舫，今以碎石随其檐而窒之，只留门西向，而置佛于中。其前架楼三楹，而反无壁；若以窒洞者窒楼，则洞与楼两全其胜矣。其北又一巨石隆起，下有泉出其隙间，若为之供者。此地境幽坞绕，水石错落，亦栖真之地。龛中器用皆备，而寂无居人，户亦设而不关。余愧行脚不能留此，为怅然而去。乃西向平下一里，即石门北顶北来之道，向所由上者。

又北六里而返药师。途中遇一老人，负桶数枚下山，即石洞所栖之人，每日登山箍桶，晚负下山，鬻以为餐，亦不能夜宿洞间也。

二十三日

晨起，为性严作玉皇阁募缘疏〔一五〕。因出纸请书，余书而后朝食。山雨忽作，因停屐待之。近午雨少杀，余换草履，性严披毡送之。出药师殿门，即北行，二里，涉一枯涧。其涧自东北山麓出，下嵌甚深，苍山之后至此，又西北一里矣。既渡，西北上西纤之坡，一里逾其上，始见其西开一东西坞，漾濞之水从其中东注之。西向平下共二里，山南有数十家当大路，是为漾濞驿。别送僧，西行溪北田塍中三里余，北界山环而稍南，扼水直逼南山下，是为矶头村，亦有数十家当矶之腋。路南向盘之，遂蹑矶嘴而西。半里，雨止，路转北，复开南北坞，于是倚东山西麓北行。三里余，抵漾濞街〔一六〕。居庐夹街临水甚盛，有铁锁桥在街北上流一里，而木架长桥即当街西跨下流，皆度漾濞之水，而木桥小路较近。

按志：剑川水为漾，洱海水为濞，二水合流故名。今此桥去合江铺北三十里，驿去其北亦十五里，止当漾水，与濞水无涉，何以兼而名之耶？岂濞水非洱海，即点苍后出之别流耶？然余按：水出丽江府南者，皆谓之漾。如漾共发源于十和之中海，经七和下鹤庆，合东西诸泉而入穴，故曰漾共。此水发源于九和，经剑川别而南流，故曰漾别。则"别"乃分别之"别"，非口鼻之"鼻"也。然一统志又称为"漾备"，此又与胜备同名，亦非"濞"字之一征也。

余乃就木桥东买蔬米，即由此度，不及北向铁桥度，其中始觉汤汤，倍于洱水。西向又有一峡自西来，是为永平道；望大坞北去，

1145

亦数里而分为二；而永昌大道，则从此而西。始行坞中，二里渐上。又二里，有数家夹道，大坊跨之，曰"绣岭连云"，言登岭之始也，是为白木铺[一七]。由是循南坡西向上，二里，由坡间转向南，一里余，复转向西，于是回眺东之点苍，东北之凤羽，反愈近，然所临之峡则在南。更西蹑坡，迤逦而上，又四里，有寺东向，当坡嘴中悬，是为舍茶寺。就而饭。由其后又西上，路稍平，其南临东出之洞犹故也。又二里，有村当岭脊，是为横岭铺[一八]。铺之西，遂西蹑夹坑中，又上三里而透岭坳之脊。其坳夹隘如门，透其西，即有坑北坠，又有坑西流。路随西流者下，二里，路转向南峡，而水乃由北峡去，始知犹北流而东入漾濞上流者。

又南二里，其峡中平而水忽分南北，始知其脉由此峡中自西而东度，其上所逾夹隘，乃既度而北突之峰，非南来之脊也。盖此脊西北自罗均山分支，东南至此，降度峡底，乃东突崇峰，由其北而东下者为横岭，而东尽于白木铺，由其南透迤南去者，东挟碧溪江，西挟胜备水[一九]，而尽于两水交会处，是其脉亦不甚长也。从峡中南行半里转西，有小水自东南坠峡来，始成流西去。又一里，随流南转，始循水东崖下。既渡其西，复涉其东，四里余，有水自东峡出，西与南下之洞合，其流始大，而峡愈逼，东崖直瞰水而西，路乃渡而循西崖下。南出隘，已昏黑。稍上坡，共二里，有一二家倚西坡上，投宿不得。又南，两崖愈凑，三里及之，复渡溪东，则数家倚东崖下，是为太平铺[二〇]，乃宿其敝楼。按志，是水为九渡河[二一]，沿山绕流，上跨九桥者是。其下流与双桥河合于黄连堡东南，入胜备江。

二十四日

鸡鸣具饭，昧爽即行。越涧傍西山而南，其峡仍逼。五里，遵西山之崖渐上，五里，盘其南突之嘴，遂挟北峰西行，路转于上，溪转于下。又西十里，有村倚北山坡峡间，庐舍最盛，是为打牛坪〔二二〕。相传诸葛丞相过此，值立春，打牛以示民者也。又遵北坡随峡流西下，十里，有山横截其西，乃稍降而逼其下。忽见有溪自北而南，漱横截山之东麓，太平铺九渡河自东注之，有数家当其交会之峡，是为胜备村，此北来之水，即胜备江也。盘村坡溯江而北半里，乃涉亭桥，渡江西崖。江流差大于洱水，而不及漾濞，其源发于罗武山，下流达于蒙化，入碧溪江。由其西转而随流南下，循西山之麓行，崖峭甚。半里，又隔江与胜备村对。又南一里余，有小峡自西来，截之渐南上，盘其东突之坡，共七里，又上而盘其南突之嘴，水从其下西转南折而破峡去，路从其上挟北坡西下。盖其西有峡，自西坳下坠而来，又有山，从峡南挟之俱东，当突嘴之下，与胜备合而破其南峡，突嘴之路，不能超峡而度其南挟之东垂，故西折一里余，而下循其西坳，又东折一里，而上盘其东垂，东垂即胜备所破峡之西崖也。半里，转其南，又有一小水自东垂南西峡来入，乃舍其南去大流，而溯其西来小流，循东垂南崖西向入之。一里余，有村踞小流之北坡，夹路成聚，是为黄连堡，始知此小流即双桥河也〔二三〕。饭于其处，山雨骤至，稍待复行。渐转西北，行冈上二里，其下峡直自北来，乃下渡峡中小桥而西。此桥即双桥之一也，其河源尚在北坞中。

从桥西即蹑西坡而上，二里稍平，西向坞倚南峰复上坡，二里，西逾冈脊，是为观音山脊，南北俱有寺。南峰当脊而起，其巅颇耸，有阁罩其上，以远不及登。拂脊间碑读之，言昔武侯过此，方觅道，闻犬吠声，而左右报观音现，故俗又呼为娘娘叫狗山，即郡志所谓宝藏山也〔二四〕。从脊西遥望，其南壑杂沓而下，高山无与为匹者，当遥通阿禄司、新牛街之境也；其西壑亦杂沓而来，其外远山，自北亘脊南去，北支分而东向，逶迤与此山属，南抱为壑，颇宽豁，而坡陀层伏，不成平坞；西山亘脊之半，有寺中悬，缥渺云岚间，即所谓"万松仙景"也。

于是从岭头盘旋，西北二里，转过西下之峡，由其北乃陟西来之脊。其脊南北俱有峡，路从其中，共二里，西向稍下，树木深翳。再下，再过脊，又八里，有数十家倚北坡夹道而庐，是为白土铺〔二五〕。又西入峡，七里渐上，渐逼西山，山脊东垂，南北坠壑甚深，松翳愈密，上下亏蔽，有哨房在坡间，曰松坡民哨，而无居人。此处松株独茂，弥山蔽谷，更无他木，闻其地茯苓甚多，鲜食如山药。坡名以"松"，宜也。其脊盖自西岭分支，东度观音山者，第不知南北之水何下耳。于是西上蹑磴，甚峻，数十盘而登。共五里，有寺踞东悬之脊，东向凭临于松云翠涛之间，是为万松仙景寺〔二六〕。后有阁曰松梵，朱按君泰桢所题。登之，东眺甚豁，苍山雪色，与松壑涛声，远近交映也。由其后再曲折上跻，二里余，登岭头。又一里余，西过一脊，以为绝顶矣，顶脊南北分坠之峡，似犹东出者。又西上一里，蹑南突之巅，榜曰"日升天顶"。又西一里，穿峡而入，有数家散处峡洼间，俱以木皮为屋，木枝为壁，是为天顶铺。先是土人俱称为"天井"，余以为在深壑中，而不意反在万山绝顶也，问所谓井者，亦竟无有。岭头之庐，以非常站所歇，强之后可。既止，风雨交作，寒气逼人，且无从市米，得面为巴〔二七〕而啖之，卧。

二十五日

昧爽，啖所存巴，平明即行。雾蔽山顶，茫无可见。西向稍下一里，山峰簇立成洼，洼中有小路北去，有小水南流，大道随之。南行峡中，一里，折而随峡西下，峡南已坠壑盘空，窈然西出矣。西下三里余，有哨房当坡而西向，亦虚而无人。其北又有一峡自东下，与南峡会于坡前。路盘坡而北，渡坡北涧，即随北涧西下，共四里余，过梅花哨〔二八〕，于是南北两界山渐开。循北山又西，四里，度西垂之脊，始全见其南北两崖下坠之坑，盘壑西出，而西有巨壑焉。沿支西下，又八里，抵西麓，有寺当路北。渡峡中小水，从其西转西北，行田塍中二里，有一塘积水东坡下。挟其西而北，又三里，抵永平县〔二九〕之东街。

其处东西两界山相距八里，北即其回环之兜，南为其夹门之峡，相距一十五里，而银龙江界其中。其水发源上甸里阿荒山，一名太平河。每岁孟冬近晓，有白气横江，恍若银龙，故名〔三〇〕。下流经打坪〔三一〕诸寨，入澜沧江。当县治东，有桥跨其上，其处即为市而无城。其北有城堞略具，乃守御所，而县不在其中也。银龙桥之西，又有桥名普济，桥下小水东南入银龙江。大道由县治西，沿西山而南，至石洞村西，西南入山；余欲从石洞浴温泉，当不沿西山而由中坞，盖温泉当坞而出也〔三二〕。乃从银龙桥市蔬米，即从桥东小路，随江而渡其下流，由税司前西行，过一小浍〔三三〕，即随之南行坞中，与大道之在西坡者，相望而南也。八里，则温泉当平畴之中，前门后阁，西厢为官房，东厢则浴池在焉。池二方，各为一舍，南男北女。门有卖浆者，不比他池在荒野也。乃就其前买豌豆，煮豆炊饭。余先酌而入浴。其汤不热而温，不停而流，不深而浅，可卧浴也。舍乃一参戎所构而成者。然求所谓石洞，则无有矣。

既浴，饭而出眺，由其西向入峡不二里，即花桥大道；由其南向逾岭，为炉塘道。余时闻有清净宝台山，在炉塘之西，西由花桥抵沙木河大道入，其路迂，南由炉塘间道行，其路捷，余乃即从坞中南向行。二里余，抵南山之麓，有水自西峡来，东注而入银龙江峡口，即花桥之水也〔三四〕。度桥而南半里，有寺倚南山而北向，曰清真寺。回回〔三五〕所造。由其前东转半里，为后屯，有小坞自南来。又东截坞半里，逾桥上坡，东南跻一里余，转而东陟其岭。一里，从岭上误折而南，二里，逾山南下，路绝。二里，由坑西转，又二里，复转而北，仍出后屯小坞，乃复上东坡。二里，仍过岭上误处，乃竟岭峡而东。半里，有峡直东者，为铜矿厂〔三六〕道；东南逾冈坳者，为门槛、炉塘道，乃折而从东南。稍上逾冈半里，东向随峡而下者二里，及峡底，则深峡自北而南，银龙江捣壑而随之，路随其西岸南行溪崖间，幽深窈窕，水木阴阂，一奇境也。雷雨大作，行雨中十里而雨止。有小溪自西峡来，架木桥渡之。依南山东转，二里，转而南。一里，有数家踞西山之半，东向临江，是为门槛村，下跨江之桥，为门槛桥〔三七〕，言江流至此，破峡捣空，若门阃之当其前也。宿于村家，买米甚艰，只得半升。以存米为粥，留所买者，为明日饭。

二十六日

鸡再鸣，具饭。平明，随江西岸行。四里余，南至岔路，有溪自西峡来，东与银龙江合，数十家下缩溪口。乃下涉其溪，缘南山之北，于是江东折于下，路东折于上。东向上者一里余，盘北突之坡而东，于是江南折于下，路亦南折于上。南折处，又有峡自东来入，正与东折之江对，或以为永平之界今仅止此，其南折之峡，已属顺宁矣。

循江西岭南向渐下，四里，稍折西南，下缘江岸。已复南折，二里余，出峡，峡乃稍开，始见田塍，有两三家倚西坡，是为稻场〔三八〕。山行至是，始有稻畦，故以为名。其江之东南坡间，亦有居庐，其下亦环畦塍，亦稻场之属。江流其间直南去，与澜沧江合。路由西坡村右即西南缘坡上，一里，至岭头，正隔江与东坡之庐对，于是缘峡西入，遂与江别。其峡自西脊东下，循北崖平坡入之。四里，降度峡南，循南崖悬跻而上，乃西南盘折二里余，逾北突之冈。循南坡而西，二里，有坑北下，横陟之。又西二里，乃凌其东南度脊。此脊之东，水下稻场南峡中，西南水下炉塘。而南从脊上，即西望崇山高穹，上耸圆顶者，为宝台山；其北崖复突而平坠者，为登山间道；其南垂纤绕而拖峡者，为炉塘所依。余初拟从间道行，至是屡询樵牧，皆言间道稍捷而多岐，中无行人，莫可询问，不若从炉塘道，稍迂而路辟，以炭驼〔三九〕相接，不乏行人也。其岐即从脊间分，脊西近峡南下，其中居庐甚殷，是为旧炉塘〔四〇〕。由其北度峡上，即间道也；由其东随峡南下，炉塘〔四一〕道也。

余乃南下坡，一里，至峡底。半里，度小桥，随涧西岸南行。其涧甚狭，中止通水道一缕，两旁时环畦如梧楼。四里，稍上，陟西崖而下，半里，始有一旁峡自西北来，南涉之。又沿西崖渐上，五里，盘西崖而逾其南嘴，乃见其峡甚深，峡底炉烟板屋，扰扰于内，东南嵌于峡口者，下厂；西北缀于峡坳者，上厂也；缘峡口之外，南向随流下者，往顺宁之大道也。余从岭上西转，见左崖有窍，卑口竖喉，其坠深黑，即挖矿之旧穴也。从其上西行二里，越下厂，抵上厂，而坑又中间之，分两岐来，一自东北，一自西北，而炉舍踞其中。所出皆红铜，客商来贩者四集。肆多卖浆市肉者，余以将登宝台，仍斋食于肆。

由西峡溯流入，一里，居庐乃尽。随峡北转，峡甚深仄，而止通一水，得无他迷，然山雨倾注，如纳大麓〔四二〕，不免淋漓。三里，渐上，又二里，上愈峻。见路有挑大根如三斗盎者，以杖贯其中，执而问之，曰："芭蕉根也。以饷猪。"峻上二里，果见芭蕉蔽崖，有掘而偃者，即挖根处也。其处树箐深窅，山高路僻，幸有炭驼俱从此赴厂。为指迷。又上二里，乃登其脊。有路自东北径脊而来者，乃随脊向西南去。从之行脊上二里，乃西南下。见路左有峡西北出，路遂分为两岐，而所望宝台圆顶，似在西南隔峰，乃误下从峡西南。一里余，渡峡中支涧，缘之西北转。一里，盘北突之嘴，复西南入峡中。溯涧二里，路渐湮〔四三〕，见涧北有烧山者，遥呼而问之，始知为误。然不知山在何所，路当何从，惟闻随水一语，即奉为指南。复东北还盘嘴处，涧乃北转，遂缘坡北向下。二里，有一岐自东南来合，即前分岐西北之正道也。盖宝台正在西南所误之峡，其南即度脊之自东西突者，此宝台东隅之来脉也，而其路未开，皆深崖峭壑，为烧炭之窟，以供炉塘所用；峡中之流，从其西北向流，绕北崖而西出，至西北隅，始与竹沥寨南来之路合，故登山之道，必自西北向东南，而其东不能竟达也。循东崖又北一里，复随涧西转，循北崖西行二里，始望见前峡稍开，有村聚倚南山之坡。乃西下一里，度涧桥，缘其南崖西上，又一里余而抵其村，是为阿牯寨〔四四〕，乃宝台门户也。由寨后南向登山，三里，至慧光寺。

其寺西向，前临一峡，隔峡又有山环之而北，而终不见宝台。盖宝台之顶，高穹于此寺东南，而其正寺又在台顶之南，尚当从西南峡中盘入也。宝台大寺为立禅师所建，三年前，立师东游请藏，久离此山。余至省，即闻此山之盛，比自元谋至姚安途中，乃闻其烬于火，又闻其再建再毁。余以为被灾久矣，至是始知其灾于腊月也,计其时余已过姚安矣,不知何以传闻之在先也?自大寺灾后,名流多栖托慧光。余至,日犹下午,僧固留,遂止寺中。

二十七日

饭于慧光寺,即南上五里,登其西度之坳。此坳乃宝台之西支,下而度此者,其坳西余支,即北转而环于慧光之前。逾坳南,见南山前矗,与坳东横亘之顶,排闼两重,复成东西深峡。南山之高,与北顶并,皆自东而西,夹重峡于中而下不见底,距澜沧于外而南为之堑。盖南山自炉塘西南,转而西向,溯澜沧北岸而西行,为宝台南郭,于是西距澜沧之水,东包沙木河之流,渡江坡顶而北尽于沙木河入澜沧处,此南山外郭之形也。宝台自炉塘西南亦转而西向,大脊中悬,南面与南山对夹而为宝台,西面与西度北转之支,对夹而为慧光,此宝台中踞之势也。其内水两重,皆西转而北出,其外大水逆兜,独南流而东绕,此诸流包络之分也。至是始得其真面目,其山如环钩,其水如交臂。山脉自罗均为钩之根把,博南丁当关〔四五〕为钩干之中,正外与钩端相对,而江坡顶即钩端将尽处,宝台山乃钩曲之转折处也。澜沧江来自云龙州为右臂,东南抱而循山之外麓,抵山东垂尽处而后去。沙木河源从南山东峡为左臂,西北抱而循山之内坞,抵山西垂尽处而后出。两水一内一外,一去一来,一顺一逆,环于山麓,而山之南支又中界之,自北自南,自东自西,复自南而北,为宝台之护,此又山水交潆之概也。

从坳南于是东转,下临南峡,上倚北崖,东向行山脊之南,两降两上,三里,东至万佛堂。此即大寺之前院也,踞宝台南突之端,其门西向,而堂陛俱南辟,前临深峡之南,则南山如屏,高穹如面墙。其上多木莲花,树极高大,花开如莲,有黄白蓝紫诸色,瓣凡二十片〔四六〕，每二月则未叶而花，三月则花落而叶生矣〔四七〕。绝顶有涌石塔，高二丈，云自地涌出，乃石笋也。其南坳间，又有一<u>陕西</u>老僧结茅二十年，其地当南山奥阻，曾无至者，自<u>万佛堂</u>望之，平眺可达，而下陟深峡，上跻层崖，竟日而后能往返焉。由<u>万佛堂</u>后北上不半里，即大寺故址。寺创于<u>崇祯</u>初元，其先亦<u>丛</u>蔽之区，<u>立禅师</u>寻山见之，为焚两指，募开<u>丛</u>林，规模宏敞，正殿亦南向，八角层甍，高十余丈，址盘数亩。其脉自东北圆穹之顶，层跌而下，状若连珠，而殿紧倚之，第其前横深峡，既不开洋，而殿址已崇，西支下伏，右乏护砂，水复从泄，觉地虽幽闳而实鲜关锁，此其所未尽善者。或谓病在前山崇逼，余谓不然，山外大江虽来绕，而无此障之则旷，山内深峡虽近环，而无此夹之则泄，虽前压如面墙，而宇内大刹，如<u>少林</u>之面<u>少室</u>，<u>灵岩</u>之面<u>岱宗</u>，皆突兀当前，而开拓弥远，此吾所谓病不在前之太逼，而在右之少疏也。

初余自<u>慧光寺</u>来，其僧<u>翠峰</u>谓余曰："僧少待一同伴，当即追随后尘。"比至<u>万佛堂</u>，<u>翠峰</u>果同一僧至，乃<u>川</u>僧<u>一苇</u>自京师参访至此，能讲演宗旨。闻此有<u>了凡</u>师，亦<u>川</u>僧，淹贯内典〔四八〕，自<u>立</u>师行后，住静东峡，为此山名宿，故同<u>翠峰</u>来访之。时<u>了凡</u>因殿毁，募<u>闪太史约庵</u>先铸铜佛于旧基，以为兴复之倡，暂从静室中移栖<u>万佛</u>前楼，余遂与<u>一苇</u>同谒之。<u>了凡</u>即曳杖前引，至大寺基观所模佛胎，遂从基左循北崖复东向行。盘磴陟坡，路极幽峭，两过小静室，两升降，南下小峡，深木古柯，藤交竹丛，五里而得<u>了凡</u>静室。室南向，与大殿基东西并列，第此处东入已深，其前南山并夹如故，而右砂层叠，不比大殿基之西旷矣。其脉自直北圆穹之顶中垂而下，至室前稍坳，前复小起圆阜，下临深峡之北。而室则正临其坳处，横结三楹，幽敞两备，此宝台奥境也。一苇与了凡以同乡故，欲住静山中，了凡与之为禅语。余旁参之，觉凡公禅学〔四九〕宏贯，而心境未融，苇公参悟精勤，而宗旨未彻，然山穷水尽中亦不易得也。了凡命其徒具斋，始进面饼，继设蔬饭。饭后雨大至，半晌方止。下午乃行。仍过寺基，共十五里，还宿慧光寺。

二十八日

平明，饭而行。三里，北下至阿牯寨。由其西下又二里，越东来涧，缘北山之南崖，西北上一里余，盘其西垂而北，其下即阿牯北西二涧合而北流之峡也。二里，越西突之坡，仍循东坡西北行。六里，坠悬坡而下，一里及涧。仍随涧东岸北行，望见峡北有山横亘于前，路直望之而趋。五里，有一二家倚东山下，其前始傍水为田。又北二里，直抵北山下，有峡自东而西，中有一水沿北山而西注。此即旧炉塘西来之道，阿牯寨之涧南来，此与之合，是为三汊溪，旧炉塘指答者，谓间道捷而难询，正指此也。于是其峡转为东西，夹水合而西去，路北涉之，循北崖西行。

三里，西降而出峡口，其西乃开南北大峡。盖南自宝台南峡来，从南山北转，而界澜沧于外者，为此坞西山；从西坳北转，而挟慧光寺于内者，为此坞东山，东山为三汊溪西出而界断，宝台中脉止至其北。又旧炉塘北脊之支，分派西突，与西山对峡，而北峡中坞大开，陂陀杂沓，底不甚平，南峡与三汊溪水合流北去，是为沙木河〔五○〕上流。峡中田塍，高下盘错，居庐东西对峙，是名竹沥寨〔五一〕。路挟东山北转，行东村之上而北三里，坞中水直啮东山之麓。路缘崖躐其上，又北二里，逾马鞍岭。此岭乃东山西突之嘴，水曲而西环其麓，路直而北逾其坳，此竹沥寨之门户也。北下二里，始为平川，水与路俱去险就夷。

北行溪东三里，有村倚东山下，曰狗街子，倚西山曰阿夷村。东山乃博南大脊西盘，西山乃宝台南山北转者也。其山平展而北，又四里，而沙木河驿之西坡，自丁当关西突于川之北，与西界山凑，川中水自沙潭亦逼西山之麓而北。路乃涉水，缘西崖之上行。又三里，北下及溪，有桥跨溪，东来者，是为沙木河驿大道。其桥有亭上覆，曰凤鸣桥。余南来路，经桥西，不逾桥也。饭于桥西。随西山大路北行三里，盘西山北突之嘴，于是北坞稍开，田塍交布，其下溪流贯直北去，透北峡，入澜沧。路盘嘴西行又一里，为湾子村〔五二〕。数家倚南山北麓，当北突之腋，故曰湾子。由其西循峡南入，一里，峡穷。复遵峡西之山，曲折西向上跻，三里，陟岭脊，此即宝台南山北转至者此。踞岭东望，东界即博南山所从南环而至者。北望峡口中伏，即沙木河北注澜沧，而此支所北尽于此者；其外有崇峰另起，横峙于五十里外者，曰瓦窑山，为永平北与云龙州〔五三〕分界，昔王磐踞而为乱处。按腾永图说，崇祯戊辰〔五四〕，王磐据险为叛，烧断澜沧桥。又按，马元康曾领兵追捣王磐、何某巢穴于曹涧。马亦言：先是王、何构叛，来袭攻永昌，幸从澜沧烧桥而来，故得为备。按曹涧〔五五〕在云龙州西界，瓦窑山在云龙州南界，曹涧当永昌北鄙。王、何二贼不直南下，而东由澜沧桥，固欲截其东援大路，亦以与瓦窑相近也，盖瓦窑〔五六〕、曹涧皆二贼之窟矣。西望则重崖层峡，其下逼簇，不知澜沧之流已嵌其底也。由脊而南，有庵横跨坳中，题曰普济庵，有僧施茶于此，是即所谓江坡顶也。出其南，西瞰峡底，浊流一线绕东南而去，下嵌甚深，隔流危崖崒嵂〔五七〕，上截云岚而下啮江流者，即罗岷山也。

澜沧江自吐蕃嵯和哥甸南流，经丽江兰州之西，大理云龙州之东,至此山下,又东南经顺宁、云州之东,南下威远〔五八〕、车里〔五九〕,为挝龙江,入交趾至海。一统志谓赵州白崖睑〔六○〕礼社江至楚雄定边县合澜沧,入元江府〔六一〕为元江。余按,澜沧至定边县西所合者,乃蒙化漾濞、阳江二水,非礼社也;礼社至定边县东所合者,乃楚雄马龙〔六二〕、禄丰〔六三〕二水,非澜沧也。然则澜沧、礼社虽同经定边,已有东西之分,同下至景东〔六四〕,东西鄙分流愈远。李中谿著大理志,定澜沧为黑水,另具图说,于顺宁以下,即不能详。今按铁锁桥东有碑,亦乡绅所著,止云自顺宁、车里入南海,其未尝东入元江,可知也。

由岭南行一里,即曲折下,其势甚陡。回望铁桥嵌北崖下甚近,而或迎之,或背之,为"之"字下者,三里而及江岸。即挨东崖下溯江北行,又一里而至铁锁桥之东。先临流设关,巩〔六五〕石为门,内倚东崖,建武侯祠及税局。桥之西,巩关亦如之,内倚西崖,建楼台并祀创桥者。巩关俱在桥南,其北皆崖石巉削,无路可援。盖东西两界山,在桥北者皆夹石,倒压江面,在桥南者皆削土,骈立江旁,故取道俱南就土崖,作"之"字上下,而桥则架于其北土石相接处。其桥阔于北盘江上铁锁桥,而长则杀之。桥下流皆浑浊,但北盘有奔沸之形,溯洑〔六六〕之势,似浅;此则浑然逝,渊然寂,其深莫测,不可以其狭束而与北盘共拟也。北盘横经之练,俱在板下;此则下既有承,上复高绷,两崖中架两端之楹间,至桥中,又斜坠而下绷之,交络如机之织,综〔六七〕之提焉。此桥始于武侯南征,故首祀之,然其时犹架木以渡,而后有用竹索用铁柱维舟者,柱犹尚存。或以为胡敬德,或以为国初镇抚华岳。而胡未之至,华为是。然兰津之歌，汉明帝时已著闻，而不始于武侯也〔六八〕。万历丙午〔六九〕，顺宁土酋猛廷瑞叛，阻兵烧毁。崇祯戊辰，云龙叛贼王盘〔七〇〕又烧毁。四十年间，二次被毁，今己巳〔七一〕复建，委千户一员守卫，固知迤西咽喉，千百载不能改也。余时过桥急，不及入叩桥东武侯祠，犹登桥西台间之阁，以西崖尤峻，为罗岷之麓也。于是出巩关，循罗岷之崖，南向随江而上。按志，罗岷山高十余丈。蒙氏时有僧自天竺〔七二〕来，名罗岷，尝作戏舞，山石亦随而舞。后没于此，人立祠岩下，时坠飞石，过者惊趋，名曰"催行石"。按石本崖上野兽抛踏而下，昔有人于将晓时过此，见雾影中石自江飞上甚多，此又一异也。五里，至平坡铺〔七三〕，数十家夹罗岷东麓而居，下临澜沧，其处所上犹平，故以"平坡"名，从此则蹑峻矣。时日色尚可行，而负僧苦于前，遂止。按永昌重时鱼。其鱼似鲭鱼状而甚肥，出此江，亦出此时。谓之时者，惟三月尽四月初一时耳，然是时江涨后已不能得。

二十九日

鸡再鸣，具餐。平明行，即曲折南上。二里余，转而西，其山复土尽而石，于是沧江东南从大峡去，路随小峡西向入。西一里，石崖矗夹，有水自夹中坠，先从左崖栈木横空度，即北向叠磴夹缝间，或西或北，曲折上跻甚峻。两崖夹石如劈，中垂一窗，水捣石而下，磴倚壁而上，人若破壁扪天，水若争道跃颡，两不相逊者。夹中古木参霄，虬枝悬磴，水声石色，冷人心骨，不复知有攀陟之苦，亦不知为驱驰之道也。上二里，有庵夹道，有道者居之，即所谓山达关也。

由其后又西上，路分为二，一渡水循南崖，一直上循北崖，共一里余而合，遂凌石峡上。余以为山脊矣，其内犹然平峡，水淙淙由峡中来，至是坠峡石东下，其外甚峻，其内甚平。登其峻处，回望东山之上,露出层峰,直东而近者,乃狗街子、沙木河驿后诸脊,所谓博南丁当也;东南而远者,宝台圆穹之顶也。内平处亦有两三家当峡而居。循之西入,坞底成畦,路随涧北。二里,涉涧而南,盘南峰之腋而西。一里,透峡西出,则其内平洼一围,下坠如城,四山回合于其上,底圆整如镜,得良畴数千亩,村庐错落,鸡犬桑麻,俱有灵气。不意危崖绝磴之上,芙蓉蒂里,又现此世界也,是为水寨〔七四〕。先是闻其名,余以为将越山而下,至是而知平洼中环,山顶之水,交注洼中,惟山达关一线坠空为水口,武陵桃源、王官盘谷〔七五〕,皆所不及矣。此当为入滇第一胜,以在路旁,人反不觉也。循洼东稍南上,有庐夹道,是为水寨铺,按志有阿章寨,岂即此耶?又南随峡坡东行二里,逾一东坡之脊,脊两旁有两三家,脊南水犹东南下澜沧,仍非大脊也。过脊南,东南二面,山皆下伏,于是东望宝台,知澜沧挟其南去,南瞻澜沧西岸,群峰杂沓。(已下缺)

（自此至四月初九,共缺十日。其时当是在永昌府入叩囚人望:讳仲俨,乙丑〔七六〕庶吉士〔七七〕,与徐石城同年,霞客年家〔七八〕也。并晤其弟知愿:讳仲侗,丙子〔七九〕科解元也。即此时。业师季会明志。)〔八〇〕

〔一〕鸡再鸣　　史序本作"鸡初鸣"。

〔二〕四十里桥:今名同,在漾濞县东隅,西洱河北岸。

〔三〕太和:为大理府附郭县,即今大理古城。

〔四〕合江铺:今分大合江、小合江二村,皆在漾濞县东隅、西洱河北岸。

〔五〕亨水桥　　疑为"响水桥",霞客据音录记为"享水桥"。

〔六〕漾水即今漾濞江,天生桥之水即今西洱河,二水相交处今称平坡。

〔七〕金牛屯:今名同,在漾濞县东境,漾濞江东岸。

〔八〕迸坼(chè 彻):裂开。

〔九〕翥(zhù 铸):飞翔。

〔一〇〕铛(chēng 撑):底平而浅的铁锅。

〔一一〕然:为"燃"的本字,即燃烧。

〔一二〕开霁(jì 剂):云雾散,天气放晴。

〔一三〕桥后:今作乔后,在洱源县西境,为著名盐井之一。

〔一四〕疑尚濒南涧箐中 "尚"原作"南",据徐本、丁本改。

〔一五〕募缘:意即和尚向人募化钱物,以结善缘。募缘疏为僧道条陈广求大家帮助的文字。

〔一六〕漾濞街:又作样备,明设样备巡检司,属蒙化府,即今漾濞县治。

〔一七〕白木铺:今作柏木铺,在漾濞县城西南邻。

〔一八〕横岭铺:今作秀岭铺,在柏木铺稍西的公路旁。

〔一九〕碧溪江:又作备溪江,指今漾濞江及与胜备河汇流后的黑惠江。 胜备水:今作胜备河或顺濞河。

〔二〇〕太平铺:今名同,在漾濞县西境的公路上。

〔二一〕九渡河:今称太平铺河,至今公路仍傍水行。

〔二二〕打牛坪:明设打牛坪驿,今名同,在太平铺以西的公路旁。

〔二三〕黄连堡:今作黄连铺,在顺备江西岸,永平县东北隅。双桥河:今作双卡河,在黄连铺汇入顺备河。

〔二四〕娘娘叫狗山:今仍称叫狗山,在黄连铺西北邻,双卡河西岸。

〔二五〕白土铺:今作北斗铺,在北斗村以南、黄连铺以西。今公路旁的北斗村,有别于白土铺。

〔二六〕万松仙景寺:今称万松庵,又讹作万松安,在公路稍南。

〔二七〕巴:即粑粑。云贵通称麦面、荞面、包谷、米等做的饼类食物为粑粑,亦简称粑。

〔二八〕梅花哨:今作梅花铺,在永平县城稍东的公路旁。

〔二九〕永平县:隶永昌军民府。即今永平县,属大理白族自治州。

〔三〇〕阿荒山:今作阿黄山,在永平县北隅。　　银龙江:今称银江大河。

〔三一〕打坪:今作打平,在昌宁县东北隅。

〔三二〕石洞　　寰宇通志金齿军民指挥使司载:"曲洞河,在永平县西南十里,源出和丘山南麓,南流五十里入于银龙江。""和丘山,在永平县西三十里。"今永平县城南八公里处有曲洞,曲洞河从西往东在此汇入银江大河,曲洞村北的温泉仍存。则明代已有曲洞名,至今未变,位置及地理特点与游记所述完全一致,此处"石洞村"应为"曲洞村"。

〔三三〕浍(kuài 快):田间的水沟。

〔三四〕花桥:今名同,在永平县西境。此水明代即称花桥河,今又称里海冲河。

〔三五〕回回:即回回民族,简称回族。

〔三六〕铜矿厂:此应指青羊厂,今名同,在永平县东境。

〔三七〕门槛村:今名门槛桥,在永平县中部,银江河西岸的公路旁。

〔三八〕岔路:今名同,在银江河西岸的公路边。　　稻场:今作稻田,在银江河东岸。

〔三九〕炭驼:驮木炭的马帮。

〔四〇〕旧炉塘:今名炉塘,在炉塘河南岸。

〔四一〕炉塘:即指上厂、下厂,今称厂街,在永平县南境。

〔四二〕大麓(lù 鹿):山脚。

〔四三〕湮(yān 淹):埋没不见。

〔四四〕阿牯寨:今作阿古寨,在永平县西南隅。

〔四五〕博南山:即永平县西境花桥和杉阳间的大山,又称金浪颠山、丁当丁山,山上所设关即丁当关。今仍称博南山或叮当山。

〔四六〕瓣凡二十片　　四库本作“瓣凡十二片”。

〔四七〕宝台山:今名同,俗称木莲花山,在永平县西南隅、澜沧江东北岸,海拔 2913 米,为永平县境最高峰。现山上有金光寺,古木参天,风景优美。群众指说该山特产木莲花。现有 15 万亩原始森林,近年发现一株 500 年树龄的原种云南山茶,高七米,根部直径 70.63 厘米,分五大枝,花开万杂,颜色深红,为目前所知云南最大的山茶。

〔四八〕淹贯:深入精通。　　内典:佛教徒认为佛教经论为影响人们思想的“济神之典”,因称内典。

〔四九〕禅学:本为佛教的一大宗,偏重宗教修持,主要流行于北方。后也泛指佛学为禅学。

〔五〇〕沙木河:今又称倒流河。

〔五一〕竹沥寨：今作竹林祠，在永平县西隅，倒流河东岸。

〔五二〕沙木河驿：今杉阳街，在永平县西隅。　湾子村：今仍名湾子，在杉阳稍西、倒流河西岸。

〔五三〕云龙州：隶大理府，原治今云龙县西部、澜沧江西岸的旧州。崇祯年间迁治于雒马井，即今沘江边的宝丰。

〔五四〕崇祯戊辰：即崇祯元年，公元1628年。

〔五五〕曹涧：今作漕涧，在云龙县西南境。

〔五六〕瓦窑：今名同，在保山市隆阳区东北隅，澜沧江西岸。

〔五七〕崒嵂(zú lù 族律)：山高峻而危险。

〔五八〕威远：明置威远御夷州，治今景谷县。现景谷坝子仍称威远坝。

〔五九〕车里：明置车里宣慰司，范围比今西双版纳傣族自治州大，中心在景陇，即今景洪。

〔六〇〕睑：又作"赕"、"脸"、"脸"。新唐书南诏传载："夷语赕若州。"元混一方舆胜览亦载："脸，汉语府也。"睑是唐代南诏地方政权相当于府州一级的政区设治。后世有的地名仍保留"睑"字，但已完全失去原来的含义，而突出了平坝的意思，与"甸"意同。白崖睑为南诏中心区十睑之一，明代亦沿袭旧称白崖睑，即今弥渡坝子北端的红岩。

〔六一〕元江府：明置元江军民府，即今元江哈尼族彝族傣族自治县。

〔六二〕马龙水：今仍称马龙河，源自南华县西部，从北往南流经楚雄、双柏县西部，汇入礼社江。

〔六三〕禄丰水：即源自禄丰往南汇入礼社江的水道，明代自北而南各段分别称星宿河、舍资河、九渡河、绿汁江，现仍分别称星宿江、绿汁江、丁癸江、太和江。

〔六四〕景东：明置景东府和景东卫，皆在今景东县。

〔六五〕巩：原作"鞏"，通"拱"。

〔六六〕澎湃：同"澎湃"，波涛汹涌冲击。

〔六七〕综（zòng 纵）：织布机上使经线上下交错以受纬线的一种装置。

〔六八〕华阳国志南中志载："孝武时，通博南山，度兰仓水、耆溪，置巂唐、不韦二县……人歌之曰：'汉德广，开不宾，渡博南，越兰津，渡兰仓，为他人。'渡兰仓水以取哀牢地，哀牢转衰。"西汉武帝时，势力已达今澜沧江以西。不韦在今保山金鸡村，后为永昌郡治。巂唐在今漕涧，初为益州郡西部都尉治。

〔六九〕万历丙午：即万历三十四年，公元 1606 年。

〔七〇〕此处作"王盘"，应即前"王磐"。

〔七一〕己巳：崇祯二年，公元 1629 年。

〔七二〕天竺（zhú 竹）：古印度的别称。玄奘大唐西域记："详夫天竺之称，异议纠纷，旧云身毒，或曰贤豆，今从正音，宜云印度。"

〔七三〕平坡铺：今仍名平坡，在保山市隆阳区东隅。

〔七四〕水寨：今名同，在保山市隆阳区东隅，今设水寨乡。

〔七五〕王官盘谷：即王官谷，又称横岭，在今山西永济市东南 45 里王官峪。旧唐书司空图传载："图有先人别墅在中条山之王官谷。泉石林亭，颇称幽栖之趣。"

〔七六〕乙丑：天启五年，公元 1625 年。

〔七七〕庶吉士：又称庶常，明初置，分设于各署练习办事，永乐以后专属翰林院。翰林院设庶常馆，选新进士中优于文学书法者入馆学习，称为翰林院庶吉士，三年后举行考试，再分配其他官职。

〔七八〕年家：科举制度中，同时被录取登科者称为同年，两家以同年的资格为世交者，则称为年家。

〔七九〕丙子：崇祯九年，公元 1636 年。

〔八〇〕此段按语，乾隆本有删节，从徐本补。

滇游日记九^{〔一〕}

己卯（<u>崇祯</u>十二年，公元 1639 年）四月初十日

　　<u>闪知愿</u>早令<u>徐</u>使来问夫，而昨所定者竟不至。<u>徐</u>复趋南关觅一夫来，余饭已久矣。乃以衣四件、书四本并袜包等寄<u>陶</u>道，遂同至夫寓。候其饭，上午乃行，<u>徐</u>使始去。出南门，门外有小水自西而东，吊桥跨其上，即<u>太保山</u>南峡所出者。南行五里，有巨石梁跨深溪上，其下水断而不成流，想即<u>沙河</u>之水也。又南半里，坡间树色依然，颇似余乡樱珠，而不见火齐映树，一二家结棚树下，油碧舆五六肩，乃妇人之游于林间者，不能近辨其为何树也。又南半里，有堤如城垣，自西山环绕来。登其上，则堤内堰水成塘，西浸山麓，东筑堰高丈余^{〔二〕}。随东堰西南行，二里堰尽，山从堰西南环而下，有数家当曲中。南转行其前，又二里，有数十家倚西山下，山复环其南，是为<u>卧狮窝</u>^{〔三〕}。盖其西大山将南尽，支乃东转，其北先有近支，东向屡下，如<u>太保</u>、<u>九隆</u>皆是也；又南为<u>卧狮</u>，在西南坳中，山形再跌而下，其上峰石崖盘突，俨然一如狻猊^{〔四〕}之首，其下峰颇长，则卧形也。

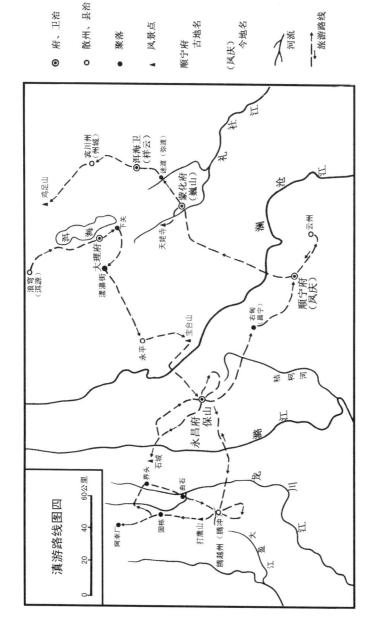

滇游路线图四

60公里

余先望见大路在南坡之上，初不知小路之西折而当狮崖盘突间，但遥见其崖突兀，与前峰凑峡甚促，心异之。候土人而问，初一人曰："此石花洞也。"再问一人，曰："此芭蕉洞也。"小路正从其下过，石花即其后来之名耳。盖大路上南坡，而小路西折而由此，余时欲从小路上，而仆担俱在后，坐待久之。俟其至，从村南过小桥，有碑称卧佛桥。过桥，即西折从小路上坡。一里余，从坡坳间渡小水，即仰见芭蕉洞在突崖之下，盖突崖乃狮首，而洞则当其卧脐之间。涉涧，又西上而探洞。洞门东向，高穹二丈，正与笔架山遥对。洞内丈余，即西北折而下。其洞下虽峻而路颇夷，下三丈渐暗，闻秉炬入，深里余，姑俟归途携炬以穷也。

出洞，循崖西上一里，过突崖下峡，透脊而西半里，度一洼。脊以内乃中洼之峡，水东挨突崖脊，下捣其崖麓，无穴以泄，水沫淤浊，然前所渡芭蕉洞前小水，即其透崖沥峡而出者。从水上循岭南转，一里，逾南坡之脊，始见脊南亦下坠成大洼，而中无水。南坡大道，从右洼中西南上；而余所从小道，则循西大山南行岭间。五里，连逾二坡脊。共二里，则西界大山南向坠为低脊，此其东转之最长者也，南坡涉洼之路，至此而合。乃共转西向，循低脊而进，脊北亦中洼潴水焉。西一里，降而下坡，半里而得洼底铺，五六家在坑峡间。其峡虽纵横而实中洼，中无滴水。随洼西下一里，直抵大山下。复南行洼峡中二里，又得东坠之脊，脊南坞稍开，于是小圆峰离立矣，然其水犹东行。一里，又南上坡，盘坡南离立圆峰，取道峰隙而南。一里，转峰腋，始东南上盘而西南。共里余，则南北两支，俱自北大山之西分支东绕，中夹成峡甚深。路逾北支，从其上西向入峡；其南支则木丛其上，箐〔五〕坠其下，虽甚深而不闻水声焉。

西行二里,乃西下箐中。又一里,有数家当箐底,是为冷水箐,乃饭于鬻腐〔六〕者家。于是西南随箐上,一里,过一脊,其脊乃从西而东度之脉也。脊南始见群山俱伏,有远山横其西南。路又逾冈西上,一里,登其南突之崖,是为油草关旧址,乃旧之设关而榷税处,今已无之。其西即坠崖西下,甚峻。下二里,渐平。又二里,西峡渐开,有僧新结楼倚北山下施茶,曰孔雀寺。由寺西循山嘴南转,共一里,逾嘴而西,乃西北盘其余支,三里而得一亭桥。桥跨两峡间,下有小涧,自北而南,已中涸无滴。桥西逾坡西北下,路旁多黄果,即覆盆子也,色黄,酸甘可以解渴。其西坞大开,坞西大山,一横于西,一横于南,而蒲缥之村,当西大山下。其山南自南横大山,又东自油草关南下之支,横度为低脊而复起者;其中水反自南而北,抵罗岷而西入潞江焉。共西下二里,乃得引水之塍,其中俱已插秧遍绿。又西北行二里余,过蒲缥之东村〔七〕。村之西,有亭桥跨北注之溪,曰吴氏舆梁。又西半里,宿于蒲缥之西村。其地米价颇贱,二十文可饱三四人。蒲缥东西村俱夹道成街,而西村更长,有驿在焉。

〔一〕滇游日记九在乾隆刻本第八册下。

〔二〕此即诸葛堰,该水利工程一直留存至今。明一统志金齿军民指挥使司山川载:"大诸葛堰,在司城南一十五里,其东有东岳堰及小诸葛堰,皆有灌溉之利。"

〔三〕卧狮窝:今名同,又称云瑞街,在保山坝子西缘。

〔四〕狻猊(suān ní 酸倪):狮子。

〔五〕箐(qìng 庆):云南、贵州称树木丛生的山谷为箐。

〔六〕腐：即豆腐。

〔七〕今仍名蒲缥，在蒲缥河东，应即明代蒲缥东村。昔日蒲缥西村为今大站、中站、陈家门口几部分。

十一日

鸡鸣起，具饭。昧爽，从村西即北向循西大山行。随溪而北，渐高而陟崖，共八里，为石子哨，有数家倚西山之东北隅。又北二里，乃盘山西转，有峡自西而东，合于枯飘北注之峡。溯之，依南山之北，西入二里，下陟南来峡口。峡中所种，俱红花〔一〕成畦，已可采矣。西一里，陟西来峡口，其上不多，水亦无几，有十余家当峡而居，是为落马厂〔二〕。度峡北，复依北山之南西入，一里，平上逾脊。其脊自南而北度，起为北峡之山，而北尽于罗岷者也。逾脊西行峡中，甚平，路南渐有洞形依南崖西下，路行其北。三里，数家倚北山而居，有公馆在焉，是为大坂铺。从其西下陟一里，有亭桥跨涧，于是涉涧南，依南山之北西下。二里，有数家当南峡，是为湾子桥〔三〕。有卖浆者，连糟而啜之，即余地之酒酿〔四〕也。山至是环耸杂沓，一涧自东来者，即大坂之水；一涧自南峡来者，坠峡倒崖，势甚逼仄，北下与东来之涧合而北去，小木桥横架其上。度桥，即依西山之东北行，东山至是亦有水从此峡西下，三水合而北向破峡去。东西两崖夹成一线，俱摩云夹日，溪嵌于下，蒙箐沸石，路缘于上，廛壁摭崖。排石齿而北三里，转向西下，石势愈峻愈合。又西二里，峡曲而南，洞亦随峡而曲，路亦随涧而曲。半里，复西盘北转，路皆凿崖栈木。半里，复西向缘崖行。一里，有碑倚南山之崖，题曰"此古盘蛇谷"，乃诸葛武侯烧藤甲兵处，然后信此险之真冠滇南也。

水寨高出众险之上,此峡深盘众壑之下,滇南二绝,于此乃见。碑南渐下,峡亦渐开。又西二里,乃北转下坡。复转而西一里,有木桥横涧而北,乃度,循北崖西行。一里,逾南突之脊,于是西谷大开,水盘南壑,路循北山。又西平下三里,北山西断,路乃随坡南转。西望坡西有峡自北而南,俱崇山夹立,知潞江〔五〕当在其下而不能见。南行二里余,则江流已从西北嵌脚下,逼东山南峡之山,转而南去矣。乃南向下坡,一里,有两三家倚江岸而栖,其前有公馆焉,乃就瀹水以饭。

时渡舟在江南岸,待久之乃至。登舟后,舟子还崖岸而饭,久之不至,下午始放渡而南。江流颇阔,似倍于澜沧,然澜沧渊深不测,而此当肆流之冲,虽急而深不及之,则二江正在伯仲间也。其江从北峡来,按一统志云,其源出雍望,不知雍望是何地名。据土人言出狗头国,言水涨时每有狗头浮下也。注南峡去,或言东与澜沧合,或言从中直下交南,故蒙氏封为"四渎〔六〕"之一。以余度之,亦以为独流不合者是。土人言瘴疠甚毒,必饮酒乃渡,夏秋不可行。余正当孟夏,亦但饭而不酒,坐舟中,棹流甚久〔七〕,亦乌睹所云瘴母哉。渡南崖,暴雨急来,见崖西有树甚巨,而郁葱如盘,急趋其下。树甚异,本高二丈,大十围,有方石塔甃其间,高与干等,干跨而络之,西北则干密而石不露,东南临江,则干疏而石出,干与石已连络为一,不可解矣,亦穷崖一奇也〔八〕。

已大风扬厉,雨散,复西向平行上坡。望西北穹峰峻极,西南骈崖东突,其南崖有居庐当峰而踞,即磨盘石也。望之西行,十里,逼西山,雨阵复来。已虹见东山盘蛇谷上,雨遂止。从来言暴雨多瘴,亦未见有异也。稍折而南,二里,有村当山下,曰八湾〔九〕,数家皆茅舍。一行人言此地热不可栖,当上山乃凉。从村西随山南转，一里，过一峡口。循峡西入，南涉而逾一崖，约一里，遂从南崖西上。其上甚峻，曲折盘崖，八里而上凌峰头，则所谓磨盘石〔一〇〕也。百家倚峰头而居，东临绝壑，下嵌甚深，而其壑东南为大田，禾芃芃焉。其夜倚峰而栖，月色当空，此即高黎贡山之东峰。忆诸葛武侯〔一一〕、王威宁骥〔一二〕之前后开疆，方威远政之独战身死〔一三〕，往事如看镜，浮生独倚岩，慨然者久之！

十二日

鸡再鸣，饭，昧爽出门。其处虽当峻峰之上，而居庐甚盛，有公馆在村北，潞江驿在其上。山下东南成大川，已插秧盈绿，潞江沿东山东南去，安抚司〔一四〕依西南川坞而居。遂由磨盘石西南上，仍峻甚。二里，逾其南峡之上，其峡下嵌甚深，自西而东向，出安抚司下。峡底无余隙，惟闻水声潺潺在深箐中。峡深山亦甚峻，藤木蒙蔽，猿玃昼号不绝。峡北则路缘崖上，随峡西进，上去山顶不一二里，缘峡平行西四里，有石洞南临路崖，深阔丈余，土人凿石置山神碑于中。又四里，稍折而北上崖，旋西，西登临峡之坡。北峡之上，至是始南垂一坡，而南峡之下，则有峡自南山夹底而出，与东出之峡会成"丁"字，而北向垂坡焉。又西二里，或陟山脊，或缘峰南，又三里，有数家当东行分脊间，是为蒲满哨〔一五〕。盖山脊至是分支东行，又突起稍高，其北又坠峡北下，其南即安抚司后峡之上流也。由此西望，一尖峰当西复起，其西北高脊排穹，始为南渡大脊，所谓高黎贡山〔一六〕，土人讹为高良工山，蒙氏僭封为西岳者也。其山又称为昆仑冈，以其高大而言，然正昆仑南下正支，则方言亦非无谓也。由蒲满哨西下一里，抵所望尖峰，即蹑级数转而上。两旁削崖夹起，中坠成路，路由夹崖中曲折上升，两岸高木蟠空,根纠垂崖外,其上竹树茸密,覆阴排幕,从其上行,不复知在万山之顶,但如唐人所咏"两边山木合,终日子规啼"〔一七〕,情与境合也。一里余,登其脊。平行脊上,又二里余,有数家倚北脊,是为分水关〔一八〕,村西有水沿北坡南下,此为潞江安抚司后峡发源处矣。南转,西逾岭脊,砖砌巩门,跨度脊上。其关甚古,顶已中颓,此即关之分水者。关东水下潞江,关西水下龙川江。

于是西下峡,稍转而南,即西上穿峡逾脊,共五里,度南横之脊,有村庐,是为新安哨。由哨南复西转,或过山脊,或蹈岭峡,屡上屡下,十里,为太平哨。于是屡下屡平,始无上陟之脊。五里,为小歇厂。五里,为竹笆铺〔一九〕。自过分水关,雨阵时至,至竹笆铺始晴。数家夹路成衢,有卖鹿肉者,余买而炙脯〔二〇〕。于是直下三里,为茶庵。又西下五里,及山麓,坡间始盘塍为田。其下即龙川江自北而南,水不及潞江三分之一,而奔坠甚沸。西崖削壁插江,东则平坡环塍。行塍间半里,抵龙川江东岸。溯江北行,又半里,有铁锁桥架江上。其制两头悬练,中穿板如织,法一如澜沧之铁锁桥,而狭止得其半。由桥西即蹑级南上,半里为龙关,数十家当坡而居,有税司以榷〔二一〕负贩者。又西向平上四里余,而宿于橄榄坡〔二二〕。其坡自西山之脊,东向层突,百家当坡而居,夹路成街,踞山之半。其处米价甚贱,每二十文宿一宵,饭两餐,又有夹包。

龙川江发源于群山北峡峨昌蛮〔二三〕七藏甸,经此,东为高黎贡,西为赤土山。下流至缅甸太公城〔二四〕,合大盈江。

十三日

平明而饭。由坡西登岭西北上,八里,稍北,逾北峡西上,二里,从岭上平行。望西北有层峰排簇岭上,初以为将由其南垂行,一里,忽从岭头转北,三里,乃西南下峡中。一里,有四五家当峡而居,竹篱茅舍,颇觉清幽,是为<u>赤土铺</u>。其村当西面排簇层峰之麓,东与<u>橄榄坡</u>夹而为坳。村西有亭桥架小涧上,其水自南峡来,捣北峡去,桥名<u>建安</u>。按志,<u>大盈江</u>之水,一出自东北<u>赤土山</u>,而此铺名<u>赤土</u>,水犹似东北下<u>龙川</u>者,岂其西排簇层峰为<u>赤土山</u>,而此犹其东麓之水,以其在麓,即以名铺耶? 由桥西即南向上坡,二里,西南登脊,即自排簇峰东南分支下者。又转而西一里余,有庵施茶,当脊北向而踞,是为<u>甘露寺</u>。又西一里,坡间水北向坠崖,路越之西向下峡。峡中有水自北而南,又与坡上水分南北流,以余意度之,犹俱东下<u>龙川</u>者。半里,乃从峡底溯水北入。其峡东西两崖,俱从排簇层峰分支南下者,西崖即其本支,东崖乃分支,东南由<u>甘露寺</u>脊而下者也,第峡水南出东转,不知其北合于<u>建安桥</u>,抑直东而下<u>龙川</u>否也? 北行峡底一里余,水分二道来,皆细甚。遂从坡西蹑峻上,一里,北穿岭夹,半里,透脊。其脊自东北度西南,脊以北即坠峡西下。路从峡端北转而西,有数家倚北山之上,是为<u>乱箭哨</u>,至是始出排簇层峰岭脊之西。按志,<u>赤土山</u>在州城东三十里,水至是始分,则前之<u>赤土铺</u>犹东岸之麓,非分流之正脊可知也。

饭于岭哨。西向行稍下,共二里,有坞自南而北,细流注其中。按志,<u>大盈江</u>有三源,一出<u>赤土山</u>,当即此矣,从此而西,出<u>马邑河</u>,绕州城北而西合<u>龙嵕</u>、<u>罗生</u>二水,同为<u>大盈</u>之源者也。又北上坡二里余,有一二家当坡之南,环堵围南峡之坳甚遥,杂植果树于中,是为<u>板厂</u>。由其西二里,又西下半里,有十余家当峡坳而居,是为<u>芹菜塘</u>〔二五〕。其前小水,东北与<u>大盈</u>之源合。村庐不多,而皆有杜鹃灿烂，血艳夺目。若以为家植者，岂深山野人，有此异趣？若以为山土所宜，何他冈别陇，杳然无遗也？由村西复西上坡一里余，转峡而平行顶上三里余，乃出西岭之端。下望其坞甚深，而中平如砥，良畴远村，交映其间。其坞大而圆，乃四面小山环围而成者，不比他川之沿溪成峡而已。西向峻下者五里，循峡东北折，又折而西三里，乃循东山北行，其下稍平。又二里，有村当东山之麓，是为<u>坡脚村</u>。有卖浆者，出酒甚旨^{〔二六〕}，以醋芹为菜。与同行崔姓者，连啜二壶乃行。于是西行平畴中，一里，有小水自南而北，即志所云<u>罗生山</u>之水，亦<u>大盈</u>三源之一，分流塍中者也。又西北二里余，有村曰<u>雷打田</u>。其东亦有小溪自南而北，则<u>罗生山</u>之正流也，与前过小流，共为<u>大盈</u>之一源云。是溪之东田洼间，土皆黑坟^{〔二七〕}，土人芟其上层曝干供爨^{〔二八〕}，盖煤坚而深入土下，此柔而浮出土上，而色则同也。由村北又西三里，有庐舍当坡塍间，曰<u>土锅村</u>，村皆烧土为锅者。于是其西庐舍联络，一里为东街，又半里，<u>西交大街</u>，则"十"字为衢者也。<u>腾越州</u>城之南门，即当大街之北。城南居市甚盛，城中所无，而此城又<u>迤西</u>所无^{〔二九〕}。乃税驾于大街东<u>黔府</u>官舍，时适过午也。时<u>黔府</u>委官<u>王仰泉</u>者已返省，<u>阮玉湾</u>导书姑与店中。

十四日

早雨。命<u>顾</u>仆觅<u>潘秀才</u>^{〔三〇〕}家，投<u>吴方生</u>书。上午雨止，<u>潘</u>来顾。下午，余往顾而<u>潘</u>出，乃返，作记寓中。薄暮，同行崔君挟余酌于市，以竹实为供，竹实大如松子，肉圆如莲肉，土人煮熟以卖。投壶^{〔三一〕}畅饮。月上而返，冰轮皎然。

十五日

晨往晤<u>潘</u>。<u>潘</u>劝无出关。上午，<u>潘</u>馈酒肴。下午，店中老人亦来劝余无行。先是余以阮玉湾书畀杨主人，托其觅同行者，主人唯唯。至暮，以潘酒招之共酌。兄弟俱劝余毋即行，谓炎瘴正毒，奈何以不赀轻掷也。屈指八月，王君将复来，且入内，同之入关最便。余姑诺之。是夜月甚皎，而邸舍不便凭眺，竟郁郁卧。

十六日

晨起，候主人饭，欲为尖山之行。其山在州城西北百里。先是主人言其灵异，怂恿余行，故谋先及之。乃以竹箱、衫、毡寄杨主家，挈轻囊与顾仆行。从南门外循城西行，半里，过新桥，巨石梁也。桥下水自北合三流，襟城西而南，过此南流去，即所谓大盈江矣。

余既过桥，四望山势回环，先按方而定之。当城之正东而顶平者，为球琤山，乱箭哨之来道逾其南脊；当城之正西而尖耸者，为擂鼓山，南为龙光台，为缅箐道，为水口西夹；直北者，为上干峨山，乱箭哨之脉，从之东度南起，去城北二十里；直南者，为来凤山，州治之脉，从之北度，又西突保禄阁，为水口东夹。城西南为水口，束峡极紧，坠空而下，为跌水崖。城东南、东北俱有回坞，乃来凤山自北环度之脉。而东北独伏，有高山穹其外，即龙川江东高黎贡山北来之脉也。城西北一峰独耸，高出众峰，为龥嵸山，乃北来分脉之统会。从此直南，为笔峰，为宝峰，为擂鼓，而尽于龙光台。从此西度南转，为猛蚌。从此东度，为上干峨；低伏而东度南起，为赤土山乱箭岭；南下西转，为罗生山；支分直北者，为球琤，峙州东而北尽马邑村；支分由西而南者，为来凤，峙州南而西夹水口，北与龙光对。此州四面之山也。

其水一东南出罗生山，北流经雷打田，至城东北；一东出乱箭哨,北流西出马邑村西南,至城东北;一出罴嵷山,潴为海子,流为高河,南至城东北。三水合为一,是为大盈江,由城西而南,过二桥,坠峡下捣,其深十丈,阔三丈余,下为深潭,破峡西南去,经和尚屯〔三二〕,又名大车江〔三三〕。此州四面之水也。

其北二日抵界头,与上江对;其南一日抵南甸〔三四〕,与陇川〔三五〕、缅甸对;其西一日半至古勇,与茶山对;其东一日半至分水关,与永昌对。八关〔三六〕自其西北斜抵东南,西四关属蛮哈守备〔三七〕,自西北而东南:一曰神护,二曰万仞,三曰巨石,四曰铜壁。东四关属陇把守备,自西南而东南:一曰铁壁,二曰虎踞,三曰天马,四曰汉龙。八关之外,自神护而出,为西路,通迤西,出琥珀、碧玉;自天马而出,为南路,通孟密,有宝井〔三八〕;自汉龙而出,为东南路,通木邦,出邦洋布;自铁壁而出,亦为南路,通蛮莫,为缅甸阿瓦正道。昔蛮莫、孟密〔三九〕俱中国地,自万历二十二年金腾戚道立此八关,于是关外诸彝,俱为阿瓦〔四〇〕所有矣。

由州南抵南甸分路:西向干崖〔四一〕,至蛮哈诸关;南向陇川,至陇把诸关。由州西抵缅箐分路:西出神护,通迤西〔四二〕;西北逾岭,至古勇。大概三宣犹属关内,而六慰所属〔四三〕,俱置关外矣。遂分华彝之界。此其四鄙之望也。

大盈江过河上屯合缅箐之水,南入南甸为小梁河;经南牙山,又称为南牙江;西南入干崖云笼山下,名云笼江;沿至干崖北,为安乐河;折而西一百五十里,为槟榔江,至比苏蛮界〔四四〕,注金沙江入于缅。一曰合于太公城,此城乃缅甸界。按缅甸金沙江,不注源流,志但称其阔五里,然言孟养之界者,东至金沙江,南至缅甸,北至干崖,则其江在干崖南、缅甸北、孟养东矣。又按芒市长官司〔四五〕西南有青石山,志言金沙江源出之,而流入大盈江,又言大车江自腾冲流经青石山下。岂大盈经青石之北,金沙经青石之南耶?其言源出者，当亦流经而非发轫，若发轫，岂能即此大耶？又按芒市西有麓川江，源出峨昌蛮地，流过缅地，合大盈江；南甸东南一百七十里有孟乃河，源出龙川江〔四六〕。而龙川江在腾越东，实出峨昌蛮地，南流至缅太公城，合大盈江。是麓川江与龙川江，同出峨昌，同流南甸南干崖西，同入缅地，同合大盈。然二地实无二水，岂麓川即龙川，龙川即金沙，一江而三名耶？盖麓川又名陇川，"龙"与"陇"实相近，必即其一无疑；盖峨昌蛮之水，流至腾越东为龙川江，至芒市西为麓川江，以与麓川为界也。其在司境，实出青石山下，以其下流为金沙江，遂指为金沙之源，而非源于山下可知。又至干崖西南、缅甸之北，大盈江自北来合，同而南流，其势始阔，于是独名金沙江。而至太公城、孟养之界，实当其南流之西，故指以为界；非孟养之东又有一金沙南流，干崖之西又有一金沙出青石山西流；亦非大盈江既合金沙而入缅，龙川江又入缅而合大盈。大盈所入之金沙，即龙川下流，龙川所合之大盈，即其名金沙者也〔四七〕。分而岐之名愈紊，会而贯之脉自见矣。此其二水所经也。于是益知高黎贡之脉，南下芒市、木邦而尽于海，潞江之独下海西可知矣。按志又有大车湖在州南，甚广，中有山，如琼浪中一点青。今惟城北上干峨蠪㛮山下有二海子，城南并无潞水，岂洪流尽扬尘耶？

过新桥，西行半里，有岐：西北行者，为乌沙、尖山道〔四八〕；南下者，为跌水河道。余闻其胜甚，乃先南趋。出竹坞中一里，涉一东流小涧，南上坡，折而东约半里，有大石梁架大盈江上，其桥东西跨新桥下流。从桥西稍南上坡，不半里，其水从左峡中透空平坠而下，崖深十余丈，三面环壁。水分三派飞腾，中阔丈五，左骈崖齐涌

徐霞客游记校注

者,阔四尺,右嵌崖分趋者,阔尺五,盖中如帘,左如布,右如柱,势极雄壮,与安庄白水河齐观,但此崖更近而逼。从西崖绕南崖,平对而立,飞沫倒卷,屑玉腾珠,遥洒人衣面,白日间真如雨花雪片〔四九〕。土人所称久雨不晴者以此,但“雨”字当易“旱”为是,用“雨”字则叠床架屋矣。其水下坠成潭,嵌流峡底甚深,因下蹴之。有屋两重在夹壑中,乃王氏水舂也。复上西崖。其南一峰高耸,凭空揖瀑,是为龙光台,上建关帝殿。回盼久之,复下西崖。其崖甚狭,东即瀑流坠空,西亦夹坑环屋。俯视屋下坑底,有流泉叠碓,亦水舂也,而当环坡间,其西即南下缅箐〔五〇〕大道,不知水所从出。细瞩之,水从脚下透穴出,南分为二,一随大道南注,一复入巨石下,入夹坑之屋为舂。回眺崖北有峡一线,深下五六丈,骈峙北来,阔仅一尺,而高不啻三丈余,水从其底透入前崖之腹而出其南。计崖穴之上,高亦三丈余,南至出水之穴,上连三四丈,不识其下透之穴与上骈之峡从何而成,天巧人工,两疑不能至此矣。

从崖上蹑西峰,一里,有寺踞峰之东,门东向,为毗卢寺。由其西二里,直抵擂鼓尖峰下,见有路直蹑峰西上,而路有二生指宝峰大道尚在北,乃横涉田间。半里,得大道,随而西上坡。二里,西抵擂鼓之北。当西北从岐上,而余误从西南,一里,蹑峻,一里,渐转南陟,复向擂鼓行。又一里,心知其误,遂西逾岭脊,则望见宝峰殿阁,在西北岭半,与此脊齐等,而隔箐两重,其下甚深,皆从西南岭脊坠下。计随坡东下,就大道复上,与蹑坡西上,从峰脊转下,其路相比,不若上之得以兼陟其顶也。遂西南上,甚峻,一里,直出擂鼓尖之西,有路自尖南向来合,同之西北度脊。脊北路分为二,一西北沿峰去,一东北攀岭行。一里,再逾岭陟脊,其脊两旁皆东西下,乃饭于脊。过北，路复分为二如前，然东北者犹非宝峰路，尚隔一箐也。乃复西北上顶，一里，蹑其最高处，东俯州城东坞，西俯峨陇南坞，皆近夹此脊下，而峨陇之西，又有高峰一重，自北而南，夹峨陇之坞，南出缅箐，而与大盈之江合而南去焉。顶东南深树密翳，乃从西北下，甚峻，半里就夷。随东箐北行岭脊，又半里，路交"十"字：一从南直北者，俱行其脊；一从东箐中上，横过西北者，出山腰。知宝峰之寺在箐翳矣，乃折而东下。木叶覆丛条间，甚峻而滑，非攀枝足无粘步。

下一里，转殿角之右，则三清殿也。前有虚亭三楹，东揽一川之胜，而其下亭阁缀悬崖间，隔箐回坡，咫尺缥缈。殿西庑为二黄冠所栖。余置行囊，令顾仆守其处，乃由亭前东下。道分为二，一从右下危坡，一从左转深箐。余先随箐下，半里，右顾崖间，一亭飞缀，八角重榱，高倚悬崖之上，乃参府吴君蜀人，名荩臣。新建以祀纯阳者。由亭左再下，缘箐半里，南转，仰见亭下之石，一削千仞，如莲一瓣，高穹向空，其南又竖一瓣骈附之，皆纯石无纤纹，惟交附处中垂一线，阔仅尺余，凿级其中，仰之直若天梯倒挂也。北瓣之上，大书"奠高山大川"五字，亦吴参府笔；其下新构一轩跨路，貌灵官于中。南瓣侧有尖特耸，夹级为门，其下玉皇阁倚之。环腾多土山，独是崖纯石，危穹夹箐之间，觉耳目顿异。玉皇阁南亦悬箐无路，灵官轩北又凿崖为梯，嵌夹石间。北下数丈，有石坊当其前，大书曰"太极悬崖"。从此北度东下之箐，再上北坡，共里余，则宝峰寺当峰而踞，高与玉皇阁等。而玉皇阁东向，此寺南向，寺东龙砂最微，固不若玉皇阁当环箐中央，得一山之正也。寺颇寥落，有尼〔五一〕居之，此昔之摩伽陀〔五二〕修道处。他处皆释盛于道〔五三〕，而此独反之。已复下箐中，蹑太极崖，过北瓣下，从一线之级上。其级峻甚，几不能留趾，幸两崖逼束，手撑之以登。一上者八十级，当纯阳亭之南，峡始曲折为梯，又三十余级而抵虚亭间。余拟眺月于此，以扩未舒之观，因拭桌作记。令顾奴汲水太极下箐东以爨，二黄冠止之，以饭饭余。仍坐虚亭，忽狂飚布云，迨暮而月色全翳。邵道谓虚亭风急，邀余卧其榻。

十七日

余起，见日丽山幽，拟暂停憩其间，以囊中存米作粥，令顾奴入州寓取贵州所买蓝纱，将鬻以供杖头〔五四〕。而此地离州仅八里，顾奴去不返。抵下午，馁甚，胡道饭余。即而顾奴至，纱仍不携来也。

十八日

录记于虚亭。先夜有虎从山下啮参戎马，参戎命军士搜山觅虎。四峰瞭视者，呐声相应，两箐搜觅者，上下不一，竟不得虎〔五五〕。

巅塘关南越大山，西南绕古勇关北。分支东突者，为尖山；东南突者，为马鞍山；又分支南下者，为宝峰，又南为打鼓尖，又南尽于龙光台。其马鞍山正支东度者，一起为笔峰，又起为龙鬃，于是南环为赤土，为乱箭哨过脊，又南为半个山，而西北环来凤而结州治。此所谓回龙顾祖也。从古勇关北分支南下者，为鬼甸西山，又南为鹅笼西山，又南抵于缅箐；正支西南下者，为古勇西关，而南接于神护焉。八关之外，其北又有此古勇、巅塘二关，乃古关也。巅塘之外为茶山长官司，旧属中国，今属阿瓦。巅塘东北、阿幸厂北为姊妹山，出斑竹，其外即野人。宝峰山东向屏立其前，下分为二箐，中垂石崖高穹，两旁倒插箐底。

北箐之上,环冈一支,前绕如堵墙,石崖中裂,凿级悬其间,名猢狲梯。梯南玉皇阁倚其下,梯北纯阳阁踞其上,旧有额名为"太极悬崖",而吴参戎又大书镌其上,曰"莫高山大川"。纯阳阁之上,则开轩三楹,左右当悬箐之中,而下临绝壑。向东北,近则环冈前伏,平川绕其下,远则东山之外,高黎贡北尖峰特出众山之顶,正对其中,此峰土人又名为小雪山,遥峰横亘天半,而其上特耸一尖如拱圭,盖在分水关之北二十里。关间无路能上,亦不能见,至此乃东见之。马鞍山宝藏之徒径空,昔在戎行〔五六〕时,曾从赤土铺北度龙川至其下,为高简槽,有居人段姓者,导之登其顶。其高盖四十里云。目界甚爽。其后为三清殿,则邵道所栖也。三清殿去西顶不遥,余前从之下。盖是山之最高者,为三清殿,东北向;当石壁而居一山之中者,为玉皇阁,东向;居北箐之北,倚环冈腋间者,为宝峰寺,南向。玉皇阁当石壁下,两箐夹之,得地脉之正;而纯阳阁孤悬崖间,从莲花尖上现神奇,是奇正相生之妙也。盖腾阳多土山,而此山又以土山独裹石崖于中,如颖〔五七〕跃于囊,且两箐中怪树奇株,郁葱蒙密。竹之大者,如吾地之猫竹,中者如吾地之筋竹,小者如吾地之淡竹,无所不有,又非迤东西所有也。(廷甲按:"旧有额"至"大川"廿五字,宜从杨本节去,已见十六日。)

1182

〔一〕红花:一年生直立草本,菊科,夏季开桔红色花,果实可榨油,花可做染料,制胭脂,也可入药。

〔二〕落马厂:今称马厂,分里马厂和外马厂,又称马街,在蒲缥以西的公路旁。

〔三〕大坂铺:游记五月二十二日作打板箐,今亦作打板箐。

湾子桥：即今里湾。皆在今蒲缥以西的公路旁。

〔四〕酒酿：用糯米酿成，云南现称甜白酒，贵州称甜酒。

〔五〕潞江：唐时已作怒江，见蛮书。后讹为潞江。明史地理志保山县注："又南有潞江，旧名怒江，一名喳里江，自潞江司流入。"今仍称怒江。

〔六〕渎（dú 独）：独流发源注海的大河。

〔七〕棹流甚久　　"棹"原作"擢"。四库本作"櫂"，即"棹"，据改。

〔八〕清初刘昆南中杂说亦记此树："潞江之滨一石塔，累巨石而成之，四面各阔二丈，高亦二丈有奇，一大树冠其上，亭亭如盖，严冬不凋，根分十余股，笼罩石塔，下垂入地，南人不识此木，……余戍腾冲日，就而察之，盖闽广之榕树云。"此即今傣族地区常见的大青树，通称榕树。

〔九〕八湾：今作坝湾，在保山市隆阳区西隅。

〔一〇〕磨盘石：今名同，但仅留地名，已无百家之居。

〔一一〕诸葛亮南征，时在建兴三年（公元 225 年），从安上（今四川屏山县）由水路进入大凉山，五月渡过泸水（今金沙江），"亮至南中，所在战捷"，俘降孟获后，"遂至滇池"。这年冬天取归途经过汉阳（今贵州威宁附近），年底还成都。行程和战事都在一年之内。当时永昌郡已有吕凯保境，"执忠绝域"，诸葛亮没有必要渡过澜沧江。经过诸葛亮南征，蜀汉在西南边疆的统治进一步巩固，并以庲降都督统领南中的朱提、牂柯、越巂、建宁、兴古、云南、永昌等七郡，都督治所迁至今曲靖。诸葛亮对南中的经营，在西南边疆各族中产生了极深的影响，至今云贵两省有关诸葛亮的传说和遗迹还很多。

〔一二〕王骥（公元 1378～1460 年）：字尚德，束鹿人，官至兵部尚书，封靖远伯，死后赠靖远侯，故又称王尚书、王靖远。"威宁"当作"靖远"。明代，麓川土司经常骚扰内地，为了应付麓川土司的叛乱，明廷曾多次出兵，最后才有王骥三征麓川的事。公元 1441 年，王骥带领南京、湖广、四川、贵州等地军队共十五万，分三路进兵，东路由湾甸、镇康趋孟定，西路由上江西进，中路由下江西进，合兵腾冲。追思任发至杉木笼山，破其连环七营。又追至马鞍山，以精骑突寨，并败其象阵，思任发逃。公元 1443 年复令王骥总督军务，调五万兵征麓川。王骥从腾冲趋者兰，"捣机发巢，破之"，思任发子思机发逃据孟养，明在麓川旧地设立了陇川宣慰司。公元 1449 年，王骥又统官军、土军十三万三征麓川。由干崖造船，水陆兼程，过浮桥进至伊洛瓦底江西岸，攻破思机发设在鬼哭山的栅寨。结果，许思任发少子思禄"部勒诸蛮，居孟养如故。立石金沙江为界，誓曰：'石烂江枯，尔乃得渡。'思禄亦惧，听命，乃班师"。至此，最后平定了麓川土司的叛乱。

〔一三〕方政事迹，见明史云南土司传二。正统三年（公元 1438 年），麓川土司思任发叛，扰孟定、湾甸等地，"掠杀人民"。廷臣举右都督方政往云南，协同镇守右都督沐昂率兵讨之。"任发方修贡冀缓师，而晟遽信其降，无渡江意。任发乃遣众万余夺潞江，沿江造船三百艘，欲取云龙，又杀死甸顺、江东等处军余殆尽。帝以贼势日甚，责晟等玩寇养患。政亦至军，欲出战，晟不可。政造舟欲济师，晟又不许。政不胜愤，乃独率麾下与贼将缅简战，破贼旧大寨。贼奔景罕，指挥唐清复击破之。又追之高黎贡山下，共斩三千余级。乘胜深入,逼任发上江。上江,贼重地也。政远攻疲甚,求援于晟,晟怒其违节制渡江,不遣。久之,以少兵往,至夹象石,又不进。政追至空泥,知晟不救,贼出象阵冲击,军歼,政死焉。"而晟惧罪,暴卒。"后追赠方政为威远伯。

〔一四〕此即潞江安抚司,隶永昌军民府,在今潞江坝。

〔一五〕蒲满哨:今名同,在高黎贡山上的公路边。

〔一六〕高黎贡山名最早见于唐代,又作"高丽共",系景颇语地名,高良工即高黎贡的同音异写。高黎今译作"高日",为景颇族的一个姓,汉姓作"排"。贡又作"共",今译作"珙",是地方的意思。高黎贡山即景颇族高日家支居住的地方。

〔一七〕此系杜甫于大历元年(公元766年)春在云安所著子规诗。

〔一八〕分水关:今称城门洞,在公路稍北,海拔2561米,为高黎贡山脊,隆阳区、腾冲县以此为界。

〔一九〕太平哨:今作太平铺。竹笆铺:今名同。皆在腾冲县东隅,高黎贡山西坡。

〔二○〕炙(zhì制):熏烤。脯(fǔ府):干肉,云南俗称干巴。腾冲向以产鹿著称,所出鹿茸称为南茸,现在和顺的下庄建有人工饲养马鹿的养鹿场。

〔二一〕榷(què雀):征税。

〔二二〕橄榄坡:今作橄榄寨,在腾冲县东部,龙川江西岸,上营和芒棒之间。

〔二三〕峨昌蛮:即阿昌族。

〔二四〕太公城:今作达冈,在缅甸北部,伊洛瓦底江上游东岸,杰沙西南。

〔二五〕甘露寺:今名同。芹菜塘:今名同。皆在腾冲县东境的公路边。

〔二六〕旨(zhǐ 止):味美。

〔二七〕坟:高出地面的土堆。

〔二八〕曝干供爨(cuàn 窜):晒干后当烧的东西。这种东西俗称草煤,腾冲坝子群众至今仍在采用,当地称海粪。

〔二九〕腾越州:隶永昌军民府,即今腾冲县。明清城甚大,作正方形,城墙、街道及房屋基址至今尚存。闹市则在明清城址的南郊。

〔三〇〕秀才:经过考试取入府州县学的生员。

〔三一〕投壶:古人饮酒娱乐的一种方式,依次投矢于壶中,决定胜负而喝酒。

〔三二〕和尚屯:游记又作河上屯,即今和顺,在腾冲稍西南,为著名侨乡。

〔三三〕元混一方舆胜览镇西路景致:"大居江,出腾冲北山下,由南甸经干崖合槟榔江,入江头城,名大盈江。"江头城在今缅甸杰沙。大居江即大盈江,明清时又作大车江。

〔三四〕南甸宣抚司:元至元二十六年(公元 1289 年)置南甸路,洪武十五年(公元 1382 年)三月为府,后废,属腾冲守御千户所。永乐十二年(公元 1414 年)正月置州,直隶布政司。正统九年(公元 1444 年)六月升宣抚司,仍直隶布政司。南甸宣抚司治所常有迁徙,明末驻蛮干,在今梁河县九保街。

〔三五〕陇川宣抚司:元有麓川路,在今瑞丽市,又有平缅路,在今陇川县。明初合并置麓川平缅军民宣慰使司,治所为猛卯城,后又称平麓城,在今瑞丽市西郊,至今城墙、壕堑犹可辨识。后土官思氏叛乱,被平,司废。正统九年(公元1444年)改置陇川宣抚司,并缩小了其辖境面积。司治陇把,即今陇川县城西南的弄巴,陇把守备与陇川宣抚司治同城。

〔三六〕神护关:在今盈江县苏典稍东北、猛戛稍西南的孔家湾。万仞关:在今盈江县西北的猛弄山。巨石关:在今盈江县西部的昔马。铜壁关:在今盈江县西部的戛渎山。铁壁关:在今陇川县西部境外洗帕河内的瓦兰岭下。虎踞关:在今陇川县西部境外的那潞班附近。天马关:在今瑞丽市西南境外的勐卯三角地。汉龙关:在今瑞丽市南部境外的南波河上游北岸。游记诸本皆误作"汉陇",据光绪续云南通志稿武备志载:"于关址中掘得龙关二字各半残石额二块",证明应为"汉龙关"。

〔三七〕蛮哈山在今铜壁关前,蛮哈守备即驻今铜壁关。

〔三八〕宝井:在今缅甸蒙米特西南、曼德勒区东部的抹谷一带。

〔三九〕孟密 原作"猛密",据明史地理志改。孟密即孟密宣抚司,治今缅甸掸邦西北部的蒙米特,亦仍写作孟密。蛮莫:万历十三年(公元1585年)分孟密地置蛮莫安抚司,治今缅甸克钦邦东南、太平江北岸的蛮冒。

〔四〇〕阿瓦:明时缅甸的行政中心在阿瓦,即今曼德勒稍西南、伊洛瓦底江东岸的阿瓦,故明代又称缅甸为阿瓦。

〔四一〕干崖:大理时称干额。景泰云南志卷六:"干崖宣抚司,旧名干崖甸,元置镇西路军民总管府。"明永乐元年(公元1403

年）从麓川平缅司中析置干崖长官司，正统九年（公元1444年）升干崖宣抚司，治今盈江县旧城。

〔四二〕迤西：黄贞元黑水考："孟养，腾人号为迤西，正在金沙江滨。"此金沙江为大金沙江，即今伊洛瓦底江，此迤西即指孟养。

〔四三〕"三宣六慰"：即三个宣抚司、六个宣慰司，皆为明代在云南边疆设置的较大的土司。三宣即南甸宣抚司、干崖宣抚司、陇川宣抚司。六慰即车里宣慰司（治景昽，即今西双版纳景洪）、孟养宣慰司（治所今仍作孟养，在缅甸喀钦邦）、木邦宣慰司（治今缅甸腊戌北部的兴维）、缅甸宣慰司（治今缅甸曼德勒南部的阿瓦）、八百大甸宣慰司（治今泰国北部的清迈）、老挝宣慰司（治芒龙，即今老挝朗勃拉邦）、但实际不止此数，明初还设过底兀剌宣慰司（治洞吾）、大古剌宣慰司（治摆古，又称白古，即今缅甸勃固）、底马撒宣慰司（治马都八，即今缅甸莫塔马）。后来，又从木邦分出孟密宣抚司，从干崖分出盏达副宣抚司（治盈江县西北的莲花山），从陇川分出遮放副宣抚司（今仍名遮放，在芒市南境）共为九个宣慰司、四个宣抚司、两个副宣抚司。

〔四四〕比苏蛮　　原作"北苏"，应为"比苏"，因形近而误。比苏亦即今傈僳族。元史地理志金齿等处宣抚司："其地在大理西南，兰沧江界其东，与缅地接其西。土蛮凡八种：曰金齿，曰白夷，曰棘，曰峨昌，曰骠，曰繲，曰渠罗，曰比苏。"明史地理志腾越州亦载："西有大盈江，亦曰大车江，自徼外流入，下流自比苏蛮界注于金沙江。"

〔四五〕芒市长官司：唐时已称茫施蛮，见蛮书。元置茫施路，明置芒市御夷长官司。今仍称芒市,为德宏傣族景颇族自治州首府。

〔四六〕明一统志南甸宣抚司山川:"孟乃河,在司东南一百七十里,即腾冲龙川江之源。"明史地理志南甸宣抚司:"又东南有孟乃河,即腾越州之龙川江。"

〔四七〕按,金沙江即今伊洛瓦底江,为别于长江上游的金沙江,又称大金沙江。大金沙江正源为恩梅开江与迈立开江,它们围成了"孟养陆阻地",即里麻长官司的所在,现称为江心坡。合流后的一段成为孟养东边从北往南流的大金沙江,另有大盈与龙川两江皆汇入大金沙江。但霞客游缅的夙愿没有实现,未能亲履其境,不知道还有从北往南流的金沙主源。

〔四八〕乌沙　　应即后文之"乌索"。

〔四九〕跌水河瀑布:今作叠水河,为腾冲城西的风景胜地。瀑布高46米,上流有一石桥横卧江上,称太极桥。新中国建立后又在瀑布右侧建了水电站。

〔五〇〕缅箐:在腾冲县西境,至今仍有缅箐街。三水在缅箐合流后称缅箐河,往南称明朗河,再南入大盈江。

〔五一〕尼:"比丘尼"的简称,即尼姑。妇女出家为僧者称尼。

〔五二〕摩伽陀:亦作摩揭陀,古印度的大国,又是早期佛教的中心。新唐书西域传说:"天竺国,汉身毒国也,或曰摩伽陀。"此摩伽陀指印度僧人。

〔五三〕释:佛教创始人为释迦牟尼,后泛指佛教为释。道:道教的简称。

〔五四〕鬻(yù 育)：卖。　　　杖头：买酒的钱。此处泛指路费。

〔五五〕腾冲一带旧时多虎，曾有特产虎骨酒，远销各地。

〔五六〕戎行(róng háng)：军队。

〔五七〕颖(yǐng 影)：出类拔萃的东西。

二十一日

饭后别邵道，下纯阳阁，东经太极崖。其处若横北箐而上，半里而达宝峰寺；余以南箐悬峭，昨所未经，乃从大路循玉皇阁下悬崖。曲折下半里，又度箐之下峡，从环冈大道复半里，北上宝峰寺。问道于尼。尼引出殿左峰头，指山下核桃园，直北为尖山道，西北登岭为打鹰山道。闻打鹰山有北直〔一〕僧新开其地，颇异，乃先趋打鹰。于是东北下坡，一里，抵坡北。又北一里余，有数家倚西山麓，是为核桃园〔二〕。其西北有坳颇低，乃宝峰之从北度脊者，有大道西向之，有小溪东注。逾之，直北一里余，乃西北登坡。四里，逾坡脊而西，是名长坡。又西半里，乃转而北，挟西峰而循其北，仍西行脊上。其脊北下，即酒店岭之东度为笔峰、巃嵸者，南下，即野猪坡之南出为鹅笼、缅箐者，盖俱从分支之脊行也。西五里，岭坳间路交"十"字，乃西北横陟之。当从西北蹑坡，误从西行岭之南。二里，遇樵者，知为鬼甸道，打鹰开寺处已在直北双峰下。然此时已不见双峰，亦不见路影，乃蹑棘披砾，直上者三里，雾气袭峰，或合或开。又上二里，乃得乱坪，小峰环合之，中多回窒，竹丛杂布。见有撑架数柱于北峰下者，从窒中趋之，仍无路。柱左有篷一龛，僧宝藏见余，迎入其中，始知即开山之人也。因与余遍观形势。饭后雾稍开,余欲行,宝藏固留止一宵。余乃从其后山中垂处上。

其山乃中起之泡也,其后复下,大山自后回环之,上起两峰而中坳,遥望之状如马鞍,故又名马鞍山。据土人言,其上多鹰,旧志名为集鹰山,而土音又讹为打鹰云〔三〕。其山脉北自冠子坪南耸,从顶上分二岐,一峙西南,一峙东北,二峰之支,如抱臂前环。西南下者,当壑右而伏,过中复起小阜而为中案,南坠而下,复起一峰为前案。东北下者,当壑左而伏,结为东洼之钥。两峰坳处正其环窝处,前蹲一峰当窝中,其脉复自东北峰降而中度,宛如一珠之托盘中。其前复起两小阜,如二乳之列于胸。其脉即自中蹲之峰,从左度右,又从右前度,而复起一阜于中,与双乳又成鼎足,前列为中峰近案,即南与中案并峙。稍度而东,又起一阜,即北与东洼之钥对夹。故两乳之前,左右俱有洼中坳,中峰之后,左右亦有峡中启,其脉若甚平,而一起一伏,隐然可寻。其两峰之高者,左右皆环而止,唯中之伏而起者,一线前度,其东为笔峰、龔嵸,南为宝峰、龙光者,皆是脉也。土人言,三十年前〔四〕,其上皆大木巨竹,蒙蔽无隙,中有龙潭四,深莫能测,足声至则涌波而起,人莫敢近;后有牧羊者,一雷而震毙羊五六百及牧者数人,连日夜火,大树深篁,燎无孑遗〔五〕,而潭亦成陆,今山下有出水之穴,俱从山根分逗云。山顶之石,色赭赤而质轻浮,状如蜂房,为浮沫结成者,虽大至合抱,而两指可携,然其质仍坚,真劫灰之余也。宝藏架庐在中峰之下,前临两乳,日后有扩而大者,后可累峰而上,前可跨乳为钟鼓之楼云。今诸洼虽中坳,而不受滴水,东洼之上,依石为窨,有潴水一方,岂龙去而沧桑倏易,独留此一勺以为开山之供者耶!宝藏本北

滇游日记九

直人，自鸡足、宝台来，见尖山虽中悬而无重裹，与其徒径空觅山至此，遂茇坐篷处者二年。今州人皆为感动，争负木运竹，先为结此一楹，而尚未大就云。径空，四川人，向从戎为选锋〔六〕，复重庆，援辽援黔，所向有功，后为腾越参府旗牌〔七〕，薙发于甘露寺，从师觅山。师独坐空山，径空募化山下，为然一指，开创此山，俱异人也。是晚宿茇中。有一行脚僧〔八〕亦留为僧薙地者，乃余乡张泾桥人〔九〕，萧姓，号无念，名道明。见之如见故人也。

二十二日

晨起，宿雾净尽。宝藏先以点饷余，与余周历峰前。凭临而南为南甸，其外有横山前列，则龙川后之界也；近嵌麓西为鬼甸〔一〇〕，其外有重峰西拥，则古勇前南下之支也；下伏而东度，为笔峰，其外有高岭东穿，则高黎贡后笋之脉也；惟北向则本山后屏焉。然昨已登岭北眺，知东北之豁处，为龙川所合；西北之丛处，为尖山所悬；而直北明光六厂之外，皆野人之栖矣。久之，乃饭而别。

宝藏命其徒径空前导，从东北行，皆未开之径也。始逾东环之臂，即东北下，虽无径而颇坦。三里余，有路循岭北西去，往鬼甸道，盖是山前后皆向鬼甸道也。于是交之，仍东下，甚峻。一里，又有路自东南来，西北逾岭去，此即州中趋冠子坪道。盖冠子坪从北南度，穿起打鹰之顶，自北望之，不见双峰如鞍，只觉层起如冠。逾脊西下，是为坪村所托，有龙潭西涌，乃鬼甸上流，经鹅笼而南下者也。余交其路，仍东北下，行莽棘中。一里余，北向下，傍西小峡渐有微径，径右峡中亦有丛竹深藤。东转，再逾一峡，一里，乃北行环冈上。冈之西，大山始有峡中盘；冈之东，始随坡东下。共二里，抵坡麓，则响水沟之峡在其东矣。有溪自西峡出，北涉之，随西山北行。西山至是稍开，有路西入之。交其路而北，一里余，稍下，又有小水从西坞出，是为王家坝。以此水为界，南俱沐府庄。又北半里，遂与南来大路合。又北一里，有村在西山下，至是中坞始开。其坞南从酒店脊来，北至此东西乃辟，溪沿东麓北下，村倚西山东向，而路出其中。又北里许，有岐东北往界头。余循西山西北下，渡一小峡，半里，西转，其南谷为湾腰树，盖王家坝之后山也；其北坞为左所屯，乃巃嵸北又起一峰，其余支西北而环者。坞中始有田畴下辟，响水沟之流亦西北贯之，而路从南山西向行。一里余，有小水北流。又西一里余，有结茅卖浆在南山下，于是巨松错立，高影深阴，午日俱碧。又西二里为马站，其北坡下颇有隔林之庐，而当路左者止一家，州来者皆饭焉；其西始田塍环坡。从田中西北行一里余，抵北山下。稍西复北，一里，逾其坳，有墟场，为马站街房。其北山坡杂沓，石齿高下，东冈与西山，遂夹溪北注。共三里，有山横于前，乃西随之，半里，北透其坳，其北则山开而下盘环壑，溪从西山透峡南来，绕壑北去，固知透峡之山，乃自南而西转，坳西一峰，即西尽于溪者也。盘壑而西北一里余，遂循溪东岸行，其西冈松桧稠密，有大寺基在焉。乃饭于溪旁。又北半里为邱坡〔一一〕，有两三家倚西山下。其西则群山中迸为峡，有岐西入之，为古勇道；其东则谷口横拓，南北之水俱由之出焉。于是北行田塍间，二里，屡逾其分流之水。又北一里余，为顺江村，古之顺江州治也〔一二〕。西山至是中断复起，其特耸颇厉，是为三清山。村多环石为垣，连竹成阴者。又北半里，有水自西峡来，东向而注，是为顺江，有木梁跨其上。顺江村之东，山坞东辟。过桥，复北上坡，行竹径中。半里，北下，过干海子。一里余，北上坡，有虚茅〔一三〕在坡北，是为顺江街子。复西北行坡坂间。其坂西倚三清山，东临夹壑，壑之东，则江东山南下而横止焉。从此三清西亘，江东东屏，又成南北之坞。行坂间三里，北向稍下，忽闻水声，则路东有溪反自南而北，至是乃东转去，想顺江之分流而至者。盖江东山之西，已有两江自北而来，此流何以反北耶？流既东，路遂北盘东垂之坡，二里，是为鸡茨坪〔一四〕。逾坪北下一里余，复得平畴，有卖浆者当路右。于是东北行田塍间，一里余，有江自西北注东南，长木桥横跨之，是为西江；其东又有一江自东北注东南，沿东山与西江并南行坞中，是为东江〔一五〕。既度西江桥，遂北行江夹中，一里而至固栋〔一六〕，宿于新街。

固栋一名谷栋，聚落当大坞中，东、西二江夹之。其北则雅乌山南垂，横亘两山间，至此而止；其南则两江交合于三里外，合流东南去，至曲石入龙川江；东则江东山北自石洞东，南向而下；西则三清山北又起一峰，南与三清雁行而峙，其中有峡如门，而小甸〔一七〕之路从之。是峰即云峰尖山东下北转之脉，云峰正在其西，为彼所掩，故固栋止西见此山而不见云峰也。其地直东与瓦甸对，直西与云峰对，直北与热水塘对，直南与马站对。有新旧二街，南为新，北为旧。

二十三日

命主人取园笋为晨供，味与吾乡同。八九月间有香笋，薰干瓶贮，味有香气。北一里，过旧街。买飞松一梆于刘姓者家。"飞松"者，一名狐实，亦作梧实，正如梧桐子而大倍之，色味亦如梧桐，而壳薄易剥；生密树中，一见辄伐树乃可得，迟则树即存而子俱飞去成空株矣，故曰"飞松"，惟巅塘关外野人〔一八〕境有之。野人时以茶、蜡、黑鱼、飞松四种入关易盐、布。其人无衣与裳,惟以布一幅束其阴,上体以被一方帏而裹之,不复知有衿袖之属也。此野人即茶山〔一九〕之彝,昔亦内属,今非王化所及矣;然谓之"红毛",则不然也。

又北二里余,横冈后亘,望之若东西交属于两界崇山,不复知其内有两江之嵌于两旁也。此冈即雅乌山南垂尽处,东、西二江皆从其两腋南出,疑即挨河,而土人讹为"雅乌"耳。陟冈而北,又二里,冈左渐突而成峰,冈右渐嵌而为坑,路渐逾坑傍峰而上,于是坑两旁皆峰,复渐成峡。循峡西峰行二里,陟其北坳,遂挟西峰之北而西向下。二里,路右有大栗树一株,颇巨而火空其中;路左则西江自西壑盘曲东来,破峡而东南去,于是出固栋西山之西北矣。始下见盘壑西开,江盘壑底,而尖山兀然立其西南矣。又西下一里,随江北岸西行二里,始有村庐倚冈头,是为乌索。其江反北向折而来,路乃南下冈就之,半里,则长木桥横架江上,反自西而东度之。桥东复有竹有庐,从其侧转而西南,则固栋西山与尖峰后大山围环其南,而江曲其北者也。又西半里,有村连竹甚盛。半里,从其村南西转,复行冈坂者二里,冈头巨松错落,居庐倚之。半里,西向下,涉一坑。又西南一里余,连过两村,又西向下,涉一坑,始及山麓。遂西向上,半里,有小水注坡坂间,就而涤体。时日色亭午〔二〇〕,解衣浣濯久之,乃西南循小径上。一里,转而西,始与东来路合。时雷雨大至,行草径间,一里,稍西下,涉一峡底,于是巨木参霄,纬藤蒙坞,遂极幽峭之势。盘峡嘴而西,一里,又涉一峡底。二峡皆在深木中,有小水淙淙自北而南,下注西来之溪,合而东行北出者也。涉峡之西崖,有巨石突立崖右。路由巨石之东,北向上，曲折跻树荫中，高崖滴翠，深木筛金，始知雨霁日来，阴晴弄影，不碍凌空之展也。上三里，遂陟冈脊。脊两崖皆坠深涵碧，闻水声潺潺在其底，而不辨其底也。脊狭不及七尺，而当其中复有铺木以度者，盖脊两旁皆削，中复有窖下陷，故以木填之。行脊上一里，北复稍下，又涉一南坠之峡，半里，乃西北上，其上甚峻。一里余而饭。稍夷，转西南盘而北，半里，复曲折上，峻愈甚。一里，又稍夷，循峰崖而转其腰，始望见尖峰在隔箐陇树间，而不知所循者亦一尖峰也。北半里，抵其峰西腋，稍西下度一脊，遂西上，上皆悬崖削磴。回顾前所盘脊东峰，亦一峰复耸，山头尖削，亦堪与尖山伯仲，但尖山纯石中悬，而彼乃土峰前出耳。两峰之北，复与西大山夹成深壑，支条盘突，箐树蒙蔽，如翠涛沉雾，深深在下，而莫穷端倪，惟闻猿声千百，唱和其间，而人莫至也。崖头就竖石凿级为梯，似太华之苍龙脊。两旁皆危崖，而石脊中垂，阔仅尺许，若龙之垂尾以度，而级随之，仰望但见层累不尽，而亦不能竟其端倪也。梯凡三转，一里而至其顶。顶东西长五丈，南北阔半之，中盖玉皇阁，前三楹奉白衣大士，后三楹奉三教圣人，顶平者如是而止，其向皆东临前峰之尖。南北夹阁为侧楼，半悬空中，北祠真武，下临北峡，而两头悬榻以待客；南祠山神，下临南峡，而中厂〔二一〕为斋堂。皆川僧法界所营构，盖其上向虽有道，而未开辟，莫可栖托。法界成之，不及五年，今复欲辟山麓为下殿，故往州未返。余爱其幽峻，遂止东侧楼〔二二〕。守寺二僧，一下山负米，一供樵炊而已。

二十四日

晨起，天色上霁，四山咸露其翠微，而山下甸中，则平白氤氲，如铺絮，又如澜波，无分远近，皆若浮翠无根，嵌银连叠，不知其下复有坡渊村塍之异也。至如山外之山，甸外之甸〔二三〕，稍远辄为岚掩翠映，无能拈出，独此时层层衬白，一片内，一片外，搜根剔奥，虽掩其下而愈疏其上。乃呼山僧与之指质远近诸山，一一表出，因与悬南崖而下。有崖前临绝壑，后倚峭壁，中刌横罅，下平上覆，恰如匡床，虽小而可憩可卧，是名仙床。俯层峭之下，巉覆累累，无可攀循。僧指其下有仙洞，须从梯级下至第二层，转崖下坠，乃可得之，遂导而行。其洞乃大石叠缀所成，乱崖颠磴，欲坠未坠，迸处为罅，覆处为洞，穿处为门，门不一窍，洞不一层，中欠宽平，外支幽险，若叠级架板，亦可幽栖处也。洞门东向腋中者为大，入而南穿，一峡排空而下，南出峡门。其门南临绝壑，上夹重崖，有二木球倒悬其前。仰睇之，其上垂藤，自崖端悬空下丈余，即结为瘿〔二四〕，如瓠匏〔二五〕之缀于蔓者。瘿之端，缀旁芽细枝，上迎雨露，茸苴夭矫，花叶不一状，亦有结细子圆缀枝间者，即山僧亦不能名之，但曰寄生，或曰木胆而已〔二六〕。一丝下垂，结体空中，驭风吸露，形似胆悬，命随空寄，其取意亦不诬也。余心识其异，欲取之，而高悬数丈，前即崩崖直坠，计无可得。但其前有高树自崖隙上耸，若得梯横度树间，缘柯而上，以长竹为殳〔二七〕，可钩藤而截取之。余乃识而行，复随导僧由梯级北下悬空之台。乃石脊一枝，下瞰北壑，三面盘空，矫若龙首，条冈回壑，纡郁其下，与仙洞各缀梯级之旁，若左右垂珥。洞倚南崖，以幽峭见奇；台踞北壑，以凭临为胜！此峰前两概也。由峰后西南越脊而下，更多幽境。近法界新开小路，下十里至小甸，乃固栋西向入峡，经此而趋古勇〔二八〕之道。其坡有热水塘，亦法界新开者，由此东可出固栋，西可穷古勇，而余时有北探滇滩、阿幸之兴，遂不及兼收云。

是午返寺，同顾仆取斧缚竿负梯而往，得以前法升木取瘿。而崖高峡坠，木杪难于著力，久而后得之。一瘿圆若葫芦倒垂，上大下小，中环的颈〔二九〕；一瘿环若巨玦，两端圆凑而中空：皆藤悬于上而枝发于下。如玦者轻而松，如葫芦者坚而重，余不能兼收，后行时置轻负坚者而走。

二十五日

余留二诗于山，负木胆于肩，从东大道下梯级。一里余，东度过坳，遂东南循前峰之腰。又半里，东度脊项，于是俱深木夹道。曲折峻下者二里，涉一南盘峡，复东北上。半里凌脊，乃东行脊间，左右皆夹壑甚深，而重木翳之。又半里，度脊间铺木。脊两旁甚狭，而中复空坠，故以木填而度之〔三〇〕。又东南半里，复盘壑东北下。二里，至前巨石之左，遂涉南下之溪。半里，复东逾一冈。又半里，再涉一南下之溪，东向稍上，遂出箐东北行。一里，至下院分岐之路，仍从向来之小路，一里余，至前浴流之所。又半里，越坞而得一村，入问热水塘道。仍东北三里，过乌索桥，从桥西逾冈而北，一里，与大道合。随之西北，循东山之麓行。六里，有冈自东山直对西峰而下，驱江流漱西峰之麓，而路亦因之与江遇。已复逾冈北下，北坞稍开，有小水交流西注，蒸气杂沓而起，即热水塘也〔三一〕。半里，抵塘上，有池而无屋，雨霏霏扑人。乃令顾仆守行囊于塘侧，北半里上坡，观其街子，已散而无他物。望南冈有村庐在坞脊间，街子人指其上有川人李翁家可歇。复南半里回觅之。有闽人洪姓者，向曾寓余乡，为导入同寓。余乃出就塘畔招顾仆入，出携餐啖之，而北探滇滩、阿幸之兴不能自已〔三二〕。问阿幸路，须仍从此出。此中东至明光，虽止隔一山，险峻不可行也。见日色尚早而雨止，乃留热水待出时浴，并木胆寄李翁家菜园中，遂仍西北行。

五里，北上坡，为左所，盖其分屯处也。其处居庐甚盛，行者俱劝余宿此，谓前皆㑚彝〔三三〕家，不可栖，且多茶山彝出入，不可晚行。余不顾。又北二里，逾一坡，又三里，过后所屯〔三四〕。渐折而从西北，三里，直逼西大山东北垂，复与江遇。回顾尖山与前峰并峙，中坳如马鞍，而左所之南，复有峰一支自西山突出，横亘其北，故路必东北从乌索桥抵热水塘，又西北至此也。此地正当尖山之北，其北则西大山渐伏，中逊而西，为滇滩过脉处；东大山直亘而南，分坠西窜，下冲小山，横界于北，为松山坡，坡之北，即阿幸北进之峡。其西北，高峰浮出于横坡之上，则阿幸、滇滩之间，又中界之一峰，所谓土瓜山也。行江东岸一里，复折而东北一里，抵东山腋下。山峰丛立处，有两三家倚东坡而栖，是为松山。从其前又北一里，上北山西亘之坡，一里蹑坡脊。其脊正西与滇塘相对，有坞西盘，而江水自北横界脊下，脊若堵墙。溯水北上，从脊间行二里，乃西北下。半里，有石屏西向立峰头，是为土主碑，乃神之所托也。从石西随坡下，涉江西上，乃滇滩关〔三五〕道，已茅塞不通。惟茶山野人间从此出入，负茶、蜡、红藤、飞松、黑鱼，与松山、固栋诸土人交易盐布。中国亦间有出者，以多为所掠，不甚往也。其关昔有守者，以不能安居，多遁去不处，今关废而田芜，寂为狐兔之穴矣。其隘亦纤坦，不甚崇险，去此三里，已望而知之，遂北下坡。一道从坞间溯江东岸北行，为度桥捷径；一道沿东坡北上，为托宿之所。乃下半里，渡东来小涧，复上东坡，北随之行。

二里，有四五家倚东山而居，即托宿之所也。其主人王姓者，夫妇俱伐木山中未归。余将西度桥,望西山下投栖;闻其地江岸西庐,乃土舍所托,皆不纳客,纳客者惟东岸王店。方踌躇间,一锄于田者,乃王之邻,谓其妇亦入山未归,不识可徐待之否。余乃还待于其门。久之妇归,为汲水而炊。此地名土瓜山〔三六〕,西乃滇滩东北高峰南下之支,东乃雅乌直北崇亘之岭,中夹成坞,江流贯其间;南则土主碑之横冈自东而西突,北则土瓜山之东岭自西而东突,中界此坞,南别松山坡,北别阿幸厂,而自成函盖于中。盖滇滩土巡检昔为某姓,已绝,今为土居之雄者,曰龙氏,与此隔江相向,虽未授职,而俨然以土舍自居矣。

二十六日

凌晨起饭,西下行田间,半里,抵江岸。溯江北行,有木桥跨江而西,度之。复溯江西岸北行,一里,北上坡。半里,折而东,盘其东突之嘴。半里,复转而北,从坡上行。西循峰腰,东瞰江流,坞底至此,遂束而为峡。隔峡瞻东山之崖,崩石凌空,岩岩上拥,峡中之水,北自阿幸厂北姊妹山发源南下,南趋乌索而为固栋西江者也。东西两界山,自姊妹山分支:西下穹为滇滩东北峰,而下为土瓜山;东下穹为阿幸东山,而南接雅乌。东山之东,北为明光,南为南香甸,第此山峻隔,路仄难逾,故行者避之。北行西坡五里,稍下,有小涧自西而东,涉之北上,于是屡陟东突之坡,再渡东流之涧。八里,西坪稍开,然北瞻姊妹,反茫不可见。又北二里,盘西山之嘴,始复见姊妹山北倚,而前塍之下,炉烟氤氲,厂庐在焉。遂五里而至厂〔三七〕。厂皆茅舍,有大炉、小炉。其矿为紫色巨块,如辰砂之状。有一某姓者,方将开炉,见余而留饭于龛中。言其北姊妹山后,即为野人出没之地,荒漠无人居,而此中时为野人所扰,每凌晨逾箐至，虽不满四五十人，而药箭甚毒，中之无不毙者。其妻与子，俱没于此，现葬山前。姊妹山出斑竹，北去此三十里，可望而尽，不必登〔三八〕。明光逾峻而过，东去此四十里，然径仄无行者，恐箐深蔓翳，亦不可行。乃遂出，仍二十里下土瓜山。

又一里，过江桥而东，乃沿江南随坞中捷径，二里，抵西南坡下。江漱坡而南，路稍东，逾东峡来小涧。其涧西注于江，即前涉土主碑坡北之流。江之西亦有小涧自滇滩南来，东注于江，其处乃正流之会也。复东南上坡半里，至石屏土主碑下，与前来之道合。又南越冈而下，过松山及诸所，二十里而入热水塘李老家。时犹下午，遍观热水所泄，其出甚异。盖坞中有小水自东峡中注而西者，冷泉也。小水之左右，泉孔随地而出，其大如管，喷窍而上，作鼓沸状，滔滔有声，跃起水面者二三寸，其热如沸，有数孔突出一处者，有从石窦中斜喷者，其热尤甚。土人就其下流，作一圆池而露浴之。余畏其热，不能下体，仅踞池中石上拂拭之而已。外即冷泉交流，若导入侵之即可浴。此冷泉南坡之热水也。其北倚东坡之下，复有数处，或出于砂孔，或出于石窦，其前亦作圆池，而热亦如之。两池相望，而溢孔不啻百也。

二十七日

晨起，饭而行，仍取木胆肩负之。由冈东南下峡一里余，复有烟气郁勃，则热水复溢坞中，与冷水交流而西出峡，其坞皆东大山之环堑也。由其南复上坡里余，有坑自东山横截而西，若堑界之者，其下亦水流淙淙。随坑东向上一里，从坑坠处南渡其上。盖其东未渡处，亦盘堑成坪，有村倚东峰下，路当其西南。半里，有岐：一南行坡上，一东向村间。余意向东者乃村中路，遂循东峰南行，前望尖山甚近。三里稍下，见一坞横前，其西下即乌索之旁村，其南逾即雅乌之西坳矣，乃悟此为固栋道。亟转而东，莽行坡坂间。一里，得南来大路，乃知此为固栋向南香甸道，从之。渐东北上一里，稍平，东向半里，复上坡。平上者一里，行峰头稍转而南半里，即南雅乌之脊也。从其上可南眺龙㙍山，而北来之岭，从其北下坠为坳，复起此坡。东随坞脊平行半里，乃东北下。抵坳东，则有路西自坳中来者，乃热水塘正道，当从坠坑东村之岐上，今误迁而南也。于是又东下一里余，其下盘而为坪，当北山之东，山界颇开，中无阡塍，但丰草芃芃。东北一峰东突，巉嶪前标、即石房洞山也，其后乃西北而属于西山。西山则自北而南，如屏之列，即自热水塘之东而南度雅乌者也。于是循西山又北下半里，见有两三家倚南坡而庐，下颇有小流东向而坠，而路出其西北，莫可问为何所。已而遇一人，执而询之。其人曰："雅乌山村〔三九〕也，亟驰去。"后乃知此为畏途，行者俱不敢停趾，而余贸贸〔四〇〕焉自适也。又北一里，再逾一东突之坡，一里，登其坳中，始觉东江之形，自其南破雅乌东峡而去，而犹不见江也。北向东转而下，一里，有峡自西北来，即巉嶪后西北之山，与西界夹而成者，中有小水随峡东出，有小木桥度其上。过而东，遂循北山之麓，始见南壑中，东江盘曲，向西南而破峡。盖此地北山东突而巉峣，南山自石洞厂南，盘旋西转，高耸为江东山北岭，与北对夹，截江西下，中拓为坞，曲折其间。路从其北东行一里，有岐东南下坞中，截流渡舟，乃东趋石洞之道；有路东北挟巉峣之峰而转，乃北趋南香甸道。于是东北一里余，转巉峣峰东。遥眺其坞大开，自北而南，东西分两界夹之。西山多东突之尖，东山有亘屏之势，坞北豁然遥达，坞东则江东北嶂，矗峙当夹。

惟东南一峡，窈窕而入，为<u>杨桥</u>、<u>石洞</u>之径；西南一坞，宛转而注，为<u>东江</u>穿峡之所。

先是，余望此巉嶸之峰，已觉其奇；及环其麓，仰见其盘亘之崖，层耸叠上；既东转北向，忽见层崖之上，有洞东向，欲一登而不见其径，欲舍之又不能竟去。遂令<u>顾</u>仆停行李，守木胆于路侧，余竟仰攀而上。其上甚削，半里之后，土削不能受足，以指攀草根而登。已而草根亦不能受指，幸而及石。然石亦不坚，践之辄陨，攀之亦陨，间得一少粘者，绷足挂指，如平帖于壁，不容移一步。欲上既无援，欲下亦无地，生平所历危境，无逾于此。盖峭壁有之，无此苏土；流土有之，无此苏石。久之，先试得其两手两足四处不摧之石，然后悬空移一手，随悬空移一足，一手足牢，然后悬空又移一手足，幸石不坠，又手足无力欲自坠。久之，幸攀而上，又横帖而南过，共半里，乃抵其北崖。稍循而下坠，始南转入洞。洞门穹然，如半月上覆，上多倒垂之乳。中不甚深，五丈之内，后壁环拥，下裂小门。批隙而入，丈余即止，无他奇也。出洞，仍循北崖西上。难于横帖之陡，即随峡上跻，冀有路北迂而下，久之不得。半里，逾坡之西，复仰其上崖高穹，有洞当其下，洞门南向，益竭蹶从之。半里，入洞。洞前有巨石当门，门分为二，先从其西者入。门以内辄随巨石之后东转，其中夹成曲房，透其东，其中又旋为后室，然亦丈余而止，不深入也。旋从其东者出。还眺巨石之上，与洞顶之覆者，尚余丈余。门之东，又环一石对之，其石中悬如台，若置梯蹑之，所揽更奇也。出洞，循崖而北半里，其下亦俱悬崖无路，然皆草根悬缀。遂坐而下坠，以双足向前，两手反而后揣草根，略逗其投空之势，顺之一里下，乃及其麓。与<u>顾</u>仆见，若更生也。

日将过午，食携饭于路隅，即循西山北行。三里而西山中逊，又一里，有村倚西山坞中，又半里，绕村之前而北，遂与江遇，盖江之西曲处也。其村西山后抱，<u>东江</u>前揖，而南北两尖峰，左右夹峙如旗鼓，配合甚称。有小溪从后山流出，傍村就水，皆环塍为田，是名喇哈寨，亦山居之胜处也。溯江而北，半里，度小溪东注之桥，复北上坡。二里，东北循北尖峰之东麓。一里余，仰见尖峰之半，有洞东向高穹，其门甚峻，上及峰顶，如檐覆飞空，乳垂于外，槛横于内，而其下甚削，似无陟境，盖其路从北坡横陟也。余时亦以负荷未释，遂先趋厂。又北一里余，渡一西来之涧，有村庐接丛于江之西岸，而矿炉满布之，是为<u>南香甸</u>。乃投寓于<u>李老</u>家，时甫过午也。

先是，余止存青蚨三十文，携之袖中，计不能为<u>界头</u>返城之用，然犹可籴米为一日供。迨<u>石房</u>洞扒山，手足无主，竟不知抛堕何所，至是手无一文。乃以褶袜裙〔四一〕三事悬于寓外，冀售其一，以为行资。久之，一人以二百余文买绅裙去。余欣然，沽酒市肉，令<u>顾</u>仆烹于寓。余亟索饭，乘晚探尖峰之洞。乃从村西溯西来之溪，半里，涉其南，从<u>僰彝</u>庐后南蹑坡。迤逦南上一里，遂造洞下。洞内架庐三层，皆五楹，额其上曰"云岩寺"。始从其下层折而北，升中层，折而南，升上层。其中神像杂出，然其前甚敞。石乳自洞檐下垂于外，长条短缕，缤纷飘飏，或中透而空明，或交垂而反卷，其状甚异。复极其北，顶更穹盘而起，乃因其势上架一台，而台之上又有龛西进，复因其势上架一阁。又从台北循崖置坡，盘空而升，洞顶氤氲之状，洞前飘洒之形，收览殆尽。台之北，复进一小龛南向，更因其势而架梯通之，前列一小坊，题曰"水月"，中供<u>白衣大士</u>。余从来嫌洞中置阁，每掩洞胜，惟此点缀得宜，不惟无碍，而更觉灵通，不意殊方〔四二〕反得此神构也。时洞中道人尚在厂未归，云磴不封，乳房无扃，凭憩久之，恨不携囊托宿其内也。洞之南复有一门骈启，其上亦有乳垂，而其内高广俱不及三之一，石色赭黄如新凿者。攀其上级，复透小穴西入，二丈后曲而南，其中渐黑，而有水中贮，上有滴沥声，而下无旁泄窦，亦神瀵〔四三〕也。洞中所酌惟此。其中穴更深迥，但为水隔而黑，不复涉而穷之。乃下，仍从北崖下循旧路，二里返寓。遂啜酒而卧，不觉陶然。

南香甸〔四四〕，余疑为"兰香"之讹，盖其甸在北，不应以南称也。山自明光分派来，西即阿幸东南来之山，东乃斜环而南，至甸东乃西突而南下，夹江流于中。其流亦发于明光，北即姊妹山东行之脉也，是为固栋东江之源。此中有"明光六厂"之名，而明光在甸北三十里〔四五〕，实无厂也，惟烧炭运砖，以供此厂之鼓炼。此厂在甸中，而出矿之穴在东峰最高处，过雅乌北岭，即望而见之，皆采挖之厂，而非鼓炼之厂也。东峰之东北有石洞厂，与西北之阿幸，东南之灰窑，共为六厂云。诸厂中惟此厂居庐最盛。然阿幸之矿，紫块如丹砂；此中诸厂之矿，皆黄散如沙泥，似不若阿幸者之重也。

二十八日

晨起，雾甚。平明，饭而为界头之行。其地在南香甸东南，隔大山、大江各一重。由南香东北大厂逾山，则高壑重叠，路小而近；由南香东南阳桥矿逾东岭，则深峡平夷，路大而遥。时因霾黑，小路莫行，遂从土人趋阳桥〔四六〕道，且可并揽所云石洞也。从村东度江桥。其桥东西横架于东江之上，覆亭数楹。由桥东，即随江东岸，循东山南向行。东山者，即固栋江东山之脉，北自明光来，至大厂稍曲而东南，至是复西突而南下，屏立南香甸之东。其上有矿穴当峰之顶，茅舍缘之，自雅乌北岭遥望，以为南香甸也，至而后知为朝阳出矿之洞。然今为雾障，即咫尺东山，一无所睹，而此洞直以意想定之而已。南行八里，则有峡自东山出，遂东转而蹈之。其峡北即东山至此南尽，南即东岭之转西，西矗于南香甸南，为江东山北岭者也。开峡颇深，有泉西出而注于东江，即昨所从巉嵲山前分岐渡江而东入之峡也。峡径虽深，而两崖逼仄。循北山东行二里，望见峡内乱峰参差，扼流跃颖，亟趋之。一里至其下，忽见北崖中进，夹峙如门，路乃不溯涧东上，竟北转入门。盖门左之崖，石脚直插洞底，路难外漾，故入而内绕耳。由门以内，仍东蹑左崖之后，一里，遂逾乱峰之上，盖石峰三四，逐队分行，与流相鏖，独存其骨耳。循北峰揽涧南乱峰，又东一里，路复北转，蹈北峰之隙北下。半里，则峰北又开一峡，自北而南，与东来之峡，会于北峰东突之下，同穿乱峰之隙而西。所谓北峰者，从大厂分支西南下，即南香甸东突之峰，余今所行路，循其南垂向东者也，其东南垂亦至是而尽。是山之西北，有矿西临南香甸者，曰朝阳洞；是山之东南，有矿东临是峡者，曰阳桥。阳桥之矿，亦多挑运就煎炼于南香，则知南香乃众矿所聚也。随峡北望，其内山回壑辟，有厂亦炉烟勃勃，是为石洞厂〔四七〕。所云石洞者，大厂之脉，至是分环：西下者，自南香东界而南至阳桥，下从峡中，又东度一峰，突为“虎砂”而包其内；东下者，亦南走而东环之，至东岭而西转，穹为江东山北境，绕为“龙砂”而包其外。其水自石洞东，南出合东岭北下之水，西注于乱峰，与阳桥度峡水合流，西注东江。是石洞者，众山层裹中之一壑也，从阳桥峡北望而见之，峡中度脉而东，虽无中界之脊，而水则两分焉。

　余时欲从峡趋石洞，虑界头前路难辨，不若随同行者去，遂舍石洞，从东峡溯流入。三里，则路东有峰前屏，北界阳桥东度之峰，至是东尽。石洞之水，随东屏之山，南出而西转，则阳桥南峡之上流也。路抵东屏前山下，亦分岐为二：东北溯石洞水逾岭者，为桥头路；东南溯东岭北下之水逾岭者，为界头路。然则西下峡中之水，以石洞者为首，以东岭者为次也。于是东南上坡，二里余，陟岭巅，是即所谓阳桥东岭矣。逾岭即南下。一里，复陟峡而上，从岭上南行。二里，就其东南坡而下，二里，越东流之壑。复稍上二里，越其南坡，再下。有岐下东大峡，为同行者误而南，一里余，始知其误。乃莽陟坡而东北，一里，遇西来道，偕之东陟塍。一里余，则龙川东江之源，滔滔南逝，系藤为桥于上以渡。桥阔十四五丈，以藤三四枝高络于两崖，从树杪中悬而反下，编竹于藤上，略可置足，两旁亦横竹为栏以夹之。盖凡桥巩而中高，此桥反挂而中垂，一举足辄摇荡不已，必手揣旁枝，然后可移，止可度人，不可度马也。从桥东遵塍上，始有村庐夹路。二里，复东上坡，由坡脊东行。其坡甚平，自东界雪山横垂而西下者。行其上三里，直抵东山下，是为界头村。其村倚东山而北，夹庐成街，而不见市集。询之，知以旱故，今日移街于西北江坡之间，北与桥头合街矣〔四八〕。盖此地旱即移街，乃习俗也。乃令顾仆买米而炊。余又西北下抵街子，视其扰扰而已，不睹有奇货也。既乃还饭于界头。其地已在龙川江之东，当高黎贡雪山西麓〔四九〕，山势正当穿窿处。盖高黎贡俗名昆仑冈，故又称为高仑山。其发脉自昆仑，南下至姊妹山；西南行者，滇滩关南高山；东南行者，绕小田、大塘〔五○〕，东至马面关〔五一〕，乃穹然南耸，横架天半，为雪山、为山心、为分水关；又南而抵芒市，始降而稍散，其南北之高穹者，几五百里云；由芒市达木邦，下为平坡，直达缅甸而尽于海：则信为昆仑正南之支也。

由界头即从雪山西麓南行，屡逾西突之坡，十五里，遥望罗古城〔五二〕倚东山坡间，有寺临之。此城乃土蛮所筑之遗址。其寺颇大。有路从此逾雪山，过上江。又南二里，过磨石河。又南二里，越一山，又逾一西突之坳。又南二里，过一小木桥。又南一里，越一坡，乃循坡东转。二里，抵东南峡口，有山自东大山南环而峙于门，大路逾坡而南上，小径就峡而西南。乃就峡口出，则前所过藤桥江亦自坞北来，遂循其东岸而南。三里，始有村倚江岸，乃傍村南行。又一里，宿瓦甸〔五三〕。濒江东岸，亦南北大坞也，村塍连络；东向大山，即雪山，渐南与山心近矣。

二十九日

饭而平明，随江东岸行。二里余，两岸石峰交合，水流峡间，人逾崖上，江为崖所束，奔流若线，而中甚渊深。峡中多沸水之石，激流荡波，而渔者夹流置罾于石影间，揽瑶曳翠，无问得鱼与鱼之肥否〔五四〕，固自胜也。半里，越崖南下。江亦出峡，有石浮波面，俨然一鼋鼍〔五五〕随水出也。又南二里，过上庄，有山西突，中夹坞成田，村倚突峰之东，江曲突峰之西，而路循坞中。逾脊而西南，又一里余，复与江遇，而两崖复成峡，石之突峡迎流，与罾之夹流曳翠，亦复如前也。一里，江曲而西，路从江之南，亦曲而西截向北之坞。于是北望隔江南下之山，至是中分；其东支已尽横突而东，即西峡之绕而下者；其西支犹横突西南，即固栋两江所合而南盘者；两支之中，北逊成坞，而灰窑厂〔五六〕临其上焉。是厂亦六厂之一，所出矿重于他处，昔封之而今复开，则不及他处矣。西一里，复上一北突小冈，有竹环坡，结庐其中者，是为苦竹冈。越而南下，共一里，又越坞南上，遂从坡上南行。二里，江随西峰之嘴曲而东南，始舣舟而渡其西岸，随西山南行。一里，坡尾东掉，路亦随而东。南逾之一里，有一二家倚坡北向而居，由其东更南上一里，遂逾其东下之脊。南行脊间二里，复稍下，有小峡自西而东，其峡甚逼，中有小水，捣坑东出。乃下半里，稍西转，迎流行峡中，有数家倚峡北，是为曲石〔五七〕。而峡之西，其内反辟而成坞，亦有村庐倚之，则峡水之所从来也。于是南截峡流，又上坡，行坡间二里，有村当路左，亦曲石之村庐。又南三里，乃随坡西转，始见坡南坞大开，水东贯之，则固栋两江合而与顺江、响水沟诸流一并东出者也。循此坡稍北，即与界头、瓦甸之江合，是为龙川江之上流，盖交会于曲除者也。固栋之江东山，自石洞南度脊，亦中尽于曲除者也。余先自固栋历其西，又从阳桥东岭逾其北，又从瓦甸瞻其东，又从灰窑、曲石转其南，盖江流夹其三方，而余行周其四隅矣。西行一里，又南向峻下者一里，及坞底，有桥跨江，亦铁锁交络而覆亭于其上者，是为曲石桥。按一统志，龙川江上有藤桥二，其一在回石。按江之上下，无回石之名，其即曲石之误耶？岂其桥昔乃藤悬，而后易铁锁耶？

于是从江南岸上坡，西向由峡上。二里余，复南向陟岭，二里余，登岭头。有三四家当岭而居，是为酒店〔五八〕，以卖浆得名也。饭而行，循岭东南向二里下，稍西转，复南行坡上。又二里稍下，陟一坞而上。又南二里，过陈挥使庄。又南随峡中行，二里，有陇环前峡折而自西来，有岐直南蹑其陇，余乃随众从峡中西行。半里，渐西上，又半里，折而南上，又半里，南登陇脊，始逾东度之脉。于是南望前壑大开，直南与罗生山相对，其中成坞甚遥，州城隐隐在三十里外，东之球琤，亦可全见，惟西之宝峰，又西北之集鹰，皆为龙従南下之支所掩，不得而见焉。余先贾勇独上，踞草而坐。久之后行者至，谓其地前有盗，自东山峡中来，截路而劫，促余并驰南下。东望层峡重峦，似有寻幽之径，而行者惟恐不去之速也。

下二里，望见澄波汇山麓，余以为即上干峨清海子矣。又峻下二里，有村庐当海子北岸，竹径扶疏，层峦环其后，澄潭映其前。路转其东北隅，有小水自峡间下注，有卖浆之庐当其下。入而少憩，以所负木胆浸注峡泉间，且问此海子即上干峨澄镜池否。其人漫应之，但谓海子中有鱼，有泛舟而捕者，以时插秧，止以供餐，不遑出卖。然余忆志言，下海子鱼可捕，上海子鱼不可捕，岂其言今不验耶？循海东峻麓行二里，及海子南滨，遇耕者，再问之。始知此乃下海子，上海子所云澄镜池者，尚在村东北重山之上，由此而上五里乃及之。余不能从。南二里，越一涧，有村连竹甚深，是为中干峨村。由村南又南下三里，其村竹庐交映更遥，是为下干峨村〔五九〕。至是东坡之下，辟为深坞，而溪流南贯。由是从村南稍西，即转南向，随坡上行。一里，渐南下，俯瞰坞中溪流，已有刺小舟而浮者。既而南行二里，有一二家倚坡湾而居，与下干峨南北遥对。从此东向随坡上半里，乃蹑坡之东嘴。从其上南转，则东嘴之下，其崖甚峻，又数十家倚其麓而居，竹树蒙茸，俯瞰若不可得而窥也。南半里，稍西复转而南，半里，崖下居庐既尽，忽见一大溪东向而横于前，乃透崖而出石穴者。崖峻无路下坠，沿崖端南行半里，稍下，见有径下沿坡麓，乃令顾仆守木胆于路隅，余策杖坠麓循崖北转。又半里,投丛木中,则其下石穴交流,土人以石堤堰水北注。堤之上,回流成潭,深及四五尺〔六〇〕;堤之下,喷薄成溪,阔几盈四五丈。泉之溢处,俱从树根石眼纠缪〔六一〕中出,阴森沁骨。掬而饮之,腑脏透彻,悔不携木胆来一投而浸之也。既乃仍南沿崖麓,半里,至顾奴候处,取木胆负而行。

又南二里下坡,有数家当坡之东,指余东向逾梁。其梁东西跨干峨下流之溪,志所谓马场河也。逾梁东,即东南逾田塍间,三里,抵东山下,又有溪自东而西,有梁南北跨之,是为迎凤桥,以其西有飞凤山也。桥下水即东南出于赤土坡者,北流至罗武塘,出马邑村,西向经此而与马场河合〔六二〕。过桥遂直趋而南。二里,再南逾一梁,梁下水如线将绝,则黄坡泉之向北而西转者。又南一里,又南逾一梁,其水亦将绝,则饮马河之向北而西转者〔六三〕。又南一里,入腾越北门。行城中二里,出南门。城中无市肆,不若南关外之喧填〔六四〕也。抵寓已下午矣〔六五〕。

〔一〕北直:明代首都称京师,在顺天府,即今北京市。京师附近地区不设布政使司,各府州直隶于京师,这一地区即称为京师或直隶。为与南京相区别,则称北直隶,省称北直。管辖范围相当于今北京市、天津市,河北省大部及河南、山东的小部。

〔二〕核桃园:今名同。据李根源雪生还乡吟汉五铢钱诗注,1938年在腾冲城西八里宝峰山下核桃园荒冢中发现汉五铢钱千枚,证明腾冲属汉益州永昌郡无疑。

〔三〕打鹰山:今名同,又作打莺山,在腾冲往北至固东的公路西侧。腾冲县城周围有四十多座火山,呈南北方向线状排列。有些山峰的外貌,至今还保持着截顶状圆锥形的火山形体,山顶有圆形洼地,山周围遍布黑灰色含有大量气孔的浮石,当地人称蜂窝石。<u>腾冲火山群</u>中,以<u>打鹰山</u>最典型,是我国少有的几处休眠期火山之一。该山海拔 2614 米,相对高度 645 米,山体底面直径 12 公里,顶部火山口直径 300 米,深度超过 100 米。火山口上覆盖着近二十厘米的尘土和火山灰混合物,以下则是暗红色的浮石和火山弹。火山口内还有三个间隔不一的火山口湖,冬季干枯,雨季积水。<u>游记</u>记载了难得的火山爆发的真实情景及火山爆发前后的变化,有重要的科学价值。

〔四〕按其记载上推,应为<u>万历</u>三十七年,公元 1609 年。

〔五〕孑(jié 洁)遗:剩余。

〔六〕戎:军旅。 从戎:参军。 选锋:经选择精锐之士作为冲突敌阵的先锋部队。

〔七〕旗牌:即王命旗牌,为上面写有令字的蓝旗和圆牌,由中央政府颁给地方官,用以代表王命。掌王命旗牌的官称为旗牌官,简称旗牌。

〔八〕行脚僧:僧人随处参访,行踪无定,如行云流水,称为云水僧,亦称行脚僧。

〔九〕<u>张泾桥</u>:今名同,在<u>江苏江阴市</u>东南。

〔一〇〕<u>鬼甸</u>:今作<u>奎甸</u>,又称<u>民振</u>,在<u>腾冲</u>西北境。

〔一一〕<u>响水沟</u>:今名同。 <u>王家坝</u>:今名同。 <u>湾腰树</u>:四库本、丁本作"湾腰村"。今称<u>弯腰树坡</u>。 <u>马站</u>:今名同,又称<u>保家</u>。 <u>邱坡</u>:今作<u>秋坡</u>,分上下村。以上居民点从南往北排列在今<u>腾冲</u>往北到<u>固东</u>的公路边。

〔一二〕顺江州:明一统志腾冲军民指挥使司载:"至元中改腾越州及置腾越县。寻复腾冲府,仍置腾越县。后以顺江州及腾越、越睒、古勇三县省入。"乾隆腾越州志卷三古迹对置废年代有追叙:顺江废州,"元至元十一年(公元1274年)置,寻废。至正七年(公元1347年)酋长某求内附,立宣抚司,寻又废"。则元代前期曾设过顺江州,但元代各志缺载。今仍称顺江,又称顺利、和平,在腾冲北境,固东以南。顺江街子颇大,分上顺江、中顺江、下顺江。

〔一三〕虚:同"墟"。虚茅:赶街的草棚。

〔一四〕鸡茨坪:今又误作基刺平,在顺江稍北。

〔一五〕东江今称磨龙河,又称明光河,西江今称西沙河,又称固东河,在固东稍南汇合。

〔一六〕固栋:今作固东,在腾冲县北境。

〔一七〕小甸:今名同,在腾冲县北境,固东稍西。其西的山今仍称云峰,又称小尖山。

〔一八〕野人:明时对景颇族的带有民族歧视的称呼。

〔一九〕明史地理志永昌军民府:"茶山长官司,永乐五年(公元1407年)析孟养地置,属金齿军民司。嘉靖元年(公元1522年)属府。东有高黎贡山。"茶山长官司在高黎贡山以西、尖高山以北的糯千卡河两岸,即通常所称的小江流域。

〔二〇〕亭午:又作"停午",即正午。

〔二一〕厂:通"敞"。四库本作"敞"。

〔二二〕此即云峰山,又称尖山。在腾冲县城北50公里,海拔2445米,山顶有云峰寺。沿三折云梯而上,有玉皇阁、老君殿、观音殿、吕祖殿等,如琼阁玉宇,隐现云中。

〔二三〕甸：云南也称坝子为甸，即山间盆地。腾冲称甸的大小坝子更为普遍。

〔二四〕瘿（yǐng 影）：动、植物体上出现的囊状赘生物。

〔二五〕瓠匏（hù páo 户袍）：即瓠瓜，俗称葫芦。

〔二六〕木胆：近年，友人在腾冲马站的农家院里看到若干堆叠为盆景的植物，农村集市也有售卖。大小不一，形状各异，与游记描述的木胆同。为寄生植物，当地俗称树挂。

〔二七〕殳（shū 书）：用长竹制的撞击用的兵器。

〔二八〕古勇：元曾设古勇县，后并入腾冲府，明为古勇关。今作古永，在腾冲县西北隅。

〔二九〕的（dì）颈：白色的颈子。

〔三〇〕脊两旁甚狭而中复空坠故以木填而度之 原脱此句，据徐本补。

〔三一〕此温泉今存，温泉北的街子即腊幸街。

〔三二〕而北探滇滩阿幸之兴不能自已 原脱此句，据四库本补。

〔三三〕僰（bó）彝：元明时期原作"白夷"，万历云南通志始将白夷改写为"僰夷"。李思聪百夷传说："今百字或作伯、僰，皆非也。"雍正顺宁府志说："僰彝，一作百彝，一作摆夷，有水旱二种。"僰彝即今傣族。

〔三四〕左所：今名同。后所屯：今作后所。皆在瑞滇往北的公路旁。

〔三五〕滇滩关：在今腾冲县北隅瑞滇北部的水城附近。乾隆腾越州志说："大塘隘，即巅塘关也"，但在游记中仍作"大塘"。四

徐霞客游记校注

月十八、二十三、二十五日有作"巅塘"者,其位置接近茶山司、阿幸厂和姊妹山,应为"滇滩"之误。

〔三六〕 土瓜山:今名同,既是山名,又是山边的村名。在瑞滇以北、核桃园南邻。

〔三七〕 此即阿幸厂,在今瑞滇北隅的棋盘石附近,

〔三八〕 乾隆腾越州志载:"姊妹山,在滇滩关西北三十里,其地崇山密岭,有双峰插天,亭亭卓立,宛如巫峡神女峰,山后即茶山野人矣。其山出斑竹。"姊妹山海拔3158米。因一大一小,故名姊妹。按其走向,又分为上姊妹山和下姊妹山。

〔三九〕 雅乌山:今作鸦乌山,亦省称鸦乌,在固东与明光间的公路旁。

〔四〇〕 贸贸:糊涂不明的样子。

〔四一〕 褶(dié 叠):夹衣。　裙:古代男子的下身也穿裙。

〔四二〕 殊方:边远偏僻的地方。

〔四三〕 瀵(fèn 奋):水源深大而由地底下喷出者。列子汤问:"终北国有山名壶领,状若甂甀。顶有口,状若圆环,名曰磁穴。有水涌出,名曰神瀵,臭过兰椒,味过醪醴。"神瀵可算是形状奇特、水味醇美的神泉。

〔四四〕 南香甸:在今小辛街一带。其南的喇哈寨,今称老花寨。寨南北两尖峰今皆称大尖山,南峰海拔2150米,北峰海拔2196米。北尖山麓今仍存银岩寺,即古云岩寺。

〔四五〕 明光六厂即明光、南香甸、石洞、阿幸、灰窑、雅乌,为明代在今腾冲县北境著名的银矿区。明光厂在南香甸北三十里,则应位于今东营以北。

〔四六〕阳桥 　二十七日记作"杨桥"。

〔四七〕石洞厂：今称石洞坝，在明光、界头间。

〔四八〕界头：今名同，在腾冲县东北境。　桥头：今名同，在界头北八公里的龙川江东岸。

〔四九〕雪山：海拔 3822 米，为腾冲、保山界上高黎贡山的最高点。

〔五〇〕大塘：今名同，在腾冲县东北隅，界头北境。

〔五一〕马面关：今名同，在腾冲县桥头、大塘及保山市隆阳区勐古间的适中处，高黎贡山脊，海拔 3194 米。原称马回关，光绪腾越厅志卷二地舆志："曰马回者，言其山险，马至此而回也。今马面关即马回之讹。"

大塘、马面皆明清时著名隘口。明代已有九隘之称。明人吴宗尧著腾越八关九隘论。但乾隆腾越州志称七隘，且列六隘名。光绪腾越厅志称九隘，又注"后增一隘为十隘"。看来，隘的多少并无定数，比较一致的有止那隘、古勇隘、滇滩隘、明光隘、大塘隘、马面隘。关偏在西南，隘则在北面；关多建在山顶，居高临下，隘多设于山腰，堵截来路；关主要防备缅甸，隘主要针对"野夷"。但有的隘也称关。

〔五二〕罗古城：今作罗哥城，另有罗妹城。两城相隔数里，建在高台上的城墙犹存。

〔五三〕瓦甸：宣德二年（公元 1427 年）置瓦甸长官司，正统五年（公元 1440 年）升为瓦甸安抚司，属永昌府。今仍称瓦甸，又称永安，在腾冲县东北境，界头和曲石之间的龙川江东岸。

〔五四〕无问得鱼与鱼之肥否 　原作"无问得鱼与否"，据徐本、四库本、陈本补。

〔五五〕鼋(yuán 元):团鱼。 鼍(tuó 驼):亦称扬子鳄,为鳄鱼的一种。

〔五六〕灰窑厂:今仍称灰窑,又称江南,在曲石稍西北的西沙河边上。

〔五七〕曲石 游记诸本多处作"曲尺",有误。唯本日记作"曲石",据此统正为"曲石"。曲石在今腾冲县东北境,位于西沙河(又称大江)和龙川江(又称小江)的汇流处。

〔五八〕酒店:今名同,在腾冲城与曲石间,分上酒店、中酒店、下酒店三村。

〔五九〕上海子:即澄镜池,又名清河,今仍称青海。下海子:今称北海。下海子所在的坝子今仍称干峨。青海在东北,北海在西南。青海水面 0.4 平方公里,海拔 1893 米,最深处 27 米。北海水面 0.35 平方公里,海拔 1730 米,水深 5 米,周围已成沼泽。

〔六〇〕深及四五尺 原缺"深及四五"四字,据宁抄本补。

〔六一〕纠缪(liǎo 缭):缠绕。

〔六二〕马邑村:今作蚂蚁村。此水明时称马邑河,即今沙河。马场河因马场得名,今作马厂,分上、下两村,临近马场河汇入沙河处。

〔六三〕饮马河:今称运马水河,在腾冲城边。

〔六四〕喧填:声大而杂。

〔六五〕乾隆本、四库本原注"下缺",丁本无注。从文意看,此处似无缺佚。

滇游日记十 ^{〔一〕}

己卯（崇祯十二年，公元 1639 年）五月初一日

平明起，店主人言："自往尖山后，参府吴公屡令把总来候，且命店中一至即入报。"余不知其因，令姑缓之，且游于市，而主人不听。已而吴君令把总持名帖来，言："欲躬叩，旅肆不便，乞即枉顾为幸。"余颔之，因出观街子。此处五日一大街，大街在南门外来凤山麓。是日因旱，断屠祈雨，移街子于城中。旱即移街，诸乡村皆然。遂往晤潘捷余。捷余宴买宝舍人 ^{〔二〕}，留余同事。余辞之，入城谒参府。一见辄把臂 ^{〔三〕} 入林，款礼颇至。是日其子将返故乡，内简拾行囊，余辞之出。吴，四川松潘 ^{〔四〕} 人。为余谈大江自彼处分水岭发源，分绕省城而复合 ^{〔五〕}。且言昔为贵州都阃，与陈学宪平人士奇同事，知黄石斋之异。下午还寓。集鹰山宝藏徒径空来顾，抵暮别去。

初二日

余止寓中。云峰山即尖山老师法界来顾。州庠彦李虎变昆玉 ^{〔六〕} 来顾。李居绮罗。

初三日

参府来候宴。已又观音寺天衣师令其徒来候，余以参府有前期，辞之。上午赴参府招，所陈多腊味，以断屠故也。腊味中始食竹鼠䶄。下午别之出。醉后过万寿寺拜法界，不在。出西门半里，过凌云桥，又西半里，由玉泉池南堰上西山之麓，则观音寺在焉。寺东向临玉泉池，寺南有古刹并列，即玉泉寺矣。天衣师拜经观音寺，三年不出，一见喜甚，留余宿。余辞以他日，啜其豆浆粥而返，已昏黑矣。

初四日

参府令门役以州志至。方展卷而李君来候。时微雨，遂与之联骑，由来凤山东麓循之南，六里，抵绮罗〔七〕，入叩李君家。绮罗，志作矣罗，其村颇盛，西倚来凤山，南瞰水尾山，当两山夹凑间。盖罗汉冲之水，流经大洞、长洞二小阜间，北曲而注于平坞，乃分为二流，北为饮马河而抵城东，南为绮罗水而逼南山下，又西逼来凤东南麓，乃南捣两山夹间。是村绾其谷口，竹树扶疏，田塍纤错，亦一幽境云。是夜宿李君家。

余初望腾越中坞，东为球琤、矣比，西为宝峰、毗卢，南为来凤、罗生，北为干峨、飞凤。西北则巃嵸最耸，而龙潭、清海之水溢焉；东南则罗汉冲最深，而罗生、黄坡之流发焉；东北则赤土山最远，而罗武、马邑之源始焉；大盈江惟西南破龙光台、来凤西麓而去。则是州之脉，盖西北由集鹰山分脉：南下者，为宝峰、毗卢，而尽于龙光台；东曲者，一峙为笔峰，再耸为巃嵸，遂东下而度干峨之岭，又东南而纡为永安、乱箭之哨。其曲而西也，余初疑南自罗生、水尾，而北转为来凤，至是始知罗汉冲水又南下于罗苴冲，则来凤之脉，不南自罗生、水尾，而实东自黄坡、矣比二坡也。但二坡之西皆平坞，而南抵罗生，脉从田塍中西度。郡人陈懿典进士文星阁记云："嘉靖壬子〔八〕，城外周凿城隍〔九〕，至正南迤东竁〔一○〕地丈许，有络石，工役斫截之。其石累累如脊骨，穿地而来，乃秀峰之元龙正脉也。"其说可与余相印证。土人不知，乃分潴罗汉冲水一枝，北流为饮马河而抵于城东。是此脉一伤于分流，再凿于疏隍，两受其病矣。土人之为之解者曰，脉由龙光台潜度于跌水河之下。不知跌水河虽石骨下亘，乃大水所趋，一罂之流交注焉；饮马河本无一水两分之理，乃人工所为，欲以此掩彼不可得也。

初五日

晨餐后，即从李君循南山之麓东向行。先半里，过水应寺。又东二里，两逾南山北下之支，有寺在南峡中北向峙，即天应寺也。其后即罗生主峰，仰之甚峻，志称其条冈分布，不诬也。又东半里，上一北下之支，随之北下。共一里，冈东尽处，竹树深密，绿荫袭人，披映心目。其前复起一圆阜，立平畴中，是为团山，与此冈断而复续。冈东村庐连络。余从竹中下，一老人迎入其庐，具腊肉火酒献。盖是日端午，而老人与李君有故，遂入而哺之。既午，复东向循南山行。半里，其北复起一长阜，如半月横于前，是为长洞山。又东二里，遂入山峡，有溪中贯而出，是为罗汉冲〔一一〕。溪南北皆有村夹峙峡口。由南村溯溪而东，又二里，越溪之北，有大路倚北山下，乃东逾岭趋猛连〔一二〕者，从其北坞中觅温泉。其泉不热而温，流不急而平，一大石突畦间，水汇其旁，浅不成浴。东山下有"大洞温泉"，为八景之一，即在其北岭峡中，与此隔一支岭，逾而北颇近，而李君急于还家，即导余从大路西出。二里，过溪南村，出峡口，随溪西行。一里，过一桥，从溪南又西一里，过长洞北麓。北望大洞之阜，夹溪而峙，余欲趋之，浴其温泉。李君谓泉在东峡中，其入尚远，遂强余还。又西一里，过团山北麓，又西三里而还李君家。

初六日

晨饭，令顾仆携卧具，为杨广哨之游。先是李君为余言，此地东南由罗汉冲入二百里，有滃吕山，东南由罗生四十里，有马鹿塘，皆有峰峦可观。余乃先其近者，计可从硫磺塘、半个山而转也。东三里，从水应、天应二寺之间，南向上山。愈上愈峻，七里，登绝顶。北瞰即天应寺悬其坑麓，由州坞而北，惟巃嵸山与之对峙焉；西瞰则旁峡分趋，势若赘旒〔一三〕，皆下坠于绮罗南向之峡，有龙井出其下焉；惟东眺则本峰颉颃自掩；而南眺则浓雾弥沦，若以山脊为界，咫尺不可见。于是南从岭上盘峡，俱行氤氲中，茫若蹈海。半里，南下。下二里余，山半复环一壑，其脊自东南围抱而西，中藏圆坞，有小水西去。其内雾影稍开，而雨色渐逼，虽近睹其田塍，而不免远罹其沾湿矣。复上南坡，蹑坡脊而南，五里，一岐随脊而西南，一岐坠坡而东向。余漫从脊上直南，已而路渐东下而穷。二里，有村倚东坡下，披雾就讯之，乃清水屯也。按志，城南三十里为清水朗，此其地矣。然马鹿塘之径，当从北岐分向而东，此已逾而过南。

屯人指余从坡北东下，当得大路。从之，半里，东北涉一坑甚深，雾影中窥其东南旋壑下盘，当时不知其所出何向，后乃知其南界高峰，反西自竹家屯而东突，为陈播箕哨也。复东北上坡半里，见有路东向下，辄随之行，不意马鹿塘正道尚在其北。雾漫不辨，踉跄东下。一里余，有峡自北而南，溪流贯之，有田塍嵌其底，而绝无人居。塍中插禾已遍，亦无一人。抵塍而路绝，塍狭如线，以杖拄畦中，东行抵溪，而溪两岸蒙翳不可渡。复还依西坡南向，一里得小径，渡溪东上。一里，路伏草间，复若断若续，然其上甚峻。三里，东向登岭头，复从岭上东南再陟一岭。半里，始见岭北有坳，自北南度，中伏再起，其东则崩崖下坠，其势甚拓，其坠甚峭，若中剖其脊并左右两帏而平坠焉。坳北有路自崩崖北岭东行，南亦有微路，自崩崖南岭东上，而坳中独无北交之路。余遂循崖南路上。东一里，路为崩崖所坠，复岐而南，再陟南岭。半里，复东行岭脊。二里始有南来之路，循之东。北瞰崩崖下陷，东向成坑，箐木深翳。又东半里，再陟岭，岭乃南去，微径始东北下坡。曲折连下三里，余以为将及北坑之底，随之出即马鹿塘矣；孰知一坡中环，路岐而东西绕之，未几遂绝，皆深茅丛棘，坑嵌其下甚深。余始从其南，不得道，转而东，复不得道，往返踯躅，茅深棘翳，遍索不前。久之，复从南坡下得微径，下一里余而东抵坑底。则坑中有水潺潺，自崩崖东南流，坑两旁俱峭崖密翳，全无路影，而坑底甚平，水流乱砾间，时有平沙潆之，遂随之行。或东或南，仰眺甚逼，而终绝路影。三里，稍开，俯见潆沙之上，虎迹甚明，累累如初印。随之又东南一里余，有小溪自西南来注，有路影南缘之，始舍坑而南陟坡，一里，越其上。余意将逾坡东下，而路反从坡脊南行，余心知其误，然其路渐大，时亦渐暮，以为从大道，即不得马鹿塘，庶可得栖宿之所。乃蹑脊西驰二里，见西峰顶有峰特倚如覆钟，大道从此分岐，一自东南坡下而上，一向西北峰顶而趋，一从西南盘壑而行。未审所从，姑解所携饭啖之。余计上下二径，其去人必远，不若从盘壑者中行。

于是又东南三里，遂坠坡而下，渐闻人声。

下里余，得茅二龛在峡间，投之，隘鄙不堪宿。望南坡上有数龛，乃下陟深坑，攀峻而上，共一里而入其龛，则架竹为巢，下畜牛豕，而上托爨卧，俨然与粤西无异。屈指自南丹去此，至今已阅十五月，乃复遇之西陲，其中数千里所不见也。自登崩崖之脊，即望见高黎贡南亘之支屏列于东，下有深峡，而莫见龙川，意嵌其下也。又西南二十余里，至所宿之坡，下瞰南峡甚深，即与高黎贡遥夹者，意龙江从此去。西坞甚豁，远见重山外亘，巨壑中盘，意即南甸所托也。时雾黑莫辨方隅〔一四〕，而村人不通汉语，不能分晰微奥。即征其地名，据云为凤田总府庄，南至罗卜思庄〔一五〕一日余，东北至马鹿塘在二十里外〔一六〕，然无确据也。夜以所携米煮粥，啜之而卧。

初七日

阴雨霏霏〔一七〕，饭后余姑止不行。已而村人言天且大霁，余乃谋所行。念马鹿塘在东北，硫磺塘在西北，北山之脊，昨已逾而来，西山之脊，尚未之陟，不若舍马鹿而逾西脊，以趋硫磺塘，且其地抵州之径，以硫磺塘为正道，遂之。土人指余从村后西北向大山行。余误由直北，一里余，下涉一涧，溯之北上坡，一里余，又下涉涧。其处一涧自西峡崩崖来，一涧自北峡崇山来，涉其西来者。又北上坡半里，路复分岐，一向北峡，一向西峡，皆盘其上坡。余从其北峡者，二里，路渐湮。已北下，则其涧亦自西来，横堑于前，虽小而颇深，藤箐蒙塞，雨雾淋漓，遂不能入。乃复出，至岐口，转向西峡。一里，路亦渐湮，其南崩崖下嵌，即下流之所从出，而莫能逾焉。复出，从岐口南涉其涧，从涧南又得一岐西上，其路甚微。一里，北逾一坡，又北一里，即崩崖西对之坡也，其上皆垦崖，而仍非通道。蹑之行，一里，上西顶。顶高云黑，莫知所从，计返下山，乃转南行莽棘中。湿茅壅箐，踯躅东南向，二里，渐有径，下眺风田所宿处，相距止二三里间。

更南半里，得大道西去，遂从之。西循北山行一里，得耕者在坡下，问之，始知其上有小寨，名攞图〔一八〕，即从杨广哨入州正道矣。乃迂西北上，蹑坡一里，有二茅当峡坪间，是为攞图寨。由寨后更蹑峻而北，半里，登冈。西望盘壑下开，水田漠漠，有溪流贯其中，壑西复有崇山外峙，其南又起一崇山，横接而南，交接之中，似有水中贯而去。又北上一里半，遂凌大脊。北下回峡中，半里，一村庐倚南坡，是为杨广哨〔一九〕。从此西北下峡底一里余，有小溪自东北坠西南，其嵌甚深，乃从昨所度崩崖南岭分坠而成者。涉之西北上，复一里余而跻其脊，余以为即从此缘脊上北大峰矣，而孰意犹中界之支也。半里越脊，又即北下峡底。一里余，有大溪自北南坠，皆从石崖中破壁而去，此即清水朗〔二〇〕东溪也。水嵌峡底甚逼，横独木渡其上。余宁木下涉水，即西北上坡。始循崖石，继蹑陇脊，一里余，转而东北上，一里跻峰头。由峰头西盘半里，复随峡北行。其峡颇平，行其中一里余，当其东西分峡处，有村庐倚其中，是为陈播箕哨。从哨北即西北下，二里，循南山而西，一里，有村庐当坡，是为竹家寨。由寨东向北行，寨后复起一峰，有峡横其中，路分为二：循北峰直去，为腾越、南甸大道；穿北峰南峡而西，为硫磺塘道。余乃舍大道从横峡西行。半里，忽坠峡西下。其峡甚逼而下甚峻，坠级历坎，与水争隘。一里余，望见西峡自北而南，一溪贯其中，即矣罗村〔二一〕之水，挟水尾山西峡而南者。溪西之山,嶕岏南踞,是为半个山。按一统志有罗苴冲,硫磺塘在焉,疑即此山。然州志又两书之,岂罗苴冲即溪东所下之山耶?

又西下半里,直抵溪上,有二塘在东崖之下,乃温水之小者。其北崖之下,有数家居焉,是为硫磺塘村,有桥架溪上。余讯大塘之出硫磺处,土人指在南峡中,乃从桥南下流涉溪而西,随西山南行。时风雨大至,田塍滑隘,余踉蹡南行,半里得径。又南一里,则西山南进,有峡东注大溪,遥望峡中蒸腾之气,东西数处,郁然勃发,如浓烟卷雾,东濒大溪,西贯山峡。先趋其近溪烟势独大者,则一池大四五亩,中洼如釜,水贮于中,止及其半。其色浑白,从下沸腾,作滚涌之状,而势更厉,沸泡大如弹丸,百枚齐跃而有声,其中高且尺余,亦异观也。时雨势亦甚大,持伞观其上,不敢以身试也。其东大溪,从南下,环山南而西合于大盈;西峡小溪,从热池南东注大溪。小溪流水中亦有气勃勃,而池中之水,则止而不流,与溪无与也。溯小溪西上半里,坡间烟势更大,见石坡平突,东北开一穴,如仰口而张其上腭,其中下缩如喉,水与气从中喷出,如有炉橐〔二二〕鼓风煽焰于下,水一沸跃,一停伏,作呼吸状。跃出之势,风水交迫,喷若发机,声如吼虎,其高数尺,坠涧下流,犹热若探汤。或跃时风从中卷,水辄旁射,揽人于数尺外,飞沫犹烁人面也。余欲俯窥喉中,为水所射不得近。其龈腭之上,则硫磺环染之。其东数步,凿池引水,上覆一小茅,中置桶养硝,想有磺之地,即有硝也。又北上坡百步,坡间烟势复大,环崖之下,平沙一围,中有孔数百,沸水丛跃,亦如数十人鼓煽于下者。似有人力引水,环沙四围,其水虽小而热,四旁之沙亦热,久立不能停足也。其上烟涌处虽多,而势皆不及此三者。有人将沙圆堆如覆釜,亦引小水四周之,虽有小气而沙不热。以伞柄戳入，深一二尺，其中沙有磺色，而亦无热气从戳孔出，此皆人之酿磺者〔二三〕。时雨势不止，见其上有路，直逾西岭，知此为<u>半个山</u>道，遂凌雨蹑崖。其崖皆堆云骈瓣，嵚岈嵌空，或下陷上连，或旁通侧裂，人从其上行，热气从下出，皆迸削之余骨，崩坠之剥肤也，所云"半个"之称，岂以此耶？

蹑崖半里，从其南循岭西上一里，渐随峡南转，则其峡自南岭头坠，中有水悬而为瀑，作两叠坠北下，即峡水之上流也。又上半里，遂西逾瀑布之上。复从峡西更西南上一里，渐转而西半里，见大道盘西崖坠处，出南坳去，小径则西上峰顶，渐转北行，盖此即<u>半个山</u>之顶，至此南下为坳，入城之路，当在其东北，不应西去，遂舍大道从小道。西上半里，随峰东向北行二里余，乃西北下，得竹坞村庐。时雨势甚大，避雨庐中，就火沸汤，瀹饭而食之。其处即<u>半个山村</u>〔二四〕也，昔置镇<u>彝</u>关于路次，此为屯哨，今关废而村存云。由其东下坡，随峡东行里余，与南来大道合。随西山北转而行，于是<u>水尾西溪</u>即从此峡南下<u>硫磺塘</u>矣。北行二里余，复陟东突之坡。行坡峡中，五里稍下，又一里而<u>绮罗村</u>在东坡下矣。时已薄暮，遂舍入州大道，东里余，宿<u>李虎变</u>家。<u>虎变</u>以骑候于<u>马鹿道</u>中，不遇，甫返，煮竹醹相待。

初八日

大雨，不成行，坐<u>李君</u>家作田署州〔二五〕期政四谣，以<u>李君</u>命也。

初九日

大雨，复不成行，坐<u>李君</u>家录<u>腾</u>志。

初十日

雨不止。既午稍霁，遂同<u>李君</u>联骑，由村西半里，横陟<u>半个山</u>、南甸大路,经南草场,半里,西上岭坡,乃来凤南度半个山之脊也。来凤至是南降而下伏,脊间中洼为平塘而不受水。洼之西为金银堆,即南度之脊。洼北半里,有坪倚来凤而南瞰半个山,乃昔王尚书骥驻营之处,志称为尚书营。陟坪北半里,有路横沿来凤峰南,西越金银堆,出芭蕉关〔二六〕。芭蕉关西通河上屯、缅箐之道,州西跌水河路不若此之平,昔兵部郎中〔二七〕龚永吉从王公南征,有"狭转芭蕉关,难于橄榄坡"之句。从此复转骑,循来凤东峰而北〔二八〕,八里,乃还官店。迨晚复雨。

〔一〕滇游日记十在乾隆刻本第九册上。

徐本自己卯五月初一日至七月三十日在第十册上,自己卯八月初一日至九月十四日在第十册下,上下合题曰"滇",有提纲云:"自腾越罗生山、杨广哨、硫磺塘还至腾越。过龙川、高良工山、潞江、蒲缥、永昌。哀牢山、清水沟、峡口山、笔架山、山窠、卧佛寺、金鸡村。宝盖山、虎坡、干海子、玛瑙山、松坡、猛赖、上江蛮边、石城、北冲、清水关,再还永昌。养邑、腊彝、枯柯、右甸、锡铅、顺宁府、云州。再从顺宁渡澜沧江、三台山、阿禄司、新牛街,渡壁溪江、瓦葫芦、猪矢河、蒙化府、天姥崖、龙庆关、迷渡、清华洞大脊、洱海城、荞甸、宾川州、炼洞,还至鸡足山止。"

〔二〕舍人:公侯都督及各卫指挥嫡长次子才可试用者,为散骑参侍舍人,隶都督府,充宿卫,或署各卫所司,听候差遣。

〔三〕把臂:互相扶住手臂,表示亲密。

〔四〕松潘:明置松潘卫,隶四川都司,在今四川松潘县。

〔五〕此处指岷江源。省城指四川布政司治成都府,即今成都市。

〔六〕昆玉:对于他人兄弟的美称。

〔七〕绮罗:今名同,分上绮罗与下绮罗,按霞客所行里距,此应为今下绮罗。

〔八〕嘉靖壬子:即嘉靖三十一年,公元1552年。

〔九〕隍(huáng皇):城外的护城壕,有水称池,无水称隍。

〔一〇〕窜(cuì脆):挖地造穴。

〔一一〕水应寺、天应寺:今仍存。团山、长洞山:今名同,已为村落布满。罗汉冲:今名同,温泉犹存。以上皆在腾冲县南境。

〔一二〕猛连:今作勐连,在腾冲县东南境。

〔一三〕赘旒(zhuì liú 缀流):古代旗帜边缘悬垂的飘带。

〔一四〕方隅:四方和四隅。

〔一五〕罗卜思庄:又作罗必丝庄,今称罗卜坝,在梁河县南境。

〔一六〕马鹿塘:今名同,在梁河县东北隅,囊宋河北。

〔一七〕阴雨霏霏　　原脱"霏霏"二字,据徐本、陈本、史序本补。

〔一八〕始知其上有小寨名攞图　　"攞图",徐本、四库本、陈本作"摆图"。

〔一九〕杨广哨:今作羊管哨,在腾冲县南隅。

〔二〇〕清水朗:即今朗蒲寨,在腾冲县南境。

〔二一〕矣罗村　　四库本作"绮罗村"。

〔二二〕橐(tuó驼):炉子鼓风吹火的器具。

〔二三〕腾冲地热资源十分丰富。据初步统计,沸泉、热泉、喷泉多达79处,有不少高温沸泉,有12个泉群水温在70～90℃。

硫磺塘温泉可算腾冲地热的中心。直径三米的圆形沸水池。水温高达 96.6℃，翻滚沸涌之势十分壮观，群众俗称大滚锅，说老水牛掉下去很快就煮离骨了。至今当地群众仍用简单方法提取硫磺，全县每年可得硫磺一万多斤。硫磺塘稍南不远的黄瓜箐温泉，含有氡等元素，可治关节炎、高血压、末梢神经疼等多种疾病，医药疗效特好，现建有专门医疗机构，每年冬天，远近都有人到那里长住治疗。在硫磺塘和黄瓜箐之间是澡塘河瀑布，很多喷冒热水、热气的泉眼点缀在河中、瀑下，泉眼岩石形状奇异，当地人形象地称为"狮子头"、"蛤蟆嘴"等等。

〔二四〕半个山：今名同，在腾冲西南境，硫磺塘稍北。

〔二五〕署州：州官离任，暂以其他官代理者，即称署州。

〔二六〕芭蕉关：今名同，在和顺稍南的丛山中。

肇域志载："罗左冲山、半个山，俱在州治南六十里，上有镇夷关。后即南甸之界，悬崖峭壁，是为华夷之限。"霞客已到了南甸宣抚司境，即今德宏傣族景颇族自治州的梁河县。

〔二七〕郎中：明代各部皆沿置郎中，分掌各司事务，为尚书、侍郎、丞以下的高级部员。

〔二八〕来凤山：在腾冲城南郊，近年建为来凤公园，北麓有腾冲茶花园。

十一日

雨不止，坐官店。上午，李君来。下午，雨少止，泞甚，跣〔一〕泥往潘生家，不遇；以书促其为余买物，亦不答。潘生一桂虽青衿，而走缅甸，家多缅货。时倪按君命承差来觅碧玉，潘甚苦之〔二〕，故屡屡避客。

十二日

雨,坐店中。<u>李生</u>以期政四谣私投署州<u>田二府</u>〔三〕,不答。

十三日

雨时止时作,而泥泞尤甚。<u>李生</u>来,同往<u>苏玄玉</u>寓观玉。<u>苏</u>,<u>滇省</u>人,本青衿,弃文就戎,为<u>吴参府</u>幕客。先是一见顾余,余亦目其有异,非风尘中人也。<u>苏</u>有碧玉,皆为簪,但色太沉。余择四枝携寓中,后为<u>李生</u>强还之。

十四至十八日

连雨不止,坐寓中,不能移一步。<u>潘捷余</u>以倪院承差<u>苏</u>姓者,索碧玉宝石,窘甚,屡促不过余寓,亦不敢以一物示人,盖恐为承差所持也。幸<u>吴参府</u>以程仪惠余,更索其“八关”并“三宣”、“六慰”诸图,余一一抄录之,数日无暇刻,遂不知在寓中并在雨中也。<u>潘生</u>送翠生石〔四〕二块。<u>苏玄玉</u>答华茶竹方环。

十九日

晨,雨少止。觅担夫,以连日雨泞,贵甚。既而雨复作,上午乃止而行。店人欲揩余罗一端,不遂,与之哄而后行。由东街,始泞甚,已而渐燥。二里,居庐始尽,下坡行塍中。半里,连越二小桥,水皆自东南来,即<u>罗汉冲</u>所出分流之水也。又二里余,为<u>雷打田</u>,有数家东向。从其前转而东行里余,又过一小亭桥,其流亦自东南向西北者,乃<u>黄坡泉</u>所溢也。又东里余,抵东坡下,停担于酒家。问<u>大洞温泉</u>道,土人指在东南山坳中,此去尚有数里。时天色已霁,令担夫与<u>顾行</u>待于其家,余即循东山而南。

二里,过<u>土主庙</u>。庙倚山西向,前二柏巨甚。又南二里,路岐为二:一南循山麓,为<u>黄坡</u>道;一东南上坡,为趋温泉道。乃从上坡者,南一里,登坡嘴。西瞰山麓,有泉西向溢于下,即黄坡之发源处也。于是东转,有路颇大,横越之,就其东南小径。一里,渐上坡,折而东北。睨温泉之峡,当在其南,中亦有峡南下,第茅塞无径,遂随道西北上。一里,其道渐高,心知其误。有负刍者二人至,问之。曰:"此入山樵道,可通芹菜塘者。温泉在南,尚隔一峰。"遂与之俱返,一里,下至茅塞之峡,指余南去。余从之,横蹈峡中,既渐得小径。半里,忽有峡从足下下坠而西,其上石崖骈突如门。从其东又南半里,逾坡而下,其峡始大,有水淙淙流其中,田塍交溙之,即大洞村〔五〕之后峡也。有大道从峡中东上,又南下半里,从之东。半里,上一坡,大道东北上,亦芹菜塘道;乃从坡东南下,半里,及溪。又东溯溪半里,则溪流奔沸盘石中,右一崖突而临之,崖下则就石为池,而温泉汇焉。其池与溪同峡,而水不关溪流也。崖石叠覆如累棋,其下凑环三面,成一小孔,可容一人坐浴。其后倒覆之石,两片下垂而中划,如所谓试剑石,水从片石中淙淙下注,此温泉之源也。池孔之中,水俱不甚热,正可着体。其上更得一亭覆之,遂免风雨之虑矣。时池上有十余人共浴,余恐其旁有石洞,姑遍觅之,不得,乃还浴池中。

又三里,随山之西嘴抵黄坡〔六〕,转北一里,过麓间溢水之上。又北三里,乃入来时分岐处。又西北四里,至矣比坡〔七〕之麓。促挑夫行,以晚辞,遂止。

二十日

晨起,饭而登坡,雨色复来。平上二里,峻上八里,抵岭头。又平行岭上四里,又稍下一里,过芹菜塘。复东上坡,半里而下,半里过木厂,又下二里,过北下之峡。又东上三里,至坡脊。平行脊间,一里至永安哨,五六家当坡间而已。又东南半里,逾岭脊而下。一里,有水自北而南,路从之。半里,乃东陟坡,平行脊上。三里,至甘露寺,饭。从寺东下三里,至赤土铺桥,其下水自南而北,即大盈江水也。一统志谓大盈之源出自赤土,其言不谬。桥东复上半里,有四五家当坡坳,为赤土铺。铺东又上半里,遂从岭脊东南行。一里,有岐南去,为猛柳道;余仍东南,三里,乃东下,又十里而止于橄榄坡。时才午,雨时下时止,遂止不前。

〔一〕 跖(zhí 直):踩踏。

〔二〕 潘甚苦之　　原脱"甚"字,据四库本补。

〔三〕 二府:对府、州同知的别称。

〔四〕 翠生石:即翡翠,为较名贵的玉石之一,光泽如脂肪,半透明,硬度较宝石低,产于今缅甸北部伊洛瓦底江西侧。腾冲加工的宝石及雕琢宝石的传统工艺,至今仍名扬远近。

〔五〕 大洞村:今作大董。大洞温泉在黄坡村东峡谷中,俗称黄坡澡塘,水温 39℃。

〔六〕 黄坡:今名同,在大董东邻。

〔七〕 矣比坡:今作玉壁村,在腾冲坝子东缘。

二十一日

平明起饭。自橄榄坡东下,五里,抵龙川江西岸,过巡检司,即下渡桥。西岸峻若堵墙,乃循岸北向叠级,始达桥。桥东有阁,登之可眺江流夭矫之势。又南向随东岸行半里,东向平上者一里余,始曲折峻上。五里,过茶房,僧舍无一人。又峻上三里,过竹笆铺。

又上七里余,饭于<u>小歇场</u>。又上五里,过<u>太平铺</u>,又平行入坞。二里余,有水自北洞来,涉之,遂东上。其上愈峻,两旁皆竹石深翳,而风雨西来,一天俱漫,于是行雨浪中。三里,逾一最高之岭,乃屡上屡下,屡脊屡坳,皆从密箐中行。七里抵<u>新安哨</u>,两三家夹岭头,皆以劈藤竹为业。时衣湿透,寒甚,就其家烧薪烘之。又二里余,抵<u>分水关</u>,有五六家当关之东。余乃就火炙衣,赍烧酒饮四五杯乃行。天色大霁,路磴俱燥,乃知关名<u>分水</u>,实分阴晴也。于是东向下者八里,始就东行之脊。又二里,过<u>蒲满哨</u>。又平行岭上,东十五里,宿于<u>磨盘石</u>之<u>卢</u>姓者;家有小房五六处,颇洁。

二十二日

平明饭而行〔一〕。其下甚峻,曲折下者六里,及岭北之涧。是岭自<u>蒲满哨</u>分支东突,左右俱有深峡夹流,来时从南峡上行,至此坠北峡之口过。涉北涧,又越北岭东突之嘴,共一里余而过<u>八湾</u>。<u>八湾</u>亦有数家居坡上,人谓其地暑瘴为甚,无敢置足者。于是东向行平坡间,十二里抵江,则怒流奔腾,势倍于来时矣。乃坐巨树下待舟,观洪流汹涌,竞渡者之纷纭,不啻从壁上观也。俟久之,乃渡而东上坡。三里,抵北山之麓,循坡东行。五里,逾南下之嘴,得一桥跨涧,是为<u>箐口</u>。于是渡涧入峡,循涧南崖东向上,二里,过一碑,即来时所见<u>盘蛇谷</u>碑也。又东三里,过一西来枯涧。又二里,南折而北,乃逾其北突之嘴而东,遂东南渐上;其峡遂曲折掩蔽,始不能西见<u>高黎贡</u>峰矣。又南六里,抵<u>杨柳湾</u>而饭。乃逾南来之峡,溯东来之流,二里,有桥跨涧,西度之。从涧西溯箐上,又一里,为<u>打板箐</u>,有数十家当涧西。又东北四里,过平度之脊。其脊度峡中,乃自北而南,即从<u>冷水箐</u>西度<u>蒲缥</u>,又北过此,夹<u>蒲缥</u>之水北出而入潞江者也。是日热甚,得一荫辄止而延飔〔二〕,数息树边,不复问行之远近矣。过脊东下一里,止于落马厂。时才下午,以热甚,担夫不前也。

二十三日

平明,从落马厂东行。三里,逾东突之山嘴而南,又一里余,有一庵倚西山之上。又南四里,过石子哨,始南下。二里余,望温泉在东山下,乃从岐东南下。二里余,转而北涉北流一涧,又半里,东从石山之嘴,得温泉焉。其水温而不热,浑而不澄,然无气焰,可浴。其山自东山横突而西,为蒲缥下流之案也。浴久之,从涧东溯流二里余,抵蒲缥之东村,蒲人〔三〕,缥人,乃永昌九蛮中二种。饭。以担夫不肯前,逗留久之。乃东二里上坡,五里,迤逦上峰头。又平行岭夹,一里稍东下,有亭桥跨峡间。时风雨大至,而担夫尚后,坐亭桥待久之,过午始行。又东南上坡,逾坡一重,转而北,又逾坡一重,共六里,过孔雀寺。又东上坡五里,直蹑东峰南突之顶。此顶自北而南,从此平坠度为峡,一冈西迤,乃复起为崖,度为蒲缥后山,北去而夹蒲缥之涧,南去而尽于攀枝花〔四〕者也。又东一里稍上,复盘一南突之嘴,于是渐转而北,二里,有公馆踞冈头。乃北下一里,而止于冷水箐〔五〕。时方下午,以担不能前,遂止。见邸榻旁有卧而呻吟者,乃适往前途,为劫盗所伤,还卧于此。被劫之处,去此才六里,乃日才过午,盗即纵横,可畏也。

二十四日

雨复达旦,但不甚大。平明,饭而行。随东行之箐,上其北坡,三里,循嘴北转。二里渐下,一里下至坳,即昨被劫之商遇难处也。其北丛山夹立,穿其峡行三里,再过一东突之坡,其水始北下。随之北二里，下至坳洼中，乃东转而上。一里，过坳子铺，觅火把为芭蕉洞游计。又东半里，过冈头洼地，遂转北下。三里余，越一坡脊，过洼中汇水之崖。崖石上插而水蓄崖底，四面俱峻，水无从出而甚浑。由其南再越脊而下，一里余，至芭蕉洞，乃候火于洞门。担夫摘洞口黑果来啖，此真覆盆子〔六〕也；其色红，熟则黑而可食，比前去时街子所鬻黄果，形同而色异，其熟亦异，其功用当亦不同也。黄者非覆盆。覆盆补肾。变白为黑，则为此果无疑。火至，燃炬入洞。始向北，即转东下四丈余，至向所入昏黑处，即转北向，其下已平，两崖愈狭而愈高。六七丈，更宽崇，一柱中悬，大如覆钟，击之声铉铉〔七〕然。其处盖不特此石有声，即洞底顿足，辄成应响，盖其下亦空也。又入五六丈，两崖石色有垂溜成白者，以火烛之，以手摩之，石不润而燥，纹甚细而晶。土人言，二月间石发润而纹愈皎苗，谓之"开花"，洞名"石花"以此。石花名颇佳，而志称为芭蕉，不如方言之妙也〔八〕。更北路尽，由西腋透隙入，复小如门。五丈，有圆石三叠，如幢盖下垂，又如大芝菌而三级累之者。从其下复转而北，其中复穹然宏耸。又五六丈，西北路尽，洞分两岐：一南上环为曲室，三丈而止；一北入降为坠道，七丈而止。是洞曲折而旁窦不多，宛转而底平不污，故游者不畏深入，使中有通明之处，则更令人恍然矣。出至向所入昏黑北转处，今已通明。见直东又一岐入，有柱中间之，以余炬入探其中，亦穹然六七丈而止。出，从洞门外以余炬入探西崖间小窦。其窦北向悬壁间，其门甚隘，而中亦狭而深，秽气扑人，乃舍之。出洞，下百余步，抵坑峡下观水洞。水洞者，即此洞之下层也，虽悬数丈，实当一所，前中人有声，已知其下之皆空矣。洞前亦东向，稍入，亦曲而自北来，与上洞同一格，但水溢其中，不能进也。由此东折而北，共里余，抵卧狮窝村〔九〕，饭于村妇家。

北三里，过一村，即东上堤，是为大海子。随海子南堤东行，二里下堤，又东一里为沙河桥。其桥五巩，名众安桥。越桥东，即从岐西北循山行。二里，过胡家坟，为正统间挥使胡琛墓。墓有穹碑，为王学士〔一〇〕英所撰，又一碑，乃其子名誌者〔一一〕，则王翰撰时之文〔一二〕，与吾家梧塍〔一三〕之垅，文翰规制颇相似，其颓芜亦相似也。其一时崇尚，穷徼薄海，万里同风，至荆棘铜驼〔一四〕，又旷代无异，可慨也！其墓欲迎水作东北向，遂失下手砂，且偏侧不依九隆正脉，故胡氏世赏虽仅延，而当时专城之盛遂易。永昌，故郡也，胡氏时适改为司，独专其地〔一五〕。今复为郡，设流官，胡氏遂微。　土人言，胡氏墓法宜出帝王，为朝中所知，因掘断其脉。余按，凿脉乃诸葛南征时所为，土人误耳。更循山而北，一里，上一东盘之嘴。于是循冈盘垅，甃石引槽，分九隆池之水，南环坡畔，以润东坞之畦。路随槽堤而北，是堤隆庆二年筑，置孔四十一以通水，编号以次而及，名为"号塘"，费八百余金。遇有峡东出处，则甃石架空渡水，人与水俱行桥上，而桥下之峡反涸也。自是竹树扶疏，果坞联络，又三里抵龙泉门，乃城之西南隅也。城外山环寺出，有澄塘汇其下，是为九隆池。由东堤行，见山城围绕间，一泓清涵，空人心目。池北有亭阁临波，迎岚掬翠，滟潋生辉。有坐堤垂钓者，得细鱼如指；亦有就荫卖浆者。惜有担夫同行，急于税驾，遂同入城〔一六〕。半里，北抵法明寺，仍憩会真楼。而崔君亦至，崔，江西人，寓此为染铺。前去时从磨盘石同行，抵腾依依，后复同归，以担夫行迟，至蒲缥先返。余迟一日至，故复来此看余。遂与同入市，换钱畀夫，市鱼烹于酒家，与崔共酌。暮返楼。夜大雨。

二十五日

晓霁。崔君来候余餐，与之同入市，买琥珀绿虫。又有顾生者，崔之友也，导往碾玉者家，欲碾翠生石印池盃子，不遇，期明晨至。

二十六日

崔、顾同碾玉者来，以翠生石界之。二印池、一盃子，碾价一两五钱，盖工作之费逾于买价矣，以石重不便于行，故强就之。此石乃潘生所送者。先一石白多而间有翠点，而翠色鲜艳，逾于常石。人皆以翠少弃之，间用搪抵上司取索，皆不用之。余反喜其翠以白质而显，故取之。潘谓此石无用，又取一纯翠者送余，以为妙品，余反见其黯然无光也。今命工以白质者为二池，以纯翠者为盃子。时囊中已无银，以丽江银盃一支，重二两余。界顾生易书刀三十柄，余付花工碾石。是午，工携酒肴酌于北楼，抵晚乃散。

二十七日

坐会真楼作记。

二十八日

花工以解石来示。

二十九日

坐会真楼。上午往叩闪知愿，将取前所留翰札碑帖。闪辞以明日。还过潘莲华家，将入晤，遇鸡足安仁师丽江公差目把延〔一七〕至，求闪序文。与邱生邱，新添人，眇〔一八〕一目，以箕仙行术〔一九〕，前会于腾，先过此。同行。万里知己，得之意外，喜甚，遂同过余寓。坐久之，余亦随访其寓。下午乃返。

三十日

晨餐后，往拜潘，即造闪。知愿犹不出，人传先生以腹泻，延入西亭相晤。余以安仁远来，其素行不凡，且赍有丽江云薖全集来至，并求收览。闪公额之。余乃出往安仁寓，促其以集往，而余遂出龙泉门观九龙泉〔二○〕。

龙泉门，城之西南门也，在太保山之南麓。门外即有涧自西山北夹而出，新城循之而上。涧之南有山一支，与太保并重，而易罗池当其东尽处，周回几百亩，东筑堤汇之，水从其西南隅泛池上溢，有亭跨其上，东流入大池。大池北亦有亭。池之中，则邓参将子龙所建亭也，以小舟渡游焉。池之南，分水循山腰南去，东泄为水窦，以下润川田。凡四十余窦，五里，近胡坟而止焉。由池西上山，北冈有塔，南冈则寺倚之。寺后有阁甚钜。阁前南隙地，有花一树甚红，即飞松之桐花也，色与刺桐相似，花状如凌霄而小甚，然花而不实，土人谓之雄树。既而入城，即登城北，蹑其城侧倚而上。一里余，过西向一门，塞而不开。乃转而北又里余，则山东突之坪也。其西宝盖山穹立甚高，东下而度一脊，其南北甚狭，度而东，铺为平顶，即太保之顶也，旧为寨子城。胡渊拓而包此顶于内，西抵度脊处而止，亦设门焉；塞而不开，所谓永定、永安二门也。旧武侯祠在诸葛营，今移于此顶，余入而登其楼，姜按君有诗碑焉。坪之前有亭踞其东。由此坠而下，甚峻，半里即下临玉皇阁后，由其西转阁前而入会真饭焉〔二一〕。

〔一〕平明饭而行　　原脱"饭而"，据徐本、陈本、史序本、四库本补。

〔二〕飕(sōu 搜)：寒气。　　延飕：纳凉。

〔三〕蒲人：又称蒲蛮或扑子蛮，即布朗族。滇略卷九说："蒲人,散居山谷,无定所,永昌凤溪、施甸二长官司及十五喧、三十八寨皆其种也。"

〔四〕攀枝花:今仍称攀枝花寨,在保山市隆阳区西境,蒲缥坝子南缘。

〔五〕冷水箐:今名同,在蒲缥与保山城之间,但不当公路上。

〔六〕覆盆子:蔷薇科落叶灌木,茎叶皆有刺,夏季开淡红色小花。果实为聚合的小核果,呈头状,红色,可食,亦可入药。

〔七〕铉(hóng 宏)铉:形容其声音铉铉响。

〔八〕今仍称石花洞,在保山坝子西缘,从云瑞街入山不远即是,曾为风景胜地。

〔九〕卧狮窝村:1963 年更名云瑞街。

〔一○〕学士:官名,因所属机构不同,职权各异。明代翰林院长官亦称学士,掌管文墨,并备皇帝顾问。

〔一一〕乃其子名誌者　原脱"名誌"二字,据四库本补。

〔一二〕则王翰撰时之文　陈本、四库本作"王翰时撰之坟"。

〔一三〕梧塍:即明代江阴县的梧塍里,为霞客家乡。

〔一四〕荆棘铜驼:晋书索靖传说:"靖有先识远量,知天下将乱,指洛阳宫门铜驼叹曰:'会见汝在荆棘中耳!'"后因此用"荆棘铜驼"慨叹旧王朝被推翻后的残破景象。

〔一五〕按明制,军民指挥使司由军事长官统管军事、民政,"尚无考选军政,可使世世专有此土"。这与明代府、卫分管地方军、政不同,只用于边境战略要地。

〔一六〕明代永昌府治保山,在今保山市区,西倚太保山,东临保山坝。今保山市区建城始于<u>南诏</u>的<u>永昌城</u>，但今城的规模则为<u>明代</u>所奠定，至今还能辨认整齐的街巷和方正的城基。

〔一七〕 把延：执请。

〔一八〕 眇（miǎo 秒）：一只眼睛瞎。

〔一九〕 箕仙行术：用箬箕插筷子占卜的一种迷信活动。

〔二〇〕 <u>九龙泉</u>：在<u>保山</u>市区西南隅，初名<u>易乐池</u>，又作<u>易罗池</u>。因泉有九窦，故名<u>九龙泉</u>、<u>九龙池</u>。池呈砚形，西有<u>濯缨亭</u>，中有<u>湖心亭</u>，池北山丘上有<u>慈云塔</u>。树木掩映，风景秀丽。

〔二一〕 <u>太保山</u>：在<u>保山</u>市区西隅，海拔 2257 米。山顶平敞，有<u>武侯祠</u>及碑林。山腰有三层高台建筑<u>玉皇阁</u>，阁北侧为<u>会真楼</u>，即<u>徐霞客</u>在<u>保山</u>寓所。山麓有<u>翠微楼</u>、<u>四川会馆</u>、<u>阐化楼</u>、<u>状元楼</u>。

六月初一日

憩<u>会真楼</u>。

初二日

出东门，溪之自<u>龙泉门</u>灌城而东者，亦透城而出。度吊桥，遂随之东行田塍中。十里至<u>河中村</u>，有石桥，北来之水〔一〕遂分而为二：一由桥而东南注，一绕村而西南曲。越桥东一里余，则其地中洼而沮洳。又里余，越冈而东，一里，抵东山之麓。由岐东北二里，过<u>大官庙</u>〔二〕。上山，曲折甚峻，二里余，至<u>哀牢寺</u>。寺倚层岩下，西南向，其上崖势层叠而起，即<u>哀牢山</u>也。饭于寺。由寺后沿崖上，一里转北，行顶崖西，半里转东，行顶崖北，一里转南，行顶崖东。顶崖者，石屏高插峰头，南北起两角而中平。<u>玉泉</u>二孔在平脊上，孔如二大屦〔三〕并列，中隔寸许，水皆满而不溢，其深尺余，所谓金井也。今有树碑其上者，大书为"玉泉"。按玉泉在山下大官庙前，亦两孔，而中出比目鱼，此金井则在山顶，有上下之别，而碑者顾溷之，何也？又一碑树北顶，恶哀牢之名，易为"安乐"焉，益无征矣。南一里至顶南。一里，东南下，又一里，西南下。其处石崖层叠，盖西北与哀牢寺平对，俱沿崖而倚者也。

又南下里余，为西来大道，有茅庵三间倚路旁，是为茶庵。由此东向循峡而入，五里，过一坳。坳中有庙西向。东一里，度中洼之宕，复东过坳。又从岭上二里余，盘北突之嘴。其北峡之底，颇见田形。于是东南下，二里，越一峡而东，一里，东上冈。又里余，逾坳东南行，见其东有南北峡，中干无水。峡东其山亦南北亘，有一二家倚之，是为清水沟。沟中水不成流，似从峡底东度脉者。随峡南行一里，复度而东上冈，始望见南壑中洼，其南有峰危耸中立，即笔架山之北峰也；前从水寨西南盘岭时，所望正南有峰双突如马鞍者，即此峰也。其峰在郡城东南三十余里，即清水西山南下之脉，至此而尽，结为此山，南北横亘，西自郡城望之，四顶分尖，北自此临之，只见北垂一峰如天柱。从冈上东盘北峰，三里降而下洼，始有小水自北峡下，一里，涉之。又东循北山一里余，过一脊坳。又西稍降一里，始见东山渐豁，山冈向东南下，中路因之；又一岐东北分趋瓦渡〔四〕；又一岐西南下坑，坑中始闻水声。有三四家倚西山崖下，是为沈家庄，其下有田塍当坑底焉。已暮，欲投之宿，遂西南下一里余，及坑底。渡小水，西南半里，投宿村家，暮雨适来。

初三日

雨潺潺不止。饭而登途，稍霁。复南下坑底，半里，渡坑涧。复东南上坡，一里余，得北来大路，随之南行冈脊三里。其冈在垂坞中，遂随之下一里，南行坞中。其中有小水唧唧，乃穿壑西南，逼近笔架东北之麓，合北来<u>沈庄</u>水，同东而绕于<u>闪太史</u>墓前者也。路又南一里，逾一小坳。一里稍下，遂沿坞东行，其坞始豁而东向去，水从其西南濒<u>笔架山</u>之北冈，亦随之东折。一里余，逾一小冈而下，即<u>闪</u>墓之虎砂也。北望有茔当中坡之嘴，乃涉壑而登之，即<u>闪太史</u>夫人<u>马氏</u>之冢，太翁〔五〕所择而窆者，已十余年矣。其脉西北自昨所度<u>沈家庄</u>东岐之脊东南下，又峙为一巨山下坠。自西而东者为虎砂，即来道所再逾者；自东而南者为龙砂，即庄居外倚者；而穴悬其中，东南向。外堂即向东之坞，水流横其前，而内堂即涉壑而登者，第少促而峻泻。当横筑一堤，亘两砂间〔六〕，而中蓄池水，方成全局。虎砂上有松一圆独耸，余意亦当去之。其庄即在龙砂东坡上，又隔一小坞，亦有细流唧唧，南注外堂东下之水。从墓又东半里，逾小水抵庄。庄房当村庐之西，其门南向。前三楹即停太翁之枢者，钥之未启；后为庐居，西三楹差可憩。时守者他出，止幼童在。

余待久之，欲令其启钥入，叩太翁灵几，不得。遂从村东问所谓落水坑者，其言或远或近，不可方物。有指在东北隅者，趋之。逾冈脊而北，二里余，得一中洼之潭，有水嵌其底，四面皆高，周遭大百亩，而水无从出。从洼上循其北而东上坡，又里余而得<u>偻偻</u>寨，数十家分踞山头。其岭亦从北而亘南，东南接<u>天生桥</u>者，为<u>闪庄</u>东障之山。余时不知其为<u>天生桥</u>，但求落水坑而不得，惟望<u>闪庄</u>正东，其山屏起下陷，如有深穴，意此中必有奇胜，然已随土人之指而逾其北矣。遍叩寨中<u>偻偻</u>，终无解语者。遂从东岭西南下，仍抵洼潭之东，得南趋之道，乃随之循东岭而南。二里，见有峡东自屏山下陷处出，峡中无水而水声甚沸。乃下，见有水西自壑底，反东向腾跃，而不见下流所出，心奇之而不能解。乃先溯旱峡遵北岭东入，二里抵下陷处，见石崖骈列，中夹平底。半里，峡分两岐：一北向入者，峡壁双骈而底甚平，中无滴水，如抉堑而入，而竟无路影；一南向入者，东壁甚雄，峡底稍隆起，而水与路影亦俱绝。路则直东蹑岭而上，余意在穷崖不在陟峠〔七〕，乃先趋北向峡中。底平若嵌，若鸿沟之界，而中俱茅塞，一里未有穷极。复转，再趋南向峡中，披茅而入。半里，东崖突耸，路辄缘西崖上。俯瞰峡中，其南忽平坠而下，深嵌数丈。东崖特耸之下，有洞岈然，西向而辟于坑底。路亦从西崖陡下坑中，遂伏莽而入洞。洞门高数丈，阔止丈余，水痕尚湿，乃自外入洞中者。时雨甫过，坑源不长，已涸而无流。入洞二丈，中忽暗然下坠，其深不测。余乃以石块掷之，久而硿然，若数十丈不止。然有声如止洞底，有声如投水中，固知其下有水而又不尽水也。出洞南眺，其坑亦南夹，不知穷极，然或高或洼，底亦无有平准。乃从旧路北出半里，复随大路行峡底半里，复随北岭小径二里，西抵闻水声处，其坡在闪墓正东。二里，逾横峡而南，有寨数家，乃西通山寨，南通落水寨总道，大路自山寨走天生桥，出枯柯、顺宁，即从此寨沿南岭而入者。余时尚不知所入岭即天生桥也，惟亟西下绝壑，视西来腾跃之水。一里，抵壑之悬绝处，则水忽透石穴下坠。其石皆磊落倚伏，故水从西来，捣空披隙而投之，当亦东合天生桥之下者也。其水即沈家庄西北岭坳诸水，环闪墓、闪庄之前，又东盘冈嘴，始北曲而东入于此。此所谓小落水坑也，即土人所谓近者，余求之而不得，不意过而遇之。

时已过午，遂南越一冈，又西下一里，仍南渡其水曲，复西逾坡，一里再至闪庄。余令顾奴瀹水餐饭。既毕，而其守者一人归，觅匙钥不得，乃开其外门而拜于庭，始询所谓〔八〕天生桥、落水洞之道。乃知落水有二洞，小者近，即先所遇者，为本坞之水；大者远，在东南十里之外，乃山寨南道所经，为合郡近城诸流。又知天生桥非桥也，即大落水洞透穴潜行，而路乃逾山陟之，其山即在正东二里外〔九〕。

　　余随其指，先正东寻天生桥。二里，至横峡南岭之寨，将由南岭大路东入。再执途人问之，始知即前平底峡中东上之坡，是为天生桥，逾之即为枯柯者。余乃不复入，将南趋落水寨。一土人老而解事，知余志在山水，曰："是将求落水洞，非求落水寨者。此洞非余不能指。若至落水寨而后回，则迂折多矣。"遂引余从其寨之后东逾岭。莽苍无路，姑随之行。二里，越岭东下，即见一溪西南自落水寨后破石门东出，盘曲北来，至此岭东麓，即捣入峡。峡东即屏山下陷之南峰，与所逾之岭夹成南北峡。水从南入峡，悬溜数丈，汇为潭。东崖忽迸而为门，高十余丈，阔仅数尺，西向峙潭上，水从潭中东捣而入之，其势甚沸。余从西崖对瞰，其入若饮之入喉，汩汩而进，而不知其中之崆峒作何状也。余从西崖又缘崖石而北，见峡中水虽东入，而峡犹北通，当即旱峡南或高或洼南出之峡，由此亦可北趋峡底，西向旱壑洞。固知两洞南北各峙，而同在一峡中，第北无水入而南吸大川耳，其中当无不通，故前投石有水声，而上以桥名也。从西崖俯瞰久之，仍转南出。土老翁欲止余宿，余谓日尚高，遂别之。遵南路可以达郡，惟此处犹不得路，盖沿大溪而南，抵西山峡门，即落水寨；西越坡，溯小溪而西上岭，盘笔架山之南，即郡中通枯柯大道。余乃西从之。

　　沿坡涉坞，八里抵西坡下，有倮倮寨数家，遂西上坡。层累而上八里，其山北盘为壑，而南临下嵌之涧，有四五家倚北峡而居，上复成田焉。又西盘西峰南嘴而上三里，其上甚峻。又平行峰头二里，余以为此笔架南峰矣，而孰知犹东出之支也，其西复下坠为坑，与笔架尚隔一坞。乃下涉坑一里，越坑西上，始为笔架南垂。有数十家即倚南崖而居，是为山寨。当从投宿，而路从树底行，不辨居址，攀树丛而上，一里遂出村居之后。意西路可折而转，既抵其西，复无还岐，竟遵大路西北驰。二里余，下涉一涧，复西北上坡。二里余，越坡，复下而涉涧。共三里，又上逾一坡，乃西向平下。二里出峡门，已暮，从昏黑中峻下二里，西南渡一溪桥，又西北从岐逾坡，昏黑中竟失路〔一〇〕。踯躅二里，得一寨于坡间，是为小寨。叩居人，停行李于其侧，与牛圈邻，出橐〔一一〕中少米为粥以餐而卧。

初四日

　　其家插秧忙甚，竟不为余炊。余起问知之，即空腹行，以为去城当不及三十里也。及西行，复逾坡两重，共八里，有庐倚山西向而居，始下见郡南川子。又随坡西向平行五里，趋一西下小峡，复上一西突之冈，始逼近西川。下瞰川中之水，从坡西南环坡足，东南抱流而入峡，坡之南有堰障之，此即清水关沙河诸水，合流而东南至此，将入峡东向而出落水寨者也。于是东北一里余，下至坡麓。循嘴北转半里，始舍山而西北行平陆间。二里，西及大溪，有巨木桥横其上，西渡之。西北行川间，屡过川中村落，十六里而及城之东南隅。度小桥，由城南西向行，一里而入南门，始入市食馒面而饱焉〔一二〕。下午，返会真楼。

初五、初六两日

憩会真楼。

初七日

闪知愿来顾,谢余往叩灵几,礼也。知愿馈饼二色。

初八日

知愿又馈猪羊肉并酒米甚腆。

初九日

闪太史招游马园。园在龙泉门外,期余晨往。余先从法明寺南,过新建太翁祠。祠尚未落成,倚山东向,与法明同。其南即方忠愍公祠,名政,征麓川死于江上者〔一三〕。亦东向。正室三楹,俱守者栖止于其中,两庑祀同难者,俱倾倒,惟像露坐焉。出祠,遂南出龙泉,由池东堤上抵池南,即折而西入峡。半里,园临峡西坡上,与龙泉寺相并。园之北,即峡底也,西自九隆山后环峡而来。有小水从峡底东出,仅如线不绝。而园中则陂池层汇。其北一池,地更高,水从其底泛珠上溢,其池浅而水独澄映有光,从此遂潺潺泻外池。外池中满芰荷。东岸旧有菜根亭,乃马玉麓所建者,并园中诸榭俱颓圮。太史公新得而经始之,建一亭于外池南岸,北向临流。隔池则龙泉寺之殿阁参差,冈上浮屠,倒浸波心。其地较九龙池愈高,而陂池罨映,泉源沸漾,为更奇也。盖后峡环夹甚深,其水本大,及至峡口,此园当之,峡中之水,遂不由溪而沁〔一四〕入地中。故溪流如线,而从地旁溢如此池与九龙池,其滔滔不舍者,即后峡溪中之流也。

余至,太史已招其弟知愿相待。先同观后池溢泉,遂饭于池南新亭。开宴亭中,竟日欢饮,洗盏更酌,抵暮乃散。是日始闻黄石翁去年七月召对大廷〔一五〕,与皇上面折廷诤〔一六〕,后遂削江西郡幕〔一七〕。项水心以受书帕亦降幕。刘同升、赵士春〔一八〕亦以上疏降幕。翰苑〔一九〕中正人一空。东省之破〔二○〕,传言以正月初二,其省中诸寮〔二一〕,无不更易者。虽未见的报,而颜同兰之被难可知矣。

初十日

马元中、刘北有相继来拜,皆不遇,余往玉工家故也。返楼知之,随拜马元中,并拜俞禹锡。二君襟连〔二二〕也,皆闪太翁之婿,前于知愿席相会而未及拜。且禹锡原籍苏州,其祖讳彦,中辛丑〔二三〕进士,中时犹李时彦,后复俞姓,名彦。移居金陵〔二四〕大功坊后。其祖、父年俱壮,闪太翁寓金陵时,欲移家南来,遂以季女字〔二五〕俞。前年太翁没,俞来就婚,拟明春偕返云。时禹锡不在,遂返会真。闪太史以召对报〔二六〕来示。

〔一〕此水从北往南流贯保山坝子。明代称清水河、永昌溪,今称东河。

〔二〕大官庙:今名同,在保山坝子东缘。

〔三〕屦(jù 据):麻鞋。

〔四〕瓦渡:今名同,在保山市东境。　清水沟:今名同,在瓦渡西南邻。

〔五〕太翁:祖父。

〔六〕亘两砂间　"亘"原作"拒",据徐本改。

〔七〕岵(hù 户):有草木的山。

〔八〕谓　原作"为",据四库本改。

〔九〕此处今仍称落水洞和天生桥,在保山市隆阳区东南境,丙麻街稍南,东河至此伏流从洞中穿过。

〔一〇〕昏黑中竟失路　　原脱"昏黑中",据徐本、陈本、史序本补。

〔一一〕橐(tuó 驮):此处指袋子。

〔一二〕一里而入南门始入市食馒面而饱焉　　四库本作"一里半入南门,始索面及馒头于市而饱餐焉"。

〔一三〕征麓川死于江上者　　诸本如此,疑应为"死于上江",详滇游日记九四月十一日方政条注。

〔一四〕沁(qìn):渗入。

〔一五〕大廷:朝廷。

〔一六〕面折:当面指责过失。　　诤(zhèng 正):直言规谏。廷诤:在朝廷上向皇帝谏争。

〔一七〕幕:即幕僚,为地方官吏幕府中的属员。

〔一八〕赵士春　　原作"陈之遴",据徐本、明史黄道周传改。

〔一九〕翰苑(hàn yuàn 汉院):为翰林院的别称。唐初始置,明代翰林院正式成为外朝官署,负责修史、著作、图书等事。翰林院的职官统称翰林,从进士中选拔。

〔二〇〕指清兵入山东省,破济南,俘德王朱由枢等,官民死者无数。

〔二一〕寮:通"僚",同官为寮。

〔二二〕襟连:姊妹的丈夫。

〔二三〕辛丑:万历二十九年,公元1601年。

〔二四〕金陵:战国时置的古邑名,在今江苏南京市,后人因作今南京市的别称。

〔二五〕季女:排行最小的女儿。　字:过去称女子许嫁为字。

〔二六〕召对报:登载皇帝召致臣僚问对的内部通报。

十一日

禹锡招宴。候马元中并其内叔闪孩识、孩心等同饮,约同游卧佛。

十二日

禹锡馈兼金。下午,元中移酌会真楼,拉禹锡同至。雷风大作,既暮乃别。

十三日

禹锡以他事不及往卧佛,余遂独行。东循太保山麓,半里,出仁寿门。仁寿西北倚太保山北麓,城随山西叠而上,与龙泉同。出城,即有深涧从西山悬坑而下,即太保山顶城后度脊所分之水也。逾桥循西山直北半里,有岐东北行平川中,为纸房村间道;其循山直北者,乃逾岭而西,向青蒿坝通干海子者。余乃由间道二里,北过纸房村〔一〕,又东一里余,出大道,始为拱北门直向卧佛寺者。又北一里,越一东出小涧,其北有庙踞冈头,乃离城五里之舍也。大道中川而行,尚在板桥孔道之西。又北五里,再过一庙,在路之西。其西又有巨庙〔二〕倚西山,村落倚之,所谓红庙村也。又北八里,有一涧自西山东出,逾之而北,是为郎义村〔三〕。村庐联络,夹道甚长,直北二里,村始尽。缘村西转,有水自北堰中来,即龙王塘之下流也。溯流沿坡西北行,三里,有一卷门东向列路旁,其北即深涧缘坡下。乃由卷门西入，缘南坡俯北涧西入。半里，闻壑北水声甚沸，其中深水丛箐，亏蔽上下，而路乃缘壑北转。不半里，穿门北上，则龙王祠巍然东向列，其前与左，皆盘壑蒙茸，泉声沸响〔四〕。乃由殿左投箐而下，不百步，而泓泉由穴中溢，东向坠坑。其北坑中，又有水泻树根而出，亦坠壑同去。其下悬坠甚深，而藤萝密蔓。余披蔓涉壑求之，抵下峡则隔于上，凌上峡则隔于下，盖丛枝悬空，密蔓叠幕，咫尺不能窥，惟沸声震耳而已。已乃逾其上，从棘蔓中攀西北崖而上。按统志谓龙王岩断崖中劈，兀立万仞。余望双岩上倚山顶，谓此有路可达，宛转上下，终不可得，乃返殿前而饭。

仍出卷门，遂北下度涧桥。见桥北有岐缘涧西入，而山顶双岩正峙其西，余遂从之。始缘涧北，半里遂登坡西上。直上者三里，抵双岩之下，路乃凌北岩之东，逾坳而西北去。余瞰支峰东北垂，意卧佛当在其西北峰下，遂西北逾支峰，下坑盘峡，遵北坡东行。二里，见有路自北坡东来，复西北盘坳上，疑以为此即卧佛路，当从山下行，不登山也，欲东下。土人言：“东下皆坑崖，莫可行；须仍转而南，随路乃下。”从之转南，又二里，随前东来之路下坡。二里，从坡麓得一村，村之前即沿麓北行之大道。沿之北，又五里，稍西向入谷，则卧佛寺环西谷中〔五〕，而谷前大路，则西北上坡矣。

盖西山一支，至是东垂而出，北峡为清水关，南抱为卧佛岩，但清水深入，而卧佛前环耳。入谷即有池一围当寺前，其大不及九隆池，而回合更紧。池东有一亭绾谷口。由池北沿池入，池尽，其西有官房三楹临其上。北楹之下，泉汩汩从坳石间溢入池中，池甚清浅。官房之西历砌上，即寺门也，亦东向临之。其内高甍倚岩，门为三卷,亦东向。卷中不楹而砖亦横巩如桥,卷外为檐,以瓦覆石连属于洞门之上壁。洞与巩连为一室,巩高而洞低,巩不掩洞,则此中之奇也。其洞高丈余,而深入者二丈,横阔三丈,其上覆之石甚平。西尽处,北有门,下嵌而入;南有台,高四尺,其上剜而入。台如胡床〔六〕横列,而剜有石像,曲肱卧台上,长三丈,头北而足南。盖此洞横阔止三丈,北一丈嵌为内洞之门,南二丈犹不足以容之,自膝以下,则南穴洞壁而容其足。其像乃昔自天成者,自镇守内官〔七〕巩其前轩,又加斧琢而贴之金,今则宛然塑像,失其真矣。内洞门由西北隅透壁入,门凹而下,其内渐高,以觅炬未入。时巩殿有携酒三四生,挟妓呼僧,团饮其中,余姑出殿,从北庑厢楼下觅睡处,且买米而炊焉。北庑之西亦有洞,高深俱丈五尺,亦卷其门,而南向于正洞之北隅,其中则像山神以为护法者。是夜卧寺中,月颇明,奈洞中有蠍子〔八〕,寺中无好僧,怏怏而卧。

十四日

早饭于僧舍,觅火炬入内洞。初由洞门西向直入,其中高四五丈,阔二丈,深数丈,稍分岐辄穷,无甚奇也。仍出,从门内南向觅旁窦而上。入二丈,亦穷而出,笑此洞之易穷。有童子语于门外曰:"曾入上洞乎?余今早暗中入,几坠危窦。若穿洞而上,须从南,不可从北也。"余异其言,乃益觅炬再入。从南向旁窦得一小穴,反东向上,其穴圆如甀。既上,其穴竖而起,亦圆如井。从井中攀南崖,则高而滑,不可上,乃出,取板凳为梯以升。既上,其口如井栏,上有隙横于井口之西。复盘隙而北,再透出一口,则有峡东西横峙。北向出峡,则渊然下坠,其深不可睹,即前内洞直入之底也,无级可梯,故从其东透层穴而上耳。南向下峡丈余,有洞仍西向入，其下甚平，其上高三四丈，阔约丈五，西入亦五六丈，稍分为岐而止，如北洞之直入者焉。此洞之奇，在南穿甔穴，层上井口，而复得直入之洞。盖一洞而分内外两重，又分上下二重，又分南北二重，始觉其奇甚也。

　　既出，仍从池左至谷口大路。余时欲东访金鸡温泉，当截大川东南向板桥，姑随大路北瞰之，半里，稍西北上坡，见其路愈西上，乃折而东，随旁岐下坡。盖西北上者为清水关道，乃通北冲者；川中直北五里，为章板村，为云龙州道；川东蹑关坡而上，为天井铺道〔九〕，从此遥望皆相对也。下坡一里，其麓有一村。从此由田塍随小溪东南行，二里，始遇清水关大溪〔一〇〕，自北而南流川中。随之南行半里，渡横木平桥，由溪东岸又东半里，过一屯，遂从田塍中小径南行。半里，稍折而西，复南就一小水。随之东下，遂无路。莽苍行草畦间，东南一里半，始得北来小路。随之南，又得西来大路，循之。其东南一里，又有溪自北而南，其大与清水溪相似，有大木桥架其上。度桥东，遂南行。二水俱西曲而合，受龙王塘之水，东折于板桥之南焉。路南行塍中，又二里半而出板桥街〔一一〕之中。由街稍南过一小桥，则沿小溪东上。半里，越溪上梗〔一二〕，东南二里半，渐逼东山。过一村，稍南又东，半里，有小溪自东北流西南，涉之从溪东岸。又东南二里，直逼东山下，复有村倚之。从村南东向入，有水舂踞冈上。冈之南，即有涧自木鼓山北峡来，绕冈南西去，有亭桥跨其上，此大道也；小径即由北脊入峡，盘冈东下。遂溯溪岸东行。一里，有小木桥平跨上流，乃南度之。又东上坡，一里而至金鸡村〔一三〕。其村居庐连夹甚盛，当木鼓山之东南麓。村东有泉二池，出石穴中，一温一寒。居人引温者汇于街中为池，上覆以屋。又有正屋三楹临池之南,庭中紫薇二大树甚艳,前有门若公馆然。乃市酒餐饭于市,而后浴于池。池四旁石甃,水止而不甚流,亦不甚热,不甚清,尚在永平温泉之下,而有馆有门则同也。从村后东南循峡上岭数里,自金鸡村逾岭东下,通大寨、瓦渡之路也;从村后直东上木鼓西南峰,二十里,有新建宝顶寺。余不及登,遂从村西南下。

三里,北折,度亭桥北,随溪西南行塍中。五里,西值大溪,溪之东有村傍之,乃稍溯之北,度大木桥而西行塍中。又四里而至见龙里。其南有报功祠甚巨,门西向〔一四〕,而祠楼则南面。入其中,祠空而楼亦空,楼上止文昌一座当其中。寺僧云昔有王靖远诸公神位,觅之不见也。由此又十里,入拱北门,又二里而返会真。令人往讯安仁,已西往腾越矣。

十五日

憩会真楼。

十六日

往晤闪知愿。还拜刘北有,留饭,即同往太保山麓书馆。馆中花木丛深,颇觉幽闲。坐久之,雨过,适闪知愿送南园录并永昌志至,即留馆中。北有留余迁寓其内,余屡辞之,至是见其幽雅,即许之,约以明晨〔一五〕。雨止,刘以钥匙付余,以刘将赴秋闱〔一六〕,不暇再至也。余乃别,还会真。

十七日

闪知愿再候宴,并候其兄太史及其族叔孩识同宴。深夜乃别。

十八日

迁馆于山麓西南打索街,即刘北有书馆也。其馆外有赁居者〔一七〕，以日用器进，亦刘命也。余独坐馆中，为抄南园漫录。既而马元中又觅续录至，余因先抄续录〔一八〕。乘雨折庭中花上花〔一九〕，插木球腰孔间辄活，蕊亦吐花。花上花者，叶与枝似吾地木槿，而花正红，似闽中扶桑，但扶桑六七朵并攒为一花，此花则一朵四瓣，从心中又抽出叠其上，殷红而开甚久〔二〇〕，自春至秋犹开。虽插地辄活，如榴然，然植庭左则活，右则槁〔二一〕，亦甚奇也。又以杜鹃、鱼子兰、兰如真珠兰而无蔓，茎短，叶圆有光，抽穗，细黄子丛其上如鱼子，不开而落，幽韵同兰。小山茶分植其孔，无不活者。既午，俞禹锡雨中来看，且携餐贳酒，赠余诗有"下乔"之句。谓会真楼高爽，可尽收一川阴晴也。余答以"幽栖解嘲"五律。谓便于抄书也。

十九日

抄书书馆。闪知愿以竹纸湖笔〔二二〕馈，以此地无，纸笔俱不堪书也。

二十日

抄书麓馆。

〔一〕纸房村：今作纸坊，分两村，黄纸坊在南，白纸坊在北，皆位于保山市区北郊，保山坝子西缘。

〔二〕庙：指一般奉祀神的庙宇。

〔三〕红庙村、郎义村：今名皆同，在保山坝子西缘。

〔四〕龙王祠：即今龙王塘。在保山市区北8公里，保山坝子西缘。清泉从石隙涌出，汇而为潭，分三沟向外流淌。亭台楼阁掩映在古树苍藤中。

〔五〕卧佛寺：在保山市区北10公里，云岩山东麓。石洞分内外两层，又分南北两重。原有就岩凿成的大卧佛，因名。现有长

1.8米的汉白玉卧佛一尊。寺前有池、有亭,周围树木荫翳。

〔六〕胡床:一种可以折叠的轻便躺椅。

〔七〕内官:即宦官,也称太监。因其专门在宫廷内侍奉皇帝及其家族,故称内官。明中叶以后,太监权力扩大,拥有出使、监军、镇守、侦察臣民等大权,出镇一方者即称镇守内官。

〔八〕嬲(niǎo 鸟)子:猥亵的家伙。

〔九〕关坡:今作官坡。天井铺:今名同。皆在隆阳区东北境,板桥与水寨之间。

〔一〇〕清水关:在隆阳区北境清水河源,今名清水河村。

〔一一〕板桥街:今名同,在保山坝子北部,为交通要道。

〔一二〕梗:即"埂",指田埂、堤埂。

〔一三〕金鸡村:今名同,在保山坝子东缘。金鸡村是澜沧江西部最早的行政中心,汉代永昌郡治及附郭县不韦即设于此。至今还有三国时吕凯的祠堂,当地群众还流传吕凯的故事,金鸡村现在是保山市隆阳区最大的村子。

〔一四〕门西向　原脱"门"字,据徐本补。

〔一五〕约以明晨　"晨",徐本、陈本、四库本作"日"。

〔一六〕闱(wéi 唯):科举考试的考场。科举考试时,各省在仲秋举行乡试,故称"秋试"或"秋闱"。

〔一七〕赁(lìn 吝)居者:租房子住的人。

〔一八〕南园漫录、南园续录皆明人张志淳著。张志淳号南园,保山人,进士,官至南京户部侍郎。该书成于嘉靖以前,书中所记云南事,史料价值较高。

〔一九〕花上花:清代植物名实图考载:"佛桑一名花上花,云南有之。"花上花为扶桑中的重瓣良种,更为可贵。

〔二〇〕殷红而开甚久　原脱"甚"字,据四库本补。

〔二一〕槁(gǎo 搞):枯干。

〔二二〕湖笔:湖州在今浙江湖州市,湖州出产的毛笔全国著名,称为湖笔。

二十一日

孩识来顾。

二十二日

抄书麓馆。

二十三日

晨,大雨。稍霁,还拜孩识,并谢北有。下午,赴孩识之招,闪、俞俱同宴。深夜乃别。

二十四日

绝粮。知刘北有将赴省闱,欲设酌招余,余乃作书谓:"百杯之招,不若一斗之粟,可以饱数日也。"

二十五日

新添邱术士〔一〕挟一刘姓者至,邱自谓诸生,而以请仙行。招游九龙池,遂泛池中亭子。候刘携酌不至,余返寓抄书。北邻花红正熟,枝压墙南,红艳可爱。摘而食之,以当井李。此间花红结子甚繁,生青熟红,不似余乡之熟辄黄也。余乡无红色者,"花红"之名,俱从此地也〔二〕。下午,北有以牛肉斗米馈,刘、闪、马俱教门,不食猪而食牛。刘以素肴四品馈。

1256

二十六至二十九日

俱抄书麓馆。俱有雨,时止时作,无一日晴也。

〔一〕术士:指以占卜星相等为职业的人。

〔二〕俱从此地也　　四库本作"唯此地相称耳"。

滇游日记十一^{〔一〕}

己卯（崇祯十二年,公元 1639 年）七月初一至初三日

　　抄书麓馆,亦无竟日之晴。先是俞禹锡有仆还乡,请为余带家报^{〔二〕}。余念浮沉之身,恐家人已认为无定河边物^{〔三〕},若书至家中,知身犹在,又恐身反不在也,乃作书辞之。至是晚间不眠,仍作一书,拟明日寄之。

初四日

　　送所寄家书至俞馆,而俞往南城吴氏园。余将返,其童子导余同往。过南关而西,一里,从南城北入其园。有池有桥,有亭在池中。主人年甚少,昆仲二人,一见即留酌亭中。薄暮与禹锡同别。始知二主人即吴麟征之子,新从四川父任归者。麟征以乡荐,初作教毗陵^{〔四〕},升南部,故与俞遇^{〔五〕},今任四川建昌^{〔六〕}道矣。

初五日

　　又绝粮。余作书寄潘莲华,复省中吴方生,潘父子以初八日赴公车^{〔七〕}。且与潘索粮。不及待,往拜吴氏昆仲,不遇,即乘霁出龙泉门,为干海子之游。由九隆池左循北坡西向上,一里,出寺后,南

瞰峡中马家园，即前日闪太史宴余其中者，昔为马业，今售闪氏矣。从此益西向上，一里，瞰其北峡，乃太保新城所环其上者，乃知其西即宝盖山之顶，今循其南冈而上也。又迤逦上者三里，始随南峡盘坡入。二里，路北之树木，森郁而上，路南之树木，又森郁而下，各有庄舍于其中。其北者为薛庄，其南者为马庄，其树皆梨柿诸果。余凤闻马元中有兄居此，元中嘱余往游，且云："家兄已相候久矣。"至是问主人，已归城，庄虚无人。时日甫上午，遂从其后趋于海子道。其处峰稍南曲，其下峡中有深涧，自西北环夹东出，水声骤沸，即马家园绾九隆南坞之上流也。此处腾涌涧中，外至坞口，遂伏流不见。南溢而下泛者，为马园内池；北溢而下泛者，为九隆泉池，皆此水之伏而再出者也。

　　于是循涧北崖盘坡而上，一里，北折入峡。二里，稍下就涧行。其处东西崖石夹峙，水腾跃其中，路随之而上，盖已披宝盖山之西麓矣。或涉水西，或涉水东，或涉水中而上。北五里，渐西，其溪分两道来。由其中蹑岭西北上，始望见由此而北，分峡东下者，为宝盖之脊，又东下而为太保；由此而南，分峡东下者，为九隆南山之脊，又东下为九隆冈。此其中垂之短支，蹑之迤逦上，五里始西越其脊。下瞰脊西有峡下绕甚深，水流其中沸甚，此即沙河〔八〕之上流也。其西又有山一重横夹之，乃为南下牛角关之脊，而此脊犹东向之旁支也。循北崖西行三里余，始西南坠壑下。下又三里余，始抵溪之东岸。两崖夹溪之石甚突兀，溪流逗石底而下，层叠腾涌，而蒙箐笼罩之，如玉龙踊跃于青丝步障中，志所谓溜钟滩，岂即此耶？路缘东崖下，北溯溪，有小洞倚崖，西瞰溪流。入坐其间，水乳滴沥，如贯珠下。出，复北溯溪三里，有木桥跨而西。度其西上岭，遂与沙河上流别。

三里，登南度之脊。其脊中低，南北皆高，南即牛角关之脉，北高处为虎坡，乃从西北度脉而来者。路逆溯之，循北岭东坡而上，又二里，从岭北西向穿坳，是为虎坡。此坡由北冲东蒲蛮寨〔九〕岭度脊西南下，绕为北冲南峰，南向逶迤，东坠沙河之源，西环干海子之坞〔一〇〕，南过此岭，稍伏而南耸牛角关。又伏而度脉，分支西北掉尾者，为蒲缥西岭；正支东峙松子山，绕石甸东而南尽于姚关者也。过坳西即有坑西坠，路循北坡西北行，五里西下，行峡中。溯流蹑涧，三里，再逾岭。又三里，出岭西，始见西南下壑稍开，有西峡自北而南，与南峡合而西去，有茅数龛嵌峡底，曰锣鼓寨。皆㑩㑩之居。于是盘东坡北向，而转溯西峡之上行。盖西峡有山自北坳分支南亘，环于东界之西，路由其中直披北坳而入。三里，涉北来小水，遂西盘其坳脊。二里，出坳西，其西南盘壑复下开，而路乃北向蹑岭，曲折西北，盘之而升，三里余，登岭头。盖此岭从虎坡北干海子东分支西突，又西度为大寨西峰，西北横亘于大寨、玛瑙山之间，此其东下之岭也；其北为崇脊，其南为层壑。遥望数十家倚西亘横峰下，即大寨也。于是西南盘层壑之上，二里，越冈西下，又二里，西南下至坞间。涉北来小峡，又西上半里，是为大寨〔一一〕。所居皆茅，但不架栏，亦㑩㑩之种。俗皆勤苦垦山，五鼓辄起，昏黑乃归，所垦皆硗瘠之地，仅种燕麦、荞麦而已，无稻田也。余初买米装贮，为入山之具，而顾仆竟不之携，至是寨中俱不稻食。煮大麦为饭，强啮之而卧。

初六日

天色阴沉。饭麦。由大寨后西涉一小峡，即西上坡。半里，循西山北向而升。二里，坡东之峡，骈束如门，门以内水犹南流，而坡峡俱平，遂行峡中。又北一里，有岐逾西山之脊，是为玛瑙坡道。余时欲穷干海子，从峡中直北行，径渐翳，水渐缩。一里，峡中累累为环珠小阜，即度脉而为南亘西山，此其平脊也。半里过北，即有坑北下。由坑东循大山西北行，又一里而见西壑下嵌，中圆如围城，而底甚平，即干海子矣。

路从东山西向，环海子之北，一里，乃趁峡下。东山即虎坡大脊之脉，有岐东向，逾脊为新开青江坝〔一二〕道，入郡为近。南下半里，抵海子之北，即有泉一圆在北麓间，水淙淙由此成流出。其东西麓间，俱有茅倚坡临海而居，而西坡为盛。又半里，循麓而入西麓之茅。其庐俱横重木于前，出入皆逾之。其人皆不解汉语，见人辄去。庐侧小溪之成流者，南流海子中。海子大可千亩，中皆芜草青青。下乃草土浮结而成者，亦有溪流贯其间，第不可耕艺，以其土不贮水。行者以足撼之，数丈内俱动，牛马之就水草者，只可在涯涘间，当其中央，驻久辄陷不能起，故居庐亦俱濒其四围，只垦坡布麦，而竟无就水为稻畦者。其东南有峡，乃两山环凑而成，水从此泄，路亦从此达玛瑙山，然不能径海中央而渡，必由西南沿坡湾而去。于是倚西崖南行一里余，有澄池一圆，在西崖下芜海中，其大径丈余，而圆如镜，澄莹甚深，亦谓之龙潭。在平芜中而独不为芜翳，又何也？又南一里，过西南隅茅舍，其庐亦多，有路西北逾山，云通后山去，不知何所。其南转胁间，有水从石崖下出，流为小溪东注。余初狎之，欲从芜间涉此水，近水而芜土交陷，四旁摇动，遂复迁陟西湾，盘石崖之上，乃倚南山东向行。一里余，有岐自东峡上，南逾山脊，为新开道，由此而出烂泥坝者。余乃随坡而下东峡。半里，则峡中横木为桥，其下水淙淙，北自海子孤蒲〔一三〕中流出，破峡南坠。峡甚逼仄，故一木航之，此水口之最为潆结者。其水南下，即为玛瑙山后夹中瀑布矣。度横木东，复上坡，半里，陟其东冈，由脊上东南行。还顾海子之窝，嵌其西北；出峡之水，坠其西南；其下东南坞中，平坠甚深，中夹为箐，丛木重翳，而轰崖倒峡之声不绝。其前则东西两界山又伸臂交舒，辟峡南去，海子峡桥之水，屡悬崖泻箐中，南下西转而出罗明坝〔一四〕焉。于是循东山，瞰西峡，东南行一里余，转而南下。

一里，有路逾东岭来，即大寨西来者，随之西南下坡。半里，忽一庐踞坡，西向而居，其庐虽茅盖，而檐高牖爽，植木环之，不似大寨海子诸茅舍。姑入而问其地，则玛瑙山也。一主人衣冠而出，揖而肃客，则马元康也。余夙知有玛瑙山，以为杖履所经，亦可一寓目〔一五〕，而不知为马氏之居。马元中曾为余言其兄之待余，余以为即九隆后之马家庄，而不知有玛瑙山之舍。玛瑙山，一统志言玛瑙出哀牢支陇，余以为在东山后。乃知出东山后者，为土玛瑙，惟出此山者，由石穴中凿石得之。其山皆马氏之业。元康一见即谛视曰："即徐先生耶？"问何以知之。曰："吾弟言之。余望之久矣！"盖元中应试省中，先以书嘱元康者，乃玛瑙山，而非九隆后之马家庄也。元康即为投辖〔一六〕，割鸡为黍，见其二子。深山杳霭之中，疑无人迹，而有此知己，如遇仙矣！

下午，从庐西下坡峡中，一里转北，下临峡流，上多危崖，藤树倒罨，凿崖进石，则玛瑙嵌其中焉。其色有白有红，皆不甚大，仅如拳，此其蔓也。随之深入，间得结瓜之处，大如升，圆如球，中悬为宕，而不粘于石。宕中有水养之，其精莹坚致，异于常蔓，此玛瑙之上品，不可猝遇，其常积而市于人者，皆凿蔓所得也。其拳大而坚者，价每斤二钱。更碎而次者，每斤一钱而已。是山从海子峡口桥东，南环而下，此其西掉而北向处，即大寨西山之西坡也。峡口下流悬级为三瀑布，皆在深箐回崖间，虽相距咫尺，但闻其声，而树石拥蔽，不能见其形，况可至其处耶？坐玛瑙崖洞间，有覆若堂皇，有深若曲房，其上皆垂干虬枝，倒交横络，但有氤氲之气，已无斧凿之痕，不知其出自人工者。元康命凿崖工人停捶，向垂箐觅树蛾一筐，乃菌之生于木上者，其色黄白，较木耳则有茎有枝，较鸡葼则非土而木，以是为异物而已。且谓余曰："箐中三瀑，以最北者为胜。为崖崩路绝，俱不得行。当令仆人停凿芟道，异日乃可梯崖下瞰也。"因复上坡，至其庐前，乃指点四山，审其形势。元康瀹茗命醴，备极山家清供，视隔宵麦饭粝口，不谓之仙不可也。

初七日

雨。与元康为橘中之乐〔一七〕。棋子出云南，以永昌者为上〔一八〕，而久未见敌手。元康为此中巨擘〔一九〕，能以双先让。余遂对垒者竟日。

初八日

晨饭，欲别而雨复至。主人复投辖布枰〔二〇〕。下午雨霁，同其次君从庐右瞰溪。悬树下，一里，得古洞，乃旧凿玛瑙而深入者，高四五尺，阔三尺，以巨木为桥圈，支架于下，若桥梁之巩，间尺余，辄支架之。其入甚深，有木朽而石压者，上透为明洞。余不入而下，仍悬树，一里坠洞底。其奔涌之势甚急，而挂瀑处俱在其上下峡中，各不得达，仍攀枝上。所攀之枝，皆结异形怪果，苔衣雾须，蒙茸于上。仍二里，还庐舍。元康更命其仆执殳前驱，令次君督率之，从向来路上。二里，抵峡口桥东冈，坠崖斩箐，凿级而下。一里余,凭空及底,则峡中之水,倒侧下坠,两崖紧束之,其势甚壮,黔中白水之倾泻,无此之深;腾阳滴水之悬注,无此之巨。势既高远,峡复逼仄,荡激怒狂,非复常性,散为碎沫,倒喷满壑,虽在数十丈之上,犹霏霏珠卷霰集。滇中之瀑,当以此为第一,惜悬之九天,蔽之九渊,千百年莫之一睹,余非元康之力,虽过此无从寓目也〔二一〕。

返元康庐,挑灯夜酌,复为余言此中幽胜。其前峡下五里,有峡底桥;过之随峡南出,有水帘洞;溯峡北入,即三瀑之下层。而水帘尤奇,但路阒难觅,明晨同往探之。此近胜也。渡上江而西,有石城插天,倚雪山之东,人迹莫到,中夜闻鼓乐声,土人谓之鬼城。此远胜也。上江之东,玛瑙之北,山环谷进,中有悬崖,峰峦倒拔,石洞岹岈,是曰松坡,为其家庄。其叔玉麓构阁青莲,在石之阿〔二二〕,其人云亡,而季叔〔二三〕太麓今继栖迟〔二四〕,一日当联骑而往。此中道之胜也。余闻之,既喜此中之多奇,又喜元康之能悉其奇,而余之得闻此奇也。地主〔二五〕山灵,一时济美,中夜喜而不寐。

初九日

余晨起,欲为上江之游。元康有二骑,一往前山未归,欲俟明日同行。余谓游不必骑,亦不必同,惟指示之功,胜于追逐。余之欲行者,正恐其同,其不欲同者,正虑其骑也。元康固留。余曰:"俟返途过此,当再为一日停。"乃饭而下山。元康命其幼子为水帘洞导。

于是西下者五里,及峡底,始与峡口桥下下流遇。盖历三瀑而北迂四窠崖之下,曲曲而至此,乃平流也,有桥跨其上。度桥,西北盘右岭之嘴,为烂泥坝道。从桥左登左坡之半,其上平衍,有水一塘汇冈头，数十家倚南山而居，是为新安哨，与右岭盘坡之道隔峡相对也。水帘洞在桥西南峡底，倚右岭之麓，幽闷深阻，绝无人行。初随流觅之，傍右岭西南，行荒棘中，三里，不可得，其水渐且出峡，当前坞尖山之隩矣。乃复转，回环遍索，得之绝壁下，其去峡底桥不一里也，但无路影，深阻莫辨耳。其崖南向，前临溪流，削壁层累而上，高数丈。其上洞门嵯呀，重覆叠缀，虽不甚深，而中皆旁通侧透，若飞甍复阁，檐牖相仍。有水散流于外，垂檐而下，自崖下望之，若溜之分悬，自洞中观之，若帘之外幕，"水帘"之名，最为宛肖。洞石皆棂柱绸缪，缨幡垂飏，虽浅而得玲珑之致。但旁无侧路可上，必由垂檐叠覆之级，冒溜冲波，以施攀跻，颇为不便。若从其侧架梯连栈，穿腋入洞，以睇帘之外垂，只中观其飞洒，而不外受其淋漓，胜更十倍也。崖间有悬干虬枝，为水所淋漓者，其外皆结肤为石。盖石膏日久凝胎而成，即片叶丝柯，皆随形逐影，如雪之凝，如冰之裹，小大成象，中边不欹，此又凝雪裹冰，不能若是之匀且肖者。余于左腋洞外得一垂柯，其大拱把，其长丈余，其中树干已腐，而石肤之结于外者，厚可五分，中空如巨竹之筒而无节，击之声甚清越。余不能全曳，断其三尺，携之下，并取枝叶之绸缪凝结者藏其中，盖叶薄枝细，易于损伤，而筒厚可借以相护，携之甚便也。

水帘之西，又有一旱岩。其深亦止丈余，而穹覆危崖之下，结体垂象，纷若赘旒，细若刻丝，攒冰镂玉，千萼并头，万蕊簇颖，有大仅如掌，而笋乳纠缠，不下千百者，真刻楮雕棘之所不能及！余心异之，欲击取而无由，适马郎携斧至，借而击之，以衣下承，得数枝。取其不损者二枝，并石树之筒，托马郎携归玛瑙山，俟余还取之。遂仍出桥右，与马郎别。乃循右坡西上里余，隔溪瞰新安哨而行。

大雨忽来，少憩树下。又西里余，盘右坡之嘴，转而北行。盖右坡自四寨崖颉颃西来，至此下坠，而崖石遂出，有若芙蓉，簇蓊空中，有若绣屏，叠锦崖畔，不一其态。北盘三里，又随湾西转，一里余，又北盘其嘴，于是向北下峡中。盖四寨横亘之峰，至此西坠为壑，其余支又北转而突于外，路下而披其隙也。二里余，坞底有峡自东北来，遂同盘为洼而西北出。路乃挟西坡之麓，随之西转，其中沮洳，踸〔二六〕陷深泞，岂烂泥坝之名以此耶？西北出隘一里，循东坡平行，西瞰坠壑下环，中有村庐一所，是为烂泥坝村〔二七〕。路从其后分为二岐：一西向下坞，循村而西北者，为上江道；一北向盘坡，转而东北登坳者，为松坡〔二八〕道。余取道松坡，又直北一里，挟东坡北嘴，盘之东行。半里，遂东北披峡而上，蹑峻半里，其上峡遂平。溯之东入，一里，峡西转，半里，越西峡而西北上。其坡高穹陡削，一里余，盘其东突之崖，又里余，逾其北亘之脊。由脊东北向随坡一里，路又分岐为二：一直北随脊平行者，横松枝阻绝，以断人行；一转东入腋者，余姑随之。一里，其坡东垂为脊，稍降而东属崇峰。此峰高展众山之上，自北而南，东截天半，若屏之独插而起者，其上松罗丛密，异于他山，岂即松坡之主峰耶？脊间路复两分：一逾脊北去，一随脊东抵崇峰。乃傍之南下，二里，径渐小而翳。余初随南下者半里，见壑下盘，绕崇峰南垂而东，不知其壑从何出，知非松坡道；乃仍还至脊，北向行，东截崇峰西坞。二里，坞北坠峡西下，路从崇峰之西北崖行，盘其湾，越突坡，三里余，西北下峡中。其下甚峻，而路荒径窄，疑非通道。下二里，有三四人倚北坡而樵，呼讯之，始知去松坡不远，乃西转而就峡平行。

里余，出峡口，其西壑稍开，崇冈散为环阜，遂有参差离立之势。又西下里余,有村庐当中窝而居,村中巨庐,<u>杨氏</u>在北,<u>马氏</u>在南,乃南趋之。一翁方巾〔二九〕藜杖〔三〇〕出迎,为<u>马太麓</u>;<u>元康</u>长郎先已经此,为言及。翁讶<u>元康</u>不同来,余为道前意。翁方瀹茗,而山雨大至。俟其霁,下午,乃东蹑坡上<u>青莲阁</u>。阁不大,在石崖之下,<u>玉麓先生</u>所栖真处。<u>太麓</u>于是日初招一僧止其中,余甫至,<u>太麓</u>即携酒授餐,遂不及览崖间诸胜。<u>太麓</u>年高有道气。二子:长读书郡城,<u>元真</u>。次随侍山中。<u>元亮</u>。为余言:其处多岩洞,亦有可深入者二三处,但路未开辟,当披荆入之。地当山之翠微,深崖坠壑,尚在其下,不觉其为幽闷;乱峰小岫,初环于上,不觉其为孤高。盖崇山西北之支,分为双臂,中环此窝,南夹为门,水从中出,而<u>高黎贡山</u>又外障之,真栖遁〔三一〕胜地,买山而隐,无过于此。惟夹中无田,米从麓上,尚数里也。<u>松坡</u>虽<u>太麓</u>所居,而<u>马元中</u>之庄亦在焉。

初十日

晨起,霁色可挹。遂由阁东竹坞,绕石崖之左,登其上。其崖高五六丈,大四丈,一石擎空,四面壁立,而南突为岩,其下嵌入,崖顶平展如台。冈脊从北来环其后,断而复起,其断处亦环为峡,绕崖左右,而流泉潆之。种竹峡中,岚翠掩映,道从之登。昔<u>玉麓</u>构殿三楹在顶,塑佛未竟,止有空梁落燕泥也。已复下<u>青莲阁</u>,从阁侧南透崖下,其岩忽绷云罨幕,亭亭上覆,而下临复磴然无地。转其西,岩亦如之,第引水环流其前,而断北通之隘,致下岩与上台分为两截。余谓不若通北隘,断东路,使<u>青莲阁</u>中道,由前岩之下从西北转达于后峡,仍自后峡上崖台,庶渐入佳境,不分两岐也。

既而<u>太麓</u>翁策杖携晨餐至。餐毕,余以天色渐霁,急于为<u>石城</u>

游。太麓留探松坡石洞，余以归途期之。太麓曰：“今日抵江边已晚，不必渡，可觅土官早龙江家投宿。彼自为登山指南。不然，其地皆彝寨，无可通语者。”余识之，遂行。乃西南下，至其庐侧，遂渡坞中南出之水，其西一里，上循西坡北向行。一里，转而披其西峡，半里，逾脊西下，一里，下至壑中。其处忽盘窝夹谷，自东北而透西南之门。路循其南坡西行，一里，涉峡中小水，同透门出，乃西南随坡下。三里，复盘坡西转，望见南坞中开，下始有田，有路从东南来合，即烂泥坝北来道也。坡西南麓，有数家倚坡南向，是为某某。仍下坡一里，从村左度小桥〔三二〕。是坡左右俱有小水从北峡来，而村悬其中。又西北开一峡，其水较大，亦东来合之，会同南去，当亦与松坡水同出罗明者。由是望其西北而趋，一里，逾坡入之。又渡一东北来小水，即循北坡溯涧西北行。二里西下，渡坞中涧，复西北上涧西之山。又随其支峡入，二里，再上盘西突之坡。坡西有壑中盘，由壑之北崖半里，环陟其西脊，约三里，由脊西南下。半里，平行枯峡中，一里，有枯峡自北来合，横陟之，循北岭之坡西行。一里，其处峡分四岐：余来者自东，又一峡自北，又一峡自南，虽皆中枯，皆水所从来者；又一峡向西，则诸流所由下注之口。路当从西峡北坡上行，余见北来峡底有路入，遂溯之。二里，其中复环为一壑，闻水声淙淙，数家倚西坡而居，是为打郎。入询居人，始知上江路在外峡之西，壑东北亦有路逾岭，此亦通府之道，独西北乃山之环脊，无通途也。乃随西山之半南向出，二里，盘西山之南嘴而西，其前有路自峡底来合，则东来正道也。于是倚北崖西行西峡之上，峡南盘壑屡开，而水仍西注；峡北西垂渐下，石骨迸出。行二里，时上午暑甚，余择荫卧石半晌，乃西北下坡。

半里，有涧自东来，其水淙淙成流，越之，仍倚北坡西北行。二里，饭于坡间。又西北二里，越冈西下，其间坑堑旁午，陂陀间错，木树森罗。二里，路岐为两，一西南，一西北。余未知所从，从西北者。已而后一人至，曰："西南为<u>猛赖</u>渡江径道，此西北道乃曲而从<u>猛淋</u>者。"余欲转，其人曰："既来一里，不必转，即从<u>猛淋</u>往可也。"乃西北随峡稍下。二里余，有聚落倚南坡，临北堑，是为<u>猛淋</u>。此乃打郎西山，南下西转，掉尾而北，环为此堑。其堑北向颇豁，遥望有巨山在北，横亘西下，此北冲后山，夹溪西行，而尽于<u>猛赖</u>溪北<u>王尚书寨岭</u>者也。堑中水当北下北冲西溪。其人指余从<u>猛淋</u>村后西南逾岭行。一里，陟岭头，逾而南下，遂失路。下一里，其路自西来合，遂稍东下，度一小桥，乃转西南越坡。二里，则坡南大涧自东而西向注，有路亦自涧北西来，其路则沿坡而上，余所由路则坠崖而下，于是合而西向。半里，沿崖半线路行〔三三〕。其崖峭石凌空，下临绝堑，其下奔流破峡，倒影无地，而路缘其间，嵌壁而行。西南半里，稍下离崖足，回眺北崖上插，犹如层城叠障也。又西二里余，从崖足盘西南突嘴，半里，始见<u>上江</u>南坞，其峡大开，中嵌为平畴，只见峡底而不见江流。有溪自西山东南横界平畴中，直抵东山之麓，而余所循之溪，亦西南注之。峡口波光，四围荡漾，其处不审即峡溪所汇，抑<u>上江</u>之曲。余又疑东南横界之流即为<u>上江</u>，然其势甚小，不足以当之。方疑而未定，逾突嘴而西，又半里，转而北，随北峡下一里，从北峡西转，始见<u>上江</u>北坞，虽平畴较小于南坞，而北来江流盘折其中，东峡又有溪西向人之。其南流虽大，而江流循东山之麓，为东山亏蔽，惟当峡口仅露一斑，不若此之全体俱现也。又西向者一里，有十余家倚南山北向而居，其前即东峡所出溪西南环之。问上江渡何在,村人指在其西北。问旱土官何在,在其西南二里。乃北渡其溪。溪水颇大,而其上无桥,仅横一木,平于水面,两接而渡之,而木为水激,撼摇不定,而水时踊跃其上。虽跣足而涉,而足下不能自主,危甚。于是上西坡,南向随流行塍间,一里,稍折而西南,又一里,入旱氏之庐,已暮。始在其外室,甚陋,既乃延入中堂,主人始出揖,犹以红布缠首者。讯余所从来,余以马氏对。曰:"元康与我厚,何不以一束相示?"余出元康诗示之,其人乃去缠首,易巾服而出,再揖,遂具晚餐,而卧其中堂。

此地为猛赖〔三四〕,乃上江东岸之中。其脉由北冲西溪北界之山,西突为王尚书营者,下坠坞中为平畴,南衍至此;上江〔三五〕之流西漾之,北冲西溪东夹之,而当其交会之中;溪南即所下之岭,自猛淋南夹溪南下,峙为下流之龙砂,而王尚书营岭即其本支,而又为上流之虎砂也。上江之东,尚称为"寨",二十八寨皆土酋官舍。江以西是为十五喧,"喧"者,取喧聚之义,谓众之所集也。惟此地有此称〔三六〕。其人皆彝,栏居窟处,与粤西彝地相似。而旱龙江乃居中而辖之者。

〔一〕滇游日记十一在乾隆刻本第九册下,原附永昌志略、近腾诸彝说略。

〔二〕家报:家信。

〔三〕唐末陈陶诗陇西行有:"可怜无定河边骨,犹是春闺梦里人。"无定河在今陕西北部,上源称红柳河,绕经内蒙古自治区南端,穿过长城折向东南汇入黄河,从唐至今皆称无定河。

〔四〕毗(pí皮)陵:古县名,西汉置,治今江苏常州市。明末设毗陵,此系沿用旧名。

〔五〕升南部故与俞遇　　滇游日记十六月初十日记:俞禹锡原籍苏州,其祖时"移居金陵大功坊后。其祖、父年俱壮,闪太翁移金陵时,欲移家南来,遂以季女字俞。"禹锡家住南都无疑。"南部"应为"南都"之误。麟征升任南都,故与俞遇。

〔六〕建昌:明设建昌卫,为四川行都司治所,在今四川西昌市。

〔七〕公车:即官车,汉时以公家车马递送应举的人,后因以公车为举人入京会试的代称。

〔八〕沙河:今名同,在保山市隆阳区西境丛山中,流到保山坝子汇入东河。

〔九〕蒲蛮寨　　"寨"原作"塞",从四库本改。蒲蛮寨即蒲人聚居的村寨。

〔一〇〕干海子　　原夺"子"字,据徐本补。游记所述干海子,今已建为大海坝水库。

〔一一〕大寨:今名同,在隆阳区西境,沙河稍西,大海坝水库以南。

〔一二〕青江坝:今作青岗坝,在隆阳区西境的沙河边。

〔一三〕菰(gū孤):俗称茭白,可食用。　　蒲:水生植物,可以制席。

〔一四〕罗明坝:今名同,在保山市隆阳区西境,怒江东岸,罗明坝河从此往西汇入怒江。

〔一五〕寓目:过目,看到。

〔一六〕辖:车轴的键,去辖则车不能行,因以"投辖"比喻主人留客的殷勤。

〔一七〕橘:通"局"。局中之乐指奕棋,这里说的是围棋。

〔一八〕云南出的围棋子一直名噪全国,称为"云子"。光绪永昌府志杂纪志载:"永棋:永昌之棋甲于天下。其制法以玛瑙石合紫瑛石研为粉,加以铅硝,投以药料,合而煅之,用长铁蘸其汁滴以成棋。有牙色深黑者最坚,次碧绿者稍脆,又腊色、杂色及黑白皆有花者其下也。"

〔一九〕巨擘(bò 薄):即大拇指。比喻如大指异于其他指头,杰出于众,堪称第一。

〔二〇〕枰(píng 平):棋盘。

〔二一〕此瀑布在杨柳白族彝族乡境内,今称杨柳瀑布。

〔二二〕阿:曲隅,弯曲的角落。

〔二三〕季叔:小叔。

〔二四〕栖迟:游息。

〔二五〕地主:所在地的主人。

〔二六〕踔(chuō 戳):践踏。

〔二七〕烂泥坝村:今称小浪坝,在隆阳区西北境,怒江东边。

〔二八〕松坡:今名同,在隆阳区西北境,小浪坝稍北,河湾街稍东。

〔二九〕方巾:明代处士及儒生所用的一种头巾。

〔三〇〕藜(lí 离)杖:用藜茎制的手杖。

〔三一〕栖遁:隐居。

〔三二〕从村左度小桥 "左",徐本、四库本作"右"。

〔三三〕沿崖半线路行 "崖"原作"溪",据四库本改。

〔三四〕打郎:今名同,又作挡狼。猛淋:今作勐林。猛赖:今名同，亦作**勐来**，又称**大门坎**，**勐来**溪从东往西在**勐来**汇入**怒江**。三地皆在**隆阳区**西北境、**怒江**东岸，依次从南往北斜列。

〔三五〕明代云南境内**怒江**的一部分又有**上江**、**下江**之分。以**怒江坝**起算，**上江**在北，**下江**在南。今**泸水县**南隅设有**上江区**，**隆阳区**西北隅的一段狭长的**怒江**河谷今仍称**上江坝**。

〔三六〕**天启滇志土司官氏**："**保山县**有十五喧、二十八寨，诸夷有**大獶**、**蒲人**、**峨昌**，其酋长或以百夫长称，或以千夫长称，或以实授百户称，皆奉命令，服徭役，第性勇悍，不能骤格，又为市侩所诱，渐习奸伪耳。"十五喧名，**天启滇志**录有**敢顶喧**、**旱纳喧**、**古里喧**、**荡习喧**、**蛮云喧**、**西牙喧**、**蛮冈喧**、**空广喧**、**喇伦喧**、**蛮养上喧**、**蛮养下喧**、**蛮宽喧**、**蛮场喧**。**光绪永昌府志**补充**崩戛喧**、**蛮雷喧**，分**敢顶喧**为**敢顶上**、**下喧**，但无**蛮场喧**。

十一日

晨起，早**龙江**具饭，且言："江外土人，质野不驯，见人辄避。君欲游**石城**，其山在西北崇峡之上，路由**蛮边**入。**蛮边**亦余所辖，当奉一檄〔一〕，令其火头供应除道，拨寨夫引至其处，不然，一时无栖托之所也。"余谢之。**龙江**复引余出庐前旷处，指点而言曰："东北一峰特耸，西临江左者，为**王尚书**驻营之峰。西北重峡之下，一冈东突江右者，是为**蛮边**，昔**麓川**叛酋**思任**踞为巢。其后重崖上，是为**石城**，**思酋**恃以为险，与**王尚书**夹江相拒者也。此地昔为战场，为贼窟。今藉天子威灵，民安地静，物产丰盈，盛于他所。他处方苦旱，而此地之雨不绝；他处甫插莳，而此中之新谷已登；他处多盗贼，而此中夜不闭户。敢谓穷边非乐土乎！第无高人至此，而今得之，岂非山川之幸！"余谢不敢当。时新谷、新花，一时并出，而晚稻香风，盈川被陇，真边境之休风，而或指以为瘴，亦此地之常耳。

既饭，龙江欲侍行，余固辞之，期返途再晤，乃以其檄往。出门，即溯江东岸北行。二里，时渡舟在西岸，余坐东涯树下待之，半晌东来，乃受之。溯流稍北，又受驼骑，此自北冲西来者。渡舟为龙江之弟龙川所管，只驼骑各界之钱，而罄身〔二〕之渡，无界钱者。时龙川居江岸，西与蛮边之路隔一东下小溪。渡夫谓余，自蛮边回，必向溪南一晤龙川。余许之。乃从小溪北岸登涯，即西北行，于是涉上江之西矣。此十五喧之中也，循西山北二日为崩戞〔三〕，南二日为八湾。崩戞北为红毛野人。八湾南为潞江安抚司。昔时造桥，西逾山心，出壶瓶口，至腾阳道，尚在其南下流二十里。其天生石崖可就为桥址者，又在其下。昔众议就崖建桥，孙郡尊〔四〕已同马元中辈亲至而相度之。后徐别驾及腾越督造卫官，以私意建桥于石崖北沙嘴之冲，旋为水摧去，桥竟不成。此江王靖远与思任夹江对垒，相持不得渡。王命多缚筏。一夕缚羊于鼓，缚炬于筏，放之蔽江南下。思酋见之，以为筏且由下流渡，竟从西岸趋下流，而王师从上流济矣，遂克之。今东岸之罗明，乃其缚松明寨，罗鼓乃其造鼓寨也。

西北三里，有溪自西峡出，北渡之。半里，有聚落倚坡东向罗列，是为蛮边〔五〕。按志，十五喧无蛮边之名，想即所谓中冈也。闪太史亦有庄在焉。觅火头不见。其妻持檄觅一僧读之，延余坐竹栏上而具餐焉〔六〕。其僧即石城下层中台寺僧，结庵中台之上，各喧土人俱信服之，今为取木延匠，将开建大寺。此僧甫下山，与各喧火头议开建之事，言庵中无人，劝余姑停此，候其明日归，方可由庵觅石城也。余从之，坐栏上作纪。下午浴于涧。复登栏，观火头家烹小豚祭先。令一人从外望，一人从内呼。问："可来?"曰："来了。"

如是者数十次。以布曳路间，度入龛而酹之饭之，劝亦如生人。薄暮，其子以酒肉来献，乃火酒也。酹于栏上，风雨忽来，虽栏无所蔽，而川中蕴热，即就栏而卧，不暇移就其室也。"火头"者，一喧之主也，即中土保长、里长之类。

十二日

火头具饭，延一旧土官同餐。其人九十七岁矣，以年高，后改于早龙江者。喧中人皆言，其人质直而不害人，为土官最久，曾不作一风波，有馈之者，千钱之外辄不受。当道屡物色之，终莫得其过迹。喧人感念之，共宰一牛，卖为赡老之资。既饭，以一人引余往中台寺。余欲其人竟引探石城，不必由中台。其人言："喧中人俱不识石城路，惟中台僧能识之；且路必由中台往，无他道也。"余不信，复还遍征之喧中，其言合，遂与同向中台。

由村北溯溪西向入，二里，过上蛮边，渐入峡。又西一里余，涉一水沟，遂临南涧倚北坡而行。又里余，则北坡稍开，有岐北去。又西逾坡，过一水塘，北下峡中。共二里，有溪自北峡来，架木为桥，西度之。桥之南，又有溪自南峡西来，与桥水合，迸而出于蛮边南大溪者。既度桥西，即北向上坡。其坡峻甚，且泞甚，陷淖不能举足，因其中林木深闷，牛畜蹂践，遂成淖土，攀陟甚难。二里，就小径行丛木中。三里，复与大路合，峻与泞愈甚。又北上一里，折而西南上峡中。一里，南逾其冈，则中台东下之脊也，始见有茅庵当西崖之下，其崖矗然壁立于后，上参霄汉，其上盖即石城云。乃入庵。

庵东向，乃覆茅为之者，其前积木甚巨，一匠工斫[七]之为殿材。昨所晤老僧号沧海，四川人。已先至，即为余具饭。余告以欲登石城，僧曰："必俟明日，今已无及矣。此路惟僧能导之，即喧中人亦不能知也。"余始信喧人之言不谬,遂停其茅中。此寺虽称中台,实登山第一坪也。石城之顶,横峙于后者,为第二层。其后又环一峡,又蠡而上,即雪山大脊之东突,是为第三重。自第一坪而上,皆危嶂深木,蒙翳悬阻,曾无人迹。惟此老僧昔尝同一徒,持斧秉炬,探历四五日,于上二层各斫木数十株,相基卜址,欲结茅于上,以去人境太远,乃还栖下层。今喧人归依〔八〕,渐有展拓矣。

十三日

僧沧海具饭,即执殳前驱。余与顾仆亦曳杖从之。从坪冈右腋仆树上,度而入。其树长二十余丈,大合抱,横架崖壁下,其两旁皆丛箐纠藤,不可着足,其下坎坷蒙蔽,无路可通,不得不假道于树也。过树,沿西崖石脚,南向披丛棘,头不戴天,足不践地,如蛇游伏莽,狘〔九〕过断枝,惟随老僧,僧攀亦攀,僧挂亦挂,僧匍匐亦匍匐。二里,过崇崖之下。又南越一冈,又东南下涉一箐,共里余,乃南上坡,践积茅而横陟之。其茅倒者厚尺余,竖者高丈余,亦仰不辨天,俯不辨地。又里余,出南冈之上。此冈下临南峡,东向垂支而下,有微径自南峡之底,西向循冈而上,于是始得路。随之上蹑,其上甚峻,盖石城屏立,此其东南之跌,南峡又环其外,惟一线悬崖峡之间。遂从攀跻西向上者五里,乃折而北上。一里,西北陟坎坷之石,半里,抵石城南垂之足。乃知此山非环转之城,其山则从其后雪山之脊,东度南折,中兜一峡,南嵌而下,至此南垂之足,乃峡中之门也。其崖则从南折之脊,横列一屏〔一〇〕,特耸而上,至此南垂之足,则承跌之座也。峡则围三缺一,屏则界一为二,皆不可谓之城。然峡之杳渺障于内,屏之突兀临于外,此南垂屏峡之交,正如黄河、华岳,凑扼潼关,不可不谓险之极也。从南垂足盘其东麓而北,为崖前壁,正临台庵之上。壁间有洞，亦东向，嵌高深间，登之缥缈云端，凭临琼阁，所少者石髓无停穴耳。盘其西麓而北，为崖后壁，正环坠峡之东。削垒上压，渊堑下蟠，万木森空，藤薜交拥，幽峭之甚。循崖北行一里，路分为二：一东北上，为躇崖顶者；一西北，为盘峡坳者。乃先从峡。半里，涉其底，底亦甚平，森木皆浮空结翠，丝日不容下坠。山上多扶留藤，所谓篓子也，此处尤巨而长，有长六丈者。又有一树径尺，细芽如毛，密缀皮外无毫隙。当其中有木龙焉，乃一巨树也。其下体形扁，纵三尺，横尺五。自地而上，高二尺五寸，即半摧半茂。摧者在西北，止存下节；茂者在东南，耸干而起。其干正圆，围如下体之半，而高不啻十余丈。其所存下节并附之，其圆亦如耸干，得下体之半，而其中皆空。外肤之围抱而附于耸干者，其厚止寸余，中环空腹如桶〔一〕，而水盈焉。桶中之水，深二尺余，盖下将及于地，而上低于外肤之边者，一寸有五，其水不甚清，想即树之沥也。中有蝌蚪跃跳，杓水而干之则不见。然底无旁穴，不旋踵而水仍满，亦不见所自来，及满至肤边下寸五，辄止不溢，若有所限之者，此又何耶？其树一名溪母树，又名水冬瓜，言其多水也。土人言，有心气痛者，至此饮之辄愈。老僧前以砍木相基至，亦即此水为餐而食。树之北，有平冈自西而东，属于石崖之峰。即度冈之北，有洼汇水，为马鹿潭，言马鹿所栖饮者。洼之北，则两崖对束如门，潭水所从泄也。循冈西上半里，西大山之麓有坡一方，巨木交枕，云日披空，即老僧昔来所砍而欲卜之为基者，寄宿之茅，尚在其侧。由此西上，可登上台，而路愈蔽，乃返由前岐东北躇崖，半里而凌其上。南瞰下台之龛庵，如井底寸人豆马，蠕蠕下动，此庵遂成一画幅。其顶正如堵墙，南北虽遥而阔皆丈余，上下虽悬而址皆直立。由其上东瞰上江如一线，而东界极北之曹涧，极南之牛角关，可一睫而尽；惟西界之南北，为本支所掩，不能尽崩戛、八湾之境也；西眺雪山大脊，可以平揖而问，第深峡中嵌，不能竟陟耳。乃以老僧饭踞崖脊而餐之，仍由旧径下趋中台庵。未至而雨，为密树所翳不觉也。既至而大雨。僧复具饭。下午雨止，遂别僧下山，宿于蛮边火头家，以烧鱼供火酒而卧。

十四日

从蛮边饭而行。仍从旧路东南一里，宜东下，误循大路倚西山南行。二里，望渡处已在东北，乃转一里，得东下之路，遂涉坑从田塍东行。一里，至旱龙川家，即龙江之弟，分居于此，以主此渡者。时渡舟尚在江东岸，龙川迎坐以待之，其妻女即织纴于旁。出火酒糟生肉以供。余但饮酒而已，不能啖生也。雨忽作忽止，上午舟乃西过。又候舟人饭，当午乃发，雨大作。同渡者言，猛赖东溪水暴涨，横木沉水底，不能着足；徒涉之，水且及胸，过之甚难。余初以路资空乏，拟仍宿旱龙江家，一日而至松坡，二日而至玛瑙山，皆可无烦杖头，即取所寄水帘石树归。今闻此，知溪既难涉，且由溪北岸溯流而入，由北冲逾岭，既免徒涉之险，更得分流之脊，于道里虽稍远，况今日尚可达歪瓦，则两日即抵郡，其行反速也。遂从渡口东向截坞望峡入，先由坞东行田塍间。一里，路为草拥，草为雨偃，几无从觅。幸一同渡者见余从此，亦来同行，令之前驱。半里，遂及峡口，循峡北突峰南麓东向入，溪沸于下，甚汹涌。五里，峡自北来，有村在东山下，曰猛冈〔一二〕。路挟西山北转上坡，五里，遂东盘东峰之南椒。又东十里，有峡自东南来，想即猛淋所从来之小径也。于是折而北上山坳，二里，闻犬声。又里余，山环谷合，中得一坪,四五家倚之南向而居,曰歪瓦,遂止而宿。

十五日

昧爽而炊[一三],平明饭而行。雨色霏霏[一四],南陟东坡一里,稍北下三里余,不得路。乃西向攀茅蹂坡,二里,登岭,乃得南来之路。又稍北,循崖曲复东向行。八里,有峡自东来,而大溪则自北峡来受,其回曲处藤木蓊蔽,惟见水势腾跃于下。路仍北转溯之,遂从深箐中行。又二里稍下,渐与溪逼。又北五里,峡复转东,路乃东溯之。屡降而与溪会,一路皆从溪右深箐仄崖间。东北溯流行十五里,有一溪自北峡出,而下有田缘之,渐出箐矣。又东五里,其下田遂连畦夹溪。又东五里,又有水自西北峡来,溪源遂岐为两,有桥度其北来者,仍溯其东来者。其下田愈辟,路始无箐木之翳。又东五里,北界之山,中环为坪,而土官居之;亦呈姓,为龙江之侄。南界之峡,平拓为田,而村落绕之,此即所谓北冲也。又东五里,山箐复合,是为箐口[一五]。时才下午,而前无宿店,遂止。是夕为中元,去岁在石屏,其俗犹知祭先,而此则寂然矣。

十六日

平明饭[一六]。由箐口东稍下入峡,二里,有涧自东北来,越之。其大溪则自峡中东来,犹在路之南。路从两涧中支东上,已复北倚中支,南临大溪,且上且平。七里稍下,又一里,下及溪,濒溪溯水而行。又里余,有木桥跨溪,遂度其南岸,倚南崖东向行。又里余,复度桥,行溪北岸。由是两崖夹涧,涧之上屡有桥左右跨,或度桥南,或度桥北,俱潆涧倚坡,且上且折。又连度六桥,共七里,水分两派来,一东南,一东北,俱成悬流,桥不复能施,遂从中坡蹂峻,盘垂磴而上。曲折八里,冈脊稍平,有庐三楹横于冈上,曰茶庵，土人又呼为<u>蒲蛮寨</u>，而实无寨也。有一道流瀹茗于中。余知前路无居庐，乃出饭就之而啖。又北上，始临北坑，后临南坑，始披峡涉水，后蹑磴盘脊，十里，乃东登岭坳。既至岭头，雨势滂沱，随流南下，若骑玉龙而揽沧海者。南下三里，雨忽中止，云霾遥涤。又二里，遂随西峡下，坠峡穿箐，路既蒙茸，雨复连绵。又五里，从箐底踏波随流出。又南五里，稍东逾一东障西突之坡。从其南坠坡直下者三里，复随峡倚东障之支南向行，其西中壑稍开，流渐成溪。二里，雨益大，沾体涂足，足滑不能定，上嵼〔一七〕涉流，随起随仆。如是者三四里，头目既伤，四肢受病，一时无可如何。雨少止，又东南五里，坞稍东曲，乃截坞而度一桥。桥下水虽汹涌浑浊，其势犹未大，仅横木而度。至是从溪西随西山行，溪逼东障山去。复逾坡坠箐向东南下，五里，又东南盘一坡，下涉一箐。又五里，转坡南，腋间得<u>卧佛寺</u>，已暮。急入其厨，索火炙衣，炊汤啖所存携饭，深夜而卧其北楼。

十七日

晨起绝粮。计此地去郡不过三十余里，与前东自<u>小寨</u>归相似，遂空腹行。仍再上岩殿，再下池轩，一凭眺之。东南里许，过一小室，始有二家当路，是为税司。又南八里，过<u>龙王塘峡</u>，皆倚西山行。又东南五里，过<u>郎义村</u>，村西有路逾岭，为<u>清江坝</u>、<u>打郎道</u>。又南二十里，至郡城北<u>通华门</u>外，即随城北涧西上。二里入<u>仁寿门</u>，由<u>新城街</u>一里余，过<u>法明寺</u>前，西抵<u>刘馆</u>。余初拟至<u>干海子</u>一宿即还，至是又十三日矣。馆前老妪以<u>潘莲华</u>所留折仪、并会真<u>陶道</u>所馈点界余，且谓<u>闪知愿</u>使人以书仪数次来候。盖<u>知愿</u>往先茔〔一八〕，恐余东返，即留使相待也。下午<u>安仁</u>来，<u>俞禹锡</u>同<u>闪</u>来，抵暮乃别。

十八日

余卧未起，马元真同其从兄来候。余讶其早。曰："即在北邻，而久不知。昨暮禹锡言，始知之。且知与老父约，而不从松坡返，能不使老父盼望耶？"余始知为太麓乃郎。太麓虽言其长子读书城中，而不知即与刘馆并也。禹锡邀饭，出其岳闪太翁降乩〔一九〕语相示，录之，暮乃返。闪知愿使以知愿书仪并所留柬札来，且为余作书与杨云州。

十九日

闪太史手书候叙，既午乃赴之。留款西书舍小亭间，出董太史一卷一册相示，书画皆佳，又出大理苍石屏置座间。另觅鲜鸡蒌瀹汤以佐饭。深夜乃归馆。知安仁所候闪序已得，安仁将反命丽江矣。

二十日

作书并翠生杯，托安仁师赍送丽江木公。

〔一〕檄(xí习)：用于征召、晓谕的文书。

〔二〕罄(qìng庆)身：只身不带其他东西。

〔三〕崩戛：今作丙贡，在泸水县南隅。

〔四〕郡尊：对知府的敬称。

〔五〕蛮边：在隆阳区西北隅，怒江西岸，今小永附近的黑山河以北。

〔六〕此即古代所称的"干阑"，即今傣族的竹楼。墙壁、楼板全用竹子。人住楼上，火塘也在楼上，登梯而上，楼边还有阳台，楼下则养牲畜。

〔七〕斫(zhuó 酌)：砍削。

〔八〕归依：又作"皈依"。对佛教表示归顺依附，信仰而且崇拜，称为归依。

〔九〕狨(róng 绒)：金丝猴。

〔一〇〕其崖则从南折之脊横列一屏　　徐本作"其南崖之脊，折而横列一屏"。

〔一一〕中环空腹如桶　　原脱"空"字，据徐本、陈本、史序本、四库本补。

〔一二〕猛冈：应即今芒岗，傣语"芒"为寨，"岗"为中，意即中寨。今分为上芒岗、中芒岗、下芒岗三寨。

〔一三〕昧爽而炊　　原脱此四字，据徐本、陈本、史序本、四库本补。

〔一四〕雨色霏霏　　原作"雨中"，据徐本、陈本、史序本补。

〔一五〕箐口：今名同，在隆阳区北境，瓦房街边。土官驻地的北冲，今称瓦房，为瓦房乡驻地。

〔一六〕平明饭　　原脱此三字，据徐本、陈本、史序本、四库本补。

〔一七〕崄(xiǎn 险)：高峻、险阻的山。

〔一八〕先茔(yíng 营)：祖先的墓地。

〔一九〕降乩(jī 基)：旧时迷信求神降示的一种方法，用木架在沙盘上划字预示吉凶。

二十一日

命顾仆往玛瑙山取石树,且以失约谢马元康。

二十二日

雨[一],禹锡同闪□□来寓[二],坐竟日,贳酒移肴,为联句之饮。

二十三日

早,马元真邀饭。以顾奴往玛瑙山,禹锡知余无人具餐,故令元真邀余也。先是自清水关遇雨,受寒受跌,且受饥,连日体甚不安,欲以汗发之。方赴市取药,而禹锡知余仆未归,再来邀余,乃置药而赴之,遂痛饮。入夜,元真辈先去,余竟卧禹锡斋。禹锡携襆[三]被连榻,且以新绵被覆余,被褥俱丽甚。余以醉后觉蒸蒸有汗意,引被蒙面,汗出如雨,明日遂霍然,信乎挟纩[四]之胜于药石也。

二十四日

还寓。夜深而顾奴返。以马元康见余不返,亲往松坡询踪迹,故留待三日而后归也。

二十五日

闪太史以所作长歌赠,更馈以赆。其歌甚畅,而字画遒劲有法,真可与石斋赠余七言歌并镂为合璧。已而俞禹锡又使人来邀移寓。余乃令顾仆以石树往视之,相与抵掌[五]为异。已而往谢太史之赐,太史亦为索观,遂从禹锡处送往观之。

二十六日

禹锡晨至寓,邀余移往其斋。余感其意,从之。比至而知愿归,即同往晤,且与之别,知此后以服阕[六]事,与太史俱有哭泣之哀，不复见客也。比出门，太史复令人询<u>静闻</u>名号寺名，盖为<u>静闻</u>作铭〔七〕已完，将欲书以畀余也。更谓余，石树甚奇，恐致远不便，欲留之斋头，以挹清风。余谓："此石得<u>天禄石渠之供</u>〔八〕甚幸，但余石交不固何！"<u>知愿</u>曰："此正所谓<u>石交</u>〔九〕也。"遂置石而别。余仍还<u>刘</u>馆，作纪竟日。晚还宿于<u>俞</u>。既卧，太史以<u>静闻</u>铭来赐，谓明日五鼓祭先，不敢与外事也。

二十七日

余再还<u>刘</u>馆，移所未尽移者。并以银五钱畀<u>禹锡</u>，买鸡葼六觔〔一〇〕。湿甚，<u>禹锡</u>为再蒸之，缝袋以贮焉〔一一〕。乃为余定往<u>顺宁</u>夫。

二十八日

夫至欲行，<u>禹锡</u>固留，乃坐<u>禹锡</u>斋头阅<u>还魂记</u>〔一二〕，竟日而尽。晚酌遂醉。夜大雨。

二十九日

晨，雨时作时止。待饭待夫，久之乃别<u>禹锡</u>。适<u>马元真</u>、<u>闪□□</u>亦来送。遂出南门，从大道南二里，至夹路村居之街，遂分路由东岐，当平坞中南行，西与<u>沙河</u>之道相望。五里，过<u>神济桥</u>。其南居庐连亘，是为<u>诸葛营</u>〔一三〕，<u>诸葛</u>之祠在焉，东向，颇小。又南为<u>东岳庙</u>，颇巨，亦东向。又南五里，为<u>大树墩</u>，亦多居庐。村之北有小溪东南流，村之南有小溪东北流，合于村之东而东去，此两流即<u>卧狮窝</u>之水也。又南三里，有水自西沿南坡而东，此乃<u>坳子铺</u>东注之水，小石桥跨其上。越桥南上坡，路分为三：一西南向大山之麓，一东南为<u>石甸</u>、<u>姚关</u>之道，一<u>直</u>东为<u>养邑</u>道。于是直东行坡上。三里，有小溪自南而北，此亦自西南而来，至此北注而入于<u>东溪</u>，同东向<u>落水坑</u>者,其源当出于<u>冷水箐</u>。于是下越一木桥,复东上坡,坡北有村倚之,其地为<u>三条沟</u>。由坡东东南下而复上,三里,越一冈,有两三家当冈头,是为<u>胡家坡</u>。越冈而东,三里又下,有水自南而北,南坞稍开,下盘为田,有数家倚南冈,是为<u>阿今</u>〔一四〕。过<u>阿今</u>,复东上三里,其南坞水遂分东西下。又东五里,乃饭。又三里稍下,为<u>养邑</u>〔一五〕。南有坞盘而为田,北正对<u>笔架山</u>之南垂,有数家当坞。日才下午,而前无止处,遂宿。

三十日

店妇鸡鸣起炊,平明余起而饭〔一六〕,出店东南行。稍下,渡南来小溪,即上坡,东逾南转,即<u>养邑</u>东环之支也。有公馆当坡,西瞰墅中,田庐历历。东逾坡而下,又涉一小坞而东上坡,遂行冈头,共五里。路分二岐:一东南者,为<u>西邑</u>道;一西北者,为<u>山河坝</u>道。先是问道,多言由<u>西邑</u>〔一七〕逾芭蕉岭达<u>亦登</u>,有热水从石盘中溢出,其处有大道通<u>顺宁</u>。余欲从之,而<u>养邑</u>店主言,往<u>西邑</u>路近,而山溪无桥,今雨后无桥,水涨难渡;当折而北,由<u>山河坝</u>渡其下流,仍由<u>枯柯</u>而达<u>亦登</u>为便。至是,见同行者俱不走<u>西邑</u>而走<u>山河坝</u>,余亦从之。

遂西北两涉小坞,二里余,升坡而东,遂循<u>永昌溪</u>南崖行。溪嵌崖底,止见北崖削壁下嵌,而犹不见水。又东二里稍下,见水嵌崖底如一线,遂东见其门对束如削,门外环畴盘错,溪流曲折其中,有村倚北崖之东,即<u>落水寨</u>也。其南崖之夹溪为川者,东突如踞狮,水从其北出,路从其南下。半里,遂由狮腋下降,路甚逼仄,半里,抵狮麓。又东半里,一溪自南坞来,有坝堰其上流,有桥跨其下流。度桥东行田塍间,泞甚。一里,登坞东冈南行。一里,见坞西有瀑挂西崖，历两层而下，注坞中南来之溪。路隔对之，东向入峡，雨大至。二里，逾岭头，有路西南来合，山头坑洼旁错，乱水交流。又东三里，再度坑坳，盘而东北行。其下有流〔一八〕，破石搜崖，亦突而北注。随之一里余，乃东下越其流。又东北上半里，见东坞又有小水自东而西向，与南来之溪合于北崖下。北崖纯石耸起，其上树木葱郁，而下则有穴，伏而暗坠，二水之所从入也。又东向上岭，半里，逾其脊。行岭头半里，始见东壑有田下盘，其东复有山夹之。路从岭上转而南行，一里余而下。下半里，其坞自南而北，水亦经之。度桥溯流而南，二里，南坞稍开，是为五马〔一九〕。其西南壑中居庐颇多，东坡上亦有四五家居路左。坡南有一坑，自东峡出，有小水从其中注西南壑。下坑，涉其水之南，溯之东上。里余，随峡南转，而坑中水遂穷，有脊自东而西。度脊南，复坠坑而下，从脊东行，转坑东之崖。其下亦嵌而成壑，壑中亦有人家，隐于深崖重箐之间，但闻鸡鸣春响而已。东坑既尽，从其上涉坞升冈，见冈南一峰特耸而卓立，白雾偏笼其半，乃东来脊上石峰之层起者。由其北穿坳而东，共二里而抵坳中之脊。有巨石当脊而中踞，其高及丈，大亦如之，其上有孔，大及尺，深亦如之，中贮水及其半，不涸不盈，正与哀牢金井之孔相似。踞大石而饭。土人即名此岭为大石头。

从石东下坞中，道分为二：一由东向逾冈者，为大道，稍迂而达大猎彝；一由东南下峡者，为捷道，稍近而抵小猎彝。此皆枯柯属寨也〔二〇〕。乃由峡中下，于是石崖南突，丛箐交萦，北嵌为峡，南耸为崖。二里，行南冈之上。又二里，盘冈嘴而南，其东峡中，平坠南绕。盖由此嘴东坠，其下皆削崖，故路又分为二：一由崖下循崖根南转，一由崖上蹑崖端南曲。乃从崖端南逾石隙而下，一里，仍随南坡东转。还瞰所逾之崖，壁立下嵌，其下盘为深坞，崖根有泉淙淙出穴间，小路之下盘者因之；遥望北崖山冈，排闼东出，大道之东陟者因之。余平行南冈，又东一里，下盘之小路逾冈来合。又东一里余，南冈复东突，路下其北腋间。复盘坳东上半里，登东冈之南坡，始东见枯柯之川，与东山相夹，而未见其西底。又西南见岭头一峰，兀突插云雾中，如大士之披络而坐者，闪烁出没，亭亭独上，乃南来脊上之峰，不知其为何名也。又东一里，复转冈之北坡，东下一里，有四五家倚冈而居，是为<u>小猎彝</u>。余欲下坡问<u>亦登</u>道，土人行人皆言下坡至江桥不可止宿，亦无居停之家，循江而南至<u>亦登</u>，且五六十里，时已不及，而途无可宿，必止于是。时才过午，遂偕止而止。幸主人<u>杨</u>姓者，知江流之源委，道路之曲折，询之无不实，且知溢盘温泉不在<u>亦登</u>而在<u>鸡飞</u>。乃止而作纪，抵暮而卧。

〔一〕雨　　原脱，据<u>徐本、陈本、史序本</u>补。

〔二〕闪□□　　<u>叶本</u>作"闪太史"，<u>史序本、四库本</u>作"闪知愿"。二十九日记中"闪□□"同。

〔三〕襆（fú 伏）：被单。

〔四〕纩（kuàng 矿）：丝绵。

〔五〕抵掌：拍手叫好。

〔六〕服阕（què 确）：旧制，父母死后守丧三年，期满除服，称为服阕。

〔七〕铭（míng 明）：古代刻于碑板或器物上称颂功德、记述事实的一种文体。

〔八〕天禄、石渠：皆阁名，汉初修在未央宫旁，专门收藏入关所得秦朝图籍，以后又增藏秘书。此处用以比喻石树放在闪家，犹如珍藏于天禄阁、石渠阁。

〔九〕石交：交谊坚固的朋友。

〔一〇〕觔：俗借为斤两的"斤"。四库本作"斤"。

〔一一〕黔书卷下鸡葼条称："滇黔鸡葼之美，久为中州脍炙。""滇以永昌、蒙自为最，黔者普定所产，味不及滇。"光绪永昌府志杂纪志载："鸡葼，菌属，滇省在在有之，永郡惟永平尤多，以六七月大雷雨后生沙土中，或松下，或林中，鲜者多虫，间有毒，或云其下有蚁穴，出土一日即宜采，过五日即腐，采后过一日则香味俱减。土人盐而脯之，经年可食。若熬液为油，以代酱豉，其味尤佳，浓鲜美艳，侵溢喉舌，洵为滇中佳品，汉使所求蒟酱当是此物。从来解者皆以为扶留藤，即今蒌子也，其味辛辣，以和槟榔之外，即不堪食，此有何美而求之。盖虽泥于蒟字之义，实于酱字之义何取？必非扶留可知。然古今相沿已久，卒莫有识其误者，特为表而志之，格物之士或有采焉。"鸡葼（zōng 宗）今又作鸡㙇。云南鸡㙇著名，霞客对鸡㙇尤有爱好。至今油鸡㙇及干鸡㙇仍为云南特产。鸡㙇油是否蒟酱，此为一说，录出备考。

〔一二〕还魂记：即牡丹亭，又名牡丹亭还魂记，明人汤显祖撰。

〔一三〕诸葛营：今名同，又称汉营，在保山坝子西部，公路东侧。明一统志金齿军民指挥使司祠庙载："武侯祠，在司城南一十里，蜀汉诸葛亮擒孟获屯营于此，民怀其德，立祠祀之。至今土人自称为诸葛之遗民，因名诸葛村。"

〔一四〕大树墩：今作大树屯。三条沟：今名同。胡家坡：今名同。此数村皆在今保山至昌宁的公路上。阿今：今作阿金，在胡家坡稍南的公路西边。

〔一五〕养邑：今作羊邑街，在隆阳区东南境，大庄东邻。

〔一六〕店妇鸡鸣起炊平明余起而饭　　原仅"平明起而饭"，据徐本、陈本、史序本补"店妇鸡鸣起炊"、"余"等字。四库本作"店妇鸡鸣起炊平明饭"。

〔一七〕西邑：今名同，在隆阳区东南隅。

〔一八〕其下有流　　"流"原作"坑"，据四库本改。

〔一九〕五马：今作乌马，在隆阳区南隅、西邑东邻，保山至昌宁的公路边。

〔二〇〕大猎彝：今作大腊邑，或称腊邑坝。小猎彝：今作小腊邑。二村皆在昌宁县西北隅，大腊邑在北，当公路旁；小腊邑在南。

永昌志略

汉永昌郡〔一〕，元为大理金齿等处宣抚司，总管置司治于永昌，后改为宣慰使司都元帅府。洪武十五年平云南，前永昌万户阿凤率其众诣指挥王贞降附，仍置永昌府，立金齿卫。十六年六月，麓川彝叛〔二〕，屠其城。二十三年，省府，改金齿卫为金齿军民指挥使司。从指挥使胡渊请也。于是遂名金齿，不名永昌，而实非金齿之地。如澜沧江在永昌，而澜沧卫在北胜，各不相蒙。盖国初立卫，经理皆出武臣，故多名实悖戾〔三〕耳。景泰中设镇守，弘治二年设金腾道。嘉靖元年巡抚〔四〕何孟春、郴州籍，江阴人。巡按御史陈察常熟人。疏革镇守,设永昌府,立保山县,改金齿指挥使司为永昌卫。府领州一腾越、县二保山、永平,仍统潞江安抚司,凤溪、施甸二长官司。

保山编户十里〔五〕。又城北彝民曰"喧",共十五;城南彝民曰"寨",共二十八〔六〕。

洪武三十三年,改腾冲守御千户所隶金齿司。正统十四年,升为腾冲军民指挥使司,与金齿并。嘉靖二年,复置州,隶永昌府,改指挥使司为腾冲卫,州名腾越。在府城南三百六十里〔七〕,以地多藤,元名藤州〔八〕。

永平,即东汉之博南县〔九〕。以山名。洪武初隶永昌府。二十三年〔一〇〕,改府为金齿指挥司,属指挥司管辖。嘉靖二年,复府,仍属府。在府东一百七十里。

潞江安抚司,在城西南一百三十里。元柔远路,国初柔远府,永乐九年立安抚司。

凤溪长官司〔一一〕,在城东二十五里。

施甸长官司〔一二〕,在城南一百里。唐银生府〔一三〕北境,元为石甸,后讹为施甸。

〔一〕永昌置郡始于东汉。公元 69 年,哀牢全部内属,汉王朝以其地置哀牢、博南两县,并分出原益州郡西部都尉所领的不韦、嶲唐、比苏、楪榆、邪龙、云南等六县,合为永昌郡。永昌郡辖境宽阔,包有洱海周围的昆明人和澜沧江以西的哀牢地两大部分。三国时,洱海地区分出为云南郡,永昌郡仍长期包有今保山市所辖各县及其以西、普洱市所辖各县及其以南的广阔土地,置有不韦、嶲唐、比苏、博南、永寿、哀牢、南涪、雍乡等八县。

〔二〕麓川彝叛　　原脱"彝"字,据徐本补。

〔三〕悖戾(bèi lì 背利):违背。

〔四〕巡抚:明初派京官巡抚地方,事毕即罢。宣德时在一些地方专设巡抚,遂与总督同为地方的最高长官。俗称抚臣、抚院、抚台。

〔五〕里:县以下的基层行政单位。明初以一百一十户为一里,推丁多粮多的十户为里长,其余百户为十甲,甲设甲首一人。

〔六〕又城北彝民曰喧共十五城南彝民曰寨共二十八　　两处"彝"字皆脱,据徐本补。

〔七〕在府城南三百六十里　　明一统志载:金齿司"西至腾冲卫界二百三十里",腾冲"东至金齿潞江安抚司界一百二十里"。寰宇通志所载同。清史稿地理志亦载腾越厅在永昌"府西三百六十里"。此处"府城南"与实际方位不符,疑应为"府城西"。

〔八〕腾冲在唐代作"藤充",见蛮书。"以地多藤",是对藤充最好的解释。但元代记录无藤州,藤州似即藤越州的省称。元史地理志:"腾冲府,在永昌之西,即越睒地,唐置羁縻郡。蒙氏九世孙异牟寻取越睒,逐诸蛮有其地,为软化府。其后白蛮徙居之,改腾冲府。元宪宗三年,府酋高救内附。至元十一年,改藤越州,又立藤越县。十四年,改腾冲府。二十五年,罢州县,府如故。"

〔九〕东汉博南县治今永平县花桥。直到建国前,花桥仍称博南镇。

〔一〇〕二十三年　　原作"三十二年",据上文及明史地理志改。

〔一一〕凤溪长官司:在今保山市隆阳区东北,老营之南。

〔一二〕施甸长官司：即今施甸县。

〔一三〕银生府不是唐的建置，系唐代南诏所设银生节度，中心在今澜沧拉祜族自治县北部的上允。

近腾诸彝说略

腾越密迩〔一〕诸彝，实滇西藩屏。而滇境大势，北近吐蕃，南皆彝缅，郡邑所置，介于其间，不过以声教羁縻而已。正统以来，经略南彝者，设宣慰司六，御彝府二〔二〕，宣抚司三，州四，安抚司一，长官司二。如孟养阻负于西，最为荒僻，而缅甸、八百、老挝，地势濒海，木邦、车里、孟密，又在其内，业非羁縻所可制驭，而近听约束者，惟南甸、干崖、陇川而已。数十年频为缅患，如刁落参以南甸近彝，夺刁落宁之官，尚构缅内讧，为兵备〔三〕胡公心忠所歼；岳凤父子以陇川舍目谋主多思顺之地，造逆犯顺，为游击刘綎所擒〔四〕，边境赖以安。其后阿瓦日强，蚕食日多。幸抚彝同知漆文昌、知州余懋学，请大司马陈公用宾檄暹罗〔五〕以弱缅，而腾获稍康。迨思正就戮，瓦酋猖獗，命思华据迤西，思礼据木邦，思绵据蛮莫，而内地渐为逆缅所窃。至若多俺席麓川之旧，附缅而叛天朝，参将胡显忠平之。多安民藉安酋、瓦酋之援，负固以拒天兵，兵备黄公文炳、参将董献策取之，腾之获存者，幸也！目今瓦酋枭悍称雄，诸彝悉听号召，倘经略失驭〔六〕，其造乱者，尤有甚于昔也，为腾计者慎之！外芒市虽属府，近以猛稳为木邦辖〔七〕，藏贼劫掠，腾境不安，所恃简〔八〕廷臣防御之，而反罹其害。自后当重其责以弭变〔九〕，庶于腾少安云。

徐霞客游记校注

1292

〔一〕迩(ěr 尔):近。 密迩:贴近。

〔二〕孟定御夷府:治今耿马傣族佤族自治县孟定。 孟艮御夷府:治今缅甸景栋。

〔三〕兵备:明代于各省重要地方设整饬兵备的道员,称为兵备道或兵备。

〔四〕为游击刘綎所擒 "游击"原作"参将",据陈泓抄本、明史刘綎传、明史云南土司传改。

〔五〕暹罗:即今泰国。旧分暹与罗斛两国,公元 14 世纪中叶,两国合并,称暹罗国。

〔六〕失驭(yù 御):失其统驭的办法。

〔七〕近以猛稳为木邦辖 "以"原作"于",从莫厘樵子本及沪本改。猛稳:清时设猛稳卡,属龙陵厅。今作勐稳,在芒市南境。

〔八〕简 原缺,据扫叶山房本、丁本补。简通"柬",选择。

〔九〕弭(mǐ 米)变:消除变乱。

滇游日记十二^{〔一〕}

己卯（崇祯十二年，公元 1639 年）八月初一日

余自小猎彝东下山。猎彝者，即石甸北松子山北曲之脉，其脊度大石头而北接天生桥，其东垂之岭，与枯柯山东西相夹。永昌之水，出洞而南流，其中开坞，南北长四十里，此其西界之岭头也。有大、小二猎彝寨，大猎彝在北岭，小猎彝在南岭，相去五里，皆枯柯之属。自大石头分岭为界，东为顺宁，西为永昌，至此已入顺宁界八里矣。然余忆永昌旧志，枯柯、阿思郎皆二十八寨之属，今询土人，业虽永昌之产，而地实隶顺宁，岂顺宁设流后界之耶？又忆一统志、永昌志二者，皆谓永昌之水东入峡口，出枯柯而东下澜沧。余按姚关图说，已疑之。至是询之土人，揽其形势，而后知此水入峡口山，透天生桥，即东出阿思郎，遂南经枯柯桥，渐西南，共四十里而下哈思坳，即南流上湾甸^{〔二〕}，合姚关^{〔三〕}水，又南流下湾甸，会猛多罗^{〔四〕}，而潞江之水北折而迎之，合流南去。此说余遍访而得之猎彝主人杨姓者，与目之所睹，姚关图所云，皆合，乃知统志与郡志之所误不浅也。其流即西南合潞江，则枯柯一川，皆首尾

环向永昌,其地北至都鲁坳南窝,南至哈思坳,皆属永为是,其界不当以大石头岭分,当以枯柯岭分也。

由岭头东南直下者三里,始望见江水曲折,南流川中。又下三里,乃抵江上。有铁锁桥横架江上,其制一如龙江曲石,而较之狭其半。其上覆屋五六楹,而水甚急。土人言,桥下旧有黑龙毒甚,见者无不毙。又畏江边恶瘴,行者不敢仁足。云其南哈思凹〔五〕更恶,势更甚于潞江,岂其峡逼而深坠故耶?其水自阿思郎东向出石崖洞,而西南入哈思坳峡中者,即永昌峡口山入洞之下流也。按阿思郎在猎彝北二十里,其北有南窝都鲁坳,则此坳极北之回环处也。逾岭而北,其下即为沧江东向之曲。乃知罗岷之山,西南下者尽于笔架,直南下者尽于峡口山,东南挟沧江而东,为都鲁南窝北脊,山从其东复分支焉。一支濒江而东;一支直南而下,即枯河之东岭也,为此中分水之脊,迤逦由湾甸、镇康而南,界澜沧、潞江之中〔六〕,为孟定、孟艮诸彝,而直抵交趾者也。其濒江东去之支,一包而南,为右甸,再包而南,为顺宁、大侯〔七〕即今之云州。焉。是坳南北二坳北都鲁,南哈思。相距四五十里,甚狭而深。濒江两岸俱田,惟僰彝、倮㑩居之,汉人反不敢居,谓一入其地即"发摆"〔八〕,寒战头疼也。故虽有膏腴而让之彝人焉。

渡桥沿江西岸〔九〕,西南至哈思坳,共四十里而至亦登〔一〇〕;沿江东岸,东南逾冈入峡,六十里而至鸡飞。余初闻有热水溢于石盘中,盘复嵌于台上,皆天成者;又一冷水流而环之,其出亦异。始以为在亦登;问道亦登,又以为在鸡飞;问道鸡飞,又以为瘴不可行,又以为茅塞无路,又以为其地去村远,绝无居人,晚须露宿〔一一〕。余辗然〔一二〕曰:"山川真脉,余已得之,一盘可无问也。"遂从东大路上坡,向枯柯、右甸道。始稍北,遂东上一里,而平行西下之冈。三里，有墟茅三四在冈头，是为枯柯新街〔一三〕。又东一里，有一树立冈头，大合抱，其本挺直〔一四〕，其枝盘绕，有胶淋漓于本上，是为紫梗树，其胶即紫梗也，初出小孔中，亦桃胶之类，而虫蚁附集于外，故多秽杂云〔一五〕。冈左右俱有坑夹之，北坑即从冈盘窟下，南坑则自东峡而出。于是南转东盘北坑，又半里转东，半里抵东峰下，乃拾级上跻。三里，始登南突之岭，始望见南峡两山壁夹，自东而西，从此西出，则盘壑而西注于江桥之南，同赴哈思之坳者。乃知其山之度脊，尚在岭之东上，不可呕问也。此坡之上即为团霸营，盖土官之雄一方者，即枯柯之夜郎矣。于是循南峡而东蹑，又一里，再登岭头，有一家隐路南，其后竹树夹路。从树中东行一里，稍转而北，盘一南突之坳，又向上盘坡而东，有大树踞路旁，下临西出之涧。其树南北大丈余，东西大七尺，中为火焚，尽成空窟，仅肤皮四立，厚二尺余，东西全在，而南北俱缺，如二门，中高丈余，如一亭子，可坐可憩，而其上枝叶旁覆，犹青青也。是所谓"枯柯"者，里之所从得名，岂以此耶？由此又东二里，折而北，上一坡，盘其南下之坳。坳北有居庐东西夹峙，而西庐茅檐竹径，倚云临壑，尤有幽思。其东有神宇踞坡间，闻鲸音鼓赛出绝顶间，甚异之。有一家踞路南，藩门竹径，清楚可爱。入问之，曰："此枯柯小街也"。距所上坡又二里矣。于是又东沿北坡平上。其南即西出深涧，北乃崇山，竹树蒙蔽，而村庐踞其端，东向连络不绝。南望峡南之岭，与北峰相持西下，而荞地旱谷，垦遍山头，与云影岚光，浮沉出没，亦甚异也。北山之上虽高，而近为坡掩，但循崖而行，不辨其崇坠；而南山则自东西坠，而尽于江桥之南，其东崇巘穹窿，高拥独雄，时风霾蒙翳，出没无定，此南山东上最高之峰，自北岭东度,再突而起者也。沿之东行,南瞰深壑,北倚丛巚。又东二里有岐:一南下坞中,为垦壑之道;一北上丛岭,为庐坡之居;而路由中东行,南瞰下坳,有水出穴间。又东二里,下瞰南壑,有水一方倚北坡之上,路即由之北向而上,以有峡尚环而东也。北上里余,又转而东,盘北坳而东上坡,屡上不止,又七里而至中火铺。

其坡南突最高,中临南峡之上,峡脊由其东南环而西下。于坡之对崖,南面复耸一峰,高笼云雾间,即前所望东畔穹窿之顶也。自枯柯江桥东沿峡坡迤逦而上,约三十里矣。踞坡头西瞰江桥峡中,其水曲折西南下,松子山北环之岭,东北而突为猎彝之岭,峡南穹窿之峰,又南亘分支西绕,横截于江桥坞之南,西至哈思坳。坳之南复有小支,自猎彝西南湾中东突而出,与横截坞南之山凑,西南骈峙如门。门内之湾,即为哈思坳,门外又有重峰西障,此即松子山南下之脊,环石甸于西者也〔一六〕。自此坡遥望之,午雾忽开,西南五十里历历可睹。

坡之东有瓦室三楹,踞冈东南,两旁翼以茅屋,即所谓中火铺。有守者卖腐于中,遂就炊汤而饭。及出户,则浓雾自西驰而东,其南峡近岭俱不复睹。东下半里,渡一脊,瞰其南北二峡,环坠如阱,而丛木深翳,不见其底,当犹西下而分注江桥南北者也。其脊甚狭,度而东,复上坡,山雨倏至。从雨中涉之,得雨而雾反霁。一里余,盘崖逾坳,或循北峰,或循南峰,两度过脊,始东上。沿北坡而东,一里余,又陟一南突最高之岭,有哨房一龛踞其上,是为瓦房哨。于是南临南峡,与峡南穹窿之顶平揖而对瞰矣。至是雨晴峰出,复见峡南穹顶直南亘而去,其分支西下者,即横截坞南之冈,西与哈思坳相凑成门者也。穹顶东环之脉,尚从东度,但其脊稍下,反不若西顶之高，皆由此北坡最高之岭，东下曲而度脉者。始辨都鲁坳东所分南下之脊，至此中突，其分而西者，为中火铺、枯柯寨之岭；其曲而东降者，度脊南转西向而突为穹窿之顶。此分水之正脉也。

由瓦房哨东下半里，复东度脊，始见北峡坠坑，为东北而下右甸之上流，是北水之所分也，而南水犹西下南峡。又东度两脊，穿两夹岭，一里，复盘南岭之阴而上。其处深木丛篁，夹坡笼坳，多盘北坑之上。又一里，南转而凌其西下之坳，始逾南峡上流，从其东涉冈东上〔一七〕，始逾南渡之脊，此分水正脉所由度而西转者也。又东一里，有草龛踞北冈，是为草房哨。从其东又东北下一里，稍转而东南半里，有脊又南度而东转，此右甸南环之岭所由盘礴者也。于是东向而下二里余，下度一曲，有小水北下成小溪，小桥横涉之。又东逾一冈，共下四里，始南峡成溪，遂望见右甸城在东坞中，有岐从东北坡去，而大道循南峡东向平下。二里，南峡中始有村庐夹坞，舂杵之声相应。又南三里，遂出坡口，乃更下一里而及坡麓。路由田塍中东南行，望见右甸之城，中悬南坡之下，甸中平畴一围，聚落颇盛〔一八〕。四面山环不甚高，都鲁坳东分之脉，北横一支，直亘东去，又南分一支，南环右甸之东；草房哨南度之脉，东环右甸之南，从甸南界东北转，与甸东界南环之支凑；甸中之水，东向而破其凑峡，下锡铅去。甸中自成一洞天，其地犹高，而甸乃圆平，非狭嵌，故无热蕴之瘴，居者无江桥毒瘴之畏，而城庐相托焉。由塍中行，共四里，入其北门。暮宿街心之葛店。葛，江西人。

右甸在永昌东一百五十里，在顺宁西一百三十里。其东北邻莽水之境，正与芦塘厂对〔一九〕；其西南邻鸡飞之境，正与姚关对。其正南与湾甸对,正北与博南山对,正西与潞江安抚司对,正东与三台山对。数年前土人不靖,曾杀二卫官之莅其地者,今设城,以顺宁督捕同知驻守焉。城不大而颇高,亦边疆之雄也。

初二日

晨起,雾色阴翳。方觅饭而夫逃。再觅夫代行,久之不得。雨复狎〔二〇〕至,遂郁郁作记寓中者竟日。

初三日

雨复霏霏,又不得夫,坐邸楼郁郁作记竟日。其店主葛姓者,乃市侩之尤,口云为觅夫,而竟不一觅,视人之闷以为快也。

初四日

早雾而晴。顾仆及主人觅夫俱不足恃,乃自行市中。是日为本甸街子。仍从北门内南转冈脊,是为督捕同知公署,署门东向,其南即往南门街,而东则曲向东门街,皆为市之地也。余往来稠人中,得二人,一担往顺宁,一驼往锡铅,皆期日中至葛寓,余乃返。迨午,往锡铅驼骑先至,遂倩之;而往顺宁者亦至,已无及矣。乃饭,以驼骑行。

出东门,循南坡东向半里,涉东来之坞,渡小溪东,山冈渐折而东南,行四里,遂临东坞。东坞者,右甸东南落水之坞尾也。城北大甸圆而东南开此坞,南北西三面之水,皆合而趋之。路临其西坡,于是南转二里余,又涉二东北注之坑,复依南麓东行二里余,上北突之嘴,则甸东之山,亦自北南环,与嘴凑峡,于是相对若门,而甸水由其中东注焉。此甸中第一重东锁之钥,亦为右甸东第一重东环南下之分支,虽不峻,而蜿蜒山顶,地位实崇也。

逾嘴东稍下,凑峡之外,复开小坞而东,水由其底,路由其南坡之半。又东二里余,有数家倚坡,北向坞而庐。过此东南下,有水自南峡出,涉之,上其东坡,遂循坡之南峡东南上,水流其冈北,路由其冈南,于是始不与水见。又东南循冈三里,盘一北下之坳而上冈头,是为玉璧岭。其岭自南北突,东西俱下分为坑,有两三家住峰头〔二一〕。时日尚高,以前路无可止,遂歇。

初五日

平明起,饭而行,宿雾未收。下其东坑,涉之,复东南上一里,又循东来之峡,而行夹冈之南。东向四里,度其北过之脊,仍循峡东下,行夹冈之南。二里余,又稍下,涉北出之水,又循东来之峡,而行夹冈之南。东向二里,复度其北过之脊,于是从脊北东行之支,东向行其上。半里,有两三家夹道,是为水塘哨。由此东南行山夹间,五里,始坠坡而下。其右又坠一峡东下,其左路再随崖东下者二里,西临右峡之上。而路左忽坠一坑,盘阱而下者二丈,有水沉其底,长二丈,阔八尺,而狭处仅二尺,若琵琶然,渊然下嵌。左倚危壁,右界片栈,而外即深峡之下盘者,不知此水之何以独止也。由其南又半里,而蹑嘴下坠者半里,左崖之端遂尽,而右峡来环其前。还望左崖尽处,丛石盘崖,俨如花簇,而右崖西界大山,亦悬屏削于重树间,幽异之甚。由峡底又东南行一里,其峡外束如门。披门南出,稍转东而下坡,半里,有水自东曲而西,大木横架其上,南度之,是为大桥。桥下水即右甸下流〔二二〕,东行南转,至是西折过桥,又盘西崖南去,已成汤汤之流。桥南沿流之峡,皆随之为田,而三四家倚桥南东坡上,有中火之馆。此右甸第二重东锁之钥,亦为右甸东第二重东环南下之分支,与东南行大脊右甸相对成峡，夹溪南去者也。

由桥南即蹑东南坡而上，水由峡直南去，路蹑坡东南升。一上者二里，凌岭头。西望夹溪之山，稍南有破峡从西来者，即水塘哨西下之水也；其南夹水一支，亦至是东尽，而有寨盘其上焉；其又南一支，嶙峋独耸，上出层峦，是为杜伟山。此乃右甸南东来之正脊，自草房哨度脉至此，更崇隆而起，转而直南去，而东夹此溪，其脊乃东南下老龙，自云州南下，分澜沧、潞江之脊，而直下交南者也。所望处尚在寨盘顶之东北，从此更夭矫南向，夹溪渐上，又二里而隔溪与寨盘之顶对。又二里，降坡南下，穿坳而东，见其东又坠为小坑，路下而涉之。一里，又南逾东坡西环之坳。又一里，有数家倚东坡而居，其东又有一溪自东北来，环所庐之坡而注西峡，西峡水自北南下，与此水夹流而合于坡南。此坡居庐颇盛，是为小桥，正西与杜伟山对。遥望杜伟山自西北来，至此南转，其挟臂而抱于西南者，皆湾甸州之境，水亦皆西南流；其北峡与寨盘之顶夹而东出者，皆顺宁之境，水皆东南流。则此山真一方之望，而为顺宁、湾甸之东西界者也。

饭于村家，大雨复至，久而后行。由坡东下，渡北来之溪，小石梁跨之。所谓小者，以别于大溪之桥也。复东南上，隔溪对杜伟山而南，下瞰西峡之底，二流相合，盘壑南去。此山为右甸东第三重东环南下之分支，为锡铅之脉者也。南五里，或穿岭而左，见岭东近峡坠坑，其远峰又环峙而东，又或分而南；穿岭而右，见岭西近峡，西溪盘底，杜伟骈夹。如是二里，乃坠其南坡，或盘壑西转，或蹑坳东折，或上或下，又五里，有两三家当坳而庐，是为兔威哨。于是再上其东坡，则东西壑皆可并睹矣。西壑直逼西麓而长，以杜伟西屏也；东壑遥盘东谷，其下丛沓，而犹不见底。其东北有横浮一抹者，此挟江澜沧而东南之岭也；其正东有分支南抱者，此中垂而为顺宁之脉也。从岭渐下，或左或右，岭脊渐狭。四里，始望见东坞有溪，亦盘折其底，与西峡似；而西界外山，自杜伟顶南，其势渐伏，又纡而南，则东转而环其前；东界外山则直亘南向，与东转前环之岭凑。问东西峡水，则合于锡铅之前，而东南当凑峙之峡而去。问顺宁之道，则逾东界之岭而行；有道逾前山南环之岭者，为猛峒道，从猎昔、猛打渡江而至兴隆厂者也〔二三〕。于是从冈脊转东行。其脊甚狭，又二里，西峡之溪直逼南麓下，而东峡溪亦近夹，遂如堵墙上行。又东二里，又东南下者二里，坡尽而锡铅之聚落倚之〔二四〕。此右甸东分支南下第三重之尽处也。其前东西二溪交会，有温泉当其交会之北涘，水浅而以木环其四周，无金鸡、永平之房覆，亦无腾越左所之石盘，然当两流交合之间而独有此，亦一奇也。

是日下午至，驼骑税驾逆旅，先觅得一夫，索价甚贵，强从之，乃南步公馆，即锡铅驿也。按旧志作"习谦"。土人谓出锡与铁，作"锡铅"。返饭于肆，亟南由公馆侧浴于温泉，暮返而卧。

初六日

晨起而饭。其夫至，付钱整担而行；以一饭包加其上，辄弃之去，遂不得行。余乃散步东溪，有大木横其上为桥，即顺宁道也。仍西上公馆，从其西南下西溪，是为猛峒道。有茅茨丛北冈上，是为锡铅街子。问得一夫，其索价亦贵甚，且明日行，遂返邸作记。

初七日

前弃担去者复来，乃饭而同之行。从公馆东向下，涉东溪独木桥,遂东上坡。半里,平行坡上,或穿坳而南,或穿坳而北,南北皆深坑,而路中穿之。东去二里余,沿南崖北转,半里,穿西突之坳,半里,复东逾岭而南,半里,又出南崖上。于是见南壑大开,壑中支条崩叠,木树茸茏,皆出其下,而锡铅南山,其南又叠一支,纡而东南下,以开此壑。所陟山东自东大山分支,西突此冈,为锡铅东锁钥,直西南逼凑南山,水下其中甚束,至此而始出东壑也。瞰南倚北,又二里,见冈北亦嵌为东西坞,闻水声淙淙,余以为即西下锡铅东溪者,而孰知从倚北之岭已分脊,此坞且东南下矣。于是反倚坡北下,共半里而涉一桥,度坞中水,是为孟祐〔二五〕之西溪,其水出前坞,与锡铅之水合于孟祐之南,所谓孟祐河〔二六〕者也。涧之东,居庐叠出,有坡自北来悬其中,一里,东向蹑其上,当坡而居者甚盛;又东转,再盘一坡,共一里,又有居庐当坡,皆所谓孟祐村矣。此右甸东分支南下第四重之尽处也。于是又见一溪自东坞出,环坞而前,与西溪交盘南壑中。南壑平开,而南抵南山下,锡铅之水沿其北麓,又破峡东南去,东南开峡甚遥,而溪流曲折其间,直达云州旧城焉。

由村东即循峡北入东坞,一里东下,度峡中桥。其桥东西跨溪上,上覆以亭,桥内大水自东北透峡出,桥外小水自东南透峡出。过桥东向,缘西垂之岭上,其上甚峻,曲折梯危,折而左,则临左峡,折而右,则临右峡,木荫藤翳,连幄牵翠,高下亏蔽,左右叠换,屡屡不已。五里渐平,则或沿左坡,或沿右坡,或陟中脊,脊甚狭,而左右下瞰者,亦与前无异也。又三里,则从坡右稍下。约一里,陟脊坳而东,又缘坡左上。一里,临南坡之上,于是回望孟祐、锡铅诸山,层环叠绕,山外复见山焉。余初疑锡铅西岭颇伏,何以猛峒之道不西由其坳而南陟其岑〔二七〕？又疑湾甸之界，既东以猛峒，而猛峒以北，杜伟山以南，其西又作何状？至是而遥见西岭，又有崇峰一重臂抱于西。盖枯柯东岭老脊之南度者，一由瓦房哨东度脊西南下，其亘反高，夹永昌之流而南下哈思坳；坳之南其脉犹未尽，故亦登、温板、鸡飞在此脊之西者，犹顺宁属；而其南即东与杜伟山自草房哨度脊者，如椅之交环其臂，其中皆丛沓之山，直下东南，而开峡底于猛峒西坳之伏处，其西正开峡之始，南降三十里而后及猛峒焉。猛峒富庶，以其属湾甸境也。此正西遥望之所及者。而正南则前夹之顶，至是平等，而犹不能瞰其外；正北则本坡自障之；正东即其过脉分支之处，第见南峡之犹自东北环来也。

又东上五里余，坡脊遂中夹为槽。路由槽中行里余，透槽东出，脊乃北转，其下右壑盘沓如初，而左峡又坠南下之坑，故路随脊北转焉。又一里，脊东有峰中突，稍上，有中火之馆，西向倚峰而峙，额曰“金马雄关”，前有两家，即所谓塘报也，铺司、铺兵之类。卖腐以供旅人之饭云。既饭，由馆左又东半里，转而北透一坳。其西峰即中火之馆所倚者，此其后过脉处，与东峰夹成坳。由其中北透半里即东转，挟过脉东峰之北东向下。半里，又临北壑之上，旋入夹槽中，两崖如剖，中嵌仅通三尺，而底甚平。槽上丛木交蔽。半里，有倒而横跨其上者，连两株，皆如从桥下行，又一里，其跨者巨而低，必伛伏而过焉。槽南阙〔二八〕处犹时时见西坠之峡，最后又见槽北之峡犹西坠也。共二里，稍东上，逾脊南转，有架木为门踞岭东者，为白沙铺哨。此南度之脊也，乃右甸东分支南下之第五重。其脉独长，挟西分四支而抱于内，又南度而东南行，与右甸南杜伟山之脊，西夹孟祐河而出于云州旧城西；又与第六重沿澜沧南岸之脊，东夹顺宁河而出于云州旧城东；从此南度，纡而西南，折而东南下，东突为顺宁郡城，又东南而尽于云州旧城焉。

由哨门南向稍下，辄闻水声潺潺，从西南逓峡下，即东北坠坑去；而路从其南东向下，犹有夹槽。坠其中二里余，出槽，东行冈脊上，于是见北壑之北，则澜沧南岸之山，纡回东抱而南，为老脊东之第六支，屏亘于顺宁河之东，今谓之东山，即志所称某山也。其脊南至云州西南突者，尽于新城西；东北由茅家哨过脉而南者，尽于云州旧城所合二水东下而入澜沧处。南壑之南，则即此白沙脊南度东转，为老脊东之第五支，屏亘于顺宁城之西，今谓之西山，即志所称某山也。两山夹坞东南去，而顺宁郡城踞其中西山下；西北盘东山之坳，为三台山渡江大道；东南坞尽之隙，则云州在焉。此一川大概也，而川中欹侧，不若永昌、腾越之平展云。

从冈平行二里，又稍下一里，前有一峰中道而突，穿其坳而上，约一里，有一二家倚坡东，是为望城关，从东南壑中遂见郡城故也。从此又迤逦下坡，十里，抵坡下。东出大路，两度小桥，上一坡，约二里，入郡城新城之北门〔二九〕。南过郡治前，稍转东街，则市肆在焉。又南逾一坡，出南门，半里而入龙泉寺，寺门亦东向。其地名为旧城，而实无城也。时寺中开讲甫完，僧俗扰扰，余入适当其斋〔三〇〕，遂饱餐之而停担于内。

初八日

晨起，从殿后静室往叩讲师〔三一〕，当其止静，未晓而出。余时欲趋云州，云州有路可达蒙化。念从此而往，则雇夫尚艰，不若仍返顺宁，可省两日负戴。乃以行李寄住持师达周，以轻囊同仆行。达师留候饭。上午，乃出寺前，东随小溪下川中。一里，渡亭桥,循东界山麓南行。三里,稍上一西突之坡,村庐夹道,有<u>普光寺</u>傍<u>东山</u>西向。又东南半里,下涉一小涧,仍南上坡,居庐不绝。已而其山东夹而入,又有小水自东壑来,渡之。又东南逾一坡,共五里,则大溪之水自西而东折,有亭桥名<u>归化</u>。跨之,其水汤汤大矣〔三二〕。由桥南里余,渐西南上东突之坡。上一里,村庐夹道,倚<u>西山</u>东向,有长窑高倚西坡,东下而西上,是为<u>瓦罐窑</u>。由其南再越东突之脊一里余,东南下东出之峡一里,又东南上,循西界山麓南行。再下再上,五里,有一二家倚东突之坡,坡间有小池一方,是为<u>鸭子塘</u>。又东南五里,冈头有村,倚西冈东向,是为<u>象庄</u>,此未改流时土酋<u>猛廷瑞</u>畜象之所也。由其南稍折而下,一里,渡一涧。其涧悬冈东下,其西山环峡。复东南上二里,逾其东突之冈。盘之而西南下,二里,抵西坳下。折而循南冈东上,盘嘴而南,六里,有坊倚路左,其上有村,曰<u>安乐村</u>。又东南四里,稍下,有村倚西坡东向,是为<u>鹿塘</u>。自<u>归化</u>桥渡溪右,循西界山行,其南支峰东突,溪流盘峡中;至<u>鹿塘</u>,其下壑稍盘而开,田塍益盛,村庐之踞东西两山者甚繁,而西坡之<u>鹿塘</u>尤为最云〔三三〕。时日才下午,前无宿店,遂止邸楼作记。

初九日

平明,饭而行。仍循西界山南行,八里,西界山忽横突而东,大溪乃东北折入峡,有小溪自西南山腋来合。乃舍大溪,溯小溪南半里,东度小溪石桥,又南半里,有村三四家倚南山东坳。由南山蹑西坳而上,一里,南逾东突之脊,有茅屋三楹踞脊间,是为<u>把边关</u>,有两三家傍之居,即<u>西山</u>之东突者,而溪流则绕其东峡而南焉。由关南下峡中,半里,透峡,仍循<u>西山</u>行,复东见溪流自其东破峡南出。又下一里，溪流西南来，路东南临其上。两盘西湾之峡，又稍上，共一里，有村踞路右冈上。又南一里，稍下，再盘西湾，南逾小石东行之脊，遂东南行坡塍间。一里余，又稍上东突之坡，东南盘其嘴。一里余，路分两岐，一东南下峡者，为渡溪往新城道，一西南循岭者，为翁溪往旧城道，盖新城道由溪东峡中行，旧城道由溪西崖半行也。时峡中溪桥已为水涨冲去，须由翁溪涉溪而渡，而水急难涉，不若由旧城东北度桥，迂道至新城，虽绕路十里，而免徒涉之艰焉。时闻杨州尊已入帝去〔三四〕，闪知愿书亦不必投，正可从旧城兼收之。

乃由溪西西南循山行，复入坡塍，一里，东南上东突之坡。又南二里，有村倚西山岭上，是为翁溪村。村之南，西界山又环而东突，东界山亦折而东向去，中开东西坞，大溪东盘坞底，平畴夹之。翁溪之村，正东向而下临坞中，有路下涉坞中者，即渡溪往新城道也；由村南循南山东转者，即旧城道也。乃循山东行一里，复东南缘坡上，北瞰坞中溪，南逼坡足，潆而东流。路蹑坡上，甚峻，二里，东登岭头，乃转南行，坞亦随之，南向破峡出。路南行西坡，一里，大溪纤东南去，路乃南下坡。二里，有数家分庐坞中，是为顺德堡。堡南有山，自西界横度而东突，大溪纤之。路南由其度脊处穿坳而过，半里，抵坳南，辄分峡下。又一里，有峡自南来。盖西大山由坳西直南去，南抵旧城之后，其东余支又北转如掉尾，而中夹为坞，其来颇深，有村庐倚西坡上，二峡合于前，遂东向成流坠峡下。路亦挟北坡东下，随之半里，度峡中小桥，其南则掉尾之支又横度东突，路复南向其度脊处穿坳而上。一里余，逾岭坳南下，有村在南坞，大溪自马鞍山西，盘西界东突之嘴，循东山南行坞东，路循西麓南行坞西。二里，西界山之南，复一支横障而东，又有数家倚南山，庐间曲路随山东转，溪亦随坞东折。一里余，盘其东突之嘴，大溪亦直捣其下，路与水俱抱之而南。南壑颇开，庐塍交错，黍禾茂盛，半秀半熟，间有刈者。壑中诸庐，函宗地名最大，倚西山而居壑中。一里余及之，由其前东南行塍间，一里余，南从大溪西岸行。二里余，东西两界余支交环于前，而西支回突为尤甚，既东向环而至，中复起一小尖，若当门之标，水由其东裂堑出，路由其西逾坳上，是为顺宁、云州分界。

越脊南下，则其南壑又大开，坡流杂沓于其间。而远山旁午，或斜叠于南，则西大脊自锡铅南盘绕而东者；或夭矫于东，则东界分支，沿澜沧西岸，度茅家哨而南尽于顺江小水者。此其外绕之崇峰也。而近山，则坞北西山之脉，至此南尽于西，为旧城，东山之脉，至此南尽于东，为新城；坞西则西大脊之中，一峰从湾中东突，直临旧城之西；坞南则西大脊东转之支，又从南大脊之北，先夹一支为近案；坞东则东界沿江之支，又从东西转，直抱于新城之前为龙砂。此其内逼之回峦也。然犹近不见壑中诸水，而只见旧城庐落即在南冈；一里及之，亦数百家之聚也。

饭于旧城〔三五〕，乃东向下坡。半里，有大道沿坡西南去者，兴隆厂道也；东北去者，新城道也。于是东北行田塍间。半里，有新墙一围，中建观音阁甚整，而功未就，然规模雄丽，亦此中所未睹也。其处当壑之中两水交会处，目界四达。于是始见孟祐河〔三六〕即绕其东，顺宁河即出其北，遂共会于东北焉。于是西向遥望，有特出而临于西者，即大脊湾中东突之峰；其北开一隙自西北来者，孟祐河所从出也；其南纡一隙向西南峡者，兴隆厂所从逾也。有中界而垂于东者，即沿江渡茅家哨西环之支；其北开一隙，直上而夹茅家哨者，新城所托之坞也；其南进一隙，东叠而注于顺江小水者，诸流所汇之口也。

小憩阁中，日色正午，凉风悠然。僧瀹茗为供。已出围墙北，则顺宁之水，正出当门之堑。循北崖东转，架亭桥其上，名曰砥柱。其水出桥东，绕观音阁后，则孟祐河自西南来合之，东去入水口峡者也。度桥即东北上坡。是坡即顺宁东山之支，自澜沧西岸迤逦而来，其东南直下者，过茅家哨；此其西南分支者，至此将尽，结为马鞍山，东下之脉为新城，而此其东南尽处也。登坡里余，下瞰二流既合，盘曲堑底，如玉龙曲折。其北又有一坡东下，即新旧两城中界之砂，夹水而逼于南山者。稍下而上，里余，又越其脊，始望见新城在北峡之口，倚西山东下之脉。又三里，稍下，越一小桥，又半里，抵城之东南角。循城北行，又半里，入云州东门。州中寥寥，州署东向，只一街当其前，南北相达而已。至时日才过午，遂止州治南逆旅。

云州即古之大侯州也。昔为土知州俸姓，万历间，俸贞〔三七〕以从逆诛，遂并顺宁设流官，即以此州属之。州治前额标"钦命云州"四字，想经御定而名之也。今顺宁猛廷瑞后已绝，而俸氏之后，犹有奉祀子孙，岁给八十五金之饩〔三八〕焉。

云州疆界：北至顺宁界止数里，东北至沧江渡八十里为蒙化界，西南逾猛打江二百三十里为耿马〔三九〕界，东至顺江小水一百五十里为景东界，东南至夹里沧江渡二百里亦景东界。

余初意云州晤杨州尊，即东南穷澜沧下流，以一统志言澜沧从景东西南下车里，而于元江府临安河下元江，又注谓出自礼社江〔四○〕，由白崖城合澜沧而南。余原疑澜沧不与礼社合，与礼社合者，乃马龙江及源自禄丰者，但无明证澜沧之直南而不东者，故欲由此穷之。前过旧城遇一跛者，其言独历历有据，曰："潞江在此地西三百余里，为云州西界，南由耿马而去，为渣里江〔四一〕，不东曲而合澜沧也。澜沧江在此地东百五十里，为云州东界，南由威远州而去，为挞龙江，不东曲而合元江也。"于是始知挞龙之名，始知东合之说为妄。又询之新城居人，虽土著不能悉，间有江右、四川向走外地者，其言与之合，乃释然无疑，遂无复南穷之意，而此来虽不遇杨，亦不虚度也。

初十日

平明起饭。出南门，度一小坑桥，即西南循西山坡而行。二里余，渐折而沿其南坑之崖西向上，二里余，南盘崖嘴。此嘴东北起为峰顶，分两丫，即所谓马鞍山也；东南下为条冈，直扼旧城溪而东逼东山，界两城之间，为旧城龙砂，新城虎砂者也。此乃顺宁东山之脉，由三沟水西岭过脊南下而尽于此者。由此循峰西向北上，又二里，始平行峰西。一里，出马鞍峰后，为马鞍岭。有寺倚峰北向，前有室三楹当岭头，为茶房。从岭脊西向峻下，二里始平，又半里及山麓。有涧自东北小峡来，西注顺宁河，此已为顺宁属矣。盖云州北界，新城以马鞍山，旧城以函宗南小尖束水之坳，其相距甚近也。

渡涧北上坡，盘北山西麓行，四里，东西崖突夹，顺宁溪捣其中出，路逾其东崖而入。又北一里，其坡西悬坞中，是为花地，其坡正与翁溪村东西遥对，中坠为平坞，则田塍与溪流交络焉。乃西北下坡,半里及坞,又有洞自东北小峡来,西注顺宁溪。路从溪北西向行坞中,三里余,将逼翁溪村之麓,大溪自北峡出,漱西麓而界之,当从此涉溪上翁溪村,出来时道,见溪东有路随北峡入,遂从之。又里余,路渐荒。又里余,坠崖而下,及于溪,即断桥处也。新城之道,实出于此,不由翁溪,从东崖坠流间架桥以渡;自桥为水汩〔四二〕,乃取道翁溪,以溪流平坞间,可揭而涉也。临溪波涌不得渡,乃复南还三里,西渡翁溪。然溪阔而流涨,虽当平处,势犹悬激,抵其中流,波及小腹,足不能定,每一移趾,辄几随波荡去。半晌乃及西岸,复由田塍间上坡。一里,西抵村下大路,乃转而北,即来时道也。循西山蹑坡而下,三里,有岐自峡中来合,即断桥旧境矣。于是随大路又六里,过把边关,瀹汤而饭。下坞东北一里余,渡小桥。又一里,复与大溪遇,溯其西崖,北十里而至鹿塘。时才过午,以暑气逼人,遂停旧主人楼作记。

〔一〕滇游日记十二在乾隆刻本第十册上。

〔二〕湾甸:在昌宁县西南隅,枯柯河下游。傣语称勐哑,意为两河相汇的坝子。明永乐元年(公元1403年)置湾甸长官司,后升为湾甸御夷州。上湾甸称城子,即过去土司驻地。下湾甸称新城。

〔三〕姚关:今名同,在施甸县南境。姚关有风景胜地清平洞,竹木掩映,桥榭错落有致。姚关曾是古战场,至今还有明将邓子龙的遗迹磨剑亭、烹象池、古碑亭等。

〔四〕猛多罗:即今勐波罗河。

〔五〕哈思凹:游记多作哈思坳,今作卡斯坳,傣语意为茅草很多的地方。在枯柯坝南缘,称卡斯街。

〔六〕迤逦由湾甸镇康而南界澜沧潞江之中　　"镇康"，诸本皆作"都康"。以地望考校，澜沧江与怒江之间，湾甸州南应为镇康州。

〔七〕大侯　　此处诸本作"大猴"，但八月九日记作"大侯"，据改。明初为大侯长官司，宣德三年(公元1428年)升为大侯御夷州，直隶布政司。万历二十五年(公元1597年)更名云州，始属顺宁府管辖。

〔八〕发摆：俗称打摆子，即患恶性疟疾。

〔九〕渡桥沿江西岸　　"西岸"原作"东岸"，与下句重复，据四库本、丁本改。

〔一〇〕亦登：今作邑等，在昌宁县西境，柯街至昌宁的公路旁。

〔一一〕鸡飞：今称鸡飞澡塘，在昌宁县西境鸡飞乡，澡塘河东岸，距县城西南17公里，有公路可通。传说过去有一个大石头压着一对金鸡，挣扎了1000多年，将大石挣开为两半，留下的石窝就是现在的金鸡窝温泉。大金鸡飞到英韬山，即今大鸡飞村，在今英韬；小金鸡落到澡塘河边，就是今小鸡飞村。鸡飞澡塘系一温泉群，在不到一平方公里的范围内，怪石嶙峋，大小泉华如钟、如兽、如公母塔等。各泉眼高低不同，温度各异，有的高达90℃，有的仅40℃左右，著名的有蒸塘、小石锅、大石锅数处。蒸塘水温达90℃，可煮熟鸡蛋；小石锅形如一口锑锅大，也不断涌出高达90℃的沸泉；大石锅是位于古泉华顶部的石潭，约有见方大，潭底涌出50℃的热水，大旱之年也未干涸过。

〔一二〕靦(chǎn产)然：形容笑的样子。

〔一三〕枯柯新街:今名柯街,在昌宁县西境。

〔一四〕其本挺直　"直"原作"植",据四库本改。

〔一五〕此即紫胶,至今仍为滇西南的特产。

〔一六〕石甸:即今施甸,元置石甸长官司,明代虽已改为施甸长官司,但仍俗称石甸。

〔一七〕从其东涉冈东上　"东涉",四库本作"南陟"。

〔一八〕右甸:明有广邑州,直隶云南布政司,治所在今昌宁县西隅的广邑寨,又作广益。正统元年(公元 1436 年)徙广邑州治于右甸。右甸城在坝子中的小山上,建于万历年间,为砖城,即今昌宁县治南门街和北门街所包围的老城部分。今仍称右甸城。

〔一九〕莽水:今作漭水,在昌宁县东境,澜沧江西岸。芦塘厂:即炉塘厂,又称铜矿厂,在今永平县南境,详滇游日记八。

〔二〇〕狎(xiá 匣):更迭,交替。

〔二一〕有两三家住峰头　"住"原作"驻",据四库本改。

〔二二〕此即今右甸河。

〔二三〕猛峒:今作勐统,在昌宁县东南隅。　猛打:据游记本月九日载:云州"西南逾猛打江二百三十里为耿马界",则猛打江即今南丁河,猛打应在南丁河北岸,兴隆厂应在南丁河以南。

〔二四〕锡铅:今作习谦,在凤庆县西隅。

〔二五〕孟祐:今作勐佑,在凤庆县西境。

〔二六〕孟祐河:源自昌宁,今称右甸河;勐佑以下今仍称勐佑河,又称南桥河。

〔二七〕岑(cén):小而高的山。

〔二八〕阙:通"缺"。

〔二九〕明置顺宁府,府治所在的新城和旧城都在今凤庆县治凤山镇。

〔三〇〕斋(zhāi 摘):施饭给僧人。

〔三一〕讲师:宣讲佛法的僧侣称为讲师。

〔三二〕此即顺宁河,今称凤庆河,又名迎春河、北桥河。

〔三三〕鹿塘:今作洛党,在凤庆至云县的公路适中处。

〔三四〕科举制度时,乡试的考官称帘官。帘官分为内帘与外帘,负责在外提调、监视的为外帘官,负责在内主试、阅卷的为内帘官。帘官系由各州、县官调入充任。担任帘官的人,必须暂时离开其知州或知县的本职,称为入帘。

〔三五〕此旧城为大侯州治,即今云县县治爱华镇。改名云州后,万历三十年(公元 1602 年)迁治于新城,其地今仍称新城。清乾隆五十九年(公元 1794 年)治所仍迁回旧城,至今未变。

〔三六〕此孟祐河下游今称南桥河、罗闸河、顺甸河。

〔三七〕俸贞　扫叶山房本、丁本作"奉敕"。据明史土司传、滇史、蛮司合志,被诛者系奉学,"学兄赦守大侯如故"。

〔三八〕饩(xì 系):赠送人的谷物、饲料或薪资。

〔三九〕耿马:万历十三年(公元 1585 年)析孟定地置耿马安抚司,即今耿马傣族佤族自治县。

〔四〇〕礼社江:今名同,为红河上游。

〔四一〕渣里江:又作喳哩江,为明清时期对怒江的另一称谓,专指木邦以东,镇康、孟定、孟连以西的一段怒江。

〔四二〕汩(gǔ 骨):即汩没,淹没。

十一日

由鹿塘三十里,过归化桥。从溪东循东山麓行,五里,入普光寺。余疑以为即东山寺也,入而始知东山寺尚在北。乃复随大路三里,抵南关坡下亭桥,即从桥东小径东北上坡。又二里而东山寺,倚东山西向,正临新城也。入寺,拾级而上。正殿前以楼为门,而后有层阁。阁之上层奉玉帝,登之,则西山之支络,郡堞之回盘,可平揖而尽也。下阁,入其左庐,有一僧曾于龙泉一晤者,见余留同饭。既饭而共坐前门楼,乃知其僧为阿禄司西北山寺中僧也,以听讲至龙泉,而东山僧邀之饭者。为余言,自少曾遍历挝龙〔一〕、木邦、阿瓦之地,其言与旧城跛者、新城客商所言,历历皆合。下午乃出寺。一里,度东门亭桥,入顺宁东门。觅夫未得,山雨如注,乃出南关一里,再宿龙泉寺。

十二日

饭于龙泉。命顾仆入城觅夫,而于殿后静室访讲师。既见,始知其即一苇也。为余瀹茗炙饼,出鸡葼、松子相饷。坐间,以黄慎轩翰卷相示,盖其行脚中所物色而得者。下午,不得夫,乃迁寓入新城徐楼,与蒙化妙乐师同候驼骑〔二〕。

十三日

与妙乐同寓,候骑不至。薄暮乃来,遂与妙乐各定一骑,带行囊,期明日行。驼骑者,俱从白盐井驼盐而至〔三〕,可竟达鸡足,甚便。时余欲从蒙化往天姥岩,恐不能待,止雇至蒙化城止。

十四日

晨起而饭。驼骑以候取盐价,午始发。出北门,东北下涉溪。约二里,过接官亭,有税课司在焉。其岐而西者,即永昌道也。时驼骑犹未至，余先至，坐览一郡形势，而并询其开郡始末。

顺宁者，旧名庆甸，本蒲蛮之地。其直北为永平，西北为永昌，东北为蒙化，西南为镇康〔四〕，东南为大侯。此其四履之外接者。土官猛姓，即孟获之后。万历四十年，土官猛廷瑞专恣，潜蓄异谋，开府〔五〕陈用宾讨而诛之。大侯州土官俸贞与之济逆，遂并雉狋〔六〕之，改为云州，各设流官，而以云州为顺宁属。今迤西流官所莅之境，以腾越为极西，云州为极南焉。

龙泉寺基，即猛廷瑞所居之园也，从西山垂陇东下。寺前有塘一方，颇深而澈，建水月阁于其中。其后面塘为前殿。前殿之右，庭中皆为透水之穴，虽小而所出不一。又西三丈，有井一圆，颇小而浅，水从中溢，东注塘中，淙淙有声，则龙泉之源矣。前殿后为大殿，余之所憩者，其东庑也，皆开郡后所建。

旧城即龙泉寺一带，有居庐而无雉堞。新城在其北，中隔一东下之涧。其脉亦从西山垂陇东下，谓之凤山。府署倚之而东向。余入其堂，欲观所图府境四止，无有也。

顺宁郡城所托之峡，逼不开洋，乃两山中一坞耳。本坞不若右甸之圆拓，旁坞亦不若孟祐村之交错。其坞西北自甸头村，东南至函宗百里，东西阔处不及四里。

顺宁郡之境，北宽而南狭。由郡城而南，则湾甸、大侯两州东西夹之，尖若犁头。由郡城而北，西去绕湾甸之北，而为锡铅，为右甸，为枯柯，而界逾永昌之水；东去入蒙化之腋，而为三台，为阿禄，为牛街，而界逾漾备之流；其直北，则逾澜沧上打麦陇，抵旧炉塘北岭，始与永平分界。俱在二百里外，若扇之展者焉。自以云州隶之，而后西南、东南各抵东、西二江，不为蹙矣。

澜沧江从顺宁西北境穿其腹而东，至苦思路之东，又穿其腹而南，至三台山之南，乃南出为其东界，既与公郎[七]分蒙化，又南过云州东，又与顺江分景东。郡之经流也。

郡境所食所燃皆核桃油。其核桃壳厚而肉嵌，一钱可数枚，捶碎蒸之，箍搞为油，胜芝麻、菜子者多矣。

驼骑至，即东下坡，渡北来溪身。以铁索架桥，亭于其上，其制仿澜沧桥者，以孔道所因也。度桥东，即北上坡，循东山之麓，北向而登。是时驼骑一群，以迟发疾趋，余贾勇随之。上不甚峻，而屡过夹坑之脊，三里，从脊上西望望城关，只隔一峡也。又北上，两过旁坠之脊，三里，忽随西坡下。转一坳，复一里，越一西突之冈。由其北下，环山为坞，有坪西向而拓，丰禾被塍，即西突之冈所抱而成者。一里，陟坪而北，又下，连越二小溪，皆从东南腋中来下西峡者。其处支流纵横，蹊径旁午，而人居隐不可见。从此复北上五里，有两三家倚冈头，是为二十里哨。登冈东北，平行其脊。一里，复转东向，循冈北崖下。又里余，则有溪自东峡来。余初以为既登冈，历诸脊，当即直上逾东大山，而不意又有此溪中间之也。既下，乃溯流东入峡。半里，其水分两峡出，一西南自冈脊后，一北自大岭过脊处。乃依南麓涉其冈后之流，溯北涧之左，复北向上，盖即两水中垂之坡也。于是从丛木深翳中上，二里，逾一冈，复循南崖之上行。一里余，又穿坳而西，临西崖之上。两崖俱下盘深箐，中翳丛木，而西箐即顺宁北坞大溪源所出矣。又穿夹槽而上半里，循西箐北崖上。西北平行一里，转入北坳。平透坳北一里，其脊南之箐，犹西坠也。半里，复入夹壁之槽。平行槽中半里，亦有上跨之树。又北一里，稍高，有石脊横槽底，即度脉也。此脊自罗岷山东天井铺南度〔八〕，迤逦随江西岸，至此为顺宁东山、云州北山，而南尽于顺江小水之口；若罗岷大脊，则自南窝东北折而南，自草房哨而去矣。已出夹槽，东北坠坑而下。一里，即有水自东南腋飞坠下西北坑者，路下循之，与白沙哨之东下者，同一胚胎。又东北陟脊，度脊再上，共三里，有四五家踞冈头，是为三沟水哨。盖冈之左右，下坠之水分为三沟，而皆北注澜沧矣。又东北下七里，盘一冈嘴。又下三里，有一二家当路右，是为塘报营。又下三里，过一村，已昏黑。又下二里，而宿于高简槽〔九〕。店主老人梅姓，颇能慰客，特煎太华茶饮予〔一〇〕。

十五日

昧爽，饭〔一一〕。平明，东北下坡。坡两旁皆夹深崖，而坡中悬之，所谓高简诸村庐，又中踞其上。二里，转坡北，下峡中。一里，复转东北，循坡而下。四里，始望见澜沧江流下嵌峡底，自西而东；其隔峡三台山犹为岚雾所笼，咫尺难辨。于是曲折北下者三里，有一二家濒江而居，是为渡口。澜沧至此，又自西东注，其形之阔，止半于潞江，而水势正浊而急。甫闻击汰〔一二〕声，舟适南来，遂受之北渡，时驼骑在后，不能待也。

登北岸，即曲折上二里余，跻坡头。转而东行坡脊，南瞰江流在足底，北眺三台山屏回岭北，以为由此即层累而升也。又闻击汰声，则渡舟始横江南去，而南岸之驼骑，犹望之不见。乃平行一里，折而北向逾脊。半里，乃循东崖瞰西坞北向行。二里，始望见三台村馆，在北山之半，悬空屏峙，以为贾勇可至。又一里，路盘东曲，反渐而就降，又二里，遂下至壑底。壑中涧分二道来，一自西北，一自东北，合于三台之麓，而三台则中悬之，其水由西坞而南入澜沧。乃就小桥渡东北来涧，约一里，即从夹中上跻中悬之坡。曲折上者甚峻，六里，始有数十家倚坡坪而居，是为三台山，有公馆焉。又东北瞰东坞循西崖而上，十二里，蹑南亘之脊，其脊之东西坞，犹南下者。又蹑磴三里，有坊，其冈头为七碗亭者。冈之东，下临深壑，庐三间缀其上，乃昔之茶庵，而今虚无人矣。又上里余，盘突峰之东。其峰中突，而脊则从北下而度，始曲而东起，故突峰虽为绝顶，其东下之坞，犹南出云。乃踞峰头而饭。其时四山云雾已开，惟峰头犹霏霏酿氤氲气。

　　由峰北随北行之脊，下坠一里余，乃度脊东突，是为过脉。是山北从老君山南行，经万松岭、天井铺度脊南来，其东之横岭，西之博南二脊，皆绕断于中，惟此支则过此而南尽于泮山。从其北临西壑行，再下再上三里余，有哨房当路，亦虚无栖者。又东北随岭脊下六里，循东坞，盘西岭，又下二里，乃北度峡中小石桥。其水从西峡来，出桥而合于南峡，北从阿禄司东注于新牛街，入漾濞者也。石桥之南，其路东西两岐：东岐即余所从来道，西岐乃四川僧新开，欲上达于过脊者。度桥，即循北坡临南壑东北上。三里，蹑冈头，有百家倚冈而居，是为阿禄司〔一三〕。其地则西溪北转，南山东环，有冈中突而垂其北，司踞其突处。其西面遥山崇列，自北南纡，即万松、天井南下之脊，挟澜沧江而南者；其北面乱山杂沓，中有一峰特出，询之土人，即猛补者后山，其侧有寺，而大路之所从者。余识之，再瀹汤而饭，以待驼骑。下午乃至，以前无水草，遂止而宿。是夜为中秋，余先从顺宁买胡饼〔一四〕一圆，怀之为看月具，而月为云掩，竟卧。

十六日

昧爽，饭而北行。随坡平下十里，而下更峻。五里，至坡底，东西二坞水来合而北去，乃度东坞小桥，沿东麓北行坞中。随水三里，又一溪自东峡来，渡其亭桥。又北一里，渡一大溪亭桥，是为**猛家桥**。水由桥东破峡北出，路从桥北逾冈而上。其冈东绾溪口，有数家踞其上。从其北下，复随溪行西岸，曲折盘坞十二里，有百家之聚踞冈头，东临溪口，是为**新牛街**〔一五〕。俱**汉**人居，而地不开洋，有公馆在焉，今以旧街巡司移此。由其北西北下二里，有小江自西而东，即**漾濞**之下流也，自合江铺入蒙化境，曲折南下，又合**胜备江**、**九渡**、**双桥**之水，至此而东抵**猛补者**地名，乃南折而环**泮山**，入澜沧焉。江水不及**澜沧**三之一，而浑浊同之，以雨后故也。方舟渡之，登北岸，即随江东南行。

半里，随江东北转，遂循突坡而上。二里，登南突之坡，下瞰隔江司，与**阿禄司**溪出江之口对，江流受之，遂东入峡，路从北山之半，亦盘崖而从之。半里，有一家独踞冈头，南临江坡而居，颇整。又东三里，有削崖高临路北，峭壁间有洞南向，其色斑赭，即阿禄所望北面特出之峰，此其西南隅之下层也。又东四里，有两三家倚冈而居，是为**马王箐**，江流其前峡中，后倚特出崇峰。东望遥壑中开，东北坳中有箐盘峡而下，西与江流合而南去，其东南两峰对峙，夹束如门，而江流由此南出焉。乃瀹汤而饭于村家。由村东北上三里余，当特出崇峰之南，其下江流峡中，至此亦直南去。又东北二里，盘其东南之垂支，有两三家踞冈上，是为**猛补者**，亦哨寨之名也，于是逼特出崇峰东南麓矣。其东下盘壑中回，即东北**梢松**哨南箐之所下者；其正南江流直去，恰当两门之中。又从门隙遥见外层之山,浮青远映,此乃澜沧江畔公郎之境矣。又东北盘崖麓而上,二里而下。半里,忽涧北一崖中悬,南向特立,如独秀之状,有僧隐庵结飞阁三重倚之。大路过其下,时驼马已前去,余谓此奇境不可失,乃循回磴披石关而陟之。阁乃新构者,下层之后,有片峰中耸,与后崖夹立,中分一线,而中层即覆之,峰尖透出中层之上,上层又叠中层而起。其后皆就崖为壁,而缀之以铁锁,横系崖孔,其前飞甍叠牖,延吐烟云,实为胜地,恨不留被襆于此,倚崖而卧明月也。隐庵为瀹茗留榻,余恐驼骑前去不及追,匆匆辞之出。此岩在特出崇峰东南峡中,登其阁,正南对双突之门。门外又见一远峰中悬,圆亘直上如天柱,其地当与澜沧相近,而不知为何所。隐庵称为钵盂山,亦漫以此岩相对名之耳;又谓在江外,亦不辨其在碧溪江名外,抑在澜沧外也。

由其东又上坡,二里,登东冈。又东北迢遥而上,八里而至桫松哨。是哨乃东来之脊,西度而起为特出崇峰,南尽于碧溪江东北岸,是为顺宁东北尽处,与蒙化分界者也,以岭有桫松树最大,故名。时驼骑方饭于此,遂及之。又随脊东上四里,转而北,登岭头,是为旧牛街〔一六〕。是日街子犹未散,已行八十里矣。此东来度脊之最高处,北望直抵漾濞,其东之点苍,直雄插天半;南望则瓦屋〔一七〕突门之峰,又从东分支西绕,环壑于前;西望则特出崇峰,近耸西南,江外横岭诸峰,遥环西北,亦一爽心快目之境矣。

于是北向随岭下,二里,盘崖转东,循脊北东行,八里,至旧巡司。又东北下二里,盘南壑之上,有路分岐:逾脊北下,想北通漾濞者;正路又东随脊。二里余,逾东岭北下,于是其峡北向坠,即随峡东坡东北行。五里,至瓦葫芦〔一八〕,有数十家倚坡嘴,悬居环壑中。坡东有小水，一自西腋，一自南腋，交于前壑而北去。则此瓦葫芦者，亦山丛水溢之源也。是夜宿邸楼，月甚明，恨无贳酒之侣，怅怅而卧〔一九〕。

十七日

昧爽，饭而行，即东下坡。一里，渡西来小水，循北山而东。半里，南来小水与之合，同破峡北去，路亦随之，挟山北转，一里，有亭桥跨其溪，曰广济。渡而东，循东麓北行二里余，有峡自西山来合。又北五里，北壑稍开，水走西北峡去；又有一水自东峡来合，其势相埒，即溯之入。东行里余，有小桥架其上，北度之。复循北坡东上半里，溯溪北转二里余，转而东一里余，有数十家倚北山而居，是为鼠街子〔二〇〕。峡至是东西长亘，溪流峡底，路溯北崖。北崖屡有小水挂峡而下，路东盘之，屡上屡下。十里，逾坡东降，东峡稍开，盘北崖之纤，盖北崖至是稍逊，而南障之屏削尤甚也。东三里，其溪一自北来，一自南坠，而东面则横山障之，路乃折而溯北来之溪。二里稍下，一里余，涉溪东岸，复溯溪北行。半里，溪仍两派，一西北来，一东来，乃折而从东来者上。半里，有数家倚坡间，是为猪矢河哨〔二一〕。"猪矢"乃土音。此处为诸河之始，恐是"诸始河"也。其处山回峡凑，中迸垂坡：一岐直北逾岭者，为漾备道；一岐逾坡东北去者，为炉塘道〔二二〕；惟东向随峡上者，为蒙化大道。乃东上三里，稍随一北曲之湾。湾中有小水南坠其侧，岐径缘之而北，此非漾备，即下关捷径，惜驼骑不能从也。又东随大道上，或峻或平，皆瞰南壑行，五里，乃逾岭脊。脊稍中坳，乃东北自定西岭分支，西度为甸头山，又分两支：一支北转，挟洱水北出苍山后；一支南下，亘为蒙化西夹之山，而此其脊也。脊东即见大坞自北而南，其东界山与此脊排闼相对；而北之甸头山，则中联而伏，其外浮青高拥者，<u>点苍山</u>也；南之甸尾，<u>阳江</u>中贯，曲折下坠，而与<u>定边</u>〔二三〕接界焉。<u>蒙化郡城</u>已东伏平川之中，而不即东下也。

从岭脊平行而南半里，其脊之盘礴西去者，<u>杪松</u>、<u>猛补者</u>之支所由分；旁午东出者，郡城大路随之下。始由峡中坠者二里，既随北坡下者三里，又从坡脊降者五里，于是路南之峡，坠而愈开，路北之峰，断而复起。其峰自西脊下垂至是，屡伏屡耸，若贯珠而下，共四五峰，下至东麓，而<u>阳江</u>之水，自城西西曲而朝之，亦一奇也。路从其南连盘二峰，则南坞大开，有数家倚南山下，而峡中皆环塍为田。又东一里，乃转北，穿一东突峰后而透其坞。此峰即连珠下第五峰尽于东麓者，其上诸峰皆随下而循其南，至此峰独中穿而逾其北。此处似有神皋〔二四〕蕴结，而土人不识，间有旁缀而庐者，皆不得其正也。挟突峰之北而下，半里至麓。又东半里，则<u>阳江</u>〔二五〕自东来，抵山而南转去。路溯江北岸东行，半里，有三巩石桥南架江上。逾桥南，复东一里，入<u>蒙化</u>〔二六〕西门。一里余，竟城而抵东门，内转半里，过<u>等觉寺</u>，税驾于寺北之<u>冷泉庵</u>〔二七〕，即妙乐师栖静处。中有井甚甘洌，为蒙城第一泉，故以名庵。

<u>蒙化城</u>甚整，乃古城也，而高与<u>洱海</u>相似。城中居庐亦甚盛，而北门外则阛阓皆聚焉。闻城中有甲科三四家，是反胜<u>大理</u>也。北门外有卖饼者三四家，想皆中土人。其制酷似吾乡"眉公饼"，但不兼各味耳，即省中亦不及。

<u>蒙化</u>土知府<u>左</u>姓，世代循良，不似<u>景东</u>骜骜，其居在西山北坞三十里。<u>蒙化</u>有流官同知一人，居城中，反有专城之重，不似他土府之外受酋制，亦不似他流官之有郡伯上压也。<u>蒙化卫</u>亦居城中，为卫官者，亦胜他卫，盖不似<u>景东</u>之权在土酋，

亦不似永昌之人各为政也。

蒙化疆宇较蹙，其中止一川，水俱西南下澜沧者，以定西岭南脊之界其东也。

定西岭从大脊分支，又为一东西之界，其西则蒙化、顺宁、永昌，其东则元江、临安、澂江、新化及楚雄。脊南之州县水，皆从是岭而分，南龙大脊虽长，此亦南条第一支也。至脊西之大理、剑川、兰州，脊东之寻甸、曲靖，虽在其北为大脊所分，而定西实承大脊而当其下流，谓非其区域所判不可也。

蒙化有四寺，曰天姥、竹扫、降龙、伏虎，而天姥之名最著，在西北山坞间三十五里。余不及遍穷，欲首及之。

十八日

从冷泉庵晨起，令顾仆同妙乐觅驼骑，期以明日行。余亟饭，出北门，策骑为天姥游，盖以骑去，始能往返也。北二里，由演武场后西北下，约一里，渡一沟，西北当中川行。五里，过荷池。又北一里，过一沟。又西北三里，则大溪自东曲而西流，北涉之。四里，盘西山东突之嘴，其嘴东突，而大溪上流亦西来逼之，路盘崖而北，是为蒙化、天姥适中处。又北二里，过西山之湾，又北二里，再盘一东突之嘴。又过西湾三里，其东突之嘴更长。逾其坳而北，有岐西向入峡，其峡湾环西入，内为土司左氏之世居。天姥道由坳北截西峡之口，直度北去。约三里，又盘其东突之嘴，于是居庐连络，始望见天姥寺在北坞之半回腋间，其山皆自西大山条分东下之回冈也。又三里，有一圆阜当盘湾之中，如珠在盘，而路萦其前。又北三里，循坡西北上，一里而及山门，是为天姥崖，而实无崖也。其寺东向，殿宇在北，僧房在南。山门内有古坊，曰"云隐寺"。按一统志，巃崂图山在城西北三十五里，蒙氏龙伽独自哀牢将其子细奴逻居其上，筑巄崂图城，自立为奇王，号蒙舍诏，今上有浮屠及云隐寺。始知天姥崖即云隐寺，而其山实名巄崂图也〔二八〕。其浮屠在寺北回冈上，殿宇昔极整丽，盖土司家所为，今不免寥落矣。时日已下午，亟饭而归。渡大溪，抵荷池已昏黑矣。入城，妙乐正篝灯相待，乃饭而卧。

十九日

妙乐以乳线赠余。余以俞禹锡诗扇，更作诗赠之。驼骑至，即饭而别，妙乐送出北门。仍二里，过演武场东。又北循东麓一里，有岐分为二：一直北随大坞者，为大理、下关道；一东向入峡逾山者，为迷渡、洱海道。乃从迷渡者东向上。五里，涉西下之涧，于是上跻坡。二里，得坪，有数家在坪北，曰阿儿村。更蹑坡直上五里，登坡头，平行冈脊而南度之。此脊由南峰北度而下者，其东与大山夹为坑，北下西转而入大川，其西则平坠川南，从其上俯瞰蒙城，如一瓯脱〔二九〕也。又北倚坡再东上三里，有三四家当脊而居，是为沙滩哨〔三〇〕。脊上有新建小庵，颇洁。又蹑脊东上二里，盘崖北转，忽北峡骈峙，路穿其中，即北来东度而南转之脊也，是为龙庆关。透峡，即随峡东坠，石骨嶙峋。半里，稍平。是脊北自定西岭南下，东挟白崖、迷渡之水，为礼社江，南由定边县东而下元江；西界蒙化甸头之水，为阳江，南由定边县西而下澜沧，乃景东、威远、镇沅〔三一〕诸郡州之脉所由度者也〔三二〕。东向下者四里余，有数家居峡中，是为石佛哨〔三三〕，乃饭。

又三里，有三四家在北坡，曰桃园哨。于是曲折行峡中，随水而出，或东或北。不二里，辄与峡俱转，而皆在水左。如是十里，再北转,始望见峡口东达川中,峡中小室累累,各就水次,其瓦俱白,乃磨室也。以水运机,磨麦为面,甚洁白,乃知迷渡川中,饶稻更饶麦也。又二里,度桥,由溪右出峡口〔三四〕,随山南转半里,乃东向截川而行。其川甚平拓,北有崇山屏立,即白崖站也〔三五〕;西北有攒峰横亘而南,即定西岭南度之脊也。两高之间,有坳在西北,即为定西岭。逾岭而西,为下关道;从坳北转,为赵州道。余不得假道于彼,而仅一涉礼社上流,揽迷渡风景,皆驼骑累之也。东行平堤三里,有围墙当路,左踞川中,方整而甚遥,中无巨室,乃景东卫贮粮之所,是曰新城〔三六〕。半里,其墙东尽,复行堤上三里,有碑亭在路右,乃大理倅王君署事景东,而卫人立于此者。又东半里,有溪自北而南,架木桥于上,水与溪形俱不大,此即礼社之源,自白崖定西岭来,南注定边,下元江〔三七〕,合马龙为临安河,下莲花滩〔三八〕者也。时川中方苦旱,故水若衣带。从此望之,川形如犁尖,北拓而南敛,东西两界山,亦北高而南伏,盖定边、景东大道,皆由此而南去。又东半里,入迷渡之西门〔三九〕。其墙不及新城之整,而居庐甚盛,是为旧城,有巡司居之。其地乃赵州、洱海、云南县、蒙化分界,而景东之屯亦在焉。买米于城。出北门,随墙东转一里,有支峰自东南绕而北,有小浮屠在其上。盘其嘴入东坞中,又一里,其中又成一小壑,曰海子〔四〇〕。有倚山北向而居者,遂投之宿。

二十日

平明,饭而行。又东一里,入峡,其中又成一小壑。二里,随壑北转,渐上坡。再上再平,三里,逾岭头,遵冈北行。又三里,有村在西坡腋间,为酒药村。又北循坡行,其坡皆自东而西向下者,条冈缕缕,有小水界之,皆西出迷渡者。再下再上约十里,有卖浆者庐冈头,曰饭店,有村在东山下,曰饭店村。又北逾一冈,二里,坡西于是有山,与东坡夹而成峡,其小流南下而西注迷渡。路乃从峡中溯之北,二里余,转而东北上,二里余,陟而逾其坳。此乌龙坝南来大脊,至此东度南转,而峙为水目者也。脊颇平坦,南虽屡升降坡间,而上实不多,北下则平如兜,不知其为南龙大脊。余自二月十三从鹤庆度大脊而西,盘旋西南者半载余,乃复度此脊北返,计离乡三载,陟大脊而东西度之,不啻如织矣!

脊北平下半里,即清华洞〔四一〕,倚西山东向。再入之,其内黄潦〔四二〕盈潴,及于洞口。余去年腊月十九日〔四三〕,当雨后,洞底虽泞,而水不外盈,可以深入;兹方苦旱,而水当洞门,即外台亦不能及,其内门俱垂垂浸水中,止北穿一隙,其上亦透重光,不如内顶之崇深也。稍转而北,其上窦即黑暗而穷,其下门俱为水没,无从入中洞也。此洞昔以无炬不能深入,然犹践泞数十丈,披其中透顶之局,兹以涨望门而止,不知他日归途经此,得穷其蕴藏否也?

出洞,北行半里,逾岭即西向白崖大道,仍舍之而北。二里,有池一方在西坡下,其西南崖石嶙峋,亦龙潭也。又北一里,过一村聚,村北路右有墙一围,为杨土县之宅。又北一里,即洱海卫城西南隅。从西城外行半里,过西门,余昔所投宿处也。又随城而北半里,转东半里,抵北门外,乃觅店而饭。先是余从途中,见牧童手持一鸡葼,甚巨而鲜洁,时鸡葼已过时,盖最后者独出而大也。余市之,至是瀹汤为饭,甚适。

洱海往鸡山道,在九鼎、梁王二山间,余昔所经者;骑夫以家在荞甸,故强余迁此。盖洱海卫所环之坞甚大,西倚大脊崇冈,东面东山对列,东南汇为青龙海子,破峡而绕小云南驿为水口,其南即清华洞前所逾南坳。其北即梁王山东下之支,平伏而横接东山者,自洱海北望,以为水从此泄,而不知反为上流。余亦欲经此验之,于是北行田塍间,西瞻九鼎道,登缘坡,在隔涧之外数里也。六里,抵梁王山东支之南,有寺在其西腋,南向临川,曰般若寺。路乃东向逾冈,一里余,有村庐倚西山而居,曰品甸〔四四〕。由其东一里余,再北上坡,乃一堤也。堤西北山回壑抱,东南积水为海,于时久旱,半已涸矣。从堤而东半里,一庙倚堤而北悬海中,为龙王祠。又东半里转北,堤始尽。复逾东突之坡,一里,复见西腋尚蟠海子支流。平行岭脊,又北三里,则东峡下坠,遥接东山,腋中有水盈盈,则周官哆海子也〔四五〕。其北则平冈东度,而属于东山,此海实青龙海子之源矣。梁王之脉,由此东度,不特南环为洱城东山,即荞甸北宾川东大山崇窿,为铁索箐、红石崖者,皆此脊绕荞甸东而磅礴之。余夙闻洱城北有米甸、禾甸〔四六〕、荞甸之名,且知青海子水经小云南随川北转,经胭脂坝,合禾、米诸甸水而北入金沙〔四七〕,意此脊之北,荞甸水亦东北流。至此乃知其独西北出宾川者,始晤此脊自□□山南度为□□□山而尽于小云南〔四八〕,北界于荞甸之东,耸宾川东山而尽于红石崖金沙江岸,脊北盘壑是为荞甸,与禾、米二甸名虽鼎列,而水则分流焉。从岭上转西北一里,随北坞下,三里而至坞底。直北开一坞,其北崇山横亘,即斜骞于宾川之东而雄峙者;西界大山,即梁王山北下之支;东界大山,即周官哆北冈东度之脊,所转北而直接横亘崇山者。从岭上观之,东西界仅与脊平,至此而岩岩直上,其所下深也。坞中村庐累落,即所谓荞甸〔四九〕。度西南峡所出涧,稍北上坡,又一里而止于骑夫家。下午热甚,竟宿不行。

〔一〕挝龙江即九龙江。自明代至今,西双版纳傣族称澜沧江为九龙江。此处"挝龙"系地名,即景昽。自宋代以来,西双版纳即称景昽。其行政中心亦称景昽,即今景洪。"挝龙"、"九龙"皆为景昽的音字。

〔二〕妙乐　　四库本作"妙药"。下同。

〔三〕白盐井:亦产盐要地,在今大姚县石羊镇。

〔四〕镇康:明置镇康御夷州,治今永德县永康坝,其辖境西抵怒江。

〔五〕开府:原指成立府署,自选僚属,为古代高级官吏设置府署的制度。汉代仅三公、将军可以开府,晋代诸州刺史多以将军开府,都督军事。明代已废,仅借用开府为高级武官的代称。

〔六〕雉(zhì 志):牵牛绳。　猃(xiǎn 显):杀伤禽兽。雉猃在此指消灭土司。

〔七〕公郎:今名同,在澜沧江北,南涧县西南境。

〔八〕此脊自罗岷山东天井铺南度　"东",徐本作"西"。

〔九〕高简槽:今作高枧槽,在凤庆县北境大寺乡。

〔一〇〕太华茶:谢肇淛滇略产略载明代云南名茶有三种,即太华茶、感通茶、普茶。"昆明之太华,其雷声初动者,色香不下松萝,但操不匀细耳。"太华茶系昆明特产,霞客在筇竹寺亦饮太华茶。

〔一一〕昧爽饭　　原脱此三字,据四库本补。

〔一二〕汰(tì 替):水波。

〔一三〕阿禄司:在今凤庆县北境,澜沧江北岸的鲁史。明万历二十六年(公元 1598 年)设阿鲁巡检司。彝语"阿鲁"意为小城镇。后简称鲁司,转音为鲁史,1949 年设鲁史镇。

〔一四〕胡饼:烧饼。

〔一五〕新牛街:即明代顺宁府七巡检司之一的牛街,亦即今鲁史的犀牛村,在凤庆县北隅黑惠江边。

〔一六〕猛补者,今作蒙库者;杪松哨,今作杉松哨;旧牛街,今称老牛街。皆在巍山县西南隅。

〔一七〕瓦屋:今名同,在凤庆县东北部,黑惠江西侧。

〔一八〕瓦葫芦:今作瓦铺路,在巍山县西南境,石房河西岸,直捷村北邻。

〔一九〕此句下叶本按:"甲按,杨本添注云:'碧溪江即漾濞江',当存考。"据嘉庆重修一统志永昌府山川:"碧溪江在永平县东北二百里,旧志即漾濞江。"杨说是。

〔二〇〕鼠街子:今称西鼠街,在巍山县西境。

〔二一〕猪矢河哨:今作猪食河,在巍山城至五印的公路边,鼠街河三源汇于此。

〔二二〕一岐逾坡东北去者为炉塘道　　此作"东北去",惟炉塘在其西北,至炉塘道似应作"西北去"。

〔二三〕定边:明为县,隶楚雄府,在今南涧彝族自治县。

〔二四〕神皋(gāo 高):神明的界局。

〔二五〕阳江:今称西河、蒙化大河或巍山河。

〔二六〕蒙化:明置蒙化府,治今巍山彝族回族自治县。至今尚能看到部分城墙遗迹和明代碑刻。高大雄壮的北城楼和玲珑纤秀的鼓楼,亦完好地保存至今。

〔二七〕等觉寺、冷泉庵:在今巍山县城东部,为县医院住地。等觉寺今存有成化元年(公元 1465 年)蒙化府土知府左琳建的双宝塔及碑刻。冷泉庵为古药师殿,嘉靖年间杨升庵两游蒙化,皆寓此。

〔二八〕蒙圩(wū 污)图山:今人省称蒙圩山,山上的天摩雅寺,应即天姥(mǔ 母)寺的转音。在巍山坝子西缘,属庙街镇。建国前后都曾在此挖出过有字瓦及花瓣纹瓦当,应即南诏早期的蒙圩图城。

〔二九〕瓯(ōu 欧)脱:史记匈奴列传载:"中有弃地,莫居,千余里,各居其边为瓯脱。"此处用瓯脱形象地比喻巍山坝子宽阔,巍山古城却辟处山边的形势。

〔三〇〕沙滩哨:今作沙塘哨,在巍山县东隅。

〔三一〕镇沅:明置府,在今镇沅县按板镇。

〔三二〕按,明一统志蒙化府山川载:"阳江,在府城西,源出甸头洞,过定边县入澜沧江。"霞客本明一统志,故有此说。其实,毗雄河和巍山河在定边县汇合,即成为元江的东西二源,阳江并未流入澜沧江。定西岭:今名同,俗称红岩坡,为大理市、弥渡县界山,此山南至定边即被二水交汇处截断,其脉亦未达景东等县。

〔三三〕石佛哨:今名同,在弥渡县西隅。

〔三四〕在此峡口稍北的庙前村铁柱小学内,有著名的南诏铁柱,为全国重点文物保护单位。公元 707 年,唐王朝派唐九征在洱海地区大败吐蕃后,即在波州(今祥云县)建铁柱,上面刻有唐中央在这一地区设置州县的地图和说明文字,是唐统一洱海地区的历史见证,这就是通常说的"唐标铁柱"。公元 872 年,南诏王蒙世隆可能利用了波州铁柱重铸为弥渡铁柱。今存铁柱高 3.3 米,圆周 1.05 米,直立在一米多高的土台上,题记为直列正书阳文二十二字:"维建极十三年岁次壬辰四月庚子朔十四日癸丑建立"。这就是南诏铁柱,又称为"天尊柱",被用作神化南诏统治的象征。

〔三五〕白崖站:明史地理志载:"有旧白厓城,嘉靖四十三年(公元 1564 年)修筑,更名彩云城。"今称红岩,在弥渡坝子北端。

〔三六〕新城:今名同,在弥渡县治稍西。

〔三七〕此水明代称白崖赕江,即今毗雄河,又称西大河。

〔三八〕莲花滩:在今河口瑶族自治县田房附近的红河上。

〔三九〕迷渡:明代作迷渡市,嘉靖初筑城,设有迷度市巡检司,即今弥渡县治。

〔四〇〕海子:今名同,分下海子与上海子两村,村边一水塘称双龙海,皆在弥渡县治稍东。

〔四一〕清华洞:今存,在祥云县城西南约两公里,附近村子亦因洞得名清华洞。入洞约 30 米处,可看到菜碟大的一块蓝天,俗称"碟大天"。

〔四二〕潦(lǎo 老):雨后地面的积水。

〔四三〕余去年腊月十九日　"十九日",原作"十八日",徐本作"廿一日"。据本书前文,徐霞客初游清华洞在腊月十九日。

〔四四〕品甸:今名同,在祥云县北隅。其东的海子今已建成品甸水库,又称丰收水库。

〔四五〕周官㟆海子:在祥云县北隅,今已建成前进水库,又称浑水海。

〔四六〕米甸:今名同,在祥云县东北隅。　禾甸:今名同,在<u>祥云县</u>东北境。

〔四七〕<u>青海</u>经<u>云南驿</u>东流北转之水今称<u>中河</u>,为<u>鱼泡江</u>西源。<u>禾</u>、<u>米</u>诸甸水今称<u>禾米河</u>,其下称<u>楚场河</u>,往东北流入<u>鱼泡江</u>,再北入<u>金沙江</u>。

〔四八〕始晤此脊自□□山南度为□□□山而尽于<u>小云南</u>"山南度为"四字据<u>宁</u>抄本补。

〔四九〕<u>莽甸</u>:今名同,又称<u>杨保街</u>,在<u>宾川县</u>东南隅。

二十一日

平明,饭而行,骑夫命其子担而随。才出门,子以担重复返,再候其父饭,仍以骑行,则上午矣。北向随西山之麓,五里,有一村在川之东,为<u>海子</u>。村当川洼处,而实非海也,第东山有峡向之耳。渐转西北,五里,西山下复过一村。又四里,有数十家倚西山而庐,其前环堤积水,曰<u>冯翊村</u>,其北即崇山横障之麓。川中水始沿东山北流〔一〕,至是西转,漱北山而西,西山又北突而扼之,与北麓对峙为门,水由其中西向破峡去,路由其南西向逾坳入,遂与水不复见,盖北突之嘴,夹水不可行,故从其南披隙以逾之也。由<u>冯翊村</u>北一里,至此坳麓,乃西向盘崖历壑。山雨忽来,倾盆倒峡,洼地交流。二里,转西南盘崖上,又一里,转西北,遂蹑石坡,里余,升冈头。有岐西向逾坳者,<u>宾居</u>道也;北向陟冈者,<u>宾川</u>道也。乃北上半里,遂登岭头。于是西瞰大川,正与<u>宾居</u>、<u>海东</u>之山,隔川遥对,而川之南北,尚为近山所掩,不能全睹,然峰北<u>莽甸</u>之水,已透峡西出,盘折而北矣。

乃西北下山。一里余,骑夫指北峰夹冈间,为<u>铁城</u>旧址,昔土酋之据以为险者。盖梁王山北尽之支，北则荞甸水界为深堑，南则从峰顶又坠一坑环之，此冈悬其中，西向特立，亦如佛光寨特险一女关之意也，非邹中丞应龙芟除诸巢〔二〕，安得此宁宇乎！又下里余，渡坠坑之水，乃循东山北行。又三里，抵荞甸水所出口。其水分衍漫流，而北随之，或行水中，或趋碛〔三〕上，或涉水左，或涉水右，茫无正路。四里，乃上东麓，始有路北向。循麓行六里，望路西有巩桥当川之中，则大理由宾居来大道。有聚落在桥西，是为周官萱〔四〕。从其东直北三里，一小坊在冈上，过之，始见宾川城。又北一里，过南薰桥，入其南门。行城中，北过州治前，约一里，出北门饭，市肉以食。

北一里，过小冈坊，西北下坡，一里，抵川中涧。其北有巩桥五洞，颇整〔五〕，以涧水仅一衣带，故不由桥而越涧。又西北二里余，遂抵西山东突之嘴。盘之北，又二里，有路自西南逾岭坳来合，即余昔从梁王山来者。其北有村庐倚西峰下，是为红帽村，余昔来饭处也。从村后随西山北行四里，西山开小峡，于是路分为二，遂西向入峡。一里，涉小涧北上，一里，登冈头，过一坊，复西北行。二里，西逾冈脊，望见南山自西屏列而东，是排沙北界之山，西自海东，东抵宾居，南与大脊乌龙坝山并夹者，土人称为北山，而观音箐在其北坞。其西北濒洱海，为鲁摆山，则三涧门所来之脊，又东挟上、下仓〔六〕之水，而北出拈花寺南桥下者也。从冈头又西北行三里，稍下，有水自西南来，有亭桥北跨之，是为干果桥。北有数家倚冈，余昔之所宿，而今亦宿之。干果北有一尖峰，东向而突，亭亭凌上，盖西南自鲁摆、海东之脊，分支东北，上为上、下仓、观音箐分界，下为炼洞、干果二溪中垂，亦鸡山东第一水口山也〔七〕。

二十二日

　　平明,饭而行。西北三里余,涉一小溪,又上里许,抵尖峰下。循其东崖而北,一里,随崖西转,遂出峰北。于是北坞自西而东,即鸡山之水,自炼洞而东下牛井街,合宾川而北者也。路随南崖西向下,二里,有村在路旁,上有坊,曰"金牛溢井",土人指溪北村旁,有石穴为金牛溢处,而街则在其外。又西盘峡陡坡,二里,下渡一小水,复西北上。再下再上,五里,登一冈头,皆自南而北突者。又二里,稍下,过"广甸流芳"坊。又北一里,于是村庐相望,即炼洞境矣。南倚坡,北瞰坞,又二里,过公馆街,又北一里,过中谿庄。<u>李中谿</u>公以年老,<u>炼洞</u>米食之易化,故置庄以供餐。<u>鸡山中谿</u>公有三遗迹:东为此庄,西<u>桃花箐</u>下有<u>中谿书院</u>,大顶之侧礼佛台有<u>中谿</u>读书处。又北上冈一里,茅舍累累布冈头,是为炼洞街子。又北半里,过"炼法龙潭"坊。又北里余,稍下,过一桥,有数家倚西山坞中,前有水一塘,其上有井,一小亭覆之,即<u>龙潭</u>也,不知炼法者为谁矣。村北有巨树一株,根曲而出土上,高五六尺〔八〕,中空,巩而复倒入地中,其下可通人行。于是又西北二里,逾一坡,又西北一里余,过茶庵。又西北下涉一坑,一里,涉坑复上,乃循北山之环腋而西上。一里余,瞰其南壑,中环如规,而底甚平。又西上一里,遂分两岐,北向逾岭为<u>鸡山</u>道。乃北上行岭头二里,复西折而下。下二里余,有峡自西南来,其底水破峡东北出,即下<u>仓海子</u>水所由注<u>牛井</u>者,有亭桥跨之,是<u>鸡山</u>东第二水口山也。渡桥西,复北上坡。折而南,盘西峡而北一里余,循峡西北上,又里余,有哨当岭头,从此平行直南,乃下<u>仓道</u>。逾岭北下一里,则<u>拈花寺</u>东向倚西山,居环壑中,乃入而饭。既饭,雨至,为少憩。遂从寺左转而西上,一里余,逾一北突之岭，有坊曰"佛台仰止"，始全见鸡山面目。顶耸西北，尾掉东南，高悬天际，令人神往。

逾脊西下，即转而北，一里，下涉北坠之峡。又半里，西逾一北突之坳。坳南岐有坊倚坡，此白石崖东麓坊也，余昔来未及见，故从其西麓之坊，折而东上。过坳复西向，循大路趋里余，过白石崖西坊。又西里余，有岐稍下，则鸡山前峡之溪，东向而入牛井街，合宾川溪北向桑园而下金沙矣。溪有小亭桥跨其上，过桥北，骑夫东转北上而向沙址，余西向溯溪，欲寻所谓河子孔者〔九〕。时水涨，浊流奔涌，以为不复可物色。遇一妪，问之，指在西南崖下，而沿溪路绝，水派横流，荆棘交翳。或涉流，或践莽，西二里，忽见一亭桥跨溪上，其大倍于下流沙址者，有路自北来，越桥南，即循南山东向，出白石崖前，乃登山官道。始知沙址小桥乃捷径，而此桥即洗心桥也，河子孔即在桥南石崖下。其石横卧二三丈，水由其下北向溢出，穴横长如其石，而高不及三尺，水之从中溢者甚清，而溪中之自桥西来者，浑浊如浆。盖桥以西水从二派〔一〇〕来：一北来者，瀑布峡中，与悉檀、龙潭二水所合；一西来者，桃花箐东下之流。二派共会桥西，出桥东，又会此孔中清派，此鸡山南涧之上流也。孔上有神祠。其南崖之上，更有静室。于是随北来大路，上"灵山一会"坊。

二里，至坊下，即沙址西来路所合者。其西南隔涧，有寺踞坡麓，为接待寺。此古刹也，在西第一支东尽之麓，鸡山诸刹，山路未辟，先有此寺，自后来者居上，而此刹颓矣。时余不知骑仆前后，徘徊一里，渐随溪东岸而上。其东峰下临，即东第三支回环之岭，新构塔基于其上，中与大士阁中第二支相对成峡，而路由其下者也。又北一里，盘坡稍上，过报恩寺。寺为东第三支山麓之首刹，亦如接待之在西支之首。惟中第二支，其麓为两溪交会处，夹尖无刹可托，其上即大士阁中临之而已。从报恩西又北一里，有桥西跨涧上。度桥，循大士阁东麓北向上半里，有岐：西南盘岭者，大士阁大道也；直北临东溪西崖而入者，悉檀、龙潭道也。问驼骑已先向龙潭，余随之。一里，又东度桥，从涧东蹑峻上。其上趾相叠，然巨松夹陇，翠荫飞流，不复知有登陟之艰也。又二里，转龙潭上，半里而入悉檀寺。时四长老俱不在，惟纯白出迎。乃税驾北楼。回忆岁初去此，已半载余矣。

〔一〕此即荞甸水，今仍称乔甸河，上游分为东河和西河，并蓄为海哨水库。

〔二〕邹应龙：字云卿，长安人，被任命为兵部侍郎兼右佥都御史巡抚云南。明史邹应龙传载："万历改元，铁索箐贼作乱，讨平之。"天启滇志大事考亦载：万历元年（公元 1573 年）"十一月，巡抚都御史邹应龙剿平铁索箐屡叛夷寇罗革等"。铁索箐应即此铁城。今仍名铁城，在宾川县南境。

〔三〕碛（qì 戚）：浅水中的沙石。

〔四〕周官营：今名同，在宾川县南境，州城稍南。

〔五〕此处今有一村，称五洞桥。

〔六〕上仓、下仓：今作上沧、下沧，皆位于宾川县西境，上沧在南，下沧在北。

〔七〕干果　今无干果村，但游记说："余昔之所宿，而今亦宿之。"则应即戊寅年十二月二十一日所宿的江果村，且所记地形与今江股村一致。此处"干果"皆应为"江果"。

〔八〕根曲而出土上高五六尺　　“高”原作“其”，据四库本、丁本改。

〔九〕河子孔　　滇游日记五作“盒子孔”或“禾字孔”。水色之异，至今如此。

〔一〇〕派：水的支流。

滇游日记十三 〔一〕

己卯（崇祯十二年，公元 1639 年）八月二十三日

  雨浃日〔二〕憩悉檀。

二十四日

  复雨，憩悉檀。

二十五日

  雨仍浃日。下午，弘辨师自罗川、中所诸庄回，得吴方生三月

二十四日书。乃丽江令人持余书往邀而寄来者。弘辨设盒夜谈。

二十六日

  日中雨霁，晚复连绵。

二十七日

  霁，乃散步藏经阁，观丁香花。其花娇艳，在秋海棠、西府海棠

之间，滇中甚多，而鸡山为盛。折插御风球。时球下小截，为驼夫

肩负而损，与上截接处稍解。余姑垂之墙阴，以遂其性。"御风"

之意，思其悬崖飘飏而名之也。

二十八日

霁甚。下午，体极自摩尼山回，与摩尼长老复吾俱至。素餐极整，设盒夜谈。

二十九日

为弘辨师诞日，设面甚洁白。平午，浴于大池。余先以久涉瘴地，头面四肢俱发疹块〔三〕，累累丛肤理间，左耳左足，时时有蠕动状。半月前以为虱也，索之无有。至是知为风，而苦于无药。兹汤池水深，俱煎以药草，乃久浸而薰蒸之，汗出如雨。此治风妙法，忽幸而值之，知疾有瘳〔四〕机矣。下午，艮一、兰宗来。体师更以所录山中诸刹碑文相示，且谋为余作揭转报丽江。诸碑乃丽江公先命之录者。

〔一〕滇游日记十三在乾隆刻本第十册下，原附鸡山志略、法王缘起、丽江纪略、江源考。

〔二〕浃（jiá 夹）：周匝。浃日：整天。

〔三〕疹：皮肤上出现的斑块病变。

〔四〕瘳（chōu 抽）：病愈。

九月初一日

在悉檀。上午，与兰宗、艮一观菊南楼，下午别去。

初二日

在悉檀，作记北楼。是日体极使人报丽江府。

初三日、初四日

作记北楼。

初五日

雨浃日。买土参洗而烘之。

初六日、初七日

浃日夜雨不休。是日体极邀坐南楼,设茶饼饭。出<u>朱按君泰贞</u>、<u>谢抚台有仁</u>〔一〕所书诗卷,并本山<u>大力</u>、<u>本无</u>、<u>野愚</u>所存诗跋,<u>程二游</u>名还,省人。初游<u>金陵</u>,<u>永昌王会图</u>诬其骗银,<u>钱中丞</u>〔二〕逮之狱而尽其家〔三〕。<u>云南守许学道</u>〔四〕康怜其才,私释之,避入山中。今居<u>片角</u>〔五〕,在<u>摩尼</u>东三十里。诗画图章〔六〕,他山<u>陈浑之</u>、<u>恒之</u>诗翰,相玩半日。

初八日

雨霁,作记北楼。<u>体极</u>以<u>本无</u>随笔诗稿示。

初九日

霁甚。晨饭,余欲往<u>大理</u>取所寄衣囊,并了<u>苍山</u>、<u>洱海</u>未了之兴。<u>体极</u>来留曰:"已着使特往<u>丽江</u>。若去而<u>丽江</u>使人来,是诳之也。"余以即来辞。<u>体极</u>曰:"宁俟其信至而后去。"余从之,遂同<u>和光师</u>穷<u>大觉</u>来龙。

从寺西一里,渡<u>兰那寺</u>东南下水,过<u>迎祥</u>、<u>石钟</u>、<u>西竺</u>、<u>龙华</u>,其南临中溪,即<u>万寿寺</u>也,俱不入。西北约二里,入<u>大觉</u>,访<u>遍周</u>。<u>遍周</u>闲居<u>片角庄</u>,月终乃归。遂出,过<u>锁水阁</u>,于是从桥西上,共一里至<u>寂光</u>东麓。仍东过涧,从涧东蹑<u>大觉</u>后大脊北向上。一里余,登其中冈,东望即<u>兰那寺</u>峡,西望即<u>水月庵</u>后<u>上烟霞室</u>峡也。又上里余,再登一冈。其冈西临盘峡,西北有瀑布悬崖而下,其上静庐临之,即<u>旃檀林</u>也。东突一冈,横抱为<u>兰陀</u>后脊,冈后分峡东下,即<u>狮子林</u>前坠之壑也。于是岐分岭头:其东南来者,乃<u>兰那寺</u>西上之道;东北去者,为狮林道;西北盘崖而上者,为旃檀岭也;其西南来者,即余从大觉来道也。始辨是脊,从其上望台连耸三小峰南下,脊两旁西坠者,南下为瀑布而出锁水阁桥;东坠者,南下合狮林诸水而出兰那寺东。是东下之源,即中支与东支分界之始,不可不辨也。余时欲东至狮林,而忽见瀑布垂绡,乃昔登鸡山所未曾见,姑先西北上。于是愈上愈峻,路愈狭,曲折作"之"字而北者二里,乃西盘望台南嘴。此脊下度为大觉正脊,而东折其尾,为龙华、西竺、石钟、迎祥诸寺,又东横于大龙潭南,为悉檀前案,而尽于其下。此脊当鸡山之中,其脉正而雄,望台初涌处,连贯三珠,故其下当结大觉,为一山首刹,其垂端之石钟,亦为开山第一古迹焉。然有欲以此山作一支者,如是则塔基即不得为前三距之一,而以此支代之。但此支实短而中缩,西之大士阁,东之塔院,实交峙于前,与西支之传衣寺岭鼎足前列。故论支当以寂光前引之冈为中,塔基上拥之脊为东,而此脉之中缩者不与;论刹当以大觉中悬为首,而西之寂光,乃其辅翼,东之悉檀,另主东盟,而此寺之环拱者独尊。故支为中条附庸,而寺为中条冠冕,此寺为中条重,而中条不能重寺也。嘴之西有乱砾垂峡,由此北盘峡上,路出旃檀岭之上,为罗汉壁道;由此度峡西下,为旃檀中静室道,而瀑布则层悬其下,反不能见焉。

乃再度峡西崖,随之南下。一里,转东岐,得一新辟小室。问瀑布何在?其僧朴而好事,曰:"此间有三瀑:东箐者,最上而小;西峡者,中悬而长;下坞者,水大而短。惟中悬为第一胜,此时最可观,而春冬则无有,此所以昔时不闻也。"老僧牵衣留待瀹茗,余急于观瀑,僧乃前为导。西下峻级半里,越级湾之西,有小水垂崖前坠为壑,而路由其上,南盘而下。又半里,即见壑东危崖盘耸,其上一瀑垂空倒峡，飞喷迢遥，下及壑底，高百余丈，摇岚曳石，浮动烟云。虽其势小于<u>玉龙阁</u>前峡口瀑，而峡口内嵌于两崖之胁，观者不能对峡直眺，而旁觑倒瞰，不能竟其全体；此瀑高飞于穹崖之首，观者隔峡平揖，而自颡及趾，靡〔七〕有所遗。故其跌宕之势，飘摇之形，宛转若有余，腾跃若不及，为粉碎于空虚，为贯珠于掌上，舞霓裳〔八〕而骨节皆灵，掩鲛绡而丰神独迥，不由此几失山中第一胜矣！

　　由对峡再盘西嘴，入<u>野和</u>静室。门内有室三楹甚爽，两旁夹室亦幽洁。其门东南向，以<u>九重崖</u>为龙，即以本支旃檀岭为虎，其前近山皆伏；而远者又以<u>宾川东山</u>并<u>梁王山</u>为龙虎，中央益开展无前，直抵<u>小云南</u>东<u>水盘</u>诸岭焉。盖<u>鸡山</u>诸刹及静室俱南向，以东西二支为龙虎，而西支之南，有<u>木香坪山</u>最高而前巩，亦为虎翼，故藉之为胜者此，视之为崇者亦此；独此室之向，不与众同，而此山亦伏而不见，他处不能也。<u>野和</u>为<u>克新</u>之徒，尚居<u>寂光</u>，以其徒<u>知空</u>居此。年少而文，为诗虽未工，而志甚切，以其师叔<u>见晓</u>寄诗相示，并已稿请正，且具餐焉。<u>见晓</u>名<u>读彻</u>，一号<u>苍雪</u>，去山二十年，在余乡<u>中峰</u>〔九〕，为<u>文湛持</u>所推许，诗翰俱清雅。问<u>克新</u>向所居精舍〔一〇〕，尚在西一里，而<u>克新</u>亦在<u>寂光</u>。乃不西，复从瀑布上，东盘<u>望台</u>之南。二里余，从其东胁见一静室，其僧为<u>一宗</u>，已<u>狮林</u>西境矣。室之东，有水喷小峡中，南下涉之。又东即<u>体极</u>静室，其上为<u>标月</u>静室。其峡中所喷小水，即下为<u>兰那</u>东涧者，此其源头也。其山去大脊已不甚遥，而崖间无道，道由<u>望台</u>可上，至是已越中支之顶而御东支矣。

　　由此而东半里，入<u>白云</u>静室，是为<u>念佛堂</u>。<u>白云</u>不在。观其<u>灵泉</u>，不出于峡而出于脊，不出崖外而出崖中，不出于穴孔而出于穴顶,其悬也,似有所从来而不见,其坠也,曾不假灌输而不竭〔一一〕,有是哉,佛教之神也于是乎征矣〔一二〕。何前不遽出,而必待结庐之后,何后不中止,而独擅诸源之先,谓之非"功德水"可乎?较之万佛阁岩下之潴穴,霄壤异矣。又东一里,入野愚静室,是为大静室。㓞谈半晌。西南下一里,饭于影空静室。与别已半载,一见把臂,乃饭而去。从其西峡下半里,至兰宗静室。盖狮林中脊,自念佛堂中垂而下,中为影空,下为兰宗两静室,而中突一岩间之,一踞岩端,一倚岩脚,两崖俱坠峡环之。岩崎东西峡中,南拥如屏。东屏之上,有水上坠,洒空而下,罩于嵌壁之外,是为水帘。西屏之侧,有色旁映,傅粉成金,焕乎层崖之上,是为翠壁。水帘之下,树皆偃侧,有斜骞如翅,有横卧如虹,更有侧体而横生者。众支皆圆,而此独扁,众材皆奋,而此独横,亦一奇也。

兰宗遥从竹间望余,至即把臂留宿。时沈莘野已东游,乃翁偶不在庐,余欲候晤,遂从之。和光欲下山,因命顾奴与俱,恐山庐无余被,怜其寒也。奴请匙钥,余并箱筐者与之,以一时解缚不便也。奴去,兰宗即曳杖导余,再观水帘、翠壁、侧树诸胜。既暮,乃还其庐。是日为重阳,晴爽既甚,而夜月当中峰之上,碧落如水,恍然群玉山头也。

初十日

晨起,问沈翁,犹未归。兰宗具饭,更作饼食。余取纸为狮林四奇诗界之。水帘、翠壁、侧树、灵泉。见顾仆不至,余疑而问之。兰宗曰:"彼知君即下,何以复上?"而余心犹怏怏不释,待沈翁不至,即辞兰宗下。才下,见一僧仓皇至。兰宗尚随行,讯其来何以故。曰:"悉檀长老命来候相公者。"余知仆逋〔一三〕矣。再讯之。曰:

"长老见尊使负包囊往大理,询和光,疑其未奉相公命,故使余来告。"余固知其逃也,非往大理也。遂别兰宗,同僧呕下。五里,过兰那寺前幻住庵东,又下三里,过东西两涧会处,抵悉檀,已午。启篋而视,所有尽去。体极、弘辨欲为余急发二寺僧往追,余止之,谓:"追或不能及。及亦不能强之必来。亦听其去而已矣。"但离乡三载,一主一仆,形影相依,一旦弃余于万里之外,何其忍也!

〔一〕谢抚台有仁 "有仁",徐本、陈本作"存仁"。

〔二〕中丞:即御史中丞。汉代为御史大夫的属官,明代改御史台为都察院,其中副都御史即相当于前代的御史中丞。

〔三〕尽其家 陈泓本作"籍其家"。

〔四〕学道:明有儒学提举司,后又设提督学政,两京以御史、十三布政司以按察司佥事充任,为提学道,又省称学道。

〔五〕片角:今名同,系永胜县跨在金沙江南的部分。

〔六〕诗画图章 原"章"字重出,据四库本删。

〔七〕颡(sǎng 嗓):额头。靡(mǐ 米):不。

〔八〕霓(ní 尼):虹的一种,也称副虹。霓裳:如彩虹样漂亮而飘渺的裙裳。

〔九〕在余乡中峰 "中"原作"三",据陈本改。

〔一〇〕精舍:寺院的异名。意为精行者所居,故称精舍。

〔一一〕曾不假灌输而不竭 "曾",徐本、陈本、四库本作"似"。

〔一二〕有是哉佛教之神也于是乎征矣 原脱此句,据徐本、陈本补。

〔一三〕逋(bū):逃亡。

十一日

余心忡忡。体极恐余忧悴〔一〕,命其侄并纯白陪余散行藏经楼诸处。有圆通庵僧妙行者,阅藏楼前,瀹茗设果。纯白以象黄数珠〔二〕见示。象黄者,牛黄、狗宝之类,生象肚上,大如白果,最大者如桃,缀肚四旁,取得之,乘其软以水浸之,制为数珠,色黄白如舍利,坚刚亦如之,举物莫能碎之矣。出自小西天〔三〕,彼处亦甚重之,惟以制佛珠,不他用也。又云,象之极大而肥者乃有之,百千中不能得一,其象亦象中之王也。坐楼前池上征迦叶事,取藏经中与鸡山相涉者,摘一二段录之。始知经言"迦叶守衣入定,有四石山来合",即其事也,亦未尝有鸡足名。又知迦叶亦有三,惟迦叶波名为摩诃迦叶。"摩诃",大也,余皆小迦叶耳。是晚,鹤庆史仲文适自省来〔四〕。史乃公子,省试下第〔五〕归,登山自遣。

十二日

妙行来,约余往游华严,谓华严有老僧野池,乃月轮之徒,不可不一晤,向以坐关龛中,以未接颜色为怅。昔余以岁首过华严,其徒俱出,无从物色。余时时悼月公无后,至是而知尚有人,亟饭而行。和光亦从。西一里,逾东中界溪,即为迎祥寺,于是涉中支界矣。又一里余,南逾锁水阁下流水登坡〔六〕,于是涉中支脊矣。西北溯脊一里,过息阴轩。又循瀑布上流,西北行里余,渡北来之溪,于是去中支涉西支界矣。又北里余,西涉一峡溪,再上一西来小支之嘴,登之西北行。一里,又西度亭桥,桥下水为华严前界水,上下俱有桥,而此其下流之渡桥。内峡中有池一圆,近流水而不

徐霞客游记校注

涸，亦龙潭类也。由溪南向西北行，于是涉西支脊矣。半里，乃入华严寺。寺东向，踞西支大脊之北，创自月潭〔七〕，以其为南京人，又称为南京庵。至月轮而光大之，为鸡山首刹，慈圣太后赐藏贮之。后毁于火，野池复建，规模虽存，而法藏不可复矣。野池年七十余，历侍山中诸名宿，今老而不忘先德，以少未参学，掩关静阅，孜孜不倦，亦可取也。闻余有修葺鸡山志之意，以所录清凉通传假余，其意亦善。下午将别，史君闻余在，亦追随至。余恐归途已晚，遂别之，从别路先返，以史有舆骑也。

出寺，西北由上流渡桥，四里，连东北逾三涧，而至其东界之支，即圣峰、燃灯之支垂也。又一里，东下至其尽处，有寺中悬，是为天竺寺。其北涧自仰高亭峡中下，其南涧又从西支东谷屡坠而下者，夹圣峰之支，东尽于此。王十岳游纪以圣峰为中支，误矣。由其垂度北峡小桥，于是又涉中支之西界。循北麓而东，半里，两过南下小水，乃首传寺前左右流也。其南峡中始辟为畦，有庐中央，是为大觉菜圃。从其左北转，半里，逾支脊，连横过法华、千佛、灵源三庵，是皆中脊下垂处。半里，北逾锁水阁下流，即大觉寺矣。仍东随大路一里，过西竺寺前，上圆通庵，观灯笼花树。其树叶细如豆瓣，根大如匏瓠，花开大如山茱萸，中红而尖蒂俱绿，似灯垂垂。余从永昌刘馆见其树，未见其花也。此庵为妙行旧居，留瀹茗乃去。一里，由迎祥寺北渡涧，仍去中界而入东支界。溯水而北，过龙泉庵、五华庵。五华今名小龙潭，乃悉檀大龙潭之上流，大龙潭已涸为深壑，乃小龙潭犹汇为下流。余屡欲探之，至是强二僧索之五华后坡。见水流淙淙，分注悉檀右，而坡道上跻，不见其处。二僧以日暮劝返，比还，寺门且闭矣。

是夜，与史君对谈复吾斋头。史君留心渊岳，谈大脊自其郡西金凤哨岭南过海东，自五龙坝、水目寺、水盘铺，过易门〔八〕、昆阳之南，而包省会者，甚悉。且言九鼎山前梁王山西腋之溪，乃直南而下白崖、迷渡者，其溪名山溪。后人分凿其峡，引之洱海，则此溪又一水两分矣。果尔，则清华洞之脉，又自梁王东转南下，而今凿断之者。余初谓其脊自九鼎西坠，若果有南下白崖之溪，则前之所拟，不大误哉？目前之脉，经杖履之下如此，故知讲求不可乏人也。史君谓生平好搜访山脉，每被人哂〔九〕，不敢语人，邂逅〔一〇〕遇余，其心大快。然余亦搜访此脊几四十年，至此而后尽，又至此而后遇一同心者，亦奇矣。夜月甚明，碧宇如洗，心骨俱彻！

十三日

史君为悉檀书巨匾，盖此君夙以临池〔一一〕擅名者，而诗亦不俗。复相与剧谈。既午，舆人催就道，史恳余同游九重崖，横狮林、旃檀而西，宿罗汉壁，明日同一登绝顶作别。余从之。遂由悉檀东上坡，半里，过天池静室，六里而过河南止足师静室。更北上里余，直蹑危崖下，是为德充静室。德充为复吾高足，复吾与史君有乡曲之好，故令其徒引游此室，而自从西路上罗汉壁，具饭于西来寺，以为下榻地。

此室当九重崖之中，为九重崖最高处，室乃新构而洁，其后危岩之半，有洞中悬，可缘木而上。余昔闻之，不意追随首及于此。余仰眺丛木森霄，其上似有洞门仿佛。时史君方停憩不前，余即蹑险以登。初虽无径，既得引水之木，随之西行，半里，又仰眺洞当在上，复蹑险以登。初亦无径，半里，既抵岩下，见一木倚崖直立，少斫级痕以受趾，遂揉〔一二〕木升崖。凡数悬其级，始及木端，而石级亦如之，皆危甚。足之力半寄于手，手之力亦半无所寄，所谓凭虚御风，而实凭无所凭，御无所御也。洞门正南向，上下皆削壁，中嵌一门，高丈五，阔与深亦如之，而旁无余隙。中有水自顶飞洒，贮之可供一人餐，憩之亦仅受一人榻，第无余隙，恐不免风雨之逼。然临之无前，近则<u>木香坪</u>之岭已伏于下，远则<u>五龙坝</u>之障正横于南，<u>排沙</u>、观音箐诸山层层中错，各献其底里〔一三〕而无余蕴焉。久之，闻室中呼声，乃下。又随引水木而东过一栈，观水所出处，乃一巨石下。甫出即刳木引之西注，此最上层之水也；其下一二丈，又出一水，则<u>复吾</u>之徒引入静室；其下又出一水，则<u>一衲轩</u>引之。连出三级，皆一峡坳，虽穴异而脉必潜通，其旁分而支引者，举岩中皆藉之矣。

既下室中，啜茶果，复继以饼饵，乃随下层引水之木，西一里入一<u>衲轩</u>。延眺久之，又茶而行。西一里，过向所从登顶之坡。横而西，路渐隘，或盘坡嘴，或过峡坳，皆乱砾垂脊，而中无滴水，故其地不能结庐，遂成莽径。二里余，峡坳中有一巨木，横偃若桥。又西二里，乃践坡转嘴而上，过<u>野愚</u>静室。又半里，上至<u>白云</u>静室。<u>白云</u>固留，以日暮而去，<u>白云</u>随过<u>体极</u>静室而别。西半里，过<u>一宗</u>静室。傍水又蹑坡半里，逾<u>望台</u>南突之脊，于是暝色已来，月光渐耀。里余，两过<u>望台</u>西坳之水，又一里，南盘旃檀岭，乃西过<u>罗汉壁</u>东垂，皆乘月而行也。又稍盘嘴而上半里，是为<u>慧心</u>静室，此<u>幻空碧云寺</u>前南突之坡也。余昔与<u>慧心</u>别于<u>会灯寺</u>，访之不值，今已半载余，乃乘月叩扉。出茗酌于月下，甚适。此地去<u>复吾</u>先期下榻处尚三里，而由此西下度箐，暗不可行，<u>慧心</u>乃曳杖为指迷。半里，度而上，又半里，登坡，与<u>碧云</u>大路合，见月复如前，<u>慧心</u>乃别去。又西一里,过一静室,乃盘嘴北向蹑坡,则复吾使人遍呼山头矣。又一里,入西来寺。寺僧明空他出,其弟三空,余向所就餐者,闻之,自其静庐来迎。复吾知吾辈喜粥,为炊粥以供。久不得此,且当行陟之后,吸之明月之中,不啻仙掌金茎矣。

十四日

三空先具小食,馒后继以黄黍之糕,乃小米所蒸,而柔软更胜于糯粉者。乳酪、椒油、蔖油、梅醋,杂沓而陈,不丰而有风致。盖史君乃厥兄明空有约而来。(以下缺)

（季梦良曰:王忠纫先生云:"自十二年九月十五以后,俱无小纪。"余按公奉木丽江之命,在鸡山修志,逾三月而始就。则自九月以迄明年正月,皆在悉檀修志之日也。公另有鸡山志摘目三小册,即附载此后,而丽江纪事一段,及法王缘起一段,并附见焉。)

鸡山志目

一卷　真形统汇此山之纲领也。

  山名　 山脉　 山形　 山界　 开辟　 鼎盛

二卷　名胜分标胜概本乎天,故随其发脉,自顶而下分也。

  峰　 岩　 洞　 台　 石　 岭

  梯　 谷　 峡　 箐　 坪　 林

  泉　 瀑　 潭　 涧　 温泉

三卷　化宇随支功业本乎人,故因其登陟,自卑而上升也。

  中条刹舍

四卷　化宇随支

  东条刹舍　 西条刹舍

徐子曰:志图经者,有山川之一款;志山川者,又有图经之全例,不相假也。兹帙首真形,次名胜,次化宇,渐由天而人;次古德,次护法,则纯乎人矣;胜事天之余,艺苑人之余,故又次焉。此编次之大意也。

鸡山志略一

灵异十则

　　放光　　老僧香　　金鸡泉　　收蛇穴　　石门复开

　　土主报钟　　经声应耳　　然身雷雨　　猿猴执炊

　　灵泉表异

景致十则

山之有景,即山之峦洞所标也。以人遇之而景成,以情传之而景别,故天下有四大景,图志有八景、十景。岂天下之景,数反诎于郡邑乎? 四乃拔其尤,十乃足其数也。若鸡山则异于是,分言之,即一顶而已萃天下之四观,合言之,虽十景犹拘郡邑之成数也。

绝顶四观东日、西海、北雪、南云。

观之有四,分于张直指,而实开辟以来,即罗而致之。四之中,海内得其一,已为奇绝,而况乎全备者耶。此不特首鸡山,实首海内矣。

诗五首见鸡山十景

华首重门

龙华浩劫,转恨此门不辟。不知使其中堂奥潜通,纵别有天地,不过一窈窕之区耳;何如双阙高悬,一丸中塞,使仰之弥高,望之不尽乎。故方广石梁,以为五百应真之地,而亦旁无余窦,其意正与华首同也。

诗一首见鸡山十景

太子玄关

琼台中悬,已凌灏爽。玄关上透,更转虚灵。栈壁排云,出没于烟霞之上。所称群玉峰头,瑶池月下,仿佛在此。

诗一首见鸡山十景

罗汉绝壁

每爱袁石公"补填积雪成新径,展拓闲云架小庐"之句。行罗汉壁,宛然诗中之画也。至其崩云叠翠,人皆面壁,石可点头,自是一幅西来景,不烦丹青〔一四〕落笔。

狮林灵泉

山下出泉,有渟有流〔一五〕,皆不为异。乃泉不出于麓而出于峦,峦不出于坳而出于脊,脊不出于外泻而出于中垂,中垂不出于旁溢而出于顶灌。此惟狮林念佛堂见之,欲不谓之灵不得也。

放光瑞影

川泽之气,发为光焰,海之蜃楼,谷之光相〔一六〕,皆自下而上。放光四面深环,危崖上拥,灵气攸聚,瑞影斯彰,其与四大比隆,宜也。然四大亦惟峨眉、五台,其光最异;若九华、普陀,亦止佛灯,未着光相。故放光之瑞影,真四之中,二之上者矣。

浮屠缩胜

三距东环,百刹中峙;扃龙华于双阙,悬象魏〔一七〕于九重;玉毫遍地,只欠当门一楔;金掌中天,忽成华藏千祥。既合此尖,永证胜果。

瀑布腾空

匡庐之瀑,不及雁宕,独得列名四景,以人所共瞻也。鸡山玉龙瀑布,亦不若猴子峒峡中崖石掩映,然玉龙独挂山前,漾荡众壑,领挈诸胜,与匡庐同,不得分大小观也。

传衣古松

鸡山之松,以五鬣见奇,参霄蔽陇,碧荫百里,须眉尽绿,然挺直而不虬，巨润而不古。而古者常种也，龙鳞鹤氅，横盘倒垂，缨络千万，独峙于<u>传衣</u>之前，不意众美之外，又独出此一老。

诗一首见<u>鸡山</u>十景

古洞别天

<u>鸡山</u>岩有重门，洞无奥室，独于山后另辟神境。盖山脉至此将尽，更出一番胚胎，令人不可测识。人所共瞻者，则扃之使不可几；人所不到者，则通之示有所入，何山灵之幻乃尔？

诗二首见<u>鸡山</u>十景

〔一〕悴(cuì 萃)：忧伤。

〔二〕数珠：又称念珠或佛珠，佛教徒随身携带，作为诵读佛号或经咒时计数的工具。

〔三〕<u>小西天</u>：今印度。

〔四〕鹤庆史仲文适自省来　　原空格，据<u>四库</u>本补"文适"二字。

〔五〕下第：考试未被录取。

〔六〕南逾锁水阁下流水登坡　　"流"后原脱"水"字，据<u>徐</u>本补。

〔七〕月潭　　<u>鸡山志略</u>二作"月堂"。

〔八〕<u>易门</u>：明为县，隶<u>昆阳州</u>，即今<u>易门县</u>。

〔九〕哂(shěn 审)：讥笑。

〔一〇〕邂逅(xiè hòu 械后)：不期而合。

〔一一〕临池：练习书法。

〔一二〕揉(róu 柔)：攀揉，搓挪。

〔一三〕底里:深藏不显见的地方。

〔一四〕丹青:中国古代绘画中常用的颜色,也泛指绘画艺术。

〔一五〕有渟有流　"渟"原作"停",据徐本改。

〔一六〕光相:是一种特殊的自然现象。当太阳位置较低时,在太阳相对方向处形成围绕人影的彩色光环,太阳、观察的人和光环成一直线。这种现象,是光线通过云雾中的小水滴时,发生衍射作用而成,主要见于山区,过去被称为"佛光"或"峨眉宝光"。

〔一七〕象魏:即宫门外的双阙。因其为悬示教令的地方,故称象;因其巍然高大,故称魏。

鸡山志略二

诸寺原始俱以年次为先后。

接待寺嘉靖间,天心和尚跪华首门,遥礼初祖迦叶为师,落发,乃创此寺于山麓,又建圣峰寺于山半。其后有宝山禅师得授衣钵〔一〕。现在讲师和雅,住圣峰寺。

圣峰寺宝山禅师〔二〕建,后嗣和雅。

龙华寺隆庆间,元庆和尚开山,后阁是嗣孙雪亭重建〔三〕。前题"石鼓名区",阁题"水月"。石鼓,以左峰绝顶高耸,有声如鼓也。

石钟寺以楼下掘出石形如钟,故云石钟。又云以建寺时,侧崖有石,风吹如钟声。皆无的据〔四〕。

放光寺嘉靖间,古德无穷禅师,河南人,创建。护法檀越〔五〕李中谿先生。无穷后嗣有归空禅师,建藏经阁。阁成,神宗赐藏。

寂光寺嘉靖间,古德定堂禅师创建。檀越李中谿、苏大云、赵雪屏,三先生俱翰林。又居士杨碧泉,皈依禅师,捐资建造。后嗣用周禅师,大兴宏敞，又建<u>大觉寺</u>，请无心禅师住持。后嗣<u>野愚</u>大师现住静，<u>见晓</u>现住<u>南直</u>中峰，<u>克心</u>现住持。

<u>大觉寺</u>万历间，无心禅师奉密旨，赍<u>华严寺</u>藏<u>经</u>至此，<u>用周</u>请住此寺。后嗣<u>遍周</u>现在。

<u>幻住庵</u>嘉靖间，<u>寂安</u>禅师创建。德行具碑纪。后嗣<u>定光</u>，今名<u>福宁</u>。现在住持<u>妙宗</u>。天香寿九旬。

<u>华严寺</u>嘉靖间，<u>南京古德月堂</u>创建。圣母赐<u>藏</u>。回禄后，有法孙<u>野池</u>重建，参随<u>张宾轩</u>护法。

<u>那兰陀寺</u>万历间，古德<u>所庵</u>禅师创建。师<u>寻甸</u>人。护法檀越黔国武靖公，参随<u>张宾轩</u>。后嗣高僧<u>本无</u>，讲师<u>了宗</u>、<u>念休</u>，现在。<u>克徽</u>，在<u>滇省圆通寺</u>〔六〕。禅师<u>大力</u>现在。静主<u>兰宗</u>、<u>干盅</u>。常住<u>艮一</u>。

<u>悉檀寺</u>万历间，古德<u>本无</u>建。护法檀越<u>丽府生白木公</u>。后嗣<u>法润</u>、<u>弘辨</u>、<u>安仁</u>、<u>体极</u>，住静<u>白云</u>〔七〕。

<u>补处庵</u>嘉靖间，古德<u>广西如正</u>禅师创建。后嗣<u>本真</u>、<u>所庵</u>禅师传记，<u>念诚</u>住持。

<u>西竺寺</u>万历间，古德<u>饮光</u>禅师创建。

<u>会灯寺</u>嘉靖间，<u>阔然</u>老师先结静室。今法嗣<u>朗耀</u>创建丛林，<u>迦叶殿</u>法眷。

<u>大士阁</u>万历间，直指<u>沈</u>建立，请古德<u>拙愚</u>禅师住持。师乃<u>五华</u>、<u>龙泉</u>二寺法眷之主。后嗣<u>虚宇</u>，现在<u>大士阁</u>中住持。

<u>传衣寺古圆信庵</u>，古德<u>大机</u>禅师创建〔八〕，<u>中谿李</u>先生护法。后嗣<u>映光</u>禅师弘建。回禄后，<u>映光</u>后嗣<u>法界</u>重建，即今<u>觉悟</u>住持。旁建<u>八角庵</u>、<u>圆通庵</u>、<u>慈圣庵</u>、<u>雷云寺</u>、<u>静云庵</u>、<u>净土庵</u>、<u>开化庵</u>、<u>九莲寺</u>、<u>报恩寺</u>、<u>白石庵</u>。

<u>万松庵</u>万历间，古德<u>中泉</u>禅师创建，后嗣<u>离微</u>禅师重修，现在。

<u>古迦叶殿</u>

罗汉壁静室广西禅师　　印宗禅师　　幻空禅师

狮子林静室兰宗禅师　　大力禅师

大静室野愚禅师

旃檀岭静室克心禅师

九重崖静室本无禅师　　大定禅师　　闻玺禅师

各刹碑记

止止庵记宾州知州黄冈〔九〕廖自伸记。万历三十二年。

又止止庵记荆州知府、前翰林庶吉士、监察御史、郡人李元阳记。嘉靖三
十八年。

传衣寺记长芦〔一〇〕运使、郡人阮尚宾记。万历甲辰〔一一〕。

鼎建大士阁三摩禅寺记知宾州廖自伸记。万历丙午〔一二〕。

重建放光寺铜碑李元阳记。

仰高亭记柱史〔一三〕周茂相记。万历三十五年。

寂光寺传衣法嗣纪略云洱举人〔一四〕孙启祚撰。崇祯九年。

西竺寺碑记进士陶珽撰。万历戊午〔一五〕。

寂光寺用周禅师道行碑记御史〔一六〕昆明傅宗龙撰。万历
己未〔一七〕。

〔一〕衣钵：指佛教僧尼的袈裟和食器。禅宗师徒间佛法的授
受，常付衣钵为信，称为授衣钵。

〔二〕禅师：对和尚的尊称。

〔三〕后阁是嗣孙雪亭重建　　原脱"阁是"二字，据徐本补。

〔四〕的据：确实的依据。

〔五〕护法：保护佛法的人或鬼神。　　檀越：梵文音译，意即
施主，系寺院僧人对施舍财物的人的尊称。

〔六〕圆通寺：在今昆明市圆通山南麓，南诏时始建补陀罗寺，元代改建为圆通寺。明一统志云南府寺观载："圆通寺，在螺山下盘谷间，穷幽极阻。"现经修葺，为昆明市区最大古寺。

〔七〕住静白云　原脱此四字，据徐本补。

〔八〕古德大机禅师创建　"大机"，徐本作"大和"。

〔九〕黄冈：黄州府附郭县，即今湖北黄冈市。

〔一〇〕长芦：在今河北沧州市。

〔一一〕万历甲辰：即万历三十二年，公元 1604 年。

〔一二〕万历丙午：即万历三十四年，公元 1606 年。　廖自伸：范承勋鸡足山志收该文，作"廖士伸"。

〔一三〕柱史：因御史所掌职责及侍立的位置固定在殿柱之下，故又称柱史或柱下史。

〔一四〕举人：明清科举制度中各省乡试被录取者称举人。

〔一五〕万历戊午：即万历四十六年，公元 1618 年。

〔一六〕御史：秦以前本为史官，汉以后职权专主纠察。明代改御史台为都察院，仅存监察御史，御史即指监察御史。

〔一七〕万历己未：即万历四十七年，公元 1619 年。

丽江纪略

丽江名山牯冈、辇果，俱与猎罗相近。东北界。胡股、必烈，俱丽江北界番名。甲戌岁〔一〕，先有必烈部下管鹰犬部落，得罪必烈番主，遁居界上，剽窃为害。其北胡股贩商，与西北大宝法王往来之道〔二〕，皆为其所中阻。乙亥〔三〕秋，丽江出兵往讨之。彼先以卑辞骄其师，又托言远遁，丽人信之，遂乘懈返袭，丽师大败。丽自先世雄视南服，所往必克，而忽为所创，国人大愤，而未能报也。

〔一〕甲戌岁：崇祯七年，公元 1634 年。

〔二〕与西北大宝法王往来之道　　原脱"往来"二字，据徐本补。

〔三〕乙亥：崇祯八年，公元 1635 年。

法王缘起

吐蕃国〔一〕有法王、人王。人王〔二〕主兵革，初有四，今并一。法王主佛教，亦有二。人王以土地养法王，而不知有中国；法王代人王化人民，而遵奉朝廷。其教，大法王与二法王更相为师弟。大法王将没〔三〕，即先语二法王以托生之地。二法王如其言往求之，必得所生，即抱奉归养为大法王而传之道。其抱归时，虽年甚幼，而前生所遗事，如探环穴中，历历不爽。二法王没，亦先语于大法王，而往觅与抱归传教，亦如之。其托生之家，各不甚遥绝，若只借为萌芽，而果则不易也。大与二，亦只互为渊源，而位则不更也〔四〕。

庚戌年〔五〕，二法王曾至丽江，遂至鸡足。

大宝法王于嘉靖间朝京师，参五台。

丽江北至必烈〔六〕界，几两月程。又两月，西北至大宝法王。

〔一〕吐蕃(bō 波)：为公元 7 ～9 世纪我国藏族在青藏高原

建立的政权。在吐蕃崩溃后，仍相沿称青藏高原及当地土著族、部为吐蕃。明代设乌思藏都司和朵甘都司进行管辖。

〔二〕人王：明王朝对青藏地区封建领主的封号。所封"俱赐印诰"，各有分地，分别管辖一定地区，统一于明中央。

〔三〕没：通"殁"，死亡。

〔四〕以上所述即藏传佛教为解决其首领的继承而设立的转世制度。该法始于十三世纪噶举派的噶玛巴支系，后来，各教派竞相仿效，通称为活佛。宗喀巴进行宗教改革，创立黄教，禁止喇嘛娶妻生子，转世制度流行更广。宗喀巴死后，按照宗教的说法，他的两个大弟子世世转生，传其衣钵，称为"呼毕勒罕"，藏语为化身的意思。这两个弟子即此篇所述大法王与二法王，亦即后来的达赖喇嘛和班禅额尔德尼。明史乌斯藏大宝法王传载："时帝惑近习言，谓乌斯藏僧有能知三生者，国人称之为活佛，欣然欲见之。""时有僧锁南坚错者，能知以往未来事，称活佛，顺义王俺答亦崇信之。万历七年，以迎活佛为名，西侵瓦剌，为所败。此僧戒以好杀，劝之东还。俺答亦劝此僧通中国，乃自甘州遗书张居正，自称释迦摩尼比丘，求通贡，馈以仪物。居正不敢受，闻之于帝。帝命受之，而许其贡。由是，中国亦知有活佛。此僧有异术能服人，诸番莫不从其教，即大宝法王及阐化诸王，亦皆俯首称弟子。自是西方止知奉此僧，诸番王徒拥虚位，不复能施其号令矣。"锁南坚错即达赖三世。俺答尊他为"圣识一切瓦尔齐达赖喇嘛"，自此才有达赖喇嘛的称呼。"达赖"为蒙古语，意为大海，表示尊敬。

〔五〕庚戌年：万历三十八年，公元1610年。

〔六〕必烈：应即必里，明设必里卫，在今青海省南境。

溯江纪源(一作江源考)

(冯士仁曰:谈江源者,久沿禹贡"岷山导江"之说。近邑人徐弘祖,字霞客,夙好远游,欲讨江源,崇祯丙子秋,辞家出流沙外,至庚辰秋归,计程十万,计日四年。其所纪核,从足与目互订而得之,直补桑经、郦注所未及。夫江邑为江之尾闾,适志山川,而霞客归,出溯江纪源,遂附刻之。)〔一〕

江、河为南北二经流,以其特达于海也。而余邑正当大江入海之冲,邑以江名,亦以江之势至此而大且尽也。生长其地者,望洋击楫,知其大不知其远;溯流穷源,知其远者,亦以为发源岷山而已。余初考纪籍〔二〕,见大河自积石〔三〕入中国。溯其源者,前有博望之乘槎〔四〕,后有都实之佩金虎符〔五〕。其言不一,皆云在昆仑之北,计其地,去岷山西北万余里,何江源短而河源长也?岂河之大更倍于江乎?迨逾淮涉汴,而后睹河流如带,其阔不及江三之一,岂江之大,其所入之水,不及于河乎?迨北历三秦〔六〕,南极五岭〔七〕,西出石门、金沙,而后知中国入河之水为省五,陕西、山西、河南、山东、南直隶〔八〕。入江之水为省十一。西北自陕西、四川、河南、湖广、南直,西南自云南、贵州、广西、广东、福建、浙江〔九〕。计其吐纳,江既倍于河,其大固宜也。

按其发源,河自昆仑之北,江亦自昆仑之南,其远亦同也。发于北者曰星宿海,佛经谓之徙多河〔一〇〕。北流经积石,始东折入宁夏〔一一〕,为河套,又南曲为龙门大河,而与渭合。发于南者曰犁牛石,佛经谓之殑伽河。南流经石门关〔一二〕,始东折而入丽江,为金沙江,又北曲为叙州大江,与岷山之江合。余按岷江经成都至叙〔一三〕,不及千里,金沙江经丽江、云南、乌蒙至叙,共二千余里,舍远而宗近,岂其源独与河异乎? 非也! 河源屡经寻讨,故始得其远;江源从无问津,故仅宗其近。其实岷之入江,与渭之入河,皆中国之支流,而岷江为舟楫所通,金沙江盘折蛮僚溪峒间,水陆俱莫能溯。在叙州者,只知其水出于马湖、乌蒙,而不知上流之由云南、丽江;在云南、丽江者,知其为金沙江,而不知下流之出叙为江源。 云南亦有二金沙江:一南流北转,即此江,乃佛经所谓殑伽河也;一南流下海,即王靖远征麓川,缅人恃以为险者,乃佛经所谓信度河也。云南诸志,俱不载其出入之异,互相疑溷,尚不悉其是一是二,分北分南,又何由辨其为源与否也。既不悉其孰远孰近,第见禹贡"岷山导江"之文,遂以江源归之,而不知禹之导,乃其为害于中国之始,非其滥觞发脉之始也。导河自积石,而河源不始于积石;导江自岷山,而江源亦不出于岷山。岷流入江,而未始为江源,正如渭流入河,而未始为河源也。不第此也,岷流之南,又有大渡河,西自吐蕃,经黎〔一四〕、雅与岷江合,在金沙江西北,其源亦长于岷而不及金沙,故推江源者,必当以金沙为首。

不第此也,宋儒谓中国三大龙,而南龙之脉,亦自岷山,濒大江南岸而下,东渡城陵、湖口〔一五〕而抵金陵,此亦不审大渡、金沙之界断其中也。不第此也,并不审城陵矶、湖口县为洞庭、鄱阳二巨浸入江之口。洞庭之西源自沅,发于贵州之谷芒关〔一六〕;南源自湘,发于粤西之釜山、龙庙。鄱阳之南源自赣,发于粤东之浰头、平远;东源自信、丰,发于闽之渔梁山、浙之仙霞南岭〔一七〕。是南龙盘曲去江之南且三千里,而谓南龙濒江乎? 不第此也,不审龙脉,所以不辨江源。今详三龙大势,北龙夹河之北,南龙抱江之南,而中龙中界之,特短。北龙亦只南向半支入中国。俱另有说。惟南龙磅礴半宇内,而其脉亦发于昆仑,与金沙江相持南下,经石门、丽江，东金沙，西澜沧，二水夹之。环滇池之南，由普定度贵竺、都黎〔一八〕南界，以趋五岭。龙远江亦远，脉长源亦长，此江之所以大于河也。不第此也，南龙自五岭东趋闽之渔梁，南散为闽省之鼓山〔一九〕，东分为浙之台、宕。正脉北转为小箮岭，闽浙界。度草坪驿，江浙界。崎为浙岭、徽浙界。黄山，徽宁界。而东抵丛山关〔二〇〕，绩溪、建平界。东分为天目、武林〔二一〕。正脉北度东坝〔二二〕，而崎为句曲〔二三〕，于是回龙西结金陵，余脉东趋余邑。是余邑不特为大江尽处，亦南龙尽处也。龙与江同发于昆仑，同尽于余邑，屹为江、海锁钥，以奠金陵，拥护留都千载不拔之基以此。岂若大河下流，昔曲而北趋碣石〔二四〕，今徙而南夺淮、泗，漫无锁钥耶？然则江之大于河者，不第其源之共远，亦以其龙之交会矣。故不探江源，不知其大于河；不与河相提而论，不知其源之远。谈经流者，先南而次北可也。

（陈体静曰：此考原本已失，兹从本邑冯志中录出，非全文也。；前人谓其书数万言，今所存者，仅千有余言而已。考内"北龙亦只南向半支入中国"下注云："俱另有说。"其说必甚长，乃一概删去，殊为可惜。）

〔一〕 此序出自冯士仁崇祯江阴县志。徐本收有此序。

〔二〕 余初考纪籍 "初"，徐本、史序本作"幼"。

〔三〕 大河：即黄河。 积石：山名，明代分大积石山和小积石山。大积石山即阿尼马卿山，在今青海省南部，距黄河源甚近。小积石山在青海省东部，两山如削，黄河从中冲出。明有积石关，今称积石峡，在甘肃、青海界上，附近的循化撒拉族自治县今亦称积石。

〔四〕 槎（chá 察）：用竹木编成的筏。神话中称乘木排上天河为乘槎。西汉人张骞（qiān 牵）曾被封为博望侯，他出使西域，回来后对汉武帝说:"于阗之西,则水皆西流,注西海;其东水东流,注盐泽。盐泽潜行地下,其南则河源出焉。"这段话出自史记大宛传,是关于黄河源的最早记载。于阗,即今新疆维吾尔自治区和田县。盐泽指今罗布泊。

〔五〕都实:元代人。元史地理志河源附录综述了元代探河源的成果,也概述了都实探河源的经过。"至元十七年(公元1280年),命都实为招讨使,佩金虎符,往求河源。""西去愈高,四阅月,始抵河源。是冬还报,并图其城传位置以闻。其后,翰林学士潘昂霄从都实之弟阔阔出得其说,撰为河源志。"

〔六〕三秦:秦亡后,项羽把关中分为三份,封给秦降将章邯、司马欣、董翳三人为王,后来即称陕西(不包括汉中)、陇东为三秦。

〔七〕五岭:即越城、都庞、萌渚、骑田、大庾五岭的总称。明代,越城岭又称始安峤,都庞岭又称永明岭,萌渚岭又称白芒岭,骑田岭又称黄岑山,大庾岭又称梅岭。五岭亦合称南岭,蜿蜒在今湖南、江西、广西、广东四省区之间。

〔八〕这是按明代的行政区划讲的。明代无甘肃省,今甘肃省大部份包入陕西,故不提甘肃。明代黄河往南夺淮入海,故说黄河经过南直隶,即今安徽、江苏两省。

〔九〕按,现今广东、福建不属长江水系。另有江西属长江水系,游记未列。

〔一○〕古代印度传说,以为地面各大河都是从雪山(指今喜马拉雅山西部一带)四向分流,因称四河。往北流出的一条称徙多(xī tā)河,后有人以今叶尔羌河和塔里木河为徙多河,并误认为它是黄河上源。东面流出的一条称殑伽(jìng jiā 竟加)河,指今印度恒河。南面流出的一条称信度河,即今巴基斯坦的印度河。西面流出的一条称缚刍河,应为今阿姆河。在此篇,霞客对以上各河多有自己的解释。

〔一一〕宁夏:明置宁夏卫和宁夏镇,隶陕西省,治今宁夏回族自治区银川市。

〔一二〕石门关:明设石门关巡检司,在今玉龙纳西族自治县石鼓镇稍北的金沙江西岸,地当吐蕃、么些界上。

〔一三〕叙:明置叙州府,在今四川宜宾市。

〔一四〕黎:明置黎州安抚司,治今四川汉源县九襄镇。

〔一五〕城陵矶:今名同,为洞庭湖口,在湖南省岳阳市北。湖口:明设湖口县,即今湖口县,为鄱阳湖口,在江西省九江市东。

〔一六〕谷芒关:今名同,在贵定县稍东,有公路从此经过。

〔一七〕渔梁山在福建北隅,仙霞南岭在浙江西南隅,皆位于闽、浙、赣三省交界处。而信丰在赣南,今名同,赣水南源亦称信丰江,与渔梁、仙霞不相值。信丰应为广信、永丰的省称,广信府在今江西上饶市,永丰县在今广丰县。鄱阳东源应指上饶江,即今信江。

〔一八〕贵竺:即贵竹,明置贵竹长官司,治今贵州省贵阳市。都黎:即都泥江。

〔一九〕鼓山:今名同,在福州市东郊,闽江北岸,山顶有大石如鼓,故名。为著名风景胜地。

〔二〇〕丛山关:在今安徽绩溪县北三十里。

〔二一〕东分为天目武林　"林"原作"陵",据徐本改。武林山为灵隐、天竺诸山的总名,在今浙江杭州市西。天目山在浙江省西北部,分为东天目山与西天目山两支,多奇峰竹林,为风景胜地。

〔二二〕东坝:明时又称广通镇,今仍称东坝,在江苏高淳县东境。

〔二三〕句曲山:在今江苏句容市东南,金坛、溧阳以西,又称茅山,有三峰,分别为大茅、中茅、小茅。

〔二四〕碣石:古籍中称碣石的地方很多。一说即今河北昌黎县西北的碣石山,一说在今秦皇岛市北戴河附近。肇域志又载:"山东海丰县马谷山,即大碣石。"依文意,此碣石应在古黄河河口附近。

附　　录

目　录

徐霞客遗诗遗文

题赠·书牍

徐霞客游记校注

传　志

晴山堂石刻

旧序·校勘

目录

徐霞客遗诗遗文

题小香山梅花堂诗五首<small>有序</small>

予兄雷门，结庐种梅于小香山，山以吴妃采香名也。千年迹冷荒丘，一旦香生群玉，不特花香、境香，梦亦香，可谓不负此山矣。堂颜为坡仙笔。坡仙爱梅花以名堂，予兄借坡笔以酬梅，可谓不负此花矣。堂后削石为壁，刊石为池，面石为轩，中供绣大士，旁设榻几以憩客。月隐崖端，则暗香浮动，风生波面，则泛玉参差；其近景之妙也。堂前凭空揽翠，岫树江云，罗列献奇，帆影樽前，墟烟镜里，阴晴之态互殊，晨夕之观夐别；其远景之妙也。可谓不负此堂矣。予来时倏雨倏晴。予兄课仆移竹前村，乘月种之；中夜寒甚，各拥褥浮白而观。觞政锄声，互相磊落，孤山韵里，罗浮梦中，未见此豪致也，可谓不负此游矣。予与兄同有山癖。予之汗漫，无所取裁，兄以一丘一壑过之，且筑圹于侧，与山缔生死盟，必如予兄而后为不负此癖也。行吟之余，忘其芜鄙，敬列如左，以当山中蛙鼓云。

得壶字

佳迹空山漫记吴，幽人逸兴寄眉苏。种来香雾三千界，削就云根第一株。水月遥分大士供，阴晴递换小山图。片时脱尽尘凡梦，鹤骨森寒对玉壶。

得横字

幻出烟萝傍玉京，须知片石是三生。春随香草千年艳，人与梅花一样清。混沌凿开云上下，崆峒坐倚月纵横。峰头且莫骑黄鹤，留遍江城铁笛声。

和兄韵

结庐当遥岑，爱此山境寂，展开明月光，幻作流霞壁。壁上叠梅花，壁下飞香雪，泠然小有天，泃矣众香国！香留妃子名，花洒名贤笔。名以还山灵，笔以表山骨。幽人物外缘，今古妙吻合，造化已在手，香色俱陈迹。相对两忘言，寒光连太乙。

醉中漫歌

吴妃当日将香采，此地遗名遂千载。香魂芳草几悠悠，泡玉连珠为谁在？天留名壤待名人，吾家季兄能采真；九龙万笏掉头过，爱此荒寂之嶙峋。冰雪长盟物外契，烟霞幻出人间世。一斧劈开混沌天，千株忽现崆峒一作"嵯峨"树。绕屋梅花香更清，当窗竹影云俱轻；梅香宜月竹宜雨，一时雅致谁与并？我来恰值阴晴会，晓色空濛夜明媚，雨中移竹月中栽，客与梅花同一醉。不知孰主孰为客，不知是梅还是月。此时香色已俱空，三岛十洲竟谁别？自怜从来汗漫偏，将无失却壶中天？何如向此媚幽独，长抱月明朝紫烟？

月中种竹歌

香山仙子孤山癖，爱种梅花向明月。花香月色两空濛，更借琅玕点幽碧。带雨遥分前浦云，当窗漫凿峰头石。移来细细记南枝，种去萧萧映香雪。移时雨后种时晴，透岭披峦月重白。初照挥锄若有神，再照清标次第出。一株新栽鸾凤翻，两株对舞蛟龙立。三株四株几十株，影摇星斗天文坼。一锄一杯月倒吸，一株一醉风生腋。当年何数竹林贤？此日真成君子宅！罗浮梦一作"香"杳翠凝裳，湘水魂清一作"消"玉为骨。尚忆骑鹤崆峒游，翻恨中无此香色。撇却手中九节筇，和云好共此间植。他年酒醉竹成林，分向瑶池配丹阙。

游桃花涧 有序

洞去梅花堂一里。堂以幽，洞以壮，各擅一奇，亦相为胜：一如洞门仙子，环窈窕之云；一如天际真人，标峨嵋之雪。予兄既种梅以辟山，复买松以存洞。予两游俱从月下，石得之白，松得之清，于泉之观未也。庚午崇祯三年春季，乘雨蹑屐，九天风雨，三峡波涛，观斯尽矣。并记之。

睡足山中雨，起探云里泉。重崖一作"百重"岚掩映，复道水潺湲。洞是桃花旧，波摇松影鲜。层层声捣石，矫矫势垂天。吼虎深藏峡，狂龙倒挂川。怒疑连壁坠，宛似趁风旋。玉迸丝丝立，珠倾个个圆。石文喧旧鼓，松韵押疏弦。叱咤惊虞美，娇啼响杜鹃。江光借飞影，海势助雄溅。转觉一山静，遥分众壑妍。我来当雨后，波去落衣边。始信前来兴，无如此际缘。银河鹊飘渺，华表鹤蹁跹。洒雪魂俱白，披涛骨欲仙。谁施开峡斧？更赖买山钱。巧树皆垂臂，危岩并倚肩。石牵绡作幕，松滴翠为钿。隔坞飞云屐，凌空驾铁船。不愁山欲暮，共与水争先。何必寻三峡？还须受一廛。

　　　　　　　　　　　　庚午春日，小弟弘祖具草。

赋得孤云独往还五首

秋空净无极,兀兀片云孤。不与风同驶,遥令雨自苏。卷舒如有约,尺寸岂随肤?我欲神相倚,从之径转无。

为霾并为电,泺天总是云;谁能绘霄汉,了不作氤氲?捧日开朝霁,飞霞散夕曛。此中无一系,何处着纷纷?

出岫何幽独?悠然飏碧空。遥分秋水影,忽度夕阳风。长天不留迹,冷月若为容。归宿应何在?崆峒第一峰。

彩霞竟何往?苍狗自徜徉。出没千峰迥,夷犹一壑长。鸾飞难作伴,龙跃岂相忘?不待为霖日,方令天汉章。

卷舒有妙理,谁云倦始还?垂天宁幻态,触石岂无关?神远群俱涣,情空迹自闲。始知能体物,造化掌中删。

壬申秋,同徐振之泛舟洞庭,还宿楞伽山,即席分韵,共赋"孤云独往还",而振之诗先成。喜其词意高妙,备极诸长,因录于上,方知余作之不逮也。七月望日,弟黄道周书。

(晴山堂石刻)

哭静闻禅侣六首 有引

静上人与予矢志名山,来朝鸡足,万里至此,一病不痊,寄榻南宁崇善寺。分袂未几,遂成永诀。死生之痛,情见乎词。

晓共云关暮共龛,梵音灯影对偏安。禅销白骨空余梦,瘦比黄花不耐寒。西望有山生死共,东瞻无侣去来难。故乡只道登高少,魂断天涯只独看!

崎岖千水复千山,戒染清流忍垢颜。上人戒律精严,涕吐不入水。

在舟遭此危疾,宁以身累受众诉罟,誓不污清流也。鱼腹卧舟宁众谪,龙华寄榻转孤潜。可怜濒死人先别,未必浮生我独还！含泪痛君仍自痛,存亡分影不分关。

客里仍离病里人,别时还忆昔时身。死生忽地分今日,聚散经年共此晨。发足已拚随鞚转,到头空呼过河频！半生瓢饮千山屐,断送枯骸瘴海滨。

同向西南浪泊间,忍看仙侣堕飞鸢？不毛尚与名山隔,裹革难随故国旋。黄菊泪分千里道,白茅魂断五花烟。别君已许携君骨,夜夜空山泣杜鹃。

鹤影萍踪总莫凭,浮生谁为证三生？护经白刃身俱赘,守律清流唾不轻。一篑难将余骨补,半途空托寸心盟。别时已恐无时见,几度临行未肯行。江中被劫,上人独留,刃下冒死守经,经免焚溺。一番魔障一番憨,梦寐名山亦是贪。井不及泉无论九,河难复渡尚呼三！疲津此子心惟佛,移谷愚公骨作男。幻聚幻离俱幻相,好将生死梦同参。

梧塍弟子徐弘祖具草

静闻事略附

冯志仙释传:静闻,迎福寺僧莲舟法嗣也。禅诵垂二十年,刺血写成法华经,愿供之鸡足山。丙子崇祯九年同霞客西游抵湘江,遇盗槊堕滩水,擎经于顶,独不失遗。后竟以病创死。霞客为函骨与经,间关五千余里,供鸡足之悉檀寺,并瘗骨焉。太史闪仲俨为塔铭。

宿妙峰山

路织千山积翠连,穷边欲尽到天边。峰留古德云还在,界辟诸天月正悬。狮窟吼风随法鼓,龙泉喷玉护金莲。我来万里瞻慈筏,一榻三生岂偶然。

（道光大姚县志艺文志）

鸡山十景 十七首

绝顶四观 东日、西海、南云、北雪

芙蓉万仞削中天,抟挽乾坤面面悬。势压东溟日半夜,天连北极雪千年。晴光西洱摇金镜,瑞色南云列一作"引"彩一作"绮"筵。奇观尽收今古胜,帝庭呼吸独为偏。

日　观

天门遥与海门通,夜半车轮透影红。不信下方犹梦寐,反疑忘打五更钟。

雪　观

北辰咫尺玉龙眠,粉碎虚空雪万年。华表不惊辽海鹤,崆峒只对藐姑仙。

海　观

万壑同归一壑沤,银河遥点九天秋。沧桑下界何须问?直已乘槎到斗牛。

云　观

白云本是山中一作"无心"物,南极祥光五色偏。蓦地兜罗成世

界，一身却在玉毫巅。

华首重门

巍崖高巩白云端，翠壁苍屏路几盘。重阙春藏天地老，双扉昼扃日星寒。金襕浩劫还依定，锦砌当空孰为攒？何必拈花问<u>迦叶</u>，岩岩直作破颜看。

太子玄关

菡萏亭亭影倒摩，凌空忽透枕中符。<u>崆峒</u>无迹潜翻岛，<u>阆苑</u>有天常在壶。影入循环双窍迥，座通呼吸一身孤。从兹脱尽人间滓，两腋风生骨欲苏。

罗汉绝壁

列锦标霞景色酣，莫将枯寂觑云岚。面来绝壁云常定，放出重峦一作"岚"石共参。枝借翠微栖各一，水供香积献分三。藏头换骨形何幻？崖霭层层露法昙。

狮林灵泉

千襂明珠孰为探？灵源绝顶浚灵龛。湛摇松影雪千尺，冷浸梅花月一潭。碧玉眼中丹透液，青莲石一作"舌"上露成甘。满林不乏人天供，洒作天花润法昙。

静里泉流石忽穿，峰头明月斗娟娟。窍通骨节凉生髓，源自头颅玉作涎。只道醍醐天上落，直将沆瀣掌中悬。青衣丹凤寻常事，谁解灵源此更偏？

1384

放光瑞影

灵区回合转祥轮，五色氤氲法界新。透却尘关空即色，翻成宝相影皆真。蜃楼非海谁嘘气？玉镜中天独摄身。转觉一山凡草木，含辉一作"晖"濯影遍精神。

浮屠缩胜

阿育当年愿力雄，万山深处露神工。诸天环向尖皆合，一柱孤撑榱正中。胜压鳌峰仙锁钥，光摇鹫岭玉芙蓉。峰头王母如相过，长剑崆峒此又逢。

谁将手影布神通，仙掌凌空结构重。震旦名山膺九锡，巽门文笔插双峰。翠微四壁开生面，金粟三天现法容。漫向慈恩夸作赋，滇南此日壮一作"北"登封。

瀑布腾空

三支东向谁为钥？匹练中悬万壑前。鼎足共瞻鸡在后，涛头忽见马争先。珠玑错落九天影，冰雪翻成双壁喧。我欲倒骑玉龙背，峰巅群鹤共翩翩。

传衣古松

碧树千寻云影重，凌风老干独蒙茸。直将秦帝登封物，常作僧伽护法龙。鳞甲半天一作"空"猿臂舞，幢幡千队凤毛缝。餐冰饱雪千年炼，还共拈花一笑供。

古洞别天

鸾鹤空山路渺茫，重峦绝处逗云房。何人天外能来往？有洞花间独闷藏。瑶草琼枝开自落，金茎玉乳滴还长。神龙百尺潭时护，不许桃花出<u>夜郎</u>。

洞天原不在人寰，三派东边更跻一作"仰"攀。直到万峰穷极处，忽悬双阙窈冥间。碧桃开落门常在，玄鹤纵横路不关。东向<u>蓬莱</u>三万里，片云时去又时还。

赠鸡足山僧妙行七律二首有序

<u>妙行</u>师鸡山胜侣也，阅<u>藏</u>悉檀，潜心净果，穆然清风，如披慧日。爰赋二律，以景孤标，并请法正。

一

<u>华首门</u>高掩薜萝，何人弹指叩岩阿。经从凤阙传金缕，地傍龙宫展贝多。明月一帘心般若，慈云四壁影婆娑。笑中谁是拈华意，会却拈华笑亦多。

二

玉毫高拥翠芙蓉，碎却虚空独有宗。钟磬静中云一壑，蒲团悟后月千峰。拈来腐草机随在，探得衣珠案又重。是自名山堪结习，天华如意落从容。

<u>江左霞客徐弘祖</u>顿首具稿

（<u>霞客</u>手迹原件藏<u>云南省博物馆</u>）

致陈继儒书

　　每晋谒，非祁寒即溽暑。犹记东郊雪色，余坞松风，时时引人着胜地也。此旷古胜事，弘祖何人，乃每岁得之老先生。挟圹披襟，骨朽犹艳。前又蒙即席成韵，使王母筵端标霞回汉，觉周穆王之白珪重锦，俱为夺色；董双成之琅璈云和，难与竞响，真堪白云谣赓酬矣！敝乡暑旱为厉，自三时至三伏，无浥尘之滴。环望四境之外，无不沾足者，独一方人苗俱槁，如火城炭冶，朝夕煅烁，想独劫灰此一块土也。遥引清标高荫，又不觉出九天之上矣。

　　弘祖将决策西游，从牂牁夜郎以极碉门铁桥之外。其地皆豺嗥鼯啸，魑魅纵横之区，往返难以时计，死生不能自保。尝恨上无以穷天文之杳渺，下无以研性命之深微，中无以砥世俗之纷沓，惟此高深之间，可以目摭而足析。然无紫囊真岳之形，而效青牛出关之辙，漫以血肉，偿彼险巇。他日或老先生悯其毕命，招以楚声，绝域游魂，堪傲玉门生入者矣。特勒此奉别。

　　计八月乘槎，春初当从丽江出番界。昔年曾经其地，候一僧失期而返。窥其山川绝胜，以地属殊方，人非俗习，惴惴敛屐去。前从函丈读木氏世传，始知其衰然贤者，何第夜郎之翘楚乎。乃信九夷之思我圣人固非虚拟。而东鲁西羌，声气固自旁通。幸藉鸿辉于复函中，不靳齿牙之余，或他时瓢笠所经，偶有不测，得借以自解，使之无疑其他。即开山之图，护身之符，不啻矣！若其使已去，不识可以一函赍往乎？弘祖于中原地主，悉不欲一通姓名，何敢妄及殊俗？正以异域之灵岨闷景，靡非蜀道，非仰资旭轮，无以廓昭霾藏耳。万源分派，总属朝宗，众峤悬标，具瞻东岱。印川之心，不殊景岳之思。靡替临风,无限神往。

（陈眉公先生集）

山中逸趣跋

自两仪肇分,重者为地,重之极而山出焉。以镇定之体,奠鳌极而命方岳,但见其静秀有常而已,未有能授之逸者。孰知其体静而神自逸,其迹定而天自逸。彼夫逃形灭影,娄坯湮谷,曾是以为逸乎,岁直与山为构者也。进而求之,伊尹逸于耕,太公逸于钓,谢傅逸于奕,陶侃逸于甋,逸不可迹求,类若此而大舜有大焉。其与木石居、鹿豕游者谁,其逸沛然决、莫能御者又谁。迹野人求之市,复迹大舜求之不得,是所谓真逸也。千古帝皇,莫不以舜为兢业,自乃鼓琴被袗,其得力于深山者固趣。但自有虞以后,山川之劳人亦久矣。神禹以之胼手胝足,秦人因之驱石范铁,焉睹所谓逸。乃丽江世公生白老先生,夙有山中逸趣者何?非天下皆劳,而我独逸,天下俱悲,而我欲趣。即以天下之劳攘还之天下,而我不与之构;以我之镇定还之我,而天下阴受其庇。与山之不能相者,我欲迹之。是山非天下之山,乃我之能镇能定之山也;多山非我一方之山,乃天下之山,而为镇为定之山也。故文章而犕石者,逸为出岫之卷舒;雪影而飞絮者,逸为天半之璃玉;泉静而滥觞者,逸为左右之逢源;志情而宫商之音,逸为太始赋形;而金石之宣,逸为钧天。先生此集,所以卷纶藏密者,与莘渭各异,而镇意念之心,故悠然迹外。即纳之大麓,又何与于舜庭之飏歌。垂承则能赍天下于春台者此趣,能翔太龢于寰宇者此趣,而山中云乎哉?然必系之山中者,所以奠鳌极而禨方岳也。弘祖遍觅山于天下,而亦乃得逸于山中,故喜极而为之序。

崇祯己卯仲春朔旦,江左教下后学徐弘祖霞

逸父顿首拜书于解脱檀林

(木增山中逸趣集)〔一〕

〔一〕详朱惠荣徐霞客山中逸趣跋的发现,"纪念徐霞客逝世350周年国际学术讨论会"论文1991年打印单行本。后收入纪念李埏教授从事学术活动50周年史学论文集,云南大学出版社1992年出版。

题赠·书牍

雨夜宿徐振之斋中

许学夷

相思成契阔，相见即绸缪；短榻陪云卧，高斋听雨留。砌蛩鸣渐晓，庭树响先秋；赖尔元同调，清吟足唱酬。

（许山人集）

同徐振之登惠山

许学夷

宿雨溪流急，扁舟向晚移。山因泉得胜，松以石为奇。楼阁高卑称，园林映带宜。幽探殊不尽，策杖自忘疲。

（江上诗抄）

送黄石斋偕徐霞客游洞庭时旱祷

陈仁锡

我家太湖连东溟，笑杀吴人多不识。送君直到消夏湾，手挽天河泻震泽。十只画船泛乐天，扁舟今乃私迁谪。白守不如君也豪，逐客相随一霞客。逢山得地龙浮脊，见月知天空与连。凭君赊取三尺水，以耕石田厘丰年。秉炬先游林屋洞，不须貌取隔凡天。但见大蝠扑炬来，衡山八分如画戒。淘沙小舟差可方，峰峰悬烛光华灿。纱帽山林皆债也，未许君还山水债。授此奇方忙救人，好将湖水街头卖。

　　记余游洞庭无弗酣适，尤爱石公龙嘴吞吐如林屋蟹行耳。出洞后竟夜思仿淘沙船，锦缆前导，悬数十炬于金庭玉柱间，可卧而游也。

（无梦园集）

七言古一首赠徐霞客

漳浦　黄道周

天下骏马骑不得，风鬐雪尾走白日；天下畸人癖爱山，负铛泻汗煮白石。江阴徐君杖屡雄，自表五岳之霞客。鸢肩鹤体双瞳青，汗漫相期屡不失。事亲至孝犹远游，欲乞琅玕解夜织。万里看余墓下栖，担囊脱屐惊乌啼。入门吹灯但叹息，五年服阕犹麻鞋。贵人驿骑不肯受，掉头毕愿还扶藜。自言早岁适雁宕，缒藤绠絚穷下上。天台石梁平如兜，青霞括苍局于掌。中年复走西钟山，焦饭十日支霜盘；道逢采药授云餐，帝子欲为歌路难。匡庐老僧亦下拜，鸡足道人分沆瀣。磨头豆核石泉茶，夜中日出啸沧海。听君言下何萧然？引人攀岭扪青天。所探幽奇既如此，岂有人岳当君怜？东鲁仲尼去千岁，西羌大禹死何在？书生抱膝空呻唔，即化乔松安足赖！去年先辈缪西溪，起草授杨天下疑；精魂已上托乌兔，未有人识其端倪。何况操蛇窟穴底，千山为貌隐千水；乃欲搜剔穷真灵，不畏巉岩不避死。世间两物唯鼎剑，烧海划山写凉焰。少年学道须及时，簪绂累人孤书诗；当时诸公叹鹤唳，悔不从君煨蹲鸱。

即令关门散百一，医巫吹角愁铜狄。苍崖黄注不可寻，令威洒血迷坟迹。君犹跋涉从东来，两鬓不突生飞灰。城郭比人更柔脆，田春史义安在哉？男儿不仙必良将，驱龙凌波破荡漾，挽河洗甲天下清，安能对镜坐相向？中身潦倒为时人，牵船引缆伤路尘；弯弓闻虎行逡巡，寂寂寞寞过冬春。何不还家酬所亲，听君霏语当采真？跂足北窗箕、颍滨，而必栖栖撄此身！

徐霞客携小舟，追余至丹阳。感念昔日万里造膝，今复依然得陈宿诺，为之道故，不觉成篇。崇祯三年二月既望，漳海石人黄道周急就之章。

石斋过毗陵，为予言霞客之奇，徒步三千里，访之墓下，当事者假一邮符，却弗纳。时闻予在罗浮，则又徒步访予罗浮。往来海上，真有卓契顺之风！言甫毕，石斋去而霞客来。闻石斋之过也，追及之丹阳，得所为诗而归。予适病痰嗽，榻上一举手而已。亦欲少有结撰，以酬千里罗浮之雅，痰病殊剧，声气不属，竟不能成。初，石斋谓余曰："方墓下时，有笔墨之戒，至今耿耿，不知此逋何日能偿。"故丹阳一见，遂偿之。其云石人急就章，盖已数年之约矣。遁园叟郑鄤书。

霞客游甚奇，无如盘山一游。余归自宁锦，憩山海。奇永平山水甚，驻钓台，俯危石，一过崆峒访道之处，有盘山焉，竟数日不能去。所见古松百株，半挂藤萝，半星斗，疑野僧，疑诗鬼。归示霞客，霞客踵及燕山，剑及云中，无何而虏至。嗟乎！将吏如君，半肩行李，无疑，无怖，名王不足系也！霞客着屐破游衰，石斋落笔惊风雨，故宜两绝。余题卷并在丹阳道中。长洲陈仁锡谨识。

霞客生平无他事,无他嗜,日遑遑游行天下名山。自五岳之外,若匡庐、罗浮、峨嵋、嵾岭,足迹殆遍。真古今第一奇人也!尝徒步万里,访石斋于墓庐。石斋北上,又冲寒追及于云阳道中。沽酒对饮,且饮且题诗,诗成而酒未尽;文不加点,沉郁激壮,遂成绝调。盖以奇人遇奇人,当奇境而成奇文,固宜也。霞客出以相示,因题其端而识之。时余方以请告杜户,读"唤鹤蹲鸱"之语,令人云卧之念弥坚矣。辛未夏五既望,竺坞山樵文震孟题于清瑶屿。

　　此黄石斋先生赠江上徐霞客者也。先生学行清古,弁冕吾署,而挺身救华亭钱龙锡,前文渊阁大学士。于举朝结舌之日,尤人所难。先生于世殊落落,而雅善余,余固未有当于先生也。霞客游满天下,所交多一时贤豪长者,而尤心许先生,走万里而谒之穷山;夫自世俗观之,则几于嗜痂之癖矣。霞客亦善余,知余之乐观先生之言也,出示余,故有感焉。项煜识。

(晴山堂石刻)

和徐振之先生孤云独往还原韵五首

黄道周

野水笑人旷,深秋知客孤。江枫催雨老,渔火报灯苏。家计分浮梗,乾坤动剥肤。柴桑行可觅,能得隐邻无?

笠泽无停棹,杖头不系云。帆随风意致,山与梦氤氲。古洞扃幽户,残崖倒暮曛。每逢巢鸟尽,萝月想缤纷。

不忍闷幽独,因思别凿空。闲过长喋峡,戏织打头风。绝壁三分篆,坚匏五石容。心知无一可,更上最高峰。

虚逃无所往,白醉此徜徉。古迹有代谢,时人空短长。同心宜送远,得句偶难忘。昨夜兼葭月,又涵霜露章。

何处不仙峤?长游已大还。猿鱼新换径,虎豹久迷关。天纵几人逸?生扶半世闲。楞伽言语外,别寄与谁删?

灯下依韵和徐振之孤云独往还之作,并书请正,不能如振之之体物备妙也。弟道周再识。

(晴山堂石刻)

(孤云独往还石斋原举以似霞客,此诗则石斋分韵诗既成,而又和霞客韵,盖即以为赠言也。惜石斋原韵不可得见,而霞客诗乃竟以石斋手书而幸存。噫,亦异矣!按石斋赠霞客诗帖,今可见者凡四。或称霞客,或称振之;振之者,霞客字也。陈泓记。)

分阄十六韵 有引

黄道周

徐霞客自毗陵来访予山中,不一日,辄搜奇南下。觅蓝舆追之,百里乃及。相将于大峰岩次,兼访刘完公孝廉,不值阻雨,分阄各得十六韵。

须　字

鹿豕追群天下无,四千里不停斯须。刬舟直罣青天上,山灵莫笑老人愚。

怀　字

岂无山鬼不开怀?云树仍将鸿爪埋。不信吕稽当日驾,曾分铁杖与芒鞋。

君　字

墓下松新未老云,林疏山浅何惭君。悔不结巢黄海上,银鸡皓犬试殷勤。

林　字

投杖成龙去莫寻,衔书青鸟尚遗音。此生便使无双足,犹拟扶蓝过道林。

雄　字

薜萝山长亦称雄,未畏道人屡似风。放却鸟身一百里,依然鹤伴未开笼。

能　字

缓步先蹄我亦能,曲铖顽石各何曾？万事让人腾跃去,让谁先接手中藤。

流　字

忆别华阳三洞头,追叙壬申秋事。小舟夜去不胜愁。家园未透包山洞,况领银河何处流？

穷　字

井栏语鲋意未穷,错引驶驰东海翁。里巷危峦空老大,不知人惯藉云中。

滋　字

涌雾埋霾风雨滋，炎蒸正值火云时。清秋过此能多少，误听蝉声闹采芝。

来　字

威灵未遽鬼能猜，此叙访刘阻雨事。不合冲炎冒雨来。遂使此峰成突兀，后人轻指青坪哀。

看　字忆大涤山讲堂未就

玉室金堂何处看，愁分许迈自临安。洞霄讲舍荒初业，空嘱流云寄扫坛。

苏　字

九疑两室语模糊，一一从君领画图。黄犊少年行不到，白头风雪几时苏！

岚　字

上格真人不署衔，间分真气为开岚。抄丹掷剑儿曹事，无数石头不放参。

搜　字刘完公已出洞海

积艾焚山今已勾，枕中宝字各停搜。名贤不吃明光草，海上新诗寄碧鸥。

齐　　字尝再至此山,为风雪所阻。

少年曾此辍攀跻,冻雪摧松十丈梯。每道名山藏拙稳,老来相迫已如泥。

薇　　字山下是三十年前馆所

山南山北旧开帏,书罢柿焦已十围。饷炙烧猪今已矣,首阳人自准餐薇。

七言绝句十首有引

前在雁宕,见陈木叔送振之诗,有云:"寻山如访友,远游如致身。"甚爱之。今振之重自漳中归,遂用此为韵,得十绝请政,并以为别。

寻

吐饵江鱼掉尾深,惊鳞何处更追寻?饼师酒保时交语,错对孤鸿天上音。

山

有翻应知自化山,翻空毛毳尚间关。飞鱼上下青烟路,不与啼猿诉往还。

如

焚车屠马尔何事？弄凤嬉龙我不如。寄语兰台旧藏史，安期初不读异—作"奇"书。

访

鲋鼋白日自相访，江海居然不可方。刷就落毛希有背，载谁万里共翱翔？

友

羌、鲁西东何处友？椰须象鼻一虚舟。岱、华尽作婢儿事，绝倒昆仑老上头。

远

红汁洒人白发远，灯花炙客旅思繁。五湖砚底星星晕，缩地工夫不是丹。

游

老来最敬郑公业，近事休谈马少游。闲却一身成野鹤，依然项背似沙鸥。

如

桊几藤床亦自如，凉身惊托火轮车。平看岸谷成鱼齿，莫向方壶坐钓鱼！

致

远道白云安可致？能来黄竹幸相期。迟收不死东方草，误典商颜无尽芝。

身

绝迹依然不离地，出世何曾得避人？还君六尺卢敖杖，携我章、亥五步身。

五言古风四首 有跋

黄道周

一

鲁叟既以颓，王迹安可作？风雅失经纬，黼黻委冠箨。能人滞习尚，钺冕随俗目。不论理所在，买楮为鬼祝。一夫食千耳，久痼无百药。谁能洗众胃，慨然秉吾卓！孔、祢有高气，所惜为崖略；李、杜足真性，时亦见落魄。馀子官亦长，韩、苏附道龠。骋者自为雄，制者自为格；啜者自为醇，饫者自为粕。大小既已见，谁复司其铎？野子陈一言，要未违古宿。削采就龙豢，弛力为虎缚。此道关圣贤，岂必泥高爵？时平无杰论，莞笑各当哭。上材愧繁露，中赋惭白鹤。徒以麟鸾心，混兹犬豹鞟。由基一失彀，猿猱遂反搏。不畏明镜蚀，所畏白日曛。庸俗无足谈，贤者何不扩？搤腕数姬、孔，掩眦放鼠雀。罟—作"置"有万无当，受有千百恶。悠悠宙合间，何物等龙蠖！倘逢巽心者，一为语畴昨。

斯道莽巅际，约非目所见，作者已如林，要未审正变。治乱系风教，文藻何足炫！幽、秦重沉奥，周、召尚和倩。微道贵综至，正节得博练。羊干为青隽，二东表奇撰。郁郁高堂生，千言记射燕。贾山无高谈，一字发一忭。逡逡诸儿曹，尚未理骚、选。盆瓮开鼋咳，遂欲掩雷电。心孔既以细，危坐诧井面。皇皇朱玉徽，白昼生刀剪。疏人訾周诰，下士丑皮弁。庸袍享千金，圭璧宁不贱？早藉为他山，惜晚集微霰！璞琢不可还，庞衣托纯缘。君子薄浮云，未忍弃文献。蝇翠登高台，何所贵鹓扇？始宁倪同学，华阳周特荐。所识毋乃阿？闻道已不战。引臂扶日绳，开心写月串。馀眸付螳蛄，谅不睹征禅！千春洵迂途，吾道寄一线。再磨淮西碑，重驳辙、轼卷。所愧诸华人，茑松复同传。

白头无令名，苍生安敢计？胶目谢邸报，掩耳闲时戾。直道归细民，高招安得势。侧陋倚严堂，清论无所丽。鼷鼠自珍角，世事何芥蒂？寂寞还书生，胼胝问冕、羿。四方日怙乱，瘈狗莫以猘。蜉蝣傍宵辉，衣雪何所税？平台有高盖，西坞有金窠；司坊有俊鹰，丰豆有肥驷。野人安所知？木客还薜荔。朝理北山琴，暮息东皋肆。行蹑青谿屐，坐鼓少海枻。就水八十步，筑堑可百砌。此意已云足，岂复知文艺？仁畦少螟蟊，道廪足粗粝。满世珠玉屑，信美不纳眥。况彼笔砚间，毫末安所系？百户分民一作“良”畴，羲、农序家世。勃然自比屋，北渚倘连袂。所少高驼一作“驰”人，一为试点缀。春水生鸥凫，夏田长鸡龇。狌身久益清，顶踵亦羊裔。缅顾诸弟兄，能无中所滞？念彼作炭夫，正容为敛涕。

四

夏日焚百草，兰莒休相求。大海涵巨鱼，波澜排青丘。明聪识时彦，谈笑分宵忧。葛侯初柄蜀，井溷皆调搜。李相在安邑，亭馆勒訏筹。所值一作"佚"既区区，未遑敷远猷。搏空绕中厨，骑危断八驺。含睇观申、韩，魇语辞伊、周。此论一以驰，玄风遂不酬。念昔古圣贤，舟楫常安流。中疢未有徵，外疾易为瘳。吉甫怀仲山，召伯襄申侯；哲匠一已矣，袁、贾难为谋。元凯十六人，不及韩与欧；李、范慑孙、曹，其力倍诸刘。宣圣喜独能，谁为轮与辀？犀象一失力，猛兽溺其头。溟海适孤帆，针车重于钩。贾生虽已躁，马迁谅不浮。殷勤火宅间，负饼与吹沤。同绩不同心，一缕分一篝。朋论不可回，伦辈生戈矛。远近同舍人，相对如弓觥。何当酿薰风，注以百斛舟，湛置名海中，次第酢群鸥。

右四章，百韵、千字，值徐振之行，潦草成篇，聊存远证。幸为藏拙，并以覆浆，不作灯纸也。癸酉崇祯六年长秋，丹霞侨次，弟黄道周书。

与霞客游焦山适患恙宿寺中

黄道周

禅榻联吟兴不孤，金、焦前三年同游。游迹忆前无。此来空负穿云屐，取笑山灵两病夫。

（玄览堂丛书续集黄石斋未刻稿）

余罢吏议,霞客遣长公子来候并赠衣裘,手书游记四册以慰寂寥,感激无已

黄道周

霞客先生世莫俦,名山万里遍周游。晨兴东海穿云屐,暮宿苍梧载月舟。更惠奇书纪胜迹,远遣稚子慰穷愁。追随杖履应迟暮,莫道长安一叶秋。

(玄览堂丛书续集黄石斋未刻稿)

读游记知名山幽胜无奇不有,不觉手舞足蹈欣赏无已

黄道周

江阴霞客本飞仙,谪降尘寰数十年。绝壁探幽跨鹤渡,偶临绝壁,愁不得过,鹤翔舞于侧,跨而过之。危崖古洞效蛇穿。洞中路有数小条,殊□不知所适,蛇行于前,尾而随之,得奇境也。玉床玉柱真神宅,金凤金龙伏路边。晨肇天台应愧叹,余人那得有奇缘。

奇僧制腐追先生,从此游行四体轻。荷叶洞名,先生入洞旬,樵牧皆疑死在其中。深探樵牧怪,蜡炬照耀洞暗,持火烛之。鬼神惊。蛇行委曲千条暗,洞中路不知凡几,莫适从焉;幸随蛇望见似螭首,始豁然大明。螭首模糊一道明。床灶厨炉皆碧玉,桃花树下听吹笙。洞中桃花万树,忽闻吹笙之声,声韵均异人世,亦奇。

(玄览堂丛书续集黄石斋未刻稿)

1402

挽徐霞客 二首 失一首

黄道周

天剪风翎到塞鸿,远游负锸尔终穷。昨传独往来脂习,一旦卧游失次宗!知我未凋犹强饭,闻君临菱遂推篷。十洲、五岳齐挥泪,屐齿无因共数峰。

读霞客游记

蔡玉卿

江北江南十万峰,奇花瑶草白云封。徵君探遍幽玄迹,更侣山灵护绝纵。

高风直继张三丰,一杖飘然访赤松。快把奇书游记读,顿如甘露豁心胸。

（玄览堂丛书续集蔡夫人未刻稿）

十日前,与吴澹人谈徐霞客雅游,而霞客邮书适至,因作诗兼讯杨龙友

陈函辉

一雨连三雨窗坐,长日长安无过卧;诗云独寐有寤言,天末怀人亦功课。忽忆江上徐霞客,此时深山煮白石;更忆玉堂吴澹人,起草挥毫岸其帻;因之远忆夏黄公,铁人能御列子风;因之近忆杨龙友,手弹五弦送飞鸿。返而自忆陈木叔,简韵题笺裁尺牍;寂寂作此寄阿谁,云有幽人在空谷。门前剥啄遽之使,开缄贻我琅玕字;一居江南一塞北,有想无因各称异。异者偶记十日前,屈指怪

事及两贤;丹阳道上追兰棹,大华峰头载藕船。世上奇人孰胜此?每举幽芳似季子;雅游韵语与清音,自是南州产高士。先生山斗世所尊,烟霞之外皆素臣;我将此意语龙友,当今海内尚有人。

(寒玉集)

前 纪 游

陈函辉

游道犹海也,未许蠡测。若把玩嵚岑数峰,便谓远山可尽,容足以外无行地矣。吾乡王恒叔有五岳纪游,实缺其二,而黄十岳即以两游五岳而得名,若窥汉之槎,逐日之车,又无论也。乃世多局促辕下者,彼蛙井虫冰之观,又何以相视于八极之表乎?

江阴友人徐霞客,赋性简远落穆,事其母至孝,而足迹几遍九州。自云:"吾行且陟昆仑出西域矣。"其言游与人异,持数尺铁作蹬道,靡险不披。能霜露下宿,能忍数日饥,能逢食即吃,能襆被单夹耐寒暑。所遇多畸人,然初无丰豕长蛇,种种诸毒物之害,此非霞客身有九仙骨,那得独往乃尔!

壬申初夏,同其兄仲昭过予山斋,将再穷雁荡诸胜,出秋圃晨机图与黄石斋先生所赠长歌见示,予读之三叹。诗曰"高山仰止,景行行止",盖言游也。余小子有母在堂,未敢破有方之戒。又笑昔人卧游买山,徒籍口耳!知前途税驾之何所乎?因赋古风十九首,聊写己怀言,与愧感相杂,岂真可以语游?唯当附霞客游乘后,供行倦时一粲。

一

州九涉云八,岳五登者四。每笑向子平,尚余婚嫁累。男子离母胎,悬弧蚤明志。东陟若木颠,西穷大荒澨。正如东方生,芝田聊揽辔。归牵阿母衣,天门暂游戏。

二

何不秉烛游,百年亦未央。局促服辕下,驹隙过电光。不见双鸿鹄,千里恣翱翔。我爱徐霞客,拂衣竟裹粮。掉头不肯住,足下有八荒。山灵岂旧交,与子长徜徉。

三

避世小寒山,闭门参石壁。有客叩柴扉,握手如畴昔。劳苦道平生,山川结其癖。杖头瓢衲缘,囊底烟霞籍。同好邀禽夏,梦游笑李白。问君自兹往,能着几两屐。

四

分域亦有疆,上山亦有粮。男儿信步去,肩负五岳装。皇舆奉正朔,恣览无曲防。须弥纳芥子,大千何尽藏。久与造物游,缩地嗤长房。局蹐者谁子？一生王夜郎。

五

顶天脚拄地,那得不刺促。愿学云将游,偏逢步兵哭。黄鹄日千里,白龙偶鱼腹。上帝自有心,公等徒碌碌。家在巾子山,仰头看茅屋。夷坚志唯书,聊取快心目。

六

潘舆空有慕,毛檄尚未捧。母老犹甘藜,流退安得勇。频年苔禾间,石田代南垅。长怀菽水忧,指啮心辄动。吾友之怡亲,特以山云奉。芒鞋遍岩壑,辄抱下堂恐。

七

寻山如访友,远游如致身。兰芷与鼎锯,以炼有心人。君行三十载,日与魑魅亲。太行在世路,而独坦其真。晦暝风雨际,恍悟宿世因。始知丹台籍,蚤已注素臣。

八

雁荡吾家山,未向雁湖宿。龙湫五千仞,振衣兼濯足。扪萝陟其巅,星辰大如菽。深嶂寂无人,所见皆麋鹿。(自注:霞客语予:"宿雁山绝顶,上有麋鹿千群。")云外与白云,当年结茅屋。(自注:云外、白云,正德时两僧名。)欲往从之游,伊人已空谷。

九

苔年即作客,随宦岭表梅。趋庭叩鲤对,作赋羡王才。百粤宾南服,声名接上台。赵佗皆已死,明月照荒台。徒闻陆声语,一奏龙颜开。人生不得意,吊古空徘徊。

十

昔我游柴桑,其年才十四。吾师曹象先,偕礼东林寺。遗轨尚森然,五峰天外置。啸虎可名溪,一笑岂易事。因怀十八贤,敝屣脱缨耳。莲社如再开,吾欲位其次。

十一

终南未为幽,太华不复险。半月无村烟,置身听绝巘。道逢采药翁,安知非刘阮。尚记匡家庐,夜半煮豆锛。此际忆峰灯,何人拨苔藓。

十二

入山宁厌深,学道苦不蚤。小寂悔长忙,霜鬓忧草草。吾友王紫芝,中年即好道。弃官如敝屣,匿影自名镐(自注:镐上人即王友,名立毂)。挥手谢时去,回头见空浩。坐落尘网中,念之令人老。

十三

人生谁无死,贵得死其地。床笫与药饵,宁知死中趣。吾友吴朗公,太息上封事,鹤唳岂足悲,龙鳞惜终弃。以此慕山泽,豺鳄堪游戏。桃源尚未扃,行从刘子骥。

十四

少年客楚粤,近始北走燕。孔林凭轼过,泰岱空仰瞻。不如从健儿,跨马驰九边。玉关带箭出,青海勒石旋。何能访丹籍,大小梦游仙。仙家岁月短,掷米变桑田。

十五

平生好游记,能知颇繁括。山阴遂东师,肯独操杀活。山川有
性情,讵许人批抹。草草何问津,搦管遽题跋。唯昔龙门迁,眼界
一开豁。安得柳柳州,奇文领超越。

十六

行行勿复止,前路远且长。天地几万里,至人不能量。中原一
卷石,宛在水中央。纵苇访蓬岛,拽履登扶桑。不闻君家福,航海
求琼浆。六合何外内,结想正渺茫。

(共19首,寒玉集选编16首)

纪游和韵

陈函辉

吾师石斋先生,往从凤嬉,曾追龙跻,高言则标丹壑,清韵
犹彻紫虚。至今雁湫、台瀑之间,山为加高,水为加碧。盖胜
地、胜人,相遭合契,无怪乎其谈游如啖蔗也。先生特爱余"寻
山如访友,远游如致身"二语,他日重逢霞客,更为拈句。回环
雅意,并前后十首,信笔再和之。先生不云乎鹓雏狂鸟,同有
五彩之章;梼杌驺虞,均为斑文之蔚。咫尺不齐,霄壤斯远,则
余小子之亦步亦趋,转觉瞠乎后耳!姑存之,俟他日延津
之合。

寻　　韵

奇游无伴肯缒深,龙窟猱梯有别寻。曾在舍身崖上卧,空中仿

佛听仙音。

山　　韵

行猿坐鸟满家山,欲向其中筑死关。<u>九曲九湖</u>如入梦,此生终得采芝还。(尾评:<u>徐霞客</u>曰:"乃具如许大愿力,当摇其性情,与山水相合也。")

如　　韵

琴尊到处欣三接,水石无端赠五如。千里归来无一事,空囊倒出<u>圮桥</u>书。

访　　韵

风襟月恍如重访,诘曲崎岖岂一方。倘逢异人分石髓,先祈两翅向空翔。(尾评:<u>徐霞客</u>曰:"知者以为分内,不知者以为妄想。")

友　　韵

清风初月思吾友,野旷川明亦驾舟。忽忆真人<u>莲宗</u>好,耸身直上<u>华山</u>头。

远　　韵

散发乡亭人自远,披衣霜露客来繁。至今<u>大小龙湫</u>上,犹印<u>青田</u>丹顶鹤。

游　韵

山乞卢鸿为别业,诗凭郭璞作仙游。入群那有相惊兽,投社从无狎鸥。

如　韵

趺坐空岩得宴如,长绳肯系赤轮车。爱他支遁涧边马,不坐琴高坐下鱼。

致　韵

五岳后先原可致,廿年婚嫁了无期。夜来犬吠临溪急,谁信村翁掘肉芝。

身　韵

龙跻单行高十地,虎溪一笑失三人。最怜贺监归来老,输与玄真自在身。

（张天如尾评:世固不乏奇山水,恨无奇人与之映发,终亦泯没不彰。霞客搜奇索险,山无遁美,山水之幸也。然不得寒山纪游与诸绝一为表彰,百世之下,谁知之。此石斋先生所以深爱其句,而吟咏不休也。）

（七绝 10 首并序,见寒玉集）

燕京怀人绝句

陈函辉

独立南州有二高,门前孤径没蓬蒿。旧传赜叶增多许,近说诗题半反骚。

（自注:徐遵汤,字仲昭。江阴人,所著有叶赜诸诗,霞客即其弟。）

霞客为人癖好游,五无全岳九无州。此生几两登山屐,巢父前身问棹头。

亦骚亦雅亦穷愁,仁伯将无许伯流。记得掀髯谈世事,夜深灯畔指吴钩。

（自注:霞客名弘祖,澄江人,雅游三十年,今从星海去矣。）

（共40首,有关霞客者3首,见寒玉集）

后 纪 游 诗序

陈函辉

椒子赋后纪游,霞客去矣！将谁与语？平生游履所至,台与雁,皆家也。纪幼时入粤,即经江右,近负笈三吴,暨公车北上,诸胜与众共之,不复可以入纪。要当纪其闭门造车与面壁怀古,一段落落于内者耳。嗟乎！霞客去矣！椒子之为诗也,如长吉咏浩歌,词转促刺;如谪仙赋希有,意转荒唐;或以为齐东之谐,或以为许伯之哭,都无举似处。亦曰:以简知我,不必寄元。

（寒玉集）〔一〕

集吴澹人斋头为谭江上徐霞客游兴

陈函辉

此君始不负山青，竟以青山作户庭。着屐知渠能几量，褰裳访友自重冥。闲图五岳为游草，醉依三峰是寝屏。莫笑东方多志怪，见随夸父逐圆灵。

（小寒山子集青未了）

合刻纪游诗序

吴执御

孔子曰："父母在，不远游，游必有方。"孟子曰："子好游乎？穷则独善其身，达则兼善天下。"信如两夫子言游，游道更难言也。予平生雅游，而名境与素心不尽相值。家在委羽间，惟台、雁两山，时蜡屐一往耳。因忆司李济南，始得纵观泰岱。昔人谓岳有五，登其四，正未知前途作何究竟也。

余社友陈木叔读书万卷，髫而游百粤，历吴、楚间，顷浮家苏、苕八年，北抵燕、赵、齐、鲁，交游几半天下。江阴有徐霞客，与木叔善，独行三十馀载，竟全岳而涉大千，其游无纪极。两君皆有母，敦三迁之教，丸熊画荻；而两君又以孝闻，然则远游之训非耶？

余年友黄石斋，秋杪策一蹇来游两山。木叔间丘马影，追及寒岩万壑中，谈古今游道，留信宿乃去。石斋自雁返，与余言："不佞读木叔诗，亲霞客人。一则抱膝衡门，有沧海横流之感；一则抒啸苏门，有振衣千仞之思。知者乐水，仁者乐山，山水至性发而为忠君孝亲。吾语子，游道在是矣！"

余因取木叔所赠霞客古诗十九首，一再讽咏。言游之道，与子言依孝，与臣言依忠。岂倦游者乎？是与天游，而非仅游方之内外者比也。

余与石斋各有赠霞客诗，石斋作传海内久。余为合木叔纪游共刻成帙，以见黄石斋、徐孺子与寒山子，皆当于古人中求之。第不知古人中，余竟何似？

委羽社弟吴执御何执父题。吴执御印 委羽逸民（篆印）

（小寒山子集青未了）

纪游十九首

陈函辉

自有山川，即有游屐，往古来今，岂止一向子平、司马子长哉？昔日黄十岳以两游五岳自名，玛窦从大西洋裹粮入中土，经寒暑十四年。世人足不出故封、睫不见域外，宜其蛙井而虫冰也。

江阴友人徐霞客，赋性简远，作人落穆，事其母太君至孝，兢兢守登高临深之戒，而足迹遍九州，自云名岳已了，所未到者独有滇、黔二区耳。且历叙游屐所至，无险不披，有屡月无烟火者。奥境畸人，珍草骇兽，非复耳目惯经，而初无封豕长蛇种种诸毒之害，此无他，以霞客名在仙籍，夙有川岳机缘故也。<u>霞客</u>心坦自旷，致静自贞，以四大付之六字，竟其游踪，将与<u>博望</u>之槎、<u>长房</u>之杖、<u>造父</u>之逐日车并著灵异，应不仅以经过者自限。

<u>壬申</u>初夏，同其<u>孟仲昭</u>兄过余<u>小寒山斋</u>，将往<u>雁宕</u>，出<u>晨机秋圃诗</u>与<u>黄石斋</u>先生所赠<u>长歌</u>见示。余读之，不胜高山景行之感。余有母在堂，浪游十载，碌碌风尘，此身未能长往，又每笑昔人卧游买山皆呓语耳，知前途税驾之何所乎？因挑灯赋五言古风十九章，聊写己怀。言与愧感相杂，不复可以告人，惟当附<u>霞客</u>游乘后，供行倦时一粲耳。遂走笔录之左方。

其一

州九涉云八，岳五登者四。每笑<u>向子平</u>，尚馀婚嫁累。男子离母胎，悬弧夙明志。东陟若木颠，西穷大荒澨。正如<u>东方生</u>，芝田聊揽辔。归牵阿母衣，天门暂游戏。

其二

何不秉烛游，百年亦未央。局促伏辕下，驹隙驰电光。不见双鸿鹄，千里恣翱翔。我爱<u>徐霞客</u>，拂衣竟裹粮。掉头不肯住，足下有八荒。山灵岂旧交，与子长徜徉。

其三

<u>避世小寒山</u>，闭门参石壁。有客叩柴扉，握手如畴昔。劳苦道平生，山川结其癖。杖头瓢衲缘，囊底烟霞籍。同好邀<u>禽夏</u>，梦游笑<u>李白</u>。问君自兹往，能着几两屐。

其四

出门即有碍，半生徒在井。空戴远游冠，以此愧孤影。少小志四方，誓不负灵境。毋怀内顾吁，将无忝定省。三阅晨机图，中怀如断绠。小人亦有母，尝羹时忆颍。

其五

公域亦有疆，上山亦有粮。男儿信步去，肩负五岳装。皇舆奉正朔，恣览无曲防。须弥纳芥子，大千何尽藏。不见琍玛窦，涉海凌西洋。□□十四载，卿莫王夜郎。

其六

客以霞自名，褰霞奉嘉客。家近赤城山，朝昏幻奇色。仙人王子乔，吹笙煮白石。君欲从之游，曷往叩桐柏。孤竹两公子，九天位仆射。道饿未足忧，请采紫芝食。

其七

潘舆空有慕，毛檄尚未捧。母老犹甘藜，流退安得勇。频年苔禾间，石田代南垅。长怀菽水忧，指啮心辄动。吾友之怡亲，时以山云奉。秋圃贻嘉谷，瓜瓞方莑莑。

其八

寻山如访友，远游若致身。兰苴与鼎锯，以炼有心人。君行三十载，日与魑魅亲。太行在世路，而独坦其真。晦冥风雨际，恍悟宿世因。始知丹台籍,盍已注素臣。

其九

吾家仲举峻,七尺不畏死。一榻风萧萧,独悬徐孺子。累世称通家,南州又高士。自携磨镜具,江夏拜知己。当今第一人,惟有石斋耳。扁舟丹阳道,风雨琅玕纸。三复感素心,高山怀仰止。

其十

雁荡吾家山,未向雁湖宿。龙湫五千仞,振衣兼濯足。扳萝陟其巅,星辰大如菽。深巇寂无人,所见皆麇鹿。云外与白云,云外、白云,正德时两僧名。当年结茅屋。欲往从之游,伊人已空谷。

十一

寻山岂不遐,未闻远临水。风波有隐民,湖海多豪士。既以客为星,江天任所止。三神隔十洲,褰裳涉其汜。言借葛陂龙,复救琴高鲤。讵曰汗漫游,有本者如是。

十二

群生狎苦趣,日夕恋家园。视荫营短魄,束缚如槛猿。丈夫仰天啸,所交在出门。策杖追浮丘,乘槎蹑张骞。天地本一屋,人皆处中裈。君身九仙骨,霞举故轩轩。

十三

终南未为幽,太华不复险。半月无村烟,置身听绝巘。道逢采药翁,安知非刘阮。尚记匡家庐,夜半煮豆鉥。此际忆峰灯,何人拨苔藓。

十四

入山宁厌深,学道苦不蚤。小寂悔长忙,霜鬓忧草草。吾友王紫芝,中年即好道。弃官如敝屣,匿影自名镐。镐上人即王友,名立毂。挥手谢时去,回头见空浩。坐落尘网中,念之令人老。

十五

人生孰无死,贵得其死地。床第与药饵,宁知死中趣。吾友吴朗公,太息上封事。鹤唳岂足悲,龙鳞惜终弃。以此慕山泽,豺鳄堪游戏。桃源尚未屙,行从刘子骥。

十六

闭门无不可,寥天印空性。乐水与乐山,非徒供话柄。达磨九年壁,渡海若游泳。抚弦众山响,此语终意病。千里自出门,百年岂坐井。乘传与芒鞋,吾欲处季孟。

十七

少年客楚粤,近始北走燕。孔林凭轼过,泰岱空仰瞻。不如从健儿,跨马驰九边。玉关带箭出,青海勒石旋。何能访丹籍,大小梦游仙。仙家岁月短,掷米变桑田。

十八

平生好游记,能始颇繁括。山阴遂东师,肯独操杀活。山川有性情，讵许人批抹。草草何问津，搦管遽题跋。惟昔龙门迁，奇文领超越。精进不退转，请师两菩萨。

十九

行行勿复止，前路远且长。天地几万里，至人不能量。中原一卷石，宛在水中央。纵苇访蓬岛，曳履登扶桑。不闻君家福，航海求琼浆。六合何外内，结想正渺茫。

游台荡诗

何巢阿

策杖入天台，野足奋双屐。游目掠幽奇，冷翠凉尘隔。万八千仞中，神明多奥宅。霞光顶上横，瀑水桥边泄。可以驻吾颜，可以濯吾魄。有眼不看山，双瞳如纸隔。有骨不逃禅，七尺终成白。九品证三生，五岳抟六翮。死愧王紫芝，生愧徐霞客。

（小寒山子集青未了）〔一〕

〔一〕以上小寒山子集青未了资料，录自周琦、丁锡贤徐霞客台州新史料考析文，见徐霞客研究第14辑，2006年学苑出版社出版。

徐霞客送淡竹诗以谢之

郑　鄤

其一

灯火照人腮，此君清夜来。一时留月到，千古泻愁开。霞客殷勤护，云心次第陪。题名存淡漠，宿鸟不相猜。

其二

渐喜侬无伴,惟君不厌多。批襟堪静对,命酒即微酡。得意从吾好,闲情奈若何? 中宵清啸发,如听引声歌。

(崟阳草堂诗集卷十一)

偶思徐霞客西域未还案无韵书忆用删字韵

郑 鄤

好游莫如我,韵不适世间。平生两足茧,半跋水与山。中年不自克,命蹇识遂顽。波波长安道,乃与罗网扳。祥麟斗毒鳄,鲭鳝舞猱犴。有子独侍疾,辛苦怜其孱。后事既已付,相对意转闲。此时霞客子,西游当几湾。传闻天方国,俗纯耻金鐶。天气尝如春,土风非夷蛮。妇子一室保,花草四时殷。天山崎岳岳,恒波亘潺潺。翁郁真气聚,萧疏思虑悭。可能履其域,长往不惮艰。渔父出桃源,毕竟俗未删。子欲居九夷,弟子无与班。此意真寂寥,千古空尘寰。不负道人心,不损壮士颜。生身百世下,招隐遥相关。勤续远游篇,莫待徐卿还。

(崟阳草堂诗集卷十七)

1419

大游篇赠霞客徐先生

滇南 唐 泰

噫歔欷! 泛泛乎,蓬蓬然,霞客之游穷地复穷天! 矗空秭米藐焉者,漫云策即可指非山川。山川游我何足侈? 我游山川有如此。

六合为巨未离内,安知九万之外不有许多茫茫九万里？泛泛乎,蓬蓬然,只身不挂一文钱。渴饮海水饥云烟,谁为幅兮谁为边？若何名胜不在篱落与门前？区区岳渎皆愧杀,吞八九,游九八,小跨能周犹轧轧。一游直究洪濛先,浪作霞飞山尽拔。泛泛乎,蓬蓬然,亦不佛,亦不仙,半若痴顽半若颠,搅扰天地年复年。桑田死矣！沧海枯干！天先我老我开天。

留先生小坐

唐　泰

我曾遍历几间关,落得乌藤杖不闲。从此未须劳淡想,留君一坐即名山。

先生以诗见贻赋赠

唐　泰

朝履霜岑暮雪湖,阳春寡和影犹孤。知君足下无知己,除却青山只有吾。

与先生月下写怀

唐　泰

日与故乡远,客心不可争。幸存一片月,到处有同一作"尽光"明。

问先生粤中山水作

唐　泰

云如绮绣石嵁岈,都在苍梧一水涯。多少奇峰收拾尽,囊中犹有白丹砂。

汗　漫　歌

唐　泰

君不见骑龙弄凤者,朝游八极暮九野。狐兔燕雀不敢谋,飞无上兮走无下。霞客身无翅与鳞,行行不过支两踝。前行泛泛若虚舟,奈何落落如飘瓦,险哉遮莫千万山,毕竟不敌游山骨一把。又不见有时星芒足下生,有时海底头上泻。穷无穷兮未足多,极无极兮取犹寡。东南地尽无秋冬,西北安知有春夏?影高遗子,胸藏大冶,尤寥廓,尤挥洒,愿学阿翁骑龙弄凤天地间,除是真仙惯尸解,除是真仙惯尸解。

送先生游滇外山川

唐　泰

山惟天际好,千古几游人!不用生双翅,偏能纵一身。裹粮煮白石,照路点青燐。此去无同调,相逢莫问津。

与先生夜酌

唐　泰

君为探奇得此闲,我虽无酒破愁颜。闭门不管乡邻斗,夜话翻来只有山。

天　游　曲

唐　泰

苦游不住铁鞋穿,踏到昆仑又向前。已自顿超海外海,犹疑天外岂无天。

不须招鹤驾长空,云起离云水又穷。若问脚跟如许阔,河山影在月明中。

皇图去远界全迷,<u>黑水</u>穷源可在西?分野怪来多错落,得无吊古问玄书?

天地随予独往还,枯藤到处尽消闲。无端笑杀<u>兴公</u>懒,不以全身卖与山。

对尔青山面欲开,案头残墨尽成苔。不须更借<u>王维</u>手,自有烟云供养来。

直去何愁路不通,懒从域内问西东。舆图履尽尚嫌少,堪笑他人泣路穷!

掉头寸寸是天涯,拨破重云去路赊。万里底一作"砥"平无碍阻,更遵<u>禹贡</u>入流沙。

赋得笑他区区五岳图

唐　泰

我翁之游胡为乎?薄游直欲空阊扶。而今来访<u>滇南</u>趣,足下安肯疏一隅。鹍鹏见妒蛮夷骇,鬼神拥箸虎狼驱,<u>滇</u>兮<u>滇</u>兮外何极!外何极兮中何孤?君不见一条杖在能随吾,笑他区区<u>五岳</u>图!笑他区区<u>五岳</u>图!

赠　先　生

唐　泰

自是闲人原不闲,何方辛苦非一作"涉"间关。生平只负云山一作"雪山"梦,一步能空天下山。形影无偕狌老魅,语言叠转通诸蛮。丈夫出门乃其事,儿女湫湫当破颜。

送先生游鸡山

唐　泰

有个插天峰,常待公策杖。举足宜最高,不许云在上。

自述呈先生

唐　泰

四十未云老,行藏犹可嘲。如何空有屐,相对也如匏?

赠　先　生

唐　泰

鸿鹄翔云中,孤飞一作"骞"纵高举。浮云皓一作"浩"横绝,严霜脆柔羽。衣裳自清洁,素志未惰窳。弓矢岂无意?网一作"罾"罗奚碍一作"足"阻?咫尺寡俦匹,万里亦踽踽。

答　先　生

唐　泰

如今出处已分明,牖下那堪置此生!一杖自凭君手授,天边有路是前程。

崇祯戊寅冬十月,滇南友弟唐泰书

赋赠徐霞客

唐　泰

行子逐驶旭,早起工壮游。所游非坦途,袅袅淹遐陬。东北鲜其匹,西南乃所求。正值穷冬候,白日不久留。促晷乌足恃?壮颜徒萦忧。虽为踯躅行,大块若相仇。山川既邃杳,人事亦峋嵝。瘠矣无罢足,痛矣有年头〔一〕!既穷黑水源,犹溯金沙流。厥后遵会达,成功界雍州。随刊指掌间,懋哉颂禹猷!茫茫千余载,迁变何可由?惟尔清丕绩,西被无沉浮。皇图苏以宁,疆土恢怀柔。所志既已树,愿言返故丘。故丘有美政,良会恰相酬。恩爱生无乖,别离酿绸缪。不尔漫如此,飘荡焉能休?天地自靡极,一日空悠悠。

友弟唐泰书

〔一〕年头　原作"平头",担当诗文全集正为"年头",可从。

怀徐霞客先生

唐　泰

穷源及交趾,边尽更无边。虽欲寄家书,只有日本船。

勖　先　生　五绝五首

唐　泰

何必欲飘零?风波未可停。要知天下事,无一不如萍。
一杖还如旧,蛮烟日已非。江山与风月,欲劝主人归。

丽江无捷径,安能达雅州?愿君寻旧路,收拾洞庭秋。
游梦固已奇,目空天一涯。众山将掉臂,君欲更何之?
中外干戈满,穷荒何所探?我非情更怯,欲尔望江南!

柬 先 生

唐　泰

举足无剩山,知公应有得。只许一人知,何须天下识!

别 先 生

唐　泰

少别犹难别,那堪又转蓬?滇池虽向北,我梦只随东!

戊寅冬十月,滇南友弟唐泰书

寄徐霞客书

文震孟

隔岁多病,至秋尤剧,已绝北行之意,而都门知己,有相会者,谓功令方严,无五年高卧之使臣,乃扶病出山。腊月入京,又复大病,至今惙惙,殊悔此行之为小草也。行年耳顺,婚嫁都毕,即不能如仁兄五岳之游,深山茅屋,怡神养性,尽可自老,何事马背黄尘,逐逐不休?且半载之间,孟长病,明卿亡,弥使人心怵而神惕。无论富贵利达之想,不啻涕唾,即功名事业之念,亦直如泡幻矣!

今岁杖履,游行何地?从前涉历,已大可观。今又汇成纪述,以导后游,以传千秋;使百世而下,知人间世固有地行仙人,不亦韵乎?如向所称庐山顶上异人,言之犹足清我神骨,每当热恼时,一

思此景，何啻百服清凉散也！（下缺）

答徐霞客

陈继儒

吾兄高瞰一世，未尝安人眉睫间，乃奇暑奇寒，辄蒙垂顾，不知何缘得此！且弟好聚，兄好离；弟好近，兄好远；弟好夷，兄好险；弟栖栖篱落，而兄徒步于豺嗥鼯啸、魑魅纵横之乡。不谒贵，不借邮符，不觊地主金钱，清也；置万里道途于度外，置七尺形骸于死法外，任也；负笠悬瓢，惟恐骇渔樵而惊猿鸟，和也。吾师乎徐先生也。儒桃虫壤蚓，讵敢逐黄鹄而问其所之乎！今宇内多故，尧舜在上犹有水旱夷狄盗贼之忧，此无他也，遇丰稔则吏梳而官篦之，遇流劫则寇梳而兵篦之。京陵虽幸太平，而秦、晋、楚、洛之涂炭极矣。吾兄决策西游，不若姑待而姑缓之，以安身立命为第一义。圣明诛赏必信，剿抚兼行，鬼神有厌乱之心，胁从怀求赦之意，廓清扫荡，弹指可期。当此时也，弟为驴背之希夷，兄为鹤背之洪客，采灵药，访道人，任运所之，张弛在我，何必崎岖出入于颅山血海而始快乎山之奇游乎！伤哉文、林两相国相继岱游，未了之事，石斋能补，但恐石人未肯点头耳。

丽江木公书遵命附往，并有诗扇一柄、集叙一通，以此征信。此公好贤若渴，而徐先生又非有求于平原君者，度必把臂恨晚，如函盖水乳之合矣！珍重，珍重！归欤，归欤！出游记示我，请为涤耳易肠而读之。楚些未敢闻命。

（陈眉公先生集）

狱中答霞客书

黄道周

霞客兄翱翔以来，俯视吾辈，真鸡鹜之在庖俎矣！丙子岁，弟亦坚拟不出山。既而以虏薄都城，众志悠忽，蛙螳痴心，欲搏空中厨，旋收急流之步，而事数乖驰，语出得咎，网罗四张，云雷叠积；虽复纵壑三年，而加赠一日。是苏门高士，所掩口而不谈，汉阴丈人，所班荆而欲泣也。杖下余生，不堪语道；感念墓草，惟有销魂。子春下堂之悲，麟士到帘之涕，兴言发恸。今虽渐能转侧，而起立颓然；欲共携紫藤，陟峻岭，登华、嵩，岂可得乎？

贤郎远来甚可念。中纫翁重惠寒裘，洽以道意，既不忍辞，何以谢之？兄幸瑶摄，吾尚能来，未为别说。重赆转上。道周顿首。

遣奠霞客寓长君书壬午四月

黄道周

庚辰初冬，拜尊公授衣之惠。知耿耿相念，如将远别，神明相告，梦寐与通；过此十余日，则束身北寺，虽欲致寒温，不可复得。乃知逸客灵爽，洞见幽玄，虽不肖以天自信，未若尊公之契阔通神也。

缙绅倾盖白头者多矣，要于巀然物表，死生不易，割肝相示者，独有尊公。忆壬申岁，买舟空山，罣履华阳，相从敝寓鹏峰之上，每以子瞻、陈季常彼此相喻。今果验矣！仆之受祸，毒于子瞻；而尊公中折，痛于季常。亚人已殂，郢匠辍斤，即令台、宕、华、峨，起于左右，仆杖履甚健，亦岂乐自独从之乎？已矣！仆髀肉已消，五岳之期，遽损其半，从此无意烟霞之外。唯足下勉读书，时访问令伯氏千秋之业。舟中草草作二诗，皆重迻不成语。又恐以絮炙为足下累，聊遣役效其驴鸣，菲微自荐，不足麾也。四月八日，道周顿首。

嘱徐仲昭刻游记书

钱谦益

侯伯旸来，知先生有长歌见赠。顷从祉生得之；隋珠和璧，错落扇头。至于片言相许，千古为期，被断缯以青黄，鲜混沌之眉目，俾得传之其人，藉以不朽，则虽有百朋之锡，连城之割，岂足以逾此哉？

万卷劫灰〔一〕，一身旅泊，一意抛弃世事，皈心空门；世间声名文句，都如尘沙劫事，不复料理。唯念霞客先生游览诸记，此世间真文字、大文字、奇文字，不当令泯灭不传。仁兄当急为编次，谋得好事者授梓。不惟霞客精神不磨，天壤间亦不可无此书也。闻其文字质直，不事雕饰，又多载米盐琐屑，如甲乙帐簿。此所以为世间真文字，万万不可改换窜易，失却本来面目也。知先生自有卓识，并与子玉昆仲具眼者商之。老眼多花，尚思见此奇宝，作点眼空青也。信笔附谢，何时更得一握手，快所欲言，徒有搔首耳！至后一日某顿首。

仲昭微君仁兄有道。

〔一〕万卷劫灰　徐本于此数字下注云："先生有绛云楼，藏书万卷，十月尽毁于火，故云。"

嘱毛子晋刻游记书

徐霞客千古奇人，游记乃千古奇书，惜其残缺，仅存数本。仲老携来，思欲传之不朽。幸为鉴定流通，使此等奇人奇书，不没于后世，则汲古之功伟矣。诗集序可付稿来，另写登梓。未刻经目并云栖经，直乞借一看。

传　志

圹　志　铭

吴国华

　　江上徐霞客，余襟亚也。生有奇癖，一举兴而遍华藏不可说不可说之世界。其横足所指，横手所出，跖实凭虚，西方怀其好音矣，胡复东也？其东也，盖以伤足寻息壤云。霞客之言曰："向之天游，此身乃山川之身也，可了藏舟委蜕之缘；今之天则，此身仍父母之身也，可完体受全归之义。"乃自营圹于璜溪之左，若将终焉。

　　伯子屺入都，携书与余，索生圹志。余惟霞客之家世：自南渡来梧塍，至我国朝，旌义门，直史馆，举制科，官典客，鸿文懿行，著表江南，人能言之矣。霞客之生平：磊落英奇，目空万卷，少应试不得志，即肆志玄览，尽发先世藏书，并鬻未见书，缣缃充栋，叩如探囊，称博雅君子，人能言之矣。霞客之孝行：徒跣救父于盗厄，尽心大事，筑堂治圃，以娱寿母，晴山堂有记，秋圃晨机有图、有咏，人能言之矣。霞客之行义：恤孤矜寡，拯溺救饥，葺祖墓碑亭，复君山张侯庙，诸如赴知己急难，不以生死患难易心，人能言之矣。独其游，人能言之，而人不能言之，盖人所能言者，非据见闻所及，则按之图经，参之志籍。霞客尝谓山川面目，多为图经志籍所蒙，故穷九州内外，探奇测幽，至废寝食，穷下上，高而为鸟，险而为猿，下而为鱼,不惮以身命殉。最奇者,晚年流沙一行,登昆仑天柱,参西番法宝,往来鸡足山中。单装徒步,行十万余里,因得探江、河发源,寻三大龙脉;此又台禽所未经,桑、郦所未疏,直抉鸿濛来未凿之窍,非有胜情胜具能之乎?然霞客之游,非仅有胜情胜具也,实有至性。先以母在堂,定方而往,如期而还。如游东、白、玄三岳,斋戒为母祈年,至九鲤湖求梦,为母卜算,每得仙芝异结,必献为母寿。母以八十余大归,始放志戴远游冠,而过名山福地,必涕泣稽颡,为父母求冥福。即今日从海外归父母之邦,犹曰以身还父母也,可以远游目之耶?

霞客名弘祖,字振之,西游归,在崇祯庚辰之六月,而请余圹志,在归之十月,时其年五十有五。余习其素履,因志其大都,并系以铭。铭曰:

御风万里,上下川岑。归途遄指,仍在梧阴。析骨析肉,不忘本心。蓬庐天地,旦暮古今。达者之言,大半欺人。如处瓮甖,仰烛呻吟。司空营圹,漫托遐襟。何似南州,道气可钦。蒹葭不远,白石空林。茫茫岳渎,同此高深。我预题铭,附尔知音。

徐霞客墓志铭

陈函辉

墓志者,志墓中人事也。霞客先生,余石友,而其为人也雅善游。一生所涉历,手攀星岳,足蹑遐荒,而今则游道山矣!游帝所矣!又飘飘乎乘云气而游八极之表矣!所谓凤凰已翔千仞之上,犹与言人间栖止乎?虽然,志墓,古礼也。向先生作汗漫游,同志者恒恐夸父逐日车,未必能返首丘而视城郭。今且奉身归全,寄形先垄，是先生道骨仙才，仍以正教后世，则其生平孝友大节，侠烈古心，与文章品尚之表表在人，应与游乘并传海宇，皆不可不为彰明以告之来者。顾先生平生至交，若眉公、明卿、西溪诸君子，都先书玉楼，黄石斋师，近系非所，而先生之兄仲昭，因以志与铭下而命函辉执笔摛词，此又莺鸠赋希有鸟事矣。然辉与先生交最久，义不敢以不敏辞。

谨按状：先生名弘祖，字振之，霞客其别号也。石斋师为更号霞逸，而薄海内外，以眉公所号之霞客行。其先代盖南州高士之后，宋开封尹锢者，扈跸南渡，诸子姓散居荆溪、云间、琴川。迨壬十一承事，始卜居澄江之梧塍里，子孙俱誓不仕元。入国朝，本中以人材征使蜀，景南出粟助边赈饥；咸膺国命之荣，载在钜公之乘。景南生一庵公颐，以六书拜中翰，与弟解元荆州守泰，并以才名耀仕籍。一庵生梓庭公元献，梓庭生西坞公经，父子魁南榜。西坞生云岐公洽，官鸿胪簿。云岐生柴石公衍芳，赠光禄丞。此历传皆有家集垂世。而柴石生豫庵公有勉，则即霞客之尊甫公矣。

豫庵配王孺人，怀霞客弥月，以异梦诞生。生而修干瑞眉，双颧峰起，绿睛炯炯，十二时不瞑，见者已目为餐霞中人。童时出就师塾，矢口即成诵，搦管即成章，而膝下孺慕依依，其天性也。又特好奇书，侈博览古今史籍，及舆地志、山海图经，以及一切冲举高蹈之迹，每私覆经书下潜玩，神栩栩动。特恐违两尊人意，俯就铅椠，应括帖藻芹之业，雅非其所好。尝读陶水监传，辄笑曰："为是松风可听耳。若睹青天而攀白日，夫何远之有？"及观严夫子"州有九，涉其八；岳有五，登其四"，又抚掌曰："丈夫当朝碧海而暮苍梧，乃以一隅自限耶？"人或怪其诞，夷然不屑。益搜古人逸事，与丹台石室之藏,靡不旁览。遇酒人词客,与亲故过从,觞咏流连,动辄达旦。而又朝夕温温,小物克谨,所言皆准忠孝;维桑与梓,必恭敬止,裘马少年之习,秉心耻之;与童子鸿不因人热,殆相仿佛。才逾龆龀,豫庵遇盗,陁于别墅,跣足奔救,扶侍汤药者逾年。至于大故,哀毁骨立。里人以稚孝称。毕力丧葬后,外侮叠来,视之如白衣苍狗,愈复厌弃尘俗。欲问奇于名山大川,自以有母在堂,恋恋菽水温清,不敢请。母王夫人勉之曰:"志在四方,男子事也。即语称'游必有方',不过稽远近,计岁月,往返如期,岂令儿以藩中雉、辕下驹坐困为?"遂为制远游冠,以壮其行色。而霞客蹇卫芒鞋,探幽凌险,以四大付之八寰,自此遂无停辙矣。

　　记在壬申秋,以三游台、宕,偕仲昭过余小寒山中,烧灯夜话,粗叙其半生游屐之概。自言:"万历丁未,始泛舟太湖,登眺东、西洞庭两山,访灵威丈人遗迹。自此历齐、鲁、燕、冀间,上泰岱,拜孔林,谒孟庙三迁故里,峄山吊枯桐,皆在己酉。而余南渡大士落迦山,还过此中,陟华顶万八千丈之巅,东看大、小龙湫,以及石门、仙都,是在癸丑。惟甲乙之间,私念家在吴中,安得近舍四郡?秣陵为六朝佳丽地,高皇帝所定鼎也。二十四桥明月,三十六曲浊河,岂可交臂失之!迨丙辰之履益复远:春初即为黄山、白岳游;夏入武彝九曲;秋还五泄、兰亭,一观禹陵窆石;系缆西子湖,又将匝月。丁巳家居,亦入善权、张公诸洞。登九华而望五老,则戊午也。抵鱼龙洞,试浙江潮,至江郎山、九鲤湖而返,则庚申也。以辛酉、壬戌两岁,历览嵩、华、玄三岳,俯窥瀛、渤,下溯潇湘,齐州九点烟,尚隐隐如指掌间。忆所遇异人,如匡庐之慧灯禅师,终南之采药野人,太华之休粮道者,了无风尘色相,至今犹在目中也。"

予听其言,犹河汉而无极。因问:"先生之游倦乎?"曰:"未也。吾于皇舆所及,且未悉其涯涘,粤西、滇南,尚有待焉。即峨嵋一行,以奢酋发难,草草至秦陇而回,非我志也。自此当一问阆风、昆仑诸遐方矣!"仲昭因为余言:"吾弟性至孝,每游,辄携琪花瑶草碧藕雪桃归,为阿母寿。又为言各方风土之异,灵怪窟宅之渺,崖壑梯磴之所见闻,有令人舌挢汗骇者,母意反大惬。"霞客以母春秋高,愿谨受不远游之戒,而母则曰:"向固与若言,吾尚善饭。今以身先之。"令霞客侍游荆溪、句曲,趾每先霞客。咸笑谓胜具真有种也。天启甲子,母寿八十,眉公先生为寿序,张苓石作秋圃晨机图,李本宁宗伯引之。时三老皆在七十之上。名公题咏,几遍海内;霞客悉以寿之贞珉,今所传晴山堂帖是也。是年,霞客复出门。正游华下青柯坪,忽心动,亟绊草履驰归,而母已示疾。乙丑,自春徂秋,视汤药床褥间,衣未尝解带。母不食,霞客亦不食,母为强食之。迨以上寿终,霞客日夜作孺子啼,乞言于董宗伯、陈司成诸公,匍匐踉蹡,哀感行路。其病剧时,吁天愿以身代,与遍索名参为饵。笃孝种种,不可枚举,几贻讥于灭性矣。

至服阕,慨然曰:"昔人以母在,此身未可许人也;今不可许之山水乎?"遂再拜辞两尊人墓下,不计程,亦不计年,旅泊岩栖,游行无碍。其言游与人异:持数尺铁作磴道,无险不披;能霜露下宿,能忍数日饥,能逢食即吃,能与山魈野魅夜话,能衼被单夹耐寒暑。尤异者,天与双跰,不假舆骑;或丛箐悬崖,计程将百里,夜就破壁枯树下,即然脂拾穗记之。偶逢一人,与言某州某地胜,掉臂便往。过数月,又寻其人,指点彼中未见诸秘状。

予席上问霞客:"君曾一造雁山绝顶否?"霞客听而色动。次日,天未晓,携双不借叩予卧榻外曰:"予且再往,归当语卿。"过十日而霞客来,言:"吾已取间道,扪萝上。上龙湫三十里,有宕焉,雁所家也。再攀磴往,上十数里,正德间白云、云外两僧团瓢尚在。又复二十里许而立其巅,罡风逼人,有麇鹿数百群,夜绕予宿。予三宿而始下山。"其果敢直前如此。仲昭笑曰:"此咫尺地何难?记入燕,陈明卿与言崆峒广成子所居,其上可窥塞外。霞客裹三日粮竟行,返即告明卿以所未有。不数日虏已抵蓟门矣!自江上走闽,访石斋于墓次;又为赍手柬抵粤,登罗浮,携山中梅树归。次年,追石斋及于云阳道上。犹忆余在西陵,霞客从曹娥江独走四明,五日,赤足提朱兰来,夸我以山心石窗之胜。吾弟之信心独往,无所顾忌,而复不轻为然诺,皆此类也。"——详诸先生叙赞中。

霞客不喜谶纬术数家言。游踪既遍天下,于星辰经络,地气萦回,咸得其分合渊源所自。云昔人志星官舆地,多以承袭附会;即江、河二经,山脉三条,自纪载来,俱囿于中国一方,未测浩衍,遂欲为昆仑海外之游。因述向子平语曰:"譬如吾已死,幸无以家累相牵矣。"丙子九月,寄一行书别予江外,惟言"问津西域,不知何时复返东土。如有奇肱之便,当以异境作报章也。"俟仲昭自闽回,执手一别,即大笑出门,一僧一仆偕焉。僧号静闻,焚修破寺中,闻其言而悦之者,不知十驾之难及也。发轫两浙,九江、三楚,多属旧游。至湘江遇盗,行笈一空。静闻被创毙,霞客仅以身免。金谓再生不如息趾,霞客谓:"吾荷一锸来,何处不可埋吾骨耶?"从乡人相识者贷数金,负静闻遗骸,泛洞庭,跻衡岳,穷七十二峰、十洞、十五岩、三十八泉、二十五溪之灵奥。念前者,峨游既未畅,遂从蜀道登峨,北抵岷山,极于松潘。又南过大渡河,至黎、雅瓦屋、晒经诸山，复寻金沙江，极于牦牛徼外。由金沙而南泛澜沧，由澜沧而北寻盘江，大约多在西南诸彝境，而贵筑、滇南之观亦几尽。木丽江闻而出迎，礼甚恭。且先于所往，罗番执篝，蒙酋负弩，不减列子馈浆；霞客多脱屣去之，不以口腹累也。沐黔国亦隆以客礼。闻其携奇树虬根，请观之，欲以镒金易。霞客笑曰："即非赵璧，吾自适吾意耳，岂假十五城乎？"黔国益高之。憩点苍、鸡足，礼佛衣，遂窆静闻骨于迦叶道场，闪太史中畏为塔铭。由鸡足而西出石门关数千里，至昆仑，穷星宿海。登半山，风吹衣欲堕，望见外方黄金宝塔，又数千里遥矣。遂发愿复策仗西番，参大宝法王。鸣沙以外，咸称火聚，如迷卢、阿耨诸名，由旬不能悉。据西域志，沙河阻远，望人马积骨为标帜，魍魉热风，无得免者。即玄奘法师，受诸魔折，亦备载本传。霞客何以如飞鸟行空，岂非有大因缘在耶？霞客西游时，已幻泡此身；既在佛土，亦竟有委蜕意。偶简遗籍，见有杨蕴先生者，隐居五华，潜心理学。一日，思皈依法王，行道饥渴。见一人曰："法王已南，衣某色女衣，著男履者是也。"言讫不见，遍觅卒无所遇，因归家。其母闻剥啄声急，拖父履而出，衣色复合，遂叩母作佛礼，仍以孔、孟教化其里人。霞客喟然曰："三教终不外五伦耶？吾先垄在澄江，今其归矣！"

霞客于峨嵋山前，作一札寄予。其出外番分界地，又有书贻钱牧斋宗伯，并托致予。书中皆言所历涉山川险僻诸瑰状，并言江非始自岷山，河亦不由天上。其发源河自昆仑之北，江自昆仑之南。中国入河水为省凡五，入江水为省凡十一，其吐纳江盖倍于河矣。又辨三龙大势：北龙夹河之北，南龙抱江之南，中龙中界之，特短；北龙亦只南向半支入中国，惟南龙磅礴半宇内；其脉咸发自昆仑，与金沙江相持南下，环滇池以达五岭，龙长则源脉亦长，江之所以大于河也。爰著成溯江纪源一篇。余友李端木名令皙，江阴令。与余为刻入江、靖二志中，以订桑经、郦注之谬。

霞客游轨既毕，还至滇南。一日，忽病足，不良于行。留修鸡足山志，三月而志成。志凡八卷，目录详游记中。丽江木守为饬舆从送归。转侧笋舆者百五十日，至楚江困甚。黄冈侯大令为具舟楫，六日而达京口〔一〕，遂得生还。是庚辰夏间事也。既归，不能肃客，惟置怪石于榻前，摩挲相对，不问家事。但语其伯子屺曰："吾游遍灵境，颇有所遇，已知生寄死归，亦思乘化而游，当更无所罣碍耳。顾以不得一见诸故交为恨。"遂遣伯子视石斋师于圜扉。伯子归述近状。据床长叹曰："修短数也！此缺陷界中，复何问迷阳却曲？"其弥留数日前，犹命屺顾余马渚，手作书谓"寒山无忘灶下。"其笃于交情，湛然不乱复如此。

先生仙游之三日，仲昭寄一札报予曰："霞客竟作岱游矣！临终以志乘托寒山，愿吾子有以不朽之。"予谓霞客不以游重，而千古游人，从此当以霞客重。其神仙狡狯，如东方揽辔芝田，归牵阿母衣；其至孝诚格，如曾参感啮指而心痛；其万里独行，如巢父掉头不肯住；其好奇耽癖，如李谪仙访元丹梦游天姥，杜拾遗经木皮岭诸山佳者居要；其急高义赴约，如卓契顺带惠州书，郭仲仁负坦安骨；而其介性所钟，又往往在昔贤袗契之外。仲昭又言其游有二奇。性酷好奇书，客中见未见书，即囊无遗钱，亦解衣市之，自背负而归；今充栋盈箱，几比四库，半得之游地者。性又好奇人，遇冠盖必避，遇都市必趋；有相向慕者，即草履叩扉，袖中出半刺投之，一揖登堂，便相倾倒；若赠言则受，投赆即辞，次日不告行矣。

以余闻之江上诸友人所称述霞客,非但重其游也。生平事父母孝,见志传及图赞中;事兄如父,怡怡白首;庶弟受产鼎分,不以厚薄为治命;追念所先,诚敬更笃,与仲昭勒遗文,梓遗集,复拭遗像装潢之,时致礼;先代墓碑在风雨中,皆甃而亭焉。办祭田,倡族人享祀,曰:"母教也。"处三党,见义必先。恤遗孤,抚弱女;遇岁祲,每出粟以济黔桑;修茸津梁,兴复古迹。偶从君山见祭张侯宗琏于瓦砾间,因掘得杨文贞碑,即为鸠材建宇,重勒碑石。郡邑大夫咸嘉其义。江阴志:张侯庙在君山之西麓,宣德七年建,祠本府同知张宗琏。其功德详少师杨士奇庙碑记。后圮废。弘治十一年,知县黄傅改天妃宫为之,春秋致祭;久之复废。天启四年,邑人徐弘祖捐赀重造,乞宗伯董其昌书周文襄公所书杨少师碑刻于石。大学士周延儒为之记。诸若琴瑟再调无异情,子姓衣冠分列无异视,三子次第成立,出异乳,无异育,与从旅舍分金还金诸奇节,皆霞客饶为之,不暇缕缕数矣。

霞客工诗,工古文词,更长于游记。文湛持、黄石斋两师津津赞美,而霞客自怡笥箧,雅不欲以示人。今散帙遗稿,皆载六合内外事,岂长卿封禅书乎? 有仲昭为之较订,此吾辈他日责也。霞客生于万历丙戌,卒于崇祯辛巳,年五十有六。以壬午春三月初九日,卜葬于马湾之新阡。小寒山陈子为之铭。铭曰:

犹老以龙送,叔夜以飞鸿。追邓林日,御列寇风。古之至人乎,得道则同。帝敕以游乘,不借瘦筇。啮指绕膝,锡类颍封。穷寰外,蹑域中,归息于化人之宫。马湾有鬣,德心是崇,先生天游,而人曰佳塮。嗟呼! 非吴下阿蒙。

〔一〕六日而达京口 "京口",乾隆本、叶本、丁本同,徐本,陈本作"江口"。京口即今镇江,处长江和运河的交汇处。

徐霞客传

钱谦益

徐霞客者,名弘祖,江阴梧塍里人也。高祖经,与唐寅同举除名。寅尝以倪云林画卷偿博进三千,手迹犹在其家。霞客生里社,奇情郁然,玄对山水,力耕奉母,践更繇役,蹙蹙如笼鸟之触隅,每思飏去。年三十,母遣之出游;每岁三时出游,秋冬觐省以为常。东南佳山水,如东西洞庭、阳羡、京口、金陵、吴兴、武林,浙西径山、天目,浙东五泄、四明、天台、雁宕、南海落伽,皆几案衣带间物耳。有再三至,有数至,无仅一至者。其行也:从一奴,或一僧,一杖、一襆被,不治装,不裹粮;能忍饥数日,能遇食即饱,能徒步走数百里;凌绝壁,冒丛箐,攀援下上,悬度缏级,捷如青猿,健如黄犊;以釜岩为床席,以溪涧为饮沐,以山魅、木客、王孙、夔父为伴侣,儴儴粥粥,口不能道,时与之论山经,辨水脉,搜讨形胜,则划然心开。居平未尝謦欬为古文辞,行游约数百里,就破壁枯树,然松拾穗,走笔为记,如甲乙之簿,如丹青之画,虽才笔之士,无以加也。

游台、宕还,过陈木叔小寒山。木叔问:"曾造雁山绝顶否?"霞客唯唯。质明已失其所在。十日而返,曰:"吾取间道,扪萝上龙湫,三十里,有宕焉,雁所家也。攀绝磴上十数里,正德间白云、云外两僧团瓢尚在。复上二十余里,其巅罡风逼人,有麋鹿数百群,围绕而宿。三宿而始下。"其与人争奇逐胜,欲赌身命,皆此类也。

已而游黄山、白岳、九华、匡庐;入闽,登武夷,泛九鲤湖;入楚,谒玄岳;北游齐、鲁、燕、冀、嵩、雒。上华山,下青柯坪,心动趣归,则其母正属疾,啮指相望也。母丧服阕,益放志远游。访黄石斋于闽,穷闽山之胜,皆非闽人所知。登罗浮,谒曹溪,归而追及石斋于云阳。往复万里,如步武耳。由终南背走峨嵋,从野人采药,栖宿岩穴中,八日不火食。抵峨嵋,属奢酋阻兵,乃返。只身戴釜,访恒山于塞外,尽历九边阨塞。归过余山中,剧谈四游四极,九州九府,经纬分合,历历如指掌。谓:"昔人志星官舆地,多承袭傅会;江、河二经,山、川两戒,自纪载来,多囿于中国一隅;欲为昆仑海外之游,穷流沙而后返。"小舟如叶,大雨淋湿,要之登陆,不肯,曰:"譬如涧泉暴注,撞击肩背,良足快耳。"

丙子九月,辞家西迈。僧静闻愿登鸡足礼迦叶,请从焉。遇盗于湘江,静闻被创病死,函其骨,负之以行。泛洞庭,上衡岳,穷七十二峰。再登峨嵋,北抵岷山,极于松潘。又南过大渡河,至黎、雅,登瓦屋、晒经诸山。复寻金沙江,极于牦牛徼外。由金沙南泛澜沧,由澜沧北寻盘江,大约在西南诸彝境,而贵筑、滇南之观,亦几尽矣。过丽江,憩点苍、鸡足,瘗静闻骨于迦叶道场,从宿愿也。由鸡足而西,出石门关数千里,至昆仑山,穷星宿海,去中夏三万四千三百里。登半山,风吹衣欲堕,望见方外黄金宝塔。又数千里,至西番,参大宝法王。鸣沙以外,咸称胡国,如迷卢、阿耨诸名,由旬不能悉。西域志称沙河阻远,望人马积骨为标识,鬼魅热风,无得免者。玄奘法师,受诸魔折,具载本传。霞客信宿往返,如适莽苍。

还至峨嵋山下,托估客附所得奇树虬根以归,并以溯江纪源一篇寓余。言禹贡岷山导江,乃泛滥中国之始,非发源也。中国入河之水,为省五;入江之水,为省十一。计其吐纳,江倍于河。按其发源,河自昆仑之北,江亦自昆仑之南,非江源短而河源长也。又辨三龙大势:北龙夹河之北,南龙抱江之南,中龙中界之,特短;北龙只南向半支入中国,惟南龙磅礴半宇内,其脉亦发于昆仑,与金沙江相并南出,环滇池以达五岭。龙长则源脉亦长,江之所以大于河也。其书数万言,皆订补桑经、郦注及汉、宋诸儒疏解禹贡所未及。余撮其大略如此。

霞客还滇南,足不良行。修鸡足山志,三月而毕。丽江木太守,俟糇粮具笋舆以归。病甚,语问疾者曰:"张骞凿空,未睹昆仑,唐玄奘、元耶律楚材,衔人主之命,乃得西游。吾以老布衣,孤筇双屦,穷河沙,上昆仑,历西域,题名绝国,与三人而为四,死不恨矣!"

余之识霞客也,因漳人刘履丁。字渔仲。履丁为余言:霞客西归,气息支缀。闻石斋下诏狱,遣其长子间关往视。三月而返,具述石斋讼系状。据床浩叹,不食而卒。其为人若此。

梧下先生曰:昔柳公权记三峰事,有王玄冲者,访南坡僧义海,约登莲花峰。某日届山趾,计五千仞,为一旬之程;既上,燋烟为信。海如期宿桃林,平晓,岳色清明,伫立数息,有白烟一道,起三峰之顶。归二旬而玄冲至,取玉井莲落叶数瓣,及池边铁船寸许遗海,负笈而去。玄冲初至,海谓之曰:"兹山削成,自非驭风凭云,无有去理。"玄冲曰:"贤人勿谓天不可登,但虑无其志耳。"霞客不欲以张骞诸人自命,以玄冲拟之,并为三清之奇士,殆庶几乎?

霞客记游之书,高可隐几。余嘱其从兄仲昭雠勘而存之,当为古今游记之最。霞客死时,年五十有六。西游归,以庚辰六月,卒以辛巳正月。葬江阴之马湾。亦履丁云。

高士霞客公传

公讳弘祖,字振之。父豫庵公讳有勉,与母王,详董宗伯其昌、陈徵君继儒、王仪部思任志传中。君少习举业，旋弃去。倜傥负奇，天下奇胜无不游，奇人无不交，奇事无不探，奇书无不蠹，大都小五岳而陋九州。每裹焦饭，提竹篮，攀高截险，多亥步所未到。所至公卿，倒屣而不留一宿，不受一铢，得纪载酬赠，则捆负以行。母寿，作秋圃晨机图，题咏遍海内作者，同先代金石文临摹勒石，为晴山堂帖。君山建名宦张侯庙，祖茔建碑亭。好行义，多类此。

　　洲岛已游遍，晚年由峨嵋过大渡河，出石门关，至昆仑，抵西番，蹑唐三藏游地。辨江源非始于岷山，直空蔡传及桑经、郦注所承讹。今其说载江、靖邑志中。归途触瘴病足，留鸡足山修志，木丽江饬舆从还里。往返五年余，历数万里。归家，置所携怪石、怪树于榻前，与客谈西南夷异境，恍然世外。遣其伯子屺视黄石斋于燕狱。盖君知交遍天下，与石斋尤投契。尝偕徒步千里，同刻纪游，胜禽向宗雷也。纪载数十卷，文湛持、钱受之诸公俱谋付梓，未就。今尚有副本在荆溪曹氏。以崇祯辛巳卒。遵汤草状，故靖江令陈函辉志其墓。

（民国梧塍徐氏宗谱旧传辑略）

徐弘祖传

徐弘祖，字霞客。年三十出游东南佳山水，如东西洞庭、天目、雁荡，俱穷其胜。其游也，从一仆或一僧，携一杖、一襆被，不治装裹粮，能忍饥数日，能遇食即饱。绝壁丛箐，攀援上下，捷如飞猱。每行数百里，即燃松拾穗，走笔为记。北游燕、冀、嵩、洛，西上华山。下青柯坪，心动急归，母正危疾。母没终丧，益放志远游。访黄道周于闽中，周历闽山胜境。崇祯丙子，辞家西迈，至昆仑，穷星宿海，去中夏三万四千三百里。又数千里至西域，参大宝法王。还过滇，足疾不能行。丽江牧延修鸡足山志，具笋舆送之归。语人曰："古来题名绝域者，汉张骞、唐玄奘、元耶律楚材三人而已。吾以老布衣，孤筇双屦，得与三人为四，死不恨矣。"闻道周下诏狱，遣子往视，返具述状，浩叹不食而卒。郡守张宗琏功德在民，祠毁，尝捐资重建。所著游记，国朝采入四库全书。孙建极，字范中，诸生，能文章。

（光绪江阴县志人物）

徐弘祖传

徐弘祖，字霞客，江阴老布衣。尝访黄道周于闽中，穷闽山之胜。游踪遍天下。修鸡足山志，丽江木太守为具笋舆以归。闻道周下诏狱，遣长子往视。返，具述道周系狱状，叹不食，卒。

（光绪常州府志行义）

徐弘祖传

徐弘祖，号霞客，南京江阴人。生而好游，欲尽绘天下名山胜水为通志。游遍京省，阅尽天下佳山水。崇祯庚辰将游鸡足，道经南京迎福寺，有僧静闻亦慕鸡足之胜，徐遂携之同行。及至广西，静闻病，且死，嘱公曰："我志往，不得达，若死，可以骨往。"徐怜其志，因焚其尸，取骨贮以木匣，负之入滇。及至山，止悉檀寺，欲于山中乞地葬之，以了其游山之志。寺僧仙陀高其义，为卜地葬于文笔山之阴，建塔墓上。晋宁黄郊为之铭曰："孰驱之来，迁此皮囊。孰负之去，历此大荒。志在名山，此骨不死。既葬既塔，乃终厥志。

1443

藏之名山，传之其人。霞客静闻，山水为馨。"

徐既葬静闻，爱鸡山之胜，遂止焉。丽江土知府木生白聘修鸡山志，创稿四卷。未几，以病辞归。

（范承勋康熙鸡足山志流寓）

徐弘祖传

徐弘祖，号霞客，江南江阴人。年三十，家有母，每岁三时出游，寒冬觐省以为常。其行也，从一奴或一僧，不治装，能忍饥数日，能食即饱，能裹粮走数百里，盖奇人也。曾三至滇，寻金沙江源，极于牦牛徼外，作溯江纪源一篇，载艺文。霞客在腾，凡山川一拳一石，纤悉皆记考之，历历不爽。志欲入缅，有人止之，不果行。赴丽江，木土官以笋舆送之归，遂病卒。霞客常言曰："张骞凿空，未睹昆仑，唐陈玄奘、元耶律楚材，衔人主之命，乃得西游。吾以老布衣，孤筇双屦，穷流沙，上昆仑，历西域，与三人而为四，死不恨矣。"杨文定抚滇时，常手抄其游记，笈笥自随云。

（乾隆腾越州志流寓）

徐 弘 祖

弘祖，有勉次子，字振之，号霞客，所著有西南诸名山游记及溯江纪源行世。万历丙戌十一月二十七日生，崇祯庚辰正月二十七日卒，年五十五岁，葬前马桥之原。宗伯董其昌立传，靖江令陈函辉志其墓，广舆记载入常郡人物。原配许氏，侧室金氏。子三：岊、岘、峋。岊，许氏出。女一适周仪甫，俱金氏出。又侧室周氏孕而被出，改适李。生子从其姓，自名寄，字介立，隐居由里山，号由里

徐霞客游记校注

山人,终身不娶,邑志列入隐逸传。

（光绪梧塍徐氏宗谱）

徐 有 勉 <small>附</small>

有勉,衍芳三子,字思安,号豫庵。嘉靖乙巳七月初三日生,万历甲辰七月初四日卒,享年六十岁。原配王氏,嘉靖乙巳十二月十六日生,天启乙丑九月二十九日卒,寿八十有一。当八十生辰,征君陈眉公作寿序,张苓石作秋圃晨机图,宗伯李本宁作图引,名公题咏遍海内。殁后宗伯董其昌、司成陈仁锡志其墓,合葬后马先茔次昭。子三:弘祚、弘祖、王孺人出;弘褆庶出。女一,适锡邑黄汝石。

（光绪梧塍徐氏宗谱）

传
志

李介立先生小传 <small>附</small>

徐　镇

先生讳寄,字介立,霞客公嫁妾之子也。育于某氏。少长,欲旋里,族弗能收,又不忍为他姓后,故从其母氏姓李,而自名曰寄。性颖异,博学能文,应童子试,郡守拔第一。既而悔之曰:"奈何以文字干荣哉!"遂不复就道试。偕母隐居于邑之定山,课徒以养母。后复徙由里山之山居庵。终其身不娶。户部张静涵徒步请见,先生逾垣走。冬月寒甚,友人曹云志制布袍赠之,却不受。郡司马牛、邑令龚、游击周先后访之,欲望见颜色,不可得也。又其生平好游览,每于春秋佳日,涉历东南山水殆遍,乡之人咸称其有父风。尝徒步往义兴史氏,求霞公游记遗册手辑之。所著有天香阁集、舆图集要、艺圃存稿及古今体诗,累二百余卷,虽未梓行,其录本亦往

1445

往脍炙人口。呜呼！先生生于明，长于清；生于徐氏，长于他姓；抱奇材而未试，甘茕独以终年。语云："达士忘情，志士励行。"若先生者，殆兼之矣。卒年七十有二，葬于花山之阳。镇生也晚，不及亲见先生，然其轶事之杂见诸稗史者，犹可征考。因得撮其崖略，俾后之辑志乘者，庶有所采择焉。

晴山堂石刻

本中书室图与云林子赋

蓉城徐郎十岁耳,琼芽轩轩,已有餐霞御飚之异。云林子以世好命之字曰本中。复为掞墨。予时在阁中,顾索赋,遂并纪一绝。

小凤遐飞碧玉京,玄亭抵掌共卿卿,图成好识先天语,十二楼头第六楹。

铁史维祯

问字惭荒老,垂髫喜亢宗。亲方行役远,道在慎吾中。露净当空月,香余隔户风。幽斋无长物,琴帙隐高松。

余旧友徐均平之子,甫十岁,父远征未归,承意移舟候余旅寓。余久不晤乃父,初见其子良慰。再瞻其清令不凡,异日必能乘长风破巨浪,益慰甚。然头角既露,不虑不发,独虑失未发之意,因以本中字之。兹徐郎已能缉书钼经,尚默观此意,居静饮和,允执以往,吾知为世德家声所积者深矣。并为图一书屋,题诗于上,以志期望云。岁在庚戌人日,云林生倪瓒记。

云林师之字本中,窅然不欲作小大观,不可无言,为申幽解。

一往翔驹气若龙，风云举足自相从。寸心宁逐天倪返，变化由来未出宗。

偶检本中行笥，得云林先生命字图咏，中多故友，不胜今昔之慨，聊殿其意，并纪不忘。

幽人丘壑心，英士风云色。出处万里远，触机在深寂。领此未发意，相看两不拂。云林有高真，玄犀炼灵液，往来挟飞仙，不与人群习。遥望故人子，一见能洞别：丹桂影犹含，丛兰苗方出，锡之以珍名，授之以微密。先天返吾宗，小景图太极；华篇遂成林，风雅东南绝。忽焉数载余，语语既冥合。鸿声启后人，遗咏慕前哲。作者慨莫从，来者欣未息；映带转难穷，珍重千秋业。

送 徐 生

生，江上故族也。学古储今，以诗文从余。今为郡举送之京，均贡成都，诗以送之。

文辞又睹古西京，马影凌风逐宦尘。见说相如今到郡，百花城上茶花新。

江浦诗成风自生，七十西去影相亲。新都定见文翁问，为说颠毛白似银。

幕倅先生，老祭酒也，慕艳尤剧。濂匆猝间不及奉书，生前盍先问候之。

岷江云送徐心远

寒江一万里,云暖十千重。奔薄分崖石,徘徊共岭松。烟尘天外合,城郭水边容。杳杳俱神物,同趋百谷宗。

大江来岷岭,云影绕奔虹。撼石千山断,浮烟万里同。目随天欲尽,身到水皆通。不惜驱驰远,殊方在掌中。

包山樵人俞贞木书

得巫山雨

叠嶂娟娟十二重,为云为雨暗江枫。使君岂和高唐赋,应倩神波敬四封。

桐江紫芝生俞和书

得峨嵋月

云散重峦黛欲开,一轮秋色恰悬来。不须别得支机石,业下当年玉镜台。

嘉陵杨基书

秋飞白帝露华寒,望隔云关行路难。金策玉书天上到,青山绿水自波澜。

望蜀若云汉,然无由相随,一倾夙志,戚戚胡已! 起为清商,草草佐各老浩歌。果谓诗何?

昌庸宋广

千岩月照使车行,蜀郡从夸锦是屏,问俗每专朝暮望,可能秉烛过玄亭?

东吴宋克书

清声特操挺冰霜,持节明时向远荒。岁晚三巴同雨露,归来应自续长杨。

文东陈璧

送徐本中

氏族重延陵,贤称照古今。有文能喻蜀,无处不辞金。道与江源共,功传圣泽深。普天皆咏化,莫为子规吟。

浦江郑沂书于金陵官舍

高士令名垂无穷,子孙凤著东海东。五色流霞迭晖艳,一枝玉树盘青葱。清时推谒玉堂上,布衣奉旨传川中。天子当轩亲勉励,将行又赐玻璃钟。洪涛泛泛凌万里,阳春熙熙融九重。川东、川西齐向舞,深原奥垅交和风。昔余曾读橄蜀草,嘉子才气追前踪。高车华彩浮云视,回来奏赋将无同。

吴山樵达

本中氏奉旨有功,弃荣归里;一时名人,皆昭之以诗,制为卷。其子南见示,嘉其事而书于末。

南州信义世皆知,北极亲传至德词。川道从兹行自易,山山草树庆新诗。

亲奉天言字字珠，壮游万里著恩慈。<u>嘉</u>、<u>眉</u>岁岁无荣草，身到重为春到时。

世德长宗徐仲车，子孙代代好诗书。<u>益州</u>兰蕙余滋转，灵雨先过杨子居。

行将忠信劝诸<u>羌</u>，归见文名贲玉堂。事与<u>相如</u>可同传，犊衣宁比拂衣长。

春雨缙书

白云渺天涯，春晖生四壁。兹卷何光华，<u>心远道恒逸</u>。西行一白衣，万里辉草木。功成不望赏，天子仰高躅。飞飞南陔云，悠悠东皋月；凉露绕行歌，倏焉鬓丝白。愿言迈岁寒，群汇连城璧。

澹斋时

浩浩春和遍华阳，千年邛竹蔼流光。蹒跚初服恩无极，爱日心同天地长。

林　志

<u>金门</u>亲奉太阳晖，岁晚停鞭早拂衣。愿报主恩心莫改，华阳春草几依依。

1451

王　羽

独传天子诏，默得远人情。全蜀称遗爱，中朝著显名。图麟宁在意，题杜岂为荣。西土今<u>司马</u>，<u>江东</u>旧<u>步兵</u>。爱闲长远物，师古只专精。学与<u>三坟</u>会，诗多七步成。和光花鸟待，逸兴画图生。题韵连城美,文词一院清。果然绝世品,信矣称鸿声。

庐山陈继

名士尚致身,高贤遗世知。嗟彼藏一室,当轩怀令仪。一朝动清问,登车化日移,所在乐无间,遐俗争靡靡。乘风遂芳躅,绵德绍前规。名誉方遐播,簪组忽若遗。敛晦乡闾迹,逍遥物外思。清风兼澹日,偃仰兹恬怡;陶然歌咏中,金玉流风池。披图恒自顾,谁为昔奔驰? 此心永无息,高风千载垂。

建安杨荣

先生夙昔有遐心,幽壑曾将金玉音。李泌闲来思导引,向平老去事幽寻。雨余冉冉云归壑,日暮翩翩鹤返林。万物到头终有复,百年图画寄情深。

豫章胡俨题

心远先生喻蜀图序

暨阳多英才独行之士,其出者敷赞鸿庥,潜者优游云谷,往往见于简册;岂非山川环列,既有以敦其气,而地当都会之隅,文明首被,又有以发南国之光耶? 乃若心远先生,更有度越于前者。方圣天子肇启万方,车书一统,思舆图之广,林居穴处之众,得无有衣被未遍,抑郁未宣者? 且川中偏阻一隅,归化独后,一时巡守诸臣,端居广屋之上,夫孰知推甘历苦,与众庶同命? 乃下诏简材喻蜀。先生遂以白衣乘传,披岩剔险,播扬庥光;凡可以展圣仁昭盛德者,孜孜无遗焉。于是一草一木,无不增观易览,熙然于化日光天之下:

徐霞客游记校注

1452

两川和会，百度兼修。再期复命，咸当上心，思俾以侍从之职。先生曰："南山之南，北山之北，吾志也。何得以猥陋而要天之荣哉？"三请获允，随赋归来。藏雄迹于江村，寓大雅于诗酒，歌咏太平者于兹二十载。其子昱南承命写其事于图，并辑诸名公题咏之作置诸后为一卷，藏之箧笥。今春来游京都，与广有斯文好，出示之，命为序。窃谓惟名与实，昔人不获两遂。方先生承诏往蜀，以为一功名之士。乃得志而归，遭遇圣明，金马、玉堂之间，环望之为胜事；先生独超然神龙云鹤，可望而不可得何耶？身无一命，则宣力敷功，名畅一时，则潜飞远集。岂孟夫子所谓往役往见，有不同者耶？岂仲连其人，可见可潜，可舒可卷，其权舆有不可一世者耶？闻先生神韵逾王，击壤鼓腹之时，展此图纵观，当亦有今昔之思，江湖庙堂之感焉。彼无用于世者，乌足称真遗世哉？材以广德，知以善成，惟先生可以兼之，惟斯图可以传之。是乐为序。

永乐癸巳三月既望，翰林学士兼
左春坊大学士庐陵胡广书

明故徐徵君墓志铭

徵君，南州高士后裔。名麒，字本中，家世常之江阴西顺里。曾祖伯三，祖亨一，父均平，俱有渊德。母王夫人感玄鸟之降。君生而轩卓，长体玉驻，瞻视不群。素有大志，霏英咀学，勿规规章句，探大义而已。家极丰盈，至君辟畦连阡，原田每每，储橐益广，然富而好礼，见义必为，赡荒周乏，时时惟以推衣授室为念，故德流暖溢，所以沦彻乎物者甚广。至于礼贤下士，倾盖之契，久要之诚，互极其绸缪雅意。性不嗜酒，无歌声舞影之欢，惟良朋登访，必展

晴山堂石刻

瑶席，飞彩毫，相与酬酢觞咏，彻昼夕而无怠色。盖其灏气袭人，和风鼓物，有非恒情可能者，是以宇内播扬，咸仰之为山斗。

洪武中，有推举其学行者。奉诏羌蜀，凭历险阻，昭宣德意，众庶安理，夷、夏交会。朝廷美之，将锡华秩，辄以家赋浩繁，难于遥理，上章辞归。天子曰："都以才佐治，曷若以赋足国，于家是亦为政。"回想高皇之朝，得请告归里者，自君而外，未能一二见也。

已复推长郡赋，早夜尽心，匪亟其敛，众自欲将，而上下相安于乐利。君子景南、景州，所积甚厚。正统辛酉，岁大饥，朝有劝分之命。君谓二子曰："粟不可不储，复不可不散；不储则难以展德，不散则易以致殃。吾有余而人不给，非仁也，况天子有命乎？亟散之勿后。"二子受命，各出粟四千斛以赈。有司以其名闻，特赐玺书，崇以御醪内馔，命大行往旌其门，乡人荣之。斯无愧于义方之训矣！

俄峻谢尘轨，独辟一室于故宫之侧，外袭花木，中列书史，自署曰心远。日啸歌于其间，娱陶元亮之黄华，抽扬子云之玄草，池莲妥红，庭梧交翠，萃八荒于我闼，湛寸扃于太空，几欲对香山而作十，招淮南而成九。于此窥其运机渊涵，游神寥廓，出以骋素略而无意轩裳，入以拓公庾而有光蔄轴，固已洞造化之盈虚，溯物理之奥篝乎？霜鬓朱颜，清风高望，为三吴之灵光者三十载，年八十有五而卒，时正统十年六月十六日也。配吴氏，继薛。子四：南、州、高、旸。婚娶俱望族。兹以十二年二月初三日窆于梧溪先茔之昭。南持天官卿浙东魏先生所述行状来请铭。余始未睹君，然时景其流辉。矧君与南斋先生交厚，不知其人观其友，于是乐为之铭曰：

卓亮冲漠，夙秉大志，鼓化西蜀，孰曰小试？乞归授闲，赋长益烦；勿敛勿苛，储广间安。捐橐展义，天子以风，玉节金罍，日炳星荧。德渊景流,履自天锡,泰山灵光,四方永则。形界晦明,道通冥寂。梧溪之原,廓然佳城,体魄斯归,万载其馨。

太常卿东吴夏昶仲昭录于静学斋

梅雪轩序

人与物相得者,亦其气志有符合焉尔。牡丹,贵富之姿也,则志于贵富者爱之。莲花,君子之流也,所爱者惟周茂叔;菊则隐逸之流也,所爱者惟陶靖节;梅有坚贞之操,故林逋爱之。莲花、菊、梅,三君子去后,继其爱者鲜;惟牡丹之爱则不符而同焉。故知志于贵富者居多,志于君子隐逸坚贞者为少也。苟有志于斯,则必有符其所爱者矣。

暨阳徐景南氏,系出南州高士之后,故其名然,作求世德,其在兹乎?筑室于梧塍,不植他卉,环屋皆种梅。当艳阳之天,虽牡丹之芳尘,不相及也。至众芳摇落,万木僵仆之冬,南枝之端,始缀椒红之萼;及同云蔽空,黯然一色,微霰零而密雪下,椒萼方舒,耀乎瑶席,清香袭于短窗,素白皎于近砌。景南于是乎巡檐徙倚,索与之笑,而莫喻其志也。乃辟轩对之,扁曰"梅雪",示有符合者焉。闻予致翰林事归,驰百里征予序之。

予曰:嗟夫,敷艳于春风之中者,岂惟草木为然,人心亦然。宜乎牡丹之爱者众也!莲菊芳于野塘曲径之僻,夏秋酷烈荒凉,宜其爱而赏之者少,梅则又甚焉。既无芳华以悦目,徒有风雪之砭肌,开于寂寞之滨,赏者莫至,不亦宜乎?世之人莫继茂叔、渊明之好者,趣不同也。景南独继林逋之好,必有默契焉者。然则景南之

1455

志,不但有合于梅,抑有以符于雪与<u>林逋</u>矣。其与高寒并冽,皎素相鲜者也;不贪慕富贵,尚坚贞之节者也;虽欲毋序,又可得乎? 故为书之卷首。

<u>宣德七年壬子</u>冬,行在翰林院致事、修撰、

承务郎、同修国史　　<u>东吴张洪</u>述

美人启幽轩,梅雪争新鲜。梅边雪更洁,雪里梅增妍。爱此两奇绝,相依岁寒天。君子畜为德,志欲同高坚。书闲乐吟赏,琴樽兴悠然。春风与桃李,徒为世人怜。

<u>莆中黄旸</u>

梅雪轩记

<u>梅雪轩</u>者,徐氏<u>景南</u>藏修之所也。<u>景南</u>,<u>常</u>之<u>江阴</u>世家。妙龄秀发,好读书,治生养亲有志操。尝慕乃祖<u>南州孺子</u>之名,所以字之曰<u>景南</u>者,有以期之也。其所居地曰<u>梧塍</u>,就其上筑室数椽。不琢不琱,朴焉而已;不奢不陋,取蔽风雨而已。室之东辟轩以通明,轩之中则积以经传子史,列以茶灶笔床;轩之外则莳梅数株。当其严冬寒沍,飞雪漫空,而梅花盛开,贞白洁素,两相掩映。观书余暇,则拉宾友觞咏以为乐。及暮客散,余兴未已,遂步雪看梅,独爱贞洁之姿,而相依于岁寒,悠然有感于中。此梅雪之所以名欤? 今来京师同翰林<u>潘文迪</u>求予记之。

予惟梅雪之贞洁,诚若可爱;<u>景南</u>爱之,尚必有取乎? 若夫群芳未吐,而梅已先春,不欲与桃李争荣于韶光明媚之时,而甘独立于风霜摇落之后,岂非夫子所谓岁寒知松柏后凋之意乎? 及其得

雪也,益见其奇。且夫雪之霏霏,骈枝缀叶,与花一色;近玩则暗香愈清,远视则玉肌愈洁,非若余草木,一遭之则摧落者比。犹君子当平世无事,才美未甚见,及乎遇患难,则行愈坚,操愈厉,不为物所移夺者也。名轩之义,岂不有取于斯乎?岂特玩物适情云乎哉?然人能因物而有契其理,而物亦因人而有显其异,此梅之在<u>孤山</u>者,所以见知于<u>和靖</u>,在<u>东阁</u>者,所以见称于<u>广平</u>。吾知今之在<u>澄江</u>者,得<u>景南</u>终不泯没于荒寒寂寞滨,而为诗人名士所品题,宜与<u>孤山</u>、<u>东阁</u>而并美焉。于是书以为<u>梅雪轩志</u>。时

<u>永乐十五年</u>,岁在丁酉仲秋既望,

翰林院编修、文林郎　<u>莆中黄旸</u>书

江天岁云暮,<u>重阴</u>翳遥空,六花纷以<u>坠</u>,飘翩舞回风。江上青山积寒玉,委壑堆岩复填谷。昔曾乘兴访孤梅,拂晓冲寒过林麓。蹇驴踏遍<u>西湖</u>路,竹外篱边暗香度。神清不愧<u>水部</u>吟,思极惭无<u>广平</u>赋。<u>南州</u>高士神仙人,绕轩栽得<u>江南</u>春。枝头灿烂缀飞雪,知君怀抱同清真。锦帐寒多觉春浅,肯使灵台有尘染?门前俗驾不曾过,俯仰乾坤意俱远。<u>冯夷</u>推月海上来,玉镜皎皎冰奁开。分明坐我水晶府,渴心顿觉无纤埃。<u>姑射</u>娉婷下琼岛,玉肌廉纤着轻缟。十年不到玛瑙坡,却将容颜为谁好?珍重君家读书处,玉树琼林自回护;万点冰花冻未消,一片黎云飞不去。<u>罗浮</u>梦断参影横,满地玲珑啼翠禽,索笑巡檐谁复已,同君长结岁寒心。

<u>海昌雪溪平</u>

轩前古梅苔满身,柯如铁石皮虬鳞,花开长自傲冰雪,不与桃李争

阳春。五出参差枝上吐，六出缤纷正飞舞，玉妃姑射斗精神，粉颊琼英相媚妩。轩中主者温如玉，爱此双清清可掬，临窗觅句想林逋，洗鼎烹茶效陶谷。有时自取壁上琴，抚弦不待当知音，先弹三弄后郢曲，悠然清趣开烦襟。心既怡，兴亦遣，梅雪之名自兹扁；固道轩因得景成，也知景亦由人显。雄文杰作盈编卷，籍籍香名传愈远。我欲来向轩中游，雪晴定放山阴舟，纸帐如分半床宿，暂将清梦登罗浮。

会稽楼宏

梅样孤高雪样清，却于梅雪独留情。香欺桃李先春发，光夺星河彻夜明。最爱竹炉堪煮茗，更怜金鼎可调羹。知君不结寻常友，千载林逋是旧盟。

张思安

卜筑向山隈，寒华绕屋栽。暗香凝雪处，清气逼人来。曾入逋仙咏，偏怜孟浩才。他年结佳实，调鼎进三台。

元阳老人复

徐梅雪载以退庵自居，予为之辞。

芝橑兮桂户，山阿兮水澨。云鳞鳞兮石磊磊，交松萝兮延薜荔。华芬芳兮袭予，春之兰兮秋之蕙。羌何为兮独往？舒萧散兮泄泄。念盛衰兮有常，盍满盈兮豫戒？抚年岁兮将晏，日斯征兮月斯迈。纷骎骎兮忘归，余何为兮靡止？揽吾辔兮旋轸，返吾居兮旧里；恬澹兮以休，全之兮终始。怀夫子兮高风，邈游心兮千载。

庐陵杨士奇

徐霞客游记校注

世人知进罔知退，往往无厌多后悔。一堤雨涨天共高，半夜波消地仍在。地仍在，心合平，何如随分身长宁，甘贫乐道守恒德，居易俟命安谦贞。泊乎江干隐君子，绝嗜浮荣素知止。耕则让畔行让途，宠辱靡惊忧喜无。闭门敛迹卑自牧，防意如城高岂逾？卿知否？退中妙。吕望老渭滨，一旦非熊兆。诸葛卧南阳，他年出师表。今看大隐心弛然，富贵不移操履坚。赍将盛德归象贤，凫车风沼瀛洲仙！凫车风沼瀛洲仙！

庐陵刘素

灌渎隐鲵鲋，鹪鹩巢小枝。栖潜苟自裕，林滓亦何为？君子乐恬退，江干可栖迟。孤轩寄绝壑，守素犹居夷。躁进非我甘，低回固予宜，敛踪谢驰骋，倦翮辞骞飞。良以补厥愆，兼之省其私。侧闻古贤达，舒卷自有时。勖哉与中行，果狷毋庸希。

三山高廷礼

达士慕冲澹，真栖在空山。耻随尘俗流，俯仰无腼颜。浮荣若屣脱，万事了不关；翛然遂忘世，迹隐心亦闲。开轩树肃爽，扫石泉潺湲；悠哉丘中趣，溘尔弃人间。遗躅宛犹昨，高风邈难攀。仰止睇东吴，目送孤云还！

1459

永丰曾棨

幽居俯寥廓，高怀托箕颍，杖策聆虚籁，钩帘挹清景。琴余舞鹤闲，睡熟啼鸟迥。懒梦松生腹，退处乐闲静。扣户惊客来，桐花落深井。俯仰天地间，消长理自省。悠然尘事远，閟矣日初暝。竹林春雨香,试荐一瓯茗。

云间沈度

纷纷扰扰逐浮尘,谁似高情慕隐沦？长日图书供雅趣,中年泉石伴闲身。诗余江上青山晓,坐对窗前碧草春。为问退庵成底事？清风裁不负兹辰。

临江金幼孜

君子负奇器,端居志丘园。烟霞秘轮辕,俗吏不到门。鸿生有时来,坐对老瓦盆。道帙试披阅,相看两忘言。

忘言讵无惊,聊乐静中趣。依依当户山,历历平川树。倦鸟相往还,孤云任来去。佳遁良在兹,岂伊叹迟暮！

迟暮非所惜,素愿亦易求。石田可耘锄,林壑供夷犹。时还读我书,于焉事藏修。翛然一室间,遐赏情悠悠。

吉水罗汝敬

光阴易徂谢,荣华焉可常。云胡夸毗子,役役声利场？羊肠历峻坂,岖嵚仆坚良。达人荷远识,怀宝恒韬光。萧然守环堵,林壑时相羊。明发行刘薪,春来自条桑。佳树敷夏荣,幽兰蔼秋芳。泉石趣方永,珪组心已忘。消摇万物表,伟矣清芬扬。

文江钱习礼

敕书楼赞

皇明有天下将百年,其治道一以仁义为本,盖必使斯民皆足于衣食，而兴乎礼让，是以天下愉然归于太平。圣天子统御万方，尤笃乎是道：民悉宁矣，犹念或有水旱不齐，穷独莫赖，诏有司预积粟以赈，富室有愿发家储助公者以闻。江阴徐景南孝成于家，厚于其乡人，观上之德而兴起焉：出粟二千石，以归有司。其弟景州亦如之。郡太守上其事，天子嘉之，差大行持敕旌其义，赐以羊酒，复其家。南既承命，思所以崇奉而盛护之，为构重阁，袭而藏焉，俾后世子孙以为荣，而不坠先志。因谢恩来京，偕翰林修撰张益士谦，诣直致辞曰："南为此，盖推其余以周人之乏，岂敢藉以自夸哉？而朝廷嘉锡之如此，诚非常之遇也。惟古之人蒙上恩德，咸有咏述，以传诸久远。南未之及也，今以为请。"直谓人之德莫重于仁义，惟有其实，然后有其名。名者，实之宾也。今天子加意厚民，恒虑一夫不得其所，于是有济荒之令，所称如天之仁也。南祇顺德意，出其所积以广泽，所称承天之义也。上有行仁之君，故下有效义之士；旌荣之礼茂乎上，声歌之诚著乎下，不亦交尽其道哉？为作赞曰：

惟圣天子，苏我下民，深为之思，殚精致仁。惟此吉士，允喻于义，肆发其储，以广厥爱。紫泥玉册，实降自天，载驰载驱，其来轩轩，既有旨酒，亦有特牺。荆吴之乡，为龙为光，山海增辉，草木贡祥。令问孔昭，覃泽斯溥，虚谷回春，穷荒举火，休哉斯民，靡不受嘏。尧德则天，汤敬日跻，惟皇兼之，何有旱菑。地祇山君，类修尔职，永护御书，用传无致。

正统辛酉岁三月既望，行在礼部左侍郎兼翰林院

　　　　侍读学士　　　泰和王直撰

　　翰林院侍讲承德郎　　彭城刘铉书

寿中书舍人徐君六十序

一庵徐君维正，居江阴，世文雅，精六书。举中书舍人，直文华殿。久之得告致归其乡。至辛丑，寿六十。十二月九日初度，实今岁之春旦也。其子乡进士元献，为予南闱所简士，方归自京师。拟于是日置樽集客，以为亲欢，且图捧觞酒，祝冈陵，遂先辱书于予，请缀辞以颂。属使曰："必得命而后返。"使者载历月日，足及门者前后十数，义不可辞。予闻古者三皇之世，或一人万八千载，或四人合四万余，是寿者时为之也。南阳之民，至百三十年，青城之老，见五世孙，是寿者地为之也。刘弘敬以冥报延二十四年，孙泰以隐德过九十余，是寿者天为之也。广成子杜神年累二千二百，老子静修至二百，黄眉翁还气至九千，是寿者人亦可以为之也。然则道安所从哉？时不可转矣，地不可更矣，存乎天者画然，而人亦与焉。吾所谓人，非但谓若人者也：阴德阳报，固天之理，然不可必得，亦非人之所自必者，吾于其近且实者取焉。孔子对鲁公曰："智者寿。"盖寝动失时，食饮弗节，佚劳过度，则疢中之；居下拂上，醵欲无厌，而求更甚，则法罹之；少以凌长，微以胜强，轻荡而不能制，则斗残之。三者皆非所以为寿，而智者不为，故寿。是非人之所能与乎？然予又闻王元之曰："民之寿否，出君之政教。"尊德树义，风俗还厚，则不罹乎法；国无变乱，龙蛇不兴，则不残乎斗；调律度，正节序，五气既邕，朝野同春，则不伤乎疢：三者尤所以为寿。由此言之，则寿者君为之也。今以小恩薄物畀人，往往忆不能置；惟天德帝力，高深莫极，有终身荷之而无复知者。若能知之，彼所以灵承而祗应者，断乎有其道矣。一庵生清乐时，家京镐地，目未识鞭扑之具,耳未听金革之声;高风重望,端栖厚养于山林间,鹤露村烟,夷犹旧业,迥然独步尘域之外,而又形温体静,吉修而福钟,以济厥寿。是成乎天者也,成乎君者也,满其年而无尽焉者也。若元献之奇文远略,履星辰,奋树立,所到莫限,则一庵所当得者,何独年已哉。元献之请者惟寿,故予祇以寿祝,因通论其当得者如此。

是岁冬十月朔,翰林院侍讲、国史官

长沙李东阳书于玉纶馆中

明故中书舍人徐君墓志铭

常之江阴有巨族,曰徐氏。徐氏之长而贤者曰中书君。讳颐,字维正,别号一庵,以病归其乡,三十余年而卒。卒之日,戚党乡郡,及凡所与游者,远近毕吊。盖君虽敛处林壑,而世家誉望,著于东南久矣。君旧谱相传出汉南州高士之裔。高祖亨一,曾祖均平,世隐弗耀。祖本中,国初举人材,以老得归。父景南,正统间赐冠服,旌为义民,家寖就盛,然犹未显也。君少以父命受经乡先生,又学六书法艺。上京师,诏令隶中书舍人,习诰敕事。三载,拜为中书舍人,直文华殿,出入勤慎。居无何,得疾予告归。归则二亲皆逮养,日冠服左右侍,乡人荣之。疾既愈,或劝俾就职。君曰:"违养图仕,非志也。"比亲终,亦不复出。家旧多赀,君益勤俭,治生业,增产拓地,殆无虚岁。乃以其羡赈凶贷乏,而薄其息入以为常。及其子元献举乡贡,喜甚。会当征逋谷,贫不能偿者数千石,悉捐之。县南通衢有永安桥,当潮冲圮弗治,君发私财修之,工役颇钜。自余茸治桥道,多至不可数。尤重宗谊。弟士亨守荆门,卒于官。君遣人归其丧,躬视葬事,并教其子元谷、元菽如己子;饬幼弟理家

1463

政,俾勿坠业焉。君庄矜严毅,不溺声伎,无谐谑玩好。每与燕会,危坐终日,坐客倾竦,至或为之不欢。其资性挺特,与流俗异类如此。其立名亢宗,卓有成业,有以也夫!君生永乐壬寅十二月廿九日,卒于成化癸卯九月六日,年六十有一。配颜氏,福建参政泽之女,有内行,先君六年。子二:元献其长,先君六月卒;次侧出元寿。女二:长适夏纶,次适朱昇,皆同邑钜族。孙一:曰经,元献子也。君卒之又明年乙巳十二月十三日,葬于梧塍祖茔之次,以颜氏祔。初君遣元献就学,实延吾友检讨张君亨父为傅。余尝闻亨父言,君教子严甚:不侈服,不重肉;馆于后圃,左右图籍,不令与阛市相接,而日躬课核,至夜乃罢,故元献弱冠成举子,及古文歌诗,皆有名。今膏粱家子弟,豢养成习,罔知问学,学亦不力。求善教如君者,百不一二见也。元献既劬书得疾,赍志以死,而君亦卒,竟不及禄养。天不成人之志,而遽违夺之,固若是烈哉?意富与贵皆造物所靳,而名尤甚,故不使兼得之邪?得失不足较,独君教子之笃,可以为世法矣。元献之葬,谕德吴君原博为铭。君之铭,其孙经具书状以请于予。予哀元献,复因以悼君,乃为作铭。状出前户部郎中卞君华伯所著。卞君,君乡人,称经奇颖好学,君于是有世矣。铭曰:

大江之阴,山高水深,君居其间,不闻足音。有田有庐,有服与簪,亦有行义,邦人所钦。西顺之乡,梧塍之里,生斯葬斯,终复其始。著铭刻石,作者太史,九原有知,以慰汝子。

翰林院侍读学士　长沙李东阳撰

正德庚午夏六月　长洲文壁重录

内翰徐公像赞

内翰江阴徐公殁三十年矣！壁生晚，不及瞻承。然先大父寺丞，尝馆于公；而先君温州，辱交尤厚，用是得其为人之详。今其子尚德寄示画像，遂为之赞。

蔚乎其丰，肃其有恭。其德之发于容也，既积而充，亦恢以宏。其允蹈乎躬也，夫孰知其存诸心者，必本诸道，而征诸表者，悉协于中。致身侍从，不自以为崇，而执之维冲；起家素封，不自以为隆，而履俭以终。和而不可以同，惠而弗有其功。大江之南，莫不归其仁，而百年以来，亦仅乎其有逢。盖其烛事之明，操身之慎，足以永其誉，而所以诏后者，又能端其所从。是以诸子若孙，并以行学称著，而文献之绪，渊乎其靡穷也。晚学小子，瞻承无幸，而先祖若父，盖尝托交于公。家庭之间，既已稔闻公行，而丹青之次，又得以挹公之风。

正德四年　　　　长洲后学文壁徵明书

晴山堂石刻

中翰徐公赞

山立为体，川流作性。体之谓何？仁存而不迁，礼执而有定也；性之谓何？布文翰之藻涵，洞物之镜也。入奉世华，出事圣朝，挼纶凤沼，束带螭坳，禄而弗侈，富而无骄。其矜严也，汉之湛；其惠爱也，郑之侨。公藉实廪，里伺举庖；燠乎春日之阳，蔼乎荣木之条。既牵丝以光融，乃投簪而消摇。有溢其芳兰之翘翘，科名继取，族望益高。盖江表之区，自宣、英以来，称钟石之积者，必曰徐；絮襫之谨，必曰徐；冠绂之绩，必曰徐。而其负荷恢拓，秉持教诲，

1465

维公一身，是出是系。然而予忖度之，公有一立而百萃者，盖曾氏之言曰："任重道远，士必弘毅。"则公之为人也，不当以是二语为终身之谥乎？

正德乙亥仲春既望　　吴郡祝允明奉赞

吁嗟先生富而仁！本之不遗其亲。吁嗟先生富而能教！子孙赖之维肖。吁嗟先生富而谷！矜庄而弗渎。长身粹容，美髯丰颐，其衷恢恢，其外危危。实富于德，而宁富于赀。嗟吁先生！乡闾之师。

昆山顾鼎臣赞

江阴徐一庵先生，长沙李文正志其墓，文待诏书，复为之赞。自正德庚午及天启乙丑，凡历六帝矣。岁远放失，赖五代孙弘祖，百计购求，捐田三亩始得之。非一庵先生之积德，弘祖之纯孝，不落蠹鱼酒瓯间，便为太山无字碑矣！感重赞叹，题其后归之。

华亭陈继儒书

徐一庵先生，长沙志之，待诏书而赞之。正德迄今上乙丑，手迹犹新。赞称和而不可以同，惠而弗有其功，想见成弘人物，务依忠厚。振之五代孙，能自刻厉，金不入帑，马不入厩，山行不避咒虎，此碑神物护呵，不归振之而谁归也？

长洲陈仁锡雨中书于介石居

贺经元徐尚贤序

张亨父

予昔自京师回，承内翰一庵徐公延于家，为其子尚贤章句师。尚矣！垂髫至弱冠，读书究奥旨，为文章有师承，初不烦父师程督也。一庵尝示之曰：所学须潜心，勿进锐退速。又示之曰：圣人不贵尺之璧，而重寸之阴，以时难得而易失也。尚矣！式克祗承，如书诸绅，如铭于盘，冈敢少息焉？且自谓古人有笔耕为养，佣书成学，集萤映雪，编蒲缉柳者矣。其荷蒙祖父余荫，资富能训，日亲黄卷，焚膏继晷，萤不必集，雪不必映，蒲柳不必编缉，不学胡为哉？不勤胡为哉？是以昃不暇食，夕不告倦，祁寒暑雨，靡日不然。资忠履信以进从，修辞立诚以居业。不以视它人寸，实百之为自矜，而以闻道百，以为尊己若此为。自（已下漫漶，缺）

赠乡贡进士徐君尚贤荣荐序

予尝闻翰林检讨张先生亨父言，其及门授经之士，惟江阴徐氏之子元献尚贤者，尤精敏嗜学。加其尊翁一庵笃于教子，朝夕课督其业不少置，将来大有成者，其可望矣。予归侍先君尚书大人之疾，家居最久，士夫往来江南者益众，由是而稔闻其贤，益知亨父之所称许不苟也。乃成化庚子秋，洗马罗先生、侍讲李先生皆予同年友也，奉命来考南畿。试既毕事，辄以小录见示，其第三名则元献也。及见二先生而询其取士之实。则曰："明经考古，虽平居从容，执书策，伸纸濡墨，或不能精凿若是，况乎风檐寸晷之下者乎？得士如此，则是行为不虚矣！"呜呼！闻与见异情，以其所闻，参其所见，然后士之实可知也。何则？称誉多溢美，而照察无遁形；二者无一谬焉，予于是而嘉元献之所以成今日之名者有本也。元献之大父梅雪翁，承累世丰硕之业，以赀甲于江南，而敦诗悦礼，著为家法。至一庵绩学励行，以翰墨重缙绅间。荐授中书舍人，入直文华便殿，日近清光，荐承宠渥。无几即谢事归，徜徉山水间，以诗酒自娱。四方文学之士，有重名者，恒礼致家塾，以训子弟，而躬考其成。由是弟士亨以书经举顺天京闱乡试第一，累迁荆门守，有清白之誉。今兹元献复以易经擢魁多士。世美相承，若徐氏者，可谓甚盛矣。夫贵不期骄而骄自至，富不期侈而侈自至；虽有聪敏之资，而骄侈之心乘之，求学之有成难矣。况敢颙望文名之显赫，衣冠之蝉联，以振耀于时者哉？况一门竞秀，两魁继擢，方出于贵富之族者哉？是非负卓然出群之识，轩然大用之志，不汩没于庸众之习，而超诣乎圣贤之指，讵能不蹈昔人之戒，而克副乎士夫之所期也？元献荣荐而归，足慰一庵平日教成其子之心，可谓能以志养者矣。不日偕计上春官，进对大廷，享有禄位，推是以往，宜无所不至。然予窃有告焉：夫处贵者宜思其恭，处富者宜思其俭。恭以事乎上，接乎人，则无失德；俭以处乎己，刑乎家，则无失事。二者交勉焉，于以迓天庥而延世德，则元献之责也。而徐氏盛大之族，其所以望于贤子孙者，固宜然哉！非徒以是张而大之而已。昔者一庵往来于先君所有年，而予亦尝交士亨京师，且亨父于予又同年而契者，故于元献之捷，其所以为之而喜者不一也。请以是规致赠言之义。若夫夸诩歆艳之词，非所先也。

是岁九月菊节，赐进士出身翰林院侍读经筵讲官兼修国史钱塘倪岳书

徐君荣荐诗

（上缺）外一尺雪，寒逼胸中万卷书。大海还须纳潢潦，飞黄应不顾蟾蜍。梅花报我先春信，驿使南来未必疏。

庚子冬季雪夜荣题

鹿鸣笙瑟燕佳宾，年少郎君得意新。路展鹍朋才万里，榜开龙虎第三人。方当报国酬明主，且得还家慰老亲。来岁长安看花去，春风香滚马头尘。

王　徽

晴山堂石刻

文物衣冠属大家，梯云分取月中花。连城白璧膺时瑞，照景明珠浴海霞。将近宠光瞻日月，伫看廷对写龙蛇。杏园雨霁春风暖，踏遍长安九陌沙。

吴　绶

明故乡贡进士徐君墓志铭

是为乡贡进士徐君元献之墓。元献名也，其字尚贤，常之江阴人。世隐于农，为大族，岁出田赋以供国用，多至数千石。其大父尤好义，朝廷为旌其门，江浙间字称曰景南是也。父惟正，尝任中书舍人，娶同邑颜参政泽女，生君。君资特颖异，方十岁已能赋诗，四坐叹慕，皆以为徐氏有子矣。稍长攻举业，勤劬勉励，终日惕惕不自休。其父为人更严重，数延良师教之，暮则躬造学舍，督责其业，往往至夜分始去。然君所业，不但如今世举子而已：凡他经诸子及<u>汉唐</u>以来古文词，悉务记览，故其下笔沛然，若不可遏。<u>成化</u>十六年，以县学生员举于乡。今<u>罗洗马明仲</u>、<u>李学士宾</u>之为试官，得其卷奇之，擢冠其经，众以为当。明年赴礼部，人慕君，争欲一识<u>韩</u>者。及入试，竟落第，公议皆为君不平。君则叹曰："吾行于众未孚，行升胄监，益务学以尽吾之事而已，他何足计？"归且逾年，犹不忍去其亲也。俄而疾作，临绝，顾其父泣告，惟以不能荣亲为恨，及语所以保家之道甚至。人谓其孝而识且远也。年止二十有九。君性和谨，见人如不能言，其所自处，泊然寒士也，与世之骄侈者绝不类。少学于<u>张翰林亨父</u>。<u>亨父</u>没，妻子无以为生，所以周给之者一出于君，士大夫称之。故卒也，皆惜之。卒以<u>成化</u>十九年三月癸丑。以又明年某月甲子葬于<u>江阴县观庄里</u>，从其母穴。予昔家居，君以文事来辨校者数矣。予所望于君者则不止此，虽君亦不以此自望也。而年竟不及壮，所学不得一施，岂不哀哉！于是君没后数月，其父亦下世。其子<u>经</u>使人以<u>濬县令吴君</u>之状来请铭，予不得辞也。君配<u>薛氏</u>，生一子，即<u>经</u>。<u>经</u>尚幼，美而好学。铭曰：

将永其年乎？或有其位乎？抑皆致之？罔德与艺，琐琐庸庸，胡寿胡贵。鸣呼<u>徐君</u>，知保其家，不知其身，惟笃于义，而綮于文。所不可致者，尚在其后之人也乎？

<u>成化</u>癸卯冬十二月，右春坊、右谕德，通家<u>吴宽</u>撰并书

早起联句

吹老兼葭瓦欲霜，<u>福</u>簹灯晤语杂寒螀。先生坐拥青绫被，<u>章宪</u>孺子言求白练裳。黄酒辟寒烘满盏，<u>经</u>芸编竟富乱摊床。凤心自快夜不寐，<u>福</u>壮志未甘宵竖降。啖紫团参芦菔酢，<u>章宪</u>嚼黄矮菜韭

萍浆。隔邻鼾睡或时窥，经对榻欢呼发出狂。鼓角递声思战伐，福珮环生响忆趋跄。旋惊烛亥一寸许，章宪不道日高三丈强。敢复逾垣同泄柳，经聊须畏垒著亢桑。鹿蕉梦醒哄堂笑，福燕麦吟成绕户行。手拶空拳铍白战，章宪眉分曲局宛清扬。高歌起鼓恽之缶，经突舞行持伯也玚。力歇扶摇鹏翔翮，福心惊霹雳雁悲创。谈雄翡翠霏金屑，章宪神朗蟾蜍莹玉肪。夜警鸡鸣思越石，经空横隼击定磻姜。忽从春去伤鹈鴂，福已觉秋高爱鹡鸰。那讶柳肢随象板，章宪差疑瓠齿露犀瓤。蘪蔪薏苡谢药饵，经粗粝饻饷储糗粮。牙颊阑干便苜蓿，福骨毛葱蒨倚簧簹。寓公他日人应说，章宪便欲移家芘召棠。福

弘治辛酉秋九月，江阴使君涂侯宾贤延余于道院。慎择宾从，得薛尧卿章宪、徐直夫经聚首，余以为奇遇也。连榻夜话不能寐，又不忍别去。相与效韩、孟先辈，为联句二十韵。噫！二难四美，振高风于千载，龙蛰蠖泛，抹浮云于一睫。辞非所较，情或可陈；后之览者，当有感于斯言。

华亭钱福与谦志

寿江阴徐太君王孺人八十叙

余尝纂奇男子传数卷，每恨今人去古人太远，为慨叹久之。今年王畸海先生携一客见访，墨颧雪齿，长六尺，望之如枯道人，有寝处山泽间仪，而实内腴，多胆骨。与之谈，磊落嵯哦，皆奇游险绝事，其足迹半错天下矣。客乃弘祖徐君也。余叩曰："亲在乎？"曰："吾翁豫庵公捐宾客者二十年，独母王孺人久支门户，课夕以继日，缩入以待出，凡馈酏、酒醴、涂茨、朴斫以及鸡埘、牛宫之类，诸

童婢皆凛凛受成于母。母无他好，好习田妇织。又好植篱豆，瓮溉疏剪，绞绳插架，务令高蔓旁施。绿阴障日，辄移纬车坐其下。每当蕃实累累，则采撷盈筐，分饷诸亲族，余即以啖卯孙。"卯孙者，三岁背母，<u>王孺人</u>腹抱口哺之，今十岁能读父书矣。

往<u>徐君</u>放绝世务，喜游名山，游必咨母命而后出。<u>王孺人</u>曰："少而悬弧，长而有志四方，男子事也。吾为汝治装，行矣。"<u>徐君</u>不借游符，不挈侣伴，不避虫蛇豺虎，闻奇必探，见险必截；其腾踔转侧之处，皆渔樵猿鸟之所不窥，<u>穆王</u>八骏、<u>始皇</u>六龙之所未尝过而问焉者也。<u>徐君</u>忽一日仰天叹曰："孝子不登高，不临深。<u>聂政</u>云：'老母在，政身未敢许人也。'而我许身于穹崖断壑之间，何益？"独往独归，解其装，惟冷云怪石，及记若诗而已。<u>王孺人</u>迎笑曰："儿无恙！吾织布以易糈，摘豆以佐酒，卯孙从旁覆诵句读以挑汝欢，吾母子尚复何求哉？"

昔者<u>公父文伯</u>退朝，朝其母，方绩。<u>文伯</u>请休。其母曰："民劳则思，思则善心生；逸则忘，忘则恶心生。男女效绩，愆则有辟，古之制也。诗曰蘋蘩，礼曰穜稑，后王君公之家且然，燕惰何以长世？"<u>王孺人</u>种豆离离，弄杼轧轧，此虽细小庞杂，其犹有诗礼之遗意，<u>公父文伯</u>母之家风乎？<u>徐君</u>朝饔夕餐，偃息衡门之下，与孺人謦咳必俱，呼吸相应。母不必啮指倚闾，儿不必望云陟岵。<u>尚禽</u>之岳五、<u>严夫子</u>之州九，姑且掉而置之梦游之外。尻车尚在，肉翅未生，何待去家离母，骖鸾控鹤之为快哉？"父母在，不远游。"吾闻其语，未见其人。今见之孝子<u>徐君</u>矣。君酷好异人异书与奇山水。诗文沉雄典丽，而不屑谒豪贵，博名高。此<u>畸海先生</u>乐为之友，而余欲列之<u>奇男子传</u>中者也。是母生是儿，其亦可以轩然而引一觞否？

天启甲子五月小暑日，书于长生书屋

通家陈继儒顿首撰

余初写此文，祝云："不讹不落，徐母当百岁。"竟如所祝。闻弘祖祈梦于九鲤湖，九鲤之仙告之曰："汝母寿逾百岁外。"自今以始，由期及颐，余更续文一通，以为太君觞，并持余文，走焚九鲤垆中，以见仙梦之不妄也。

眉道人载记

晴山堂石刻

秋圃晨机图记

秋圃晨机图，予友人江上徐振之奉母图也。母性恭俭，好率婢子鸣机杼，又广艺秋藤，架棚而引之，令绿阴满堂，课振之之元子卯君读。每晨光达于壁，杼声与书声相答响，母意大得。振之益复欣然，多营高厂地，索绹延绿，以欢母志。母心怜振之负绝特之才，不能俯仰自樊于时，其于天地之穷际，则何不至焉。乃稍稍具粻糗，令振之周览名山大川，有以自广。曰："凡圣人所为戒远游者，其子母之识力，不相信也。吾无汝虑，盍往乎？"振之则请受约，无不及约而返。如是者率以为常，几二十年，而振之之双屐，遂遍天下。其往也，或春菱始萌，勾甲方拆；其返也，藤花如雪，秋实累累，如珠缨宝络，飘飏连缀，莎鸡札札绿云间。母命卯君停呻哦，问所来往。振之为言天地之广大，流峙之奇险，土风之奥啬，以至仙灵之所窟宅，缘崖梯磴之所见闻，令人瞿目缩舌骇汗。母色意大惬，煮蒲烹茗，为振之贺。或戏语振之："子汗漫九州良苦，吾故日居此碧云庵

1473

中,看长命缕垂垂而下,知望白云返也。乃又得所未闻若此,其可无憾而须眉矣。"振之谨受教。嗟乎! 人生不幸失怙,子母相命,亦所时有,胡有振之其遇焉如此哉? 或谓振之:"子即自信,无忧老母,而虎狼狱狄之爪牙,瘴雾蛮烟之薰灼,其又使谁信之,而必期日往及期返耶?"振之曰:"吾闻之,君子俭其德以游世,故风雨弗能侵,而异类弗害也。盖日者闻之母氏云:当母之始卺于家尊也,涤茗椀进之太翁。太翁掷二果弗御,母受核而藏之至于今,故母年八十而神明不衰;其德俭也。"秋圃晨机之乐,夫有所受之矣。

张子曰:吾窃有窥于振之,而知其母异人也。汉司马迁、李固,唐韩愈,近世李于鳞、薛仲贻之辈,其游亦何所不极? 然皆载其自主之肉骨,可以直之无前,举之无上,而振之欢母如不及,乃万里征行,了无内顾,使其稍有天幸之念,必不几矣。自有宇宙,实惟三母:曰湛母者,髡发刬荐,以成子之令名者也;曰尹母者,训子善养,不屑厚禄殊宠,以独成其是者也;曰孟母者,不惮屡迁,以就其子之贤圣者也。母既绝成名之训,而又不显称道德,自遂其不屑之高,徒令振之屐遍五岳,无负七尺男子,而母处碧云长命之间,翛然自远。岂易所谓知几其神者乎? 君子俭德,不可荣以禄,殆欲与吾友徐振之矣。图凡二本:一张君苓石作;一不叙名氏,彷彿周昉貌人物兼得情性者云。

天启六年丙寅春仲,昆山张大复撰

张鲁唯书

秋圃晨机图引

客有携秋圃晨机图见示者曰:"此延陵徐君弘祖寿母之图

也。"余亟取而披之，则孺人之操家秉，与徐君之奉孺人，盖相与以有成焉。宜陈仲醇详叙之，而诸名公歌咏累累也。语曰："桑弧蓬矢，以射四方，男子之事。"又曰："父母在，不远游。孝子不登高，不临深。"夫业已四方矣，恶在其为不远？如徒泥夫不远之说，而高深之为兢兢，则游复何日？男子之谓何？而此两端者，将无矛盾乎？是不然。世无不欲成其子之母，亦无不欲奉其母之子。方徐君之壮志在四方，高堂无恙，为治远游装可也。盖远游而无妨，不远之义也。然使其母无以命之，而母之安其身、处其家者，无以确然使其子信之于千里之外，则徐君虽一日能自释乎哉？乃孺人自夫子豫庵公捐馆舍以后，内外家政，一切受成，处置井井，靡所不当；而性故好艺植，好纺绩。十亩之间，五亩之宅，环篱种豆，抽条引蔓，布丝成帛。凌晨起，取纺车置篷下，豆实垂垂，机声轧轧，数十年如一日也。克勤克俭，是为家法。代夫以父其子，代妇以子其孙，代子以克其家。徐君饱游名山水，揽云霞，采琪花仙草，归相慰劳于碧云翠幄之下：子也舞斑，孙也下食，而母氏以大耋之年，俨然在上，乐孰有大焉！是故为之母者，不必断机而心自克喻于其子；为之子者，不必问圃而物自备致于其亲。从前则以母之贤成子之游，从今则以子之孝娱亲之老。是母是子，其相与以有成者，岂在世俗之间哉！彼南州孺子不闻其母为谁氏，元直之母，有声史册，而不得优游终老，安母子之常。就兹图论，孺人盖不啻胜之矣。余乃喜而为之引。

天启甲子秋日，京山李维桢题

古娄李流芳书

秋圃晨机赋

王母徐太君秋圃晨机图,梁谿陈伯符写照,吴中张灵石布景。一时诸名公若李本宁、董玄宰、陈仲醇一一品题其上。仲子弘祖挟册自梧塍来,乞予为赋。予喜而为文以赠之。弘祖雅好游,海内佳山水,二十年来,足迹几遍天下,盖亦当世一奇男子也。因纪母氏之徽音,遂逮及厥子云。

维坤元之表粹,毓女德之清芬。演仙胄于瑶池,度灵纪于西昆。婺星散彩,诞我江渍。既淑且嫕,亦和而贞。适东海之名阀,配南州之喆人。柔惠式娴于采葛,共庄克愻于荐蘋。乃相夫君,和鸣叶唱。采三秀兮阶前,获征兰兮天上。爰庀滫瀡,聿修匕鬯。佐良人以甲周,胡蓑砧之顿丧!夫也沦亡,子则奈何?左右劻勷,拮据抒荼。春园不涉,秋圃治蔬。春花落兮春草枯,秋色丽兮秋光多。豆花棚下,插架编蒲。栽藷语,植蘵姑,树蹲鸱,烹落苏;碧云台榭,其乐婆娑。若乃秋露溥溥,凉飚飒飒,野外时闻乎捣素,金井忽飘乎梧叶;缱此女工,御寒尤切。调织妇之弄梭,试田家之踏筶。晨鸡乍唱,晓钟初歇,札札兮杼韵之动微风,轧轧兮机声之落残月;络纬惊催乎洞房,候虫趣响乎丹穴。一纬一经,若抽若曳;皎洁兮若天半之飞霜,皑白兮若倾筐之积雪。紧兹布品,精粗不齐:此则木绵缟素,为资公孙之被,卫侯之衣,德曜之裙,少君之襦;匪橦华之纤丽,匪火浣之神奇,匪香荃之贡于西域,匪朝霞之出于屠夷。盖白叠黄筒,初非农圃之所尚,而纬车课绩,实太君之所为,朝夕而勤劬。若曰:"吾以师唐风之蟋蟀,而访魏国之沮洳。"若夫子抱奇骨,远游奕奕,言告北堂,以俟母敕。母曰:"俞哉!恣尔超忽。向

徐霞客游记校注

平之五岳非迂,严君之九州斯得。或乘款段,或棹扁舟,吴越名山,几席可收。尔其担簦以谒傅傅,蹑屩而师好仇。借一双之蜡屐,睇玄览于中州。"于是母无烦乎啮指,儿可壮乎轩辕。控金焦,登石头;经雁荡,涉龙湫。入三天子都,访黄白名陬。揽泰、华之高峰,历嵩山之阻修。陟洞天武夷之叠嶂,窃人世缥缈之仙游。撷庚岭之梅花,咀雪片于罗浮。履云梦,则吞八九烟云之变态;上匡庐,则激三千瀑布之飞流。不偕一侣,不挈朋俦。欻绝巘之骏骎,怪洞壑之閴幽。山鬼夜啸,人迹罕投。虎豹斗兮熊罴哮,众憭慄兮独夷犹。划然长啸,菀起隐忧;誓刻期而将母,戒行迈之悠悠。路悠悠兮长驾,报春晖兮靡暇。拂长剑以归来,母含笑乎机下。抱孙枝以哺饴,庶消摇乎景蔗。桂迎秋而始花,菊傲霜而未谢。敬守慈帏,毋行怳跨,是母是子,泄泄油油。芙蓉江上,八十春秋。日杀羔羊,嘉宾希觏。吹鹅笙以酌大斗,击鼍鼓而醉吴钩。所谓受兹介福于其王母,而永康惟休者乎?

冰莲居士夏树芳撰并书

题秋圃晨机图

　　吾闻东海有贤母,不艺春园艺秋圃。凡木虽阴不耐霜,独爱离离豆花吐。菽水由来展孝思,于今更可添慈谱。白首晨兴课女工,勤俭为箴自千古。风前有子进霞觞,更挟文孙共斑舞。手授遗书禅冶弓,杼声似写丸熊苦。异日昼锦煌煌辉彩衣,亦知功自断机能作祖!

高攀龙

笄饰何须副六珈,青裙白发自年华。堂阴晚树蘐为草,篱落秋风豆有花。机杼一生修世业,家庭五岳贮明霞。名驹汗血文孙似,灵种人言此渥洼。

题秋圃晨机图寿徐母王孺人

长洲文震孟

徐君有骨无人识,数行险峻穷神域,归来万里一庭秋,机中母发如积雪。左持豆实右提孙,篱根究取千山色。膝下天边呼与吸,一吸一呼诸境灭。秋篱有豆豆有阴,母子朝朝复夕夕。朝斯夕斯乐何穷,脱除世法瀹群聪。尽卷烟岚缠篱落,从此不与山灵通。海上舟沉迷汉月,池边骏老嘶天风。篱花渺渺玉山空,篱影深深碧障重。读声织声相间发,流冰坠雪虚岩中。往时念母亦念子,万水千山梦无已;山水今为绕膝欢,秋圃晨机图乃是。

甲子春沈应奎题

乙丑夏孙慎行书

秋圃晨机为徐太君赋

晨风瑟瑟吹野香,豆花一亩秋阴凉。密叶青枝泫朝露,红芳翠荚垂篱旁。君家阿母凌晨起,纬车独纺秋阴底;轧轧轻声露下鸣,万缕烟丝遽堪理。豆花时落隔秋篱,晨光欲上纬车移。手荷筥筐撷新荚,日高炊饷卯孙饥。徐君骨相烟霞侣,域内名山游八九,仙洞常寻五色芝,归来为母流霞酒。

云间史氏杨汝成题

披<u>秋圃</u>晨<u>机</u>图咏,而<u>王夫人</u>素风、<u>霞客</u>兄远韵并传矣。辄题数语,志其盛。

尝笑山人,莫识山水。俗不可医,雅亦浪拟。咄咄<u>徐卿</u>,静中得理。口角波兴,眉端霞起。繄唯<u>王母</u>,克成厥美,问织与耕,匪奴若婢。豆实迎秋,云艳桃李。机声达晨,曷事罗绮。下食有孙,手授书史。虽形似劬,而色则喜。境会翛然,是母是子。一气千秋,寸心万里。林下高风,<u>江</u>干作砥。佳话奇文,金石并纪。

<u>张育葵</u>题

内训家规兢可传,松筠节挺况当年。机中轧轧频呼婢,篱下离离欲曙天。指得云烟借玉箸,探将图史映琼筵。生来有子多仙骨,百岁灵萱乐更偏。

古会稽<u>姜逢元</u>

祝徐太君七言近体

秋空云物媚佳天,百岁先开寿母筵。听去紫鸾笙是玉,飞来青鸟更为仙。豆花棚下鸣机杼,萱草堂中授简编。伯仲塎篯看迭奏,自应相对乐馀年。

都人士<u>米万钟</u>

观秋圃晨机图诗

种豆秋堂下,看花采其实。秋虫应候鸣,促织闻唧唧。中堂理缣素,轧轧机声疾。小凤咿吾音,复从机中出。令子足遨游,未须婚嫁毕。慰之恋春晖,烟霞莫相失。所愿志四方,岂必长绕膝。五岳始归来，萱花犹永日。伟哉高堂人，徽音信可述。唐风咏职思，鲁季训无逸。千载彤史间，於焉庶俦匹。

果亭山人瑞图书

徐霞客为其太君作秋圃晨机图，诸名下属缀备矣。入漳征言，因而追志之。

幽芳不管外人知，世业遥遥遡闺仪。织素到来丝胜锦，当歌幸未豆成箕。千山石髓归遗母，半璧岚光贮属儿。手泽只今留箧在，白鸠巢畔绿阴移。

龙溪张燮

丹霞李宓书

江阴徐霞客以其太君秋圃晨机图索赠，书此答之。

君山突兀婺星明，寿考难兼是令名。子经远游归奉养，孙看勤学诗抡英。园篱尚睹垂垂实，机杼犹闻轧轧声。好事名公争寄咏，千秋碑□□纵横。

闽中曹学佺

秋圃晨机为徐霞客母太孺人赋

凉风拂树豆花开，阿母当年手自培。辟暑曾闻书本草，求阴何待植高槐。支机石向银河取，兼两书从翰苑来。积得金钱供布施，升仙应许到蓬莱。

绍夫氏曰：昔公仪子见好布而家妇逐，太史公传于循吏。余谓公仪休未知大体。夫身为鲁相，欲为民兴利，何患无术？

区区女工，夺利几何？近于迂矣！惟公甫文伯之母，言劳逸善恶，其说为正。徐固名家，而时方偕隐。即家有好布，无与民争利之嫌。令季氏之母见之，必且美其劳而能，思于己有合也。方今海内民穷赋急，"大东小东，杼轴其空"。读秋圃晨机诗，又为世道一致慨云。

彭湖钓碣黄克缵书

题秋圃晨机图

北堂有高树，郁郁凌霜露。延陵有贤母，殷殷勤作苦。凤有林下风，繁华罕所务。疏植一顷豆，野香生秋圃，秋声豆叶飞，秋白豆花吐。秋实豆累累，采撷自成趣。凌晨动纺织，日昃不遑度。轧轧发轻声，寂寂鸣幽素。仲氏好游仙，每与青鸾遇。手持蟠花枝，归来为母具。长跪着斓斑，起作回风舞，胜气集华堂，彩幄悬春缕。阶头硗硗生兰玉，秋眉亦应换新绿。

戊辰初夏，九皋居士林釪书

题秋圃晨机图

宁著木棉华，不羡狐腋温；宁受菽黍糜，不饱膏粱恩。绮习纷披靡，素丝见名门。簪蒿与杖藜，风尚自浑沦。清阴绽秋实，携机就朝暾。岂曰纬自恤，勤俭凤所敦。被服在诗书，着膝怜文孙。披图肃衣起，庶几古意存。

戊辰夏六月刘若宰书

太仓古终明如雪，缫车轧轧凌晨月。月华云洗澹不流，照见慈母头间发。牵丝上机轻且柔，篱边络纬鸣清秋。持向吴门货吴侬，拟赛齐纨卑蜀橦。鄮姬盈盈出东壁，练光的的垂阿锡。君不见黄鸟春山啼寂寂，为絺为绤服无斁。

右晨机诗

鹊豆中孚朗蚕蛹，皂荚椭尖新妇溷。紫白分明少女妆，清虚净灵大师供。清商七月鸣莎鸡，此时豆生菜正齐。老母篱边引江水，浇用三斗无浊泥。君不见千里蓴羹应难数，不如豆实满吾圃。有时提篚送邻媪，瓯面翠筠嫩春藻。

右秋圃诗

镜山老人何乔远

秋圃晨机为江上徐霞客母孺人赋

足迹名山似尚禽，桑篷母教大江阴。豆花秋老垂垂实，机杼朝鸣轧轧深。篱落家风耕与织，瓦盆生事醉兼吟。九州今识严夫子，嗟叹青柯坪上心。

郑之玄

题秋圃晨机图

秋蝉爱啼秋枝冷，秋虫吊壁秋宵永。阿母贪功晓未眠，机声轧轧月耿耿。新浆着纬纬易结，乍寒入丝丝易绝。慵梭倦躞人不知，惟有促织可对说。谁家愁雁横空飞？何处怨砧似噫噫？织成朝霞不肯服，为儿裁作五岳衣。几时撷取钟山李，送君归饷仉家机。

有庵文安之

当年豆落已成虚，犹忆余灰在荻芦。冀氏田间秋草长，孟家机上月明孤。亦知梧树栖雏凤，但惜杨枝泣夜乌。不日新承五色诏，问君陟屺慰情无？

古蒲曾楚卿

八旬霜鬓白如银，不向浓华老此身，四壁光余知恤纬，三冬蓄在岂忧贫？漫将古意存图画，聊与人间说苦辛。太史陈诗如可采，愿从季札为歌豳。

羡君高节似徐稚，到处乞言报母劬。权借藤垂呈续命，不教机断撤流苏。饮栖依旧双龙眼，巢阁于今一凤雏。膝下桑蓬须记取，未应撇却飞灵符。

清漳何楷

徐仲子持贤母传略见示为赋仍送南还

为有高堂训，於焉赋远游。墙东相与隐，树北自然幽。茗椀犹龙眼，篮舆乍虎丘。麻姑三接待，清浅海东流。

五岳游应遍，君行警且归。只今身上葛，是母织成衣。岁远罢藤古，秋深篱豆肥。慈乌三倒意，终自向南飞。

己巳秋日，东厓黄景昉书于玉堂之署

秋圃晨机为徐孺人赋并赠霞客北游

早踏衡阳逐雁群，高堂坐拥魏元君。圃中秋色兼桃实，机上晨光杂彩纹。砺齿未教徐厖折，呕心犹觉旧囊芬。只今更赴恒山约，可似青柯眺白云。

机杼理一生，慈母则以事。蓬矢效四方，男子敬其志。盖自母命之，千里期辄至。名山与伟人，瑰奇无不备。游不碍膝欢，饮水母色喜。乃知晨机图，作者良有以。事苟非亲心，鼎养者谁子？

今人竞栩工绮习，绮习纷靡启后忒。国奢示俭意正微，争如阿母躬节啬。篱豆花开不计秋，绳绳昏晓勤纺织。有子仙游觅瑶草，拾得归来供母食。犹然保啬却繁华，绕砌芝兰绵世德。

晴山堂记

孝子之至，通乎神明。辛酉六月，澄江徐振之谒九鲤仙祠，问母寿。仙不云乎："四月清和雨乍晴，南山当户转分明。"醒得签诗，有"门无俗客惊罗雀，幽涧追随但老樵"句。阅四月，孺人病疽寻愈，孝感也。于是履綦盈户，称八十觞，图"晴转南山"赠之。颜其堂"晴山"，以志神贶。予为记。盖振之之先，应召使蜀，辞荣归里，赈穷粟乏，诏书高其行义，年近期颐，有孙岳岳于凤池，名公卿如叶公盛、陈公镒、刘公铉、高公榖、魏公骥辈互唱和。振之搜草札中，磨石装帙，宝光腾几案间，而侍秋机之卯孙，灵豸一角，跳舞虎子，喷奇未艾，非世掌丝纶，世济耄耋之兆欤？振之负奇骨，不与俗同。登斯堂也，耆旧耶？寿母耶？文子文孙耶？跨万里以独来，泛洞庭其一叶。九鲤仙耶？幽涧追随，余耶樵耶？

1484

为振之兄题晴山堂卷

我观秋圃晨机图,又见南山雨晴卷。已知陟岵悲蓼莪,无复循陔歌圣善。徐君自是神仙俦,廿年踪迹遍九州。砥崖断壁虎豹遁,深湫大壑鱼龙愁。风餐雾宿足重茧,穷幽历险将何求?君言好奇聊复尔,我谓君游必有以。太华峰顶参真姑,终南路口逢毛女。岂无丹诀奉阿母,须知形解神不死。不然登高与临深,岂是哀哀孝子心?空传九鲤仙人梦,谁解当时梦里吟!

李流芳

南山晴雪当户牖,青天削出芙蓉九。仙梦依稀感孝思,足蹑云程归母寿。冰崖历尽到北堂,携得油囊一杯酒。彩服承欢豆棚下,豆实累累握成帚。袖中出献五岳图,阿母持觞开笑口。于今展卷追仙踪,果介期颐梦非偶。从此游辔不出山,依依陟岵循陔走。

范允临题

题豫庵徐翁像

是怀琦控玮之儒,成山泽之臞,繄太丘、彦方之行,惟孝友为政。环堵一亩,素心不苟,匪禅匪玄,此中悠然。嘻!倘所谓古之长者,今之逸民,能和其光、同其尘,而不掎乎真。谛而象之,吾深有慕于其为人!

义兴周延儒

1485

徐 母 赞

猗欤徐母！妇道夙彰。婉嫕淑慎，玉质金相。载纺载绩，茶蓼是尝。曰蕃曰植，桂馥兰香。柏舟是矢，志凛秋霜。教诲尔子，式毂是将。梧槚远泽，鞠育难量。绘影摹像，什袭缥缃。倘斯图之不朽，知令德之弥长。

乙丑仲春，武水蒋英撰并书

明故徐豫庵隐君暨配王孺人合葬墓志铭

澄江以徐氏为望族。自其始祖本中以布衣奉高皇命使蜀，辞官归里，朝士高之，赋诗送别，为国初盛事。本中归而出粟赈恤，为德于乡。及其没也，当世名公，若魏文靖、王文端、胡忠安、叶文庄辈，皆哀挽铭诔，语无虚美，大书深刻，传播海内。大江之南，以碑板不朽先德者，由徐氏风之也。数传而有豫庵隐君，及仲子弘祖，复能修本中之事，以高隐好义称。弘祖之母王孺人八十余违养，将归隐君之藏。匍匐五百里，请予铭，予不忍辞。

按状：豫庵公名有勉，字思安，赠光禄丞柴石公之第三子。十九罹父丧，与伯季六人，以射覆法析产。公一再得正室，乃牢让于伯兄，而自处东偏之旷土。是时家已中落，与王孺人拮据修息，竟复旧观。园亭水木之乐，甚适也。或劝之以赀为郎，辄不应。盖公性喜萧散，而益厌冠盖征逐之交。即秦中丞、杨冏卿、侯司谏皆周视相善，时访公。公固匿迹以疾辞，亦无所报谢。其雅致如此。中年伤足，不良于行。晚而为盗所苦，疾作卒不起，仅得年六十。

公有三子，伯仲皆王孺人出，而孺人常与仲子弘祖居。仲子好远游,所至必探幽穷胜,倾其独行嵚崎之士,然每结束行装,则有恋恋趑趄之色。孺人察其意,慰之曰:"吾幸健,善饭,足恃耳。男子生而射四方,远游得异书,见异人,正复不恶。无以我为念!"故仲子足迹,几所谓州有九,游其八者,孺人成之也。

隐君不事纤啬,其蹶而复振,所拮据修息者,靡非谋室之获,已多泛宅之游。孺人望衡筑室,令无垂堂虞。季子弘禔生,孺人字之不啻出入腹。隐君卒先一月,谓孺人:"季,吾孽也。若授产,勿得视两儿。"孺人不以为治命,举田庐鼎分之。甲子岁祲,米斗百钱。孺人命仲子出粟以活饿夫,岁数十石。仲子念孺人所居湫隘,将改作鸠材矣。孺人闻墓碑在风雨中,撤使甃而垣焉。又办祭田数十亩,倡族人享祀。常有所感愤,同家孙质之青阳张氏。入门,见其家无长物,有素风,则喜。见恭人躬纺绩,则又喜。既而计部君自拭藤床,恭人自进茗馔,益大喜。竟忘所白事归。归而疽发于背,俄顷竟尺。医云:"是疽非愤极不成,非喜极不发。今发矣,当无恙。"后果然。其虚怀服善,识大体,学士大夫所难也。

孺人有两孙,以学成列黉序。孺人尝同仲子之子卬孙勖之曰:"民生于勤,勤则不匮。今里媪之织者无数,而吾家特以精好闻。学犹是矣!"张山人复有晨机秋圃图,名公题咏殆遍焉。先是,弘祖游华山,至青柯坪,忽心动。归而孺人示疾。自此依膝下,绝迹不出户。孺人八十,为征作者诗若文,以佐祝觞。迨乙丑,自春及秋,侍汤药几废寝食以身殉。孺人劳苦之曰:"无为死孝,吾从而父已晚矣。"弥留之际,神识超然。令妻寿母,不已兼之哉!嗟夫!隐君不喜冠带交,而孺人成其仲子,为振奇之士,多林下风。此如莱妇鸿妻,雅称偕隐,可以传矣。生卒姻娅之详具状中。铭曰:

布衣之豪动九阊,家声不泯馀仍孙。市交虚满随朝昏,乘车戴笠气可吞。夫耕妇织素业敦,不为皋门为鹿门。幽人坦坦真足存,龙蛇既厄孤凰骞。善作善成贻谷繁,宝慈宝俭合道言。风雨如晦云雷屯,半荣半瘁同一根。中分后合干将村,管彤郁郁照墓门。

赐进士出身、资政大夫、南京礼部尚书、前礼部左侍郎兼翰林院侍读学士、实录纂修副总裁、经筵讲官董其昌撰并书

豫庵徐公配王孺人传

豫庵徐公,江阴人。徐之先有徵君本中者,高皇帝命之持节谕蜀,辞官还里,蠲粟赈饥,奉玺书特表门间。其后哀挽铭诔,出魏文靖、王文端、胡忠安、叶文庄诸公,皆当世如雷如霆之伟人,碑版几照四裔。传二百年来,而有豫庵公,柴石先生之第三子也。十九罹父丧。兄弟六人,阄产析之,公得中堂,坚让于伯氏,而自处东偏之庳屋数椽。公与配王孺人薙草驱砾,始有居;节腹约口,始有廥廪;其旷地多怪石伟木,为洗剔部署,始有园池。未几中盗,避之梁溪,骑归堕河,蹶一足,杖而后行,以此未尝一窥贵人门。即秦中丞、侯司谏数诣公,闻驺从传呼声,匿不见,亦不往报谢。曰:“吾宁为薄,不能为通;与其为通,不如使二公有不报之客。”暇日敕三五家童,具笋舆叶艇,往来虎丘、龙井间。摘新茗,斟清泉,岸然旁若无人也。自负亢直,齮龁于群豪,病气厥,病舌。王孺人医祷百方乃瘳。其后,过季子冶坊桥之田舍,被盗困疾卒。弥留一月前,顾谓王孺人曰:“季,吾孽也,授产勿埒两儿。”孺人唯唯。已则鼎分田庐者三,其平如砥,而独与仲子弘祖俱。

仲妇许氏亡，遗孤卯孙。孺人哺而教之。尝语子孙云："吾初嫁时，太翁临子舍，吾投龙眼于茗椀中，翁不怿曰：'田畯家何用此为！'余愧谢，谨裹而藏之，今两核具在，可念也。"孺人织布精好，轻弱如蝉翼，市者辄能辨识之。手种篱豆，秋实累累，日课卯孙诸婢于绿阴中，命曰"碧云龛"。收藤成束，共楀柮煨之，命曰"长命缕"。好事者竞传以为佳话。性介静，妇女烟视软语疾如仇。数通三党有无，而绝不喜巫觋见鬼人等。门风德矩，淡素可师。弘祖出门为万里五岳之游，不敢食酒噉肉。非特恐点山灵，要亦念母氏三十年辛勤饭蔬故也。

初甲子岁恶，粟价翔踊。孺人命弘祖岁蠲数十石以活饿人。曰："有本中徵君故事在。"弘祖欲新别馆以居孺人，孺人摇手曰："不如甃墓碑，有徵君以下之遗像遗文在；又不如更建君山庙碑，有宣德时张公宗琏之俎豆在。"弘祖应命如响，捐赀成之。孺人且曰："是皆行豫庵公意也。"

嗟乎！人亡而不亡者石，石亡而不亡者文。孺人布衣妇，乃知文章为可贵。而弘祖又能远叩名公，求以不朽其亲者，厥辞良苦。董宗伯七十余，亲志其墓而手书之。徐氏自徵君到今，凡后先地上地下之文，总皆不愧郭有道碑矣。公得年六十，孺人寿至八十一云。

陈子曰：余尝笑陶侃之母，挫荐剪发以给范逵；夏孟宗之母，作十二幅被以招贫士。是皆教儿噉名耳！弘祖远游，非宦非贾，非投谒，而山水是癖，一奇也。独身而往，独身而归，一奇也。弘祖登华山之青柯坪心动，既抵舍，得视孺人汤药含殓悉无憾，一奇也。方以外付之弘祖，听其膏肓泉石；方以内付之亮采、亮工两文学，听其发冢诗书。孺人呗诵而外，百无与焉，一奇也。假令豫庵公在，度且为庞德公、庞居士，岂愿孺人为夏母、陶母乎？弘祖之奇，孺人成之；孺人之奇，豫庵公成之。可以传矣！可以传矣！

通家陈继儒撰

年家文震孟书

徐氏三可传

江阴徐公有勉，别号豫庵。年十九，兄弟割产，取其室之偏，而以其正者逊伯氏。俭口损腹，积赢余，稍润辄表章所居。好木石，为园以自隐。或讽之仕，掉头不答也。晚年避盗，坠河而辟躄，行必藉杖。每临影自笑："吾与葛跛有缘，且可汰一童扶掖。"其善于自啃如此。梁溪秦中丞、侯给谏闻其风而悦之，造见。乃深匿丛竹中，俄而扁舟入太湖遁矣。儿子弘祖每侍之，敕谓是儿眉庭霞起，读书好客，可以竟吾志，不愿而富贵也。有如此之父而称可者。

厥配王孺人事豫庵如严宾。喜种豆，满架蔓施，剪芸疏溉，如奉名花；场圃洁拭，不忍婢唾。绿阴云簇，每秋至累累，如散于阗吐月玉也。豆之下，纬车轧然；其织布也，与缣讼价，缣反输其轻妙。豫庵生三子，胸中有嫡、孽之畛，孺人尽为锄之。见巫觋如见鬼仇，见饿人如见儿女子之啼切者，必饱之乃快。间尝出两丸示诸妇云："老人视灶时，曾投龙眼茗中以献翁。翁不啖也，以为田舍家无此果；不贵难得，乃素风耳。"弘祖尝欲为母新舍。孺人曰："汝又欲那吾身何往？汝祖父碑像肤立，剥蚀可虞，何不撤此濬之！"弘祖有五岳之志，母为束装。戒之曰："第游名胜归，袖图一一示我。游未竟，我不啮指，去亡害。卯孙在，可伴也。"有如此之母而称可者。

弘祖颀而黯，揖羞官，口羞阿堵；山水可以博命，文章可以鬻身。其游山水也，章亥之所未经，郦道元之所未注，禹粮穆骏之所未历，卢遨昌寓之所未逢，而弘祖一襆一笠，乃饶为之。间者过予，诘之以龙湫，而弘祖且袭雁湖至八十里；诘之以匡山三叠，而弘祖且至大月之山，坐踞黑石英者万丈；诘之以通天箭括，而弘祖又往来飞下叔卿之博台者数四。盖叩之若钟，谈之若縠，应声辄对，锋出而莫能穷也。弘祖又谓："予所憾者浑源之北岳，桂林之千笋，未曾置足焉。"此其言不妄。夫游亦何必如讨瓜子，一粒必尽也。弘祖出游不饮酒，不食肉。既得名胜归，值母病疟，以孝感得愈，享年八十余。予餐弘祖时，适荐豆。弘祖泪下，至不能胜扶。望其人身体发肤，笑谈举止，皆冷云颢气，濯灵充秀者，绝无纤尘辱及大人遗体，以伤二老偕隐之心。多少显亲扬名，须眉拔尽，以至愧死，有如此之子而称可者。

王思任曰：余邂逅徐仲子，一接谈而神与陆吾俱邈矣。及观其所挟册，玄宰、眉公两先生，极心力以章之。至孙闻斯、文湛持素亢杰不苟狗，亦乐以笔札借人，是孝子之所得者深矣。

山阴王思任撰并书

张侯名宦汇纪序

布衣而欲不朽，当世之湮没，名士君子有几何人哉？夫此其中有耿耿者矣。夫是耿耿之怀，天彝之所以不灭，世教之所以长恃也。吉水张公宗琏，国初丞常州，尽瘁于民，与上官力争。上官诟辱过当，寻发愤以卒。常人悲思之，为立庙于君山之阳。按祀以祠名也，犹人之也；其以庙名也，则神之也。是以唐张许则有庙，宋岳公则有庙。庙所由立，其血食也远矣。张公为常，其事则具于典故之载,详于贤人君子之书,而君山之庙,荒址微茫,茂草已鞠。公之神灵,飞翔于云霞岛屿之中,浮游于波涛渤澥之上,不屑如柳州柳子,瑟瑟然于弄奇现怪于罗池之间;常人久而忘,忘而废,宜也。徐弘祖一布衣耳,愍然若其远祖达人,必求与联属而后已,而其所为张公新庙者,舍皆取诸其宫中。如是则汉之两王生,所以拂拭张廷尉、龚渤海者,尚生而兼欲自著于耳目之间;其视弘祖,犹若有所为者,而弘祖之为人,林回也已矣! 愚公也已矣!

镜山老人何乔远书

梧塍里徐氏,有明一代石刻中,多名人手笔。其最前者:徐麒方十岁,倪云林瓒字之曰本中,并为绘书屋图,与杨廉夫维桢、高季迪启题咏之作也。稍次,则本中于洪武初奉敕持节喻蜀,宋文宪濂首以诗送之。诗序称:"徐生以诗文从余",是本中乃宋濂弟子。而俞立庵贞木、郑仲与沂、王达善等诸作附焉。其后有胡文穆广所撰心远先生喻蜀图序。本中使事竣,乞归养,更字心远。据戒庵漫笔云:"诚意伯青田刘公曾为暨阳本中使君西行作蜀川图,后为丹阳孙氏所得。"知文穆所序者,盖别一图也。又戒庵以本中为尹姓,亦误。荣归时则有解缙、梁时、杨荣诸公之诗。

本中二子:曰忞,曰念。忞字景南,念字景州。应诏输粟各二千石。正统间旌为义民,建楼以藏诏敕,因名敕书楼。太和王文端直为之赞,其书则彭城刘钰也。梅雪轩者,景南藏修之所,黄旸记之,张洪述序之。余如杨士奇、金幼孜、曾棨、罗汝敬、高廷礼、林复、沈度、刘素、钱习礼、楼宏、张思安诸公,皆为之题咏。景南之子中书舍人颐,字维正,号一庵。李文正东阳既为撰六十寿序,殁后又志其墓。是志系文待诏徵明所书,不知何时放失。赖五代孙弘祖，百计购求，捐田三亩，始复得之，当时宝重如此。至一庵遗像，待诏题赞外，祝允明、顾鼎臣二公亦各有一赞，均佳品也。

一庵子元献，字尚贤，中成化庚子第三名举人。一时贺者，有诗有记，诗为王徽、吴绥诸公，记则其师张翰林亨父为之，今已磨灭其半矣。亨父殁，妻子无以为生，尚贤周给甚至。其墓志铭系长洲吴文定宽所撰，明史本传所谓"诗文有典则，兼工书法"者也。元献子经，字直夫，亦才士。举弘治十一年乡试。华亭钱殿撰福在邑令涂公祯署内，与薛尧卿章宪及经联句，诧为奇遇。可见明史唐寅传称经赇会试总裁程敏政家僮豫得试题事，因其家富而诬之也。所联诗句，今亦在石刻中。

豫庵者，弘祖之父，名有勉，字思安，其与德配王孺人合传者，撰文书丹，出董文敏其昌一人手。若王孺人之传，则撰者为陈眉公继儒，书者为文文肃震孟，而山阴王思任又撰徐氏三可传。三可者，即谓豫庵夫妇，并子弘祖也。弘祖，字振之，号霞客。性至孝，其秋圃晨机图，表彰母德，丐人题咏尤夥。记其事者昆山张大复，张鲁唯书之，而同邑夏树芳为之赋。诗则各体略备：张育葵之四言诗外，如七古则为沈应奎、沈作系孙慎行书。朱大受、杨汝成、夏九皋、文安之、何乔远诸公；七律则为谢德溥、曾楚卿、姜逢元、曹学佺、黄克缵、郑之玄诸公；五古则为刘若宰、米万钟、张瑞图、方拱乾诸公。皆依次可考者。其母之八十寿序，亦陈眉公撰，尤为煌煌大文。眉公书序时，曾为默祝，如一字不错，即寿至百岁之兆。书毕果如所祝，亦艺林佳话也。最后为崇祯三年庚午黄石斋道周在丹阳舟中赠霞客之长歌，及五年壬申秋与霞客泛舟洞庭还宿楞伽山，即席分韵共赋"孤云独往还"五律五首。石斋自注："振之诗先成，喜其词意高妙，备极诸长，因录于上，方知余作之不逮。"又云："灯下依韵和徐作，并书请正,不能如振之之体物备妙也。"前志艺文仅载黄作两首,又以和韵为赠作。长歌后,郑鄾、项煜、文震孟诸公,各有跋语。余如陈仁锡之晴山堂记,何乔远之名宦张侯庙序,李流芳、范允临诸公之七古诗,零篇杂制,亦极一时之选。三百年来,拓本流传,人争宝贵,更阅数世,知必与唐碑宋碣并重矣。

邑人张之纯跋

余昔读徐弘祖振之先生霞客游记,每见其志行之果,观察之精,未尝不心焉仪之。近年屡挈幼子健生纵览江南两浙名山大川,携杖步行半万里,于先生往复遨游诸胜境,靡不登峰造极,穷源竟委观之。然还读先生之台、荡、黄山前后记言,终觉瞠乎其后,而景仰之忱,益向往焉。家有晴山堂帖,曩特爱其书法佳者殊多。今为之反覆校雠,始识先生家世,实我中华民族之荣光,其文采风流亦允宜寿世勿替也。晴山堂在江阴南境之南阳岐,距吾家无锡堰桥不过七里。堂已久毁,碑石移其宗祠,乱叠风檐下,断碎日多。不幸先生后嗣惨遭明亡浩劫,陵夷以至于今,莫之能保护也。余一再过其故墟,访读遗碑,抚摩谛视,太息久之。敬礼其祠,知厥祖为南宋二百年世官,蒙古入华,不仕异族,潜伏数十年。而先生十世祖直字均平者,建义滇南,一往不归,为兹帖所自始。九世祖麒,字本中,又号心远,明祖奄有中夏,藉其家声,使之喻蜀,仍不受官。八世惢,字景南,复以布衣广散家财,梁孔道,赈荐饥,筑梅雪轩、退庵以明志,奕世独行其道,真大国民之模范哉!七世颐,字一庵;六世元献,字尚贤;五世经,字西坞,帖中均见一斑。其后两代于帖无征,皆别有著作名世。至先生之父有勉豫庵,其志行纯洁,与王夫人之勤勉达观,尤为无双佳偶,而霞客先生之空前高行,由是胎焉。

余既为是帖编目,复记其目次之所由来。世有尚友先生者乎,为之表彰,为之保存,敬为馨香祝之。

秋圃晨机图记

张大复

秋圃晨机图,予友人江上徐振之奉母图也。母性恭俭,好率婢子鸣机杼,又广艺秋藤,架棚而引之,令绿阴满堂,课振之之元子卯君读。每晨光达于壁,杼声与书声相答响,母意大得。振之益复欣然多营高厂地,索绹延绿,以欢母志。母心怜振之负绝特之才,不能俯仰自樊于时,其于天地之穷际,则何不至焉。乃稍稍具粮糗,令振之周览名山大川,有以自广,曰:"凡圣人所为戒远游者,其子母之识力,不相信也。吾无汝虑,盍往乎?"振之则请受约,无不及约而返。如是者率以为常,几二十年,而振之之双屐遂遍天下。其往也,或春荄始萌,勾甲方拆;其返也,藤花如雪,秋实累累如珠缨宝络,飘飏连缀,莎鸡札札绿云间。母命卯君停呻哦,问所来往,振之为言天地之广大,流峙之奇险,士风之奥啬,已至仙灵之所窟宅,缘崖梯磴之所见闻,令人瞿目缩舌骇汗。母色意大惬,煮蒲烹茗,为振之贺。或虚语振之:"子汗漫九州良苦,吾故日居此碧云庵中,看长命缕垂垂而下,知望白云返也。乃又得所未闻若此,其可无憾而须眉矣。"振之谨受教。嗟乎!人生不幸失怙,子母相命,亦所时有,胡为振之其遇焉如此哉?或谓振之:"子即自信,无忧老母,而虎狼狖狄之爪牙,瘴雾蛮烟之熏灼,其又使谁信之,而必期日往及期返耶?"振之曰:"吾闻之,君子俭其德以游世,故风雨弗能侵,

晴山堂石刻

1495

而异类弗害也。盖日者闻之母氏云:当母之始笄于家尊也,涤茗椀进之太翁。太翁掷二果弗御,母受核而藏之至于今,故母年八十而神明不衰,其德俭也。"秋圃晨机之乐,夫有所受之矣。

张子曰:吾窃有窥于振之,而知其母异人也。汉司马迁、李固,唐韩愈,近世李于麟、薛仲贻之辈,其游亦何所不极?然皆载其自主之肉骨,可以直之无前,举之无上,而振之欢母如不及,乃万里征行,了无内顾,使其稍有天性之念,必不几矣。自有宇宙,实惟三母:曰湛母者,髡发剗荐,以成子之令名者也;曰尹母者,训子善养,不屑厚禄殊宠,以独成其是者也;曰孟母者,不惮屡迁,以就其子之贤圣者也。母既绝成名之训,而又不显称道德,自遂其不屑之高,徒令振之屐遍五岳,无负七尺男子,而母处碧云长命之间,翛然自远。岂易所谓知幾其神者乎?君子俭德,不可荣以禄,殆欲与吾友徐振之矣。图凡二本:一张君苓石作,一不叙名氏,彷彿周昉,貌人物兼得情性者云。

天启六年丙寅春仲,昆山张大复撰,张鲁唯书。

(张大复秋圃晨机图记,徐霞客游记卷 10 下附编,上海古籍出版社 1987 年)

鹿门鸿宝册跋

姚希孟

余性好游,然脚板所到,不过藉公车軿轩往来于燕齐,而南未尝过钱塘,第时取山经水注及古今人眺览之作以当卧游。一日,有澄江客徐仲子弘祖过余,年不逾中人,须眉古淡,颇类道者之容。与之谈,则足迹遍天下五岳,所未至者惟浑源之恒山而已。它如台、荡、武夷、匡庐、罗浮、武当、峨眉、五台，无所不浏览。其品题甲乙即未可言山水董狐，以质之善游者，亦颇服其言之覈，而不以清音充耳食。余是以深异其人，欲与之作累月谈，叩其芒鞋竹杖之所得，恨鹿鹿未果。乃仲子复出其两尊人所为志若传若赞以示余，其父实隐侠独行之士，母则鸿妻陶母实兼而有之者也。若仲子之奉母也，尝以篾舆桂楫扶侍于句曲荆溪间，借岚光溪色以代斑斓五彩之笑。夫孝子之事亲也，一己所嗜者必罗而献之，华屋繢绮，八珍五齐，鸣钟列鼎之侈，丹书紫泥之荣，一一与高堂共。徐仲子于世味泊无所嗜，独以清泉白石当美芹之献。是母是子，其况味岂犹人者哉？陶隐居诗云："山中何所有，岭上多白云。只可自怡悦，不堪持赠君。"以非其人，故弗赠也。不然则两心之明月，千里之清风，奚囊可将，邮筒可寄，如武夷之茶、罗浮之梅、庐岳之飞泉、峨眉之积雪，自仲子致之，皆陆珍海腴也。其有听之而忻然，味之而果然，任其子为汗漫游，而乐以身为宗少文者，此亦士女中所仅见也夫，不独林下风气矣。

（循沧集）

王孺人墓志铭

余与罗济之戚而善，济之有快婿曰徐仲子弘祖，访名山水半天下。及奉母孺人游句曲、荆溪，春秋高八十矣，而趾先仲子。噫嘻，自古奉其亲者多矣，奉山水自徐仲子始。奉富贵而不受，古贤母有闻矣；奉奇山水而受，自徐仲子之母始。山水品人物多矣，以是两高其母子，自余志王孺人始。余尝观秋圃晨机图，问机上人，仲子母也。卯孙在侧。卯孙，仲子子也。亡何登堂寿母，篱豆未花，是若母织于斯而子读于斯,呼长命藤非耶? 余游荆溪二十一洞,异时过之,是母环珮所至,玉女白鹤闻徽音,落岩壑,母耶,子耶,宁辞铭。

按状:城东王公,澄江右族,孺人父也。倭燹,避之锡山。孺人年最幼,与母华过姻家杨,见跟跄之履塞户,俄聚族而嬉。孺人料寇至,又念父食乏绝,趣母入城。甫入城而城门闭,杨果中倭残破。以是多母识且孝。噫嘻! 无非无仪,酒食是议,概常耳。士与女非倜傥负奇节也,不称齐德。既归豫庵公,而翁光禄柴石公卒,以缟素见,犹及事姑。陈孺人暨太翁鸿胪云岐公,未几并卒,城东公亦卒。孺人自庙见后,宗祊誉之,姒娣贤之,五年于兹而大丧相继,偕豫庵公哭尽哀。公病濒危殆,病于寅,迫岁除,代之仆;病于喉,废餐饮,代之口;拮据公私,代之手;筑场圃,代之农;肯堂构,代之筑。育伯子,悯斯病中,同事医王,江城归,遇盗,渡河几没。天乎不辰,遑恤我后。伯之二子补弟子员,高而门阶,于梦者再,母为色喜。晚得仲子,骨瘦如立鹤。劳苦摄生,遗之廉俭已尔。然奇情胜趣,历崎陀不挫其志。孺人既析箸,为公娶妾,获季子,自之锡山。迨公舆疾归,不起,恸几绝。忽收泪,嘱季子于其子。勤饮食矣,又勤教诲;授均产矣,又予赡田。当是时,季子忘其无父。适翁则独居,爱庶子则同居,忘其山庄之毁于盗也。贤哉!

孺人常与仲子共晨夕,易箦不舍旧庐。家有藏核,训在茗碗,俭勤其天性云。仲子每出,曰:"上慎旃哉,识好人,游好山水。"以是骏有声于贤豪。仲妇许殁,抱孤孙寝处,为歌蟋蟀。继罗事姑孝,尝先意为姑种植。有藤罳,画如溪山,倚门一望,游子采云霞为笋脯。诞届八旬,名硕歌之。是年仲子始罢游,孺人始偕游。罢游惧伤亲之心也，偕游惧伤子之心也。噫！仲子好游，天以奇游报之。咳笑华阳白鹤，问晨昏于烟雨。如此一日，岂易千秋！孺人性整而洁，束身布素，而丰于祀障。墓碑百世后铭碣岿然，伸太华之掌，感仲子归言华岳也。除夕念饥，为停匕箸，命出粟饱邻然后食。其教仲子类如此。嗟嗟，母病亦病，母不食亦不食，有是子宜志是母矣。

孺人生于嘉靖乙巳十二月十六日，卒于天启乙丑九月二十九日，享年八十有一。子三：弘祚、弘祖、弘禔。禔侧出。女一，适王学一。孙七人，孙女三人，曾孙六人，娶嫁俱名族。择于丙寅十一月十五日，与豫庵公合葬于祖茔之次。公先孺人二十余年卒。孺人俭勤有卓识，是宜铭。

铭曰：丹穴是粃，风节如砥。维巢之毁，维戈之矗。父兮何倚，锡山是履。趣母入市，一介行李。执戈以俟，是惟女亡。江有汜矣，赋在葛藟，式谷我子，敬恭桥梓。文孙骏骐，既多受祉。闭户造轨，出门瞻恃。豆花可史，游屐斯齿。溪山蓄旨，松筠献玖。天女叙旧，银龛佛囿。我行永久，爱日视晷。八十锦里，千春游记。徽音在耳，洞壑高剚。

赐进士及第翰林院编修国史官
通家眷生陈仁锡顿首拜撰

（参见陈仁锡无梦园集及民国梧塍徐氏宗谱墓志铭）

旧序·校勘

季　序

季梦良

　　崇祯丙子秋，霞客为海外游，以缄别余而去。去五年始归。归而两足俱废。噫嘻！博望之槎既返，章亥之步亦穷。今而后，惟有卧游而已。余时就榻前与谈游事，每丙夜不倦。既而出箧中稿示余曰："余日必有记，但散乱无绪，子为我理而辑之。"余谢不敏。霞客坚欲授余，余方欲任其事，未几，而霞客遂成天游！夫霞客之事毕矣，而余事霞客之事犹未毕也。迨其后，纪尽为王忠纫先生携去，余谓可以谢其事矣。忠纫之任福州，仍促冢君携归。冢君复出以示余曰："非吾师不能成先君之志也。"启箧而视，一一经忠纫手较，略为叙次。余复阅一过，其间犹多残阙焉。遍搜遗帙，补忠纫之所未补，因地分集，录成一编，俟名公删定，付之梓人，以不朽霞客。余不敢谓千秋知己，亦以见一时相与之情云尔。

壬午年腊月望日友弟季梦良录完识

史　序

史夏隆

霞客徐子，畸人也。钱宗伯牧斋为之立传，传其人，因传其事，而人与事之畸皆在游记一书。曷言乎一书之畸也？凡经传所称畸人，或一事之畸，或一言之特，而徐子之畸在游。游之畸未可一事一言尽也。驰骛数万里，踽踽三十年。遇名胜，必披奇抉奥；一山川，必寻源探脉；身无旷晷，路有确程，以至沿革方隅，土宜物异，一一详志记中。读其记，如见其人，如历其地，如年谱，如职方图，如十洲记，如水经注，如肘后秘书，如皇华考，如绘如谈。畸矣，而未已也。其济胜似有天授，危峦绝壑，险道长途，如猿升，如鹤举，如骏足，有兼程无倦色，加以寒暑不侵，饥渴无害，而霞客之畸，畸于天矣。更值王途坦荡，边徼晏宁，一囊一仆，徜徉潇洒于人迹不到之境，声教难通之域；耳不闻金革，目不睹荒残；而霞客更畸于时与世矣。

闻其随笈属稿，载述甚多。今所存游记四册，同里曹生学游购为枕秘，余累索不得。至丙午而得之，方快披阅，而草涂芜冗，殊难为观，须经抄订，方可成书。即录其四之一，偶尔阁笔，忽忽二十年，每一检书，心为快怅。计图完缮而眼愈昏，手愈懒，年愈迈。今且七十二矣！偶友人谈及未见书，因出记以示。友人雅兴，愿代抄之。余心动展阅，终难托两手，遂鼓腕拭目，日限一篇，凡九阅月而告竣。更念霞客一生心血，走笔成书，五十年后，予为脱稿。人置之，则废纸也；家存之，则世珍也。适儿辈赴试澄江，命访其子若孙而畀之，奈沦亡凋落，不可问。余方浩叹，一片苦心，未完胜果。忽吴子天玉以善青囊术游四方,归而过我,问案头何抄? 余示以书,且告书故。吴子跃然曰:"今日之来,正为此书。霞客尚有子也。幼遇乱出亡,冒李姓,有父风,素与相善。方遇江干,嘱往曹室访此书。曹已亡,曹家儿惘然不知所答。今过先生而得其书,是天假先生以成霞客之畸也。"遂于甲子年清和月,率其子拜授原书。传其书,传其事,以传其人,而霞客真畸人矣。

涡滨七十三老人史夏隆题

潘　序

潘　耒

文人达士,多喜言游。游,未易言也:无出尘之胸襟,不能赏会山水;无济胜之支体,不能搜剔幽秘;无闲旷之岁月,不能称性逍遥;近游不广,浅游不奇,便游不畅,群游不久;自非置身物外,弃绝百事,而孤行其意,虽游犹弗游也。余览往昔诸名人游记,验诸目睹身经,知其皆尝一脔,披一节,略涉门庭,鲜窥闑奥。若余游履所至,必穷高极深,如游林屋而身至隔凡,游雁宕而目睹雁湖,劳山则登华楼之巅,罗浮则宿飞云之顶,自以为至矣。及读徐霞客游记而后逊谢弗如也。霞客之游,在中州者,无大过人;其奇绝者,闽、粤、楚、蜀、滇、黔,百蛮荒徼之区,皆往返再四。其行不从官道,但有名胜,辄迂回屈曲以寻之;先审视山脉如何去来,水脉如何分合,既得大势,然后一丘一壑,支搜节讨。登不必有径,荒榛密箐,无不穿也;涉不必有津,冲湍恶泷,无不绝也。峰极危者,必跃而踞其巅;洞极邃者,必猿挂蛇行,穷其旁出之窦。途穷不忧,行误不悔。瞑则寝树石之间,饥则啖草木之实。不避风雨,不惮虎狼,不计程期,不求伴侣。以性灵游,以躯命游。亘古以来,一人而已！往年钱牧斋奇霞客之为人,特为作传,略悉其生平,然未见所撰游记,传中语颇有失实者。余求得其书,知出玉门关、上昆仑、穷星宿海诸事皆无之,足迹至鸡足山而止。其出入粤西、贵筑、滇南诸土司蛮部间,沿溯澜沧、金沙,穷南、北盘江之源,实中土人创辟之事。读其记而后知西南区域之广,山川多奇,远过中夏也。记文排日编次,直叙情景,未尝刻画为文,而天趣旁流,自然奇警;山川条理,胪列目前;土俗人情,关梁厄塞,时时著见;向来山经地志之误,厘正无遗;奇踪异闻,应接不暇。然未尝有怪迂侈大之语,欺人以所不知。故吾于霞客之游,不服其阔远,而服其精详;于霞客之书,不多其博辨,而多其真实。牧斋称为古今纪游第一,诚然哉！或言:"张骞、甘英之历西域,通属国也;玄奘之游竺国,求梵典也;都实之至吐蕃西鄙,穷河源也;霞客果何所为?"夫惟无所为而为,故志专;志专,故行独;行独,故去来自如,无所不达。意造物者不欲使山川灵异久秘不宣,故生斯人以揭露之耶？要之,宇宙间不可无此畸人,竹素中不可无此异书。惜吾衰老,不复能褰裳奋袂,蹑其清尘,遂令斯人独擅奇千古矣。

奚　序

奚又溥

霞客徐先生记游十卷,盖古今一大奇著作也。其笔意似子厚,其叙事类龙门,故其状山也,峰峦起伏,隐跃毫端;其状水也,源流曲折,轩腾纸上;其记遐陬僻壤,则计里分疆,了如指掌;其记空谷穷岩,则奇踪胜迹,灿若列星;凡在编者,无不搜奇抉怪,吐韵标新,自成一家言。人之读之,虽越数千里之远,而知夫山之所以高,川之所以大,与夫怪木奇材,瘴风旸暑之所侵蚀,淫霖狂飔之所摧濡,蛇虎盗贼之所胁伺,野泊邮羁伧父山鬼之所揶揄而激触,凡自吴而楚,而两越、而黔、而滇,一切水陆中可惊可讶者,先生以身历之,后人以心会之,无不豁然于耳目间也。不诚自古及今未有之奇书也哉!是非先生之人之奇,不能有此游之奇,而非先生之游之奇,亦不能成此书之奇也。

夫司马柳州以游为文者也,然子厚永州记游诸作,不过借一丘一壑,以自写其胸中块垒奇倔之思,非游之大观也。子长西至崆峒,北过涿鹿,东渐于海,南浮江、淮,游亦壮矣。要以助发其精神,鼓荡其奇气,为文章用,故史记一书,跌宕雄迈,独绝千古,而记游之文顾阙焉。先生之游过于子长,先生之才之气,直与子长埒,而即发之于记游,则其得山川风雨之助者,固应与子长之史记并垂不朽,岂仅补桑经郦注之所未备也耶?

惜先生归未几,即捐馆舍,是书未经誊写。时有会明季翁者,设教先生家,见而奇之。恐原稿久而失传,为之分其卷次,订其前后,手录成帙,遂郁然大观。不意鼎革时,原稿遭兵燹,誊本又缺,几有玉毁珠沉之慨。而先生妵妾李氏出嫁所生介立李翁,痛遗文缺残,访得于义兴之故家,涂抹删改,非复庐山面目,翁从日影中照出原本,一一录之,虽其间不无少缺,然不啻已毁之玉,复出昆山,既沉之珠,又还合浦,得以一显其奇者,固亦不幸中之大幸矣。

予生也晚,不获追随杖履,探奇历险,然读先生之书,庶几窃拟宗少文之卧游焉。壬午冬,从先生之曾孙觌霞所,乃得纵观其书。

袖归手录，五越月，始告竣。嗟乎，记之失而复得，缺而复全，不至终归湮没者，殆如金之锻炼于冶，而愈耀其精神，松柏之摧折于霜雪，而虬结盘郁，益奇以固也。盖有天焉，不可强矣。以先生之人之书之奇，固非穷愁著书者比也，而析奇阐秘，为天地间鸿宝；设不为久远计，能保无鼠虫狼藉而终归散轶耶？世有同志，见而爱之，愿弗以自私，寿之梨枣，非惟不没季、李二翁搜订苦心，而先生大奇之著作，亦如青萍结绿，一吐光芒，得与史记诸书相传弗替。予将拭目望之。

康熙癸未四月，同里后学奚又溥拜撰

杨　序一

杨名时

己丑仲夏，将赴淮浦，舟中无事，展阅外舅刘南开先生所钞徐霞客游记。抵寓后，既终卷，念其平生胼胝竭蹶历数万里，冲风雨、触寒暑者垂三十余年，其所记游迹，计日按程，凿凿有稽，文词繁委，要为道所亲历，不失质实详密之体，而形容物态，摹绘情景，时复雅丽自赏，足移人情，既可自怡悦，复堪供持赠者也。因手录而存之，凡两阅月而毕。曰：是殆负迈俗不羁之志，狂而不知取裁者与？观其意趣所寄，往往出入于释老仙佛，亦性质之近使然；而其为人之奇倔豪宕，于斯概见，未可没也！

古之殚心于天文地理之学以成名者，宜搜闳奥，旷览幽遐，每出于踪迹瑰异之士，自非有好奇之癖，亦孰肯蹈绝险，赴穷荒，疲敝精力以为之哉？若其足以裨助闻见，正于学者不无补也。今观国风、二雅所陈，禹贡、职方所纪，以及地理、河渠诸志，皆详山川风土,以为农田水利、施政立教、因时制宜之具,其间虫鱼草木之产,兼资多识,圣教不废,兹非其足相发明证佐者与?切而言之,深山大泽,流峙终古,皆天地法象示人之至教,本人生所应穷历;特以手足之力有限,百年之期若瞬,势弗能亲至而目见。得斯书也,苟力所可至,境所适逢,固可展卷披对,按所已经者以为程;而所未能至者,亦可以心知其概,如涉其境焉。昔夫子亟称原泉曾氏风雩咏归,盖造物与游,所以涵泳天机,陶写胸次。案头置此,如朝夕晤名山水于几席间,讵非仁智养心之善物耶?

抑尤有足以警心者:霞客之游也,升降于危崖绝壑,搜探于蛇龙窟宅,亘古人迹未到之区,不惜捐躯命,多方竭虑以赴之,期于必造其域,必穷其奥而后止;学者之于道也,若覃思鼓勇,亦如霞客之于山水,则亦何深之不穷,何远之不届?且入焉而安,曾无犯难轻生之虞;味焉而腴,非有饥渴疲惫之困;其为高深美富,奚啻于洞壑泉石之奇,岱、华、江、河之大哉?有志者可以观此而兴矣!余既喜其书之不为无益,且以其足为入道喻也,爰为之序,以自勖焉。

康熙己丑八月癸卯,同邑后学杨名时序

杨　序　二

杨名时

己丑夏秋,既手录徐霞客游记而为之序矣。重阳抵家,复得友人所藏原本校之,乃知前所钞本,出于宜兴史氏者,字多讹误;其删减易置处,辄于实境不符,文意不协。用叹天下之率意改窜文字,而致失作者之本来,如宜兴史氏者,为可鉴也!初余录是集之意,谓存斯书也,他年力所可至,境所适逢,可展卷披对,按已经者以为程;而所未能至者,亦可以心知其概,日涉其趣焉。若如史本,则既失其真,又安用之?爰呕为改正添入,再手誊一过,以复其旧。

大抵霞客之记,皆据景直书,不惮委悉烦密,非有意于描摹点缀,托兴抒怀,与古人游记争文章之工也。然其中所言名山巨浸弘博富丽者,皆高卑定位,动静变化之常;下至一涧一阿,禽鱼草木,亦贤人君子,偃仰栖迟,寤言写心之境;正昔人所云取之无禁,用之不竭者也。虽止详其形体区域,而天地山川之性情,俟人之神会而意喻者,悉已寓之矣。其得之多寡,知之浅深,存乎人耳。夫造物之奇闶,恒有待而发,亦有待而传。有是境而人不知,则此境为虚矣。游是境而默不言,则此游为虚矣。霞客之前,境自在天下也,而无人乎知之,无人乎言之;即知而言之,亦举什一于千百而已。设霞客于身到目历之处,惟自知之而自乐之,不以记于书而传于世,人又乌知其有与无耶?然则斯书之不可没,谓天地之迹存焉耳!而况于天地之心,生人之本,古之圣贤,心知之而身备之,而推所得以公于世者,其遗文之可宝爱为何如哉?

庚寅二月丙申朔,杨名时序

四库全书总目提要

徐霞客游记十二卷两江总督采进本

明徐宏祖撰。宏祖,江阴人,霞客其号也。少负奇气。年三十出游,携一袄被,遍历东南佳山水;自吴、越之闽,之楚,北历齐、鲁、燕、冀、嵩、雒,登华山而归。旋复由闽之粤,又由终南背走峨眉,访恒山,又南过大渡河,至黎、雅,寻金沙江,从澜沧北寻盘江,复出石门关数千里,穷星宿海而还。所至辄为文以志游迹。没后手稿散逸。其友季梦良求得之,而中多阙失;宜兴史氏亦有钞本,而讹异尤甚。此则杨名时所重加编订者也。第一卷自天台、雁荡以及五台、恒、华,各为一篇。第二卷以下皆西南游记,凡二十五篇:首浙江、江西一篇,次湖广一篇,次广西六篇,次贵州一篇,次云南十有六篇;所阙者,一篇而已。自古名山大泽,秩祀所先,但以表望封圻,未闻品题名胜;逮典午而后,游迹始盛。六朝文士,无不托兴登临,史册所载,若谢灵运居名山志、游名山志之类,撰述日繁,然未有累牍连篇,都为一集者。宏祖耽奇嗜僻,刻意远游;既锐于搜寻,尤工于摹写;游记之夥,遂莫过于斯编。虽足迹所经,排日纪载,未尝有意于为文,然以耳目所亲,见闻较确;且黔、滇荒远,舆志多疏,此书于山川脉络,剖析详明,尤为有资考证;是亦山经之别乘,舆记之外篇矣。存兹一体,于地理之学,未尝无补也。

书手钞霞客游记后

陈　泓

吾邑有三书,皆卓绝:王梧溪诗集、黄兰溪邑志、徐霞客游记是也。黄志余曾得家克艰校本,录过,视他本稍佳,然犹间有讹字。梧溪集余止草录一过,尚未誊真。独游记校对数次,并经融郊师订正完好。后有得者,当为余宝之。后学陈泓识。

徐　序

徐　镇

昔刘彦和著文心雕龙五十篇,品藻千古,经纬六合,沈水部一见即诧为异书，卒赖其力，以传于世。迨传之久，而灭没滋甚，嘉禾、云间诸刻无完书；自钱功甫得宋椠本钞补，而后缀学之士始得见全文，以至于今不废。昌黎韩子有云："莫为之前，虽美弗彰；莫为之后，虽盛弗传。"信乎！人之名之传世而行远，莫不有为之先后者，其于书也，亦若是焉已矣！

族祖霞客公，生有游癖；凡展齿所到，模范山水，积记成帙，积帙成书，昔人所称为千古奇书者此也；惜未脱稿而公卒。赖季君会明为之次其简编；后旋毁乎兵燹。又赖公子介立访得义兴史氏曹氏录本参校，而游记得复成书。于时名人巨公，莫不乐购其遗编，当卧游胜具。卒皆以誊本传玩，而就中改换窜易者，更不一人。迄今百有四十余年，虽得邑中杨凝斋先生手校于前，陈君体静再订于后，而传写益广，讹落寝多，兼之俗下书佣，竞于此作生活计，而任意删节撞凑，一如彦和尝梦索源之文，往往使读者莫悉漏义，是可痛也！

乙未夏，适得杨、陈两先生订定真本，比对雠勘，将手录一通，思有以信今而传后。独念两先生当日细意搜讨，谓可存其真以永世，乃转相传写，而讹落者已如彼，删抹者又如此；予即为之考其缺失，订其异同，又安保无沿别淮混鲁虎者，或从而断胫添足，无复有作者之真面目存欤？夫是书之名世传世，均非予小子之所敢知，要使作者之精神不渐灭于煨烬之余，更不灭没于妄庸之手，是则后人之责所万不获辞者也。爰急付梓，庶几后世有功甫其人，或得以此比于华山椠本，则又私心之所冀幸也夫！

时乾隆四十一年岁次丙申秋九月孩浦族孙镇谨序

书徐霞客游记后丁酉

卢文弨

霞客游记,杨文定公有手抄本。余前在江阴,其家以临抄副本畀余。置之箧中,不暇竟读也。今年徐之族孙筠峪镇刻成十大册,各分上下,又以贻余。余老矣,无能遍游宇内名山大川,聊以此作卧游,是不可以不读。霞客性好奇,诚未免太过,而能见重于黄石斋。有某乡官欲与之相见,知其魏阉党也,避不往。莫酉据归顺、镇安两土司之地,而慨当事之姑息贻患,又睹缅甸之强,有深虑焉。则其负性直介,而又非全阙经世之务,徒为汗漫游者比。此记所游历,直书即目,非有意藻绘为文章也。知书者亦正以其真而许之,然大约类形家者言为多。霞客之游裹粮无多,屡濒于困,而讫获济,疑若神助。其记巡按官一游洞,而居民受科敛之患,费金二百。山水之趣,诚非高牙大纛者所可兼而有,此又在位者所当闻而知戒也。筠峪合诸本相雠校,洵善矣,而绣梓尚未尽工致也。卷之前,元本间有总叙其所历以为提纲者,今刻本去之,似少眉目。鸡足山志中诸诗及石斋诸公之诗,凡抄本所有者,似亦非后人所当削也。削之则仍非全书矣。余故仍以杨氏所贻之抄本为善本云。

(抱经堂文集)

叶　序

叶廷甲

周官大司徒之职,以天下土地之图,周知九州地域广轮之数,辨其山林、川泽、丘陵、坟衍、原隰之名物。汉司马子长创为河渠书，后汉班孟坚始志地理，前宋范蔚宗始志郡国，自是有史即有志。沿及唐、宋，而郡县有志，寰宇有记，凡建置、沿革、疆域、田赋、户口、关塞、险要、名胜、古迹，皆在所详；至于山川之源委脉络，未必能知其曲折，辨其经纬，历历如指诸掌也。恭读乾隆四十七年刊行钦定四库全书简明书目，史部地理类开列徐霞客游记十二卷，分注云：明徐宏祖少好游，足迹几遍天下。尝西行数千里，求河源。是编皆其纪游之文。旧本缺残失次，杨名时重为编订，以地理区分，定为此本。是书上邀乙览，盖能详人所略，为从来史志之所未备。

　　嘉庆十一年冬，筼峪徐氏以所梓行游记之板归余。廷甲生平无他嗜好，见书之有益于学术治道者，每不惜重价得之，遂积至万有余卷，丹铅甲乙，日不暇给。前既校刻杨氏全书，今复得徐氏游记板，翻阅之，朽蠹颇多。乃借杨文定公手录本暨陈君体静所校本，与徐本悉心雠勘。其文之不同者以万计，其字之舛误者以千计。其文不同而义可通者仍其旧，其字之舛误而文义不可通者不得不亟为改正。抑徐刻分十册，与进呈之杨本卷帙不同，此无从更正者。且杨、陈二本于滇游日记卷首俱有提纲，杨本每记有总评，陈本每记有旁批，此又无从增补者。惟是霞客有遗诗数十首，石斋黄公叹为词意高妙，忍令其秘藏而弗彰乎？又一切名人巨公题赠诸作，俱足以考见霞客之素履，又安可不传信于来兹乎？十三年春，延梓人于家，讹者削改，朽者重镌，又增辑补编一卷附于后，庶几霞客之精神面目，更可传播于宇内也。

　　虽然，霞客记游之书，岂仅此哉？前人谓霞客西出石门关，至昆仑山，穷星宿海；今所刻之本，暨杨、陈二钞本，其游览日记，不过至滇南鸡足山而止耳。廷甲闻郡城庄氏家藏钞本有六十卷。戊辰三月往郡访之。庄后人云："先世信有之，今已散失。"果尔，今之所刻，不过六分之一耳。然一展卷而浙，而闽，而江右；自豫而秦，而荆襄；又自燕而雁门，而云中；又自楚而粤西，而贵筑，而滇南。其所经历之山川，靡不辨其源委脉络，而一一详记之，至土风民俗物产，亦随地附见焉。是岂独为山人逸士济胜之资？凡以民物为己任而有政教之责者，周览是书，于裁成辅相左右宜民之道，不无少补焉。邑前辈文定杨公，久任滇、黔，利民之事，次第举行，人第知其学术之深醇，庸讵知其于游记一书，手录二过，于山林、川泽、丘陵、坟衍、原隰之名物，早已周知也哉？夹漈郑氏曰："州县之设，有时而更；山川之形，千古不易。"霞客此书，固千古不易之书也！士人束发受书，在堂户之上，而四海九州之大，无所不知，然后可以出而履天下之任。若仅以此书当卧游胜具，岂廷甲补辑是书之志也耶？

时嘉庆十三年岁次戊辰四月，

同邑后学叶廷甲识于水心斋

题　辞

赵　翼

　承示徐霞客游记，并欲补刻其遗诗，具见表彰前辈盛意，谨赋五古一首奉呈。

　竖亥步纮埏，若士游汗漫。尸车神为马，古语本荒幻。霞客乃好奇，足踏天下半。肩荷一袱被，手挟一油缲；非奔走衣食，非驰驱仕宦；南狎横海鲸，北追出塞雁，水愕险滩千，陆跋危巘万；晓寒风裂肤，暑雨泥没骭；渴掬悬瀑流，饥拾堕樵爨；身冲魍魅过，胆不豿虎惮。问渠意何为？曰欲穷壮观，将成一家言，亲历异遥盼。注证郇、桑精，经订岳、渎诞，以俟后子云，南针指一线。果有叶保堂，旷世起惊叹，购得旧板完，兼搜逸篇散。方舆灿列眉，一一可覆按。惜哉医无闾，作者未识面！西土梁、雍州，亦末度云栈；辽左及陇、蜀，其游迹未到。想当明末造，霞客之游在崇祯中。辽沈界久判，陕蜀莽盗区，更难结鞍绊。今幸世升平，万里庆清晏。保堂兴既豪，意气薄霄汉。曷勿继遐踪，探奇尽禹甸，归补图经全，供我卧游遍。

嘉庆戊辰春仲，瓯北赵翼，时年八十有二

重印徐霞客游记及新著年谱序

丁文江

余十六出国，二十六始归，凡十年未尝读国书，初不知有徐霞客其人。辛亥自欧归，由越南入滇，将由滇入黔。叶浩吾前辈告之曰："君习地学，且好游，宜读徐霞客游记。徐又君乡人，表彰亦君辈之责。"因搜昆明书肆，欲得之为长途消夜计，而滇中僻陋，竟无售是书者。元年寓上海，始购得图书集成公司铅字本，然时方以舌耕为活，昼夜无暇晷，实未尝一读全书也。

三年复入滇，携棚帐二、仆五、骡马九，独行滇东、滇北二百余日，倦甚则取游记读之，并证以所见闻。始惊叹先生精力之富，观察之精，记载之详且实。因思舆地之学，非图不明，先生以天纵之资，刻苦专精，足迹又遍海内，故能言之如指掌。后人限于旧闻，无图可考，故仅知先生文章之奇，而不能言其心得之所在。颇欲搜集新图，分制专幅，使读者可以按图证书，无盲人瞎马之感，而所藏图不多,不足以证全书;回京后又为职务所羁,无复余力;仅于十年夏间,作一总图,加以先生游历之路线,乃于北京文友会中,宣读英文论说一篇,略叙先生之生平而已。

适友人胡君适之,方作章实斋年谱,谓传记可以为治学作人之范,年谱为传记之特式,乃吾国人之所发明,宜改善而扩充之。因思仿其意,为先生作一年谱。适江阴郑君伟三为觅得晴山堂帖全部,并为抄徐氏家谱六巨册,罗叔韫、梁任公、张菊生诸前辈,复假以所藏明人之诗文集及县志,乃发愤尽两月力,成数万言。

书既成,欲印一小册子,为单行本。适之谓宜与游记同印,方足以互为考证。时沈君松泉之徐霞客游记适出版。沈君用新式符号标点全书,用心甚苦,然亦无插图,其缺点与旧本正同。乃搜集地质调查所所藏各省地图,并嘱所中同人及诸友,于旅行时为之留意。于是朱君廷祜遗以天台雁宕、叶君良辅遗以白岳黄山、谭君锡畴遗以嵩山、李君济之遗以华岳、谢君家荣遗以太和、王君竹泉遗以庐山、刘君季辰遗以衡岳各名胜详图。复得闻君齐、赵君志新为之按记编纂,共得图三十有六,虽不能尽精尽确,然已可为读游记者之助。计自十二年起,至十五年冬,始克竣事。而标点尚为闻君齐、赵君志新、方君壮猷及余四人所分任,故符号运用往往不能一律。校对则为赵君志新、冯君景兰、史女士济瀛及余。盖余困于职务,苦不得暇,非诸君之助,则至今亦不能成书也。

余所见游记,沈松泉之新印本外,有集成之铅字本,扫叶山房之石印本,光绪年之活字本,嘉庆年之叶氏初刻本,蒋君汝藻及叶君景葵所藏之清初抄本。而校雠所据,一依叶氏。盖叶本为诸印本之宗,且系据乾隆年先生族孙徐镇初刻之本,而参以杨名时、陈泓各家精抄之本，其价值实远在诸抄本之上。惟叶本又有旧印、新印之分：旧印本不载钱牧斋所作传，仅载其二书，其一下有其名而后涂去，叶氏藏版原为乾隆年徐镇所刻，叶氏仅为添补修正。传另立一页，去之甚易，书牍则篇幅相连，故仅去作者之名。盖当日距乾隆时不远，钱氏著作列在禁书，故有所忌讳，新印本则载其传而隐其名。又有咸丰年印本，卷首加先生小像，乃胡君适之在申之所购得。像为诸本之所未见，即本书卷首之所载也。

凡诸印本，皆分十册，每册复分上下。书牍、墓志、诸本异同考略及辩讹，则汇为外编，附于十册下之末。是盖徐氏刻本之旧。十册之外，复有补编，录遗诗、题赠、秋圃晨机图赋记、徐氏三可传及圹志铭。是盖出于叶氏。以叶本原用徐版，重刻太费，不得已而出此，然颇不便于检查。兹都编为二十卷，每册各为二卷，十册下并入十册上为一卷，而另以外编、补编及晴山堂帖诸本所未刻者为第二十卷，分诗文、题赠、书牍、传志、家祠丛刻、旧序、校勘。盘江考、江源考诸文亦编入诗文，以便检查，非故为异同也。

至于游记之评判，及先生之为人，已散见年谱，兹不复述。所足述者，乃先生所处之时世。当明之末，学者病世儒之陋，舍章句而求实学，故顾亭林、王船山、黄黎洲辈，奋然兴起，各自成家，遂开有清朴学之门。然霞客先生生于顾、黄、王诸公之前，而其工作之忠勤，求知之真挚，殆有过之无不及焉，然则先生者，其为朴学之真祖欤？又先生生于明季，游滇之时，天下已乱。观其小记诸则，述当日政事甚详，知先生非不关心时局者。乃求知之念专，则盗贼不足畏，蛮夷不能阻，政乱不能动；独往孤行，死而后已。今天下之乱，不及明季，学术之衰，乃复过之。而青年之士，不知自奋，徒藉口世乱,甘自暴弃;观先生之风,其亦可以自愧也乎!

(民国)十六、七、七、丁文江

诸本异同考略

陈　泓

季会明本此为最初录本,未见。

> 季讳梦良,会明其字也。霞客游记自季氏始编次成书。盖霞客以庚辰六月终到家,墓志云:"黄冈令为具舟楫达江口,是庚辰夏间事。"传云:"霞客归以庚辰六月。"而冯志江源考小引则云:"霞客以庚辰秋归。"故云当在六月终也。时已患病,至仲冬而病剧。传云:"霞客遣长子间关视石斋于狱。三月而返,述石斋系狱状,遂浩叹不食。"石斋遗奠书云:"庚辰初冬,拜尊公授衣之惠。"则知长君当以仲冬返。石斋挽诗云:"知我未凋犹强饭,闻余临菱遂推篷"之句。遂卒于明年正月,知未暇脱稿也。然季氏编次时,其书已有缺失,戊寅十一月十一日以后,脱十九日日记;己卯九月十五日后,俱无记。而初入滇省诸游记则全。迨乙酉之变,去霞客没三年耳。此册乃遭兵燹。后季氏再为收拾,竟缺一册。意录本之无游太华、颜洞及盘江考者,季本也。

史夏隆本不传

> 季会明云:"滇游记首册未失时,宜兴曹骏甫曾借去钞录,今当往求之。"后三十年,先生孽子李介立先生,访得骏甫本于宜兴史氏,则又经史氏涂改另录矣。介翁重请得其底本,从日影中照出曹氏原文,与季本互校成书,而史本乃不传,但存其序一篇而已。

李介立本此为诸本之祖,未见。

自季氏编定后，传观者不知宝惜，钞誊者互有删润；文残简错，句乱字讹，而滇游首册又全失去。介翁积年苦心，访得曹本于宜兴史氏，则其书仅四册耳，是知骏甫所录，已非全文，故缺者仍不可完，仅于改窜涂抹中，得游太华、颜洞及盘江考三数记，以录入季本，兼为订正讹误而已。嗣后诸人所指为原本者，皆系李本。其称改本者，不知又系何人所改。凝斋先生乃认为史本，误矣。今记中所注"下缺"而不记姓名者，皆介翁笔。

奚又溥本 卷首无总目

此依李本，虽稍有删改，然较诸他本差胜，故备存其目于左：

第一本

徐霞客传附嘱仲昭刻游记书

奚又溥序

名山游记

游天台山日记	游天台山后记	游雁宕山日记
游雁宕山后记	游白岳日记	游黄山日记
游黄山后记	游武彝山日记	游庐山日记
游九鲤湖日记	游嵩山日记	游太华山日记
游太和山日记	游五台山日记	游恒山日记
闽游日记	闽后游日记	

第二本

| 西南游日记一 | 自崇祯九年九月初九日，至十年正月初十日。 |
| 西南游日记二 | 自十年正月十一日，至闰四月初七日。 |

第三本

| 西南游日记三 | 自闰四月初八日，至六月十一日。 |

游滇日记五　　　自十一月初一日,至十二月三十日。

　　　第七本

游滇日记六　　　自十二年正月初一日,至二十九日。有提纲。

　　自鸡足山过鹤庆府,进丘塘关,抵丽江府解脱林。复自解脱林出丽江丘塘关、清玄洞,再至鹤庆。西过大脊下汝南哨、清水江、山膝塘、剑川州金华山、罗尤邑、莽歇岭、驼强江、石宝山、沙溪、罗木哨、观音山、出洞鼻、浪穹县佛光寨、标楞寺。由浪穹凤羽山再至普陀崆、中所、邓川驿、上关、大理府、下关、石门、漾濞、横岭、永平县、宝台山、沙木河、澜沧铁桥、水寨、永昌府、冷水箐、枯飘、盘蛇谷、潞江、分水关、龙川江、乱箭哨、腾越州、固栋、尖山、南香甸、界头。

游滇日记七　　　自二月初一日,至二十四日。

　　　第八本

游滇日记八　　　自三月初一日,至二十九日。

游滇日记九　　　自四月初十日,至二十九日。

　　　第九本

游滇日记十　　　自五月初一日,至三十日。有提纲。

　　自腾越罗生山、杨广哨、硫磺塘,还至腾越。过龙川、高良工山、潞江、蒲缥、永昌、哀牢山、清水沟、峡口山、笔架山、山窠、卧佛寺、金鸡村、宝盖山、虎坡、干海子、玛瑙山、松坡、猛赖、上江蛮边、石城、北冲、清水关,再还永昌。养邑、腊彝、枯柯、右甸、锡铅、顺宁府、云州。再从顺宁渡澜沧江,三台山、阿禄司、新牛街,渡碧溪江,瓦葫芦、猪矢河、蒙化府、天姥崖、龙庆关、迷渡、清华洞大脊、洱海城、荞甸、宾川州、炼洞，还至鸡足山止。

游滇日记十一　　　自六月初一日，至二十九日。

游滇日记十二　　　自七月初一日，至三十日。附永昌志，附近腾诸彝
　　　　　　　　　　说略。

第十本

游滇日记十三　　　自八月初一日，至二十九日。

游滇日记十四　　　自九月初一日，至十四日。有季会明小记。

鸡山志目

鸡山纪略

鸡山各刹碑记

丽江纪略

法王缘起

游颜洞　　　　　　原注云："以下两则，系滇游日记一中，因原本缺首册，故
　　　　　　　　　　附录于此。"

游太华山　　　　　附滇中花木小记

溯江纪源　　　　　原注云："刻本邑冯志、靖邑陈志中。有小引。"

盘江考

随笔二则

　　　　按立翁虽不从史本，而犹特附史序于卷中者，非惟谦德，
　　　意良厚也。至奚氏始削去史序而弁以己作，凝斋又削去
　　　奚序而易以己作，殊失之矣。此本余所见者视诸本稍为
　　　完善，然视李本当已有删削。余未见李本，盖以诸本互校
　　　而知之。泓记。

靖江杨天赐本

　　　共分十二本。第一本即从名山游记起，无总目，无传序。第二

本首载史序。第四本日记八下，即载盘江考、游颜洞、游太华山三篇。第十二本载霞客诗、赋得孤云独往还五首，有石斋跋。题小香山梅花堂诗五首，有序。游桃花涧一首，有序。娄子柔慈母篇、黄石斋诗、七言古一首，有小记及陈明卿、文湛持跋。挽诗二首，缺一首。黄石斋书、狱中答书、壬午四月遣奠霞客书。文湛持书、钱传、陈木叔墓志铭，末附杨天赐跋。

此本黔游记以上，视诸本最为缺略，而黔游记以下，视诸本稍为完善，有足补奚本所未备者。疑亦从李本录出，而意为去取者也。

梧塍徐氏本

卷首亦无总目。其本数篇目，俱同奚本，但分提纲之四为八，每本俱有"游名山记"四字。首载钱传，次杨凝斋前序，次杨凝斋后序。序见首册。

此本不知何人所定，予从云焯借得之于徐氏，故云徐本；疑亦从李本录出，而以己意为删润者。黔游记以上，视杨天赐本虽为完善；黔游记以下，则视诸本殊多缺略。其书首弁以凝斋序二篇，而史序则削去。余初得之，疑为凝斋定本，后乃知其不然也。

邑中夏氏本卷首无总目

不知何人所定，余从夏仲明家借得，故曰夏本。凡十本。第一本钱传、附嘱仲昭书。凝斋二序、奚序、史序、天台山记至闽后游日记。第五本载游颜洞、太华。其提纲、段落等与奚本同，卷末无诗、书，与奚本同，亦无鸡山志目录等，至滇游记十四止。

此书两套凡十本，装订华美，字画亦佳，前后视诸本亦少失脱，但西南游记内竟缺钞一本，而游滇记下竟将法王缘起等概不钞入，且讹字极多，殊未改正，为之叹息。

夏氏又一本草纸书,用蝇头小楷,而讹字极多。

前后编次俱同奚本,第后又增入诗文一册。中有哭静闻禅侣诗六首、有引,附邑志仙释传内静闻事略。黄石斋七言古诗一首、多项仲昭、郑垄阳二跋。石斋分阄十六韵、有小记。石斋七言绝句十首、有小记。石斋五言古诗四首、有小记。唐大来古今体诗共三十首,皆杨天赐本所无者。

奚氏又一本

即从奚氏原本录出后,复以诸删本点窜于上,真可谓逐臭者矣!末卷所载诗文,除与杨、夏二本相同外,又有周挹斋重建君山张侯庙记、张元春秋圃晨机图记、李本宁秋圃晨机图引、后宅张氏本又有夏树芳秋圃晨机图赋。王季重徐氏三可传、徐氏家传、吴国华徐霞客生圹志铭。

赵本

无序、无目、无提纲,殊不足观。一友云:"赵日宣家有游记原本。"余喜,急往借之,乃得此本。盖系赵某所钞,篇篇删动,已去其十之四,略存影响而已,不可复谓之游记也。余见此本最后,游记之厄,亦至此而极。

辩　讹

徐　镇

天台　"筯竹",诸本或作"箭竹",非。案岭表录:南海岸边沙中出"沙筯",一名"越王竹"。北户录:严州产"越王竹",土人用为酒筹。地志:衢州有筯竹山。又案天台图经:筯竹出台州,五县皆有。玉篇:"筯",俗"筋"字。竹谱:筯竹,竹之多筋者。夫严与衢在台之西,公游台山,自宁海、奉化来,在台之东,去严、衢八百余里,则台州之为"筋竹"无疑。或作"金",亦非。

雁荡　八礷:即慈礷、松礷、慢礷、东礷、朱礷、沙礷之类。案浙省全图:自定海迤逦西南至乐清,凡以"礷"名者十余处,而字书不载"礷"字音义。诸本或因浙东海界有竹嶴、东嶴,竟讹作"嶴",非。

白岳　"丙辰",诸本作"丙寅",非。

鲤湖　"石所山",诸本作"石竹",非。案志:石竹山在福清县,其上亦有九仙阁、化龙窝诸胜;石所山在仙游县,宋林光朝、刘夙尝登是山,曰:"天下佳山水,未有鲤湖、石所山者也。"据此,则与鲤湖并称,其为"石所"无疑。

雁宕后　"中裂一罅",或讹作"罅",非。案"罅",集韵"辖角"切,音"学",坚土也。后"石罅如门"从此。"罅",集韵"许慎"切,音"釁",裂也,罅也。扬子方言:"破而未离之谓罅。"书洪范疏:"灼龟为兆,其罅坼。"

闽后　"七月十七日启行"下,诸本删去"二十一日"至"如履平地"二十二字,非。

江右十月十七记　"陆行五十余里"下,诸本删去"至草坪为常山、玉山两县界,又五十余里"十六字。

　　十一月初十记　"又五十余里,始抵建宁云","建宁",或作"建昌",非。

　　十一月十五记　"从姑",诸本作"麻姑",非。案麻姑山在建昌南城县西南,从姑山在县东南,因次于麻姑,故名。不得以上有麻姑云云,竟混作一山也。

楚正月二十二记	"凡住寺者三日"下,诸本或脱去"初行山间"至"盖实景也"等字。
粤西六月廿五日记	"菜邕桥",一作"蔡邕"。
七月六日记	"下楗支扉","楗"音"件",闭门横木也。诸本作"楗",非。
八月十二日记	"劈竹铺",一作"劈刀"。
十一月十五记	"有岩在路北"下,诸本或删去"循之将往水岩"句,非。
十一月十七记	"黄君复以银烛赠予","银烛",范银如烛者。一作"银镯"。
十一月十八记	"峒槽村",一作"桐槽"。
十二月廿二记	"方石中横"下,诸本无"谚号为棺材石"句。
黔二四月廿七日记	小注"乌鸣关在安南卫"七字,疑后人滥增,当删。
太华	"猗兰阁",一作"漪澜"。
滇二八月十八日记	"蛇场河",一作"蛇床"。
八月廿四日记	"尤而效之"句下,一作"欲索多钱,且先索而后授餐,及出餐又恶"云云。
八月廿五日记	"勃窣",诸本作"勃卒",非。按司马相如子虚赋"婴珊勃窣上金堤"注:"勃窣,匍匐行也。"
八月廿八日记	八蜡者香,"香"一作"乡"。

滇三九月初七日记	"与君来时相后先也"句下,一作"余于是始凛然悚,还忻然幸,深感前止宿者之厚情,而不当以私衷臆度之也"。
九月十七日记	"驻朝阳者数日"句下,一有"而总持又非常住,久扰殊为不安,雨竟日复一日"三句。
九月廿三日记	梅桐村,"梅",疑当作"海"。
九月廿五日记	"由其西向西南下",第二"西"字,一作东。
九月廿九日记	"西南涉溪,其溪似西南流者。"两"溪"字诸本作"坞",非。
滇四十月十二日记	"何六安巢阿",何曾为六安州,故云;诸本或作"陆凉",非。
十月十三日记	"由天女城,盘金沙山","山"或作"江",非。
十月廿四日记	"亦池滨聚落之大者"下,一有"而田则不能成垦焉"八字。
十月廿六日记	"谱明",一作"普明"。
十一月六日记	小注"勺漏",一作"勾漏"。
十一月十日记	者圽关,"圽"音"勒",土壁也。诸本或作"地",或作"北",俱非。
滇五十二月五日记	江驿,按舆志作"姜驿"。
十二月七日记	"沸流悬度于上",一作"沸流倒悬悬度于上"。
又	"有寺当村之中",一作"有慈云寺当村之中"。
十二月廿八记	"香木坪",一作"木香坪"。
滇六正月十九日记	"为郁攸所焚"。"攸",诸本作"荼",非。按神荼、郁垒,乃守御神名,未闻其司火政也。

1525

滇七二月八日记　　"每十二年逢寅"，诸本并作"十年逢寅"，疑非。

滇八三月廿五日记　　"又八里抵西麓"下，一有"路北"二字，以"路北
　　　　　　　　　　有寺"作一句，而以"当路北"三字连下句读。

　　　三月廿七日记　　"皆西转而北出"，一作"皆北转而西出"。

　　　三月廿八日记　　罗岷山，"岷"，一作"㟭"。

　　　又　　　　　　嵯和哥甸，"哥"，一作"歌"。

滇九四月初十日记　　"脊北亦中洼潴水焉"下，一无"西一里"三字。

　　　四月廿九日记　　"阔几盈四五丈"，"丈"一作"里"，一作"尺"。

　　　又　　　　　　"马场河"，一作"马肠河"。

滇十五月初二日记　　云峰山，"峰"一作"岚"。

　　　五月廿四日记　　"王翰撰时之文"，一作"王翰时撰"，而以"之
　　　　　　　　　　文"二字作"之坟"，连下句读。

　　　六月初十日记　　"俞来就婚"下，一有"去岁冬底乘龙"六字。

　　　六月廿五日记　　"余返寓抄书"下，诸本作"下午刘以素馔四品
　　　　　　　　　　馈，刘北有以斗米牛肉馈，且北邻花红"云云者，
　　　　　　　　　　非。盖既有素肴米肉，不应更摘花红当井李也。

滇十二八月十九日记　　"俯瞰蒙城，如一瓯脱也"，"瓯脱"，诸本或作
　　　　　　　　　　"瓯粤"，非。按史记匈奴传中有"弃土莫居
　　　　　　　　　　千余里，各居其边为瓯脱。"韦昭注："界上屯
　　　　　　　　　　守处为瓯脱"，索隐引服虔注云："作土室以
　　　　　　　　　　伺汉人"，又篡文曰："瓯脱，土穴也。"据此，
　　　　　　　　　　乃见比拟之切。若作"瓯粤"，大谬。

滇十三八月廿三日记〔一〕　　"余去年腊月十八"，他本或作"二十
　　　　　　　　　　一日"，非。

"自鸡足西出石门关"。"石门"诸本并作"玉门"，非。按玉门关在西北，鸡山在西南，而昆仑适在玉门关之西南，在鸡足山之西北，相去各数千里。公自鸡山出关，至昆仑，不须迂道玉关也。况公江源考云："北历三秦，南极五岭，西出石门金沙，以穷江源。"又云："江发源于犁牛石，南流经石门关而入丽江。"据此，则为石门信矣。

以上辩讹五十余条，第取向来传写各本，摘出附辨，以见杨文定公暨陈君体静定本之善。至两本中互异处，亦并载入，以备考正。如某字一作某字之类，即系两本中互异处也。若时下胥钞，任意删节，甚有一手录本，而前后互异者，均不置辨。识者鉴之。

孩浦徐镇筠峪识

〔一〕滇十三八月廿三日记　与正文核对，应为八月二十日记，在滇十二。

跋

叶廷甲

是编之校，不第据杨、陈二本，如改"行军司马"为"行军总管"，用隋书史万岁传改正。定"余乡三峰"为"余乡中峰"，用吴梅村赠苍雪诗改定。取他书参互考订者甚多。书此见校书之难，即以见读书之难也。

云槎樵史叶廷甲校讫识

1527

明 代 世 系 表

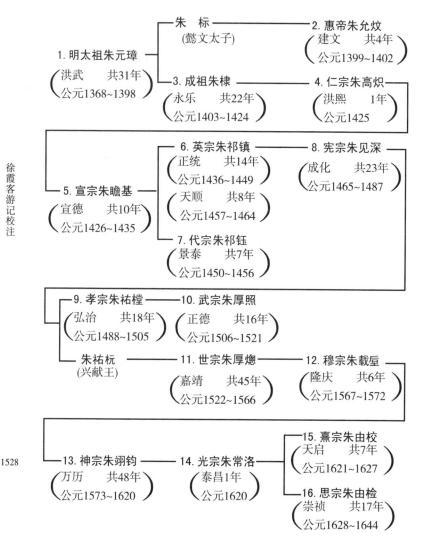

后　记

　　我的家乡在贵州兴义,那里邻近三省,物产富饶,民族繁多,地形复杂,交通不便。但是,长期以来,人们却为伟大旅行家徐霞客曾亲履其境而自豪。小时我读徐霞客游记,曾企望以后踏着霞客的足迹走出山区,去认识伟大祖国壮美多姿的山河。近些年,接触到各行各业的朋友,他们都谈论徐霞客,希望从徐霞客游记中发掘有关自己专业的东西,并提出许多涉及到的字词、内容、历史背景、地理沿革等要求解释。出版校注本徐霞客游记的工作愈加迫切。

　　从 1977 年春接受云南人民出版社稿约,这一工作经过六个寒暑,终算全部完稿。但是,这样浩大的工程,决非我个人能力所及,而是浸润了许多同志的心血。师友们经常鼓励和支持,提出了很多宝贵建议,主动提供资料。谭其骧先生十分关心本书的出版,给了很多鼓励和指导,年逾古稀,在重病新愈后,又为本书亲笔题写书名。北京图书馆、上海图书馆、北京大学图书馆、云南大学图书馆、云南省图书馆曾给予大力支持。云南省测绘局、广西壮族自治区测绘局、贵州省测绘局也提供了有关资料。本书还得到江阴县徐霞客纪念堂和江阴县文化馆的热情支持。云南人民出版社一直重视本书的出版,给予了多方支持,编辑同志为这本书同样操劳了六年。很多人都在为这一本重要著作忙碌,霞客有知,亦当含笑九泉。

限于个人水平和资料有限,疏漏错误难免,祈望读者指正。

朱惠荣

1983 年茶花节于云南大学东园

徐霞客游记校注

1530

增订本跋

徐霞客游记校注出版后，我对游记的整理和研究并未稍辍。文渊阁四库全书影印本的出版，使我有条件用四库全书所收的徐霞客游记对校，得以增补、订正其他版本脱漏和讹误的内容，解决了一些长期无法弄清的问题，有助于深入了解徐霞客在旅途中的生活和思想。近年学术界搜集徐霞客佚诗、佚文的工作也有进展。致陈继儒书、宿妙峰山诗、山中逸趣跋等相继被发现。同时还发现了一批有关徐霞客的诗文、书信及徐霞客家世的资料。这些都有助于研究徐霞客和徐霞客游记，作为补遗一并附后。晴山堂法帖的出版，为深入校核石刻创造了条件。校勘、辑佚都是十分费事的细活，很难以时日计。有时为一个字折腾数日，也有为一篇佚文竟费时十余年的例子，详见山中逸趣跋的发现。然而，只要稍有所获，辄沾沾自喜，喜游记可更加完整，更接近真实。希望增订本不负霞客"千古奇书"盛名，亦不负读者厚望。

惠荣　校讫谨识

1998 年 2 月 10 日于云南大学西苑

新 版 跋

我从事徐霞客游记的整理和研究已有三十多年。最初进行徐霞客游记校注的那些岁月令人难忘,报社朋友的专访称为"九年辛苦不寻常"。校注 1985 年初版,1999 年出增订本,至今我手边常用的样书批注殆遍,线断纸残。假如有人问读过多少遍,恕我不敏,确实无法回答这难以统计的数字。以后又出版了全译本、白文本、选注本和徐霞客与徐霞客游记。与徐霞客游记为伴,似乎日子过得很快。2007 年报社朋友专访,标题称为三十年穷经皓首只为让人"懂",是朋友们最先发现我在徐学研究中迎来的白发。

我习惯于按计划进行工作,自悬鹄的,经年累月,不敢稍有懈息。月有计划,日有指标,必须完成每天的进度才能睡觉。在青灯下,追踪徐霞客的漫漫长途,体察徐霞客的心路历程,精力倍增,神清气爽。徐霞客是我尊崇的中华文化名人。以徐霞客做榜样,则不觉其苦,不觉其累,没有想到停歇。同样,对待中华经典的徐霞客游记,需要用心力去珍惜呵护。不敢随便逞能,改易面目;不敢妄加论断,致诬原著。坚持求真求实,尊重历史,让读者信得过,用得上。

增订本出版又已十多年，随着时间推移，带着问题读书、考察，也提供了对各种遗留问题消化的条件。趁中华书局新版的机会，有可能将流传中发现的问题，研究中新的探获，尽量予以反映，对有关文字作了订正，并新增注文百余条。增补了新发现的有关徐霞客的资料，附录增至180篇。为方便读者，注文中现今行政区划，一律改用2011年底的资料。整理古籍都追求精善，假如在这方面又有所前进，那就差足自慰了。

感谢本书责任编辑。感谢中华书局。

朱惠荣　谨识

2012年9月15日于云南大学